中国加入世界贸易组织十周年

The Tenth Anniversary of China's WTO Accession

2001.12-2011.12

中国世界贸易组织年鉴

李岚清

主　管：中华人民共和国商务部
主　办：中国世界贸易组织研究会
合　办：上海WTO事务咨询中心
对外经济贸易大学
深圳市世贸组织事务中心
武汉大学WTO学院
国际贸易和可持续发展中心

2011
总第5期

图书在版编目（CIP）数据

中国世界贸易组织年鉴.2011/中国世界贸易组织研究会编.—北京：中国商务出版社，2011.11
ISBN 978-7-5103-0589-4

Ⅰ.①中… Ⅱ.①中… Ⅲ.①世界贸易组织-影响-中国经济-2010-年鉴 Ⅳ.①F743-54②F12-54

中国版本图书馆CIP数据核字（2011）第232571号

中国世界贸易组织年鉴2011

中国世界贸易组织研究会 编

出　版：中国商务出版社
发　行：北京中商图出版物发行有限责任公司
责任编辑：李彩娟
社　址：北京市东城区安定门外大街东后巷28号
邮　编：100710
电　话：010—64269744（编辑室）
010—64266119（发行部）
010—64263201（零售、邮购）
网　址：www.cctpress.com
邮　箱：cctp@cctpress.com
照　排：嘉年华文排版公司
印　刷：北京松源印刷有限公司
开　本：889毫米×1194毫米　1/16
彩　插：2.5印张
正　文：46.5印张　**字　数**：1419千字
版　次：2011年12月第1版　2011年12月第1次印刷

书　号：ISBN 978-7-5103-0589-4
定　价：480.00元

2010年11月12日，二十国集团领导人第五次峰会在韩国首都首尔举行。国家主席胡锦涛发表题为“再接再厉 共促发展”的重要讲话。他强调，我们应该把贸易和发展有机结合起来，体现二十国集团以共同发展为导向、以共同繁荣为己任的全球经济治理精神。我们应该恪守承诺，按照维护多哈授权、锁定已有成果、以现有谈判案文为基础的原则，推动多哈回合谈判早日取得全面、均衡的成果，实现发展回合目标，促进建立开放自由的全球贸易体制。

2010年9月13日，世界经济论坛2010年新领军者年会（简称“夏季达沃斯论坛”）在天津开幕。国务院总理温家宝出席开幕式并发表题为“巩固向好势头 推动持续增长”的致辞。他强调中国实施一揽子计划，不仅保持了本国经济稳定和较快增长，也为世界经济复苏做出了重要贡献。当主要发达国家经济出现负增长之时，中国等发展中大国经济迅速回稳和保持较快增长，极大地增强了世界战胜国际金融危机的信心，为世界经济提供了强劲增长动力。

2010年9月7日，国家副主席习近平在厦门会见出席第二届世界投资论坛的世界贸易组织总干事拉米。习近平表示，改革开放30多年来，中国积极参与多边贸易体制，为世界的繁荣和谐做出了贡献。中国将毫不动摇地推进改革开放，为维护互利共赢的多边贸易体制发挥重要作用。中国愿与其他成员共同努力，推动多哈回合谈判尽快取得平衡和全面成果，实现发展目标。拉米高度评价中国政府强调坚定致力于建设对外贸易和投资开放体系，表示世贸组织重视中国在世界贸易中的重要地位和影响，愿与中方共同努力，完善开放的多边贸易体系，抵制保护主义，推动多哈回合谈判早日取得成功。

2010年12月21日，第三次中欧经贸高层对话在北京举行。国务院副总理王岐山主持并发言。他强调，中欧作为二十国集团的重要成员，应当落实二十国集团峰会共识，推动全球经济治理结构改革，加快国际经济金融规则和标准的调整，反对各种形式的保护主义，推动多哈回合谈判早日取得全面、均衡的成果。

2010年11月10日，美国大使知识产权对话午餐会在京举行，商务部长陈德铭出席并发表致辞。他强调，当前中国正处于全面建设小康社会的关键时期。加强知识产权保护，既是经济社会发展的客观要求和建设创新型国家的重要支撑，也是尊重国际规则、维护公平竞争的现实需要。中国知识产权保护工作起步较晚，但进展很快，仅用30多年时间就走过了发达国家几百年的历程，取得的成绩有目共睹。同时我们也清醒地认识到，中国知识产权保护还存在一些不足。中国政府有决心、有信心、有能力全面提升知识产权保护水平。

在改革开放道路上继续前進，為振興中華伟大事業而努力奋斗。

為我國加入世界貿易组织十周年题书

李岚清

辛卯重陽

李岚清　原中共中央政治局常委、国务院副总理、国务院关贸总协定部际协调委员会主任

入世十年 成就輝煌

徐匡迪

二〇一一年十月十六日

徐匡迪　第十届全国政协副主席、中国世界贸易组织研究会名誉会长、院士

《中国世界贸易组织年鉴》编委会组织机构

总 顾 问

高 级 顾 问

（以下按姓氏笔画排序）

部长助理、原国家机电办主任

陈经纬 全国政协委员、香港中国商会主席、中国世界贸易组织研究会副会长

郑志海 原对外贸易经济合作部研究院院长、中国世界贸易组织研究会副会长

李恩恒 中国常驻世界贸易组织代表团前副代表、中国世界贸易组织研究会副会长

霍建国 商务部国际贸易经济合作研究院院长、中国世界贸易组织研究会副会长

王琴华 商务部产业司原司长、中国世界贸易组织研究会副会长

薛荣久 对外经济贸易大学教授、中国世界贸易组织研究会副会长

吴家煌 中国入世市场准入谈判代表、中国世界贸易组织研究会高级顾问、教授

刘光溪 云南省人民政府金融办公室主任、中国法学会WTO法研究会副会长、教授

委　员

（按姓氏笔画排序）

马　正 中国民航局政策法规司司长

马有祥 原中国常驻联合国粮农机构代表、农业部草原监理中心主任

于慈珂 国家版权局版权管理司司长

尹　力 卫生部副部长

尹宗华 商务部国际经贸关系司司长

毛金生 国家知识产权局知识产权发展研究中心主任

王　晖 商务部科技司前司长

王世春 中国常驻维也纳联合国工发组织代表处副代表、公使衔参赞

王令浚 青海省人民政府副省长

王汉江 商务部对外援助司前司长

王成安 中国非洲问题研究会常务副会长

王沈阳 商务部对外投资和经济合作司司长

王忠明 中华全国工商业联合会副秘书长

王治权 中国国际经济合作学会会长

王俊文 中国国际贸易学会会长

王受文 商务部对外贸易司司长

王振华 国家税务总局货物与劳务税司副司长

王霓霓 国家质检总局标准法规中心主任

邓红国 中诚信托有限责任公司董事长、研究员

左常升 农业部农业贸易促进中心副主任

刘　力 中国世界贸易组织研究会副秘书长、经济学博士、研究员

刘　欢 商务部产业损害调查局原副局长

刘　佐 国家税务总局税收科学研究所所长

刘　薇 国家外汇管理局综合司司长

刘玉珠 文化部文化产业司司长

刘亚军 商务部外国投资管理司司长

刘有厚 中国驻欧盟使团经济商务参赞处前公使衔参赞

刘海泉 商务部综合司司长

刘新明　卫生部卫生政策法规司司长
向　欣　商务部流通业发展司司长
吕淑云　中国驻日本大使馆经济商务参赞处公使衔参赞
孙　杰　香港证监会中国顾问
孙永福　商务部欧洲司司长
孙瑞哲　中国纺织工业协会副会长
朱　洪　商务部国际经贸关系司副司长
朱继民　中国钢铁工业协会会长
何　宁　商务部美洲大洋洲司司长
吴　浩　国务院法制办公室法规译审和外事司司长
吴汉洪　中国人民大学经济学院教授、产业经济与竞争政策研究中心主任
张　勇　北京大学应用经济学博士后
张　骥　商务部机电和科技产业司司长
张汉林　对外经济贸易大学 WTO 研究院院长、教授
张向晨　商务部政策研究室主任
张丽萍　联合国贸易和发展会议高级经济事务官员
张坚钟　国家旅游局综合协调司司长
张松涛　中央财经领导小组办公室财贸局局长
张冠华　中国社会科学院台湾研究所副所长、研究员
李　勇　民政部民间组织管理局副局长
李月芬　联合国贸易和发展会议高级经济事务官员
李成钢　商务部条约法律司司长
李志群　国务院国有资产监督管理委员会国有重点大型企业监事会主席
李建昌　国家工商管理总局商标局局长
李欣欣　中共中央政策研究室社会局局长
李罗莎　中国世界贸易组织研究会副秘书长
李晋奇　商务部电子商务和信息化司
李晓超　国家统计局湖北调查总队总队长、高级统计师
杨　咏　交通运输部办公厅主任
杨　益　中央人民政府驻香港特别行政区联络办公室经济部副部长兼贸易处负责人
杨宜勇　国家发改委社会发展研究所所长
杨维宏　中国常驻日内瓦代表团前参赞
杨丽平　中国银行业监督管理委员会银行监管三部主任
汪东虹　海关总署教培中心副主任
沈四宝　原对外经贸大学法学院院长、中国法学会国际经济法研究会会长、教授
沈厚铎　中国政法大学教授、中国法学会 WTO 法研究会秘书长
陈　冲　中国软件行业协会理事长
陈　星　商务部台港澳司司长
陈　洲　商务部亚洲司司长
陈　淮　住房和城乡建设部政策研究中心主任、中国城乡建设经济研究所所长
陈丹丹　香港中国商会创会会长
周子学　工业和信息化部总经济师

周世俭　清华大学中美关系研究中心高级研究员
周冠山　海关总署国际合作司原司长
周柳军　商务部服务贸易和商贸服务业司司长
周晓燕　商务部进出口公平贸易局局长
孟昭亿　中国太平保险集团公司副总经理
尚　明　商务部反垄断局局长
姚　坚　原商务部办公厅主任、新闻发言人、青岛市人民政府副市长
洪　都　中央机构编制委员会办公室研究中心主任
施建新　中国驻英国大使馆经济商务处前公使衔参赞
柯炳生　中国农业大学校长、教授
胡佐超　国家知识产权局中国专利保护协会副会长兼秘书长
胡茂元　中国汽车工业协会会长
赵晓笛　中国国际商会秘书长
钟传水　中国世界贸易组织研究会常务理事
钟曼英　商务部西亚非洲司司长
钦宏亮　中国驻德国大使馆经济商务参赞处公使衔参赞
唐　伟　中国国际贸易中心股份有限公司总经理
唐小兵　世界贸易组织市场准入司司长
徐小青　国务院发展研究中心农村经济部副部长
柴小林　商务部世界贸易组织司司长
柴海涛　商务部驻广州特派员办事处特派员
栗　丽　河南财经大学 WTO 中心教授、中国世界贸易组织研究会常务理事
郭国荣　国务院国资委监事会工作局巡视员
钱建初　中国商务出版社总编辑
顾春芳　商务部产业损害调查局局长
高舜礼　国家旅游局综合协调司副司长
常晓村　商务部市场秩序司司长
戚秀芹　国家质量监督检验检疫总局国际合作司司长
曹晓唏　中石化集团经济技术研究院经济政策研究所所长
盛杰民　中国法学会经济法学研究会常务理事、原北京大学经济法研究所所长
隆国强　国务院发展研究中心对外经济研究部部长、研究员
黄胜强　上海海关关长、一级关务监督
傅星国　中国常驻世界贸易组织代表团参赞
彭华岗　国务院国有资产监督管理委员会研究局局长
温再兴　商务部市场秩序司副司长
程国强　国务院发展研究中心办公厅副主任、研究员
童道弛　中国证监会国际部主任
葛　俊　中欧国际工商学院院长助理
韩铁成　中国驻法国大使馆经济商务参赞处前公使衔参赞
翟　钢　财政部国库司司长兼国库支付中心主任
阚凯力　北京邮电大学信息产业政策与发展研究所教授
戴云楼　中国驻美国大使馆经济商务参赞处前公使衔参赞

指导单位

中央财经领导小组办公室
外交部
教育部
民政部
人力资源和社会保障部
住房和城乡建设部
交通运输部
水利部
环境保护部
卫生部
国务院国有资产监督管理委员会
国家税务总局
国家质量监督检验检疫总局
广播电影电视总局
国家体育总局
国家林业局
国家知识产权局
国务院法制办公室
中国科学院
国务院发展研究中心
中国证券监督管理委员会
国家外汇管理局
中华人民共和国常驻世界贸易组织代表团
北京大学
清华大学
中国人民大学
复旦大学
武汉大学
中欧国际工商学院
中央政策研究室
国家发展和改革委员会
科学技术部
财政部
国土资源部
铁道部
工业和信息化部
农业部
文化部
中国人民银行
海关总署
国家工商行政管理总局
国家民航总局
新闻出版总署
国家统计局
国家食品药品监督管理局
国家旅游局
国务院研究室
中国社会科学院
中国银行业监督管理委员会
中国保险监督管理委员会
中国国际贸易促进委员会
香港中国商会
世界贸易组织秘书处
联合国贸易和发展会议
联合国工业发展组织
对外经济贸易大学
上海对外贸易学院
中国传媒大学经济与管理学院

编辑部

序

2001 年 12 月 11 日，经过长达 15 年的艰苦谈判，中国正式加入世界贸易组织。这是中国改革开放历程中的重要里程碑，标志着中国对外开放进入新的阶段。

加入世贸组织是一个勇敢和艰难的选择，十年的实践证明这也是一个正确的选择。中国认真履行承诺，引进竞争机制，提高市场化程度，增强企业生存和适应能力，建立起统一的、可预见的、符合世贸规则的贸易体制，成为全球最开放的市场之一。十年来，中国经济社会快速发展，国民收入显著提高，已经成为世界第一出口大国，经济总量跃居世界第二，中国完成了从世贸组织的新成员到核心成员的重要转变。

这十年是中国与世界分享繁荣和实现共赢的十年。中国已经成为增长迅速的新兴市场，中国的强劲发展成为亚洲乃至世界经济增长的重要力量和源泉。十年来中国不断致力于推动“南南合作”，积极参与全球“促贸援助”，帮助最不发达国家提高参与全球贸易的能力。

加入世贸组织十年来的实践表明，只有走对外开放道路，才能抓住经济全球化所提供的机遇；只有把对外开放与国内发展改革相结合，才能确保从经济全球化中获得重要利益。世贸组织为多边贸易体制提供了组织基础和法律基础。今后中国将继续把世贸组织作为参与全球经济竞争与合作、推进对外开放战略的平台，并在其中发挥重要的建设性作用。

中国世界贸易组织研究会编辑的《中国世界贸易组织年鉴 2011》，

全面、客观、系统地介绍了十年来各地区、各部门、各行业抓住机遇迎接挑战的实践，当前国际形势下多边贸易体制的新趋势，多哈回合谈判的最新进展，中国在世界贸易组织中的最新动态，以及中国学术界的最新研究成果，希望这部工具书能为社会各界研究世界贸易组织提供有益的参考和借鉴。

中华人民共和国商务部部长 

2011年10月25日

编 辑 说 明

《中国世界贸易组织年鉴2011》（下简称“本年鉴”）是中华人民共和国商务部主管、由中国世界贸易组织研究会组织国内外权威部门和专家学者参与编撰出版的大型工具书，集政策性、学术性、实用性、史料性为一体，是国内外追踪研究WTO及相关问题，全面了解加入WTO后中国对外开放新形势和新变化的年度出版物。

2011年是中国加入WTO十周年，也是“十二五”规划开局之年，今年也必将成为中国改革开放进程新的里程碑。总结中国“入世”十年来不断推进改革开放，积极参与国际竞争与合作的成功经验，必将进一步推动中国在参与和完善多边贸易体制方面发挥积极的作用，同时将有助于做好新形势下对外开放工作。因此，承担时代使命，本年鉴在基本延续前四期编撰框架的前提下，2011年以“中国加入WTO十周年”为主题出版。原中共中央政治局常委、国务院副总理、国务院关贸总协定部际协调委员会主任李岚清，原全国政协副主席、中国工程院院长、中国世界贸易组织研究会名誉会长徐匡迪为“入世十周年”题词。

本年鉴在前四卷基础上对内容框架体系方面做了进一步完善。正文篇数从五篇增至十篇。其中围绕主题，专文邀请到WTO总干事帕斯卡尔·拉米、联合国贸易和发展会议秘书长素帕猜·巴尼巴滴，商务部部长助理俞建华、中国常驻WTO大使易小准、前任大使孙振宇，四任“复关/入世”谈判代表团团长沈觉人、佟志广、谷永江、龙永图，WTO上诉机构成员张月姣，WTO知名专家薛荣久、王新奎教授等分别撰文，从不同的角度解读和阐发了中国“入世”十年的意义、影响、成就和前景。

其中为进一步反映近年来国内WTO相关工作的最新情况，将“入世十年中国地方WTO事务”扩充为18个省市，包括北京、天津、深圳、河北、黑龙江、吉林、江苏、安徽、福建、江西、山东、河南、湖北、广东、海南、云南、西藏和甘肃等。

同时，为全面反映中国加入WTO以来的国际地位和对外关系变化，结合中国“一国四员”的特色，将“入世十年中国与WTO主要成员经贸关系”进一步充实完善至单独成篇，并新增“入世十年中国大陆与港澳台”。

本年鉴所涉及单位名称、作者姓名及职务均以截稿日期为准。在年鉴编撰过程中，得到商务部等国务院相关经济贸易主管部门以及我国常驻WTO代表团和广大作者、译者的积极支持和帮助，在此谨表示衷心的感谢！

我们真诚希望社会各界继续对年鉴的编辑和出版工作给予关心和支持，对本年鉴的不足之处，敬请提出批评和改进意见，以使本年鉴日臻完善。

通信地址：北京市安定门外东后巷28号2217室
邮政编码：100710
电　　话：0086—10—6451 5257
传　　真：0086—10—8425 5122
E-mail：cwtoyearbook@sina. com
网　　址：http：//cwto. mofcom. gov. cn

《中国世界贸易组织年鉴》编辑部
2011年10月

目　录

第二篇 WTO 事务

第三篇 中国与 WTO

第四篇　入世十年中国大陆与港澳台

第五篇　入世十年中国与 WTO 主要成员经贸关系

第六篇　入世十年与 WTO 有关的政策与管理措施

第七篇 入世十年中国地方 WTO 事务

第八篇 WTO 最新学术成果

第九篇 与WTO有关的法规及政策（2010）

第十篇 贸易统计数据

附　录

CONTENTS

第一篇　专　　文

以加入十年为起点，迎接新的发展契机

——纪念中国加入世贸组织十周年

商务部部长助理 俞建华

2011年是中国加入世界贸易组织（WTO）十周年。这十年，不仅是中国发展最好最快的十年，也是中国与世界互利共赢、共同发展的十年。中国成为发展中国家积极融入全球化进程的典范，为世界经济繁荣和稳定做出了重要贡献。

第一，开放进入新的阶段，经济发展又好又快

中国加入世贸组织是党中央、国务院当年做出的一个重大决策，也是中国改革开放的一个重要里程碑。十年来，中国认真履行加入时的各项义务和承诺，不断拓展对外开放的广度和深度。中国平均关税水平从15.3%下降到9.8%，开放了一百多个服务贸易部门。开放引进了竞争，提高了市场化程度，增强了企业适应能力，使中国成为全球最开放的市场之一。十年来，中国经历了历史上最大的清理法律法规工作，建立起统一的、可预见的、符合世贸规则的贸易体制。世贸组织“非歧视”、“透明度”、“公平竞争”等原则，市场意识、法治精神和知识产权保护等概念深入人心，对政府职能转变、公众观念革新产生深远影响。

加入世贸组织的十年是中国以开放促改革、促发展、促创新的十年，取得了举世瞩目的成就。对外开放有力促进了经济发展和结构调整，增加了就业，吸收了先进技术和管理经验。这十年是中国经济总量增长最快、人均收入提高最多的时期。中国出口规模增长4.9倍，成为世界第一大出口国。国内生产总值增长3倍多，经济总量跃居世界第二。中国城乡居民家庭人均收入从2001年约800美元，增长到2010年的3300美元，年均增长10%。两亿多中国百姓摆脱了贫困。经济持续快速发展也为教育、医疗、社保等社会事业的投入奠定了坚实的物质基础。

第二，坚持互利共赢，促进共同发展

十年来中国坚持互利共赢的开放战略，积极参加经济全球化、区域经济一体化进程，与各国优势互补、利益共享。中国已经成为增长迅速的新兴市场，中国的强劲发展成为亚洲乃至全球经济增长的重要力量和源泉。同时，中国在多边经贸和全球经济治理中日益发挥出建设性作用，国际地位和影响力明显提升。十年来，中国进口规模增长[illegible]倍，跃居全球第二大进口国，2010年，[illegible]亿美元，占全球的十分之一。中国已成为日本、澳大利亚、巴西、南非等国的第一大出口市场。十年来，中国累计利用外资超过[illegible]亿美元，成为世界吸收外商直接投资最多的国家之一。2009年和2010年，中国对全球经济增长的拉动作用超过了50%。中国对外直接投资从十年前的不到10亿美元，增长到2010年的近600亿美元，预计未来几年将继续保持较高增速，双向投资发展更趋平衡。

作为最大的发展中国家，中国政府一直积极履行与自身综合国力和国际地位相适应的国际义务，推动各国共同发展，在南南合作框架内增加对其他发展中国家的援助，积极参与全球“促贸援助”活动，帮助提高最不发达国家参与全球贸易的能力。自2010年开始的三年内，中国将给予41个最不发达国家95%以上的产品零关税待遇。自2009年开始，中国已经连续两年成为最不发达国家最大的出口市场，占最不发达国家出口额的23%。

第三，站在新的开放起点，推动内外协调发展

十年来中国取得的成就举世瞩目，但发展中不平衡、不协调、不可持续的问题依然突出。中国加入世贸组织的实践表明，只有实行更加积极主动的开放战略，才能实现经济的可持续发展。“十二五”规划纲要明确提出要“实施互利共赢的开放战略，进一步提高对外开放水平”。未来十年，特别是“十二五”期间，在对外经贸发展方面，中国将坚持“两个并重”：一是进口和出口并重。在稳定出口的同时，更加注重扩大进口，逐步改善贸易不平衡的状况。二是吸收外资和对外投资并重。在稳定和扩大吸收外资规模的同时，更加注重中国企业到海外投资，推动对外投资和利用外资协调发展。

加入世贸组织十年后的今天不是中国开放的终点，而是开放的新起点。中国将更加坚定不移实行对外开放的基本国策，始终不渝奉行互利共赢的开放战略，实行更加积极主动的开放战略，不断拓展新的开放领域和空间，进一步以开放促发展、促改革、促创新，推动实现全面建设小康社会、构建社会主义和谐社会的宏伟目标。

中国加入世界贸易组织十周年

——写给《中国世界贸易组织年鉴 2011》

世界贸易组织总干事 **帕斯卡尔·拉米**

2001 年 11 月，部长们聚会多哈（卡塔尔），正式批准中国加入世界贸易组织，迄今已经十年，这不仅是中国历史上，而且也是世界贸易组织历史上的一个里程碑事件。

过去的十年，已载入中国史册。巨大的增长，惊人的发展，呈现在人们面前。我们看到，千百万中国人脱离了贫困，城市旧貌换新颜，基础设施日臻完善，这一趋势，实际上已经波及幅员辽阔的各个角落。大学遍布全国各地，接受高等教育的人数急剧增加。这一效应，使得不少中国公民，能够走出国门，到处看看。每年，都有数以千计的中国游客，前来日内瓦世界贸易组织所在地造访，他们争先恐后拍照，借以联想中国对外开放的成果。

过去这十年，对世界贸易组织来说，同样也具有历史意义。世界上人口最稠密的国家，最终成为全球贸易大家庭的一员。对世贸组织运作体制，中国不露声色，经过一个时期的观察和了解，现已全面参加世贸组织所属各个机构和团体的活动。中国充分运用世贸组织争端解决机制，进行投诉，进行辩护。2008 年，张月姣女士，一位来自中国的公民，前所未有，成为世贸组织上诉机构的第一位中国成员。

当年，即 2001 年加入世贸组织之际，中国是世界上第六大出口国，其贸易额占世界总贸易量的 4%。今天，中国已经成为世界第二大经济体，世界货物贸易的最大出口国。中国的经济实力与日俱增，引起世界各方更大的关注，大家对中国在国际事务中的主导角色，寄予更大的期望。

中国成功的经历，始于 20 世纪 70 年代领导人经济改革开放的英明决策，也取决于几代中国人的拼搏、革新和创业。除了这些因素，如果要我说的话，加入世界贸易组织，也为今天人们所看到的中国奇迹做出了贡献。

中国与世界共赢

具有世贸组织成员资格，在产品和服务方面，为中国提供了一个更加透明、更加安全、更加可以预测的世界市场。正是这种稳定性，使得中国成为世界工业产品的第一大出口国。其中的许多产品，并非全在中国制造；零部件多是来自其它经济体，然后在中国组装而成。在全球价值链中，中国独领风骚，尤其是在亚洲地区。各个经济体之间，随着相互依赖程度的加深，世贸组织规则为其贸易来往提供了重要的保障。

市场准入本身，并非终极目标。相反，它是中国人手中为促进经济更快增长的法宝，是扩大就业的工具，是减少贫困的措施。在这十年中，中国的国内生产总值以两位数的增长几率快速增长。4 亿中国人口已经脱贫，全国人民的生活水平都有了很大的提高。中国的工业，已经从最初的劳动力密集型升级为技术更加密集和高端型工业生产。

中国市场繁荣昌盛，世界其他地区随之也受益匪浅。2010 年，美国向中国出口价值 920 亿美元的货物，超过 2001 年出口量的 4.5 倍。2001 年，中国从巴西进口价值为 20 亿美元，而 2010 年进口价值则高达 310 亿美元。外来投资者，数以千万计，他们在中国开展业务，无疑是对中国经济快速增长起到一定的助推作用。

在帮助世界上最贫穷国家方面，中国也发挥着越来越重要的作用。在2008年联合国千年发展目标峰会上，国务院总理温家宝先生宣布，中国在市场准入方面，会为世界上最贫困的国家提供免税和免配额优惠。2008年，中国成为最不发达国家最大的出口市场，当今已占其出口总额的23%。

还有，中国与其他成员，分享其作为世贸组织成员的成功经验。2011年7月，中国向世贸组织捐赠40万美元，帮助最不发达国家申请加入，成为世界贸易组织成员。

入世承诺兑现情况

成为世贸组织成员，意味着中国要信守一系列重要承诺，公开其经济体制，改革其经济体制。非同以往，这些改革不是强加于中国。恰恰相反，决定进行经济改革，首先是为了中国自己的发展，然后才在世贸组织规则框架下，使其改革进一步深化。我的看法是，世贸组织之所以功成名就，其根本原因就在于：自我选择，必有其果，中国经济对外开放发展之路，中国公民憧憬未来小康生活，就是有鉴于此。

中国加入世贸组织以来，2006年、2008年和2010年，世贸组织曾先后三次审议中国贸易政策。世贸组织成员的看法是，中国政府所表示的决心是严肃认真的，而且也做出了非同寻常的努力，逐步公开其国际贸易和国家投资体制。

中国降低了平均进口关税，使其从入世前的约15%削减到2010年的9.5%。她还做出努力，消除非关税壁垒，开放服务业。为了保障经济体制改革的进一步深化，中国颁布并出版了一系列规章制度。

然而，中国所做的一切，并非尽善尽美。就某些领域来说，世贸组织成员一致认为，中国可作进一步的改进，如在知识产权保护领域，自主创新应在其框架下进行。

近来发生的金融和经济危机，进一步增强了中国长期结构性改革的意识，其想法是进一步提高社会保障质量，减少家庭预防性储蓄，多元化经济结构，改变资本市场滞后状态。进行这些改革，目的在于使中国经济更加透明，更加稳定，更加可以预测，这也正是世贸组织组建伊始的三大原则。

争端解决机制的运用

以规则为基础的多边体系，使得中国能够平和地解决她与其他世贸组织成员之间的贸易争端问题。

随着中国在世界贸易中份额的增长，中国作为一方，其贸易争端的数量同样也有所增长。2011年7月份，无论是作为被告，还是作为原告，中国总共被牵扯进20起世贸组织受理的贸易争端中。作为第三方，中国被牵扯进的贸易争端，也多达70余起。这些案件，涉及面从如反倾销、反补贴和保障措施等补贴门路，到知识产权或原材料等补贴方面。

根据法律程序，中国参与有关活动，在运用基础规则方面获得了宝贵的知识和经验。这些知识和经验，不仅可以保护中国企业的利益，也有利于中国立法者拟定一个更好的国内法律体系，更大程度地与国际法律框架保持一致。

此册《中国世贸组织年鉴》是中国商务部做出的重要贡献。年鉴中收录的中国作为当事方的争端解决研究案例，将为其国内法改革提供非常宝贵的经验。

中国在多哈回合谈判进展中的作用

启动多哈发展回合，正值中国成为世贸组织大家庭的一员。因此，在多哈回合发展谈判的初始阶段，中国参与程度十分有限。但是随着时间的推移，中国在谈判中发挥的作用越来越大。中国提交了不少建议，并以积极的态度参加各种谈判。

2005年，中国作为东道主，世贸组织贸易部长在大连聚首，为同年12月在香港成功举办世贸组织部长级会议铺平了道路。2008年，中国商务部部长陈德铭先生，与来自澳大利亚、巴西、欧盟、印度、日本、美国等同僚一起，不懈努力，达成共识，推动谈判，起到了关键作用。

前大使孙振宇先生、现大使易小准先生带领的中华人民共和国驻世贸组织代表团，由许多聪慧而专业性强的中国人组成，他们在世贸组织不同部门工作，捍卫中国在世界贸易组织的利益。

在 G20 峰会上，中国领导人始终如一，明确表态，支持多边贸易体制，尽快结束多哈发展回合谈判。

很显然，当今的经济挑战需要新的全球性解决方案，中国在整个进程中的主导角色至关重要。作为世贸组织总干事，我感谢中国在世贸组织所做的一切努力。日后，中国起到引领作用，发挥主动精神，也是我的期待。

展望未来

中国加入世贸组织，历经十五年的辛勤工作和无畏奉献。这一进程，着实不易，但也证明那是一个物有所值的经历。正如过去十年所彰显的那样，更加开放的经济体制，是提高中国竞争能力并增强经济实力的最佳途径。

展望未来十年，毫无疑问，中国在世界经济中将继续扮演重要角色，但同时也将面临许多挑战。

发展的同时，无不付出代价。诚然，中国国内生产值每年是超过 10%，但在这同时，中国也必须全力应对环境不断恶化、收入分配不均、社会保障不健全、服务业市场滞后、区域经济发展不平衡、人口老龄化等问题带来的挑战。

中国经济，对制造和出口过分依赖，从而导致投资过度，某些行业产能过剩。如何较好地平衡国内外供求关系，是中国今后十年面临的一大挑战。深化进出口开放政策，将提高中国领导决策能力，如此则有助于处理全球贸易和经济问题，使风险降至最低程度，达到全球经济繁荣的目的。

如今，中国采取许多实质性措施，鼓励创新，鼓励研发。2009 年，约有 82 万个商标权在中国得到核准。同年，中国专利局授予的专利权计有 12.8 万件之多。知识产权保护制度只有在其进一步完善后，上述这些措施才能够行之有效。

中国社会，要想使其经济发展格局平衡，保持经济更加可持续增长，进而与世界融为一体，还需要经历一个漫长的过程。

中国需要解决的另一个问题，是如何让国外了解自己。在很长一个时期内，中国尽管还是一个发展中国家，但有很多外籍人仍然认为中国是一个发达国家，他们要求在更加平等的条件下与中国进行竞争。这种紧张气氛，需要双方共同努力，审慎对待。

正如通过的《十二五规划》中所示，中国已经充分意识到了这些挑战。日后该干些什么，中国领导阶层心知肚明。面前的问题，是如何予以实现。对此，我充满信心，相信中国凭借其决心和领导能力，将会找到正确的答案。同样，我也有理由相信，在实施过程中，他们会这样做，这对应对全球挑战，具有深远意义。

（侯冠林、张璇 译　杨维宏 校）

China's Ten-Year Accession to the WTO

by Pascal Lamy, Director-General of the WTO

Ten years have passed since Ministers gathered in Doha (Qatar) in November 2001 formally approved China's accession to the World Trade Organization, an event representing a milestone in the history of both China and the WTO.

The past decade has been historic for China. We have seen a tremendous growth and development. Millions of Chinese have been lifted out of poverty. We have seen cities transform, infrastructure has been developed and it now links virtually all corners of this huge country. Universities have sprawled and the number of Chinese accessing higher education has significantly increased. This new affluence has allowed many Chinese citizens to travel abroad. We can see this at the WTO site in Geneva which is visited every year by thousands of Chinese eager to photograph the institution they associate with China's opening to the world.

But the past decade has also been historic for the WTO. The world's most populous country finally became a member of the global trading family. After a period of quietly observing the functioning of the system, China is today fully participating in all its bodies and organs. It is also making full use of the WTO dispute settlement system both as complainant as well as respondent. In 2008, Ms Yuejiao ZHANG, a Chinese national became the first ever Chinese member of the WTO Appellate Body.

In 2001 when China joined WTO, it was the 6th largest exporter and its trade volume represented about 4% of total world trade. Today, China has become the world's second largest economy and the world's largest exporter of goods. China's rising economic power has also drawn more of the world's attention and created greater expectations on the country's leadership role in international affairs.

China's success story began with the wise decision of its leaders to reform and open up the economy in 1970s. It is due as well to the hard work, innovation and entrepreneurship of generations of Chinese people. In addition to all these factors, if I may say, joining WTO has also contributed to the Chinese miracle we see today.

Win-win for China and the World

WTO membership has given China a more transparent, secure and predictable access to world markets for its products and services. It is this stability that has allowed China to become the world number one exporter of manufactured products. Many of these products are not fully manufactured in China; they are assembled in China with components from many different economies. China embodies the rise in global value chains around the world, and in particular in Asia. As economies become more and more interdependent, the WTO rules and regulations provide an essential backbone for the conduct of trade.

But market access is not an end in itself. It is rather an instrument in the hands of the Chinese to foster growth. It is an instrument to generate employment. It is a means to reduce poverty. In this decade China's Gross Domestic Product has soared with a two-digit growth rate. 400 million people have been lifted out of poverty and living standards across the country have greatly improved. China's industry has moved upscale from an initial focus on labor intensive activities to more high technology, high-end industrial production.

And as the Chinese market has grown richer, it has provided more opportunities for the rest of the world. In 2010 the U. S. exported 92 billion USD worth of goods to China, 4. 5 times higher than its exports in 2001. China's imports from Brazil increased from 2 billion USD in 2001 to 31 billion in 2010. Thousands of foreign investors have established operations in China and have undoubtedly contributed to this tremendous growth.

China is also playing an increasingly important role in helping the world poorest countries. In 2008 at the United Nation's summit on the Millennium Development Goals Premier Wen Jiabao announced that China would provide duty-free and quota-free market access for the world poorest countries. Since 2008 China has become the largest export market for LDCs, today accounting for 23% of their total exports.

China is also sharing its own successful experience of WTO membership with others. In July 2011 China donated US $400 000 to the WTO to help LDCs become members of the WTO.

Implementation of WTO Commitments

Becoming a WTO member meant that China would undertake a series of important commitments to open and reform its economic regime. But unlike in the past, these reforms were not imposed upon China. On the contrary, China first took its decision to reform its economy for its own good, and it then decided to anchor these reforms in the WTO. In my view this is a fundamental reason why WTO has been successful: because it was the result of a domestic choice that saw in opening the Chinese economy a way to develop and to provide the Chinese citizens with a decent future.

Since China's accession, the WTO has conducted three reviews of its trade policies in 2006, 2008 and 2010 respectively. WTO members concur that the Chinese government has shown serious determination and that it has taken remarkable efforts to gradually open its international trade and investment regime.

China has reduced its average import tariff from around 15% before WTO accession to 9. 5% in 2010. It has also made efforts to eliminate non-tariff barriers and to open up the service sectors. To safeguard the deepening of economic reform, China has promulgated and published many new rules and regulations.

But not all is rosy. There are also areas where WTO Members agree that China can make further improvements such as in the area of intellectual property rights or on its framework for indigenous innovation.

The recent financial and economic crisis reinforced China's intention to undertake long term structural reforms needed to strengthen its social safety net, reduce precautionary saving by households, diversify its economic structure, and to improve its underdeveloped capital market. These reforms bring more transparency, stability and predictability to the Chinese economy the three founding principles of the WTO

Use of Dispute Settlement

The rule-based, multilateral system has also enabled China peacefully settle its trade dispute with other WTO Members.

With China's increased share of world trade, the number of trade disputes to which China is a party has also increased. Through July 2011, China has been involved in 20 WTO disputes either as a respondent or a complainant. As third party, China is also involved in more than 70 disputes. These cases range from trade remedy measures like anti-dumping, countervailing measures and safeguards to intellectual property rights or raw materials.

Through involvement in the legal process, China has gained valuable knowledge and experience about the rules-based system. It not only protects the interest of Chinese enterprises, but also helps the Chinese legislators design a better domestic legal system, more consistent with the international framework.

This WTO Yearbook is an important contribution from the Ministry of Commerce. Collecting case studies on the disputes in which China has been involved will offer invaluable experience for its domestic legal reform.

China's Role in Doha Development Round Negotiations

The Doha Development Round was launched just as China became part of the WTO family. Therefore, the involvement of China in the initial steps of the Round was rather limited. But with the passing of time China has become more involved in the negotiations. It has tabled proposals and participated actively in the negotiations.

In 2005 China hosted a gathering of WTO Trade Ministers in Dalian, paving the way for a successful WTO Ministerial Conference in Hong Kong in December 2005. In 2008 Chinese Trade Minister Chen Deming played a key role together with his colleagues from Australia, Brazil, the European Union, India, Japan and the United States in trying to reach consensus to advance the negotiations.

The delegation of People's Republic of China to WTO, led by former Ambassador Mr. Sun Zhenyu and currently by Ambassador Mr. Yi Xiaozhun, is composed of many bright and professional Chinese who work in the many WTO bodies to defend the Chinese interests at the WTO.

At the G20 Summit the Chinese leadership has always expressed support for the multilateral trading system and for a rapid conclusion of the Doha Development Round negotiations.

It is clear that today's economic challenges need new global solutions and China's role in leading this process will be essential. As the Director-General of the WTO, I thank China for the efforts it has made at the WTO. I count on leadership and initiative from China in the future.

Looking Into the Future

It took 15 years of hard work and dedication for China to accede to the WTO. It was not an easy process, but it has proven to be a worthwhile one. As the last decade has shown, a more open economy is the best way to boost a country's competitiveness and economic capacity.

Looking ahead to the next ten years, there is little doubt that China will keep growing its role in the world economy. However, many challenges remain ahead.

Development does not come without a price. True, China's GDP has been rising by more than 10% every year, yet the country must still wrestle with problems in environmental degradation, with income distribution, with social safety nets, with the need to develop its untapped services market, with regional imbalances, with the challenges faced by an aging population.

China's economy heavily relies on manufacturing and export, which has resulted in over-investment and hence excess capacity in certain industries. Achieving a better balance between external and domestic demand is a big challenge for China in the next decade. Further opening of its import and export policies will reinforce China's leadership role in helping to address global trade and economic issues in ways that minimize the risks to global prosperity.

China has now taken substantial measures to encourage innovation, research and development. In 2009, some 820,000 trademarks were granted in China. The Chinese patent office approved more than 128,000 patents in the same year. These measures can only be effective when a better system to protect intellectual property is in place.

There is still a long way to go before Chinese society attains a balanced economic development pattern a more sustainable growth and further integration with the world.

China also needs to address how it is perceived abroad. While China will remain a developing nation for a long time, many non-Chinese perceive it as a developed country with whom they want to compete on more equal terms. These tensions need to be carefully managed on both sides.

China is fully aware of these challenges as is evident in the 12th five year plan they have adopted. The leadership knows what needs to be fixed. The question ahead of them is how to achieve it. Yet, I am fully confident that with determination and leadership the country will find the right answers. And I am also convinced they will do so while understanding this will be a valuable contribution to addressing global challenges.

中国与世贸组织：变化中的中国，世界贸易之变

联合国贸易和发展会议秘书长 素帕猜·巴尼巴滴

中国加入世界贸易组织（简称“世贸组织”），无论是对中国，或是对多边贸易体制，都是一项重大的改革。中国对世贸组织的承诺，就货物贸易和服务贸易市场准入的深度和广度而言，任何其他世贸组织成员的开放现状均无一所及，而且某些规则对中国来说则更紧更严。中国加入世贸组织，使在这之前多是在沿海地区进行实验性的经济改革得到巩固，进而推动这些改革向中国内地省份延伸，形成席卷全国各地之势。

全面履行对世贸组织的承诺，而且在一些领域提前予以兑现，这表明中国自加入以来，其加入条款和加入条件，其贸易体制和投资体制，都发生了根本性变化。这一状况，有效地消除了世贸组织其他成员对中国加入后能否履行承诺和言而有信的忧虑。举几个实例：贸易政策和措施在中国大陆已经统一实施，而且对所有贸易伙伴一视同仁；在货物贸易开放领域，进口货物充分享受国民待遇，此外，中国对关税全都进行约束，削减平均税率并约束在现今的9.9%；目前的农产品关税约束在15.2%，远远低于世界农产品62%的平均关税，而且比一些主要发达国家要低得多；中国加入世贸组织后，取消了出口补贴，然而对同样的补贴，世贸组织其他成员只是待多哈回合谈判结束后，到2013年才依据多边协议予以取消；在服务贸易领域，160个分项中约有100个全部或部分对外开放，其中的大部分项目对外来服务和服务供应商均充分实行国民待遇。

加入世贸组织以来，中国境内发生的最有深远意义的变化，可以说是在法规制定方面以及在这一过程中的公众参与。世贸组织规则，中国对世贸组织的承诺，两者相互借鉴，中国并将其融入国内法规，各级政府部门都必须予以遵守。这一举措助推了中国法规的制定，因为这些规则和承诺与中国多数政府部门息息相关。透明度，世贸组织重要原则之一，原来在中国是生僻怪异之词，之所以如此，就在于中国经常是“内部文件”先于公布规章制度下达，指导各种经济活动，其中包括贸易来往。如今，“透明度”在中国已成为一个耳熟能详之词。根据对世贸组织的承诺，中国不仅公布了所有与贸易有关的规章制度，而且还公布了其他一些领域的规章制度。2008年伊始，国务院及相关部委颁布的规章制度，所有草案都要事先征询公众意见。后者的变化，不言而喻，中国政府为了保持透明度，已经认识到公众参与的重要性。对外透明的好处是，可以降低法规实施成本，使其相关规章制度的功能、公平和效率最大化。高度透明制定规章制度和公众全面参与，有助于构建良好的管理制度和良好的机构设施。

市场对外开放，受益多边贸易规则，中国因此成为贸易大国，国家繁荣昌盛。2001年，中国出口和进口额分别是2 662亿美元和2 436美元，两者均位居世界第六。到了2010年，出口和进口分别达到1.58万亿美元和1.40万亿美元，使中国成为世界上最大的货物贸易出口国。当今，中国占有世界出口贸易总额的10%。中国也是第二大进口国，占世界进口贸易总额的9%。

现在，中国已紧紧地与世界贸易融为一体，成为全球供给链条中至关重要的一环。伴之以积极的贸易政策安排，中国有能力构建行之有效的管理机制，创造就业机会，大幅度减少贫困人口。举例来说，1990—2005年间，中国自己的脱贫人数就占世界总脱贫人口的90%，全球人口贫困率（Headcount Poverty Ratio）因之从41%下降到26%。

中国在世界进出口贸易位次的上升，以及国民财富的不断增长，反过来又影响世界贸易。过去十年的发展，展现了中国加入世贸组织后对其他成员所带来的益处。中国廉价的出口产品，发达国家和发展中国家的消费者都从中受益。最近以来，中国努力从追求速度的出口投资模式向提速增速的国内市场需要转型，进口产品数量不断增长，其他成员国出口商和投资商都因此获得收益。作为世贸组织资质成员，确保贸易环境可以预见，中国因此成为美国、欧盟和日本等发达国家的最大市场。据美中商业联合会统计（注：见美中商业联合会 2010 年 10 月 6 日题为《中国履行其对世界贸易组织的承诺》的网文），中国加入世贸组织以来，美国于 2001 至 2009 年间出口到中国的货物贸易额增加了 330%，服务贸易产品增加了 212%。鉴于稳定的国内市场，中国也是跨国公司投资最有吸引力的目的地之一。譬如 2009 年，全球外资投放量萎缩 38.7%，而中国吸收外资的数额仅仅下降了 2.6%。

还有，对许多发展中国家和最不发达国家来说，中国已经成为出口市场的目的地。就地区来说，尤其是相对于韩国和东盟成员国，中国扮演的角色是制造业中心，各个国家进行来料加工，然后再出口到目的地发达国家，有时则将此称作为“间接”产品贸易。东盟成员国农产品，对中国的出口也随之增加。中国加入世贸组织后，双方经贸合作日益密切，彼此都从中受益，东盟成员国对来自中国竞争的担心也随之化解。

对拉美发展中国家来说，中国是其农产品出口主要市场之一。对最不发达国家来说，其中的大多数位居非洲，中国于 2008 年超越欧盟并成为这些国家最大的出口市场，吸纳这些国家 23%的出口产品。譬如加蓬这个国家，向中国出口木材就多于对其传统市场欧盟的出口。在很大程度上，这是中国落实南南合作动议的部分项目，对加蓬实行免税和免配额待遇的结果。中国与非洲国家之间的贸易，以年增长率 33.5%的速度，从 2000 年的 100 亿美元增长到 2008 年的1 000亿美元。

中国从非洲最不发达国家的进口，大部分都是农产品和矿产品——这是因双方经济结构不同所致——中国出口到非洲最不发达国家的，多半是机械、设备、汽车和电子产品。在工业化早期阶段，这些是非洲国家极为需要的产品。对发展中国家，中国公司也注资协助弥补其资本的不足。90%的非洲国家，81.4%的亚洲国家，吸收来自中国的投资。另外，在其他发展中国家和最不发达国家资金和人文资源允许的情况下，中国依据南南合作项目，通过援助和技术支援，协助这些国家发展基础建设，提高生产能力，拓展出口幅度，增加人文资本。

从系统的长远角度来看，中国加入世界贸易组织，比之一些贸易投资家所描述的故事，具有更重大的意义。一个拥有巨大贸易潜能的重要经济体被拉进世界贸易组织，这是多边贸易体制在其真正普遍化的道路上前进了一大步。中国加入世界贸易组织，还有助于制衡多边贸易体制管理工作，改变有史以来贸易规则概由发达国家成员定夺的局面。中国与世贸组织其他发展中国家活跃成员同舟共济，作为一个集团参加规则制定活动，将增强发展中国家的谈判能力。当然，这就需要中国代表在多边贸易谈判中发挥其谈判技巧和创新能力。

2002 至 2005 年，身为世界贸易组织总干事，我在三年任职期间亲眼目睹了中国谈判代表们、特别是由现为中国世贸组织研究会会长、时任中国大使的孙振宇先生率领的中国驻世贸组织代表团成员们的成长过程。他们积极参加世贸组织种种活动和谈判，多哈回合本上启卜谈判是其中之一，与其他国家分享其经验和知识，包括申请加入的国家。在包括运用争端解决机制，坚定捍卫中国在世贸组织利益的同时，中国代表向来注重其他成员的关切和利益，尤其是那些发展中国家和最不发达国家的关切和利益。在中国加入世贸组织之前，有人曾担心中国会对其在世贸组织的利益过于斤斤计较，其中包括在规则拟订部门的利益。不过，在世贸组织任职那几年的经验使我感到，这种担忧未免过分了。中国与几个主要贸易伙伴之间就新近几个案件的处理，证实了我的看法。中国提出的举措，一旦受到世贸组织专家小组根据规则提出异议时，中国则不折不扣地履行专家小组做出的裁定，从而彰显中国是世贸组织一个负责任的成员，一个值得信赖的成员。

回首往事，为了取得世贸组织成员资格，中国等待长达十五年之久，这对中国和其他国家都是富有成效的，这也帮助中国成功地应对了一些来自国内的重大挑战。诚然，中国仍然面临一些棘手任务，其中如收入差距拉大，乡下贫困加剧，环境不断恶化，大量劳工就业问题，调整经济结构，尤其是要使追求速度的出口投资型经济向提速增速的内需型经济发展。还有，那就是2008年由雷曼兄弟公司倒闭引发的而今尚未休止的经济危机，这场危机提醒人们，贸易与金融是紧紧地交织在一起的。中国为减轻这场危机的破坏发挥了建设性作用。然而，全球经济失衡依然如故，鉴于国际大家庭正在寻求出路，欲构建一个更加稳定的全球经济，多边贸易体制上下如何通力合作，中国将起到非常重要的作用。

这样一个国家，人均国内生产总值仅为4 500美元（2010）、世界排行第94位的国家，竟能成为世界上第二大经济体，此乃是历史上前所未有。这就意味着，在世贸组织谈判中，中国将身处从未有过的更加微妙的处境，它将被视做世界工业强国，然而仍然要应对一些发展中国家面临的挑战。中国已经收到来自主要贸易伙伴的刚性要求，要中国在多哈回合谈判中承担更多的责任。如何审慎平衡多哈回合谈判的结果，对中国来说，这是一个巨大的挑战。基于这一特殊地位，如何处理与敏感国家和贸易伙伴之间的关系，对中国来说并非易事，或许这将是中国在世界贸易组织中面临的最大挑战。尽管如此，我相信中国人民，以其坦荡的胸怀，以其勤奋的作风，总而言之，用他们的聪慧才智和创新能力，必将成功地应对这些挑战。

（杨维宏 译）

China and the WTO: Changing China, Changing World Trade

by Supachai Panitchpakdi, Secretary-General of UNCTAD

The accession of China to the WTO was a significant transformation for both China and the multilateral trading system. China's commitments in the WTO, which are amongst the deepest and most extensive of any member, going beyond status quo liberalization in market access for goods and services, and more stringent on certain rules. Accession has consolidated economic reforms that took place on an experimental basis, mostly in the coastal regions before China's accession, and has also advanced the expansion of these reforms to inland provinces in China, thus cementing them at the national level.

With the full implementation of its WTO commitments and, in some areas, in advance of the timelines indicated in China's accession terms and conditions, China's trade and investment regime has changed substantially since its accession. This has effectively dissipated other members' concerns about China's commitment and ability to keep its promises upon accession. To mention just a few: trade policies and measures have been applied uniformly across mainland China and non-discriminatorily among its trading partners; in the area of goods liberalisation, in addition to full national treatment provided to imported goods, China has bound all its tariff lines and the average tariff rate has been reduced to and bound at 9.9 per cent at present; its agricultural tariffs are now bound at 15.2 per cent, far below the world average of 62 per cent and much lower than some major developed countries; china removed its export subsidies upon accession, whilst such subsidies are only scheduled to be removed multilaterally by other members in 2013, subject to the completion of the Doha Round; in the area of services, around 100 out of 160 sub-sectors have been liberalized fully or partially, and full national treatment is provided to foreign services and services suppliers in most of the sub-sectors.

Perhaps the most far-reaching change within China, after accession, was in the area of the rule of law and public participation in the rule making process. WTO rules and China's commitments in the WTO have been incorporated into domestic legislation that must be observed by relevant governmental agencies at all levels. This has helped promote the rule of law in China, as those rules and commitments involve most government agencies. Transparency, one of the principles of the WTO, used to sound exotic in China, as "internal documents" which could precede published regulations were frequently issued to regulate economic activities, including trade. Today transparency has become a norm. China not only publishes all trade-related laws and regulations in accordance with its WTO commitments, but also publishes its laws and regulations in other areas. Since the beginning of 2008, public opinion has been solicited for all the drafts of regulations issued by the State Council and departmental rules of relevant ministries. This latter change suggests that the Chinese Government has come to recognize the importance of public participation in maintaining transparency. A merit of being transparent is that it will reduce legislation and regulation implementation costs and maximize the effectiveness, equity and efficiency of relevant legislation and regulation. Full transparency and public participation in rule-making has proven help build good governance and institutions.

Enjoying the benefits from multilateral trade rules while opening its own market, China has become a major trading power and increasingly prosperous as a result. In 2001, its exports and imports were ＄266.2 billion and ＄243.6 billion respectively, both ranking 6th in the world. In 2010, those figures had reached US＄1.58 trillion of exports and US＄1.40 trillion of imports, making China the world's biggest exporter of goods. Its share of total world exports is now 10%. But it is also the second largest importer of goods with a share total of world imports at 9%.

China is now closely integrated into world trade and has become an important player in global supply chains. Combined with an active policy agenda, China has been able to build productive capacities and create employment, which has helped the country substantially reduce the number of its people living in poverty. For example, China alone accounted for 90% of global poverty reduction that occurred over the period 1990—2005, during which the Headcount Poverty Ratio declined from 41 per cent to 26 per cent.

China's rise in global exports and imports and its growing national wealth has, in turn, impacted on world trade. Developments in the past 10 years have demonstrated the benefits of China's accession to other members. Cheaper Chinese exports benefit consumers in both developed and developing countries. More recently, exporters and investors in other countries have benefited from rising imports by China, in its effort to shift from export and investment-driven growth towards domestic demand driven growth. With a predicable trade environment assured by WTO membership, China has become the top market for developed countries, including the United States, EU and Japan. According to the US-China Business Council①, since China's accession to the WTO, US goods exports to China have increased by 330 per cent between 2001 and 2009 and its services exports to China by 212 per cent. Given China's sizable domestic market, China is also among the most attractive FDI destinations for transnational corporations. For example, in 2009, whilst global FDI shrank by 38.7 per cent, China only witnessed a decline of 2.6 per cent.

China has also become an export destination for many developing countries and least developed countries. It has acted as a manufacturing hub for the region, in particular Republic of Korea and ASEAN members, by importing manufactures for further processing and re-export to final destination markets in developed countries, sometimes called the intermediate goods trade. ASEAN agricultural exports to China have also increased. ASEAN members' worries about China's competitiveness after its WTO accession have been dissipated by closer economic and trade cooperation between the two sides, which have brought mutual benefits.

For Latin American developing countries, China has become one of the main markets for their agricultural products. For least developed countries (LDCs), most of which are located in Africa, China surpassed the European Union in 2008 to become their largest export market, absorbing 23 per cent of their exports. For example, Gabon exports more timber to China than to the European Union, its traditional market. This can be largely attributed to the duty-free and quota-free treatment China has provided to them as part of its South-South cooperation initiatives. Trade between China and African countries grew from ＄10 billion in 2000 to over ＄100 billion in 2008 at an annual rate of 33.5 per cent.

---

① China's implementation of its World Trade Organization commitments: an assessment by the US-China Business Council, 6 October 2010. Available at http://www.uschina.org/public/documents/2010/10/wto_commitments_testimony.pdf

While China's imports from the African least developed countries are largely in commodities—which can be attributed to structural economic features on both sides—over half of China's exports to African LDCs are of machinery and equipment, automobiles and electronic products. These are products which are badly needed by these countries that are in the early stages of industrialization. Investment from Chinese companies also helps to make up for the shortage of capital in developing countries. 90 per cent of Asian countries and 81.4 per cent of African countries have received FDI from China. In addition, China has helped, in the context of South-South cooperation, other developing countries and LDCs to develop infrastructure, production and export capacity and human capital through aid and technical assistance within the limits of its financial and human resources.

From a systemic perspective, China's accession to the WTO is more significant than the story told by the trade and investment figures. Bringing this major economy with an enormous trading potential into the WTO was a giant step towards making the multilateral trading system truly universal. China's accession has also helped rebalance governance in the multilateral trading system under which trade rules have historically been determined by developed country members. Together with other active developing countries in the WTO, China's participation in rule making strengthens the negotiating power of developing countries as a group. This of course requires Chinese negotiators to be skillful and creative in multilateral trade negotiations.

During my three-year tenure as the Director-General of the WTO from 2002 to 2005, I witnessed the development of Chinese negotiators, in particular the Chinese Mission led by H. E. Ambassador SUN Zhenyu who is now heading the CWTO. They participated actively in WTO activities and negotiations, including the Doha Development Round and shared their experience and expertise with other countries, including countries in accession to the WTO. While firmly defending China's interests in the WTO—including through the dispute settlement mechanism— Chinese negotiators have been attentive to the concerns and interests of other members, in particular those of developing and least developed countries. There was concern before China's accession that China would be too preoccupied with its own interests in the WTO, including in rule-making bodies. My own experiences during those years, however, showed me that such concerns were over-stated. This has been proven in recent cases between China and its major trading partners. When China's measures have been ruled against by WTO panels, it has fully implemented the rulings of the panels, demonstrating that China is a responsible and credible member of the WTO.

Looking back, China's 15-year long wait for WTO membership has proven to be fruitful for both China and other countries, and have helped China tackle some of its substantial domestic challenges. Nevertheless, the country still faces some difficult tasks ahead, including widening income inequality, poverty reduction in rural areas, environmental degradation, job creation for its large labour force, and economic structural changes in particular the shift from export and investment-driven growth towards domestic demand-driven growth. Moreover, the ongoing economic crisis that began with the collapse of Lehman Brothers in 2008, has served as a reminder that trade and finance are very closely interlinked. China played a constructive role in mitigating the damage from that crisis. However, global imbalances persist and China will have a very important role to play in seeking greater coherence across the multilateral system as the international community seeks ways to bring about a more stable global economy.

It is historically unprecedented that a country should be the world' s second largest economy yet have a GDP per capita of less than ＄4,500 (in 2010) ranking it 94th in the world. This implies that China will be put into ever more delicate situations in WTO negotiations, where it will be seen as an industrialised global power whilst it still retains some developing country challenges. China has already received demanding requests from its major trading partners to assume more responsibilities in the Doha Round negotiations. How to carefully balance the results of negotiations in the Doha Round remains a big challenge for China. It is not an easy task for China to sensitise countries and trading partners to its unique situation and perhaps this still remains the greatest challenge the country faces in the WTO. Nevertheless，I believe that the Chinese people will be able to overcome these challenges with their openness，diligence and above all wisdom and creativity.

纪念中国加入世界贸易组织十周年

中国常驻世界贸易组织大使 易小准

今年是中国加入世界贸易组织十周年。十年来，中国坚定不移地推进对外开放，充分利用加入世贸组织的历史性机遇，以开放促发展、促创新，经济社会取得了举世瞩目的发展。十年来，中国全面参与世贸组织各项活动，行使成员权利，认真履行承诺，推动多边贸易体制朝着开放、公正的方向发展，为世界经济复苏与增长做出了贡献。十年的历程反映出中国融入世界、参与多边贸易体制和全球经济治理的不懈努力和发展道路。

一、推动开放改革，全面融入世界

加入世贸组织是中国改革开放的里程碑，它为中国开启了一扇走向世界、融入世界的大门，为对外开放开创了平等、稳定和互利双赢的外部环境，为十年间取得经济腾飞奠定了坚实的基础。

第一，融入世界首先体现为中国通过加入世贸组织获得平等的国际贸易地位。加入世贸组织为中国以平等的身份参与全球化提供了法律保障，有力地推动了中国全面融入世界。按照世贸组织非歧视原则，美国、欧盟等在内的世贸成员逐步取消对华歧视性贸易限制措施，中国第一次以平等的身份参与国际贸易，与全世界各国在共同的多边法律框架下发展经贸合作，中国对外经贸关系从此走上多边、区域与双边相结合的全方位发展道路。

第二，融入世界体现在中国通过开放全面参与经济全球化、受益经济全球化。加入世贸组织标志着中国对外开放由过去以试点为特征的政策性开放，转变为法律框架下的规范性开放；由单方面的自主开放，转变为与世贸成员间的相互开放。加入世贸组织后中国对外开放程度不断提高，关税与非关税限制水平显著下降，逐步扩大农业、制造业和服务业的市场准入。对外开放使各种生产要素参与全球化，劳动、资本、技术、知识和管理的活力竞相释放和迸发，中国经济发展获得前所未有的强大动力。

第三，融入世界还体现在中国接纳国际规则和市场经济理念。世贸组织倡导的市场经济、自由贸易、法制精神完全符合中国改革和社会发展的方向。加入以来，中国废止、修订和新颁布的法律法规达3000个，地方法规修改更是高达19万件，初步建立了符合世贸原则的法律体系。世贸组织所倡导的“透明度”、“非歧视”等理念在中国已深入人心，成为中国立法的原则依据。

二、参与多边贸易体制，推动实现互利共赢

加入世贸组织十年的历程，也是中国学习的历程，不仅学习参与全球化，更重要的是学习有效参与多边贸易体制，推动建立公正合理的世界经济秩序。

可喜的是，经过十年努力，中国已经从一个学习规则、熟悉规则的新成员，成长为逐步掌握规则、运用规则并参与制定规则的“成熟的成员”。这种成熟体现中国在多边贸易体系中妥善、专业地处理与150多个世贸成员之间的经贸关系，体现在全面参加多哈回合谈判、贸易政策审议及争端解决机制等各项世贸组织活动中。

在多哈发展回合中，中国坚持原则性与灵活性相结合，积极参加了各个领域的谈判，话语权得到明显提升。一是坚持发展是多哈谈判的核心，重点解决广大发展中国家所关注的问题；二是合纵连横，利用发展中国家集体的力量壮大自己，参与了“农业问题发展中国家 20 国集团”（G20），以及“发展中成员特殊产品和特殊差别待遇 33 国集团”（G33），通过合作与协商，维护发展中成员在谈判中的共同利益；三是参与包括“绿屋”在内的所有层面和范围的谈判，全面进入谈判核心圈；四是积极提出提案，迄今中国已向多哈谈判各机构提交 100 余份提案，体现了中方利益，推动了谈判进程。

十年来，中国全面参与世贸组织贸易政策审议机制，认真履行通报义务，对成员的关注解疑释惑，回答了数千个问题，得到成员的普遍认可与赞赏，成功完成三次对华贸易政策审议。同时中国也积极参与对其他世贸成员的贸易审议，提出中方关注，共同推动世贸组织法律的遵守和实施。通过参与审议通报，中国注意倾听其他成员的意见和批评，学会用世贸组织的语言和规则，阐述和解释中国的经贸政策。

十年前，中国刚开始参与争端解决机制时蹒跚学步，如今已成为该机制的积极运用者，对发展世贸组织争端解决的实体和程序规则做出了贡献，成功处理了与主要贸易伙伴的重大双边经贸摩擦。迄今，中国起诉案件 8 起，被诉案件 22 起，作为第三方参与了 78 起争端案件，成为参与争端案件数量最多的第三方之一。通过参与争端解决机制，中国学会了以平常心看待争端，在世贸法律框架下通过协商谈判和仲裁妥善解决争端。在相关案件中，中国已能坦然面对世贸组织做出的裁决，并主动及时地采取措施调整国内相关法律和政策。

在过去的十年，中国还全力帮助其他发展中国家和最不发达国家参与并受益于多边贸易体制，扩大从发展中国家的进口，注重通过“南南合作”实现共同发展；深入开展培训、双边技术合作，帮助发展中受援国提高生产供应能力；承诺给予最不发达国家 95%的产品零关税待遇，先后通过世贸组织“促贸援助”计划向最不发达国家提供了 100 万美元的捐助，帮助他们参与世贸组织各项活动。

三、在新的起点上拓展未来之路

回首十年历程，中国抓住历史性机遇，积极参与经济全球化，全面融入世界，并且建设性地参与全球经济治理。认真总结加入世贸组织十年的经验，中国将在新的起点上锐意进取，主动推进对外开放战略，加强同其他发展中国家的贸易往来，妥善调整与发达国家之间的经贸关系，推动多哈回合谈判，抵制保护主义，为世界经济可持续发展与繁荣做出新的贡献。

积极推进我国的改革开放事业

全国政协委员、商务部前副部长、中国世界贸易组织研究会会长 孙振宇

十年前，中国成功加入世贸组织，成为国际经济大家庭的重要成员。加入世贸组织过程本身即大大促进了中国改革开放不断深化的进程。在加入世贸组织的过程中以及加入之后的十年来，我们在许多领域的改革开放都取得一定成就，其中较为突出的领域如下：

1. 认真清理法律法规，促进我国法制建设方面的改革

加入世贸组织以后，中国非常认真地履行了自己的承诺。比如清理法律法规，这是中国面临的重大挑战。经过各个方面的共同努力，仅中央各部委就清理了两千多件，废除了500多件不合规则的法律法规，加上地方政府的文件共清理了9万多件。国务院先后分三批取消和调整行政审批项目1 806项，各地政府取消了数以千计的行政审批项目，取消了大量内部文件，使我国符合国际多边贸易规则同时适应中国国情的对外贸易法律体系基本形成，并使外商投资环境得到不断改善。这个工作是非常巨大的，是史无前例的。

加入世贸组织对中国法制建设起了重要促进作用，尤其在提高透明度方面影响巨大。中国过去的立法程序不是那么公开透明的，而且往往公布之后就立即开始实施。现在由于加入了世贸组织，经过清理法规的阶段，我们的行政部门和立法部门都认识到立法程序应当做到公开透明，这一点很不简单。比如现在大家正在热议的个人所得税法，就广泛听取了广大市民的意见，仅网民的意见就高达23万多条。立法程序是相当透明的。清理法律法规的过程对我国建立公开透明的法律体系发挥了至关重要的作用。

2. 外贸管理体制实现重大改革

中国外贸法的修订工作在2004年顺利完成，并于同年7月1日正式实施。新修订的《外贸法》内容主要包括：将对外贸易经营者的范围扩大到从事对外贸易经营活动的法人、其他组织和个人；开放货物贸易和技术贸易的外贸经营权管理，将审批制改为登记制；增加了有关对外贸易秩序和对外贸易救济的有关规定；增加了扶持和促进中小企业开展对外贸易等规定。中国外经贸管理法律制度在内容上基本实现了与WTO规则相吻合。贸易自由化、贸易便利化等理念开始成为我国外贸管理的基本原则。

3. 调整关税，促进我国税则体制和海关管理体制的改革

在加入世贸组织谈判中，中国承诺降低关税涉及几千个关税税号，中国完全按照承诺全面降税。关税总水平从90年代初的平均43.2%降低到过渡期完成后的9.8%。总体来说，中国履行降税承诺的情况是非常好的。

这个履行承诺的过程对于促进国内海关管理体制和税则体系的改革都产生了重大影响。过去中国的关税确实是高关税，保护程度很高，尤其在敏感部门，例如汽车整车的关税高达100%到150%，这也使走私活动可以产生巨额利润，很有诱惑力。导致一些人为了追求高额利润不惜以身试法。当时在中国南方，汽车走私成了一个很大的问题。一些不法分子通过拆装，在境外把汽车拆开，以零部件的形式低关税进来，到国内某一个地方重新组装，照样按整车卖，获取高额利润。还有洋酒洋烟，当时的走私进口也非常严重，靠逃避

高关税进行走私。现在关税降低了，走私获利也低了，不值得他们冒违法坐牢的风险去做这种事情。关税的降低，除了在防止走私方面起到重要作用之外，对廉政勤政建设方面也有很大的帮助。过去关税高，再加上进口配额、进口许可，很多人找领导批条子，通过减免关税进口获利。批条子本身就是产生腐败的重要渠道。特批进口许可证和配额，也是一个腐败的渠道。

4. 国务院相关组织机构的调整

按照中国加入 WTO 议定书和中国加入 WTO 工作组报告书的承诺，我国在入世后，分别于 2003 年和 2008 年对政府机构进行了改革和调整。这方面的改革主要包括：

2003 年，国家发展计划委员会改组为国家发展和改革委员会，主要职能包括组织拟订综合性产业政策，负责协调各个产业发展的重大问题并衔接平衡相关发展规划和重大政策。组建商务部。作为中国贸易管理的主要国家机关，对内负责监管市场秩序，加强对市场秩序的管理；对外进行深化流通改革、开展国际经济合作、负责外贸进出口，利用外资和走出去的相关政策。根据中国的入世承诺，中国将主管进出口检疫检验部门同国内主管标准和检验检疫部门合并起来，组建了国家质检总局。全国人大常委会在 2002 年 4 月通过了《商品检验法》修正案，这就从组织机构和法律上保证了中国对内对外商品实行统一的检验标准。世贸组织规则不允许成员国对进口产品采取比国内产品更加严厉的检验检疫标准。这也是世贸组织非歧视待遇的主要内容。

2008 年，组建工业和信息化部。这样，中国加入世贸组织后，由国家发改委负责宏观经济调控，工信部和农业部负责具体行业产业政策制定和监督实施，商务部负责协调产业政策和贸易政策，财政部、科技部、环保部、人民银行、海关总署、质检总局、知识产权局、进出口银行等机构共同参与和执行的组织框架基本建立。

知识产权保护立法方面的不断完善为中国自身科技创新工作的开展创造了较好的环境。

5. 外商投资领域方面的改革

中国立法机构在对《中外合资经营企业法》、《中外合作经营企业法》和《外商独资企业法》等关于外商直接投资的基本法律及实施细则进行修订的基础上，于 2002 年颁布和实施了修订的《指导外商投资规则》和《外商投资产业指导目录》。此外，中国还颁布了《外商投资企业授权登记管理办法》、《关于设立中外合资对外贸易公司暂行办法》、《关于外商投资举办投资性公司的规定》等有关外商投资的法规和政策，这些法律法规的完善，提高了中国利用外资的水平及质量，投资带动贸易效果显著。对外商投资企业与本地的企业待遇一视同仁是世贸组织追求的目标。我们对外商企业来华投资的市场准入和不同行业投资的股比要求做了调整。并对鼓励类、限制类、禁止类行业导向目录做了调整。使外商企业在华投资和经营环境得到较大改善。

另一方面，过去外商企业享受超国民待遇，只缴纳 15%的所得税，而中国国有企业和民营企业所得税都是 33%，这也经常遭到国内企业的诟病。经过调整，现在各类企业所得税一律调整为 25%，外资和国内的企业大家都承担同样的关税。这也符合世贸组织非歧视性原则。

6. 农业方面的举措

中国在农产品关税方面也做出了重大的调整。加入世贸组织之前大家最担心的是农业，如果农业受了冲击国家的稳定就会受很大影响。加入世贸组织之后中国农产品关税大幅下降。从加入前的 60%以上降到平均 15.3%。一些大宗商品如大豆甚至降到 3%。尽管降税的风险和难度很大，在中央各部委特别是农业部和财政部的共同努力下我们还是履行了承诺。

与此同时，我们也采取了一些相应措施。在采取的应对措施中很重要的一个就是取消了农业税。两千多年来中国一直有农业税，种地纳皇粮，对中国农民来说是天经地义的，一直延续下来。然而在西方发达国家，农民不但不交农业税，而且政府还给补贴，补贴还非常高，在 OECD 国家每天平均高达 10 亿美元。我们借鉴了他们的经验，除了取消农业税以外，还通过各种渠道，加大了支持三农的力度，按照 WTO 规则，包括利用 WTO 里的绿箱政策和微量许可政策，给农民更多的支持，以保证他们的生活水平不受影响。

毋庸置疑，中国在过去三十多年里改革开放所取得的成就是巨大的，效果也是明显的，尤其是在加入世贸组织以后的十年里，中国的经济发展成就举世瞩目，2001—2010 年，中国贸易规模持续扩大，进出口贸易总额由5000多亿美元扩大至近 3 万亿美元，共计增长 5.8 倍，年均增长 21.6%，占世界贸易的比重由 4% 升至 9.7%。其中，出口由2660亿美元增至 1.58 万亿美元，增长了近 6 倍，进口由2435亿美元增至近 1.4 万亿美元，增长了 5.7 倍。2009 年，中国由 2001 年的世界第六大出口国和第六大贸易国跃居世界第一大出口国、第二大贸易国，在世界贸易中占有举足轻重的地位。

与此同时，我们也清醒地看到，我们面临的国内国际环境依然充满艰难险阻和严峻挑战。

从国内层面来看：

1. 贫富差距拉大

中国在 2000 年就冲破了基尼系数 0.4 的国际警戒线，目前已经达到 0.46。而在改革开放初期的 1981 年，根据世界银行的统计，中国居民收入的基尼系数为 0.29，不仅总体上差距不大，在城市及农村内部也相当均等。按照国际经验，当人均 GDP 从1000～2000美元向3000～4000美元迈进时，往往是产业结构剧烈变化、社会格局重新调整、收入加速分化的时期。在这个阶段，既有日本、韩国、东盟等经济继续高速增长的范例，也出现了如部分拉美国家经济速度放缓、甚至下降的所谓“中等收入陷阱”

美洲开发银行在一个专题报告中指出，拉美占总人口 30%的穷人仅获得国民收入的 7.5%。这一比重为世界最低。另一方面，占总人口 5%的富人却获得了国民收入的 25%，占总人口 10%的富人则拥有国民收入的 40%。若用基尼系数来衡量收入分配差距，则这些拉美国家已经高达 0.6。由此带来收入分配不公、社会动荡和高犯罪率等阵痛。中国的贫富差距不断拉大，将面临同样的风险，这是值得我们高度警惕的。

2. 政府职能转变滞后

政府职能转变的问题，这方面还有很长的路要走。政府本应只管自己该管的事情，把其他交给市场。我们的大方向是搞“社会主义市场经济”，所以政府的职能应该是有限的。就像邓小平同志说的，不要管那些政府不该管同时也管不了管不好的事。我们应当看到，中国政府本身是强势政府，多少年来使用行政措施得心应手，因此政府有关部门遇事都想用行政手段管一管，例如物价，物价本身就是改革需要解决的非常重要的一项内容。物价怎么调？政府更多考虑的是用行政手段调控物价，依靠行政限价限购。实际上更重要的应当考虑怎样从源头上去找解决办法，通货膨胀的源头还是因为流动性过剩，发的票子多了，以及输入性通货膨胀引起的问题。要从根儿上来治理它，而不是靠政府行政限制。由政府限价最后的结果是老百姓事无巨细都要找政府，甚至会干扰政府部门的正常工作，这是很值得各级政府部门深思的事情。

3. 结构调整、科技创新任务艰巨

中国产业发展仍存在一些亟待解决的问题：自主研发及自主创新能力不足，具有自主知识产权和自主品牌的产品不多，企业出口附加值较低；企业在国际市场上缺乏定价话语权，受商品价格波动影响大，加之一些企业实行低价竞争，以量取胜，中国遭遇的贸易摩擦与国外市场设限增多，对外贸易环境形势较为严峻；中国产业的快速增长与资源、环境约束的矛盾日益突出，粗放型产业增长方式亟待转变。这些问题制约着中国经济的进一步可持续发展。

此外，中国在通货膨胀、就业压力、环境保护、廉政勤政建设等诸多方面都面临挑战。

从国际层面来看：

1. 金融危机引发全球国际政经格局深度调整

金融危机爆发以后，各国都受到冲击，中国也不例外，不过对于中国来说，这是一个机遇大于挑战的历史时期。中国应该抓住这样一个全球格局大洗牌的机遇，牢牢地把握住危机爆发以后给中国对外开放带来的战略机遇——不仅在引进来，而且在走出去方面，都有着新的机遇，包括引进高端的产业活动、引进高级的人才。随着比较优势的变化，跨国公司在中国的战略正在发生深刻的调整，有助于提升我们的产业结构，有助于增强中国的创新能力，有助于中国加快转变发展方式。

2. 多哈谈判停滞不前　多边贸易体制面临挑战

在多哈回合谈判初期，中国尚处于学习阶段，处于谈判的外围，随着谈判不断深入，中国的作用越来越大，最后进入了谈判核心圈，2008 年 7 月拉米在日内瓦召集了小型贸易部长会。旨在就多哈回合谈判做最后的冲刺。陈德铭部长出席了会议，并同美国、欧盟、巴西、印度、日本、澳大利亚的贸易部长进行了长达 10 天的马拉松谈判。在谈判中，陈德铭部长尽了最大努力，既坚持了原则，又显示了一定灵活性。但最后因为印度和美国国内政治问题，谈判没有取得突破，也很遗憾。现在看来今年结束谈判的可能性不大，可能要到 2012 年美国大选以后才能考虑何时重启谈判。多哈谈判久拖不决是很不幸的。我们是积极推进的。最主要的问题是美国国内政治的影响。

3. 区域经济合作升温　大国之间博弈日趋激烈

在世贸组织成员中，人们对双边和区域自贸区谈判有两种截然相反的意见，一种意见认为自贸区谈判以双边和区域自由贸易安排为主，背离了最惠国待遇非歧视原则，造成多重待遇的复杂化和贸易的扭曲，不利于国际贸易的发展。因此，集中力量进行多边贸易谈判，制定和改善多边贸易规则才是可取的。另一种意见则认为，双边和区域自贸区是对多边贸易谈判的补充。通过更加自由和开放的双边和区域安排，可以更有效地推动贸易自由化水平，从而推动多边贸易谈判。多数成员采取务实态度，鉴于多哈回合谈判止步不前，鉴于其他成员都在积极开展双边和区域自由贸易谈判，例如美国在力推 TPP（目标在近期实现与日本、澳大利亚、越南、新加坡、新西兰、文莱、智利的区域自由贸易安排），欧盟与印度、韩国等国，日本与东盟、印度、澳大利亚等都在加快商谈双边和区域自贸区的进程。各国都在千方百计创造对自己经济发展有利的局面。

对今后改革开放工作的几点思考：

第一，进一步加强法制建设，依法治国。

国内改革的内容很多。其中一条重要内容是促进国内的法治建设，包括立法程序、立法内容、立法出发点等。从立法程序来讲，主要是程序要公开透明，广泛听取广大群众的意见，利用举办听证会等各种形式让大家普遍参与，以保证法律法规的公正、公平和合理性。

立法不能只把有利于政府管理作为出发点，还要考虑到对经济长远发展的作用，特别是要考虑保护弱势群体的利益，这一点是非常重要的。我们国家要实现长治久安，实现可持续发展，就必须在法治建设方面狠下工夫。要让法治观念深入人心，做到依法治国，有法必依，执法必严，违法必究。在法律面前人人平等。

第二，加快政府职能的转变。

政府职能转变是改革的重头戏，如何从管理型政府向服务型政府过渡还有很长的路要走。社会主义市场经济还是要利用市场实现资源的合理配置。有人批评说，现在是看不见的手作用越来越有限，而看得见的手却伸得越来越长，说明国内改革需要下更大的工夫。政府部门要逐步熟悉和掌握通过市场的力量发挥作用，给市场更多发挥作用的空间，尽量减少政府的直接干预，不要过多地干那些“政府不该管也管不了管不好的事情”。当然对国企的改革也是一大挑战，如何解决一些国企在某些领域的垄断地位问题，如何保证外资企业和民营企业的准入门槛和融资便利问题，使各类企业有一个公平、公正、透明的竞争环境，这也是社会主义市场经济所追求的目标。而所有经济领域的改革与社会改革、政治体制改革都是有紧密关系的。所以说，就改革而言，实在是任重而道远。

在进一步改革开放过程中，我们要认真学习和借鉴其他国家的成功经验，吸取他们失败的教训，这样可以少走弯路。在世贸组织中，通过对各个重要成员贸易政策的审议，我们可以从中得到启发，进一步完善我们的法律法规，推动国内的改革开放。认真履行世贸组织争端解决的裁决，也是推动国内改革的重要途径，可以变国际压力为国内动力，改善国内的贸易环境。

第三，加快经济结构和产业结构调整步伐，提高国际竞争力。

经历了全球金融危机和经济危机之后，各国再次把注意力转向技术创新，纷纷提出了新的技术创新理论及创新的重点领域。事实证明，在世界经济竞争日趋激烈和经济全球化的过程中，技术创新已成为一国经济发展的重要因素。国与国的竞争表面上是综合国力的竞争，而说到底是技术创新的竞争。当前，世贸组织各主要成员均把科技创新确立为国家发展战略，加大对高新技术研发的投入，并把“绿色新政”作为实现复苏的引擎，纷纷推出发展新能源、节能环保、循环经济等绿色经济刺激计划。美国推行了总额近8000亿美元的“绿色经济复兴计划”；欧盟宣布在 2013 年前斥资1050亿欧元，支持各国推行“绿色经济计划”；英国提出“低碳转型计划”；日本公布了《绿色经济与社会变革》政策草案，韩国也发布了《绿色增长国家战略及 5 年计划》。加大自主创新和发展绿色经济已成为各国发展战略的核心内容和全球竞争的制高点。

面临当前国际经济领域的新机遇与新挑战，我们必须通过进一步加快培育和发展战略性新兴产业，实现产业结构升级和经济发展方式转变，提升中国自主创新能力和国际竞争力。实现中国战略性新兴产业的国际化发展也将是我国由贸易大国向贸易强国迈进的重要内容之一。无论从理论还是从现实来看，促进我国战略性产业的振兴和国际化发展关键是坚持转型升级和结构调整，从而奠定战略性产业国际化发展的良好基础。在世界经济竞争日趋激烈和经济全球化的过程中，技术创新已成为一国经济发展的重要因素，强化技术创新是一个国家兴盛的必由之路。在世界贸易组织的成员中，凡是掌握竞争主动权的国家必然拥有一批优秀的企业，而这些企业的真正优势则体现在技术创新方面。这就要求中国的各类企业要深度地参与国际市场竞争，通过提高自主创新的能力，提升企业的核心竞争力不断拓展发展的领域和空间。

第四，大力推进“走出去”战略，打造一批具有国际竞争力的跨国公司。

拥有一大批具有国际竞争力的跨国公司，是我国大国地位的重要支撑。后金融危机为中国境外并购战略资源、研发能力、先进技术、国际品牌和海外渠道提供了难得机遇。中国已经进入对外投资的高速增长阶段，我们应当进一步改革对外投资的审批管理体制，下放权力，简化程序，提高效率，从注重事前审批转变为事后监管；建立与完善对外投资服务体系、统计体系和监测体系；加大对企业“走出去”的扶持力度，综合运用财政政策、政策性金融、政治外交等多种扶持手段；开展培育跨国公司的试点工作，为试点企业提供适合国际化运作的体制环境；完善对外投资风险防范机制，降低境外投资风险。

第五，掌握和运用规则，积极参与国际博弈。

加入世贸组织，使中国在经济贸易舞台上以平等的一员身份与其他成员交往，大家均受国际多边贸易规则的约束，在多边贸易规则的框架内开展贸易与合作。我们要在实践中不断摸索与总结经验，不断熟悉和掌握国际贸易规则，提高在国际经贸舞台上的博弈水平。

世贸组织成立的初衷与宗旨是建立更加公平和开放的多边贸易体制，通过贸易自由化和加强贸易规则以形成一个更加开放的世界贸易环境。这无疑是符合所有世贸组织成员的长远经济利益的。作为世界第一大出口国和第二大经济体，中国当然是实现这一目标的坚定支持者。中国积极主张自由贸易，反对贸易保护主义。

在世贸组织现行规则中，在一定条件下采取必要的政府干预措施是允许的，但超过一定范围和一定程度就不合法了。同时在世贸组织规则中还有一些例外条款，为了维护国家安全，人类和动物健康，环境生态等可以免责。我们在这方面的掌握和运用远不如发达成员熟练和自如。我们需要在实践中不断提高博弈水平，熟练掌握和运用贸易救济条款和例外条款有效应对其他成员的贸易保护措施，维护国家的经济利益。在“适应”和“守法”的实践检验中，既努力精通其各种游戏规则，使其“为我所用”，从而最大限度地趋利避害，又立足于国际弱势群体的共同权益，进行检验和判断，明辨其是非臧否，思考其变革方向。强调对 WTO 规则的适应，旨在使发展中国家迅速了解和把握它们，对其辩证看待和利用。在应对贸易摩擦方面，我们要加强政府各部门之间的沟通与协调，加强政府部门与商会、协会、相关企业与学术机构之间的信息交流与协调配合，以便大幅度提升我们参与国际博弈的能力和水平。

第六，积极推动多哈回合谈判。

参与国际贸易规则的制定是我们加入世贸组织获得的一项重要权利。我们必须珍惜并运用好这份权利。为了在制订规则中要有我们的声音，有我们的贡献，我们必须认真学习和掌握世贸组织规则，加快培养我们的专业人才，让他们在实践中增长知识和才干，在制定国际贸易规则的谈判中发挥重要作用。

在制定国际贸易规则的谈判中，团结其他发展中国家十分重要。我们与其他新兴经济体，尤其是巴西、印度、南非、阿根廷等国有许多共同利益，在许多重大多边贸易问题上有相同的立场。我们继续加强同这些国家的协调与合作对维护发展中国家利益，保证多边贸易规则的公平、公正至关重要。

多哈回合已经谈了近十年，其成败关系到多边贸易体制的前途。这也是中国首次参与世界贸易规则的制定，意义重大。目前谈判受阻主要因为美国国内政治原因。美国总统主要关注点在明年大选，如何出口翻番，扩大就业，由于民主党内反对经济全球化和自由贸易的力量很强，他不可能在贸易问题上花费更多的政治资本。因此美国无视多哈是发展回合的授权，把满足美国市场准入作为完成多哈回合谈判的条件，漫天要价。这理所当然地遭到巴西、中国、印度、南非等新兴经济体和广大发展中国家的抵制和反对。中国要继续与广大发展中国家站在一起，在谈判中充分反映广大发展中成员的诉求，争取谈判结果真正有利于发展中国家的发展。中国要积极参加谈判，不放弃任何可能达成协议的机会，并敦促主要发达国家采取现实主义态度，放弃不切实际的要价，争取早日达成协议。

第七，积极推进双边和区域自贸区建设。

由于多哈回合谈判受阻，不少成员在积极进行双边或区域自贸区谈判。为加强我们同其他成员的经贸合作，作为多边贸易自由化的补充，中国也必须加快自贸区谈判步伐。在已有的与东盟、巴基斯坦、智利、新西兰、秘鲁等自贸区基础上，加快同海湾合作组织、澳大利亚、中日韩等自贸区谈判。如果中国在这方面无所作为就会被边缘化，在国际贸易中遭受最差的待遇，这也是中国现在面临的处境。我们必须加快脚步，迎难而上。

在双边和区域自由贸易谈判中，自然会涉及中国一些敏感领域和部门的进一步开放问题，也会涉及一些大型国有企业的利益，我们必须权衡利弊，确保国家整体战略部署和长远利益的实现，做到局部利益服从全局和整体利益。

关于加快调整外汇资产结构，逐步减少外汇储备，继续发展对外贸易的若干看法

全国政协委员、商务部前副部长、中国世界贸易组织研究会副会长　廖晓淇

截至2011年6月末，中国外汇储备超过3.2万亿美元。社会上对这么多的外汇储备有很多议论，一些人认为：外汇储备增长快主要是外贸顺差大造成的，导致外汇占款多，货币流动性大，而且巨额外汇储备存在很大的保值风险等。如何看待中国对外贸易的快速发展？外贸顺差和外汇储备的关系是怎样的？如何解决外汇储备过多的问题呢？我的基本看法是：

一、我国加入世贸组织十年，外贸快速发展，促进了国力的增强

2001年加入世贸组织以来，中国获得了前所未有的平等、稳定的贸易条件，与世贸组织成员的最惠国待遇得以彻底解决。十年来，中国充分抓住机遇，扩大开放，实现了对外贸易的快速发展。2001至2010年，中国出口从2661亿美元增至1.58万亿美元，增长近6倍，年均增长22%；进口从2436亿美元增至1.39万亿美元，增长5.7倍，年均增长21.4%；同期，中国经济年均增长约10%，经济总量从全球第六跃居第二；财政收入年均增长20%左右。“十一五”期间，中国进出口年均增长15.9%，经济年均增长11.2%，财政收入年均增长21%，综合国力大大增强。中国与大多数国家的相互贸易地位大幅提升，2010年中国位列其前四大进口来源地的国家超过110个，位列其前四大出口市场的国家有55个。中国在双边、多边经贸格局中的重要性逐步突显，国家关系更加紧密，中方的话语权增大。可以说，没有对外贸易的快速发展，就没有中国经济的蓬勃发展和中国国际地位的提升。

如何看待中国贸易顺差较大的问题呢？我认为，中国作为一个大的新兴经济体，在快速发展阶段保持外贸较快增长，并在较长时间处于顺差的状态有其必然性。

（1）中国外贸持续顺差时间远少于美、德、日等国。美国、德国、日本等国家在经济上升时期也都经历了发展制造业，将制成品大量出口，外贸长时间快速发展并保持长期顺差的情况。如美国在1871—1970年的100年间保持了91年的贸易顺差；德国1971至2010年已持续40年顺差，目前仍是全球第一大顺差国；日本1981至2010年已连续30年保持贸易顺差，其中有20年顺差额为世界第一。中国在改革开放后，特别是加入世贸组织后，外贸迅速发展，但连续贸易顺差从1994年至今才17年。（图1）

（2）中国出口占全球出口比重并不太高。美国在外贸发展的鼎盛时期出口曾占全球出口额的21.5%（1948年），即使在其产业大量转移到国外、外贸出现逆差时，其出口占全球出口的比重也长期在10%以上；德国近20年的出口占全球比重一直稳定在11%以上；中国外贸快速发展，但出口占全球比重却一直低于10%，直到2010年才首次超过10%。（图2）

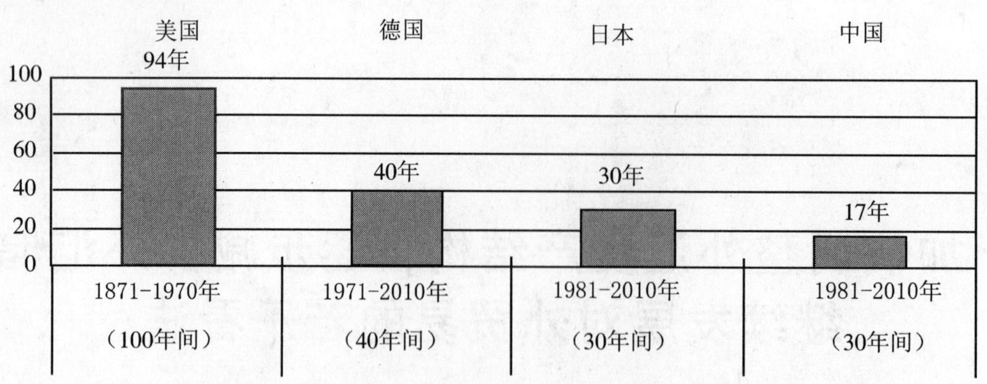

图 1 美、德、日、中四国外贸持续顺差年份对比

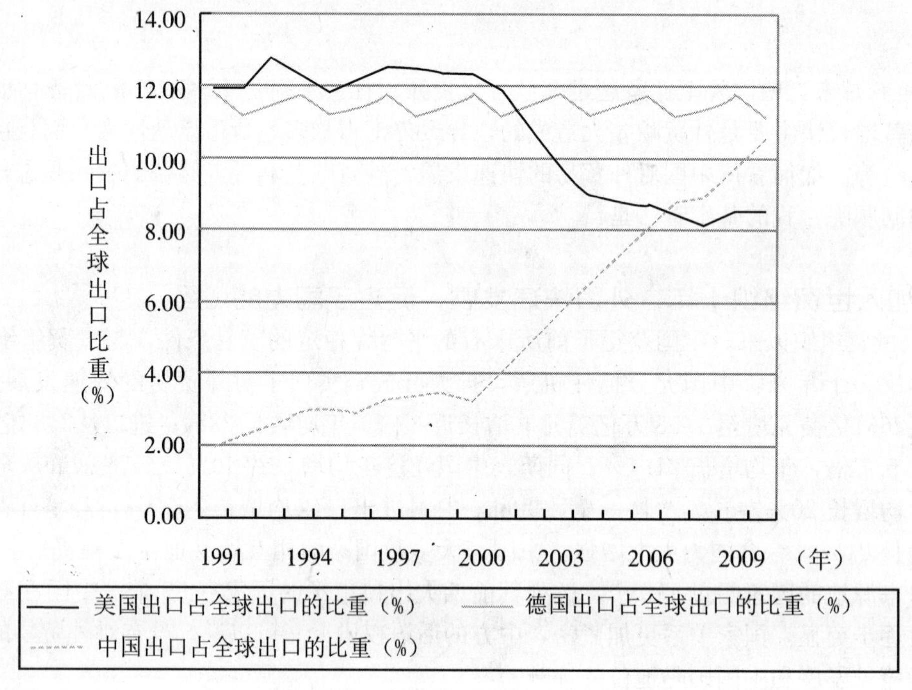

图 2 美、德、中三国出口占全球出口比重对比

（3）中国出口依存度（出口占 GDP 比重）比德国还低。1991—2010 年，德国出口依存度一直保持在 19%～39.7%之间，中国出口依存度虽也曾达到 35.7%，但 2010 年比德国仍低 11.5 个百分点。（图 3）

中国贸易的快速发展得益于坚持对外开放的方针，得益于加入世贸从而获得平等、稳定的贸易条件，也得益于经济全球化中出现的跨国产业转移。中国顺差的形成，最根本的原因是在国际产业分工中处于加工制造环节，承接了大量转移性顺差。2010 年中国一般贸易逆差 472.5 亿美元，但加工贸易顺差达3229.2亿美元，是顺差总额的 1.8 倍。加工贸易是大进大出，大量的进口并非本国消费需求，说明中国的进出口与其他国家是有区别的，进出口量中有相当一部分是重复的。实践证明，中国经济的发展阶段决定了在全球化条件下，中国只有发挥自己的比较优势，即人力资源丰富、劳动力素质高且成本低，抓住机遇发展外贸，才能带动国内生产的需求，保持和扩大就业，增加居民收入，增强国家实力。居民收入的增加是提高消费能力的基础，只有坚持走这条道路，才有可能逐步扩大内需和消费，最终使中国经济向内需为主转型。中国在大力发展外贸的同时，不仅为本国经济发展也为各贸易伙伴和世界经济发展做出了贡献。出现贸易摩擦等问题都是暂时的和枝节的，只要妥善处理都可以得到化解。因此，中国抓住机遇发展对外贸易不仅是应该的，也是完

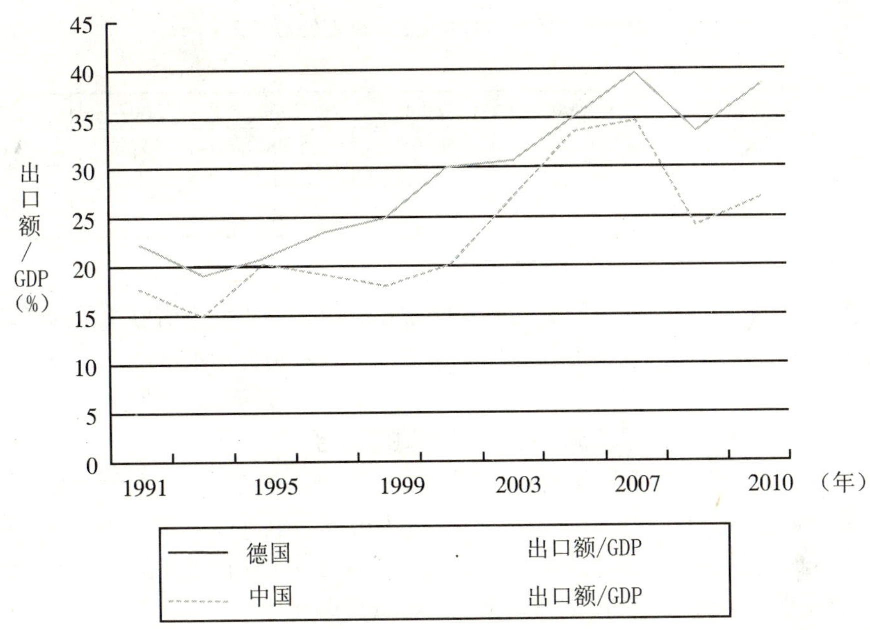

图3 德、中两国出口依存度对比

全可能的。

二、厘清外汇储备与外汇资产的概念有助于研究有关问题

“外汇储备”是指一国货币当局（即央行）持有的可兑换、流动性较高的外汇资产，包括外汇现汇、存款和债券等。而“外汇资产”是指一国政府、企业和居民所拥有的外汇、黄金、用外汇购买的商品储备和其他海外资产的总和，又可分为官方储备资产和民间外汇资产。“官方储备资产”包括央行持有的外汇储备、黄金储备、特别提款权（SDR）、在国际货币基金（IMF）的储备头寸等。一国外汇资产是国家经济实力的重要表现。外汇储备只是一国外汇资产的一个组成部分，有保值增值的问题，且需要相应的外汇占款（投放基础货币），故并不是越多越好。当前，中国外储大约相当于GDP的60%，大大高于20%的一般共识。

三、国际收支顺差是外汇储备的主要来源，但外贸顺差并不必然导致外汇储备增加

当发生国际收支顺差即外贸顺差和资本净流入时，只要央行用本币买入外汇，即形成外汇储备。但如果央行不买入外汇或少买入外汇，而是将外汇留给企业或居民，则外汇储备就不会增加或不会增加太快。如德国的货物贸易顺差曾多年是世界第一，2005—2008年四年的外贸顺差累计达9269亿美元，而四年中德国的外汇储备不仅没有增加，还减少了74亿美元，只有386亿美元（见表1）。原因就在于其贸易顺差基本没有集中到央行，而是通过购买黄金和其他物资，特别是通过德国企业对外投资转变成了多种外汇资产。如2007年德国企业对外投资额1625亿美元，相当于当年贸易顺差额2706亿美元的60%。

表 1　　德国外贸顺差、对外投资和外汇储备情况

单位：亿美元

年　份	1990	2000	2005	2006	2007	2008	2009
外贸顺差	685	555	1 931	1 981	2 706	2 651	1 884
对外投资（流量）	242	566	759	1 187	1 625	1 346	627
外汇储备余额	630	497	398	377	408	386	369

资料来源：国际货币基金组织、联合国贸发会议。

总之，外贸顺差多并不必然导致一个国家的外汇储备相应增多，我们应借鉴德国的经验，在继续发展对外贸易的同时，使外汇储备不增加或少增加，让外汇储备逐步回归到合理水平。

四、加快外汇资产多元化，逐步减少外汇储备的途径

外汇储备过多一定程度上加大了宏观调控操作难度和外汇资产保值压力。当前要把加快推进外汇资产多元化作为促进外部均衡、减缓外部压力的重点，坚定地加快人民币国际化步伐，进一步改革放宽外汇管制，推进人民币资本项目可兑换，通过多种渠道推进外汇资产多元化，改变外汇资产过多集中于外汇储备的格局。

1. 推进外汇体制改革，调整外汇资产结构，促进外汇资产多元化

中国外汇储备占全部外汇资产的近 80%，而企业和居民持有外汇资产较少，约占 20%（表 2）。而德国、美国和日本等国的外汇储备占本国外汇资产比例则较低。仅从外汇储备与对外投资存量之比来看，也可以看出中国外汇储备的占比大大高于其他国家。德国外汇储备仅相当于其对外投资存量的 2.7%，美国为 1.2%，日本为 1.34 倍，而中国则高达 10.4 倍（表 3）。

表 2　　2010 年末中国外汇资产构成表

单位：亿美元，%

项目	金额	比重
官方储备资产	28 661	79.7
其中：外汇储备	28 473	
黄金储备	98	
特别提款权	123	
在 IMF 的储备头寸	64	
企业对外投资存量	2 886	8.0
企业和居民外汇存款余额	2 287	6.4
民间黄金持有量折算	1 810	5.0
石油储备（按 31 天进口量折算）	316	0.9
合计	35 960	100

资料来源：根据中国人民银行、联合国贸发会议、中国国家信息中心有关数据整理。

表 3　　2009 年末美、日、德、中外汇储备与对外投资存量之比

单位：亿美元，%

	美国	日本	德国	中国
外汇储备	505	9 966	369	23 992
对外投资存量	43 029	7 409	13 785	2 296
外汇储备相当于本国对外投资存量的比重	1.2	1.34	2.7	10.4

资料来源：根据联合国贸发会议和商务部合作司数据整理（中国为 2010 年末数据，其他各国为 2009 年末数据）。

推进外汇资产结构调整和多元化，必须进一步放宽外汇使用的政策限制，继续改革外贸结售汇制度，取消出口退税与外汇核销挂钩制度，为企业和个人留汇、用汇提供更大便利，增强其用汇意愿。继续扩大跨境贸易人民币结算试点，以减少集中到央行的外汇。

2. 鼓励企业和个人稳步扩大海外投资

要进一步放宽企业和个人对外投资限制，简化审批手续，加强便利化服务，推动更多的外汇转化为中国海外投资权益。应鼓励企业采取并购等手段进行对外投资，建立对外投资基金和提供外汇贷款以支持企业海外经营，允许民营企业用其人民币资产做担保借外汇，完善资产抵押有关机制等，更多地使用外汇。当然，企业对外投资项目的选择、技术和管理的能力、人才的培养和积累、风险的管控等都有一个逐步增强的过程，并非短时间的事情。

3. 逐步增加黄金、石油等战略储备

从美、日、德等国的经验看，除了扩大对外投资来增加外汇资产外，官方到民间都很重视扩充本国黄金、物资等储备，形成有效的外汇资产。

表 4　　2010 年末黄金官方储备排名前列的国家

单位：吨，亿美元

国　家	官方黄金储备	世界排名	按现价折算
美　国	8 134	1	4 148
德　国	3 402	2	1 735
意大利	2 452	4	1 251
法　国	2 435	5	1 242
中　国	1 054	6	538

注：现价按 1 600 美元/盎司≈5 100 万美元/吨折算。

4. 扩大进口，逐步改善外贸不平衡的状况

减少贸易顺差，的确有利于缓解外汇储备过快增长的压力。但是减少外贸顺差，不应限制出口，而应扩大进口。可通过降低进口关税、推行进口便利化、加强进口促进等手段，优化进口结构，特别是增加先进技术设备、关键零部件和国内短缺物资等进口，促进改善贸易平衡状况。

5. 扩大出境旅游

2011 年前三季度，中国出境旅游人数5 100万人次，同比增长超过 20%。上半年旅游服务贸易逆差达 107 亿美元，预计全年逆差可能突破 200 亿美元。我们要适应居民收入水平不断提高和居民消费升级的趋势，继续发展出境旅游，扩大境外住宿、购物、餐饮、观光等消费。

总之，要认清造成中国目前外汇储备过多的原因是多方面的，正确面对中国外贸顺差较大的原因，加快外汇管理体制改革，加快外汇资产结构调整，促进外汇资产多元化步伐，这样我们就完全可以在继续发挥中国优势、发展对外贸易的情况下，逐步把外汇储备规模降至合理水平，保持经济平稳较快发展。

纪念入世十周年的一些思考

原外经贸部副部长、中国复关谈判代表团首任团长　沈觉人

中国加入世界贸易组织，已经十年了。回顾十五年的艰辛谈判和十年来的不断努力，如今中国不但经济贸易快速发展，而且国际社会也都认可中国是世界贸易组织的重要成员。十年来，我们履行了义务，也享受了权利。这是一个共赢的结果。

当初加入世贸组织时，曾经掀起一次世贸热，街头巷尾都在议论，有的表示很兴奋，有的存有疑虑，当然也有不赞成的，认为狼要来了。多家媒体记者来采访我，要我发表看法。我当时讲了两点看法：一是加入世贸组织只是开始，不是终点，不必太兴奋，还有许多工作等着我们去做；二是加入世贸组织，有权利也有义务。作为一个新成员，我们很重要的任务是学习掌握多边贸易规则，很好地运用规则，才能与其他成员平等共处，得到公平对待。今天回顾十年来的经历，我认为，我国各方面的工作都有成绩，世贸组织几次对中国的政策审议，结果也是积极的。当然还有不少方面有待改进，以便今后有更大的成绩。进入第二个十年，各方都在总结经验，认真思考下一步该怎么走。我也做了些思考，这里提出我的一些看法。

首先，我们要继续坚持改革开放的基本国策。我的体会，没有改革开放，我们当初就不会考虑申请复关，当然也就没有后来的入世。我们要进一步解放思想。改革开放政策不能后退，而要更好地推进。这是入世第二个十年要坚持的大政策。

其次，是要更好地发展和完善中国社会主义市场经济。党的十四大确定了我国的经济体制是社会主义市场经济。可以说，没有这一根本性的决策，我们的复关、入世进程将会更加困难，也可能至今仍在世贸组织之外。今后我们要在建设社会主义市场经济方面更加努力完善，争取更多国家确认中国的市场经济地位，以便在市场竞争中享有平等的待遇。

我们还要继续学习，甚至重新熟悉多边贸易规则，理解和运用规则，树立规则意识。在履行义务的同时，充分享受我们在世贸组织中应有的权利。在应对贸易争端中，也要充分运用规则，在国际舞台博弈中维护我国的经济利益。还要在新规则的制定中更好地参与，维护多边贸易体制的公平、公正，提高决策效率，促进世界贸易的更好发展。我们的经济政策和法律、法规的制定，也要考虑与世贸组织规则的适当衔接和相互适应。在制定中国“十二五”商务工作规划时，要考虑在多边贸易体制和规则的环境下，如何发展国际经济贸易的问题，要更加重视发展方式的转变和结构的调整。

最后一点也是最重要的一点，是关于多边贸易人才的培养。经过十五年的谈判和十年的世贸实践，深感多边贸易的复杂和多边贸易人才的缺乏。记得我在 1986 年参与多边贸易谈判之初，就曾呼吁北京和上海的两所外贸学院要努力培养多边贸易人才，加强对多边贸易体制的研究。二十五年来，我们已有了一支从事多边贸易的队伍，他们工作得很有成绩。但从发展的需要来看，人才还远远不够。希望有关各方共同努力，很好地完成这项培养人才的长期任务。

希望我国的对外经济贸易在未来发展得更好，不论是双边的、区域的还是多边的，都能得到发展。希望为我国的经济社会的发展，继续贡献我们的力量。

入世：中国与世界互利共赢

原外经贸部副部长、中国复关谈判代表团第二任团长 佟志广

2001年12月11日，中国经过长达15年的复关入世谈判成功加入WTO。转眼十年时光匆匆而过，加入WTO给中国带来了越来越大的开放红利，同时中国与世界经济的联系在加深，越来越多地在促进世界和平发展和推动全球经济治理中承担起“中国责任”。加入WTO的效应是积极的，中国和世界取得了“互利共赢”的成果：中国从世界受益；世界从中国受益。

一、极大地促进了中国开放型经济发展，提升了中国经济的整体国际竞争力

第一，入世为中国经济增长提供了持续、稳定、可预见性的外部环境和空间。十年来，中国经济不仅增长速度快，而且持续的时间长、稳定性好，经济总量和人均水平均实现了大跨越，为实现国民经济社会发展第三步战略目标奠定了坚实的基础。2001—2010年，中国经济总量从11万亿元增长至39.8万亿元，增长2.6倍，从全球第六跃居全球第二，经济大国的地位愈加巩固。2002年，人均GDP突破1 000美元，2006年又超过2 000美元，2010年达到4 500美元。按照世行标准，中国已由低收入国家步入了中上收入国家的行列，标志着中国在全面建设小康社会的进程中迈出了坚实的一步，为实现国民经济社会发展第三步战略目标奠定了坚实基础。

第二，入世释放的市场开放效应前所未有地推动了中国对外开放的飞速发展。(1)货物贸易。2010年，中国进出口总额达到29 727.6亿美元，比2001年增长4.8倍，从全球第六跃居第二大贸易国。(2)服务贸易。2010年，中国服务贸易达3 624亿美元，比2001年增长4倍，位居全球第五位。其中出口达到1 702亿美元，进口达到1 922亿美元，分别位居全球第四位和第三位。(3)利用外资。2010年，中国实际利用外资1 057.4亿美元，2001年为469亿美元，2010年比2001年增长1.25倍，连续19年位居发展中国家第一位，世界第二位。

第三，入世使中国获得了运用WTO规则保护自身权益的权利。十年来，中国参与的WTO争端解决案件已达99起，其中作为投诉方7起，作为应诉方21起，作为第三方参与71起，中国已经成为运用WTO争端解决机制进行抗诉的重要一员。同时，中国还积极参加了对美国、欧盟、日本等成员的贸易政策审议，对他们的一些违反WTO规则的贸易保护主义措施提出质疑，对在双边经济合作中久拖未决的问题在多边场合表达关注，通过WTO多数成员集体的呼声推动问题的改善与解决。

第四，入世使中国拥有了平等参与全球贸易规则制订的合法身份。十年来，由于中国政治、经济和贸易地位的特殊性，决定了中国与WTO各类成员都有共同利益和趋近利益的重叠，这客观上赋予了中国充当起各类成员在多边贸易体制内的协调角色。尤其在多哈回合谈判过程中，中国充分利用了自己既是发展中国家、又是贸易大国的特殊地位，在坚持从发展的角度出发、努力维护发展中国家利益的同时，加强与发达国家之间的政策协调，多次在谈判的关键时刻担当了协调者的角色，促进成员间的相互沟通、减少分歧，为推进谈判向前发展、维持多边贸易体制内的平衡发挥了建设性的桥梁作用。

二、为世界各国提供了广阔市场，为维护世界和平稳定做出了重要贡献

第一，中国入世后，成为金融危机背景下驱动世界经济和贸易复苏的新引擎。(1) 中国对世界经济的贡献。据IMF数据，2002—2010年，中国经济年均增速达10.7%，是同期世界经济增速的2.5倍。在金融危机蔓延之际，我国及时出台4万亿内需刺激政策，为全球经济复苏做出了重要贡献。(2) 中国对世界贸易的贡献。根据UNCTAD数据，2002—2010年，中国占世界出口的比重从5%增至10.5%，占世界进口的比重从4.4%增至8%。中国物美价廉的出口商品为国外消费者带来了巨大实惠，美国消费者过去十年共节省开支6 000多亿美元，欧盟每个家庭每年节省开支300欧元。金融危机期间，中国还组织30多个大型采购团赴海外采购，帮助发达国家暂渡难关。十年来，中国年均进口7 500亿美元的商品，相当于为贸易伙伴创造了1 400多万个就业岗位。(3) 中国对世界投资的贡献。根据UNCTAD数据，十年来，中国利用外资对全球FDI增长的贡献率从3%提高到8.5%。在华外资企业累计汇出利润2 671亿美元，年均增长30%。中国对外直接投资增长也十分迅速，占全球比重已从2002年的0.5%增至2010年5%，成为全球第五大对外直接投资国。中国对外投资企业解决了当地80万人的就业，每年为当地贡献税收超过100亿美元。

第二，中国入世后，成为维护全球多边贸易体制的新力量。十年来，根据在世界出口中份额的变化，中国按时按量缴纳成员会费。2010年，会费达到1 222.4万瑞士法郎，承担了6.45%的份额，分别比2002年增加了2.9倍和3.55个百分点，名列第三位，仅次于美国和德国。中国积极参与WTO“促贸援助”活动。近十年累计对外提供各类援助1700多亿元人民币，免除50个重债穷国近300亿元人民币到期债务。中国积极邀请发展中国家代表团访华，向他们传授中国成功应对WTO的经验，共为173个国家和13个地区性国际组织培训各类人员6万多名，显著增强了这些国家的自主发展能力。

第三，中国入世后，成为参与多哈回合谈判的新推动者。十年来，中国坚定支持多哈回合谈判，从谈判初期就坚定地和广大发展中成员站在一起。据统计，中国自参加谈判以来单独提交了60多份提案，加上与其他成员联署的提案近百份。中国在非农谈判初期表现出“初生牛犊不怕虎”的劲头，在谈判中推出了非农产品削减的中国公式建议，引起其他成员的广泛关注。在WTO中能单独提出一套完整公式建议的成员可谓凤毛麟角。得益于中国入世，WTO体制内的多极化开始逐渐形成，多种力量的出现不仅强化了WTO公平竞争机制，而且还改善了WTO体制失衡性的矛盾，由于集体谈判力量的优势，发达国家无法主导这轮谈判。

第四，加入WTO后，中国成为遏制全球贸易保护主义的新主角。十年来，中国除了通过贸易政策审议机制对发达国家贸易保护行为提出异议外，还积极参加WTO各个理事会与委员会的例会，监督其他成员履行义务情况，特别是对发达成员出台的贸易保护主义措施不断地提出质疑与挑战。金融危机爆发后，中国在多个场合表达了反对贸易保护主义的态度。2008年11月，胡锦涛主席在G20伦敦峰会上指出，“世界各国应共同反对任何形式的保护主义，维护开放自由的贸易投资环境”，体现了为平衡全球贸易所做出的积极姿态，对全球贸易复苏产生了积极影响。

实践证明，入世是党中央、国务院面向新世纪和顺应经济全球化潮流做出的一项科学英明的重大选择。当今世界是开放的世界。“十二五”规划明确提出，“实施互利共赢的开放战略，与国际社会共同应对全球性挑战、共同分享发展机遇。”这清楚地表达了中国坚定不移地实施对外开放基本国策的勇气和决心。中国以入世十年来的优异表现昭示人们，中国扩大开放，不仅惠及中国人民，也惠及世界各国人民。中国经济繁荣不仅是中国人民的公共产品，也是全世界人民的公共产品。中国经济能力的不断增强，为建立一个平衡的全球多边贸易体制发挥了建设性的作用。中国发展对全世界传递的正效应越来越明显，中国对世界的贡献也在迅速扩大，中国“以开放促改革、促发展”的道路是一条对世界负责的道路。

入世促改革、促发展

原外经贸部副部长、中国复关/入世谈判代表团第三任团长 谷永江

2001年12月11日，中国成为WTO第143个正式成员。十年时间转瞬即逝。十年来，我国认真履行了入世各项承诺，不断加快国内经济体制改革，创造了更加公平规范的市场环境，用实践和不懈的努力树立了“重承诺、负责任、守信用”的大国形象。入世是中国改革开放的一个重要里程碑。在入世之前，中国一直坚持了20多年的“改革开放”，在入世后，开始走向“开放促改革”的重大转折。开放造就了中国的经济奇迹，中国成功地走出了一条“以开放促改革、促发展”的新道路。

一、入世加快了中国的开放进程

入世十年来，中国关税总水平从15.3%降至9.8%，农产品平均税率从18.8%降至15.2%，工业品平均税率从14.7%降至8.9%，远远低于发展中国家的平均水平。424个税号产品的进口非关税措施按期取消。开放了100个多个服务贸易部门，占WTO分类的服务贸易部门总数的91%，接近发达成员的平均水平。全面放开外贸经营权。截至2010年，在中国外贸总额中，国有企业占20%、外资企业占55%、民营等其他经营者占25%，外贸主体日渐多元化。

入世十年来，中国外贸依存度从不到40%增长至50%，市场开放不仅使自身经济实现了跨越发展，还在世界范围内为各国提供了广阔市场，为投资者带来了机遇，为世界经济的增长提供了强劲动力。2007年以来，联合国贸发会议每年进行的最受欢迎的投资目的地调查中，中国连续几年成为首选。截至2010年底，世界500强企业中有480多家已在华开展业务，跨国公司在华设立的研发中心有3300家，是2001年的16倍。

入世改善了中国的国际环境，拓展了中国企业“走出去”的国际空间。2002年，中国对外直接投资额仅为27亿美元，受金融危机影响较严重的2008年高达559.1亿美元，2010年更是达到了688.1亿美元，居世界第五位，迈入对外投资大国行列。对外投资国别已覆盖170多个国家和地区，主要集中在亚洲和拉丁美洲的发展中国家。

二、入世推动了中国的改革深化

入世后，履行对外承诺，客观上要求中国按照市场经济规律，在管理体制、运行机制和法律法规等方面，加快改革进程，逐步与国际规范和标准接轨，建立开放公平的竞争环境，逐步建立和完善中国的市场经济体制。

入世对政府提出的是一种体制性挑战，首先是要求政府的入世。入世以来中国政府逐渐改变了对经济事务介入过深、干预过多的状态，抛弃了长期以来作为市场经济直接参与者的行为，实现政府职能定位的创新，推动政府职能转向公共服务化和法治化。《政府采购法》、《行政许可法》、《公务员法》等的颁布与实施就是最好的例证。

入世后中国以市场经济规律为基础的法制建设有了突飞猛进的进展，顺利实现了经贸体制与世界多边体

制的对接。十年来，仅在中央层面就制定、修订、废止了2 300余件法律、行政法规和部门规章，地方层面更是高达19万多件，大大提高了中国对外开放政策的稳定性、透明度和可预见性。另外，中国与贸易相关的法律法规建设渐趋完备。“两反一保”条例、《反垄断法》、《反洗钱法》、《企业所得税法》等相继出台。《商标法》、《专利法》、《著作权法》等一大批法律及实施细则的修改完善，使知识产权保护立法工作达到了国际水平。

贸易法制提高了公民的诉讼意识。面对层出不穷的贸易摩擦，国内企业从最初的“不知所措”，甚至无人应诉，到逐步学会掌握并运用WTO有关法律规则，结成联盟有组织、按步骤、有层次地应对贸易摩擦。数字显示，2002年入世之初中国企业面对反倾销等贸易摩擦时，应诉率只有40%左右，而到目前为止，这一数字已提高到90%左右，对来自欧美等发达国家、重点市场的反倾销应诉率更是达到100%。

入世后，根据国民待遇原则，在对外开放的同时，也对内实行开放，鼓励和引导民营经济发展。2002年11月，十六大报告强调“两个毫不动摇”。2003年10月，十六届三中全会指出，“要大力发展和积极引导非公有制经济，放宽市场准入，允许非公有资本进入法律法规未禁入的基础设施、公用事业及其他行业和领域”。2005年2月，国务院制订了“非公经济36条”，这是中国第一部关于非公有制经济发展的全面、系统的政策性文件，成为民营经济发展的新起点。“昔日是草根，今日是榕树”。入世后，民营经济政策和制度改革取得实质性突破，民营经济已经成为国民经济的重要组成部分。截至2010年，中国民营企业数量已经超过840万户，成为中国最大的企业群体，占全国实有企业总数的74%。

三、开放和改革大大促进了中国经济发展

过去十年，是中国经济社会发展最好最快的十年：年均GDP增速达到10.5%，总量跃居世界第二；在世界贸易中的排名从原先的第六位跃升至世界第二大贸易国，出口跃升至全球第一。中国服务贸易2009年达2 868亿美元，比2001年增长3倍，位居全球第五位。中国连续19年位居发展中国家利用外资首位。2010年，实际利用外资1 057.4亿美元，比2001年增长1.25倍。根据UNCTAD报告，中国对外直接投资占全球比重已经超过5%，名列全球第五位，发展中国家第一位。

入世十年来，世界许多国家分享到中国的发展红利，被称为“中国特需”。中国出口大量价廉物美的产品，事实上提高了各国消费者的购买力。据韩国贸易协会研究结果，在5000多种商品中，2008年，中国拥有的全球出口第一的商品种类为1 210个，居世界首位。与之相比，德国有860种、美国587种、意大利288种、日本213种。

入世十年来，随着全球产业结构的转移和中国对外开放程度的不断加深，中国已经成为驱动世界经济发展的重要动力。根据世界银行数据，2002—2009年，中国占世界GDP比重持续增长，从4.4%增长至8.6%；对世界GDP新增量的贡献率从2003年4.6%迅速增长至2009年的14.5%，成为全球第二大经济体和第一大贡献国。中国在缓解本次金融危机、抑制贸易保护主义泛滥等方面所做的努力和带来的成效更是有目共睹。

事实证明，中国加入WTO是一项重大决策，WTO成为中国参与全球贸易的一个重要途径。可以说，中国是经济全球化的后参与者，但是很快成为了一个积极的参与者。十年的入世历程只是一个阶段性的结点，未来深化改革、扩大开放的道路还很长。当前，全球经济总体上处于金融危机过后的调整复苏阶段，但中东、北非局势持续动荡，日本地震和海啸引发的核泄漏事件迟迟未能妥善解决，欧美债务危机若隐若现，这些都为世界经济增长带来了不确定性。在这种情况下，我们相信，一个公正、合理、稳定的多边贸易体制将是人类应对各种经济危机、促进世界经济加快复苏发展、遏制全球贸易保护主义最重要的一个手段。中央“十二五”规划提出，“完善更加适应发展开放型经济要求的体制机制，有效防范风险，以开放促发展、促改革、促创新”，这为我们未来的奋斗目标指明了方向。我们应将对外开放贯穿于我国建设现代化全过程，把对外开放的伟大事业不断推向前进，为保持经济长期持续快速发展奠定坚实基础，为全球经济做出更大贡献。

弘扬世贸精神，推动和谐发展

原外经贸部副部长、博鳌亚洲论坛前秘书长、中国入世首席谈判代表 龙永图

中国加入世界贸易组织已经十年了，从多年的入世谈判到入世后的十年，人们一直在探讨世贸组织的精髓，即什么是“世贸精神”。在入世谈判结束时，我曾提出世贸精神归纳起来可以有两条：规则和开放。十年之后，我不仅认为世贸精神没有变，而且认为在当前的形势下，更应该弘扬世贸精神，以推动中国的科学发展和世界的和谐共赢。

入世十年来，我们承诺按国际规则办事，大大推动了中国经济的市场化进程。国民待遇、透明度、市场准入这样一系列的世贸理念深入人心。我们认真实行国民待遇的原则，在全国逐步形成了一个共识：在中国的外资企业，它们在中国登记注册，承认遵守中国政府的法律法规，它们为中国人创造就业机会，它们为中国政府交税，它们和其他企业一样，都是中国企业。实行国民待遇的原则，一劳永逸地结束了关于企业“姓外”“姓中”的辩论，为外资企业在中国营造了一个良好的发展环境，为不同所有制的企业在中国实现和谐相处，共同发展，奠定了法律基础。当然有了法律基础，不一定就可以一夜之间得到全面实施。目前，国有企业和民营企业的国民待遇问题，并没有得到真正解决。在中国，解决不同所有制企业的国民待遇问题还有很长的路要走，这也说明了继续弘扬世贸精神的必要性。

我们在按国际规则办事方面还有一个突出的特点，就是中国政府善于举一反三，把世贸规则作为在国内加快建立市场经济的推动力。在过去几年的城镇化进程中，曾经出现了某些歧视进城农民工的状况，面对这一现象，已熟知世贸规则的民众和舆论大声疾呼对农民工实行“国民待遇”，政府也出台了平等对待外来工的一系列政策措施，逐步实行了城市居民与农民工的同等待遇，有力地推动了中国城镇化的健康发展。

入世的透明度原则，原来主要是指世贸成员的经济贸易规则必须透明。但在中国，透明度原则已经适用于政府制定法律法规，提供行政管理，透明度问题已经成为人民知情权的问题。这一世贸原则不仅推动了政府的“阳光运作”，加强了政府与人民的联系，而且在中国经济体制改革和政治体制改革方面发挥了重要的作用。

十年来，我们不断扩大对外开放。我们认为在一个全球化的时代，任何国家都必须在开放的环境中发展，使中国的产业在开放中赢得更强的国际竞争能力。这几年，我们逐步形成了一个共识，那就是不要怕开放，关键是要有一个良好的宏观经济政策，形成一套行之有效、相互配合，连贯一致的经济法律法规体制，建立一支素质优良、廉洁高效的执法队伍。随着中国经济的发展，中国在开放问题上更有信心。在入世谈判中，我们曾争取了许多开放市场的过渡期。实际上，我们在很多领域的市场开放，都在过渡期还没有结束前就提前开放了。大家都很熟悉入世中关于保护汽车产业的谈判。当时我们做了艰苦的努力，争取到2005年才放开进口汽车的配额管制。结果，我们到2003年就提前结束了对进口汽车的管制。总之，入世之后中国已经走上“开放，发展，更开放，更发展”的良性发展道路。

入世十年后，中国经济上了一个新的台阶，中国参与经济全球化的深度和广度都有了前所未有的发展，中国的国际经济地位和对外开放水平出现了很大的变化。

在中国的对外开放进程中，我们正逐步从主要注重扩大出口过渡到出口和进口并重，从主要引进外资，

到引进外资和海外投资并重的时代，中国企业"走出国门"进行投资贸易已成为国际经贸关系中的一个新的重要趋势。

在这样的情况下，我们更应强调遵守规则和实行开放的世贸精神。十年前，正因为我们接受了一整套世贸规则，才使得美国不得不按世贸最惠国待遇原则，修改国内法，给予中国永久正常贸易关系，成为中国入世最大的外交和政治成果。这当然不是美国单方面的"恩赐"，而是对中国承诺遵守国际规则的回应。今天，面对中国企业"走出去"的形势，我们更应该弘扬世贸精神，遵守国际规则，实行贸易投资自由化。只有这样，我们才可能要求在中国企业走出去的国家里，让当地政府对中国企业实行世贸的国民待遇、透明度和开放市场的原则，使中国企业在一个稳定的法律环境里成长壮大，成为当地优秀的企业公民，并为中国和全球的发展做出贡献。

中国入世十年来，世界面临的最大变化，当然是中国的迅速崛起。这个崛起的速度不要说外国人，连我们自己都没有预见到。中国已成为全球第二大经济体，第一大出口国，第二大进口国，中国经济贸易实力显著提高。在这样的形势下，难免出现对中国崛起的担心、忧虑、甚至恐慌、仇视，这就是人们常说的"中国威胁论"。能否破除中国威胁论，不仅决定中国今后十年发展能否有一个良好外部环境，也在很大程度上决定能否建立一个和平和和谐的世界。当然，要解决中国威胁论的问题，我们要多做对外宣传的工作，使国际社会把中国的发展看成是一个机遇，但更重要的是我们自己要努力树立良好的国家形象。在这方面，继续弘扬世贸组织遵守规则和扩大开放的精神显得十分重要。

从一般的国际关系理论来看，一个国家不管多么强大，只要是这个国家承诺并实行国际规则，它就不会成为对世界的威胁；从通常的世界经济贸易常识来看，一个国家不管发展得多快，只要它的市场是开放的，那么它的崛起就不会构成威胁，相反将对世界的发展提供市场和增长的动力，从而成为全球经济发展的积极因素。

在纪念中国入世十周年之际，我们要以弘扬遵守规则和扩大开放的世贸精神向世界证明，中国是一个坚持改革开放的负责任的大国，中国的发展对世界不是威胁而是机遇。希望这次纪念活动，让全世界更了解中国，从而欢迎中国的发展，并与她一起进入一个互利共赢、和谐发展的新时代。

为建立以规则为基础的国际贸易体制做出我们的贡献

——中国入世十周年感言

世界贸易组织上诉机构成员、教授 张月姣

2001年11月，WTO在多哈召开的部长级会议上一致通过中国加入世界贸易组织的决定。我当时在亚洲开发银行任局长。喜讯传来，我彻夜未眠。1996年以前，我作为对外经济贸易部条约法律司司长参与了中国“复关”的谈判，深知中国与100多个贸易伙伴的谈判的艰辛。经过15年的艰苦谈判，中国终于成为WTO这个“世界经济联合国”的成员。这是中国的改革开放事业中具有里程碑意义的大事，也是世界经济关系的重大事件。中国作为世界第三大贸易国加入WTO，使WTO真正代表世界，亚洲开发银行的来自60多个国家和地区的同事也写短信给我，祝贺中国加入WTO。当即，我也向对外经济贸易部石广生部长写了贺电，转达了来自亚太国家朋友们的衷心祝贺。

中国加入WTO十年来，国际贸易飞速发展，成功解决了13亿人口的温饱问题，消减贫困人口，实现了联合国的千年发展目标（MDG）。中国已经成为世界第二大经济体，创造了世界经济发展史的奇迹。中国在亚洲金融危机和2008年由华尔街开始的世界金融危机中的杰出表现和对世界的贡献受到了各国政府和国际机构广泛称赞。这十年，我先后在亚洲开发银行、西非开发银行工作。经常听到外国朋友赞扬中国的改革，中国的速度，中国的模式，中国的奇迹……我为祖国的繁荣富强感到自豪。

2007年11月27日，经中国政府推荐，我参加竞选WTO上诉机构的成员，并由WTO成员一致通过，被任命为WTO上诉机构法官，根据WTO的规定履行法官职责，独立、专业和公正地参与审理WTO上诉案件。WTO上诉机构是由7名法官组成的终审机构。根据WTO争端解决与程序的谅解备忘录第17条的规定：“上诉机构应由具有公认权威并在法律、国际贸易和各适用协定所涉主题方面具有公认专门知识的人员组成。他们不附属于任何政府，上诉机构的成员资格应广泛代表WTO的成员资格。”

WTO经过8轮多边贸易谈判，形成了一揽子具有约束力的WTO涵盖协议，并且建立了一套完整的争议解决机制。WTO已经受理了400多个争议案。发布了160多份专家组报告和100多份上诉机构报告。WTO的争议解决机制被称为“皇冠上的明珠”。WTO的争议解决由GATT时期的外交谈判转变为“准司法”，并建立了常设的上诉机构。WTO审结一个案子一般用9个月至12个月，比其他国际争议解决机构速度快，受理的争议案件数量多。

中国加入WTO初期，多作为第三方参与WTO案件审理，熟悉了WTO的争议解决程序，培养了人才。近年，中国作为被诉方较多，中国及时派出代表团积极参与应诉。中国政府也针对美欧等国在反补贴和反倾销以及特别保障措施中与WTO条款不符的政府措施提起申诉。中国政府还派专家参加WTO规则的修改和各种多边谈判。中国积极参与WTO的管理和各项谈判与争议的解决，受到WTO和其他成员的好评。

中国加入WTO享受多边的、无条件的最惠国待遇。这为建立以规则和非歧视为基础的国际贸易体制提供了法律保障。美国通过立法取消了对中国的Jakson-Vanik修正案。该修正案是1974年针对前苏联限制犹太移民制定的，已经过时了。中国加入 WTO 之前，根据该修正案，美国国会每年审议中国的移民等政策，然后决定是否延长中国的最惠国待遇。这种最惠国待遇的年度审议和关税的不确定性严重影响了中美企业家的贸易合作。中国加入了 WTO，可以享受 WTO 其他成员提供的最惠国待遇和国民待遇等非歧视待遇。中国还可以用多边解决争议机制保护自己的合法权益，不受单边的贸易报复。中国的企业可以通过透明的机制，更好地了解外国的贸易投资法规，便于“走出去”。中国出口的产品也可以享受较低的进口关税。

中国加入 WTO 也促进了外贸的法制建设。根据 WTO 透明度的要求，中国清理和废除了3 000多件法规和内部规定。取消了很多内部规定，实现了对外贸易法律法规的透明，为外国投资者与中国企业做生意提供了较好的法制环境。WTO 规定在中国统一执行，打破了地方的贸易保护主义。中国加入 WTO 后，外贸经营权放开，产、学、研结合，更多的企业进入国际市场，参与国际竞争。

中国加入 WTO 对中国经济和贸易的发展提供了较好的客观条件。但是，不要把 WTO 神话了。中国的发展主要是内因起作用。WTO 是成员国起主导作用（Member driven）。我们应该认真思考，中国如何在未来的十年在 WTO 中起更大的作用。特别是俄罗斯和更多国家加入 WTO 后，中国如何参与和促进 WTO 规则和其他多边谈判，改进 WTO 的争议解决机制，改进和整合区域自由贸易协议，以及如何通过多边贸易谈判，制定对新兴经济体更有利的规则，增加国际社会对贸易的援助，使 WTO 在帮助发展中国家消除贫困方面发挥更大的作用。

在国际竞争中，人才的竞争是关键。中国从贸易大国转为贸易强国，人才最重要。中国亟须培养一批了解国情、兼具国际视野和国际工作经验、组织能力强、沟通能力强、谈判能力强、专业知识扎实、外语好、有团队工作精神、身体好的能在国际机构担任负责工作的人才，以提高中国人的影响力和形象。

WTO 的规则涉及货物贸易、服务贸易、与贸易有关的知识产权、与贸易有关的投资措施以及卫生与植物卫生措施、政府采购、海运服务、基础电信等领域。不仅经贸部门要熟悉 WTO 规则，政府的其他部门也应了解 WTO 的有关规则。政府在制定政策措施时要进行法律论证，以避免发布的措施与 WTO 规则不符，也利于减少有关争议。

WTO 是一个多边贸易规则制定的场所，一个多边贸易谈判的场所和一个多边解决争议的场所。中国应该培养更多能胜任在 WTO 三个场所工作和谈判的专家，使中国在 WTO 中起更大作用。中国必将对建立并完善以规则为基础的国际贸易体制做出更大贡献。

中国在世贸组织（WTO）如何安身立命

——为中国加入世贸组织十年而作

对外经济贸易大学教授、中国世界贸易组织研究会副会长 薛荣久
对外经济贸易大学博士后 杨凤鸣

中国于2001年12月11日成为世贸组织第143个成员，迄今已进入十年，巨大成就与众多问题并存。笔者以安身立命为题，析结前十年轨迹，提出后十年愿景。所谓安身是定位稳健，立命是目标明确。安身立命由五个要件构成，它们是：定位明务，依规切行，实力为基，谈判博弈，护制健身。

（一）定位明务是中国在世贸组织安身立命的指南针

定位是指明确中国在世贸组织中的身份，明务是确定本身的使命和目标。

中国加入世贸组织后，与原有的142个成员共处。他们之中少数是发达国家，多数是发展中国家；绝大多数是主权国家，极少数是特殊关税区；多数是创始成员，极少数是新加入成员。作为成员的使命基本一致：发展本国或本地区经济，扩大和加强与其他成员和地区贸易关系。但具体目标各异：发达国家和地区成员市场经济发达，扩展欲望通常强烈，它们借助经济优势，主张贸易自由化，追求开放，居于成员核心地位，参与世贸组织事务，一般积极主动；发展中国家成员因市场经济发展滞后，经济实力低下，通常保护诉求强于自由追求，不愿主动开放，希望得到照顾，处事被动，居于核心成员外部。

与其他成员相比，中国身份自有其特点：低收入发展中的大国，从计划经济转向市场经济，法制建设起步，坚持社会主义方向。这使中国在加入世贸组织时出现四个特点：第一，谈判时间漫长，长达十五年；第二，获得发展中国家成员享受权利的绝大部分；第三，争取到过渡期，也接受了“两反一保”等特殊条款；第四，行为规范具体，通过“中华人民共和国加入议定书”和“中国加入工作组报告书”列出中国加入世贸组织后可享受的权利、应履行的义务和具体承诺。

中国入世后，作为新成员有一个目标、五项职责。一个目标是通过世贸组织平台，发展中国，寻求共同繁荣之路。五项职责是：第一，熟悉规则，运用规则和参与规则制定；第二，在享受权利的同时、履行做出的承诺；第三，承担成员职责，如接受政策审议。运用贸易争端解决机制、交纳会费等；第四，参与2002年开始的多哈回合谈判；第五，维护世贸组织体制。

入世十年来，中国坚持本身目标，切实履行承诺和成员职责，给中国带来七大积极效应。第一，中国成为“言必行，行必果”信誉很高的成员。第二，通过多边贸易体制，加大对外开放，深入参与经济全球化。第三，中国成为贸易第一、世界经济第二、外汇储备第一、人民币渐成硬币，综合国力大大增强的大国。第四，市场经济法规体系建立，市场经济活力涌现，成为全球最开放的市场之一。第五，建立起现代企业制度，国民福利增多，法律法规观念有所加强。第六，中国在世界经济中作用加大，大国形象显现。第七，增强深化改革开放、尽早成为中等发达国家的信心。

与此同时，也出现了几个不可忽视的问题。第一，贸易高速发展，但严重失衡，如：货物贸易比重过高；出口贸易发展速度高于进口贸易发展速度；货物贸易顺差，服务贸易逆差；货物价格贸易条件与货物购买力贸易条件逆向发展；出口依存度过高等。第二，尚未形成与中国外经贸地位相匹配的国际贸易谈判权、

国际规则制订权和以产业、企业为基础的贸易谈判体制。第三，参与世贸组织的深度、广度和影响力有限。第四，贸易争端加多、加深，贸易摩擦频发。第五，国内有些部门出台的法规、决策和表态与世贸组织规则出现背离、冲突和矛盾，使世贸组织主管部门被动。第六，某些企业世贸组织规则淡薄，常因产品假冒伪劣、侵权盗版等劣行，授人以柄，引来无谓的投诉和争端。

在新的十年中，中国在世贸组织中应坚定核心成员地位，勇于肩负起更多的职责。第一，使中国从贸经大国成为贸经强国，全面协调发展。第二，主动加大和加深对外开放，并要求成员相应对等的开放。第三，以互利共赢理念构筑与世贸组织成员的关系。第四，推动多哈回合谈判成功和世贸组织的改革。多哈回合结束是推动多边贸易体制改革，提升中国话语权和影响力的重要机遇。第五，积极肩负起核心大国成员的职责，主动沟通与协调，消除误解和误判，减少负面影响。第六，双边经贸合作与多边贸易体制有机结合，推动两岸四方朝经济一体化方向发展。第七，加大参与度，推动多边贸易体制向更加公开、高效、公平的方向发展。

（二）依规切行是中国在世贸组织安身立命的安全阀

依规切行是指掌握世贸组织规则，切实遵守和执行规则。在世贸组织中，成员受益大小与他们对待规则的态度成正比关系。规则是成员安身立命的安全阀。

世贸组织规则体现在世贸组织负责实施管理的协定与协议中。现在世贸组织负责实施管理的协定与协议有七大特点。第一，体现了世贸组织的基本原则，诸如最惠国待遇，国民待遇，贸易自由化，允许正当保护，稳定贸易发展，公平竞争，鼓励发展和经济改革，允许地区性贸易安排，例外与免责，政策透明。第二，数目众多。仅协定与协议就有30多个。第三，范围广泛。它们包含货物贸易、服务贸易、与贸易有关的投资、与贸易有关的知识产权等世界贸易领域。第四，层次分明。协定是贸易领域的框架规则，协议是贸易领域框架规则的具体规则。第五，接受方式不同。占绝大多数的多边协定与协议，成员必须全部无保留地接受，两个诸边和一个展边协议，成员可自愿接受。第六，阶段和延伸性。所有的协定与协议体现了谈判时国际贸易的发展状态，是成员谈判的产物，都留有深化、延伸和有待清晰释义的余地。第七，强接性。世贸组织成员原有的贸易法规在定期内要逐步与接受的协定与协议接轨，并成为国内立法。第八，扩展性。世贸组织2002年启动的多哈回合谈判的成果将成为新规则。总之，世贸组织负责实施管理的贸易规则多种多样，可谓博大精深。

通过协定与协议体现出的规则对成员具有宪政功能。其作用如下：第一，维护世贸组织成员在法律上的民主和平等，减少贸易大国以大凌小或实行歧视性待遇，使经济发展水平和实力有差距的成员可以合作共处；第二，维系成员良好的贸易关系，消除误解和误判，妥善处理贸易争端，改善贸易环境；第三，抵御成员国内或区内政府政策的越位干预和管理失灵，为世贸组织成员企业享受权利与履行义务提供可靠的环境；第四，共同维护“开放、公平和无扭曲竞争”，激发市场活力，提高市场有效配置资源的机能；第五，有益于发达国家向发展中国家和后进国家传递经济增长，传播知识技术和提供法律保护；第六，贸易协定中的透明度规定增加和提高了成员贸易政策、措施的可知性，增强了企业开拓市场，稳定市场，利机避险的预见性。

中国加入世贸组织以后，在世贸规则上做了许多工作：第一，认真学习，熟悉世贸组织规则，全面履行加入承诺，建立起符合世贸组织规则的贸易法律体制；第二，以规则为武器，积极参与世贸组织例会，监督其他成员履行义务的情况，推动解决中国与其他成员关注的贸易热点问题；第三，掌握和运用世贸规则，妥善处理中国与其他成员的贸易摩擦与争端解决案件；第四，积极参与多哈回合新规则的制定。

中国对世贸规则表现出来的负责态度，取得五大效益：第一，赢得了世贸组织和成员的信任和好评，为中国利用世贸组织平台发展贸易，加深开放提供了良好的环境；第二，使中国政府、企业和学术界加深了对世贸规则的认识，加强了整体的规则意识，进而推动各级政府部门和官员思维方式与执政观念的更新，加速了政府职能的转变；第三，企业逐步摆脱“关系”学的束缚，学会依法办企业，处理贸易争端，企业经营和贸易行为逐步法制化，为走出国门进行跨国经营奠定了良好的法律基础；第四，随着对WTO规则的掌握，开始主动利用争端解决机制，维护中国企业的正当权益；第五，为中国后十年深度运用和参与制定世贸规则奠定了基础。

应当指出，在世贸规则的运用、立法和执行上，中国尚有许多不足。第一，国内尚未形成世贸规则整体意识。WTO 规则意识并未真正深入社会各个层面，政府部门主管人员对世贸规则知识掌握有断档现象，对世贸组织规则的认识多停留在承诺履行阶段。第二，政府一些部门出台的一些政策、规定忽视和背离 WTO 规则。第三，企业在从事贸易活动中，忽视、背离世贸规则现象大量存在，招来不必要的争端，加重了违规程度的裁决。第四，出现贸易争端时，国内媒体、公众不以规则判断是非，感情大于理性。第五，以“外在法”研究世贸规则，离开时代背景研究中国接受的特殊条款，提出不切实际的应对办法。第六，在多哈回合提出的议案中，主要集中在技术层面，提出议案的数量和质量不及发达国家和印度等成员。上述状况影响着中国对 WTO 规则的全面利用，难免有时陷入被动和矛盾之中。

在新十年中，中国在世贸规则上应朝以下方向迈进。第一，深入了解、掌握和运用世贸组织规则，就其相互关系，特别是“灰区”方面的规定要下工夫研究并运用。从三次政策审议来看，世贸组织其他成员对中国的诉求进入深层次，贸易争端将向国内补贴、第三方反倾销、知识产权保护等方向发展。第二，加深市场经济机制改革，设法摆脱《中华人民共和国加入议定书》第 15 条确定补贴和倾销时的价格可比性中有关市场经济条件的羁绊。第三，积极参与多哈回合谈判。多哈回合谈判结果关系到中国加入世贸组织后十年的贸易环境。在多哈回合谈判中，一旦中国提出的议案被通过，就将具结为世贸规则。这方面，发达国家和新兴经济体相当活跃，在单独议案和共同议案提出上中国应再下工夫。第四，通过各种形式，组织政府有关部门、各类企业和中介组织，就世贸组织规则进行全面学习和深入掌握。第五，尽早结束加入 WTO 诸边协议、《政府采购协议》的谈判，做好应对的准备。鉴于中国民用飞机制造和航空业的快速发展，应尽早启动参加另一个诸边协议《民用航空器贸易协议》的谈判。第六，展开对贸易对象国和投资东道国的贸易规则的深入了解和研究，为企业开拓和立足市场，解决贸易争端提供规则支持。

（三）经贸发展和实力是中国在世贸安身立命的基石

经济发展是指经济发展阶段和市场经济的发展程度。实力包括国内和区内市场的规模和发展潜力，在世界分工中的地位，在世界贸易、金融、货币、投资和知识产权领域的话语权及单项商品的竞争力。它们是世贸组织成员安身立命的基石。

在世贸组织中，经济发展水平和经济贸易实力决定着世贸成员的地位，及运用规则和参与规则制定的有效程度。在中国加入世贸组织前，世贸组织已有 142 个成员。其中，发达国家成员不到 30 个，但它们约占世界国内生产总值的 70％以上，占世界货物贸易的 60％以上，占世界服务贸易的 70％以上，占世界对外直接投资中流入的 60％、流出的 80％以上，拥有世界银行和国际货币基金 2/3 以上份额，市场经济发达，法制健全，拥有多数科学技术成果，在国际分工中处于中心地位。他们在世贸中的目标是扩大市场，加深贸易自由化，获得全面利益。而余下的是发展中国家成员。其特点是一多一后一小，即成员数目多，经济发展阶段滞后，市场发育不全而经贸实力小。在世界经济总量、贸易、投资上比重均在 30％上下，科技落后，在世界银行、国际货币基金组织拥有的份额很低，在世界分工中处于边缘地位。这种状况，决定了这两大类世贸成员在世贸组织中的地位和作用。

发达国家成员在世贸组织中处于强势和主导地位。表现在：第一，世贸组织会费的主要承担者，2009 年，仅美国、德国、英国、法国和日本交纳的会费占整个会费的 38.0％；第二，世贸组织总干事和职员的主要源出者；第三，世贸谈判的发起者和主要谈判方，决定着谈判的进程；第四，世贸规则议案的主要提出者和议案相关法规国内先行立法者；第五，政策审议的主要担当者，贸易争端的主要投诉者和应诉方。

发展中国家整体上处于弱势和从属地位。他们在世贸组织中的目标是发展经济，摆脱落后，期望自由化程度低于发达国家成员，而正当保护程度高于发达国家成员，希望发达国家成员提供更多贸易援助和技术援助，着力点是获取特殊和差别待遇。在经济全球化、相互依存趋势加强的情况下，发展中国家成员诉求得到部分实现。在世贸组织负责实施管理的协定与协议中，一方面在整体上确认发展中国家开放度低于发达国家成员，正当保护程度高于发达国家成员，权利多于义务；另一方面，通过一些特殊条款，承认发展中国家成员的特殊利益，减轻义务，延长实施期限，提供资金和技术等援助。在贸易谈判中，发展中国家成员往往不是主要谈判方。在运用规则、维护经贸权益上力不从心。利用争端解决机制成本过高，使许多发展中国家成员望而却步。随着印度、巴西等一些国家的发展，经济贸易实力有所增强，上述局面有所改观，但整体格局未发生实质性的变化。

中国加入世贸组织以后，由于改革得力，社会主义市场体制逐步健全，借助世贸组织平台，比较优势得以发挥，经济贸易取得高速发展，综合实力增强，从多个方面加强了中国在世贸组织中的地位和作用：第一，中国逐步成为世贸组织核心成员；第二，加大了中国运用规则、参与规则制定的能力；第三，加大中国参与政策审议和运用贸易争端解决机制能力；第四，中国逐渐成为货物、服务、投资、知识产权等领域的主要谈判方；第五，加强了与其他世贸组织成员交往、沟通与合作的能力；第六，获得了世贸组织在中国举办相关国际会议的机会；第七，加大了支持世贸组织建设的能力，中国提供的会费从初期的300多万瑞士法郎增加到2009年的1 107万瑞士法郎，占成员承担会费的5.9%，并从2010年开始主动资助。进入世贸组织机构的人员逐步增多。

应该看到，中国市场经济机制发展的滞后和实力基础的不扎实，将对今后十年中国稳定并加强在世贸组织中的地位、肩负大国责任影响重大。

首先，中国市场经济机制存在四大不足。(1) 市场发育程度滞后。迄今为止，世贸组织中主要发达国家成员不承认中国为完全的市场经济国家。中华人民共和国加入议定书“第15条确定补贴和倾销时的价格可比性”，涉及市场经济被承认的条件，“市场经济”的规定可持续到2016年。中国是否主动达标将影响中国整体和企业竞争力的加强或减弱。(2) 国内市场供应与需求失衡，导致中国外贸依存度远远高于世界和发达国家整体水平。(3) 资本运用失当，鼓励外资大量流入，而国内大量民间资本无处正常投放，对外投资效益不高。(4) 市场法规体系不够健全，且执法不力，痼疾仍存。

其次，中国外贸高速发展的基础不牢。(1) 加工贸易占整个贸易的一半，但所收取的加工费，在整个产品价值中不到10%。而整个产品价值却计算到中国对外贸易统计中，夸大了中国贸易数据。(2) 外资占中国进出口贸易的半壁江山，其进出口贸易多是这些公司内部的贸易，是其产业链和销售链的环节的一部分。(3) 出口增长靠出口物量带动。从2002年到2009年，如以2000年为100，中国货物价格贸易条件同年从102降低到80，而购买力（价格指数×物量指数）贸易条件同年从136提高到349，表明中国货物贸易的高速增长不是靠价格提升，而是靠大量出口数量来带动，恶化了环境，加重了对世界资源的依赖，形成“贫困增长”。[①] (4) 品牌滞后于规模的扩张。美国《财富》杂志以营收为指标的世界企业最新排行榜中，有54家中国企业进入全球500强，上榜企业仅次于美、日，居世界第三；甚至在全球前10强中，中国企业都占据三席。但在诸多公认的世界优秀品牌或品牌百强榜单上，中国品牌稀少，甚至无一入选。以中国汽车市场为例，国际品牌以40%的资本占据50%的份额，获取70%的利润。

再次，外贸高速发展的支撑力在减弱。(1) 随着劳动力工资的提高和福利的加强，依靠低廉劳工的加工贸易势必受到影响。(2) 随着自然资源的逐渐枯竭和自然资源产品价格的提升，产品成本势必提升，价格竞争优势难以为继。(3) 人民币与国际货币的汇率失调和国内通胀趋势将降低出口价格竞争优势。(4) 中国企业尚未形成整体、厚实的竞争力。与国际一流企业相比，中国大企业在国际化经营水平、生产链与销售链的构建上，全球资源整合掌握能力、技术创新能力与机制、经营管理能力、市场营销能力、风险调控能力等方面存在相当大的差距。中小企业由于融资艰难，人才缺乏，产品档次低，竞争方式落后，规则意识淡薄，现代企业制度尚未建立。由此，成为“世界工厂”的中国却处于全球产业链U字形的低端，中国是资源进出口大国，但却不掌握价格的主导权。

---

① UNCTAD，HANDBOOK OF STATISTICS，2010年，第244—245页。

(四) 谈判博弈是中国在世贸安身立命的活力源

谈判是世贸组织存在和发展的驱动力量。通过谈判可确定世贸组织的原则、规则，确保世贸组织健康运行，确保世贸组织成员的权利与义务的平衡，提供稳定、可靠和可预见的贸易环境。可以说，没有谈判，就没有世贸组织的存在和发展，世贸组织成员贸易行为将无章可循，世界贸易秩序将出现紊乱，难以可持续发展。

从原关贸总协定到世贸组织，其重要职能就是进行各种谈判，监督和执行谈判结果。其谈判类型有全局性的谈判、局部性的谈判和具体谈判。全局性的谈判涉及多边贸易体制的存在和发展。这类谈判称为多边贸易谈判，以回合来表示。从第二次世界大战以来，多边贸易体制的谈判有九个回合。在1947年关贸总协定主持下，进行了八个回合谈判。在世贸组织主持下，进行了第九个回合的多边贸易谈判。这些谈判具有六大特点。第一，参加者增多。参加谈判者从最初的23个增加到现在的153个。第二，多边谈判时间逐渐拉长。回合谈判时间从最早的不到一年延长到第五回合的2年，第七回合的6年到第八回合的8年，第九回合已近9年。第三，谈判内容不断拓宽。前7个回合主要谈判货物领域规则，内容从关税向非关税壁垒延伸。第八回合谈判领域从货物拓宽到服务、知识产权领域和与贸易有关的投资问题。谈判达成的协定与协议数目和种类不断加多。第四，谈判主导权在扩散。在第六回合以前，贸易谈判的主导者是发达国家，美国处于中坚地位。第七回合谈判，美国中坚地位受到欧盟挑战。第八（乌拉圭）回合中，新兴的发展中国家向发达国家主导地位发起挑战，发展中国家对谈判提出更多的诉求，成为谈判进程的制衡力量。第五，谈判达成的协定与协议在强制性、可行性、权威性、影响力上逐步加强。第六，谈判结果的被关注不断加强。谈判结果与谈判者切身贸易利益日益密切，国际社会对谈判的愿景增多，期盼加强，评论增多，焦虑加重。

局部性的谈判有申请加入谈判和贸易主要领域的协定与协议谈判。随着1947年关贸总协定被世贸组织取代，申请加入谈判从比较简单发展到复杂。因身份不同，加入时间长短不一，例如蒙古申请加入不到一年，中国加入世贸组织整整进行了15年，俄罗斯从1993年开始加入世贸组织谈判，至今尚未结束。

“世贸组织谈判一般包括四个阶段，即催化阶段、谈判前阶段、谈判和谈判后阶段。在催化阶段，有一个发起者，它可以是一个政府或集团，提出谈判的议题。在谈判前阶段，各方对正式谈判的议题进行讨论（谈判），商定的议题将对随后进行的正式谈判的参数加以约束。在谈判阶段，谈判方政府谈判代表在考虑国内或区内各方利益集团诉求基础上进行讨价还价。最后，根据谈判策略、战术和时间限制，产生出协议的正式草案。最后阶段是谈判后和实施阶段，它决定协议如何体现在国家和地区政府的法律和程序中，以及行政、司法和立法机构如何去实施。”① 多边谈判的多方特性增加了谈判者的责任，它们不仅要传递本成员的要价、出价和谈判立场，而且需要连续收集和传递信息。贸易谈判者更主要的任务之一，则是提供有关谈判对手偏好和利益的信息，以及试探该谈判者立场强弱或灵活到何种程度。

世贸组织全局、局部和具体谈判的结果都涉及谈判者的切身利益，因此世贸组织成员对各种谈判都高度重视。因成员对谈判的目标不同，加上经济发展阶段、是否主要利益方、社会制度、传统文化、经贸实力、规则掌握、人员素质等存在的差异，都影响到成员本身的谈判风格的形成。

中国在加入关贸总协定/世贸组织的过程中，采取了战略决策、原则灵活、坚持循进、权义基平、全民应对的谈判方式。即从中国对外开放的战略高度决定参加关贸总协定/世界贸易组织，在谈判中，随着中国经济的转型和经济发展，在坚持发展中国家身份的同时，也考虑中国的实际，从大局出发，克服阻力，坚持谈判，求得权利与义务的基本平衡，以政、企、学结合的方式进行应对与落实。

中国加入世贸组织后，采取以规为本、循序渐进、安稳求实、方式多样、服从裁决的谈判方式，即坚守世贸规则，边学边谈，进行协商与合意，踏踏实实谈判，采取多种解决途径，服从专家组或上诉机构的裁决。这种谈判方式不同于美国、欧盟等发达国家和集团的谈判风格。当中国渐进、求真、务实的谈判风格受

① 伯纳德·霍克曼，迈克尔·考斯泰基，《世界贸易体制的政治经济学》中译本，第55～56页，法律出版社2000年版。

到发达国家攻击，指责中国在多哈回合谈判中没有诚意时，总干事帕斯卡尔·拉米为中国主持公道："那是完全不懂国际贸易谈判的说法，发达国家主流媒体在没有任何根据的情况下肆意指责中国，除了显示东西方文化的差异，还显示他们的无知。"① 中国加入世贸组织后的谈判，整体而言，比较成功。在全局性谈判中，中国政府注意集思广益，高度合意。在国务院领导下，商务部、外交部、发改委、农业部、海关总署、质检总局等各相关部委协调，形成合意，征询专家意见，进行谈判，并注意将谈判结果进行沟通和交流。如2005年后，在国务院领导下，商务部牵头与美国和欧盟进行纺织品贸易谈判，获得佳绩。谈判结束后，商务部领导及时举行通报会，使国内有关部门、业界、研究机构和媒体及时准确地知悉谈判结果，加强理解，做好应对。中国在局部和具体贸易争端谈判中，采取的解决途径多样：有的采取双方协商，达成满意的解决办法；有的通过专家组；有的通过上诉机构裁决。通过多种形式的结案方式，赢得了主动。

在中国被诉的贸易争端案件中，有的胜诉，有的败诉。究其原因，与谈判和博弈力有着密切的关系，这方面的经验和教训应该加以总结。

随着中国地位的提高，随着市场经济体制的逐步完善和经济实力的增强，以及规则的掌握和世贸组织内外环境的变化，中国今后十年将面临以下的谈判态势。第一，谈判内容向纵深发展，谈判对象加多，谈判内容拓宽。第二，谈判对象对中国谈判的诉求多样化。发达国家要求中国加大开放度，新兴的发展中国家成员与中国"碰撞"和交织谈判加多，最不发达国家成员对中国的谈判诉求提高到与发达国家看齐，单边优惠谈判加多。第三，局部和具体谈判任务加多加重。第四，国内谈判协调合意难度加大。随着中国国内经济利益的多元化和纷起的社会集团诉求的多样化，对外谈判将面临更多的协调难题。为此，期望中国采取以下的谈判策略：在全局谈判上，中国要加大参与，主动积极，多方协调，关注整体；在局部和具体谈判策略上，中国要区别对待，针锋相对，方式多样，量力而行。

要提高中国在世贸组织应诉局部和具体谈判的成功率，应关注以下几点：第一，加强应对谈判的战略谋划和具体实施的谈判团队的组织；第二，搞清投诉案件的缘由和根据；第三，以充实可靠信息和资料对投诉案件缘由检定；第四，找出投诉案件应对解决的途径与方式；第五，2016年前，中国整体、行业、企业应在摆脱非完全市场经济条款上下工夫，减少被动；第六，做好应对方式的后果预测和弥补途径；第七，确定应诉战略和战术的构成及实施；第八，应诉结果的接受及认真执行。其中，谈判队伍的组成是一个关键。谈判人员应少而精，要熟知世贸组织规则，具备良好的语言能力，较强的方针政策的悟性，精通所谈领域的理论与知识，其他知识面较宽，善于合作和沟通，掌握谈判技巧。为此，中国要完善教育，培养出精于谈判的人才。

（五）护制健身是中国在世贸组织安身立命的持续力

护制是指支持世贸组织的运行和改革，健身是指中国要加强自身的应对机构的建设。世界贸易组织于1995年1月1日启动，替代1947年关贸总协定，成为当今世界多边贸易体制的组织和法律基础，与国际货币基金组织和世界银行并列为世界经济三大组织。运行16年来，取得诸多成就。第一，把不同经济发展水平、不同社会制度的国家和地区聚集在一起，构建一个互利互惠的多边贸易体制，成为国际贸易合作的典范。第二，实施管理乌拉圭回合达成的众多的贸易协定和协议，促进成员的贸易和经济发展。第三，对成员贸易政策审议监督制度化，有利于政策透明，加强预见，减少风险，改善贸易环境。第四，成员从启动时的117个发展到153个成员，还有29个国家正在申请加入。第五，2002年启动多哈回合谈判，更多关注发展中国家成员尤其是最不发达国家成员的发展，已完成议题谈判的80%。若该回合成功将每年为世界增加3 600亿美元的贸易额。第六，通过会议呼吁、政策跟踪等方式，遏制2008年金融危机带来的贸易保护主义的蔓延，减轻了它的危害。第七，与世界银行、国际货币基金组织和联合国贸易与发展会议合作，就世界重大问题协商，取得共识，推动它们的解决。第八，世贸组织强化了世界多边贸易体制，成为多边贸易体制的"守护者"，促进了世界繁荣和地缘政治的稳定。

---

① 中国世贸组织研究会编，《中国世界贸易组织年鉴 2010》，第53页，中国商务出版社2010年版。

世贸组织在运行中，也受到来自各方面的挑战、抱怨和不满，运行并不顺利。第一，多哈回合谈判原定于2005年结束，因各方纠结不断，使谈判结束日程一再延期到2011年底。久谈不决，令成员失望。第二，应对全球性金融危机后兴起的贸易保护主义作为不够有力。第三，一些非政府组织把环境污染、社会失衡和失业等问题归罪于世贸组织推动的贸易自由化，世贸组织形象被丑化。第四，地区经济合作泛起，各种形式的经济贸易集团大量涌现，削弱了多边贸易体制的凝聚力，世贸组织受到冷落，被边缘化。第五，世贸组织外在问题的干扰和应对上的力不从心，弱化了世贸组织的形象。第六，世贸组织机制建设与世贸组织成员的扩展不适应，世贸组织决策机制效率、透明度和包容性难以满足世贸组织成员的众多诉求。

中国加入世贸组织后，面对世贸组织的这些障碍和困难，没有做看客，而是尽力从各方面支持世贸组织。第一，全面履行加入世贸组织承诺，接受过渡期审议和定期审议。中国加入世贸组织后，连续八年接受过渡审议。从2006年后，接受两年一度的三次定期政策审议。第二，通过例会等方式监督其他成员履行义务的情况，对美国、欧盟、日本等主要世贸组织成员违反世贸组织规则的措施提出质疑，对在双边经济合作中久拖未决的问题在多边场合表达关注，通过世贸组织多数成员集体的呼声推动问题的解决。第三，掌握和运用世贸规则，妥善处理贸易摩擦与争端，维护贸易争端解决机制的权威性。在应对世贸组织成员对中国发起的反倾销和反补贴等案件的同时，也运用世贸组织反倾销、反补贴、救济等协议维护中国境内企业的正当贸易权益。运用世贸组织争端解决机制，应对成员9起起诉案，并起诉美国等其他成员案件7起。第四，积极参与多哈回合谈判。中国从加入世贸组织开始，就全力投入谈判，国内相关部门派出得力人员，组成谈判班子，参加谈判，提出议案。中国派出高官参加世贸组织举行的各种推动谈判的会议，如2003年9月的坎昆贸易部长会议，2004年7月的日内瓦小型部长会议，2008年7月日内瓦世贸小型部长会议，2009年11月世贸组织第七届贸易部长会议。此外，中国主办了世贸大连小型部长会议，2005年12月香港承办第六届世贸组织部长会议。第五，从人员和会费上支持世贸组织运行。中国加入世贸组织后，推荐张月姣教授到上诉机构，成为该机构7名成员之一，已有9人作为职员到秘书处任职。中国按期交纳会费，并随着地位的提高，交纳的会费从初期的300多万瑞士法郎提高到2009年的1 107万瑞士法郎，占成员承担会费的5.9%，并从2010年开始主动资助。

应当指出，中国与世贸组织加强关系方面仍有很大的余地。首先，中国在世贸组织的话语权的掌握上滞后于所处地位。从世贸组织成立至今，美国、欧盟等发达国家成员非常活跃，积极参与世贸组织事务，提出数量多、质量高的议案。巴西和印度主动参与世贸组织事务，并争取以发展中国家代言人的身份，在世贸组织谈判会议内外和制度建设中，积极建言。中国与之相比渐入角色，有进步，但差距较大。中国从加入世贸组织至今，正式向世贸组织提出的议案虽达一百多份，但大大少于发达国家和印度等提出的议案数量。第二，中国在世贸组织关键岗位任职过少。目前，在世贸组织机构、委员会及现任负责人中，四方谈判集团成员美国、欧盟、巴西、印度在世贸组织机构中担任主席的共有7人，占16.3%；七方谈判集团成员美国、欧盟、巴西、印度、中国、日本、澳大利亚在世贸组织机构中担任主席的共有11人，占25.6%。中国在世贸组织机构中有3人出任主席，其中1人来自香港。在世贸组织秘书处人员国别分布中，上述四方谈判集团有12人在世贸组织秘书处担任总干事、副总干事和各司负责人及在上诉机构担任大法官，占37.5%。上述七方谈判集团有16人在上述机构中任职，占50%。中国无人出任世贸组织秘书处各司负责人，仅有1人在上诉机构中担任大法官。现任总干事帕斯卡尔·拉米来自法国，美国和印度各有一人出任副总干事。第三，汉语不是世贸组织使用的官方语言。汉语是联合国的六种工作语言之一，在世贸组织官方语言内却无一席之位。目前世贸组织内的官方语言是英语、法语和西班牙语。因此，在谈判提案上，或是在贸易争端解决上，使用官方语言的成员占有一定的优势，而中国没有语言优势。第四，授权参与世贸组织部长会议的中国非官方组织不多。世贸组织专业咨询机构通过三种途径参与世贸组织日常事务：一是通过政府机构，世贸组织专业咨询机构与成员政府、国际组织构建网络，沟通信息；二是通过向世贸组织秘书处提交意见书；三是结合各国世贸专家组成研究中心，举办研讨会，发表著述，提供研究成果，普及世贸组织知识和培养人才。中国的专业咨询机构已经综合利用这三种方式。但中国被世贸组织秘书处授权参与部长级会议的非官方组织只有

24 家，比欧盟、美国、加拿大等成员少得多，由此减弱了我国在世贸组织中的影响力。

中国应对世贸组织谈判和参与世贸组织事务的国家机构需要加强。一方面，随着中国在世贸组织中地位的提高，参与世贸组织事务势必加多加深，谈判任务加重，贸易争端向纵深发展，运用规则和参与规则制定的难度加大。一方面，随着国内高速发展后各种问题的涌现和各种利益集团的形成，对世贸组织的诉求开始多元化，在世贸组织谈判和决策中的协调难度加大。为此，国家需要设立由商务部牵头的权威性更高的多边贸易谈判委员会，主管国内外所有的涉及世贸组织方面的事务。

加入 WTO，中国改革开放的历史性机遇

——纪念中国加入 WTO 十周年

上海 WTO 事务咨询中心理事长兼总裁 王新奎

中国加入 WTO 转眼已经十年了。在这短短的十年中，无论是中国经济还是世界经济都发生了巨大的变化。平心而论，中国加入 WTO 会引起中国乃至世界经济与贸易格局发生如此深刻的变化，这是当年谁都没有预见到的。

从 1986 年中国政府正式提出复关申请，到 2005 年入世过渡期基本结束的 20 年，恰恰是最近一轮以发达国家主导的经济全球化高速发展的 20 年。中国争取加入 WTO 的过程是一个逐步融入经济全球化的过程。特别是 1994 年中国启动一系列市场经济体制的改革以后，中国加速融入经济全球化，出现了以出口为导向的制造业外商直接投资大量进入、进出口贸易规模迅速扩大、GDP 快速增长的经济扩张期。

中国的入世进程大致可以分为以下几个阶段：中国政府正式提出要求恢复中国在关贸总协定中的缔约方地位的前一年到中国正式实施外汇管理制度改革的前一年（1985—1994）；中国正式实施外汇管理制度改革到中国入世前一年（1995—2000）；中国入世到全球金融危机爆发前一年（2001—2007）。

观察上述不同阶段的经济与贸易统计数据可以发现：

首先，中国的入世进程推动了以出口为导向的制造业外商直接投资大量进入。据统计，1985—1994 年，年均外商实际直接投资总份额约为 93.24 亿美元。到 1995—2000 年，增加到约 418.6 亿美元，为 1985—1994 年的约 4.5 倍。2001—2007 年中国入世后，又增加到 602.67 亿美元，为 1985—1994 年的约 6.5 倍。①

其次，上述外商投资进入中国呈现出明显的经济全球化特点，在中国的外商投资企业作为跨国企业全球生产布局的一部分，大部分是出口导向的加工贸易型企业。外商投资企业进出口在中国的进出口总额中一直占有很高的比重。在中国入世的前一年（2000 年）即达到 49.9%，但入世以后，到 2007 年，又提高到 57.7%。② 与此同时，外商投资企业的加工贸易进出口始终占了中国加工贸易进出口总额的近 85%，而且从加工贸易分布的主要产业来看，从 80 年代的纺织服装业，到 90 年代的机械制造业，再到本世纪初的 IT 产业，表现出明显的发达国家产业的加工环节向中国转移的轨迹。

再次，中国通过加入 WTO 极大地推动了自身贸易的增长。据统计，1985—1994 年，中国的进出口年平均增长率约为 14.5%，1995—2000 年，受亚洲金融危机的影响下降到约 11.0%，但加入 WTO 以后，又奇迹般地迅速提高到 2001—2007 年的约 27.3%。在进出口贸易增长的有力拉动下，GDP 的增长也呈同步变化的趋势，1985—1994 年为 9.9%，1995—2000 年为 8.6%，2001—2007 年为 10.5%。③

以上的分析证明，近 20 年来中国经济和贸易的高速增长过程，同时也是经济全球化快速发展和中国加入 WTO 的过程。促成中国经济和贸易高速增长的重要原因，是由于中国政府做出了加入 WTO 的重大战略

---

① 资料来源：《中国统计年鉴》。

② 资料来源：中国投资指南网。

③ 资料来源：《中国统计年鉴》。

决策，抓住了融入经济全球化的历史机遇。

中国在加入 WTO 以后，作为一个拥有巨大数量廉价且优质劳动力、同时又具有巨大市场潜力的发展中大国，其融入经济全球化，意味着世界经济和贸易的增长获得了巨大的生产要素供给和市场需求空间的支撑，从而也为全球经济和贸易的增长注入了新的活力。据统计，2001—2007 年，中国在全球贸易中所占的比重从 4.06%上升到 7.73%，贸易增长对全球贸易增长的贡献率达到 10.7%。① 同期，中国在世界 GDP 中所占的比重从 4.01%上升到 5.99%，GDP 增长对全球 GDP 增长的贡献率达到 15.4%。②

更为重要的是，中国在融入经济全球化和加入 WTO 的过程中，实现了贸易和经济的高速增长，这一发展理念和模式给世界各国，特别是发展中国家留下了深刻的印象。即便是在 WTO 多边贸易多哈议程谈判受阻的情况下，广大发展中国家还是通过参与和推进各类双边或区域性的贸易自由化安排，通过融入经济全球化来加快本国的经济和贸易的增长。当前，一批新兴国家的崛起，诸如非洲大陆这样的传统经济落后地区开始呈现强大的经济活力，正在逐步改变世界经济和政治的既有格局。在这背后，我们可以隐约看见我国加入 WTO 这一历史性事件的全球影响。从这个意义上来说，中国加入 WTO 也为全球多边贸易体制和贸易自由化注入了新的活力。

我国入世的历程告诉我们，像中国这样一个发展中的、处于经济体制转型阶段的大型经济体，坚定不移地融入全球经济全球化进程不仅是实现经济现代化的必要条件，而且是推进改革开放的重要动力来源。当前世界所面临的挑战远比 10 年前中国入世时来的严峻。这主要表现为：全球复杂的资本、商品、信息和人员流动形成了一个相互联系的网络，因此经济波动也会更加频繁；经济活动对资源的需求不断上升，然而供应量有限；在一个日益全球化的世界里，我国政府既要推动经济增长，又要保持社会稳定，这两个目标往往互相矛盾，极大地增加了政府调控经济的压力。

因此，在全球金融危机以后很长的一段时期内，全球经济和贸易的发展将出现一个竞争和合作既相互冲突又相互依存的局面。首先，国际竞争更多地表现为世界各主要经济与贸易大国之间经济发展模式与经济结构调整的方向、调整的能力和调整的速度的竞争；其次，任何一个国家经济发展模式与经济结构的调整又必须在充分的国际合作的前提下才能成功。这需要我们在“十二五”期间实现经济发展方式转型和经济结构调整的目标的过程中要有宽广的国际视野和坚定不移地推进改革开放的远见卓识。

---

① 根据 WRO 贸易数据库统计计算。

② 根据世界银行数据库统计计算。

第二篇　WTO事务

● WTO运行总体情况（2010）

一、WTO秘书处人员与预算（2010）

（一）WTO秘书处人员

WTO秘书处总部设在日内瓦，拥有629名日常工作人员，统一受总干事的领导。WTO一切决策权归属其全体成员，秘书处没有任何决策权。秘书处的主要职责是为各理事会和委员会提供技术和专业支持，为发展中成员提供技术援助，监督和分析全球贸易发展动态，为公众和媒体提供信息以及组织召开部长级会议。此外，秘书处还在争端解决程序中提供各种形式的法律支持服务以及为申请加入WTO的政府提供咨询服务。

WTO秘书处工作人员来自于70个国家，男女人数基本对等。其中，专业人员大多由经济学家、法学家和其他国际贸易政策方面的专家组成。此外，还有大量负责提供支持性服务的员工，包括信息技术人员、财务人员、人力资源及语言服务人员。WTO工作语言是英语、法语和西班牙语。

根据《关于争端解决规则与程序的谅解》，WTO秘书处专门特别设立上诉机构，负责处理争端解决专家组裁决的上诉事宜。上诉机构设有独立秘书处，由7名在法学和国际贸易领域拥有特别威望的专家组成，每位专家的每届任期为4年，且可连任一届。

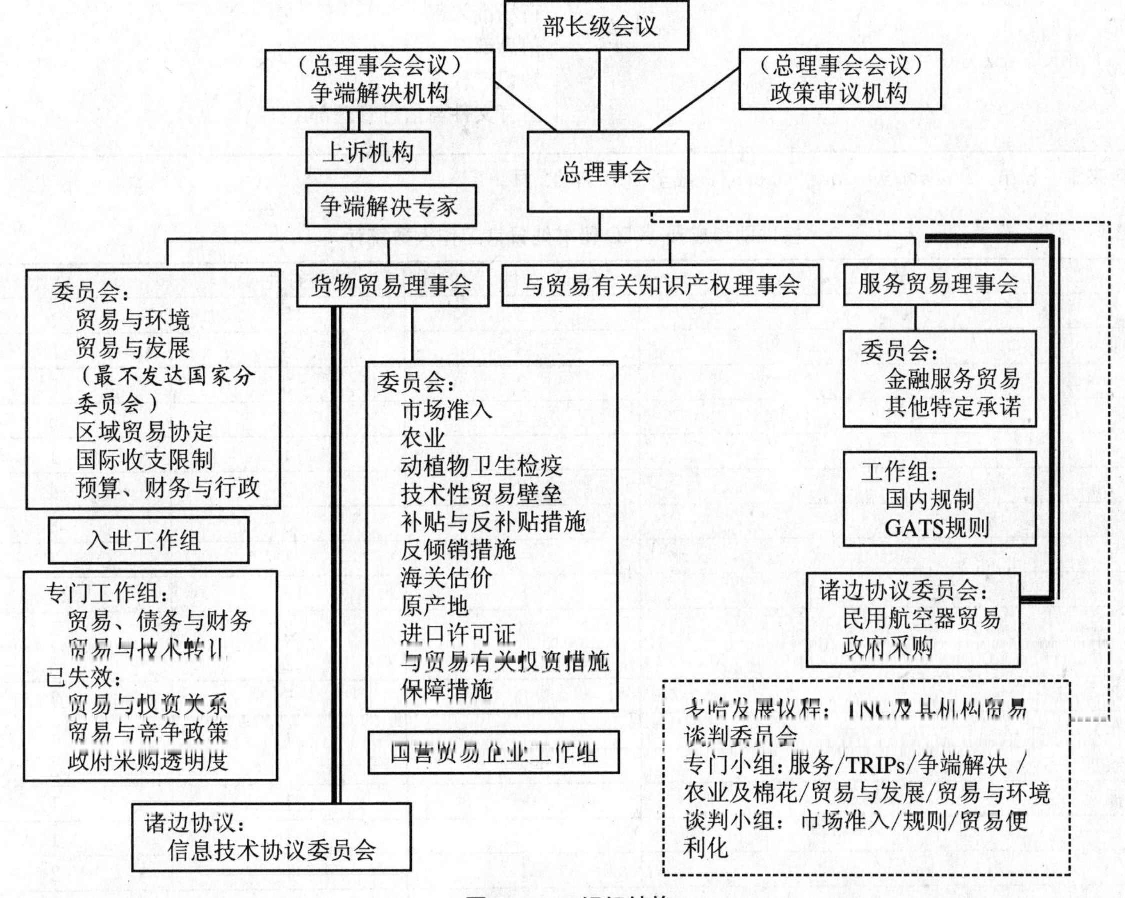

图1 WTO组织结构

注：——向总理事会（或其下属机构）报告 ▭向争端解决机构报告
------诸边贸易协议委员会将其活动通知总理事会或货物理事会（虽然只有部分WTO成员签署这些协议）
▬贸易谈判委员会向总理事会报告

资料来源：http：//www. wto. org/english，截至2010年12月底。

表 1 WTO 秘书处组织机构

总干事 帕斯卡尔·拉米（Pascal Lamy）	总干事办公室 理事会与贸易谈判委员会部 人力资源部 内部审计部 信息与媒体联系部
副总干事 亚雷汉德罗·捷瑞（Alejandro Jara）	加入部 经济研究与统计部 法律事务部 规则部
副总干事 鲁格瓦比萨（Valentine Rugwabiza）	发展部 培训与技术援助研究所 技术援助审计部 贸易政策审议部
副总干事 伐尔檀那（Harsha Vardhana Singh）	农业与货物贸易部 贸易与环境部 服务贸易部
副总干事 鲁佛斯（Rufus Yerxa）	行政与综合服务部 市场准入部 信息部 知识产权部 语言文件与信息管理部

资料来源：http：//www. wto. org/english/，截至 2010 年 12 月。

表 2 按性别和成员 WTO 秘书处日常工作人数统计

成　员	女性	男性	总计
阿根廷	3	5	8
澳大利亚	3	5	8
奥地利	2	3	5
比利时	4	1	5
贝宁	—	1	1
玻利维亚	2	2	4
巴西	3	5	8
保加利亚	—	1	1
加拿大	8	15	23
智利	3	2	5
中国	3	2	5
哥伦比亚	2	5	7
刚果（布）	—	1	1
哥斯达黎加	2	1	3
科特迪瓦	—	1	1
古巴	—	1	1
丹麦	1	1	2
厄瓜多尔	—	1	1
埃及	2	3	5
爱沙尼亚	1		1
芬兰	2	3	5
法国	103	78	181

续 表

成 员	女性	男性	总计
德国	5	11	16
加纳	—	1	1
希腊	3	2	5
危地马拉	1	—	1
洪都拉斯	1	—	1
中国香港	1	—	1
匈牙利	—	1	1
印度	3	9	12
爱尔兰	9	2	11
意大利	6	7	13
日本	1	2	3
韩国	3	1	4
莱索托	—	1	1
马拉维	—	1	1
马来西亚	1	2	3
毛里求斯	—	2	2
墨西哥	2	4	6
摩洛哥	1	1	2
荷兰	2	4	6
新西兰	1	3	4
尼日利亚	—	1	1
挪威	—	2	2
巴基斯坦	—	1	1
秘鲁	2	3	5
菲律宾	4	5	9
波兰	2	3	5
罗马尼亚	2	—	2
卢旺达	1	1	2
圣卢西亚	1	—	1
塞内加尔	—	1	1
南非	—	1	1
西班牙	30	16	46
斯里兰卡	2	2	4
瑞典	2	2	4
瑞士	27	17	44
坦桑尼亚	1	—	1
泰国	—	1	1
特立尼达和多巴哥	1	—	1
突尼斯	2	4	6
土耳其	2	1	3
乌干达	1	—	1
英国	54	18	72
美国	21	9	30
乌拉圭	1	5	6
委内瑞拉	1	3	4
津巴布韦	1	—	1
合计	342	287	629

资料来源：http：//www.wto.org/english，截至2010年12月。

表 3　　WTO 秘书处各部门职位分布

部　门	日常工作人员	主任	高级主管	总计
总干事			1	1
总干事办公室	13	1		14
副总干事办公室	5.2		4	9.2
加入部	7.8	1		8.8
行政与综合服务部	78	1		79
农业与货物贸易部	14	2		16
理事会与贸易谈判委员会部	12.3	1		13.3
发展部	11	1		12
多哈发展回合特别关税部	2	1		3
经济研究与统计部	48	2		50
对外关系部	8.8	1		9.8
人力资源部	17.6	1		18.6
信息部	38	1		39
信息与媒体联系部	20.8	1		21.8
培训与技术合作研究所	28.5	1		29.5
知识产权部	12	1		13
语言服务与文件部	157	1		158
法律事务部	15.8	1		16.8
市场准入部	10.8	1		11.8
医疗单位	2.5			2.5
内部审计部	1	1		2
规则部	20	1		21
技术合作审计部	1.5			1.5
贸易与环境部	6.8	1		7.8
贸易与金融贸易便利化部	8.4	1		9.4
服务贸易部	15.8	1		16.8
贸易政策审议部	37.9	1		38.9
上诉机构	14	1		15
总计	608.5	26	5	639.5

资料来源：http：//www. wto. org/english，截至 2010 年 12 月。

（二）WTO 秘书处经费

WTO 秘书处年度经费绝大部分来自于 153 个成员所承担的会费。每个成员会费多少取决于其在国际贸易中所占的份额。此外，WTO 秘书处年度经费还来源于其他收入，主要包括租金及纸质和电子出版物的销售收入。WTO 还管理大量的由成员出资的信托基金。这些资金主要用于特定的活动，如旨在使最不发达国家和发展中国家更好地利用 WTO 及自多边贸易体制中获取更大利益的技术合作与培训项目。2010 年，WTO 总经费预算如下：

193 989 500 瑞士法郎。

表 4　　2010 年度总的修订预算（WTO 秘书处，上诉机构和其秘书处）

部　门	2010 年预算（瑞士法郎）
工作费用（包括工资和养老金）	125 599 300
临时助理费	15 875 300
通讯费（包括电信和邮寄）	1 786 500
建设设施费（包括租金、设施、维护及保险费用）	3 843 000
固定设备费	1 130 000
耗材费	1 191 000
合同服务费（包括复制、办公自动化和安全等）	9 298 000
员工费用（包括培训和保险费）	4 624 000
代表团费	2 939 000
贸易政策课程费	3 315 000
其他（包括争端解决小组、出版、图书馆和公共信息服务等）	6 349 500
国际贸易中心	18 038 900
合计	193 989 500

资料来源： http：//www. wto. org/english。

表 5　　2010 年度 WTO 成员承担的会费

成　员	2010 年会费	
	瑞士法郎	百分比
阿尔巴尼亚	41 668	0.022
安哥拉	303 040	0.160
安提瓜和巴布达	28 410	0.015
阿根廷	634 490	0.335
亚美尼亚	28 410	0.015
澳大利亚	2 193 252	1.158
奥地利	2 428 108	1.282
巴林	172 354	0.091
孟加拉国	191 294	0.101
巴巴多斯	28 410	0.015
比利时	4 797 502	2.533
伯利兹	28 410	0.015
贝宁	28 410	0.015
玻利维亚	47 350	0.025
博茨瓦纳	64 396	0.034
巴西	1 787 936	0.944
文莱	62 502	0.033
保加利亚	297 358	0.157
布基纳法索	28 410	0.015
布隆迪	28 410	0.015
柬埔寨	66 290	0.035
喀麦隆	64 396	0.034
加拿大	6 085 422	3.213
佛得角	28 410	0.015
中非	28 410	0.015
乍得	41 668	0.022
智利	678 052	0.358

续 表

成 员	2010 年会费	
	瑞士法郎	百分比
中国	12 223 876	6.454
中国台北	3 305 030	1.745
哥伦比亚	382 588	0.202
刚果（布）	62 502	0.033
哥斯达黎加	160 990	0.085
科特迪瓦	113 640	0.060
克罗地亚	320 086	0.169
古巴	128 792	0.068
塞浦路斯	125 004	0.066
捷克	1 412 924	0.746
刚果（金）	28 410	0.015
丹麦	1 856 120	0.980
吉布提	28 410	0.015
多米尼克	28 410	0.015
多米尼加	166 672	0.088
厄瓜多尔	176 142	0.093
埃及	498 122	0.263
萨尔瓦多	96 594	0.051
爱沙尼亚	178 036	0.094
欧洲共同体	0	0.000
斐济	28 410	0.015
芬兰	1 223 524	0.646
马其顿	49 244	0.026
法国	8 761 644	4.626
加蓬	43 562	0.023
冈比亚	28 410	0.015
格鲁吉亚	43 562	0.023
德国	16 919 102	8.933
加纳	83 336	0.044
希腊	939 424	0.496
格林纳达	28 410	0.015
危地马拉	134 474	0.071
几内亚	28 410	0.015
几内亚比绍	28 410	0.015
圭亚那	28 410	0.015
海地	28 410	0.015
洪都拉斯	98 488	0.052
香港	5 212 288	2.752
匈牙利	1 197 008	0.632
冰岛	90 912	0.048
印度	2 036 050	1.075
印度尼西亚	1 399 666	0.739
爱尔兰	2 320 150	1.225
以色列	876 922	0.463
意大利	7 276 748	3.842

续表

成员	2010年会费	
	瑞士法郎	百分比
牙买加	79 548	0.042
日本	9 680 234	5.111
约旦	138 262	0.073
肯尼亚	87 124	0.046
韩国	4 998 266	2.639
科威特	537 896	0.284
吉尔吉斯斯坦	28 410	0.015
拉脱维亚	142 050	0.075
莱索托	28 410	0.015
列支敦士登	45 456	0.024
立陶宛	248 114	0.131
卢森堡	780 328	0.412
澳门	147 732	0.078
马达加斯加	28 410	0.015
马拉维	28 410	0.015
马来西亚	2 233 026	1.179
马尔代夫	28 410	0.015
马里	28 410	0.015
马耳他	77 654	0.041
毛里塔尼亚	28 410	0.015
毛里求斯	60 608	0.032
墨西哥	3 645 950	1.925
摩尔多瓦	32 198	0.017
蒙古	28 410	0.015
摩洛哥	321 980	0.170
莫桑比克	37 880	0.020
缅甸	45 456	0.024
纳米比亚	41 668	0.022
尼泊尔	28 410	0.015
荷兰	6 200 956	3.274
新西兰	460 242	0.243
尼加拉瓜	41 668	0.022
尼日尔	28 410	0.015
尼日利亚	500 016	0.264
挪威	1 662 932	0.878
阿曼	240 538	0.127
巴基斯坦	339 026	0.179
巴拿马	162 884	0.086
巴布亚新几内亚	35 986	0.019
巴拉圭	66 290	0.035
秘鲁	278 418	0.147
菲律宾	782 222	0.413
波兰	1 844 756	0.974
葡萄牙	975 410	0.515
卡塔尔	342 814	0.181

续 表

成 员	2010 年会费	
	瑞士法郎	百分比
罗马尼亚	607 974	0.321
卢旺达	28 410	0.015
圣基茨和尼维斯	28 410	0.015
圣卢西亚	28 410	0.015
圣文森特和格林纳丁斯	28 410	0.015
沙特阿拉伯	1 884 530	0.995
塞内加尔	45 456	0.024
塞拉利昂	28 410	0.015
新加坡	4 111 874	2.171
斯洛伐克	632 596	0.334
斯洛文尼亚	356 072	0.188
所罗门群岛	28 410	0.015
南非	1 045 488	0.552
西班牙	5 017 206	2.649
斯里兰卡	138262	0.073
苏里南	28 410	0.015
斯威士兰	32 198	0.017
瑞典	2 528 490	1.335
瑞士	2 590 992	1.368
坦桑尼亚	54 926	0.029
泰国	1 984 912	1.048
多哥	28 410	0.015
汤加	28 410	0.015
特立尼达和多巴哥	126 898	0.067
突尼斯	231 068	0.122
土耳其	1 708 388	0.902
乌干达	32 198	0.017
乌克兰	695 098	0.367
阿联酋	1 695 130	0.895
英国	9 668 870	5.105
美国	24 550 028	12.962
乌拉圭	73 866	0.039
委内瑞拉	636 384	0.336
越南	613 656	0.324
赞比亚	43 562	0.023
津巴布韦	28 410	0.015
合计	189 400 000	100.000

资料来源：http：//www. wto. org/english。

二、WTO 主要活动（2010）

（一）技术援助和培训

WTO 与贸易有关的技术援助计划旨在提高成员方对 WTO 活动的了解程度，各项培训都尽可能地满足成员方的实际要求。WTO 成员任何时候都可以向秘书处提出技术援助的相关请求，这可以确保技术援助能及时集中反映成员方的要求，特别是发展中成员和最不发达成员的诉求。

2010 年，WTO 在日内瓦以及全球其他地区共计举行了 434 次技术援助和培训活动。每次活动的期限为 1 天至 12 周不等，参与 WTO 官员有时仅为 1 人，培训周期较长的多达 24 人。培训形式各异，包括实习生培训、博士生学习或合作课题研究等。其中，绝大多数培训活动由WTO与其他国际组织联合举办，重点支持非洲及其他最不发达国家融入多边贸易体制。

表6 2010年与贸易有关的技术援助活动分布（按地区统计）

地 区	国别 TA		区域		全球	其他（会议等）		合计	
非洲	75	40%	29	32%		25	26%	129	30%
阿拉伯和中东地区	12	6%	8	9%		3	3%	23	5%
亚太地区	43	23%	22	24%		16	16%	81	19%
中东欧、中亚及高加索地区	16	8%	10	11%		9	9%	35	8%
加勒比地区	14	7%	5	5%		1	1%	20	5%
拉丁美洲地区	29	15%	16	17%		9	9%	54	12%
单项合计	189	100%	90	100%		63	65%	342	79%
全球性合计					58	34	35%	92	21%
合计	189	100%	90	100%	58	97	100%	434	100%

注：TA——技术援助和合作项目。

资料来源：Annual report on technical assistance and training，WT/COMTD/W/178。

（二）WTO各理事会活动

1. 总理事会

2010年，WTO总理事会继续受理各国政府加入WTO的申请。3月，塞尔维亚工作组报告草案审议；10月，进入加入的最后程序。5月，叙利亚成立加入工作组。9月，巴哈马举行第一次工作组会议。同月，老挝完成与中国、日本的双边谈判。10月，阿塞拜疆重启加入谈判，举行工作组第8次会议。11月，塞舌尔重启加入谈判，举行第二次工作组会议。同月，塔吉克斯坦举行第五次工作组会议。

表7 正在申请加入WTO国家的谈判进展情况

	申请日期	工作组成立日期	达成备忘录日期	首次/最后一次（工作组会议）	工作组会议次数	货物贸易承诺		服务贸易承诺		起草工作组报告日期
						初始	最终	初始	最终	
阿富汗	2004年11月	2004年12月	2009年3月							
阿尔及利亚	1987年6月	1987年6月	1996年7月	1998年4月/2008年1月	10	2002年2月	2007年11月	2002年3月	2007年11月	2006年6月
安道尔	1997年7月	1997年10月	1999年3月	1999年10月	1	1999年9月		1999年9月		
阿塞拜疆	1997年6月	1997年7月	1999年4月	2002年6月/2009年7月	7	2005年5月	2009年4月	2005年5月	2007年3月	2009年7月
巴哈马	2001年5月	2001年7月	2009年4月							
白俄罗斯	1993年9月	1993年10月	1996年1月	1997年6月/2005年5月	7	1998年3月	2006年5月	2000年2月	2006年9月	2007年6月
不丹	1999年9月	1999年10月	2003年2月	2004年11月/2008年1月	4	2005年8月	2007年11月	2005年8月	2007年11月	2007年12月
波黑	1999年5月	1999年7月	2002年10月	2003年11月/2009年3月	6	2004年10月	2007年2月	2004年10月	2007年2月	2009年12月
科摩罗	2007年2月		2007年10月							

续 表

	申请日期	工作组成立日期	达成备忘录日期	首次/最后一次（工作组会议）	工作组会议次数	货物贸易承诺		服务贸易承诺		起草工作组报告日期
赤道几内亚	2007年2月	2008年2月								
埃塞俄比亚	2003年1月	2003年2月	2007年1月	2008年5月	1					
伊朗	1996年7月	2005年5月	2009年11月							
伊拉克	2004年9月	2004年12月	2005年9月	2007年5月/2008年4月	2					
哈萨克斯坦	1996年1月	1996年2月	1996年9月	1997年3月/2008年7月	10	1997年6月	2004年12月	1997年9月	2004年6月	2008年6月
老挝	1997年7月	1998年2月	2001年3月	2004年10月/2009年7月	5	2006年11月	2009年6月	2007年10月	2009年6月	2009年6月
黎巴嫩	1999年1月	1999年4月	2001年6月	2002年10月/2009年10月	7	2003年11月	2004年6月	2003年11月	2004年6月	2009年10月
利比里亚	2007年6月	2007年12月								
利比亚	2004年6月		2004年7月							
黑山共和国	2004年12月	2005年2月	2005年3月	2005年10月/2008年11月	7	草案12	减让表2008	草案12	减让表2008	2009年1月
俄罗斯	1993年6月	1993年6月	1994年3月	1995年7月/2006年3月	30	1998年2月	2001年2月	1999年10月	2002年6月	2004年10月
萨摩亚	1998年4月	1998年7月	2000年2月	2002年3月	1	2001年8月		2001年8月	2006年2月	2009年5月
圣多美和普林西比	2005年1月	2005年5月								
塞尔维亚	2004年12月	2005年2月	2005年3月	2005年10月/2009年7月	7	2006年4月	2008年11月	2006年10月	2008年11月	2009年7月
塞舌尔	1995年5月	1995年7月	1996年8月/2009年5月	1997年2月	1	1997年6月		1997年5月		1997年6月
苏丹	1994年10月	1994年10月	1999年1月	2003年7月/2004年3月	2	2004年7月	2006年10月	2004年6月	2006年10月	2004年9月
塔吉克斯坦	2001年5月	2001年7月	2003年2月	2004年3月/2009年9月	4	2004年2月	2009年3月	2004年2月	2009年3月	2009年5月
乌兹别克斯坦	1994年12月	1994年12月	1998年10月	2002年7月/2005年10月	3	2005年9月		2005年9月		
瓦努阿图	1995年7月	1995年7月	1995年11月	1996年7月/1999年10月	2	加入一揽子文件2001年10月				
也门	2000年4月	2000年7月	2002年11月	2004年11月/2009年7月	6	2005年9月	2008年8月	2005年8月	2008年8月	2009年12月

资料来源：http：//www. wto. org/english/thewto _ e/acc _ e/status _ e. htm，截至2010年1月。

2. 货物贸易理事会

(1) 进口许可程序委员会

进口许可程序委员会2010年年度报告考察期为2009年10月20日至2010年10月29日。2010年，进口许可程序委员会分别于4月26日和10月29日举行了两次会议。在4月26日会议上，委员会任命塞浦路斯的Anna Ashikali女士为委员会主席，并选举厄瓜多尔的Homero Larrea Monard先生为副主席。

2010年，根据《进口许可程序协议》第1.4(a)条和第8.2(b)条，进口许可程序委员会共从7个成员收到7次通报。根据《进口许可程序协议》第5.1～5.4条，进口许可程序委员会共从7个成员收到8次通报。根据《进口许可程序协议》第7.3条，进口许可程序委员会共从42个成员收到53次通报。

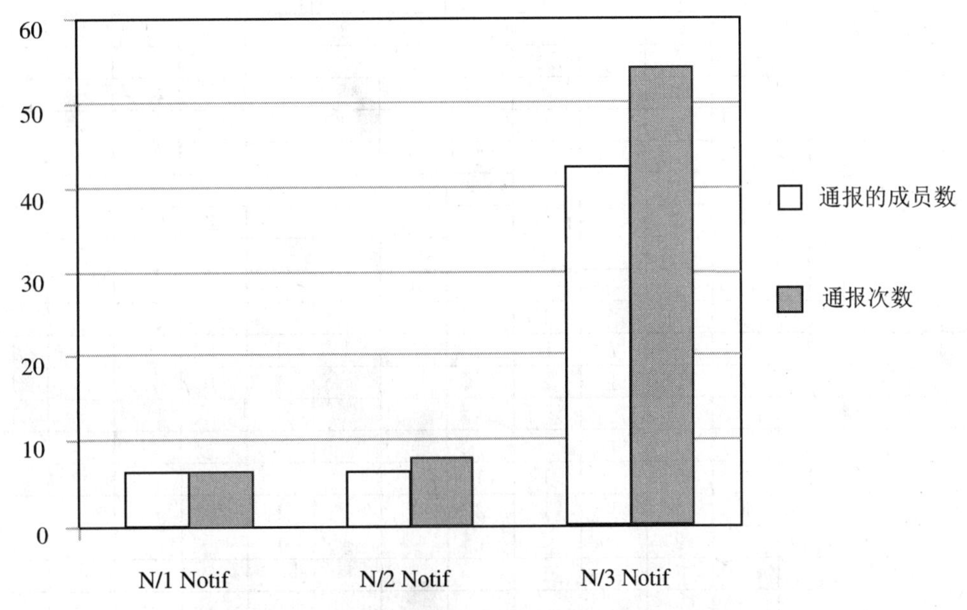

图2 通报的成员数和通报次数（2009—2010）

注：N/1：根据第1.4(a)条和第8.2(b)条，相关的法律、法规和行政程序及其变更的通报。

N/2：根据第5.1～5.4条，相关实施程序及其变更的通报。

N/3：根据第7.3条，相关调查问卷回复的通报。

资料来源：Report (2010) of the committee on import licensing to the council for trade in goods，G/L/941。

(2) 补贴与反补贴措施委员会

补贴与反补贴措施委员会2010年年度报告考察期为2009年10月20日至2010年10月28日。2010年，补贴与反补贴措施委员会分别于4月27日和10月28日举行了两次常规会议和两次特别会议。在4月27日会议上，委员会选举中国台北的Robert Jui-song Fang先生为委员会主席，并选举加拿大的Sylvie Larose女士为副主席。

截至2010年10月28日，共有37①个WTO成员向委员会通报了其所发起的反补贴调查措施，有13个成员做了无反补贴调查措施通报。在半年度报告中，2009年7月1日至2009年12月31日期间，共有65个成员未履行通报义务，2010年1月1日至2010年6月30日期间，共有70个成员未履行通报义务。

① 欧盟作为一个成员计数。

表 8　　全球发起反补贴调查案件数（按被调查成员）

被调查成员 \ 年份	1995	1996	1997	1998	1999	2000	2001	2002	2003	2004	2005	2006	2007	2008	2009	2010	合计
阿根廷						3	1					1	1		1		7
澳大利亚					1												1
奥地利								1									1
比利时				1													1
巴西			1	1	1	1	2					1					7
加拿大		1	1	1			2	2		1							8
智利			1		1		1										3
中国										3		2	8	11	13	6	43
哥伦比亚									1								1
捷克					1												1
丹麦				1													1
欧盟	3	1	1	1	1			1	2						1	1	12
马其顿					1												1
法国				2	2		2					1					7
德国			1				2										3
希腊			1						1								2
匈牙利							1										1
印度	1		3	6	5	7	8	2	8	1	1	1	1	2	1	1	48
印度尼西亚				1	5	1	2				1	1			1		12
伊朗															1		1
以色列						1											1
意大利	3	2	1	3	1		1	1	1								13
韩国				5	4	1	1	2		1	1	1			1		17
马来西亚					2						1			1	1		5
荷兰							1										1
挪威		1															1
巴基斯坦						1									1		2
秘鲁			1														1
菲律宾					1												1
波兰					1				1								2
沙特阿拉伯				1													1
新加坡					1												1
南非		2	1	1	1	1											6
西班牙			1	1					1								3
中国台北			1		5					1							7
泰国	1				5	1				1	1				1		10
特立尼达和多巴哥			1				1										2
土耳其	1						1										2
阿联酋															1		1
英国							1										1
美国	1				1	1					1		1	2	4	1	12
委内瑞拉			1		1												2
越南															1		1
合计	10	7	16	25	41	18	27	9	15	8	6	8	11	16	28	9	254

注：调查类型：最初；自 1995 年 1 月 1 日至 2010 年 12 月 31 日。

资料来源：http：//www. wto. org/english/tratop _ e/scm _ e/scm _ e. htm。

表9 全球发起反补贴调查案件数（按发起调查的成员）

发起调查的成员＼年份	1995	1996	1997	1998	1999	2000	2001	2002	2003	2004	2005	2006	2007	2008	2009	2010	合计
阿根廷	1	1	1														3
澳大利亚			1		1			1	3			1		2	1	1	11
巴西							1		1				1				3
加拿大	3				3	4	1		1	4	1	2	1	3	1	1	25
智利					4							1	1				6
中国															3	1	4
哥斯达黎加									1								1
埃及				4													4
欧盟		1	4	8	19		6	3	1		3	1		2	6	3	57
印度															1		1
以色列	2																2
日本										1							1
拉脱维亚									1								1
墨西哥			1						1								2
新西兰	1	4	1														6
秘鲁			1			1		1					1		2		6
南非			1	1	2	6	1							2			13
土耳其														1			1
美国	3	1	6	12	11	7	18	4	5	3	2	3	7	6	14	3	105
委内瑞拉					1				1								2
合计	10	7	16	25	41	18	27	9	15	8	6	8	11	16	28	9	254

注：调查类型：最初；自1995年1月1日至2010年12月31日。

资料来源：http：//www. wto. org/english/tratop _ e/scm _ e/scm _ e. htm。

表10 全球实施反补贴措施案件数（按被调查成员）

被调查成员＼年份	1995	1996	1997	1998	1999	2000	2001	2002	2003	2004	2005	2006	2007	2008	2009	2010	合计
阿根廷	1						3										4
澳大利亚						1											1
奥地利	1																1
比利时					1												1
巴西	4					2		2									8
加拿大								2	1					3			
中国											2		1	10	6	10	29
哥伦比亚										1							1
科特迪瓦	1																1
欧盟	1	2		2		1			1	1	1					1	10
法国					2	1	1	1					1				6
德国							1	1									2
匈牙利								1									1

续 表

被调查成员＼年份	1995	1996	1997	1998	1999	2000	2001	2002	2003	2004	2005	2006	2007	2008	2009	2010	合计
印度	1			2	4	4	3	5	1	6		1		1	2		30
印度尼西亚	1				1	2	1		1			1				1	8
伊朗																1	1
以色列	1																1
意大利	2	2		1	3			1									9
韩国					2	1		1	2		1	1					8
马来西亚	1					2											3
荷兰							1										1
挪威			1														1
巴基斯坦							1									1	2
菲律宾	1					1											2
南非			2		1		1										4
西班牙				1													1
斯里兰卡	1																1
中国台北						3											3
泰国						2	1										3
土耳其		1															1
沙特阿拉伯																1	1
英国							1										1
美国						1									1	3	5
委内瑞拉	3																3
越南																1	1
合计	19	5	3	6	14	21	14	14	6	8	4	3	2	11	9	19	158

注：调查类型：最初；自 1995 年 1 月 1 日至 2010 年 12 月 31 日。

资料来源：http：//www. wto. org/english/tratop _ e/scm _ e/scm _ e. htm。

表 11　　全球实施反补贴措施案件数（按发起调查的成员）

发起调查的成员＼年份	1995	1996	1997	1998	1999	2000	2001	2002	2003	2004	2005	2006	2007	2008	2009	2010	合计
阿根廷		2		2													4
澳大利亚						1							1			1	3
巴西	5									1				1			7
加拿大	1					5	1			1	2		1	3	1	1	16
智利						2											2
中国																2	2
哥斯达黎加										1							1
欧盟			1	2	3	10		2	3	2	1				1	3	28
日本												1					1
墨西哥	7										1						8
新西兰		1	2	1													4

续 表

发起调查的成员＼年份	1995	1996	1997	1998	1999	2000	2001	2002	2003	2004	2005	2006	2007	2008	2009	2010	合计
秘鲁	1						1		1							2	5
南非						1	2	2									5
土耳其															1		1
美国	5	2		1	11	2	10	10	2	2		2		7	6	10	70
委内瑞拉										1							1
合计	19	5	3	6	14	21	14	14	6	8	4	3	2	11	9	19	158

注：调查类型：最初；自 1995 年 1 月 1 日至 2010 年 12 月 31 日。

资料来源：http：//www. wto. org/english/tratop _ e/scm _ e/scm _ e. htm。

（3）反倾销措施委员会

反倾销措施委员会 2010 年年度报告考察期为 2009 年 10 月 21 日至 2010 年 10 月 27 日。2010 年，反倾销措施委员会分别于 4 月 28 日和 10 月 26～27 日举行了两次常规会议。在 4 月 28 日会议上，委员会选举阿根廷的 Adrián Serra 先生为委员会主席，同时选举澳大利亚的 Ben Czapnik 先生为副主席。

截至 2010 年 10 月 27 日，共有 105① 个 WTO 成员对其国内的反倾销立法做了通报，其中有 31 个成员做了无反倾销立法的通报。此外，还有 21 个成员未尽到通报义务。在半年度报告中，2009 年 7 月 1 日至 2009 年 12 月 31 日期间，共有 26 个成员未履行通报义务；2010 年 1 月 1 日至 2010 年 6 月 30 日期间，共有 27 个成员未履行通报义务。

表 12　　全球发起反倾销调查案件数（按被调查成员）

被调查成员＼年份	1995	1996	1997	1998	1999	2000	2001	2002	2003	2004	2005	2006	2007	2008	2009	2010	合计
阿尔及利亚					1			1									2
阿根廷	1			1	4	2	5	3	1	3	4	3	1	2	2	2	34
亚美尼亚														1			1
澳大利亚	1		2	2	3	4	1	3	2			1	2	2			23
奥地利		2	3		3	3		1		1		1		2		2	18
巴林					1												1
孟加拉国							1						1				2
白俄罗斯					3	4	3	2	1	2			1	2		1	19
比利时	1	2	3	3	1		5	1	3	2					3	1	25
波黑	1												1			1	3
巴西	8	10	5	6	13	9	13	4	3	10	4	7	2	3	11	3	111
保加利亚		3	2	1	1	1	2		1		1	1		1			14
加拿大	2	1	3	4		1	7	5	4	2	1	1	2	2	1	2	38
智利	2	2	2	2	1	6	4	4			1	1		1	1	2	29
中国	20	43	33	28	42	44	55	51	53	49	56	72	62	76	77	43	804
哥伦比亚		1		2			1	1									5

① 欧盟作为一个成员计数。

续 表

被调查成员 \ 年份	1995	1996	1997	1998	1999	2000	2001	2002	2003	2004	2005	2006	2007	2008	2009	2010	合计
哥斯达黎加				2													2
克罗地亚	1			1	1	1					2						6
古巴		1			1												2
捷克	1	1		2	7	3	2	1	1				1				19
丹麦	1	1		2	2							1					7
多米尼加							1						1			1	3
厄瓜多尔								1		1				1			3
埃及	1	2	1	2		1	3					2					12
萨尔瓦多															2	1	3
爱沙尼亚			1			1	1	1									4
欧盟		1	2	4	7	9	9	10	10	3	5	3	2	4	6	9	84
法罗群岛								2									2
芬兰			1	1	2		1	2	2	2	1		1			2	15
马其顿	1		1	1	1		2	1				1					8
法国		4	4	10	7	2	3	2	3	1	1	1	1	1	1	2	43
格鲁吉亚								1									1
德国	7	9	13	8	11	6	9	7	3	2	2	2	4	1	3	2	89
希腊			3			1	1		1					1	1		8
危地马拉		1					1				1				1	1	5
洪都拉斯				1													1
中国香港	1	4	2	3	2	1	3	3			2	1	3	2	1		28
匈牙利	2		2	2	4		4	1								1	16
印度	3	11	8	13	13	10	12	16	14	8	14	6	4	6	7	4	149
印度尼西亚	7	7	9	5	20	13	18	12	8	8	14	9	5	11	10	4	160
伊朗		1	2		2	3	2	2	1	2			1	3	1	2	22
爱尔兰			2	1					1	2							6
以色列		1	2	1		1	2						1	1	1		10
意大利	6	5	5	5	2	5	8	3	4	1	1			2	2	1	50
日本	5	6	14	14	22	12	14	13	16	9	7	11	4	3	5	5	160
约旦							1										1
哈萨克斯坦	3	1	2	4		3	3	6				2		1			25
肯尼亚																1	1
朝鲜							1									1	2
韩国	14	11	15	27	35	23	23	23	17	24	12	11	13	9	7	9	273
科威特														1		1	2
拉脱维亚			2	1	1	3											7
利比亚						1	1										2
列支敦士登			1														1
立陶宛			1		4	1	1	3									10
卢森堡							2			1							3
澳门	1							1									2
马拉维					1												1
马来西亚	2	3	5	4	7	9	6	4	8	6	14	6	7	10	7	4	102
墨西哥	3	5	2	9	4	1	4	2	4	3	1	2	2		5	5	52
摩尔多瓦						2	1							1			4

续 表

被调查成员＼年份	1995	1996	1997	1998	1999	2000	2001	2002	2003	2004	2005	2006	2007	2008	2009	2010	合计
莫桑比克			1														1
尼泊尔							2										2
荷兰	6	1	5	3	2	3	4	1		2					1	1	29
新西兰	1	1			2		3	1					1	1	1		11
尼加拉瓜		1															1
尼日利亚									1								1
挪威		1				1	1	1		1				1		1	7
阿曼							1								1	2	4
巴基斯坦		2	1		1		1	2	2		1				1	1	12
巴拉圭			1												1		2
秘鲁	1					1								2			4
菲律宾	2					1	1	1	1	2		2		1			11
波兰	2	3	3	5	3	5	1	4	1	2						1	30
葡萄牙		2		2		1	1									1	7
卡塔尔							1										1
罗马尼亚	1	2	1	5	4	4	5	8	2		2			2		1	37
俄罗斯	2	7	7	13	18	12	9	20	2	8	4	5	6	2	4	2	121
沙特阿拉伯		1		3	2	3	1	1	2		1	1		4	2	2	23
塞尔维亚和黑山					1		1				1						3
新加坡	2		4		5		12	9	1	1	1	7	2		1	1	46
斯洛伐克		1	1	1	3	1	2	1		1							11
斯洛文尼亚	1			1													2
南非	2	6	4	5	4	6	9	10	4		2	2	1	3		1	59
西班牙	2	4	7	7	5	6	4	2	4	1			1	1		2	46
斯里兰卡										1			1	2			4
瑞典	1	2	5		1		2	1		1	1	1		1		1	17
瑞士		2	1		1				1			1			1	1	8
中国台北	4	9	16	11	22	15	19	16	13	21	13	12	6	10	11	5	203
泰国	8	9	5	2	19	12	16	12	7	9	13	8	9	13	8	5	155
特立尼达和多巴哥			2				1										3
土耳其	2	3	1	2	6	7	5	4	4	1		2	3	4	2	4	50
乌克兰	2	3	4	9	9	7	6	8	3	1	3	4		2	2	2	65
阿联酋			1			2	2		3	2			3		1	3	17
英国	6	4	6	4	2	9	6	2		1	1			3			44
美国	12	21	15	16	14	13	15	12	21	14	12	11	7	8	14	19	224
乌拉圭	1				1					1			1				4
乌兹别克斯坦	2									1							3
委内瑞拉		1	1	4	2	2	4	3	1								18
越南			1		1	1		3		7	3	2	2	3	3	1	27
南斯拉夫	1	1			1												3
津巴布韦	1			1													2
合计	157	226	246	266	358	298	371	315	234	220	202	203	165	213	209	170	3 853

注：调查类型：最初；自 1995 年 1 月 1 日至 2010 年 12 月 31 日。

资料来源：http：//www. wto. org/english/tratop _ e/adp _ e/adp _ e. htm。

表 13 全球发起反倾销调查案件数（按发起调查的成员）

年份 发起调查的成员	1995	1996	1997	1998	1999	2000	2001	2002	2003	2004	2005	2006	2007	2008	2009	2010	合计
阿根廷	27	22	14	8	23	43	28	14	1	12	12	11	8	19	28	14	284
澳大利亚	5	17	44	13	24	15	23	16	8	9	7	10	2	6	9	7	215
巴西	5	18	11	18	16	11	17	8	4	8	6	12	13	23	9	37	216
保加利亚								1									1
加拿大	11	5	14	8	18	21	25	5	15	11	1	7	1	3	6	2	153
智利	4	3		2		5						1	1	1	1	1	19
中国				3	2	11	14	30	22	27	24	10	4	14	17	8	186
哥伦比亚	4	1	1	6	2	3	6			2	2	9	1	6	5	2	50
哥斯达黎加		4	1	1							1	1			2		10
捷克				2	1												3
多米尼加																1	1
厄瓜多尔				1												2	3
埃及			7	14	7	3	7	3	1		12	9	2		2	1	68
欧盟	33	25	41	22	65	32	28	20	7	30	25	35	9	19	15	15	421
危地马拉		1															1
洪都拉斯																3	3
印度	6	21	13	28	64	41	79	81	46	21	28	35	47	55	31	41	637
印度尼西亚		11	5	8	8	3	4	4	12	5		5	1	7	7	3	83
以色列	5	6	3	7		1	4			1	4			1	6	5	43
牙买加						1	1	1	1						1	1	6
日本							2						4				6
约旦												1					1
韩国	4	13	15	3	6	2	4	9	18	3	4	7	15	5		3	111
拉脱维亚							1	6									7
立陶宛					1	6											7
马来西亚	3	2	8	1	2		1	5	6	3	4	8					43
墨西哥	4	4	6	12	11	6	6	10	14	6	6	6	3	1	2	2	99
新西兰	10	4	5	1	4	9	1	2	5	5		1	6			1	54
尼加拉瓜				2													2
巴基斯坦								1	3	3	13	4		3	26	10	63
巴拿马				2											4		6
巴拉圭					1					1							2
秘鲁	2	8	2	3	8	1	8	13	4	7	4	3	2		4		69
菲律宾	1	1	2	3	6	2		1	1						1		18
波兰			1		7			3	1								12
斯洛文尼亚					1												1
南非	16	34	23	41	16	21	6	4	8	6	23	3	5	3	3		212
中国台北			1	6		4	3		2			5			1	2	24
泰国		1	3				3	21	3	3		3	2	1	1	2	43
特立尼达和多巴哥		1		4	3	1	1		2								12

续 表

发起调查的成员 \ 年份	1995	1996	1997	1998	1999	2000	2001	2002	2003	2004	2005	2006	2007	2008	2009	2010	合计
土耳其			4	1	8	7	15	18	11	25	12	8	6	23	6	2	146
乌克兰							2	3	2	6	2	1	5	7	2	2	32
美国	14	22	15	36	47	47	77	35	37	26	12	8	28	16	20	3	443
乌拉圭			1			1	4										6
委内瑞拉	3	2	6	10	7	1	1	1									31
合计	157	226	246	266	358	298	371	315	234	220	202	203	165	213	209	170	3 853

注：调查类型：最初；自1995年1月1日至2010年12月31日。

资料来源：http：//www.wto.org/english/tratop _ e/adp _ e/adp _ e.htm。

表14 全球实施反倾销措施案件数（按被调查成员）

被调查成员 \ 年份	1995	1996	1997	1998	1999	2000	2001	2002	2003	2004	2005	2006	2007	2008	2009	2010	合计
阿尔及利亚						1			1								2
阿根廷	3				1	1	3	1	1		2	1	2		1	1	17
亚美尼亚															1		1
澳大利亚			1	1	2	2			1	2				2		1	12
奥地利	1			3		2							1		2		9
孟加拉国							1							1			2
白俄罗斯		1				3	4	3	1	1	1			1	1		16
比利时		1		4	5			2	2		1				1		16
波黑		1															1
巴西	9	10	7	6	5	8	2	6	4	3	5	5	2	2	3	3	80
保加利亚	2		1		2	1	1	2		1		1	1			1	13
加拿大	1			2	1			4	4	1			1	2	1		17
智利		1	1	3			4	4	1	1		1	1				17
中国	26	16	33	24	21	30	32	36	41	44	41	38	48	53	55	52	590
哥伦比亚	1				1												2
克罗地亚		2				1		1			2						6
古巴						1											1
捷克	1	1	1		1	4	1	3	1	1					1		15
丹麦	1			1		1	1										4
多米尼加								1									1
厄瓜多尔	1								1		1						3
埃及			2		2									1			5
爱沙尼亚					1			1	1								3
欧盟			1	1	4	4	8	6	7	6	3	3	1	3	1	4	52
法罗群岛										1							1
芬兰				1	1	2			1	2	2	1		1			11
马其顿		1			1		1		1					1			5
法国	1	1	2	5	7	3	4	1	1		2				2		29

续 表

被调查成员＼年份	1995	1996	1997	1998	1999	2000	2001	2002	2003	2004	2005	2006	2007	2008	2009	2010	合计
格鲁吉亚									1								1
德国	4	2	2	6	5	7	1	6	4			1		3	3		44
希腊				2				1	1						1		5
危地马拉									1								1
洪都拉斯					1												1
中国香港		3	1	1	1	1	1	2	2				1		2	1	16
匈牙利		1			2	2		2	1								8
印度	4	1	5	7	9	7	6	6	7	10	2	12	3	6	4	2	91
印度尼西亚		2	4	7	4	11	5	9	12	2	7	10	3	6	7	8	97
伊朗						1	2		1	2	1				1		8
爱尔兰					2							1					3
以色列	1				1		1	1	1							1	6
意大利	2	2	1	7	5	1	2	4	2		1				1		28
日本	5	6	5	9	11	22	9	5	11	6	7	8	4	4		1	113
约旦								1									1
哈萨克斯坦			2	2	4		1	2	7				1	1			20
韩国	4	6	3	14	15	23	12	13	22	13	8	10	6	8	7	3	167
科威特																1	1
拉脱维亚				1	1		4		1								7
利比亚								1									1
列支敦士登			1														1
立陶宛					1	1		1									3
马拉维							1										1
马来西亚	3	3	3	4	3	4	1	4	3	6	3	6	5	2	7	3	60
墨西哥		3	4	1	3	4	1	4		3	2	1	2	1	1	2	32
摩尔多瓦	1						2	1									4
尼泊尔								2									2
荷兰	2		1	2	1	3	1	2	2		1				1	1	17
新西兰				1			1		1							1	4
尼日利亚										1							1
挪威			1							1		1					3
阿曼								1								1	2
巴基斯坦	1		1				1		1	2							6
巴拉圭	1				1											1	3
秘鲁															1		1
菲律宾			1			1		1	1			2					6
波兰	1	1	3	2	4	2	4	1	1	1	1						21
葡萄牙			1	1	1			1									4
卡塔尔								1									1
罗马尼亚	2	1	1	2	2	4	1	4	5	2	1	1			1		27
俄罗斯	8	3	9	5	16	8	8	4	13	5	6	3	1	6		3	98
沙特阿拉伯				1	1	1	1	1			1		1		1	2	10
塞尔维亚和黑山						1	1					1					3

续 表

被调查成员＼年份	1995	1996	1997	1998	1999	2000	2001	2002	2003	2004	2005	2006	2007	2008	2009	2010	合计
新加坡				3		3		7	7	1		2	5	3		1	32
斯洛伐克			1		2	1		2	1		1						8
斯洛文尼亚		1															1
南非	2	3	2	2	3	4	3	7	8					4		1	39
西班牙	3			4	4	3	3	3		1	1			1			23
斯里兰卡										1					1		2
瑞典				4	1	1			1		1	1		1	1		11
瑞士				1						1			1				3
中国台北	2	2	7	12	8	17	9	13	11	10	8	7	7	8	7	7	135
泰国	5	8	2	5	1	12	7	8	8	6	6	8	4	4	10	7	101
特立尼达和多巴哥			1					1									2
土耳其	1	1	1	2	4	3	3	3	2	2				3		1	26
乌克兰	5	1	3	5	7	8	7	5	6		1	2	1			1	52
阿联酋							1	1		1	1	1		1	1		7
英国	3	1	2	3	3	1	2	5	1			1			1	1	24
美国	8	4	9	12	8	13	4	10	6	10	13	9	4	7	5	7	129
乌拉圭							1				1			1			3
乌兹别克斯坦										1							1
委内瑞拉	4	1		1		2		1	2	1							12
越南				1		1	1		1	2	4	2	2	2	4	2	22
南斯拉夫		1															1
津巴布韦			1														1
合计	119	92	127	181	190	237	170	218	224	154	138	140	108	139	137	121	2 495

注：调查类型：最初；自1995年1月1日至2010年12月31日。

资料来源：http：//www. wto. org/english/tratop _ e/adp _ e/adp _ e. htm。

表15　　全球实施反倾销措施案件数（按发起调查的成员）

发起调查的成员＼年份	1995	1996	1997	1998	1999	2000	2001	2002	2003	2004	2005	2006	2007	2008	2009	2010	合计
阿根廷	13	20	11	12	9	15	10	22	20	1	8	5	10	6	15	15	190
澳大利亚	1	1	1	20	6	5	10	9	10	4	3	4	1	3	2	2	82
巴西	2	6	2	14	5	9	13	5	2	5	3		9	11	16	4	106
加拿大	7		7	10	10	14	19		5	8	4		3	3	2	3	95
智利	2		2	2									1		1	1	9
中国				3	2	5		5	33	14	16	24	12	4	12	15	145
哥伦比亚	1	1	1		6	2				1	1	1	7		3		24
哥斯达黎加									1				2				3
捷克						1											1
埃及				5	14	1	2	7	4	1		12	2	3		1	52

续 表

发起调查的成员 \ 年份	1995	1996	1997	1998	1999	2000	2001	2002	2003	2004	2005	2006	2007	2008	2009	2010	合计
欧盟	15	23	23	28	18	41	13	25	2	10	21	12	12	15	9	4	271
危地马拉			1														1
印度	7	2	8	22	23	55	38	64	52	29	17	16	25	31	30	31	450
印度尼西亚			4	2	7		1		1	8	4	2		5	1	5	40
以色列	1			6	4		1	2		1		3	1			2	21
牙买加							1	2		1							4
日本	1							2						4			7
韩国		5	10	8		5		1	4	10	3	8		12	4		70
拉脱维亚								1	1								2
立陶宛							7										7
马来西亚		2	2	4	1	1		1	7		7						25
墨西哥	16	4	7	7	7	6	3	4	7	7	8	5			1	2	84
新西兰	3	4		1			2	1		2	4	2	3				22
尼加拉瓜					1												1
巴基斯坦								1	2	4	1	6	4		6	5	29
巴拉圭					1					1							2
秘鲁	2	2	3		3	4	1	7	7	8	3	4	1		2	1	48
菲律宾		2	1	1	3	4											11
波兰				1		6			2								9
新加坡	2																2
南非		8	18	13	36	13	5	15	1	4		7	1	3	3	1	128
中国台北			1	5	1	1		2				1	1			2	14
泰国			1	2				1	20	1	2		1		3		31
特立尼达和多巴哥				2		1	2		1	1							7
土耳其	11				1	8	2	11	28	16	9	21	6	11	9	10	143
乌克兰							1	2	2	2	6	2	1	5	3		24
美国	33	12	20	12	24	31	33	27	12	14	18	5	5	23	15	17	301
乌拉圭				1													1
委内瑞拉	2		4		8	9		1		1							25
合计	119	92	127	181	190	237	170	218	224	154	138	140	108	139	137	121	2 495

注：调查类型：最初；自 1995 年 1 月 1 日至 2010 年 12 月 31 日。

资料来源：http：//www. wto. org/english/tratop _ e/adp _ e/adp _ e. htm。

（4）保障措施委员会

保障措施委员会 2010 年年度报告考察期为 2009 年 10 月 20 日至 2010 年 10 月 22 日。2010 年，保障措施委员会分别于 4 月 26 日和 10 月 25 日举行了两次常规会议。在 4 月 26 日会议上，委员会选举 Tobias Lorentzon 先生为委员会主席，并选举 Do-yeon Won 先生为副主席。同时于 1 月 19 日、7 月 20 日、10 月 14 日召开非正式会议，讨论通报格式的修订。

截至 2010 年 10 月 22 日，共有 97 个 WTO 成

员对其国内的保障措施的立法和规章做了通报。此外，还有 29 个成员未尽到通报义务。报告期内，WTO 成员向委员会通报了 21 起其所发起的保障措施调查案件，包括启动调查案件、采取最终措施案件和终止调查案件。

表 16　　全球发起保障措施调查案件数

发起调查的成员＼年份	1995	1996	1997	1998	1999	2000	2001	2002	2003	2004	2005	2006	2007	2008	2009	2010	合计
阿根廷	0	0	1	1	0	1	1	0	0	1	0	1	0	0	0	0	6
澳大利亚	0	0	0	1	0	0	0	0	0	0	0	0	1	0	0	0	2
巴西	0	1	0	0	0	0	1	0	0	0	0	0	0	1	0	0	3
保加利亚 *	0	0	0	0	0	1	1	3	1	0	0	0	0	0	0	0	6
加拿大	0	0	0	0	0	0	0	1	0	0	2	0	0	0	0	0	3
智利	0	0	0	0	2	3	2	2	0	1	0	1	0	0	1	0	12
中国	0	0	0	0	0	0	0	1	0	0	0	0	0	0	0	0	1
哥伦比亚	0	0	0	0	1	0	0	0	0	2	0	0	0	0	0	0	3
哥斯达黎加	0	0	0	0	0	0	0	1	0	0	0	0	0	0	0	0	1
克罗地亚	0	0	0	0	0	0	0	0	0	0	0	0	0	0	1	0	1
捷克 *	0	0	0	0	1	2	1	5	0	0	0	0	0	0	0	0	9
多米尼克	0	0	0	0	0	0	0	0	0	0	0	0	0	0	3	2	5
厄瓜多尔	0	0	0	0	2	0	0	1	4	0	0	0	0	0	0	1	8
埃及	0	0	0	1	1	1	0	0	0	0	0	0	0	1	0	0	4
萨尔瓦多	0	0	0	0	0	3	0	0	0	0	0	0	0	0	0	0	3
爱沙尼亚 *	0	0	0	0	0	0	0	0	1	0	0	0	0	0	0	0	1
欧盟 *	0	0	0	0	0	0	0	1	1	1	1	0	0	0	0	1	5
匈牙利	0	0	0	0	0	0	0	1	2	0	0	0	0	0	0	0	3
印度	0	0	1	5	3	2	0	2	1	1	0	0	0	1	10	0	26
印度尼西亚	0	0	0	0	0	0	0	0	0	1	1	1	0	2	0	7	12
以色列	0	0	0	0	0	0	0	0	0	0	0	0	0	0	1	0	1
牙买加	0	0	0	0	0	0	0	0	1	0	0	0	0	0	0	0	1
日本	0	0	0	0	0	1	0	0	0	0	0	0	0	0	0	0	1
约旦	0	0	0	0	0	1	0	8	0	0	1	1	1	2	0	1	15
韩国	1	2	0	0	1	0	0	0	0	0	0	0	0	0	0	0	4
吉尔吉斯斯坦	0	0	0	0	0	0	0	0	0	0	0	0	0	0	2	1	3
拉脱维亚 *	0	0	0	0	1	0	0	1	0	0	0	0	0	0	0	0	2
立陶宛 *	0	0	0	0	0	0	1	0	0	0	0	0	0	0	0	0	1
墨西哥	0	0	0	0	0	0	0	1	0	0	0	0	0	0	0	1	2
摩尔多瓦	0	0	0	0	0	0	0	0	1	1	0	0	0	0	0	0	2
摩洛哥	0	0	0	0	0	2	0	0	0	0	1	0	0	0	1	1	5
巴基斯坦	0	0	0	0	0	0	0	0	0	0	1	0	0	0	0	0	1
巴拿马	0	0	0	0	0	0	0	0	0	0	0	1	0	0	0	0	1
秘鲁	0	0	0	0	0	0	0	0	0	1	0	0	0	0	1	0	2
菲律宾	0	0	0	0	0	0	3	0	3	0	0	1	0	1	1	0	9
波兰 *	0	0	0	0	0	1	0	4	0	0	0	0	0	0	0	0	5
斯洛伐克 *	0	0	0	0	1	1	0	1	0	0	0	0	0	0	0	0	3

续 表

发起调查的成员＼年份	1995	1996	1997	1998	1999	2000	2001	2002	2003	2004	2005	2006	2007	2008	2009	2010	合计
斯洛文尼亚*	0	0	0	1	0	0	0	0	0	0	0	0	0	0	0	0	1
南非	0	0	0	0	0	0	0	0	0	0	0	0	1	0	0	0	1
突尼斯	0	0	0	0	0	0	0	0	0	0	0	2	0	0	0	0	2
土耳其	0	0	0	0	0	0	0	0	0	5	0	5	3	1	1	0	15
乌克兰	0	0	0	0	0	0	0	0	0	0	0	0	2	1	2	3	8
美国	1	2	1	1	2	2	1	0	0	0	0	0	0	0	0	0	10
委内瑞拉	0	0	0	0	0	4	1	1	0	0	0	0	0	0	0	0	6
越南	0	0	0	0	0	0	0	0	0	0	0	0	0	0	1	0	1
合计	2	5	3	10	15	25	12	34	15	14	7	13	8	10	25	18	216

注：自 1995 年 3 月 29 日至 2010 年 10 月 31 日。*欧共体 2004 年 5 月 1 日和 2007 年 1 月 1 日东扩。所有新加入的国家加入前作为 WTO 成员统计数字仍有效。欧盟整体的数字：(a) 1995 年 1 月 1 日至 2004 年 4 月 30 日以 15 国为准；(b) 2007 年 1 月 1 日后以 27 国为准。

资料来源：http：//www.wto.org/english/tratop_e/safeg_e/safeg_e.htm。

表 17　　全球实施保障措施案件数

发起调查的成员＼年份	1996	1997	1998	1999	2000	2001	2002	2003	2004	2005	2006	2007	2008	2009	2010	合计
阿根廷	0	1	0	0	0	2	0	0	0	0	0	1	0	0	0	4
巴西	0	1	0	0	0	0	1	0	0	0	0	0	0	0	0	2
保加利亚*	0	0	0	0	0	0	2	0	0	0	0	0	0	0	0	2
智利	0	0	0	0	2	1	2	0	0	1	1	0	0	0	0	7
中国	0	0	0	0	0	0	1	0	0	0	0	0	0	0	0	1
克罗地亚	0	0	0	0	0	0	0	0	0	0	0	0	0	1	0	1
捷克*	0	0	0	1	0	1	1	2	0	0	0	0	0	0	0	5
多米尼克	0	0	0	0	0	0	0	0	0	0	0	0	0	0	1	1
厄瓜多尔	0	0	0	0	0	1	0	1	1	0	0	0	0	0	0	3
埃及	0	0	0	1	1	1	0	0	0	0	0	0	1	0	0	4
欧盟*	0	0	0	0	0	0	1	0	1	1	0	0	0	0	0	3
匈牙利*	0	0	0	0	0	0	0	3	0	0	0	0	0	0	0	3
印度	0	0	4	1	1	0	2	0	0	1	0	0	0	3	0	12
印度尼西亚	0	0	0	0	0	0	0	0	0	0	1	0	0	2	0	3
约旦	0	0	0	0	0	1	1	2	0	1	0	1	0	0	1	7
韩国	0	1	0	0	1	0	0	0	0	0	0	0	0	0	0	2
吉尔吉斯斯坦	0	0	0	0	0	0	0	0	0	0	0	0	0	1	0	1
拉脱维亚*	0	0	0	1	0	0	0	1	0	0	0	0	0	0	0	2
立陶宛*	0	0	0	0	0	0	1	0	0	0	0	0	0	0	0	1
摩尔多瓦	0	0	0	0	0	0	0	0	1	0	0	0	0	0	0	1
摩洛哥	0	0	0	0	0	1	0	0	0	0	1	0	0	0	0	2

续 表

年份 发起调查的成员	1996	1997	1998	1999	2000	2001	2002	2003	2004	2005	2006	2007	2008	2009	2010	合计
巴拿马	0	0	0	0	0	0	0	0	0	0	0	1	0	0	0	1
菲律宾	0	0	0	0	0	0	1	1	3	0	0	0	0	1	0	6
波兰 *	0	0	0	0	0	0	0	4	0	0	0	0	0	0	0	4
斯洛伐克 *	0	0	0	0	0	1	0	1	0	0	0	0	0	0	0	2
南非	0	0	0	0	0	0	0	0	0	0	0	1	0	0	0	1
土耳其	0	0	0	0	0	0	0	0	0	2	4	1	4	1	0	12
乌克兰	0	0	0	0	0	0	0	0	0	0	0	0	1	1	0	2
美国	1	0	1	1	2	0	1	0	0	0	0	0	0	0	0	6
合计	1	3	5	5	7	9	14	15	6	6	7	5	6	10	2	101

注：自 1995 年 3 月 29 日至 2010 年 10 月 31 日。* 欧共体 2004 年 5 月 1 日和 2007 年 1 月 1 日东扩。所有新加入的国家加入前作为 WTO 成员统计数字仍有效。欧盟整体的数字：(a) 1995 年 1 月 1 日至 2004 年 4 月 30 日以 15 国为准；(b) 2004 年 5 月 1 日至 2006 年 12 月 31 日以 25 国为准；(c) 2007 年 1 月 1 日后以 27 国为准。

资料来源：http：//www.wto.org/english/tratop _ e/safeg _ e/safeg _ e.htm。

3. 服务贸易理事会

2009 年 10 月 5 日、11 月 5 日，2010 年 2 月 11 日、4 月 28 日、6 月 30 日和 9 月 30 日，服务贸易理事会举行了 6 次正式会议，重点审议并解决了下列问题：第一，审议成员方根据 GATS 第 3 条第 3 款、第 5 条第 7 款和第 7 条第 4 款所通报的服务贸易措施；第二，根据中国入世议定书第 18 节对中国履行服务贸易承诺进行过渡性审议；第三，履行 GATS 的通报义务；第四，服务贸易部门与提供模式的讨论；第五，对最惠国待遇豁免的第三次审议。

服务贸易理事会下属委员会和工作组活动如下：

(1) 金融服务贸易委员会

年度报告期内，金融服务贸易委员会举行了 6 次正式会议及几次非正式会议。委员会讨论了下列议题：加入 GATS 第 5 议定书、对中国进行第 8 次过渡期审议、有关金融服务的背景说明、非寿险服务、金融危机与金融服务、GATS 下对银行、其他金融服务监管及合规性审查技术发展的影响。

(2) 特定承诺委员会

2009 年 10 月 8 日、11 月 6 日和 2010 年 2 月 9 日、4 月 29 日、7 月 2 日、9 月 28 日，特定承诺委员会举行了 6 次正式会议，讨论三方面议题：新老承诺之间的关系、减让表问题及划分等级问题。

(3) 国内规制工作组

2010 年，国内规制工作组举行了 6 次正式会议和数次非正式会议。工作组工作中心仍是国内规制协议文本草稿的修订与讨论。2009 年 10 月 9 日会议主要讨论了“技术标准”一章的规则。2009 年 11 月 11 日会议则对“许可要求”“许可程序”“资格要求”“资格审查程序”等章节进行技术性讨论。2010 年 2 月 2 日会议对“发展”章节进行技术讨论。2010 年 4 月 27 日讨论了注释文本。2010 年 7 月 1 日讨论了“透明度”章节及其第 11 节的普遍义务。2010 年 9 月 27 日工作组主席就有关分歧与成员方进行磋商。

(4) GATS 规则工作组

2009 年 10 月 6 日、11 月 10 日和 2010 年 1 月 1 日、4 月 27 日、7 月 1 日、9 月 28 日，GATS 规则工作组举行了 6 次正式会议，工作重点仍然是紧急保障措施、政府采购和补贴三个问题。WTO 各成员方代表继续就反倾销、补贴和保障协定下服务贸易中的“国内产业”的界定进行探讨。各成员方代表深入讨论了服务贸易政府采购的附件。就补贴而言，WTO 各成员致力于恢复 GATS 第 15 条所规定的信息交换。

4. 知识产权理事会

2010年，知识产权理事会共举行3次正式会议，分别为3月2日、6月8～9日和10月26～27日。其中，3月份会议由新加坡的Karen Tan大使主持；其他会议由中国香港的Martin Glass先生主持。

2010年，理事会审议了格林纳达和苏里南的知识产权法规。在3月份会议上，玻利维亚就其审议与理事会进行了沟通。理事会继续讨论了对最不发达国家的技术援助和金融合作，理事会主席敦促最不发达国家成员依据承诺提供相应的信息。在10月份会议上，理事会继续讨论了巴西2008年提出、2009年10月命名的题为“技术援助和能力建设：发展议程的集群A模式”的倡议。

● 多哈回合谈判进展（2010）

一、2010多哈谈判的整体概况

WTO成员的共同愿望是2010年结束多哈发展议程，但是这一愿望未能实现。2010年在日内瓦举行的一些具体问题的对话没能解决那些相对较小但却重要和凸显的问题，没能结束多哈发展议程的谈判。尽管如此，在2010年3月举行的会议上，每个成员都表达了对多哈谈判期限和结论的期待。政府首脑和外长认为2011年是非常重要的“机会窗口”，他们明确、强烈表明，要在2011年结束多哈回合，成员都同意在2011年1月集中开展工作以求结束多哈。

在2009年底举行的第七届WTO部长级会议上，审议了国家在谈判中发挥的作用，部长们做出了结束多哈回合的承诺，并在2010年第一季度就叫暂停，开始“盘点”活动。

在2010年3月22～26日“盘点”会议上，所有谈判小组的主席都做了事实确凿的报告，指出了已取得的进展和仍存在的隔阂。那一周里，成员诚实地、建设性地、强烈地提出了很多弥补分歧的方式。虽然没有实质性的突破，每个成员还是做出了履行和结束多哈回合的承诺。

成员同意，分歧明确的议题、政治决策需要被纳入最后的一揽子协议。如果分歧不太明确，政治决策做出前需要做更多的技术性准备。针对下一阶段的多哈回合说法，需要遵循三项原则：一是维持并强化谈判的多边性，且不阻止通过双边或诸边的平台同时进行谈判；二是有关谈判进度，已经达成共识的以主席案文为谈判基础，应避免走回头路；三是发展仍然是多哈回合谈判结果的核心。

贸易谈判委员会（TNC）在2010年召开了4次非正式会议，监管多哈回合的进展。7月的贸易谈判委员会会议上，出现一种新的、动态的、小组头脑风暴式的讨论，这种讨论选取一些议题由大使参加。这些小组讨论在促进非正式对话、发现问题和理解立场方面有积极作用，成员一致同意这种方式推广到谈判的各个领域。同时，成员重申多边谈判进程的重要性，再次肯定了小组讨论和其他一些形式的活动赋予多边协议活力，而不是代替谈判。

2010年11月，在各个峰会上，G20、APEC论坛的领导人、非洲贸易部长都认为2011年是非常重要的“机会窗口”，需要强有力的政治力量介入广泛综合的谈判。因此，贸易谈判委员会（TNC）主席和各谈判小组主席于2010年1月很早就提出一个强化工作项目，终于在2010年11月的贸易谈判委员会会议上得到WTO成员的赞同。在筹划2011年年初工作项目时，WTO成员基本都认为谈判已经进入最后的阶段。

二、农业谈判情况

2010年，农业谈判者继续进行他们的技术工作项目，旨在获得对农业贸易改革形式和多哈回合承诺将来如何变成有法律约束力日程的共识。技术工作项目始于2009年，有两个要点：必要数据的组织和发布、对问题的磋商。

农业谈判小组2010年的工作仍然集中于2008年12月谈判小组主席发布的模式草案，该草案勾画出了最终承诺的框架，如削减关税和对农产品的津贴，阐述了一些对发展中国家和特殊情况的灵活措施。

WTO全体成员会议上，贸易谈判方互相交换了关于如何准备和发布承诺的看法。谈判小组主席，新西兰David Walker大使，也与WTO的一些更小级别的小组讨论了一些未达成一致的问题，并讨论了农业模式草案和一些相关文件中的注释。

在技术性讨论中，WTO成员仍然依据多哈回合承诺透明性和可验证的原则，就发布的数据交换了意见。农业模式草案包含了三个要点——内部支持、出口竞争和市场准入。通过这些意见交换,成员把数据需求纳入模式草案中,明确了现有的数据来源,强调了消除分歧的信息。成员努力理清发达国家和发展中国家数据需求的差异,例如,在国内支持领域。

为了理清已经存在的信息差异,WTO 成员还提交了国家数据。他们参与数据识别会议,建立电子论坛,来讨论问题,并将 WTO 成员提交的文件分类。在这些数据的基础上,WTO 秘书处发布文件,支持不同领域的数据识别工作。一个文件发布了农业生产整体价值的修正数据,其他两个文件发布了特定产品国内支持的新数据,模式草案预见到了这些支持的局限性。

主席与小组成员商议,加强在未达成协议领域的互信,包括棉花的模式草案。成员继续开展关于特殊保护机制的技术性讨论,由主席主导,该机制允许发展中国家暂时提高关税,以应对贸易顺差或者价格下降。主席还与成员就模式草案文本中的一些模糊问题展开讨论。

三、非农产品市场准入谈判的情况

2010 年,非农产品市场准入谈判小组(NAMA)仍然致力于减少或者消除非关税贸易壁垒(NTBs)。这些谈判涉及很多问题、答复、提议和修正案的讨论。

非农产品市场准入的模式草案第 4 稿在 2008 年 12 月 6 日发布,使用最近谈判的文本。在 2009 年初,非关税壁垒被认为是可以做大量工作的领域。很多的非正式会议在 2009 年到 2010 年间召开,会议提供了一个交流非关税壁垒问题和答复的机会。

非关税壁垒会议的焦点在于模式草案中引起特别关注的七个提案和随后提出的两个提案。其中一个是化学品的提案①,两个是针对所谓“框架”的交叉提案,该架构试图明确《TBT 协定》相关的一些横向事项。谈判小组主席把这七个提案作为“Wagon 1”,其他的提案作为“Wagon 2”。2010 年下半年,谈判进入了一个强化阶段,旨在 2011 年上半年就结束非关税贸易壁垒相关工作。

贸易谈判委员会 2010 年发布的一个报告表明,谈判小组主席认识到,除了非关税贸易壁垒的技术性工作外,谈判还有两个突出问题:(1)关税措施达到的效果程度,包括某些领域动议的作用,(2)某些特定案件灵活性的条件。

四、服务谈判的情况

2010 年,服务谈判仍然集中在市场准入方面,相比多哈回合的其他领域显得动作较小,谈判不活跃。为让最不发达国家成员在服务和服务提供者方面获得优惠的法律授权,制定了一个关于权利人弃权的草案文本,这就是一个很大的进展。

(一)市场准入

服务贸易的市场准入谈判仍然受其他领域进展很小的状况所累。虽然如此,2010 年还是举行了 6 次集中谈判。在服务领域和提供方式等技术性问题取得进展。另外,一些成员提议谈判使用不同方式,如在多边请求或提议下分组讨论,或相关服务领域合并讨论,还产生了一个关于服务的新多边请求。

虽然服务的市场准入谈判以贸易双边请求为基础,现在一些领域使用多边谈判。这些谈判中,有共同利益的一些成员提出共同请求,针对特定领域或提供方式,改进特定承诺。随后,他们集体与接受请求的国家谈判。每个成员针对集体请求时必须单独做出回应。

(二)最不发达国家的待遇

2009 年,最不发达国家集团首次提出权利人弃权的提案文本,提交到服务贸易理事会专门会议,该理事会主席是墨西哥的 Fernando de Mateo。文本规定了提供给最不发达国家的法律特权,根据服务贸易总协定第 4.3 规定的“特殊优先权”。专门会议上的讨论缩小了成员关于草案文本的分歧,当然还有一些问题如权利人的原产地规则、特权的范畴等仍然很突出。

(三)金融服务

2010 年,金融服务贸易委员会工作很紧张,召开了 5 次正式会议。除了监管服务贸易总协定(GATS)第五次议定书的签署进程,包括 1997 年关于金融服务谈判的结果②,委员会还讨论了

---

① 即是对一个已有提议的反向提案。

② 巴西、牙买加和菲律宾还未签署该协定。

WTO秘书处提交的金融服务背景文件。该文件是服务贸易委员会讨论的部分内容，解释了服务贸易总协定中与金融服务相关的条款，强调了最近金融危机中最重要的进展。

另外，金融服务贸易委员会组织了第一次关于金融危机和金融服务贸易的专题讨论，来自国际清算银行、金融稳定委员会、国际货币基金组织、经合组织的代表参加了讨论。另一项讨论是关于对银行业和其他金融服务业规范的影响。委员会还组织了一个关于非人寿险贸易的论坛，来自政府、私有团体和国际保险监督官协会的代表参加了讨论。

最后，金融服务贸易委员会决定在2011年讨论金融服务贸易和经济发展的关系。

（四）国内规章

国内规章工作组在2010年举行了6次正式会议和几次非正式会议。目的是制定规则，保证许可的要求和程序、合格的要求和程序、不会构成服务贸易不必要壁垒的技术标准。

这一年的工作主要集中在制定通用规则上。这方面的讨论主要以委员会主席发布的一个非正式文件为基础，文件包括规则的草稿。2010年3月，工作组主席发布了一个带有注释的文件，反映了过去的讨论和一些对文本的提案，还有一些对未解决问题的建议。成员们讨论了主席发布的文件，认为这促进了工作的进展。

这些讨论都很实用，2010年9月的会议上，主席非常关注各代表团在国内规章上的分歧。2010年底多哈发展议程的谈判集中开展了一段时间，国内规章在2011年将更加集中在文本的讨论上。

（五）具体承诺

具体承诺委员会监管关于服务的承诺及其实施、修改承诺日程的程序适用，目标在于提高技术的准确性、日程的合理性，更加准确列出不享受最惠国待遇的国家名单。下文列出了WTO成员中对其贸易伙伴不适用非歧视原则的国家。所有最惠国待遇的不适用状况都将在多哈谈判中审议。

2010年，具体承诺委员会举办了5次正式会议。已有承诺和新承诺之间的关系仍然是谈判的焦点，新承诺需要经过谈判才能达成。对议定书是否需要特定语言版本，成员仍然有各种各样的观点。同时，具体承诺委员会开始监管服务认定的程序问题，这将在谈判最后阶段讨论。关于服务认定的讨论是基于WTO秘书处发布的一个非正式文件。

委员会同意针对服务的分类问题逐个开展非正式专题磋商，邀请专家对联合国主要产品分类（CPC）的最新进展提供信息。

（六）服务贸易总协定规则

《服务贸易总协定》规则工作组的任务是促进GATS在能源保护措施、服务领域政府采购、服务及其提供者补贴方面的谈判。2010年，工作组开展了5次正式会议和几次非正式会议，就3个议题开展磋商。然而，WTO成员对每个议题都有不同的观点，目前以文本为基础的谈判还不能实现。

基于非歧视原则的紧急保障措施（ESM）允许成员在遇到紧急状况时，可以暂时违背承诺，如不可预见的服务贸易顺差可能对国内服务产业产生威胁或伤害。2010年，好几个技术回合磋商围绕“国内产业”的定义进行。工作组还做了一些工作，以提高紧急保障情况下服务审计的可行性和必要性。

在政府采购方面，工作组详细审查了欧盟关于服务领域政府采购的提案。工作还同意举办一系列专门磋商，议题是服务领域政府采购的经济发展重要性，包括分享WTO成员的政府采购改革经验。

关于补贴，工作组正努力开展一个项目，搜集成员现有补贴的信息。近来提交的文件覆盖很多成员和项目。现在的问题是将来的讨论如何坚持GATS的目标。

五、与贸易有关的知识产权问题的谈判情况

（一）地理标志注册的谈判

2010年，TRIPs专题会议主席赞比亚的Darlington Mwape提出了讨论的焦点在于几个不同提案，并试图找到共同点。W/52提案①的支持者对其他成员的问题尤其是法律内涵做出回应。联合提案的支持者解释了对提案实施将对国内知识产权保护体系的影响。

虽然技术性讨论是具体的、实用的，但是成员

① W/52提案，由100多个国家在2008年提出，作为TRIPs其他问题一揽子的一部分，提议建立一个强大的地理标志注册体系。

仍然存在两点分歧：注册的法律后果，成员选择或被强制承担这些后果。

2010 年 11 月，贸易谈判委员会决定制定所有谈判领域的文本，TRIPs 专题会议对来年制定文本搭了一个框架，确定了注册体系的 6 项要素。①

（二）技术转移的激励措施

2010 年 10 月 TRIPs 理事会的例会上，对发达国家成员向最不发达国家成员技术转移的激励措施进行第八次年度审议。发达国家向审议提供了关于激励措施的详细信息。

TRIPs 协议要求激励向最不发达国家转让技术。2001 年在多哈外长们达成协议，其中规定 TRIPs 理事会应建立一个监管和实施该项义务的机制。2003 年理事会决定建立这样一个机制，要求发达国家提供关于激励措施的详细信息。

WTO 秘书处组织了第三次专题讨论会，即按照 TRIPs 协议讨论技术转移。一些发达国家的报告详细说明了这点。来自发达国家和最不发达国家的专家讨论了这个机制的运作和改进，使激励机制运作让更多人了解，并建立发达国家和最不发达国家间的有效对话。

（三）知识产权保护争端

一般提交到 WTO 争端解决机制的争端不仅是违反了协议，还包括并未违反协议但根据协议的可预期利益被破坏。TRIPs 协议规定了知识产权加强保护的五年过渡期。这个过渡期条款规定还被一系列的部长级会议扩充。

2010 年，TRIPs 理事会还在考虑这类投诉的范畴和模式。成员在是否接受这类投诉、是否把这类投诉作为争端的法律基础方面还存在争执。2009 年第七次部长级会议上，应 TRIPs 理事会请求，延长了过渡期。部长会议指导理事会继续审查这类投诉的范畴和模式，为 2011 年召开的下一届部长级会议提出建议。

（四）突出的实施问题的磋商

总干事仍然对地理标志的外延和 TRIPs 协议与生物多样性公约的关系问题组织磋商，这也被称为“突出的实施问题”。

第一个问题是实施加强或过度保护其他产品的外延问题，现在加强保护一般用在红酒和烈酒上。成员在加强保护是否促进相关产品贸易和是否产生不必要的法律和商业负担方面还存在争论。

另外一个问题是，TRIPs 协议和生物多样性公约的关系：TRIPs 协议是否应采取措施促进生物多样性目标实现，同时享受遗产资源被用于研究和产业所带来的好处。现在已有成员提案要求修订 TRIPs 协议，要求专利权人披露提供遗传资源和相关传统知识的来源和国家。一系列的提案已经被提交。

从 2009 年 3 月开始，总干事个人开始组织这类问题的磋商，与各利益相关方展开开放式磋商。2011 年初还会有很多磋商。磋商集中在技术问题上，帮助成员互相充分了解各自的利益和关注，以及关于以上两个问题的技术点。磋商还未决定是否把这两个问题提交到更宽范围的谈判，以及如何提交。W/52 提案正式提出把这两个问题纳入多哈回合谈判，但是 WTO 其他成员强烈反对。

六、贸易与发展的谈判情况

2010 年，贸易与发展委员会特别会议集中讨论 WTO 具体协议相关的现有提案，和对发展中国家“特殊和差别待遇”规定的实施和适用的监管体制。贸易与发展委员会去年组织了 4 次正式会议和很多次小组式的非正式磋商。

（一）特定协议提案

贸易与发展委员会特别会议主席是泰国的 Thawatchai Sophastienphong，委员会致力于审议 16 个特定协议提案中的 6 个协议，3 个与卫生与植物卫生措施相关，3 个与进口许可协议相关。审议中，没有新想法，没有新的修订文本，WTO 成员分歧仍然很大，因此 2010 年这些提案只取得了很小的进展。

在这些 WTO 组织机构提出的关于具体协议的提案普遍进展很小。因为有些提案被纳入多哈谈判，多哈谈判未能结束，所有这些提案的进展也就很小。

（二）监管体制

2010 年，贸易与发展委员会特别会议完善了“特殊和差别待遇”的实施和适用的监管体制的规

① 这 6 项要素为：通报、注册、法律竞争力/注册后果、费用和成本、特殊和差别待遇以及参与。

定。2010年4月，主席发布了一个非官方文件的第三版，强调了现阶段的共识和分歧。这个文件为监管体制工作打下了基础。

暑假过后，一个由大使组成的非正式小组发布了"指导原则"，对贸易与发展委员会的工作很有帮助。这给磋商提供了指导，还使磋商重新焕发出活力。随后，2010年12月，主席发布了非官方文件的第四版，从"指导原则"里吸收了很多内容，形成了监管体制将来工作的基础。

七、贸易和技术转移的谈判情况

2010年，贸易和技术转移工作组召开4次正式会议，会议讨论了联合国粮食和农业组织(FAO)、联合国贸易与发展会议(UNCTAD)关于农业技术使用的演讲，还讨论了印度、巴基斯坦和菲律宾关于向发展中国家加大技术转移力度的提案。

(一) 贸易和技术转移的关系

2010年，贸易和技术转移关系工作主要基于两个演讲，一个是联合国粮食和农业组织(FAO)关于农业技术转移和提高生产率联系的报告，另一个是联合国贸易与发展会议(UNCTAD)的报告，"技术和创新报告2010：通过科学、技术和创新提高非洲粮食安全"。另外，瑞士召开了通风会并定期更新所谓的洛桑小组动议——这是一项Ecole Polytechnique Federal de Lausanne(EPFL)的私有动议，与中小企业和创新与技术进步的其他参与者合作，旨在缩小最不发达国家和发展中国家对瑞士中小企业技术持有的差距。

联合粮食和农业组织的演讲强调了技术在提高发展中国家1965—2000年间的一些作物产量的重要性，包括小麦、玉米、大米(稻谷)、高粱、木薯。演讲还指出了更好地提供技术支持能够促进产量提高，满足日益增长的食物需求，预计2050年食物需求会提高70%。

联合国贸易与发展会议的演讲强调了改进非洲农业绩效的挑战，以及技术转移和创新在提高农业产量和收入方面扮演的角色，包括小型农场的参与。

(二) 提高向发展中国家的技术转移

WTO成员讨论了印度、巴基斯坦和菲律宾的提案，题目是"获得合适技术来源的信息——提高向发展中国家技术转移力度的步骤"。提案中，成员仍然强调了获得和发布合适技术来源信息的重要性，以及技术转移的核心和满足国情需求的可适应性。提案还强调了想通过技术转移和共享来促进经济发展，需要持续的国际合作，还需要公有和私营领域的技术产生、转移和使用。

八、贸易和环境的谈判情况

多哈发展议程中贸易和环境谈判的首要目标是加大在贸易和环境政策方面的相互支持。谈判集中于两点：WTO和多边环境协议(MEAs)的关系、消除环境货物和服务贸易的壁垒。贸易与环境委员会举办过多次特别会议就此事展开谈判。

2010年，贸易与环境委员会召开特别会议，在减少或消除环境货物和服务贸易壁垒方面取得进展，缩小了WTO和多边环境协议的成员分歧。

(一) 多边环境协议

2010年，贸易与环境委员会特别会议仍然讨论了WTO和多边环境协议的关系，试图在WTO成员各自观点中，找出有共识的领域。

2010年9月和11月，主席Manuel Teehankee(菲律宾)就成员提案集中的问题开展专门磋商：国家在提高贸易与环境方面相互支持、共享经验方面合作的重要性；如何磋商多边环境协议中规定的特定义务；争端解决和语境原则(contextual principle)；向发展中国家的技术援助。

这些磋商中，有些成员再次介绍了他们的提案，还有一个新的提案是关于避免WTO规则和多边环境协议中规定特定义务发生冲突。然而，磋商未能使任何成员的立场有所改变。

(二) 环境货物和服务

2010年在减少和消除货物和服务贸易中环境的关税和非关税壁垒方面取得了进展，尤其是在环境货物利益认定方面。关于这个问题有一些新提案，其中一些是关于环境友好型货物。这让成员有更多动力就特定问题展开更多磋商，包括货物分类中的技术问题。

2010年2月，为促进成员在这个问题上的相互了解，秘书处组织了一次环境货物与服务专题讨论会。讨论会给成员提供了一个交流经验的机会，根据多哈谈判的授权各国提出各自观点。秘书处发布的一份环境服务的文件，最先提交到服务贸易理事会，在11月份举行的贸易与环境委员会特别会议上发布。这个文件引起了很多成员的兴趣，这些成员认为环境货物和服务之间有重要联系。

在交叉领域，2010年有一个新的提案，提出几条对发展中国家的特殊和差别待遇问题的指导原则。一些成员还强调了交叉领域的需求和更有深度的问题，包括非关税贸易壁垒、对发展中国家的特殊和差别待遇、技术转移。成员一致认为，在交叉领域和环境货物利益认定提案方面，下阶段应该加强工作。

九、贸易便利化的谈判情况

2010年仍然开展了贸易便利化的谈判。基于2009年12月发布的谈判文本草案，成员努力缩小分歧，制定能达成共识的文本。谈判小组强调了授权的所有要素，尤其指出了对发展中国家的特殊和差别待遇应作为这项工作的重中之重。

谈判不拘泥于形式，有正式的谈判小组会议，由 Eduardo Sperisen-Yurt（危地马拉）主席召集的非正式会议。成员活动有专题讨论会、工作组和双边/多边磋商。2010年11月，贸易谈判委员会要求谈判的所有领域出台修订文本，主席提出了在2011年加强工作的建议。

为了让所有国家都参与到谈判中，并从中受益，一些国家的政府捐出资金，资助发展中国家和最不发达国家的官员参与谈判。来自非洲和最不发达国家的134个官员参与了2010年谈判小组的3次会议。提供捐助的政府表示，2011年将继续资助。

WTO的一项技术援助项目在2010年底扩展，以满足新要求，该项目旨在帮助国家评估他们在WTO贸易便利化谈判中的需求和重点。三年来，共有94个项目评估需求，2010年6项。这个评估由WTO秘书处负责，与来自提供捐赠国家、其他区域或国际组织的专家合作，包括联合国贸易与发展会议、世界海关组织和世界银行。

为帮助那些国家进行需求评估，一系列考察学习型区域专题讨论会在法国、土耳其、墨西哥和美国举行。每个专题讨论会中，主办国家的专家解释了他们是如何实施谈判决定的措施。一个港口的考察让成员看到了贸易便利化措施实施的过程。

十、WTO规则的谈判情况

2010年，规则谈判小组仍然致力于缩小分歧——反倾销、补贴、反补贴措施、渔业补贴和区域贸易协议。2010年底，谈判小组强化了此项工作，努力制定一个综合文本，尽量使之作为2011年底多哈回合结束的基础文件。

2008年12月，谈判小组主席发布了一个新的关于反倾销协议、补贴和反补贴措施协议的文本草案和渔业补贴磋商的“线路图”。文本只提供了可能出现某种程度共识的领域的法律语言草案。其他领域的文本包含各种观点，还不能达成共识。

2010年初，谈判小组审议了2008年主席发布的关于反倾销、补贴和反补贴措施的文本，把工作集中在多边磋商的项目上。这些磋商集中在主席发布的文件上，当然也讨论文件以外的问题。为了保证对所有成员的透明度，新主席 Dennis Francis（特立尼达和多巴哥）在每次会议结束前发布文件向成员阐述了磋商进展。年底，工作小组制订计划，将在2011年4月制定达成共识的文件，谈判小组决定把多边形式纳入其工作模式。

2010年初，谈判小组审议了“线路图”中关于渔业补贴的问题，开始多边磋商，试图找到解决问题的办法。根据透明度原则，主席又一次发布文件，宣称每个成员都有权获得磋商进展的信息。小组还公开接受新提案的过程和成员新想法，各种提案被提交并讨论。提案很实用，具有建设性，含有关于规则实质和外延的各种观点。由于被要求2011年4月形成共识文本，小组于2010年底加快进度开展工作，希望有新的提案提交。

关于区域贸易协议，在2006年总理事会关于RTAs透明度机制决议的谈判中已有结果。该机制于2007年形成规定，需要被审议，必要的话需要被修订，以作为最近贸易回合谈判的结果，然后才能作为永久的文件。2010年12月，规则谈判小组同意开始审议。成员将审议该机制和WTO关于RTAs相关规定的法律关系。关于RTAs体系问题的磋商正在进行。

十一、争端解决机制的谈判情况

2010年，争端解决结构（DSB）召开特别会议，由主席 Ronald Saborio（哥斯达黎加大使）主持，就改进和明确 DSU 问题开展谈判，谈判以

2008年主席发布的文件为基础。

从2010年5月，DSB特别会议的工作进入一个新阶段，开展一系列各种形式的磋商和会议。5月、6月、9月和11月的会议都是以新形式召开，讨论了“适用顺序”、“后报复问题”（post-retaliation）、“有效执行”（effective compliance）、“时间性规定”（time saving），在明确相关法律文本草案方面取得了进展。

适用顺序的程序问题显现出来，因为DSU文件未能明确成员提交争端的顺序。有效执行指当发现WTO成员违反WTO规则，其他成员立即采取措施，包括在不执行情况下采取救济。后报复问题出现在DSU不能为去消除授权报复提供任何具体程序。时间性规定，即节省时间，一些参与者提出加快进程，有效维护他们的权益。

2011年头几个月，DSB将致力于制订一个新文本，还包括2008年7月强调的其他一些问题：如第三方权利、专家组组成、发回重审、双方同意的解决方案、严格机密信息、透明度和法庭之友陈述①；发展中国家利益，包括特殊和差别待遇；成员在争端程序处理中的弹性和控制。

① 即amicus curiae brief，法院在审理案件的过程中，允许当事人以外的个人或组织利用自己的专门知识，就与案件有关的事实或法律问题进行论证并做出书面论证意见书。

● 向争端解决机构请求磋商的案件（2010）

一、美国——对自越南进口的虾采取反倾销措施：越南请求磋商

此文件自 2010 年 2 月 1 日起在越南代表团和美国代表团及争端解决机构主席间进行沟通，现根据 DSU 第 4.4 条规定予以散发。

1. 受我方政府授权，根据《关于争端解决规则与程序的谅解》（简称“DSU”）第 4 条，GATT 1994 第 23 条第 1 段，《关于实施〈1994 年关税与贸易总协定〉第 6 条的协议》（简称“反倾销协议”）第 17.2 和 17.3 条的规定，就以下措施请求与美国进行磋商：

（1）以下是美国商务部对自越南进口的冷冻和罐装暖水虾的裁定，第 A－552－801 号案件：

a. 来自越南的冷冻暖水虾：反倾销税行政初裁的最终结果，72 FR 52052（2007 年 9 月 12 日），以及任何评估说明和裁定要求的现金保证金，“决议备忘录”——包括审查中讨论的问题、确认美国商务部使用“归零法”、明确否认了本次审查与其在世贸组织上诉机构先例的相关性以及有关应用“归零法”计算倾销幅度的所有记录；

b. 来自越南的冷冻暖水虾：反倾销税行政复审以及部分撤销的最终结果，73 FR 52273（2008 年 9 月 9 日），以及决议要求公布的任何评估说明和现金保证金，“决议备忘录”和有关应用“归零法”计算倾销幅度的所有记录；

c. 来自越南的冷冻暖水虾：第二个新出口商复审的终裁，74 FR 24796（2009 年 5 月 26 日），以及决议要求公布的任何评估说明和现金保证金，“决议备忘录”和有关应用“归零法”计算倾销幅度的所有记录；

d. 来自越南的冷冻暖水虾：反倾销税行政复审以及部分撤销的最终结果，74 FR 47191（2009 年 9 月 15 日），以及决议要求公布的任何评估说明和现金保证金，“决议备忘录”和有关应用“归零法”计算倾销幅度的所有记录；

e. 自磋商请求之日起，从越南进口的冷冻暖水虾的任何行政复审或其他审查的初裁和终裁结果公布在联邦登记处，包括根据 1930 关税法案第 751（C）部分的审查，以及决议要求公布的任何评估说明和现金保证金，“决议备忘录”和有关应用“归零法”计算倾销幅度的所有记录；且

f. 自越南进口的某些冷冻暖水虾的行政复审终裁的任何变更根据美国国际贸易法院发回重审的结果予以发布，及其法院相关的任何意见，决议要求公布的任何评估说明和现金保证金，发回重审的“决议备忘录”和有关应用“归零法”计算倾销幅度的所有记录。

（2）美国海关和边境保护局（USCBP）在前述定期审查所确定的估算关税基础上征收最终反倾销税的一切行动，包括发布清算（保证金）的指令和通知。

（3）以下相关的美国法律、法规、行政程序、做法和方法：

——1930 年的关税法，经修订，特别是第 736、751、771（35）（A）和（B）、777A（c）和（d）部分；

——乌拉圭回合协定法时所做的美国行政声明，H. R. Doc. No. 1 03－316，vol. I；

——美国商务部的实施细则，编入美国联邦法规 19 CFR 第 351，特别是 351.212（b），351.414（c）和（e）部分；

——反倾销进口管理手册（1997 年版），包括其所参考的计算机程序；

——美国在行政复审时确定反倾销幅度的一般程序和方法，美国商务部据此比较加权平均正常价值和单个出口交易的交易价格，在零负之间比较结

果（即单个出口价格高于加权平均正常价值的情况）。此种方法就是通常所说的“简单归零”或美国的“归零程序”。

2. 越南认为上述法律、法规、行政程序、做法和方法，与《马拉喀什建立世界贸易组织协定》（“WTO协定”）及其附件不一致的。包括但不限于以下条款：

——GATT 1994 第Ⅰ条，第Ⅱ条，第Ⅵ条第1款和第Ⅵ条第2款；

——《反倾销协议》第1条，第2.1条，第2.4条，第2.4.2条，第6.8条，第6.10条，第9.1条，第9.3条，第9.4条，第11.2条，第11.3条，第18.1条，第18.4条及附件Ⅱ；

——《WTO协定》第16.4条；

——《越南加入世贸组织议定书》。

3. 越南认为，第1部分所提及的审查中，美国适用所谓“归零法”确定倾销幅度的做法，与其在第2部分就履行的WTO义务不相符；美国未能向绝大多数越南被调查者提供通过参加审查以及要求公司提供其独立于政府运营的证据，确认审查中对公司不利事实的可信率的机会，以证明其未倾销。

越南进一步认为，关于这些问题美国的这一既定做法，在后续及未来的审查中也将继续违背其WTO义务，包括根据《反倾销协议》第18.1条需进行的5年期审查。

4. 越南保留在磋商期间就争议措施进一步举证事实以及提起法律申诉的权利。越南期待美国对此请求的回复并确定相互方便的磋商日期。

我方期待贵方对此请求的回复，根据DSU第4.3节，以便确定双方均可接受的磋商时间。越南欢迎美国就磋商日期及磋商地点所提出的任何建议。

二、欧盟——对自中国进口的鞋采取反倾销措施：中国请求磋商

此文件自2010年2月4日起在中国代表团和欧盟代表团及争端解决机构主席间进行沟通，现根据DSU第4.4条规定予以散发。

受我方政府授权，根据DSU第4条，GATT 1994第23条第1段，《反倾销协议》第17条的规定，就以下措施请求与欧盟进行磋商：

a. 理事会法规的第9（5）章有关免受非欧盟成员国家的倾销条款第384/96号，目前已被修订为理事会法规（EC）第1225 / 2009号（“基本反倾销规则”）。

b. 2006年10月5日发布的理事会法规（EC）第1472/2006号，规定特别是对自中国进口的皮革鞋面的鞋类征收最终反倾销税和临时反倾销税。

c. 2009年12月22日发布的理事会实施条例（EC）第1294/2009号，规定特别是对原产于中国的皮革鞋面征收最终反倾销税。对于澳门特别行政区委托制造的鞋类，无论是否原产于澳门特区，要根据理事会法规（EC）第384/96号第11（2）条进行期满复审。

1.《基本反倾销规则》第9（5）条规定：进口产品若来自非市场经济国家，反倾销税应适用于该国生产该产品的全体厂商，而非针对个别厂商分别计算。若个别厂商可证明其符合该条所列各项要件，则不在此限。中国认为《反倾销规则》第9（5）条违反了欧盟在以下条款中所应承担的义务：《马拉喀什建立世界贸易组织协定》第16条第4款；GATT 1994第6条第1款和第10条第3（a）款；《反倾销协议》第6.10条，第9.2条，第9.3条，第9.4条，第12.2.2条和第18.4条。因为这些条款规定反倾销差额和反倾销税就根据不同的出口商和生产商来确定。此外，第9（5）条所规定的反倾销的程序不符合公正、合理的要求。而且，欧盟仅对非市场经济国家施加这些要件，该措施是歧视性的，违反了GATT 1994第1条第1款。

2. 中国认为欧盟2006年10月5日发布的理事会法规（EC）第1472/2006号规定特别是对特别自中国进口的皮革鞋面的鞋类征收最终反倾销税和临时反倾销税，违背了《反倾销协议》，GATT 1994，《中国入世议定书》第1部分第15段的内容。

（1）《中国入世议定书》第1部分第15段（a）（ii），《中国加入工作组报告书》第151段（e）、（f）的内容，以及《反倾销协议》第2.4条、第6.10.2条，欧盟未审查合作的非抽样中国出口商市场经济待遇和分别待遇申请。

（2）《反倾销协议》的第2.2.2条，欧盟对获得市场经济地位的公司计算管理、销售和一般费用以及利润的金额时，采用了涉及非本案产品的其他

反倾销案件中的中国出口商数据。

(3)《反倾销协议》第2.4条以及GATT 1994第6条第1款，欧盟选择巴西作为替代国，使用产品控制编码（“PCN”）方法，导致其在依据不具代表性的进口量，且未公平比较出口价格和正常价值的基础上，做出的裁决。

(4)《反倾销协议》的第2.6条到第4.1条，欧盟在认定同类产品时没有排除每双价格在7.5欧元以下的特殊技术运动鞋，错误地认定了同类产品。

(5)《反倾销协议》第3.1条和第17.6(i)条，欧盟对中国采用不同的抽样方法及其所采用的抽样程序，导致其未能依据肯定性证据，客观审查倾销进口产品的数量和倾销进口产品对国内市场同类产品价格及其国内产业的影响；损害评估时，部分数据为欧盟生产商样本数据，部分则是反倾销提起及国家团体所提供的未经证实的数据。

(6)《反倾销协议》第3.1和3.2条，第17.6(i)条，欧盟基于对不具代表性的中国出口商抽样，错误地将以数量为基础的缩减率适用于原先计算出的以价格为基础的倾销幅度，并把相关的非损害进口价值分摊到调查期之外期间的进口价值上来计算倾销幅度，导致其未能依据肯定性证据，客观审查倾销进口产品的数量和倾销进口产品对国内市场同类产品价格及其国内产业的影响。

(7)《反倾销协议》第3.3条，考虑到进口产品与国内同类产品之间的竞争情况，欧盟对源自中国和源自越南的进口进行累积评估是不适当的。

(8)《反倾销协议》第3.1条和第3.4条，欧盟在评估关键损害指标时，未能依据欧盟抽样的生产商和产业，代以欧盟整体的生产数据，所得出的利润幅度不合理，导致其未能依据肯定性证据，客观审查倾销进口产品的数量和倾销进口产品对国内市场同类产品价格及其国内产业的影响。

(9)《反倾销协议》第3.4条，欧盟关于倾销进口产品对国内产业影响的审查中，未能包括影响其状况的所有有关经济因素和指标的评估，尤其是生产能力及利用率。

(10)《反倾销协议》第3.1条和第3.5条，欧盟未能审查除中国倾销产品以外的造成损害的其他因素，包括欧盟产业的出口实绩、仿制品的影响、中国鞋类配额的增加、消费模式的变化、欧盟需求的减少以及汇率变动的影响，导致其未能依据肯定性证据，客观审查倾销进口产品的数量和倾销进口产品对国内市场同类产品价格及其国内产业的影响。

(11)《反倾销协议》第6.1.2条，欧盟一利害关系方提出的书面证据未能迅速向参与调查的其他利害关系方提供。

(12)《反倾销协议》第6.2条，第6.4条和第6.5条，欧盟未能及时向所有利益相关方提供机会，使其了解所有与其利益相关的非机密信息，包括但不限于，抽样的生产商及其身份，欧盟生产商问卷回复的非机密性摘要，影响价格可比性差异的信息。

(13)《反倾销协议》第6.5.1条，欧盟未能披露申请者信息，未能提供有关欧盟产业、抽样生产商以及问卷回复等的机密信息的非机密性摘要，未能提供主管机关给出的数据，而且主管机关未能确保欧盟产业/抽样生产商所提供的摘要是否足够详细，以能够合理了解以机密形式提交的信息的实质内容。

(14)《反倾销协议》第6.5.2条，欧盟未能确定申请人要求保密的请求是否正当，抽样生产商不愿公布信息或不愿授权以非机密性摘要的形式披露信息，欧盟未能拒绝此类信息。

(15)《反倾销协议》第6.1.1条，《中国入世议定书》第1部分第15段，欧盟限中国出口生产商在15天内递交有关市场经济待遇和个别待遇的问卷调查的书面回复。

(16)《反倾销协议》第6.9条，欧盟关于改变措施形式的补充最终披露没有给予利害关系方充足的时间进行抗辩。

(17)《反倾销协议》第6.10条，欧盟就中国出口商选择调查对象时，未能以出口量比例最大者为调查对象，将特殊技术运动鞋排除在调查产品外；并加入样本公司的国内销售。

(18)《反倾销协议》第6.10.1条，欧盟在选择中国出口商未与其进行磋商并取得他们的同意。

(19)《反倾销协议》第3.1条和第9.2条，调查显示越南出口商和倾销和损害幅度高于中国出口商，而欧盟对中国征收的反倾销税高于越南，是歧视性的。

(20)《反倾销协议》第6.10条，第6.10.2

条，第9.2条和第9.3条，欧盟已经对中国出口商进行了抽样调查，但仍对中国这些出口商征收针对中国整体的税收。

(21)《反倾销协议》第6.10条，第6.10.2条，第9.2条，欧盟给个别待遇标准施加额外的附加条件，拒绝给中国出口商单独确定倾销幅度。

(22)《反倾销协议》第12.2.2条，在做出肯定裁定的情况下，欧盟未能提供关于结束或中止调查的公告，包过或通过一份单独报告提供导致实施最终措施或接受价格承诺的所有有关的事实问题和法律问题及理由。

(23)《反倾销协议》第17.6(i)条，欧盟在替代国的选择程序、非抽样的中国出口商的倾销幅度计算时，未检查其市场经济待遇和个别待遇，这些事实的确定不适当，且对事实的评估达不到无偏和客观的要求。

(24)《反倾销协议》第1条和第18.1条，反倾销措施仅应适用于GATT 1994第6条所规定的情况，并与《反倾销协议》的条款相一致。

因此，欧盟的措施显然直接或间接地剥夺或减损了中国依据《反倾销协议》和GATT 1994所应获得的利益。

3.欧盟于2008年10月3日发布立案公告，对自中国进口的某些皮革鞋面鞋类的反倾销措施进行期满复审。欧盟2009年12月22日发布理事会实施条例(EC)第1294/2009号(简称《复审规则》)，延长反倾销措施。

中国认为《复审规则》延长反倾销税的征收，违背了《反倾销协议》和GATT 1994的下列条款：

(1)《反倾销协议》第5.3条，欧盟未能审查期满复审申请提供的证据的准确性和充分性，并确定是否有足够的证据支持期满复审。

(2)《反倾销协议》第3.1条和第17.6(i)条，欧盟对中国采用不同的抽样方法及其所采用的抽样程序，导致其未能依据肯定性证据，客观审查倾销进口产品的数量和倾销进口产品对国内市场同类产品价格及其国内产业的影响。

(3)《反倾销协议》第3.1条和第17.6(i)条，GATT 1994第6条第1款，欧盟未能依据肯定性证据，客观审查倾销进口产品的数量和倾销进口产品对国内市场同类产品价格及其国内产业的影响；《反倾销协议》第6.10条，欧盟生产商样本选择既不是有效地统计，也不是所调查的出口量比例最大者；欧盟生产商的样品既不代表欧盟生产及措施范围内的产品种类，也不代表欧盟生产的地域差别；欧盟生产商的样本数据，在不同的调查地，产品类型有显著差异；欧盟生产商的样本包括在调查期间将所有产品外包给第三国的厂商；欧盟的调查中使用了不正确的产品分类方法；欧盟进口商的样本构成中，未能涵盖可以合理调查中的最大量。

(4)《反倾销协议》第2.1条，在复审调查期间，欧盟倾销认定的依据是不具有代表性的中国进口产品。

(5)《反倾销协议》第2.4条以及GATT 1994第6条第1款，欧盟替代国选择程序，最初使用产品控制编码(“PCN”)方法并在调查过程中突然改变，妨碍了出口价格和正常价值的公平比较。

(6)《反倾销协议》第3.1条，第3.4条，第17.6(i)条，欧盟在评估关键损害指标时，未能依据欧盟抽样的生产商和产业，代以欧盟整体的生产数据，导致其未能依据肯定性证据，客观评估影响国内产业的因素。

(7)《反倾销协议》第3.1条，第3.5条和第17.6(i)条，欧盟未能依据肯定性证据，客观审查倾销、损害及其因果关系；因为欧盟未能排除除倾销以外的造成损害的其他因素。

(8)《反倾销协议》第6.1.2条，欧盟抽样生产商问卷回复的非机密性信息未能迅速向参与调查的其他利害关系方提供。

(9)《反倾销协议》第6.2条，第6.4条，欧盟未能及时向所有利益相关方提供机会，使其了解所有与其利益相关的非机密信息，包括抽样的生产商，替代国的选择，其他程序性问题。

(10)《反倾销协议》第6.5.1条，欧盟未能披露申请者信息，未能提供有关欧盟产业、期满复审申请的抽样生产商以及问卷回复等的机密信息的非机密性摘要，而且主管机关未能确保欧盟产业/抽样生产商所提供的摘要是否足够详细，以能够合理了解以机密形式提交的信息的实质内容。

(11)《反倾销协议》第6.5.2条，欧盟未能确定申请人要求保密的请求是否正当，抽样生产商不愿公布信息或不愿授权以非机密性摘要的形式披露信息，欧盟未能拒绝此类信息。

(12)《反倾销协议》第6.8条，抽样的欧盟生产商在损害问卷答复时，提供的信息错误或不足时，欧盟未确保其所依据的事实的可获得性。

(13)《反倾销协议》第6.9条，当考虑是否给予中国出口商市场经济待遇和个别待遇时，欧盟未能向所有利益相关方提供必要的信息。

(14)《反倾销协议》第11.3条，欧盟裁定反倾销措施的终止有可能导致倾销和损害的继续发生，这一裁定的依据违反了《反倾销协议》第2.1条，第2.4条，第3.1条，第3.4条，第3.5条，第6.8条，第6.10条和第17.6 (i) 条内容。

(15)《反倾销协议》第12.2.2条，在做出肯定裁定的情况下，欧盟未能提供关于结束或中止调查的公告，包过或通过一份单独报告提供导致实施最终措施或接受价格承诺的所有有关的事实问题和法律问题及理由。

(16)《反倾销协议》第17.6 (i) 条，欧盟在替代国的选择程序、非抽样的中国出口商的倾销幅度计算时，未检查其市场经济待遇和个别待遇，这些事实的确定不适当，且对事实的评估达不到无偏和客观的要求。

(17)《反倾销协议》第1条和第18.1条，反倾销措施仅应适用于GATT 1994第6条所规定的情况，并与《反倾销协议》的条款相一致。

中国保留在磋商期间进一步举证事实以及提起法律申诉的权利。

中国期待贵方对此请求的回复，以便确定双方均可接受的磋商时间及地点。

三、中国——对来自欧盟的碳钢紧固件实施临时反倾销措施：欧盟请求磋商

此文件自2010年5月7日，在欧盟代表团和中国代表团及争端解决机构主席间进行沟通，现根据DSU第4条第4款的规定予以散发。

受欧盟政府授权，根据DSU第4条，GATT 1994第23条第1段，《反倾销协议》第17.3条的规定，就以下措施请求与中国进行磋商，但并不仅限于以下措施：

——中国商务部公告2009年第115号及附件，对来自欧盟碳钢紧固件征收临时反倾销税；

——中华人民共和国反倾销条例第56条。

1. 中国商务部公告2009年第115号及附件，对自欧盟的碳钢紧固件征收临时反倾销税（“临时征税”）这一措施，显然与中国在GATT 1994，《反倾销协议》的以下条款不相符：

(1)《反倾销协议》第2.2条，第2.2.2条，GATT 1994第6条第1款，中国在计算单个欧盟合作公司合理数额的管理费、销售费和一般费用以及利润时所采用的方法并不合理。中国使用了不合理的利润率，拒绝做出合理调整，且特定产品出口价格不能代表厂商正常销售产品价格。

(2)《反倾销协议》第2.4条，GATT 1994第6条第1款，特定产品出口价格不能代表合作公司正常销售产品价格，中国未能对出口价格和正常价值进行公平比较。

(3)《反倾销协议》第3.1条，第3.4条，中国在调查过程中，未能客观地基于肯定性证据审查倾销进口产品对本国国内市场同类产品价格的影响，以及对国内有关产业的冲击程度，包括第3.4条所列因素。因为所有损害指标是正的，除库存是唯一的例外，并且随着时间的推移，欧盟亏损局面扩大，出口价格显著高于国内价格。

(4)《反倾销协议》第3.1条，第3.5条，中国未能客观地基于肯定性证据确定倾销的进口产品所造成的影响及损害。中国未能客观审查倾销的进口产品和对国内产业造成损害之间因果关系的。

(5)《反倾销协议》第6.1.3条，中国未能确保书面申请的及时提供，因为中国产业的主要数据被省略或索引，除了大量国内生产商。

(6)《反倾销协议》第6.2条，第6.4条和第6.5条，中国未能及时提供给相关利益方涉及所有和他们利益相关的非机密性信息。

(7)《反倾销协议》第6.5.1条，中国未能提供机密资料的非机密性摘要。摘要未能充分详尽以使人能够合理地理解被呈交机密资料的实质。

(8)《反倾销协议》第6.5.1条，第6.5.2条，中国对投诉人姓名保密的要求是不合理的。

(9)《反倾销协议》第6.10条，中国对欧盟出口生产商样本选择并非基于对可加以合理调查的欧盟出口数量占最大百分比进行审查这一原则，因为中国在样本选择中的不成比例的信息阻碍几个欧盟出口商的合作。

(10)《反倾销协议》第12.2.1条，关于实施临时措施的公告应列明或者通过单独报告提供对倾

销和损害的初步裁决所做的详尽说明，并应述及导致抗辩被接受或被拒绝的事实和法律事项。此外，特别是，中国未能在损害裁定时履行其在《反倾销协议》第12.2.1（4）条中的义务，其裁定的主要原因违反了《反倾销协议》第12.2.1（5）条的内容。

欧盟同样认为，除上述内容，中国个别和广泛地临时征税违反了《反倾销协议》第7条第1段的规定。

2.《中华人民共和国反倾销条例》第56条，显然与中国在以下协议中所应承担的义务不相符：GATT 1994，DSU，《反倾销协议》。

（1）《中华人民共和国反倾销条例》第56条显然与《反倾销协议》第18.1条的内容不一致。除非根据由本协议所解释的GATT 1994条款，否则，不得针对来自另一成员方的出口产品倾销采取任何特别行动。

（2）《中华人民共和国反倾销条例》第56条显然与DSU第23条，尤其是第23条第1款内容不一致。当中国寻求纠正违反义务情形或寻求纠正其他造成适用协定项下利益丧失或减损的情形，或寻求纠正妨碍适用协定任何目标的实现的情形时，未援用并遵守本谅解的规则和程序。

（3）《中华人民共和国反倾销条例》第56条显然与GATT 1994第1部分第1款的内容不一致。在对输出或输入、有关输出或输入及输出入货物的国际支付转账所征收的关税和费用方面，在征收上述关税和费用的方法方面，在输出和输入的规章手续方面，以及在本协定第3条第2款及第4款所述事项方面，一成员对来自或运往其他国家的产品所给予的利益、优待、特权或豁免，应当立即无条件地给予来自或运往所有其他成员的相同产品。

（4）《中华人民共和国反倾销条例》第56条显然与GATT 1994第10条第3（a）款的内容不一致。中国未能以统一、公正和合理的方式实施本条第一款所述的法令、条例、判决和决定。

如上所述，欧盟认为《中华人民共和国反倾销条例》第56条实行的临时征税措施是不合理的。

欧盟保留在磋商期间进一步举证事实以及提起法律申诉的权利。

欧盟期待贵方对此请求的回复，以便确定双方均可接受在日内瓦的磋商时间。

四、阿根廷——对来自秘鲁的紧固件和链条征反倾销税：秘鲁请求磋商

此文件自2010年5月19日，在秘鲁代表团和阿根廷代表团及争端解决机构主席间进行沟通，现根据DSU第4条第4款的规定予以散发。

受秘鲁政府授权，根据DSU第4条，GATT 1994第23条第1段，《反倾销协议》第17条的规定，就以下措施请求与阿根廷进行磋商：阿根廷对来自秘鲁的紧固件和链条实行最终反倾销税，及实施反倾销税的调查程序。

A. 受质疑的措施

1. 调查背景

2008年4月29日，阿根廷工贸及中小企业国务秘书处宣布启动对自秘鲁和中国的进口产品的调查。反倾销调查是在零售交易的正常价值未能代表秘鲁国内销售的价值这一证据的基础上发起的。此外，证据不能表明总交易期间繁多的问题产品种类，或用来与出口价格进行公正比较的适当的贸易水平。

另外，在发起反倾销调查问题上，阿根廷在倾销、损害和因果关系等方面都缺乏足够证据，也没有考察证据的准确性和充分性。

2. 反倾销税的临时适用性

2009年1月15日，生产部公布了初步决议。倾销的初步裁定是完全基于现有资料，没有考虑到调查机关的要求以及给定时限内出口商提供的调查信息。483.06%的倾销幅度就是那样确定的。此外，损害的初步裁定是基于对从秘鲁进口所造成的实质损害的威胁声明。因此，初裁决定对秘鲁进口施以33%的反倾销税，参见南方共同市场9607.11.00，9607.19.00，9607.20.00号关税文件。

3. 反倾销税的最终适用性

2009年9月30日，生产部公布了最终决议。秘鲁认为倾销终裁确定的正常价值和使用的计算方法是不合理的。这一决议确定被调查产品的倾销程度为21.48%。此外，损害终裁视调查产品为一个整体，由秘鲁进口所造成的损害是引用的。没有对所有物质损害的相关因素或其中每一个因素是否受相关损害威胁的评估。

此外，秘鲁认为，阿根廷未对其他因素是否引起损害进行审查，如国内产业本身增加的成本和营

运开支。

虽然确定被调查产品的倾销幅度为 21.48%，决议最终实行征收不同的反倾销从价税：(1) 23.61%，对自秘鲁的所有不可分离铜紧固件；(2) 77.24%，进口所有可分离和不可分离的塑料紧固件，参见南方共同市场 9607.11.00，9607.19.00，9607.20.00 号关税文件。

B. 提出申诉的法律依据

《反倾销协议》第 1 条规定“反倾销措施仅应在 GATT 1994 第 6 条所规定的情况下，并在按照本协议各项规定发起和进行的调查实施，但仅限于根据反倾销立法或法规所采取的行动”。此外，第 18.1 条还规定“除非根据由本协议所解释的 GATT 1994 条款，否则，不得针对来自另一成员方的倾销出口产品采取任何特别行动”。

在了解到阿根廷应履行 GATT 1994 第 6 条和《反倾销协议》所规定的义务后，秘鲁密切关注阿根廷实行的某些措施，如进行计算、比较、判断、决策、程序或做法，或阿根廷在调查期间应用的上述措施。

1. 关于发起调查的声明

在发起反倾销调查问题上，阿根廷在倾销、损害和因果关系等方面都缺乏足够证据，也没有考察证据的准确性和充分性，未能将正常价值与出口价格进行公平比较。这些做法违反了《反倾销协议》第 5.2，5.3，5.8 条。

2. 关于初裁和临时反倾销税适用性的声明

阿根廷根据其现有资料来决定被调查的秘鲁出口商的倾销幅度，没有考虑到调查机关的要求以及给定时限内出口商提供的调查信息。因此，阿根廷没有正确遵守《反倾销协议》第 6.8 条，第 6.13 条，以及附件 2，特别是附件中的第 3、5、6、7 段。阿根廷未能将正常价值与出口价格进行公平比较，这些做法违反了《反倾销协议》第 2.1，2.2，2.4 条。

阿根廷未审查损害其国内产业的所有因素，这违反了第 3.4 条。在任何情况下，阿根廷只根据其猜测来确定自秘鲁进口带来的损害，这些做法违反了《反倾销协议》第 3.1，3.4，3.7 条。

此外，阿根廷未审查其他已知因素造成的损害，虽然意识到这些因素对国内同行业的影响。这些做法违反了《反倾销协议》第 3.1，3.4，3.5 和 3.7 条。

3. 关于损害、潜在损害、因果关系终裁的声明

阿根廷未根据其正面证据和第 3.4 条所列的因素的公正和客观的评价来确定对其国内产业的潜在损害。此外，考虑到某些方面因素，阿根廷未确定或评估未来明显发生和即将发生的事件，以确定损害。这些做法违反了《反倾销协议》第 3.1，3.2，3.4 和 3.7 条。

阿根廷未根据其正面证据和第 3.7 条及与第 3.4 条相关的因素的公正和客观的评价来确定对其国内产业的潜在损害。这些做法违反了《反倾销协议》第 3.1，3.2，3.4，3.7 和 3.8 条。

阿根廷确定倾销和对国内产业所造成的损害的因果关系存在时，并没有考虑其他已知因素。这些包括国内产业上升的成本、费用和投资。阿根廷未能发现这些由其他已知原因造成的损害不能归因于倾销。这些做法违反了《反倾销协议》第 3.1，3.2，3.4，3.5 和 3.7 条。

4. 关于反倾销税适用性的声明

虽然确定被调查产品的倾销幅度为 21.48%，决议最终实行征收不同的反倾销从价税，(1) 23.61%，对自秘鲁的所有不可分离铜紧固件，(2) 77.24%，进口所有可分离和不可分离的塑料紧固件。这些做法违反了《反倾销协议》第 9.1，9.2，9.3 和 3.8 条。

阿根廷对进口品征收两种反倾销税：(1) 23.61%，所有不可分离铜紧固件，(2) 所有可分离和不可分离的塑料紧固件。秘鲁指出阿根廷在调查其国内同类产品潜在损害和因果关系时，不应使上述两种产品存在区别。此外，秘鲁还指出基于这两种产品的倾销终裁与单个产品的潜在损害和因果关系不一致。所以这些相似产品，国内产业，倾销，潜在损害及因果关系与所谓的倾销及因果关系违反了《反倾销协议》第 2.1，2.6，4.1，3.1，3.2，3.3，3.4，3.5，3.7 和 3.8 条。

此外，阿根廷决定对反倾销措施保障安全性和实施征收反倾销税，在此期间，事实上它关于某一潜在损害的最终裁定只针对秘鲁。这些做法违反了《反倾销协议》第 10.2 和 10.4 条。

5. 关于程序事项的声明

虽然举证时期已经结束，最终是否实施措施的

基本事实也已通知相关利益方，阿根廷却接受了由投诉人提供的有关出口调查的最新情况。这些新情况将会成为终裁的基本事实依据。当局不能确定这些情况的准确性。因此，申诉人提交的申报后的基本事实和利用的信息，没有得到正确验证，这些做法违反了《反倾销协议》第6.6，6.7和6.9条。

阿根廷在初裁和终裁的过程中，没有披露足够详细的审议材料，其中包括阿根廷当局的事实和法律的所有问题的调查结果和得出的结论，尤其是：接受由申诉人提交的秘鲁国内正常价值的证据和假定损害存在的原因；在初裁前未给被调查出口商递交证据的时间期限的原因；未按照第3条规定审查所有导致潜在损害的因素的原因。这些做法违反了《反倾销协议》第12.1和12.2条。

秘鲁保留在磋商期间进一步举证事实以及提起法律申诉的权利。

秘鲁期待贵方对此请求的回复以达成双方满意的解决方案。建议在日内瓦进行磋商，并确定一个双方均可接受的时间。

借此机会再次向大使先生致以最崇高的敬意。

五、中国——对自美国的取向电工钢征反补贴和反倾销税：美国请求磋商

此文件自2010年9月15日，在美国代表团和中国代表团及争端解决机构主席间进行沟通，现根据DSU第4条第4款的规定予以散发。

受美国政府授权，根据DSU第1条和第4条，GATT 1994第23条第1段，《补贴与反补贴措施协议》（简称《SCM协议》）的第30条（第30条一定程度上涵盖了GATT 1994第23条），《反倾销协议》第17.3条的规定，对中国向自美进口的取向电工钢征反补贴和反倾销税，见中国商务部公告2010年第21号及附件，请求与中国政府进行磋商。中国未能履行其在GATT 1994、《SCM协议》、《反倾销协议》下的义务。

特别是，中国向自美进口的取向电工钢征反补贴和反倾销税的做法与其在GATT 1994，《SCM协议》，《反倾销协议》的义务不一致体现如下。

（1）《反补贴协议》的第10和19条，中国未能适当裁定美国政府根据《购买美国产品法》采购所赋予的“好处”。

（2）《SCM协议》的第12.8条，中国未能透露决定依据的基本事实。

（3）《SCM协议》的第12.7条，中国的裁定不是在可获得的事实基础上做出的。

（4）《SCM协议》的第22.3条，中国未能提供其认为重要的所有事实问题和法律问题所得出的调查结果和结论。

（5）《SCM协议》的第22.5条，中国未能提供导致实施最终措施的所有事实问题和法律问题及理由。

（6）《SCM协议》的第11.2条，申请反补贴税调查未包含申请人可合理获得的信息，比如财政贡献、收益、特异性、损害和因果关系；没有足够多的证据来启动这个调查。

（7）《SCM协议》的第11.3条，中国未能审查申请中提供的证据的准确性和充分性。

（8）《SCM协议》的第12.3条和12.4.1条，中国未能提供或要求申诉人提供足够的所谓机密信息的非机密摘要。

（9）《SCM协议》的第22.2（3）条，中国的反补贴税调查涉及2009年《美国复苏和再投资法案》（简称《复苏法案》）和美国各州处理政府采购的法律。

（10）《SCM协议》的第15.1，15.2，15.5，12.8条，《反倾销协议》的第3.1，3.2，3.5，6.9，12.2条，中国对进口影响和所谓的因果关系的分析中未能客观审查肯定性证据；中国未能提供关于结果和结论涉及材料的所有事实和法律问题；中国未能透露裁定的基本事实。

（11）上述违反《SCM协议》的做法违反了《SCM协议》第10条。

（12）上述违反《反倾销协议》的做法违反了《反倾销协议》第1条。

（13）GATT 1994第6条。

中国的措施显然剥夺或减损了美国依据引述的协议所能直接或间接获得的利益。

我们期待贵方对此请求的回复，并确定一个双方均可接受的磋商时间。

六、菲律宾——对自美国的蒸馏酒征税：美国请求磋商

此文件自2010年1月14日，在美国代表团和菲律宾代表团及争端解决机构主席间进行沟通，现

根据DSU第4条第4款的规定予以散发。

受美国政府授权，根据DSU第4条，GATT 1994第22条，对向自美进口的蒸馏酒征税，请求与菲律宾政府进行磋商。

菲律宾根据产地来确定蒸馏酒税率，对使用其国原材料的征税低一点，其他未使用其原材料的明显税率高。菲律宾似乎只对出现与国内蒸馏酒直接竞争或替代的进口品征税。这种征税的目的似乎是为了保护国内产品。此外，对进口产品征的税率要大于其对国内产品的税率。

菲律宾的这些措施反映在以下文书中：

——《1997年全国国内税收法典》第141条(共和国法令8424号，该法令修订了《全国国内税收法典》及作其他用途，其后又经修订，特别是通过共和国法令9334号，增加了对酒精和烟草产品的消费税征收率法，详见修订后的《1997年全国国内税收法典》第131，141，142，143，144，145和288条。)；

——共和国法案8240号，对《全国国内税收法典》第138，139，140，142条进行了修订，经修订或做他用；

——税务条例02－97号，关于蒸馏酒，葡萄酒和发酵白酒的消费税管理；

——税务条例17—99号，执行《1997年全国国内税收法典》第141，142，143和145条（A）和（C）(1)，(2)，(3)，(4) 关于执行自2000年1月1日起，增加白酒，葡萄酒，白酒发酵和雪茄和香烟包装机消费税12个百分点。

——税务条例9－2003号，修订税务条例1－97号及2－97号关于酒类产品，雪茄和香烟基于新品牌和新变动的酒精和烟草产品的零售价的消费税某些条款；

——税务条例23－2003号，实施基于当期净零售价格确定品牌酒类产品和变种的税务分类，参见调查税务条例9－2003号；

——税务条例12－2004号，在1996年12月31日或之前施行酒精和烟草产品消费税率，税务条例22－2003和23－2003号所涉及的酒精和烟草产品根据条例第9334号执行；

——税务条例3－2006号，根据共和国法令第9334号的规定，修订酒精和烟草产品的税率执行准则，并对现有收入条例及某些规定进行了分类。以及任何修订或替换，相关措施或执行措施。

这些措施违反了GATT 1994第3章第2条内容。

我们期待贵方对此请求的回复，并确定一个双方均可接受的磋商时间。

七、欧盟与荷兰——对巴西中转中的仿制药扣押：巴西请求磋商

此文件自2010年5月12日，在巴西代表团和欧盟代表团及争端解决机构主席间进行沟通，现根据DSU第4条第4款的规定予以散发。

受巴西政府授权，根据DSU第4条，《与贸易有关的知识产权协定》第64.1条，GATT 1994第22条第1段，就以下措施请求与欧盟及荷兰政府进行磋商：

（A）产于印度运往巴西的仿制药氯沙坦钾的货运，在2008年12月被扣押在荷兰史基浦国际机场，后来又返回原产国。荷兰当局根据欧盟理事会法规（EC）第1383/2003号检获货物。根据相关方面投诉其涉嫌侵权的专利（或补充保护证书），在过去的两年中，荷兰的海关当局查获大量的印度仿制药品货物在运输途中通过荷兰，包括上述氯沙坦钾装船运往巴西。

（B）理事会法规（EC）第1383/2003号列明“海关行动涉及侵犯知识产权以及对侵犯知识产权的货物所采取的措施”，包括欧盟境内的过境货物的规则，并规定，除采取其他行动，对于扣押的货物。理事会法规（EC）第1383/2003号的适用性，包括被怀疑有侵权行为或发现有侵犯专利，这个专利是指根据欧共体过境国的法律在其领土中转药物的专利，无论此类药物在原籍国和目的地国处于什么地位。

（C）巴西认为荷兰当局对氯沙坦钾货运进行扣押的行为，无论是基于法律或行政或司法角度，违背了欧盟及荷兰在《WTO协定》及其附录中的义务。

（D）此外，巴西认为理事会法规（EC）第1383/2003号，包括但不仅限于，(3)，(4)，(5)以及第1，2，3，4，5，6，7，8，9，10，11，13，16，17条，违背了欧盟及荷兰在《WTO协定》及其附录中的义务。

（E）巴西认为，欧盟及荷兰应用一般的和潜

在的规则，即是主管机关抓住，授权扣押，以扰乱秩序为由扣押或以其他方式限制过境货物的中转，这种做法侵犯了根据国家有关法律的专利（或补充保护证书），并违背了欧盟及荷兰在《WTO协定》及其附录中的义务。上述一般和潜在的规则在以下条约中得以体现：

(i) 2003年7月22日制定的理事会法规(EC)第1383/2003号；

(ii) 2004年10月21日制定的委员会条例第1891/2004号；

(iii) 10月12日制定的理事会法规（EC）第2913/92号；

(iv) 欧洲议会和欧盟理事会2004年4月29日发布的2004/48/EC法规；

(v) 欧洲议会和欧盟理事会2006年5月17日制定的条例816/2006号；

(vi) 荷兰1995年制定的《专利法》，经修订，包括但不仅限于，第四章的规定，特别是第53及79条，有关规则、法规、指导方针和行政惯例的规定；

(vii) 荷兰海关法一般规则（简称“海关法”）的修订，包括但不限于，第5和11条，有关规则，法规，方针的有关规定和行政惯例；

(viii) 海关手册（知识产权30.05.00，3.1版)，包括但不限于，第6章其他规定有关章节；

(ix) 2006年2月的知识产权欺诈官方指令20005A022号和官方指令（2005R013)；

(x) 荷兰刑法的有关规定，包括但不限于第337条的规定，以及有关规则、法规、准则和行政惯例；

(xi) 荷兰刑法的有关规定，以及有关规则、法规、准则和行政惯例；

(xii) 荷兰法院判决，发现过境货物侵犯专利（或补充保护证书)，包括荷兰，但不限于，根据法律虚构的操作依据对中转货物法律地位进行评估，就好像它们是荷兰制造的。

(F) 巴西认为理事会法规（EC）第1383/2003号，包括但不仅限于，(3)，(4)，(8)以及第1，2，4，5，6，7，8，9，10，11，13，16，17条，在上文（A）项所述对氯沙坦钾的扣押行为，违背了欧盟及荷兰在《WTO协定》及其附录中的义务。

(G) 最后，巴西认为，1994年12月13日荷兰制定的《专利法》，包括但不限于，其中第四章的规定，特别是第53和79条，及有关规则、法规、方针和行政惯例，在上文（A）项所述对氯沙坦钾的扣押行为，违背了欧盟及荷兰在《WTO协定》及其附录中的义务。

对于上面提到的措施，这一要求还包括任何修订、替换、扩展、执行措施或其他相关措施。

上述措施违反了以下条款，但不仅限于：

——GATT 1994 第5.1，5.2，5.3，5.4，5.5，5.7和10.3条。

——《TRIPs协定》第1.1，2，28，31，41.1，41.2，42，49，50.3，50.7，50.8，51，52，53.1，53.2，54，55，58(b)和59条，1967年的《巴黎公约》第4.2条。

——《WTO协定》第16.4条。

巴西保留在磋商期间就争议措施进一步举证事实以及提起法律申诉的权利。巴西期待对此请求的回复并确定均可接受的磋商日期。

八、亚美尼亚——对自乌克兰进口烟酒及其国内销售的影响措施：乌克兰请求磋商

此文件自2010年7月20日，在乌克兰代表团和亚美尼亚代表团及争端解决机构主席间进行沟通，现根据DSU第4条第4款的规定予以散发。

受乌克兰政府授权，根据DSU第4条，GATT 1994第22条第1段，就以下措施请求与亚美尼亚政府进行磋商：

1. 亚美尼亚根据其在2000年3月24日制定的法律《对烟草制品实施特定税》，执行每进口1000香烟AMD6，500的税率，每1000国产香烟AMD4750的税率（HS240220)。亚美尼亚对本国产品征收的税率似乎比对从乌克兰进口的直接竞争或替代产品征收率低，意在对国内产品提供保护，给进口产品更低待遇。

2. 乌克兰认为，特定税的纳税主体产品主要是针对从乌克兰进口产品，远超过亚美尼亚国内产品，这些做法违反了GATT 1994第3章第1，2，4条的规定。

3. 亚美尼亚未履行其在《亚美尼亚共和国加入世贸组织议定书》第1.2段的规定的义务(WT/L/506，2002年12月17日)，因为包含了

《亚美尼亚共和国加入世界贸易组织工作组的报告》（WT/ACC/ARM/23，2002 年 11 月 26 日）第 72 段的承诺，该条规定如下：

“自加入之日起，亚美尼亚将在 GATT 1994 第 1 条和第 3 条的规定下，实施非歧视性的国内税收，包括增值税和消费税……工作组将信守承诺。”

4. 此外，尽管根据亚美尼亚法律，对香烟最高征税 15%（HS 2402 20），然而却出现对进口卷烟征税高达 24%，超过设定的最高关税，并将其转载在《入世工作组报告》的附件上（文件 WT/ACC/ARM/23/Add. 1），违反了 GATT 1994 第 1 章第 1 条（a 和 b 首句）。

5. 该国法律同样违反了《亚美尼亚入世工作组报告》的第 53 段内容，具体如下：

“亚美尼亚代表称海关关税将不会超过其 WTO 关税减让表所规定的关税上限，这是《亚美尼亚加入议定书》的附件。此外，根据要求，亚美尼亚将与世贸组织成员进行磋商来解决亚美尼亚已通过的进口从价关税税率的上限有关的任何疑虑。工作组将信守承诺。”

6. 此外，根据 2000 年 7 月亚美尼亚关于“消费税”的法律，其对进口酒类征收的消费税（HS 2203，2204，2205，2206，2207 和 2208）大大高于国内同类产品。亚美尼亚对本国产品征收的税率似乎比对从乌克兰进口的直接竞争或替代产品征收率低，意在对国内产品提供保护，给进口产品更低待遇。

7. 乌克兰认为，对从乌克兰进口产品征收的消费税远超过亚美尼亚国内产品的国内税，这些做法违反了 GATT 1994 第 3 章第 1、2、4 条的规定。

8. 因此，有关“消费税”的法律违反了《亚美尼亚入世工作组报告》第 72 和 70 段。亚美尼亚在后一段落的承诺如下：

“亚美尼亚代表称亚美尼亚议会议员已于 2002 年 10 月 21 日立法通过 HO－415－N 号法令，确定适用于所有酒类的一般消费税，如伏特加、白兰地、白酒等（HS2208），以及一般消费税，适用于香槟、起泡酒、葡萄酒等（HS2204）。工作组将信守承诺。”

9. 乌克兰政府曾试图通过双边会谈来解决这个问题，但是无疾而终。

10. 鉴于上述情况，我们恳求亚美尼亚政府根据 WTO 规则，在非歧视性的方式下及时实施对进口和国产烟草制品和酒类的增值税和消费税的有关措施，并将其税率定在低于 15%的税率上限。

11. 我方建议尽快在日内瓦进行磋商以达成双方满意的解决方案。

乌克兰保留在磋商期间进一步举证事实以及提起法律申诉的权利。

乌克兰期待对此请求的回复并确定均可接受的磋商日期。

九、加拿大——影响日本可再生能源生产部门的措施：日本请求磋商

此文件自 2010 年 9 月 13 日，在日本代表团和加拿大代表团及争端解决机构主席间进行沟通，现根据 DSU 第 4 条第 4 款的规定予以散发。

受日本政府授权，根据 DSU 第 4 条，GATT 1994 第 22 条第 1 段，《与贸易有关的投资措施协议》的第 8 条，《SCM 协议》第 4.1 条和第 30 条，就以下电价补贴的国内含量要求计划（“电价补贴计划”）等措施请求与加拿大政府进行磋商：

此次请求措施是由加拿大政府或和“电价补贴计划”有关的省份，加拿大安大略省为了保障可再生能源发电的输出，制定了长期定价保障措施，在 2009 年提出了“电价补贴计划”，包含定义的百分比的国内含量。这些措施包括，但不仅限于以下情况：

（1）《电力法》，1998 年，经修订，包括特别是第 2.1 部分（安大略省电力局）和第 2.2 部分（电力供应能力和需求管理），其中包括，特别是第 25.35 部分（电价补贴方案）；

（2）制定了 2009 年《绿色能源法》，并建立一个绿色经济，废除了 2006 年《倡导节能法》和《能源效率法》，修改了 2009 年《绿色能源和绿色经济法案》，尤其是附表 B 修改了 1998 年《电力法》；

（3）修改 1998 年《电力法》和《安大略省能源法》，对其他法做出相应修订（2004 年《电力重组法》），尤其是第 28 部分的附表 A，及 1998 年的《电力法》第 2.1 部分；

（4）自 2009 年 9 月 24 日，能源与基础设施部部长及副理事乔治·史密瑟曼，安大略省电力局首

席执行官科林·安德森，根据OPA制订了“电价补贴计划”，包括要求申请人提交能满足国内目标需求的计划（例如，安大略省）；

（5）2010年7月2日发布的1.3.1版“电价补贴计划”规则，2010年8月13日由公共事务局修改和2010年8月25日发布的“微电价补贴计划”版本1.5；

（6）2010年7月2日由公共事务局发布的“电价补贴”合同版本1.3.1，包括一般条款和条件、展品和标准的定义。2010年8月25日公共事务局发布了“微电价补贴”合同1.5版，包括附录以及个别电价补贴，公共事务局与安大略省的可再生能源供应商所执行的“微电价补贴”合同；

（7）由公共事务局发布的电价补贴申请表（2009年12月1日）及在线微电价补贴申请表；

（8）由公共事务局2010年8月13日发布的电价补贴和微电价补贴价格表；

（9）由公共事务局2009年12月14日发布的“对国内需求的电价补贴计划解释”；

（10）任何修订或上述的扩展，任何替代措施，任何重建的措施，任何执行措施，以及任何相关的措施。

日本政府认为这些措施歧视了在安大略省之外生产的可再生能源发电设施，亦构成被禁止的补贴。具体来说，日本关注的问题的措施，所授权的建立和实施，是不符合在以下规定中加拿大应履行的义务，包括但不限于下列规定：

（1）GATT 1994第3.4和3.5条；

（2）《与贸易有关的投资措施协议》中的第2.1条；

（3）《SCM协议》的第3.1（b）和3.2条。

上述措施违反了GATT 1994第3.4和3.5条，原因如下：措施似乎是影响国内销售的法律、法规或要求，并提供销售、购买、运输、配送，使用可再生能源发电设施，给予进口设备较差的待遇，相比于产自安大略省的同类设备；加拿大内部要求采取这种措施，比如说设备的指定金额或比例的混合，加工或使用的定量规定，可再生能源发电设施设备必须由安大略省提供；设备的指定金额或比例的混合，加工或使用的定量规定，可再生能源发电设施设备必须由安大略省提供，这些做法违背了GATT 1994的第3.1条。

此外，上面列出的措施违背了《与贸易有关的投资措施协议》的第2.1条，因为与贸易有关的投资措施违背了GATT 1994的第3条的规定。

最后，补贴好像是符合了《SCM协议》第1.1条的规定，因为会以财政贡献或收入或价格支持的一种形式使国内企业受惠。根据《SCM协议》第3.1（b）和3.2条的规定，补贴应被禁止，因为这是以使用国内货物优于进口货物为条件，即优先使用由安大略省提供的可再生能源发电设备，而不是从日本等国家进口的同类设备。根据《SCM协议》第3条规定的补贴范围，因此被视为《SCM协议》第2.3条规定的具体范围。

《SCM协议》第4.2条规定，《SCM协议》第4.1条请求磋商，需提供现有证据的声明，关于补贴问题的存在和性质等证明材料。现有证明详见附录。

日本政府认为受质疑的措施也抵消或削弱了GATT 1994第23.1条的含义，直接或间接地损害了日本应得的利益。

日本有权要求加拿大政府提供进一步的信息和文件。日本保留在磋商期间进一步举证事实以及提起法律申诉的权利。

日本期待对此请求的回复并确定均可接受的磋商日期。

附　录

补贴问题存在和性质的现有证据声明

日本自2010年9月13日请求关于禁止性补贴问题的磋商。

日本提供的有关补贴问题存在和性质的证据如下（根据需要，日本有权补充或修改此列表）。

目前日本的证据包括以下内容：

——《电力法》，1998，S. O. 1998，c. 15（加拿大．安大略省），经修订，http:.//www. e-laws. gov. on. ca/html/statutes/english/elaws _ statutes _ 98e15 _ e. htm

——《绿色能源与绿色经济法》，2009，S. O. 2009，c. 12（加拿大．安大略省），http：//www. ontla. on. ca/bills/bills-files/39 _ Parliament/Session1/b150ra. pdf

——《电力重组法》，2004，S. O. 2004，c. 23（加拿大．安大略省），http：//www. ospe. on. ca/pdf/gr _ legislation _ Bill _ 100 _ Electricity

_ Restructuring _ Act _ 2004. pdf

——自 2009 年 9 月 24 日，能源与基础设施部部长及副理事乔治·史密瑟曼，安大略省电力局首席执行官科林·安德森，制订的《电价补贴计划》，http://www. powerauthority. on. ca/Storage/106/15420 _ FIT _ Directive _ Sept _ 24 _ 09. pdf

——公共事务局，电价补贴计划网站，其中的内容，http://fit. powerauthority. on. ca/Page. asp? PageID=1115&SiteNodeID=1052

——公共事务局，微电价补贴计划网站，其中的内容，http://microfit. powerauthority. on. ca/

——公共事务局，电价补贴计划：计划概述（2010 年 7 月 2 日），http://fit. powerauthority. on. ca/Storage. asp? StorageID=10507

——公共事务局，微电价补贴计划：计划概述（2010 年 8 月 25 日），http://microfit. powerauthority. on. ca/pdf/microFIT-Program-Overvi-ew. pdf

——公共事务局，电价补贴计划：电价补贴规则，版本 1.3.1（2010 年 8 月 13 日），http://fit. powerauthority. on. ca/Storage/102/11119 _ FIT _ Rules _ Version _ 1.3.1 _ August _ 13. pdf

——公共事务局，电价补贴计划：微电价补贴规则，版本 1.5（2010 年 8 月 25 日），http://microfit. powerauthority. on. ca/pdf/microFIT-Rules. pdf

——公共事务局，电价补贴合同，版本 1.3.1（2010 年 7 月 2 日）http://fit. powerauthority. on. ca/Storage. asp? StorageID=10775

——公共事务局，微电价补贴合同，版本 1. 5（2010 年 8 月 25 日）http://microfit. powerauthority. on. ca/pdf/microFIT-Contract. pdf

——公共事务局，国内电量计划的电价补贴合同形式（2010—04）（2010 年 8 月 11 日）http://fit. powerauthority. on. ca/Storage/102/11118 _ FIT _ Domestic _ Content _ Plan. pdf

——公共事务局，微电价补贴国内电网电量，http://microfit. powerauthority. on. ca/pdf/microFIT-Domestic-Content. pdf

——公共事务局，电价补贴附录一，标准定义，版本 1. 3. 1（2010 年 7 月 2 号），http://fit. powerauthority. on. ca/Storage. asp? StorageID=10638

——公共事务局，电价补贴申请表（2009 年 12 月 1 日）http://fit. powerauthority. on. ca/Storage. asp? StorageID=10662

——公共事务局，微电价补贴网上申请表，http://microfit. powerauthority. on. ca/microFIT-Program-Rules/Submitting-an-application/index. php

——公共事务局，电价补贴价目表（2010 年 8 月 13 日），http://fit. powerauthority. on. ca/Storage. asp? StorageID=10620

——公共事务局，微电价补贴价目表（2010 年 8 月 13 日），http://microfit. powerauthority. on. ca/pdf/microFIT-Program-price-schedule. pdf

——公共事务局，国内电量要求的解释（2009 年 12 月 14 日）http://fit. powerauthority. on. ca/Storage/99/10869 _ Questions _ and _ Answers _ on _ Domestic _ Content _ Grid _ Cells _ Dec _ 14 _ 09. pdf

——公共事务局，国内电量要求的解释草案（更新至 2010 年 7 月 19 日）http://fit. powerauthority. on. ca/Page. asp? PageID = 924&ContentID=10618（关于解释草案的过去要求）

http://fit. powerauthority. on. ca/Page. asp? PageID = 924&ContentID = 10662&SiteNodeID = 1054（电价补贴合同的修改建议，样品展示，2010 年 6 月 29 日发布）

http://fit. powerauthority. on. ca/Storage/100/10908 _ Domestic _ Content _ Exhibit _ D _ — _ Draft _ March _ 11 _ 10. pdf（电价补贴合同的修改建议，样品展示，2010 年 3 月 11 日发布）

——公共事务局，国内电量的电价补贴计划 FAQ（2010），http://fit. powerauthority. on. ca/Page. asp? PageID=834&ContentID=10544

——公共事务局，国内电量的定价和付款 FAQ（2010），http://fit. powerauthority. on. ca/Page. asp? PageID=834&ContentID=10511

——公共事务局，电价补贴计划资源——国内电量 FAQ（2010），http://fit. powerauthority. on. ca/Page. asp? PageID = 122&ContentID = 10598

——公共事务局，电价补贴计划合同的管理与结算（2010），http://fit.powerauthority.on.ca/Page.asp?PageID=122&ContentID=10393

——公共事务局，电价补贴计划合同的参与和资格—国内电量（2010），http://fit.powerauthority.on.ca/Page.asp?PageID=122&ContentID=10605

——新闻稿，公共事务局，安大略省的电价补贴计划背景（2010年3月10日）http://fit.powerauthority.on.ca/Storage/100/10899_FIT_-_CAE_Event_-_Backgrounder_-_FINAL.pdf

——新闻稿，公共事务局，安大略省的绿色能源计划的里程碑（2010年3月10日）

http://fit.powerauthority.on.ca/Storage/100/10898_FIT_-_CAE_Event_News_Release_-_FINAL.pdf

——安大略省，立法议会，辩论的官方报告（议事录），L112号（2009年2月23日）（乔治·史密瑟曼和保罗·米勒的"绿色发电"的交流），http://www.ontla.on.ca/web/house-proceedings/house_detail.do?Date=2009-02-23&Parl=39&Sess=1&locale=en#P201_38409

——独立电力系统运营商，电力系统，http://www.ieso.ca/imoweb/siteShared/power_system.asp

——公共事务局，2010—2012年事务计划（2009年9月）

http://www.powerauthority.on.ca/Storage/108/15587_A-2-1_2010-2012_OPA_Business_Plan_Final_Oct__1.pdf

十、中国——影响美国风力发电设备的措施：美国请求磋商

此文件自2010年12月22日，在美国代表团和中国代表团及争端解决机构主席间进行沟通，现根据DSU第4条第4款的规定予以散发。

受美国政府授权，根据DSU第1条和第4条，GATT 1994第22条第1段，《SCM协议》第4条和第30条，就中国政府提供补助金、资金或奖励企业生产风力发电设备（包括整体及其零件）等措施请求与中国政府进行磋商。根据《SCM协议》第4.2条，现有证据足以提起磋商请求。

提供相关补助金，资金或奖励的措施以及任何修改日期或相关的实施措施，体现在以下文书中：

——财政部关于印发《管理风力发电设备产业化专项资金暂行办法》的通知，包括相关附件。

提供补助金、资金或奖项，是以使用国内设备优于进口设备为条件，因此这些措施违反了《SCM协议》第3条。此外，中国未公布相关措施，这些做法违反了GATT 1994的第16.1条和《SCM协议》的第25.1，25.2，25.3和25.4条。中国未将这些措施以至少一种WTO所规定的官方语言来表达，因此中国并未履行《入世议定书》的第1部分第1，2段中所应承担的义务（包括《入世工作组报告书》第334段（WT/MIN（01）/3））。

美国期待对此请求的回复并确定均可接受的磋商日期。

证据声明

——财政部关于印发《管理风力发电设备产业化专项资金暂行办法》的通知，包括相关附件。

十一、多米尼加共和国——对自哥斯达黎加进口的聚丙烯塑料袋和圆筒织物实施保障措施：哥斯达黎加请求磋商

此文件自2010年10月15日，在哥斯达黎加代表团和多米尼加代表团及争端解决机构主席间进行沟通，现根据DSU第4条第4款的规定予以散发。

受哥斯达黎加政府授权，根据DSU第4条，GATT 1994第22条，《保障措施协议》第14条，就多米尼加对进口聚丙烯塑料袋和圆筒织物的临时和最终保障措施和调查等措施请求与多米尼加政府进行磋商。

A. 背景和目前的措施

根据不公平贸易做法和多米尼加保障措施监督管理委员会（以下简称"委员会"）的调查，而采取的措施。

1. 发起保障措施调查

2009年12月15日，根据Fersan S.A.公司（以下简称"Fersan"公司）的要求，委员会宣布启动对进口聚丙烯塑料袋和圆筒织物的保障措施的

调查，多米尼加根据关税副标题 5407.20.20，6305.33.10 和 6305.33.90 进行分类（以下简称"发起的决议"）。2009 年 12 月 17 日，委员会公布发起调查的通知。

在其最初的技术报告中，该委员会表示，在调查的初始阶段，会共同研究聚丙烯塑料袋和圆筒织物的趋势，因为根据申诉公司，这两种产品构成同样的最终产品。此外，委员会指出，国内同行业由单纯的生产者组成，他们在同一生产过程中制造聚丙烯塑料袋和圆筒织物。委员会还认为，导致进口增加的不可预见的发展是由中美洲和多米尼加之间的自由贸易协定所产生的削减所造成的。在关于受到严重损害的分析方面，这里指整体伤害，委员会发现，曾出现过利润减少和库存增加。最后，委员会指出，除进口外，其他因素（如成本增加，投资和银行债务）显然对国内同行业也有一定影响。

2. 初裁

2010 年 3 月 16 日，委员会决定对进口聚丙烯塑料袋和圆筒织物实行 38%的临时保障，根据多米尼加关税副标题 5407.20.20 和 6305.33.90 进行分类。临时保障措施的期限为 200 天。2010 年 3 月 25 日，委员会发布了对进口的聚丙烯塑料袋和圆筒织物实行临时措施的通知。在该通知和初步决议中，委员会指出，根据《保障措施协议》第 9.1 条，不会对从墨西哥、巴拿马、哥伦比亚和印度尼西亚的进口实行临时保障措施。

哥斯达黎加关于初裁有几个方面的关注，包括但不限于，如下所述。根据初步技术报告，委员会决定在调查的初步阶段，将继续共同研究聚丙烯塑料袋和圆筒织物的趋势。委员会还指出，Fersan 公司代表整个国内产业，因为它是唯一一家覆盖正在调查的产品制造过程的所有阶段。此外，委员会似乎已经假定不可预见的发展导致进口增加，是由于《中美洲—多米尼加共和国自由贸易协定》和《多米尼加共和国—中美洲—美国自由贸易协定》（DR CAFTA）所带来的损害。在关于受到严重损害的分析方面，这里指整体伤害，委员会发现，曾出现过利润减少和库存增加。最后，委员会指出某些因素（如成本增加和银行债务）对国内同行业也有一定影响。

3. 终裁

2010 年 10 月 5 日，委员会决定对进口聚丙烯塑料袋和圆筒织物实行 38%的最终保障，根据多米尼加关税副标题 5407.20.20 和 6305.33.90 进行分类。委员会随后发出实行对进口聚丙烯塑料袋和圆筒织物的最终措施的通知。在该通知和最终决议中，委员会指出，根据《保障措施协议》第 9.1 条，不会对从墨西哥、巴拿马、哥伦比亚和印度尼西亚的进口实行最终保障措施。

哥斯达黎加关于终裁有几个方面的关注，包括但不限于，如下所述。根据最终技术报告，委员会假定在调查中视聚丙烯塑料袋和圆筒织物构成单一物品。委员会还重申其观点，即 Fersan 代表整个国内产业，因为它是唯一一家从树脂开始的被调查产品的生产商。此外，委员会再次假定不可预见的发展导致进口增加，是由于《中美洲—多米尼加共和国自由贸易协定》和《多米尼加共和国—中美洲—美国自由贸易协定》（DR CAFTA）所带来的损害。委员会还认为，中国加入世贸组织是一种进步，即是"不能由国内同行业所预见，当多米尼加同意 GATT 1994 第 19 条所列的各项措施"。最后，关于对国内产业造成严重损害的分析方面，委员会指出，在调查期间国内产业遭受巨大的经济损失，如库存的增加，现金流的减少，以及产量的急剧下降。委员会同时指出，除进口外，其他因素（如成本增加和银行债务）显然对国内行业也有一定影响。

B. 提出申诉的法律依据

根据《保障措施协议》第 11.1 条（a），成员不得采取或寻求保障行动，除非此类行动符合《保障措施协议》和 GATT 1994 第 19 条的规定。

哥斯达黎加深切关注保障措施的某些方面和基础调查，其中包括，除其他外，在多米尼加调查和实施保障措施的过程中的计算、比较、判断、程序或做法。

哥斯达黎加尤其关注以下方面：

a. 初裁和终裁不包含有关被调查产品，国内同类产品和国内同行业的合理和充分的调查结果和结论。这些做法违反了《保障措施协议》的第 2.1、3.1、4.1（a）、4.1（c）、4.2（a）、4.2（b）、4.2（c）和第 6 条，以及 GATT 1994 第 19.1（a）条的规定。

b. 初裁和终裁不包含证明所谓的未能预见的发展，并解释保障措施所涉及的具体产品的如何促进进口增加的合理和足够的调查结果和结论。这些做法违反了《保障措施协议》的第3.1、4.2（a）、4.2（c）、6和11.1条（a），以及GATT 1994第19.1条（a）的规定。

c. 此外，初裁和终裁不包含违反GATT 1994规定的义务产生的所谓影响，及保障措施所涉及的具体产品的进口增加的影响的合理和足够的调查结果和结论。这些做法违反了《保障措施协议》的第3.1、4.2（a）、4.2（c）、6和11.1（a）条，以及GATT 1994第19.1条（a）的规定。

d. 初裁和终裁不包含正在被调查的具体产品的绝对和相对进口额所谓的增加的合理和充分的调查结果和结论。这些做法违反了《保障措施协议》的第2.1、3.1、4.2（a）、4.2（b）、4.2（c）和第6条，以及GATT 1994第19.1（a）条的规定。

e. 此外，虽然国内行业的情况被认为是有利的，初裁和终裁不包含所谓的严重损害的存在性，这里意为国内产业的整体损害的合理和充分的调查结果和结论。初裁和终裁也不包含任何紧急情况下的临时措施及严重损害所需验证的决定因素的合理和充分的调查结果和结论。这些做法违反了《保障措施协议》的第2.1、3.1、4.1（a）、4.2（a）、4.2（b）、4.2（c）和第6条，以及GATT 1994第19.1条（a）的规定。

f. 同时，初裁和终裁不包含所谓的进口增加和国内产业损害的因果关系的合理和充分的调查结果和结论。尤其是，它们不包含任何由其他因素引起的对国内产业造成的损害归因于对被调查产品的进口的解释。这些做法违反了《保障措施协议》的第2.1、3.1、4.2（a）、4.2（b）、4.2（c）和第6条，以及GATT 1994第19.1条（a）的规定。

g. 目前措施只适用于从某些原产国或代销国的进口。此外，某些决议的实质性评价和所涉及措施这两者之间所需的并行性被轻视。这些做法违反了《保障措施协议》的第2.1、2.2、4.2、5.1、6和9.1条，以及GATT 1994第19.1条（a）的规定。

h. 初裁和终裁不包含为什么不能提供机密信息的非机密摘要和为什么那些信息不能以非机密形式提供的原因的合理和充分的调查结果和结论。这些做法违反了《保障措施协议》的第3.1和3.2条。

i. 初裁和终裁不包含实施有关措施的所有事实和法律问题的合理和充分的调查结果和结论。这些做法违反了《保障措施协议》的第3.1和4.2条（c）。

j. 最后，多米尼加未能提供给成员在最终措施实行之前，有关产品出口商所关心的合适磋商机会的重要权益。这些做法违反了《保障措施协议》的第12.3条，以及GATT 1994第19.2条的规定。

除了上述考虑之外，哥斯达黎加保留在磋商期间在《保障措施协议》和GATT 1994规定下进一步举证事实以及提起法律申诉的权利。

哥斯达黎加期待对此请求的回复并确定均可接受的磋商日期。

十二、多米尼加共和国——对自危地马拉进口的聚丙烯塑料袋和圆筒织物实施保障措施：危地马拉请求磋商

此文件自2010年10月15日，在危地马拉代表团和多米尼加代表团及争端解决机构主席间进行沟通，现根据DSU第4条第4款的规定予以散发。

受危地马拉政府授权，根据DSU第4条，GATT 1994第22条，《保障措施协议》第14条，就多米尼加对进口聚丙烯塑料袋和圆筒织物的临时和最终保障措施和调查等措施请求与多米尼加政府进行磋商。

A. 背景和目前的措施

根据不公平贸易做法和多米尼加保障措施监督管理委员会（以下简称“委员会”）的调查，而采取的措施。

1. 发起保障措施调查

2009年12月15日，根据Fersan S. A. 公司（以下简称“Fersan”公司）的要求，委员会宣布启动对进口聚丙烯塑料袋和圆筒织物的保障措施的调查，多米尼加根据关税副标题5407.20.20，6305.33.10和6305.33.90进行分类（以下简称“发起的决议”）。2009年12月17日，委员会公布发起调查的通知。

在其最初的技术报告中，该委员会表示，在调查的初始阶段，会共同研究聚丙烯塑料袋和圆筒织物的趋势，因为根据申诉公司，这两种产品构成同样的最终产品。此外，委员会指出，国内同行业由

单纯的生产者组成，他们在同一生产过程中制造聚丙烯塑料袋和圆筒织物。委员会还认为，导致进口增加的不可预见的发展是由《中美洲和多米尼加之间的自由贸易协定》所产生的削减所造成的。在关于受到严重损害的分析方面，这里指整体伤害，委员会发现，曾出现过利润减少和库存增加。最后，委员会指出，除进口外，其他因素（如成本增加、投资和银行债务）显然对国内同行业也有一定影响。

2. 初裁

2010 年 3 月 16 日，委员会决定对进口聚丙烯塑料袋和圆筒织物实行 38%的临时保障，根据多米尼加关税副标题 5407.20.20 和 6305.33.90 进行分类。临时保障措施的期限为 200 天。2010 年 3 月 25 日，委员会发布了对进口的聚丙烯塑料袋和圆筒织物实行临时措施的通知。在该通知和初步决议中，委员会指出，根据《保障措施协议》第 9.1 条，不会对从墨西哥、巴拿马、哥伦比亚和印度尼西亚的进口实行临时保障措施。

危地马拉关于初裁有几个方面的关注，包括但不限于，如下所述。根据初步技术报告，委员会决定在调查的初步阶段，将继续共同研究聚丙烯塑料袋和圆筒织物的趋势。委员会还指出，Fersan 公司代表整个国内产业，因为它是唯一一家覆盖正在调查的产品制造过程的所有阶段。此外，委员会似乎已经假定不可预见的发展导致进口增加，是由于《中美洲—多米尼加共和国自由贸易协定》和《多米尼加共和国—中美洲—美国自由贸易协定》（DR CAFTA）所带来的损害。在关于受到严重损害的分析方面，这里指整体伤害，委员会发现，曾出现过利润减少和库存增加。最后，委员会指出某些因素（如成本增加和银行债务）对国内同行业也有一定影响。

3. 终裁

2010 年 10 月 5 日，委员会决定对进口聚丙烯塑料袋和圆筒织物实行 38%的最终保障，根据多米尼加关税副标题 5407.20.20 和 6305.33.90 进行分类。委员会随后发出实行对进口聚丙烯塑料袋和圆筒织物的最终措施的通知。在该通知和最终决议中，委员会指出，根据《保障措施协议》第 9.1 条，不会对从墨西哥、巴拿马、哥伦比亚和印度尼西亚的进口实行最终保障措施。

危地马拉关于终裁有几个方面的关注，包括但不限于，如下所述。根据最终技术报告，委员会假定在调查中视聚丙烯塑料袋和圆筒织物构成单一物品。委员会还重申其观点，即 Fersan 代表整个国内产业，因为它是唯一一家从树脂开始的被调查产品的生产商。此外，委员会再次假定不可预见的发展导致进口增加，是由于《中美洲—多米尼加共和国自由贸易协定》和《多米尼加共和国—中美洲—美国自由贸易协定》（DR CAFTA）所带来的损害。委员会还认为，中国加入世贸组织是一种进步，即是“不能由国内同行业所预见，当多米尼加同意 GATT 1994 第 19 条所列的各项措施”。最后，关于对国内产业造成严重损害的分析方面，委员会指出，在调查期间国内产业遭受巨大的经济损失，如库存的增加、现金流的减少，以及产量的急剧下降。委员会同时指出，除进口外，其他因素（如成本增加和银行债务）显然对国内行业也有一定影响。

B. 提出申诉的法律依据

根据《保障措施协议》第 11.1 条（a），成员不得采取或寻求保障行动，除非此类行动符合《保障措施协议》和 GATT 1994 第 19 条的规定。

危地马拉深切关注保障措施的某些方面和基础调查，其中包括，除其他外，在多米尼加调查和实施保障措施的过程中的计算、比较、判断、程序或做法。

危地马拉尤其关注以下方面：

a. 初裁和终裁不包含有关被调查产品，国内同类产品和国内同行业的合理和充分的调查结果和结论。这些做法违反了《保障措施协议》的第 2.1、3.1、4.1（a）、4.1（c）、4.2（a）、4.2（b）、4.2（c）和第 6 条，以及 GATT 1994 第 19.1（a）条的规定。

b. 初裁和终裁不包含证明所谓的未能预见的发展，并解释保障措施所涉及的具体产品的如何促进进口增加的合理和足够的调查结果和结论。这些做法违反了《保障措施协议》的第 3.1、4.2（a）、4.2（c）、6 和 11.1（a）条，以及 GATT 1994 第 19.1（a）条的规定。

c. 此外，初裁和终裁不包含违反 GATT 1994 规定的义务产生的所谓影响，及保障措施所涉及的具体产品的进口增加的影响的合理和足够的调查结果和结论。这些做法违反了《保障措施协议》的第3.1、4.2（a）、4.2（c）、6和11.1（a）条，以及GATT 1994第19.1（a）条的规定。

d. 初裁和终裁不包含正在被调查的具体产品的绝对和相对进口额所谓的增加的合理和充分的调查结果和结论。这些做法违反了《保障措施协议》的第2.1、3.1、4.2（a）、4.2（b）、4.2（c）和第6条，以及GATT 1994第19.1（a）条的规定。

e. 此外，虽然国内行业的情况被认为是有利的，初裁和终裁不包含所谓的严重损害的存在性，这里意为国内产业的整体损害的合理和充分的调查结果和结论。初裁和终裁也不包含任何紧急情况下的临时措施及严重损害所需验证的决定因素的合理和充分的调查结果和结论。这些做法违反了《保障措施协议》的第2.1、3.1、4.1（a）、4.2（a）、4.2（b）、4.2（c）和第6条，以及GATT 1994第19.1（a）条的规定。

f. 同时，初裁和终裁不包含所谓的进口增加和国内产业损害的因果关系的合理和充分的调查结果和结论。尤其是，它们不包含任何由其他因素引起的对国内产业造成的损害归因于对被调查产品的进口的解释。这些做法违反了《保障措施协议》的第2.1、3.1、4.2（a）、4.2（b）、4.2（c）和第6条，以及GATT 1994第19.1（a）条的规定。

g. 目前措施只适用于从某些原产国或代销国的进口。此外，某些决议的实质性评价和所涉及措施这两者之间所需的并行性被轻视。这些做法违反了《保障措施协议》的第2.1、2.2、4.2、5.1、6和9.1条，以及GATT 1994第19.1（a）条的规定。

h. 初裁和终裁不包含为什么不能提供机密信息的非机密摘要和为什么那些信息不能以非机密形式提供的原因的合理和充分的调查结果和结论。这些做法违反了《保障措施协议》的第3.1和3.2条。

i. 初裁和终裁不包含实施有关措施的所有事实和法律问题的合理和充分的调查结果和结论。这些做法违反了《保障措施协议》的第3.1和4.2（c）条。

j. 最后，多米尼加未能提供给成员在最终措施实行之前，有关产品出口商所关心的合适磋商机会的重要权益。这些做法违反了《保障措施协议》的第12.3条，以及GATT 1994的第19.2条的规定。

除了上述考虑之外，危地马拉保留在磋商期间在《保障措施协议》和GATT 1994规定下进一步举证事实以及提起法律申诉的权利。

危地马拉期待对此请求的回复并确定均可接受的磋商日期。

十三、多米尼加共和国——对自洪都拉斯进口的聚丙烯塑料袋和圆筒织物实施保障措施：洪都拉斯请求磋商

此文件自2010年10月18日，在洪都拉斯代表团和多米尼加代表团及争端解决机构主席间进行沟通，现根据DSU第4条第4款的规定予以散发。

受洪都拉斯政府授权，根据DSU第4条，GATT 1994第22条，《保障措施协议》第14条，就多米尼加对进口聚丙烯塑料袋和圆筒织物的临时和最终保障措施和调查等措施请求与多米尼加政府进行磋商。

A. 背景和目前的措施

根据不公平贸易做法和多米尼加保障措施监督管理委员会（以下简称“委员会”）的调查，而采取的措施。

1. 发起保障措施调查

2009年12月15日，根据Fersan S. A. 公司（以下简称“Fersan”公司）的要求，委员会宣布启动对进口聚丙烯塑料袋和圆筒织物的保障措施的调查，多米尼加根据关税副标题5407.20.20，6305.33.10和6305.33.90进行分类（以下简称“发起的决议”）。2009年12月17日，委员会公布发起调查的通知。

在其最初的技术报告中，该委员会表示，在调查的初始阶段，会共同研究聚丙烯塑料袋和圆筒织物的趋势，因为根据申诉公司，这两种产品构成同样的最终产品。此外，委员会指出，国内同行业由单纯的生产者组成，他们在同一生产过程中制造聚丙烯塑料袋和圆筒织物。委员会还认为，导致进口增加的不可预见的发展是由《中美洲和多米尼加共和国之间的自由贸易协定》所产生的削减所造成的。在关于受到严重损害的分析方面，这里指整体伤害，委员会发现，曾出现过利润减少和库存增加。最后，委员会指出，除进口外，其他因素（如

成本增加，投资和银行债务）显然对国内同行业也有一定影响。

2. 初裁

2010年3月16日，委员会决定对进口聚丙烯塑料袋和圆筒织物实行38%的临时保障，根据多米尼加关税副标题5407.20.20和6305.33.90进行分类。临时保障措施的期限为200天。2010年3月25日，委员会发布了对进口的聚丙烯塑料袋和圆筒织物实行临时措施的通知。在该通知和初步决议中，委员会指出，根据《保障措施协议》第9.1条，不会对从墨西哥、巴拿马、哥伦比亚和印度尼西亚的进口实行临时保障措施。

洪都拉斯关于初裁有几个方面的关注，包括但不限于，如下所述。根据初步技术报告，委员会决定在调查的初步阶段，将继续共同研究聚丙烯塑料袋和圆筒织物的趋势。委员会还指出，Fersan公司代表整个国内产业，因为它是唯一一家覆盖正在调查的产品制造过程的所有阶段。此外，委员会似乎已经假定不可预见的发展导致进口增加，是由于《中美洲—多米尼加共和国自由贸易协定》和《多米尼加共和国—中美洲—美国自由贸易协定》（DR CAFTA）所带来的损害。在关于受到严重损害的分析方面，这里指整体伤害，委员会发现，曾出现过利润减少和库存增加。最后，委员会指出某些因素（如成本增加和银行债务）也对国内同行业也有一定影响。

3. 终裁

2010年10月5日，委员会决定对进口聚丙烯塑料袋和圆筒织物实行38%的最终保障，根据多米尼加关税副标题5407.20.20和6305.33.90进行分类。委员会随后发出实行对进口聚丙烯塑料袋和圆筒织物的最终措施的通知。在该通知和最终决议中，委员会指出，根据《保障措施协议》第9.1条，不会对从墨西哥、巴拿马、哥伦比亚和印度尼西亚的进口实行最终保障措施。

洪都拉斯关于终裁有几个方面的关注，包括但不限于，如下所述。根据最终技术报告，委员会假定在调查中视聚丙烯塑料袋和圆筒织物构成单一物品。委员会还重申其观点，即Fersan代表整个国内产业，因为它是唯一一家从树脂开始的被调查产品的生产商。此外，委员会再次假定不可预见的发展导致进口增加，是由于《中美洲—多米尼加共和国自由贸易协定》和《多米尼加共和国—中美洲—美国自由贸易协定》（DR CAFTA）所带来的损害。委员会还认为，中国加入世贸组织是一种进步，即是“不能由国内同行业所预见，当多米尼加同意GATT 1994第19条所列的各项措施”。最后，关于对国内产业造成严重损害的分析方面，委员会指出，在调查期间国内产业遭受巨大的经济损失，如库存的增加、现金流的减少，以及产量的急剧下降。委员会同时指出，除进口外，其他因素（如成本增加和银行债务）显然对国内行业也有一定影响。

B. 提出申诉的法律依据

根据《保障措施协议》第11.1（a）条，成员不得采取或寻求保障行动，除非此类行动符合《保障措施协议》和GATT 1994第19条的规定。

洪都拉斯深切关注保障措施的某些方面和基础调查，其中包括，除其他外，在多米尼加调查和实施保障措施的过程中的计算、比较、判断、程序或做法。

洪都拉斯尤其关注以下方面：

a. 初裁和终裁不包含有关被调查产品，国内同类产品和国内同行业的合理和充分的调查结果和结论。这些做法违反了《保障措施协议》的第2.1、3.1、4.1（a）、4.1（c）、4.2（a）、4.2（b）、4.2（c）和第6条，以及GATT 1994第19.1（a）条的规定。

b. 初裁和终裁不包含证明所谓的未能预见的发展，并解释保障措施所涉及的具体产品的如何促进进口增加的合理和足够的调查结果和结论。这些做法违反了《保障措施协议》的第3.1、4.2（a）、4.2（c）、6和11.1（a）条，以及GATT 1994第19.1（a）条的规定。

c. 此外，初裁和终裁不包含违反GATT 1994规定的义务产生的所谓影响，及保障措施所涉及的具体产品的进口增加的影响的合理和足够的调查结果和结论。这些做法违反了《保障措施协议》的第3.1、4.2（a）、4.2（c）、6和11.1（a）条，以及GATT 1994第19.1（a）条的规定。

d. 初裁和终裁不包含正在被调查的具体产品的绝对和相对进口额所谓的增加的合理和充分的调查结果和结论。这些做法违反了《保障措施协议》的第2.1、3.1、4.2（a）、4.2（b）、4.2（c）和

第6条，以及GATT 1994第19.1（a）条的规定。

e. 此外，虽然国内行业的情况被认为是有利的，初裁和终裁不包含所谓的严重损害的存在性，这里意为国内产业的整体损害的合理和充分的调查结果和结论。初裁和终裁也不包含任何紧急情况下的临时措施及严重损害所需验证的决定因素的合理和充分的调查结果和结论。这些做法违反了《保障措施协议》的第2.1、3.1、4.1（a）、4.2（a）、4.2（b）、4.2（c）和第6条，以及GATT 1994第19.1（a）条的规定。

f. 同时，初裁和终裁不包含所谓的进口增加和国内产业损害的因果关系的合理和充分的调查结果和结论。尤其是，它们不包含任何由其他因素引起的对国内产业造成的损害归因于对被调查产品的进口的解释。这些做法违反了《保障措施协议》的第2.1、3.1、4.2（a）、4.2（b）、4.2（c）和第6条，以及GATT 1994第19.1（a）条的规定。

g. 目前措施只适用于从某些原产国或代销国的进口。此外，某些决议的实质性评价和所涉及措施这两者之间所需的并行性被轻视。这些做法违反了《保障措施协议》的第2.1、2.2、4.2、5.1、6和9.1条，以及GATT 1994第19.1（a）条的规定。

h. 初裁和终裁不包含为什么不能提供机密信息的非机密摘要和为什么那些信息不能以非机密形式提供的原因的合理和充分的调查结果和结论。这些做法违反了《保障措施协议》的第3.1和3.2条。

i. 初裁和终裁不包含实施有关措施的所有事实和法律问题的合理和充分的调查结果和结论。这些做法违反了《保障措施协议》的第3.1和4.2（c）条。

j. 最后，多米尼加未能提供给成员在最终措施实行之前，有关产品出口商所关心的合适磋商机会的重要权益。这些做法违反了《保障措施协议》的第12.3条，以及GATT 1994第19.2条的规定。

除了上述考虑之外，洪都拉斯保留在磋商期间在《保障措施协议》和GATT 1994规定下进一步举证事实以及提起法律申诉的权利。

洪都拉斯期待对此请求的回复并确定均可接受的磋商日期。

十四、多米尼加共和国——对自洪都拉斯进口的聚丙烯塑料袋和圆筒织物的保障措施：萨尔瓦多请求磋商

此文件自2010年10月19日，在洪都拉斯代表团和多米尼加代表团及争端解决机构主席间进行沟通，现根据DSU第4条第4款的规定予以散发。

受萨尔瓦多政府授权，根据DSU第4条，GATT 1994第22条，《保障措施协议》第14条，就多米尼加对进口聚丙烯塑料袋和圆筒织物的临时和最终保障措施和调查等措施请求与多米尼加政府进行磋商。

A. 背景和目前的措施

根据不公平贸易做法和多米尼加保障措施监督管理委员会（以下简称“委员会”）的调查，而采取的措施。

1. 发起保障措施调查

2009年12月15日，根据Fersan S.A.公司（以下简称“Fersan”公司）的要求，委员会宣布启动对进口聚丙烯塑料袋和圆筒织物的保障措施的调查，多米尼加根据关税副标题5407.20.20，6305.33.10和6305.33.90进行分类（以下简称“发起的决议”）。2009年12月17日，委员会公布发起调查的通知。

在其最初的技术报告中，该委员会表示，在调查的初始阶段，会共同研究聚丙烯塑料袋和圆筒织物的趋势，因为根据申诉公司，这两种产品构成同样的最终产品。此外，委员会指出，国内同行业由单纯的生产者组成，他们在同一生产过程中制造聚丙烯塑料袋和圆筒织物。委员会还认为，导致进口增加的不可预见的发展是由《中美洲和多米尼加共和国之间的自由贸易协定》所产生的削减所造成的。在关于受到严重损害的分析方面，这里指整体伤害，委员会发现，曾出现过利润减少和库存增加。最后，委员会指出，除进口外，其他因素（如成本增加、投资和银行债务）显然对国内同行业也有一定影响。

2. 初裁

2010年3月16日，委员会决定对进口聚丙烯塑料袋和圆筒织物实行38%的临时保障，根据多米尼加关税副标题5407.20.20和6305.33.90进行分类。临时保障措施的期限为200天。2010年3

月 25 日，委员会发布了对进口的聚丙烯塑料袋和圆筒织物实行临时措施的通知。在该通知和初步决议中，委员会指出，根据《保障措施协议》第 9.1 条，不会对从墨西哥、巴拿马、哥伦比亚和印度尼西亚的进口实行临时保障措施。

萨尔瓦多关于初裁有几个方面的关注，包括但不限于，如下所述。根据初步技术报告，委员会决定在调查的初步阶段，将继续共同研究聚丙烯塑料袋和圆筒织物的趋势。委员会还指出，Fersan 公司代表整个国内产业，因为它是唯一一家覆盖正在调查的产品制造过程的所有阶段。此外，委员会似乎已经假定不可预见的发展导致进口增加，是由于《中美洲—多米尼加共和国自由贸易协定》和《多米尼加共和国—中美洲—美国自由贸易协定》（DR CAFTA）所带来的损害。在关于受到严重损害的分析方面，这里指整体伤害，委员会发现，曾出现过利润减少和库存增加。最后，委员会指出某些因素（如成本增加和银行债务）也对国内同行业也有一定影响。

3. 终裁

2010 年 10 月 5 日，委员会决定对进口聚丙烯塑料袋和圆筒织物实行 38%的最终保障，根据多米尼加关税副标题 5407.20.20 和 6305.33.90 进行分类。委员会随后发出实行对进口聚丙烯塑料袋和圆筒织物的最终措施的通知。在该通知和最终决议中，委员会指出，根据《保障措施协议》第 9.1 条，不会对从墨西哥、巴拿马、哥伦比亚和印尼的进口实行最终保障措施。

萨尔瓦多关于终裁有几个方面的关注，包括但不限于，如下所述。根据最终技术报告，委员会假定在调查中视聚丙烯塑料袋和圆筒织物构成单一物品。委员会还重申其观点，即 Fersan 代表整个国内产业，因为它是唯一一家从树脂开始的被调查产品的生产商。此外，委员会再次假定不可预见的发展导致进口增加，是由于《中美洲—多米尼加共和国自由贸易协定》和《多米尼加共和国—中美洲—美国自由贸易协定》（DR CAFTA）所带来的损害。委员会还认为，中国加入世贸组织是一种进步，即是“不能由国内同行业所预见，当多米尼加同意 GATT 1994 第 19 条所列的各项措施”。最后，关于对国内产业造成严重损害的分析方面，委员会指出，在调查期间国内产业遭受巨大的经济损失，如库存的增加、现金流的减少，以及产量的急剧下降。委员会同时指出，除进口外，其他因素（如成本增加和银行债务）显然对国内行业也有一定影响。

B. 提出申诉的法律依据

根据《保障措施协议》第 11.1 条（a），成员不得采取或寻求保障行动，除非此类行动符合《保障措施协议》和 GATT 1994 第 19 条的规定。

萨尔瓦多深切关注保障措施的某些方面和基础调查，其中包括，除其他外，在多米尼加共和国调查和实施保障措施的过程中的计算、比较、判断、程序或做法。

萨尔瓦多尤其关注以下方面：

a. 初裁和终裁不包含有关被调查产品，国内同类产品和国内同行业的合理和充分的调查结果和结论。这些做法违反了《保障措施协议》的第 2.1、3.1、4.1（a）、4.1（c）、4.2（a）、4.2（b）、4.2（c）和第 6 条，以及 GATT 1994 第 19.1（a）条的规定。

b. 初裁和终裁不包含证明所谓的未能预见的发展，并解释保障措施所涉及的具体产品的如何促进进口增加的合理和足够的调查结果和结论。这些做法违反了《保障措施协议》的第 3.1、4.2（a）、4.2（c）、6 和 11.1（a）条，以及 GATT 1994 第 19.1（a）条的规定。

c. 此外，初裁和终裁不包含违反 GATT 1994 规定的义务产生的所谓影响，及保障措施所涉及的具体产品的进口增加的影响的合理和足够的调查结果和结论。这些做法违反了《保障措施协议》的第 3.1、4.2（a）、4.2（c）、6 和 11.1（a）条，以及 GATT 1994 第 19.1（a）条的规定。

d. 初裁和终裁不包含正在被调查的具体产品的绝对和相对进口额所谓的增加的合理和充分的调查结果和结论。这些做法违反了《保障措施协议》的第 2.1、3.1、4.2（a）、4.2（b）、4.2（c）和第 6 条，以及 GATT 1994 第 19.1（a）条的规定。

e. 此外，虽然国内行业的情况被认为是有利的，初裁和终裁不包含所谓的严重损害的存在性，这里意为国内产业的整体损害的合理和充分的调查结果和结论。初裁和终裁也不包含任何紧急情况下的临时措施及严重损害所需验证的决定因素的合理和充分的调查结果和结论。这些做法违反了《保障措施协议》的第 2.1、3.1、4.1（a）、4.2（a）、4.2（b）、4.2（c）和第 6 条，以及 GATT 1994 第 19.1（a）条的规定。

f. 同时，初裁和终裁不包含所谓的进口增加和国内产业损害的因果关系的合理和充分的调查结果和结论。尤其是，它们不包含任何由其他因素引起的对国内产业造成的损害归因于对被调查产品的进口的解释。这些做法违反了《保障措施协议》的第 2.1、3.1、4.2（a）、4.2（b）、4.2（c）和第 6 条，以及 GATT 1994 第 19.1（a）条的规定。

g. 目前措施只适用于从某些原产国或代销国的进口。此外，某些决议的实质性评价和所涉及措施这两者之间所需的并行性被轻视。这些做法违反了《保障措施协议》的第 2.1、2.2、4.2、5.1、6 和 9.1 条，以及 GATT 1994 第 19.1（a）条的规定。

h. 初裁和终裁不包含为什么不能提供机密信息的非机密摘要和为什么那些信息不能以非机密形式提供的原因的合理和充分的调查结果和结论。这些做法违反了《保障措施协议》的第 3.1 和 3.2 条。

i. 初裁和终裁不包含实施有关措施的所有事实和法律问题的合理和充分的调查结果和结论。这些做法违反了《保障措施协议》的第 3.1 和 4.2（c）条。

j. 最后，多米尼加未能提供给成员在最终措施实行之前，有关产品出口商所关心的合适磋商机会的重要权益。这些做法违反了《保障措施协议》的第 12.3 条，以及 GATT 1994 第 19.2 条的规定。

除了上述考虑之外，萨尔瓦多保留在磋商期间在《保障措施协议》和 GATT 1994 规定下进一步举证事实以及提起法律申诉的权利

萨尔瓦多期待对此请求的回复并确定均可接受的磋商日期。

十五、美国——影响丁香烟生产和销售的措施：印度尼西亚请求磋商

此文件自 2010 年 4 月 7 日，在印度尼西亚代表团和美国代表团及争端解决机构主席间进行沟通，现根据 DSU 第 4 条第 4 款的规定予以散发。

受印度尼西亚政府授权，根据 DSU 第 1 条和第 4 条，GATT 1994 第 22 条，《实施卫生与植物卫生措施协议》（简称“SPS 协议”）第 11 条，《技术性贸易壁垒协定》（简称“TBT 协议”）第 14 条，就美国丁香烟禁令请求与美国政府进行磋商。

美国总统于 2009 年 6 月 22 日签署了“家庭吸烟预防 2009 年烟草控制法”公法 111－31（“公法”）。该法在签署后的第 90 天开始执行，其第 907 条规定美国禁止除薄荷香烟之外的其他香烟。该法禁止在美国生产或销售含有一些成分，如丁香的香烟，但将继续允许其他含有薄荷醇的香烟的生产和销售。

印度尼西亚政府多次重申其坚定立场，该法第 907 条违反了世界贸易组织非歧视性的一般原则，包括，但不限于《TBT 协议》。2009 年 8 月 20 日，印尼把文件 G/TBT/W/323 提交给世界贸易组织技术性贸易壁垒委员会，这些文件陈述了有关问题的措施，但直到今天，我们还没有收到任何正式的回应。

印度尼西亚政府认为美国丁香烟禁令违反了美国在 WTO 规则和原则下的多个义务，包括：

a. 根据 GATT 1994 第 3.4 条，被视为是“同类产品”的丁香烟和薄荷香烟存在歧视性待遇：印度尼西亚认为，这些措施歧视进口丁香烟，在美国出售的丁香烟来自于进口（主要来自印尼），而几乎所有在美国出售的薄荷卷烟是国内生产的（进口量可以忽略不计）。

b. 根据 GATT 1994 第 20 条，只有在保护人类、动植物生命或健康的前提下，才可以采取措施。这些措施不应构成任意或无理歧视或对国际贸易的变相限制的手段。

c. 《TBT 协议》第 2 条责成美国，除其他外，确保技术法规给予进口产品的待遇不低于本国类似产品。第 2 条还责成美国确保其技术法规都不超过必要的贸易限制，以避免对国际贸易造成不必要的障碍。第 2 条还规定了准备的额外承诺、技术法规的通过和应用。在这方面，《TBT 协议》规定美国在通过法规时采用科学的和技术的信息。

d. 《TBT 协议》第 12 条责成美国考虑到发展中国家成员的特殊发展和贸易需求，如印度尼西亚，并确保技术法规对自发展中国家的出口不构成不必要的障碍。

e. 《SPS 协议》第 2、3、5 和 7 条详列了为了保护人类，动植物生命或健康而采取必要的卫生和

植物检疫措施的相关义务。

受质疑的措施抵消或削弱了 GATT 1994 第 23.1（a）条的含义，直接或间接地损害了印度尼西亚应得的利益。因此，印度尼西亚政府请求美国政府消除法案中的歧视性措施，以使其符合 GATT 1994，《SPS 协议》以及《TBT 协议》。

除了上面提到的措施，这一要求还包括任何修订、替换、扩展、执行措施或其他相关措施。印度尼西亚保留在磋商期间进一步举证事实以及提起法律申诉的权利。

印度尼西亚期待贵方对此请求的回复，以便确定双方均可接受的磋商时间及地点。

十六、欧盟与某一成员——对印度运输中的仿制药扣押：印度请求磋商

此文件自 2010 年 5 月 11 日，在印度代表团和欧盟代表团及争端解决机构主席间进行沟通，现根据 DSU 第 4 条第 4 款的规定予以散发。

受印度政府授权，根据 DSU 第 4 条，《TRIPs 协定》第 64.1 条，GATT 1994 第 22 条第 1 段，由于荷兰反复因印度产仿制药侵犯了其所谓的产权，而在港口和机场扣押印度的这些正运往第三目的国的货物（“受质疑的措施”），请求与欧盟及荷兰政府进行磋商：

由于近两年所谓的专利所有人对涉嫌侵权的投诉，荷兰海关当局已查获大量途经荷兰的印度产仿制药。印度知道这些扣押基于所谓的“制造谎言”，即是荷兰认为途经荷兰的印度产仿制药在荷兰制造。这些货物先是被扣押，后被销毁或返回印度。在少数情况下，经过相当长时间的拖延后允许货物运往目的地国家。现有证据证实，荷兰海关当局在 2008 年和 2009 年扣押 19 批途经荷兰的仿制药，其中 16 批原产于印度。附件中提供了一个说明性清单，列明了一些扣押的相关细节。

受质疑的措施还包括法规、规章、准则和欧盟及荷兰的行政做法，他们授权或要求反复地扣押或销毁途经本国涉嫌侵权的仿制药。如下所示：

（1）2003 年 7 月 22 日制定的理事会法规（EC）第 1383/2003 号；

（2）2004 年 10 月 21 日制定的委员会条例第 1891/2004 号；

（3）10 月 12 日制定的理事会法规（EEC）第 2913/92 号；

（4）欧洲议会和欧盟理事会 2004 年 4 月 29 日发布的 2004/48/EC 条例；

（5）欧洲议会和欧盟理事会 2006 年 5 月 17 日制定的条例 816/2006 号；

（6）荷兰 1995 年制定的《专利法》，经修订，包括但不仅限于，第四章的规定，特别是第 53 及 79 条，有关规则、法规、指导方针和行政惯例的规定；

（7）荷兰海关法一般规则（简称“海关法”）的修订，包括但不限于第 5 和 11 条，有关规则、法规、方针的有关规定和行政惯例；

（8）海关手册（知识产权 30.05.00，3.1 版），包括但不限于，第 6 章其他规定有关章节；

（9）2006 年 2 月的知识产权欺诈官方指令 20005A022 号和官方指令（2005R013）；

（10）荷兰刑法的有关规定，包括但不限于第 337 条的规定，以及有关规则、法规、准则和行政惯例；

（11）荷兰刑法的有关规定，以及有关规则、法规、准则和行政惯例。

这个请求还包括与欧盟和上文所述荷兰有关的法律、法规、规章、指导方针和行政惯例的任何修订、替换、扩展、实施措施以及任何其他相关措施。

印度认为受质疑的措施与欧盟和荷兰根据 GATT 1994 和《TRIPs 协定》应履行的义务，在以下几个方面是不一致的：

（1）GATT 1994 第 5 条第 2，3，4，5 和 7 段的内容。荷兰所采取的扣押措施是不合理的，歧视性的，其措施干预并对印度产的合法仿制药的过境自由造成不必要的延误和限制，干预国际中转最方便的路线，影响了印度的出口。

（2）受质疑的措施违反了 GATT 1994 第 10 条，包括但不限于，第 10.3 条的规定，因为其未通过一个统一、公正和合理的方式。

（3）专利所有者所拥有的权利不能用于干扰印度出口的合法生产的仿制药的过境自由。这些措施违反了《TRIPs 协定》第 2 条与第 28 条，1967 年《巴黎公约》第 4.2 条，为了执行《与贸易有关的知识产权协定和公共健康的多哈宣言》第 6 段的规定而由总理事会于 2003 年 8 月 30 日制定的决议的

第 6（i）段落的最后一句。

（4）受质疑的措施给合法贸易制造壁垒，允许专利所有者权利的滥用，这些措施是不公平、不合理的，它们给印度制造了不必要的负担，使问题复杂化，并造成不必要的延误。这些做法违反了《TRIPs 协定》的第 41 和 42 条。

（5）受质疑的措施干扰了这些可能产自印度，远销世界贸易组织成员的仿制药的过境自由，印度制药业没有充分的能力，争取获得这类产品需要的有效强制许可，以确保公共健康问题。这些做法违反了《TRIPs 协定》的第 31 条，2003 年 8 月 30 日决议。

印度进一步认为受质疑的措施严重影响了世界贸易组织中的发展中国家和最不发达国家保障公众健康和提供药品的能力。因此，上面提到的《TRIPs 协定》的规定必须在以下条款所列的目标和原则基础上进行解释和实施：《TRIPs 协定》第 7 和第 8 款，2001 年 11 月 14 日通过的《与贸易有关的知识产权协定》及公共卫生的多哈部长级宣言，以人人有权享受最高可达到的身心健康标准为宗旨的《经济、社会和文化权利国际公约》第 12 条（1）。

印度保留在磋商期间进一步举证事实以及提起法律申诉的权利。

印度期待贵方对此请求的回复，以便确定双方均可接受的磋商时间及地点。

附　件

荷兰海关当局扣押原产于印度途经荷兰的医药制品

（1）2008 年 10 月，荷兰海关以侵犯赛诺菲—安万特公司拥有或持牌的一个或多个专利为由，在史基浦机场（荷兰）扣押一批从印度运往哥伦比亚的氯吡格雷。

（2）2008 年 11 月，荷兰海关以侵犯葛兰素史克公司拥有或持牌的一个或多个专利为由，在史基浦机场（荷兰）扣押一批由国际药品采购机制授权购买的从印度运往尼日利亚的阿巴卡韦。

（3）2008 年 11 月，荷兰海关以侵犯礼来公司拥有或持牌的一个或多个专利为由，在史基浦机场（荷兰）扣押一批从印度运往秘鲁的奥氮平。

（4）2008 年 11 月，荷兰海关以侵犯诺华公司拥有或持牌的一个或多个专利为由，在史基浦机场（荷兰）扣押一批从印度运往秘鲁的卡巴拉汀。

（5）2008 年 12 月，荷兰海关以侵犯杜邦公司、默克公司拥有或持牌的一个或多个专利为由，在史基浦机场（荷兰）扣押一批从印度运往巴西的氯沙坦。

十七、中国——影响电子支付服务的某些措施：美国请求磋商

此文件自 2010 年 9 月 15 日，在美国代表团和中国代表团及争端解决机构主席间进行沟通，现根据 DSU 第 4 条第 4 款的规定予以散发。

受美国政府授权，根据 DSU 第 1 条和第 4 条，《服务贸易总协定》（简称 GATS）第 22 条，就中国在有关支付卡交易的电子支付服务及这些服务的供应商所做的限制与要求方面，请求与中国政府进行磋商。

在金融服务业领域，根据中国 GATS 中的具体承诺表，中国在市场准入和国民待遇方面承诺如下：

——“银行服务如下：……所有支付和汇划服务，包括信用卡，赊账卡和贷记卡，旅行支票和银行汇票（包括进出口结算）”；

——“其他金融服务如下：……金融信息提供和转让，金融数据处理和相关软件的其他金融服务供应商”；

——“咨询，中介和（a）段至（k）段所列活动的辅助金融服务，包括信用参考和分析，投资和有价证券研究和咨询，收购和企业重组和战略上的意见。”

尽管中国做出这些承诺，中国似乎对意图在中国提供电子支付服务的外国供应商加以市场准入限制和要求。看来，中国银联是中国唯一的实体，中国允许其以人民币为支付手段提供电子支付服务。外国服务供应商只能以外币支付来提供支付卡交易服务。

除了只允许银联提供以人民币支付交易的电子支付服务，中国还要求所有支付卡处理设备与银联系统兼容，以保证银联兼容所有在中国的商家支付卡。相比之下，其他国家或他们参与机构的电子支付服务供应商，必须通过与商家协议才能获得允许。此外，中国要求所有在中国发行的以人民币为货币单位的交易和支付的支付卡，包括“双币卡”

须印有银联标识。下文详列的对外国电子支付服务供应商要求和限制，说明中国给予外国供应商低于本国的待遇。

中国所采取的措施体现在以下文书中：

——1999 年 1 月 27 日由中国人民银行发布的《银行卡业务管理办法》(银发［1999］17 号)；

——2001 年 2 月 19 日颁布的《中国人民银行关于银行卡互通性下的联合工作实施意见》(银发［2001］37 号)；

——2001 年 3 月 13 日由中国人民银行发布的《统一使用银联标识和防伪全息标签的通知》(银发［2001］57 号)；

——2001 年 3 月 29 日由中国人民银行发布的《有关银行卡业务标准的公告》(银发［2001］76 号)；

——2002 年 4 月 5 日由中国人民银行发布的《有关银行卡互通性的工作建议》(银发［2002］94 号)；

——2002 年 8 月 29 日由中国人民银行发布的《有关银行卡互通性的相关工作通知》(银发［2002］272 号)；

——2003 年 7 月 2 日由中国人民银行发布的《有关进一步完善银行卡互通性的相关工作通知》(银发［2003］129 号)；

——2003 年 11 月 19 日发布的《有关在香港的个人存款、交易、银行卡和人民币汇款的银行结算安排》(中国人民银行公告［2003］16 号)；

——2004 年 6 月 30 日发布的《国家外汇管理局关于规范外币银行卡的通知》(汇发［2004］66 号)；

——2004 年 8 月 3 日发布的《有关在澳门的个人存款、交易、银行卡和人民币汇款的银行结算安排》(中国人民银行公告［2004］8 号)；

——2004 年 9 月 21 日发布的《中国人民银行关于在边境地区接受和使用人民币银行卡有关问题的通知》(银发［2004］219 号)；

——2004 年 10 月 28 日由中国人民银行发布的《有关中国内地及港澳银行处理个人人民币业务的通知》(银发［2004］254 号)；

——2005 年 4 月 24 日，发布了《中国人民银行、全国改革和发展委员会、公安部、财政部、工业和信息化产业部、商务部、国家税务总局、中国银监会和国家外汇管理局关于促进银行卡产业发展的一些意见》(银发［2005］103 号)；

——2005 年 6 月 16 日发布的《中国人民银行关于规范和促进银行卡受理市场发展的指导意见》(银发［2005］153 号)；

——2007 年 8 月 6 日发布的《中国人民银行关于加强银行卡受理的海外业务管理有关问题的通知》(银发［2007］273 号)；

——2007 年 6 月 6 日发布的《中国银行业监督管理委员会关于外商独资和中外合资银行在开展银行卡业务有关问题的公告》(银监发［2007］49 号)；

——2009 年 4 月 27 日发布的《中国人民银行、中国银行业监督管理委员会、公安部、国家工商行政管理总局关于加强银行卡安全管理，防范和打击银行卡犯罪的通知》(银发［2009］142 号)；

——2009 年 8 月 1 日由中国人民银行、中国银行业监督管理委员会、公安部、国家工商行政管理总局发布的《人大常委会办公室关于中国人民银行加强银行卡安全管理，防范和打击银行卡犯罪的意见的通知》(银发［2009］149 号)；

以及任何修订，相关措施，或执行措施。

中国的做法违反了 GATS 中第 26 条和 27 条所规定应履行的义务。

中国所采取的措施间接或直接损害了美国根据协议应得的利益。

美国期待贵方对此请求的回复，以便确定双方均可接受的磋商时间及地点。

(李淑静译，杨凤鸣校)

附录1：1995—2010年争端解决机构受理的案件①

第一部分
请求磋商；成立专家组；达成解决方案

序号	案件	请求磋商	收到磋商请求（日-月-年）	加入磋商请求	请求成立专家组（日-月-年）	专家组成立（日-月-年）	双边达成解决方案（日-月-年）
1	马来西亚—聚乙烯和聚丙烯进口禁令	新加坡 WT/DS1/1	10-01-1995		17-03-1995 新加坡 WT/DS1/2		19-07-1995 WT/DSB/M/6（请求撤回）
2	美国—精炼汽油及传统汽油标准	委内瑞拉 WT/DS2/1	24-01-1995		27-03-1995 委内瑞拉 WT/DS2/2	10-04-1995 WT/DSB/M/3	
3	韩国—对于农业产品检测及检验措施	美国 WT/DS3/1	04-04-1995	日本 WT/DS3/2			
4	美国—精炼汽油及传统汽油标准	巴西 WT/DS4/1	10-04-1995		22-05-1995 巴西 WT/DS4/2	31-05-1995 WT/DSB/M/5	
5	韩国—韩国产品保质期措施	美国 WT/DS5/1	03-05-1995	加拿大 WT/DS5/2 日本 WT/DS5/4			31-07-1995 WT/DS5/5 和 Corr. 1 24-11-1995 Add. 1 22-04-1996 Add. 1/Rev. 1 22-04-1996 Add. 2 22-04-1996 Add. 3 19-07-1996 Add. 4 20-09-1996 Add. 5
6	美国—在1974年贸易法第301节及第304节中来自日本汽车征收进口税	日本 WT/DS6/1	17-05-1995	欧共体 WT/DS6/2 澳大利亚 WT/DS6/3			19-07-1995 WT/DSB/M/6

① 此统计截至2010年9月30日。案件可分为五个部分：第一部分包括从最初提出磋商请求到成立专家组，再到争议各方形成双方满意的解决方法的案件；第二部分包括从成立专家组到通过专家组报告，再到提起上诉和通过上诉机构报告的案件；第三部分包括从通过专家组\上诉机构报告到执行争端解决机构建议和裁决的案件；第四、五部分各包括援引《关于争端解决规则与程序的谅解》第21.5条和第22条再次提请申诉的案件。

续 表

序号	案件	请求磋商	收到磋商请求（日-月-年）	加入磋商请求	请求成立专家组（日-月-年）	专家组成立（日-月-年）	双边达成解决方案（日-月-年）
7	欧共体—扇贝的贸易描述	加拿大 WT/DS7/1	19-05-1995	智利 WT/DS7/2 爱尔兰 WT/DS7/3 日本 WT/DS7/4 秘鲁 WT/DS7/5	10-07-1995 加拿大 WT/DS7/7 和 Corr. 1	19-07-1995 WT/DSB/M/6	19-07-1996 WT/DS7/12
8	日本—对酒精饮料征税	欧共体 WT/DS8/1	21-06-1995	美国 WT/DS8/2 加拿大 WT/DS8/3	15-09-1995 欧共体 WT/DS8/5	27-09-1995 WT/DSB/M/7	
9	欧共体—谷类进口税	加拿大 WT/DS9/1	30-06-1995		15-09-1995 加拿大 WT/DS9/2	11-10-1995 WT/DSB/M/8	
10	日本—对酒精饮料征税	加拿大 WT/DS10/1	07-07-1995	美国 WT/DS10/2 欧共体 WT/DS10/3	15-09-1995 加拿大 WT/DS10/5	27-09-1995 WT/DSB/M/7	
11	日本—对酒精饮料征税	美国 WT/DS11/1	07-07-1995		15-09-1995 美国 A WT/DS11/2 和 Corr. 1	27-09-1995 WT/DSB/M/7	
12	欧共体—扇贝的贸易描述	秘鲁 WT/DS12/1	18-07-1995	加拿大 WT/DS12/3 智利 WT/DS12/2 和 Rev. 1 日本 WT/DS12/5	15-09-1995 秘鲁 WT/DS12/6 附录 22-09-1995 秘鲁 WT/DS12/7	11-10-1995 WT/DSB/M/8	19-07-1996 WT/DS12/12
13	欧共体—对谷物征收进口税	美国 WT/DS13/1	19-07-1995		29-09-1995 美国 WT/DS13/2 22-11-1996 WT/DS13/2/Add. 1 13-02-1997 WT/DS13/5 27-03-1997 WT/DS13/6		02-05-1997 WTDS13/8 （请求撤回）
14	欧共体—扇贝的贸易描述	智利 WT/DS14/1	24-07-1995	加拿大 WT/DS14/2 秘鲁 WT/DS14/3 日本 WT/DS14/4	15-09-1995 智利 WT/DS14/5 附录 27-09-1995 智利 WT/DS14/6 附录	11-10-1995 WT/DSB/M/8	19-07-1996 WT/DS14/11

续 表

序号	案件	请求磋商	收到磋商请求（日-月-年）	加入磋商请求	请求成立专家组（日-月-年）	专家组成立（日-月-年）	双边达成解决方案（日-月-年）
15	日本—影响电信设备购买措施	欧共体 WT/DS15/1	18-08-1995	美国 WT/DS15/2			
16	欧共体—对于香蕉进口、销售及分销的规定	危地马拉 洪都拉斯 墨西哥 美国 WT/DS16/1	28-09-1995	圣卢西亚 WT/DS16/2 哥伦比亚 WT/DS16/3 多米尼加共和国 WT/DS16/4 委内瑞拉 WT/DS16/5 尼加拉瓜 WT/DS16/6 哥斯达黎加 WT/DS16/7			
17	欧共体—稻米进口征税	泰国 WT/DS17/1	05-10-1995				
18	澳大利亚—影响鲑鱼进口措施	加拿大 WT/DS18/1	05-10-1995		10-03-1997 WT/DS18/2	10-04-1997 WT/DSB/M/31	
19	波兰—汽车进口管理体制	印度 WT/DS19/1	28-09-1995				11-09-1996 WT/DS19/2
20	韩国—罐装水措施	加拿大 WT/DS20/1	08-11-1995	美国 WT/DS20/2 欧共体 WT/DS20/4			24-04-1996 WT/DS20/6
21	澳大利亚—影响鲑鱼进口措施	美国 WT/DS21/1	20-11-1995	加拿大 WT/DS21/2	11-05-1999 美国 WT/DS21/4	16-06-1999 WT/DSB/M/64	27-08-2000 WT/DS21/10
22	巴西—影响可可粉措施	菲律宾 WT/DS22/1	30-11-1995		08-02-1996 菲律宾 WT/DS22/5	05-03-1996 WT/DSB/M/12	
23	委内瑞拉—对工业用管材的反倾销调查	墨西哥 WT/DS23/1	05-12-1995				26-05-1997 WT/DS23/3 （调查终止）
24	美国—对棉质及人造纤维质内衣进口的限制	哥斯达黎加 WT/DS24/1	22-12-1995		27-02-1996 哥斯达黎加 WT/DS24/2	05-03-1996 WT/DSB/M/12	
25	欧共体—乌拉圭回合稻米协议实施	乌拉圭 WT/DS25/1	14-12-1995				
26	欧共体—与肉及肉类制品相关措施（荷尔蒙）	美国 WT/DS26/1	26-01-1996	新西兰 WT/DS26/2 澳大利亚 WT/DS26/3 加拿大 WT/DS26/4	25-04-1996 美国 WT/DS26/6	20-05-1996 WT/DSB/M/17	

续 表

序号	案件	请求磋商	收到磋商请求（日-月-年）	加入磋商请求	请求成立专家组（日-月-年）	专家组成立（日-月-年）	双边达成解决方案（日-月-年）
27	欧共体—对于香蕉进口、销售及分销的规定（Ⅰ）	厄瓜多尔 危地马拉 洪都拉斯 墨西哥 美国 WT/DS27/1	05-02-1996	多米尼加共和国 WT/DS27/2 圣卢西亚 WT/DS27/3 尼加拉瓜 WT/DS27/4 牙买加 WT/DS/27/5	12-04-1996 厄瓜多尔 危地马拉 洪都拉斯 墨西哥 美国 WT/DS27/6	08-05-1996 WT/DSB/M/16	
27	欧共体—对于香蕉进口、销售及分销区域的规定（Ⅱ）	厄瓜多尔 危地马拉 洪都拉斯 墨西哥 美国 WT/DS27/18		巴拿马 WT/DS27/19 多米尼加共和国 WT/DS27/20 牙买加 WT/DS27/22 哥斯达黎加 WT/DS27/23 哥伦比亚 WT/DS27/24 巴西 WT/DS27/25 圣卢西亚 WT/DS27/26 多米尼克(联邦) WT/DS27/27 科特迪瓦 WT/DS27/28 喀麦隆 WT/DS27/29			
28	日本—关于音像制品措施	美国 WT/DS28/1	09-02-1996	欧共体 WT/DS28/2			24-01-1997 WT/DS28/4
29	土耳其—对于纺织品和服装限制措施	中国香港 WT/DS29/1	12-02-1996	欧共体 WT/DS29/2 马来西亚 菲律宾 泰国 WT/DS29/3 秘鲁 WT/DS29/4 印度 WT/DS29/5 巴西 WT/DS29/7 加拿大 WT/DS29/8			
30	巴西—对来自斯里兰卡的可可粉和可可奶进口征收补贴税	斯里兰卡 WT/DS30/1	23-02-1996				

续 表

序号	案件	请求磋商	收到磋商请求（日-月-年）	加入磋商请求	请求成立专家组（日-月-年）	专家组成立（日-月-年）	双边达成解决方案（日-月-年）
31	加拿大—关于杂志的特定措施	美国 WT/DS31/1	11-03-1996		24-05-1996 美国 WT/DS31/2	19-06-1996 WT/DSB/M/19	
32	美国—影响女士及女童羊毛外套进口措施				15-03-1996 印度 WT/DS32/1	17-04-1996 WT/DSB/M/14	30-04-1996 WT/DS32/2 （根据争端解决机构1996年4月17日决定终止进一步行动）
33	美国—影响羊毛衬衫及女上衣进口的措施				15-03-1996 印度 WT/DS33/1 和 Corr. 1	17-04-1996 WT/DSB/M/14	
34	土耳其—对于纺织品及服装进口的限制	印度 WT/DS34/1	21-03-1996		02-02-1998 WT/DS34/2	13-03-1998 WT/DSB/M/43	06-07-2001 WT/DS34/14
35	匈牙利—对于农产品出口补贴	阿根廷 澳大利亚 加拿大 新西兰 泰国 美国 WT/DS35/1	27-03-1996	日本 WT/DS35/2	10-01-1997 澳大利亚 WT/DS35/4 10-01-1997 新西兰 WT/DS/35/5 10-01-1997 美国 WT/DS35/6 10-01-1997 阿根廷 WT/DS35/7	25-02-1997 WT/DSB/M/29	30-07-1997 WT/DSB/M/36
36	巴基斯坦—制药及农业化学产品的专利保护	美国 WT/DS36/1	30-04-1996	欧共体 WT/DS36/2	04-07-1996 美国 WT/DS36/3		07-03-1997 WT/DS36/4
37	葡萄牙—工业产权法案专利权保护	美国 WT/DS37/1	30-04-1996				15-10-1996 WT/DS37/2 和 Corr. 1
38	美国—古巴自由民主团结法	欧共体 WT/DS38/1	03-05-1996		08-10-1996 欧共体 WT/DS38/2 14-10-1996 Corr. 1	20-11-1996 WT/DSB/M/26 根据《关于争端解决规则与程序的谅解》第12.12条1998年4月22日专家组解散	
39	美国—对来自欧共体产品提高关税	欧共体 WT/DS39/1	18-04-1996		24-06-1996 欧共体 WT/DS39/2		
40	韩国—电信采购部门的法律、法规及实践	欧共体 WT/DS40/1	09-05-1996				29-10-1997 WT/DS40/2

续 表

序号	案件	请求磋商	收到磋商请求（日-月-年）	加入磋商请求	请求成立专家组（日-月-年）	专家组成立（日-月-年）	双边达成解决方案（日-月-年）
41	韩国—关于农产品检验措施	美国 WT/DS41/1	24-05-1996				
42	日本—音像制品相关措施	欧共体 WT/DS42/1	28-05-1996	美国 WT/DS42/2			7-11-1997 WT/DS42/4
43	土耳其—对外国电影收入征税	美国 WT/DS43/1	12-06-1996		10-01-1997 美国 WT/DS43/2	25-02-1997 WT/DSB/M/29	24-07-1997 WT/DS43/3
44	日本—影响消费者照相软片及相纸的措施	美国 WT/DS44/1	13-06-1996		20-09-1996 美国 WT/DS44/2	16-10-1996 WT/DSB/M/24	
45	日本—影响分销服务的措施	美国 WT/DS45/1 和 Add. 1	13-06-1996				
46	巴西—航空器出口融资计划	加拿大 WT/DS46/1	19-06-1996		17-09-1996 加拿大 WT/DS46/2 04-10-1996 WT/DS46/4 13-07-1998 WT/DS46/5	23-07-1998 WT/DSB/M/47	
47	土耳其—对于纺织品及服装进口的限制	泰国 WT/DS47/1	20-06-1996				
48	欧共体—影响家畜及肉类措施（荷尔蒙）	加拿大 WT/DS48/1	28-06-1996	澳大利亚 WT/DS48/2 美国 WT/DS48/3 新西兰 WT/DS48/4	17-09-1996 加拿大 WT/DS48/5	16-10-1996 WT/DSB/M/24	
49	美国—对来自墨西哥的新鲜或冷藏西红柿的反倾销调查	墨西哥 WT/DS49/1	01-07-1996				
50	印度—对于药物及农业化学产品专利权保护	美国 WT/DS50/1 美国 WT/DS50/11	02-07-1996	欧共体 WT/DS50/2 欧共体 WT/DS50/12	08-11-1996 美国 WT/DS50/4	20-11-1996 WT/DSB/M/26	
51	巴西—特定汽车投资措施	日本 WT/DS51/1	30-07-1996	韩国 WT/DS51/2 欧共体 WT/DS51/3 美国 WT/DS51/4 加拿大 WT/DS51/6			

续 表

序号	案件	请求磋商	收到磋商请求（日-月-年）	加入磋商请求	请求成立专家组（日-月-年）	专家组成立（日-月-年）	双边达成解决方案（日-月-年）
52	巴西—影响汽车部门贸易及投资措施	美国 WT/DS52/1	09-08-1996	加拿大 WT/DS52/2 日本 WT/DS52/3 韩国 WT/DS52/4 欧共体 WT/DS52/5			
53	墨西哥—进口海关估价	欧共体 WT/DS53/1	27-08-1996	挪威 WT/DS53/2 瑞士 WT/DS53/3			
54	印度尼西亚—影响汽车工业特定措施	欧共体 WT/DS54/1	03-10-1996	美国 WT/DS54/2 日本 WT/DS54/3 韩国 WT/DS54/4 加拿大 WT/DS54/5	12-05-1997 欧共体 WT/DS54/6	12-06-1997 欧共体 WT/DSB/M/34	
55	印度尼西亚—影响汽车工业特定措施	日本 WT/DS55/1	04-10-1996	美国 WT/DS55/2 欧共体 WT/DS55/3 韩国 WT/DS55/4 加拿大 WT/DS55/5	18-04-1997 日本 WT/DS55/6 WT/DS64/4	12-06-1997 WT/DSB/M/34	
56	阿根廷—影响鞋类、纺织品、服装和其他项目进口的措施	美国 WT/DS56/1	04-10-1996	匈牙利 WT/DS56/2 欧共体 WT/DS56/3	10-01-1997 美国 WT/DS56/5	25-02-1997 WT/DSB/M/29	
57	澳大利亚—纺织品、服装及鞋类进口信贷计划	美国 WT/DS57/1	07-10-1996				
58	美国—对特定虾类及虾类产品进口限制	印度 马来西亚 巴基斯坦 泰国 WT/DS58/1	08-10-1996	中国香港 WT/DS58/2 欧共体 WT/DS58/3 日本 WT/DS58/4 澳大利亚 WT/DS58/5	10-01-1007 马来西亚 泰国 WT/DS58/6 07-02-1997 巴基斯坦 WT/DS58/7 04-03-1997 印度 WT/DS58/8	25-02-1997 WT/DSB/M/29（马来西亚、泰国、巴基斯坦）10-04-1997 WT/DSB/M/31 印度	

续 表

序号	案件	请求磋商	收到磋商请求（日-月-年）	加入磋商请求	请求成立专家组（日-月-年）	专家组成立（日-月-年）	双边达成解决方案（日-月-年）
59	印度尼西亚—影响汽车工业的特定措施	美国 WT/DS59/1	08-10-1996	日本 WT/DS59/2 欧共体 WT/DS59/3 韩国 WT/DS59/4 加拿大 WT/DS59/5	13-06-1997 美国 WT/DS59/6	30-07-1997 WT/DSB/M/36	
60	危地马拉—对来自墨西哥的波兰特水泥的反倾销调查	墨西哥 WT/DS60/1	17-10-1996		13-02-1997 墨西哥 WT/DS60/2	20-03-1997 WT/DSB/M/30	
61	美国—对特定虾类及虾类产品进口限制	菲律宾 WT/DS61/1	25-10-1996	澳大利亚 WT/DS61/2 日本 WT/DS61/3			
62	欧共体—对某些计算机设备的海关分类	美国 WT/DS62/1	08-11-1996	韩国 WT/DS62/2 加拿大 WT/DS62/3	13-02-1997 美国 WT/DS62/4	25-02-1997 WT/DSB/M/29	
63	美国—对于德国民主共和国的尿素进口采取反倾销措施	欧共体 WT/DS63/1	28-11-1996				
64	印度尼西亚—影响汽车工业的特定措施	日本 WT/DS64/1	29-11-1996	美国 WT/DS64/2 欧共体 WT/DS64/3	18-04-1997 日本 WT/DS55/6 WT/DS64/4	12-06-1997 WT/DSB/M/34	
65	巴西—影响汽车部门贸易及投资措施	美国 WT/DS65/1	10-01-1997				
66	日本—影响猪肉进口措施	欧共体 WT/DS66/1	15-01-1997	加拿大 WT/DS66/2			
67	英国—对某些计算机设备的海关分类	美国 WT/DS67/1	14-02-1997	韩国 WT/DS67/2	10-03-1997 美国 WT/DS67/3	20-03-1997 争端解决机构决定此问题交由 1997 年 2 月 25 日成立的专家组决定 WT/DSB/M/30	
68	爱尔兰—对某些计算机设备的海关分类	美国 WT/DS68/1	14-02-1997		10-03-1997 美国 WT/DS68/2	20-03-1997 争端解决机构决定此问题交由 1997 年 2 月 25 日成立的专家组决定 WT/DSB/M/30	

续表

序号	案件	请求磋商	收到磋商请求（日-月-年）	加入磋商请求	请求成立专家组（日-月-年）	专家组成立（日-月-年）	双边达成解决方案（日-月-年）
69	欧共体—影响特定家禽产品进口的措施	巴西 WT/DS69/1	24-02-1997		12-06-1997 巴西 WT/DS69/2	30-07-1997 WT/DSB/M/36	
70	加拿大—影响民用航空器出口的措施	巴西 WT/DS70/1	10-03-1997		13-07-1998 巴西 WT/DS70/2	23-07-1998 WT/DSB/M/47	
71	加拿大—影响民用航空器出口的措施	巴西 WT/DS71/1	10-03-1997				
72	欧共体—影响黄油产品的措施	新西兰 WT/DS72/1	24-03-1997		7-11-1997 新西兰 WT/DS72/2	18-11-1997 WT/DSB/M/39	11-11-1999 WT/DS72/7
73	日本—导航卫星政府采购	欧共体 WT/DS73/1	26-03-1997	美国 WT/DS73/2			19-02-1998 WT/DS73/5
74	菲律宾—影响猪肉及家禽措施	美国 WT/DS74/1	01-04-1997	欧共体 WT/DS74/2 加拿大 WT/DS74/3			13-03-1998 WT/DS74/5 WT/DS102/6
75	韩国—对酒精类饮料征税	欧共体 WT/DS75/1	02-04-1997	美国 WT/DS75/2 加拿大 WT/DS75/3	15-09-1997 欧共体 WT/DS75/6	16-10-1997 WT/DSB/M/38	
76	日本—影响农产品措施	美国 WT/DS76/1	07-04-1997		06-10-1997 美国 WT/DS76/2	18-11-1997 WT/DSB/M/39	23-08-2001 WT/DS76/12
77	阿根廷—影响纺织品及服装措施	欧共体 WT/DS77/1	21-04-1997	美国 WT/DS77/2	15-09-1997 欧共体 WT/DS77/3 06-10-1997 Rev. 1 16-10-1997 Rev. 1/Corr. 1	16-10-1997 WT/DSB/M/38 29-07-1998 WT/DS77/5 专家组暂停其程序	
78	美国—扫帚进口的保障措施	哥伦比亚 WT/DS78/1	28-04-1997				
79	印度—对于药物及农业化学产品专利权保护	欧共体 WT/DS79/1	28-04-1997		15-09-1997 欧共体 WT/DS79/2	16-10-1997 WT/DSB/M/38	
80	比利时—影响商业电话目录服务的措施	美国 WT/DS80/1	02-05-1997				
81	巴西—影响汽车部门贸易及投资措施	欧共体 WT/DS81/1	07-05-1997				
82	爱尔兰—影响版权及邻接权的措施	美国 WT/DS82/1	14-05-1997		12-01-1998 美国 WT/DS82/2		06-11-2000 WT/DS82/3

续 表

序号	案件	请求磋商	收到磋商请求（日-月-年）	加入磋商请求	请求成立专家组（日-月-年）	专家组成立（日-月-年）	双边达成解决方案（日-月-年）
83	丹麦—影响知识产权实施的措施	美国 WT/DS83/1	14-05-1997				07-06-2001 WT/DS83/2
84	韩国—对酒精饮料征税	美国 WT/DS84/1	23-05-1997	加拿大 WT/DS/84/2 欧共体 WT/DS84/3	15-09-1997 美国 WT/DS84/4	16-10-1997 WT/DSB/M/38	
85	美国—影响纺织品及服装产品的措施	欧共体 WT/DS85/1	22-05-1997	瑞士 WT/DS85/2 洪都拉斯 WT/DS85/3 中国香港 WT/DS85/4 巴基斯坦 WT/DS85/5 印度 WT/DS85/6 日本 WT/DS85/7 多米尼加共和国 WT/DS85/8			11-02-1998 WT/DS85/9
86	瑞典—影响知识产权实施的措施	美国 WT/DS86/1	28-05-1997				02-12-1998 WT/DS86/2
87	智利—对酒精饮料征税	欧共体 WT/DS87/1	04-06-1997	秘鲁 WT/DS87/2 美国 WT/DS87/3 墨西哥 WT/DS87/4	06-10-1997 欧共体 WT/DS87/5	18-11-1997 WT/DSB/M/39	
88	美国—影响政府采购措施	欧共体 WT/DS88/1	20-06-1997	日本 WT/DS88/2	09-09-1998 欧共体 WT/DS88/3	21-10-1998 WT/DSB/M/49 14-02-2000 WT/DS88/6 专家组建立的授权取消	
89	美国—对于来自韩国彩色电视接收机进口征收反倾销税	韩国 WT/DS89/1 和 Corr. 1	10-07-1997	墨西哥 WT/DS89/2 泰国 WT/DS89/3 日本 WT/DS89/4 中国香港 中国 WT/DS89/5 欧共体 WT/DS89/6	07-11-1997 韩国 WT/DS89/7 28-11-1997 WT/DS89/7/ Corr. 1		05-01-1998 WT/DS89/8 18-09-1998 WT/DS89/9 （请求撤回）

续 表

序号	案件	请求磋商	收到磋商请求（日-月-年）	加入磋商请求	请求成立专家组（日-月-年）	专家组成立（日-月-年）	双边达成解决方案（日-月-年）
90	印度—对于农产品、纺织品及工业品的数量限制	美国 WT/DS90/1	15-07-1997	日本 WT/DS90/2 欧共体 WT/DS90/3 加拿大 WT/DS90/4 澳大利亚 WT/DS90/5 瑞士 WT/DS90/6 新西兰 WT/DS90/7	06-10-1997 美国 WT/DS90/8 07-11-1997 WT/DS90/8/ Corr. 1	18-11-1997 WT/DSB/M/39	
91	印度—对于农产品、纺织品及工业品的数量限制	澳大利亚 WT/DS91/1	16-07-1997	日本 WT/DS91/2 美国 WT/DS91/3 欧共体 WT/DS91/4 加拿大 WT/DS91/5 瑞士 WT/DS91/6 新西兰 WT/DS91/7			17-03-1998 WT/DS91/8 17-08-1998 WT/DS91/8 Corr. 1
92	印度—对于农产品、纺织品及工业品的数量限制	加拿大 WT/DS92/1	16-07-1997	日本 WT/DS92/2 美国 WT/DS92/3 欧共体 WT/DS92/4 澳大利亚 WT/DS92/5 瑞士 WT/DS92/6 新西兰 WT/DS92/7			18-03-1998 WT/DS92/8 25-09-1998 WT/DS92/8/ Corr. 1
93	印度—对于农产品、纺织品及工业品的数量限制	新西兰 WT/DS93/1	16-07-1997	日本 WT/DS93/2 美国 WT/DS93/3 欧共体 WT/DS93/4 加拿大 WT/DS93/5 澳大利亚 WT/DS93/6 瑞士 WT/DS93/7			01-12-1998 WT/DS93/8

续 表

序号	案件	请求磋商	收到磋商请求（日-月-年）	加入磋商请求	请求成立专家组（日-月-年）	专家组成立（日-月-年）	双边达成解决方案（日-月-年）
94	印度—对于农产品、纺织品及工业品的数量限制	瑞士 WT/DS94/1 和 Corr. 1	17-07-1997	日本 WT/DS94/2 美国 WT/DS94/3 欧共体 WT/DS94/4 加拿大 WT/DS94/5 澳大利亚 WT/DS94/6 新西兰 WT/DS94/7			23-02-1998 WT/DS94/9 18-09-1998 WT/DS94/9/Corr. 1
95	美国—影响政府采购措施	日本 WT/DS95/1	18-07-1997	欧共体 WT/DS95/2	09-09-1998 日本 WT/DS95/3	21-10-1998 WT/DSB/M/49 14-02-2000 WT/DS95/6 专家组建立的授权取消	
96	印度—对于农产品、纺织品及工业品的数量限制	欧共体 WT/DS96/1	18-07-1997	日本 WT/DS96/2 美国 WT/DS96/3 加拿大 WT/DS96/4 澳大利亚 WT/DS96/5 瑞士 WT/DS96/6 新西兰 WT/DS96/7			07-04-1998 WT/DS96/8 28-09-1998 WT/DS96/8/Corr. 1
97	美国—对来自智利的鳟鱼进口实施反补贴税调查	智利 WT/DS97/1	05-08-1997				
98	韩国—对于特定奶制品进口保障措施	欧共体 WT/DS/98/1	12-08-1997	澳大利亚 WT/DS98/2	12-01-1998 欧共体 WT/DS98/4	23-07-1998 WT/DSB/M/47	
99	美国—对来自韩国1兆或以上的计算机动态随机存取存储器芯片征收反倾销税	韩国 WT/DS99/1 和 Corr. 1 to Corr. 2	14-08-1997		07-11-1997 韩国 WT/DS99/2	16-01-1998 WT/DSB/M/40	25-10-2000 WT/DS99/12
100	美国—影响家禽产品进口措施	欧共体 WT/DS100/1	18-08-1997				
101	墨西哥—对来自美国的高果糖玉米糖浆开展反倾销调查	美国 WT/DS101/1	04-09-1997				

续 表

序号	案件	请求磋商	收到磋商请求（日-月-年）	加入磋商请求	请求成立专家组（日-月-年）	专家组成立（日-月-年）	双边达成解决方案（日-月-年）
102	菲律宾—影响猪肉及家禽产品措施	美国 WT/DS102/1	07-10-1997	加拿大 WT/DS102/3 欧共体 WT/DS102/4			13-03-1998 WT/DS74/5 WT/DS102/6
103	加拿大—影响牛奶进口及奶制品出口的措施	美国 WT/DS103/1	08-10-1997	日本 WT/DS103/2 澳大利亚 WT/DS103/3	03-02-1998 WT/DS103/4	25-03-1998 WT/DSB/M/44	09-05-2003 WT/DS103/33
104	欧共体—影响融化干酪出口的措施	美国 WT/DS104/1	08-10-1997	日本 WT/DS104/2 澳大利亚 WT/DS104/3 加拿大 WT/DS104/4			
105	欧共体—对于香蕉进口、销售及分销区域的规定	巴拿马 WT/DS105/1 和 Add. 1 to Add. 2	24-10-1997	哥伦比亚 WT/DS105/2 和 Add. 1 危地马拉 WT/DS105/3 多米尼加共和国 WT/DS105/4 墨西哥 WT/DS105/5 哥斯达黎加 WT/DS105/6 洪都拉斯 WT/DS105/7 和 Add. 1 厄瓜多尔 WT/DS105/8 美国 WT/DS105/9 科特迪瓦 WT/DS105/10			
106	澳大利亚—对汽车皮革生产和采购补助	美国 WT/DS106/1	10-11-1997		12-01-1998 美国 WT/D3100/2	22-01-1998 WT/DSB/M/41	11-06-1998 WT/DS126/2 （专家组要求撤销）
107	巴基斯坦—影响皮革出口措施	欧共体 WT/DS107/1	07-11-1997				
108	美国—“海外销售公司”的税收	欧共体 WT/DS108/1 和 Add. 1	18-11-1997		09-07-1998 欧共体 WT/DS108/2	22-09-1998 WT/DSB/M/48	
109	智利—对酒精饮料征税	美国 WT/DS109/1 和 Corr. 1	11-12-1997	秘鲁 WT/DS109/2 墨西哥 WT/DS/109/3			

续 表

序号	案件	请求磋商	收到磋商请求（日-月-年）	加入磋商请求	请求成立专家组（日-月-年）	专家组成立（日-月-年）	双边达成解决方案（日-月-年）
110	智利—对酒精饮料征税	欧共体 WT/DS110/1	15-12-1997	美国 WT/DS110/2 墨西哥 WT/DS110/3	13-03-1998 WT/DS110/4	25-03-1998 WT/DSB/M/44	
111	美国—落花生进口关税率配额	阿根廷 WT/DS111/1	19-12-1997	加拿大 WT/DS111/2 日本 WT/DS111/3			
112	秘鲁—对来自巴西的公交车进口的反补贴税调查	巴西 WT/DS112/1	23-12-1997				
113	加拿大—影响奶制品出口措施	新西兰 WT/DS113/1	29-12-1997	美国 WT/DS113/2 日本 WT/DS113/3	12-03-1998 WT/DS113/4	25-03-1998 WT/DSB/M/44	09-05-2003 WT/DS113/33
114	加拿大—药物产品专利权保护	欧共体 WT/DS114/1	19-12-1997	美国 WT/DS114/2 澳大利亚 WT/DS114/3 瑞士 WT/DS114/4	12-11-1998 WT/DS114/5	01-02-1999 WT/DSB/M/54	
115	欧共体—影响版权及邻接权的措施	美国 WT/DS115/1	06-01-1998		12-01-1998 美国 WT/DS115/2		06-11-2000 WT/DS115/3
116	巴西—影响进口付款条件的措施	欧共体 WT/DS116/1	08-01-1998	瑞士 WT/DS116/2 日本 WT/DS116/3 澳大利亚 WT/DS116/4 美国 WT/DS116/5 韩国 WT/DS116/6			
117	加拿大—影响企业分销服务的措施	欧共体 WT/DS117/1	20-01-1998				
118	美国—港口维护税	欧共体 WT/DS118/1	06-02-1998	加拿大 WT/DS118/2 日本 WT/DS118/3 挪威 WT/DS118/4			
119	澳大利亚—涂层非木纸反倾销措施	瑞士 WT/DS119/1	20-02-1998	日本 WT/DS119/2 欧共体 WT/DS119/3			13-05-1998 WT/DS119/4

续 表

序号	案件	请求磋商	收到磋商请求（日-月-年）	加入磋商请求	请求成立专家组（日-月-年）	专家组成立（日-月-年）	双边达成解决方案（日-月-年）
120	印度—影响特定商品出口措施	欧共体 WT/DS120/1	11-03-1998		13-10-2000 欧共体 WT/DS120/2		
121	阿根廷—鞋类产品进口保障措施	欧共体 WT/DS121/1	06-04-1998	美国 WT/DS121/2	11-06-1998 欧共体 WT/DS121/3	23-07-1998 WT/DSB/M/47	
122	泰国—对波兰出口的铁或非合金钢的角铁、型材、轧材及工字梁的反倾销税案	波兰 WT/DS122/1	06-04-1998		15-10-1999 波兰 WT/DS122/2	19-11-1999 WT/DSB/M/71	
123	阿根廷—鞋类产品进口保障措施	印度尼西亚 WT/DS123/1	22-04-1998	美国 WT/DS123/2	16-04-1999 WT/DS123/3 10-05-1999 印尼要求从争端解决机构议程中撤回上诉，并保留其在以后的争端解决机构会议上做出上诉的权力（WT/DS123/4）		
124	欧共体—动画片及电视节目知识产权保护的实施	美国 WT/DS124/1	30-04-1998				20-03-2001 WT/DS124/2
125	希腊—动画片及电视节目知识产权保护的实施	美国 WT/DS125/1	04-05-1998				20-03-2001 WT/DS125/2
126	澳大利亚—汽车皮革生产和出口的补贴	美国 WT/DS126/1	04-05-1998		11-04-1998 美国 WT/DS126/2	22-06-1998 WT/DSB/M/46	24-07-2000 WT/DS126/11
127	比利时—构成补贴的特定进口税	美国 WT/DS127/1	05-05-1998				
128	荷兰—构成补贴的特定进口税	美国 WT/DS128/1	05-05-1998				
129	希腊—构成补贴的特定进口税	美国 WT/DS129/1	05-05-1998				
130	爱尔兰—构成补贴的特定进口税	美国 WT/DS130/1	05-05-1998				
131	法国—构成补贴的特定进口税	美国 WT/DS131/1	05-05-1998				

续 表

序号	案件	请求磋商	收到磋商请求（日-月-年）	加入磋商请求	请求成立专家组（日-月-年）	专家组成立（日-月-年）	双边达成解决方案（日-月-年）
132	墨西哥—对来自美国的高果糖玉米糖浆开展反倾销调查	美国 WT/DS132/1	08-05-1998		14-10-1998 美国 WT/DS132/2	25-11-1998 WT/DSB/M/51	
133	斯洛伐克共和国—关于牛的运输及奶制品进口的措施	瑞士 WT/DS133/1	07-05-1998	美国 WT/DS133/2			
134	欧共体—对于稻米的特定进口税的限制	印度 WT/DS134/1 和 Corr. 1	27-05-1998				
135	欧共体—影响石棉及石棉产品的措施	加拿大 WT/DS135/1	28-05-1998	巴西 WT/DS135/2	09-10-1998 加拿大 WT/DS135/3	25-11-1998 WT/DSB/M/51	
136	美国—1916 年反倾销法案	欧共体 WT/DS136/1	04-06-1998		12-11-1998 欧共体 WT/DS136/2	01-02-1999 WT/DSB/M/54	
137	欧共体—影响从加拿大进口松木的措施	加拿大 WT/DS137/1	17-06-1998				
138	美国—对来自英国的热轧铅铋碳钢产品征收反补贴税	欧共体 WT/DS138/1	12-06-1998	加拿大 WT/DS138/2	14-01-1999 WT/DS138/3 25-01-1999 WT/DS138/3 和 Corr. 1	17-02-1999 WT/DSB/M/55 和 Corr. 1	
139	加拿大—特定汽车工业措施	日本 WT/DS139/1	03-07-1998		13-11-1998 WT/DS139/2	01-02-1999 WT/DSB/M/54	
140	欧共体—对来自印度未漂平纹棉布进行反倾销调查	印度 WT/DS140/1	03-08-1998	巴基斯坦 WT/DS140/2			
141	欧共体—对来自印度棉布床单进口征收反倾销税	印度 WT/DS141/1	03-08-1998	巴基斯坦 WT/DS141/2	08-09-1999 印度 WT/DS141/3	27-10-1999 WT/DSB/M/70	
142	加拿大—特定汽车工业措施	欧共体 WT/DS142/1	17-08-1998		14-01-1999 WT/DS142/2	01-02-1999 WT/DSB/M/54	
143	斯洛伐克共和国—影响从匈牙利小麦进口关税的措施	匈牙利 WT/DS143/1	18-09-1998 （20 天）		09-10-1998 匈牙利 WT/DS143/2		
144	美国—影响从加拿大进口牛、羊和谷物的特定措施	加拿大 WT/DS144/1	25-09-1998				
145	阿根廷—对来自欧共体的面筋征收反补贴税	欧共体 WT/DS145/1 和 Rev. 1	23-09-1998				

续 表

序号	案件	请求磋商	收到磋商请求（日-月-年）	加入磋商请求	请求成立专家组（日-月-年）	专家组成立（日-月-年）	双边达成解决方案（日-月-年）
146	印度—影响汽车部门的措施	欧共体 WT/DS146/1和Corr.1	06-10-1998	日本 WT/DS146/2 美国 WT/DS146/3	13-10-2000 欧共体 WT/DS146/4	17-11-2000 WT/DSB/M/92	
147	日本—影响皮革的关税配额及补贴	欧共体 WT/DS147/1	08-10-1998				
148	捷克—影响从匈牙利小麦进口关税的措施	匈牙利 WT/DS148/1	12-10-1998 （20天）				
149	印度—进口限制	欧共体 WT/DS149/1	28-10-1998	美国 WT/DS149/2 日本 WT/DS149/3 瑞士 WT/DS149/4 澳大利亚 WT/DS149/5			
150	印度—影响关税措施	欧共体 WT/DS150/1	31-10-1998	美国 WT/DS150/2 加拿大 WT/DS150/3 日本 WT/DS150/4 瑞士 WT/DS150/5 澳大利亚 WT/DS150/6			
151	美国—影响纺织品及服装产品的措施（Ⅱ）	欧共体 WT/DS151/1	19-11-1998	多米尼加共和国 WT/DS151/2 中国香港 WT/DS151/3 巴基斯坦 WT/DS151/4 洪都拉斯 WT/DS151/5 日本 WT/DS151/6 瑞士 WT/DS151/7 萨瓦尔多 WT/DS151/8 印度 WT/DS151/9			24-07-2000 WT/DS151/10

续 表

序号	案件	请求磋商	收到磋商请求（日-月-年）	加入磋商请求	请求成立专家组（日-月-年）	专家组成立（日-月-年）	双边达成解决方案（日-月-年）
152	美国—1974 年贸易法案第 301-310 部分	欧共体 WT/DS152/1	25-11-1998	多米尼加共和国 WT/DS152/2 巴拿马 WT/DS152/3 危地马拉 WT/DS152/4 墨西哥 WT/DS152/5 牙买加 WT/DS152/6 洪都拉斯 WT/DS152/7 日本 WT/DS152/8 哥伦比亚 WT/DS152/9 厄瓜多尔 WT/DS152/10	02-02-1999 欧共体 WT/DS152/11	02-03-1999 WT/DSB/M/56	
153	欧共体—制药及农业化学产品的专利保护	加拿大 WT/DS153/1	02-12-1998	美国 WT/DS153/2 澳大利亚 WT/DS153/3 瑞士 WT/DS153/4			
154	欧共体—影响咖啡差别及优惠待遇的措施	巴西 WT/DS154/1	07-12-1998	哥伦比亚 WT/DS154/2 秘鲁 WT/DS154/3 哥斯达黎加 WT/DS154/4 玻利维亚 WT/DS154/5			
155	阿根廷—影响牛皮出口及成皮进口的措施	欧共体 WT/DS155/1	23-12-1998		04-06-1999 欧共体 WT/DS155/2	26-07-1999 WT/DSB/M/65	
156	危地马拉—对来自墨西哥的波兰特水泥的反倾销措施	墨西哥 WT/DS156/1 和 Corr. 1 to Corr. 2	05-01-1999		15-07-1999 墨西哥 WT/DS156/2 05-08-1999 WT/DS156/2 和 Corr. 1	22-09-1999 WT/DSB/M/68	
157	阿根廷—从意大利进口钻头的采取反倾销措施	欧共体 WT/DS157/1	14-01-1999				

续 表

序号	案件	请求磋商	收到磋商请求（日-月-年）	加入磋商请求	请求成立专家组（日-月-年）	专家组成立（日-月-年）	双边达成解决方案（日-月-年）
158	欧共体—对于香蕉进口、销售及分销的规定	危地马拉 洪都拉斯 墨西哥 巴拿马和 美国 WT/DS158/1	20-01-1999	厄瓜多尔 WT/DS158/2 伯利兹 WT/DS158/3			
159	匈牙利—对来自捷克的钢铁产品进口的保障措施	捷克 WT/DS159/1	21-01-1999				
160	美国—美国版权法第110（5）节	欧共体 WT/DS160/1	26-01-1999	澳大利亚 WT/DS160/2 加拿大 WT/DS160/3 瑞士 WT/DS160/4	16-04-1999 欧共体 WT/DS160/5	26-05-1999 WT/DSB/M/62	
161	韩国—影响新鲜、冷藏、冷冻牛肉进口措施	美国 WT/DS161/1	01-02-1999	新西兰 WT/DS161/2 澳大利亚 WT/DS161/3 加拿大 WT/DS161/4	16-04-1999 美国 WT/DS161/5	26-05-1999 WT/DSB/M/62	
162	美国—1916反倾销法案	日本 WT/DS162/1	10-02-1999	欧共体 WT/DS162/2	04-06-1999 日本 WT/DS162/3	26-07-1999 WT/DSB/M/65	
163	韩国—影响政府采购措施	美国 WT/DS163/1	16-02-1999	欧共体 WT/DS163/2 日本 WT/DS163/3	11-05-1999 美国 WT/DS163/4	16-06-1999 WT/DSB/M/64	
164	阿根廷—影响鞋类进口措施	美国 WT/DS164/1	01-03-1999	欧共体 WT/DS164/2	20-05-1999 美国 WT/DS164/3 15-07-1999 WT/DS164/4	26-07-1999 WT/DSB/M/65	
165	美国—对来自欧共体特定产品的进口措施	欧共体 WT/DS165/1	04-03-1999	多米尼加共和国 WT/DS165/2 日本 WT/DS165/3 洪都拉斯 WT/DS165/4 危地马拉 WT/DS165/5 厄瓜多尔 WT/DS165/6 巴拿马 WT/DS165/7 和Corr. 1	11-05-1999 欧共体 WT/DS165/8	16-06-1999 WT/DSB/M/64	

续 表

序号	案件	请求磋商	收到磋商请求（日-月-年）	加入磋商请求	请求成立专家组（日-月-年）	专家组成立（日-月-年）	双边达成解决方案（日-月-年）
166	美国—对来自欧共体面筋进口的保障措施	欧共体 WT/DS166/1	17-03-1999	澳大利亚 WT/DS166/2	04-06-1999 欧共体 WT/DS166/3	26-07-1999 WT/DSB/M/65	
167	美国—对来自加拿大活牛的反补贴税调查	加拿大 WT/DS167/1	19-03-1999	墨西哥 WT/DS167/2			
168	南非—对来自印度某些药品征收反倾销税	印度 WT/DS168/1	01-04-1999				
169	韩国—影响新鲜、冷藏及冷冻牛肉进口的措施	澳大利亚 WT/DS169/1	13-04-1999	新西兰 WT/DS169/2 美国 WT/DS169/3 加拿大 WT/DS169/4 和 Corr. 1	15-07-1999 澳大利亚 WT/DS169/5	26-07-1999 WT/DSB/M/65	
170	加拿大—专利保护条款	美国 WT/DS170/1	06-05-1999		15-07-1999 美国 WT/DS170/2	22-09-1999 WT/DSB/M/68	
171	阿根廷—对药品的专利权保护及对农业化学品测试数据保护	美国 WT/DS171/1	06-05-1999	瑞士 WT/DS171/2			31-05-2002 WT/DS171/3
172	欧共体—航班管理系统开发有关措施	美国 WT/DS172/1	21-05-1999				
173	法国—航班管理系统开发有关措施	美国 WT/DS173/1	21-05-1999				
174	欧共体—农产品和食品的商标及地理标识保护	美国 WT/DS174/1 和 Add. 1	01-06-1999 04-04-2003	加拿大 WT/DS174/3 澳大利亚 WT/DS174/4 墨西哥 WT/DS174/5 新西兰 WT/DS174/6 斯里兰卡 WT/DS174/7 印度 WT/DS174/8 阿根廷 WT/DS174/9 匈牙利 WT/DS174/10 马耳他 WT/DS174/11 保加利亚 WT/DS174/12	18-08-2003 美国 WT/DS174/20	02-10-2003 WT/DSB/M/156	

续 表

序号	案件	请求磋商	收到磋商请求（日-月-年）	加入磋商请求	请求成立专家组（日-月-年）	专家组成立（日-月-年）	双边达成解决方案（日-月-年）
				捷克共和国 WT/DS174/13 塞浦路斯 WT/DS174/14 斯洛文尼亚 WT/DS174/15 土耳其 WT/DS174/16 罗马尼亚 WT/DS174/17 斯洛伐克共和国 WT/DS174/18			
175	印度—影响汽车部门投资和贸易的措施	美国 WT/DS175/1	02-06-1999	日本 WT/DS175/2 欧共体 WT/DS175/3	18-05-2000 美国 WT/DS175/4	27-07-2000 WT/DSB/M/86	
176	美国—1998 年全面拨款法第 211 部分	欧共体 WT/DS176/1	08-07-1999		07-07-2000 欧共体 WT/DS176/2	26-09-2000 WT/DSB/M/89	
177	美国—对来自新西兰的新鲜、冷藏及冷冻羔羊肉采取保障措施	新西兰 WT/DS177/1	16-07-1999	澳大利亚 WT/DS177/2 加拿大 WT/DS177/3	15-10-1999 新西兰 WT/DS177/4	19-11-1999 WT/DSB/M/71	
178	美国—对来自澳大利亚羔羊肉进口的保障措施	澳大利亚 WT/DS178/1 和 Corr. 1	23-07-1999	新西兰 WT/DS178/2 和 Corr. 1 欧共体 WT/DS178/3 加拿大 WT/DS178/4	15-10-1999 澳大利亚 WT/DS178/5 和 Corr. 1	19-11-1999 WT/DSB/M/71	
179	美国—来自韩国的不锈钢卷板和不锈钢条的反倾销措施	韩国 WT/DS179/1	30-07-1999		15-10-1999 韩国 WT/DS179/2	19-11-1999 WT/DSB/M/71	
180	美国—特定糖浆税则归类	加拿大 WT/DS180/1	06-09-1999				
181	哥伦比亚—对来自泰国的纯聚酯长丝布进口的保障措施				08-09-1999 泰国 WT/DS181/1 撤销请求 27-10-1999 WT/DSB/M/70		
182	厄瓜多尔—对来自墨西哥的灰水泥的反倾销措施	墨西哥 WT/DS182/1 和 Corr. 1	05-10-1999				

续 表

序号	案件	请求磋商	收到磋商请求（日-月-年）	加入磋商请求	请求成立专家组（日-月-年）	专家组成立（日-月-年）	双边达成解决方案（日-月-年）
183	巴西—对于进口许可证及最低进口价格的措施	欧共体 WT/DS183/1	14-10-1999	美国 WT/DS183/2			
184	美国—对来自日本的热轧薄板卷产品征收反倾销税	日本 WT/DS184/1	18-11-1999		11-02-2000 日本 WT/DS184/2	20-03-2000 WT/DSB/M/77	
185	特立尼达和多巴哥—影响从哥斯达黎加进口的意大利面的措施	哥斯达黎加 WT/DS185/1	18-11-1999				
186	美国—1930 关税法及修正 第 337 部分	欧共体 WT/DS186/1	12-01-2000	加拿大 WT/DS186/2 日本 WT/DS186/3			
187	特立尼达和多巴哥—对来自哥斯达黎加的通心粉和意大利面进口的临时反倾销措施	哥斯达黎加 WT/DS187/1	17-01-2000				
188	尼加拉瓜—洪都拉斯和哥伦比亚进口措施	哥伦比亚 WT/DS188/1	17-01-2000		28-03-2000 哥伦比亚 WT/DS188/1 和 Corr. 1	18-05-2000 WT/DSB/M/80	
189	阿根廷—对从德国进口动画板和意大利进口的瓷砖采取明确反倾销措施	欧共体 WT/DS189/1	26-01-2000		15-09-2000 欧共体 WT/DS189/2 07-11-2000 WT/DS189/3	17-11-2000 WT/DSB/M/92	
190	阿根廷—对于原产巴西的特定机织棉布的过渡期保障措施				11-02-2000 巴西 WT/DS190/1	20-03-2000 WT/DSB/M/77	27-06-2000 WT/DS190/2
191	厄瓜多尔—来自墨西哥水泥的明确反倾销措施	墨西哥 WT/DS191/1	15-03-2000				
192	美国—对来自巴基斯坦精梳棉纱线的过渡期保障措施	N. A.	N. A.	N. A.	03-04-2000 巴基斯坦 WT/DS192/1	19-06-2000 WT/DSB/M/84	
193	智利—影响剑鱼的运输及进口措施	欧共体 WT/DS193/1	19-04-2000		06-11-2000 欧共体 WT/DS193/2	12-12-2000 WT/DSB/M/94 23-03-2001 WT/DS193/3 终止成立专家组	
194	美国—作为出口限制的补贴	加拿大 WT/DS194/1	19-05-2000		24-07-2000 加拿大 WT/DS194/2	11-09-2000 WT/DSB/M/88	
195	菲律宾—影响汽车部门投资和贸易的措施	美国 WT/DS195/1	23-05-2000		13-10-2000 美国 WT/DS195/3	17-11-2000 WT/DSB/M/92	

续 表

序号	案件	请求磋商	收到磋商请求（日-月-年）	加入磋商请求	请求成立专家组（日-月-年）	专家组成立（日-月-年）	双边达成解决方案（日-月-年）
196	阿根廷—对于专利及测试数据的特定保护措施	美国 WT/DS196/1	30-05-2000	欧共体 WT/DS196/2 瑞士 WT/DS196/3			31-05-2002 WT/DS196/4
197	巴西—最低进口价格措施	美国 WT/DS197/1	30-05-2000	欧共体 WT/DS197/2			
198	罗马尼亚—最低进口价格措施	美国 WT/DS198/1	30-05-2000				26-09-2001 WT/DS198/2
199	巴西—影响专利保护措施	美国 WT/DS199/1	30-05-2000	欧共体 WT/DS/199/2	08-01-2001 美国 WT/DS199/3	01-02-2001 WT/DSB/M/98	05-07-2001 WT/DS199/4
200	美国—1974 贸易法案及修正案第 306 节	欧共体 WT/DS200/1	05-06-2000	厄瓜多尔 W/DS200/2 牙买加 WT/DS200/3 日本 WT/DS200/4 多米尼加共和国 WT/DS200/5 洪都拉斯 WT/DS200/6 危地马拉 WT/DS200/7 加拿大 WT/DS200/8 巴拿马 WT/DS200/9 澳大利亚 WT/DS200/10 圣卢西亚 WT/DS200/11			
201	尼加拉瓜—影响从洪都拉斯和哥伦比亚进口的措施	洪都拉斯 WT/DS201/1	06-06-2000	欧共体 WT/DS201/2			
202	美国—自韩国进口的圆焊碳质条形管的保障措施	韩国 WT/DS202/1	13-06-2000	欧共体 WT/DS202/2 日本 WT/DS202/3	15-09-2000 韩国 WT/DS202/4	23-10-2000 WT/DSB/M/91	
203	墨西哥—影响活猪贸易的措施	美国 WT/DS203/1	10-07-2000				
204	墨西哥—影响电信服务的措施	美国 WT/DS204/1 和 Add. 1	17-08-2000		10-11-2000 美国 WT/DS204/2 18-02-2002 WT/DS204/3	17-04-2002 WT/DSB/M/123	
205	埃及—罐装豆油金枪鱼进口限令	泰国 WT/DS205/1	22-09-2000				

续 表

序号	案件	请求磋商	收到磋商请求（日-月-年）	加入磋商请求	请求成立专家组（日-月-年）	专家组成立（日-月-年）	双边达成解决方案（日-月-年）
206	美国—对来自印度钢板的反倾销及反补贴措施	印度 WT/DS206/1	04-10-2000		07-06-2001 印度 WT/DS206/2	24-07-2001 WT/DSB/M/107	
207	智利—对特定农产品的综合价格制度及保障措施	阿根廷 WT/DS207/1	05-10-2000		19-01-2001 阿根廷 WT/DS207/2	12-03-2001 WT/DSB/M/101	
208	土耳其—对于钢铁管配件征收反倾销税	巴西 WT/DS208/1	09-10-2000				
209	欧共体—影响速溶咖啡措施	巴西 WT/DS209/1	12-10-2000	厄瓜多尔 WT/DS209/2			
210	比利时—建立稻米海关税的管理办法	美国 WT/DS210/1	12-10-2000		19-01-2001 美国 WT/DS210/2 01-03-2001 WT/DS201/2/Rev. 1	12-03-2001 WT/DSB/M/101	18-12-2001 WT/DS210/6
211	埃及—对来自土耳其钢筋采取反倾销措施	土耳其 WT/DS211/1	06-11-2000		04-05-2001 土耳其 WT/DS211/2 11-05-2001 WT/DS/211/2/Corr. 1	20-06-2001 WT/DSB/M/106	
212	美国—对于特定来自欧盟产品的反补贴措施	欧共体 WT/DS212/1 和 Add. 1	10-11-2000	巴西 WT/DS212/2 和 Add. 1 以色列 WT/DS212/3	10-08-2001 欧共体 WT/DS212/4	10-09-2001 WT/DSB/M/109	
213	美国—对特定来自德国的耐腐蚀扁钢征收反补贴税	欧共体 WT/DS213/1 和 Add. 1	10-11-2000	印度 WT/DS213/2	10-08-2001 欧共体 WT/DS213/3	10-09-2001 WT/DSB/M/109	
214	美国—对钢盘条和圆缝碳质钢管的保障措施	欧共体 WT/DS214/1	01-12-2000	加拿大 WT/DS214/2 印度 WT/DS214/3	10-08-2001 WT/DS214/4	10-09-2001 WT/DSB/M/109	
215	菲律宾—对来自韩国的聚丙烯树脂采取反倾销措施	韩国 WT/DS215/1	15-12-2000				
216	墨西哥-对电力传输器采取临时反倾销措施	巴西 WT/DS216/1	20-12-2000	欧共体 WT/DS216/2 美国 WT/DS216/3			

续 表

序号	案件	请求磋商	收到磋商请求（日-月-年）	加入磋商请求	请求成立专家组（日-月-年）	专家组成立（日-月-年）	双边达成解决方案（日-月-年）
217	美国—2000年持续性倾销及补贴补偿法	澳大利亚 巴西 智利 欧共体 印度 印度尼西亚 日本 韩国 泰国 WT/DS217/1	21-12-2000	阿根廷 WT/DS217/2 加拿大 WT/DS217/3 墨西哥 WT/DS217/4 和 Add. 1	13-07-2001 澳大利亚 巴西 智利 欧共体 印度 印度尼西亚 日本 韩国 泰国 WT/DS217/5	23-08-2001 WT/DSB/M/108	
218	美国—对来自巴西的特定碳钢制品的反补贴税	巴西 WT/DS218/1	21-12-2000	欧共体 WT/DS218/2			
219	欧共体—对来自巴西的可锻铸铁管接头征收反倾销税	巴西 WT/DS219/1	21-12-2000		08-06-2001 巴西 WT/DS219/2	24-07-2001 WT/DSB/M/107	
220	智利—对特定农产品相关的综合价格制度及保障措施	危地马拉 WT/DS220/1	05-01-2001				
221	美国—乌拉圭回合协议第129（C）（1）节	加拿大 WT/DS221/1	17-01-2001	印度 WT/DS221/2 欧共体 WT/DS221/3	13-07-2001 加拿大 WT/DS221/4	23-08-2001 WT/DSB/M/108	
222	加拿大—地区航空器的出口信贷保证	巴西 WT/DS222/1	22-01-2001		01-03-2001 巴西 WT/DS222/2	12-03-2001 WT/DSB/M/101	
223	欧共体—来自美国的玉米黄浆饲料的关税率配额	美国 WT/DS223/1	25-01-2001				
224	美国—美国专利权	巴西 WT/DS224/1	31-01-2001	印度 WT/DS224/2			
225	美国—对从意大利进口无缝管征收反倾销税	欧共体 WT/DS225/1	05-02-2001	日本 WT/DS225/2			
226	智利—对食用油混合物的临时保障措施	阿根廷 WT/DS226/1	19-02-2002				
227	秘鲁—对香烟征税	智利 WT/DS227/1 Corr. 1 和 Corr. 2	01-03-2001		03-05-2001 智利 WT/DS227/2 此上诉于2001年7月12日被正式撤回 WT/DS227/3	20-06-2001 WT/DSB/M/106	

续 表

序号	案件	请求磋商	收到磋商请求（日-月-年）	加入磋商请求	请求成立专家组（日-月-年）	专家组成立（日-月-年）	双边达成解决方案（日-月-年）
228	智利—对糖类的保障措施	哥伦比亚 WT/DS228/1	15-03-2001	古巴 WT/DS228/2 危地马拉 WT/DS228/3 尼加拉瓜 WT/DS228/4 哥斯达黎加 WT/DS228/5 萨瓦尔多 WT/DS228/6			
229	巴西—对来自印度的麻袋征收反倾销税	印度 WT/DS229/1	09-04-2001				
230	智利—关于糖类的保障措施和程序修改	哥伦比亚 WT/DS230/1	17-04-2001	危地马拉 WT/DS230/2 哥斯达黎加 WT/DS230/3 古巴 WT/DS230/4 尼加拉瓜 WT/DS230/5			
231	欧共体—沙丁鱼贸易描述	秘鲁 WT/DS231/1	20-03-2001	委内瑞拉 WT/DS231/2 智利 WT/DS231/3 美国 WT/DS231/4 厄瓜多尔 WT/DS231/5	07-06-2001 秘鲁 WT/DS231/6	24-07-2001 WT/DSB/M/107	25-07-2003 WT/DS231/18
232	墨西哥—影响火柴的进口措施	智利 WT/DS232/1 要求磋商的申请撤回 WT/DS232/3 (02-02-2004)	17-05-2001	欧共体 WT/DS232/2			
233	阿根廷—影响药类产品进口的措施	印度 WT/DS233/1	25-05-2001				
234	美国—2000 年持续性倾销及补贴补偿法案	加拿大和墨西哥 WT/DS234/1	21-05-2001	日本 WT/DS234/2 欧共体 WT/DS234/3 巴西 WT/DS234/4 印度尼西亚 WT/DS234/5 韩国 WT/DS234/6 印度 WT/DS234/7	10-08-2001 加拿大 WT/DS234/12 10-08-2001 墨西哥 WT/DS234/13	10-09-2001 争端解决机构决定于 2001 年 8 月 23 日成立专家组，应澳大利亚、巴西、智利、欧共体、印度、印度尼西亚、日本、韩国和泰国的要求	

续　表

序号	案件	请求磋商	收到磋商请求（日-月-年）	加入磋商请求	请求成立专家组（日-月-年）	专家组成立（日-月-年）	双边达成解决方案（日-月-年）
				危地马拉 WT/DS234/8 泰国 WT/DS234/9 澳大利亚 WT/DS234/10 智利 WT/DS234/11		此案件也可参见加拿大和墨西哥申请 WT/DSB/M/109	
235	斯洛伐克—糖类进口的保障措施	波兰 WT/DS235/1	11-07-2001				11-01-2002 WT/DS235/2
236	美国—对来自加拿大的特定软木的初步判决	加拿大 WT/DS236/1	21-08-2001		26-10-2001 加拿大 WT/DS236/2	05-12-2001 WT/DSB/M/114	12-10-2006 WT/DS236/5/Add. 1
237	土耳其—新鲜水果的特定进口程序	厄瓜多尔 WT/DS237/1	31-08-2001	欧共体 WT/DS237/2	14-06-2002 厄瓜多尔 WT/DS237/3	29-07-2002 WT/DSB/M/130	22-11-2002 WT/DS237/4
238	阿根廷—桃脯进口的保障措施	智利 WT/DS238/1	14-09-2001		06-12-2002 智利 WT/DS238/2	18-01-2002 WT/DSB/M/117	
239	美国—对从巴西进口结晶硅征收反倾销税	巴西 WT/DS239/1 和 Rev. 1	18-09-2001 01-11-2001	泰国 WT/DS239/2 欧共体 WT/DS239/3			
240	罗马尼亚—小麦及小麦粉进口禁令	匈牙利 WT/DS240/1 和 WT/DS240/1 Add. 1	18-10-2001 30-10-2001		28-11-2001 匈牙利 WT/DS240/2 2001年12月20日撤销建立专家组请求 WT/DS240/3		
241	阿根廷—对来自巴西家禽征收反倾销税	巴西 WT/DS241/1	07-11-2001	欧共体 WT/DS241/2	26-02-2002 巴西 WT/DS241/3	17-04-2002 WT/DSB/M/123	
242	欧共体—普惠制	泰国 WT/DS242/1	07-12-2001	哥斯达黎加 WT/DS242/2 危地马拉 WT/DS242/3 尼加拉瓜 WT/DS242/4 洪都拉斯 WT/DS242/5 哥伦比亚 WT/DS242/6			

续 表

序号	案件	请求磋商	收到磋商请求（日-月-年）	加入磋商请求	请求成立专家组（日-月-年）	专家组成立（日-月-年）	双边达成解决方案（日-月-年）
243	美国—纺织品及服装原产地证明	印度 WT/DS243/1	11-01-2002	孟加拉国 WT/DS243/2 欧共体 WT/DS243/3	08-05-2002 印度 WT/DS243/5 07-06-2002 WT/DS243/5/Rev. 1	24-06-2002 WT/DSB/M/128	
244	美国—对来自日本的耐腐蚀钢板反倾销税目复审	日本 WT/DS244/1	30-01-2002	欧共体 WT/DS244/2 印度 WT/DS244/3	05-04-2002 日本 WT/DS244/4	22-05-2002 WT/DSB/M/124 和 Corr. 1	
245	日本—影响苹果进口措施	美国 WT/DS245/1	01-03-2002		08-05-2002 美国 WT/DS245/2	03-06-2002 WT/DSB/M/125	30-08-2005 WT/DS245/21
246	欧共体—给予发展中国家的优惠关税条件	印度 WT/DS246/1	05-03-2002	委内瑞拉 WT/DS246/2 哥伦比亚 WT/DS246/3	06-12-2002 印度 WT/DS246/4	27-01-2003 WT/DSB/M/142	
247	美国—对来自加拿大的软木进口的临时反倾销措施	加拿大 WT/DS247/1	06-03-2002				12-10-2006 WT/DS247/2 23-02-2007 WT/DS247/2/Add-1
248	美国—对于特定钢铁制品进口的保障措施	欧共体 WT/DS248/1	07-03-2002	日本 WT/DS248/2 瑞士 WT/DS248/3 韩国 WT/DS248/4 挪威 WT/DS248/5 委内瑞拉 WT/DS248/6 加拿大 WT/DS248/7 墨西哥 WT/DS248/8 中国 WT/DS248/9 新西兰 WT/DS248/10	08-05-2002 欧共体 WT/DS248/12	03-06-2002 WT/DSB/M/125	
249	美国—对于特定钢铁产品的保障措施	日本 WT/DS249/1	20-03-2002	挪威 WT/DS249/2 新西兰 WT/DS249/3 墨西哥 WT/DS249/4	24-05-2002 日本 WT/DS249/6	14-06-2002 争端解决机构同意在 2002 年 6 月 3 日成立专家组来调查欧共体提请的上诉，同时也就日本提请的类似案件上诉作相应调查 WT/DSB/M/127	

续 表

序号	案件	请求磋商	收到磋商请求（日-月-年）	加入磋商请求	请求成立专家组（日-月-年）	专家组成立（日-月-年）	双边达成解决方案（日-月-年）
250	美国—美国佛罗里达州对橙、柚加工产品的补贴性特许权税	巴西 WT/DS250/1	20-03-2002		19-08-2002 巴西 WT/DS250/2	01-10-2002 WT/DSB/M/133	28-05-2004 WT/DS250/3
251	美国—对于特定钢铁产品进口的保障措施	韩国 WT/DS251/1	20-03-2002	挪威 WT/DS251/2 日本 WT/DS251/3 新西兰 WT/DS251/4 墨西哥 WT/DS251/5	24-05-2002 韩国 WT/DS251/7	14-06-2002 争端解决机构同意在2002年6月3日成立专家组来调查欧共体提请的上诉，同时也就韩国提请的类似案件上诉做相应调查 WT/DSB/M/127	
252	美国—对于特定钢铁产品进口的保障措施	中国 WT/DS252/1	26-03-2002	日本 WT/DS252/2 新西兰 WT/DS252/3	27-05-2002 中国 WT/DS252/5	24-06-2002 争端解决机构同意在2002年6月3日成立专家组来调查欧共体提请的上诉，同时也就中国提请的类似案件上诉做相应调查 WT/DSB/M/128	
253	美国—对于特定钢铁产品进口的保障措施	瑞士 WT/DS253/1	03-04-2002	新西兰 WT/DS253/2 日本 WT/DS253/3	04-06-2002 瑞士 WT/DS253/5	24-06-2002 争端解决机构同意在2002年6月3日成立专家组来调查欧共体提请的上诉，同时也就瑞士提请的类似案件上诉做相应调查 WT/DSB/M/128	
254	美国—对于特定钢铁产品进口的保障措施	挪威 WT/DS254/1	04-04-2002	新西兰 WT/DS254/2 日本 WT/DS254/3	04-06-2002 挪威 WT/DS254/5	24-06-2002 争端解决机构同意在2002年6月3日成立专家组来调查欧共体提请的上诉，同时也就挪威提请的类似案件上诉做相应调查 WT/DSB/M/128	

续 表

序号	案件	请求磋商	收到磋商请求（日-月-年）	加入磋商请求	请求成立专家组（日-月-年）	专家组成立（日-月-年）	双边达成解决方案（日-月-年）
255	秘鲁—对特定进口产品的税收措施	智利 WT/DS255/1	22-04-2002	美国 WT/DS255/2	14-06-2002 智利 WT/DS255/3 25-09-2002 WT/DS255/5 （此事件撤回）		
256	土耳其—对来自匈牙利的宠物食品进口禁令	匈牙利 WT/DS256/1	03-05-2002				
257	对来自加拿大的特定软木的最终反补贴税决定	加拿大 WT/DS257/1	03-05-2002		19-07-2002 加拿大 WT/DS257/2 19-08-2002 WT/DS257/3	01-10-2002 WT/DSB/M/133	12-10-2006 WT/DS257/26 23-02-2007 WT/DS257/26/Add. 1
258	美国—对于特定钢铁产品进口的保障措施	新西兰 WT/DS258/1	14-05-2002	欧共体 WT/DS258/2 日本 WT/DS258/3 韩国 WT/DS258/4 挪威 WT/DS258/5 中国 WT/DS258/6 墨西哥 WT/DS258/7	28-06-2002 新西兰 WT/DS258/9	08-07-2002 争端解决机构同意在 2002 年 6 月 3 日成立专家组来调查欧共体提请的上诉，同时也就新西兰提请的类似案件上诉做相应调查 WT/DSB/M/129	
259	美国—对特定钢铁产品进口采取保障措施	巴西 WT/DS259/1	21-05-2002	欧共体 WT/DS259/2 日本 WT/DS259/3 韩国 WT/DS259/4 挪威 WT/DS259/5 中国 WT/DS259/6 墨西哥 WT/DS259/7	22-07-2002 巴西 WT/DS259/10	29-07-2002 争端解决机构同意在 2002 年 6 月 3 日成立专家组来调查欧共体提请的上诉，同时也就巴西提请的类似案件上诉做相应调查 WT/DSB/M/130	
260	欧共体—对于特定钢铁产品进口的临时保障措施	美国 WT/DS260/1	30-05-2002	日本 WT/DS260/2	19-08-2002 美国 WT/DS260/4	16-09-2002 WT/DSB/M/132	
261	乌拉圭—特定产品的税收待遇	智利 WT/DS261/1	18-06-2002	欧共体 WT/DS261/2 墨西哥 WT/DS261/3	03-04-2003 智利 WT/DS261/4	19-05-2003 WT/DSB/M/150	08-01-2004 WT/DS261/7

续 表

序号	案件	请求磋商	收到磋商请求（日-月-年）	加入磋商请求	请求成立专家组（日-月-年）	专家组成立（日-月-年）	双边达成解决方案（日-月-年）
262	美国—对来自德国和法国的特定钢铁产品的反倾销和反补贴税的日落复审	欧共体 WT/DS262/1	25-07-2002	加拿大 WT/DS262/2 日本 WT/DS262/3			
263	欧共体—影响酒类进口的措施	阿根廷 WT/DS263/1	04-09-2002				
264	美国—对来自加拿大的木材的最终倾销决定	加拿大 WT/DS264/1	13-09-2002		06-12-2002 加拿大 WT/DS264/2	08-01-2003 WT/DSB/M/140	12-10-2006 WT/DS264/29 23-02-2007 Add. 1
265	欧共体—糖类出口补贴	澳大利亚 WT/DS265/1	27-09-2002	毛里求斯 WT/DS265/2 巴西 WT/DS265/3 瑞士 WT/DS265/4 斐济 WT/DS265/5 圭亚那 WT/DS265/6 伯利兹 WT/DS265/7 牙买加 WT/DS265/8 印度 WT/DS265/9 津巴布韦 WT/DS265/10 马拉维 WT/DS265/11 加拿大 WT/DS265/12 肯尼亚 WT/DS265/13 巴巴多斯 WT/DS265/14 科特迪瓦 WT/DS265/15 刚果 WT/DS265/16 马达加斯加 WT/DS265/17 哥伦比亚 WT/DS265/18 圣基茨和尼维斯 WT/DS265/19	09-07-2003 澳大利亚 WT/DS265/21	29-08-2003 WT/DSB/M/155	

续 表

序号	案件	请求磋商	收到磋商请求（日-月-年）	加入磋商请求	请求成立专家组（日-月-年）	专家组成立（日-月-年）	双边达成解决方案（日-月-年）
266	欧共体—糖类出口补贴	巴西 WT/DS266/1	27-09-2002	澳大利亚 WT/DS266/2 毛里求斯 WT/DS266/3 印度 WT/DS266/4 瑞士 WT/DS266/5 斐济 WT/DS266/6 圭亚那 WT/DS266/7 伯利兹 WT/DS266/8 牙买加 WT/DS266/9 津巴布韦 WT/DS266/10 马拉维 WT/DS266/11 加拿大 WT/DS266/12 肯尼亚 WT/DS266/13 巴巴多斯 WT/DS266/14 科特迪瓦 WT/DS266/15 刚果 WT/DS266/16 马达加斯加 WT/DS266/17 哥伦比亚 WT/DS266/18	09-07-2003 巴西 WT/DS266/21	29-08-2003 WT/DSB/M/155	
267	美国—陆地棉补贴	巴西 WT/DS267/1	27-09-2002	津巴布韦 WT/DS267/2 印度 WT/DS267/3 阿根廷 WT/DS267/4 加拿大 WT/DS267/5	06-02-2003 巴西 WT/DS267/7	18-03-2003 WT/DSB/M/145	
268	美国—对来自阿根廷的石油管材的反倾销措施日落复审	阿根廷 WT/DS268/1	07-10-2002		03-04-2003 阿根廷 WT/DS268/2	19-05-2003 WT/DSB/M/150	

续表

序号	案件	请求磋商	收到磋商请求（日-月-年）	加入磋商请求	请求成立专家组（日-月-年）	专家组成立（日-月-年）	双边达成解决方案（日-月-年）
269	欧共体—对冷冻无骨鸡块的关税分类	巴西 WT/DS269/1	11-10-2002	美国 WT/DS269/2	19-09-2003 巴西 WT/DS269/3	07-11-2003 WT/DSB/M/157	
270	澳大利亚—影响新鲜水果和蔬菜进口的特定措施	菲律宾 WT/DS270/1	18-10-2002	欧共体 WT/DS270/2 泰国 WT/DS270/3	07-07-2003 菲律宾 WT/DS270/5/Rev. 1	29-08-2003 WT/DSB/M/155	
271	澳大利亚—影响菠萝进口的措施	菲律宾 WT/DS271/1	18-10-2002	欧共体 WT/DS271/2 泰国 WT/DS271/3			
272	秘鲁—对来自阿根廷的植物油征收临时税	阿根廷 WT/DS272/1	21-10-2002				
273	韩国—影响商船贸易的措施	欧共体 WT/DS273/1	21-10-2002		11-06-2003 欧共体 WT/DS273/2	21-07-2003 WT/DSB/M/153	
274	美国—对于特定钢铁产品进口的保障措施	台、澎、金、马单独关税区 WT/DS274/1	01-11-2002	日本 WT/DS274/2			
275	委内瑞拉—对特定农产品进口许可证措施	美国 WT/DS275/1	07-11-2002	欧共体 WT/DS275/2 加拿大 WT/DS275/3 新西兰 WT/DS275/4 阿根廷 WT/DS275/5 哥伦比亚 WT/DS275/6 智利 WT/DS275/7			
276	加拿大—对于小麦出口措施和谷物进口待遇	美国 WT/DS276/1	17-12-2002	日本 WT/DS276/2 墨西哥 WT/DS276/3 欧共体 WT/DS276/4 澳大利亚 WT/DS276/5	06-03-2003 美国 WT/DS276/6 30-06-2003 美国 WT/DS276/9	31-03-2003 WT/DSB/M/146 11-07-2003 WT/DSB/M/152	
277	美国—对来自加拿大的软木的国际贸易商会调查	加拿大 WT/DS277/1	20-12-2002		03-04-2003 加拿大 WT/DS277/2	07-05-2003 WT/DSB/M/149	12-10-2006 WT/DS277/20
278	智利—果糖进口的保障措施	阿根廷 WT/DS278/1	20-12-2002				

续 表

序号	案件	请求磋商	收到磋商请求（日-月-年）	加入磋商请求	请求成立专家组（日-月-年）	专家组成立（日-月-年）	双边达成解决方案（日-月-年）
279	印度—2002 年至 2007 年进出口政策中进口限制的持续	欧共体 WT/DS279/1	23-12-2002	美国 WT/DS279/2			
280	美国—对来自墨西哥的钢板的反补贴税	墨西哥 WT/DS280/1	21-01-2003		04-08-2003 墨西哥 WT/DS280/2	29-08-2003 WT/DSB/M/155	
281	美国—对来自墨西哥的水泥的反倾销措施	墨西哥 WT/DS281/1	31-01-2003		29-07-2003 墨西哥 WT/DS281/2	29-08-2003 WT/DSB/M/155	06-05-2007 WT/DS281/8
282	美国—对来自墨西哥的石油工业用管材的反倾销措施	墨西哥 WT/DS282/1	18-02-2003		29-07-2003 墨西哥 WT/DS282/2	29-08-2003 WT/DSB/M/155	
283	欧共体—糖类出口补贴	泰国 WT/DS283/1	14-03-2003		09-07-2003 泰国 WT/DS283/2	29-08-2003 WT/DSB/M/155	
284	墨西哥—阻碍来自尼加拉瓜黑豆进口的特定措施	尼加拉瓜 WT/DS284/1	17-03-2003	美国 WT/DS284/2 加拿大 WT/DS284/3			
285	美国—影响博彩业跨境提供的措施	安提瓜和巴布达 WT/DS285/1 和 WT/DS285/1/Add. 1	13-03-2003 01-04-2003		12-06-2003 安提瓜和巴布达 WT/DS285/2	21-07-2003 WT/DSB/M/153	
286	欧共体—冷冻无骨鸡的关税分类	泰国 WT/DS286/1	25-03-2003	巴西 WT/DS286/2 美国 WT/DS286/3	27-10-2003 泰国 WT/DS286/5	21-11-2003 争端解决机构同意在 11 月 7 日成立专家组对巴西（WT/DS269/3）做出的上诉进行调查，同时也调查泰国（WT/DSB/M/15）就同一事件提出的投诉	
287	澳大利亚—进口检疫制度	欧共体 WT/DS287/1	03-04-2003	智利 WT/DS287/2 加拿大 WT/DS287/3 印度 WT/DS287/4 菲律宾 WT/DS287/5	29-08-2003 欧共体 WT/DS287/7 和 14-10-2003 WT/DS287/7/Rev. 1		

续 表

序号	案件	请求磋商	收到磋商请求（日-月-年）	加入磋商请求	请求成立专家组（日-月-年）	专家组成立（日-月-年）	双边达成解决方案（日-月-年）
288	南非—对来自土耳其毛毯的反倾销措施	土耳其 WT/DS288/1	09-04-2003				
289	捷克共和国—对来自波兰的猪肉进口的格外关税	波兰 WT/DS289/1	16-04-2003				
290	欧共体—农产品和食品的商标及地理标识保护	澳大利亚 WT/DS290/1	17-04-2003	马耳他 WT/DS290/2 保加利亚 WT/DS290/3 捷克共和国 WT/DS290/4 塞浦路斯 WT/DS290/5 美国 WT/DS290/6 斯洛文尼亚 WT/DS290/7 新西兰 WT/DS290/8 土耳其 WT/DS290/9 墨西哥 WT/DS290/10 阿根廷 WT/DS290/11 匈牙利 WT/DS290/12 哥伦比亚 WT/DS290/13 罗马尼亚 WT/DS290/14 斯洛伐克共和国 WT/DS290/15 台、澎、金、马单独关税区 WT/DS290/16	18-08-2003 澳大利亚 WT/DS290/18	02-10-2003 WT/DSB/M/156	
291	欧共体—影响生物科技产品审批及营销的措施	美国 WT/DS291/1	13-05-2003	秘鲁 WT/DS291/2 哥伦比亚 WT/DS291/3 墨西哥 WT/DS291/4 澳大利亚 WT/DS291/5 新西兰 WT/DS291/6 阿根廷 WT/DS291/7	07-08-2003 WT/DS291/23	29-08-2003 WT/DSB/M/155	

续 表

序号	案件	请求磋商	收到磋商请求（日-月-年）	加入磋商请求	请求成立专家组（日-月-年）	专家组成立（日-月-年）	双边达成解决方案（日-月-年）
				巴西 WT/DS291/8 加拿大 WT/DS291/9 印度 WT/DS291/10 智利 WT/DS291/11			
292	欧共体—影响生物科技产品审批及营销的措施	加拿大 WT/DS292/1	13-05-2003	墨西哥 WT/DS292/2 美国 WT/DS292/3 澳大利亚 WT/DS292/4 阿根廷 WT/DS292/5 巴西 WT/DS292/6 印度 WT/DS292/7 新西兰 WT/DS292/8	07-08-2003 WT/DS292/17	29-08-2003 WT/DSB/M/155	15-07-2009 WT/DS292/40
293	欧共体—影响生物科技产品批准及营销的措施	阿根廷 WT/DS293/1	14-05-2003	墨西哥 WT/DS293/2 美国 WT/DS293/3 澳大利亚 WT/DS293/4 巴西 WT/DS293/5 加拿大 WT/DS293/6 印度 WT/DS293/7 新西兰 WT/DS293/8	07-08-2003 阿根廷 WT/DS293/17	29-08-2003 WT/DSB/M/155	19-03-2010 WT/DS293/41
294	美国—计算倾销差额（归零法）的法律、规则及方法	欧共体 WT/DS294/1 和 WT/DS294/1/Add. 1	12-06-2003 08-09-2003	印度 WT/DS294/2 韩国 WT/DS294/3 日本 WT/DS294/4 墨西哥 WT/DS294/5 和 WT/DS294/6	05-02-2004 欧共体 WT/DS294/7	19-03-2004 WT/DSB/M/166	

续 表

序号	案件	请求磋商	收到磋商请求（日-月-年）	加入磋商请求	请求成立专家组（日-月-年）	专家组成立（日-月-年）	双边达成解决方案（日-月-年）
295	墨西哥—对于牛肉及稻米反倾销措施	美国 WT/DS295/1	16-06-2003		19-09-2003 美国 WT/DS295/2		
296	美国—对于来自韩国的可计算机动态随机存取存储器芯片（DRAMS）征收反补贴税调查	韩国 WT/DS296/1 和 WT/DS296/1/Add. 1	30-06-2003 18-08-2003		19-11-2003 韩国 WT/DS296/2	23-01-2004 WT/DSB/M/163	
297	克罗地亚—影响活体动物及肉产品进口的措施	匈牙利 WT/DS297/1	09-07-2003				30-01-2009 WT/DS297/2
298	墨西哥—对于海关估价及其他特定用途的定价方法	危地马拉 WT/DS298/1 撤销要求磋商的请求 WT/DS298/2（29-08-2005）	22-07-2003				
299	欧共体—对来自韩国的计算机动态随机存取存储器芯片采取反补贴措施	韩国 WT/DS299/1 和 WT/DS299/1/Rev. 1/Add. 1	25-07-2003 25-08-2003		19-11-2003 韩国 WT/DS299/2	23-01-2004 WT/DSB/M/163	
300	多米尼加共和国—影响香烟进口的措施	洪都拉斯 WT/DS300/1	28-08-2003				
301	欧共体—影响商船贸易的措施	韩国 WT/DS301/1	03-09-2003	中国 WT/DS301/2	05-02-2004 韩国 WT/DS301/3	19-03-2004 WT/DSB/M/163	
302	多米尼加共和国—影响香烟进口和国内销售的措施	洪都拉斯 WT/DS302/1	08-10-2003	危地马拉 WT/DS302/2 尼加拉瓜 WT/DS302/3	08-12-2003 洪都拉斯 WT/DS302/5	09-01-2004 WT/DSB/M/162	
303	厄瓜多尔—对中密度板进口的保障措施	智利 WT/DS303/1	24-11-2003				
304	印度—对来自欧共体的特定产品进口的反倾销措施	欧共体 WT/DS304/1 和 Corr. 1	08-12-2003	土耳其 WT/DS304/2 台、澎、金、马单独关税区 WT/DS304/3			
305	埃及—影响纺织品及服装进口措施	美国 WT/DS305/1	23-12-2003	欧共体 WT/DS305/2			20-05-2005 WT/DS305/4

续　表

序号	案件	请求磋商	收到磋商请求（日-月-年）	加入磋商请求	请求成立专家组（日-月-年）	专家组成立（日-月-年）	双边达成解决方案（日-月-年）
306	印度—对来自孟加拉的电池采取反倾销措施	孟加拉 WT/DS306/1	28-01-2004	欧共体 WT/DS306/2			20-02-2006 WT/DS306/3
307	欧共体—对商船的补贴	韩国 WT/DS307/1	13-02-2004				
308	墨西哥—对于非酒精饮料及其他饮料征税	美国 WT/DS308/1	16-03-2004	加拿大 WT/DS308/2	10-06-2004 美国 WT/DS308/4	06-07-2004 WT/DSB/M/172	
309	中国—对集成电路的增值税	美国 WT/DS309/1	18-03-2004	欧共体 WT/DS309/2 日本 WT/DS309/3 墨西哥 WT/DS309/4 台、澎、金、马单独关税区 WT/DS309/5			05-10-2005 WT/DS309/8
310	美国—国际贸易委员会对来自加拿大的硬粒赤春小麦的决定	加拿大 WT/DS310/1	08-04-2004		10-06-2004 加拿大 WT/DS310/2 20-07-2004 加拿大请求将成立专家组的要求从争端解决机构议程中撤出，保留其在未来会议中对该项请求的权利（WT/DSB/M/173）		
311	美国—对来自加拿大软木的反补贴税复审	加拿大 WT/DS311/1	14-04-2004				12-10-2006 WT/DS311/2 23-02-2007 WT/DS311/2 Add. 1
312	韩国—对来自印度尼西亚特定纸张征收反倾销税	印度尼西亚 WT/DS312/1	04-06-2004		16-08-2004 印度尼西亚 WT/DS312/2	27-09-2004 WT/DSB/M/176	
313	欧共体—对来自印度的扁钢和非合金钢产品采取反倾销措施	印度 WT/DS313/1	05-07-2004				22-10-2004 WT/DS313/2
314	墨西哥—对来自欧共体的橄榄油采取临时反补贴措施	欧共体 WT/DS314/1	18-08-2004				

续 表

序号	案件	请求磋商	收到磋商请求（日-月-年）	加入磋商请求	请求成立专家组（日-月-年）	专家组成立（日-月-年）	双边达成解决方案（日-月-年）
315	欧共体—特定海关措施	美国 WT/DS315/1	21-09-2004	澳大利亚 WT/DS315/2 日本 WT/DS315/3 巴西 WT/DS315/4 阿根廷 WT/DS315/5 台、澎、金、马单独关税区 WT/DS315/6 印度 WT/DS315/7	13-01-2005 美国 WT/DS315/8	21-03-2005 WT/DSB/M/186	
316	欧共体及其某些成员国—影响大型民用航空器贸易的措施	美国 WT/DS316/1 WT/DS316/1/Add. 1	06-10-2004 31-01-2006		31-05-2005 美国 WT/DS316/2 11-04-2006 美国 WT/DS316/6	20-07-2005 WT/DSB/M/194 09-05-2006 WT/DSB/M/211 和 Corr. 1	
317	美国—影响大型民用航空器贸易的措施	欧共体 WT/DS317/1 WT/DS317/1/Add. 1	06-10-2004 27-06-2005		31-05-2005 欧共体 WT/DS317/2 20-01-2006 欧共体 WT/DS317/5	20-07-2005 WT/DSB/M/194 17-02-2006 WT/DSB/M/205	
318	印度—对来自台、澎、金、马单独关税区特定产品的反倾销措施	台、澎、金、马单独关税区 WT/DS318/1	28-10-2004				
319	美国—1930 年关税法案第 776 节	欧共体 WT/DS319/1	05-11-2004				
320	美国—继续中止在荷尔蒙案件中的义务	欧共体 WT/DS320/1	08-11-2004	加拿大 WT/DS320/2 澳大利亚 WT/DS320/3 墨西哥 WT/DS320/4	13-01-2005 欧共体 WT/DS320/6	17-02-2005 WT/DSB/M/183	
321	加拿大—欧共体继续中止在荷尔蒙案件中的义务	欧共体 WT/DS321/1	08-11-2004	澳大利亚 WT/DS321/2 墨西哥 WT/DS321/3 美国 WT/DS321/4	13-01-2005 欧共体 WT/DS321/6	17-02-2005 WT/DSB/M/183	

续 表

序号	案件	请求磋商	收到磋商请求（日-月-年）	加入磋商请求	请求成立专家组（日-月-年）	专家组成立（日-月-年）	双边达成解决方案（日-月-年）
322	美国—与归零法及日落复审相关的措施	日本 WT/DS322/1	24-11-2004	印度 WT/DS322/2 挪威 WT/DS322/3 阿根廷 WT/DS322/4 台、澎、金、马单独关税区 WT/DS322/5 欧共体 WT/DS322/6 墨西哥 WT/DS322/7	04-02-2005 日本 WT/DS322/8	28-02-2005 WT/DSB/M/185	
323	日本—干紫菜和风化紫菜进口配额	韩国 WT/DS323/1	01-12-2004		04-02-2005 韩国 WT/DS323/2	21-03-2005 WT/DSB/M/186	23-01-2006 WT/DS323/5
324	美国—对来自泰国虾的临时反倾销措施	泰国 WT/DS324/1	09-12-2004	日本 WT/DS324/2 巴西 WT/DS324/3 欧共体 WT/DS324/4 中国 WT/DS324/5 印度 WT/DS324/6 厄瓜多尔 WT/DS324/7			
325	美国—对来自墨西哥的不锈钢的反倾销措施	墨西哥 WT/DS325/1	05-01-2005	日本 WT/DS325/2 欧共体 WT/DS325/3			
326	欧共体—对于鲑鱼的保障措施	智利 WT/DS326/1 撤回磋商请求 WT/DS326/4 (12-05-2005)	08-02-2005	挪威 WT/DS326/2			
327	埃及—对来自巴基斯坦火柴的反倾销措施	巴基斯坦 WT/DS327/1	21-02-2005		09-06-2005 巴基斯坦 WT/DS327/2	20-07-2005 WT/DSB/M/194	27-03-2006 WT/DS327/3
328	欧共体—对于鲑鱼的保障措施	挪威 WT/DS328/1	01-03-2005	智利 WT/DS328/2			
329	巴拿马—对于特定奶类产品的关税分类	墨西哥 WT/DS329/1	16-03-2005				20-09-2005 WT/DS329/2

续 表

序号	案件	请求磋商	收到磋商请求（日-月-年）	加入磋商请求	请求成立专家组（日-月-年）	专家组成立（日-月-年）	双边达成解决方案（日-月-年）
330	阿根廷—对于橄榄油，面筋及桃子的反补贴税	欧共体 WT/DS330/1	29-04-2005				
331	墨西哥—对来自危地马拉的钢管征收反倾销税	危地马拉 WT/DS331/1	17-06-2005		06-02-2006 危地马拉 WT/DS331/2	17-03-2006 WT/DSB/M/207	
332	巴西—影响翻新轮胎进口的措施	欧共体 WT/DS332/1	20-06-2005	阿根廷 WT/DS332/2	17-11-2005 欧共体 WT/DS332/4	20-01-2006 WT/DSB/M/203	
333	多米尼加共和国—影响以自哥斯达黎加进口的外汇费用	哥斯达黎加 WT/DS333/1	12-09-2005	危地马拉 WT/DS333/2 萨瓦尔多 WT/DS333/3			
334	土耳其—影响稻米进口的措施	美国 WT/DS334/1	02-11-2005	澳大利亚 WT/DS334/2 泰国 WT/DS334/3	06-02-2006 美国 WT/DS334/4	17-03-2006 WT/DSB/M/207	
335	美国—对来自厄瓜多尔的虾的反倾销措施	厄瓜多尔 WT/DS335/1	17-11-2005	欧共体 WT/DS335/2 印度 WT/DS335/3 巴西 WT/DS335/4 泰国 WT/DS335/5	08-06-2006 厄瓜多尔 WT/DS335/6	19-07-2006 WT/DSB/M/217	
336	日本—对来自韩国的计算机动态随机存取存储器芯片的反补贴措施	韩国 WT/DS336/1	14-03-2006	美国 WT/DS336/2 欧共体 WT/DS336/3	18-05-2006 韩国 WT/DS336/5	19-06-2006 WT/DSB/M/215	
337	欧共体—对来自挪威的养殖鲑鱼的反倾销措施	挪威 WT/DS337/1 和 WT/DS337/1/Add. 1	17-03-2006 27-03-2006		29-05-2006 挪威 WT/DS337/2	22-06-2006 WT/DSB/M/216	
338	加拿大—对来自美国谷物玉米征收临时的反倾销税和反补贴税	美国 WT/DS338/1	17-03-2006				
339	中国—影响汽车零部件进口的措施	欧共体 WT/DS339/1	30-03-2006	美国 WT/DS339/2 日本 WT/DS339/3 澳大利亚 WT/DS339/4 墨西哥 WT/DS339/5 加拿大 WT/DS339/6	15-09-2006 欧共体 WT/DS339/8	26-10-2006 WT/DSB/M/221	

续 表

序号	案件	请求磋商	收到磋商请求（日-月-年）	加入磋商请求	请求成立专家组（日-月-年）	专家组成立（日-月-年）	双边达成解决方案（日-月-年）
340	中国—影响汽车零部件进口的措施	美国 WT/DS340/1	30-03-2006	日本 WT/DS340/2 欧共体 WT/DS340/3 澳大利亚 WT/DS340/4 墨西哥 WT/DS340/5 加拿大 WT/DS340/6	15-09-2006 美国 WT/DS340/8	26-10-2006 WT/DSB/M/221	
341	墨西哥—对来自欧共体的橄榄油采取反补贴措施	欧共体 WT/DS341/1	31-03-2006		07-12-2006 欧共体 WT/DS341/2	23-01-2007 WT/DSB/M/225	
342	中国—影响汽车零部件进口的措施	加拿大 WT/DS342/1	13-04-2006	美国 WT/DS342/2 澳大利亚 WT/DS342/3 日本 WT/DS342/4 欧共体 WT/DS342/5 墨西哥 WT/DS342/6	15-09-2006 加拿大 WT/DS342/8	26-10-2006 WT/DSB/M/221	
343	美国—影响来自泰国虾的措施	泰国 WT/DS343/1 和 Corr. 2	24-04-2006	印度 WT/DS343/2 日本 WT/DS343/3 巴西 WT/DS343/4 中国 WT/DS343/5	15-09-2006 泰国 WT/DS343/7	26-10-2006 WT/DSB/M/221	
344	美国—对来自墨西哥不锈钢的反倾销措施	墨西哥 WT/DS344/1	26-05-2006	日本 WT/DS344/2	12-10-2006 墨西哥 WT/DS344/4	26-10-2006 WT/DSB/M/221	
345	美国—涉及反倾销及反补贴税的商品海关保证金	印度 WT/DS345/1	06-06-2006	泰国 WT/DS345/2 中国 WT/DS345/3 巴西 WT/DS345/4	13-10-2006 印度 WT/DS345/6	21-11-2006 WT/DSB/M/222	
346	美国—对来自阿根廷的工业用管材的反倾销行政复审	阿根廷 WT/DS346/1	20-06-2006				

续　表

序号	案件	请求磋商	收到磋商请求（日-月-年）	加入磋商请求	请求成立专家组（日-月-年）	专家组成立（日-月-年）	双边达成解决方案（日-月-年）
347	欧共体及其某些成员国—影响大型民用航空器贸易的措施（二诉）	美国 WT/DS347/1	31-01-2006		11-04-2006 美国 WT/DS347/3	09-05-2006 WT/DSB/M/211 和 Corr. 1 根据《关于争端解决规则与程序的谅解》第 12.12 条 2007 年 10 月 7 日专家组解散	
348	哥伦比亚—来自巴拿马特定产品进口的海关措施	巴拿马 WT/DS348/1	20-07-2006	危地马拉 WT/DS348/2 中国 WT/DS348/3 菲律宾 WT/DS348/4 中国香港中国 WT/DS348/5 巴基斯坦 WT/DS348/6 台、澎、金、马单独关税区 WT/DS348/7 泰国 WT/DS348/8			01-12-2006 WT/DS348/10
349	欧共体—影响新鲜及冷藏大蒜的关税配额措施	阿根廷 WT/DS349/1	06-09-2006				
350	美国—继续使用归零法	欧共体 WT/DS350/1 和 WT/DS350/1/Add. 1	02-10-2006 09-10-2006	日本 WT/DS350/2 泰国 WT/DS350/3 巴西 WT/DS350/4 印度 WT/DS350/5	10-05-2007 欧共体 WT/DS350/6	04-06-2007 WT/DSB/M/233	
351	智利—对于特定奶制品的临时保障措施	阿根廷 WT/DS351/1	25-10-2006		8-03-2007 阿根廷 WT/DS351/2 WT/DS356/2	24-04-2007 WT/DSB/M/230	
352	印度—影响来自欧共体葡萄酒和烈性酒进口和销售的措施	欧共体 WT/DS352/1	20-11-2006	美国 WT/DS352/2 澳大利亚 WT/DS352/3	23-03-2007 欧共体 WT/DS352/4	24-04-2007 WT/DSB/M/230 17-07-2008 建立专家组的授权取消（WT/DS352/7）	

续 表

序号	案件	请求磋商	收到磋商请求 （日-月-年）	加入磋商请求	请求成立专家组 （日-月-年）	专家组成立 （日-月-年）	双边达成解决方案 （日-月-年）
353	美国—影响大型民用航空器贸易的措施（二诉）	欧共体 WT/DS353/1 WT/DS317/1/Add. 2			欧共体 WT/DS353/2/Corr. 1 WT/DS317/5/Add. 1/Corr. 1		
354	加拿大—对葡萄酒和啤酒的税收减免	欧共体 WT/DS354/1	29-11-2006				17-12-2008 WT/DS354/2
355	巴西—对产自阿根廷特定树脂征收反倾销税	阿根廷 WT/DS355/1	26-12-2006		07-06-2007 阿根廷 WT/DS355/2	24-07-2007 WT/DSB/M/236 05-02-2009 建立专家组的授权取消 WT/DS355/6	
356	智利—对特定奶制品实施保障措施	阿根廷 WT/DS356/1	28-12-2006		8-03-2007 阿根廷 WT/DS351/2 WT/DS356/2	24-04-2007 WT/DSB/M/230	
357	美国—对玉米和其他农产品的补贴和国内支持	加拿大 WT/DS357/1	08-01-2007	澳大利亚 WT/DS357/2 危地马拉 WT/DS357/3 巴西 WT/DS357/4 阿根廷 WT/DS357/5 欧共体 WT/DS357/6 乌拉圭 WT/DS357/7 尼加拉瓜 WT/DS357/8 泰国 WT/DS357/9	07-06-2007 加拿大 WT/DS357/11 15-11-2007 撤回请求 WT/DS357/13 08-11-2007 加拿大 WT/DS357/12 和 Corr. 1	17-12-2007 WT/DSB/M/243	
358	中国—国内税收和其他支付的退还、抵免、减免措施	美国 WT/DS358/1	02-02-2007	欧共体 WT/DS358/2 澳大利亚 WT/DS358/3 日本 WT/DS358/4 墨西哥 WT/DS358/5	12-07-2007 美国 WT/DS358/13	31-08-2007 WT/DSB/M/238	
		WT/DS358/1/Add. 1	27-04-2007	墨西哥 WT/DS358/7 欧共体 WT/DS358/8 澳大利亚 WT/DS358/9			

续 表

序号	案件	请求磋商	收到磋商请求 （日-月-年）	加入磋商请求	请求成立专家组 （日-月-年）	专家组成立 （日-月-年）	双边达成解决方案 （日-月-年）
				日本 WT/DS358/10 加拿大 WT/DS358/11			
359	中国—国内税收和其他支付的退还、抵免、减免措施	墨西哥 WT/DS359/1 WT/DS359/1/Add. 1	26-02-2007 04-05-2007	欧共体 WT/DS359/2 澳大利亚 WT/DS359/3 日本 WT/DS359/4 美国 WT/DS359/5 澳大利亚 WT/DS359/7 欧共体 WT/DS359/8 加拿大 WT/DS359/9 日本 WT/DS359/10 美国 WT/DS359/11	12-07-2007 墨西哥 WT/DS359/13	31-08-2007 WT/DSB/M/238	
360	印度—对来自美国的进口产品征收“附加税”和“超额附加税”	美国 WT/DS360/1	06-03-2007	欧共体 WT/DS360/2 澳大利亚 WT/DS360/3	24-05-2007 美国 WT/DS360/5	20-06-2007 WT/DSB/M/234	
361	欧共体—香蕉进口制度	哥伦比亚 WT/DS361/1	21-03-2007				
362	中国—影响知识产权保护和执法的措施	美国 WT/DS362/1	10-04-2007	日本 WT/DS362/2 欧共体 WT/DS362/3 加拿大 WT/DS362/4 墨西哥 WT/DS362/5	21-08-2007 美国 WT/DS362/7	25-09-2007 WT/DSB/M/239	
363	中国—影响某些出版物和视听娱乐产品贸易权和分销权的措施	美国 WT/DS363/1 WT/DS363/1/Add. 1	10-04-2007 10-07-2007	欧共体 WT/DS363/2 欧共体 WT/DS363/4	10-10-2007 美国 WT/DS363/5	27-11-2007 WT/DSB/M/242	
364	欧共体—香蕉进口制度	巴拿马 WT/DS364/1	22-06-2007				

续 表

序号	案件	请求磋商	收到磋商请求（日-月-年）	加入磋商请求	请求成立专家组（日-月-年）	专家组成立（日-月-年）	双边达成解决方案（日-月-年）
365	美国—对农产品的国内支持和出口信贷担保	巴西 WT/DS365/1	11-07-2007	加拿大 WT/DS365/2 危地马拉 WT/DS365/3 哥斯达黎加 WT/DS365/4 欧共体 WT/DS365/5 墨西哥 WT/DS365/6 澳大利亚 WT/DS365/7 阿根廷 WT/DS365/8 泰国 WT/DS365/9 印度 WT/DS365/10 尼加拉瓜 WT/DS365/11	08-11-2007 巴西 WT/DS365/13	17-12-2007 WT/DSB/M/243	
366	哥伦比亚—指示性价格和入境港口的限制	巴拿马 WT/DS366/1	12-07-2007	危地马拉 WT/DS366/2 洪都拉斯 WT/DS366/3 台、澎、金、马单独关税区 WT/DS366/4	14-09-2007 巴拿马 WT/DS366/6	22-10-2007 WT/DSB/M/241	
367	澳大利亚—影响来自新西兰苹果进口的措施	新西兰 WT/DS367/1	31-08-2007	欧共体 WT/DS367/2 美国 WT/DS367/3	06-12-2007 新西兰 WT/DS367/5	21-01-2008 WT/DSB/M/245	
368	美国—对来自中国的铜版纸征收临时反倾销和反补贴税	中国 WT/DS368/1	14-09-2007				
369	欧共体—禁止海豹产品进口和销售的措施	加拿大 WT/DS369/1	25-09-2007				
370	泰国—对来自欧共体特定商品的海关估价制度	欧共体 WT/DS370/1	25-01-2008	菲律宾 WT/DS370/2 美国 WT/DS370/3			
371	泰国—对来自菲律宾烟草所采取的海关和财政措施	菲律宾 WT/DS371/1	07-02-2008	欧共体 WT/DS371/2	29-09-2008 菲律宾 WT/DS371/3	17-11-2008 WT/DSB/M/259	
372	中国—影响金融信息服务和外资金融信息服务提供商的措施	欧共体 WT/DS372/1	03-03-2008	美国 WT/DS372/2			

续 表

序号	案件	请求磋商	收到磋商请求（日-月-年）	加入磋商请求	请求成立专家组（日-月-年）	专家组成立（日-月-年）	双边达成解决方案（日-月-年）
373	中国—影响金融信息服务和外资金融信息服务提供商的措施	美国 WT/DS373/1	03-03-2008	欧共体 WT/DS373/2			
374	南非—对未涂层纸采取反倾销措施	印度尼西亚 WT/DS374/1	09-05-2008				
375	欧共体及其成员国—对特定信息技术产品的关税措施	美国 WT/DS375/1	28-05-2008	泰国 WT/DS375/2 日本 WT/DS375/3 新加坡 WT/DS375/4 菲律宾 WT/DS375/5 台、澎、金、马单独关税区 WT/DS375/6 中国 WT/DS375/7	18-08-2008 美国 WT/DS375/8 WT/DS376/8 WT/DS377/6	23-09-2008 WT/DSB/M/256	
376	欧共体及其成员国—对特定信息技术产品的关税措施	日本 WT/DS376/1	28-05-2008	泰国 WT/DS376/2 台、澎、金、马单独关税区 WT/DS376/3 新加坡 WT/DS376/4 菲律宾 WT/DS376/5 美国 WT/DS376/6 中国 WT/DS376/7	18-08-2008 日本 WT/D376/8 WT/DS375/8 WT/DS377/6	23-09-2008 WT/DSB/M/256	
377	欧共体及其成员国—对特定信息技术产品的关税措施	台、澎、金、马单独关税区 WT/DS377/1	12-06-2008	美国 WT/DS377/2 中国 WT/DS377/3 日本 WT/DS377/4	18-08-2008 台、澎、金、马单独关税区 WT/DS377/6 WT/DS375/8 WT/DS376/8	23-09-2008 WT/DSB/M/256	
378	中国—影响金融信息服务和外资金融信息服务提供商的措施	加拿大 WT/DS378/1	20-06-2008	美国 WT/DS378/2			
379	美国—对来自中国的特定产品征收反倾销税和反补贴税	中国 WT/DS379/1	19-09-2008		09-12-2008 中国 WT/DS379/2	20-01-2009 WT/DSB/M/263	

续 表

序号	案件	请求磋商	收到磋商请求（日-月-年）	加入磋商请求	请求成立专家组（日-月-年）	专家组成立（日-月-年）	双边达成解决方案（日-月-年）
380	印度—对进口葡萄酒与烈酒采取的某些税收和其他措施	欧共体 WT/DS380/1 WT/DS380/1/Add. 1 WT/DS380/1/Add. 2	22-09-2008 15-12-2008 04-05-2009	澳大利亚 WT/DS380/2 美国 WT/DS380/3 美国 WT/DS380/4 美国 WT/DS380/5			
381	美国—对金枪鱼和金枪鱼产品的进口、营销和销售采取的措施	墨西哥 WT/DS381/1	24-10-2008	欧共体 WT/DS381/2 澳大利亚 WT/DS381/3	09-03-2009 墨西哥 WT/DS381/4	20-04-2009 WT/DSB/M/267	
382	美国—对从巴西进口的特定橙汁采取的反倾销行政复审和其他措施	巴西 WT/DS382/1 WT/DS382/1/Add. 1	27-11-2008 22-05-2009	日本 WT/DS382/2 日本 WT/DS382/3	20-08-2009 巴西 WT/DS382/4	25-09-2009 WT/DSB/M/274	
383	美国—对从泰国进口的聚乙烯包装袋采取的反倾销措施	泰国 WT/DS383/1	26-11-2008		09-03-2009 泰国 WT/DS383/2	20-03-2009 WT/DSB/M/266	
384	美国—对特定国家原产地标签要求	加拿大 WT/DS384/1 WT/DS384/1/Add. 1	01-12-2008 07-05-2009	尼加拉瓜 WT/DS384/2 墨西哥 WT/DS384/3 墨西哥 WT/DS384/5 秘鲁 WT/DS384/6	07-10-2009 加拿大 WT/DS384/8	19-11-2009 WT/DSB/M276	
385	欧共体—对从印度进口的聚对苯二甲酸乙二醇酯（PET）征收反倾销和反补贴税的期终复审	印度 WT/DS385/1	04-12-2008				
386	美国—对特定国家原产地标签要求	墨西哥 WT/DS386/1 WT/DS386/1/Add. 1	17-12-2008 07-05-2009	加拿大 WT/DS386/2 加拿大 WT/DS386/4 秘鲁 WT/DS386/5	13-10-2009 墨西哥 WT/DS386/7 和 Corr. 1	19-11-2009 WT/DSB/M/276	

续 表

序号	案件	请求磋商	收到磋商请求（日-月-年）	加入磋商请求	请求成立专家组（日-月-年）	专家组成立（日-月-年）	双边达成解决方案（日-月-年）
387	中国—援助、贷款和其他鼓励措施	美国 WT/DS387/1	19-12-2008	墨西哥 WT/DS387/2 欧共体 WT/DS387/3 加拿大 WT/DS387/4 澳大利亚 WT/DS387/5 土耳其 WT/DS387/6 哥伦比亚 WT/DS387/7 危地马拉 WT/DS387/8 厄瓜多尔 WT/DS387/9 新西兰 WT/DS387/10			
388	中国—援助、贷款和其他鼓励措施	墨西哥 WT/DS388/1	19-12-2008	欧共体 WT/DS388/2 加拿大 WT/DS388/3 澳大利亚 WT/DS388/4 土耳其 WT/DS388/5 美国 WT/DS388/6 哥伦比亚 WT/DS388/7 危地马拉 WT/DS388/8 厄瓜多尔 WT/DS388/9 新西兰 WT/DS388/10			
389	欧共体—对从美国进口的鸡肉及其产品采取的特定措施	美国 WT/DS389/1	16-01-2009	澳大利亚 WT/DS389/2	08-10-2009 美国 WT/DS389/4	19-11-2009 WT/DSB/M/276	

续 表

序号	案件	请求磋商	收到磋商请求（日-月-年）	加入磋商请求	请求成立专家组（日-月-年）	专家组成立（日-月-年）	双边达成解决方案（日-月-年）
390	中国—援助、贷款和其他鼓励措施	危地马拉 WT/DS390/1	19-01-2009	欧共体 WT/DS390/2 澳大利亚 WT/DS390/3 墨西哥 WT/DS390/4 美国 WT/DS390/5 土耳其 WT/DS390/6 厄瓜多尔 WT/DS390/7 哥伦比亚 WT/DS390/8 加拿大 WT/DS390/9 新西兰 WT/DS390/10			
391	韩国—对从加拿大进口牛肉及其产品采取的措施	加拿大 WT/DS391/1	09-04-2009	欧共体 WT/DS391/2	09-07-2009 加拿大 WT/DS391/3	31-08-2009 WT/DSB/M/273	
392	美国—对从中国进口的鸡肉采取的特定措施	中国 WT/DS392/1	17-04-2009		23-06-2009 中国 WT/DS392/2	31-07-2009 WT/DSB/M/272	
393	智利—对从阿根廷进口面粉采取的反倾销措施	阿根廷 WT/DS393/1	14-05-2009				
394	中国—与限制原材料出口有关的措施	美国 WT/DS394/1	23-06-2009	欧共体 WT/DS394/2 土耳其 WT/DS394/3 加拿大 WT/DS394/4 墨西哥 WT/DS394/5	04-11-2009 美国 WT/DS394/7	21-12-2009 WT/DSB/M/277	
395	中国—与限制原材料出口有关的措施	欧共体 WT/DS395/1	23-06-2009	土耳其 WT/DS395/2 美国 WT/DS395/3 加拿大 WT/DS395/4 墨西哥 WT/DS395/5	04-11-2009 欧共体 WT/DS395/7	21-12-2009 WT/DSB/M/277	
396	菲律宾—对蒸馏酒征收国内税	欧共体 WT/DS396/1	29-07-2009	美国 WT/DS396/2	10-12-2009 欧共体 WT/DS396/4	19-01-2010 WT/DSB/M/278	

续 表

序号	案件	请求磋商	收到磋商请求（日-月-年）	加入磋商请求	请求成立专家组（日-月-年）	专家组成立（日-月-年）	双边达成解决方案（日-月-年）
397	欧共体—对从中国进口的钢铁紧固件采取最终反倾销措施	中国 WT/DS397/1	31-07-2009		12-10-2009 中国 WT/DS397/3	23-10-2009 WT/DSB/M/275	
398	中国—与限制原材料出口有关的措施	墨西哥 WT/DS398/1	21-08-2009	欧共体 WT/DS398/2 美国 WT/DS398/3 哥伦比亚 WT/DS398/4 加拿大 WT/DS398/5	04-11-2009 墨西哥 WT/DS398/6	21-12-2009 WT/DSB/M/277	
399	美国—对从中国进口汽车轮胎采取的限制措施	中国 WT/DS399/1	14-09-2009		09-12-2009 中国 WT/DS399/2	19-01-2010 WT/DSB/M/278	
400	欧共体—限制海豹产品进口及营销的限制措施	加拿大 WT/DS400/1 WT/DS400/1/Add. 1	02-11-2009 18-10-2010	冰岛 WT/DS400/2 挪威 WT/DS400/3			
401	欧共体—限制海豹产品进口及营销的限制措施	挪威 WT/DS401/1 WT/DS401/1/Add. 1	05-11-2009 19-10-2010	冰岛 WT/DS401/2 加拿大 WT/DS401/3 加拿大 WT/DS401/4			
402	美国—对自韩国产品的反倾销措施适用归零法	韩国 WT/DS402/1	24-11-2009	日本 WT/DS402/2	08-04-2010 韩国 WT/DS402/3	18-05-2010 WT/DSB/M/283	
403	菲律宾—对蒸馏酒精征税	美国 WT/DS403/1	14-01-2010	欧共体 WT/DS403/2	26-03-2010 美国 WT/DS403/4	20-04-2010 争端解决机构同意在2010年1月19日会议上成立专家组来调查欧盟提请的上诉，同时也就美国提请的类似案件上诉做相应调查 WT/DSB/M/282	

续 表

序号	案件	请求磋商	收到磋商请求（日-月-年）	加入磋商请求	请求成立专家组（日-月-年）	专家组成立（日-月-年）	双边达成解决方案（日-月-年）
404	美国—对自越南进口的虾采取反倾销措施	越南 WT/DS404/1	01-02-2010	日本 WT/DS404/2 欧盟 WT/DS404/3 泰国 WT/DS404/4	07-04-2020 越南 WT/DS404/5	18-05-2010 WT/DSB/M/283	
405	欧盟—对自中国进口的鞋采取反倾销措施	中国 WT/DS405/1	04-02-2010		08-04-2010 中国 WT/DS405/2	18-05-2010 WT/DSB/M/283	
406	美国—影响丁香香烟生产和销售的措施	印度尼西亚 WT/DS406/1	07-04-2010		09-06-2010 印度尼西亚 WT/DS406/2	20-07-2010 WT/DSB/M/285	
407	中国—对自欧盟的钢铁紧固件征收临时反倾销税	欧盟 WT/DS407/1	07-05-2010				
408	欧盟及其成员—运输中的癫痫仿制药	印度 WT/DS408/1	11-05-2010	加拿大 WT/DS408/2 巴西 WT/DS408/3 厄瓜多尔 WT/DS408/4 土耳其 WT/DS408/5 中国 WT/DS408/6 日本 WT/DS408/7			
409	欧盟及其成员—运输中的癫痫仿制药	巴西 WT/DS409/1	12-05-2010	加拿大 WT/DS409/2 厄瓜多尔 WT/DS409/3 印度 WT/DS409/4 土耳其 WT/DS409/5 中国 WT/DS409/6 日本 WT/DS409/7			
410	阿根廷—对来自秘鲁的紧固件及链条实施反倾销措施	秘鲁 WT/DS410/1	19-05-2010				
411	亚美尼亚—影响香烟和酒精输入和进口的措施	乌克兰 WT/DS411/1	20-07-2010		06-10-2010 乌克兰 WT/DS411/2/Rev. 1		

续 表

序号	案件	请求磋商	收到磋商请求（日-月-年）	加入磋商请求	请求成立专家组（日-月-年）	专家组成立（日-月-年）	双边达成解决方案（日-月-年）
412	加拿大—影响再生能源部门的措施	日本 WT/DS412/1	13-09-2010	美国 WT/DS412/2 欧盟 WT/DS412/3			
413	中国—影响电子支付服务的措施	美国 WT/DS413/1	15-09-2010				
414	中国—对自美国进口的取向电工钢征收反补贴税和反倾销税	美国 WT/DS414/1	15-09-2010				
415	多米尼加共和国—聚丙烯管状织物包装袋进口的保障措施	哥斯达黎加 WT/DS415/1	15-10-2010	巴拿马 WT/DS415/2 萨尔瓦多 WT/DS415/3 洪都拉斯 WT/DS415/4 危地马拉 WT/DS415/5			
416	多米尼加共和国—聚丙烯管状织物包装袋进口的保障措施	危地马拉 WT/DS416/1	15-10-2010	巴拿马 WT/DS416/2 哥斯达黎加 WT/DS416/3 厄瓜多尔 WT/DS416/4 洪都拉斯 WT/DS416/5			
417	多米尼加共和国—聚丙烯管状织物包装袋进口的保障措施	洪都拉斯 WT/DS417/1	18-10-2010	巴拿马 WT/DS417/2 和 Corr. 1 哥斯达黎加 WT/DS417/3 萨尔瓦多 WT/DS417/4 危地马拉 WT/DS417/5			
418	多米尼加共和国—聚丙烯管状织物包装袋进口的保障措施	萨尔瓦多 WT/DS418/1	19-10-2010	巴拿马 WT/DS418/2 哥斯达黎加 WT/DS418/3 洪都拉斯 WT/DS418/4 危地马拉 WT/DS418/5			

第二部分
散发及通过专家组及上诉机构报告

序号	案件	专家组成立（日-月-年）	散发专家组报告（日-月-年）	通知上诉（日-月-年）	通过专家组报告（日-月-年）	散发上诉机构报告（日-月-年）	通过上诉机构报告（日-月-年）
1	美国—精炼及传统汽油标准	10-04-1995 委内瑞拉 WT/DS2 31-05-1995 巴西 WT/DS4	29-01-1996 WT/DS2/R	21-02-1996 美国 WT/DS2/6	20-05-1996 WT/DS2/9	29-04-1996 WT/DS2/AB/R	20-05-1996 WT/DS2/9
2	日本—对酒精饮料征税	27-09-1995 欧共体 WT/DS8 加拿大 WT/DS10 美国 WT/DS11	11-07-1996 WT/DS8/R WT/DS10/R WT/DS11/R	08-08-1996 日本 WT/DS8/9 WT/DS10/9 WT/DS11/6	01-11-1996 WT/DS8/11 WT/DS10/11 WT/DS11/8	04-10-1996 WT/DS8/AB/R WT/DS10/AB/R WT/DS11/AB/R	01-11-1996 WT/DS8/11 WT/DS10/11 WT/DS11/8
3	欧共体—扇贝的贸易描述	19-07-1995 加拿大 WT/DS7	05-08-1996 WT/DS7/R	N. A.	N. A.	N. A.	N. A.
4	欧共体—扇贝的贸易描述	11-10-1995 秘鲁 WT/DS12 智利 WT/DS14	05-08-1996 WT/DS12/R WT/DS14/R	N. A.	N. A.	N. A.	N. A.
5	巴西—影响可可粉的措施	05-03-1996 菲律宾 WT/DS22	17-10-1996 WT/DS22/R	16-12-1996 菲律宾 WT/DS22/8	20-03-1997 WT/DS22/11/ Rev. 2	21-02-1997 WT/DS22/AB/R	20-03-1997 WT/DS22/11/ Rev. 2
6	美国—对于棉质及人造纤维内衣的进口限制	05-03-1996 哥斯达黎加 WT/DS24	08-11-1996 WT/DS24/R	11-11-1996 哥斯达黎加 WT/DS24/5	25-02-1997 WT/DS24/8	10-02-1997 WT/DS24/AB/R	25-02-1997 WT/DS24/8
7	美国—影响从印度进口羊毛衬衫和女士上衣进口的措施	17-04-1996 印度 WT/DS33	06-01-1997 WT/DS33/R	24-02-1997 印度 WT/DS33/3	23-05-1997 WT/DS33/5	25-04-1997 WT/DS33/AB/R 和 Corr. 1	23-05-1997 WT/DS33/5
8	加拿大—关于杂志的特定措施	19-06-1996 美国 WT/DS31	14-03-1997 WT/DS31/R 和 Corr. 1	29-04-1997 加拿大 WT/DS31/5	30-07-1997 WT/DS31/7	30-06-1997 WT/DS31/AB/R	30-07-1997 WT/DS31/7
9	欧共体—香蕉进口、销售和分销	08-05-1996 厄瓜多尔 危地马拉 洪都拉斯 墨西哥 美国 WT/DS27	22-05-1997 WT/DS27/R/ECU WT/DS27/R/GTM WT/DS27/R/HND WT/DS27/R/MEX WT/DS27/R/ US A	11-06-1997 欧共体 WT/DS27/9	25-09-1997 WT/DS27/12	09-09-1997 WT/DS27/AB/R	25-09-1997 WT/DS27/12

续 表

序号	案件	专家组成立（日-月-年）	散发专家组报告（日-月-年）	通知上诉（日-月-年）	通过专家组报告（日-月-年）	散发上诉机构报告（日-月-年）	通过上诉机构报告（日-月-年）
10	欧共体—关于肉类及肉制品措施（荷尔蒙）	20-05-1996 美国 WT/DS26 16-10-1996 加拿大 WT/DS48	18-08-1997 WT/DS26/R/USA WT/DS48/R/CAN	24-09-1997 欧共体 WT/DS26/9 WT/DS48/7	13-02-1998 WT/DS26/13 WT/DS48/11	16-01-1998 WT/DS26/AB/R WT/DS48/AB/R	13-02-1998 WT/DS26/13 WT/DS48/11
11	印度—对于药品及农业化学品的专利权保护	20-11-1996 美国 WT/DS50	05-09-1997 WT/DS50/R	15-10-1997 印度 WT/DS50/6	16-01-1998 WT/DS50/9	19-12-1997 WT/DS50/AB/R	16-01-1998 WT/DS50/9
12	阿根廷—影响鞋类、纺织品、服装和其他项目的进口措施	25-02-1997 美国 WT/DS56	25-11-1997 WT/DS56/R	21-01-1998 阿根廷 WT/DS56/8	22-04-1998 WT/DS56/11	27-03-1998 WT/DS56/AB/R 20-04-1998 WT/DS56/AB/R/Corr. 1	22-04-1998 WT/DS56/11
13	欧共体—特定计算机设备的海关分类	25-02-1997 美国 WT/DS62 30-03-1997 WT/DS67 WT/DS68	05-02-1998 WT/DS62/R WT/DS67/R WT/DS68/R	24-03-1998 欧共体 WT/DS62/8 WT/DS67/6 WT/DS68/5	22-06-1998 WT/DS62/11 WT/DS64/9 WT/DS68/8	05-06-1998 WT/DS62/AB/R WT/DS67/AB/R WT/DS68/AB/R	22-06-1998 WT/DS62/11 WT/DS67/9 WT/DS68/10
14	欧共体—影响特定家禽产品进口的措施	30-07-1997 巴西 WT/DS69	12-03-1998 WT/DS69/R	29-04-1998 巴西 WT/DS69/4	23-07-1998 WT/DS69/7	13-07-1998 WT/DS69/AB/R	23-07-1998 WT/DS69/7
15	日本—对进口胶卷相纸的限制	16-10-1996 美国 WT/DS44	31-03-1998 WT/DS44/R	N. A.	22-04-1998 WT/DS44/5	N. A.	N. A.
16	美国—对特定虾及虾类产品进口限制	25-02-1997 马来西亚 泰国 巴基斯坦 10-04-1997 印度 WT/DS58	15-05-1998 WT/DS58/R 09-11-1998 WT/DS58/R/Corr. 1	13-07-1998 美国 WT/DS58/11	06-11-1998 WT/DS58/14	12-10-1998 WT/DS58/AB/R	06-11-1998 WT/DS58/14
17	澳大利亚—影响鲑鱼进口的措施	10-04-1997 加拿大 WT/DS18	12-06-1998 WT/DS18/R 13-07-1998 WT/DS18/R/Corr. 1	22-07-1998 澳大利亚 WT/DS18/5	06-11-1998 WT/DS18/11	20-10-1998 WT/DS18/AB/R	06-11-1998 WT/DS18/11
18	危地马拉—对来自墨西哥的波兰特水泥的反倾销调查	20-09-1997 墨西哥 WT/DS60	19-06-1998 WT/DS60/R	04-08-1998 危地马拉 WT/DS60/9	25-11-1998 WT/DS60/12	02-11-1998 WT/DS60/AB/R	25-11-1998 WT/DS60/12

续 表

序号	案件	专家组成立（日-月-年）	散发专家组报告（日-月-年）	通知上诉（日-月-年）	通过专家组报告（日-月-年）	散发上诉机构报告（日-月-年）	通过上诉机构报告（日-月-年）
19	印度尼西亚—影响汽车工业的特定措施	12-06-1998 日本 WT/DS55 WT/DS64 欧共体 WT/DS54 30-06-1997 美国 WT/DS59	02-07-1998 WT/DS54/R WT/DS55/R WT/DS59/R WT/DS64/R 和 Corr. 2	N. A.	23-07-1998 WT/DS54/10 WT/DS55/10 WT/DS59/9 WT/DS64/8	N. A.	N. A.
20	印度—对于药品及农业化学品的专利权保护	16-10-1997 欧共体 WT/DS79	24-08-1998 WT/DS79/R	N. A.	22-09-1998 WT/DS79/5 和 Corr. 1	N. A.	N. A.
21	韩国—对酒精饮料征税	16-10-1997 欧共体 WT/DS75 美国 WT/DS84	17-09-1998 WT/DS75/R WT/DS84/R	20-10-1998 韩国 WT/DS75/9 WT/DS84/7	17-02-1999 WT/DS75/12 WT/DS84/10	18-01-1999 WT/DS75/AB/R WT/DS84/AB/R	17-02-1999 WT/DS75/12 WT/DS84/10
22	日本—影响农产品的措施	18-11-1997 美国 WT/DS76	27-10-1998 WT/DS76/R	24-11-1998 日本 WT/DS76/5	19-03-1999 WT/DS76/8	22-02-1999 WT/DS76/AB/R	19-03-1999 WT/DS76/8
23	美国—对来自韩国的1兆或以上的计算机动态随机存取存储器芯片征收反倾销税	16-01-1998 韩国 WT/DS99	29-01-1999 WT/DS99/R	N. A.	19-03-1999 WT/DS99/5	N. A.	N. A.
24	印度—对于农产品、纺织品和工业产品进口的数量限制	18-11-1997 美国 WT/DS90	06-04-1999 WT/DS90/R	25-05-1999 印度 WT/DS90/11	22-09-1999 WT/DS90/14	23-08-1999 WT/DS90/AB/R	22-09-1999 WT/DS90/14
25	巴西—对于航空器出口融资	23-07-1998 加拿大 WT/DS46	14-04-1999 WT/DS46/R	03-05-1999 巴西 WT/DS46/8	20-08-1999 WT/DS46/10	02-08-1999 WT/DS46/AB/R	20-08-1999 WT/DS46/10
26	加拿大—影响民用航空器措施	23-07-1998 巴西 WT/DS70	14-04-1999 WT/DS70/R	03-05-1999 加拿大 WT/DS70/4	20-08-1999 WT/DS70/6	02-08-1999 WT/DS70/AB/R	20-08-1999 WT/DS70/6
27	加拿大—影响牛奶进口及奶制品出口的措施	25-03-1998 美国 WT/DS103 新西兰 WT/DS113	17-05-1999 WT/DS103/R WT/DS113/R	15-07-1999 加拿大 WT/DS103/6 WT/DS113/6	27-10-1999 WT/DS103/11 WT/DS113/11	13-10-1999 WT/DS103/AB/R WT/DS113/AB/R	27-10-1999 WT/DS103/11 WT/DS113/11
28	澳大利亚—对于汽车皮革制造商和生产商提供的补贴	22-06-1998 美国 WT/DS126	25-05-1999 WT/DS126/R	N. A.	16-06-1999 WT/DS126/5	N. A.	N. A.

续 表

序号	案件	专家组成立（日-月-年）	散发专家组报告（日-月-年）	通知上诉（日-月-年）	通过专家组报告（日-月-年）	散发上诉机构报告（日-月-年）	通过上诉机构报告（日-月-年）
29	土耳其—对于纺织品和服装进口的限制	13-03-1998 印度 WT/DS34	31-05-1999 WT/DS34/R	26-07-1999 土耳其 WT/DS34/6	19-11-1999 WT/DS34/11	22-10-1999 WT/DS34/AB/R	19-11-1999 WT/DS34/11
30	智利—对酒精饮料征税	18-11-1997 欧共体 WT/DS87 25-03-1998 欧共体 WT/DS110	15-06-1999 WT/DS87/R WT/DS110/R	13-09-1999 智利 WT/DS87/8 WT/DS110/7	12-01-2000 WT/DS87/12 WT/DS110/11	13-12-1999 WT/DS87/AB/R WT/DS110/AB/R	12-01-2000 WT/DS87/12 WT/DS110/11
31	韩国—对于特定奶制品进口的保障措施	22-07-1998 欧共体 WT/DS98	21-06-1999 WT/DS98/R	15-09-1999 韩国 WT/DS98/7	12-01-2000 WT/DS98/10	14-12-1999 WT/DS98/AB/R	12-01-2000 WT/DS98/10
32	阿根廷—对鞋类产品进口的保障措施	23-07-1998 欧共体 WT/DS121	25-06-1999 WT/DS121/R	15-09-1999 阿根廷 WT/DS121/6 和 Corr. 1	12-01-2000 WT/DS121/9	14-12-1999 WT/DS121/AB/R	12-01-2000 WT/DS121/9
33	欧共体—影响黄油产品的措施	18-11-1997 新西兰 WT/DS72	24-11-1999 WT/DS72/R	N. A.	N. A.	N. A.	N. A.
34	美国—“海外销售公司”税收待遇	22-09-1998 欧共体 WT/DS108	08-10-1999 WT/DS108/R	26-11-1999 美国 WT/DS108/7	20-03-2000 WT/DS108/10	24-02-2000 WT/DS108/AB/R	20-03-2000 WT/DS108/10
35	美国—1974 年贸易法第 301-310 节	02-03-1999 欧共体 WT/DS152	22-12-1999 WT/DS152/R	N. A.	27-01-2000 WT/DS152/14	N. A.	N. A.
36	美国—对来自英国的热轧铅铋碳钢产品征收反补贴税	17-02-1999 欧共体 WT/DS138	23-12-1999 WT/DS138/R	27-01-2000 美国 WT/DS138/5	07-06-2000 WT/DS138/9 和 Corr. 1	10-05-2000 WT/DS138/AB/R	07-06-2000 WT/DS138/9 和 Corr. 1
37	墨西哥—对来自美国的高果糖玉米浆进行反倾销调查	25-11-1998 美国 WT/DS132 和 Corr. 1	28-01-2000 WT/DS132/R	N. A.	24-02-2000 WT/DS132/4 和 Corr. 1	N. A.	N. A.
38	加拿大—影响汽车工业的特定措施	01-02-1999 日本 WT/DS139 01-02-1999 欧共体 WT/DS142	11-02-2000 WT/DS139/R WT/DS142/R	02-03-2000 加拿大 WT/DS139/5 WT/DS142/5	19-06-2000 WT/DS139/8 WT/DS142/8	31-05-2000 WT/DS139/R WT/DS142/R	19-06-2000 WT/DS139/8 WT/DS142/8
39	加拿大—药品的专利权保护	04-02-1999 欧共体 WT/DS114	17-03-2000 WT/DS114/R	N. A.	07-04-2000 WT/DS114/9	N. A.	N. A.
40	美国—1916 年反倾销法	01-02-1999 欧共体 WT/DS136	31-03-2000 WT/DS136/R 和 Corr. 1	29-05-2000 美国 WT/DS136/5	26-09-2000 WT/DS136/8	28-08-2000 WT/DS136/AB/R	26-09-2000 WT/DS136/8

续 表

序号	案件	专家组成立（日-月-年）	散发专家组报告（日-月-年）	通知上诉（日-月-年）	通过专家组报告（日-月-年）	散发上诉机构报告（日-月-年）	通过上诉机构报告（日-月-年）
41	韩国—影响政府采购措施	16-06-1999 美国 WT/DS163	01-05-2000 WT/DS163/R	N. A.	19-06-2000 WT/DS163/7	N. A.	N. A.
42	加拿大—专利保护条款	22-09-1999 美国 WT/DS170	05-05-2000 WT/DS170/R	19-06-2000 加拿大 WT/DS170/4	12-10-2000 WT/DS170/7	18-09-2000 WT/DS170/AB/R	12-10-2000 WT/DS170/7
43	美国—1916 年反倾销法	26-07-1999 日本 WT/DS162	29-05-2000 WT/DS162/R 和 25-09-2000 Add. 1	29-05-2000 美国 WT/DS162/6	26-09-2000 WT/DS162/11	28-08-2000 WT/DS162/AB/R	26-09-2000 WT/DS162/11
44	美国—美国版权法第110（5)节	26-05-1999 欧共体 WT/DS160	15-06-2000 WT/DS160/R	N. A.	27-07-2000 WT/DS160/8	N. A.	N. A.
45	美国—对来自欧共体特定产品的进口措施	16-06-1999 欧共体 WT/DS165	17-07-2000 WT/DS165/R 和 Add. 1	12-09-2000 欧共体 WT/DS165/10	10-01-2001 WT/DS165/13	11-12-2000 WT/DS165/AB/R	10-01-2001 WT/DS165/13
46	韩国—影响新鲜、冷藏及冷冻牛肉进口的措施	26-05-1999 美国 WT/DS161 26-07-1999 澳大利亚 WT/DS169	31-07-2000 WT/DS161/R WT/DS169/R	11-09-2000 韩国 WT/DS161/8 WT/DS169/8	10-01-2001 WT/DS161/11 WT/DS169/11	11-12-2000 WT/DS161/AB/R WT/DS169/AB/R	10-01-2001 WT/DS161/11 WT/DS169/11
47	美国—对来自欧共体面筋进口的保障措施	26-07-1999 欧共体 WT/DS166	31-07-2000 WT/DS166/R	26-09-2000 美国 WT/DS166/7	19-01-2001 WT/DS166/10	22-12-2000 WT/DS166/AB/R	19-01-2001 WT/DS166/10
48	欧共体—影响石棉及含石棉产品的措施	25-11-1998 加拿大 WT/DS135	18-09-2000 WT/DS135/R 和 Add. 1	23-10-2000 加拿大 WT/DS135/8	05-04-2001 WT/DS135/12	12-03-2001 WT/DS135/AB/R	05-04-2001 WT/DS135/12
49	危地马拉—对来自墨西哥的灰波兰特水泥采取反倾销措施	22-09-1999 墨西哥 WT/DS156	24-10-2000 WT/DS156/R	N. A.	17-11-2000 WT/DS156/4	N. A.	N. A.
50	美国—对来自韩国的不锈钢卷板和不锈钢条采取反倾销措施	19-11-1999 韩国 WT/DS179	22-12-2000 WT/DS179/R	N. A.	01-02-2001 WT/DS179/4	N. A.	N. A.
51	阿根廷—影响牛皮出口和成皮进口的措施	26-07-1999 欧共体 WT/DS155	19-12-2000 WT/DS155/R 和 Corr. 1	N. A.	16-02-2001 WT/DS155/5	N. A.	N. A.
52	欧共体—对来自印度棉质床单进口征收反倾销税	27-10-1999 印度 WT/DS141	30-10-2000 WT/DS141/R	01-12-2000 欧共体 WT/DS141/6	12-03-2001 WT/DS141/9	01-03-2001 WT/DS141/AB/R	12-03-2001 WT/DS141/9

续 表

序号	案件	专家组成立（日-月-年）	散发专家组报告（日-月-年）	通知上诉（日-月-年）	通过专家组报告（日-月-年）	散发上诉机构报告（日-月-年）	通过上诉机构报告（日-月-年）
53	泰国—对波兰出口的铁或非合金钢的角铁、型材、轧材及工字梁的反倾销税案	19-11-1999 波兰 WT/DS122	28-09-2000 WT/DS122/R	23-10-2000 泰国 WT/DS122/4	05-04-2001 WT/DS122/7	12-03-2001 WT/DS122/AB/R	05-04-2001 WT/DS122/7
54	美国—对来自新西兰和澳大利亚的新鲜、冷藏和冷冻羔羊肉进口采取保障措施	19-11-1999 新西兰 WT/DS177 澳大利亚 WT/DS178	21-12-2000 WT/DS177/R WT/DS178/R	31-01-2001 美国 WT/DS177/7 WT/DS178/8	16-05-2001 WT/DS177/10 WT/DS178/11	01-05-2001 WT/DS177/AB/R WT/DS178/AB/R	16-05-2001 WT/DS177/10 WT/DS178/11
55	美国—对来自日本的某些热轧钢产品采取反倾销措施	20-03-2000 日本 WT/DS184	28-02-2001 WT/DS184/R	25-04-2001 美国 WT/DS184/5	23-08-2001 WT/DS184/8	24-07-2001 WT/DS184/AB/R	23-08-2001 WT/DS184/8
56	美国—对来自巴基斯坦棉纱采取过渡性保障措施	19-06-2000 巴基斯坦 WT/DS192	31-05-2001 WT/DS192/R	09-07-2001 美国 WT/DS192/4	05-11-2001 WT/DS192/7	08-10-2001 WT/DS192/AB/R	05-11-2001 WT/DS192/7
57	美国—对于作为出口限制的补贴措施	11-09-2000 加拿大 WT/DS194	29-06-2001 WT/DS194/R	N. A.	23-08-2001 WT/DS194/4	N. A.	N. A.
58	美国—1998年全面拨款法第211节	26-09-2000 欧共体 WT/DS176	06-08-2001 WT/DS176/R	04-10-2001 欧共体 WT/DS176/5	01-02-2002 WT/DS176/9	02-01-2002 WT/DS176/AB/R	01-02-2002 WT/DS176/9
59	阿根廷—影响从意大利进口地板砖的措施	17-11-2000 欧共体 WT/DS189	28-09-2001 WT/DS189/R	N. A.	05-11-2001 WT/DS189/6	N. A.	N. A.
60	美国—自韩国进口的圆焊碳质条形管的保障措施	23-10-2000 韩国 WT/DS202	29-10-2001 WT/DS202/R	19-11-2001 美国 WT/DS202/9	08-03-2002 WT/DS202/13	15-02-2002 WT/DS202/AB/R	08-03-2002 WT/DS202/13
61	印度—影响汽车部门的措施	27-07-2000 美国 WT/DS175 17-11-2000 欧共体 WT/DS146	21-12-2001 WT/DS146/R 和 Corr. 1 WT/DS175/R 和 Corr. 1	31-01-2002 印度 WT/DS146/8 WT/DS175/8	05-04-2002 WT/DS146/11 WT/DS175/11	19-03-2002 WT/DS146/AB/R WT/DS175/AB/R	05-04-2002 WT/DS146/11 WT/DS175/11
62	加拿大—地区性航空器的出口信贷保证	12-03-2001 巴西 WT/DS222	28-01-2002 WT/DS222/R 和 Corr. 1	N. A.	19-02-2002 WT/DS222/6	N. A.	N. A.
63	智利—对特定农产品相关的综合价格制度及保障措施	12-03-2001 阿根廷 WT/DS207	03-05-2002 WT/DS207/R	24-06-2002 智利 WT/DS207/5	23-10-2002 WT/DS207/8	23-09-2002 WT/DS207/AB/R	23-10-2002 WT/DS207/8

续 表

序号	案件	专家组成立（日-月-年）	散发专家组报告（日-月-年）	通知上诉（日-月-年）	通过专家组报告（日-月-年）	散发上诉机构报告（日-月-年）	通过上诉机构报告（日-月-年）
64	欧共体—沙丁鱼贸易描述	24-07-2001 秘鲁 WT/DS231	29-05-2002 WT/DS231/R 和 Corr. 1	28-06-2002 欧共体 WT/DS231/11	23-10-2002 WT/DS231/15	26-09-2002	23-10-2002 WT/DS231/15
65	美国—对来自印度的钢板采取反倾销及反补贴措施	24-07-2001 印度 WT/DS206	28-06-2002 WT/DS206/R 和 Corr. 1	N. A.	29-07-2002 WT/DS206/5	N. A.	N. A.
66	美国—对于来自德国的某些耐腐蚀碳钢板产品征收反补贴税	10-09-2001 欧共体 WT/DS213	03-07-2002 WT/DS213/R 和 Corr. 1	30-08-2002 美国 WT/DS213/6	19-12-2002 WT/DS213/9	28-11-2002 WT/DS213/AB/R 和 Corr. 1	19-12-2002 WT/DS213/9
67	美国—乌拉圭回合协议法案第129（C）（1）节	23-08-2001 加拿大 WT/DS221	15-07-2002 WT/DS221/R 和 Corr. 1	N. A.	30-08-2002 WT/DS221/7	N. A.	N. A.
68	美国—对来自欧共体某些产品采取反补贴措施	10-09-2001 欧共体 WT/DS212	31-07-2002 WT/DS212/R	09-09-2002 美国 WT/DS212/7	08-01-2003 WT/DS212/11	09-12-2002 WT/DS212/AB/R	08-01-2003 WT/DS212/11
69	埃及—对来自土耳其钢筋采取反倾销措施	20-06-2001 土耳其 WT/DS211	08-08-2002 WT/DS211/R	N. A.	01-10-2002 WT/DS211/5	N. A.	N. A.
70	美国—2000年持续性倾销及补贴补偿法案	23-08-2001 澳大利亚 巴西 智利 欧共体 印度 印度尼西亚 日本 韩国 泰国 WT/DS217 10-09-2001 加拿大 墨西哥 WT/DS234	16-09-2002 WT/DS217/R WT/DS234/R	18-10-2002 美国 WT/DS217/8 WT/DS234/16	27-01-2003 WT/DS217/11 WT/DS234/19	16-01-2003	27-01-2003 WT/DS217/11 WT/DS234/19
71	美国—对来自加拿大特定软木的初步决定	05-12-2001 加拿大 WT/DS236	27-09-2002 WT/DS236/R	N. A.	01-11-2002 WT/DS236/4	N. A.	N. A.

续 表

序号	案件	专家组成立（日-月-年）	散发专家组报告（日-月-年）	通知上诉（日-月-年）	通过专家组报告（日-月-年）	散发上诉机构报告（日-月-年）	通过上诉机构报告（日-月-年）
72	阿根廷—对于桃脯进口的保障措施	18-01-2002 智利 WT/DS238	14-02-2003 WT/DS238/R	N. A.	15-04-2003 WT/DS238/5	N. A.	N. A.
73	欧共体—对来自巴西的可锻铸铁管接头征收反倾销税	24-07-2001 巴西 WT/DS219	07-03-2003 WT/DS219/R	23-04-2003 巴西 WT/DS219/7	18-08-2003 WT/DS219/10	22-07-2003 WT/DS219/AB/R	18-08-2003 WT/DS219/10
74	阿根廷—对来自巴西的家禽征收反倾销税	17-04-2002 巴西 WT/DS241	22-04-2003 WT/DS241/R	N. A.	19-05-2003 WT/DS241/6	N. A.	N. A.
75	美国—纺织品及服装原产地证明	24-06-2002 印度 WT/DS243	20-06-2003 WT/DS243/R 和 Corr. 1	N. A.	21-07-2003 WT/DS243/8	N. A.	N. A.
76	美国—对特定钢铁产品进口采取保障措施	03-06-2002 欧共体 WT/DS248 14-06-2002 日本 WT/DS249 14-06-2002 韩国 WT/DS251 24-06-2002 中国 WT/DS252 24-06-2002 瑞士 WT/DS253 24-06-2002 挪威 WT/DS254 08-07-2002 新西兰 WT/DS258 29-07-2002 巴西 WT/DS259	11-07-2003 WT/DS248/R 和 Corr. 1 WT/DS249/R 和 Corr. 1 WT/DS251 和 Corr. 1 WT/DS252 和 Corr. 1 WT/DS253 和 Corr. 1 WT/DS254 和 Corr. 1 WT/DS254 和 Corr. 1 WT/DS258 和 Corr. 1 WT/DS259 和 Corr. 1	11-08-2003 美国 WT/DS248/17 WT/DS249/11 WT/DS251/12 WT/DS252/10 WT/DS253/10 WT/DS254/10 WT/DS258/14 WT/DS259/13	10-12-2003 WT/DS248/20 WT/DS249/14 WT/DS251/15 WT/DS252/13 WT/DS253/13 WT/DS254/13 WT/DS258/17 WT/DS259/16	10-11-2003 WT/DS248/AB/R WT/DS249/AB/R WT/DS251/AB/R WT/DS252/AB/R WT/DS253/AB/R WT/DS254/AB/R WT/DS258/AB/R WT/DS259/AB/R	10-12-2003 WT/DS248/20 WT/DS249/14 WT/DS251/15 WT/DS252/13 WT/DS253/13 WT/DS254/13 WT/DS258/17 WT/DS259/16
77	日本—影响苹果进口的措施	03-06-2002 美国 WT/DS245	15-07-2003 WT/DS245/R	28-08-2003 日本 WT/DS245/5	10-12-2003 WT/DS245/8	26-11-2003 WT/DS245/AB/R	10-12-2003 WT/DS245/8
78	美国—对来自日本的耐腐蚀碳钢板产品的反倾销税日落复审	22-05-2002 日本 WT/DS244	14-08-2003 WT/DS244/R	15-09-2003 日本 WT/DS244/7	09-01-2004 WT/DS244/10	15-12-2003 WT/DS244/AB/R	09-01-2004 WT/DS244/10

续 表

序号	案件	专家组成立（日-月-年）	散发专家组报告（日-月-年）	通知上诉（日-月-年）	通过专家组报告（日-月-年）	散发上诉机构报告（日-月-年）	通过上诉机构报告（日-月-年）
79	美国—对来自加拿大的软木最终反补贴税决定	01-10-2002 加拿大 WT/DS257	29-08-2003 WT/DS257/R 和 Corr. 1	21-10-2003 美国 WT/DS257/8	17-02-2004 WT/DS257/11	19-01-2004 WT/DS257/AB/R	17-02-2004 WT/DS257/11
80	欧共体—发展中国家优惠关税授予条件	27-01-2003 印度 WT/DS246	01-12-2003 WT/DS246/R	08-01-2004 欧共体 WT/DS246/7	20-04-2004 WT/DS246/10	07-04-2004 WT/DS246/AB/R	20-04-2004 WT/DS246/10
81	美国—对加拿大软木的国际贸易委员会调查	07-05-2003 加拿大 WT/DS277	22-03-2004 WT/DS277/R	N. A.	26-04-2004 WT/DS277/5	N. A.	N. A.
82	墨西哥—影响电信服务的措施	17-04-2002 美国 WT/DS204	02-04-2004 WT/DS204/R	N. A.	01-06-2004 WT/DS204/8	N. A.	N. A.
83	美国—对加拿大软木的最终倾销决定	08-01-2003 加拿大 WT/DS264	13-04-2004 WT/DS264/R	13-05-2004 美国 WT/DS264/6	31-08-2004 WT/DS264/9	11-08-2004 WT/DS264/AB/R	31-08-2004 WT/DS264/9
84	加拿大—关于小麦出口和谷物进口的措施	31-03-2003 美国 WT/DS276	06-04-2004 WT/DS276/R	01-06-2004 美国 WT/DS276/15	27-09-2004 WT/DS276/18	30-08-2004 WT/DS276/AB/R	27-09-2004 WT/DS276/18
85	美国—对来自阿根廷石油工业用管材的反倾销措施日落复审	19-05-2003 阿根廷 WT/DS268	16-07-2004 WT/DS268/R	31-08-2004 美国 WT/DS268/5	17-12-2004 WT/DS268/8	29-11-2004 WT/DS268/AB/R	17-12-2004 WT/DS268/8
86	美国—陆地棉补贴	18-03-2003 巴西 WT/DS267	08-09-2004 WT/DS267/R 和 Corr. 1	18-10-2004 美国 WT/DS267/17	21-03-2005 WT/DS267/20	03-03-2005 WT/DS267/AB/R	21-03-2005 WT/DS267/20
87	韩国—影响商船贸易的措施	21-07-2003 欧共体 WT/DS273	07-03-2005 WT/DS273/R	N. A.	11-04-2005 WT/DS273/8	N. A.	N. A.
88	欧共体—农产品和食品的商标及地理标识保护	02-10-2003 美国 WT/DS174 澳大利亚 WT/DS290	15-03-2005 WT/DS174/R 和 Add. 1，2&3 WT/DS290/R 和 Add. 1，2&3	N. A.	20-04-2005 WT/DS174/23 WT/DS290/21	N. A.	N. A.
89	美国—影响博彩业跨境交付的措施	21-07-2003 安提瓜和巴布达 WT/DS285	10-11-2004 WT/DS285/R	07-01-2005 美国 WT/DS285/6	20-04-2005 WT/DS285/10	07-04-2005 WT/DS285/AB/R	20-04-2005 WT/DS285/10

续 表

序号	案件	专家组成立（日-月-年）	散发专家组报告（日-月-年）	通知上诉（日-月-年）	通过专家组报告（日-月-年）	散发上诉机构报告（日-月-年）	通过上诉机构报告（日-月-年）
90	欧共体—糖类出口补贴	29-08-2003 澳大利亚 WT/DS265 巴西 WT/DS266 泰国 WT/DS283	15-10-2004 WT/DS265/R WT/DS266/R WT/DS283/R	13-01-2005 欧共体 WT/DS265/25 WT/DS266/25 WT/DS283/6	19-05-2005 WT/DS265/29 WT/DS266/29 WT/DS283/10	28-04-2005 WT/DS265/AB/R WT/DS266/AB/R WT/DS283/AB/R	19-05-2005 WT/DS265/29 WT/DS266/29 WT/DS283/10
91	多米尼加共和国—影响香烟进口和国内销售的措施	09-01-2004 洪都拉斯 WT/DS302	26-11-2004 WT/DS302/R	24-01-2004 多米尼加共和国 WT/DS302/8	19-05-2005 WT/DS302/12	25-04-2005 WT/DS302/AB/R	19-05-2005 WT/DS302/12
92	欧共体—影响商船贸易的措施	19-03-2004 韩国 WT/DS301	22-04-2005 WT/DS301/R	N. A.	20-06-2005 WT/DS301/6	N. A.	N. A.
93	美国—对来自韩国的计算机动态随机存取存储器芯片进行反补贴税调查	19-11-2003 韩国 WT/DS296	21-02-2005 WT/DS296/R	29-03-2005 美国 WT/DS296/5	20-07-2005 WT/DS296/10	27-06-2005 WT/DS296/AB/R	20-07-2005 WT/DS296/10
94	欧共体—对于来自韩国的计算机动态随机存取存储器芯片采取补贴措施	23-01-2004 韩国 WT/DS299	17-06-2005 WT/DS299/R	N. A.	03-08-2005 WT/DS299/6	N. A.	N. A.
95	欧共体—冷冻无骨鸡的关税分类	07-11-2003 巴西 WT/DS269 21-11-2003 泰国 WT/DS286	30-05-2005 WT/DS269/R WT/DS286/R	13-06-2005 欧共体 WT/DS269/6 WT/DS286/8	27-09-2005 WT/DS269/10 WT/DS286/12	12-09-2005 WT/DS269/AB/R WT/DS286/AB/R	27-09-2005 WT/DS269/10 WT/DS286/12
96	墨西哥—对于牛肉和稻米的反倾销措施：针对稻米的上诉	07-11-2003 美国 WT/DS295	06-06-2005 WT/DS295/R	20-07-2005 墨西哥 WT/DS295/6	20-12-2005 WT/DS295/9	29-11-2005 WT/DS295/AB/R	20-12-2005 WT/DS295/9
97	美国—对来自墨西哥的石油工业用管材反倾销措施	29-08-2003 墨西哥 WT/DS282	20-06-2005 WT/DS282/R	04-08-2005 墨西哥 WT/DS282/6	28-11-2005 WT/DS282/10	02-11-2005 WT/DS282/AB/R	28-11-2005 WT/DS282/10
98	韩国—对来自印度尼西亚特定纸张进口征收反倾销税	27-09-2004 印度尼西亚 WT/DS312	28-10-2005 WT/DS312/R	N. A.	28-11-2005 WT/DS312/5	N. A.	N. A.
99	墨西哥—对非酒精饮料及其他饮料征税	06-07-2004 美国 WT/DS308	07-10-2005 WT/DS308/R	06-12-2005 墨西哥 WT/DS308/10	24-03-2006 WT/DS308/13	06-03-2006 WT/DS308/AB/R	24-03-2006 WT/DS308/13

续 表

序号	案件	专家组成立（日-月-年）	散发专家组报告（日-月-年）	通知上诉（日-月-年）	通过专家组报告（日-月-年）	散发上诉机构报告（日-月-年）	通过上诉机构报告（日-月-年）
100	美国—计算倾销差额（归零法）的法律、规则及方法	19-03-2004 欧共体 WT/DS294	31-10-2005 WT/DS294/R	17-01-2006 欧共体 WT/DS294/12	09-05-2006 WT/DS294/17	18-04-2006 WT/DS294/AB/R	09-05-2006 WT/DS294/17
101	日本—干紫菜和味付紫菜进口配额	21-03-2005 韩国 WT/DS323	01-02-2006 WT/DS323/R	N. A.	N. A.	N. A.	N. A.
102	欧共体—特定海关措施	21-03-2005 美国 WT/DS315	16-06-2006 WT/DS315/R	14-08-2006 美国 WT/DS315/11	11-12-2006 WT/DS315/15	13-11-2006 WT/DS315/AB/R	11-12-2006 WT/DS315/15
103	美国—关于归零法及日落复审措施	28-02-2005 日本 WT/DS322	20-09-2006 WT/DS322/R	11-10-2006 日本 WT/DS322/12	23-01-2007 WT/DS322/15	09-01-2007 WT/DS322/AB/R	23-01-2007 WT/DS322/15
104	欧共体—影响生物科技产品审批及营销的措施	29-08-2003 美国 WT/DS291 加拿大 WT/DS292 阿根廷 WT/DS293	29/09-2006 WT/DS291/R WT/DS292/R WT/DS293/R		21-11-2006 WT/DS291/33 WT/DS292/27 WT/DS293/27	N. A.	N. A.
105	美国—对来自厄瓜多尔的虾的反倾销措施	19-07-2006 厄瓜多尔 WT/DS335	30-01-2007 WT/DS335/R	N. A.	20-02-2007 WT/DS335/9	N. A.	N. A.
106	墨西哥—对来自危地马拉的钢管征收反倾销税	17-03-2006 危地马拉 WT/DS331	08-06-2007 WT/DS331/R	N. A.	24-07-2007 WT/DS331/5	N. A.	N. A.
107	巴西—影响翻新轮胎进口的措施	20-01-2006 欧共体 WT/DS332	12-06-2007 WT/DS332/R	03-09-2007 欧共体 WT/DS332/9	17-12-2007 WT/DS332/12	03-12-2007 WT/DS332/AB/R	17-12-2007 WT/DS332/12
108	日本—对来自韩国的计算机动态随机存取存储器芯片的反补贴措施	19-06-2006 韩国 WT/DS336	13-07-2007 WT/DS336/R	30-08-2007 日本 WT/DS336/8	17-12-2007 WT/DS336/12	28-11-2007 WT/DS336/AB/R 和 Corr. 1	17-12-2007 WT/DS336/12
109	土耳其—影响稻米进口的措施	17-03-2006 美国 WT/DS334/4	21-09-2007 WT/DS334/R	N. A.	22-10-2007 WT/DS334/8	N. A.	N. A.
110	欧共体—对产自挪威的养殖鲑鱼采取反倾销措施	22-06-2006 挪威 WT/DS337	16-11-2007 WT/DS337/R	N. A.	15-01-2008 WT/DS337/6	N. A.	N. A.
111	美国—对来自墨西哥的不锈钢采取最终反倾销措施	21-10-2006 墨西哥 WT/DS344	20-12-2007 WT/DS344/R	31-01-2008 墨西哥 WT/DS344/7	20-05-2008 WT/DS344/10	30-04-2008 WT/DS344/AB/R	20-05-2008 WT/DS344/10

续 表

序号	案件	专家组成立（日-月-年）	散发专家组报告（日-月-年）	通知上诉（日-月-年）	通过专家组报告（日-月-年）	散发上诉机构报告（日-月-年）	通过上诉机构报告（日-月-年）
112	美国—对来自泰国的虾采取的措施	26-10-2006 泰国 WT/DS343	29-02-2008 WT/DS343/R	17-04-2008 泰国 WT/DS343/10	01-08-2008 WT/DS343/14	16-07-2008 WT/DS343/AB/R	01-08-2008 WT/DS343/14
113	美国—海关保税指令	21-11-2006 印度 WT/DS345	29-02-2008 WT/DS345/R	17-04-2008 印度 WT/DS345/9	01-08-2008 WT/DS345/13	16-07-2008 WT/DS345/AB/R	01-08-2008 WT/DS345/13
114	美国—欧共体要求取消报复措施：荷尔蒙争端	17-02-2005 欧共体 WT/DS320	31-03-2008 WT/DS320/R	29-05-2008 欧共体 WT/DS320/12	14-11-2008 WT/DS320/18	16-10-2008 WT/DS320/AB/R	14-11-2008 WT/DS320/18
115	加拿大—欧共体要求取消报复措施：荷尔蒙争端	17-02-2005 欧共体 WT/DS321	31-03-2008 WT/DS321/R	29-05-2008 欧共体 WT/DS321/12	14-11-2008 WT/DS321/16	16-10-2008 WT/DS321/AB/R	14-11-2008 WT/DS321/16
116	印度—对来自美国的进口产品征收“附加税”和“超额附加税”	20-06-2007 美国 WT/DS360	09-06-2008 WT/DS360/R	01-08-2008 美国 WT/DS360/8	17-11-2008 WT/DS360/12	30-10-2008 WT/DS360/AB/R	17-11-2008 WT/DS360/12
117	中国—影响汽车零部件进口的措施	26-10-2006 欧共体 WT/DS339 美国 WT/DS340 加拿大 WT/DS342	18-07-2008 WT/DS339/R WT/DS340/R WT/DS342/R 和 Add. 1 & 2	15-09-2008 中国 WT/DS339/12 WT/DS340/12 WT/DS342/12	12-01-2009 WT/DS339/14 WT/DS340/14 WT/DS342/14	15-12-2008 WT/DS339/AB/R WT/DS340/AB/R WT/DS342/AB/R	12-01-2009 WT/DS339/14 WT/DS340/14 WT/DS342/14
118	墨西哥—对来自欧共体的橄榄油采取反补贴措施	23-01-2007 欧共体 WT/DS341	04-09-2008 WT/DS341/R	N. A.	21-10-2008 WT/DS341/5	N. A.	N. A.
119	美国—与归零法和日落复审相关的措施	04-06-2007 欧共体 WT/DS350	01-10-2008 WT/DS350/R	06-11-2008 欧共体 WT/DS350/11	19-02-2009 WT/DS350/15	04-02-2009 WT/DS350/AB/R	19-02-2009 WT/DS350/15
120	中国—影响知识产权保护和执法的措施	25-09-2007 美国 WT/DS362	26-01-2009 WT/DS362/R	N. A.	20-03-2009 WT/DS362/10	N. A.	N. A.
121	哥伦比亚—对港口入境的价格限制要求	22-10-2007 巴拿马 WT/DS366	27-04-2009 WT/DS366/R 和 Corr. 1	N. A.	20-05-2009 WT/DS366/9	N. A.	N. A.
122	中国—影响知识产权保护和执法的措施	27-11-2007 美国 WT/DS363	12-08-2009 WT/DS363/R 和 Corr. 1	22-09-2009 WT/DS363/10	19-01-2010 WT/DS363/14	21-12-2009 WT/DS363/AB/R	19-01-2010 WT/DS363/14
123	美国—对自泰国的 PE 塑胶购物袋采取反倾销措施	20-03-2009 泰国 WT/DS383	22-01-2010 WT/DS383/R	N. A.	18-02-2010 WT/DS383/5	N. A.	N. A.

续 表

序号	案件	专家组成立（日-月-年）	散发专家组报告（日-月-年）	通知上诉（日-月-年）	通过专家组报告（日-月-年）	散发上诉机构报告（日-月-年）	通过上诉机构报告（日-月-年）
124	欧共体及其部分成员—影响大型民用飞机贸易的措施	20-07-2005 美国 WT/DS316	30-06-2010 WT/DS316/R	21-07-2010 欧盟 WT/DS316/12			
125	澳大利亚—影响自新西兰进口苹果的措施	21-01-2008 新西兰 WT/DS367	09-08-2010 WT/DS367/R	31-08-2010 澳大利亚 WT/DS367/13			
126	欧共体及其成员国—部分信息技术产品的关税待遇	23-09-2008 美国 WT/DS375 日本 WT/DS376 台、澎、金、马单独关税区 WT/DS377	16-08-2010 WT/DS375/R WT/DS376/R WT/DS377/R	N. A.	21-09-2010 WT/DS375/13 WT/DS376/13 WT/DS377/11	N. A.	N. A.
127	美国—影响自中国进口家禽的措施	31-07-2009 中国 WT/DS392	29-09-2010 WT/DS392/R	N. A.	25-10-2010 WT/DS392/5	N. A.	N. A.
128	美国—对自中国进口的产品征收确定性反倾销税和反补贴税	20-01-2009 中国 WT/DS379	22-10-2010 WT/DS379/R				

第三部分
执行争端解决机构建议

序号	案件	通过专家组及上诉机构报告（日-月-年）	通知执行争端解决机构建议的意向（日-月-年）	确定合理时限（日-月-年）	根据DSU第21.3条确定的合理期限	根据DSU第21.6条争端解决机构对执行的监督
1	美国—精炼及传统汽油标准	20-05-1996 WT/DS2/9	19-06-1996 WT/DSB/M/19	03-12-1996 WT/DSB/M/27	20-05-1996至 20-08-1997 （15个月）	WT/DS2/10和 Add. 1～Add. 7
2	日本—对酒精饮料征税	01-11-1996 WT/DS8/11 WT/DS10/11 WT/DS11/8	20-11-1996 WT/DSB/M/26	14-02-1997 WT/DS8/15 WT/DS10/15 WT/DS11/13 （通过仲裁）	14-02-1997至 14-05-1998 （15个月）	WT/DS8/18 WT/DS10/18 WT/DS11/16 和Add. 1～Add. 2
3	美国—对于棉质及人造纤维内衣的进口限制	25-02-1997 WT/DS24/8	20-03-1997 WT/DSB/M/30	N. A.	N. A.	此措施于1997年3月28日到期 WT/DSB/M/31
4	巴西—影响可可粉的措施	20-03-1997 WT/DS22/11/ Rev. 2	N. A.	N. A.	N. A.	N. A.
5	美国—影响从印度进口羊毛衬衫和女上衣进口的措施	23-05-1997 WT/DS33/5	N. A.	N. A.	N. A.	该限制于1996年12月3日废除 WT/DSB/M/33
6	加拿大—关于杂志的特定措施	30-07-1997 WT/DS31/7	29-08-1997 WT/DS31/8	15-09-1997	30-07-1997至 30-10-1998 （15个月）	WT/DS31/9和 Add. 1～Add. 5
7	欧共体—香蕉进口、销售和分销	25-09-1997 WT/DS27/12	16-10-1997 WT/DSB/M/38	07-01-1998 WT/DS27/15 （通过仲裁）	25-09-1997至 01-01-1999 （15个月零1周）	WT/DS27/17和 Add. 1～Add. 3 WT/DS27/51和 Add. 1～Add. 25
8	印度—对于药品及农业化学品的专利权保护	16-01-1998 WT/DS50/9	13-02-1998 WT/DSB/M/42	21-04-1998 WT/DSB/M/45	16-01-1998至 19-04-1999 （15个月）	WT/DS50/10和 Add. 1～Add. 4
9	欧共体—关于肉及肉制品措施（荷尔蒙）	13-02-1998 WT/DS26/13 WT/DS48/11	13-03-1998 WT/DSB/M/43	29-05-1998 WT/DS26/15 WT/DS48/13 （通过仲裁）	13-02-1998至 13-05-1999 （15个月）	WT/DS26/17 WT/DS48/15 和Add. 1～Add. 4
10	阿根廷—影响鞋类、纺织品、服装和其他项目的进口措施	22-04-1998 WT/DS56/11	08-05-1998 WT/DS56/12	15-06-1998 WT/DSB/M/46	22-04-1998至 19-10-1998 （有180天的调查期限来决定纺织品和服装的特殊税） 22-04-1998至 01-01-1999 （有242天的调查期限决定统计税）	WT/DS56/15和 Add. 1～Add. 4

续　表

序号	案件	通过专家组及上诉机构报告（日-月-年）	通知执行争端解决机构建议的意向（日-月-年）	确定合理时限（日-月-年）	根据 DSU 第 21.3 条确定的合理期限	根据 DSU 第 21.6 条争端解决机构对执行的监督
11	日本—对进口胶卷相纸的限制	22-04-1998 WT/DS44/5	N. A.	N. A.	N. A.	N. A.
12	欧共体—特定计算机设备的海关分类	22-06-1998 WT/DS62/11 WT/DS67/9 WT/DS68/8	N. A.	N. A.	N. A.	N. A.
13	欧共体—影响特定家禽产品进口的措施	23-07-1998 WT/DS69/7	27-08-1998 WT/DS69/8	20-10-1998 WT/DS69/9	直至 31-03-1999	
14	印度尼西亚—影响汽车工业的特定措施	23-07-1998 WT/DS54/10 WT/DS55/10 WT/DS59/9 WT/DS64/8	21-08-1998 WT/DS54/12 WT/DS55/11 WT/DS59/10 WT/DS64/9	07-12-1998 WT/DS54/15 WT/DS55/14 WT/DS59/13 WT/DS64/12 （通过仲裁）	23-07-1998 至 23-07-1999 （12 个月）	WT/DS54/17 WT/DS55/16 WT/DS59/15 WT/DS64/14 和 Add. 1
15	印度—对于药品及农业化学品的专利权保护	22-09-1998 WT/DS79/5 和 Corr. 1	21-10-1998 WT/DSB/M/49	24-11-1998 WT/DSB/M/51	直至 19-04-1999	WT/DS79/6
16	美国—对特定虾及虾类产品进口限制	06-11-1998 WT/DS58/14	25-11-1998 WT/DSB/M/51	21-01-1999 WT/DSB/M/54	06-11-1998 至 06-12-1999 （13 个月）	WT/DS58/15
17	澳大利亚—影响鲑鱼进口的措施	06-11-1998 WT/DS18/11	25-11-1998 WT/DSB/M/51	23-02-1999 WT/DS18/9 （通过仲裁）	06-11-1998 至 06-07-1999 （8 个月）	（见第四部分）
18	危地马拉—对来自墨西哥的波兰特水泥的反倾销调查	25-11-1998 WT/DS60/12	N. A.	N. A.	N. A.	N. A.
19	韩国—对酒精饮料征税	17-02-1999 WT/DS75/12 WT/DS84/10	19-03-1999 WT/DSB/M/57	04-06-1999 WT/DS75/16 WT/DS84/14 （通过仲裁）	17-02-1999 至 31-01-2000 （11 个月零 2 周）	WT/DS75/18 WT/DS84/16
20	日本—影响农产品的措施	19-03-1999 WT/DS76/8	15-04-1999 WT/DSB/M/58	15-06-1999 WT/DS76/9	19-03-1999 至 31-12-1999 （9 个月零 12 天）	WT/DS76/11 和 Add. 1～ Add. 16 日本和美国已通知争端解决机构，他们已达成双方满意的解决方案 WT/DS76/12
21	美国—对来自韩国的 1 兆或以上的计算机动态随机存取存储器芯片征收反倾销税	19-03-1999 WT/DS99/5	15-04-1999 WT/DSB/M/58	19-05-1999 WT/DSB/M/65	19-03-1999 至 19-11-1999 （8 个月）	WT/DS99/6

续 表

序号	案件	通过专家组及上诉机构报告（日-月-年）	通知执行争端解决机构建议的意向（日-月-年）	确定合理时限（日-月-年）	根据 DSU 第 21.3 条确定的合理期限	根据 DSU 第 21.6 条争端解决机构对执行的监督
22	澳大利亚—对于汽车皮革制造商和生产商提供的补贴	16-06-1999 WT/DS126/5	06-07-1999 WT/DS126/6		根据《补贴与反补贴协议》第 4.7 条，专家组建议于报告批准日起 90 天内撤销此措施	WT/DS126/7 （见第四部分）
23	巴西—对于航空器出口资金融通	20-08-1999 WT/DS46/10	13-09-1999 WT/DS46/11		根据《补贴与反补贴协议》第 4.7 条，专家组建议于报告批准日起 90 天内撤销此措施	WT/DS46/12 （见第四部分）
24	加拿大—影响民用航空器措施	20-08-1999 WT/DS70/6	06-09-1999 WT/DS70/1		根据《补贴与反补贴协议》第 4.7 条，专家组建议于报告批准日起 90 天内撤销此措施	WT/DS70/8 （见第四部分）
25	印度—对于农产品、纺织品和工业产品进口的数量限制	22-09-1999 WT/DS90/14	14-10-1999 WT/DSB/M/69	28-12-1999 WT/DS90/15	直至 01-04-2000 及 01-04-2001	WT/DS90/16 和 Add. 1～Add. 7
26	加拿大—影响牛奶进口及奶制品出口的措施	27-10-1999 WT/DS103/11 WT/DS113/11	19-11-1999 WT/DSB/M/71	22-12-1999 WT/DS103/10 WT/DS113/10	此实施阶段最迟不迟于 2000 年 12 月 31 日	WT/DS103/12—WT/DS113/12 和 Add. 1～Add. 6 （见第四部分）
27	土耳其—对于纺织品和服装进口的限制	19-11-1999 WT/DS34/11	15-12-1999 WT/DS34/9	07-01-2000 WT/DS34/10	19-02-2001	WT/DS34/12 和 Add. 1～Add. 8 就土耳其所采取的措施达成一致的通知 WT/DS34/14
28	智利—对酒精饮料征税	12-01-2000 WT/DS87/12 WT/DS110/11	11-02-2000 WT/DSB/M/75	23-05-2000 WT/DS87/15 WT/DS110/4 （通过仲裁）	12-01-2000 至 21-03-2001 （14 个月零 9 天）	WT/DS87/17 和 Add. 1～Add. 2
29	韩国—对于特定奶制品进口的保障措施	12-01-2000 WT/DS98/10	11-02-2000 WT/DSB/M/75	21-03-2000 WT/DS98/11	直至 20-05-2000	WT/DS98/12
30	阿根廷—对鞋类产品进口的保障措施	12-01-2000 WT/DS121/9	11-02-2000 WT/DSB/M/75	N. A.	N. A.	N. A.
31	美国—1974 年贸易法第 301—310 部分	27-01-2000 WT/DS152/14	N. A.	N. A.	N. A.	N. A.

续 表

序号	案件	通过专家组及上诉机构报告（日-月-年）	通知执行争端解决机构建议的意向（日-月-年）	确定合理时限（日-月-年）	根据 DSU 第 21.3 条确定的合理期限	根据 DSU 第 21.6 条争端解决机构对执行的监督
32	墨西哥—对来自美国的高果糖玉米浆进行反倾销调查	24-02-2000 WT/DS132/4 和 Corr. 1	20-03-2000 WT/DSB/M/77	10-04-2000 WT/DS132/5	24-02-2000 至 22-09-2000 （6 个月零 29 天）	（见第四部分）
33	美国—“海外销售公司”税收待遇	20-03-2000 WT/DS108/10	07-04-2000 WT/DSB/M/78	20-03-2000 （报告批准）	直至 01-10-2000 相应时间延至 01-11-2000	（见第四部分）
34	加拿大—药品的专利权保护	07-04-2000 WT/DS114/9	25-04-2000 WT/DSB/M/79	18-08-2000 WT/DS114/13 （通过仲裁）	直至 07-10-2000	相关规定于 07-10-2000 公布
35	美国—对来自英国的热轧铅铋碳钢产品征收反补贴税	07-06-2000 WT/DS138/9 和 Corr. 1	05-07-2000 WT/DSB/M/85	N. A.	N. A.	N. A.
36	加拿大—影响汽车工业的特定措施	19-06-2000 WT/DS139/8 WT/DS142/8	27-07-2000 WT/DSB/M/86	04-10-2000 WT/DS139/12 WT/DS142/12 （通过仲裁）	直至 19-02-2001	此措施于 18-02-2001 废止 WT/DSB/M/101
37	韩国—影响政府采购措施	19-06-2000 WT/DS163/7	N. A.	N. A.	N. A.	N. A.
38	美国—美国版权法第 110（5）节	27-07-2000 WT/DS160/8	24-08-2000 WT/DS160/9	15-01-2001 WT/DS160/12 （通过仲裁）	直至 27-07-2001 相应时间顺延直至 美国国会结束或 31-12-2001 （WT/DS160/14）	WT/DS160/18 和 Add. 1～Add. 16 （见第四部分） 在 23-06-2003 各方达成了相互满意的临时性协议 （WT/DS160/23） 相应地现状报告重新开始 WT/DS160/24 和 Add. 1～Add. 22
39	美国—1916 年反倾销法	26-09-2000 WT/DS136/8 WT/DS162/11	23-10-2000 WT/DSB/M/91	28-02-2001 WT/DS136/11 WT/DS162/14 （通过仲裁）	直至 26-07-2001 相应时间顺延直至美国国会结束或 31-12-2001 （WT/DS136/13 WT/DS162/16）	WT/DS136/14 WT/DS162/17 和 Add. 1～Add. 31 （见第四部分）
40	加拿大—专利保护条款	12-10-2000 WT/DS170/7	23-10-2000 WT/DSB/M/91	28-02-2001 WT/DS170/10 （通过仲裁）	直至 12-08-2001	加拿大宣布执行建议至 12-08-2001 止 WT/DSB/M/107
41	危地马拉—对来自墨西哥的波兰特灰水泥采取反倾销措施	17-11-2000 WT/DS156/4	12-12-2000 WT/DSB/M/94	N. A.	N. A.	反倾销税至 02-10-2000 止 WT/DSB/M/94

续 表

序号	案件	通过专家组及上诉机构报告（日-月-年）	通知执行争端解决机构建议的意向（日-月-年）	确定合理时限（日-月-年）	根据DSU第21.3条确定的合理期限	根据DSU第21.6条争端解决机构对执行的监督
42	韩国—影响新鲜、冷藏及冷冻牛肉进口的措施	10-01-2001 WT/DS161/11 WT/DS169/11	01-02-2001 WT/DSB/M/98	19-04-2001 WT/DS161/12 WT/DS169/12	直至 10-09-2001	韩国宣布执行建议至10-09-01止 WT/DSB/M/110
43	美国—对来自欧共体面筋进口的保障措施	19-01-2001 WT/DS166/10	03-04-2001 WT/DSB/M/99	04-04-2001 WT/DS166/12	直至 02-06-2001	
44	美国—来自韩国的不锈钢卷板和不锈钢条的反倾销措施	01-02-2001 WT/DS179/4	01-03-2001 WT/DSB/M/100	26-04-2001 WT/DS179/5	直至 01-09-2001	美国宣布执行建议至01-09-2001止 WT/DSB/M/109
45	阿根廷—影响牛皮出口和成皮进口的措施	16-02-2001 WT/DS155/5	12-03-2001 WT/DSB/M/101	31-08-2001 WT/DS155/10 （通过仲裁）	直至 28-02-2002	WT/DS155/12 争端解决机构注意到欧共体和阿根廷之间根据《关于争端解决规则与程序的谅解》第21条和第22条达成的协议 WT/DSB/M/121
46	欧共体—对来自印度的棉质床单进口征收反倾销税	12-03-2001 WT/DS141/9	05-04-2001 WT/DSB/M/103	26-04-2001 WT/DS141/10	直至 14-08-2001	见第四部分
47	泰国—对波兰出口的铁或非合金钢的角铁、型材、轧材及工字梁的反倾销税案	05-04-2001 WT/DS122/7	26-04-2001 WT/DSB/M/104	25-05-2001 WT/DS122/8	直至 20-10-2001	WT/DS122/9 WT/DS122/11 （双方达成协议，此项不再出现在争端解决机构的日程中）
48	欧共体—影响石棉及含石棉产品的措施	05-04-2001 WT/DS135/12	N. A.	N. A.	N. A.	N. A.
49	美国—对来自新西兰和澳大利亚的新鲜、冷藏和冷冻羔羊肉进口采取保障措施	16-05-2001 WT/DS177/10 WT/DS178/11	20-06-2001 WT/DS177/11 WT/DS178/12	31-08-2001 决定于 15-11-2001 停止该措施 WT/DS177/12 WT/DS178/13	直至 15-11-2001	14-11-2001 美国宣布其已完成必要的法律步骤来实施8月31日的决定 WT/DSB/M/113
50	美国—对来自日本的某些热轧钢产品采取反倾销措施	23-08-2001 WT/DS184/8	10-09-2001 WT/DSB/M/109	19-02-2002 WT/DS184/13 （通过仲裁）	23-08-2001至 23-11-2002 （15个月） 相应地，时间顺延直至 31-12-2003 或直至美国国会休会日，选两者较前者	WT/DS184/15 和Add. 1～ Add. 47

续 表

序号	案件	通过专家组及上诉机构报告（日-月-年）	通知执行争端解决机构建议的意向（日-月-年）	确定合理时限（日-月-年）	根据 DSU 第 21.3 条确定的合理期限	根据 DSU 第 21.6 条争端解决机构对执行的监督
					（WT/DS184/16）相应地，时间被修改于 31-07-2004 到期（WT/DS184/17）相应地，时间被修改于 31-07-2005 到期（WT/DS184/18）	
51	美国—对于作为出口限制的补贴措施	23-08-2001 WT/DS194/4	N. A.	N. A.	N. A.	N. A.
52	美国—对来自巴基斯坦棉纱采取过渡性保障措施	05-11-2001 WT/DS192/7	21-11-2001 WT/DSB/M/113	N. A.	N. A.	美国宣布此措施于 01-11-2001 被废除 WT/DSB/M/113
53	阿根廷—对来自意大利的地板砖进口的反倾销措施	05-11-2001 WT/DS189/6	05-12-2001 WT/DSB/M/114	18-12-2001 WT/DS189/7	05-11-2001 至 05-04-2002 WT/DS189/7	WT/DS189/8
54	美国—1998 年全面拨款法第 211 节	01-02-2002 WT/DS176/9	19-02-2002 WT/DSB/M/120	28-03-2002 WT/DS176/10	直至 31-12-2002 或美国国会休会日，不迟于 03-01-2003 相应地，时间被修改于 30-06-2003 到期（WT/DS176/12）时间再次被修改为于 31-12-2003 到期（WT/DS176/13）相应地，时间被修改于 31-12-2004 到期（WT/DS176/14）相应地，时间被修改于 30-06-2005 到期（WT/DS176/15）	WT/DS176/11 和 Add. 1～Add. 47
55	加拿大—地区性航空器的出口信贷保证	19-02-2002 WT/DS222/6	08-03-2002 WT/DSB/M/121		专家组建议从报告通过后的 90 天内撤销此措施（截至 20-05-2002）	（见第四部分）
56	美国—对产自韩国的环状焊接碳素钢管实施保障措施	08-03-2002 WT/DS202/13	05-04-2002 WT/DSB/M/122	29-07-2002 WT/DS202/18	直至 01-09-2002	在 18-03-2003 争端解决机构会议上，美国宣布此措施已于 01-03-2003 终止 WT/DSB/M/145

续 表

序号	案件	通过专家组及上诉机构报告（日-月-年）	通知执行争端解决机构建议的意向（日-月-年）	确定合理时限（日-月-年）	根据DSU第21.3条确定的合理期限	根据DSU第21.6条争端解决机构对执行的监督
57	印度—影响汽车部门的措施	05-04-2002 WT/DS146/11 WT/DS175/11	02-05-2002 WT/DS146/12 WT/DS175/12	18-07-2002 WT/DS146/13 WT/DS175/13	05-04-2002至 05-09-2002 （5个月）	在11-11-2002争端解决机构会议上，印度宣布其已执行了争端解决机构的建议 WT/DSB/M/136
58	美国—对来自印度的钢板采取反倾销及反补贴措施	29-07-2002 WT/DS206/5	27-08-2002 WT/DS206/6	01-10-2002 WT/DS206/7	20-07-2002至 29-12-2002 （5个月） 相应地，时间被修改于 31-01-2003到期 （WT/DS206/8）	在19-02-2003争端解决机构会议上，美国宣布已按争端解决机构建议来执行 WT/DSB/M/143
59	美国—乌拉圭回合协议第129（c）（1）节	30-08-2002 WT/DS221/7	N. A.	N. A.	N. A.	N. A.
60	埃及—对来自土耳其钢筋采取反倾销措施	01-10-2002 WT/DS211/5	23-10-2002 WT/DSB/M/134	14-11-2002 WT/DS211/6	01-10-2002至 31-07-2003 （9个月）	WT/DS211/7和 Add. 1～ Add. 3 在29-08-2003争端解决机构会议上，埃及宣布已按争端解决机构建议执行
61	智利—对特定农产品相关的综合价格制度及保障措施	23-10-2002 WT/DS207/8	11-11-2002 WT/DSB/M/136	17-03-2003 WT/DS207/13 （通过仲裁）	23-10-2002至 23-12-2003 （14个月）	WT/DS207/15 和 Add. 7 （见第四部分）
62	欧共体—沙丁鱼贸易描述	23-10-2002 WT/DS231/15	11-11-2002 WT/DSB/M/136	19-12-2002 WT/DS231/16	23-10-2002至 23-04-2003 相应地，时间被修改于01-07-2003到期 （WT/DS231/17）	WT/DS231/18 （双方同意的解决方案）
63	美国—对来自加拿大特定软木的初步决定	01-11-2002 WT/DS236/4	28-11-2002 WT/DSB/M/137	N. A.	N. A.	N. A.
64	美国—对来自德国的特定耐腐蚀碳钢板征收反补贴税	19-12-2002 WT/DS213/9	17-01-2003 WT/DSB/M/141	N. A.	N. A.	在20-04-2004争端解决机构会议上，美国宣布已按争端解决机构建议执行 （WT/DSB/M/167）

续 表

序号	案件	通过专家组及上诉机构报告(日-月-年)	通知执行争端解决机构建议的意向(日-月-年)	确定合理时限(日-月-年)	根据 DSU 第 21.3 条确定的合理期限	根据 DSU 第 21.6 条争端解决机构对执行的监督
65	美国—对于特定来自欧共体产品的反补贴措施	08-01-2003 WT/DS212/11	27-01-2003 WT/DSB/M/142	10-04-2003 WT/DS212/12	08-01-2003 至 08-11-2003 (10 个月)	WT/DS212/13 WT/DS212/19 (见第四部分)
66	美国—2000 年持续性倾销及补贴补偿法案	27-01-2003 WT/DS217/11 WT/DS234/19	27-01-2003 WT/DSB/M/142 19-02-2003 WT/DSB/M/143 26-02-2003 WT/DSB/M/144	13-06-2003 WT/DS217/14 WT/DS234/22 (通过仲裁)	27-01-2003 至 27-12-2003 (11 个月) 在与澳大利亚、印度尼西亚和泰国有关的争议中，实施期间按被修改， 27-12-2004 到期 (WT/DS217/17，18，19) 相应地，美国就此事向分别与下列国家达成程序谅解： 澳大利亚 (WT/DS217/44) 泰国 (WT/DS217/45) 印度尼西亚 (WT/DS217/46)	WT/DS217/16 WT/DS234/24 和 Add. 1～Add. 24 (见第四部分)
67	阿根廷—对于桃脯进口的保障措施	15-04-2003 WT/DS238/5	14-05-2003 WT/DS238/6 19-05-2003 WT/DSB/M/150	30-05-2003 WT/DS238/7	直至 31-12-2003	在 23-01-2004 争端解决机构会议上，阿根廷宣布已按争端解决机构建议执行 (WT/DSB/M/163)
68	阿根廷—对来自巴西的家禽征收反倾销税	19-05-2003 WT/DS241/6	N. A.	N. A.	N. A.	N. A.
69	美国—纺织品及服装原产地证明	21-07-2003 WT/DS243/8	N. A.	N. A.	N. A.	N. A.
70	欧共体—对来自巴西的可锻铸铁管接头征收反倾销税	18-08-2003 WT/DS219/10	15-09-2003 WT/DS219/11 02-10-2003 WT/DSB/M/156	01-10-2003 WT/DS219/12	18-08-2003 至 19-03-2004 (7 个月)	17-03-2004，欧共体就其执行争端解决机构建议提供信息 (WT/DS219/13)
71	日本—影响苹果进口的措施	10-12-2003 WT/DS245/8	09-01-2004 WT/DSB/M/162	30-01-2004 WT/DS245/9	10-12-2003 至 30-06-2004 (6 个月零 20 天)	(见第四部分)

续 表

序号	案件	通过专家组及上诉机构报告（日-月-年）	通知执行争端解决机构建议的意向（日-月-年）	确定合理时限（日-月-年）	根据DSU第21.3条确定的合理期限	根据DSU第21.6条争端解决机构对执行的监督
72	美国—对特定钢铁产品进口采取保障措施	10-12-2003 WT/DS248/20 WT/DS249/14 WT/DS251/15 WT/DS252/13 WT/DS253/13 WT/DS254/13 WT/DS258/17 WT/DS259/16	N. A.	N. A.	N. A.	在10-12-2003的争端解决机构会议上，美国宣布其总统已经下令停止与此争议相关的10项保障措施（WT/DSB/M/160）
73	美国—对来自日本的耐腐蚀碳钢板产品的反倾销税日落复审	09-01-2004 WT/DS244/10	N. A.	N. A.	N. A.	N. A.
74	美国—对来自加拿大的软木最终反补贴税决定	17-02-2004 WT/DS257/11	05-03-2004 WT/DS257/12	28-04-2004 WT/DS257/13	17-02-2004至17-12-2004（10个月）	WT/DS257/14和Add. 1 （见第四部分）
75	欧共体—发展中国家优惠关税授予条件	20-04-2004 WT/DS246/10	19-05-2004 WT/DSB/M/169	20-09-2004 WT/DS246/14 （通过仲裁）	20-04-2004至01-07-2005（14个月零11天）	WT/DS246/16和Add. 1～Add. 3
76	美国—国际贸易委员会对加拿大软木的调查	26-04-2004 WT/DS277/R	19-05-2004 WT/DSB/M/169	01-10-2004 WT/DS277/7	26-04-2004至26-01-2005（9个月）	在25-01-2005的争端解决机构会议上，美国说明其已按争端解决机构在此争端中的建议执行（见第四部分）
77	墨西哥—影响电信服务的措施	01-06-2004 WT/DS204/8	01-06-2004 WT/DS204/7	01-06-2004 WT/DS204/7	从报告通过之日起的13个月内；也就是说在2005年7月底前	WT/DS204/9和Add. 1～Add. 8
78	美国—对加拿大软木的最终倾销决定	31-08-2004 WT/DS264/9	27-09-2004 WT/DSB/M/176	06-12-2004 WT/DS264/12	31-08-2004至15-04-2005相应地，时间被修改于02-05-2005到期（WT/DS264/15）	在19-05-2005的争端解决机构会议上，美国说明其已按争端解决机构的建议和规则执行（WT/DSB/M/189）（见第四部分）
79	加拿大—关于小麦出口和谷物进口的措施	27-09-2004 WT/DS276/18	18-10-2004 WT/DSB/M/177	15-11-2004 WT/DS276/19	27-09-2004至01-08-2005（10个月零5天）	WT/DS276/20和Add. 1～Add. 3

续 表

序号	案件	通过专家组及上诉机构报告（日-月-年）	通知执行争端解决机构建议的意向（日-月-年）	确定合理时限（日-月-年）	根据DSU第21.3条确定的合理期限	根据DSU第21.6条争端解决机构对执行的监督
80	美国—对来自阿根廷石油工业用管材的反倾销措施日落复审	17-12-2004 WT/DS268/8	14-01-2005 WT/DSB/M/181	07-06-2005 WT/DS268/12（通过仲裁）	17-12-2004至17-12-2005（12个月）	在20-12-2005的争端解决机构会议上，美国指出其已按争端解决机构的建议和规则执行（见第四部分）
81	美国—陆地棉补贴	21-03-2005 WT/DS/267/20	20-04-2005 WT/DSB/M/188		根据《补贴与反补贴协议》第4.7条，专家组建议此措施自报告被批准后的6个月内或在2005年7月1日之前撤销（以较早的为准）	（见第四部分）
82	韩国—影响商船贸易的措施	11-04-2005 WT/DS273/8			根据《补贴与反补贴协议》第4.7条，专家组建议此措施自报告被批准后的90天内撤销	
83	欧共体—农产品和食品的商标及地理标识保护	20-04-2005 WT/DS174/23 WT/DS290/21	19-05-2005 WT/DSB/M/189	09-06-2005 WT/DS174/24 WT/DS290/22	实施时间至03-04-2006为止（11个月零2周）	WT/DS174/25-WT/DS290/23和Add.1～Add.3
84	美国—影响博彩业跨境交付的措施	20-04-2005 WT/DS285/10	19-05-2005 WT/DSB/M/189	19-08-2005 WT/DS285/13（通过仲裁）	20-04-2005至03-04-2006（11个月零2周）	WT/DS285/15和Add.1（见第四部分）
85	欧共体—糖类出口补贴	19-05-2005 WT/DS265/29 WT/DS266/29 WT/DS283/10	13-06-2005 WT/DSB/M/191	28-10-2005 WT/DS265/33 WT/DS266/33 WT/DS283/14（通过仲裁）	19-05-2005至22-05-2006（12个月零3天）	WT/DS265/35-WT/DS266/35-WT/DS283/16和Add.1
86	多米尼加共和国—影响香烟进口和国内销售的措施	19-05-2005 WT/DS302/12	13-06-2005 WT/DSB/M/191	16-08-2005 WT/DS302/17	19-05-2005之后的24个月，也就是在19-05-2007之前	
87	欧共体—影响商船贸易的措施	20-06-2005 WT/DS301/6	20-07-2005 WT/DSB/M/194			

续 表

序号	案件	通过专家组及上诉机构报告（日-月-年）	通知执行争端解决机构建议的意向（日-月-年）	确定合理时限（日-月-年）	根据DSU第21.3条确定的合理期限	根据DSU第21.6条争端解决机构对执行的监督
88	美国—对来自韩国的计算机动态随机存取存储器芯片的反补贴税调查	20-07-2005 WT/DS296/10	03-08-2005 WT/DSB/M/195	07-11-2005 WT/DS296/11	20-07-2005至 08-03-2006 （7个月零16天）	在14-03-2006的争端解决机构会议上，美国指出其已按争端解决机构的建议和规则执行 （WT/DSB/M/206）
89	欧共体—对来自韩国的计算机动态随机存取存储器芯片的反补贴措施	03-08-2005 WT/DS299/6	31-08-2005 WT/DSB/M/196	12-10-2005 WT/DS299/7	03-08-2005至 03-04-2006 （8个月）	WT/DS299/8 WT/DS299/9
90	欧共体—冷冻无骨鸡的关税分类	27-09-2005 WT/DS269/10 WT/DS286/12	18-10-2005 WT/DSB/M/199	20-02-2006 WT/DS269/13 —WT/DS286/15 （通过仲裁）	27-09-2005至 27-06-2006 （9个月）	WT/DS269/15- WT/DS286/17 和Add.1
91	美国—对来自墨西哥的石油工业用管材反倾销措施	28-11-2005 WT/DS282/10	20-12-2005 WT/DSB/M/202	15-02-2006 WT/DS282/11	28-11-2005至 28-05-2006 （6个月）	（见第四部分）
92	韩国—对来自印度尼西亚特定纸张进口征收反倾销税	28-11-2005 WT/DS312/5	20-12-2005 WT/DSB/M/202	10-02-2006 WT/DS312/6	28-11-2005至 28-07-2006 （8个月）	（见第四部分）
93	墨西哥—对于牛肉和稻米的反倾销措施：对于稻米的上诉	20-12-2005 WT/DS295/9	19-01-2006 WT/DS295/10	18-05-2006 WT/DS295/12	20-12-2005至 20-08-2006 [8个月，考虑到专家组报告第8.1和8.3段和上诉机构报告第350（b）和（c）段] 20-12-2005至 20-12-2006 [12个月，考虑到专家组报告第8.5段和上诉机构报告第350（d）段]	WT/DS295/13 和Add.1
94	墨西哥— 对于软饮料及其他饮料征税	24-03-2006 WT/DS308/13	21-04-2006 WT/DSB/M/210	03-07-2006 WT/DS308/15	24-03-2006至 01-01-2007 （9个月零8天） 或者如果墨西哥国会在2006年12月1日-31日间制定法律停止此措施 24-03-2006至 31-01-2007 （10个月零7天）	WT/DS308/16

续 表

序号	案件	通过专家组及上诉机构报告（日-月-年）	通知执行争端解决机构建议的意向（日-月-年）	确定合理时限（日-月-年）	根据 DSU 第 21.3 条确定的合理期限	根据 DSU 第 21.6 条争端解决机构对执行的监督
95	美国—计算倾销差额（归零法）的法律、规则及方法	09-05-2006 WT/DS294/17	30-05-2006 WT/DSB/M/213	28-07-2006 WT/DS294/19	09-05-2006 至 09-04-2007（11 个月）	WT/DS294/20 和 Add. 1 ～ Add. 6
96	欧共体—影响生物科技产品审批及营销的措施	21-11-2006 WT/DS291/33 WT/DS292/27 WT/DS293/27	19-12-2006 WT/DSB/M/224	21-06-2007 WT/DS291/35	21-11-2006 至 21-11-2007（12 个月）	
97	欧共体—特定海关措施	11-12-2006 WT/DS315/15	19-12-2006 WT/DSB/M/224			
98	美国—关于归零法及日落复审措施	23-01-2007 WT/DS322/15	20-02-2007 WT/DSB/M/226	04-05-2007 WT/DS322/20	23-01-2007 至 24-12-2007（11 个月）	WT/DS322/22 和 Add. 1～Add. 2
99	美国—对来自厄瓜多尔虾征收反倾销税	20-02-2007 WT/DS335/9	20-03-2007 WT/DSB/M/228	26-03-2007 WT/DS335/10	20-02-2007 至 20-08-2007（6 个月）	2007 年 8 月，美国宣布已按争端解决机构建议和裁决执行 WT/DSB/M/238
100	墨西哥—对来自危地马拉的钢管征收反倾销税	24-07-2007 WT/DS331/5	23-08-2007 WT/DS331/6	25-09-2007 WT/DS331/7	24-07-2007 至 24-01-2008（6 个月）	2008 年 1 月 24 日，墨西哥宣布已按争端解决机构建议和裁决执行 WT/DSB/M/248
101	土耳其—影响大米进口的措施	22-10-2007 WT/DS334/8	20-11-2007 WT/DS334/10	09-04-2008 WT/DS334/12	22-10-2007 至 22-04-2008（6 个月）	WT/DS334/14
102	巴西—影响翻新轮胎进口的措施	17-12-2007 WT/DS332/12	15-01-2008 WT/DSB/M/244	29-08-2008 WT/DS332/16（通过仲裁）	17-12-2007 至 11-12-2008（12 个月）	
103	日本—对来自韩国的动态随机存储器征收反补贴税	17-12-2007 WT/DS336/12	15-01-2008 WT/DSB/M/244	05-05-2008 WT/DS336/16（通过仲裁）	17-12-2007 至 01-09-2008（8 个月零 2 星期）	（见第四部分）
104	欧共体—对产自挪威人工养殖的鲑鱼采取反倾销措施	15-01-2008 WT/DS337/6	08-02-2008 WT/DSB/M/246	06-05-2008 WT/DS337/8	15-01-2008 至 15-11-2008（10 个月）	争端解决机构于 2008 年 8 月 1 日开会宣布撤销该措施，于 2008 年 7 月 20 日生效 WT/DSB/M/254
105	美国—对产自墨西哥的不锈钢采取最终反倾销措施	20-05-2008 WT/DS344/10	02-06-2008 WT/DSB/M/251	31-10-2008 WT/DS344/15（通过仲裁）	20-05-2008 至 30-04-2009（11 个零 10 天）	

续 表

序号	案件	通过专家组及上诉机构报告（日-月-年）	通知执行争端解决机构建议的意向（日-月-年）	确定合理时限（日-月-年）	根据DSU第21.3条确定的合理期限	根据DSU第21.6条争端解决机构对执行的监督
106	美国—与来自泰国虾有关的措施	01-08-2008 WT/DS343/14	29-08-2008 WT/DSB/M/255	31-10-2008 WT/DS343/16	01-08-2008至 01-04-2009 （8个月）	在2009年4月20日争端解决机构会议上，美国说明其已按争端解决机构的建议和规则执行 WT/DSB/M/267
107	美国—海关保税指令	01-08-2008 WT/DS345/13	29-08-2008 WT/DSB/M/255	31-10-2008 WT/DS345/15	01-08-2008至 01-04-2009 （8个月）	在2009年4月20日争端解决机构会议上，美国说明其已按争端解决机构的建议和规则执行 WT/DSB/M/267
108	墨西哥—对从欧共体进口的橄榄油采取最终反补贴措施	21-10-2008 WT/DS341/5	17-11-2008 WT/DSB/M/259			在2008年12月11日争端解决机构会议上，墨西哥说明其已按争端解决机构的建议和规则执行 WT/DSB/M/260
109	美国—欧共体继续要求中止在荷尔蒙案件中的义务	14-11-2008 WT/DS320/18	11-12-2008 WT/DSB/M/260			
110	加拿大—欧共体继续要求中止在荷尔蒙案件中的义务	14-11-2008 WT/DS321/16	11-12-2008 WT/DSB/M/260			
111	中国—影响汽车零部件进口的措施	12-01-2009 WT/DS339/14 WT/DS340/14 WT/DS342/14	11-02-2009 WT/DSB/M/264	27-02-2009 WT/DS339/15 WT/DS340/15 WT/DS342/15	12-01-2009至 01-09-2009 （7个月 零 20天）	在2009年8月31日争端解决机构会议上，中国说明其已使其措施与争端解决机构的建议和裁决一致 WT/DSB/M/273
112	美国—继续存在和运用归零法	19-02-09 WT/DS350/15	20-03-2009 WT/DSB/M/266	02-06-2009 WT/DS350/17	19-02-2009至 19-12-2009 （10个月）	WT/DS350/18 和Add.1-Add.10

续 表

序号	案件	通过专家组及上诉机构报告（日-月-年）	通知执行争端解决机构建议的意向（日-月-年）	确定合理时限（日-月-年）	根据 DSU 第 21.3 条确定的合理期限	根据 DSU 第 21.6 条争端解决机构对执行的监督
113	中国—影响知识产权保护和执法的措施	20-03-2009 WT/DS362/10	20-04-2009 WT/DSB/M/267	29-06-2009 WT/DS362/13	20-03-09 至 20-03-2010 （12 个月）	WT/DS362/14 和 Add. 1&Add. 2 2010 年 4 月 20 日争端解决机构会议上，中国说明其已使其措施与争端解决机构的建议和裁决一致（WT/DSB/M/282）
114	哥伦比亚—对港口入境的价格限制要求	20-05-2009 WT/DS366/9	19-06-2009 WT/DSB/M/270	02-10-2009 WT/DS366/13	20-05-2009 至 04-02-2010 （8 个月零 15 天）	WT/DS366/15
115	中国—影响出版物和视听娱乐产品的贸易权和分销服务措施	19-01-2010 WT/DS363/14	18-02-2010 WT/DSB/M/279	12-07-2010 WT/DS363/16	19-01-2010 至 19-03-2011 （14 个月）	
116	美国—对自泰国的 PE 塑胶购物袋采取反倾销措施	18-02-2010 WT/DS383/5	19-03-2010 WT/DSB/M/280	31-03-2010 WT/DS383/6	18-02-2010 至 18-08-2010 （6 个月）	2010 年 8 月 31 日争端解决机构会议上，美国说明其已使其措施与争端解决机构的建议和裁决一致（WT/DSB/M/286）
117	欧共体及其成员—某些信息技术产品的关税待遇	21-09-2010 WT/DS375/13 WT/DS376/13 WT/DS377/11	13-10-2010 WT/DS375/14 WT/DS376/14 WT/DS377/12			

第四部分
援引《关于争端解决规则与程序的谅解》第21.5条

序号	案件	援引第21.5条（日-月-年）	提交原专家组（日-月-年）	散发专家组报告（日-月-年）	通知上诉（日-月-年）	散发上诉机构报告（日-月-年）	通过专家组和/或上诉机构报告（日-月-年）
1	欧共体—香蕉进口、销售和分销	15-12-1998 欧共体 WT/DS27/40 18-12-1998 厄瓜多尔 WT/DS27/41	12-01-1999 WT/DSB/M/53 欧共体 厄瓜多尔	12-04-1999 WT/DS27/RW/ECU WT/DS27/RW/EEC和Corr. 1	N. A.	N. A.	06-05-1999 WT/DSB/M/61 (WT/DS27/RW/ECU)
2	澳大利亚—影响鲑鱼进口的措施	28-07-1999 加拿大 WT/DS18/14	28-07-1999 WT/DSB/M/66	18-02-2000 WT/DS18/RW	N. A.	N. A.	20-03-2000 WT/DSB/M/77
3	澳大利亚—对于汽车皮革制造商和生产商提供的补贴	04-10-1999 美国 WT/DS126/8	14-10-1999 WT/DSB/M/69	21-01-2000 WT/DS126/RW和Corr. 1	N. A.	N. A.	11-02-2000 WT/DSB/M/75
4	巴西—对于航空器出口融资	26-11-1999 加拿大 WT/DS46/13	09-12-1999 WT/DSB/M/72	09-05-2000 WT/DS46/RW	22-05-2000 巴西 WT/DS46/17	21-07-2000 WT/DS46/AB/RW	04-08-2000 WT/DSB/M/87
5	加拿大—影响民用航空器措施	23-11-1999 巴西 WT/DS70/9	09-12-1999 WT/DSB/M/72	09-05-2000 WT/DS70/RW	22-05-2000 巴西 WT/DS70/12	21-07-2000 WT/DS70/AB/RW	04-08-2000 WT/DSB/M/87
6	美国—对来自韩国计算机动态随机存取存储器芯片征收反倾销税	07-04-2000 韩国 WT/DS99/8	25-04-2000 WT/DSB/M/79	07-11-2000 WT/DS99/RW（双方达成协议）	N. A.	N. A.	N. A.
7	美国—对特定虾及虾类产品进口限制	13-10-2000 马来西亚 WT/DS58/17	23-10-2000 WT/DSB/M/91	15-06-2001 WT/DS58/RW	23-07-2001 马来西亚 WT/DS58/20	22-10-2001 WT/DS58/AB/RW	21-11-2001 WT/DSB/M/113
8	墨西哥—对来自美国的高果糖玉米浆开展反倾销调查	13-10-2000 美国 WT/DS132/6	23-10-2000 WT/DSB/M/91	22-06-2001 WT/DS132/RW	24-07-2001 墨西哥 WT/DS132/10	22-10-2001 WT/DS132/AB/RW	21-11-2001 WT/DSB/M/113
9	美国—"海外销售公司"税收待遇	07-12-2000 欧共体 WT/DS108/16	20-12-2000 WT/DSB/M/95	20-08-2001 WT/DS108/RW	15-10-2001 美国 WT/DS108/21	14-01-2002 WT/DS108/AB/RW	29-01-2002 WT/DSB/M/118
10	巴西—对于航空器出口资金融通：加拿大再次援引《关于争端解决规则与程序的谅解》第21.5条	19-01-2001 加拿大 WT/DS46/26	16-02-2001 WT/DSB/M/99	26-07-2001 WT/DS46/RW/2	N. A.	N. A.	23-08-2001 WT/DSB/M/108

续 表

序号	案件	援引第 21.5 条（日-月-年）	提交原专家组（日-月-年）	散发专家组报告（日-月-年）	通知上诉（日-月-年）	散发上诉机构报告（日-月-年）	通过专家组和/或上诉机构报告（日-月-年）
11	加拿大—影响牛奶进口及奶制品出口的措施	16-02-2001 美国 WT/DS103/16 16-02-2001 新西兰 WT/DS113/16	01-03-2001 WT/DSB/M/100	11-07-2001 WT/DS103/RW WT/DS113/RW	04-09-2001 加拿大 WT/DS103/20 WT/DS113/20	03-12-2001 WT/DS103/AB/RW WT/DS113/AB/RW	18-12-2001 WT/DSB/M/116
12	加拿大—影响牛奶进口及奶制品出口的措施：美国和新西兰再次引用第 21.5 条	06-12-2001 美国 WT/DS103/23 06-12-2001 新西兰 WT/DS113/23	18-12-2001 WT/DSB/M/116	26-07-2002 WT/DS103/RW/2 WT/DS113/RW/2	23-09-2002 加拿大 WT/DS103/28 WT/DS113/28	20-12-2002 WT/DS103/AB/RW2 WT/DS113/AB/RW2	17-01-2003 WT/DSB/M/141
13	欧共体—对于来自印度棉质床单进口征收反倾销税	07-05-2002 印度 WT/DS141/13/Rev. 1	22-05-2002 WT/DSB/M/124 和 Corr. 1	29-11-2002 WT/DS141/RW	08-01-2003 印度 WT/DS141/16	08-04-2003 WT/DS141/AB/RW	24-04-2003 WT/DSB/M/148
14	美国—对来自欧共体特定产品反补贴措施	17-03-2004 欧共体 WT/DS212/14	27-09-2004 WT/DS212/15 WT/DSB/M/176	17-08-2005 WT/DS212/RW	N. A.	N. A.	27-09-2005 WT/DSB/M/198
15	智利—对特定农产品相关的综合价格制度及保障措施	19-05-2004 阿根廷 WT/DS207/17	20-01-2006 WT/DS207/18 WT/DSB/M/203	08-12-2006 WT/DS207/RW	05-02-2007 Chile WT/DS207/22	07-05-2007 WT/DS207/AB/RW	22-05-2007 WT/DSB/M/232
16	日本—影响苹果进口的措施	19-07-2004 美国 WT/DS245/11	30-07-2004 WT/DSB/M/174	23-06-2005 WT/DS245/RW	N. A.	N. A.	20-07-2005 WT/DSB/M/194
17	美国—对来自加拿大的软木最终反补贴税决定	04-01-2005 加拿大 WT/DS257/15	14-01-2005 WT/DSB/M/181	01-08-2005 WT/DS257/RW	06-09-2005 美国 WT/DS257/22	05-12-2005 WT/DS257/AB/RW	20-12-2005 WT/DSB/M/202
18	美国—“海外销售公司”税收待遇：欧共体再次援引第 21.5 条	14-01-2005 欧共体 WT/DS108/29	17-02-2005 WT/DSB/M/183	30-09-2005 WT/DS108/RW2	14-11-2005 美国 WT/DS108/32	13-02-2006 WT/DS108/AB/RW2	14-03-2006 WT/DS108/36
19	美国—国际贸易委员会对加拿大软木的调查	15-02-2005 加拿大 WT/DS277/8	25-02-2005 WT/DSB/M/184	15-11-2005 WT/DS277/RW	13-01-2006 加拿大 WT/DS277/16	13-04-2006 WT/DS277/AB/RW	09-05-2006 WT/DS277/19
20	美国—对加拿大软木的最终倾销决定	19-05-2005 加拿大 WT/DS264/16	01-06-2005 WT/DSB/M/190	03-04-2006 WT/DS264/RW	17-05-2006 加拿大 WT/DS264/25	15-08-2006 WT/DS264/AB/RW	01-09-2006 WT/DS264/28

续 表

序号	案件	援引第21.5条（日-月-年）	提交原专家组（日-月-年）	散发专家组报告（日-月-年）	通知上诉（日-月-年）	散发上诉机构报告（日-月-年）	通过专家组和/或上诉机构报告（日-月-年）
21	欧共体—香蕉进口制度及ACP-EC合作伙伴协定	30-11-2005 洪都拉斯 WT/DS27/62 30-11-2005 巴拿马 WT/DS27/63 30-11-2005 尼加拉瓜 WT/DS27/64					
22	美国—对来自阿根廷石油工业用管材的反倾销措施日落复审	26-01-2006 阿根廷 WT/DS268/15	17-03-2006 WT/DS268/16 WT/DSB/ M/207	30-11-2006 WT/DS268/RW	12-01-2007 美国 WT/DS268/19	12-04-2007 WT/DS268/ AB/RW	11-05-2007 WT/DSB/M/231
23	美国—影响博彩业跨境交付的措施	08-06-2006 安提瓜和巴布达 WT/DS285/17	19-07-2006 WT/DS285/18 WT/DSB/ M/217	30-03-2007 WT/DS285/RW	N. A.	N. A.	22-05-2007 WT/DSB/M/232
24	美国—陆地棉补贴	18-08-2006 巴西 WT/DS267/30	28-09-2006 WT/DSB/ M/220	18-12-2007 WT/DS267/ RW和 Corr. 1	12-02-2008 美国 WT/DS267/33	02-06-2008 WT/DS267/ AB/RW	20-06-2008 WT/DSB/M/252
25	美国—对来自墨西哥的石油工业用管材反倾销措施	21-08-2006 墨西哥 WT/DS282/13	24-04-2007 WT/DS282/14 WT/DSB/ M/230 06-07-2008 专家组建立 的授权取消 WT/DS282/17				
26	韩国—对来自印度尼西亚特定纸张进口征收反倾销税	26-10-2006 印度尼西亚 WT/DS312/8	23-01-2007 WT/DS312/9 WT/DSB/ M/225	28-09-2007 WT/DS312/RW	N. A.	N. A.	22-10-2007 WT/DS312/12
27	欧共体—关于香蕉进口、销售和分销的制度	16-11-2006 厄瓜多尔 WT/DS27/65	20-03-2007 WT/DS27/80 WT/DSB/ M/228	07-04-2008 WT/DS27/ RW2/ECU	28-08-2008 欧共体 WT/DS27/89	26-11-2008 WT/DS27/AB/ RW2/ECU	11-12-2008 WT/DSB/ M/260
28	欧共体—关于香蕉进口、销售和分销的制度	29-06-2007 美国 WT/DS27/83	12-07-2007 WT/DSB/ M/235	19-05-2008 WT/DS27/ RW/USA 和Corr. 1	28-08-2008 欧共体 WT/DS27/90	26-11-2008 WT/DS27/AB/ RW/USA和 Corr. 1	22-12-2008 WT/DSB/ M/261

续 表

序号	案件	援引第 21.5 条（日-月-年）	提交原专家组（日-月-年）	散发专家组报告（日-月-年）	通知上诉（日-月-年）	散发上诉机构报告（日-月-年）	通过专家组和/或上诉机构报告（日-月-年）
29	美国—计算倾销幅度的法律、法规和方法（“归零法”）	09-07-2007 欧共体 WT/DS294/22	25-09-2007 WT/DS294/25 WT/DSB/M/239	17-12-2008 WT/DS294/RW	13-02-2009 欧共体 WT/DS294/28	14-05-2009 WT/DS294/AB/RW 和 Corr. 1	11-06-2009 WT/DSB/M/269
30	美国—与归零法和日落复审相关的措施	07-04-2008 日本 WT/DS322/27	18-04-2008 WT/DSB/M/249	24-04-2009 WT/DS322/RW	20-05-2009 美国 WT/DS322/32	18-08-2009 WT/DS322/AB/RW	31-08-2009 WT/DSB/M/273
31	日本—对来自韩国的动态随机存储器征收反补贴税	09-09-2008 韩国 WT/DS336/19	23-09-2008 WT/DSB/M/256 2009 年 3 月 4 日，韩国要求专家组中止工作 WT/DS336/22 05-03-2010 专家组建立的授权取消 WT/DS336/23				
32	欧共体—与肉及肉制品有关的措施（荷尔蒙）	22-12-2008 欧共体 WT/DS26/23					
33	欧共体—与肉及肉制品有关的措施（荷尔蒙）	22-12-2008 欧共体 WT/DS48/21					
34	美国—对从墨西哥进口的不锈钢采取最终反倾销措施	19-08-2009 墨西哥 WT/DS344/18	21-09-2010 WT/DS344/20 WT/DSB/M/287				

第五部分
援引《关于争端解决规则与程序的谅解》第22条

序号	案件	援引第22条	在第22.6下进行仲裁	仲裁人报告	由争端解决机构授权中止减让
1(a)	欧共体—香蕉进口、销售和分销	14-01-1999 美国 WT/DS27/43	29-01-1999 欧共体 WT/DS27/46	09-04-1999 WT/DS27/ARB	根据美国要求 （WT/DS27/49）于 1999年4月19日争端 解决机构会议上授权 （WT/DSB/M/59）
1(b)	欧共体—香蕉进口、销售和分销	08-11-1999 厄瓜多尔 WT/DS27/52	19-11-1999 欧共体 WT/DS27/53	24-03-2000 WT/DS27/ ARB/ECU	根据厄瓜多尔要求 （WT/DS27/54）于 2000年5月18日争端 解决机构会议上授权 （WT/DSB/M/80）
2	欧共体—关于肉及肉制品措施（荷尔蒙）	17-05-1999 美国 WT/DS26/19 20-05-1999 加拿大 WT/DS48/17	02-06-1999 欧共体 WT/DS26/20 WT/DS48/18	12-07-1999 WT/DS26/ARB WT/DS48/ARB	根据美国要求 （WT/DS26/21） 和加拿大要求 （WT/DS48/19） 于1999年7月26日争端 解决机构会议上授权 （WT/DSB/M/65）
3	澳大利亚—影响鲑鱼进口的措施	15-07-1999 加拿大 WT/DS18/12	27-07-1999 澳大利亚 WT/DS18/13	N. A.	N. A.
4	巴西—对于航空器出口融资	10-05-2000 加拿大 WT/DS46/16	22-05-2000 巴西 WT/DS46/18	28-08-2000 WT/DS46/ARB	根据加拿大要求 （WT/DS46/25） 于2000年12月12日争端 解决机构会议上授权 （WT/DSB/M/94）
5	美国—“海外销售公司”税收待遇	17-11-2000 欧共体 WT/DS108/13	28-11-2000 美国 WT/DS108/17	30-08-2002 WT/DS108/ARB	根据欧共体要求 （WT/DS108/26） 于2003年5月7日 的争端解决机构 会议上授权 （WT/DSB/M/149）
6	加拿大—影响牛奶进口及奶制品出口的措施	16-02-2001 美国 WT/DS103/17 16-02-2001 新西兰 WT/DS113/17	28-02-2001 加拿大 WT/DS103/18 WT/DS113/18	双方达成一致 （WT/DS103/33, WT/DS113/33） 仲裁于2003年 5月9日终止	
7	美国—1916年反倾销法	07-01-2002 欧共体 WT/DS136/15 07-01-2002 日本 WT/DS162/18	17-01-2002 美国 WT/DS136/16 WT/DS162/19	24-02-2004 WT/DS136/ARB	

续 表

序号	案件	援引第 22 条	在第 22.6 下进行仲裁	仲裁人报告	由争端解决机构授权中止减让
8	美国—美国版权法第 110(5) 节	07-01-2002 欧共体 WT/DS160/19	17-01-2002 美国 WT/DS160/20	N. A.	N. A.
9	加拿大—地区性航空器的出口信贷保证	23-05-2002 巴西 WT/DS222/7 和 Corr. 1	21-06-2002 加拿大 WT/DS222/8	17-02-2003 WT/DS222/ARB	根据巴西要求（WT/DS222/10）于 2003 年 3 月 18 日争端解决机构会议上授权（WT/DSB/M/145）
10	美国—2000 年持续性倾销及补贴补偿法案	15-01-2004 巴西 WT/DS217/20 智利 WT/DS217/21 欧共体 WT/DS217/22 印度 WT/DS217/23 日本 WT/DS217/24 韩国 WT/DS217/25 加拿大 WT/DS234/25 墨西哥 WT/DS234/26 和 Corr. 1	23-01-2004 美国 WT/DS217/26 WT/DS217/27 WT/DS217/28 WT/DS217/29 WT/DS217/30 WT/DS217/31 WT/DS234/27 WT/DS234/28	31-08-2004 WT/DS217/ARB/BRA WT/DS217/ARB/CHL WT/DS217/ARB/EEC WT/DS217/ARB/IND WT/DS217/ARB/JPN WT/DS217/ARB/KOR WT/DS234/ARB/CAN WT/DS234/ARB/MEX	根据巴西要求（WT/DS217/38） 欧共体（WT/DS217/39） 印度（WT/DS217/40） 日本（WT/DS217/41） 韩国（WT/DS217/42） 加拿大（WT/DS234/31） 墨西哥（WT/DS234/32） 于 2004 年 11 月 26 日在争端解决机构会议上授权（WT/DSB/M/178） 根据智利（WT/DS217/43）要求，于 2004 年 12 月 17 日在争端解决机构会议上授权（WT/DSB/M/180）
11	日本—影响苹果进口的措施	19-07-2004 美国 WT/DS245/12	29-07-2004 日本 WT/DS245/13	双方达成一致（WT/DS245/21）仲裁于 2005 年 8 月 30 日终止	
12	美国—对来自加拿大的软木最终反补贴税决定	04-01-2005 加拿大 WT/DS257/16	13-01-2005 美国 WT/DS257/17	双方达成一致（WT/DS257/26）仲裁于 2006 年 10 月 12 日终止	
13	美国—国际贸易委员会对加拿大软木的调查	15-02-2005 加拿大 WT/DS277/9	23-02-2005 美国 WT/DS277/10	双方达成一致（WT/DS277/20）仲裁于 2006 年 10 月 12 日终止	
14	美国—对加拿大软木的最终倾销决定	19-05-2005 加拿大 WT/DS264/17	31-05-2005 美国 WT/DS264/19	双方达成一致（WT/DS264/29）仲裁于 2006 年 10 月 12 日终止	
15	美国—陆地棉补贴（Ⅰ）	05-07-2005 巴西 WT/DS267/21	14-07-2005 美国 WT/DS267/23	31-08-2009 WT/DS267/ARB/1	根据巴西请求（WT/DS267/41）于 2009 年 11 月 19 日争端解决机构会议上授权（WT/DSB/M/276）

续 表

序号	案件	援引第22条	在第22.6下进行仲裁	仲裁人报告	由争端解决机构授权中止减让
16	美国—陆地棉补贴（Ⅱ）	06-10-2005 巴西 WT/DS267/26	17-10-2005 美国 WT/DS267/27	31-08-2009 WT/DS267/ ARB/2 和Corr.1	根据巴西请求 （WT/DS267/42） 于2009年11月19日 争端解决机构会议上授权 （WT/DSB/M/276）
17	美国—对来自阿根廷石油工业用管材的反倾销措施日落复审	21-05-2007 阿根廷 WT/DS268/24	01-06-2007 美国 WT/DS268/25		
18	美国—影响博彩业跨境交付的措施	21-06-2007 安提瓜和巴布达 WT/DS285/22	23-07-2007 美国 WT/DS285/23	21-12-2007 WT/DS285/ARB	
19	美国—与归零法和日落复审相关的措施	10-01-2008 日本 WT/DS322/23 10-01-2008 日本 WT/DS322/24	18-01-2008 美国 WT/DS322/25		
20	欧共体—影响生物科技产品审批和营销的措施	17-01-2008 美国 WT/DS291/39	06-02-2008 欧共体 WT/DS291/40		
21	美国—计算倾销幅度的法律、法规和方法（“归零法”）	29-01-2010 欧共体 WT/DS294/35	12-02-2010 美国 WT/DS294/36		

附录 2 1995—2010 年上诉机构受理的案件①

1. 上诉案件数量（1995—2010 年）

年份	数量	最初上诉程序	第 21.5 条上诉程序
1995	0	0	0
1996	4	4	0
1997	6	6	0
1998	8	8	0
1999	9	9	0
2000	13	11	2
2001	9	5	4
2002	7	6	1
2003	6	5	1
2004	5	5	0
2005	10	8	2
2006	5	3	2
2007	4	2	2
2008	13	10	3
2009	3	1	2
2010	3	3	0
合计	105	86	19

2. 被上诉的专家组报告比率（1996—2010 年）

批准年份	所有专家组报告			非第 21.5 条专家组报告			第 21.5 条专家组报告		
	批准的专家组报告	被上诉的专家组报告	被上诉比率（%）	批准的专家组报告	被上诉的专家组报告	被上诉比率（%）	批准的专家组报告	被上诉的专家组报告	被上诉比率（%）
1996	2	2	100	2	2	100	0	0	—
1997	5	5	100	5	5	100	0	0	—
1998	12	9	75	12	9	75	0	0	—
1999	10	7	70	9	7	78	1	0	0
2000	19	11	58	15	9	60	4	2	50
2001	17	12	71	13	9	69	4	3	75
2002	12	6	50	11	5	45	1	1	100
2003	10	7	70	8	5	63	2	2	100
2004	8	6	75	8	6	75	0	0	—
2005	20	12	60	17	11	65	3	1	33
2006	7	6	86	4	3	75	3	3	100
2007	10	5	50	6	3	50	4	2	50
2008	11	9	82	8	6	75	3	3	100
2009	8	6	75	6	4	67	2	2	100
2010	5	2	40	5	2	40	0	0	—
合计	156	105	67	129	86	67	27	19	70

① 1995 年无专家组报告。

3. 上诉机构报告所涉及的WTO协议（1996—2010年）

年份	DSU	WTO协议	GATT 1994	农业	SPS	ATC	TBT	TRIMs	反倾销	进口许可证	SCM	安全保障	GATS	TRIPs
1996	0	0	2	0	0	0	0	0	0	0	0	0	0	0
1997	4	1	5	1	0	2	0	0	0	1	1	0	1	1
1998	7	1	4	1	2	0	0	0	1	1	0	0	0	0
1999	7	1	6	1	1	0	0	0	0	0	2	1	0	0
2000	8	1	7	2	0	0	0	0	2	0	5	2	1	1
2001	7	1	3	1	0	1	1	0	4	0	1	2	0	0
2002	8	2	4	3	0	0	1	0	1	0	3	1	1	1
2003	4	2	3	0	1	0	0	0	4	0	1	1	0	0
2004	2	0	5	0	0	0	0	0	2	0	1	0	0	0
2005	9	0	5	2	0	0	0	0	2	0	4	0	1	0
2006	5	0	3	0	0	0	0	0	3	0	2	0	0	0
2007	5	0	2	1	0	0	0	0	2	0	1	0	0	0
2008	8	1	9	1	2	0	0	0	3	0	3	0	0	0
2009	3	0	4	0	0	0	0	0	3	0	0	0	1	0
2010	1	0	0	0	1	0	0	0	0	0	0	0	0	0
合计	78	10	62	13	7	3	2	0	27	2	24	7	5	3

4. 上诉案件中的参与方及第三方（1995—2010年）

（1）统计概况

WTO成员方	上诉方	其他上诉方	被上诉方	第三方	合　计
安提瓜和巴布达	1	0	1	0	2
阿根廷	2	3	5	12	22
澳大利亚	3	1	6	23	33
巴巴多斯	0	0	0	1	1
伯利兹	0	0	0	4	4
贝宁	0	0	0	1	1
委内瑞拉	0	0	1	6	7
玻利维亚	0	0	0	1	1
巴西	8	4	12	23	47
喀麦隆	0	0	0	3	3
加拿大	10	7	16	15	48
乍得	0	0	0	2	2
智利	3	0	2	8	13
中国	4	1	2	26	33
哥伦比亚	0	0	0	7	7
哥斯达黎加	1	0	0	3	4
科特迪瓦	0	0	0	4	4
古巴	0	0	0	4	4
多米尼克	0	0	0	4	4
多米尼加共和国	1	0	1	3	5
厄瓜多尔	0	2	2	6	10
埃及	0	0	0	2	2
萨瓦尔多	0	0	0	2	2

续 表

WTO成员方	上诉方	其他上诉方	被上诉方	第三方	合 计
欧盟	18	13	35	48	114
斐济	0	0	0	1	1
加纳	0	0	0	2	2
格林纳达	0	0	0	1	1
危地马拉	1	1	1	4	7
圭亚那	0	0	0	1	1
洪都拉斯	1	1	2	1	5
中国香港	0	0	0	8	8
印度	6	2	7	23	38
印度尼西亚	0	0	1	1	2
以色列	0	0	0	1	1
牙买加	0	0	0	5	5
日本	6	4	11	39	60
肯尼亚	0	0	0	1	1
韩国	4	3	6	16	29
马达加斯加	0	0	0	1	1
马来西亚	1	0	1	0	2
马拉维	0	0	0	1	1
毛里求斯	0	0	0	2	2
墨西哥	5	1	4	27	37
新西兰	0	3	6	11	20
尼加拉瓜	0	0	0	4	4
尼日利亚	0	0	0	1	1
挪威	0	1	1	13	15
巴基斯坦	0	0	2	3	5
巴拿马	0	0	0	3	3
巴拉圭	0	0	0	5	5
秘鲁	0	0	1	2	3
菲律宾	1	0	1	1	3
波兰	0	0	1	0	1
塞内加尔	0	0	0	1	1
圣卢西亚	0	0	0	4	4
圣基茨和尼维斯	0	0	0	1	1
圣文森特和格林纳丁斯	0	0	0	3	3
苏里南	0	0	0	3	3
斯威士兰	0	0	0	1	1
瑞士	0	1	1	0	2
中国台北	0	0	0	20	20
坦桑尼亚	0	0	0	1	1
泰国	4	0	5	16	25
特立尼达岛和多巴哥	0	0	0	1	1
土耳其	1	0	0	1	2
美国	29	16	60	28	133
越南	0	0	0	2	2
合计	110	64	194	468	836

（2）年度详细信息

1996年

案　件	上诉方	其他上诉方	被上诉方	第三方
美国—汽油 WT/DS2/AB/R	美国	—	巴西 委内瑞拉	欧共体 挪威
日本—含酒精饮料Ⅱ WT/DS8/AB/R WT/DS10/AB/R WT/DS11/AB/R	日本	美国	加拿大 欧共体 日本 美国	—

1997年

案　件	上诉方	其他上诉方	被上诉方	第三方
美国—内衣裤 WT/DS24/AB/R	哥斯达黎加	—	美国	印度
巴西—可可粉 WT/DS22/AB/R	菲律宾	巴西	巴西 菲律宾	欧共体 美国
美国—羊毛衬衫及女上衣 WT/DS33/AB/R	印度	—	美国	—
加拿大—期刊 WT/DS31/AB/R	加拿大	美国	加拿大 美国	—
欧共体—香蕉Ⅲ WT/DS27/AB/R	欧共体	厄瓜多尔 危地马拉 洪都拉斯 墨西哥 美国	厄瓜多尔 欧共体 危地马拉 洪都拉斯 墨西哥 美国	伯利兹 喀麦隆 哥伦比亚 哥斯达黎加 科特迪瓦 多米尼克 多米尼加共和国 加纳 格林纳达 牙买加 日本 尼加拉瓜 圣卢西亚 圣文森特和格林纳丁斯 塞内加尔 苏里南 委内瑞拉
印度—专利权（美国） WT/DS50/AB/R	印度	—	美国	欧共体

1998年

案 件	上诉方	其他上诉方	被上诉方	第三方
欧共体—荷尔蒙 WT/DS26/AB/R WT/DS48/AB/R	欧共体	加拿大 美国	加拿大 欧共体 美国	澳大利亚 新西兰 挪威
阿根廷—纺织品及服装 WT/DS56/AB/R	阿根廷	—	美国	欧共体
欧共体—计算机设备 WT/DS62/AB/R WT/DS67/AB/R WT/DS68/AB/R	欧共体	—	美国	日本
欧共体—家禽 WT/DS69/AB/R	巴西	欧共体	巴西 欧共体	泰国 美国
美国—虾 WT/DS58/AB/R	美国	—	印度 马来西亚 巴基斯坦 泰国	澳大利亚 厄瓜多尔 欧共体 中国香港 墨西哥 尼日利亚
澳大利亚—鲑鱼 WT/DS18/AB/R	澳大利亚	加拿大	澳大利亚 加拿大	欧共体 印度 挪威 美国
危地马拉—水泥Ⅰ WT/DS60/AB/R	危地马拉	—	墨西哥	美国

1999年

案 件	上诉方	其他上诉方	被上诉方	第三方
韩国—含酒精饮料 WT/DS75/AB/R WT/DS84/AB/R	韩国	—	欧共体 美国	墨西哥
日本—农产品Ⅱ WT/DS76/AB/R	日本	美国	日本 美国	巴西 欧共体
巴西—航空器 WT/DS46/AB/R	巴西	加拿大	巴西 加拿大	欧共体 美国
加拿大—航空器 WT/DS70/AB/R	加拿大	巴西	巴西 加拿大	欧共体 美国
印度—数量限制 WT/DS90/AB/R	印度	—	美国	—
加拿大—奶制品 WT/DS103/AB/R WT/DS113/AB/R	加拿大	—	新西兰 美国	—
土耳其—纺织品 WT/DS34/AB/R	土耳其	—	印度	中国香港 日本 菲律宾
智利—含酒精饮料 WT/DS87/AB/R WT/DS110/AB/R	智利	—	欧共体	墨西哥 美国
阿根廷—鞋类（欧共体） WT/DS121/AB/R	阿根廷	欧共体	阿根廷 欧共体	印度尼西亚 美国
韩国—奶制品 WT/DS98/AB/R	韩国	欧共体	韩国 欧共体	美国

2000年

案　件	上诉人	其他上诉人	被上诉人	第三方
美国—海外销售公司 WT/DS108/AB/R	美国	欧共体	欧共体 美国	加拿大 日本
美国—热轧铅铋钢制品案Ⅱ WT/DS138/AB/R	美国	—	欧共体	巴西 墨西哥
加拿大—汽车 WT/DS139/AB/R	加拿大	欧共体 日本	加拿大 欧共体 日本	韩国 美国
巴西—航空器 （第21.5条—加拿大） WT/DS46/AB/RW	巴西	—	加拿大	欧共体 美国
加拿大—航空器 （第21.5条—巴西） WT/DS70/AB/RW	巴西	—	加拿大	欧共体 美国
美国—1916年法案 WT/DS136/AB/R WT/DS162/AB/R	美国	欧共体 日本	欧共体 日本 美国	欧共体 印度 日本 墨西哥
加拿大—专利权保护 WT/DS170/AB/R	加拿大	—	美国	—
韩国—对牛肉的多种标准 WT/DS161/AB/R WT/DS169/AB/R	韩国	—	澳大利亚 美国	加拿大 新西兰
美国—特定欧共体产品 WT/DS165/AB/R	欧共体	美国	欧共体 美国	多米尼克 厄瓜多尔 印度 牙买加 日本 圣卢西亚
美国—麦麸 WT/DS166/AB/R	美国	欧共体	欧共体 美国	澳大利亚 加拿大 新西兰

2001年

案　件	上诉方	其他上诉方	被上诉方	第三方
欧共体—棉质床单 WT/DS141/AB/R	欧共体	印度	欧共体 印度	埃及 日本 美国
欧共体—石棉 WT/DS135/AB/R	加拿大	欧共体	加拿大 欧共体	巴西 美国
泰国—工字梁 WT/DS122/AB/R	泰国	—	波兰	欧共体 日本 美国
美国—羔羊 WT/DS177/AB/R WT/DS178/AB/R	美国	澳大利亚 新西兰	澳大利亚 新西兰 美国	欧共体
美国—热轧钢产品 WT/DS184/AB/R	美国	日本	日本 美国	巴西 加拿大 智利 欧共体 韩国

续 表

案 件	上诉方	其他上诉方	被上诉方	第三方
美国—棉纱 WT/DS192/AB/R	美国	—	巴基斯坦	欧共体 印度
美国—虾条 (第 21.5—马来西亚) WT/DS58/AB/RW	马来西亚	—	美国	澳大利亚 欧共体 中国香港 印度 日本 墨西哥 泰国
墨西哥—玉米浆 (第 21.5—美国) WT/DS132/AB/RW	墨西哥	—	美国	欧共体
加拿大—奶制品 (第 21.5 条—新西兰和美国) WT/DS103/AB/RW WT/DS113/AB/RW	加拿大	—	新西兰 美国	欧共体

2002 年

案 件	上诉方	其他上诉方	被上诉方	第三方
美国—211 拨款法 WT/DS176/AB/R	欧共体	美国	欧共体 美国	—
美国—海外销售公司 (第 21.5 条—欧共体) WT/DS108/AB/RW	美国	欧共体	欧共体 美国	澳大利亚 加拿大 印度 日本
美国—直线管 WT/DS202/AB/R	美国	韩国	韩国 美国	澳大利亚 加拿大 欧共体 日本 墨西哥
印度—汽车Ⅱ WT/DS146/AB/R WT/DS175/AB/R	印度	—	欧共体 美国	韩国
智利—综合价格制度 WT/DS207/AB/R	智利	—	阿根廷	澳大利亚 巴西 哥伦比亚 厄瓜多尔 欧共体 巴拉圭 美国 委内瑞拉
欧共体—沙丁鱼 WT/DS231/AB/R	欧共体	—	秘鲁	加拿大 智利 厄瓜多尔 美国 委内瑞拉

续 表

案 件	上诉方	其他上诉方	被上诉方	第三方
美国—碳钢 WT/DS213/AB/R	美国	欧共体	欧共体 美国	日本 挪威
美国—特定欧共体产品补偿措施 WT/DS212/AB/R	美国	—	欧共体	巴西 印度 墨西哥
加拿大—奶制品 (第 21.5 条—新西兰和美国Ⅱ) WT/DS103/AB/RW2 WT/DS113/AB/RW2	加拿大	—	新西兰 美国	阿根廷 澳大利亚 欧共体

2003 年

案 件	上诉方	其他上诉方	被上诉方	第三方
美国—抵消法案 (伯德修正案) WT/DS217/AB/R WT/DS234/AB/R	美国	—	澳大利亚 巴西 加拿大 智利 欧共体 印度 印度尼西亚 日本 韩国 墨西哥 泰国	阿根廷 哥斯达黎加 中国香港 以色列 挪威
欧共体—棉质床单 (第 21.5 条—印度) WT/DS141/AB/RW	印度	—	欧共体	日本 韩国 美国
欧共体—管道配件 WT/DS219/AB/R	巴西	—	欧共体	智利 日本 墨西哥 美国
美国—钢铁安全装置 WT/DS248/AB/R WT/DS249/AB/R WT/DS251/AB/R WT/DS252/AB/R WT/DS253/AB/R WT/DS254/AB/R WT/DS258/AB/R WT/DS259/AB/R	美国	巴西 中国 欧共体 日本 韩国 新西兰 挪威 瑞士	巴西 中国 欧共体 日本 韩国 新西兰 挪威 瑞士 美国	加拿大 古巴 墨西哥 中国台北 泰国 土耳其 委内瑞拉
日本—苹果 WT/DS245/AB/R	日本	美国	日本 美国	澳大利亚 巴西 欧共体 新西兰 中国台北
美国—不锈钢日落复审 WT/DS244/AB/R	日本	—	美国	巴西 智利 欧共体 印度 韩国 挪威

2004 年

案　件	上诉方	其他上诉方	被上诉方	第三方
美国—软木Ⅳ WT/DS257/AB/R	美国	加拿大	加拿大 美国	欧共体 印度 日本
欧共体—歧视性关税 WT/DS246/AB/R	欧共体	—	印度	玻利维亚 巴西 哥伦比亚 哥斯达黎加 古巴 厄瓜多尔 萨尔瓦多 危地马拉 洪都拉斯 毛里求斯 尼加拉瓜 巴基斯坦 巴拿马 巴拉圭 秘鲁 美国 委内瑞拉
美国—软木Ⅴ WT/DS264/AB/R	美国	加拿大	加拿大 美国	欧共体 印度 日本
加拿大—小麦出口和谷物进口 WT/DS276/AB/R	美国	加拿大	加拿大 美国	澳大利亚 中国 欧共体 墨西哥 中国台北
美国—石油工业用管材日落复审 WT/DS268/AB/R	美国	阿根廷	阿根廷 美国	欧共体 日本 韩国 墨西哥 中国台北

2005年

案　件	上诉方	其他上诉方	被上诉方	第三方
美国—细绒棉 WT/DS267/AB/R	美国	巴西	巴西 美国	阿根廷 澳大利亚 贝宁 加拿大 乍得 中国 欧共体 印度 新西兰 巴基斯坦 巴拉圭 中国台北 委内瑞拉
美国—博彩业 WT/DS285/AB/R	美国	安提瓜和巴布达	安提瓜和巴布达 美国	加拿大 欧共体 日本 墨西哥 中国台北
欧共体—糖类出口补贴 WT/DS265/AB/R WT/DS266/AB/R WT/DS283/AB/R	欧共体	澳大利亚 巴西 泰国	澳大利亚 巴西 欧共体 泰国	巴巴多斯 伯利兹 加拿大 中国 哥伦比亚 科特迪瓦 古巴 斐济 圭亚那 印度 牙买加 肯尼亚 马达加斯加 马拉维 毛里求斯 新西兰 巴拉圭 圣基茨和尼维斯 瑞士 坦桑尼亚 特立尼达和多巴哥 美国

续 表

案　件	上诉方	其他上诉方	被上诉方	第三方
多米尼加共和国—烟草进口和销售 WT/DS302/AB/R	多米尼加共和国	洪都拉斯	多米尼加共和国 洪都拉斯	中国 萨尔瓦多 欧共体 危地马拉 美国
美国—对计算机动态随机存取存储器芯片反补贴税调查案 WT/DS296/AB/R	美国	韩国	韩国 美国	中国 欧共体 日本 中国台北
欧盟—鸡块 WT/DS269/AB/R WT/DS286/AB/R	欧共体	巴西 泰国	巴西 欧共体 泰国	中国 美国
墨西哥—稻米反倾销措施 WT/DS295/AB/R	墨西哥	—	美国	中国 欧共体
美国—石油工业用管材反倾销措施 WT/DS282/AB/R	墨西哥	美国	墨西哥 美国	阿根廷 加拿大 中国 欧共体 日本 中国台北
美国—软木Ⅳ (第 21.5 条—加拿大) WT/DS257/AB/RW	美国	加拿大	加拿大 美国	中国 欧共体

2006 年

案　件	上诉方	其他上诉方	被上诉方	第三方
美国—海外销售公司 (第 21.5 条—欧盟Ⅱ) WT/DS108/AB/RW2	美国	欧共体	欧共体 美国	澳大利亚 巴西 中国
墨西哥—不含酒精饮料税 WT/DS308/AB/R	墨西哥	—	美国	加拿大 中国 欧共体 危地马拉 日本
美国—软木Ⅵ (第 21.5 条—加拿大) WT/DS277/AB/RW	加拿大	—	美国	中国 欧共体

续 表

案 件	上诉方	其他上诉方	被上诉方	第三方
美国—归零法（欧共体） WT/DS294/AB/R	欧共体	美国	美国 欧共体	阿根廷 巴西 中国 中国香港 印度 日本 韩国 墨西哥 挪威 中国台北
美国—软木 V （第 21.5 条—加拿大） WT/DS264/AB/RW	加拿大	—	美国	中国 欧共体 印度 日本 新西兰 泰国
欧共体—特定海关事项案 WT/DS315/AB/R	美国	欧共体	欧共体 美国	阿根廷 澳大利亚 巴西 中国 中国香港 印度 日本 韩国 中国台北

2007 年

案 件	上诉方	其他上诉方	被上诉方	第三方
美国—归零法（日本） WT/DS322/AB/R	日本	美国	美国 日本	阿根廷 中国 欧共体 中国香港 印度 韩国 墨西哥 新西兰 挪威 泰国
美国—石油工业用管材日落复审 （第 21.5 条—阿根廷） WT/DS268/AB/RW	美国	阿根廷	阿根廷 美国	中国 欧共体 日本 韩国 墨西哥

续 表

案 件	上诉方	其他上诉方	被上诉方	第三方
智利—价格综合制度（第21.5条—阿根廷） WT/DS207/AB/RW	智利	阿根廷	阿根廷 智利	澳大利亚 巴西 加拿大 中国 哥伦比亚 欧共体 秘鲁 泰国 美国
日本—计算机动态随机存取存储器芯片（韩国） WT/DS336/AB/R	日本	韩国	韩国 日本	欧共体 美国
巴西—翻新轮胎 WT/DS332/AB/R	欧共体	—	巴西	阿根廷 澳大利亚 中国 古巴 危地马拉 日本 韩国 墨西哥 巴拉圭 中国台北 泰国 美国

2008 年

案 件	上诉方	其他上诉方	被上诉方	第三方
美国—不锈钢（墨西哥） WT/DS344/AB/R	墨西哥	—	美国	智利 欧共体 日本 泰国 中国
美国—高地棉 （第21.5条—巴西） WT/DS267/AB/RW	美国	巴西	巴西 美国	阿根廷 澳大利亚 加拿大 欧共体 日本 新西兰 乍得 中国 印度 泰国

续 表

案 件	上诉方	其他上诉方	被上诉方	第三方
美国—虾（泰国） WT/DS343/AB/R	泰国	美国	美国 泰国	巴西 智利 欧共体 印度 日本 韩国 越南 中国 墨西哥
美国—海关保税指令 WT/DS345/AB/R	印度	美国	美国 印度	巴西 欧共体 日本 泰国 中国
美国—要求取消报复措施 WT/DS320/AB/R	欧共体	美国	美国 欧共体	澳大利亚 巴西 新西兰 挪威 中国 印度 墨西哥 中国台北
加拿大—要求取消报复措施 WT/DS321/AB/R	欧共体	加拿大	加拿大 欧共体	澳大利亚 巴西 新西兰 挪威 中国 印度 墨西哥 中国台北
印度—进口附加税 WT/DS360/AB/R	美国	印度	印度 美国	澳大利亚 欧共体 日本 智利 越南
欧共体—香蕉Ⅲ（第 21.5 条—厄瓜多尔Ⅱ） WT/DS27/AB/RW2/ECU and Corr. 1	欧共体	厄瓜多尔	厄瓜多尔 欧共体	伯利兹 喀麦隆 哥伦比亚 科特迪瓦 多米尼克 多米尼加共和国 加纳 牙买加 日本 尼加拉瓜 巴拿马 圣卢西亚 圣文森特和格林纳丁斯 苏里南 美国 巴西

续 表

案 件	上诉方	其他上诉方	被上诉方	第三方
欧共体—香蕉Ⅲ（第 21.5 条—美国）WT/DS27/AB/RW/USA 和 Corr. 1	欧共体	—	美国	伯利兹 喀麦隆 哥伦比亚 科特迪瓦 多米尼克 多米尼加共和国 厄瓜多尔 牙买加 日本 尼加拉瓜 巴拿马 圣卢西亚 圣文森特和格林纳丁斯 苏里南 巴西 墨西哥
中国—汽车零部件（欧共体）WT/DS339/AB/R	中国	—	欧共体	阿根廷 澳大利亚 日本 巴西 墨西哥 中国台北 泰国
中国—汽车零部件（美国）WT/DS340/AB/R	中国	—	美国	阿根廷 澳大利亚 日本 巴西 墨西哥 中国台北 泰国
中国—汽车零部件（加拿大）WT/DS342/AB/R	中国	—	加拿大	阿根廷 澳大利亚 日本 巴西 墨西哥 中国台北 泰国

2009 年

案 件	上诉方	其他上诉方	被上诉方	第三方
美国—归零法 WT/DS350/AB/R	欧共体	美国	欧共体 美国	巴西 中国 埃及 印度 日本 韩国 墨西哥 挪威 中国台北 泰国

续 表

案 件	上诉方	其他上诉方	被上诉方	第三方
美国—归零法（欧共体）（第 21.5 条—欧共体）WT/DS294/AB/RW 和 Corr. 1	欧共体	美国	欧共体 美国	印度 日本 韩国 墨西哥 挪威 中国台北 泰国
美国—归零法（日本）（第 21.5 条—日本）WT/DS322/AB/RW	美国	—	日本	中国 欧共体 中国香港 韩国 墨西哥 挪威 中国台北 泰国
中国—出版物和视听产品 WT/DS363/AB/R	中国	美国	中国 美国	澳大利亚 欧共体 日本 韩国 中国台北

2010 年

案 件	上诉方	其他上诉方	被上诉方	第三方
澳大利亚—苹果	澳大利亚	新西兰	新西兰 澳大利亚	智利 欧盟 日本 巴基斯坦 中国台北 美国

5. WTO 争端解决报告及裁决（1995—2010 年）

简要标题	案件标题全称及出处
阿根廷—陶瓷	专家组报告，阿根廷—对于从意大利进口地板瓷砖的明确反倾销措施，WT/DS189/R，2001 年 11 月 15 日通过，DSR2001：Ⅻ，6241
阿根廷—鞋类（欧共体）	上诉机构报告，阿根廷—鞋类进口安全标准措施，WT/DS121/AB/R，2000 年 1 月 12 日通过，DSR2000：Ⅰ，515
阿根廷—鞋类（欧共体）	专家组报告，阿根廷—鞋类进口安全标准措施，WT/DS121/R，2000 年 1 月 12 日通过，上诉机构报告修改，WT/DS121/AB/R，DSR2000：Ⅱ，575
阿根廷—皮革	专家组报告，阿根廷—影响牛皮出口及成皮进口措施，WT/DS155/R 和 Corr. 1，2001 年 2 月 16 日通过，DSR2001：Ⅴ，1779

续 表

简要标题	案件标题全称及出处
阿根廷—皮革	仲裁决议，阿根廷—影响牛皮出口及成皮进口措施—在 DSU 第 21.3（c）条下的仲裁，WT/DS155/10，2001 年 8 月 31 日，DSR2001：Ⅻ，6013
阿根廷—家禽反倾销税	专家组报告，阿根廷—对来自巴西家禽的明确反倾销措施，WT/DS241/R，2003 年 5 月 19 日通过 DSR2003：Ⅴ，1727
阿根廷—桃脯	专家组报告，阿根廷—对进口桃脯的明确保障措施，WT/DS238/R，2003 年 4 月 15 日通过，DSR2003：Ⅲ，1037
阿根廷—纺织品及服装	上诉机构报告，阿根廷—影响鞋类、纺织品、服装和其他项目的进口措施，WT/DS56/AB/R 和 Corr. 1，1998 年 4 月 22 日通过，DSR1998：Ⅲ，1003
阿根廷—纺织品及服装	专家组报告，阿根廷—影响鞋类、纺织品、服装和其他项目的进口措施，WT/DS56/R，1998 年 4 月 22 日通过，上诉机构报告修改，WT/DS56/AB/R，DSR1998：Ⅲ，1033
澳大利亚—苹果	上诉机构报告，澳大利亚—影响自新西兰苹果进口的措施，WT/DS367/AB/R，2010 年 12 月 17 日通过
澳大利亚—苹果	专家组报告，澳大利亚—影响自新西兰苹果进口的措施，WT/DS367/R，2010 年 12 月 17 日通过，上诉机构报告修改，WT/DS367/AB/R
澳大利亚—汽车皮革Ⅱ	专家组报告，澳大利亚—对汽车皮革生产商及出口商的补贴，WT/DS126/R，1999 年 6 月 16 日，DSR1999：Ⅲ，951
澳大利亚—汽车皮革Ⅱ［第 21.5 条—美国］	专家组报告，澳大利亚—对汽车皮革生产商及出口商的补贴—根据 DSU 第 21.5 条，WT/DS126/RW 和 Corr. 1，通过 2000 年 2 月 11 日通过，DSR2000：Ⅲ，1189
澳大利亚—鲑鱼	上诉机构报告，澳大利亚—影响鲑鱼进口措施，WT/DS18/AB/R，1998 年 11 月 6 日通过，DSR1998：Ⅷ，3327
澳大利亚—鲑鱼	专家组报告，澳大利亚—影响鲑鱼进口措施，WT/DS18/Rand Corr. 1，1998 年 11 月 6 日通过，上诉机构报告修改，WT/DS18/AB/R，DSR1998：Ⅷ，3407
澳大利亚—鲑鱼	仲裁决议，影响鲑鱼进口措施—第 21.3 条下的仲裁，WT/DS18/9，1999 年 2 月 23 日，DSR1999：Ⅰ，267
澳大利亚—鲑鱼［第 21.5 条—加拿大］	专家组报告，澳大利亚—影响鲑鱼进口措施—根据加拿大 DSU 第 21.5 条，WT/DS18/RW，2000 年 3 月 20 日通过，DSR2000：Ⅳ，2031
巴西—民用航空器	上诉机构报告，巴西—民用航空器出口资助计划，WT/DS46/AB/R，1999 年 8 月 20 日通过，DSR1999：Ⅲ，1161
巴西—民用航空器	专家组报告，巴西—民用航空器出口补贴计划，1999 年 8 月 20 日通过，上诉机构报告修改，WT/DS46/AB/R，DSR1999：Ⅲ，1221
巴西—民用航空器［第 21.5 条—加拿大］	上诉机构报告，巴西—民用航空器出口补贴计划—加拿大引用 DSU 第 21.5 条，WT/DS46/AB/RW，2000 年 8 月 4 日通过，DSR2000：Ⅷ，4067
巴西—民用航空器［第 21.5 条—加拿大］	专家组报告，巴西—民用航空器出口补贴计划—加拿大引用 DSU 第 21.5 条，WT/DS46/RW，2000 年 8 月 4 日，上诉机构报告修改，WT/DS46/AB/RW，DSR2000：Ⅸ，4093

续 表

简要标题	案件标题全称及出处
巴西—民用航空器 [第 21.5 条—加拿大Ⅱ]	专家组报告，巴西—民用航空器出口补贴计划—加拿大再次引用 DSU 第 21.5 条，WT/DS46/RW/2，2001 年 8 月 23 日通过，DSR2001：Ⅹ，5481
巴西—民用航空器 [第 22.6 条—巴西]	仲裁决定，巴西—民用航空器出口补贴计划—巴西根据 DSU 第 22.6 条及 SCM 协议第 4.11 条提出仲裁，WT/DS46/ARB，2000 年 8 月 28 日，DSR2002：Ⅰ，19
巴西—可可粉	上诉机构报告，巴西—影响可可粉措施 WT/DS22/AB/R，1997 年 3 月 20 日通过，DSR1997：Ⅰ，167
巴西—可可粉	专家组报告，巴西—影响可可粉措施，WT/DS22/R，1997 年 3 月 20 日通过，得到上诉机构报告支持，WT/DS22/AB/R，DSR1997：Ⅰ，189
巴西—翻新轮胎	上诉机构报告，巴西—影响翻新轮胎进口的措施，WT/DS332/AB/R，2007 年 12 月 17 日通过，DSR2007：Ⅳ，1527
巴西—翻新轮胎	专家组报告，巴西—影响翻新轮胎进口的措施，WT/DS332/R，2007 年 12 月 17 日通过，上诉机构报告修改，WT/DS332/AB/R，DSR2007：Ⅴ，1649
巴西—翻新轮胎 [第 21.3（c）条]	仲裁决定，巴西—影响翻新轮胎进口的措施—DSU 第 21.3（c）条下的仲裁，WT/DS332/16，2008 年 8 月 29 日
加拿大—民用航空器	上诉机构报告，加拿大—影响民用航空器出口措施，WT/DS70/AB/R，1999 年 8 月 20 日通过，DSR1999：Ⅲ，1377
加拿大—民用航空器	专家组报告，加拿大—影响民用航空器出口措施，WT/DS70/R，1999 年 8 月 20 日通过，得到上诉机构报告支持，WT/DS70/AB/R，DSR1999：Ⅳ，1443
加拿大—民用航空器 [第 21.5 条—巴西]	上诉机构报告，加拿大—影响民用航空器出口措施—巴西引用 DSU 第 21.5 条，WT/DS70/AB/RW，2000 年 8 月 4 日通过，DSR2000：Ⅸ，4299
加拿大—民用航空器 [第 21.5 条—巴西]	专家组报告，加拿大—影响民用航空器出口措施—巴西引用 DSU 第 21.5 条，WT/DS70/RW，2000 年 8 月 4 日通过，上诉机构报告修改，WT/DS70/AB/RW，DSR2000：Ⅸ，4315
加拿大—民用航空器信贷保证	专家组报告，加拿大—地区民用航空器出口信贷保证，WT/DS222/R 和 Corr.1，2002 年 2 月 19 日，DSR2002：Ⅲ，849
加拿大—民用航空器信贷保证 [第 22.6 条—加拿大]	仲裁决定，加拿大—地区民用航空器出口信贷保证—加拿大引用 DSU 第 22.6 条 SCM 协议第 4.11 条，WT/DS222/ARB，2003 年 2 月 17 日，DSR2003：Ⅲ，1187
加拿大—汽车	上诉机构报告，加拿大—影响汽车工业特定措施，WT/DS139/AB/R，WT/DS142/AB/R，2000 年 6 月 19 日通过，DSR2000：Ⅵ，2985
加拿大—汽车	专家组报告，加拿大—影响汽车工业特定措施，WT/DS139/R，WT/DS142/R，2000 年 6 月 19 日，上诉机构报告修改，WT/DS139/AB/R，WT/DS142/AB/R，DSR2000：Ⅶ，3043
加拿大—汽车 [第 21.3（c）条]	仲裁决定，加拿大—影响汽车工业特定措施—DSU 第 21.3（c）条下的仲裁 WT/DS139/12，WT/DS142/12，2000 年 10 月 4 日，DSR2000：Ⅹ，5079
加拿大—要求取消报复措施	上诉机构报告，加拿大—欧共体要求取消报复措施—荷尔蒙争端，WT/DS321/AB/R，2008 年 11 月 14 日通过

续 表

简要标题	案件标题全称及出处
加拿大—要求取消报复措施	专家组报告，加拿大—欧共体要求取消报复措施—荷尔蒙争端，WT/DS321/AB/R，2008 年 11 月 14 日通过，上诉机构报告修改，WT/DS321/AB/R
加拿大—奶制品	上诉机构报告，加拿大—影响牛奶进口及奶制品出口的措施，WT/DS103/AB/R，WT/DS113/AB/R 及 Corr. 1，引自 1999 年 10 月 27 日 DSR1999：Ⅴ，2057
加拿大—奶制品	专家组报告，加拿大—影响牛奶进口及奶制品出口的措施，WT/DS103/R，WT/DS113/R，1999 年 10 月 27 日通过，上诉机构报告修改，WT/DS103/AB/R，WT/DS113/AB/R，DSR 1999：Ⅵ，2097
加拿大—奶制品［第 21.5 条—新西兰和美国］	上诉机构报告，加拿大—影响牛奶进口及奶制品出口的措施—新西兰和美国引用 DSU 第 21.5 条，WT/DS103/AB/RW，WT/DS113/AB/RW，2001 年 12 月 18 日通过，DSR2001：Ⅻ，6829
加拿大—奶制品［第 21.5 条—新西兰和美国］	专家组报告，加拿大—影响牛奶进口及奶制品出口的措施—新西兰和美国引用 DSU 第 21.5 条，WT/DS103/RW，WT/DS113/RW，2001 年 12 月 18 日通过，上诉机构报告驳回，WT/DS103/AB/RW，WT/DS113/AB/RW，DSR2001：Ⅻ，6865
加拿大—奶制品［第 21.5 条—新西兰和美国Ⅱ］	上诉机构报告，加拿大—影响牛奶进口及奶制品出口的措施—新西兰和美国引用 DSU 第 21.5 条，WT/DS103/AB/RW2，WT/DS113/AB/RW2，2003 年 1 月 17 日通过，DSR2003：Ⅰ，213
加拿大—奶制品［第 21.5 条—新西兰和美国Ⅱ］	专家组报告，加拿大—影响牛奶进口及奶制品出口的措施—新西兰和美国引用 DSU 第 21.5 条，WT/DS103/RW2，WT/DS113/RW2，2003 年 1 月 17 日通过，上诉机构报告修改，WT/DS103/AB/RW2，WT/DS113/AB/RW2，DSR2003：Ⅰ，255
加拿大—专利条款	上诉机构报告，加拿大—专利保护条款，WT/DS170/AB/R，2000 年 10 月 12 日通过，DSR 2000：Ⅹ，5093
加拿大—专利条款	专家组报告，加拿大—专利保护条款，WT/DS170/R，2000 年 10 月 12 日通过，得到上诉机构报告支持，WT/DS170/AB/R，DSR2000：Ⅺ，5121
加拿大—专利条款	仲裁决定，加拿大—专利保护条款—DSU 第 21.3 (c) 条下仲裁，WT/DS170/10，2001 年 2 月 28 日，DSR2001：Ⅴ，2031
加拿大—杂志	上诉机构报告，加拿大—相关杂志特定措施，WT/DS31/AB/R，1997 年 7 月 30 日通过，DSR1997：Ⅰ，449
加拿大—期刊	专家组报告，加拿大—相关杂志特定措施，WT/DS31/R 和 Corr. 1，1997 年 7 月 30 日通过，上诉机构报告修改，WT/DS31/AB/R，DSR1997：Ⅰ，481
加拿大—药品专利	专家组报告，加拿大—药品专利保护，WT/DS114/R，2000 年 4 月 7 日通过，DSR2000：Ⅴ，2289
加拿大—药品专利	仲裁决定，加拿大—药品专利保护—根据 DSU 第 21.3 (c) 进行的仲裁，WT/DS114/13，2000 年 8 月 18 日，DSR2002：Ⅰ，3
加拿大—小麦出口和谷物进口	上诉机构报告，加拿大—小麦出口和谷物进口措施，WT/DS276/AB/R，2004 年 9 月 27 日通过，DSR2004：Ⅵ，2739
加拿大—小麦出口和谷物进口	专家组报告，加拿大—小麦出口和谷物进口措施，WT/DS276/R，2004 年 9 月 27 日通过，得到上诉机构报告支持，WT/DS276/AB/R，DSR2004：Ⅵ，2817
智利—酒精饮料	上诉机构报告，智利—酒精饮料税，WT/DS87/AB/R，WT/DS110/AB/R，2000 年 1 月 12 日通过，DSR2000：Ⅰ，281

续 表

简要标题	案件标题全称及出处
智利—酒精饮料	专家组报告，智利—酒精饮料税，WT/DS87/R，WT/DS110/R，2000年1月12日通过，上诉机构报告修改，WT/DS87/AB/R，WT/DS110/AB/R，DSR2000：Ⅰ，303
智利—酒精饮料	仲裁决定，智利—酒精饮料税—在DSU第21.3（c）条下仲裁，WT/DS87/15，WT/DS110/14，2000年5月23日，DSR2000：Ⅴ，2583
智利—综合价格制度	上诉机构报告，智利—与特定农产品有关的综合价格制度和保障措施，WT/DS207/AB/R，2002年10月23日通过，DSR2002：Ⅷ，3045
智利—综合价格制度	专家组报告，智利—与特定农产品有关的综合价格制度和保障措施，WT/DS207/R，2002年10月23日通过，上诉机构报告修改，WT/DS207AB/R，DSR2002：Ⅷ，3127
智利—综合价格制度	仲裁决定，智利—与特定农产品有关的综合价格制度和保障措施—在DSU第21.3（c）条下仲裁，WT/DS207/13，2003年3月17日，DSR2003：Ⅲ，1237
智利—综合价格制度［第21.5条—阿根廷］	专家组报告，智利—与特定农产品有关的综合价格制度和保障措施—阿根廷引自DSU第21.5条，WT/DS207/RW和Corr.1，2006年12月8日转发给WTO成员
智利—综合价格制度［第21.5条—阿根廷］	专家组报告，智利—与特定农产品有关的综合价格制度和保障措施—阿根廷引自DSU第21.5条，WT/DS207/RW和Corr.1，2007年5月22日通过，得到上诉机构报告的支持，WT/DS207/AB/RW
中国—汽车零部件	上诉机构报告，中国—影响汽车零部件进口的措施，T/DS339/AB/R，WT/DS340/AB/R，WT/DS342/AB/R，2009年1月12日通过
中国—汽车零部件	专家组报告，中国—影响汽车零部件进口的措施，WT/DS339/R，WT/DS340/R，WT/DS342/R和Add.1和Add.2，2009年1月12日通过，得到上诉机构报告的支持，WT/DS339/AB/R，WT/DS340/AB/R，WT/DS342/AB/R
中国—知识产权	专家组报告，中国—影响知识产权保护和执法的措施，WT/DS362/R，2009年3月20日通过
中国—出版物和视听产品	上诉机构报告，中国—影响特定出版物和视听产品贸易和分销权的措施，WT/DS363/AB/R，2010年1月19日通过
中国—出版物和视听产品	专家组报告，中国—影响特定出版物和视听产品贸易和分销权的措施，WT/DS363/R和Corr.1，2010年1月19日通过，上诉机构报告修改，WT/DS363/AB/R
中国—原材料出口	专家组报告，中国—不同原材料的出口措施，WT/DS394/R，WT/DS395/R，WT/DS398/R，2011年7月5日散发［采纳/上诉待定］
哥伦比亚—港口入境	专家组报告，哥伦比亚—对港口入境的价格限制要求，WT/DS366/R and Corr.1，2009年5月20日通过
哥伦比亚—港口入境［第21.3（c）条］	仲裁报告，哥伦比亚—对港口入境的价格限制要求，—在DSU第21.3（c）条下的仲裁，WT/DS366/13，2009年10月2日
多米尼加共和国—香烟的进口和销售	上诉机构报告，多米尼加共和国—影响香烟进口及国内销售的措施，WT/DS302/AB/R，2005年5月19日通过
多米尼加共和国—香烟的进口和销售	专家组报告，多米尼加共和国—影响香烟进口及国内销售的措施，WT/DS302/R，2005年5月19日通过，上诉机构报告修改，WT/DS302/AB/R

续 表

简要标题	案件标题全称及出处
多米尼加共和国—香烟的进口和销售	仲裁报告，多米尼加共和国—影响香烟进口及国内销售的措施—在DSU第21.3（c）条下的仲裁，WT/DS302/17，2005年8月29日
欧共体—科托努协议	仲裁决定，欧共体—科托努协议—根据2001年11月14日决定提请仲裁，WT/L/616，2005年8月1日，DSR2005：XⅢ，11669
欧共体—科托努协议Ⅱ	仲裁决定，欧共体—科托努协议—根据2001年11月14日决定提请仲裁，WT/L/625，2005年10月27日，DSR2005：XⅢ，11703
欧共体—生物科技产品批准及营销	专家组报告，欧共体—影响生物科技产品批准及营销的措施，WT/DS291/R，WT/DS292/R，WT/DS293/R，Corr.1和Add.1，2，3，4，5，6，7，8和9，2006年11月21日通过，DSR2006：Ⅲ-Ⅷ，847
欧共体—石棉	上诉机构报告，欧共体—影响石棉及含石棉产品的措施，WT/DS135/AB/R，2001年4月5日通过，DSR2001：Ⅶ，3243
欧共体—石棉	专家组报告，欧共体—影响石棉及含石棉产品的措施，WT/DS135/R和Add.1，2001年4月5日通过，上诉机构报告修改，WT/DS135/AB/R，DSR2001：Ⅷ，3305
欧共体—香蕉Ⅲ	上诉机构报告，欧共体—香蕉进口、销售及分销区域，WT/DS27/AB/R，1997年9月25日通过，DSR1997：Ⅱ，591
欧共体—香蕉Ⅲ（厄瓜多尔）	专家组报告，欧共体—香蕉进口、销售及分销区域，厄瓜多尔提出上诉，WT/DS27/R/ECU，1997年9月25日通过，上诉机构报告修改，WT/DS27/AB/R，DSR1997：Ⅲ，1085
欧共体—香蕉Ⅲ（危地马拉和洪都拉斯）	专家组报告，欧共体—香蕉进口、销售及分销区域，危地马拉和洪都拉斯上诉，WT/DS27/R/GTM，WT/DS27/R/HND，1997年9月25日通过，上诉机构报告修改，WT/DS27/AB/R，DSR1997：Ⅱ，695
欧共体—香蕉Ⅲ（墨西哥）	专家组报告，欧共体—香蕉进口、销售及分销区域—墨西哥上诉，WT/DS27/R/MEX，1997年9月25日通过，上诉机构报告修改，WT/DS27/AB/R，DSR1997：Ⅱ，803
欧共体—香蕉Ⅲ（美国）	专家组报告，香蕉进口，销售及分销区域，美国上诉，WT/DS27/R/USA，1997年9月25日通过，上诉机构报告修改，WT/DS27/AB/R，DSR1997：Ⅱ，943
欧共体—香蕉Ⅲ [第21.3（c）条]	仲裁决定，欧共体—香蕉进口、销售及分销区域—在DSU第21.3（c）条下仲裁，WT/DS27/15，1998年1月7日，DSR1998：Ⅰ，3
欧共体—香蕉Ⅲ [第21.5条—欧共体]	专家组报告，欧共体—香蕉进口、销售及分销区域—墨西哥上诉，欧共体根据DSU第21.5条提出，WT/DS27/RW/EEC和Corr.1，1999年4月12日，未通过，DSR1999：Ⅱ，783
欧共体—香蕉Ⅲ [第21.5条—厄瓜多尔]	专家组报告，欧共体—香蕉进口、销售及分销区域—厄瓜多尔根据DSU第21.5条提出，WT/DS27/RW/ECU，1999年5月6日通过，DSR1999：Ⅱ，803
欧共体—香蕉Ⅲ [第21.5条—厄瓜多尔]/欧共体—香蕉Ⅲ [第21.5条—美国]	上诉机构报告，欧共体—香蕉进口、销售及分销区域—厄瓜多尔根据DSU第21.5条第二次提出上诉，WT/DS27/AB/RW2/ECU，2008年12月11日通过。欧共体—香蕉进口，销售及分销区域—美国根据DSU第21.5条提出上诉，WT/DS27/AB/RW/USA和Corr.1，2008年12月22日通过
欧共体—香蕉Ⅲ [第21.5条—厄瓜多尔Ⅱ]	专家组报告，欧共体—香蕉进口，销售及分销区域—厄瓜多尔根据DSU第21.5条第二次提出上诉，WT/DS27/RW2/ECU，2008年12月11日通过。上诉机构报告修改，WT/DS27/AB/RW2/ECU

续 表

简要标题	案件标题全称及出处
欧共体—香蕉Ⅲ［第21.5条—美国］	专家组报告，欧共体—香蕉进口、销售及分销区域—美国根据DSU第21.5条提出上诉，WT/DS27/RW/USA和Corr.1，2008年12月22日通过，得到上诉机构报告的支持，WT/DS27/AB/RW/USA
欧共体—香蕉Ⅲ（厄瓜多尔）［第22.6条—欧共体］	仲裁判决，欧共体—香蕉进口、销售及分销区域—欧共体根据DSU第22.6条提出仲裁，WT/DS27/ARB/ECU，2000年3月24日，DSR2000年：Ⅴ，2237
欧共体—香蕉Ⅲ（美国）［第22.6条—欧共体］	仲裁判决，欧共体—香蕉进口、销售及分销区域—欧共体根据DSU第22.6条提出仲裁，WT/DS27/ARB，1999年4月9日，DSR1999：Ⅱ，725
欧共体—棉质床单	上诉机构报告，欧共体—对来自印度的进口棉质床单征收反倾销税，WT/DS141/AB/R，2001年3月12日通过，DSR2001：Ⅴ，2049
欧共体—棉质床单	专家组报告，欧共体—对来自印度的进口棉质床单征收反倾销税，WT/DS141/R，2001年3月12日通过，上诉机构报告修改，WT/DS141/AB/R，DSR2001：Ⅵ，2077
欧共体—棉质床单［第21.5条—印度］	上诉机构报告，欧共体—对来自印度的进口棉质床单征收反倾销税—由印度根据DSU第21.5条提出，WT/DS141/AB/RW，2003年4月24日通过，DSR2003：Ⅲ，965
欧共体—棉质床单［第21.5条—印度］	专家组报告，欧共体—对来自印度的进口棉质床单征收反倾销税—印度根据DSU第21.5条提出，WT/DS141/RW，2003年4月24日通过，上诉机构报告修改，WT/DS141/AB/RW，DSR2003：Ⅳ，1269
欧共体—黄油	专家组报告，欧共体—影响黄油产品的措施，WT/DS72/R，1999年11月24日，未采纳
欧共体—鸡块	上诉机构报告，欧共体—冷冻无骨鸡块海关分类，WT/DS269/AB/R，WT/DS286/AB/R和Corr.1，引自2005年9月27日，DSR2005：ⅩⅨ，9157
欧共体—鸡块（巴西）	专家组报告，欧共体—冷冻无骨鸡块海关分类，巴西上诉，WT/DS269/R，引自2005年9月27日，上诉机构报告修改，WT/DS269/AB/R，WT/DS286/AB/R，DSR2005：ⅩⅨ，9295
欧共体—鸡块（泰国）	专家组报告，欧共体—冷冻无骨鸡块海关分类，泰国，WT/DS286/R，2005年9月27日通过，上诉机构报告修改，WT/DS269/AB/R，WT/DS286/AB/R，DSR2005：ⅩⅩ，9721
欧共体—鸡块	仲裁决定，欧共体—冷冻无骨鸡块海关分类—在DSU第21.3（c）条下仲裁，WT/DS269/13，WT/DS286/15，2006年2月20日
欧共体—商船	专家组报告，欧共体—影响商船贸易的措施，WT/DS301/R，2005年6月20日通过，DSR2005：ⅩⅤ，7713
欧共体—计算机设备	上诉机构报告，欧共体—特定计算机设备海关分类，WT/DS62/AB/R，WT/DS67/AB/R，WT/DS68/AB/R，1998年6月22日通过，DSR1998年：Ⅴ，1851
欧共体—计算机设备	专家组报告，欧共体—特定计算机设备海关分类，WT/DS62/R，WT/DS67/R，WT/DS68/R，1998年6月22日通过，上诉机构报告修改，WT/DS62/AB/R，WT/DS67/AB/R，WT/DS68/AB/R，DSR1998：Ⅴ，1891
欧共体—芯片的反补贴措施	专家组报告，欧共体—对来自韩国的芯片的反补贴措施WT/DS299/R，2005年8月3日通过，DSR2005：ⅩⅧ，8671
欧共体—糖类出口补贴	上诉机构报告，欧共体—糖类出口补贴，WT/DS265/AB/R，WT/DS266/AB/R，WT/DS283/AB/R，2005年5月19日通过，DSR2005：ⅩⅢ，6365
欧共体—糖类出口补贴（澳大利亚）	专家组报告，欧共体—糖类出口补贴，由澳大利亚上诉WT/DS265/R，2005年5月19日通过，上诉机构报告修改，WT/DS265/AB/R，WT/DS266/AB/R，WT/DS283/AB/R，DSR2005：ⅩⅢ，6499

续 表

简要标题	案件标题全称及出处
欧共体—糖类出口补贴（巴西）	专家组报告，欧共体—糖类出口补贴，由巴西上诉，WT/DS266/R，2005 年 5 月 19 日通过，上诉机构报告修改，WT/DS265/AB/R，WT/DS266/AB/R，WT/DS283/AB/R，DSR2005：ⅩⅣ，6793
欧共体—糖类出口补贴（泰国）	专家组报告，欧共体—糖类出口补贴，由泰国上诉，WT/DS283/R，2005 年 5 月 19 日通过，上诉机构报告修改，WT/DS265/AB/R，WT/DS266/AB/R，WT/DS283/AB/R，DSR2005：ⅩⅣ，7071
欧共体—糖类出口补贴［第 21.3（c）条］	仲裁决定，欧共体—糖类出口补贴—在 DSU 第 21.3（c）条下仲裁，WT/DS265/33，WT/DS266/33，WT/DS283/14，2005 年 10 月 28 日，DSR2005：ⅩⅧ，11581
欧共体—荷尔蒙	上诉机构报告，欧共体—对于肉及肉制品相关措施（荷尔蒙），WT/DS26/AB/R，WT/DS48/AB/R，1998 年 2 月 13 日通过，DSR1998：Ⅰ，135
欧共体—紧固件（中国）	专家组报告，欧共体—对自中国进口的钢铁紧固件实施肯定性反倾销措施，WT/DS397/R，2010 年 12 月 3 日散发，［上诉中］
欧共体—荷尔蒙	上诉机构报告，欧共体—肉类及肉制品措施（荷尔蒙），WT/DS26/AB/R，WT/DS48/AB/R，1998 年 2 月 13 日通过，DSR1998：Ⅰ，135
欧共体—荷尔蒙（加拿大）	专家组报告，欧共体—对于肉及肉制品相关措施（荷尔蒙），由加拿大上诉，WT/DS48/R/CAN，1998 年 2 月 13 日通过，上诉机构报告修改，WT/DS26/AB/R，WT/DS48/AB/R，DSR1998：Ⅱ，235
欧共体—荷尔蒙（美国）	专家组报告，欧共体—对于肉及肉制品相关措施（荷尔蒙），由美国上诉，WT/DS26/R/USA，1998 年 2 月 13 日通过，上诉机构报告修改，WT/DS26/AB/R，WT/DS48/AB/R，DSR1998：Ⅲ，699
欧共体—荷尔蒙［第 21.3（c）条］	仲裁决定，欧共体—对于肉及肉制品相关措施（荷尔蒙）—在 DSU 第 21.3（c）条下仲裁，WT/DS26/15，WT/DS48/13，1998 年 5 月 29 日，DSR1998：Ⅴ，1833
欧共体—荷尔蒙（加拿大）［第 22.6 条—欧共体］	仲裁判决，欧共体—对于肉及肉制品相关措施（荷尔蒙），最初由加拿大上诉—由欧共体根据 DSU 第 22.6 条提出，WT/DS48/ARB，1999 年 7 月 12 日，DSR1999：Ⅲ，1135
欧共体—荷尔蒙（美国）［第 22.6 条—欧共体］	仲裁判决，欧共体—对于肉及肉制品相关措施（荷尔蒙），最初由美国上诉—溯及欧共体根据 DSU 第 22.6 条的仲裁，WT/DS26/ARB，1999 年 7 月 12 日，DSR1999：Ⅲ，1105
欧共体—IT 产品	专家组报告，欧共体及其成员国—信息技术产品的关税待遇，WT/DS375/R，WT/DS376/R，WT/DS377/R，2010 年 9 月 21 日通过
欧共体—家禽	上诉机构报告，欧共体—影响特定家禽产品进口的措施，WT/DS69/AB/R，1998 年 7 月 23 日通过，DSR1998：Ⅴ，2031
欧共体—家禽	专家组报告，欧共体—影响特定家禽产品进口的措施，WT/DS69/R，1998 年 7 月 23 日通过，上诉机构报告修改，WT/DS69/AB/R，DSR1998：Ⅴ，2089
欧共体—鲑鱼（挪威）	专家组报告，欧共体—对产自挪威养殖鲑鱼采取反倾销措施，WT/DS337/R 和 Corr.1，2008 年 1 月 15 日通过，DSR2008：Ⅰ，3
欧共体—沙丁鱼	上诉机构报告，欧共体—沙丁鱼贸易描述，WT/DS231/AB/R，2002 年 10 月 23 日通过，DSR2002：Ⅷ，3359
欧共体—沙丁鱼	专家组报告，欧共体—沙丁鱼贸易描述，WT/DS231/R 和 Corr.1，2002 年 10 月 23 日通过，上诉机构报告修改，WT/DS231/AB/R，DSR2002：Ⅷ，3451

续 表

简要标题	案件标题全称及出处
欧共体—扇贝（加拿大）	专家组报告，欧共体—沙丁鱼贸易描述—由加拿大请求，WT/DS7/R，1996年8月日，未通过，DSR1996：Ⅰ，89
欧共体—扇贝（秘鲁和智利）	专家组报告，欧共体—对于扇贝的贸易描述—由秘鲁和智利申请，WT/DS12/R，WT/DS14/R，1996年8月5日，未通过，DSR1996：Ⅰ，93
欧共体—特定海关事项案	上诉机构报告，欧共体—客户对特殊规格要求案，WT/DS315/AB/R，2006年12月11日，DSR2006：Ⅸ，3791
欧共体—特定海关事项案	专家组报告，欧共体—客户对特殊规格要求案，WT/DS315/R，2006年12月11日，上诉机构报告修改，WT/DS315/AB/R，DSR2006：ⅨⅩ，3915
欧共体—关税优惠	上诉机构报告，欧共体—给予发展中国家关税优惠的条件，WT/DS246/AB/R，2004年4月20日通过，DSR2004：Ⅲ，925
欧共体—关税优惠	专家组报告，欧共体—给予发展中国家关税优惠的条件，WT/DS246/R，引自2004年4月20日，上诉机构报告修改，WT/DS/246/AB/R，DSR2004：Ⅲ，1009
欧共体—关税优惠	仲裁决定，欧共体—给予发展中国家关税优惠的条件—在DSU第21.3（c）条下仲裁，WT/DS246/14，2004年9月20日，DSR2004：Ⅸ，4313
欧共体—商标和地理标识（澳大利亚）	专家组报告，欧共体—对于农产品及粮食商标和地理标识的保护，由澳大利亚上诉，WT/DS290/R，2005年4月20日通过，DSR2005：Ⅹ，4603
欧共体—商标和地理标识（美国）	专家组报告，欧共体—对于农产品及粮食商标和地理标识的保护，由美国上诉，WT/DS174/R，2005年4月20日通过，DSR2005：Ⅷ，3499
欧共体—管材配件	上诉机构报告，欧共体—对来自巴西的可锻铸铁管路连接件反倾销税，WT/DS219/AB/R，2003年8月18日通过，DSR2003：Ⅵ，2613
欧共体—管材配件	专家组报告，欧共体—A对来自巴西的可锻铸铁管路连接件反倾销税，WT/DS219/R，2003年8月18日通过，上诉机构报告修改，WT/DS219/AB/R，DSR2003：Ⅶ，2701
欧共体及其成员国—大型民用航空器	上诉机构报告，欧共体及其成员国—影响大型民用航空器贸易的措施，WT/DS316/AB/R，2011年6月1日通过
欧共体及其成员国—大型民用航空器	专家组报告，欧共体及其成员国—影响大型民用航空器贸易的措施，WT/DS316/R，2011年6月1日通过，上诉机构报告修改，WT/DS316/AB/R
埃及—钢筋	专家组报告，埃及—对于来自土耳其的钢筋的明确反倾销措施，WT/DS211/R，2002年10月1日通过，DSR2002：Ⅶ，2667
危地马拉—水泥Ⅰ	上诉机构报告，危地马拉—对来自墨西哥的水泥进行反倾销调查，WT/DS60/AB/R，1998年11月25日通过，DSR1998：Ⅸ，3767
危地马拉—水泥Ⅰ	专家组报告，危地马拉—对来自墨西哥的水泥进行反倾销调查，WT/DS60/R，1998年11月25日通过，上诉机构报告修改，WT/DS60/AB/R，DSR1998：Ⅸ，3797
危地马拉—水泥Ⅱ	专家组报告，危地马拉—对来自墨西哥的水泥采取反倾销措施，WT/DS156/R，2000年11月17日通过，DSR2000：Ⅺ，5295

续 表

简要标题	案件标题全称及出处
印度—进口附加税	上诉机构报告，印度—对来自美国的商品征收进口附加税，WT/DS360/AB/R，2008 年 11 月 17 日通过
印度—进口附加税	专家组报告报告，印度—对来自美国的商品征收进口附加税，WT/DS360/R，2008 年 11 月 17 日通过，上诉机构报告驳回，WT/DS360/AB/R
印度—汽车	上诉机构报告，印度—影响汽车部门措施，WT/DS146/AB/R，WT/DS175/AB/R，2002 年 4 月 5 日通过，DSR2002：Ⅴ，1821
印度—汽车	专家组报告，印度—影响汽车部门措施，WT/DS146/R，WT/DS175/R 和 Corr. 1，2002 年 4 月 5 日通过，DSR2002：Ⅴ，1827
印度—专利权（欧共体）	专家组报告，印度—对于药品及农业化学产品的专利保护，由欧共体上诉，WT/DS79/R，1998 年 9 月 22 日通过，DSR1998：Ⅵ，2661
印度—专利权（美国）	上诉机构报告，印度—对于药品及农业化学产品的专利保护，WT/DS50/AB/R，1998 年 1 月 16 日通过，DSR1998：Ⅰ，9
印度—专利权（美国）	专家组报告，印度—对于药品及农业化学产品的专利保护，由美国上诉，WT/DS50/R，1998 年 1 月 16 日通过，上诉机构报告修改，WT/DS50/AB/R，DSR1998：Ⅰ，41
印度—数量限制	上诉机构报告，印度—对于农产品、纺织品及工业产品进口的数量限制，WT/DS90/AB/R，1999 年 9 月 22 日通过，DSR1999：Ⅳ，1763
印度—数量限制	专家组报告，印度—对于农产品、纺织品及工业产品进口的数量限制，WT/DS90/R，1999 年 9 月 22 日通过，得到上诉机构报告支持，WT/DS90/AB/R，DSR1999：Ⅴ，1799
印度尼西亚—汽车	专家组报告，印度尼西亚—影响汽车工业的特定措施，WT/DS54/R，WT/DS55/R，WT/DS59/R，WT/DS64/R 和 Corr. 1，2，3 和 4，1998 年 7 月 23 日通过，DSR1998：Ⅵ，2201
印度尼西亚—汽车	仲裁决定，印度尼西亚—影响汽车工业的特定措施—在 DSU 第 21.3（c）条下仲裁，WT/DS54/15，WT/DS55/14，WT/DS59/13，WT/DS64/12，1998 年 12 月 7 日，DSR1998：Ⅸ，4029
日本—农产品Ⅱ	上诉机构报告，日本—影响农产品措施，WT/DS76/AB/R，1999 年 3 月 19 日通过，DSR1999：Ⅰ，277
日本—农产品Ⅱ	专家组报告，日本—影响农产品措施，WT/DS76/R，1999 年 3 月 19 日通过，上诉机构报告修改，WT/DS76/AB/R，DSR1999：Ⅰ，315
日本—酒精饮料Ⅱ	上诉机构报告，日本—对酒精饮料征税，WT/DS8/AB/R，WT/DS10/AB/R，WT/DS11/AB/R，1996 年 11 月 1 日通过，DSR1996：Ⅰ，97
日本—酒精饮料Ⅱ	专家组报告，日本—对酒精饮料征税，WT/DS8/R，WT/DS10/R，WT/DS11/R，1996 年 11 月 1 日通过，上诉机构报告修改，WT/DS8/AB/R，WT/DS10/AB/R，WT/DS11/AB/R，DSR1996：Ⅰ，125
日本—酒精饮料Ⅱ［第 21.3（c）条］	仲裁决定，日本——对酒精饮料征税—在 DSU 第 21.3（c）条下仲裁，WT/DS8/15，WT/DS10/15，WT/DS11/13，1997 年 2 月 14 日，DSR1997：Ⅰ，3
日本—苹果	上诉机构报告，日本—影响苹果进口措施，WT/DS245/AB/R，2003 年 12 月 10 日通过，DSR2003：Ⅸ，4391

续 表

简要标题	案件标题全称及出处
日本—苹果	专家组报告，日本—影响苹果进口措施，WT/DS245/R，2003 年 12 月 10 日通过，得到上诉机构报告支持，WT/DS245/AB/R，DSR2003：Ⅸ，4481
日本—苹果 [第 21.5 条—美国]	专家组报告，日本—影响苹果进口措施—由美国根据 DSU 第 21.5 条提出，WT/DS245/RW，2005 年 7 月 20 日通过，DSR2005：ⅩⅥ，7911
日本—动态存储器（韩国）	上诉机构报告，日本—对产自韩国动态存储器征收反补贴税，WT/DS336/AB/R and Corr. 1，2007 年 12 月 17 日通过，DSR2007：Ⅶ，2703
日本—动态存储器（韩国）	专家组报告，日本—对产自韩国动态存储器征收反补贴税，WT/DS336/R，2007 年 12 月 17 日通过，上诉机构报告修改，WT/DS336/AB/R，DSR2007：Ⅶ，2805
日本—动态存储器（韩国） [第 21.3（c）条]	仲裁决定，日本—对产自韩国动态存储器征收反补贴税—DSU 第 21.3（c）条下的仲裁，WT/DS336/16，2008 年 5 月 5 日
日本—胶卷	专家组报告，日本—影响消费冲印胶卷和纸张的措施，WT/DS44/R，1998 年 4 月 22 日通过，DSR1998：Ⅳ，1179
日本—紫菜配额	专家组报告，日本—干紫菜和味付紫菜进口配额，WT/DS323/R，2006 年 2 月 1 日，未通过
韩国—酒精饮料	上诉机构报告，韩国—酒精饮料征税，WT/DS75/AB/R，WT/DS84/AB/R，1999 年 2 月 17 日通过，DSR1999：Ⅰ，3
韩国—酒精饮料	专家组报告，韩国—酒精饮料征税，WT/DS75/R，WT/DS84/R，1999 年 2 月 17 日通过，上诉机构报告修改，WT/DS75/AB/R，WT/DS84/AB/R，DSR1999：Ⅰ，44
韩国—酒精饮料 [第 21.3（c）条]	仲裁决定，韩国—酒精饮料征税—在 DSU 第 21.3（c）条下仲裁，WT/DS75/16，WT/DS84/14，1999 年 6 月 4 日，DSR1999：Ⅱ，937
韩国—特定纸张	专家组报告，韩国—对特定来自印度尼西亚进口产品征收反倾销税，WT/DS312/R，2005 年 11 月 28 日通过，DSR2005：ⅩⅫ，10637
韩国—特定纸张 [第 21.5 条—印度尼西亚]	专家组报告，韩国—对特定来自印度尼西亚进口产品征收反倾销税—由印度尼西亚根据 DSU 第 21.5 条提出，WT/DS312/RW，2007 年 10 月 22 日通过，DSR2007：Ⅷ，3369
韩国—商船	专家组报告，韩国—影响商船贸易的措施，WT/DS273/R，2005 年 4 月 11 日通过，DSR2005：Ⅶ，2749
韩国—奶制品	上诉机构报告，韩国—进口特定奶制品的明确保障措施，WT/DS98/AB/R，2000 年 1 月 12 日通过，DSR2000：Ⅰ，3
韩国—奶制品	专家组报告，韩国—进口特定奶制品的明确保障措施，WT/DS98/R 和 Corr. 1，2000 年 1 月 12 日通过，上诉机构报告修改，WT/DS98/AB/R，DSR2000：Ⅰ，49
韩国—政府采购	专家组报告，韩国—影响政府采购措施，WT/DS163/R，2000 年 6 月 19 日通过，DSR2000：Ⅷ，3541
韩国—牛肉多种措施	上诉机构报告，韩国—影响鲜肉、冷藏肉和冷冻肉的措施，WT/DS161/AB/R，WT/DS169/AB/R，2001 年 1 月 10 日通过，DSR2001：Ⅰ，5

续 表

简要标题	案件标题全称及出处
韩国—牛肉多种措施	专家组报告，韩国—影响鲜肉、冷藏肉和冷冻肉的措施，WT/DS161/R，WT/DS169/R，2001年1月10日通过，上诉机构报告修改，WT/DS161/AB/R，WT/DS169/AB/R，DSR2001：Ⅰ，59
墨西哥—稻米反倾销措施	上诉机构报告，墨西哥—对于牛肉和稻米的明确反倾销措施，对于稻米的上诉，WT/DS295/AB/R，2005年12月20日通过，DSR2005：ⅩⅫ，10853
墨西哥—稻米反倾销措施	专家组报告，墨西哥—对于牛肉和稻米的明确反倾销措施，对于稻米的上诉，WT/DS295/R，2005年12月20日通过，上诉机构报告修改，WT/DS295/AB/R，DSR2005：ⅩⅫ，11007
墨西哥—玉米糖浆	专家组报告，墨西哥—对于来自美国的高果糖玉米糖浆的反倾销调查，WT/DS132/R和Corr.1，2000年2月24日通过，DSR2000：Ⅲ，1345
墨西哥—玉米糖浆［第21.5条—美国］	上诉机构报告，墨西哥—对于来自美国的高果糖玉米糖浆的反倾销调查—由美国根据DSU第21.5条提请，WT/DS132/AB/RW，2001年11月21日通过，DSR2001：XIII，6675
墨西哥—玉米糖浆［第21.5条—美国］	专家组报告，墨西哥—对于来自美国的高果糖玉米糖浆的反倾销调查—由美国根据DSU第21.5条提请，WT/DS132/RW，2001年11月21日通过，得到上诉机构报告支持，WT/DS132/AB/RW，DSR2001：XIII，6717
墨西哥—橄榄油	专家组报告，墨西哥—对来自欧共体的橄榄油征收最终反补贴税，WT/DS341/R，2008年10月21日通过，DSR2008：Ⅸ，3179
墨西哥—钢管	专家组报告，墨西哥—对产自危地马拉钢管征收反倾销税，WT/DS331/R，2007年7月24日通过，DSR2007：Ⅳ，1207
墨西哥—非酒精饮料征税	上诉机构报告，墨西哥—对于非酒精饮料及其他饮料的征税措施，WT/DS308/AB/R，2006年3月24日通过，DSR2006：Ⅰ，3
墨西哥—非酒精饮料征税	专家组报告，墨西哥—对于非酒精饮料及其他饮料的征税措施，WT/DS308/R，2006年3月24日通过，上诉机构报告修改，WT/DS308/AB/R，DSR2006：Ⅰ，43
墨西哥—电信	专家组报告，墨西哥—影响电信服务的措施，WT/DS204/R，2004年6月1日通过，DSR2004：Ⅳ，1537
泰国—香烟（菲律宾）	上诉机构报告，泰国—对自菲律宾进口香烟的海关和行政措施，WT/DS371/AB/R，2011年6月17日散发
泰国—香烟（菲律宾）	专家组报告，泰国—对自菲律宾进口香烟的海关和行政措施，WT/DS371/R［上诉/采纳待定］
泰国—H型钢	上诉机构报告，泰国—对波兰出口的铁或非合金钢的角铁、型材、轧材及H型钢的反倾销税案，WT/DS122/AB/R，2001年4月5日通过，DSR2001：Ⅶ，2701
泰国—H型钢	专家组报告，泰国—对波兰出口的铁或非合金钢的角铁、型材、轧材及H型钢的反倾销税案，WT/DS122/R，2001年4月5日通过，上诉机构报告修改，WT/DS122/AB/R，DSR2001：Ⅶ，2741
土耳其—大米	专家组报告，土耳其—影响大米进口的措施，WT/DS334/R，2007年10月22日通过，DSR2007：Ⅵ，2151
土耳其—纺织品	上诉机构报告，土耳其—对于纺织品及服装出口的限制，WT/DS34/AB/R，1999年11月19日通过，DSR1999年：Ⅵ，2345

续 表

简要标题	案件标题全称及出处
土耳其—纺织品	专家组报告，土耳其—纺织品及服装产品进口限制，WT/DS34/R，1999年11月19日通过，上诉机构报告修改，WT/DS34/AB/R，DSR1999：Ⅵ，2363
美国—1916年法案	上诉机构报告，美国—1916年反倾销法案，WT/DS136/AB/R，WT/DS162/AB/R，2000年9月26日通过，DSR2000：Ⅹ，4793
美国—1916年法案（欧共体）	专家组报告，美国—1916年反倾销法案，由欧共体上诉，WT/DS136/R和Corr. 1，2000年9月26日通过，得到上诉机构报告支持，WT/DS136/AB/R，WT/DS162/AB/R，DSR2000年：Ⅹ，4593
美国—1916年法案（日本）	专家组报告，美国—1916年反倾销法案，由日本上诉，WT/DS162/R和Add. 1，2000年9月26日通过，得到上诉机构报告支持，WT/DS136/AB/R，WT/DS162/AB/R，DSR2000：Ⅹ，4831
美国—1916年法案[第21.3（c）条]	仲裁决定，美国—1916年反倾销法案—在DSU第21.3（c）条下仲裁，WT/DS136/11，WT/DS162/14，2001年2月28日，DSR2001：Ⅴ，2017
美国—1916年法案（欧共体）[第22.6条—美国]	仲裁判决，美国—1916年反倾销法案，最初由欧共体上诉—由美国根据DSU第22.6条的仲裁，WT/DS136/ARB，2004年2月24日，DSR2004：Ⅸ，4269
美国—反倾销税和反补贴税（中国）	上诉机构报告，美国—对自中国的产品征收肯定反倾销税和反补贴税，WT/DS379/AB/R，2011年3月25日
美国—反倾销税和反补贴税（中国）	专家组报告，美国—对自中国的产品征收肯定反倾销税和反补贴税，WT/DS379/R，2011年3月25日，上诉机构报告修改，WT/DS379/AB/R
美国—石油国家工业用管的反倾销措施	上诉机构报告，美国—对来自墨西哥石油国家工业用管的反倾销措施，WT/DS282/AB/R，2005年11月28日通过，DSR2005：ⅩⅩ，10127
美国—石油国家工业用管的反倾销措施	专家组报告，美国—对来自墨西哥石油国家工业用管的反倾销措施，WT/DS282/R，2005年11月28日通过，上诉机构报告修改，WT/DS282/AB/R，DSR2005：ⅩⅪ，10225
美国—PET包装袋	专家组报告，美国—对自泰国进口的PET包装袋采取反倾销措施，WT/DS383/R，2010年2月18日通过
美国—碳钢	上诉机构报告，美国—对于来自德国的特殊耐腐蚀碳钢板的反补贴税，WT/DS213/AB/R和Corr. 1，2002年12月19日通过，DSR2002：Ⅸ，3779
美国—碳钢	专家组报告，美国—对于来自德国的特殊耐腐蚀碳钢板的反补贴税，WT/DS213/R和Corr. 1，2002年12月19日通过，上诉机构报告修改，WT/DS213/AB/R和Corr. 1，DSR2002：Ⅸ，3833
美国—特定欧共体产品	上诉机构报告，美国—特定从欧共体产品的进口措施，WT/DS165/AB/R，2001年1月10日通过，DSR2001：Ⅰ，373
美国—特定欧共体产品	专家组报告，美国—特定从欧共体产品的进口措施，WT/DS165/R和Add. 1，2001年1月10通过，上诉机构报告修改，WT/DS165/AB/R，DSR2001：Ⅱ，413
美国—要求取消报复措施	上诉机构报告，美国—欧共体要求取消报复措施—荷尔蒙争端，WT/DS320/AB/R，2008年11月14日通过，DSR2008：Ⅹ，3507
美国—要求取消报复措施	专家组报告，美国—欧共体要求取消报复措施—荷尔蒙争端，WT/DS320/R，2008年11月14日通过，上诉机构报告修改，WT/DS320/AB/R，DSR2008：Ⅺ，3891

续 表

简要标题	案件标题全称及出处
美国—归零法	上诉机构报告，美国—继续采用归零法则，WT/DS350/AB/R，2009 年 2 月 19 日通过
美国—归零法	专家组报告，美国—继续采用归零法则，WT/DS350/R，2009 年 2 月 19 日通过，上诉机构报告修改，WT/DS350/AB/R
美国—不锈钢日落复审	上诉机构报告，美国—对于来自日本的特殊耐腐蚀碳钢板反倾销税的日落复审，WT/DS244/AB/R，2004 年 1 月 9 日通过，DSR2004：Ⅰ，3
美国—不锈钢日落复审	专家组报告，美国—对于来自日本的特殊耐腐蚀碳钢板反倾销税的日落复审，WT/DS244/R，2004 年 1 月 9 日通过，上诉机构报告修改，WTDS244/AB/R，DSR2004：Ⅰ，85
美国—棉纱	上诉机构报告，美国—对来自巴基斯坦棉纱的过渡期保障措施，WT/DS192/AB/R，2001 年 11 月 5 日通过，DSR2001：Ⅻ，6027
美国—棉纱	专家组报告，美国—对来自巴基斯坦棉纱的过渡期保障措施，WT/DS192/R，2001 年 11 月 5 日通过，上诉机构报告修改，WT/DS192/AB/R，DSR2001：Ⅻ，6067
美国—对计算机动态随机存取存储器芯片进行反补贴税调查	上诉机构报告，美国—对来自韩国的计算机动态随机存取存储器芯片进行反补贴税调查，WT/DS296/AB/R，2005 年 7 月 20 日通过，DSR2005：ⅩⅥ，8131
美国—对计算机动态随机存取存储器芯片进行反补贴税调查	专家组报告，美国—对来自韩国的计算机动态随机存取存储器芯片进行反补贴税调查，WT/DS296/R，2005 年 7 月 20 日通过，上诉机构报告修改，WT/DS296/AB/R，DSR2005：ⅩⅦ，8243
美国—对特定欧共体产品贴税措施	上诉机构报告，美国—对特定欧共体产品贴税措施，WT/DS212/AB/R，2003 年 1 月 8 日通过，DSR2003：Ⅰ，5
美国—对特定欧共体产品贴税措施	专家组报告，美国—对特定欧共体产品贴税措施，WT/DS212/R，2003 年 1 月 8 日通过，上诉机构报告修改，WT/DS212/AB/R，DSR2003：Ⅰ，73
美国—对特定欧共体产品贴税措施 [第 21.5 条—欧共体]	专家组报告，美国—对特定欧共体产品贴税措施—由欧共体根据 DSU 第 21.5 条提出，WT/DS212/RW，2005 年 9 月 27 日通过，DSR2005：ⅩⅧ，8950
美国—海关保税指令	专家组报告，美国—对征收反倾销和反补贴产品实行海关保税，WT/DS345/R，2008 年 8 月 1 日通过，上诉机构报告修改，WT/DS343/AB/R，WT/DS345/AB/R，DSR2008：Ⅷ，2925
美国—计算机动态随机存取存储器芯片	专家组报告，美国—对来自韩国 1 兆或以上的计算机动态随机存取存储器芯片征收反倾销税，WT/DS99/R，1999 年 3 月 19 日通过，DSR1999：Ⅱ，521
美国—计算机动态随机存取存储器芯片 [第 21.5 条—韩国]	专家组报告，美国—对来自韩国 1 兆或以上的计算机动态随机存取存储器芯片征收反倾销税—韩国根据 DSU 第 21.5 条提出，WT/DS99/RW，2000 年 11 月 7 日，未通过
美国—出口限制	专家组报告，美国—作为补贴的出口限制措施，WT/DS194/R 和 Corr. 2，2001 年 8 月 23 日通过，DSR2001：Ⅺ，5767
美国—海外销售公司	上诉机构报告，美国—"海外销售公司"税收待遇，WT/DS108/AB/R，2000 年 3 月 20 日通过，DSR2000：Ⅲ，1619
美国—海外销售公司	专家组报告，美国—"海外销售公司"税收待遇，WT/DS108/R，2000 年 3 月 20 日，上诉机构报告修改，WT/DS108/AB/R，DSR2000：Ⅳ，1675

续　表

简要标题	案件标题全称及出处
美国—海外销售公司［第21.5条—欧共体］	上诉机构报告，美国——“海外销售公司”税收待遇—由欧共体根据DSU第21.5条提出，WT/DS108/AB/RW，2002年1月29日通过，DSR2002：Ⅰ，55
美国—海外销售公司［第21.5条—欧共体］	专家组报告，美国—“海外销售公司”税收待遇—由欧共体根据DSU第21.5条提出，WT/DS108/RW，2002年1月29日通过，上诉机构报告修改，WT/DS108/AB/RW，DSR2002：Ⅰ，119
美国—海外销售公司［第21.5条—欧共体Ⅱ］	上诉机构报告，美国—“海外销售公司”税收待遇，由欧共体根据DSU第21.5条提出，WT/DS108/AB/RW2，2006年3月14日通过，DSR2006：Ⅺ，4721
美国—海外销售公司［第21.5条—欧共体Ⅱ］	专家组报告，美国“海外销售公司”税收待遇，由欧共体根据DSU第21.5条提出，WT/DS108/RW2，2006年3月14日通过，得到上诉机构报告支持，WT/DS108/AB/RW2，DSR2006：Ⅺ，4761
美国—海外销售公司［第22.6条—美国］	仲裁结论，美国—美国“海外销售公司”税收待遇—美国根据DSU第22.6条和SCM协议第4.11条做出仲裁，WT/DS108/ARB，2002年8月30日，DSR2002：Ⅵ，2517
美国—博彩业	上诉机构报告，美国—影响博彩业跨境提供服务的措施，WT/DS285/AB/R，2005年4月20日通过，DSR2005：Ⅻ，5663（Corr.1，DSR2006：Ⅻ，5475）
美国—博彩业	专家组报告，美国—影响博彩业跨境提供服务的措施，WT/DS285/R，2005年4月20日通过，上诉机构报告修改，WT/DS285/AB/R，DSR2005：Ⅻ，5797
美国—博彩业	仲裁决定，美国—影响博彩业跨境提供服务的措施—在DSU第21.3（c）条下仲裁，WT/DS285/13，2005年8月19日，DSR2005：ⅩⅧ，11639
美国—博彩业［第21.5条—安提瓜和巴布达］	专家组报告，美国—影响博彩业跨境提供服务的措施—由安提瓜和巴布达根据第21.5条提出，WT/DS285/RW，2007年5月22日通过，DSR2007：Ⅷ，3105
美国—博彩业［第22.6条—美国］	仲裁决定，美国—影响博彩业跨境提供服务的措施——由美国根据DSU第22.6条提交仲裁，WT/DS285/ARB，2007年12月21日，DSR2007：Ⅹ，4163
美国—汽油	上诉机构报告，美国—精炼汽油及传统汽油标准，WT/DS2/AB/R，1996年5月20日通过，DSR1996：Ⅰ，3
美国—汽油	专家组报告，美国—精炼汽油及传统汽油标准，WT/DS2/R，1996年5月20日通过，上诉机构报告修改，WT/DS2/AB/R，DSR1996：Ⅰ，29
美国—热轧钢产品	上诉机构报告，美国—对来自日本的热轧薄板卷产品征收反倾销税，WT/DS184/AB/R，2001年8月23日通过，DSR2001：Ⅹ，4697
美国—热轧钢产品	专家组报告，美国—对来自日本的热轧薄板卷产品征收反倾销税，WT/DS184/R，2001年8月23日通过，上诉机构报告修改，WT/DS184/AB/R，DSR2001：Ⅹ，4769
美国—热轧钢产品	仲裁决定，美国—对来自日本的热轧薄板卷产品征收反倾销税—在DSU第21.3（C）条下仲裁，WT/DS184/13，2002年2月19日，DSR2002：Ⅳ，1389
美国—羔羊	上诉机构报告，美国—对来自新西兰和澳大利亚的新鲜、冷藏和冷冻羔羊肉进口保障措施，WT/DS177/AB/R，WT/DS178/AB/R，2001年5月16日通过，DSR2001：Ⅸ，4051
美国—羔羊	专家组报告，美国—对来自新西兰和澳大利亚的新鲜、冷藏和冷冻羔羊肉进口保障措施，WT/DS177/R，WT/DS178/R，2001年5月16日通过，上诉机构报告修改，WT/DS177/AB/R，WT/DS178/AB/R，DSR2001：Ⅸ，4107

续 表

简要标题	案件标题全称及出处
美国—大型民用航空器（第2次起诉）	专家组报告，美国—影响大型民用航空器贸易的措施（第2次起诉），WT/DS353/R，2011年3月31日散发［正在上诉］
美国—热轧铅铋碳钢产品案Ⅱ	上诉机构报告，美国—对于原产英国的某些热轧铅铋碳钢产品进行反补贴税，WT/DS138/AB/R，2000年6月7日通过，DSR2000：Ⅴ，2595
美国—热轧铅铋碳钢产品案Ⅱ	专家组报告，美国—对于原产英国的某些热轧铅铋碳钢产品进行反补贴税，WT/DS138/R和Corr.2，2000年6月7日通过，得到上诉机构报告支持，WT/DS138/AB/R，DSR2000：Ⅵ，2623
美国—直线管	上诉机构报告，美国—对来自韩国的圆焊碳质条形管进口的保障措施，WT/DS202/AB/R，2002年3月8日通过，DSR2002：Ⅳ，1403
美国—直线管	专家组报告，美国—对来自韩国的圆焊碳质条形管进口的保障措施，WT/DS202/R，2002年3月8日通过，上诉机构报告修改，WT/DS202/AB/，DSR2002：Ⅳ，1473
美国—直线管［第21.3（c）条］	仲裁员报告，美国—对来自韩国的圆焊碳质条形管进口的保障措施，—在DSU第21.3（c）条下仲裁，WT/DS202/17，2002年7月26日，DSR2002：Ⅴ，2061
美国—补偿法案（伯德修正案）	上诉机构报告，美国—2000年对持续倾销和补贴的补偿法案，WT/DS217/AB/R，WT/DS234/AB/R，2003年1月27日通过，DSR2003：Ⅰ，375
美国—补偿法案（伯德修正案）	专家组报告，美国—2000年对持续倾销和补贴的补偿法案，WT/DS217/R，WT/DS234/R，2003年1月27日通过，上诉机构报告修改，WT/DS217/AB/R，WT/DS234/AB/R，DSR 2003：Ⅱ，489
美国—补偿法案（伯德修正案）［第21.3（c）条］	仲裁决定，美国—2000年对持续倾销和补贴的补偿法案—在DSU第21.3（c）条下仲裁，WT/DS217/14，WT/DS234/22，2003年6月13日，DSR2003：Ⅲ，1163
美国—补偿法案（伯德修正案）（巴西）［第22.6条—美国］	仲裁决定，美国—2000年对持续倾销和补贴的补偿法案，最初由巴西上诉—溯及美国根据DSU第22.6条仲裁，WT/DS217/ARB/BRA，2004年8月31日，DSR2004：Ⅸ，4341
美国—补偿法案（伯德修正案）（加拿大）［第22.6条—美国］	仲裁决定，美国—2000年对持续倾销和补贴的补偿法案，由加拿大上诉—溯及美国根据DSU第22.6条仲裁，WT/DS234/ARB/CAN，2004年8月31日，DSR2004：Ⅸ，4425
美国—补偿法案（伯德修正案）（智利）［第22.6条—美国］	仲裁决定，美国—2000年对持续倾销和补贴的补偿法案，由智利上诉—溯及美国根据DSU第22.6条仲裁，WT/DS217/ARB/CHL，2004年8月31日，DSR2004年：Ⅸ，4511
美国—补偿法案（伯德修正案）（欧共体）［第22.6条—美国］	仲裁决定，美国—2000年对持续倾销和补贴的补偿法案，由欧共体上诉—溯及美国根据DSU第22.6条仲裁，WT/DS217/ARB/EEC，2004年8月31日，DSR2004：Ⅸ，4591
美国—补偿法案（伯德修正案）（印度）［第22.6条—美国］	仲裁决定，美国—2000年对持续倾销和补贴的补偿法案最初由印度上诉—溯及美国根据DSU第22.6条仲裁，WT/DS217/ARB/IND，2004年8月31日，DSR2004：Ⅹ，4691
美国—补偿法案（伯德修正案）（日本）［第22.6条—美国］	仲裁决定，美国—2000年对持续倾销和补贴的补偿法案最初由日本上诉—溯及美国根据DSU第22.6条仲裁，WT/DS217/ARB/JPN，2004年8月31日，DSR2004：Ⅹ，4771
美国—补偿法案（伯德修正案）（韩国）［第22.6条—美国］	仲裁决定，美国—2000年对持续倾销和补贴的补偿法案最初由韩国上诉—溯及美国根据DSU第22.6条仲裁，WT/DS217/ARB/KOR，2004年8月31日，DSR2004：Ⅹ，4851

续 表

简要标题	案件标题全称及出处
美国—补偿法案（伯德修正案）（墨西哥）［第 22.6 条—美国］	仲裁决定，美国—2000 年对持续倾销和补贴的补偿法案最初由墨西哥上诉—溯及美国根据 DSU 第 22.6 条仲裁，WT/DS234/ARB/MEX，2004 年 8 月 31 日，DSR2004：Ⅹ，4931
美国—石油工业用管材日落复审	上诉机构报告，美国—对来自阿根廷石油工业用管材反倾销措施日落复审，WT/DS268/AB/R，2004 年 12 月 17 日通过，DSR2004：Ⅶ，3257
美国—石油工业用管材日落复审	专家组报告，美国—对来自阿根廷石油工业用管材反倾销措施日落复审，WT/DS268/R 和 Corr.1，2004 年 12 月 17 日通过，上诉机构报告修改，W/DS/268/AB/R，DSR2004：Ⅷ，3421
美国—石油工业用管材日落复审［第 21.3（c）条］	仲裁决定，美国—对来自阿根廷石油工业用管材反倾销措施日落复审—在 DSU 第 21.3（c）条下仲裁，WT/DS268/12，2005 年 6 月 7 日，DSR2005：ⅩⅧ，11619
美国—石油工业用管材日落复审［第 21.5 条—阿根廷］	专家组报告，美国—对来自阿根廷石油工业用管材反倾销措施日落复审—由阿根廷根据 DSU 第 21.5 条提出，WT/DS268/RW，2007 年 5 月 11 日通过，DSR2007：Ⅸ，3523
美国—石油工业用管材日落复审［第 21.5 条—阿根廷］	专家组报告，美国—对来自阿根廷石油工业用管材反倾销措施日落复审—由阿根廷根据 DSU 第 21.5 条提出，WT/DS268/RW，2007 年 5 月 11 日通过，上诉机构报告修改，WT/DS268/AB/RW，DSR2007：ⅨⅩ，3609
美国—果汁（巴西）	专家组报告，美国—对自巴西进口的果汁采取反倾销行政复审及其他措施，WT/DS382/R，2011 年 6 月 17 日报告
美国—家禽（中国）	专家组报告，美国—影响自中国进口家禽的措施，WT/DS392/R，2010 年 10 月 25 日通过
美国—美国版权法第 110 节第 5 段	专家组报告，美国版权法第 110 节第 5 段，WT/DS160/R，2000 年 7 月 27 日通过，DSR2000：Ⅷ，3769
美国—美国版权法第 110 节第 5 段［第 21.3（c）条］	仲裁决定，美国—美国版权法第 110 节第 5 段—在 DSU 第 21.3（c）条下仲裁，WT/DS160/12，2001 年 1 月 15 日 DSR2001：Ⅱ，657
美国—美国版权法第 110 节第 5 段（第 25 条）	仲裁决定，美国—美国版权法第 110 节第 5 段—在 DSU 第 25 条下仲裁，WT/DS160/ARB25/1，2001 年 11 月 9 日，DSR2001：Ⅱ，667
美国—乌拉圭回合农业协议第 129（c）节（1）段	专家组报告，美国—乌拉圭回合农业协议第 129（c）节（1）段，WT/DS221/R，引自 2002 年 8 月 30 日，DSR2002：Ⅶ，2581
美国—综合拨款法第 211 节	上诉机构报告，美国—1998 年综合拨款法第 211 节，WT/DS176/AB/R，2002 年 2 月 1 日通过，DSR2002：Ⅱ，589
美国—综合拨款法第 211 节	专家组报告，美国—1998 年综合拨款法第 211 节，WT/DS176/R，2002 年 2 月 1 日通过，上诉机构报告修改，WT/DS176/AB/R，DSR2002：Ⅱ，683
美国—综合拨款法第 211 节	专家组报告，美国—1974 年综合拨款法第 211 节，WT/DS152/R，2000 年 1 月 27 日通过，DSR2000：Ⅱ，815
美国—虾	上诉机构报告，美国—特定虾及虾类产品进口限制，WT/DS58/AB/R，1998 年 11 月 6 日通过，DSR1998 年：Ⅶ，2755
美国—虾	专家组报告，美国—特定虾及虾类产品进口限制，WT/DS58/R 和 Corr.1，1998 年 11 月 6 日通过，上诉机构报告修改，WT/DS58/AB/R，DSR1998：Ⅶ，2821

续 表

简要标题	案件标题全称及出处
美国—虾 [第 21.5 条—马来西亚]	上诉机构报告，美国—特定虾及虾类产品进口限制—由马来西亚根据 DSU 第 21.5 条提出，WT/DS58/AB/RW，2001 年 11 月 21 日通过，DSR2001：Ⅻ，6481
美国—虾 [第 21.5 条—马来西亚]	专家组报告，美国—特定虾及虾类产品进口限制，—由马来西亚根据 DSU 第 21.5 条提出，WT/DS58/RW，2001 年 11 月 21 日通过，得到上诉机构报告支持，WT/DS58/AB/RW，DSR2001：Ⅻ，6529
美国—虾（厄瓜多尔）	专家组报告，美国—对产自厄瓜多尔虾采取反倾销，WT/DS335/R，2007 年 2 月 20 日通过，DSR2007：Ⅱ，425
美国—虾（泰国）/ 美国—海关保税指令	上诉机构报告，美国—与从泰国进口虾有关的措施/美国—对征收反倾销和反补贴的商品实行海关保税指令，WT/DS343/AB/R，WT/DS345/AB/R，2008 年 8 月 1 日通过，DSR2008：Ⅶ，2385/DSR2008：Ⅷ，2773
美国—虾（泰国）	专家组报告，美国—与从泰国进口虾有关的措施，WT/DS343/R，2008 年 8 月 1 日通过，上诉机构报告修改，WT/DS343/AB/R，WT/DS345/AB/R，DSR2008：Ⅶ，2539
美国—软木Ⅲ	专家组报告，美国—对来自加拿大的特定软木产品的初步裁定，WT/DS236/R，2002 年 11 月 1 日通过，DSR2002：Ⅸ，3597
美国—软木Ⅳ	上诉机构报告，美国—对来自加拿大的特定软木的最后反补贴税决定，WT/DS257/AB/R，2004 年 2 月 17 日通过，DSR2004 年：Ⅱ，571
美国—软木Ⅳ	专家组报告，美国对来自加拿大的特定软木的最后反补贴税决定，WT/DS257/R 和 Corr. 1，2004 年 2 月 17 日通过，上诉机构报告修改，WT/DS257/AB/R，DSR2004：Ⅱ，641
美国—软木Ⅳ [第 21.5 条—加拿大]	上诉机构报告，美国—美国对来自加拿大的特定软木的最后反补贴税决定—由加拿大根据 DSU 第 21.5 条提出，WT/DS257/AB/RW，2005 年 12 月 20 日通过，DSR2005：ⅩⅧ，11357
美国—软木Ⅳ [第 21.5 条—加拿大]	专家组报告，美国—美国对来自加拿大的特定软木的最后反补贴税决定—由加拿大根据 DSU 第 21.5 条提出，WT/DS257/RW，2005 年 12 月 20 日通过，上诉机构报告驳回，WT/DS257/AB/RW，DSR2005：ⅩⅧ，11401
美国—软木Ⅴ	上诉机构报告，美国—对来自加拿大软木的最终倾销判决，WT/DS264/AB/R，2004 年 8 月 31 日通过，DSR2004：Ⅴ，1875
美国—软木Ⅴ	专家组报告，美国—对来自加拿大软木的最终倾销判决，WT/DS264/R，2004 年 8 月 31 日通过，上诉机构报告修改，WT/DS264/AB/R，DSR2004：Ⅴ，1937
美国—软木Ⅴ [第 21.3（c）条]	仲裁员报告，美国—对来自加拿大软木的最终倾销判决—在 DSU 第 21.3（c）条下仲裁，WT/DS264/13，2004 年 12 月 13 日，DSR2004：Ⅹ，5011
美国—软木Ⅴ [第 21.5 条—加拿大]	上诉机构报告，美国—对来自加拿大软木的最终倾销判决—由加拿大根据 DSU 第 21.5 条提出，WT/DS264/AB/RW，2006 年 9 月 1 日通过，DSR2006：Ⅻ，5087
美国—软木Ⅴ [第 21.5 条—加拿大]	专家组报告，美国—对来自加拿大软木的最终倾销判决—由加拿大根据 DSU 第 21.5 条提出，WT/DS264/RW，2006 年 9 月 1 日通过，得到上诉机构报告支持，WT/DS264/AB/RW，DSR2006：Ⅻ，5147
美国—软木Ⅵ	专家组报告，美国—国际贸易委员会对来自加拿大软木的调查，WT/DS277/R，2004 年 4 月 26 日通过，DSR2004：Ⅵ，2485
美国—软木Ⅵ [第 21.5 条—加拿大]	上诉机构报告，美国—国际贸易委员会对来自加拿大软木的调查—由加拿大根据 DSU 第 21.5 条提出，WT/DS277/AB/RW，2006 年 5 月 9 日通过，和 Corr. 1，DSR2006：Ⅺ，4865

续 表

简要标题	案件标题全称及出处
美国—软木Ⅵ［第21.5条—加拿大］	专家组报告，美国—国际贸易委员会对来自加拿大软木的调查—由加拿大根据DSU第21.5条提出，WT/DS277/RW，2006年5月9日通过，上诉机构报告修改，WT/DS277/AB/RW，DSR2006：Ⅺ，4935
美国—不锈钢（韩国）	专家组报告，美国—来自韩国的不锈钢卷板和不锈钢条的反倾销措，WT/DS179/R，2001年2月1日通过，DSR2001：Ⅳ，1295
美国—不锈钢（墨西哥）	上诉机构报告，美国—来自墨西哥的不锈钢采取最终反倾销措施，WT/DS344/AB/R，2008年5月20日通过，DSR2008：Ⅱ，513
美国—不锈钢（墨西哥）	专家组报告，美国—来自墨西哥的不锈钢采取最终反倾销措施，WT/DS344/R，2008年5月20日通过，上诉机构报告修改，WT/DS344/AB/R，DSR2008：Ⅱ，599
美国—不锈钢（墨西哥）［第21.3（c）条］	仲裁决定，美国—来自墨西哥的不锈钢采取最终反倾销措施—第DSU21.3（c）条下的仲裁，WT/DS344/15，2008年10月31日
美国—钢板	专家组报告，美国—对来自印度钢板的反倾销及反补贴措施，WT/DS206/R和Corr.1，2002年7月29日通过，DSR2002：Ⅵ，2073
美国—钢铁保障措施	上诉机构报告，美国—对于特定钢制品进口的保障措施，WT/DS248/AB/R，WT/DS249/AB/R，WT/DS251/AB/R，WT/DS252/AB/R，WT/DS253/AB/R，WT/DS254/AB/R，WT/DS258/AB/R，WT/DS259/AB/R，2003年12月10日通过，DSR2003：Ⅶ，3117
美国—钢铁保障措施	专家组报告，美国—对于特定钢制品进口的保障措施，WT/DS248/R，WT/DS249/R，WT/DS251/R，WT/DS252/R，WT/DS253/R，WT/DS254/R，WT/DS258/R，WT/DS259/R，和Corr.1，2003年12月10日通过，上诉机构报告修改，WT/DS248/AB/R，WT/DS249/AB/R，WT/DS251/AB/R，WT/DS252/AB/R，WT/DS253/AB/R，WT/DS254/AB/R，WT/DS258/AB/R，WT/DS259/AB/R，DSR2003：Ⅷ，3273
美国—纺织品原产地规则	专家组报告，美国—纺织品及服装产品原产地规则，WT/DS243/R和Corr.1，2003年7月23日通过，DSR2003：Ⅵ，2309
美国—轮胎（中国）	专家组报告，美国—影响自中国进口的客车和轻卡车轮胎的措施，WT/DS399/R，2010年12月13日散发［上诉中］
美国—内衣	上诉机构报告，美国—对于棉质及人造纤维内衣进口的限制，WT/DS24/AB/R，1997年2月25日通过，DSR1997：Ⅰ，11
美国—内衣	专家组报告，美国—对于棉质及人造纤维内衣进口的限制，WT/DS24/R，1997年2月25日通过，上诉机构报告修改，WT/DS24/AB/R，DSR1997：Ⅰ，31
美国—棉花	上诉机构报告，美国—对于棉花的补贴，WT/DS267/AB/R2005年3月21日通过，DSR 2005：Ⅰ，3
美国—棉花	专家组报告，美国—对于棉花的补贴，WT/DS267/R和Corr.1，2005年3月21日通过，上诉机构报告修改，WT/DS267/AB/R，DSR2005：Ⅱ，299
美国—棉花［第21.5条—巴西］	专家组报告，美国—对于棉花的补贴—由巴西根据DSU第21.5条提出，WT/DS267/RW and Corr.1，2008年6月20日通过，DSR2008：Ⅲ，809
美国—棉花［第21.5条—巴西］	上诉机构报告，美国—对于棉花的补贴—由巴西根据DSU第21.5条提出，WT/DS267/AB/RW和Corr.1，2008年6月20日通过，上诉机构报告修改，WT/DS267/AB/RW，DSR2008：Ⅲ，997 to DSR2008：Ⅵ，2013

续 表

简要标题	案件标题全称及出处
美国—棉花 [第 22.6 条—美国Ⅰ]	仲裁决定，美国—对于棉花的补贴—由美国根据 DSU 第 22.6 条和《补贴和反补贴协议》第 4.11 条提出，WT/DS267/ARB/1，2009 年 8 月 31 日通过
美国—棉花 [第 22.6 条—美国Ⅱ]	仲裁决定，美国—对于棉花的补贴—由美国根据 DSU 第 22.6 条和《补贴和反补贴协议》第 7.10 条提交仲裁，WT/DS267/ARB/2 和 Corr.1，2009 年 8 月 31 日通过
美国—面筋粉	上诉机构报告，美国—对来自欧共体的面筋粉进口的明确保障措施，WT/DS166/AB/R，2001 年 1 月 19 日通过，DSR2001：Ⅱ，717
美国—面筋粉	专家组报告，美国—对来自欧共体的面筋粉进口的明确保障措施，WT/DS166/R，2001 年 1 月 19 日通过，上诉机构报告修改，WT/DS166/AB/R，DSR2001：Ⅲ，779
美国—羊毛衬衫及女上衣	上诉机构报告，美国—影响从印度进口的羊毛恤衫及衬衫措施，WT/DS33/AB/R 和 Corr.1，1997 年 5 月 23 日通过，DSR1997：Ⅰ，323
美国—羊毛衬衫及女上衣	专家组报告，美国—影响从印度进口的羊毛恤衫及衬衫措施，WT/DS33/R，1997 年 5 月 23 日通过，得到上诉机构报告支持，WT/DS33/AB/R，DSR1997：Ⅰ，343
美国—归零法（欧共体）	上诉机构报告，美国—计算倾销差额（归零法）的法律、规则及方法，WT/DS294/AB/R，2006 年 5 月 9 日通过，和 Corr.1，DSR2006：Ⅱ，417
美国—归零法（欧共体）	专家组报告，美国—计算倾销差额（归零法）的法律、规则及方法，WT/DS294/R，引自 2006 年 5 月 9 日，上诉机构报告修改，WT/DS294/AB/R，DSR2006：Ⅱ，521
美国—归零法（欧共体） [第 21.5 条—欧共体]	上诉机构报告，美国—计算倾销差额（归零法）的法律、规则及方法—由欧共体根据第 21.5 条提出上诉，WT/DS294/AB/RW 和 Corr.1，2009 年 6 月 11 日通过
美国—归零法（欧共体） [第 21.5 条—欧共体]	专家组报告，美国—计算倾销差额（归零法）的法律、规则及方法，—由欧共体根据第 21.5 条提出上诉，WT/DS294/RW，2009 年 6 月 11 日通过，上诉机构报告修改，WT/DS294/AB/RW
美国—归零法（日本）	上诉机构报告，美国—与归零法有关的措施及日落复审，WT/DS322/AB/R，2007 年 1 月 23 日通过，DSR2007：Ⅰ，3，
美国—归零法（日本）	专家组报告，美国—与归零法有关的措施及日落复审，WT/DS322/R，2007 年 1 月 23 日通过，上诉机构报告修改，WT/DS322/AB/R，DSR2007：Ⅰ，97
美国—归零法（日本） [第 21.3（c）条]	仲裁报告，美国—与归零法有关的措施及日落复审，WT/DS322/21，2007 年 5 月 11 日，DSR2007：Ⅹ，4160
美国—归零法（日本） [第 21.5 条—日本]	上诉机构报告，美国—与归零法和日落复审有关的措施—由日本根据第 21.5 条提出上诉，WT/DS322/AB/RW，2009 年 8 月 31 日通过
美国—归零法（日本） [第 21.5 条—日本]	专家组报告，美国—与归零法和日落复审有关的措施—由日本根据第 21.5 条提出上诉，WT/DS322/RW，2009 年 8 月 31 日通过，得到上诉机构报告支持，WT/DS322/AB/RW
美国—归零法（韩国）	专家组报告，美国—对自韩国进口的产品实施反倾销使用归零法，WT/DS402/R，2011 年 2 月 24 日通过

● 贸易政策审议（2010）

马来西亚贸易政策审议

（一）经济环境

2005至2008年，马来西亚经济持续稳定增长。然而，由于受全球金融危机及由此导致的出口锐减影响，2008年经济增长速度有所放缓，2009年第一季度显著恶化。政府迅速采取宏观和结构性政策予以应对。2009年，政府开始放宽在服务领域的外国投资限制，涵盖健康与社会服务、旅游、运输、商业服务、计算机及相关服务行业。这显示了政府推动服务业发展的努力，特别是通过取消服务业以及高科技制造业方面的贸易和投资壁垒。2008年，FDI净流入要比2005年低8%左右，而且服务业FDI仅占总FDI的1/4。马来西亚也试图减少对那些依靠半熟练和低成本劳动力的制成品的出口依赖。其目标是到2020年把服务业占GDP的比重提升至50%～60%左右。

马来西亚实际GDP增长率从2007年的6.2%降至2008年的4.6%。由于2008年下半年出口锐减，导致外部需求对经济增长的贡献度有所降低。进而导致失业率2008年也略有上升。与此同时，由于2008年上半年商品价格激增，消费价格指数也升至5.4%。商品价格走高在一定程度上解释了农业和采矿及采石业占GDP比重的上升，而制造业和服务业的比重下降。

马来西亚出口导向型生产的发展依然是相当成功的，贸易在经济中发挥了重要作用。2008年，货物和服务贸易（进出口）占GDP的比重大约是184%（2005年为212%）。2005至2008年间，马来西亚国民储蓄率一直位居世界前列，平均约为GDP的37%；国内总投资平均为GDP的20%左右。国民总储蓄和国内总投资之间大的且不断增长的差距，也反映在相应的经常账户盈余上，2008年升至GDP的17.5%；日益增大的差距是由于国民总储蓄的总体上升和国内总投资的显著下降，这两者都与GDP有关。2009年8月28日，马来西亚外汇储备约为933亿美元，大致相当于其9.3个月的进口。

马来西亚经济在2009年第一季度萎缩了6.2%，但由于政府支出的增加和私人消费的正增长，使得第二季度的萎缩幅度下降（3.9%）。健康的外汇储备，相对小的外债，正在进行的金融和企业部门结构调整，这些积极因素都使得马来西亚能够抵御全球性的金融危机。然而，作为马来西亚主要的出口目的国和外国投资来源国的美国、欧洲和日本，经济仍然比较脆弱，有下滑的趋势。政府预测2009年实际GDP增长率约为－3%，预期经济2010年将增长2%～3%。马来西亚所面临的重大挑战包括建立国内新的增长源的速度，这在很大程度上有赖于全要素生产率（TFP）的增加，以及技术短缺问题的解决。政府旨在通过提升竞争程度来迎接这些挑战，特别是通过单边贸易自由化，认识到保持市场对国外竞争开放的重要性，以及放松FDI限制。政府亦打算推进结构改革，如通过鼓励服务业发展，特别是通过减少，甚至取消服务贸易壁垒的方式，促进经济多样化。

随着国内壁垒通过区域/双边FTA以及WTO谈判而取消，进口竞争也有望加剧。然而，一些长期存在的贸易和FDI壁垒仍然是马来西亚从危机中复苏潜在的重要障碍。一个更加自由的贸易和投资体制，正如近期在服务业所采用的那样，将会极大的促进马来西亚长期经济增长。

自2008年12月以来，货币政策变得更加宽松。对外汇交易的限制进一步放开，政府也已采用从2008年11月份开始实施的总额达670亿马币（约合200亿美元，或GDP的9%）的财政刺激组合方案，以减轻全球金融危机的负面影响。马来西亚经济的早日复苏，不仅取决于审慎的宏观经济政策，也取决于结构改革。政府对结构改革的主要目标是促进竞争，加强服务部门，提升制造业价值链。

（二）制度框架

马来西亚的总体经济政策目标在审议期转向发展服务业，因此导致其贸易目标也发生了变化，以反映政府放宽服务贸易壁垒，以及减少对制成品出口依赖的努力。其他主要贸易目标包括：改善商品和服务的市场准入，提升马来西亚出口商品的国际竞争力，扩大和多样化与现有合作伙伴的贸易，并开拓新的市场。为了实现这些目标，政府已单方面开放马来西亚的服务业，降低其实施的最惠国关税。马来西亚继续将WTO视为实现其贸易目标的优先选项。虽然WTO协议在马来西亚的贸易和与贸易有关的政策制定中发挥了关键作用，马来西亚也认为区域安排，以及各种双边协定非常重要，特别是东南亚国家联盟（ASEAN，东盟）。作为东盟成员之一，马来西亚先后与澳大利亚、中国、印度、日本、韩国和新西兰签订了区域贸易安排（RTA）。与日本、巴基斯坦签署的两个双边自由贸易协定，在审议期间生效，与新西兰在2009年10月签署的自由贸易协定，于2010年实施。马来西亚正与澳大利亚、智利、印度和美国就双边自由贸易协定进行谈判。

政府继续鼓励FDI，并已放宽了服务业外国投资限制。自2009年4月起，在27个服务业子行业允许100%外资股权，而且在一些金融服务行业的外国投资限制也已放宽。此外，2009年6月，政府发布了对外投资委员会关于获取利益、兼并和收购指导方针的修改，其中特别废除了必须是原住民（马来族）才能参与的规定。

（三）贸易政策工具

尽管2008年爆发了全球性金融危机，马来西亚自2006年贸易政策审议以来，持续推进贸易和贸易有关的政策自由化。不过，适用于边境和国内的贸易及与贸易有关的政策工具仍然是马来西亚广泛发展政策的主要组成部分。这在政府采购和汽车制造业最为明显。

关税是影响货物进口的主要边境措施。最惠国关税简单平均适用税率在2009年为7.4%，约60%的税目免税，约1/5的税目是非限制性的。最惠国关税简单平均限制税率大约为适用税率的两倍，使当局有相当大的余地在限制税率水平之内提高关税约束水平。然而，当局仅在少数情况下提高关税：涉及马来西亚自2008年4月1日起开始实施的关税配额。最惠国关税离散度和调升模式自2006年以来没有发生多大变化。在优惠双边/区域自由贸易协定下，马来西亚优先保证来自中国、日本、韩国、巴基斯坦及其他东盟国家的进口。

各种非关税边境措施也被用做马来西亚的贸易和产业政策工具。马来西亚关税税目有相当一部分属于进口许可制，而且大部分是非自动的。虽然自动许可制可以收集数据，但当局主要出于卫生和植物检疫（对于那些涉及农业的）原因坚持非自动许可制。不过，非自动进口许可制也可用于控制进口量，来促进那些选定的被认为可以达到一定社会经济目标的“战略”工业发展。在审议期间，马来西亚发起了针对10个国家和经济体的多起反倾销行动。而在同一时期，13个成员国也发起了针对马来西亚产品的反倾销行动。马来西亚在2006年引入保障法案，2007年引入保障条例。

对出口品生产的中间品免除或退还进口关税，使得这些进口关税不成为出口的隐含税。免税或退税大大减少或消除了隐含的出口税，但往往会增加边境税的复杂性。国内销售退税也被用以确保出口货物不被重复计税（在马来西亚和进口国）。

显性出口税和促进出口措施继续在马来西亚的产业政策中发挥着重要作用。用于特定商品（如木材）的出口税和/或出口许可证的要求，具有限制这些产品出口，降低国内价格的作用，从而促进与这些产品有关的下游加工。促进出口的措施包括出口加工区、优惠信贷、保险、担保，以及政府资助的推广和营销援助。

税收激励长期以来一直是马来西亚产业政策的一个重要工具。直接和间接税收优惠申请，特别适用于在制造业、农业、旅游业和认定的服务行业、研发、培训和环保活动等方面的投资。一直以来，都没有对由于这些激励措施而放弃的总税收进行估计过。其他国家的经验表明，税收激励很少是有成本效益的。公开由于税收激励所放弃的税收估计以及成本效用的评估研究，将提高马来西亚财政透明度，并有助于其形成一个更有效的税收政策。

标准和标准化活动，是马来西亚为实现其在2020年达到发达国家水平目标所要优先考虑的事项。其目标是使得国内标准与国际标准相一致。一致性程度从2005年的51%上升至2008年约58%。

政府采购优惠政策程序，继续作为其支持本土企业的主要产业政策工具，仅当本地企业无法提供时才采用国际招标方式。马来西亚并不是《WTO政府采购协定》的缔约方。

政府关联公司（GLCs）通过参与，诸如交通、能源、电信、金融服务等基本服务的供给，在马来西亚经济中继续扮演着重要的角色。政府旨在通过GLC转型项目，使其能像非GLC竞争对手一样富有生产效率，从而大幅提升GLC生产率。在政府采购的情况下，鼓励政府关联公司从本地企业采购。

在公司治理方面的最新举措包括，于2007年10月1日开始生效的《马来西亚公司治理法规》修订版。马来西亚没有一个全面的竞争法，但是，与此类似的一个法律正在起草过程中。

自2006年以来，政府进一步加强了知识产权制度。虽然盗版和假冒问题似乎依然存在，政府业已做出了进一步努力以改进执法，如成立知识产权法庭。

（四）部门政策

在审议期间，马来西亚一直在采取各种计划中的特定措施，如第九大马计划（2006—2010）和第三产业总体规划（2006—2020），以指导国家建立一种高层次的全球竞争力，成为一个高附加值和知识型经济体。马来西亚旨在将服务业占GDP的比重到2020年提高至60%，以努力建立一个以知识为基础的经济，减少对制造业出口的依赖。

马来西亚有一个总体上自由的农产品贸易体制，2009年最惠国平均适用税率为2.8%（WTO定义），尽管一些非从价关税掩盖了相对较高的税率。此外，进口许可证适用于一些农产品，而且大米只能由国家稻米有限公司（BERNAS）进口。

作为大米垄断买方，国家稻米有限公司拥有与供应商谈判获取更低价格的市场力量。马来西亚于2008年开始实行农产品关税配额。矿产资源、石油和天然气不受任何进口许可要求限制，进口关税为零。但是，某些矿产品以及原油和凝析油实行出口关税。

马来西亚的制造业在贸易和外国投资上是相对开放的，2009年制造业产品的平均关税为8.7%，而且100%外资参股一般是允许的。然而，一个值得注意的例外是汽车行业，长期以来一直在关税和非关税措施的庇护下而免受国外竞争。虽然该部门已成功占据了国内较大市场份额，但是出口有限，表明缺乏外部竞争力。2009年10月，随着马来西亚国家汽车政策的审议，马来西亚国际贸易与工业部（MITI）公布了开放措施，打算鼓励投资，促进出口，提高马来西亚汽车在全球市场上的竞争力。尽管如此，该部门仍受保护，特别是为了应对全球危机后的经济下滑，对将超过10年的旧车更换成民族品牌的换购者给予现金折扣。

服务部门已经成为GDP的最大来源。与制造业相比（汽车除外），该部门相对来说更接近于国际竞争，主要的障碍在于对FDI的限制。不过，政府最近已放宽或取消服务业的外国投资限制，虽然还需要更多的措施来促进竞争。

（李雪峰译，杨凤鸣校）

萨尔瓦多贸易政策审议

贸易和投资在萨尔瓦多经济中发挥了重要作用，部分地反映了其贸易和投资体制的开放性。自2003年上次贸易政策审议以来，萨尔瓦多的贸易政策体制进一步放开。在海关现代化，消除不必要的许可证发放条件，提高技术法规和卫生与植物检疫（SPS）措施的透明度，加强竞争政策和政府采购制度框架方面已经取得进展。作为其自由化努力的一部分，萨尔瓦多业已加入三个新的优惠贸易协定（与中国台北、巴拿马和美国），并继续对深化中美洲一体化给予高度重视。萨尔瓦多继续维持其通过自由贸易区（FTZs）给予出口退税以及财政特权的长期战略，这必将导致补贴与减税，从而扭曲经济刺激。

（一）经济环境

2003至2008年间，萨尔瓦多的实际GDP由于国内强劲需求的支撑，平均每年增长3.1%，而这一需求在很大程度上源于汇款。从2008年下半年起，由于国际经济危机导致投资、出口，以及来自海外的萨尔瓦多人汇款减少，使得经济增长明显放缓。2009年，GDP估计萎缩了2.5%。萨尔瓦多于2001年引入美元作为法定货币，是一个美元化经济体。

2003至2008年间，国际收支经常账户余额为赤字，2008年赤字达到GDP的7.6%。这反映了在货物和服务贸易上长期存在的赤字，而这些赤字足以抵消，主要表现为居住在海外的萨尔瓦多人汇款形式（2008年占GDP的17.1%）的经常项下高额转移支付。经常账户赤字通过以FDI和官方债务为主要表现形式的资本流入得以弥补。萨尔瓦多也已获得国际金融组织的支持。

货物和服务贸易在萨尔瓦多经济中起着重要作用，2008年大约占GDP的73.6%。萨尔瓦多的主要货物贸易（进出口，包括出口加工）伙伴是美国和其他中美洲共同市场（CACM）国家。制造业仍然是其主要出口商品，但在总贸易中的份额由于纺织和服装出口下降而有所萎缩。与此相反，农产品和其他初级产品出口大幅增加。虽然由于高油价导致初级产品的进口价值大幅上升，但制造业仍然占据进口头把交椅。

（二）贸易和投资政策框架

萨尔瓦多新政府贸易政策的目标是：通过支持出口导向型生产上的外国投资来缩减贸易逆差；促进出口市场多元化；使国内生产能力同进口商品相比更具竞争力，从而减轻萨尔瓦多对世界经济变动的脆弱性；以及鼓励能够创造就业和促进生产力提高的对外贸易。

萨尔瓦多自1995年5月成为WTO成员以来，在WTO谈判以及日常性工作中发挥了积极作用。它发出了大量通知，但在2009年年底，有些还是悬而未决，包括诸如与国营贸易企业，进口许可证和海关估价相关的通知。萨尔瓦多已经接受了服务贸易总协定（GATS）的第四和第五议定书。

萨尔瓦多大部分贸易是同与其签订优惠贸易协定的贸易伙伴进行的。2008年，与这些贸易伙伴的贸易几乎占出口总额的90%，以及进口的约2/3。萨尔瓦多是中美洲共同市场的一员，并与智利、美国（中美洲自由贸易协定，CAFTA-DR）、墨西哥、巴拿马、中国台北和多米尼加共和国订立了自由贸易协定。自上次审议以来生效的三个协定当中，中美洲自由贸易协定由于在萨尔瓦多和美国之间建立了紧密的经济联系而意义尤其重大。同中美洲共同市场的其他成员一起，萨尔瓦多正与欧盟就联合协定，与加拿大和加勒比共同体（CARICOM）就自由贸易协定进行谈判。

除了其他法律限制外，萨尔瓦多的外国投资法律保障外国投资者投资自由，并享受国民待遇。这些限制包括由萨尔瓦多公民或其他中美洲国家的国民提供“小规模”服务的特权，以及禁止那些对萨尔瓦多公民不给予平等权利的国家的投资者购买农村房地产。

（三）影响进口的措施

自上次审议以来，萨尔瓦多继续通过实施风险管理技术，扩大信息技术的使用，并为进口商开设单一窗口等措施来促使海关现代化。因此，海关清关时间已经低于经合组织（OECD）的平均水平。萨尔瓦多在某些类别的废旧物品进口上采用最低值，直到2003年和2005年WTO豁免权到期。

最惠国平均适用税率自上次审议以来略有下降，2009年降为6.3%。这反映了非农产品最惠国平均适用税率减少到5.2%，进而导致了纺织品和服装关税的降低。同时，由于某些鸡肉产品更高的关税，导致农产品（WTO定义）最惠国平均适用税率上升了约一个百分点至12.9。2007年，根据GATT（1994）第二十八条，萨尔瓦多就适用于这些产品的约束重新进行了谈判。关税由从0至164%共11级税率组成。所有关税都是约束性的，平均为37%，从而为最惠国贸易者提供了确定性。除此，以及实践中关税制度的稳定性之外，确定性可以通过减少约束税率得以提升。

萨尔瓦多对部分特定进口商品采取禁令及许可要求，以维护国家安全、公共道德、健康和环境。在2008年年中，萨尔瓦多取消了用以明确保护国内生产者的唯一许可要求（对粗纤维袋进口）。然而，进口糖仍需事先取得经济部的批准。萨尔瓦多减少了适用于大约1 000个关税税目的需要进口签证的货物数量，并正在取消其他货物类别的此项要求，以尽可能进一步促进贸易。

萨尔瓦多在审议期间未采取任何应急措施。中美洲共同市场成员国，以及在特定条件下的其他优惠贸易伙伴，可准许免于应用保障措施。

自上次审议以来，萨尔瓦多一直努力确保在技术法规以及卫生与植物检疫措施的制定和实施上更加透明。除了少数例外，上述两类措施通告都提供了多边建议意见征询期。

（四）其他影响贸易的措施

萨尔瓦多限制包括液化石油气和糖等特定商品的出口，以确保国内供应。余下的出口限制措施则普遍属于国际承诺。

出口商继续享有出口商品FOB价值6%的退款。批准这一措施的法律在审议期间并没有进行修订。此外，萨尔瓦多在其自由贸易区（FTZ）计划下，给予关税和税收减让，包括收入税的免除。萨尔瓦多将6%的退款和自由贸易区计划两者视为提供出口补贴予以了通知。审议期间，萨尔瓦多对自由贸易区出口到国内市场的纺织和服装采用了国内含量要求。萨尔瓦多还推出了针对出口服务企业和旅游项目的关税及税收减让。

自上次审议以来，萨尔瓦多已经通过其国家开发银行建立了出口信贷和担保计划。萨尔瓦多也进行了机构重组，以支撑其官方出口推广活动。除了促进出口的激励措施之外，萨尔瓦多也制订了计划，以支持小微企业和技术转让，以及吸引投资。

自上次审议以来，萨尔瓦多加强了立法和体制框架来调整竞争政策。这一点很重要，因为像其他小市场一样，萨尔瓦多市场趋向集中，且竞争有限。萨尔瓦多在政府采购立法和体制框架的现代化上也取得了显著进展。法律中没有特定条款，对商品、服务或公共工程是国内的或国外的喜好进行规定，除非出价相等。

萨尔瓦多对TRIPs协定所涵盖的所有方面都做了规定。在审议期间，萨尔瓦多将版权以及药品的专利保护期限从50年延长到70年，并对法律进行了修订，以使之与其国际承诺相一致。

（五）部门政策

萨尔瓦多的农业部门自上次审议以来表现强劲，其在GDP和出口中的份额不断提高。该部门获得了平均水平之上的关税、销售安排和担保计划的支持。萨尔瓦多对于切达奶酪、玉米、高粱、大米和猪肉的进口，依据其入世承诺或农业生产者和加工者之间的销售安排采用进口关税配额。这些关税配额的使用仅限于那些购买了特定国内投入要素的加工者。萨尔瓦多维持了食糖生产配额制度，且食糖进口须获得事先授权。现已证实，大米的销售安排和食糖的生产配额会限制竞争，提高国内价格。

制造业主要在自由贸易区进行。尽管自由贸易区内的公司享有财政特权，但与自由贸易区外的主要制造业部门相比，其业绩一直低于预期，与国内经济其他部分的联系仍然非常薄弱。此外，自由贸易区的税收减让使得区外的生产商处于比较劣势。这些缺陷增强了人们对萨尔瓦多出口战略的有效性和整体利益的疑虑，突出反映了逐步引入一个更为中性的贸易体制的必要性。

电力部门向所有私人，包括外国人开放。私营运营商负责大部分的发电以及所有的电力销售，而国有企业只负责电力传输。一些具有支配地位的销售公司已经阻碍了竞争。在审议期间，萨尔瓦多加强了电力部门法律框架建设，并推出税收优惠政策以促进可再生能源投资。萨尔瓦多还对电力和液化石油气的消费给予补贴。

萨尔瓦多的金融服务部门相对比较开放。根据法律，银行和保险业可享受国民待遇，除了审慎要求之外没有其他组建障碍。不过，中美洲国家之外的外国保险公司和银行，则必须经国际公认的风险评级机构评定且经金融体系监管局认可为一流公司。在审议期间，还引入了旨在修改银行保密规则和保险单形式与内容的法律改革。

在审议期间，萨尔瓦多对电信监管框架进行了改革，以巩固前几年开始的自由化。为了加强竞争，已经建议采用互联法规，并且控制从固定向移动网络的通话费率。除免费或付费广播服务需由萨尔瓦多公民提供外，该法律没有对运营商资金来源做出任何要求。国外主叫电话需缴纳特别税。

萨尔瓦多既没有对航空业的外国投资，也没有对通过商业存在形式的市场准入进行任何限制。萨尔瓦多的国际机场和海运港口都由政府运营。第二个商业港口已于2008年12月建设完成，但预计到2010年年中才会启用。萨尔瓦多没有自己的商船队。法律允许外国船只提供国家沿海运输服务。

从事某一职业并不强制需要具有某一协会会员身份。但是，要想成为律师或是注册会计师，则必须具有萨尔瓦多国民身份。

（李雪峰译，杨凤鸣校）

克罗地亚贸易政策审议

在 1991 年独立后，克罗地亚开始修复大规模战争创伤，并立即着手实施一项雄心勃勃的改革计划，以恢复宏观经济稳定，建立一个充分运作的市场经济体系。克罗地亚已经在很大程度上实现了这些目标，创造了一个现代化的稳定的外向型经济体系，并很好地融入了世界。在对 WTO 所做的承诺，以及为加入欧盟（EU）所做的准备共同驱动下，贸易和投资自由化已成为这一进程的主要特色。

（一）经济环境

克罗地亚的经济改革计划在 2004 年至 2008 年间产生了积极的经济成效：相对较高的 GDP 增长率（年均 4.2%），温和通胀（年均 3.5%），不断缩减的公共赤字（从 2004 年占 GDP 的 3.2%降至 2008 年的 0.9%）。克罗地亚经济的强劲表现也显著改善了其社会指标：2008 年，失业率（从 2004 年的 13.8%）降至 8.4%，人均收入（名义约 10 700欧元）达到欧盟 GDP 平均水平的大约 2/3。尽管如此，由于全球经济衰退，预计 2009 年实际 GDP 增长率为－5.2%，而财政赤字预计占 GDP 的 2.9%。此外，克罗地亚仍然面临一些重要问题的困扰，特别是由于其对外经常账户的高额赤字（估计占 2009 年 GDP 的 6.1%）和大量外债（占 2009 年 GDP 的 93.3%）导致的外部脆弱性，同时地区发展仍然极为不平衡。

国家货币库纳（HRK）完全可自由兑换。克罗地亚国民银行实行严格管理的、且浮动极为有限的浮动汇率制，为经济运行提供了良好保障。事实上，它增加了投资环境的稳定性和可靠性，提供了价格稳定的一个可靠支撑，并有助于降低在高度欧元化经济体中由潜在汇率引起的信用风险。

克罗地亚的经济高度依赖国际贸易。虽然估计到 2009 年商品和服务（出口和进口）贸易占 GDP 的比例会下降到 77.3%，但在 2004 至 2008 年间，这一比例平均为 92.6%。在 20 世纪 90 年代初期，克罗地亚面临着南斯拉夫市场丧失，以及通向东南欧的交通和通信崩溃的窘境，贸易重新定位于不断扩大的欧盟，目前欧盟约占克罗地亚贸易的 2/3。不过，与波斯尼亚、黑塞哥维那以及该地区其他国家之间转型前的贸易联系并没有随之失去，这些国家目前仍然是克罗地亚最重要的贸易伙伴之一。以机器和运输设备为主的制成品，约占进出口商品总量的 70%。克罗地亚是一个服务净出口国，在 2004 至 2008 年间年均有 58.03 亿欧元的盈余。

主要由于在经济和私有化方面的积极进展，每年流入克罗地亚的外国直接投资（FDI）从 1990—2000 年间平均 4.47 亿美元，猛增到 2004—2008 年间的 32.22 亿美元。为了改善仍然困扰商业环境的一些因素，尤其是取得必要执照的难度，以及腐败和行政效率低下，政府当局特别设立了贸易和投资促进局（APIU），并制定了投资促进法。

（二）体制框架

克罗地亚经济、劳动和企业部（MELE）负责制定、管理和协调克罗地亚的贸易政策。针对议题性质，MELE 向有关部委和其他直接或间接参与外贸政策的制定和/或实施的机构进行咨询。整个过程通常会考虑私营部门，包括非政府组织的意见（尽管这不是法律上必须的）。

克罗地亚通过废除前南斯拉夫社会主义联邦共和国限制性贸易体制，以及在加入、参与或遵守各种多边、区域和双边贸易的积极性上，表明其在努力地融入世界经济。2000 年 11 月 30 日，克罗地亚成为 WTO 第 140 个成员。它向其所有的 WTO 贸易伙伴至少给予最惠国待遇。到目前为止，克罗地亚仅涉及一例根据 WTO 争端解决机制处理的案例。

克罗地亚坚定地致力于多边贸易体制。它一直在积极参与本轮贸易谈判，包括作为近期加入成员（RAMS）小组的协调员。克罗地亚在加入 WTO 时做了广泛承诺（对所有关税税目都有约束力；以及在《服务贸易总协定》下所做的广泛而具体的承诺）。克罗地亚是《信息技术协议（ITA）》和《民用航空器协议》的签署国，同时也是《政府采购诸边协议》的观察员。在诸如农业领域，克罗地亚在提供及时通知方面面临了一些困难。

然而，像其他中东欧国家一样，克罗地亚的经济和贸易政策的定位，在很大程度上由加入欧盟的目标所驱动的。在这一点上，克罗地亚继续改革其在贸易和相关领域的政策，以使得国内法律与欧盟所有法律相一致。克罗地亚已经与 39 个合作伙伴签订了优惠贸易协定：其中包括欧盟《稳定与结盟协定（SAA）》下 27 个，《中欧自由贸易协定（CEFTA 2006）》下 7 个，《欧洲自由贸易联盟（EFTA）》下 4 个，以及与土耳其的双边自由贸易协定。2008 年，在这些优惠贸易协定下的贸易占克罗地亚进出口总量的 76.9%，其中欧盟 27 国占 82.2%，CEFTA 占 14.2%，EFTA 占 2%，土耳其占 1.6%。

克罗地亚外国投资制度是相当自由开放的，绝大多数商业活动对国内外自然人和法人开放。此外，宪法还对外国投资者提供了一些保障。但是，有些活动仅在满足诸如批准或许可证书的特定要求下才能进行。这些活动包括：银行、保险、航空和公路运输，大部分能源活动，以及电信服务。关于获得财产权（不包括在除外领域的房地产），在提供互惠条件下，外国投资者享有与国内投资者同等的权利、义务和法律地位。然而，自 2009 年 2 月 1 日起，互惠规定将欧盟公民或法人排除在外。

有些国有企业依据法律垄断经营或享有专营权，包括克罗地亚国家林业公司，克罗地亚铁路公司和克罗地亚邮局，而最近私有化的公司仍然作为事实上的垄断在经营。尽管电力市场于 2008 年 7 月开放，实际上 HEP 电力公司仍然是唯一的供应商。在天然气市场也存在 INA 油气公司这样的单一供应商。

（三）贸易政策工具

进口到克罗地亚的商品可能会被征收三种税：关税、消费税和增值税。关税有从价税率——占全部税目的 93.9%（2000 年为 87.9%）和非从价税率（从量税、混合税、复合税）——占全部税目的 6.1%。最惠国简单平均关税从 2000 年的 12.1% 下降到 2009 年的 7.1%。关税配额（“敏感”农产品）适用于总税目的 0.7%。当其加入欧盟时，克罗地亚将必须采用欧盟的共同对外关税和其约束税率。

在加入 WTO 期间，克罗地亚将其所有关税税目的最终简单平均税率限定在 8.5%，范围从零（如 ITA 下的产品）到 60%（如咖啡、茶和糖）。克罗地亚将农产品（WTO 定义）最终简单平均税率限定为 17.4%（与 16.3%的最惠国简单平均适用税率相比）。对于非农产品，最终简单平均约束税率为 5.7%，而最惠国简单平均适用税率为 4.2%。

在克罗地亚优惠贸易协定下的平均优惠关税（所有产品）范围从零［根据与波斯尼亚、黑塞哥维那和联合国驻科索沃特派团（UNMIK）/科索沃的协定，全部免税］至 4.2%（根据与土耳其的协议）。克罗地亚与其最大的贸易伙伴在非农产品贸易上实际上是免税的，例如来自欧盟的非农产品（WTO 定义）进口的平均关税为 0.1%，即比相应的最惠国关税低 4.1 个百分点。对农产品进口，这一差异为 3.2 个百分点。

随着印花税在 2008 年底的废除，所有由海关收取的费用都已废止。克罗地亚维持许可要求来管理四类产品：影响公共安全、秩序、健康、环境，以及文化遗产的产品；毛坯钻石；关税配额下的农产品；以及谷物。迄今为止，它既没有受到也没有发起任何反倾销或反补贴措施，只是采用了一次临时保障措施（针对半硬质奶酪和干酪替代品的进口）。克罗地亚已审查和更新了几乎所有与贸易有关的法律，包括海关、SPS、TBT、竞争、政府采购，以及知识产权，以便与既有法规相一致。

从 20 世纪 90 年代初开始，作为其向市场经济过渡的一部分，克罗地亚就一直在实施一个国有企业（SOEs）私有化的重大方案。其结果是，在私营部门的产出和就业份额估计已经分别上升到略高于或接近 70%。然而，到 2009 年 6 月 30 日，仍有 835 家国有企业（1999 年 5 月为 2825 家），其中有 85 家政府持有绝大部分股份。此外，一些重要的国有企业，特别是船厂和克罗地亚铁路公司，仍然亏损运行，结果导致预算转移。作为私有化的前提条件，这些国有企业和其他企业目前正在进行重组。

在过去的几年中，克罗地亚的贸易体制大多集中于促进出口，包括自由贸易区。政府通过贷款、保险、担保、信用证和业务咨询的形式对出口提供支持。2008 年，克罗地亚的出口融资和担保计划为其总出口中的约 6%提供了金融支持。此外，克罗地亚还有其他各种奖励方案，特别是包括关税和税收减让，以及国家援助。克罗地亚还鼓励地方一级的投资（国内和国外）。

（四）部门政策

克罗地亚的经济相对多元化，根据对GDP（超过60%）和就业（超过克罗地亚劳动人口的50%）的贡献，服务业是最重要的部门，而旅游业是一个主要的外汇收入来源。制造业约占GDP的1/5，以及出口商品总值的将近70%。农业、狩猎、林业和渔业约占GDP的7%，就业的10%，以及出口商品的13%。采矿、采石和能源大约占GDP的1%和出口商品的17%。

尽管总体上并未反映出其所采用的体制更开放，但是克罗地亚依据《服务贸易总协定》，对广泛而具体的承诺做了计划安排。克罗地亚维持在道路运输和视听服务部分领域的最惠国待遇豁免。在过去的几年中，克罗地亚已采取措施解决在一些服务业子行业的结构性问题：加强了金融服务监管框架，电信自由化已经取得进展，尽管克罗地亚电信公司仍然占该行业主导地位。融入欧洲运输体系这一主要目标，决定了克罗地亚的主要运输战略。运输和旅游网络的现代化正在进行当中。一般来说，服务业的现代化进程将得益于外国存在的增加，包括资金、技术和专有知识的转移增加，以及WTO下扩大市场准入的承诺。

克罗地亚农业所面临的最大问题是结构性的，即农场太小，每一个都分散在几个不同的地块。政府提供的援助是通过边境措施（关税和关税配额）和国内支持（由于保证价格和投入补贴已被取消，主要是通过对农民的直接支付和国家援助实现）的组合实现的。在2001至2005年间，蓝箱措施（在限产计划下的直接支付）是国内支持的最主要措施。此外，结构性政策包括为支持农村和偏远地区农业发展的单独支持和投资计划。根据国际标准产业分类法（修订版2），农业、狩猎、林业和渔业的最惠国简单平均关税为10.8%，即比制造业（6.8%）高4个百分点。克罗地亚的关税也有很大差异。从9月16日至12月15日，批量苹果汁的税率从零（如对动物源性产品）到279.8%（从价关税等值）不等。

克罗地亚的制造业相对多元化，主要由食品、饮料和烟草；纸浆、纸和纸制品；化学制品；以及造船业构成。该部门是政府支持的主要受益者，特别是通过投资激励措施（如关税和税收减让）来推动自由贸易区，以及中小企业发展。此外，在2004—2008年间，特定部门的国家援助绝大部分被分配到了制造业，特别是造船业。对钢铁业的国家援助一直持续到2007年，剩下的两个国有工厂在2008年进行了私有化。制成品（依据国际产业标准分类ISIC修订版2的第3章）的最惠国关税平均为6.8%，糖制品的关税从零到81.5%不等。在一些行业，如食品和饮料、纺织品和服装，存在正向的关税升级，意味着相对较高的有效保护税率，这在一定程度上阻碍了克罗地亚在这些制成品上的出口竞争力。

（李雪峰译，杨凤鸣校）

亚美尼亚贸易政策审议

亚美尼亚在2003年加入WTO，进一步巩固了其于1991年前从苏联独立不久后便开始的贸易自由化和机构改革的进程。入世以来，改革仍在继续。亚美尼亚有一个自由的贸易和投资体制。平均适用关税为2.7%，是关税水平最低的WTO成员之一。在几乎所有的经济部门中，它给予外国投资者最惠国待遇和国民待遇。在许多地区，特别是在服务产业，亚美尼亚的贸易政策比其入世承诺要更开放。

经济稳定，加上国外汇款，以及众多亚美尼亚侨民的投资，带来了经济的高速增长，一直持续到2009年全球金融危机。继续促进体制和管理改革，增强经济发展多样化是亚美尼亚未来经济增长的关键。

（一）经济环境

亚美尼亚是南高加索地区的内陆国家，周边接壤的国家有阿塞拜疆、格鲁吉亚、伊朗和土耳其。纳戈尔诺—卡拉巴赫（Nagorno Karabakh）战争以及随后与阿塞拜疆和土耳其的边界关闭，进一步加剧了亚美尼亚在前苏联解体和混乱时所面临的经济困难。

亚美尼亚的经济稳定始于德拉姆（dram）被定为国家货币的1993年年底。同时，在国际支持下，亚美尼亚开始实行广泛的经济变革，其中包括贸易自由化及加入关贸总协定和后来的WTO。

在2003年加入WTO前后，亚美尼亚的经济增长非常强劲，在2003年至2008年实际经济规模几乎翻了一番。经济增长的主要驱动力是国外汇款，以及从20世纪90年代中期经济迅速转型导致的生产力提高所带来的国内消费。2008年GDP达到近120亿美元，人均GDP近3 684美元。①

自2003年以来，亚美尼亚的经济有了很大的变化。农业增长速度低于其他产业，在2008年，虽然仍占用几乎一半的劳动力，但是其在经济中的比重已下降到18%。由于服务业的强劲增长，并在2008年达到GDP的近3/4，制造业的相对重要性也有所下降。服务业中的建筑业增长最为迅速，2008年达到GDP的30%。

不幸的是，经济在2009年出现负增长。全球金融危机和世界经济下滑导致汇款和外国投资的减少。投资的突然下降给房地产和建筑行业以沉重打击。由于建筑业的快速发展已经占到经济的很大一部分，此行业的衰退又损害了其他领域。整体经济增长也从2008年的7%下降到2009年的－15%左右。

纵观2003年至2009年审议期间，独立的中央银行一直控制着通胀率（约4%）。在这一时期的大部分时间里亚美尼亚德拉姆都可以自由浮动。财政赤字保持在合理的水平，并且公共债务占GDP的比重大幅减少，尽管这两个指标在2009年显著恶化。

总体而言，亚美尼亚的贸易占GDP约43%，并在商品和服务贸易（占GDP的25%）中存在较大逆差。在审议期间，由于强劲的国内需求，以及大量外汇流入造成的德拉姆升值而导致亚美尼亚出口竞争力下降，贸易逆差进一步扩大。此外，亚美尼亚封闭的边界，特别是对土耳其，导致运输成本较高，而高运输成本对大宗商品影响严重，特别是对占亚美尼亚出口很大比重的矿产品。

主要来自俄罗斯和欧盟的外国直接投资，在2003年至2008年增长迅速，特别是在公共设施、金融服务、采矿和食品加工行业。

（二）体制框架

亚美尼亚在加入WTO的过程中进行了很多的法律和机构改革，并做出了一整套的承诺。例如，它规定其所有的税目税率在0%和15%之间，它用从量税取代从价税，并且其服务承诺几乎涵盖了所有行业。

亚美尼亚加入WTO后，其法律和机构改革的进程仍在继续。大部分的改革是为了改善投资环境、政府管理、透明度和问责制；对宪法进行修改以改进国家的权力分配；经济部开始负责贸易政

① 2009年上半年平均汇率：1打兰＝350美元。

策；国家税务委员会负责税收和海关管理。

亚美尼亚在全面处理WTO问题上继续面临着资源限制。它在日内瓦设有常驻代表团，目前只有一位外交官负责处理WTO的事宜，并同时负责其他国际组织的经济问题。

在多哈发展议程的谈判中，亚美尼亚属于新加入成员（RAMs）组的成员，并已参加其提议制定。

亚美尼亚与独立国家联合体（独联体）的其他成员有9个生效的贸易协定。亚美尼亚也正开始与欧盟进行深刻和全面的贸易协议谈判。这种协议将超越关税，并要求与贸易有关领域的欧盟法律相一致，包括SPS和TBT措施，以及知识产权。

（三）影响商品市场准入的措施

海关程序的管理在审议期间有显著改善。2008年国家税务委员会成立，体制结构进一步精简。与此同时，海关程序有所简化，进口加工更加高效。这些改进包括：网上报关制度的引入；进入亚美尼亚验货交通灯系统的推出；以及进口所需单证数量的减少（从9个减少到3个）。然而，通关仍然被用户认为比较缓慢，并存在一定的腐败现象。

尽管在回审议期内有所改善，但对海关估价立法实施的效率和透明度仍然存在担忧。当局指出，进口价值低报是一个顽疾，这也是为什么交易价值往往不被接受为海关估价的原因。它们还指出，进口商有权对海关当局的决定提出上诉，并在文件不完备的情况下，可以利用银行担保来支付关税。

亚美尼亚的平均适用最惠国关税是2.7%。其关税结构很简单：没有关税配额；73%的税目免税；其余税目几乎全部适用10%的关税率。由于从价税等值（AVEs）无法计算，19个酒精和烟草税目还实行非从价关税。预计到2011年1月这些从量税将全部转换为从价税。

在亚美尼亚与一些独联体国家的自由贸易协定下，所有的进口免关税，并且没有执行期。虽然亚美尼亚31%的进口来自这些国家，由于免税率也适用于大多数最惠国贸易，贸易转移效果很可能较低。

除了一些产品由于健康，安全和环境原因禁止进口外，亚美尼亚没有对进口实行数量限制。虽然反倾销和保障措施的立法在加入WTO之前就已到位，但到目前为止，还没有进行过相关调查并采取任何应急措施。

有些经济活动适用于业务许可制度，如药店和药品，因而会影响到进口。这些许可证是非自动授予的，只能通过许可委员会批准授予。

在其他领域，亚美尼亚正在努力使其技术法规和标准与欧盟相一致。亚美尼亚没有在审议期间采取紧急措施，并已将所有被认为影响贸易的技术法规通知WTO。

SPS政策，立法和实施也正在争取与欧盟的融合。然而，资源缺乏仍然是一个重大问题，不仅影响了SPS规则在进口产品中的应用，也影响了其在国内产品中的应用。

（四）直接影响出口的措施

亚美尼亚的全部货物出口都实行海关申报制度。在审议期间，出口所需的文件和时间都已经减少。然而，原产地证书仍然被出口商认为价格昂贵并且手续繁杂。

亚美尼亚不适用出口税，尽管其立法允许。出口禁令只适用于有限产品，如武器、弹药、爆炸物和毒品。亚美尼亚只适用那些联合国安理会决议所规定的禁运。珍稀植物、动物和被认为与国家遗产相关的产品出口，需要申请许可。

在审议期间，亚美尼亚没有出口加工区，没有官方支持的出口信贷计划，也没有任何政府提供的出口补贴。亚美尼亚发展局，一个主要由国际组织资助的公共机构，负责出口促进工作。

（五）其他影响投资和贸易的措施

亚美尼亚继续改善商业，投资和贸易的立法基础。虽然执行仍然是一个问题，但这也在改进。一个企业（包括进口商），不仅需要在税务机关和海关的区域办事处注册为法人实体，还必须在国家注册局注册为法人实体。所有的商业机构适用20%的单一利润税。

外商投资对亚美尼亚的经济增长一直起着至关重要的作用。投资友好性政策的发展促进了投资的增加。对外国投资的唯一限制是宪法对外国人在亚美尼亚拥有土地的禁令。投资者也从立法的不利变化和地产国有化中受到保护。此外，在审查期间，政府还为一定的资本投入提供利润税减免优惠。然而，在资本利用上却没有任何信息。

在2003年到2009期间，私有化进程不断发展，截至2009年底基本完成。国有企业，包括全部国有和部分国有，大部分都是在医疗保健、教育和军事领域。其余的都是非经营性企业。

尽管亚美尼亚竞争政策法律制定于 2000 年，并且已与欧盟近乎一致，但是对竞争管理机构的权力范围的界定以及一些部门间竞争的缺乏仍然存在担忧。

根据其入世承诺，2009 年 10 月亚美尼亚提交了最初报价，并开始与其他 WTO 成员进行加入《政府采购协定》的谈判。在此之前，亚美尼亚在 2005 年颁布了采购法，适用于公共机构对商品和服务的购买。对采购的首选方法是最低价格，并没有规定推动本地化或国内供应商的发展。公开招标占 2008 年批出的合约总值的 78%。

自 2003 年以来，亚美尼亚继续更新其知识产权立法，颁布新的版权和专利法，以及对商标法进行修订。此外，送交国民议会的法律草案将扩大权利覆盖范围，到地理标志权和原产地名称权。如同在其他领域，该法的实施仍是一个挑战。

（六）贸易行业政策

农业发展面临着几大制约因素，如小而分散的农场，多山地形，昂贵和低效的灌溉系统和农业支持服务的不足。

尽管存在这些制约因素，一些子行业，特别是含酒精饮料，仍然有发展空间。改善灌溉条件和为农民提供更好的金融服务也将有助于农业发展。然而，重大外商投资农业是不太可能，因为宪法禁止非亚美尼亚公民对土地的所有权。

亚美尼亚是一个粮食净进口国家，大部分进口来自俄罗斯。它的主要农业出口产品是白兰地，其中大部分出口俄罗斯。

亚美尼亚有大量的钼、铜和黄金储备，还有其他几个矿物质的少量储备。因此，尽管运输成本高，矿业占了亚美尼亚出口的 1/4 还多，也是相当一部分外国投资的资本来源。将矿区与格鲁吉亚黑海港口相连接的南北路走廊，有助于解决运输成本问题。

服务业在审议期间取得了强劲的相对和绝对增长。在加入 WTO 后，除了邮政服务、旅客运输、航空和铁路货运外，亚美尼亚履行了大部分服务领域的承诺。

除了水电外，亚美尼亚的主要能源供应都是进口的。能源行业主要由俄罗斯企业控制，它们或者拥有或者经营着主要的发电厂、配电系统和天然气管道网络。虽然基础设施得到一定改善，但是其中还有很大一部分需要进行升级，还有一些需要进行更换。

电力、天然气和热能（除了水和电信）的购买与销售价格都由公共事务管理委员会规定。该委员会确定的电力购买价格鼓励可再生能源的生产。该委员会没有规定运输燃料的价格，尽管所有的运输燃料都需要进口。燃料进口和分销市场主要控制在两家公司手中，它们占了 84%的市场份额。

虽然金融服务业在 2003—2008 年以每年 29%的年均增长率增长，但是由于增长基数小，整个行业还是相对较小，也不够发达。自 2003 年以来，亚美尼亚已采取措施，分别在 2004 年和 2009 年推出存款担保计划与增加资本要求来提高银行部门的稳定性，并增强其信心。亚美尼亚对外国投资者参与银行和保险业没有任何限制。此外，亚美尼亚还超越其入世承诺，允许外国银行分行接受来自亚美尼亚国民的存款。但是，对跨国保险服务上还有一些限制。

亚美尼亚电信仍处于发展阶段，尤其是网络接入。这一发展滞后的主要原因是 1998 年到 2004 年期间电信市场由一家公司垄断，投资不足。在审议期间，政府重新审查了对此垄断服务供应商的授权，逐步结束了它的独占权。结果是现在对外国投资者的参与没有任何限制。到 2009 年年底，亚美尼亚的实际法规比其在服务贸易总协定承诺的更加开放。

亚美尼亚的交通业相对发达，但仍需要大量资金维护和升级现有路线，并建立新路线。亚美尼亚正参加多个旨在改善本地区运输的区域倡议。外商投资主要集中在道路建设，而公共资金大多用于道路维修。2008 年，亚美尼亚授予一家俄罗斯公司提供铁路客运和货运服务 30 年的牌照，但基础设施仍然保持国有。

亚美尼亚不限制外国专业人士或企业在本国设立法律或会计师事务所。自 2003 年以来，这两个服务行业都进行了很多变革。

2005 年，律师公会成立，取代了两个律师协会。2009 年 8 月，亚美尼亚会计师和审计师协会被确认为代表会计师和审计师的专业协会。

亚美尼亚对外国人投资酒店服务或外国人申请导游证没有任何限制。亚美尼亚的旅游业在发展，游客主要来自拥有较大散居社区的国家。然而，较高的飞行成本和有限的时间安排，加上对乘客征收的高额税，以及基础设施建设的滞后似乎正在阻碍其旅游业的发展。

（李雪峰译，杨凤鸣校）

阿尔巴尼亚贸易政策审议

在过去十年间，阿尔巴尼亚坚持了其经济、法律和制度改革的宏伟计划。因此，阿尔巴尼亚一直处于显著的经济转型进程当中，即从20世纪90年代初一个封闭的、中央计划经济，向今天一个开放的、以市场为导向和私营部门驱动的经济转型。阿尔巴尼亚2000年加入WTO，以及近期为实现其加入欧盟的优先目标所采取的措施，是变革速度和方向的主要决定力量。这两个进程对决策制定的透明度、可预见性和一致性做出了重要贡献。

改革已经取得了积极的成效，阿尔巴尼亚将通过继续和巩固改革进程而获益。虽然某些经济部门结构上仍然很薄弱，特别是能源和农业，但这些领域近期已经得到了积极发展。考虑到立法变革的速度和程度，有必要继续加强司法系统和新法律有效实施的上诉程序。鉴于阿尔巴尼亚日益融入全球经济，海外汇款的预期下降，私有化导致的不断下降的税收，以及不确定的国际经济环境，阿尔巴尼亚可能更需要依靠其他增长来源，如吸引绿色领域的投资和建立一个更强大的出口基地。

（一）经济和商业环境

阿尔巴尼亚经济的特点是高生产率和不断增长的服务业，不断萎缩的农业，以及一个非常小的以鞋类和服装生产为主的制造业。

2002—2008年间，在强劲的国内需求，大量的FDI流入，以及海外劳工汇款的带动下，阿尔巴尼亚取得了稳固的经济增长，年均增长5.8%。人均名义GDP在此期间翻了一番多，失业率下降，人类发展指数也取得了相当大的改善。虽然全球经济和金融危机已对阿尔巴尼亚经济产生了负面影响，但有迹象表明，影响并不是太严重，国内生产总值在至2009年9月的12个月里将增长逾4%。

阿尔巴尼亚一直保持稳健的宏观经济和财政政策，并着手改善商业环境的改革。它减少了政府债务，增加了税收，保持了低通货膨胀并使之控制在由央行确定的目标范围之内。

注册企业的所有步骤都进行了统一，并且国家注册中心已于2007年起投入使用，现在提供“一站式”商业注册服务。私营部门和民间团体通过工商咨询理事会而进入决策制定已经得以制度化。也有一些鼓励中小企业的生产和出口的新措施。

阿尔巴尼亚进行了全面的税制改革，以精简和现代化其税收制度，提高征收，并缩减对酌情决定和逃税的范围。因此，税收制度相对平缓。增值税仍然是政府的主要收入来源。

阿尔巴尼亚的几乎所有贸易都是与区域内其他经济体进行的，这反映在其与欧盟、中欧自由贸易区（CEFTA2006）国家、土耳其和欧洲自由贸易联盟（EFTA）所签订的区域贸易协定（RTAs）。根据这些区域贸易协定，制成品进口大部分是免税的，但农产品的自由化却并非如此。区域内的贸易机会，通过类似的原产地要求规则和区域累积条款得到了促进。虽然意大利历来是阿尔巴尼亚的主要贸易伙伴，但是阿尔巴尼亚通过增加向该地区其他国家的进出口而使其贸易多样化。

尽管就对GDP和就业的贡献而言，农业的重要性不断下降，但农业仍然是国内就业的主要来源。该部门的特点是小而分散的农场，组织和基础设施不足。阿尔巴尼亚是一个粮食净进口国。对该部门的关税保护和政府支持较少，且也未提供出口补贴。

（二）贸易体制

市场准入：

阿尔巴尼亚自2000年加入WTO起一直是一个积极参与者：其及时通知的记录令人赞叹，这在服务领域尤其明显。阿尔巴尼亚从未涉及WTO规则的争端。

在其广泛入世承诺的基础上，阿尔巴尼亚的贸易体制是开放的，且政府收入并不依赖于关税收入。2009年，阿尔巴尼亚的整体简单平均适用税率为5.2%，最高适用税率15%。其平均约束税率为6.6%，最高约束税率为20%。所有关税都是从价税，且没有关税配额。农产品平均适用税率为8.8%，比非农产品（4.2%）高。阿尔巴尼亚已在160个服务子行业中的111个子行业履行了《服务贸易总协定》的承诺。阿尔巴尼亚是《信息技术协议》的签约国，并履行了对基础和增值电信服务的承诺，并致力于参考文献中的监管原则。

海关手续得到了简化：一个集中的电子系统减少了通关时间，交易价值越来越多地被用于确定完税价格，且禁止使用最低价值或参考价格。不过，交易价值的使用仍然存在例外，部分是由于低开发票问题。

阿尔巴尼亚几乎很少采用非关税措施。除非被认为是危害公众健康，否则不存在禁止进口，且进口许可主要用于 SPS、安全、保护环境，以及符合国际公约规定的义务。阿尔巴尼亚的 SPS 和 TBT 制度基本上遵循欧盟的相关制度。2007 年，推出了关于反倾销和反补贴措施以及保障措施的新法律。然而，迄今为止，阿尔巴尼亚还未根据这些法律采取任何行动。

没有出口税，且仅极少数敏感产品才须获得出口许可证。阿尔巴尼亚采取了一些特殊海关制度，这些制度中包含对出口或在阿尔巴尼亚加工的转口商品的特定条款或优惠。

主要立法进展：

在审议期间，阿尔巴尼亚颁布了许多法律，旨在帮助维持市场经济的有效运转以及对政府开支的自我约束。加上在其他领域的立法和监管改革，这些都在很大程度上由阿尔巴尼亚与欧盟更紧密的融为一体的愿望所驱动。2006 年，阿尔巴尼亚与欧盟签署了《稳定与结盟协定》（SAA），其中，除了承诺开放欧盟和阿尔巴尼亚的贸易外，还包含逐步调整阿尔巴尼亚的当前和未来法律以便与共同体法律（acquis communautaire）相看齐的规定。阿尔巴尼亚于 2009 年 4 月 28 日提交了欧盟成员资格申请，并且政府当局表示，它们希望谈判可以在 2014 年完成。在这一改革的努力下，阿尔巴尼亚已获得了外部捐助者，特别是欧盟的大力支持。

2003 年所采用的一个有关竞争保护的法律，以及阿尔巴尼亚竞争局的建立，表明其正朝着加强竞争的目标迈进，特别是考虑到其为改革所付出的努力，以及狭小的可能导致经济中某些部门高度集中的国内市场。

阿尔巴尼亚于 2006 年采用了新的政府采购法律，规定了竞争基础上的公开招标，也没有国内优先选择权或为国内供应商的预留。为了增加透明度，自 2009 年初开始，除了少数例外，所有采购程序和交易必须通过电子化进行。这增强了竞争，降低了采购成本。阿尔巴尼亚目前是《政府采购协议》（GPA）观察员，但加入谈判几年来一直处于停滞状态。

根据《2006 年国家援助法》，阿尔巴尼亚对激励条款做了严格规定（不包括农业和渔业），该规定已在近几年做了简化，且在国民待遇基础上广泛运用。直接与出口量相关的援助是被禁止的，同样与出口活动有关的经常账户支出也是被禁止的，而对进口货物的援助视国内使用而定。对中小企业有特殊的规定。阿尔巴尼亚也保持了经济区计划（工业园区），提供税收优惠。目前已经建立或处于发展中的经济区有 9 个。

阿尔巴尼亚的大部分知识产权法律在其入世进程当中进行了修改。新的工业产权和版权法已经通过，以符合欧盟指令。同时，已经制定了加强执法的措施，并正在实施。阿尔巴尼亚目前正在起草关于 2010—2015 年知识产权国家战略（NSIPR），旨在使阿尔巴尼亚的知识产权保护完全符合欧盟标准。

（三）投资制度

作为所进行改革的结果，除了涉及土地所有权这一例外，阿尔巴尼亚对外国投资开放，外国投资享有与国内投资者的同等条件。航空和沿海运输也受法律限制，但在实践中并未采取多少行动。

外国投资不受授权前条件的约束。私有财产权利受宪法保护，且根据法律阿尔巴尼亚有义务维护与外国投资争端有关的国际仲裁决议。2008 年，FDI 总额为 6.75 亿欧元，其中 19%与国有企业私有化有关。

阿尔巴尼亚的私有化进程始于 1991 年的土地、小企业和中小型国有企业的私有化。对经济具有重要意义的大公司私有化战略，在 1998 年才开始实施。对于战略部门的做法是先撤销管制，并进行功能拆分，以防止出现市场垄断地位，然后进行部门优化重组，并最终实现私有化。

到 2009 年底，绝大多数国有企业都已经私有化。1992—2009 年间私有化收益大约为 8 亿美元。截至 2010 年 1 月，国家在 50 家公司和法定机构拥有 50%或更多的股份，最重要的是 Abpetrol 石油公司。阿尔巴尼亚并没有《GATT 1994》第十七章意义上的国营贸易企业。

作为其改革进程的一部分，阿尔巴尼亚已经采用私有化和鼓励投资的方法，以解决其经济的一些主要弱点。例如，在交通运输基础设施上，政府授予一私人财团兴建及管理阿尔巴尼亚国际机场的特许权，并有大量的投资计划正在进行当中，以用于发展阿尔巴尼亚的公路和港口基础设施。在银行和电信服务主要的支柱性服务业，也存在着大量的参与者和外国投资。同时，还采取了通过新能源和替代能源的投资，以及对国有电力公司分配环节的私有化这些措施，来增强阿尔巴尼亚能源供应的可靠性。

（李雪峰译，杨凤鸣校）

中国贸易政策审议

中国自2008年年贸易政策审议以来，继续其国际贸易和投资体制的逐步自由化。政府表明实行渐进的经济改革是为了保持经济和社会稳定。

中国经济对出口导向型增长的依赖使它很容易受到从2008年年底开始的全球经济衰退的影响。2009年，中国的出口下降了16%，进口下降了11%，反映了其制成品出口的高进口强度。实际GDP增长从2008年的9.6%下降到2009年一季度的6.2%，成为逾十年来的最低水平。然而，从第二季度开始经济增长便开始反弹，2009年全年中国实际GDP增长达到了8.7%。2010年1月，中国超越德国成为世界上最大的出口国，并且保持了仅次于美国的第二大进口国地位。

中国在全球市场竞争中取得显著成功，及对制成品出口的高度依赖性，导致其与贸易伙伴间的贸易摩擦时而发生。加入WTO为中国提供了反对出口限制的法律保障。像其他WTO成员一样，中国反对采用保护主义政策应对全球经济衰退的影响。

面对全球经济衰退的影响，中国政府通过引入扩张性的财政和货币政策来抵消外部需求的急剧下降，更加注重刺激国内需求来推动GDP的增长。特别是，中国在2008年11月宣布了两年内新增4万亿元人民币投资（占GDP的13%，2008年）的经济刺激计划，部分导致了政府开支的临时增加，国内储蓄对国内投资的盈余下降，在国际收支表中与之相对应的经常项目顺差从2008年的9.4%降低到2009年的5.8%。

中国政府认识到，中国经济增长和发展模式的失衡，在本质上是由宏观经济和结构性失衡导致的，因而单靠临时措施不足以纠正这样的不平衡。取得内外部需求之间更好的平衡以推动经济增长，以及实现多边进出口政策的进一步自由化，将加强中国在与其他WTO成员一起纠正具有重大国际意义的贸易和经济失衡中的领导地位，且纠正应采取对全球经济增长和繁荣风险最小的方式。

经济危机加强了中国进行更多长期结构性改革的决心，以进一步加强其社会安全网络，降低家庭预防性储蓄，促进经济结构多元化，以及改善其不发达的资本市场。不发达的资本市场是导致高企业储蓄的重要原因，也削弱了政府刺激国内需求的政策效果。

为了减少对制造业的依赖，政府已放宽了对一些服务行业的外国直接投资的限制，并且通过为农业生产提供补贴和逐步取消农业税的办法来促进农业的发展。

中国对制造业的严重依赖导致过度投资，进而使某些行业的产能过剩。当外部需求下降时，这种过剩就变得非常明显。缺乏一个运作良好的资本市场，不完全由市场调控的货币政策，以及政府对具体生产活动进行资源配置中的“指导意见”，也是导致过度投资的部分原因。

中国继续努力发展其资本市场，以引导较高的国内储蓄进入最有利的投资领域。例如，加强公司治理和股市交易，从而提高股权融资的作用。此外，当局也认识到，中国需要加强政府政策和措施的透明度，增加国有企业给政府的分红，并加强对知识产权的保护。

在2005年7月（汇率改革开始）到2008年9月期间，人民币对美元的汇率上升了21.4%，对日元的汇率上升了13.6%，而对欧元的汇率基本保持不变。自那以后，人民币一直保持对美元的稳定汇率，并在2009年对一些主要货币（例如欧元）贬值。在对这个问题的最近一次审议时，IMF肯定了中国在过去几年中取得的重要进展，增加市场在汇率确定中的作用，以及自2005年汇率改革以来人民币的大幅实际升值。不过，IMF的一些董事仍然支持人民币“严重低估”的观点。中国人民银行（PBC）声称，中国实行的是“有管理的浮动”汇率制度，人民币汇率是基于市场供求，并参考一篮子货币进行调整的，它希望能将人民币汇率基本稳定在一个恰当的均衡水平。

尽管中国最近加强了对双边/区域自由贸易协定的寻求，由中国提供的优惠幅度仍然很小，其与自由贸易协定签署国的贸易仍占其总贸易额的一小部分。在审议期间，中国和中国台北在空中和海上运输以及邮政服务方面建立了两岸的直接联系。

2009年中国的平均适用最惠国关税为9.5%，略低于2007年的9.7%。约束税率接近适用税率，使关税的可预测性程度较高。但是，关税仍然很复杂，比如：仅适用的最惠国关税中就包含60个不同的从价税率。

中国还使用各种非关税边境措施，如进出口许可证，国营贸易以“引导”资源分配的措施。中国的贸易救济活动变得日益重要，而与此同时中国仍然是反倾销措施最频繁的目标。

中国的国家标准中大约有15%是强制性的，其余都是自愿的，尽管这些标准的实施可能会很复杂。大约46%的国家标准与国际标准相同。中国强化了对国内消费和出口乳制品检验的SPS制度，并且已暂停其质量免检制度。

中国的《政府采购法》规定，政府应采购本国货物、工程和服务。但是却并没有对如何确定产品是否是国产的本地内容或原产地规则做出具体规定。中国于2007年12月申请加入WTO《政府采购协议》。虽然一些缔约方在WTO政府采购协议委员会上表示对中国自主创新性的担忧，但是各方都表示愿意与中国一起合作，以促进其加入《政府采购协议》的进程。中国加入WTO《政府采购协议》应该会为其政府采购框架带来根本性的改变。

中国的出口壁垒还没有以与进口壁垒相同的速度下降。它仍使用各种出口限制措施，以保护天然资源和能源为由对一些出口进行管理，包括禁止、许可、配额、税收和低于全增值税退税等措施。但是，出口限制往往会降低目标产品的出口量并使其转向国内市场，导致对这些产品的国内价格下调压力的增大，从而可能间接促进了国内该产品的下游加工产业。中国正在考虑更恰当的内部（而不是贸易）措施来保护自然资源，节约能源以及保护环境。例如，它正在考虑在“十二五”期间（2011—2015）对自然资源的生产/开采征收环保税。

中国在不断地审议和修订其贸易及相关的法律，包括反垄断法（2008年8月1日生效），中国第一个全面的竞争法和专利法（2009年10月1日生效），特别是通过加大对侵权的惩罚来加强专利保护。中国还改革了税收制度，以使其更加中立，特别是规定所有公司（国内和国外）适用统一企业所得税税率，以及实现增值税从生产税向消费税的转型。

中国在不断完善其立法框架，强化知识产权保护执法，并已将促进创新确定为国家发展战略。中国越来越多地意识到知识产权保护在促进国内创新中的重要性。在边境执行知识产权保护是海关的责任，中国在出口方面更加注重知识产权的保护。继在WTO关于知识产权的执法争议之后，中国通告其正在根据WTO争端解决机构（DSB）的建议和裁决修订其《著作权法》。

自上次审议以来，中国已放宽对服务行业外国直接投资的限制，特别是电信业和旅游业。除了诸如外商投资股份制企业等特定类型的外商投资企业外，中央政府还在向当地政府下放建立和修改被“鼓励”的外商投资企业和某些其他行业的运营许可权。尽管如此，仍然存在着很多限制，如对外国投资在一些部门和私营部门参与经营活动的限制。

银行业依然存在着严格的资质要求，包括对唯一或控股股东的较高的最低资产要求，和较高的最低实收资本额，对信用卡服务的供给限制，以及对外国银行分支机构业务范围的限制。中国股市在审议期间继续发展，国有股转持的进程取得了进展。

（李雪峰译，杨凤鸣校）

马拉维贸易政策审议

自2002年上次贸易政策审议以来，马拉维已经在海关程序、竞争政策、政府采购和部分国有企业私有化等领域的贸易政策制度改革方面取得了进展。虽然政府认识到了进一步改革商业环境以吸引投资的必要性，但马拉维许多与贸易有关的法律都已过时，需要进行大量修订来符合国际最佳实践。改革的努力现在也应该注重将马拉维的关税与其豁免计划一同进行简化。此外，需要进一步的贸易便利化措施，来协助减少马拉维高昂的运输成本。

马拉维的经济严重依赖于农业和初级产品的出口。货物和（非要素）服务贸易占GDP的比重从2003年的67%上升到2009年的83%，反映了对贸易依赖的增加。马拉维并未放弃其开放政策立场来应对近期全球经济危机。

自2003年以来，实际GDP年均增长6.3%，在2009年达到7.7%。尽管增长强劲，但马拉维的人均收入（2009年约为356美元）仍然非常低，绝对贫困很普遍，且高度依赖捐助资金（约40%的预算支出）。宏观经济形势依然不明朗。由于货币估值过高以及日益减少的外汇储备，马拉维克瓦查（kwacha）汇率一直很坚挺。已经出现过数次严重的外汇短缺期，对马拉维的对外贸易产生了不利影响。

马拉维的经济仍然对干旱和贸易条件的冲击很脆弱。生产和出口商品需要多样化，以便可以减少增长对外部因素，如天气的依赖。在这方面，马拉维近几年最大的FDI项目，在Kayelekera第一个铀矿的开放是一个令人欣喜的进展。马拉维对外资开放，并对非传统出口品给予出口加工区（EPZ）的地位对待。企业和土地注册登记，以及获得工作许可证的程序正在简化当中。

海关手续通过使用联合国贸发会议（UNCTAD）的海关数据自动化系统（ASYCUDA）和事后审查，但大部分进口货物仍在边境接受实际检查。为了保护幼稚产业（如糖和面粉），以及出于健康、安全和环境原因，马拉维在某些产品上采用非自动许可程序。

马拉维的平均关税约束水平为76.5%，覆盖31%的税目。2009年最惠国适用税率平均为13.1%（2001年的简单平均税率为13.6%）。最惠国适用税率有六级，最高税率25%。因为有许多豁免计划，马拉维的关税比较复杂。这些计划的自由裁量和非透明性也留下了滥用的余地。马拉维将受益于严格的关税简化行动：更低、更统一的没有豁免的关税将提升经济效率，降低行政成本，并有可能增加关税收入。

普遍实行优惠税率增加了马拉维关税的复杂性。马拉维是东部和南部非洲共同市场（COMESA）以及南部非洲发展共同体（SADC）的成员国，它们在关税减让的速度上存在差异。从马拉维的主要贸易伙伴——南非的进口则有一个单独的关税减让表。

经过马拉维竞争委员会对一系列并购案例的审查，马拉维在竞争法的实施上已取得实质进展。马拉维的竞争体制也应通过东部和南部非洲共同市场区域竞争委员会在其国内的成立得以改善。

马拉维近年来经历了几次食品紧急情况，大部分人口在2005年获得过国际粮食援助。因此，农业发展和粮食安全是政府的政策重点。玉米是主要的粮食和自给自足作物，是粮食安全战略的核心。和该地区其他国家一样，马拉维采取了出口限制来应对粮食短缺。为了刺激玉米生产，政府实施了一项大规模计划（农业投入补贴计划），以补贴玉米用肥和其他农业投入。总体而言，该方案连同有利的降雨，一直是恢复粮食安全成功的保障。

农业投入补贴计划已成为相当大的财政和经济负担。为了使得农户免受国际化肥价格不断上涨的影响，2008/2009年度预算支出达到约2.7亿美元的峰值（接近GDP的5%）。支出的一部分由捐助社团的专门预算提供。在某种程度上，化肥补贴，从而构成化肥援助，显然是一个比粮食援助更有效的援助方式。然而，由于化肥补贴在马拉维的农业预算中占有很大比例，这就使得那些比化肥补贴的长期回报率有可能更高的投资空间狭小，如农业研究、灌溉，或减少玉米作物损失的措施。

烟草业在外汇收入贡献中超过60%。虽然马拉维在正确利用其在烟草生产上的比较优势，但它很容易受到其他国家出于公众健康原因可能采取的烟草控制措施的影响。棉花是马拉维的主要出口产品之一，所以其特别关注在多哈发展议程（DDA）中就取消棉花部门中导致贸易扭曲的国内支持和出口补贴措施而进行的谈判。

以批发/零售和金融服务为主导的服务业占马拉维GDP的比重略低于50%。根据《服务贸易总协定》（GATS），马拉维在33个（总计160）服务行业做出了具体的承诺，仅略高于最不发达国家的平均水平。马拉维承诺，对市场准入或1模式至3模式的国民待遇没有限制，而影响自然人存在的措施并未松绑。

马拉维的金融体系是稳定的，并经受注了国际金融市场的动荡。马拉维正处于金融服务的立法现代化以及加强马拉维储备银行监管权的进程当中。然而，绝大多数人还不曾有机会享有商业银行服务。

自上次贸易政策审议以来，马拉维的电信服务已经进一步开放。移动电话服务的普及率由2002年的0.7%上升至2008年的12.5%，但依然是非洲普及率最低的国家之一。马拉维已经认识到，通过颁发额外的经营许可证来加强运营商之间竞争的必要性。互联网用户率非常低，特别是宽带用户率（2008年估计为0.02%）。增加带宽供应的基础设施项目正在进行当中，但是马拉维目前还是要通过东非海底电缆同世界其他国家建立连接，因为其能保证提供更快和更便宜的网络连接。

马拉维的主要增长制约因素之一是电力供应严重短缺。马拉维缺乏进口电力传输的基础设施。马拉维是一个尚未连接到南部非洲电力联营集团（SAPP）这一区域电网的几个南部非洲发展共同体国家之一。作为一个内陆国，马拉维自然也面临着高昂的运输成本，这不仅会直接削弱其出口竞争力，同时也在其出口货物生产中使用进口投入时间接削弱出口竞争力。贸易便利化对于马拉维减少与跨境交易有关的行政费用至关重要，例如，通过建立一站式的边境检查站。虽然区域公路拖运已在东部和南部非洲共同市场（COMESA）的倡议下实行了开放措施，但是过境程序冗长，且尚未在该地区完全统一。

政府正积极推动更多的对经济增长和基础设施发展有直接影响的项目。在这一点上，贸易主流化在马拉维增长与发展战略（2006—2011）的继任战略中将是非常重要的。作为这一进程的一部分，应该对服务业，特别是旅游业的未来发展，以及确保服务行业增长的必要人力资本投资给予关注。

（李雪峰译，杨凤鸣校）

中国台北贸易政策审议

外向型发展战略给中国台北的台湾、澎湖、金门和马祖独立关税区带来了快速增长和繁荣，并使其转变成一个现代工业经济体和信息技术产品的主要出口地区。自从 2006 年贸易政策审议以来，中国台北主要在服务业部门进一步奉行贸易和投资自由化，而且目前正在采取措施，通过刺激国内消费和投资来实现经济和贸易重组。它也正试图改善其投资环境，以吸引更多外来直接投资。中国台北的投资率对储蓄率的比率持续大幅下降，居高不下的经常项目顺差也反映了其投资率与储蓄率的明显差距。

（一）经济环境

2005 年至 2008 年，中国台北经济增长强劲，年均实际增长率达到 4%。同期人均名义 GDP 稳步增长，在 2008 年达到17 507美元，成为亚洲增长率最高的地区之一。然而，由于全球经济放缓，2009 年其经济收缩了 1.9%，人均收入下降，失业率上升至 5.9%。

中国台北的经济增长严重依赖出口，主要是占 GDP 约 72%的制成品出口。最近的全球经济危机对中国台北的出口导向型经济产生了不利影响。对此，当局采用了扩张性的货币和财政政策以刺激国内需求，同时抵制保护主义。在本区域内经济刺激计划的帮助下，并在亚洲主要新兴国家，尤其是中国经济的强劲反弹的支持下，中国台北的经济迅速恢复，预计在 2010 年将实现 4.7%的增长。

全球经济危机导致的全球需求的大幅下滑暴露了中国台北对一些制成品出口的严重依赖所带来的风险，促使当局寻求新的经济增长点并促进经济多样化。提高服务业的国际竞争力，是政府现在的首要目标。实现服务业的进一步自由化是实现此目标的重要途径。长期持续增长需要重新平衡各种增长要素，并把重点更多地放到国内消费和投资上。

在审议期间，中国台北一直保持良好的宏观经济政策，保持了较低的通货膨胀率并改善了主要针对较高税收账户的公共财政。然而，自 2008 年以来实施的扩张性财政政策给财政平衡带来了新的压力。在审议期间，中国台北继续推行结构性改革。例如，作为一个更广泛的税制改革计划的一部分，政府已采取措施，通过扩大税基来精简税制结构，似乎取消了对某些工业的税收激励，降低了所得税率，从而使该税制更加中性，以顾及对资源配置，特别是资本配置的有关决定。它也提高了税收征管。至于资本市场，结构性改革的重点是通过市场导向的并购来促进金融业的整合和效率，发展债券市场，并向海外投资者开放资本市场。对资本流入中国的限制也逐步得到了缓解。

随着两岸经济关系在审议期间得到改善，中国内地已成为中国台北的主要出口市场和第二大供应商。其他主要贸易伙伴依次是：中国香港、日本、美国和欧盟。十多年来，中国台北已成为对外净投资者，对外直接投资流量是本地区吸引外国直接投资流量的近两倍；中国是其目前资本外流的主要目的地。虽然中国台北的外国直接投资占 GDP 的比率根据区域标准仍然较低，但是大多数行业仍然对外国直接投资开放。然而，以基本安全和公共健康为由，外国直接投资在几个主要行业是禁止的或是受限制的，这些禁令一般通过否决单来实施，但是针对中国内地投资，则通过准许单来实施。

（二）贸易政策框架

中国台北，自 2002 年 1 月成为 WTO 成员，2009 年 7 月成为多边政府采购协定成员。尽管对某些基本法律做了修订，但是除了在 2007 年 3 月成立的贸易谈判代表办公室和 2008 年 7 月成立的知识产权法庭之外，贸易政策的制定和实施结构仍然没有变化。

中国台北的整体贸易政策目标仍然是，通过积极参与多边贸易和经济组织，自由贸易协定（FTAs）谈判，加强贸易便利化和推广活动，在海外市场消除贸易壁垒，以及在这些市场实现多元化，从而逐渐融入全球经济一体化。自 2010 年的贸易政策审议以来，除了已有的与巴拿马的自由贸易协定外，中国台北已与中美洲（萨尔瓦多、洪都拉斯、危地马拉和尼加拉瓜）缔结了贸易伙伴协定，并继续或计划与其他国家进行谈判。自由贸易协定谈判似乎看来主要还是出于经济考虑。除了其对促贸援助和与贸易相关的技术援助活动的贡献外，中国台北还向一些特定的最不发达国家（LDCs）提供进口免税待遇。

中国台北已在其监管改革方案上取得良好进展，其中包括对服务、投资、海关等众多领域放松管制。它继续采取措施，提高监管透明度，包括每日在网上公布的“综合内阁公报”。大多数法律、法规都能在政府出版物和网站上找到。中国台北几乎按时达到了所有WTO协议的通知要求，除了那些自上次审议就已延迟的与进口许可程序和国内农业支持（2006，2007，2008）相关的通知要求。

（三）贸易政策发展

关税是中国台北的主要贸易政策工具，也是重要的税收来源，尽管此比例正在下降（2009年的关税收入占税收总额的4.5%）。大多数税目都适用不超过10%的最惠国关税税率，其中30.1%是免税的。由于在审议期间没有实施关税削减，平均适用的最惠国关税税率仍保持在7.8%。由于涉及多重税率（86种从价税，16种从量税，48种替代税），关税仍然比较复杂。所有税目都适用约束税率，包括一些税率较高的季节性水果，大多数税目都适用最惠国税率，这样就为中国台北的关税税率表提供了高度的可预见性。非从价税，尤其是在对农产品的非从价税，往往隐瞒相对较高的从价税等值。前100个适用最惠国税率的税目中有75个涉及非从价税。适用最惠国税率的从价税率峰值保持在500%（鹿茸），而由从价税等值计算的最高关税率却达到1 069.87%（滚压或制成细片的大米）。关税配额主要适用于农产品，其覆盖率已经降低了约22%。为了稳定商品价格，缓解通货膨胀，中国台北暂时降低了30种基本税目的关税税率。对进口的小麦、玉米和大豆只收取5%的营业税，而对于国内生产的这些商品则免税。除了已经免税的税目，根据自由贸易协定，占总税目平均67%的税目适用特惠关税，进一步降低了受益国的简单平均关税率达5个百分点。对国内贸易收取的港口服务费率仍然比对海外贸易收取的费率要低60%，包括要求昂贵设备和服务的大型国际货船在内。

自上次审议以来，中国台北的进口禁令范围略有扩大，从56种十位HS编码商品扩大到了63种（截至2008年10月）；24种商品继续适用非自动进口许可。没有对进口进行数量限制的政策。但是，出于安全和/或商业考虑，中国台北仍然对约2 243个税号实行禁止从中国内地进口的政策（主要是农产品，也包括制药、钢铁、电器电子设备，以及纺织品）。原产于或运往中国的商品现在已经可以直航。中国台北从未使用过反补贴或保障措施，但是，它在三种产品上仍然保持着五项反倾销措施。对于农产品适用特别保障措施。

在审议期间进行的监管改革主要涉及政府采购的争端解决案件。对于没有包括在政府采购协议中的合同，仍然保持对本地供应商高达3%的优惠差额，投标人还可能被要求购买本地生产的商品。非中国台北的供应商在政府采购总价值中所占份额从2004年的18.1%上升至2008年的28.5%。自2006年以来，通过选择性招标和局限性招标程序批准的采购已由原来的25%上升至33%。

在审议期间的私有化进程只涉及几个公司的一些政府股份的让渡，在一些领域，政府仍然保持对经济的直接参与（如造船、石油、钢铁、糖、烟、酒、银行、保险、铁路运输），法定垄断仍然存在（特别是在电力、供水以及邮政服务部门）。根据中国台北的法律，国有企业只是指那些拥有法定垄断权的企业和/或政府持有50%以上股份的企业。一旦取消独家垄断权，市场向其他经营者开放，公司便被认为进行了私有化，从而在此领域不再需要履行WTO通知的义务。国有企业的贸易活动涉及最重要的作物——水稻、钞票以及烟草、酒精饮料、糖等。

中国台北以维护治安和公共安全为由，继续对出口实施禁令和许可证的措施，但是，自上一次贸易政策审议以来，其出口禁令的范围已经有所下降。鳗苗（季节性禁止）、鲸鲨，以及药用植物禁止出口；自2008年以来，对暂时冻结国内价格的肥料出口需经事先批准。为了减少（如果不能消除）出口成品中原材料（和半成品）的进口税转变成实际上的出口税的程度，将根据不同情况实行免税或退税。在审议期间，实行多种免税措施，平均年免税率达到FOB出口值的2.79%。同样，中国台北通过实行内部销售税退税政策，确保出口商品不会受到双重征税（在中国台北和进口国），从而促进其出口。自2008年底开始，中国台北实行全球市场扩张计划，包括为出口商贷款的利率折扣，以帮助那些面临海外订单下降的出口商。

各种形式的援助，包括生产补贴乃至贸易补贴，继续向农业、渔业和工业产品和活动提供。继在 2009 年底为部分行业提供税收优惠的产业升级条例到期后，政府计划实施一项新的，表面上非针对特定行业的奖励计划，旨在促进技术研发、人才培训、运营总部、国际物流及配送中心的发展；新法规于 2010 年 5 月获得通过。

中国台北的大部分标准仍然是自愿的；在 2009 年，18%的应用标准与国际标准相一致，低于 2005 年的 25%。虽然自 2008 年以来已采取措施增强进口限量风险评估程序的透明度，以及制定和执行这些要求，但最大残留限量要求已经应用在卫生和植物检疫措施方面。

中国台北修订了某些法律和法规，以确保更好地保护知识产权，特别是著作权和专利。在审议期间发生了两项强制许可的案例，因此中国台北正加紧在这方面的执法力度，并在多方面采取改进措施，包括互联网盗版及大学校园的非法教科书影印等。

竞争和消费者保护政策总的来说没有什么变化。某些活动，如出口和进口卡特尔，经过公平贸易委员会的批准，可以免于适用公平贸易法。

（四）部门政策发展

中国台北的经济结构自上一次审议以来没有明显变化。服务业仍然是对 GDP 和就业贡献最大的行业。制造业在生产效率上，及对 GDP 的贡献和就业方面都出现了相对下降，而农业部门则一直处于停滞状态。

中国台北在很大程度上依赖于谷物进口以满足国内需求，农业在其整个经济中的作用不大。2009 年，农业对 GDP 的贡献是 1.6%，对就业的贡献是 5.3%，因而，其劳动生产率仅仅是其他行业水平的 1/4。尽管其对 GDP 的贡献低，但农业是政府援助的主要对象，包括边境保护和国内支持。进口保护包括一些经济中的最高关税，关税配额和特殊保障措施。2009 年，农产品（WTO 定义）平均适用的最惠国关税，包括从价税等值，为 22.1%，而非农产品只有 5%。国内支持包括价格稳定措施，贴息贷款和投入，以及对高龄农民的收入支持。水稻仍然是政府干预的重点。当局计划对水稻用直接支付制度来代替价格保障制度，但这仍在评估中，并且也没有提交这方面的任何立法。

中国台北几乎完全依赖进口来满足国内的能源需求。虽然石油和天然气部门已逐步放开，政府拥有的中国石油公司仍然是行业主导者，其管制价格对市场影响巨大。电力部门主要由另一个政府经营的企业控制，其拥有几乎对全行业的法定垄断地位。提高油价，与价格管制一起，破坏了这两家公司的盈利能力。它们的私有化，以及监管和价格改革，有助于这两个部门增强竞争力和提高效率。

制造业继续发挥在经济中的关键作用，虽然它占 GDP（24.9%，2009 年）及就业（27.2%）的份额已有所下降，但它仍然占全部商品出口的 87.5%。中国台北是一个制造业的领先者和高科技电子产品的出口者；相反，如纺织品和汽车等其他行业的竞争力则都相对较弱。

服务业仍然是对 GDP（66.1%）和就业（58%）贡献最大的行业。中国台北继续逐步开放和改革其服务业，以提高竞争力和市场准入。在金融、环保、卫生和旅游服务行业开放商业存在，改进对专业服务和电信行业的监管，这些措施都将有助于吸引外来直接投资。然而，一些非正式的障碍仍然在某些子行业存在，在基础电信、视听服务、空中和海上运输行业仍然存在着对非本地投资的限制，以及其他障碍。尽管最近在银行和电信业采取了私有化措施，政府仍然保留了在这些行业中的战略地位，而邮政服务仍然没有对私人投资开放。

（五）展望

在 2008 年底和 2009 年初，出口大幅下降导致制造业萎缩。由于扩张性的国内宏观经济政策，以及亚洲主要新兴国家尤其是中国的强劲反弹，中国台北的经济活动也迅速恢复。2010 年经济预计增长将达 4.7%。为了加强国际竞争力和吸引外来直接投资，中国台北将需要进一步实行结构改革，以提高经济在应对国内和国际挑战中的灵活性，包括两岸经济关系的改善，取消对投资的非正式障碍，以及采用国际最佳做法。与中国内地签订的双边经济合作框架协议，可大大改善两岸关系，从而为与主要集中在该地区的重要贸易伙伴缔结更多的自由贸易协定扫除障碍。这样，中国台北可以应对亚洲自由贸易协定网络提出的竞争挑战，签署双边经济合作框架协议是中国台北确保国内产业竞争力、进一步融入世界经济和吸引外来投资的关键。保持和加强在多边、区域和双边贸易中的联系，有助于加强中国台北在世界贸易中的地位，从而也有助于维持其经济增长。

（李雪峰译，杨凤鸣校）

冈比亚贸易政策审议

（一）经济环境

冈比亚是一个小的、最不发达的经济体，经济基础薄弱。对外贸易严重依赖于出口转口、旅游和海外汇款。与许多其他发展中国家相比，其进出口手续相对简单而高效。冈比亚第一次贸易政策审议是在2004年。

在过去六年中，主要由于与旅游相关的服务业、通讯和建筑业的驱动，实际GDP年均增长近6%。受全球经济危机的影响，旅游人数和汇款下降导致2009年实际GDP增长率降至4.6%。这些下降部分抵消了农业生产的增加。预计GDP 2010年略有回升，至5%。

审议期间，冈比亚的财政平衡已减少了对外部税收的依赖，与贸易相关的税收占政府收入的比重从2003年的40%降至2009年的24%，其他间接税，如销售税占据了更大的份额。

2009年2月，通货膨胀率达到顶峰的7%，但在12月份下降到2.6%，随着中央银行放松了先前从紧的货币立场，2010年4月又上升至约4%。汇率是以美元为基础的管理浮动制。

2003年至2009年间，由于西非国家经济共同体（ECOWAS）统一关税，其他区域港口相对效率的提升，以及实际有效汇率升值，使得冈比亚的竞争优势有所削弱。这些因素对正式贸易和非正式贸易均有所影响，使得商品贸易占GDP的比重从2003年的超过70%降至2009年的50%以下。

由于石油价格高企，花生出口萎缩，且入境旅游人数和汇款锐减导致贸易不平衡日益增长，经常账户赤字占GDP的比重从2003年的5%上升到2009年的超过17%。由于2007年重债穷国（HIPC）债务的免除，冈比亚的资本和金融账户仍然保持盈余。2009年底，冈比亚的外汇储备可以满足超过六个月的进口。

（二）贸易和投资体制

1996年通过的“冈比亚公司：2020年展望”，仍然是政府总体上指导发展的政策文件。它要求到2020年冈比亚实现“动态中等收入国家”的转变。

贸易、区域一体化和就业部（MOTIE）全面负责贸易与竞争政策，并在贸易谈判中与外交部合作发挥主导作用。关税由财政部设定，并由冈比亚收入管理局负责实施。与非政府组织和私营部门相协调的其他许多部委和机构，也通过贸易全国委员会而参与贸易相关政策的制定。目前，冈比亚在日内瓦没有代表团，但MOTIE直接或通过驻布鲁塞尔的冈比亚大使馆就WTO和其他贸易相关机构的进展保持紧密联系。

自1996年10月成为WTO成员以来，冈比亚对所有的贸易伙伴至少适用最惠国待遇。冈比亚的WTO货物时间表载于附表CX，服务时间表载于文件GATS/SC/112。冈比亚既不是任何WTO多边协议的签署国，也不是观察员。冈比亚已就下述事项向WTO做出通知：农业上的出口补贴和国内支持；根据《药品法》的进口许可程序；以及于2010年公布的《食品安全和质量条例》。它还为本次审议提供了其最新海关关税表和关税立法。它尚未通知国营贸易企业和在知识产权立法上的近期变化。

冈比亚是西非国家经济共同体（ECOWAS）以及西非货币区成员，其共同对外关税和贸易自由化计划已获得通过。

冈比亚是非加太国家集团（ACP）的成员。其受益于欧盟最不发达国家（LDCs）计划——“除武器之外的一切”免税进入欧盟，并且作为西非国家经济共同体（ECOWAS）的成员，其正在参与就与欧盟建立《经济伙伴关系协定》（EPA）而进行的谈判。其也可以根据《非洲增长和机会法案》（AGOA）免税进入美国，从而从中获益，虽然迄今为止没有出口记录。巴西、印度和韩国根据其对最不发达国家的双边计划，可以免税进入冈比亚。

对外国直接投资的政策由2010年《冈比亚投资和出口促进法》（GIEPA）规定，它取代了2001年的早期法律。冈比亚所有领域都对外国直接投资开放。政府可持有“战略”行业的所有股份，并在实践中，政府掌控着全国唯一的石油产品进口公司；同样，情况也适用于在采矿、采石以及石油开采上的投资。根据该法案，许多关税和税收优惠扩大到依据特别投资证明的25万美元及以上的FDI，以及在出口加工区的出口导向型生产。

（三）贸易政策工具

所有的税收，包括关税，都由冈比亚财政部下的收入管理局（GRA）掌管。自2006年以来，冈比亚采用了西非国家经济共同体（ECOWAS）的共同对外关税，有四个从价类别：零税率、5%、10%和20%，分别对应于基本社会商品；原材料、资本设备和特定投入；中间产品；以及最终消费品。除了关税，冈比亚还采用了1.55%的手续费，外加西非国家经济共同体对所有进口征收的0.5%的税。

与2007年相比，西非国家经济共同体（ECOWAS）关税的采纳给关税带来了显著变化。总体而言，算术平均税率从19%下降到14%，而免税税目的数量大幅增加，从不足全部税目的1%升至15%；税率超过15%数量从占全部税目的92%下降到57%；由标准差衡量的关税差幅也增加了一倍多。目前似乎没有明确的关税税率级距模式。

冈比亚与其他西非国家经济共同体成员国一起正在就引入第五个关税级别，即35%的税率进行谈判，以求成员国所提交的清单，以及ECOWAS共同关税的国家例外相一致。这些变化，如果适用于“消费品”及“经济发展商品”，而一些基本食品保持低税率，很可能提供一个更加急剧的税率级距模式，从而比名义保护提供一个更有效的保护。

冈比亚入世约束目前只包括农产品，税率介于20%至110%之间。在实践中，西非国家经济共同体关税一旦完全生效，将有效地界定冈比亚在国际法律承诺中的实际“约束”税率。

新的《关税和消费税法》（2010）纳入了WTO《海关估价协定》的条款，使其与其他西非国家经济共同体成员国一致。该法还包含了基于参考价格的WTO反倾销和反补贴措施的有关规定，以及保障措施。政府一般收入账目（GRA）从2010年中已开始应用ASYCUDA++海关报关管理系统。

免税和减让的时间表很多，包括自由裁量权。此外，根据SIC由于投资项目或在出口加工区（EPZs）加工中使用的进口货物也是免税的。

许多商品需要交纳消费关税和消费税；消费关税是从价税，消费税是从量税。商品和服务的销售税通常适用于15%的税率。在收获季节，洋葱和土豆需要征收临时性进口关税。该法也规定了出口关税，但目前只适用于贵金属废料及碎屑。

冈比亚没有关于原产地的最惠国待遇规则。ECOWAS规则用来确认根据ECOWAS的贸易自由化计划而从其他成员国的货物进口。2010年5月，冈比亚和塞内加尔海关当局同意为期6个月的旨在改善两国之间过境手续的试验计划。

冈比亚保持了进出口禁止和限制条件名单的公布，但没有具体的进口或出口配额。作为鹿特丹公约和斯德哥尔摩公约的成员国，冈比亚对农药和工业化学品，以及持久性有机污染物实行进口禁令。

冈比亚是ISO成员国，IEC的附属成员，并有一个积极的国家法律委员会。建立冈比亚标准化局的路线图已经确立，国有、私营部门以及非政府组织参与的国家电工委员会业已成立，而且冈比亚正越来越多的采用IEC国际标准，并承认在出口国所做的进口设备认证。国家营养机构和国家食品卫生与植物卫生法律委员会，在联合国粮农组织（FAO）、联合国工发组织（UNIDO）以及世界卫生组织（WHO）的帮助下，正在努力改善食品和植物方面的SPS条件。所有进口的动植物和食品必须正确予以检验认定。

国有垄断企业控制着港口、民航、水、电，以及固定线路电信和石油产品的进口。以前石油价格是管制的，但目前与世界市场价格相联系。公用事业监管局（PURA）管理水和电力价格，并监督手机运营商的竞争条件。

（四）部门政策

农业占GDP的1/4，雇用全国劳动人口的3/4。大部分生产用于国内市场消费，包括基本生活消费，在当地市场销售，或是销售到酒店；虽然腰果（部分经再出口）和园艺产品也进行贸易，但花生仍是主要的出口作物。

农产品关税一般是固定在20%——ECOWAS最高关税水平。对农业（WTO定义）的简单平均税率为16.5%。所有动物、海洋生物、植物及它们的产品，植物或动物来源的加工食品的进口，必须附有适当的符合食品法律委员会质量控制要求而颁发的证书。谷物、豆类，包括大米的进口，需要由原产地国家植物保护服务机构颁发的植物检疫证书，以及由出口公司或经批准的公司颁发的熏蒸证书。

在联合国粮农组织（FAO）和国际农业发展基金会（IFAD）的援助下，冈比亚制订了雄心勃勃的农业发展计划，包括水、林业和渔业管理、食品加工链的改进，牲畜和园艺的发展，以及区域和区域间贸易的扩大。其目标是到2015年实现这些计划。

冈比亚在满足出口花生食品级质量要求上继续面临重重困难。国内贸易机制仍然存在结构性的问题。最近，花生质量保证框架已经提出，如果得以遵守，可极大地帮助其贸易达到所需的SPS标准。

大米是冈比亚的主食和主要的进口商品。改善国内生产，包括通过非洲新稻（NERICA）计划，从而降低对进口的依赖是政府计划的主要考虑因素。

基础设施，包括道路（主支线）的发展，将在农业振兴中起到重要作用。在外部援助之下，冈比亚已在改善主路网方面取得了巨大进步，而且一个雄心勃勃的支线公路计划正在进行当中。迄今为止，人们很少将注意力放在内河运输的再开发上，而这被认为对振兴花生贸易至关重要。

渔业对冈比亚经济具有重要意义。然而，工业渔业出口值被认为是严重低估了，因为大部分捕获的鱼，要么在海上转运，要么直接卸到国外。一个新的用于卸载和加工工业捕鱼的深水渔港预计在2010年底完工。手工渔业则面临不同的问题，即努力满足出口市场，特别是欧盟的质量要求。认识到这一点，冈比亚新的渔业政策强调冈比亚渔业收获后的质量控制，并在SPS和质量标准上达到国际公认标准。

冈比亚对鱼或鱼产品的关税并没有与WTO绑定。除沙丁鱼外，所有关税都设定为20%，该部门的简单平均税率为19.7%。冈比亚给予渔船关税豁免，而且如果规定允许且经由MOTIE批准，也似乎对在此领域使用的机械设备同样对待，但不包括冷藏运输卡车。

当局已推出新的渔业法律和规章来管理装备，鱼的大小，以及净尺寸，并引入新的监督规定。基于这一考虑，冈比亚海军通过新的巡逻舰的提供已经获得了援助。与塞内加尔的双边渔业协议，给予了双方规定范围内的共同捕鱼权，并包含了在研究、监督和培训方面合作的规定。

从历史上看，冈比亚没有重大采掘业，但自2006年以来，矿砂已出口到中国。《矿山和采石法》（2005）规定所有矿产资源的所有权归属国家。矿产品关税通常设定为5%或10%。自2004年起海上石油勘探就受到鼓励；《石油（勘探和生产）法》设立了在总统掌控下新的石油部，并宣布冈比亚国家石油公司（GAMPETROL）为唯一的石油产品进口商。

制造业仅限于国内市场。一般来说，为了和ECOWAS的规定相一致，化肥和农药、专用机械及设备、工业化学品，以及药品承担最低的平均关税税率，而消费品承担20%的最高税率。然而，冈比亚国内关税的专门时间表允许大量的关税减让及豁免。

近期由MOTIE所组织的关于中小型企业部门的一项研究发现，对于微型及中小型企业（MSMEs）存在许多法律、财政和基础设施上的发展障碍，并建议鼓励产业发展。然而，如果没有更有效的区域一体化，冈比亚规模狭小的市场仍将是最重要的制约因素。

金融、电信和旅游相关的商业是冈比亚的主要服务行业。随着近期企业，尤其是来自尼日利亚企业的大量涌入，银行业规模迅速扩张。银行最低资本要求已经翻了一番还多，并将于2010年再次上调。尽管银行业扩张迅速，但贷款利率并没有明显回落，投放于经济中生产行业的贷款似乎也没有明显增加。洗钱法已经实施，而且培训援助正在扩展到中央银行，以加强其应对洗钱和类似罪行的能力。

正如其他大多数发展中国家一样，移动电话的使用（竞争市场）近年来规模迅速扩大，而固定电话（国家垄断）停滞不前。手机市场对外资开放。互联网的使用正在迅速增长，3G设施也在发展当中。互联率由公用事业监管机构（PURA）监管，其还推出了“诚信广告”（truth in advertising）这一行业准则。

2008/2009年度旅游业发展受到国际经济危机的影响，但目前看来正在复苏。虽然提供至班珠尔的长途航班的国际航空公司相对较少，但是服务在改善，而且许多主要来自欧洲的班轮商继续为该国提供服务。目前正在努力将旅游季节扩展至北半球的夏季，并改进“生态旅游”和“负责任旅游”的设施提供。

（五）总体评论

自上次审议以来，当局已采取切实的步骤来实现冈比亚贸易和投资体制的现代化。一个全面的贸易政策行动计划已经起草并处于批准的过程中。在许多领域都引入了新的或修订的法律或计划，包括关税和消费税、投资刺激、知识产权、标准/SPS、食品卫生、竞争、农业、渔业、银行业、电信和旅游业。

这些努力一直得到许多国际机构的鼓励和协助，包括通过诊断性贸易一体化研究于 2007 年实施的一体化框架，推动了许多正在进行中的政策发展。

大量新的法律已经通过，但并不是所有这些都能通过实施条例而获得支撑，也需要与国际组织保持联系，以确保它仍然是最新的。小政府的熟练人力资源必然是有限的，而且政策制定以及实施的一致性受制于部委、部长和高级官员的频繁重组。冈比亚的挑战将是有效满足日益复杂的国际贸易体系的需求，无论是在多边还是区域层面。

（李雪峰译，杨凤鸣校）

洪都拉斯贸易政策审议

洪都拉斯贸易制度相对开放，在2010年平均关税为6%，非关税壁垒很少采用，且没有应急措施。此外，技术法规及卫生和植物检疫措施的起草程序近年来已大为简化。自2003年第一次贸易政策审议以来，洪都拉斯在影响生产和贸易的其他领域也取得了进展。例如，它已通过竞争政策法律，建立了保护和促进竞争委员会，并拥有现代化的政府采购系统。在审议期间，洪都拉斯签订了新的优惠贸易协定，特别是多米尼加—中美洲—美国自由贸易协定（DR-CAFTA），而且中美洲共同市场（CACM）的进一步一体化继续是其高度优先考虑的事情。洪都拉斯一直保持着其给予出口商退税的传统战略，以及经由旨在发展制造业的自由贸易区的税收减让。

（一）经济环境

洪都拉斯近期的宏观经济结果表现良好：2003年至2009年间，实际GDP年均增长率达4.5%（高于1992—2001年间的3.2%）；年均通胀率为7%；财政赤字由2003年占GDP的5%下降到2009年的3%；总外债余额由占GDP的71%下降到23%。尽管有这些积极的成果，但仍有大约1/3的人口生活在贫困线以下，而且经济仍然是脆弱的，易受到外部冲击。主要由于困难的内部政治局势和全球经济危机，出口以及洪都拉斯工人汇款（在2009年占国内生产总值的约17%）锐减，实际GDP估计在2009年下降2.1%。

洪都拉斯经济严重依赖国际贸易。贸易（进出口）占GDP的比率在2006—2008年间年均为133%，是中美洲地区最高的国家之一。2003年至2008年，主要由于名义汇率从2005年10月起保持固定而造成的实际汇率升值，进而导致出口竞争力的丧失，使得该国的商品贸易赤字翻了两番。对外经常账户赤字（占GDP的比重）从2003年的7%上升到2008年的13%。据估计，这一赤字在2009年降至4%。在很大程度上，经常账户赤字已通过汇款和外国直接投资的大量流入而得以弥补。

洪都拉斯对外贸易的特点，是在产品和贸易伙伴方面的有限多元化。该国的主要出口产品来自出口加工业，在2009年占商品出口总额的55%，紧接着是普通货物的出口（44%），和其他产品（1%）。出口加工业出口商品的90%几乎是纺织产品，同时纺织产品也占出口加工业进口的80%。美国是洪都拉斯出口加工业近80%的出口目的地，也是其80%的进口来源国。

除了出口加工业外，咖啡、香蕉以及甲壳类动物仍然是其主要的出口商品；农产品约占普通货物出口的2/3。该国进口总额的3/4（不包括出口加工）是工业制成品，尤其是机械和运输设备。自从加入DR-CAFTA，美国巩固了其作为洪都拉斯出口的主要市场地位，吸收了约40%的一般货物出口。由于CACM一体化努力的强化，自2007年以来，萨尔瓦多、危地马拉、尼加拉瓜和哥斯达黎加一起位列洪都拉斯出口目的地第二位，使得欧洲市场降至第三位。美国也巩固了其作为洪都拉斯一般货物进口的主要来源国地位，其进口总量的超过1/3来自美国。

洪都拉斯是一个服务的净进口国，2003—2009年间，年均赤字约2.4亿美元。服务业总收入（主要是旅游服务）从2003年的5.91亿美元增加到2009年的8.96亿美元，而服务的总开支（主要是运输和旅游服务）从7.53亿美元上升到10.89亿美元以上。

（三）贸易和投资政策框架

洪都拉斯是WTO的创始成员方，且对参与多边贸易体系极为重视。它把这一体系视为非歧视和非单边贸易措施的根本保证。洪都拉斯至少给予所有WTO成员最惠国待遇。它积极参与多哈发展议程（DDA），单独以及和其他成员一道提出建议。洪都拉斯在多哈发展议程的兴趣主要集中在与农业有关的议题上。

洪都拉斯已经接受《服务贸易总协定》（GATS）第五议定书。虽然没有参与基础电信谈判，也没有签署《服务贸易总协定》第四议定书，但洪都拉斯坚持2005年发布的基础电信参考文件，并单方面提出了该行业新的具体承诺。其贸易做法也没有受到WTO争端解决机制的质疑。另外，洪都拉斯作为原告已发起了6起诉讼，其中两个在审议期间发起，并作为第三方参与了另外一起案件。

优惠贸易协定已转化为洪都拉斯贸易自由化日益重要的元素。除了加入CACM，洪都拉斯还与智利、哥伦比亚、美国、墨西哥、巴拿马、多米尼加共和国，以及中国台北签订了自由贸易协定。DR-CAFTA，以及与哥伦比亚、巴拿马和中国台北的协议在审议期间生效。此外，在2010年5月，洪都拉斯和CACM其他成员国一起共同完成了与欧盟的结盟协定谈判。洪都拉斯也与拉美一体化协会（LAIA）的成员国签署了协定，特别是与委内瑞拉签署了局部范围协议，且其正与CACM其他成员一起与加拿大和加勒比共同体（CARICOM）就自由贸易协定进行谈判。

洪都拉斯投资法律保障了外国投资者的国民待遇。但是，为了在某些行业进行投资需要得到政府的事先批准。下述情形下也需要获得事先批准：出于公共利益的原因，在农业和农工业活动的外商投资超过一定限度，在金融服务和保险以及由私营部门提供教育服务方面的外商投资。洪都拉斯签署了关于促进和相互保护投资的若干双边协议，但尚未签署任何双重征税协定。

（三）影响进口的措施

自上次审议以来，洪都拉斯的进口制度并没有做出任何重大改变。洪都拉斯海关手续由中美洲海关法典、法规，以及国家海关法来管理。洪都拉斯通过引入授权经营者（AEO），并采用新的自动化系统来管理海关手续，这使得它既可能减少清关时间，同时又增加收入。洪都拉斯保留申请以最低价值进口若干种类商品的权利，直到WTO豁免在2003年到期。洪都拉斯对申报价格存在合理性怀疑时使用参考价格。

2009年洪都拉斯平均最惠国适用税率为6%，与上次审议几乎一样（2003年为6.1%）。农产品（WTO定义）的平均关税为11.1%，而非农产品的平均关税是5.1%。价格平准措施继续适用于某些主要谷物。关税税率范围从0到164%，但大部分都低于40%。所有关税都是约束性的：所有税目的约85%约束税率在35%的水平，另有1%的税目高于35%，剩下的都在35%以下。秘书处确认了7个税目的适用税率高于相应的约束税率。

洪都拉斯于2007年通过的《中美洲不公平贸易做法和保障措施条例》，构成了这些措施的相关法律框架。在审议期间洪都拉斯并没有采取反倾销或反补贴税，或保障措施。

自上次审议以来，洪都拉斯已采取措施来使得技术法规和卫生与植物检疫措施的制定和实施更加透明。洪都拉斯保证卫生制度和技术法规的实施是为了确保产品和服务的质量与安全，而非技术性贸易壁垒，并持续推动卫生和植物检疫措施在中美洲这一层面上的协调一致。

（四）其他影响贸易的措施

洪都拉斯已就关税与税收减让的三项补贴计划通知了WTO。它可能维持这些计划，直到其人均国民生产总值（GNP）连续三年达到1000美元（以1990年美元不变价格计算）。出口商仍有权享有退税制度下的税收退还。

洪都拉斯已通知WTO，其在2004年到2008年间没有农产品出口补贴。然而，有一企业继续从成立于2001年的农业出口加工区制度（ZADE）受益（现已暂停），其生产全部用于出口。ZADE是通过建立“农产品出口企业”专门用以促进出口导向型农业的生产。在这一体制内的企业，免于支付其进口和/或出口货物的所有关税和其他国内税，以及所得税。洪都拉斯对出口商品不征税，但咖啡却常常需要征收出口税。

除了鼓励出口的激励措施以外，洪都拉斯还有针对出口商的援助计划。这些计划旨在提高竞争力，使之有机会进入国际市场，且主要是针对农工业产品。尽管洪都拉斯对鼓励出口和支持小出口商极为重视，但该国没有官方出口融资或保险计划。

自2003年上次审议以来，洪都拉斯贸易政策的一个重大变化是已经通过了竞争政策立法，并建立了执行机构。由于洪都拉斯市场的高度集中，这是一项重要的创新举措。自2003年以来，政府采购的法律框架还没有实质性的改变，采购程序也同样没有到位。洪都拉斯政府采购体制存在有利于国内企业和商品的机制安排。

主要是由于多米尼加—中美洲自由贸易协定（DR-CAFTA）的生效，洪都拉斯知识产权的法律框架也已被修订，主要是为了提供更大的保护。为了便利和简化登记手续，洪都拉斯在负责知识产权法律实施机构现代化以及培训员工的同时，改变了保护的方式。

（五）部门政策

农业部门占GDP的比重在审议期间有所下降，而且其增长也是不稳定的。然而，它仍然是洪都拉斯经济发展中最重要的一环，吸收了约1/3的经济活动人口，并创造了除出口加工业外商品出口外汇收入的50%以上。因此，洪都拉斯认为有必要继续维持保护，并提供相比其他部门更大的关税保护。它保留了价格级制度和“吸收协议”，允许那些购买某些国产谷物达到特定比例的加工者，以优惠关税进口该类谷物。洪都拉斯有许多农业支持计划已经通知WTO。尽管有这些措施来促进该部门发展，但其生产率仍然低下，而且增长有限。

和农业一样，制造业占GDP的比重在审议期间也有所下降。该部门的关税保护低于最惠国平均适用税率。洪都拉斯还保持了（上面所提及的）特别出口制度（出口加工业）和促进制造业发展的出口营销支持。

2009年，服务业占GDP的约53%（2003年占48.1%）。依据对总附加价值的贡献度并依据重要性降序排列，金融服务、贸易和通信是其主要的服务行业。从2003年以来，以贸易和金融服务业为主的服务业部门构成已经发生了变化。洪都拉斯是一个服务净进口国。由于2008年底第四个移动电话运营商进入国内市场，电信服务的出口得以增长。

洪都拉斯在服务业做出的承诺有限。根据《服务贸易总协定》，其具体承诺减让时间表仅包括十二个类别中的四个。洪都拉斯在商业服务、金融服务、旅游和旅游服务，以及运输服务方面做出了具体承诺。根据《服务贸易总协定》第二十一条，洪都拉斯在2005年就通信服务做出了承诺。洪都拉斯的承诺并未反映出目前更为宽松的情况。外资在洪都拉斯的金融部门起着重要作用。此外，在电信部门，移动电话主要是由外国企业控制。对于固定电话，仍然由单一的国有运营商运营，已经对国内电话业务给予分运营商特许经营权，但仍保持对国际电话的独家控制。

（李雪峰译，杨凤鸣校）

美国贸易政策审议

美国的贸易和投资体制是世界上最开放的，并在整个审议期间一直保持这样的开放体制。像大多数其他 WTO 成员一样，美国在很大程度上顶住压力，不通过收紧进口限制来应对全球经济衰退。美国表现出的克制，有助于防止全球滑落到贸易保护主义状态。

美国自上次审议以来，其边境政策，包括关税和数量限制等大致保持不变，说明其贸易体制的整体稳定性。其简单平均适用的最惠国关税税率为 4.8%，与 2007 年底经济衰退开始时相同。美国于 2008 年 12 月取消了对几类中国纺织品和服装的进口配额。为了保护健康、安全、环境，或实现其外交政策目的，美国仍然保持对一些商品进口的数量限制和控制措施。这些限制措施包括一个新的对违反外国法律的植物进口禁令。出于外交政策和安全考虑的出口管制尚未改变，虽然目前正在对其进行重大审议。

在审议期间，贸易边境措施方面的有限变化主要涉及应急措施。2009 年 9 月，美国总统根据保障立法决定，对从中国进口的轮胎适用三年的额外关税。此决定的主要依据是：根据美国国际贸易委员会的裁定，从中国进口的客车和轻型卡车轮胎“数量大为增加以至于给国内生产者造成了市场混乱”。

关于其他的应急措施，在 2009 年 12 月美国有 246 个反倾销税令在实行，比 2007 年 12 月增加了 22 个。这些税令影响到来自 40 个国家或地区的进口。虽然在 2008—2009 年度的反倾销调查案件的数量远低于 2007 年的高峰期，但是最后形成反倾销税令的比例却比那时有所增加。美国在 2007 年的一项决定改变了其对中国不适用反补贴税的长期政策。平均来说，在 2004—2006 年和 2007—2009 年之间，反补贴调查案件的数量几乎增加了两倍。而最后形成反补贴税令的数量从 2007 年的 31 个增加到 2009 年 12 月的 41 个。

在审议期间，美国的贸易投资管理体制的整体稳定和开放并没有阻止美国贸易的急剧下降。在 2008 年第三季度和 2009 年第二季度之间，商品进口下降了近 35%。由于房地产和股票市场低迷造成财富的急剧缩水，消费者推迟对耐用品的购买，加上金融市场不断增加的不确定性，耐用消费品和资本品的进口受到严重影响。面对消费需求的降低和资本成本的增加，美国公司纷纷搁置投资计划，进而也减少了对资本品的进口需求。商品出口也有所下降，尽管速度较慢，也反映了全球需求的放缓。随着进口下降的速度大于出口，美国的经常账户赤字大幅收窄，从 2006 年相当于 GDP 的 6%的峰值下降到 2009 年稍低于 3%。

政府当局认为要从衰退中实现可持续复苏，需要重新平衡经济结构，主要依靠增加投资和出口来替代家庭消费作为经济增长的主要基础。在过去的两年中，贸易政策重点在于促进出口，并监督贸易合作伙伴执行国际协定下的承诺。在 2010 年 1 月的国情咨文中，美国总统设定了在未来五年出口翻一番的目标。

作为远离家庭消费的经济结构调整的一部分，当局正致力于部分通过减少财政赤字和改善金融调控来增加国民储蓄率。此外，当局认为增加经常账户顺差国家的消费，可能带来美国经常账户赤字的减少，达到 20 世纪 90 年代中期约占国内生产总值 1%～2%的水平。

当局现正使用贸易和投资政策来支持经济复苏和再平衡。具体来说，美国的贸易政策是为出口推广活动加大资源投入，并监督合作伙伴执行其贸易承诺，以促进出口增长。这些活动作为新的国家出口倡议的一部分，有助于实现出口在未来五年翻一番的目标。

在审议期间美国自由贸易协定谈判的步伐明显放慢。与以下国家的自由贸易协定生效：哥斯达黎加（多米尼加共和国—中美洲自由贸易协定的一部分），阿曼和秘鲁。在审议期开始之前，这些自由贸易协定的谈判已经完成。美国已与 17 个国家签订了自由贸易协定，并已生效。美国有 3 个在 2008 年以前签署的自由贸易协议仍在等待批准，尚未提交国会审议。

一些反衰退措施包括对国内供应商的商品和服

务给予优惠的规定。这些措施包括对一些部门特别是金融和汽车行业的大规模援助，并附以条件以避免援助“泄漏”到美国以外的地区。例如，两家国内大型汽车制造商在与美国财政部的贷款协议中，同意在美国保持特定水平的生产规模。这些贷款是85亿美元援助计划的一部分，此援助计划旨在“防止美国汽车行业的严重破坏，因为这将对金融市场的稳定造成系统性风险并对美国经济产生严重的负面影响”。

此外，国内优惠已被纳入2009年年初的787亿美元的财政刺激方案，以确保钢铁，以及由财政刺激资金资助的公共项目的建筑材料都由美国制造。这些国内优惠措施的实施必须与美国的国际承诺相符合，它将比基于1933年“购买美国国货法”制定的联邦采购的国内优惠措施更加严格。

除了反经济衰退措施，在审议期间还发布了一些影响贸易的新措施，包括解决治安和安全问题的措施。美国还通过了一项新的农业立法。

增强进口安全的措施中包括，根据所谓“10＋2”规定，对于在美国抵港的船运货物增加新的信息报备要求。关于对输美集装箱在装船前进行100%扫描的要求，国土安全部部长已表示此项倡议目前在许多港口还无法执行，她会寻求通过法律延期来将此项要求的执行推迟到2012年以后。

为了加强数千种消费类产品，包括12岁以下儿童消费品的安全，2008年公布的消费品安全改进法规定了大量的国内和进口货物的监管和执法措施。其中包括新产品法规、标签和第三方测试要求，以及边境控制。

2008年农业法案在保留了2002年法案大部分政策的基础上，推出了一些新的计划，并对补贴率做了一些调整。2008年的农业法案，和以前的农业法案一样，不是为了支持农业，而是为低收入家庭提供食物补贴，农民支持资金的很大一部分从生产中分离出来。但是，目前的支持方案大多数都是与价格和/或生产相关联，谷物、油籽和棉花生产者有效地与市场价格隔绝，而糖和奶制品则有市场价格支持计划。总体而言，与其他经合组织国家和一些非经合组织国家相比，美国对农业的支持在农业产值中的百分比仍然偏低。虽然价格的变化也决定每年农业支持的不同，但是农业部门的庞大规模意味着农业支持的绝对数额相当可观，并且能够影响世界市场。

为了确保贸易政策能够更有效地支持经济恢复和再平衡，美国仍应把重点放在公开和透明的贸易和投资体制对生产力的贡献上，这也是促进出口的一个关键因素。与美国上次审议时议员的意见相符，促进出口应同时继续减少目前在市场准入上的限制，以及其他扭曲市场的措施，包括美国对农业支持的关税峰值，以及其他服务贸易和投资上的壁垒。

在最惠国待遇基础上追求自由化可能为美国在减少国内外保护主义的未来风险中提供额外优势，并重申美国的领导作用，该领导作用已成为自多边贸易体制成立以来推动其目标实现的关键因素。

（李雪峰译，杨凤鸣校）

贝宁、布基纳法索和马里贸易政策审议

贝宁、布基纳法索和马里包括在西非经济货币联盟（WAEMU）的 8 个国家之内，同时它们也是西非国家经济共同体（ECOWAS）15 个国家集团的成员。西非国家经济共同体范围内的一体化，很大程度上是以西非经济货币联盟内的一体化为基础的。自 2004 年各自贸易政策审议以来，贝宁、布基纳法索和马里一直奉行在西非经济货币联盟内（也是在 ECOWAS 范围内）的一体化和经济改革努力。尽管如此，持续存在的障碍限制了一体化的潜在好处。

大多数的贸易政策工具，即实践中的进口措施已在西非经济货币联盟层面获得了统一。除了某些服务类别外，西非经济货币联盟现在也有一个关于农业和矿业政策的共同框架。但是距在所有领域全面实施相差甚远。改革的有效延续，包括贸易自由化，将会增强商业氛围，有助于吸引资本用于发展这三个国家许多尚未开发的资产，包括农业、畜牧业和采矿业，还包括某些服务业。

目前贝宁、布基纳法索和马里所面临的挑战是，在继续努力推动单边、双边、区域和多边层面贸易自由化的同时，为其目前基本上依赖于国际贸易税收的预算提供稳定的资金来源。

（一）经济环境

自上次贸易政策审议以来，尽管面临石油和粮食价格飙升，以及欧元对其保持固定平价的共同货币—西非法郎（CFA franc）的升值这些不利的全球环境，贝宁、布基纳法索和马里一直保持着正的经济增长率。作为其经济的核心部门，农业的机械化水平很低，对包括天气因素在内的外部冲击极为脆弱。

尽管存在结构性问题，棉花仍然是这三个国家的主要出口部门之一，畜产品、乳木果、腰果和水果也是主要出口产品。然而，三个国家都是包括大米在内的某些谷物的净进口国，全球价格上涨已对本国居民产生了巨大影响，并使三国认识到必须增加粮食产量。在布基纳法索和马里，黄金出口欣欣向荣。这三个国家所消费的所有石油产品仍需全部进口。当务之急是提升能源基础设施的质量。

西非国家中央银行（BCEAO）实行限制性的货币政策，使通胀压力保持可控，然而三个国家在整个 2003 年至 2009 年间预算持续出现赤字（不包括赠款）。在多边和双边倡议之后，这三个国家的公共债务明显减少。尽管自 2008 年以来，主要由于其出口产品的国际需求下降，外债偿付在货物和服务出口中的比例一直在上升，但仍然很低。贝宁、布基纳法索和马里是服务的净进口国。这三个国家的出口并不十分多元化，主要是出口到其他非洲国家。欧盟，尤其是法国，仍然是贝宁和马里进口的主要来源；布基纳法索的进口主要来自多哥，其次是法国。

总的来说，三个经济体依赖于由其技术和金融合作伙伴提供的占 GDP36％的财政预算支持。官方发展援助（ODA）仍然是实现其社会和经济计划不可或缺的，而且布基纳法索经常项下总支出的 43％由其提供。总体上，按照三个国家的需要（包括其增长和减贫战略的融资）来说，贸易援助（2008 年根据国别从人均1 721美元起）以及官方发展援助（2008 年人均3 986美元）的总金额仍然较低，而且每年的差别也很大。为了使这些资源发挥最佳功效，布基纳法索和马里采用了一个以“巴黎宣言”的原则为基础的国家援助政策。

（二）贸易和投资体制

贝宁、布基纳法索和马里一直在努力推行西非经济货币联盟和西非国家经济共同体内的一体化。两大集团一体化步伐的差异，不仅需要在国家本身，而且需要在区域一级的协调一致。西非经济货币联盟共同对外关税（CET）自 2000 年出台以来，旨在创建共同市场的大量法律文本已被通过；这些文本的实际执行正在进行当中。

在诸如技术性贸易壁垒，鼓励贸易的措施，以及出口限制措施，包括税收等领域，仍然有在共同体层面进行协调的余地。此外，虽然有一个共同体海关法，但是豁免仍然存在国家差异，而且财政鼓励措施也经常变动。三个经济体的投资法规强调国民待遇原则。但是，西非经济货币联盟内的立法尚未统一，而且涵盖的部门以及规定的税收优惠政策也是千差万别。三个国家都加入了非洲统一商业法组织（OHADA）。

作为WTO成员，贝宁、布基纳法索和马里保证给予所有贸易伙伴至少最惠国待遇。它们积极参与WTO的技术援助方案，以及旨在促进贸易有效纳入国家发展计划的一体化框架进程。在2004到2005年，三个国家都进行了贸易一体化诊断性研究（DTIS），研究建议大部分已纳入各自的增长和减贫战略当中，但实施的水平存在差异，并能得到改善。此外，这三个国家希望看到官方发展援助，包括贸易援助，采取全面预算支持的形式，而不是被指定用于特定项目融资。

（三）贸易政策工具

自上次贸易政策审议以来，贝宁、布基纳法索和马里在电脑报关手续方面取得了进展，并通过使用海关数据自动化系统（ASYCUDA＋＋）使之上线，虽然连接的基础设施仍然不可靠。布基纳法索和马里采用了西非国家经济共同体统一的详细报关模式。单入口点系统（“自由流通”）的缺乏，意味着存在双重征税的风险，所以需要有一个共同体范围内货物流动的过境制度，这成本高昂。三个国家的海关网络正在进行互连，以便为内陆国家必不可少的过境操作提供便利。但是，为了鼓励电脑化报关，对电脑的收费应该予以取消。所有进口手续如果都实现了电脑化，那么可以更简单，更省时。这应该是贸易援助首要考虑事项之一。

使用经批准的代理报关服务仍是强制要求。当批准具体到某个特定操作或海关岗位时，就有可能限制竞争，并增加与贸易有关的成本。此外，这三个国家的当局也已开始审议在一些国家，如贝宁的国家托运人委员会对国际贸易征收所有额外关税和税收的必要性。

WTO海关估价协议的条款，已经转换成共同体的法律。尽管其成员国不再有放弃WTO有关规则的权利，但进口商品参考价值体系在西非经济货币联盟仍然存在。原则上旨在核实货物的价值和强制性技术法规的遵守情况的装船前检查，在三个国家仍是必须的。检查企业收取的费用为进口商品FOB价值的0.6％至0.75％，或者由政府支付，或由进口商支付。在某些情况下，需要一次付清，这意味着更高的收费。总体来看，该体系难以管理，且有许多例外。

边境上的技术法规及其应用会导致规章和行政措施的相互重叠，使得进口过程变得复杂。例如，在布基纳法索，特定商品在进入国内市场之前，有四个机构有权平行参与这些商品的检查。每批进口商品最多可以抽取三个样本，且仍要支付适用的各种税费。

自这三个国家在2004年各自的贸易政策审议以来，西非经济货币联盟的共同对外关税没有发生任何重大变化。它包括四个从价关税级别（0％，5％，10％和20％）。混合升级和简单平均税率保持不变（12.1％），这种结构隐含了相关经济体的成本。共同对外关税起着重要的财政作用，进口相关税费占据了三个国家大约16％的财政收入。西非经济货币联盟和西非国家经济共同体对MFN进口商品加征2.5个百分点的其他关税税费，所得款项主要是为这些机构提供资金。贝宁、布基纳法索和马里正在就共同关税与西非国家经济共同体展开谈判，计划引入35％的税率级别。

西非经济货币联盟的成员正在考虑WTO关税约束的统一问题。对于这三个国家，目前关税税目的大约40％受约束影响，其中超过27％的约束关税税目的适用税率超过约束水平，有时超过约束水平达20个百分点。

西非经济货币联盟和西非国家经济共同体免税制度的货物资格，由原产地规则来确定，其基本原则自2004年以来已实现统一。所有当地或手工制品自动获得（无须事先认证）西非经济货币联盟/西非国家经济共同体产地证。经过充分处理或加工的货物必须经过认证且附有证书或原产地证。生产这类商品的企业，也必须得到事先批准。在西非国家经济共同体此类产品的认证条件，与西非经济货币联盟的略有不同，后者的条件在2009年做了更为灵活的变动。

西非经济货币联盟通过了关于竞争，包括国家援助的规定。各国的立法权限必须涉及消费者保护。关于政府采购的国家监管框架已通过转换成西非经济货币联盟的规定，包括那些给予共同体优先权的条款而得到了统一，但执行文本尚未通过。这三个国家已经签署了班吉协定（Bangui Agreement）以建立非洲知识产权组织（OAPI），其条款大多与WTO的TRIPs协定相一致，但规划设计的条款还未实施。

(四) 部门贸易政策

农业部门主要贸易政策的发展，是由 2008 年的粮食危机导致的主要谷物食品作物生产补贴政策的出台。由于受全球低价格以及管理不善等原因的影响，三个国家的棉花生产都下降了，已受到与机构改革相关联的支持。2003 年，贝宁、布基纳法索和马里，与乍得一道促成了棉花部门倡议的出台，其首要目标是实现消除主要经济体对棉花的国内生产和出口补贴的支持，以及对来自最不发达国家的棉花出口实行免税和自由配额进入。

占这三个国家 GDP 10%以上的畜牧业，正面临土地使用权的严重问题，这也影响了其他农业部门，以及采矿及采石业、水利、公路和铁路、森林、野生动物保护区以及环境。保障土地使用权将会使得畜牧业有一个更加稳定的发展基础。区域土地利用管理计划需要鼓励牧民逐步定居，同时鼓励创建过境走廊，或访问水井和放牧。更广泛地获取基本兽医服务，将使生产得到加强，因为它目前并没有满足国内的需求。家禽养殖场面临着来自冷藏家禽进口商品的强有力竞争。由于不符合欧盟的卫生标准，贝宁已从 2003 年 7 月开始暂停对这一关键市场出口包括虾在内的渔产品。到 2005 年 2 月，采取了很多措施来推动出口恢复。然而，市场很难失而复得，而且虾业尚未从这次危机中完全恢复。

采矿业的法律框架得到了加强，并赢得了大量投资者的正面回应，特别是在黄金开采领域。另外，能源部门管理不善，缺乏长期投资。一些国有企业，尤其是那些石油产品和电力分销企业，已经感受到旨在帮助消费者而制定的销售价格上限这些政府措施的影响，而且目前正在重组以提高管理水平。可再生能源的开发是一个具有相当潜力的选择。

贸易、运输及相关物流是三个国家经济发展的骨干。然而，允许货物分配（如“排队”）的反竞争做法应予以取消。在贝宁，在科托努港（Cotonou）的航运企业的数量随着欧洲西非贸易协定（EWATA）班轮协议在 2008 年的终止而上升，而且计划建设一个新的集装箱码头。然而，为了增强部门竞争力，尚有许多工作要做。尽管航空运输业实行了自由化，也已经出现了几个新的航空公司，但区域市场实际上仍是垄断的。

自 2004 年以来，电信取得了显著增长。电信自由化加强了竞争，降低了成本。然而，在贝宁确保经济正常运转的规定仍值得期待。旅游业是出现强劲增长的其他服务业之一，特别是在马里，投资和就业自 2003 年以来大幅增加。

银行业已经从西非国家中央银行法规以及西非经济货币联盟银行委员会的审慎监管中受益。贷款机构的最低资本要求已经提高。小额信贷的发展正逐步使得最贫困者更易于获得小额信贷，但尚需进一步组织。虽然保险市场由英国特许管理会计师公会（CIMA）守则监管，但因为缺乏单一的批准系统，仍然较为分散。在允许一些专业人士，如公共审计员在所有西非经济货币联盟国家自由从业的共同法规的制定上，已经取得了重大进展。

（李雪峰译，杨凤鸣校）

伯利兹贸易政策审议

伯利兹有个规模不大且相对开放的经济体。它是加勒比共同体成员中唯一地理位置处于中美洲的国家。伯利兹几乎没有任何投资障碍。服务业对其国内生产总值和就业的贡献最大。伯利兹的农业很重要，特别是因为它为伯利兹的农业加工等行业提供了大部分投入，而农业加工业是伯利兹制造基地的主要产业。此外，农业还占了伯利兹出口的绝大部分。伯利兹根据加勒比论坛—欧盟经济伙伴关系协定将糖和香蕉出口到欧盟，并根据加勒比盆地计划将柑橘汁和木瓜出口到美国。伯利兹已发现高品质原油，并自2006年以来投入商业开发。除了一个国际航运登记部门，伯利兹还有一个积极的离岸业务部门和一些金融服务公司。

尽管容易受到恶劣天气条件的影响，伯利兹仍然拥有显著的自然优势，并有进一步发展其自然优势的潜力。伯利兹拥有尚未开发的农业生产用地，世界第二大珊瑚礁，未受破坏的森林和古遗址，并且只需要短途飞行就可到达一些主要旅游市场。许多伯利兹人都能说流利的英语和西班牙语，这是伯利兹的地理位置带来的一个额外优势。

自独立以来，伯利兹的经济由政府支出驱动并呈周期性的波动。高水平的政府支出给伯利兹经济带来了几个高增长时期，但同时也导致了不可持续的政府债务水平，而如果削减公共开支意味着经济的低增长。因此，政府的财政政策选择受到了其债务水平的限制。此外，在2007年的商业债务重组后，政府的借贷选择仅限于双边来源和国际组织。货币政策的使用受到其与美元的固定汇率的限制。

因此，政府可能需要集中精力发展和支持作为经济增长主要驱动力的富有竞争力和高效的私营部门。面对优惠侵蚀的现实，这种需求变得更加紧迫。因此，在有针对性贸易援助的支持下，贸易政策以及贸易政策相关的改革在这方面至关重要。

伯利兹的贸易制度仍与其在2004年贸易审议时的制度相似。目前处于两难境地：一方面继续依赖国际贸易的税收作为政府收入主要来源；另一方面需要保护国内生产者，同时还要确保消费者对基本生活必需品的负担能力。这导致了一系列复杂的混合政策，其中一些彼此相左。例如，边境保护政策提高了生产者和投资者的产品价格，而这一政策的效果又被一系列旨在减少消费者价格的减免税和价格控制政策所抵消。

伯利兹边境保护的主要手段是关税，对农产品和加工食品主要适用非自动进口许可制度。适用关税税率和约束关税税率之间的差值，以及其明显武断和非透明的许可制度，使得对伯利兹贸易体制的预料非常困难。这些政策带来的一个意想不到的后果是，由于限制了对可承担或可用投入的使用，国内制造业的生产能力可能会被削弱。对国内生产者的保护措施，不仅无法激励他们改进效率，也引起了消费者和投资者商品价格的升高。

伯利兹仍然有税制改革和简化的余地。伯利兹对其商品和服务征收三种国内税：一般销售税（其功能像增值税），税率大概在12.5%；消费税，这是对某些本地生产的商品征收特定的税率；收入替代税，针对219个税目征收（进口和本地生产的货物，不包括适用消费税的当地生产的商品）。伯利兹只对进口商品征收2%的环境税。包括营业税和所得税在内的企业税收制度可以更加简化。在这些税收中也有些免税措施，以确保基本生活必需品的负担能力，其中的一些免税措施在歧视性基础上应用。

税收减免也被用来作为生产者和投资者的一个主要激励措施：根据海关和财政激励法律，针对一些部门可适用关税豁免。伯利兹还通过出口加工区和商业自由区计划提供更广泛的税收优惠政策以促进出口。然而，这些奖励计划对税收的影响尚不清楚，对是否可能带来经济扭曲也不明确。伯利兹到2015年必须淘汰其激励计划中出口补贴因素的义务，可以为其进一步审核税收优惠政策带来的成本和利益提供机会。

伯利兹的经济在很大程度上是由私营部门主导，其小规模可能不会自然地导致价格竞争。事实上，有一些证据表明在某些领域缺乏竞争。例如，已经出现了有关港口收费高以及电信关税高于大多数邻国的投诉。在这方面，伯利兹制定竞争立法的目标将是一个积极的和必要的步骤。同样，其公用事业委员会能够有效地调节企业数量有限的电信和公用事业部门，也非常重要。

贸易便利化是另一个可以改进的地方。例如，海关处理目前都是手动作业并且流程繁琐。目前正在进行的海关改革和现代化项目，应该在伯利兹的海关入境点逐步引进世界海关数据自动化系统，这将允许以电子方式提交海关文件。建立一个关税税则委员会来处理海关估价和分类方面的纠纷，应该能提供一个更好的解决争端的架构。

在采购活动中进一步增加透明度、集中性和统一性可以有效地利用有限的公共资金和促进供应商之间的竞争。目前当局正在考虑相关政策。近期的一些改革提出应制定更清晰的采购规则，并且国民议会应通过总承包商办公室实行更严格的监督，与此同时分散采购的决策经验已经不再积极。

贸易援助可以在促进伯利兹发展中发挥着重要作用。尽管到目前为止伯利兹已收到的贸易援助比较少，但这已对其通过扩大产能和加强卫生和植物检疫设施来扩大出口特别是热带水果出口的能力产生了积极影响。贸易援助是缓和私营部门几个贸易瓶颈的关键。以合理条件获取资金是其中之一：在没有任何形式的贸易金融、保险和担保等政府支持情况下，贷款必须由商业银行提供，借贷成本相当高昂。与贸易有关的基础设施缺乏，需要更多投资来更换和新建桥梁、改善公路网、改善排水系统及接驳道路，并改进固体废物管理。国际机场和邮轮停靠设施的升级，可以帮助发展旅游产业。同样，农业部门也将从更好地储存设施，以及对农业加工和水产养殖业的旨在开发新产品的投资中受益。

（李雪峰译，杨凤鸣校）

斯里兰卡贸易政策审议

斯里兰卡的贸易制度相当开放和透明，有以下几个特点：使用价格机制措施，很少使用非关税措施，并且总体上保持相对较低的关税税率。上次审议以来，斯里兰卡的贸易改革已经取得进展：一方面透明度得到增强；但另一方面平均关税保护也有所增加。此外，斯里兰卡还大量使用进口附加税以及其他完全或主要用于进口的税费。采取这些措施主要以增加收入为目的，从这个意义上说，经济高速增长和2009年5月武装冲突的结束对降低进口负担，推动经济、贸易和机构改革提供了机会。在2010年6月，政府宣布全面降低关税，许多税率降低到零，并取消了适用于大多数进口商品15%的进口附加税。

经济激励计划已有所精简，但仍然有些复杂，当局认为它们有必要采取措施抵消由内部斗争带来的不利于经济发展的因素。激励制度的进一步合理化，有助于改善资源配置和提升整体经济效益，从而增强斯里兰卡的国际竞争力。它还可以帮助消除扭曲以及实现生产和贸易的多元化，目前生产和贸易仍然集中在少数产品和市场上。在这方面，与贸易自由化措施一起，政府打算深化改革进程，并通过统一和进一步深化激励制度改革，以及引入全面的竞争政策法律的手段建立现代化的商业环境。当局认为，斯里兰卡有能力通过重点发展附加值较高行业的方式来扩大其工业基础。然而，这将需要在新技术和人力资本上的投资。

（一）经济和体制环境

尽管遭受了内部冲突、海啸以及一些外部冲击如较高的石油、食品价格和全球金融危机等，斯里兰卡在（2004—2009）审议期间的经济表现仍然强劲。在强劲的国内需求的支撑下，实际GDP每年以6%的速度增长，人均GDP在2004年到2009年之间增加了一倍，达到2 053美元。然而，尽管全球金融危机对经济增长的影响有限，但对斯里兰卡的对外贸易却形成了强烈冲击，特别是受其主要贸易伙伴欧盟和美国需求下降的影响。另外，外国直接投资流入并没有受到内部冲突或金融危机的严重影响。

斯里兰卡应对全球经济危机所采取的措施包括，以增加税收（税收收入由于进口下降而减少）为目的的财政措施，以及以支持出口导向型产业为目的的其他措施。中央银行从2008年开始积极运用货币政策，通过包括降低法定准备金率以及低政策利率等措施，确保适当的流动性水平，同时允许更为自由的汇率浮动。在紧缩的货币政策和宽松的国际大宗商品价格的帮助下，2008年6月达到顶峰的通货膨胀于2009年底下降到5%以下。然而，强劲的国内需求也助涨了2010年上半年的通货膨胀，尽管其一直保持在个位数水平。

斯里兰卡国际收支的一个特点是其结构性的经常账户赤字。在2005和2008年之间赤字大幅增长，占到GDP的9.5%。全球金融危机所造成的资金大幅流出也导致了外汇储备的大量流失。这一损失促使当局采取措施以增强流动性，增加外汇流入，改善国际收支状况，并寻求国际货币基金组织的融资，于2009年年中签署了总计26亿美元的备用信贷协定。根据协定，斯里兰卡承诺了削减财政赤字和消除两大国有公用事业的损失等目标。一方面由于GDP增长缓慢；另一方面由于使用价格机制措施来抑制进口，例如新的更高的进口费，导致了进口商品的大幅下降（27.6%）。加上进口业务在中央银行的临时存款，为2009年的经常账户赤字的大幅减少（估计在2.14亿美元，或GDP的0.5%）做出了贡献。

2009年5月内部武装冲突的结束为经济提供了新的增长机会，特别是在短期和中期，因为重建工作可能会推动经济扩张。然而，为确保持续增长，当局需要保持和加强宏观经济的稳定性，以及完成其未决的结构性改革，包括税制改革、国有企业的重组、教育和研发的投资，以及旨在增强灵活性的劳动力市场改革。

（二）贸易和投资体制

斯里兰卡一直是多哈发展议程的积极参与者，已同其他国家一起在以下方面提交了提议：技术性贸易壁垒；地理标志；纺织品、服装、鞋类及旅游商品的标签；优惠侵蚀；以及贸易便利化。在审议期间，斯里兰卡还没有牵涉 WTO 规则下的任何争议。

斯里兰卡贸易政策的重点仍然是实现与世界经济更大程度上的融合。特别是，斯里兰卡正寻求通过促进外国直接投资的流入来扩大产出和就业，并提高其产品的国外市场准入。这些目标已经通过多边、区域和双边贸易谈判的方式，旨在鼓励出口和投资的激励制度，以及一系列旨在提高生产力和改善基础设施的发展计划得以实现。

斯里兰卡参与了两个区域贸易协定：南亚自由贸易区协定（SAFTA）和亚太贸易协定（APTA）；以及两个双边协定：印度斯里兰卡自由贸易协定（ISFTA）和巴基斯坦斯里兰卡自由贸易协定（PSFTA）。在其享受优惠待遇的合作伙伴中，只有和印度及中国的贸易意义重大。

除去非自动批准或仅限于斯里兰卡国民的少数例外，斯里兰卡的外商投资制度是相对开放的。在允许外商投资的领域，外国投资者可获得国民待遇，并能够从斯里兰卡投资委员会或财政部提供的广泛的激励措施中受益。大多数工业部门和许多服务部门（包括银行、保险、金融、建筑、大众运输、电信和信息技术，以及油气配送等）都允许全部由外资拥有。

斯里兰卡在 2004 和 2008 年之间接受了主要来自日本和多边捐助者总计 17.7 亿美元的贸易援助。斯里兰卡 2006—2016 年的十年发展框架（TYHDF）的目标是加快经济增长，并特别关注贫困地区的增长战略。贸易是实现发展的一个宏观经济战略。

（三）贸易政策

自上次审议以来，斯里兰卡的贸易改革的进展好坏参半，一方面采取了措施以提高透明度；另一方面也引进了新的边境收费，总体上增加了贸易保护。斯里兰卡的贸易政策，以价格机制措施为主，而在非关税措施方面，则相对很少使用。贸易政策在很大程度上以收入为导向。在 2010 年，随着武装冲突的结束及预期 GDP 的高速增长，斯里兰卡开始采取措施以减少进口的关税和其他费用。

斯里兰卡在 2007 和 2010 年对其关税税率表进行了重大变更。简单平均适用最惠国关税税率从 2003 年斯里兰卡审议报告的 9.8%增长到 2010 年的 11.5%，但还是低于 2009 年公布的 12%。大部分产品的关税税率范围在 0～30%之间，但也有一些主要适用于烟草产品的高端税率。尽管平均税率有所增加，免税税目占总税目的比例由 2003 年的 10%上升至 2010 年的 44.4%，主要是因为消除了 2.5%的关税税率并代之以免税准入。约束关税税目只占总税目的 36.4%，税率范围在 0%至 75%之间。在一般情况下，约束税率远远超过适用税率，平均约束关税税率为 32.7%。然而，在 2010 年 6 月，有 103 个海关编码的应用税率超出了它们的约束税率，主要影响到烟草制品、纺织品、地毯、犁及交换机。作为对贸易、进口的关税和其他费用自由化战略的一部分，当局可能愿意考虑提高其约束关税的范围和水平，这也将有助于实现政府增加贸易制度的可预见性以及改善商业环境的目标。

进口到斯里兰卡的商品还需交纳其他费用：消费税、出口发展局的征税（cess）、增值税、社会责任税、港口及机场发展税、国家建设税和港口装卸费。这些费用大大增加了进口到斯里兰卡的成本，在某些情况下可能超过 100%。烟草制品和汽车面临总体上最高的进口税费。2010 年 6 月被取消之前，大多数进口商品，除了一些基本的商品外，都要交纳 15%的附加费。出口发展局（EDB）对3 500种税目收取进口关税，涉及相当大范围的产品，税率从 1%到 35%不等。对烟草产品、石油制品、汽水、白酒、啤酒、汽车以及某些家电产品征收消费税，既可以是从价税，也可以是从量税或是选择税。对汽车和一些机械征收的税率最高。进口也都需要交纳 5%的港口及机场发展税，以及从 2009 年年初开始征收的 3%的国家建设税。增值税的一般税率为 12%，也有一些例外。

在 2007 年对 11 种基本食品类商品，包括奶粉、木豆、糖、土豆和洋葱推出一种特殊的商品税。这种单一的复合税取代了基本粮食商品适用的多种关税和其他税费，以控制这些产品的价格上涨。商品税税率会根据价格和供需的变化做定期调整，这种调整可能是对产品的全面调整，也可能是对特定产品的局部调整。这种商品税的引进导致了相关产品进口关税的降低。

尽管在审议期间提高了进口的关税和其他费用，但斯里兰卡在提高透明度上也做出了很大努力。关于适用的关税水平和所有其他进口费用的信息都很容易在网上获得。虽然修改关税和其他进口税率的规则都会在网上提供，然而经常采取这种做法增加了自由裁量权，并给进口商造成疑惑。限制修改和变更的次数，并将从量税转换成从价税将有助于进一步增加透明度。另外，斯里兰卡保持和公布其由于关税和其他税收豁免而造成的收入减少的数字，这一点值得赞扬。

自上次审议以来，一个重要的政策发展是执行了“WTO海关估价协定”（CVA）。然而，斯里兰卡的立法赋予当局更大的灵活性，即在认为必要时可以背离海关估价协定，为了国家经济利益或任何其他原因，允许使用最低价值。在审议期间，最低进口价格适用于进口的二手车。

斯里兰卡对非关税贸易壁垒的使用是相对有限的，除了对非自动进口许可要求的使用，此要求适用于大约500个税目，涵盖包括粮食、化工、部分纺织品、石油及汽车等商品。斯里兰卡没有使用应变措施的条款。2005年10月和11月，在宪报刊登了两项关于反倾销反补贴税和保障措施的法案，但截至2010年6月，仍在等待国会的批准。斯里兰卡的国家标准和技术法规普遍遵循国际准则。斯里兰卡有103个与贸易有关的技术法规，并已通知WTO。该技术法规涵盖了2006年进口条例（标准化和质量控制）中规定的商品，要求必须符合斯里兰卡标准（SLS）才可以被允许进口。斯里兰卡已经向WTO做了18项SPS通知。

斯里兰卡继续采取鼓励商品和服务出口的政策。有若干个支持出口的激励计划，其中一些对出口要求做出了规定。海关目前在运作三项计划：退税计划、出口加工临时进口计划（TIEP）以及保税制造计划。斯里兰卡也有一个出口加工区计划，有11个这样的加工区，包括约220个企业，75 000多个从业人员。坐落在出口加工区的企业可以享受免税期、免税进口和优惠的土地价格等待遇。出口占产量至少80%的非传统商品出口商还享有多项减税措施，包括对这些出口产品所得利润享受优惠所得税税率，以及对新投资享有3年至7年的全额免税期。这些优惠措施也适用于出口至少占营业额70%的服务提供商。

斯里兰卡对某些出口征收边境税。对增值脉石英及原料脉石英征收出口关税，而对腰果、生皮、废金属、天然橡胶、椰子产品和茶等产品则征收出口特别税。

虽然消费者事务管理局，可以调查反竞争行为对消费者的影响，但斯里兰卡的法律并没有赋予它对已存在的垄断行为本身或已经发生的收购兼并进行调查的权利。也没有任何对兼并前通知的强制性规定。因此，进行兼并影响的调查只能局限于属于公共事业委员会职权范围的公用事业，或者由斯里兰卡证券及交易委员会对在科伦坡证券交易所上市的公司进行审查。政府正在起草新的竞争政策法规来解决这些问题，包括对跨国兼并的强制性检查。

斯里兰卡没有根据GATT 1994第17条，在国营贸易企业方面向WTO做出任何通知。斯里兰卡在1990年推出国营企业改革和私有化计划，随着国营企业改革委员会（PERC）在1996年的成立，该计划得以巩固。国营企业改革委员会从其成立到2007年终止期间，完成了对50家企业的私有化进程，此后私有化的法律依据也被废除。政府对国营企业的现行政策不是私有化，而是调整和提高效率，并邀请私营部门的少部分参与。国有企业需要与财政部签订绩效协议，并以营利为目的。

斯里兰卡提供了广泛的税收优惠政策，特别是针对投资的免税期。两个主要的投资激励机制分别由投资委员会（BOI）法案和国内税务法案规定。根据投资委员会法案，投资需符合包括出口要求在内的一系列条件。免税期的长短取决于投资额。根据国内税务部激励方案，一般提供为期5年或3年的所得税豁免。有效税率在不同的公司和部门之间差别很大，已经就合并这两个系统进行了一些讨论。斯里兰卡目前的税收优惠政策体系，如果不是导致利益重叠，则可能会导致受益人的重复，并且人为地把一些企业和部门放置在比其他企业和部门更加有利的位置，由此可能导致资源配置的扭曲。当局认为，这些激励措施对抵消由内部纷争和国内瓶颈带来的不利因素是必要的。在这方面，随着冲突的结束以及近年来取得的经济高速增长都给加强经济、贸易和机构改革提供了机会。

在审议期间，为了提高采购过程的效率和透明度，斯里兰卡在简化和澄清采购准则上做出了很多努力。然而，旨在促进国内供应商和产品的政府采购仍然继续使用。斯里兰卡对本地生产的商品使用优惠价格，以提高当地原材料和国内投标人的价值增值。工程和合同的国内投标人对国际捐助者出资的合同可享受7.5%的优惠差价，对政府出资的合同可享受10%的优惠差价；对国产商品的优惠差价分别为15%和20%。斯里兰卡没有参加诸边的WTO政府采购协议（GPA），也没有打算在近期参加。

斯里兰卡于2003年推出新的全面的知识产权立法，旨在确保遵守《与贸易有关的知识产权协定》。新法案涉及版权及相关权利、工业外观设计、专利、商标和商标名称、集成电路设计，不正当竞争和未披露的信息，以及地理标志。新法案还延长了著作权保护期，从50年延长至70年。虽然在审议期间加强了知识产权执法，假冒和盗版仍然是一个问题。虽然近年来已出台更严格的法律条文以打击盗版，但是执法似乎仍然软弱无力。斯里兰卡当局决心尽一切努力来加强知识产权执法，包括增强执法机构，培训人员，并培养公众意识等。

（四）部门贸易政策

尽管农业占GDP的份额（2009年12.6%）相对有限，但是它在斯里兰卡经济中发挥着重要作用：它为占总数相当高比例的人口提供工作和生计，也是一个重要的创汇部门。政府对农业的干预仍然较多，包括边境保护和国内支持。支持以投入补贴、价格支持和优惠信贷等形式提供。然而，国内粮食作物的生产率仍然较低，斯里兰卡仍然是一个粮食净进口国。在审议期间对农产品的关税保护有所增加，并且对临时减免税和关税变化的使用可能导致农产品市场和国内生产的混乱。投资和信贷水平低，质量投入不足，运输和销售系统缺乏，仓储设施短缺，科技发展不充分及土地使用限制都阻碍了农业部门的发展。减少进口保护，理顺国内支持并实行更连贯的贸易政策，将有利于更有效地配置资源，从而提高农业生产率和农民收入。此外，一个功能更强大的土地市场，将有助于吸引更多的投资并促进对现代农业技术的引进。

斯里兰卡能源需求的一半左右由本国生产，但是所有的石油和石油产品都靠进口。石油部门在2003年进行了改革，最显著的是结束了国营锡兰石油天然气集团公司（CPC）对石油及石油产品进口和分销的垄断权，并对价格体系进行了一些调整。然而，锡兰石油天然气集团公司仍然在市场中占据支配地位，并且是对当地市场价格颇具影响力的主要零售商。针对锡兰石油天然气集团公司的法案修正案正在审议之中，以便加强该部门的监管。

电力部门主要是由另一家国有企业—锡兰电力局（CEB）控制，由于电费一直维持在发电成本之下，该企业多年来处于亏损状态。同时，对一些消费者的交叉补贴也导致了工业用户的电力成本较高，进而有可能削弱它们的竞争力。根据最近的斯里兰卡电力法（2009年颁布），锡兰电力局保留了其在电力传输上的垄断地位，但它现在必须通过竞争性招标购买电力。新法案还规定了某种程度的关税改革，但仍缺乏更大胆的且久经讨论的举措来对电力行业结构进行全面调整。

斯里兰卡工业政策的目标，是实现制造业基地多样化以及推动地区工业化。为了鼓励对制造业部门的投资，政府提供了广泛的税收优惠、优惠税率及其他类型的援助。制造业仍然是经济增长的重要来源，占GDP的18.1%，并吸收了17.7%的总就业人数。然而，它高度集中在少数产品和出口市场上，并在很大程度上依赖于进口的投入，这使得它很容易受到外部经济周期变化和价格波动的影响。

服装行业是外汇收入的主要来源，在过去几年受到两方面的影响而面临重大挑战，一方面来自其他出口国家的竞争加剧；另一方面接受其出口约90%的美国和欧盟出现的需求疲软。该行业通过采用新技术，提高质量并鼓励产品差异化的方式来应对挑战。通过改善基础设施（例如电力和运输）以降低生产成本，提高生产率，实现出口市场和产品多样化并解决劳动力市场僵化问题，将促进制造业的整体增长。此外，合理化改革激励制度将有助于改善和提高资源的配置和效率。

占GDP58%并提供42%就业机会的服务业，仍然是经济增长的主要驱动力，在2004到2009年期间保持年均6%的实际增长。随着在21世纪初采取的私有化和自由化措施，斯里兰卡的服务业现在已相对开放。银行、保险和电信业都允许全部外国所有权。然而，在一些关键领域国家干预仍然强烈。例如，在银行业，两个最大的商业银行都是国有的，持有资产占银行业总资产的1/3。此外，政府作为最大借款人的地位使国有银行向私营部门提供急需资金的能力有限，虽然有迹象表明这种局面正在改变。在电信行业，部分国有老牌运营商仍然保留相当大的市场影响力，而该部门监管机构推行鼓励竞争改革的能力有限。

在运输服务和基础设施部门，虽然一直在鼓励本国和外国投资，但是国家地位仍然非常强大：主要由政府拥有的国家航空公司支配着航空服务业，另一家国营公司仍保留对发展及管理机场和机场服务的垄断权，还有一家政府机构负责除了在科伦坡港口的一个码头以外所有货物的装卸和港口服务。进一步努力推进监管改革，以加强竞争，提高私营部门的参与，并为新进入者建立一个公平竞争的舞台，将有助于实现斯里兰卡服务业的现代化，从而提高国家的生产力和外部竞争力。

（李雪峰译，杨凤鸣校）

巴布亚新几内亚贸易政策审议

巴布亚新几内亚的经济拥有丰富的资源，但仍然严重依赖自给自足的农业。2007 年，其人均 GDP 刚刚超过1 000美元。巴布亚新几内亚严重依赖贸易（初级产品的出口及制成品，包括投入的进口），并容易受到世界商品价格变动的影响。在联合国开发计划署的人类发展指数排名中居 148 位（排名较低的中等人类发展国家），巴布亚新几内亚还没有达到“千年发展目标”。

巴布亚新几内亚对所有的贸易伙伴至少提供最惠国待遇。它通过多边主义，以及优惠的区域和双边方式奉行开放的贸易体制；这些歧视性协议的相对利益可能会受到质疑。2008 年开始生效的与欧盟的临时性经济伙伴协议（EPA），引发了其与澳大利亚和新西兰就太平洋紧密经济体协定（PACER）补充协议的预备性谈判。巴布亚新几内亚担心，如果欧盟对非法的、未报告和未管制的捕鱼采取管制，那么根据 EPA 的全球鱼类采购规则，其从改善的欧盟鱼类市场准入中获得的预期收益，可能会被削弱。巴布亚新几内亚还担心，澳大利亚和新西兰将就半熟练和非熟练劳动力市场的准入不足问题与其进行谈判。

自 2000 年以来，巴布亚新几内亚相对稳定的宏观经济环境有助于维持其经济增长，但结构性改革（特别是自 2006 年以来）最近已经减弱，并且财政纪律也有所松弛。随着进口限制的减少，尤其是关税的降低，以及整体上的相对较少的正式非关税壁垒，巴布亚新几内亚经济已经变得更加外向。但是也有一些值得注意的例外，包括根据建立纳帕（Napa）炼油厂的协定，实行 30 年的石油产品进口禁令。原则上，巴布亚新几内亚的贸易政策一直以内部化跨部门价值增值为目标，尤其是渔业，从而促进加工和进口替代，并实现经济多样化。

巴布亚新几内亚在 2002 年采取出口拉动型经济复苏和增长的战略。然而，对过时的贸易相关法律的改革总体上缓慢且零散，最终受巴布亚新几内亚有限的机构、资源和技术能力的限制而流于形式。贸易政策改革从关税消减计划（TRP）的实施开始就基本上暂停了。关税削减计划于 1999 年开始，到 2006 年按期结束。受宏观经济问题的影响，包括全球金融危机以及商品价格下跌导致采矿业税收收入的减少，随后的计划也被推迟，最晚的是从 2010 年到 2011 年。由于政府没有能够成功执行旨在为巴布亚新几内亚经济和私营部门发展减少束缚的基础改革（如建设基础设施，改善法律和秩序，并降低经商的高昂成本），而制造商视此为支持税收消减计划的必不可少的回报，因而对进一步改革的支持也已被削弱。

虽然有广泛的贸易政策，巴布亚新几内亚面临的一个重大经济挑战是如何管理基那（Kina）升值的“荷兰病”效应。这可能是由对采矿热潮的预期而对液化天然气和其他项目的大量外来投资造成的，凸显了经济的“二元”或“双速”的性质。这可能会减少进口竞争活动和传统出口产品的竞争力，因此需要对非采矿业部门进行重大结构调整。政府认为，最好是避免增加关税或其他包括出口援助在内的贸易保护。削减关税到更低更均衡的税率将提高资源利用效率，减轻它们的反出口偏向，并有助于通过扩大进口来抵消基那升值的影响。尽管进行了重大改革，关税仍然提供着显著的（不同的）有效保护率，特别是对食品加工业和其他低效率的制造业。

巴布亚新几内亚自 2000 年以来经济增长非常强劲，在 2007 年达到顶峰的 7.2%，并在 2009 年全球经济衰退的情况下保持了 4.5%的经济增长。服务业增长最多，它们占名义 GDP 的份额从 2003 年的 35.2%上升到 2009 年的 38.1%。在 2008 年，采矿业（包括石油和天然气）的份额从 2003 年的 18.3%上升到 2008 年的 28.1%，但在 2009 年下滑到了 20.9%。农业、林业和渔业也在同期从 37.2%下降至 34.5%，而制造业的份额却一直保持在 6%左右。

虽然经济增长，早期改革和大规模的液化天然气项目都有广阔的前景，但巴布亚新几内亚依然面临着许多需要优先考虑是事项：改善管理，减少腐败并启动改革，辅之以旨在降低经营成本的重大改善，例如，提高公共事业的效率，加强公共基础设施的建设等所有投资和私营部门发展的重大障碍。

巴布亚新几内亚适用的平均（未加权的）最惠国关税从1999年的20.5%下降至2006年的5.1%，之后就一直保持不变。对农产品（WTO定义的）适用的平均最惠国关税为12.5%，总体上超过非农产品的平均最惠国关税3.9%（在贸易政策审议前分别是33.2%和18.5%）。约3/4的税目是免税的，基本上其他三个税率级别的税率从25%、35%和50%分别下降至15%、25%和40%。糖的税率没有按预期下调至40%，其70%的税率将保持到2011年。关税是透明的；往往掩盖高利率的从量税（非从价税），只适用于1%的税目。

巴布亚新几内亚的完全约束（未加权）平均关税为32.8%，远高于平均适用最惠国税率，并且根据单边关税消减计划，在承诺期限内税率可提高的范围有所扩大。因此，虽然很少使用，这种差额也增加了关税的不可预测性。有几个适用的最惠国关税税率似乎超过了约束关税税率。

海关通过进程和程序的现代化促进贸易并提高了透明度。海关数据自动化系统（ASYCUDA）已经升级。经纪人可以电子方式提交报关，但是速度一直很慢。只对约10%的货物进行检查，并且风险管理发展缓慢。通关速度缓慢主要由于检疫和港口服务的不足导致了延误。巴布亚新几内亚于2002年加入世界海关组织，目前正在加入京都公约修正版。

海关采用交易价值。巴布亚新几内亚没有反倾销、反补贴或保障措施的法律，也没有其他歧视性的进口关税或收费，没有进口配额，只有极少的进口许可证。出于对国家卫生、安全、治安和环境的考虑，巴布亚新几内亚对某些产品的进口实行控制。对生的家禽和鸡蛋的进口禁令，以及对熟的和加工过的家禽的许可限制属于例外。关于动植物卫生检疫方面的限制，表面上是基于风险评估，并且对鱼类的限制最严格，但同时也适用于水果、蔬菜和肉类。

出口制度是相对开放的。覆盖面看似已经缩小的出口税，主要适用于鳄鱼皮和圆木（分别是FOB价值的28.5%以及每立方米8基那），尽管国内木材加工业的数量几乎可以忽略。虽然通过降低原木价格的方式为国内加工商提供了隐含补贴，但国内木材加工业仍然很小。由于环境原因，某些树木被禁止出口。许多初级产品需要出口许可证，几个法定的营销部门享有专有出口权。巴布亚新几内亚通过企业所得税减让对制成品出口进行补贴，但是这种补贴的成本效益值得商榷。

经过改革的政府采购是产业政策的重要工具。100万基那以下的合同只留给本地供应商，同时对于更大金额最高达1 000千万基纳的合同还给本地供应商提供7.5%的优惠幅度。巴布亚新几内亚已改善其设置标准和合格评定制度，并以遵循国际规范为主。国有企业，包括法定垄断企业，在许多关键服务行业如电力、电信、航空、供水、排污、邮政服务和港口等处于主导地位。

大致维持不变并总体上开放的外国直接投资制度，要求对外国投资者进行认证和“筛选”。合资企业是自愿的，外商独资企业也是允许的（特定的部门规则适用于例如石油矿产、木材和渔业等行业）。大量的非透明的选择性投资激励措施（如关税减让）都在国民待遇的基础上适用，但需经过重大政治裁量以及内阁批准。正在进行的土地使用权改革应当接触习俗地（占所有土地的97%）用于经济用途的限制。外国人只能租用土地（最多99年）。

于2002年成立的独立消费者和竞争委员会执行竞争政策，包括监管主要的国有服务提供商，以及竞争法，并实施价格管制。仍然保留的几项管制措施包括：根据政府的进口平价定价协议，对汽油、柴油、煤油和航空燃油实施价格监控。巴布亚新几内亚对知识产权的保护立法已显著改善，但是执法力度仍然不够。海关可以依职权暂停对登记权利人（2008年只有三个这样的权利人）涉嫌盗版的进口商品的通关。平行进口不在禁止之列。

政府认为农业在促进出口导向型经济增长，农村发展和减轻贫困中发挥着关键作用。定位于自给自足的食品安全，是优先考虑的事项。由于高关税，巴布亚新几内亚在糖、猪肉和鸡肉的消费上几乎都是自给自足。然而，由于生产力低下，除了棕榈油以外，农业发展整体表现不佳，在很大程度上是因为研发不足，技术改进匮乏，以及小农耕作所固有的规模经济的缺失。其他的主要制约因素包括交通设施不足，公用事业不可靠及价格昂贵，犯罪和违法行为盛行，以及土地使用制度的不稳定。主要的非棕榈油作物的市场交易，包括在过去对价格稳定基金的运作（咖啡、可可和椰子）由法定机构负责。这些可能都会由于低效率和过度监管从而阻碍农业的发展。

很大程度上由于违反牌照暂停令的许可证发放，不可持续性伐木仍然是其面临的一个重大问题。由于牌照被绑定岸上加工，渔业正在被国内化；而且渔业的不可持续性仍受关注。

政府最多可持有采矿项目 30%的股权。这些股权由国有矿产资源开发有限公司（MRDC）持有。在 2007 年 3 月，国有石油控股公司成立，以持有国有资产并实现本地矿产和石油项目的所有权和收益最大化。液化天然气项目的国家股权将由新成立的国有 Kroton No. 2 有限公司持有。

电信业改革在经过推迟和不确定性后，目前正在走向竞争，并趋于结束巴布亚新几内亚电信公司对固定线路服务（市内、国内和国际长途通话）的垄断地位，改革将于 2010 年 8 月终止。移动电话垄断在 2007 年随着 Digicel 公司进入市场而结束，其市场份额在 2009 年上升到 65%，并随着覆盖率和质量的提高，价格下降了 60%。电信业的监管职能正在从 ICCC 转移到一个将取代巴布亚新几内亚无线电通讯和电信管理局（PANGTEL）的新的独立的监管机构：国家信息和通信技术局（NICTA）。

PPL 是低效的国有垄断电力公司，受 ICCC 监管，但仍提供不可靠的、昂贵的电力，从而也提高了企业经营成本。虽然 PPL 也曾实行以私有化为目的的公司化改革，但是改革并没有继续下去。它已面临财政压力，并且在提供政府贷款和海外借贷的困难中更加恶化。即将实行的全国电力政策正考虑重点进行以促进私营部门参与和竞争的改革，特别是在发电领域。

安然度过这次全球金融危机的金融业，相对开放，并基本上以私营为主，但是国家垄断的强制性第三方机动车辆保险和一般再保险除外。政府的政策是为符合发放牌照标准的金融机构维持“开放”的制度。巴布亚新几内亚银行（中央银行）审慎监管金融部门，并声称其审慎和监督职能已得到了加强，从而达到国际最佳实践的要求。

由于作为巴布亚新几内亚国家航空公司代码共享合作伙伴的太平洋蓝航空公司（Pacific Blue）进入市场，与新几内亚航空公司代码共享合作伙伴的澳洲航空公司（Qantas）展开竞争，最近澳大利亚航线的竞争加剧。航空服务领域适用外资股权控制。包括沿海航运的沿海运输是禁止的，如果取消禁令会大幅减少国内航运和商业成本。改善航空公司市场准入，基础设施，公用事业以及电信服务是扩大旅游业的先决条件。

虽然巴布亚新几内亚的经济前景取决于世界商品价格和其他方面的发展，但更重要的是，它是否能够成功地满足其国内经济政策和相关的挑战。WTO 成员方可以通过确保对其开放出口市场而提供帮助。技术援助和国际援助需要加大，但必须以更有针对性和更有效的方式提供，以帮助巴布亚新几内亚实现其重点改革，而不是加重其经济问题（如突出的“荷兰病”效应）。

（李雪峰译，杨凤鸣校）

刚果（金）贸易政策审议

（一）经济环境

刚果民主共和国［DRC，简称刚果（金）］实施的结构改革，已使该国开始从20世纪90年代频繁的武装冲突所带来的经济停滞中恢复。在2001年至2009年间，刚果（金）经济以年均6%的增长率稳步增长，大幅超过人口增长速度（3%）。刚果（金）中央银行追求的全球限制性货币政策，使得通货膨胀从2000年的511.2%缩减到2003年的4.3%，虽然到2009年又缓慢上升到46.3%。至于预算，尽管由于支出增加，大部分是经常性开支，但政府收入的增加使得缩减公共赤字成为可能，在某些年份甚至出现了盈余。

刚果（金）终于在2010年7月根据重债穷国（HIPC）倡议达成一致，并因此获得价值达123亿美元的债务减免，其中111亿美元根据强化的重债穷国倡议（Enhanced HIPC），12亿美元根据多边减债倡议（MDRI）。通过该项基金融资的社会项目从而得以释放，公路和铁路基础设施的建设正在进行当中，应有助于振兴经济和创造就业机会。

尽管该国有许多优势，如地域辽阔、气候适宜、土壤肥沃、森林茂密、湖泊众多，包括石油在内的矿业资源丰富，但刚果（金）仍然是一个最不发达的国家，2008年人均GDP仅为182美元。其潜能的发挥十分有限，特别是由于：各种基础设施严重不足；腐败，行政程序复杂且定价过高；非协调税为数众多且总体税率水平仍然较高；贷款成本高昂且难以获得；以及司法系统运作不良等导致商业环境不利于吸引外资。据世界银行2010年营商环境排名，刚果（金）排在183个国家中的第182位，而且根据透明国际2008年清廉指数，它被排在180个国家的第171位。

农业仍然是刚果（金）的支柱经济（2009年吸收了经济活动人口的75%，占GDP的40%以上），紧接着是服务业（占GDP的30%），采矿业，以及在很大程度上不太发达的制造业。主要由于商业氛围缺乏吸引力，且失业率很高，刚果（金）仍然存在一个规模庞大的非正规行业（占GDP的约20%）。这也部分地解释了主要在城市中心观察到的生活标准与正式的人均收入水平之间的差异。

刚果（金）商品和服务贸易占GDP的比重几乎达到130%，对外依赖程度很高。其进口商品主要来自欧盟、南非、中国和赞比亚，主要包括食品、燃料、运输设备，以及电力和非电力机械。其出口缺乏多样化，仍局限于初级（采矿）产品，主要有钴、铜、钻石和石油。在2008年，采矿业占出口总额的78%，而2000年仅为28%。刚果（金）的主要出口市场是欧盟（主要是比利时）、中国、赞比亚和美国。尽管刚果（金）签署了区域优惠贸易协定，但是除赞比亚和南非之外，与其他非洲国家的官方贸易仍然微不足道。非正式跨境贸易却相当可观。刚果（金）是一个服务的净进口国，进口增长异常显著，而出口增长相对乏力。

（二）贸易和投资体制

刚果（金）于2006年2月18日通过的“宪法”，将国际条约和协议置于国内法更优先的位置。宪法凌驾于所有其他国内法律文件之上。政府的政策包括贸易政策，通过法律文件来制定和实施。贸易政策的方向和制定，属于负责贸易的部委，以及负责财政（海关事务）和部门政策的部委的权限范围。私营部门可以通过对外贸易便利化委员会随时参与。

贸易已经定位为国家经济目标中的关键部门，有望在刚果（金）的经济增长和减贫战略中发挥重大作用。因此，贸易政策的目标是促进贸易，特别是通过制造业出口多样化的形式促进贸易，增加国内粮食生产以减少粮食进口，以及巩固刚果（金）在多边贸易体制下的传统市场并加强参与。目前正在采取措施或计划来改善营商环境，并吸引繁荣国内市场所需的投资。

刚果（金）是WTO的创始成员之一，其保证给予所有贸易伙伴至少最惠国（MFN）待遇。刚果（金）没有参与任何WTO的诸边协议，但拥有政府采购委员会观察员地位。刚果（金）对多边贸易体制的参与仍然是有限的，在2004年和2010年4月期间仅向WTO提交了8个通知或通报。刚果

(金)已收到 WTO 和其他国际组织的技术援助。然而，由于社会和政治冲突，技术援助活动已明显下降。因此，该国对此，包括依据贸易援助倡议下的援助，仍然有相当大的需求。

刚果（金）还参加了几个区域协定，即非洲联盟（AU），中部非洲国家经济共同体（ECCAS），东部和南部非洲共同市场（COMESA），南部非洲发展共同体（SADC），以及大湖国家经济共同体（CEPGL）。参与上述众多的协定，除了所涉及的费用之外，也可能会导致刚果（金）贸易政策执行缺乏连贯性。

2002 年通过了一项新的法规，以促进和鼓励在国家经济发展关键领域的国内外投资，即基础设施改善，自然资源的经济利用，以及一个优良的工业基地的建立。该法规适用的范围不包括采矿和碳氢化合物、银行、保险和再保险、国防和武器，以及一些特定的商业活动，这些部门受其他特定法律的约束。主管规划的部委负责公共和私人投资的政策和鼓励，尤其是通过国家投资促进机构（ANAPI）。作为一个单一的窗口，ANAPI 希望有助于消除行政壁垒，便利投资审批程序。该法规保证给予投资者税收、准财政和关税优惠。

（三）贸易政策工具

刚果（金）实施的最惠国关税完全是从价税，包括四个级别的税率（零，5%，10%，和 20%）。简单平均关税税率为 11.3%。农产品和非农产品（WTO 定义）的名义保护的平均水平几乎是相同的，分别为 11.2%和 11.3%。全面正向的关税升级掩盖了在一个更加细分水平上的差距。事实上，在纺织品和服装、纸、纸制品、印刷及出版，以及化工等行业关税升级是正向的，这意味着一个相当高的有效保护水平，从而不太可能提高国际市场的竞争力。相比之下，关税升级在其他行业是混合型的，有迹象表明这种关税结构正在推高生产成本。

刚果（金）已将所有税目都约束在上限水平，简单平均税率为 96.2%，农产品为 98.1%，非农产品为 95.9%。其他关税和税收约束为零，但进口要交大量毫无回报的税，其比例远远超过所提供服务的效用。然而，为符合国民待遇原则，对进口产品征收的主要国内税和国内产品相似。此外，尽管创建了进出口的单一窗口，但仍有几个机构在体制框架之外运作，从而延长行政手续所需的时间，并增加成本。进口商品达到2 500美元或以上，必须进行装船前检验，相应费用（CIF 价值的 0.75%，最低收费为 100 美元）由进口商承担。刚果（金）从未使用过应急措施，它也没有相关法律。

刚果（金）发现其很难实施在 2003 年根据 WTO 海关估价协议制定的法律，并利用 BIVAC 提供的参考值。设立标准化，技术法规和鉴定的国家体系证明是有问题的，这引起了人们对正在实施中的各种管理程序的有效性和关联性的疑问，包括在边境地区由无数功能相互重叠的机构所实施的管理程序；所有进出口商品同国内市场产品一样都要接受系统检查。进口的蔬菜和蔬菜制品必须附有原产地签发的植物检疫证书，进口的动物及动物制品需附有原产地签发的卫生证书。

生咖啡、矿产品和精矿、矿物油、电力、原木、方木、淡水、废金属需要征收出口税。原则上，这些出口税仅适用于某些产品，以鼓励当地对自然资源的加工。然而，大量的矿石和原木未经任何加工就出口了。刚果（金）没有政府部门负责促进出口，也没有任何出口融资机制。

2010 年新的政府采购法提高了政府采购的透明度，并支持使用招标，但却为国家和区域提供了优先选择权。刚果（金）刚刚启动了一项计划以改革国有企业，最初仅涉及重组，下一阶段有望进行私有化。刚果（金）没有竞争体系。某些被视为“具有战略意义”的商品和服务的价格由法律规定。知识产权原则上通过法律来监管，但法律实施仍然很有限，导致大量侵权发生。据报道，一部新的法律正在酝酿之中，以使国内法律符合 WTO 和世界知识产权组织（WIPO）的有关规定。

（四）部门政策

刚果（金）拥有经济部门多样化的潜力，以使得各部门对 GDP 的贡献更加可观。农业具有多种天然优势，如广袤而富饶的土地，以及适宜不同作物生长的气候。农业由于其劳动强度和在食品安全（自给自足农业）中的作用，以及作为地方工业投入的供应商，依然是减贫战略的主导部门。然而，该部门的发展仍然受到上述提到的像投资束缚等诸多因素的制约，其农业耕作方式总体上也已过时。

继在 2002 年取消补贴和价格支持后，边境措施成为适用于刚果农业的主要贸易政策工具。该部门（ISIC第二版定义）的平均关税是10%。然而，进口农产品还需缴纳各种税费，且手续冗长，这些因素助长了欺诈，并且降低了当局认为它们为国内生产者提供的保护水平。

主要的制造业行业包括几个小的农业食品、化工、饮料、烟草、纺织、林业产品和资本设备等行业。主要由于生产方式和方法过时，以及生产要素成本高昂，制造业的竞争力水平低下。适用于该部门的主要贸易措施由保护率构成，各行业的保护率略有不同，在一些更重要的工业——食品、饮料、烟草、木材和木材产品——除了其他税费以及各种进出口管制外，保护率在10%～20%之间变动，平均为11.4%。此外，关税结构对提高产品的竞争力，或吸引投资作用十分有限。

刚果（金）拥有几种矿产和能源资源。采矿及采石业产品（铜、钴、黄金、钻石、钽矿石等）是政府收入的主要来源，并且占据了按价值计算的大部分出口。2002年通过的采矿法，和2008年刚果（金）申请加入采掘行业透明度行动计划（EITI），是刚果（金）为吸引新的投资者所采取的一些措施。采矿许可证需要缴纳固定的签发费；基于工作面积的矿区使用费；基于开采矿物质性质的可变利率开采税；从价税和许多其他税费。采矿业的税收负担占收益的56%左右，一般还必须以非正式支付的形式加征15个至25个百分点，即总体税率接近80%。不包括其他进口税费，采矿业进口商品需征收下限为5%，上限为20%的税，其中采掘业平均为7.1%，非金属矿产品平均为15.6%。这些不同的因素，再加上出口税和各种形式的繁文缛节，都限制了这些出口产品的竞争力。鼓励矿产加工产品出口的目的也因此受挫，同时因为在刚果（金）也不存在以此为目的的结构或组织，情况更加糟糕。

服务业占GDP的比重自2000年以来稳步上升，彰显了部门活力。服务贸易上的大部分限制都已取消。但是，在诸如水、电、固定电话和邮政服务等的提供上仍然保持了国家垄断。得益于整个经济的发展，电信服务包括移动电话，自从在刚果（金）开放以来扩张迅猛。除了成本居高不下的运输，以及饱受拉闸限电（尽管频率不断下降）之苦的电力供应方面存在的相关困难之外，难以获取信贷也阻碍了经济中包括旅游在内的其他部门的发展，刚果（金）的潜力在很大程度上尚未得到开发。

刚果（金）的银行体系相比其国家和人口，规模要小得多。大多数的银行业务由存款及短期融资组成，这也有其成为中小企业发展的最大障碍之一。银行账户的数量仍然很低——7 000万的估计人口中仅有约30万个银行账户。银行业仍远低于平均水平，这也部分阻碍了其资助国家发展的能力发挥。此外，国家保险公司（SONAS）垄断了保险市场。尽管是垄断企业，但SONAS在2009年的4 500万美元的年营业额，以及约2 222雇员的业绩并不那么令人振奋。像银行领域一样，开放市场竞争，将有助于提升保险行业竞争力，并改善刚果（金）的保险服务提供。

刚果（金）已在建筑及相关维护服务、通信服务、商业服务、教育服务、旅游及与旅行相关的服务、娱乐、文化和体育服务等许多服务行业履行了其GATS承诺。其中有的服务行业几乎是完全开放的，有些是部分开放。刚果（金）的多边承诺扩展至所有已经开放的服务领域，应该能够支撑其所采取的改革的可靠性，提高相关体系的可预见性和透明度，并有助于吸引刚果（金）所急需的实现其巨大潜力的资本。

（李雪峰译，杨凤鸣校）

中国香港贸易政策审议

中国香港仍然是世界上最市场化和最开放的经济体之一（2009 年商品和非要素服务贸易占 GDP 的比率为 380%）。它也有一个世界上最自由和透明的外商投资体制。

虽然中国香港的经济由于受全球金融危机的影响在 2009 年年初急剧收缩，但是由于其与中国内地紧密的经贸联系，在中国内地经济强劲增长的带动下，中国香港经济的恢复也相当迅速。工资和价格的灵活性更加增强了其经济应对外部冲击的弹性，在港元仍然钉住美元的前提下，这种灵活性显得尤其重要（这也降低了中国香港的汇率变动幅度和独立货币政策的范围）。此外，中国香港对其金融市场的审慎监管也使其免受全球金融危机的最坏影响。中国香港在应对危机时没有采取任何保护主义措施。

全球金融危机以及中国内地的崛起，给中国香港带来机遇的同时，也带来了一些新的挑战。中国内地不仅是一个主要的世界经济和贸易大国，也是中国香港的一个竞争对手。中国香港的经济以服务业为主导，一直以来有四大传统支柱产业，即金融服务、贸易物流、旅游和专业服务，占 GDP 的大约 55%，以及提供了几乎一半的就业。中国内地正从主要依靠制造业向服务业转变，面对像上海这样的中国内地城市的激烈竞争，中国香港面临的挑战是如何继续保持这些服务行业优势以维持其作为地区和全球金融中心的地位。另一个主要挑战是中国和中国台北两岸经贸关系的改善，降低了中国香港在金融服务、贸易和物流方面的中介作用。

中国香港特区政府仍致力于自由市场的理念，但是这些新的挑战已促使其对政府在促进经济发展中的作用进行反思。根据经济挑战主要专责小组的建议，已确定了六个被认为具有“竞争优势”的新产业（测试及认证、医疗服务、创新及技术、文化及创意产业、环境服务和教育服务）。为了促进这些新兴产业的发展，需要使用各种新的激励机制，包括金融和监管激励机制，土地批准，以及对“内地与香港关于建立更紧密经贸关系的安排”（CEPA）的优惠准入。问题在于这是否标志着一个更有利于干预政策的转变。

中国香港与中国内地根据 CEPA 建立了更紧密的经济联系，这也为中国香港充分利用自身的比较优势提供了一个很好的机会。自由化措施的深度和范围在商品（通过日益全面的 CEPA 原产地规则）和服务领域得到进一步扩展。通过优惠条件进入中国市场的服务行业已逐步扩展到 44 个（从 2011 年 1 月起）。这些市场机会提供给总部设在中国香港、不论国籍的任何公司。根据 CEPA 的贸易和投资便利化议程，双方已做出承诺，提高其法律、法规的透明度，以及加强知识产权保护。因此，CEPA 可能会给更广泛的 WTO 成员带来利益。

中国香港仍然是一个多边贸易体制的坚定支持者，拥有提供通知的优良记录，以及自由和开放贸易的承诺。尽管如此，中国香港政府仍以积极的态度寻求与其贸易伙伴签订进一步的自由贸易协定，以提高其经济和贸易利益。在 2010 年，与新西兰签订了建立更紧密经济伙伴关系协定，而与欧洲自由贸易联盟（EFTA）的自由贸易协定谈判目前正在进行。

中国香港在贸易政策上最重要的发展之一，是对跨行业竞争的立法，此前其曾以经济的开放程度高为由进行回避。在 2010 年 7 月提交到中国香港立法机关的新的竞争法案，标志着其向前迈进了一大步。根据该法案，一个独立的竞争事务委员会将负责执行法律和制定竞争指引，但是执法程序将由竞争事务审裁处裁定。尽管对兼并和收购的全面监管已被推迟，但是该法案防止反竞争做法的建议内容，与其他司法管辖区的竞争法并不冲突。至于什么样的协议或行为将被通过法律圈定出来，以及是否包括在经济中发挥重要作用的法定团体，还有待观察。

所有适用的最惠国关税为零，只有略多于 1/3 的非农产品关税受 WTO 约束（所有农产品关税是受约束的），这给中国香港的关税附上了一定程度的不可预测性。然而，中国香港的“小宪法”——“基本法”，保证了中国香港作为一个自由港的地位。

由于其免税的关税制度，中国香港的海关手续很简单。几乎所有的贸易文件都可以电子方式递交（电子海关）。以征收消费税为目的的海关估价征，只适用于四种产品（酒类、烟草、碳氢油和甲基油）。为了实现其成为高品质酒类产品交易中心的宏伟目标，中国香港对酒的消费税已被取消。

出于健康、治安、安全或环境等原因，中国香港仍保持少数的进口和出口限制（根据国际协定）。纺织品的进出口仍受到关于原产地的特别管制。

虽然中国香港在经济自由、竞争力、便于经商等众所周知的指标方面排名靠前，但是出于社会、卫生、环保和审慎等原因，它也在逐步向市场监管迈进。例如，像其他 WTO 成员一样，中国香港推出了营养标签及营养声明（如“不含脂肪”）的新规定。它还制定了最低工资法，其对就业和经济竞争力的影响将取决于实施的最低工资水平。

在国内外发生过几起安全事件（如三聚氰胺事件）之后，中国香港的食品安全和药品的监管框架再次面临挑战。一项新的未决的食物安全法案，包含了对经销商登记和保存记录的要求，以实现（被污染）食品的可追溯性。

中国香港的公共采购规模相对较小（2009 年约占 GDP 的 4%），反映了其“大市场，小政府”的承诺。然而，多数合同都通过限制和选择性招标程序而不是更透明的公开招标程序来达成。中国香港是 WTO 多边政府采购协定的缔约方。

中国香港也是一个实行低税收的地区（在 2008—2009 年，税收收入占 GDP 的 13%），但全球金融危机也暴露了其税制结构的某些弱点。其中包括来自其出售和租赁土地的收入（土地出让金、印花税）的不稳定性，因为土地在很大程度上都是政府所有。还包括缺乏其他一些在商业周期中相对非扭曲和稳定的收入来源，如间接税等。引入商品及服务税以扩大税基的建议也由于公众反对而最终没有被采纳。

中国香港有一个相对中立的直接税收制度，但并不是完全没有税收优惠政策，对于一些如环境和知识产权相关的支出也有税额减免。否则，政府有限的援助就只有拨款、贷款或贷款担保等几种形式。对中小企业（为了应对全球金融危机）和六个“新产业”中的一些行业增加了援助力度。政府还提供了一定的研发补贴以促进创新和研究文化，因为相比中国内地或其他先进经济体，中国香港在研发上的支出相对较少（相对于经济规模）。

在知识产权领域，根据多哈宣言第 6 章，中国香港已实施强制许可制度。中国香港对其知识产权的保护实现了现代化，以适应科技发展水平及国际标准，并在对数字环境下版权保护的立法框架进行了审议。中国香港还采取措施以加强知识产权执法力度。

金融服务行业仍然是中国香港最重要的经济支柱。中国香港政府一直通过各种手段积极推动其作为金融中心的作用，包括通过改善中国香港的服务供应商在中国内地的市场准入（CEPA），以及通过扩展人民币离岸业务的机会等。在这方面的主要新发展包括，中国内地金融机构在中国香港发行人民币债券，以及在 2009 年推出的人民币贸易结算试点计划。这一结算计划为中国香港提供了中国与世界其他国家之间更多的金融中介机会。

不论是中国香港国际机场（HKIA）还是中国香港港口，都正面临着如中国深圳等来自邻国和其他地区机场和港口的激烈竞争。特区政府已经与其民航伙伴达成了若干新的或更宽松的航空服务协议，以加强中国香港国际机场作为航空枢纽的地位，以及为中国香港的航空公司开辟新的机会。中国香港并没有奉行“开放领空”（这是其自由和开放政策的一个例外）。中国香港国际机场在货物周转量方面是世界领先的机场，目前正在计划开放其第四个私营空运货站，以进一步加强竞争。

为了增强其机场和海港对中国内地的门户地位，中国香港正在发展与中国内地的交通联系。一个政府出资的重大基础设施项目，连接中国香港与中国内地及中国澳门的一个具有里程碑意义的粤港澳大桥，将进一步加强珠江三角洲西部地区与中国香港工业腹地的经济联系。此外，中国香港还在计划建立一个新的巨型邮轮码头，以实现其作为亚太区邮轮中心的定位。对来自中国内地旅客的旅行安排已得到了进一步放开，极大促进了旅游业这一传统支柱产业的发展。

中国香港已采取措施进一步开放其竞争激烈的电信市场。要求移动运营商支付固定运营商双向互联费（移动网络付费安排）的监管干预已经取消，以便让市场来决定费率和安排方式。作为基础设施运营商之间竞争的结果，约 85%的全港人口都可以在几个固定和无线宽带网络之间进行选择。电信和广播是目前中国香港经济中受到竞争规则制约的仅有的两个部门。

电力市场仍然由两个受严格监管控制的私营垄断集团主导。中国香港政府目前正在进行开放电力市场的准备工作，虽然在 2018 年之前还不会实现。

中国香港的农业基础非常薄弱，几乎所有的食品都靠进口。为了应对公共卫生（H5N1 禽流感）和环境问题，中国香港政府通过绿箱型资源退出计划进行干预，以鼓励农民放弃对猪和家禽的饲养。这种奖金支付导致了畜产品产量的大幅下降。对于主食大米，仍然实行一系列包括储备库存计划在内的控制措施。保持大米库存主要是为了在供应紧张或短缺（如稻米出口国实行出口限制）的情况下，消除市民疑虑。

（李雪峰译，杨凤鸣校）

第三篇　中国与 WTO

● 中国加入WTO十周年回顾

开放促发展 互利谋共赢
——中国加入世贸组织十周年回顾

2011年是中国加入世界贸易组织（WTO）十周年。加入世贸组织，是改革开放的历史性选择，是中国主动迎接全球化做出的重大战略决策。十年来，中国有效利用世贸组织多边舞台，抓住经济全球化的历史机遇，坚定不移推行改革开放，在更大范围和更深程度上参与国际分工与合作，推动社会经济全面发展，取得了举世瞩目的成就，成为发展中国家积极融入全球化进程的典范，为世界经济的繁荣和稳定做出了重要贡献。

一、以开放促发展，社会经济成就显著

加入世贸组织，标志着中国的对外开放进入新的阶段。加入世贸组织后，中国的对外开放，无论是广度和深度，还是质量和水平，都达到前所未有的水平。世贸组织所代表的多边贸易体制不仅为中国发展开辟了广阔的国际资源和市场，也为改革开放提供了外部动力支持，推动中国经济实现跨越式发展，人民生活水平显著提高，全球视野、规则意识深入人心。

（一）经济跨越式发展

加入世贸组织十年来，顺应全球产业分工不断深化的大趋势，中国充分发挥比较优势，推动开放型经济实现了迅猛发展。

十年来，中国出口规模增长4.9倍，进口增长4.7倍，成为世界第一大出口国和第二大进口国。实际使用外资连续19年居发展中国家之首，2010年突破1 000亿美元。国民经济持续快速增长，国内生产总值从2001年的11万亿元人民币增至2010年的近40万亿元人民币。

面对开放经济带来的竞争压力，中国产业积极应对挑战，竞争力不断提升。2010年中国汽车总产量1 827万辆，位居世界第一，比十年前增长6.8倍。电子产品和纺织服装等部门出口均位居世界第一。服务业发展势头迅速，已成为世界第三大服务进口国和第四大服务出口国。一大批企业在与跨国公司的角逐中不断发展壮大。进入全球《财富》500强的中国企业，从2001年的12家中增加到2010年的54家，其中有3家企业进入前十名。

（二）人民生活确实受益

加入世贸组织的十年，是开放不断惠及百姓生活的十年，是中国人民生活水平和质量得到显著提高的十年。开放的市场确保人民拥有更多的消费选择，先进的技术、管理经验和服务意识的引入进一步提升了社会整体福利。中国城乡居民家庭人均收入从2001年的约800美元，增长到2010年的3 300美元，年均增长10%。两亿多中国百姓摆脱了贫困。

经济的持续快速发展为社会事业的投入奠定了坚实的物质基础。过去十年，中国社会保障体系逐步健全，全面实行了真正免费的义务教育，建立起覆盖城乡居民的社会保障制度，在23%的县推进新型农村养老保险试点，城乡二元户籍制度改革也在部分城市试点展开。

（三）国际规则意识深入人心

加入世贸组织十年，世贸组织所倡导的国际规则意识在中国深入人心，以透明度和非歧视为基本

理念的市场经济体制基本确立，市场意识、法治精神等概念对政府职能转变、公众观念革新产生了深远影响。

通过公布草案和举行立法论证会、听证会等多种形式，政府部门深入推进科学立法和民主立法，逐步完善了社会主义市场经济的法律体系，进一步理顺了政府在开放型经济中的调控、监管、服务的职能和方式。通过参与国际竞争和应对贸易摩擦，企业在艰难调适中逐步学习和运用国际贸易规则。从被动接受到主动出击，中国企业运用规则保护自己的意识和能力逐步提高。开放使解放思想、与时俱进落到实处，全球视野、创新眼光，竞争意识、发展意识，法治观念深入人心。

二、以互利谋共赢，国际影响大幅提升

加入世贸组织的十年，是中国积极融入世界经济的过程，也是与各国优势互补、利益共享的过程。中国全面履行了加入承诺，逐步降低关税，取消非关税措施，开放服务业，建立透明的法制环境，市场经济体制进一步完善。同时，中国在多边经贸和全球经济治理中日益发挥出建设性作用，国际地位和影响力明显提升。

（一）言信行果，认真履行加入承诺

加入世贸组织十年来，中国认认真真地遵守世贸组织规则，实实在在地履行各项义务和承诺。截至 2010 年，中国加入世贸组织的所有承诺已全部履行完毕，建立起了符合规则要求的经济贸易体制，成为全球最开放的市场之一。

在货物贸易领域，中国按照承诺大幅降低关税，关税平均水平 15.3%降低到目前的 9.8%；削减非关税壁垒，取消了 424 个税号产品的进口配额、进口许可证和特定招标，贸易投资自由化、便利化程度显著提高。

在服务贸易领域，在按世贸组织规则分类的 160 多个服务贸易部门中，中国已经开放了 100 个，涉及银行、保险、电信、分销、会计、教育等重要服务部门，为外国服务提供者创造了广阔的市场准入机会。

在知识产权领域，中国高度重视知识产权保护工作。完成了相关法律法规的修改，使其与世贸组织《与贸易有关的知识产权协定》以及其他保护知识产权的国际规则相一致，不断加大知识产权保护力度，提高全社会的知识产权保护意识。

入世十年，中国对贸易体制和政策进行了全面的调整，开展了大规模的清理修改法律工作，中央政府部门共清理各种法律法规和部门规章2 300多件，地方政府共清理约 19 万件地方性法规，建立起符合世贸组织要求的法律体系。中国的贸易体制和环境更加稳定，更具可预见性。中国以自身“重承诺、负责任、守信用”的实际行动，赢得了世界各国的尊重和赞赏。

（二）互利共赢，促进世界繁荣稳定

中国需要世界，世界离不开中国。中国加入世贸组织的十年是与世界分享和共赢的十年。中国的发展为各国提供了规模空前、增长迅速的新兴市场，为全球经济增长提供了强大动力。

十年来，中国进口规模增长 4.7 倍，跃居全球第二大进口国。中国已成为日本、澳大利亚等国的第一大出口市场，欧盟的第二大出口市场，美国的第三大出口市场。2009 和 2010 年，中国对全球经济增长的拉动作用超过了 50%。

作为最大的发展中国家，尽管自身财力十分有限，发展任务十分繁重，中国政府仍然始终致力于缩小和消除南北差距，高度重视南南合作，向发展中成员提供力所能及的经济和技术援助，给予与中国建交的最不发达国家 95%输华产品零关税待遇，并已经成为最不发达国家最大的出口目的地。

（三）全面参与，推动多边贸易体制发展

十年来，中国在为世界经济增长做出贡献的同时，走和平发展的道路，全面参与多边贸易体制，与其他成员一道共同推动多边贸易体制向公平、公正、非歧视的方向发展。

中国始终积极推动多哈谈判，发挥桥梁作用，推动谈判早日结束，实现发展目标。中国积极参与了世界贸易组织部长级和高官级的谈判和磋商，举办了 2005 年大连世贸组织小型部长会，在同年 12 月香港举行的世贸组织第六届部长会上发挥了桥梁作用。在 2008 年 7 月小型部长会上，中国受邀参与“七方”（G7）部长小范围磋商，首次进入多边贸易谈判核心决策圈。中国从大局出发，努力弥合各方分歧，始终不放弃推动谈判达成共识的努力。虽然谈判最终破裂，但中国所发挥的作用有目共睹，得到了其他成员的高度认可。

2009 年，为打破僵局，推动谈判，中国及时

提出“尊重授权，锁定成果，多边谈判为基础”的三项谈判原则，得到了大多数成员的认可和支持，并体现在二十国集团峰会宣言中。2009年底的世贸组织第七届部长级会议上，中国呼吁改善和加强以世界贸易组织为代表的多边贸易体制，推动成员共同向世界发出“开放、前行、改革”的积极信号。在目前谈判再次陷入僵局、前途未卜的情况下，中国利用G20、APEC、OECD等多边场合，积极推动谈判，呼吁各方不轻言放弃，强调谈判优先解决最不发达国家的关注，与各方一道，积极探索推动谈判的新思路，确保谈判早日成功结束，实现发展目标。

三、以科学发展为指导，进一步提高对外开放水平

中国加入世贸组织的实践表明，只有走对外开放道路，才能抓住经济全球化机遇；只有把对外开放与国内发展改革相结合，才能确保从全球化中切实收益。

党的十七大提出，到2020年中国将建成一个富强、民主、文明、和谐、惠及十几亿中国人的全面小康社会。2011年是“十二五”开局之年。接下来的一个时期，是中国全面建设小康社会的关键时期，是中国深化改革开放、加快转变经济发展方式的攻坚时期，也是中国发展的重要战略机遇期。我们将充分利用好这一时期，以科学发展为主题，实施互利共赢的开放战略，以开放促发展、促改革、促创新，统筹国内国际两个大局，积极参与全球经济治理和区域合作，推动建立均衡、普惠、共赢的多边贸易体制，为世界共同繁荣与进步做出贡献。

（一）国内：科学发展，以开放推动改革前行

作为一个人均GDP仍在全球100位之后的发展中国家，中国发展中的不平衡、不协调、不可持续问题相当突出，面临着人口、就业、贫困、能源、环保、收入差异等方面的巨大压力。

要解决这些问题，科学发展是关键。只有推动科学发展，提高发展的全面性、协调性、可持续性，发展经济，扩大财富，才有提高人民福祉的物质基础。而发展与改革开放是始终紧密联系、辩证统一的。要发展就必须进一步深化改革，进一步扩大开放。开放本身也是一种改革。在改革的攻坚时期，将开放的压力变成国内改革的动力，以开放为改革提供外部动力支持，才能推动国内改革的进一步深化，实现发展的目标。

（二）国际：参与全球治理，推动新一轮多边贸易开放

当今世界处在大变革大调整之中。国际经贸关系激荡变化，全球融合继续深入，全球治理处于激烈变革期，中国发展的外部环境更趋复杂。然而，和平、发展、合作仍是时代潮流，世界多极化趋势已不可逆转，经济全球化将在曲折中深入发展。

多边贸易体制是促进世界稳定和谐的平台，是抵制贸易保护主义、应对和处理贸易摩擦的有效途径。多哈回合成功将为促进中国经济发展方式的转变，参与国际竞争，实现市场多元化，加速全面协调可持续发展提供难得的机遇。因此，我们要继续推动多哈回合谈判，反对各种形式的保护主义，推动建立均衡、普惠、共赢的多边贸易体制，争取和维护中国正当权益，继续在经济全球化进程中掌握主动、趋利避害、应对挑战，以确保中国经济长期平稳较快发展、人民生活富裕安康、世界繁荣稳定和谐。

加入世贸组织不是中国开放的终点，而是开放的新起点。我们从这个起点出发已经奔跑了十年，取得了阶段性成果。现在，我们又面临一个新的契机。我们将在认真总结成功经验的基础上，在党中央、国务院的领导下，深入贯彻落实全面、协调和可持续的科学发展观，进一步提高对外开放水平，创造中国参与国际合作与竞争的新优势，扩大和深化同各方的共同利益，以开放促发展、促改革、促创新，推动实现全面建设小康社会、构建社会主义和谐社会的宏伟目标。

（商务部世界贸易组织司　柴小林）

●贸易争端与救济措施

中国参与争端解决案件情况

第一部分 2001至2010年中国参与世贸组织争端解决机制情况介绍

争端解决机制作为世贸组织的基石之一，因其法律性、中立性、约束性，成为世贸成员解决贸易争端的重要途径。世贸成员已将诉诸争端解决机制作为主要争议处理方式而经常使用。

自1995年世贸组织成立至2010年，共有419起案件诉诸世贸组织争端解决机制。美国（96起）、欧盟（82起）、加拿大（32起）、巴西（25起）、墨西哥（21起）等运用世贸组织争端解决机制比较活跃，美国、欧盟起诉的案件占世贸组织争端案件总数的43%，是最经常运用争端解决机制的成员。近年来，发展中国家，如巴西、印度、墨西哥等，也有相当程度的参与。

自2001年加入世贸组织以来，截至2010年底，中国在世贸组织争端解决机制下起诉和被诉案件共计19起（按世贸组织统计为28起），其中，起诉案件7起，被诉案件12起。此外，我还作为第三方参与了70余起其他世贸组织成员之间的争端解决诉讼。

第二部分 2010年中国参与世贸组织争端解决情况

一、中国作为起诉方参与世贸组织争端解决案件新情况

2010年，世贸组织成员新发起的争端解决案件共计18起，其中，中国作为当事方的案件5起（起诉1起，被诉4起），占当年全部新发起案件的28%。本文将就2010年中国参与的世贸组织争端解决案件做一简要介绍（包括延续到2010年的案件）。

（一）中国诉美国限制禽肉进口措施案(DS392)

1. 争端进程

美国《2009年农业拨款法》第727节规定："根据本法所提供的任何拨款，不得用于制定或执行任何允许向美国进口中国产禽类制品的规则。"

2009年4月17日，中国政府通过常驻世贸组织代表团致函美方，就美限制中国禽肉进口的措施提起世贸组织争端解决项下的磋商请求。根据世贸组织争端解决程序规则，中美双方于5月15日通过电视视频会议方式进行了磋商。但是，磋商未能达成双方满意的结果。

2009年6月23日，中国政府致函世贸组织争端解决机构主席，请求设立专家组。7月31日，专家组正式设立。巴西、中国台北、欧盟、危地马拉、韩国和土耳其6个世贸组织成员作为第三方参加此案。

此后，根据世贸组织争端解决程序和此案专家组时间表，中美双方分别提交了书面陈述。2009年12月和2010年3月，专家组两次召开听证会审理此案。2010年6月14日，专家组散发了中期报告；7月26日，专家组将最终报告散发当事方。2010年9月29日，专家组最终报告向所有世贸组织成员公开散发。2010年10月25日，世贸组织争端解决机构会议正式通过了该专家组报告。

2. 裁决结果

专家组最终裁决全面支持了中方主张。首先，专家组裁定“727条款”不符合《SPS协定》第5.1条、第5.2条、第2.2条、第5.5条、第2.3条、第8条。其次，专家组裁定“727条款”不符合《1994年关贸总协定》第1.1条和第11.1条。第三，专家组裁定“727条款”不符合《1994年关贸总协定》第20条（b）项之例外。最后，关于“727条款”是否符合《SPS协定》第5.6条和《农业协定》第4.2条，专家组未予裁决。鉴于美方已经修改立法，原“727条款”业已失效，专家组没有根据《争端解决谅解》第19条提出执行建议。

（二）中国诉欧盟紧固件反倾销措施案（DS397）

1. 争端进程

2009年7月31日，中国政府通过常驻世贸组织代表团致函欧盟常驻世贸组织代表团，就欧盟对中国紧固件采取的反倾销措施提起世贸组织争端解决机制下的磋商请求，启动争端解决程序。欧盟接受了中国的磋商请求。此案是中国在世贸组织起诉欧盟的第一案。

根据世贸组织争端解决程序，中欧双方于2009年9月14日在日内瓦就此案进行了争端解决机制项下的磋商。但是，磋商未能解决争议。

2009年10月12日，中国政府通过常驻世贸组织代表团致函争端解决机构主席，就欧盟对中国紧固件采取的反倾销措施提起设立专家组请求。10月23日，争端解决机构正式设立专家组审理此案。巴西、加拿大、智利、哥伦比亚、印度、日本、中国台北、挪威、泰国、土耳其和美国11个世贸组织成员申明作为此案的第三方。12月9日，世贸组织总干事指定了此案专家组人员。

此后，根据争端解决程序和此案专家组时间表，中欧双方分别提交了两次书面陈述。2010年3月和6月，专家组召开两次听证会。

9月29日，专家组向争端当事方提交最终报告。12月3日，专家组向世贸成员散发最终报告，裁定欧盟涉案措施违反世贸组织相关规则。

2011年3月25日，欧盟就专家组报告提出上诉，中国提出其他上诉。目前，此案正在上诉机构审理中。

2. 涉案措施

此案涉案措施如下：

（1）1995年12月22日欧盟理事会第384/96号《关于对从非欧盟成员国进口产品的反倾销条例》（下称欧盟《反倾销基本条例》）第9条第5款及其修正案；

（2）2009年1月26日欧盟理事会《关于对原产于中华人民共和国某些钢铁紧固件最终征收反倾销税的第91/2009号条例》（下称“终裁措施”）。

中国认为，欧盟《反倾销基本条例》第9条第5款及其修正案规定，在从包括中国在内的非市场经济国家进口的情况下，反倾销税应针对当事出口国而非每个单独出口商征收，只有在出口商证明其达到该条规定的标准时才对出口商单独征收反倾销税。此措施不符合欧盟在《反倾销协定》第6.10条、第9.2条、第9.3条、第9.4条和第18.4条，《1994年关税与贸易总协定》第1条和第10.3（a）条，以及《马拉喀什建立世界贸易组织协定》第16.4条下的义务。

中国认为，欧盟的终裁措施不符合《反倾销协定》第2条、第3条、第4条、第5条、第6条、第9条、第12条和《1994年关税与贸易总协定》第1条、第6条，以及《中国加入议定书》和《中国加入工作组报告书》相关条款的规定。

3. 专家组裁定

（1）专家组裁定，欧盟《反倾销基本条例》第9条第5款违反了《反倾销协定》关于应给予每一已知出口商或生产商单独税率以及应在非歧视基础上征收反倾销税的规定，也不符合《1994年关税与贸易总协定》最惠国待遇等规定。

（2）专家组裁定，欧盟的终裁措施在确定单独税率、判定正常价值、认定因果关系和调查程序等方面，违反了《反倾销协定》的有关规定。

（3）专家组认为，欧盟的终裁措施在申请人资格、国内产业认定、同类产品认定、答卷时间要求等方面，没有违反世贸组织规则。

（三）中国诉美国轮胎特保措施案（DS399）

1. 争端进程

2009年9月14日，中国在世贸组织争端解决机制项下，就美国对中国输美载客车及轻型卡车轮胎产品采取的特定产品过渡性保障措施提出磋商请求。美国接受了中国的磋商请求。

2009 年 11 月 9 日，中国与美国在日内瓦进行了磋商。磋商澄清了与上述措施有关的某些问题，但未能解决争端。

2009 年 12 月 9 日，中国要求设立专家组。在 2010 年 3 月 12 日召开的会议上，世贸组织争端解决机构设立专家组。欧盟、日本、中国台北、土耳其、越南等 5 个世贸组织成员申明作为此案的第三方。

2010 年 12 月 13 日，世贸组织受理我诉美轮胎特保措施的专家组发布了最终报告，初步维持了美方的轮胎特殊保障措施。

2011 年 5 月 24 日，中国针对专家组报告提起上诉。目前，此案正在上诉机构审理中。

2. 涉案措施

中国主要关注的是美国对中国出口的载客汽车和轻型卡车轮胎所施加的高额关税措施及其法律依据。这些限制措施和依据包括：

美国国际贸易委员会（ITC）2009 年 7 月对中国输美载客车及轻型卡车轮胎产品采取特定产品过渡性保障措施的报告。

美国总统关于就中国输美轮胎产品采取特定产品过渡性保障措施的决定，包括 2009 年第 28 号美国总统决定以及 2009 年 9 月 17 日的第 8414 号公告。

美国 1974 年贸易法第 421 节。

中国认为，美国上述措施违反了《1994 年关税与贸易总协定》第 1.1 条，并与美国在《中国加入议定书》第 16.1 条、16.3 条、16.4 条、16.6 条项下的义务不符。

3. 专家组裁定

专家组维持了美方轮胎特保措施，认为美调查机关没有违反世贸规则，主要体现在三个方面：

（1）中国轮胎出口量。从 2004 年至 2008 年，中国向美出口的轮胎绝对数量从1 457.5万个增长至4 597.5万个，增幅 215.4%；占美进口市场份额从 4.7%增至 16.7%，增幅 255.3%；对美出口金额增长 294.5%。依据以上事实证据，专家组认为中国输美轮胎呈快速增长趋势，美裁决未违反世贸规则。

（2）美因果关系立法。美国关于特殊保障措施因果关系的条文表述是“对实质损害具有显著作用”，中国加入世贸组织议定书的表述是“造成实质损害的一个显著原因”。专家组认为尽管两者字面表述存在差异，但从《中国加入议定书》（简称《议定书》）第 16 条上下文和美方实践来看，美立法体现了议定书中的法律义务，未违反世贸规则。

（3）美因果关系裁决。专家组认为轮胎进口量与美产业损害指标之间存在总体上的关联关系，中国轮胎出口的绝对和相对数量均呈上升趋势，美国内产业的市场份额、产量、产能、销量、劳工就业、生产率、开工率和销售收入均呈显著下降趋势。同时，专家组认为美调查机关在裁决中分析了美产业经营策略转变和表观需求下降等其他因素造成的损害影响，符合世贸组织规则。

2011 年 5 月 24 日，中方向世贸组织争端解决机构提起上诉。

（四）中国诉欧盟皮鞋反倾销措施案（DS405）

1. 争端进程

1995 年至 2005 年，欧盟曾对中国出口皮鞋实施长达十年的配额限制。2005 年，欧盟虽根据其在中国加入世贸组织时所做出的承诺取消了配额限制，但又对中国皮鞋发起反倾销调查，并于 2006 年 10 月做出裁定，实施为期两年的反倾销措施。2008 年 10 月，在该反倾销措施即将期满之际，欧盟又发起期终复审，并于 2009 年 12 月 22 日决定将反倾销措施再延长 15 个月。

2010 年 2 月 4 日，中国常驻世界贸易组织代表团致函欧盟常驻世贸组织代表团，就欧盟对华皮鞋采取的反倾销措施提起世贸组织争端解决机制下的磋商请求。

根据世贸组织争端解决程序，2010 年 3 月 31 日，中欧双方通过视频会议方式举行了磋商。但是，磋商未能解决争议。

2010 年 4 月 8 日，中国政府通过常驻世贸组织代表团致函世贸组织争端解决机构主席，就中国诉欧盟对华皮鞋反倾销措施案提起设立专家组请求。

2010 年 5 月 18 日，世贸组织争端解决机构正式设立专家组，依据世贸组织规则，对欧盟《反倾销基本条例》的有关规定和欧盟对华皮鞋反倾销措施进行审查。澳大利亚、巴西、哥伦比亚、日本、土耳其、美国和越南申明作为此案的第三方。7 月 5 日，世贸组织总干事指定了此案专家组人员。

此后，根据世贸组织争端解决程序和此案专家组时间表，中欧双方分别提交了两次书面陈述，2010年11月和2011年1月，专家组召开了两次听证会。

2. 涉案措施

此案涉案措施如下：

(1) 欧盟理事会《第384/96号关于保护欧盟产业免受非欧盟成员国进口产品倾销的条例》第9.5条，及其修正案，该条例现已重新编纂，并被欧盟理事会《第1225/2009号条例》所替代（《反倾销基本条例》）；

(2) 2006年10月5日欧盟理事会《第1472/2006号条例》，对从中国进口的皮鞋产品征收最终反倾销税及最终征收临时性反倾销税；

(3) 2009年12月22日欧盟理事会《第1294/2009号执行条例》，根据欧盟理事会《第384/96号条例》第11.2条规定进行期终复审后，对原产于中国的皮鞋产品征收最终反倾销税，并扩大适用于从澳门特别行政区转运的皮鞋，无论其是否申报为原产于澳门特别行政区。

中方认为，《反倾销基本条例》第9.5条规定在从非市场经济国家进口的情况下，反倾销税应适用于涉案出口国而非每个出口商，出口商只有在其能够证明满足该条所列标准时才能获得单独税率。该条规定违反了欧盟在《马拉喀什建立世界贸易组织协定》第16.4条；《1994年关税与贸易总协定》第6.1条和第10.3 (a) 条；《反倾销协定》第6.10条、第9.2条、第9.3条、第9.4条、第12.2.2条和第18.4条项下的义务，因为上述条款要求对每一个已知的出口商或生产商确定单独幅度和反倾销税。另外，《反倾销基本条例》第9.5条所列获得单独反倾销税的标准是不合理和不客观的。而且，这些条件仅适用于来自所谓非市场经济国家的进口，因此欧盟的措施还具有歧视性，违反了《1994年关税与贸易总协定》第1.1条。

中方认为，2006年10月5日的欧盟理事会《第1472/2006号条例》对从中国进口的皮鞋产品征收最终反倾销税及最终征收临时性反倾销税（“原审裁决”），与《反倾销协定》、《1994年关税与贸易总协定》和《中国加入议定书》第1部分第15条不一致。

中方认为，2009年12月22日欧盟理事会《第1294/2009号执行条例》，对从中国进口的皮鞋产品延长征收反倾销税（“复审裁决”），违反了《反倾销协定》和《1994年关税与贸易总协定》。

二、中国作为被诉方参与世贸组织争端解决案件新情况

（一）美国诉中国出版物案（DS363）

1. 争端进程

2007年4月10日，美国在世贸组织争端解决机制项下，就中国对出版物、电影和有关视听产品的管理措施提出磋商请求。中国同意了美国的磋商请求。2007年4月25日，欧盟请求加入磋商，中国同意了欧盟的请求。

2007年11月27日，争端解决机构设立了专家组。欧盟、日本、中国台北、澳大利亚、韩国等5个世贸组织成员申明作为此案的第三方。

2009年8月12日，专家组散发了专家组最终报告。2009年12月21日，上诉机构散发了最终报告。

2010年1月19日，争端解决机构通过了上诉机构报告及被其修改的专家组报告。

2010年7月，中美双方就本案的合理执行期达成协议，执行期为14个月，从2010年1月19日起至2011年3月19日。

2011年3月19日，中方宣布完成包括《出版管理条例》、《音像制品管理条例》在内的绝大部分涉案法规、规章的修改工作。

2. 专家组和上诉机构主要裁决内容

专家组和上诉机构就如下问题未支持美方观点：(1) 关于进口电影发行，裁定美未能证明涉案措施限定发行进口电影的企业的范围，驳回了此项诉求。(2) 关于进口录音制品的内容审查方式，裁定美未能证明涉案措施违反国民待遇，驳回了此项诉求。(3) 关于限定发行范围图书的订户订阅，裁定美未能证明涉案措施未给予进口图书国民待遇，驳回了此项诉求。(4) 关于外商投资出版物和音像制品分销企业审批程序和审批条件，裁定不在其审理范围内，驳回了此项诉求。

此外，专家组和上诉机构裁决内容还包括：(1) 关于出版物和电影的贸易权，裁定有关涉案措施只允许经批准或指定的国有企业从事进口，不符合中国加入世贸组织时有关贸易权的承诺。(2) 关于出版物分销权，裁定有关涉案措施不符合中国加

入世贸组织承诺和世贸组织规则，包括不允许外资从事进口出版物的分销、不允许外资控股、对进口报刊实施订户订阅制度等。(3) 关于网络音乐的外资准入，裁定有关涉案措施不允许外资从事网络音乐服务不符合中国加入世贸组织承诺和世贸组织规则。

(二) 美国、欧盟、墨西哥诉中国原材料出口限制案 (DS394/DS395/DS398)

1. 争端进程

2009年6月23日，美国、欧盟将中国原材料出口限制措施诉诸世贸组织争端解决机制，墨西哥于8月21日就同一事项提出磋商请求。起诉涉及9种产品：矾土、焦炭、氟石、镁、锰、碳化硅、金属硅、黄磷和锌。

2009年7月和9月，中国与起诉方在日内瓦举行了世贸组织争端解决机制项下的磋商。但磋商未能解决争议。

2009年11月4日，美、欧、墨请求设立专家组。2009年12月21日，争端解决机构决定就此案设立单一专家组。加拿大、阿根廷、巴西、智利、哥伦比亚、厄瓜多尔、印度、日本、韩国、中国台北、土耳其、沙特阿拉伯、挪威13个成员申明作为此案第三方。2010年3月29日，世贸组织总干事拉米指定了此案专家组成员。

2010年3月30日，中国向专家组提出初步裁决请求。2010年5月7日，专家组做出第一阶段初步裁决。

2010年6月1日，起诉方提交了第一次书面陈述。8月4日，中国提交了第一次书面陈述，正文长达300多页，证据合计426份，达到了8 000多页。2010年8月31日～9月2日，专家组第一次听证会在日内瓦举行。听证会后，争端各方书面回答了专家组的问题，并评论了其他方对问题的回复。10月1日，专家组做出第二阶段初步裁决。10月8日，争端各方提交了第二次书面陈述。11月24～25日，第二次听证会举行。2011年4月1日，专家组向当事方散发了专家组报告。7月5日，世贸组织争端解决机构向全体世贸成员散发了专家组报告。

2. 涉案措施

(1) 出口配额

美国、欧盟、墨西哥认为，中国对矾土、焦炭、氟石、碳化硅和锌等产品采取的涉及出口配额的管理措施与中国在GATT 1994第11.1条“普遍取消数量限制”以及纳入了《中国加入工作组报告书》第162段和第165段的《中国加入议定书》第1.2条下的义务不符。

(2) 出口税

美国、欧盟、墨西哥认为，中国对矾土、焦炭、氟石、镁、锰、金属硅、黄磷和锌适用不同程度的出口税率。这些措施与中国在《中国加入议定书》第11.3条以及纳入了《中国加入工作组报告书》第342段的《中国加入议定书》第1.2条下的义务不符。

(3) 其他出口限制

起诉方认为，中国还对有关原材料出口施加了其他限制，包括限制出口经营权、配额招标有偿使用等。这些措施与GATT 1994第8.1条(a)项和第8.4条、第10.1条和第10.3条(a)项以及第11.1条，以及《中国加入议定书》第一部分第2(A)2条、第5.1条、第5.2条和第8.2条不符，也与中国在纳入了《中国加入工作组报告书》第83段、第84段、第162段和第165段的《中国加入议定书》第一部分第1.2条下的义务不符。

3. 专家组裁决

(1) 出口配额

专家组裁决，中国对矾土、焦炭、氟石、碳化硅和锌所适用的出口配额违反GATT 1994第11.1条关于普遍取消数量限制(包括配额、进出口许可证或其他措施)的规定。

中国援引GATT第11.2条(a)项、20条(b)项和20条(g)项进行抗辩，但专家组认为中方措施未满足有关例外的条件。

(2) 出口税

专家组裁决，中国对矾土、焦炭、氟石、镁、锰、金属硅和黄磷征收的出口关税超过《中国加入议定书》附件6所规定上限，违反了《加入议定书》第11.3条，并且，中国没有依据《中国加入议定书》附件6的注释进行磋商。

中国援引GATT第20条(b)项和20条(g)项进行抗辩，但专家组认为中方措施未满足有关例外的条件。

(3) 其他出口限制

(a) 有关出口配额管理和分配的主张：

专家组裁决，中国通过五矿商会介入管理焦炭的出口配额及矾土、氟石和碳化硅的出口配额招标制度，并未违反GATT 1994第10:3条（a）项的规定。而且，中国要求出口申请人支付中标金以获取矾土、氟石和碳化硅的出口权的做法，并未违反GATT 1994第8:1条（a）项和《中国加入议定书》第11:3条的规定。

专家组裁决，鉴于中国已在其入世承诺中明确承诺取消任何出口实绩、以往经验要求及最低注册资本要求，因此，中国要求既往出口业绩和最低注册资本以获得配额分配的做法违反了入世承诺。

（b）有关出口许可证要求的主张：

专家组裁决，不能仅基于中国的出口许可证制度允许出口许可证发证机构对限制出口货物要求许可证，就认为该制度当然违反GATT 1994第11:1条的规定。但对中国具体措施中造成发证机构享有自由裁量权的规定，专家组裁决违反GATT 1994第11:1条的规定。

（c）有关最低出口限价的主张：

专家组裁定，中国对矾土、氟石、焦炭、镁、碳化硅、黄磷和锌的出口商施加了最低出口限价要求，违反了GATT 1994第11:1条的规定，但该等要求中国已取消有关措施。

（三）欧盟诉中国碳钢紧固件反倾销措施案（DS407）

1. 争端进程

2010年5月7日，欧盟就中国对其碳钢紧固件采取的临时反倾销措施以及《中华人民共和国反倾销条例》第56条提起世贸组织争端解决机制下的磋商请求，正式启动争端解决程序。中国接受了欧盟的磋商请求。

2010年6月4日，中国与欧盟举行了磋商，但未解决争端。

到2010年底，欧盟未提起设立专家组请求。

2. 涉案措施

此案涉案措施如下：

（1）《中华人民共和国反倾销条例》第56条的规定。该条规定，任何国家（地区）对中华人民共和国的出口产品采取歧视性反倾销措施的，中华人民共和国可以根据实际情况对该国家（地区）采取相应的措施。

（2）对欧碳钢紧固件临时反倾销措施（商务部2009年第115号公告）。2008年12月1日，国内产业申请对原产于欧盟的进口碳钢紧固件进行反倾销调查。应国内产业申请，中国对来自欧盟的碳钢紧固件启动反倾销调查，并于2009年12月23日做出初裁，征收16.8%～24.6%的临时反倾销税。

欧盟认为，《中华人民共和国反倾销条例》第56条规定中国可以在遭受歧视性反倾销措施的情况下采取相应的措施，不符合《关于争端解决规则与程序的谅解》第23条、《反倾销协定》第18.1条、《1994年关贸总协定》第1.1条和《1994年关贸总协定》第10.3（a）条。

欧盟认为，中国碳钢紧固件临时反倾销措施在公平比较、损害认定、机密信息处理、抽样调查、裁决理由披露以及对申请书的审查方面不符合《1994年关税与贸易总协定》第6.1条、《反倾销协定》第2.2条、第2.4条、第3.1条、第3.4条、第3.5条、第6.1.3条、第6.2条、第6.4条、第6.5条、第6.10条、第7.1条和第12.2.1条的有关规定。

（四）美国诉中国电子支付服务措施案（DS413）

1. 争端进程

2010年9月15日，美国在世贸组织争端解决机制项下，就我对电子支付服务的相关管理措施提出磋商请求。9月25日，中国同意美国的磋商请求。

2010年10月27日、28日，中国与美国进行了磋商，欧盟、日本作为第三方参加了磋商。磋商未完全解决争端。

2011年2月11日，美国要求设立专家组。在2011年3月25日的会议上，世贸组织争端解决机构设立了专家组。欧盟、澳大利亚、日本、韩国、危地马拉5个世贸组织成员申明作为此案的第三方。

2. 涉案措施

美国认为，中国人民银行等部门颁布的18项措施显示，中国要求在境内发行的所有人民币卡上均须标注银联标识，并要求境内商户的支付卡处理设施兼容银联的系统，而其他世贸成员方的服务提供商只能通过谈判才能接入商户。这表明，目前只有中国银联可以在中国境内为以人民币计价的支付卡交易提供电子支付服务。

美方认为，中国的有关措施违反了世贸组织《服务贸易总协定》第16条（市场准入）和第17条（国民待遇），违反了中国加入世贸组织服务贸易承诺减让表中对支付汇划、金融数据处理、其他附属金融服务等三个服务领域做出的市场准入和国民待遇承诺。

（五）美诉中国取向电工钢反倾销和反补贴措施案（DS414）

1. 争端进程

2010年9月15日，美国就中国对其取向电工钢采取的反倾销、反补贴措施提起世贸组织争端解决机制下的磋商请求，正式启动争端解决程序。中国接受了美国的磋商请求。

2010年11月1日，中国与美国进行了磋商，但未解决争端。

2011年2月11日，美国提起设立专家组请求。世贸组织争端解决机构在2011年3月25日会议上设立了专家组。阿根廷、欧盟、洪都拉斯、印度、日本、韩国、沙特阿拉伯和越南作为第三方参加此案。

2011年6月8日，美国提交了第一次书面陈述。目前，此案正处在专家组审理阶段。

2. 涉案措施

2009年4月29日，国内产业申请对原产于美国和俄罗斯的取向电工钢进行反倾销调查，对原产于美国的取向电工钢进行反补贴调查。商务部于2009年6月1日立案，2010年4月10日做出最终裁定，对俄罗斯进口产品征收反倾销税，对美国进口产品征收反倾销税和反补贴税。

美国认为，中国在调查中不当认定存在补贴利益、不适当地以可获得事实为基础做出裁定、不当处理机密信息、不当认定损害、未提供做出裁定考虑的事实问题和法律问题及理由，并且反补贴调查申请存在瑕疵，因此不符合《补贴与反补贴措施协定》第10条、第11.2条、第11.3条、第12.3条、第12.4.1条、第12.7条，第12.8条、第15.1条、第15.2条、第15.5条、第22.3条和第22.5条，《反倾销协定》第1条、第3.1条、第3.2条、第3.5条、第6.4条、第6.5.1条、第6.8条和附件二第1段、第6.9条、第12.2.2条和第12.2条，以及《1994年关贸总协定》第6条的有关规定。

（六）美国诉中国风能补贴案（DS419）

1. 争端进程

2010年12月22日，美国将中国与风能有关的补贴措施诉诸世贸组织争端解决机制。2011年2月16日，中美在日内瓦举行了磋商。欧盟、日本作为第三方加入磋商。

2. 涉案措施

美国认为，财政部《风力发电设备产业化专项资金管理暂行办法》（财建［2008］476号，下称《暂行办法》）以使用国产货物为条件为中国境内的风力发电设备生产制造商提供补贴，涉嫌提供世贸组织《补贴与反补贴措施协定》所禁止的进口替代补贴。此外，中国没有向世贸组织通报该项补贴措施，也没有提供该项措施的翻译文本，涉嫌违反有关世贸规则及入世承诺。

中国对涉案措施进行了澄清，并表示，涉案措施的目的是为了加强风能技术的研发投入，而不是要以使用国产货物来代替进口产品，而且，自2010年起中国已不再实施该项目。中国已于2011年2月明确将有关涉案措施列为失效文件。

（商务部条约法律司）

积极妥善应对贸易摩擦 依法实施贸易救济措施

公平贸易工作是中国对外贸易政策的重要组成部分。2011年是中国加入世界贸易组织十周年，也是“十二五”规划开局之年，回顾总结入世以来公平贸易工作总体情况，具有重要意义。

一、2010年公平贸易工作成效显著

2010年是新世纪以来中国面临贸易摩擦形势最复杂、经受考验最严峻的一年。公平贸易局深入贯彻落实科学发展观，牢牢抓住妥善应对贸易摩擦、依法实施贸易救济两条主线，努力营造良好外部环境，全力维护国内产业安全。

（一）国务院领导高度重视贸易摩擦应对工作

2010年，中国共遭遇来自20个国家（地区）发起的贸易救济调查案件66起，其中反倾销42起，反补贴6起，保障措施16起，特保1起，涉案金额达71亿美元，美国还对中国发起337调查19起，301调查1起，贸易壁垒、技术壁垒等限制措施层出不穷。美欧等联手在人民币汇率、自主创新政策、新能源政策、知识产权保护、投资环境、稀土出口等问题上频繁对中国施压。贸易摩擦高发不仅损害中国出口利益，恶化外部环境，而且挑战中国法律法规、政策措施和体制机制，甚至威胁国家重大利益。国务院领导对此高度重视，专门听取有关工作汇报并多次做出重要指示，亲自开展对外交涉，为中国企业争取合法权益，为贸易摩擦应对工作指明了方向。

（二）力阻美国对人民币汇率发起反补贴调查

金融危机爆发以来，围绕汇率问题的斗争日趋激烈，美国、欧盟、日本等将矛头直指人民币汇率。美国试图通过对人民币汇率发起反补贴调查来打开缺口，进而为诉诸WTO争端解决机制、对中国产品加征特别关税等一系列后续行动铺平道路。阻止美国对人民币汇率发起反补贴调查，成为2010年贸易摩擦应对工作的重点。在国务院及商务部党组的统一部署下，在相关单位的支持配合下，公平贸易局以高度的责任感和使命感全力以赴开展多层次、全方位应对工作。经多方努力，中国成功阻止美国商务部在对华铝挤压材、铜版纸和多层木地板等反倾销反补贴合并调查案件（以下简称“双反”案）中对人民币汇率发起反补贴调查。至此，美国商务部已驳回申请人在所有对华“双反”案中提出的人民币汇率补贴指控。

（三）积极应对美对华清洁能源政策301调查

2010年10月，美国启动对华清洁能源政策措施的301调查，试图遏制打压中国新能源产业发展，维护其在该领域的全球领先地位。新能源是中国确立的战略性新兴产业，美国此举对中国新能源领域的发展战略、政策实施、产业发展和企业出口都将造成严重不利影响。我们一方面深入了解中国清洁能源相关政策措施执行情况，会同有关部门研究制定应对方案，另一方面利用多双边场合与美方开展交涉。2010年12月，美方将中国风能补贴措施诉诸世贸组织争端解决机制，正式启动争端解决程序。我们对此继续密切跟踪，做好各项应对准备。

（四）成功化解迄今中国遭遇的最大贸易救济调查案

根据比利时申诉企业和比利时政府申请，2010年6月和9月欧委会相继对中国无线数据卡产品发起反倾销、保障措施和反补贴调查，案值高达41亿美元，是迄今中国遭遇涉案金额最大并且三种调查方法并用的贸易救济案件，涉及华为、中兴等大型通信制造企业。国务院领导和商务部领导都特别关心中国企业所遭遇的不公平待遇，亲自做工作。公平贸易局数次深入地方和企业调研，指导协调应诉工作，争取同盟军及媒体支持，积极推动华为、中兴等企业与申诉方保持接触，寻求通过业界协商与合作化解摩擦。2010年10月，比利时申诉企业与华为达成合作和解协议后向欧委会提出撤销反倾销和反补贴调查申请，并通过比利时政府向欧委会提出撤销保障措施调查申请。2011年1月25日，欧委会终止该案保障措施调查，3月3日，欧委会终止该案反倾销和反补贴调查。至此，中国迄今遭遇的最大贸易救济调查案圆满结案，成为中欧双方通过业界合作化解摩擦的成功范例。

（五）协调指导中国高科技产品反倾销第一案

印度对华同步数据传输设备反倾销案是国外首

次对中国高科技产品发起贸易救济调查，涉案金额大，涉案企业包括华为、中兴等通信设备供应商，该案成为中国遭遇贸易摩擦从低附加值、劳动密集型产品向高附加值、资本技术密集型产品延伸的重要标志。公平贸易局全力以赴，指导协调企业和行业积极应对，组织和参与应诉协调会多达15次，统一涉案企业思想，提高企业合力应对贸易摩擦的主动性。经多方努力，印度在反倾销终裁中将中国同步数据传输设备高端产品和零部件排除。此案的有效应对为今后我们妥善处理高科技产品贸易摩擦积累了宝贵经验。

（六）拓宽了337调查应对工作思路

随着中国产业结构不断升级，中美产业界在知识产权领域的交锋更加激烈，以跨国公司为代表的美国企业为维护技术优势、市场垄断和超额利润，一方面，通过全球专利布局战略对中国出口产品设置专利壁垒，遏制中国企业出口；另一方面，不断以中国企业侵权为名提起司法诉讼和行政调查，寄希望于用强大的资金实力以连环诉讼方式，在司法、行政程序上拖垮中国企业。337调查已成为美国限制中国国高科技产品出口的重要手段之一。2010年，美国国际贸易委员会共发起337调查58起，其中涉及中国企业及产品的案件19起，立案总数和涉华案件数均创历史最高，大部分为专利案件，涉及产业既包括信息、电子等高科技领域，也涵盖化工、轻工等传统产业。商务部高度关注中国企业遭遇的337调查案件，一方面积极指导企业以法律手段维护自己的专利，巩固扩大应对成果，以自有知识产权为核心进行产业升级，同时指导协调地方商务主管部门、商协会帮助企业应对337案件，2010年组织开展了《美国337调查应诉指南》以及《案例集》研究，向企业提供法律知识和信息服务；另一方面，不断加强政府交涉，2010年商务部与美国国际贸易委员会联合举办了337调查交流活动，为应对337案件搭建了新平台。

（七）为企业应对贸易摩擦提供信息、咨询和培训服务

贸易摩擦预警信息工作对企业至关重要。为此，我们不断改进和提高信息服务质量，在商务部网站设立贸易摩擦应对专栏，全年发布各类预警、立案、调查、裁决等案件信息千余条，成为公众获取贸易摩擦资讯的主渠道；定期编发半月刊《应对贸易摩擦动态》、《贸易壁垒动态》月刊，分别发送地方商务主管部门、商协会并委托其通知广大会员企业；编写和发布《国别贸易投资环境报告2010》，首次推出《国别贸易投资环境报告（农产品分册）》，为中国农产品企业提供防范国外贸易投资壁垒风险的大量实用信息。我们在应对案件过程中不断加强对涉案企业的应诉指导，多次举办应诉动员培训会、案情分析会，帮助企业提高应对意识和能力；全年举办境内外培训班共5期，为国务院有关部门、地方商务主管部门、商协会、研究机构和企业等单位培训数百人次。

（八）加强多双边规则谈判和双边对话磋商

2010年，世贸组织多哈回合规则谈判小组选举了新主席，进入对主席案文密集磋商的新阶段。公平贸易局会同有关单位参加全部会议，在谈判中发言、提案、诸边和双边磋商等各环节均积极参与，在争取和维护核心利益的同时，进一步提高了参与规则制定的能力。现行《补贴与反补贴措施》某些条款的缺失及规则的模糊，导致国外对中国反补贴调查数量不断攀升，反补贴措施被不断滥用，为此，我们重点推动修订《补贴与反补贴措施》，正式提交了“新增补贴项目”、“立案前磋商”和“可获得事实的使用”等三项提案，旨在加严反补贴调查纪律，从规则层面解决中国反补贴应诉中的主要困难。中国关于加严反补贴调查纪律的立场也得到有关成员方积极响应。2010年，公平贸易局参加了中国—澳大利亚自贸区谈判、中国—挪威自贸区谈判和中国与日本、韩国自贸区可行性研究前期磋商等双边自由贸易区协定项下有关贸易救济条款的谈判。在谈判中，我们针对不同谈判伙伴的贸易特点和产业竞争关系，妥善设置贸易救济条款。同时，公平贸易局作为联络点，承担了联系、协调处理已生效协定项下贸易救济条款执行中有关问题的各项工作，主要包括中国—新西兰自贸协定下的农产品特保措施的执行、大陆与台湾《海峡两岸经济合作框架协议》下贸易救济条款执行等内容。此外，我们深入落实已有双边贸易救济合作机制的交流安排，还不断推动与主要贸易伙伴新建贸易救济合作机制。

（九）依法妥善灵活运用贸易救济措施

2010年，中国共对外发起反倾销调查4起、反补贴调查1起，涉案产品分别为非色散位移单模光纤、己内酰胺、未曝光的摄影感光纸及纸板、干玉米酒糟和马铃薯淀粉；共对 9 起反倾销原审调查、3 起反倾销复审调查和 2 起反补贴原审调查做出裁决。贸易救济立案调查的惠及面进一步拓展，产品领域由传统的化工产业领域扩大到通讯材料、轻工和农产品领域，共涉及 10 余个省份的 67 家企业。2010 年 8 月，商务部对原产于欧盟的马铃薯淀粉发起反补贴调查，这是中国首次对欧盟产品发起反补贴调查，也是自 2009 年对原产于美国的取向电工钢、白羽肉鸡和小轿车及越野车产品发起反补贴调查以来，发起的第四起反补贴调查。贸易救济措施及时有力地缓解了国外不公平贸易对国内产业的冲击，为企业发展营造了公平竞争的市场环境。据国内申诉企业反映，贸易救济措施实施后，企业经营状况普遍获得改善，开工率提高，稳定了生产和就业，提升了产品质量，保障了产业健康发展。

二、入世以来公平贸易工作稳步推进

中国加入世贸组织以来，经济发展迅速，外贸规模持续扩大，产品竞争优势明显，国际市场占有率不断提高，已成为世界货物贸易第一大出口国和第二大进口国，而公平贸易工作的重要性越来越突出，承担维护公平的任务也越来越重。在出口方面，中国遭遇贸易摩擦数量增多、范围扩大、形势趋严，连续多年成为各国保护主义措施的首要目标国和最大受害国，贸易摩擦应对难度不断提高。在进口方面，世界各主要经济体对中国市场倚重日趋明显，国外企业以不公平贸易方式扩大在华市场份额的情况屡见不鲜，国内受冲击产业生产经营陷入困境，要求政府采取贸易救济措施维护产业安全的呼声高涨，贸易救济工作压力加大。在国务院和商务部党组的正确领导下，公平贸易局积极开展贸易摩擦应对和贸易救济调查工作，各项工作取得积极进展。

（一）积极开展贸易摩擦应对工作

据统计，入世以来（截至 2010 年底），中国遭受国外贸易救济调查案件 692 起，涉案金额 389.8 亿美元；其中，反倾销 510 起，反补贴 43 起，保障措施 106 起，特保 33 起。截至 2009 年，中国连续 15 年成为全球遭遇反倾销调查最多的国家，连续四年成为全球遭遇反补贴调查最多的国家。特别需要关注的是，近年来中国遭遇的非传统贸易摩擦强度已大大增强，人民币汇率、自主创新、新能源政策、知识产权、投资环境、市场准入等宏观问题渐成贸易摩擦新热点。

中国加入世贸组织十年正处在中国经济发展的重要战略机遇期，同时也是各种矛盾的凸显期。随着中国产业升级，中高端产品竞争力提高，中国与美欧等发达国家的贸易互补性正向竞争性转化，与某些发展中大国竞争面扩大，贸易利益冲突进一步显现，妥善应对日益增加的贸易摩擦对于保持良好国际环境，维护中国战略机遇期具有重要意义。

商务部高度重视贸易摩擦应对工作，经过多年探索与实践，形成了一整套以“四体联动”工作机制为基础的综合应对措施体系，纵向联动、横向配合、高效运转的良好工作局面已经形成。

1. 建立机制，长效应对

对内，我们建立了商务部（包括驻外经商机构）、地方商务主管部门、商协会、有关企业“四体联动”的工作机制，形成了群策群力、共同参与的应对格局。商务部协调中央各有关部门，统一规划各项工作全面开展，有针对性地指导摩擦应对工作。各地方商务主管部门联系本地区涉案企业，协助提供有关应对协调及服务信息。商协会收集本行业涉案信息并及时上传下达，组织本行业企业积极应诉。企业运用世贸规则，积极应对国外贸易救济调查及贸易壁垒，维护自身权益。驻外经商机构在案件预警、应诉等方面提供协助。2007 年，商务部出台了《出口产品反倾销案件应诉规定》和《商会组织应诉反倾销指导意见》，明确企业是反倾销应诉主体，商协会负责组织协调，政府重在指导和对外交涉。2010 年，商务部下发了《关于加强新时期进出口公平贸易工作的指导意见》，着力完善贸易摩擦应对工作机制，进一步保障“四体联动”工作机制有效运作。对外，我们不断推动建立双边贸易救济合作机制。目前，公平贸易局已与美国、欧盟、加拿大、俄罗斯、乌克兰、印度、巴基斯坦、韩国、澳大利亚、南非、埃及、土耳其、叙利亚、沙特阿拉伯、阿根廷、巴西 16 个主要贸易伙伴的调查机关建立起贸易救济合作机制，积极与主要贸易伙伴加强对话与磋商，定期举行会议，增信释疑，力争化解摩擦。

2. 多管齐下，综合应对

一是政治交涉。保持高层政治交涉和外交交涉是应对贸易摩擦的必要方式和有效手段。加入WTO后有关国家滥用“特保”的势头被遏制，主要是通过高层政治交涉和外交交涉，包括国家领导人亲自交涉。同样是依靠长期不懈的多层次、多渠道政治交涉，目前已有82个国家承认中国市场经济地位。二是法律抗辩。法律抗辩既包括根据贸易救济调查程序进行答卷、接受核查和提交抗辩，也可以利用WTO争端解决机制和调查发起国国内司法程序挑战不公平的贸易救济措施。世贸组织上诉机构在中国诉美反倾销和反补贴措施案（WTO争端解决379案件）中裁定美涉案的4起双反措施违反世贸规则，标志着中国运用多边争端解决机制挑战美滥用贸易救济措施工作取得重大成果。三是业界合作。通过推动中外双方产业对话协商与合作，妥善化解贸易摩擦，促进产业间实现共赢是解决贸易摩擦的重要途径之一。我们鼓励和指导有关商协会及企业与对方调查机关和其国内产业协商合作，力争保住出口市场，最大限度降低贸易摩擦对出口的不利影响。欧盟对华无限数据卡产品贸易救济调查圆满结案，成为通过业界合作化解摩擦的成功范例。四是公关游说。为扩大交流、增信释疑，我们除了密切与国外调查机关的联系外，还加大同案件发起国的智库、协会、非政府组织甚至工会的民间交流，增进对方对中国了解，推动其协助我们做其政府和立法机构工作。五是新闻宣传。针对国内外媒体对贸易摩擦问题关注度不断提高、国外媒体不客观、不公正的报道不断，近年来，我们加强了对重点国家新闻宣传工作，努力营造于中国有利的舆论氛围，同时积极引导国内社会公众理性看待贸易摩擦。

3. 突出重点，着力应对

贸易摩擦应对头绪很多，要善于突破重点、抓住关键，使各项工作有的放矢。涉案金额巨大，涉及中国大宗出口产品或高科技产品、涉案企业众多，对中国就业及经济发展产生较大影响的大案要案，或带有歧视性、涉及体制问题、裁决不公正和违法WTO规则等具有示范效应的案件，始终是我们应对工作的重点。从国别上看，重点应对美国和欧盟。我们下大力气遏制其频繁发起贸易救济调查和滥用贸易救济措施的势头。从产品上看，重点应对钢铁、纺织品、玩具、铝制品、鞋类产品、轮胎、通信设备等产品遭遇的贸易摩擦。从摩擦方式上看，加强组织协调，将反补贴、特保、337调查、301调查应对工作摆在突出位置。同时，我们采取“以大带小”，每案必应，通过应对大案要案积累经验，锻炼队伍，提升应对其他案件的信心和决心，提升我们应对贸易摩擦的整体工作。

4. 加强谈判，规则应对

以反倾销和反补贴为关键内容的规则谈判是WTO多哈回合一揽子谈判的重要组成部分，对今后相当长时期内多边规则走向和各成员相关立法及实践将产生深远影响，对中国外贸乃至总体经济利益关系重大。为此，我们积极参与世贸组织新一轮多哈回合规则谈判并不断加大参与力度，提高中国对谈判走向的影响力。我们克服困难，推动改进、澄清规则，加严纪律，增强透明度，力阻美欧将针对中国反倾销、反补贴调查采用的歧视性及不合理做法纳入多边规则。我们在谈判中的能力和表现得到各方认可，成为规则谈判核心成员之一，已从国际贸易规则的被动接受者成长为对规则的制订和修改具有实质影响的重要成员。中国在世贸组织规则谈判的话语权大大增强。自贸区战略是我国的重要经济战略之一。在自贸区谈判中，我们针对中国与不同谈判伙伴的贸易特点和产业竞争关系，精心制定谈判方案，妥善设置贸易救济条款，既避免自贸区伙伴滥用贸易救济措施阻碍贸易自由化进程，又有效保护国内产业。对于已经生效的自贸区协定，我们努力协调做好协议项下有关贸易救济条款的执行工作。

5. 信息服务，提前应对

我们将应对贸易摩擦的关口前移，积极做好预警工作，通过驻外经商机构和国外媒体等渠道，密切跟踪国外政府、协会和企业的最新动向，收集处理有关贸易摩擦信息并及时发布，建立了较为完备的预警信息发布体系。我们每周上报《各国对华贸易摩擦综述》，每月编发《贸易摩擦动态》和《贸易壁垒动态》，发送至各地方、各商协会并委托其通知企业；从2003年起每年发布《国别贸易投资环境报告》，涉及16个国家和地区的17类贸易和投资壁垒；在商务部网站开设贸易摩擦应对专栏，实时发布预警、立案、调查、裁决等信息。此外，我们还向中央和国务院有关部门，得到有关部门、地方商务主管部门、商协会和企业的欢迎和好评，新闻媒体也十分关注并转载。

6. 培训咨询，能力应对

我们在应对案件过程中重点加强对涉案企业的应诉指导，多次举办个案应诉动员培训会、案情分析会，帮助企业提高应对贸易摩擦的意识和能力。我们长期坚持开展公平贸易人才培训工作，每年定期举办境内外培训班，为国务院有关部门、地方商务主管部门、商协会、研究机构和企业等单位培训专业人员。

加入世界贸易组织十年来，公平贸易局始终把维护中国企业正当权益放在首位，努力开拓思路，创新工作方式，加强协调联动，各项工作取得明显成效：一是有效遏制国外对华滥用贸易救济措施和贸易摩擦泛滥势头；二是坚决反对国外对华歧视性和不公平待遇；三是有力维护企业和产业合法权益；四是帮助企业学习运用通行规则参与国际竞争；五是推动企业通过应对摩擦实现产品转型升级。

（二）运用贸易救济措施维护产业安全

贸易救济调查是商务部的法定职责，也是维护国内产业安全和社会稳定、促进产业结构调整的重要措施。公平贸易局根据产业需要，建章立制，完善机制，妥善运用贸易救济措施，对遏制不公平贸易、保护国内产业安全、维护社会和谐稳定起到积极作用，取得明显成效。

1. 贸易救济调查法律法规日趋完善

经过多年建设，我们已建立起由《对外贸易法》、《中华人民共和国反倾销条例》、《中华人民共和国反补贴条例》和《中华人民共和国保障措施条例》、《反倾销调查立案暂行规则》等近30个法律、行政法规、部门规章及相关司法解释组成的较为完善的贸易救济法律体系，为开展公平贸易局工作奠定了坚实的法律基础。

2. 掌握运用各种贸易救济措施

1997年以来，中国共对来自27个国家和地区的进口产品发起反倾销调查66起（按照WTO统计方法为189起）、反补贴调查4起和保障措施1起，全面运用WTO允许贸易救济措施维护产业安全。中国发起的贸易救济调查案件涉案产品包括化工、轻工、纺织、钢铁、电子、医药、机械、农产品、仪器仪表等十大行业的62类产品。覆盖北京、上海、山东、江苏、黑龙江、广东等27个省区市。历经多年实践，我们运用贸易救济措施的水平不断提高，技巧日趋娴熟。2008年下半年以来裁决的案件中，既有征收最终反倾销税的裁决，也有采取价格承诺（丙酮案）、申请人撤诉（气相色谱—质谱联用仪案）等结案方式，合法有效维护了中国产业利益。

3. 进口预警监测构建安全防控体系

做好重点产业和产品的进口预警监测工作，一直是贸易救济工作的一项重要内容。我们加强了对农业、高新技术产业以及基础性和支柱性产业的动态监控，及时发现情况，及时进行综合分析，适时立案和采取措施。为加强与地方商务主管部门、协会、商会的联系，我们定期赴地方和协会商会开展调研，沟通交流工作，并对产业发展和企业反映的问题及时给予反馈和指导；积极开展对民营企业、中小企业、新兴产业的贸易救济知识普及工作，引导和鼓励企业加强对外合作；继续支持各地方商务部门和行业组织建立本地区、本行业贸易救济预警机制，共同构建维护国家产业安全的有效防控体系。

4. 跟踪评估救济效果适时进行措施调整

贸易救济措施效果评估是贸易救济工作的必要环节，有助于调查机关全面了解救济产业的发展状况，研究分析措施实施效果，为下一步产业救济和政策制定提供决策参考。我们通过召开行业座谈会、采取问卷调查、赴国内企业实地调研，以及借助社会力量，包括研究机构和相关高校等，完成了一些重点案件贸易救济措施的效果评估工作。在此基础上，依据评估后的产业数据、进口情况以及救济效果，我们主动对部分措施进行了适度调整，体现了调查机关在运用救济措施方面的统筹兼顾及合理适度。

入世十年来的实践表明，贸易救济措施已成为中国产业抵御不公平进口产品冲击的主要手段。贸易救济措施实施后，进口低价产品对中国产业的冲击能够得到有效抑制，涉案企业生产规模、产品价格稳步回升，中国产业竞争力显著提高。贸易救济措施为产业和企业营造了可预见的稳定的公平竞争市场环境。为统筹兼顾上下游产业利益，使贸易救济措施更好地服务于国家经济发展的整体战略及宏观调控目标，促进全产业链的协调发展。需要强调的是，无论从进口规模看，还是从贸易救济调查案件总数看，我们运用贸易救济措施的态度是审慎适度的，我们始终坚持严格依法立案和调查，客观、公正、合理实施救济措施，维护公平贸易秩序。我们也本着合作共赢的精神，鼓励中外企业加强沟通和交流，化解摩擦。

展望“十二五”，进出口公平贸易工作面临的形势依然严峻，贸易摩擦的政治化倾向将进一步加大中国应对难度，贸易救济工作面临的国内外局面也更趋复杂，须统筹经济、外交、法律等各种资源综合开展相关工作。商务部进出口公平贸易局将深入贯彻落实科学发展观，深入研究后金融危机时期面临的各种挑战，切实加强能力建设，奋力拼搏，不辱使命，不断提高工作水平，切实维护广大企业的合法权益。

（商务部进出口公平贸易局　周晓燕）

全球及中国保障措施情况

一、2010 年情况

（一）WTO 成员保障措施实施情况

2010 年，WTO 成员共发起了 20 起保障措施调查，其中 1 起采取临时保障措施①，1 起采取最终保障措施，6 起决定不采取措施，其余 13 起尚未做出裁决。在 2009 年立案的保障措施案件中，有 3 起在 2010 年采取了最终保障措施，4 起决定不采取措施。2010 年 WTO 成员未启动保障措施日落复审调查，但对 8 起 2009 年启动的保障措施日落复审做出了最终裁决（具体情况见表 1）。

表 1　　2010 年 WTO 成员保障措施立案及裁决案件

序号	发起成员	立案时间	涉案产品	终裁时间	终裁结果
1	多米尼克	2010 年 1 月 14 日	卫生纸	2010 年 5 月 25 日	多米尼加未对涉案产品采取保障措施，并终止对此案的调查
2	印度尼西亚	2010 年 1 月 19 日	铝箔制食品容器/铝盘和平盖	2010 年 6 月 18 日	印度尼西亚未对涉案产品采取保障措施，并终止对此案的调查
3	约旦	2010 年 9 月 16 日	水泥熟料	2010 年 10 月 5 日	约旦未对涉案产品采取保障措施，并终止对此案的调查
4	厄瓜多尔	2010 年 4 月 19 日	挡风玻璃	2010 年 11 月 1 日	厄瓜多尔对涉案产品加征 12.72 美元/片的特别关税
5	摩洛哥	2010 年 7 月 19 日	机织地毯	2010 年 11 月 30 日	摩洛哥未对涉案产品采取保障措施，并终止对此案的调查
6	乌克兰	2010 年 2 月 17 日	铁合金	2010 年 12 月 25 日	乌克兰未对涉案产品采取保障措施，并终止对此案的调查
7	乌克兰	2010 年 2 月 3 日	含氮、磷、钾的矿物肥料	2010 年 12 月 28 日	乌克兰未对涉案产品采取保障措施，并终止对此案的调查
8	欧盟	2010 年 6 月 30 日	数据卡		尚未裁决
9	印度尼西亚	2010 年 6 月 25 日	棉纱线		尚未裁决
10	印度尼西亚	2010 年 1 月 19 日	未经镀或涂层的铁丝或非合金钢丝		尚未裁决
11	印度尼西亚	2010 年 1 月 21 日	镀或涂锌的铁丝或非合金钢丝		尚未终裁
12	印度尼西亚	2010 年 2 月 5 日	绞股线、绳、缆		尚未裁决
13	印度尼西亚	2010 年 4 月 30 日	绞股线、绳、缆		尚未裁决
14	印度尼西亚	2010 年 6 月 25 日	棉机织物		尚未裁决
15	乌克兰	2010 年 5 月 6 日	电冰箱和冷冻设备		尚未裁决

① 截至以 2010 年 12 月 31 日为截止日。

续 表

序号	发起成员	立案时间	涉案产品	终裁时间	终裁结果
16	多米尼加	2010 年 3 月 2 日	运动袜和其他袜		2010 年 5 月 20 日，多米尼加决定自 2010 年 5 月 20 日加征 40%的从价税，为期 200 日
17	墨西哥	2010 年 7 月 2 日	螺旋焊接钢管		尚未裁决
18	吉尔吉斯斯坦	2010 年 10 月 15 日	禽蛋		尚未裁决
19	泰国	2010 年 12 月 16 日	玻璃砖		尚未裁决
20	印度	2010 年 12 月 27 日	防老剂 6PPD		尚未裁决
21	多米尼加	2009 年 4 月 15 日	玻璃容器	2010 年 1 月 2 日	多米尼加未对涉案产品采取保障措施，并终止对此案的调查
22	智利	2009 年 9 月 4 日	奶制品和豪达奶酪	2010 年 1 月 27 日	智利未对涉案产品采取保障措施，并终止对此案的调查
23	越南	2009 年 7 月 1 日	浮法玻璃	2010 年 2 月 23 日	越南未对涉案产品采取保障措施，并终止对此案的调查
24	印度	2009 年 8 月 20 日	氢氧化钠（纯碱）	2010 年 4 月 9 日	印度对涉案产品征收 15%的从价税，为期 3 个月，即 2009 年 12 月 4 日～2010 年 3 月 3 日。除中国、印度尼西亚、卡塔尔、沙特和泰国外的其他发展中国家征收保障措施关税
25	摩洛哥	2009 年 8 月 10 日	聚氯乙烯	2010 年 8 月 6 日	由于申诉方撤诉，因此终止对此案的调查
26	多米尼加	2009 年 12 月 17 日	编织袋	2010 年 10 月 18 日	多米尼加对涉案产品加征为期 3 年的特别关税
27	乌克兰	2009 年 8 月 27 日	平板玻璃	2010 年 12 月 1 日	乌克兰自 2010 年 10 月 23 日起征收 31.25%的特别关税

备注：该统计表所统计的保障措施情况仅限于 WTO 成员发起的保障措施，关于非 WTO 成员发起的保障措施可参考中国贸易救济信息网（http：//www.cacs.gov.cn）公布的信息。

（二）WTO 成员保障措施立法情况

截至 2010 年 10 月 22 日，共有 97 个 WTO 成员方就其国内保障法律或者规章情况向 WTO 保障措施委员会做出通报。另外，有 29 个成员没有做任何此类通报。在 2010 年，共有 6 个成员方向保障措施委员会通知了其国内立法情况（包括新制定及修改），包括布基纳法索、柬埔寨、圭亚那、日本、越南和赞比亚。与此相比，2009 年向保障措施委员会做出通知的成员数量为 9 个。

通过与 2009 年的情况相比，WTO 各成员方在保障措施方面的立法情况比较稳定，修改立法的成员方仍以发展中国家为主。

（三）与中国有关的保障措施情况

2010 年，中国未发起保障措施调查。

2010 年，WTO 成员发起的 20 起保障措施调查均涉及中国。WTO 成员共发起 1 起涉及中国产品的特别保障措施调查，涉案产品是陶瓷马桶和洗手盆，发起国是多米尼加。

尽管有分析称，这是拉美国家首次对我国采取特保措施，但在拉美地区对华发起的诸多贸易救济、保护措施中，多米尼加对华发起的特保措施只是一个缩影。仅以阿根廷为例，自 2009 年 9 月以来，阿根廷政府实施的 75 项贸易救济措施中，有 33 项直指中国。中国已成为拉美地区贸易保护主义的重灾区。一直以原材料、农产品等初级产品为出口拳头产品的拉美国家，在经历国际金融危机之后也在致力于调整自身经济结构，发展有利于出口的优势产业。当“拉美制造”遭遇“中国制造”竞争时，在全球经济尚存诸多不确定因素背景下，更容易采用贸易保护措施。在达沃斯世界经济论坛公布的《2010年全球贸易报告》中，阿根廷、委内瑞拉、巴拉圭、玻利维亚4国是全球贸易保护主义最为严重的国家。

（四）趋势分析

受益于各主要经济体采取的大规模经济刺激政策和对金融市场的有效监管以及国际需求的反弹，世界经济从2009年下半年开始呈现复苏态势，而且该态势在2010年继续保持。然而，失业率大幅上升、通货膨胀隐忧、贸易保护势力抬头等问题使得世界经济增长的不确定性和风险性仍然很大。

就保障措施来看，2010年无论是立案数量还是裁决数量都比2009年有所下降。对比2009年发起的29起保障措施调查，2010年保障措施立案数量降至20，降幅为31.0%。与2009年相似，保障措施调查案件主要集中在发展中国家，这可能也是由于发展中国家对金融危机冲击抵御能力较弱，所以在国内产业的压力下选择采取保障措施来保护本国产业，对抗经济衰退。在频频发起的保障措施调查中，最后终止调查的也不在少数。2010年，7起做出保障措施终裁的案件中有6起以无税结案。

二、2001—2010年总体情况

（一）WTO成员保障措施实施情况

2001—2010年，WTO成员共发起了172起保障措施调查，其中，107起采取最终保障措施，53起决定不采取措施，其余12起尚未做出裁决。此外，WTO成员还发起了17起保障措施日落复审调查，9起期中复审调查。

2001年之后的保障措施年均立案数高于2001年之前。1995—2000年，世贸组织成员共启动65起保障措施调查，年均立案数约11起；2001—2010年，共172起，年均约17起，约是2001年之前年均立案数的1.5倍（见图1）。

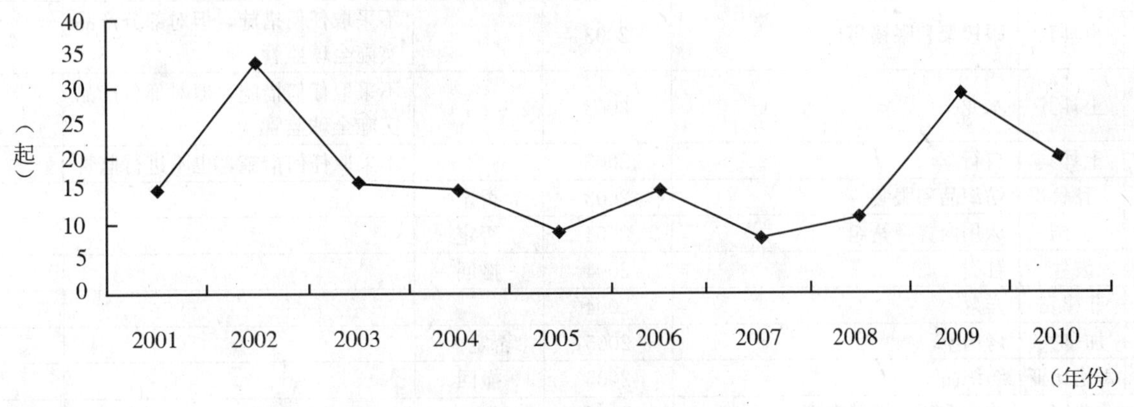

图1　2001—2010年全球保障措施立案情况

运用保障措施的WTO成员以印度、土耳其等发展中成员为主，发展中成员与发达成员运用保障措施的比重进一步扩大。172起保障措施调查由42个WTO成员发起。其中，发达成员14个，共启动34起保障措施调查，占同期保障措施调查总数的19.8%；发展中成员28个，共启动138起保障措施调查，占比80.2%。与1995—2000年数据相比，2001—2010年，发达国家成员启动保障措施调查的比重由36.9%降至19.8%；而发展中成员启动保障措施调查的比重则由63.1%增至80.2%。据此说明越来越多的发展中成员开始重视运用保障措施调查。

轻工、冶金产品是保障措施调查的重点产品。2001—2010年，WTO成员启动的172起保障措施调查涉及轻工、化工、冶金、纺织、建材等13个行业。其中，涉及轻工的案件数48起，位居各行业之首；其次是化学工业，为28起；位居第三位的是冶金工业，为24起。涉及上述3个行业的案件数占同期保障措施调查总数的58.1%。

（二）与中国有关的保障措施情况

1. 中国发起的保障措施情况

截至2010年，我国发起保障措施1起。

2002年4月19日，由中国钢铁工业协会联合国内上海宝钢集团公司等5家企业向政府提交了保障措施立案申请。2002年5月20日，原外经贸部和国家经贸委正式公告立案，同年11月19日做出肯定性终裁，决定自11月20日起，对热轧普薄板、冷轧普薄板（带）、彩涂板、无取向硅电钢、冷轧不锈薄板（带）5类产品实施最终保障措施，实施期限为3年（包括临时保障措施的实施期限）。2003年12月26日商务部发布公告，决定终止钢铁保障措施的实施。

2. 国外对华发起保障措施情况

2001—2010年WTO成员发起的172起保障措施调查中，涉及中国的共计142起，占比82.6%。

国外对中国的特别保障措施案件始于2001年，截至2010年，WTO成员共发起37起针对中国产品的特别保障措施调查（见表2）。

表2　WTO成员实施“中国特保”的总体情况（2002—2010年）

编号	申诉国（地区）	涉案产品	发起年份	终裁结果	终裁措施	措施到期日
1	印度	工业缝纫机针	2002	否定*		
2	美国	轴承传动器	2002	否定*		
3	美国	钢丝衣架	2002	否定*		
4	美国	刹车盘和刹车鼓	2003	否定*		
5	欧盟	柑橘罐头	2003			
6	美国	球墨铸铁供水配件	2003	否定*		
7	印度	青霉素工业盐	2003	肯定	禁止进口	
8	土耳其	眼镜架和眼镜零件	2003		不采取任何措施，但对部分产品实施全球监管	
9	土耳其	水龙头	2003		不采取任何措施，但对部分产品实施全球监管	
10	土耳其	自行车	2003		不采取任何措施，也不进行监管	
11	秘鲁	纺织品和服装	2003	否定		
12	美国	床用内置弹簧组	2004	否定		
13	波兰	鞋类	2004	撤回		
14	菲律宾	洋葱	2004			
15	加拿大	烤肉架	2005	否定*		
16	哥伦比亚	纺织品	2005	撤回		
17	美国	非合金环形焊缝钢管	2005	否定*		
18	哥伦比亚	长袜和其他袜类	2005	撤回		
19	中国台湾	毛巾产品	2005	肯定#		
20	哥伦比亚	纺织品	2005	撤回		
21	土耳其	浮法玻璃	2005	肯定	数量限制	2009.4
22	厄瓜多尔	纺织品	2006	MI		
23	厄瓜多尔	水龙头和阀门	2006	撤回		
24	土耳其	聚氯乙烯（PVC）	2006	肯定	最终撤销决定，不采取措施	
25	土耳其	瓷砖	2006	肯定	最终撤销决定，不采取措施	
26	哥伦比亚	T恤衫	2006			
27	加拿大	纺织品和服装	2006			
28	厄瓜多尔	陶瓷制品	2008	MI		
29	厄瓜多尔	餐具及厨具	2008	MI		

续 表

编号	申诉国（地区）	涉案产品	发起年份	终裁结果	终裁措施	措施到期日
30	印度	苏打粉	2009	肯定	从价税	2010.4
31	印度	铝压钢材及铝箔	2009	肯定	从价税	2011.3
32	印度	尼龙帘布	2009			
33	印度	前桥梁/转向关节；商用车机轴	2009	否定		
34	印度	客车轮胎	2009			
35	美国	客车及轻型卡车轮胎	2009	肯定	从价税	2012.9
36	多米尼加	运动袜	2009			
37	多米尼加	陶瓷马桶和洗手盆	2010	肯定	从价税	2013.12

注：（1） * 表示申诉国的裁决机构确认市场扰乱，而国家并未采取贸易限制措施；$ 表示临时措施的有效期为 200 天；# 台湾经济部终裁判定中国商品存在“市场扰乱”，而后并未依据“中国特保”条款施加限制措施，而是转为对中国毛巾产品进行反倾销调查。MI 表示未结案或申诉方未向 WTO 通报结果。

（2）该表格中所涉国外对华特别保障措施案件为依据《中华人民共和国加入议定书》第 16 条“特定产品过渡性保障机制”的承诺展开的调查。该条规定，在中国加入 WTO 后的 12 年内，如原产于中国的产品在进口至任何 WTO 成员领土时，其增长的数量或依据的条件对生产同类产品或直接竞争产品的国内生产商造成威胁或造成市场扰乱，则受此影响的 WTO 成员可请求与中国进行磋商，包括该成员是否应根据《保障措施协定》采取措施。如果磋商未能使中国与有关 WTO 成员在收到磋商请求后 60 天内达成协议，该 WTO 成员有权在防止或补救此种市场扰乱所必需的限度内，对此类产品撤销减让或限制进口。如磋商一致，则中国应采取行动以防止或补救此种市场扰乱。

（商务部产业损害调查局）

● 政策审议

中国加入世贸组织十年贸易政策审议情况

加入世界贸易组织是中国改革开放的一个重要里程碑，标志着中国对外开放进入新的阶段。加入以来，中国认真履行承诺，充分行使权利，积极认真参与世贸组织贸易政策审议工作。通过审议，我们不断发现问题、完善制度、推进改革，同时也不断加深与其他成员的交流，反映我们的关注和问题。在加入世贸组织十周年之际，特撰此文，对十年来中国参与贸易政策审议的情况进行回顾。

一、中国参与贸易政策审议总体情况

2006年，中国接受了世贸组织的第一次贸易政策审议。按照世贸组织的规则，世界贸易排名前四位的成员每两年就要接受一次审议。从2008年开始，中国跨入了两年审议一次的行列。2010年，中国在第三次贸易政策审议中更是接受了考验，回答了成员1500多个问题，再次以开放、积极的姿态赢得了多数世贸组织成员的高度评价。中国在经历三次贸易政策审议后也更加成熟，更加能够利用这个平台与其他成员进行有效沟通和交流，展示中国负责任发展中大国的形象。十年中，中国还积极参与了世贸组织对其他成员的贸易政策审议，充分利用这一机制了解跟踪其他成员的经济贸易体制和最新的政策动向，并反映双边经贸关系中中国的关注。

二、世贸组织三次对华贸易政策审议情况

（一）首次审议

世贸组织2006年4月19日至21日在瑞士日内瓦召开了首次对华贸易政策审议会议。时任商务部副部长易小准率由国务院办公厅、发展改革委、财政部、商务部、人民银行、海关总署、知识产权局、版权局、工商总局、质检总局、国务院法制办、外汇管理局等部门同志组成的代表团与会，中国常驻世贸组织孙振宇大使出席。该次审议共有26个世贸组织成员向我国提出了1 100多个书面问题。

在首次审议中，世贸组织成员对中国改革开放以来，尤其是加入世贸组织后，继续不断深化改革、扩大开放、认真履行加入承诺、推进贸易自由化给予高度评价；对中国在发展国民经济、扩大对外贸易、提高人民生活水平和减少贫困方面取得的成绩表示祝贺。

审议会议的讨论引导人、新加坡常驻世贸组织大使在发言中对中国加入世贸组织后的表现，以及对世界经济和多边贸易体制所做的贡献做了概括。他认为，加入以来，中国在经济贸易政策的各方面表现堪称良好；中国在履行加入承诺问题上体现出了明确的政治意愿；中国的贸易体制和环境更加稳定，更具可预见性；中国经济对世界贸易和投资更加开放，成为世界经济增长的重要来源。他的讲话代表了许多世贸组织成员的观点，在审议中得到了积极响应。他的积极评价为世贸组织对中国的首次审议确定了基调。

美国、瑞士、日本、智利、澳大利亚、韩国、印度、加拿大、巴西、欧盟等近40个成员在发言中都对中国给予了肯定。加拿大常驻世贸组织大使在发言开篇即表示，此次审议，我们要向中国传递的基本信息就是“祝贺”。中国蓬勃的发展使得几百万人脱离了贫困，充分展示了通过贸易、投资和

市场化的改革实现发展的益处。美国常驻世贸组织大使表示，中国在遵守世贸组织义务、履行加入承诺方面确实取得了进展。欧盟常驻世贸组织大使表示，我们一致赞扬中国在经济改革方面做出的巨大努力。

世贸组织成员还认为，中国的发展并不仅仅是日益与世界经济融合，更是不断地影响和改变着世界经济的面貌和格局。讨论引导人引用《金融时报》的评述说，“世界经济正在经历一场革命，因为中国引领的亚洲正重新发挥出其在历史上曾经起到过的中心作用”。这既是机遇，也是挑战，各国都面临如何应对的问题。中国对多边贸易体制的支持极大地增强了世贸组织成员对经济全球化的信心。世贸组织成员对中国也寄予很高的期望，期待中国在多边贸易体系的建设中发挥领导作用，在推动全球贸易自由化的谈判中做出更大的贡献。

此外，讨论引导人和世贸组织成员在发言中认为，中国正面对如何进一步深化改革、实现投资拉动增长向消费拉动增长转变、城乡收入差距扩大、失业率上升以及改善包括竞争政策、公司监管和知识产权保护在内的商业环境等方面的挑战，同时也注意到中国在“十一五”规划中已经提出了新的发展目标来迎接这些挑战，希望中国在未来的发展中继续取得成功。

世贸组织成员在审议中也对中国相关政策体制表达了诸多具体关注。世贸组织成员在审议过程中向中国提出的1 100多个书面问题涵盖了进出口管理、检验检疫制度、服务贸易、知识产权等贸易体制和政策领域，以及货币、财政、就业等宏观经济政策，以及产业政策、国有企业改革、税收和金融体制改革、竞争政策等经济体制、政策和环境。其中重点关注的问题有以下几个：

（1）透明度。美国、欧盟等主要发达成员希望中国贸易立法和政策制定过程能够更加公开和透明，希望中国建立法规规章和政策措施发布以及公开征求意见的统一渠道，避免不同部门之间政策及解释的冲突，减少朝令夕改的情况，降低因为透明度存在问题而给贸易带来的不利影响。

（2）知识产权。世贸组织成员认为中国在知识产权保护领域取得了很大进展，但侵权问题仍然严重，希望中国采取更有效的措施，加强各部门之间的协调，打击地方保护主义，提高法律威慑力，提高执法的效率，加强执法的力度。

（3）产业政策。一些成员对中国近年来出台的一系列涉及汽车、钢铁等产业的产业政策表示忧虑，认为这些政策明确提出要通过税收、信贷、财政等各种形式的支持鼓励替代进口等，有违世贸组织规则，同时也反映了政府对市场、资源分配以及企业经营干预的加强，不符合中国发展市场经济的方向。美国、欧盟等对产业政策制定过程中的透明度也颇有微辞。

（4）标准、认证体系和检验检疫措施。部分世贸组织成员认为中国的强制性认证体系（CCC体系）和检验检疫措施程序复杂、重复、不透明、费用高，造成对贸易的过度限制；认为中国标准体系复杂，国际标准的采用率低；质疑中国将标准和认证体系作为贸易政策手段，以达到限制进口、鼓励使用国产品的目的。

（5）补贴政策。美国等对中国2006年提交的补贴通报表示欢迎，同时也对其完整性表示关注，认为中国商业银行改革中的政府注资、不良贷款的处理、有选择地实施出口退税政策、各种优惠信贷政策等都属于补贴政策的范畴，但没有包括在通报中，希望了解这些政策更多的细节，以及中国补贴政策的全貌。

此外，世贸组织成员还对中国农业政策的调整、汇率制度和外汇管理体制的改革、反倾销措施的使用、金融和电信等服务部门实际市场准入水平偏低、对资源性产品的进出口管理、政府采购体制、地理标识保护体制等问题表示了关注。

美国、欧盟在提出具体关注问题的同时，还强调中国已是国际经济贸易舞台的主要角色，一举一动对世界各国经济都有深远影响。随着加入世贸组织过渡期的结束，中国已经是多边贸易体制一个成熟成员，要求中国履行所有加入承诺，全面遵守世贸组织原则和规则。

（二）第二次审议

世贸组织第二次对华贸易政策审议于2008年5月21日至23日在瑞士日内瓦举行。商务部部长助理仇鸿率中国代表团与会，代表团由商务部、发展改革委、财政部、人民银行、税务总局、质检总局、国务院法制办组成，我国常驻世贸组织大使孙振宇出席。

这次审议中，世贸组织成员对中国改革开放、经济发展，以及互利共赢的对外开放战略对多边贸易体制和世界经济的贡献给予了很高的评价。审议会议上，35 个成员相继发言。大多数成员在发言中对中国自第一次审议以来在经济和社会发展方面所取得的成就表示赞赏，对中国改革开放给予高度评价，对中国在推动世界经济稳定发展和在多边贸易体制中的积极作用给予了充分肯定。

巴西常驻世贸组织大使说，中国不仅在经济、贸易、金融等领域发展取得骄人成就，更可喜的是，中国政府已将这种经济增长的成果转化成社会事业的快速进步。印度、澳大利亚、新西兰、马里、尼日利亚等成员表示，中国通过“十一五”规划的实施，提高环保力度，缩小收入差距，努力消除贫困，采取互利共赢的开放政策。这不仅将造福于中国人民，也将为其他世贸组织成员带来福祉。

加拿大、智利和东盟等成员表示，中国已成为世界经济发展的重要推动力，改革开放不仅使中国发生了巨大变化，也为世界经济的发展做出了贡献。加拿大常驻世贸组织大使特别指出，正是由于中国加入世贸组织，世贸组织才真正成为了世界性的组织。智利常驻世贸组织大使说，要感谢中国使我们大家的生活都变得更加美好。

瑞士常驻世贸组织大使表示，中国加入世贸组织后，商业环境大幅改善，大多数在华瑞士企业对中国的商业环境表示满意。巴巴多斯代表赞赏中国在世贸组织中积极维护发展中国家特别是最不发达国家的利益。尼日利亚和刚果等多个非洲成员就中国对发展中国家的无私援助表示感谢。

为期两天的审议结束时，会议主席、尼日利亚大使阿加进行了总结。他赞赏中国为审议所做的充分准备和对成员问题的认真答复，认为中国的贸易政策审议为今后其他成员的审议树立了一个好榜样。他也希望世贸组织成员在参加其他成员的审议时也能够像参与对中国的审议那样积极踊跃，使审议达到同样的高质量和水平。

审议中，一些世贸组织成员，特别是美欧，就中国的一些具体经贸政策措施也表达了关注，主要有：

(1) 产业政策。美国、欧盟、日本、加拿大、土耳其、墨西哥对中国的产业政策，特别是汽车和钢铁产业政策表示关注，认为中国通过补贴等不公平的支持措施来实施产业政策，干预经济，是对外国企业的歧视。

(2) 钢铁产业发展。欧盟、美国、澳大利亚、加拿大、墨西哥等成员认为，中国《钢铁产业发展政策》中对境外钢铁企业投资国内钢铁行业的资本金要求、技术转让要求及行政审批要求远远严于国内钢铁企业，而且还对外国钢铁企业投资国内钢铁行业设置地域限制，国内企业则不受约束，这与世贸组织的国民待遇原则明显不符，损害了其他成员钢铁企业的利益。

(3) 出口限制。美国、欧盟、日本、土耳其、中国台北等成员对中国政府近年来对部分出口产品实施出口配额、加征出口关税，调整出口退税的做法表示关注，认为中国政府在实施出口配额和出口关税的同时，并没有对国内生产和消费进行同样的限制，因而不符合世贸组织有关出口限制的规则。

(4) 技术标准。美国、欧盟、巴西、土耳其、新西兰等成员提出，中国采用国际标准的比例只有 46.4%，与国际标准没有充分接轨；某些产品国家标准过于严苛，对贸易构成了阻碍；中国强制推行 TD—SCDMA 等重要标准，不符合国际惯例。

(5) 动植物检验检疫措施。印度、巴西、瑞士、加拿大、新西兰等成员提出，虽然中国已经降低了农产品的关税，但是由于中国对国外进口的农产品采取了过于严格的检验检疫措施，对贸易构成了实质性阻碍。

(6) 知识产权保护。美国、欧盟、日本、韩国、加拿大、挪威、墨西哥、瑞士、洪都拉斯等成员继续批评中国知识产权保护体系不够健全，特别是执法力度不够。

(7) 贸易政策透明度。美国、欧盟、澳大利亚、韩国、阿根廷、土耳其、瑞士等许多成员都提出，中国立法程序和贸易、投资体制较为复杂，透明度仍有待提高。美国还希望中国通过单一刊物发布所有法律法规和规章，并希望中国在每一部法律、法规和部门规章公布之前，都能够公布草案，征求公众意见。

(8) 补贴。美国、欧盟、巴西等成员提出，中国政府通过优惠利率、财政转移支付等方式实施补贴，扭曲了市场竞争。

(9) 政府采购。美国、欧盟、韩国、挪威、瑞士等成员提出，中国政府虽然开始了加入《政府采购协定》的谈判，但出价有待进一步改善，中国政府还应鼓励地方政府采购市场的开放。

(10) 服务业市场开放。美国、欧盟、加拿大、韩国、科特迪瓦等成员希望中国进一步开放服务业，特别是金融、电信、旅游等领域，认为中国服务业的主要部门仍由国有企业垄断，私营和外国服务提供者很难进入中国市场。

(三) 第三次审议

世贸组织于2010年5月31日至6月2日在瑞士日内瓦进行了第三次对华贸易政策审议。时任商务部副部长易小准率领由商务部、发展改革委、工业和信息化部、财政部、人民银行、海关总署和质检总局组成的代表团与会，中国常驻世贸组织孙振宇大使出席。

审议会议当天，美国、欧盟、日本等主要成员从首都派遣了官员与会。36位大使代表69个成员做了正式发言，使通常半天结束的首日会议整整持续一天。世贸成员在第三次审议中对中国的主要评价如下：

第一，赞赏中国在国际金融危机应对中努力避免采取贸易保护主义措施，立足扩大内需应对危机。

世贸成员认为中国在危机应对中保持了市场开放。许多成员引用危机期间与中国的双边贸易数据，表示中国应对危机的举措不仅使自己走出了危机阴影，还支撑了不少受危机困扰成员的出口，对全球，特别是亚洲地区的复苏做出了重要贡献。巴西常驻世贸组织大使说，即使在全球金融危机最糟的阶段，巴西与中国贸易的降幅也要远远小于巴西与世界其他地区贸易的降幅。

第二，重视并要求我国在世界经贸事务中承担更大责任。

美欧等发达成员认为，令人瞩目的经济成就，特别是成功应对国际金融危机，使中国“不可避免地成为了左右世界经济最为主要的力量之一”。目前，即使是中国的国内政策，也关系到许多成员的利益，因此这些政策必须要进行仔细的审查，确保符合世贸组织的规则。

美欧还提出，多边贸易体制为中国经济持续增长提供了重要的外部保障，包括在危机期间使中国出口免受大规模保护主义措施的戕害，因此中国应该承担更多的责任。美国驻世贸组织大使特别指出，“多哈回合谈判是世贸组织目前最迫切需要中国参与的工作领域”，中国的贡献对于保持多哈回合谈判势头，直至最终成功达成平衡的、有雄心的谈判成果，具有至关重要的意义。

第三，自贸协定伙伴高度评价协定成效。

与中国签订自贸协定的成员在审议中高度评价了协定在促进其贸易增长和经济发展方面所起的积极作用，认为自贸协定进一步扩大了贸易伙伴的市场准入机会，实现了互利共赢。智利常驻世贸组织大使说，2006年到2008年，智利对华出口增长了93.4%，这对智利应对国际金融危机起了重要作用。新西兰大使表示，新西兰对华贸易因为中新自贸协定而成功经受了经济衰退的考验，2008年协定生效以来，新中双边贸易额已接近翻番。

第四，受援伙伴国赞扬中国的“南南合作”成果。尼日利亚、津巴布韦、赞比亚、巴巴多斯等成员在审议中对中国援外工作的赞扬有力地反驳了西方依照其自己的标准对中国援外政策的诋毁。津巴布韦代表说，中国提供的技术援助和投资对包括津巴布韦在内的许多非洲国家而言，在促进经济和社会基础设施的发展上产生了十分积极的作用。赞比亚列举了农村学校和医院、农业示范项目等一系列援助，表示这些项目“真正是由两国协商而定”。中国向最不发达国家提供的免关税待遇也得到了广泛赞扬。

世贸成员在审议中就中国具体经贸政策提出的重点关注如下：

(1) 透明度仍然缺乏。中国迄今未能按加入承诺设立官方刊物来统一公布所有法律、法规、部门规章和规范性文件及其草案，许多政策措施在出台前没有公开征求意见。

(2) 产业政策明显有保护国内产业的目的。各级政府过度干预经济，广泛采用补贴，甚至包括世贸组织明确禁止的出口补贴，扭曲正常贸易和平等竞争，影响资源有效配置，并且导致产能过剩。

(3) 国家标准采用国际标准比例低。很多领域有意通过强制推行独有的国家标准来设置贸易壁垒，排斥进口产品。

(4) 出口管理措施名目繁多，对原材料出口限制不断加强，但并未同步在国内采取限产措施，使中国的下游产业获得不正当竞争优势。

(5) “自主创新”政策歧视外国产品、投资、技术和知识产权。

（6）政府采购市场封闭，歧视进口产品，特别是利用政府采购推进“自主创新”，与加入《政府采购协定》的方向背道而驰；希望中国尽快完成加入谈判，开放政府采购市场。

（7）知识产权保护执法效率不高；地理标志保护多头管理。

（8）选择性地利用外资，特别是在银行、保险、电信等主要服务行业仍然保留大量对外资比例的限制。此外，针对外资并购进行“国家安全审查”的做法不透明。

按照世贸组织两年一次的对华贸易政策审议频率，世贸组织第四次对华贸易政策审议会议初步定于2012年6月举行。目前，此次审议的前期工作已经启动，商务部正在协调各相关部门，积极工作，为此次审议做准备。

三、参与对其他成员的贸易政策审议

加入世贸组织以来，中国积极行使作为世贸组织成员的权利，逐步加深了对世贸组织其他成员审议的参与程度，特别是重要成员的贸易政策审议。截至2011年8月，中国参与的重要成员的审议包括：对美国审议四次、对欧盟审议五次、对日本审议五次、对加拿大审议三次、对澳大利亚审议三次。此外，还有对韩国、印度、马来西亚、中国台北等成员的审议。

在对各重要成员审议的过程中，中国政府派遣的代表团都要在征求各相关部门意见的基础上，起草对被审议成员的书面问题单向世贸组织提交，并就被审议成员的经济贸易体制、政策方向和具体措施发言进行评论。参与对其他成员的审议初步起到了了解信息，表达关注的作用。

例如，在2010年9月对美国贸易政策审议中，中国针对美国宏观经济政策、进出口限制、货币政策、贸易救济措施、投资壁垒、技术壁垒等提出198个问题。中国常驻世贸组织大使孙振宇在会上发言，从多双边对美经贸政策进行了评议。

在多边层面，中国要求美国在三个领域做出改善：一是反思其扩张性货币政策，敦促其采取切实措施维持币值稳定，防止因流动性过剩再度引发经济动荡；二是反思其在多哈回合谈判中的态度，敦促其以更加务实的态度实质性参与谈判，并发挥应有的领导力，促进多边贸易体制的完善和发展；三是反思其贸易保护主义倾向，敦促其克服国内压力，继续维护自由贸易，为全球经济可持续增长和其自身实现出口目标创造有利环境。

在双边层面，中国着重指出了五方面问题：美国经济刺激计划中对汽车、钢铁、金融等行业的补贴，“购买美国货”等歧视性条款，使中国产品与企业遭遇不公平待遇；滥用贸易救济措施，针对中国的立案之频繁更是历史罕见，严重影响双边正常贸易；严苛的技术和检验检疫标准成为中国向美出口的严重障碍；“国家安全”投资审查标准与机制缺乏透明度，损害投资者的正当权益；自然人移动、海运等重要服务领域开放的承诺水平低，中国等发展中国家无法获得有效的市场准入。

世贸组织既是一套框架规则，又是一个论坛。世界各国不论大小，在其中依据这套规则面对面地交换意见，体面地解决争端，相互做出开放市场、推进自由贸易的承诺。贸易政策审议机制通过促进成员相互之间的了解，进一步加强了世贸组织的这些功能。

对中国而言，十年的贸易政策审议实践，增进了世贸组织成员对中国基本国情、中国经济贸易体制和政策的了解，在国际社会中极大地提高了中国政府体制和政策的透明度，充分展示了中国负责任发展中大国的形象。同时，它也体现了中国从新加入成员到熟悉世贸组织运作的成熟成员的转变，显示出中国在世贸组织中的参与程度正不断加深，正在发挥着建设性的作用。

我们在贸易政策审议中听到的不仅仅是赞扬之声，我们还听到了世贸组织成员和国际社会对中国更高的期待和更严格的要求，听到了对我们提出的各种意见和建议。有则改之，无则加勉。贸易政策审议作为我们与国际社会定期交流的平台，对于我们在政策制定和调整过程中保持全球视野，不断与时俱进，具有十分重要的参考意义。

（商务部世界贸易组织司）

● WTO/TBT 与 SPS

有关 TBT /SPS 的内容

一、WTO /TBT 通报概述

2001—2010 年十年期间，WTO 共发布了成员提交的 TBT 通报11 374项，其中新通报9 408项，通报的补遗勘误1 866项。新通报中，常规通报9 052项，紧急通报 250 项，地方政府技术法规 106 项；技术法规通报8 669项，合格评定程序1 254 项，其中 621 项通报同时涵盖技术法规和合格评定程序（见图 1）。

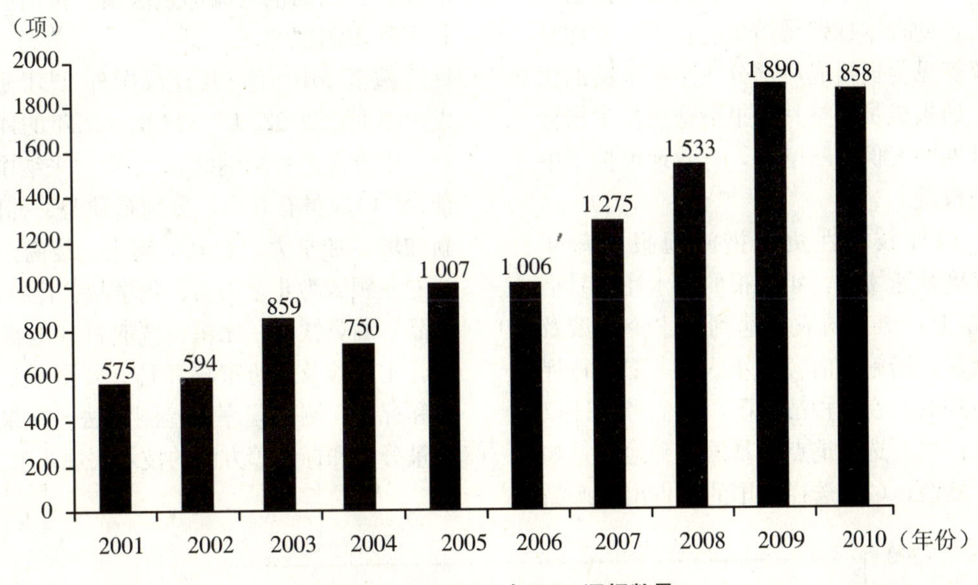

图 1　2001—2010 年 TBT 通报数量

二、中国对外 WTO /TBT 通报概述

中国入世以来，为了履行政府义务和入世承诺，2002 年至今中国共提交了 774 项中国 TBT 通报，其中：2002 年提交中国通报 12 项、2003 年 28 项、2004 年 23 项、2005 年 112 项、2006 年 63 项、2007 年 90 项、2008 年至今 185 项、2009 年 200 项、2010 年 61 项（见图 2）。在此期间中国同样还向 WTO 秘书处提交了有关修订、补遗、勘误的通报 36 项。上述通报主要涉及国家强制性标准、技术规范、强制性认证实施规则、管理规范、管理办法等。这些通报的负责机构主要是国家质检总局、国家标准化管理委员会、国家认证认可监督管理委员会、工业和信息化部、环保部、卫生部、国家食品药品监督管理局、国家烟草专卖局、河北省质量技术监督局等。

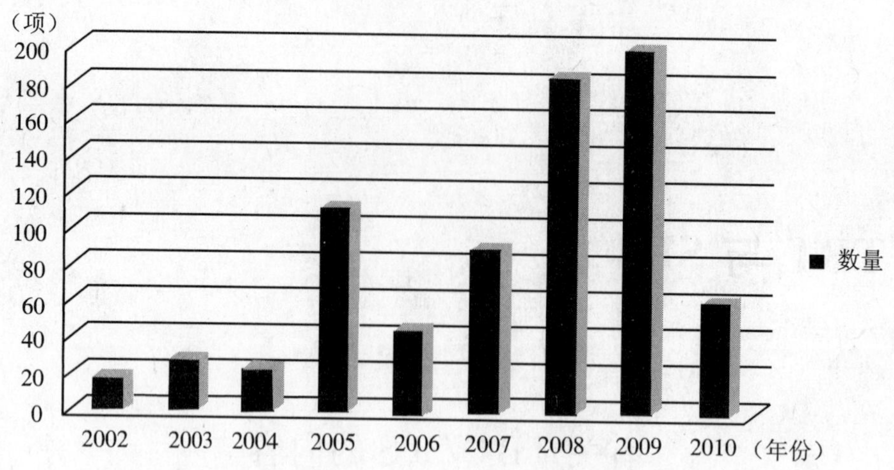

图 2　加入 WTO 以来中国对外通报数量

三、中国对 WTO 其他成员 TBT 通报评议情况

中国加入世界贸易组织后，WTO/TBT—SPS 国家通报咨询中心，在享受 WTO 成员权利、组织对其他成员通报的技术性贸易措施进行评议方面日臻成熟。评议意见为通报成员部分或全部采纳的比例不断增加，通报成员调整其通报措施的技术指标或推迟实施日期的案例不断增加，有效地维护了中国相关产业的权益。

近年来，国外技术性贸易措施通报以每年 15%以上的速度快速增加，年通报的技术性贸易措施在3 000件以上，通报的成员达到几十个，涉及的产品领域众多，措施的内容五花八门，都进行评议显然是做不到的。在这种情况下，我们考虑评议重点的依据是：(1) 选择重点贸易国家和地区，如美国、日本、欧盟；(2) 选择中国的重点出口产品领域，如机电产品、玩具消费品、食品农产品等；(3) 选择对一个行业有重大影响或是涉及多个行业的重大措施，如欧盟的 EuP/ErP 指令，REACH 法规，美国的消费品加强法案、雷斯法案，日本的肯定列表制度等。

截至 2010 年，共评议国外 TBT 通报1 408项，发出书面意见 322 项/326 次（历年的评议数量见图 3）。中方意见被采纳的有 26 项，采纳中方意见的其他 WTO 成员有 8 个，分别是欧盟、韩国、菲律宾、新加坡、加拿大、智利、瑞士、越南。被采纳的通报专业领域为儿童用品、化学品、化妆品、农产品、食品、酒类饮料、冰箱、洗衣机和电视机等用能产品，主要涉及注册审核评估、安全认证、产品的能效和标签、测试程序、检测方法、结果互认、产品质量分类和标签等方面的技术法规要求。

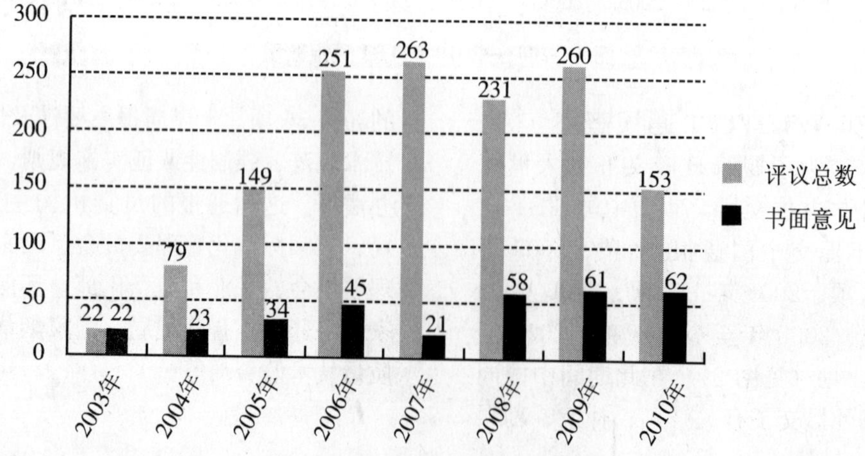

图 3　自 2003—2010 年被采纳的数量分别为 0，1，5，2，4，5，4，5 项

四、其他WTO成员对中国TBT通报评议概述

自2001年12月11日加入世界贸易组织以来，通过WTO/TBT委员会散发的中国技术法规包括各类部门规章、强制性标准以及合格评定程序文件总数截至2010年年底已达到814项。有223项（占通报总数的27.4%）TBT通报收到国外297次评议意见。发来评议意见的成员有美国、欧盟、加拿大、日本、韩国、泰国、阿根廷、巴西、瑞士、澳大利亚、新西兰、土耳其，以及外国行业商会和知名企业等。

五、中国答复WTO其他成员TBT咨询情况

十年来，共处理国内外咨询3 146件，国外咨询来自：美国、欧盟、日本、英国、法国、德国、意大利、加拿大、墨西哥、巴西、智利、瑞士、西班牙、埃及、哥伦比亚、以色列、韩国、新加坡、印度、印度尼西亚、越南、柬埔寨、泰国、菲律宾、巴基斯坦、卢旺达、巴巴多斯、哥斯达黎加、马来西亚、尼日利亚、厄瓜多尔、孟加拉、毛里求斯、捷克、中国台湾等。

六、WTO/SPS通报概述

（一）SPS通报数量

截至2010年12月31日，世界贸易组织共有153个正式成员，在2002年1月1日至2010年12月31日提交了SPS通报9330件。其中，通报量排在前十位的成员分别是：美国2211件，巴西844件，加拿大653件，欧盟430件，中国360件，秘鲁329件，韩国322件，中国台北319件，哥伦比亚272件，智利264件，排名前十位的成员通报数量占全部SPS通报的64.4%（见图4）。

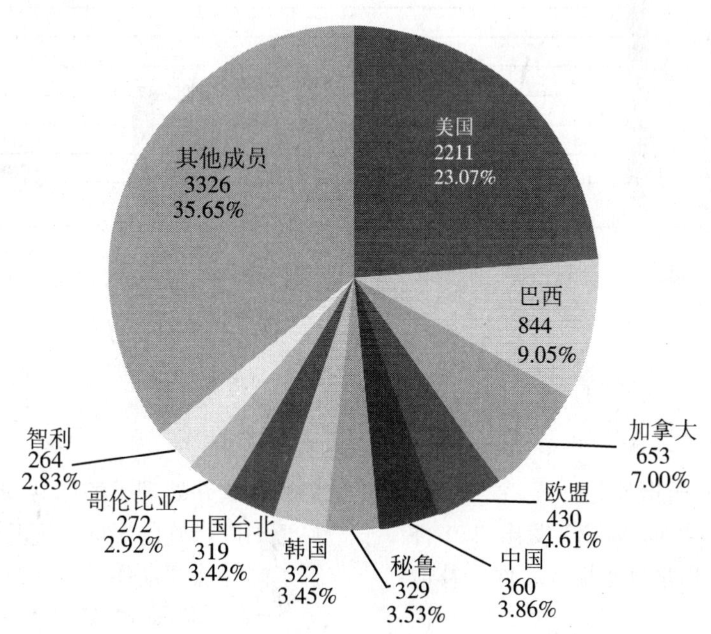

图4　WTO/SPS通报数量及占比

（二）SPS通报类型

2002年至2010年的9 330件通报中，常规通报为6 029件，占总数的65%；紧急措施通报833件，占总数的9%；补遗通报2 168件，占总数的23%；修订通报105件，占总数的1%；勘误通报195件，占总数的2%（见图5）。

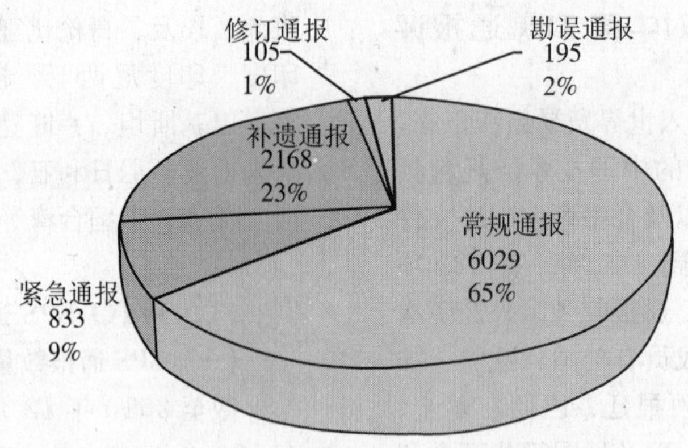

图 5 WTO/SPS 通报类型、件数及占比

（三）SPS 通报领域

就通报措施在 SPS 几大领域的分布情况而言，通过对通报“目的和理由”栏的累计分析表明，2002 年至 2010 年，涉及食品安全保护的通报数量最多，有4 166件；其次依次为植物保护2 201件；保护人类免受动植物有害生物的危害1 921件；动物健康1 383件；保护国家免受有害生物的其他危害 543 件（见图 6）。

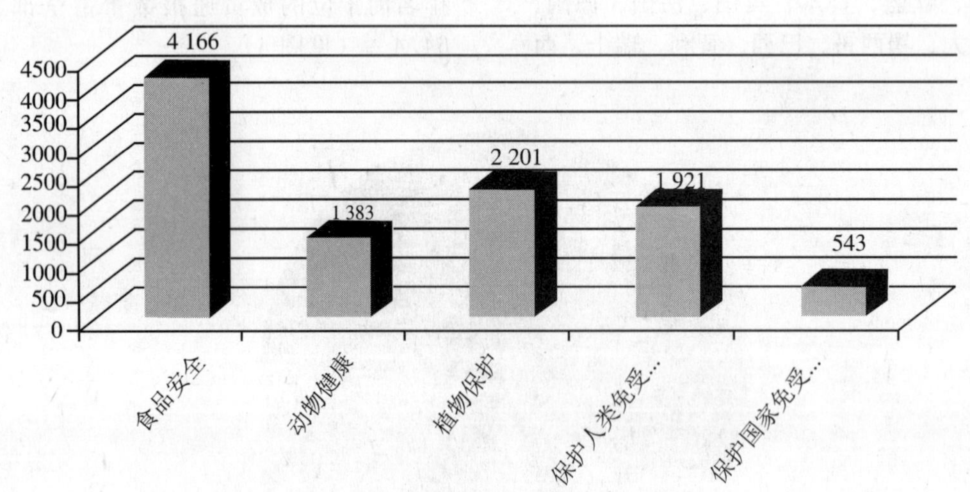

图 6 WTO/SPS 通报领域统计

七、中国对外 SPS 通报概述

2002 年至 2010 年，共向 WTO 发出 360 件 SPS 通报，其中常规通报和紧急通报 351 件，补遗通报 9 件。

八、WTO 其他成员对中国 SPS 通报评议概述

2002 年至 2010 年共收到美国、欧盟、澳大利亚等成员对中国通报的评议 617 件。

九、中国答复 WTO 其他成员 SPS 咨询情况

2002 年至 2010 年，中国 WTO/SPS 通报咨询中心接收并处理了咨询共3968件。不仅解答了国外关于国内措施的疑问，而且帮助国内各相关机构了解了国外法规动态。

十、中国对 WTO 其他成员 SPS 通报评议概述

中国 WTO/SPS 通报咨询中心采取网上、发函、开评议会等多种形式共组织对美国、欧盟、日本、巴西等 WTO 成员的2 243件 SPS 通报进行了评议。对美国、欧盟、日本、澳大利亚等成员的 492 件通报提出了正式的评议意见。

（国家质量监督检验检疫总局）

第四篇　入世十年中国大陆与港澳台

与香港、澳门 WTO 事务

2003 年 6 月和 10 月，内地与香港、澳门分别签署《关于建立更紧密经贸关系的安排》（以下简称《安排》），此后 7 年又分别签署了 7 个补充协议。每年《安排》及其补充协议签署后，内地与港澳特区政府均依据世界贸易组织规则，及时向世界贸易组织区域贸易协定委员会通报协议内容并接受其审议。《安排》是内地对外签署、实施并接受世界贸易组织审议的第一个自由贸易协定。

2005 年 2 月 17～18 日、2006 年 1 月 23 日～24 日和 4 月 3～4 日，商务部三次组团参与了世界贸易组织区域贸易协定委员会对《安排》进行的前三次审议，介绍了内地与香港、澳门《安排》开放主要内容和实施情况，并与港澳特区政府代表团共同回答了与会成员主要是美国、欧盟、日本、澳大利亚提出的问题，有关成员对中国与港澳特区政府的回答表示满意。

其后，商务部通过中国驻世贸组织代表团，港澳特区政府驻世贸组织代表处及其他渠道，持续了解其他成员方对《安排》想法及关注问题，对于成员方提交的书面问题，均通过中国驻世贸组织代表团、港澳特区政府驻世贸组织代表处予以书面答复。

（商务部台港澳司）

与中国台北 WTO 事务

2006 年 6 月、2010 年 7 月，世界贸易组织对中国台北先后进行了两次贸易政策审议。审议过程中，中国就两岸经贸关系正常化问题做了阐述，获得良好成效。透过贸易政策审议，双方进一步了解彼此的贸易政策、措施，就两岸经贸重点问题做了深层次交流，有利于两岸经济关系朝着更积极的方向发展。

（商务部台港澳司）

中国大陆与港、澳、台经贸关系

一、2010年大陆与港、澳、台经贸关系

（一）2010年内地与港、澳经贸关系

2010年，随着国际金融经济形势的稳定，国际金融危机对港澳的冲击已大为减弱，港澳地区经济实现全面持续复苏。虽然港澳地区经济的好转与世界经济的加快复苏有关，但内地经济的蓬勃增长、内地与香港、澳门《关于建立更紧密经贸关系的安排》（以下简称《安排》）及七个补充协议的签署和实施，起到了重要的推动作用。内地与港澳间进一步减少和消除了贸易投资障碍，经贸合作与交流的水平进一步提高，内地与港澳在进出口贸易总额、内地对港澳出口等方面均大幅增长。内地吸收香港资金继续呈现增长态势。

1. 内地与港澳进出口贸易情况

（1）内地与香港

据国家海关总署统计，2010年，香港成为内地第五大贸易伙伴（前四位依次为欧盟、美国、日本、东盟）、第三大出口市场和第一大顺差来源地。2010年，内地与香港进出口总额2 305.8亿美元，同比上升31.8%。其中，内地对香港出口2 183.2亿美元，同比上升31.3%；自香港进口122.6亿美元，同比上升40.9%；内地对香港贸易顺差2 060.6亿美元，上升30.8%。

表1　　2010年内地对香港出口的前十五种主要商品及金额

单位：亿美元，%

商品名称	金额	同比
机电产品（包括本表已具体列名的机电产品）	1 687.3	32.43
高新技术产品（包括本表已具体列名的高新技术产品）	1 160.8	30.77
自动数据处理设备及其部件	244.9	57.70
电话机	180.5	54.07
自动数据处理设备的零件	114.8	25.99
集成电路	114.6	15.06
液晶显示板	91.8	15.06
船舶	82.4	77.47
纺织纱线、织物及制品	78.7	14.22
服装及衣着附件	70.7	0.19
印刷电路	69.7	31.19
农产品	42.7	21.12
二极管及类似半导体器件	40.1	40.40
通断保护电路装置及零件	39.4	30.82
静止式变流器	37.2	68.32

表2　　2010年内地从香港进口的前十五种主要商品及金额

单位：亿美元，%

商品名称	金额	同比
机电产品（包括本表已具体列名的机电产品）	42.5	6.75
高新技术产品（包括本表已具体列名的高新技术产品）	35.6	12.82
集成电路	14.4	2.20
废塑料	12.0	50.86
废金属	7.3	45.63
纺织纱线、织物及制品	6.6	−8.22

续　表

商品名称	金额	同比
初级形状的塑料	4.9	27.47
医药品	2.9	14.06
废纸	2.4	67.07
二极管及类似半导体器件	1.7	14.81
服装及衣着附件	1.6	－6.05
电视、收音机及无线电讯设备的零附件	1.6	－5.63
成品油	1.6	43.29
液晶显示板	1.4	122.78

（2）内地与澳门

2010年，内地与澳门贸易额为22.6亿美元，同比上升8.0%。其中，内地对澳门出口为21.4亿美元，同比上升15.7%；自澳门进口为1.2亿美元，同比下降49.8%。

表3　　2010年内地对澳门出口的前十五种主要商品及金额

单位：万美元，%

商品名称	金额	同比
机电产品（包括本表已具体列名的机电产品）	68 091.6	10.45
高新技术产品（包括本表已具体列名的高新技术产品）	37 916.2	1.78
电流	25 687.0	29.57
纺织纱线、织物及制品	24 694.6	2.47
农产品（包括本表已具体列名的农产品）	22 612.3	5.48
服装及衣着附件	21 295.5	52.96
成品油	18 481.0	36.93
照相机	9 789.7	－11.84
印刷电路	7 623.5	53.90
集成电路	5 980.9	－26.54
液化石油气及其他烃类气	2 858.0	65.12
肉及杂碎	2 695.4	9.72
船舶	2 518.7	244.19
家具及其零件	2 499.4	－16.70
水海产品	2 284.0	1.18

表4　　2010年内地从澳门进口的前十五种主要商品及金额

单位：万美元，%

商品名称	金额	同比
废塑料	4 056.0	－25.63
未锻造的铜及铜材	2 338.6	38.28
废金属	1 745.1	－86.59
服装及衣着附件	1 454.7	－33.19
机电产品（包括本表已具体列名的机电产品）	1 102.5	0.32
废纸	607.8	101.29
船舶	525.1	25.12
高新技术产品（包括本表已具体列名的高新技术产品）	433.5	－18.36
纺织纱线、织物及制品	408.9	23.89
玻璃纤维及其制品	192.0	49.77

续 表

商 品 名 称	金 额	同 比
初级形状的塑料	95.6	79.51
纺织机械及零件	74.1	14 378.31
印刷、装订机械及零件	57.5	10.41
二极管及类似半导体器件	39.2	204.23
农产品	38.1	−71.11

2. 内地吸收港澳投资情况

2010 年，内地吸收香港直接投资项目13 070个，同比增长 22.1%，实际使用港资金额 605.7 亿美元，同比上升 31.5%。香港继续是内地吸收境外投资的最大来源地。截至 2010 年底，内地累计批准港资项目322 391个，实际利用港资4 562.1 亿美元。按实际使用外资统计，港资在内地累计吸收境外投资中占 43.4%。

2010 年，内地吸收澳门直接投资项目 274 个，同比减少 6.8%，实际使用澳资金额 6.6 亿美元，同比减少 19.6%。截至 2010 年底，内地累计批准澳门投资项目12 556个，实际利用澳资 97.0 亿美元，澳资在内地累计吸收境外投资中占 0.9%。

3. 内地在港澳开展的承包工程与劳务合作情况

2010 年，内地在香港承包工程、劳务合作合同数共计1 632份，合同金额 35.1 亿美元，完成营业额 19.0 亿美元，年底在港劳务人数21 052人。截至 2010 年底，内地在港累计完成营业额 395.8 亿美元。

2010 年，内地在澳门承包工程、劳务合作共计10 426份，合同金额 15.6 亿美元，完成营业额 14.5 亿美元，年底在澳劳务人数48 951人。截至 2010 年底，内地在澳累计完成营业额 115.5 亿美元。

4. 内地企业赴港澳投资情况

2010 年，内地对香港非金融类直接投资为 337.7 亿美元，占内地对外非金融类直接投资总额的 57.2%。截至 2010 年底，内地对香港非金融类累计直接投资为1 670.8亿美元，占内地对外非金融类累计直接投资存量总额的 60.1%。

2010 年，内地对澳门非金融类直接投资7 109 万美元。截至 2010 年底，内地累计对澳门非金融类直接投资 6.9 亿美元。

5.《安排》实施情况

货物贸易领域：据香港统计，截至 2010 年底，香港发证机构共签发63 899份原产地证书，货物离岸价总值为 286.3 亿港元。中国海关统计，2010 年《安排》项下内地进口香港零关税货物货值为 8.8 亿美元，关税优惠额 4.7 亿元人民币。截至 2010 年底，内地累计进口香港《安排》项下受惠货物 35.7 亿美元，关税优惠额 21 亿元人民币。

据澳门统计，截至 2010 年底，澳门经济局共发出1 400张“零关税原产地证书”，其中1 247张使用的证书总出口额 1.7 亿澳门元。中国海关统计，2010 年《安排》项下内地进口澳门零关税货物货值为 839.6 万美元，关税优惠额 402 万元人民币。截至 2010 年底，内地累计进口澳门《安排》项下受惠货物1 985.4万美元，关税优惠额1 220万元人民币。

服务贸易领域：截至 2010 年底，香港工贸署共签发香港服务提供者证明书2 324份，主要涉及运输、航空、分销、电信、视听、银行、旅游等，其中运输服务及物流服务共签发证明书1 221份，占核发总数的 52.5%。

截至 2010 年底，澳门经济局核发 410 张“澳门服务提供者证明书”，主要涉及货代、运输、仓储、物流、电信、广告、零售、法律、会议服务和展览服务等。

金融领域：经中国人民银行允许，自 2004 年 2 月 25 日起，香港银行开始全面办理个人人民币存款、兑换、银行卡和汇款业务。截至 2010 年底，香港共有 155 家银行与清算行签订了清算协议，其中 111 家已开办人民币业务。香港人民币存款总额 3 149.37亿元。

截至 2010 年底，澳门共有 18 家银行与清算行签订了清算协议，其中 16 家已开办人民币业务。澳门人民币存款总额 132.6 亿元。

个人游：截至2010年底，内地赴港“个人游”旅客累计达5 942.9万人次，占内地游客的50.3%。内地赴澳“个人游”旅客累计达3 891.1万人次，占内地游客总数的43.2%。

个体工商户：截至2010年底，内地共注册香港个体工商户3 981户，从业人员11 029人，注册资金2.8亿元。内地共注册澳门个体工商户725户，从业人员1 656人，注册资金4 011万元。

6. 进一步扩大对香港、澳门的开放

2010年5月，内地分别与香港、澳门签署了“《安排》补充协议七”。这次签署的“《安排》补充协议七”，是继前七年对香港、澳门开放货物贸易和服务贸易领域之后，进一步扩大开放的措施。根据该协议，内地将从2011年1月1日起对香港采取35项开放措施，对澳门采取31项开放措施。其中，服务贸易领域，在建筑、医疗、视听、分销、银行、证券、社会服务、旅游、文娱、航空运输、专业技术人员资格考试和个体工商户等12个领域开放力度进一步加大；新增了技术检验分析与货物检验、专业设计2个领域的开放内容。贸易投资便利化领域，增加了教育合作以及文化、环保、创新科技产业合作，并在检测和认证、会展领域增加了合作内容，以支持香港推动六大新兴优势产业的提升，配合澳门产业结构适度多元发展。“《安排》补充协议七”获得港澳社会各界高度评价。

“《安排》补充协议七”签署后，内地服务贸易对香港开放领域达到44个，优惠措施累计278项；对澳门开放领域已达到43个，优惠措施累计262项。

7. 积极推动《安排》的落实

(1) 完善《安排》的政策配套

“《安排》补充协议七”共涉及需修改及新制定法规、规章、规范性文件等共14个，其中13项均已完成，涉及建筑、医疗、视听、分销、旅游、银行、航空运输、土地估价师资格考试、个体工商户，还有一项正在修订过程中。

(2) 开展《安排》措施推介活动

为充分发挥“落实《安排》示范城市”的平台作用，2010年6月和10月，商务部在佛山市和重庆市分别举办了“内地与港澳落实《安排》加强物流领域合作研讨会”和“利用《安排》平台，推进港澳与中西部服务业合作研讨会”等一系列活动，推动内地与港澳业界在相关领域的对接。11月，商务部在香港举办了《安排》宣讲会，就《安排》相关内容进行宣传和解读，帮助香港业界更好的利用《安排》。

(二) 2010年大陆与台湾经贸关系

2010年，全球经济逐渐复苏，大陆和台湾地区经济均基本摆脱国际金融危机的冲击，开始进入增长轨道。一年来，两岸完成了《海峡两岸经济合作框架协议》从磋商、签署到生效的过程。在两岸经贸交流利好的推动下，两岸经贸逐渐呈现大交流、大合作的崭新局面。

1. 两岸贸易与投资稳步增长

2010年两岸贸易额为1 453.7亿美元，创历年新高，同比增长36.9%。其中，大陆对台湾出口296.8亿美元，同比增长44.8%，自台湾进口为1 156.9亿美元，同比增长35.0%。台湾是大陆第七大贸易伙伴，第八大出口市场，第五大进口来源地。大陆是台湾最大的贸易伙伴和贸易顺差来源地。

2010年大陆共批准台商投资项目3 072个，同比上升20.2%，实际使用台资金额24.8亿美元，同比上升31.7%。截至2010年底，大陆累计批准台资项目83 133个，实际利用台资520.2亿美元。按实际使用外资统计，台资在大陆累计吸收境外投资中占5.0%。

陆资赴台也不断深化。2010年11月24日，发展改革委、商务部、国台办联合发布了《大陆企业赴台湾地区投资管理办法》，进一步积极支持大陆有条件、有优势的企业赴台湾地区考察、投资或设立非企业法人，推动两岸经济优势互补，互利双赢。2010年新批准陆资赴台投资项目47个，投资金额1.37亿美元，领域涵盖批发零售、通讯、餐饮、塑胶制品、旅游等多个行业。中国银行、国航、中远公司等10多家央企和金融机构在台设立了分支机构和代表处。

2. 两岸经济迈向制度化合作阶段

2010年6月签署的《海峡两岸经济合作框架协议》(以下简称《框架协议》)是两岸经济关系发展史上的一座里程碑，标志着两岸经济关系进入了制度化合作的新的发展阶段。《框架协议》制定的目标和发展进程对两岸有较强的约束力，在相关的制度保障下，两岸经济关系正常化、制度化、自由化将有序推动、如期实现。中共中央总书记胡锦涛2011年7月12日在钓鱼台国宾馆会见中国国民党荣誉主席吴伯雄时强调，《框架协议》是一份为民谋利、互利双赢、影响深远的好协议，符合两岸同胞共同利益，符合中华民族整体利益。

《框架协议》就两岸间货物贸易关税减让、服务贸易市场开放、投资及产业合作等方面做出了制度性安排，为两岸经济关系实现正常化、制度化和自由化提供了制度保障。协议内容包括序言和5章16条及5个附件。其中早期收获部分，大陆对557项原产于台湾的产品实施降税，就11个服务行业对台实施更加开放的政策措施。台湾对267项原产于大陆的产品实施降税，就9个服务行业对大陆进一步放开。

2010年9月12日，《框架协议》正式生效。《框架协议》生效后6个月内，两岸将陆续启动货物贸易、服务贸易、投保、争端解决等单项协议的商谈。2011年1月1日，货物贸易早期收获正式实施，服务贸易早期收获于2010年10月28日和2011年1月1日分两阶段正式实施。

3. 两岸经贸促进活动如火如荼

两岸经贸交流考察日益增多。近年来，两岸逐渐形成多层次、全方位的经贸合作格局。2010年，商务部姜增伟副部长、陈健副部长、原商务部易小准副部长等领导先后率领大陆企业、商协学会等代表赴台考察，分别就两岸商贸流通、大陆企业赴台投资、框架协议后两岸企业合作等议题与台湾相关部门负责人进行沟通。大陆各省市赴台交流也络绎不绝，上海、湖北、福建、四川等多个省市的主要领导先后赴台参访，带动了两岸交流深入街头巷尾、工厂车间，拉近了两岸民众的距离，融洽了两岸同胞的感情。

两岸展览利于促进行业交流。随着两岸经贸交流的频繁，大陆举办涉台经济技术展览会的数量也不断上升。2010年，经商务部批准在大陆举办了2010南京台湾名品交易会、2010山东台湾名品博览会、首届海峡两岸机械产业博览会等14个涉台经济技术展览会，比2009年增加9个；赴台举办了2010年海峡两岸自行车展览会、2010年海峡两岸食品展览会、2010年两岸建筑建材暨产品展等23个海峡两岸的经济技术展览会，比2009年增加9个。展览会为两岸行业交流搭建了平台，有效促进了两岸产业合作。

二、2001—2010年中国“入世”以来总体情况

（一）2001—2010年中国入世以来内地与港澳经贸交流总体情况

港澳地区在内地整个对外经贸关系中一直占有十分重要的地位，尤其是1978年改革开放以来，内地与港澳的经贸关系更是全面发展，达到唇齿相依、密不可分的程度。港澳地区长期作为内地企业开拓国际市场最重要的窗口和国外厂商进军内地市场最主要的“桥头堡”，发展成为内地最重要的贸易、投资和经济合作伙伴。

早在内地加入世界贸易组织前，香港特区政府就曾提出与内地商签类似《安排》的自由贸易协议，进一步密切两地经贸关系。考虑到当时内地正在积极申请加入世界贸易组织，内地与香港商签自由贸易协议的条件还不具备，两地没有启动自由贸易协议的商谈。

2001年12月，内地以国家主体身份加入世界贸易组织时，香港、澳门已是世界贸易组织成员，内地与港澳之间形成了“一国三关税区”的局面，内地与港澳地区之间的经贸关系成为世界贸易组织框架下国家主体与其单独关税区之间的关系。按世界贸易组织规则，成员之间可以互相签署自由贸易协议，内地与港澳商签《安排》的时机成熟。

2002年1月，两地启动了《安排》的协商，经过一年多的紧密磋商，内地分别于2003年6月29日和10月17日与香港特别行政区政府和澳门特别行政区政府签署了《内地与香港关于建立更紧密经贸关系的安排》和《内地与澳门关于建立更紧密经贸关系的安排》。随后七年，内地又分别与香港、澳门陆续签署了七个《安排》补充协议。

《安排》的主要内容包括内地与港澳逐步实现货物贸易自由化、服务贸易自由化和贸易投资便利化的各项措施。从2006年1月1日起对输往内地的原产于港澳的产品全面实施“零关税”，截至2010年底，内地服务贸易对香港开放领域达到44个，优惠措施累计278项；对澳门开放领域43个，优惠措施262项。

《安排》是国家主体与单独关税区之间的建立自由贸易区的经贸安排，遵循“一国两制”方针，

符合世界贸易组织规则。《安排》对港澳的开放“早于世贸、优于东盟”，充分体现了“一国”的优势。内地与港澳同时作为世界贸易组织成员，根据世界贸易组织的有关规则建立自由贸易区，两地保持各自的经济制度，通过《安排》实现优势互补和共同发展，这是“两制”的体现。因此，《安排》既展现了内地对港澳经济的支持和帮助，同时也兼顾了两地经济发展的不同要求，是“一国两制”方针的生动体现和发展。

1.《安排》的成效

《安排》的实施，逐步减少了内地与港澳在经贸交流中的体制性障碍，加速了相互间资本、货物、人员等要素的便捷流动，对内地的改革开放、港澳经济的复苏和发展以及内地与港澳的经贸交流起到了积极促进作用。

（1）对香港经济的复苏和澳门经济的快速增长起到了积极的促进作用

中国入世和《安排》对两地经贸交流快速增长起到了关键推动作用。中国入世的2001年，内地与港澳进出口总额568.3亿美元，内地实际使用港澳直接投资170.4亿美元；《安排》签署的2003年，内地与港澳进出口总额888.8亿美元，内地实际使用港澳直接投资181.2亿美元，对港澳直接投资11.8亿美元；2010年，内地与港澳进出口总额2 328.4亿美元，内地实际使用港澳直接投资612.3亿美元。

（2）推动了内地经济建设和现代服务业发展，促进了内地与港澳经济互动

港澳服务业发展较早，管理先进，与世界联系密切，港澳服务提供者进入内地设立服务贸易企业，为内地提供了优良的服务，推动了内地经济建设和服务业的发展。

（3）有利于充分发挥“两制”的优势，推动内地与港澳共同开拓国际市场

内地与港澳各有优势，双方相互合作，优势互补，一起走出去，共同开拓国际市场，为内地企业进一步开拓国际市场积累了宝贵的经验。

（4）为内地商签其他自由贸易协议起到了示范和借鉴作用

《安排》是内地签署较早的自由贸易协议，更是完成世界贸易组织审议的第一个自由贸易协议，不论是在内地对外开放的领域设计方面，还是在接受世界贸易组织审议的过程中，《安排》都为内地参与其他自由贸易协议的签署的审议提供了经验，为了推动与其他国家或地区签署自由贸易协议起到了示范作用。

（二）2001—2010年中国入世以来大陆与台湾经贸交流总体情况

2001年12月11日，大陆正式加入世界贸易组织，成为其第143个成员。2002年1月1日，台湾地区以“台澎金马单独关税区”加入世界贸易组织。由于政治因素，两岸未有正式的官方协商渠道，惟基于两岸皆为世贸组织正式成员，两岸以此为开端，在世贸组织的架构下进行相关问题的协商与互动，发展出两岸均可接受的互动模式。

1. 两岸经贸关系取得长足发展

2002年是大陆和台湾加入世贸组织后的第一年，当年两岸贸易总额首次突破400亿美元大关，达446.7亿美元。2006年大陆已成为台湾对外投资与贸易顺差的首要地区，台湾对大陆经济发展的倚重程度日渐提高。2001—2010年十年间，两岸贸易年均增长率达16.9%。2010年两岸贸易额达1 453.7亿美元，大陆对台逆差860.1亿美元。截至目前，两岸贸易额累计已突破万亿美元大关。

自台2009年6月30日开放陆资入岛以来，两岸双向投资不断深化。截至2010年底，大陆累计批准台资项目超过8万个，实际利用台资525亿美元，台湾已是大陆重要的境外投资来源地。目前已有78家大陆企业赴台设立了公司或代表机构，投资金额1.46亿美元，投资领域涵盖批发零售、通讯、餐饮、塑胶制品、旅游等多个行业。

2. 世贸组织规范对两岸经贸发展产生积极影响

入世以来，两岸同为世贸组织成员，世贸组织规范对两岸贸易往来的影响逐渐扩大。台参与了3次世贸组织对大陆贸易政策审议，大陆参与了2次世贸组织对台贸易政策审议。透过贸易政策审议，双方进一步了解彼此的贸易政策、措施，就两岸经贸重点问题做了深层次交流，有利于两岸经济关系朝着更积极的方向发展。

世贸组织为两岸贸易摩擦提供了有效解决的平台。两岸依据世贸组织开拓了贸易争端互相通报机制和协调处理机制。为维护两岸工商界的利益，维持贸易公平发展，两岸采取了一系列灵活变通的方

式化解贸易争端，促进了两岸经贸正常有序发展。

3. 框架协议的签署标志两岸经济关系迈入新阶段

2010 年 6 月 29 日，两岸在经贸关系日益紧密的大背景下签署了《海峡两岸经济合作框架协议》（以下简称《框架协议》）。《框架协议》是一个结合两岸特色并遵守世界贸易组织规则的经济合作协议，旨在逐步减少或消除彼此间的贸易和投资障碍，创造公平的贸易与投资环境，进一步增进双方的贸易与投资关系。它是两岸经济关系发展史上的一座里程碑，标志着两岸经济关系进入了制度化合作的新的发展阶段。

2011 年 1 月 1 日，《框架协议》早期收获全面实施，大陆对 557 项原产于台湾的产品实施降税，就 11 个服务行业对台实施更加开放的政策措施；台对 267 项原产于大陆的产品实施降税，就 9 个服务行业对大陆进一步放开。目前，两岸有关机构的评估结果认为，《框架协议》早期收获执行情况开局良好、进展顺利、效果初显。

今后，我们将按照世贸组织规则，结合《十二五规划纲要》中“关于建立健全两岸经济合作机制、全面深化两岸经济合作”的要求，积极推动《框架协议》后续的货物贸易协议、服务贸易协议、投保协议、争端解决协议等单项协议的商谈工作，不断推进两岸经济关系正常化、经济合作制度化。

（商务部台港澳司）

第五篇　入世十年中国与 WTO 主要成员经贸关系

中国与美国的经济贸易关系

第一部分　2010年中美经贸关系

2010年，中美经贸合作继续保持稳步发展态势，并呈现出以下特点。

一、中美高层会晤和对话频繁，为双边经贸合作创造了有利环境

中国国家主席胡锦涛和美国总统奥巴马年内在核安全峰会、二十国集团多伦多以及首尔领导人峰会期间成功会晤，就推动中美关系沿着积极合作全面的轨道向更高水平发展达成共识。温家宝总理在与奥巴马总统的会晤中就经贸问题交换意见，并提出两国开展大规模财政、金融、经贸合作的一揽子计划，为今后一个时期中美经贸关系的发展指明了方向。第二轮中美战略与经济对话和第21届中美商贸联委会分别于5月、12月成功举行，双方就扩大双边经贸合作达成广泛共识，取得积极成果。

二、双边贸易走出金融危机低谷，实现较快增长

据中国海关统计，2010年中美贸易额3 853.4亿美元，比2009年同期上升29.2%，比金融危机爆发初期的2008年同比上升15.5%。其中，中国自美进口1 020.4亿美元，比2009年同期上升31.7%，比2008年同期上升25.3%；出口2 833亿美元，比2009年同期上升28.3%，比2008年同期上升12.3%。目前，中美互为第二大贸易伙伴，美国是中国第一大出口国，中国是美国第三大出口国。

三、双向投资逐渐走出金融危机影响，企稳回升

据中国商务部统计，2010年，中国实际使用外资金额30.2亿美元，同比上升18.1%。截至2010年底，美对华投资项目累计达59 642个，实际收入652.23亿美元。同时，中国对美国投资步伐加快。截至2010年底，中国企业在美非金融类直接投资约为47.3亿美元，投资范围广泛。

四、对美贸促活动卓有成效，两国企业间合作不断加深

中国是美国许多产品重要的海外市场，是美实施“出口倡议”的重点目标，对华出口为美各州带来实实在在的利益。2010年5月、9月和11月，中国商务部和有关商协会分三次组织大型“中国贸易投资合作促进团”访美，开展了多种形式的贸易投资促进活动，并广泛接触了美联邦和地方政府、议会和工商界人士，对中美经贸合作的稳定发展发挥了有力的推动作用。

此外，充分利用国内展览会资源，通过中博会、广交会、厦洽会和高交会等主流展览平台，以设置美国馆、展区等形式，吸引更多的美国企业参展，推销其产品，为加深中美企业间合作发挥了积极作用。

五、双边贸易摩擦依然存在，经贸问题政治化影响明显

2010年美国针对中国产品发起6起贸易救济调查，涉案金额约8.5亿美元，数量和金额较2009年大幅减少，但同期终裁的多起反倾销、反补贴调查终裁税率较高。第111届国会自2009年开幕以来提出涉华经贸议案近40项，内容涉及人民币汇率、能源和气候变化、产品质量和食品安全、贸易执法等问题，其中一些议案要求对中国采取强硬的贸易政策立场。美众院还通过了要求将汇率问题纳入反补贴调查的有关议案。中国企业赴美投资申请因“国家安全”等非经济性原因遭拒的案例多次发生。这表明，贸易与投资保护主义对中美经贸合作的影响仍较突出。

第二部分　2001—2010年中美经贸关系情况

一、中美经贸关系保持稳定并获得新发展

中国加入世界贸易组织（WTO），使中美经贸关系步入以多边规则为基础的发展轨道，两国相互给予无条件最惠国待遇，双边经贸摩擦可以通过WTO争端解决机制处理，中美通过对话与合作讨论贸易关注，并按照国际规则处理问题成为常态。得益于此，中美经贸关系基本保持稳定，两国开展互利经贸合作日益扩大，经济相互依存不断加深。

近年来，中美经贸关系迅猛发展，成为双边关系的“压舱石”和“助推器”。2009年，中美双方

一致同意，共同努力建设 21 世纪积极合作全面的中美关系，为新时期中美关系的发展确立了目标。2011 年初，胡锦涛主席成功访美，两国元首确立了共同建设相互尊重、互利共赢的中美合作伙伴关系的新定位，并一致同意推进两国财政、金融、经贸等领域的全面经济合作。

二、双边经贸合作迅猛发展

(一) 货物贸易

据中国海关统计，2001 年至 2010 年，中美双边贸易货物贸易额由 805 亿美元增长到3 853.4亿美元，增长 378.7%，年均增长 19.0%。中国对美出口增长迅速。由 2001 年的 543 亿美元扩大至 2010 年的 2 833 亿美元，增长 422%，年均增长 20.1%。

据美国商务部统计，2001 年至 2010 年，美中货物贸易由1 214.6亿美元扩大至4 568亿美元，增长 276%，同期美国货物贸易总额仅增长 71.2%，美中贸易占美货物贸易总额的比重由 6.5%提高到 14.2%。中国成为美增长最快的贸易伙伴。2001 年中国是美第四大贸易伙伴，2003 年成为第三大贸易伙伴，2006 年又成为美国第二大贸易伙伴。

中国业已成为美国最主要的出口市场之一。据美方统计，加入 WTO 以来，美国对华货物出口由 2001 年的 193.7 亿美元扩大至 2010 年的 917.8 亿美元，增长 374%，同期美国对其他国家和地区的货物贸易出口仅增长 77%，对华出口占美货物出口总额的比重由 2.63%提高到 7.19%。中国连年成为美增长最快的主要出口市场。2001 年中国是美国第九大出口市场，至 2007 年已跃居美第三大出口市场。根据美中贸易全国委员会最新统计，2010 年，美国 50 个州中有 42 个州的前五大出口市场中包括中国。

(二) 服务贸易

据美国商务部统计，2001 年至 2010 年，中美服务贸易从 89.7 亿美元扩大至 298 亿美元，增长 232.2%。其中，美国对华服务贸易长期顺差。2001 年至 2010 年，美国对华服务出口由 54.2 亿美元扩大到 201 亿美元，增长 270.8%。美国历年对华服务贸易保持顺差，2010 年美方顺差达 104 亿美元，是 2001 年的 5.6 倍。

(三) 相互投资

据中国商务部统计，截至 2010 年底，美对华投资项目累计达59 642个，实际投入 652.23 亿美元。截至目前，美仍是中国外资最大的来源地之一。同时，中国对美投资步伐加快。2008、2009 和 2010 这三年，中国对美投资分别增长 135%、97%和 81.4%。截至 2010 年底，中国企业在美非金融类直接投资约为 47.3 亿美元，投资范围广泛，涉及工业、科技、服装、农业、餐饮、食品加工、旅游、金融、保险、运输和工程承包等各领域。

三、中美利益交融、相互依存的格局更加清晰

十年来，不断扩大的经贸合作把中美两国更加紧密地联系在一起，双方不是零和博弈的对手，而是互利互惠的伙伴。

一方面，美国从中国进口大量质优价廉的产品，使其在巨额“双赤字”的压力下仍得以维持较低的通胀率；并且极大地丰富了美国人民的生活，增进了美国居民尤其是中低收入群体的福利。同时，中美经贸合作还为美国创造了大量就业机会。

另一方面，中美经贸合作也给中国带来了巨大收益。如果加上转口贸易的因素，过去十年美国市场为中国提供了超过 1/5 的外部需求；推动了中国相关产业的结构优化和技术进步；引进了先进的管理经验；创造了大量就业和税收；繁荣了国内消费市场，拓宽了消费者视野，也提高了居民生活水平。

中美经贸关系业已成为两国关系中最具活力的组成部分和积极推动力量，不仅促进了两国的经济社会发展，还增进了两国人民的沟通、信任和友谊，推动两国其他领域关系的发展。例如在旅游方面，据中方统计，2009 年、2010 年中国公民首站赴美人数分别达到 82.4 万、107.8 万人次，中国是美国增长最快的入境旅游客源国之一；而美国赴中国游客则达到 201 万人次，是中国第四大入境旅游客源国。教育方面，据美方统计，2009—2010 学年度，中国大陆地区赴美留学人数达到 12.7 万多人，成为美国最大的国际学生来源地；据中方统计，2010 年共有近 2 万名美国学生来华学习，居各国来华留学生总数第二位。

(商务部美大司)

中国与加拿大的经济贸易关系

中国加入世界贸易组织十年来，中加两国间的经济联系不断加深，商品、服务、人员和资本的流动日益频繁，两国经贸合作保持良好发展势头。

目前，中加已互为重要的贸易和投资伙伴。据中国海关统计，2010年，双边贸易总额达371.0亿美元，比2001年翻了两番。其中，中国对加拿大出口由2001年的33.5亿美元增至222.2亿美元，增长了563%，中国从加拿大进口由40.3亿美元增至148.9亿美元，增长了269%。加拿大是中国第十三大贸易伙伴，第十二大出口市场和第十六大进口来源地。据加拿大统计局统计，2001年至2010年，加拿大对华货物出口由28亿美元扩大到128亿美元，增长367%，同期加拿大对其他国家和地区的货物贸易出口增长45%，对华出口占加拿大货物出口总额的比重由1.1%提高到3.3%。中国由加第四大出口市场成为第三大出口市场。

与此同时，中加双向投资不断扩大。截至2010年底，加方在华投资项目增加了1.2倍，达11732个，实际投入增长近2倍，达78.7亿美元。同期，中国企业赴加投资规模增长迅速。截至2010年底，中国在加非金融类直接投资共56.7亿美元，涉及的行业包括资源开发、工业生产、建筑承包、农牧渔业、餐饮业、科技文化交流、交通运输、咨询服务等。

十年来，中加两国在经贸领域签署了一系列重要协定，主要包括：《中华人民共和国国家发展计划委员会和加拿大自然资源部关于能源领域合作的谅解备忘录》，《中华人民共和国政府和加拿大政府在环境与气候变化、司法改革、西部大开发和加入世界贸易组织领域的中加发展合作项目意向书》（2001年），《中华人民共和国政府和加拿大政府关于中加在妇幼保健、立法合作、可持续农业发展以及恢复生态系统领域的发展合作项目意向书》，《中华人民共和国交通部与加拿大运输部公路水路交通技术合作谅解备忘录》，《中华人民共和国国家质量监督检验检疫总局与加拿大食品检验署关于出入境植物检疫合作的谅解备忘录》，《中华人民共和国政府和加拿大政府关于在司法和牲畜推广服务领域中加发展合作项目意向书》（2003年），《中华人民共和国政府和加拿大运输部关于铁路合作事宜的谅解备忘录》，《中华人民共和国国家质量监督检验检疫总局与加拿大食品检验署关于食品安全和动植物卫生谅解备忘录》（2005年），《中华人民共和国政府和加拿大政府科学技术合作协定》（2007年），《中华人民共和国商务部和加拿大外交与国际贸易部基础建设发展合作谅解备忘录》（2008年），《中华人民共和国国家旅游局和加拿大外交国贸部关于便利中国旅游团队赴加拿大旅游的谅解备忘录》，《中华人民共和国商务部与加拿大外交与国际贸易部关于在中加经贸联委会下设立节能环保工作组的谅解备忘录》，以及《中加核能合作谅解备忘录》（2010年）等。

在两国政府间经贸协定的指导下，中加两国在能矿资源、交通、质检、旅游、服务业等诸多领域开展了积极合作。两国主管部门建立了政府间经贸合作机制，开展了良好的交流与合作。自2001年以来，中加经贸联委会共召开6次会议，就双方关注的贸易和投资议题深入交换意见，达成广泛共识。2005年双方建立中加战略工作组，就双边政治、经济重大问题定期举行磋商，就共同关心的重大国际和地区问题加强沟通与协调。双方通过该机制增进政治互信，扩大和提升两国政治与经济合作，深化双边战略伙伴关系。

中加两国经济互补性强，开展双边经贸合作潜力巨大。双方在能矿资源、农业、新能源、节能环保、航空航天、先进制造业、生物科学、轨道交通等众多领域开展合作前景广阔。深化两国在上述领域的合作将进一步推进双边经贸关系的发展。

（商务部美大司）

中国与澳大利亚的经济贸易关系

中国加入世界贸易组织十年来，中国与澳大利亚经贸关系发展顺利。目前，两国高层往来频繁，政治互信不断深化，经贸合作日益密切。

中澳已互为重要的贸易和投资伙伴。据中国海关统计，2001 年中澳贸易额为 89.9 亿美元，2010 年双边贸易额达 880.9 亿美元，十年增长近十倍。中国是澳大利亚最大的贸易伙伴、出口市场和进口来源地。澳大利亚是中国第八大贸易伙伴、第十大出口市场和第七大进口来源地。2011 年，中澳贸易额有望突破1 000亿美元大关。与此同时，中澳双向投资积极活跃。截至 2010 年底，澳大利亚企业累计在华设立投资项目9 582个，实际投入超过65 亿美元，与 2001 年相比增长了 1.6 倍。同期，中国企业在澳非金融类直接投资超过 87.9 亿美元。据澳方统计，2009/2010 财年（2009 年 7 月 1 日至 2010 年 6 月 30 日）在澳政府批准的外国投资项目中按批准金额计，中国名列第三，仅次于美国和英国。

十年来，中澳两国在经贸领域签署了一系列重要协定，主要包括：《运输合作谅解备忘录》（2001 年）、《中国澳大利亚贸易与经济框架》、《中华人民共和国国家质量监督检验检疫总局与澳大利亚农渔林业部关于澳大利亚小麦大麦输往中国的植物检疫议定书》（2003 年）、《中华人民共和国政府和澳大利亚政府航空运输协定》（2004 年）、《核材料转让协定》、《中澳农业技术合作意向书》、《澳大利亚可食用性鹿产品输华卫生要求议定书》（2006 年）、《关于公路与水路合作的谅解备忘录》、《关于为雇佣技术劳务人员提供便利的合作谅解备忘录》（2007 年）、《中华人民共和国政府与澳大利亚政府关于打击木材非法采伐及相关贸易支持森林可持续经营的谅解备忘录》、《中华人民共和国教育部与澳大利亚联邦教育、就业与劳资关系部关于教育与培训的合作谅解备忘录》（2009 年）、《关于扩大能源领域合作的谅解备忘录》、《澳大利亚塔斯马尼亚州苹果出口中国植物检验要求议定书》（2010 年）。

在两国政府间经贸协定的指导下，中澳两国在能矿资源、农业、质检、教育、旅游等诸多领域开展了积极合作。中国已成为澳海外留学生第一大来源地和增长最快的游客来源国。截至 2010 年底，中国在澳留学生约 16 万人。2010 年中国公民首站访澳人数为 54.5 万人次。自 2005 年启动以来，中澳自由贸易区已进行了多轮谈判。尽管双方在一些敏感问题上仍存在分歧，但双方致力于推动谈判早日达成的意愿始终未发生改变。

此外，两国政府主管部门还建立了多个经贸磋商机制，开展了密切的沟通和合作。2001 年以来，中澳部长级经济联委会共召开了四次会议，双方就贸易、投资、自贸区谈判、贸易救济措施、多哈回合谈判等多项议题进行了深入讨论。2006 年 4 月，国家发展改革委与澳外交贸易部、澳工业旅游资源部共同建立了中澳高层经济合作对话机制，目前已召开了四次会议。此外，中澳企业间的交流与合作也日趋频繁。中澳经贸合作论坛已多次在两国召开，参会企业规模逐年增大。由两国领军企业组成的中澳 CEO 圆桌会已分别于 2010 年和 2011 年召开了两次会议，为两国大企业搭建了长效沟通和信息交流的平台。

高度的经济互补性是中国与澳大利亚发展经贸关系得天独厚的优势。澳大利亚能矿资源丰富，两国开展能矿资源合作空间十分广阔，特别在清洁能源领域，澳大利亚拥有众多世界领先的技术。中澳企业已在液化天然气和煤层气等领域开展了积极合作，实施了一大批项目。此外，两国企业在基础设施建设、服务贸易、金融、汽车制造、农牧业、通讯、节能环保等众多领域都有着广阔的合作空间。

展望未来，中国将继续奉行互利共赢的开放战略，坚持改革开放。双方企业应本着“平等互利、优势互补、形式多样、共同发展”的原则加强交流与合作，巩固现有良好的合作基础，努力探索新的合作途径和方式。

（商务部美大司）

中国与新西兰的经济贸易关系

入世十年来，中国新西兰双边经贸关系发展迅速，经贸往来不断，高层互访频繁。

据中国海关统计，十年来，中新双边货物贸易额从2001年的10.5亿美元增长到2010年的65.2亿美元，增幅高达五倍。据新方统计，2010年中新双边贸易115.88亿新元，同比增长19.5%，增幅居新西兰前十大贸易伙伴首位。中国是新第二大贸易伙伴、第二大出口市场和第二大进口来源地。

值得一提的是，在发展对华经贸关系上，新西兰走在了发达国家的前列，取得了四个第一：第一个与中国签署关于中国加入世界贸易组织的双边协议（1997），第一个承认中国完全市场经济地位（2004），第一个与中国开展双边自贸协定谈判并与中国签署自贸协定（2008），第一个与中国香港签署自贸协定（2010）。

中新自由贸易协定是中国与发达经济体签署的第一个自贸协定，具有重大的里程碑意义。据中国海关统计，中新自贸协定实施两年来，中新贸易年均增长23%，大大快于协定实施前。2010年成为近十年来中新双边贸易增长最快的一年，同比增长43%。

除了双边贸易外，中新双向投资活跃。截至2010年底，新西兰累计来华投资项目1 553个，累计实际投入金额达10.47亿美元。新在华投资主要分布在农林、轻工、纺织、冶金、食品加工、医药、计算机等领域。截至2010年底，中国对新西兰非金融类直接投资1.5亿美元。中国对新投资主要涉及乳业、资源开发、保险、建筑等领域。

十年来，中新两国在经贸领域签署了一系列重要协定，主要有：2003年10月，《关于从新西兰输入牛肉的检疫和兽医卫生条件议定书》和《关于从新西兰输入羊肉的检疫和兽医卫生条件议定书》；2004年5月，《中新贸易与经济合作框架》；2006年4月，《新西兰鹿产品输华检验检疫和兽医卫生要求议定书》；2008年4月，《中华人民共和国政府和新西兰政府自由贸易协定》和新修订的《中新海关合作安排》；2009年11月，《中国自然人临时雇佣安排》；2010年3月，新西兰与中国香港特别行政区签署自由贸易安排。

在这些经贸协定指导下，中新两国在农业、质检、服务贸易等诸多领域开展了积极合作。新西兰已是中国乳制品和羊肉的进口第一大来源地。据中国海关统计，2010年中国进口乳制品74.5万吨、19.7亿美元，其中2010年自新进口38.1万吨、13亿美元，分别占比51.1%和66%。

新西兰虽然经济规模较小，但与中国经济互补性较强。中国对新西兰主要出口机电产品，特别是具有自主知识产权和品牌的高技术和高附加值产品，符合中国国内调整产业结构的要求。而新西兰得天独厚的优质农产品也对中国有关消费起到了良好的调节和补充作用。

（商务部美大司）

中国与拉美国家的经济贸易关系

拉美加勒比地区是中国融入国际社会、全面参与经济全球化的重要舞台，发展同拉美加勒比地区国家的经贸合作，是中国发展对外关系中的重要组成部分。

2001 年 12 月 11 日，中国正式成为世界贸易组织成员后，中国和拉美地区国家经贸合作进入快速发展阶段。中国入世十年来，中国和拉美地区国家经济的互补性和合作潜力得以充分发掘和释放，相互利益的交汇点和契合点日益增多，中拉经贸合作的规模持续扩大、领域不断拓宽，已经成为各自经济社会发展的重要推动力量。

中国入世十年来，中拉经贸关系呈现以下特点：

一、中拉贸易呈高速增长态势，中国已成为拉美一些国家的重要贸易伙伴

2000 年，中拉贸易额为 125.9 亿美元，首次突破 100 亿美元，2001 年为 149.4 亿美元，比 2000 年仅增加 23.5 亿美元。从中国加入世界贸易组织后的 2002 年起，中拉贸易开始呈现不断加速增长的态势（2009 年除外），中拉贸易额迅速扩大。2010 年中拉贸易额达到1 830.68亿美元，比 2001 年增长了 12 倍之多。2001 年，中拉贸易占拉美对外贸易的比重为 2.07%，占同期中国对外贸易总额的 2.93%，到 2010 年，中拉贸易占拉美对外贸易的比重上升至 10.73%，占中国对外贸易总额比重提高到 6.16%。

2001 年至 2010 年中国和拉美贸易统计

单位：亿美元，%

年份	总额	比重变化	中国出口	比重变化	中国进口	比重变化
2001	149.4	18.6	82.4	14.6	67.0	23.9
2002	178.3	19.3	94.9	15.2	83.4	22.4
2003	268.1	50.4	118.8	25.2	149.3	79.1
2004	400.3	49.3	182.4	53.6	217.85	45.9
2005	504.6	26.1	236.8	29.8	267.8	21.6
2006	702.18	39.2	360.29	52.1	341.89	27.7
2007	1 025.65	46.07	514.96	42.93	510.68	49.37
2008	1 433.87	39.8	714.77	38.8	719.1	40.8
2009	1 215.4	－15.2	570.96	－20.4	644.44	－10.1
2010	1 830.68	50.2	918.21	60.8	912.47	40.9

二、中拉经贸合作贸易和投资并举的局面正在形成，中拉经贸合作向更深层次和更广阔领域发展

入世十年，是中国国民经济快速发展、国家实力和地位持续提升的十年，也是中拉经贸关系发展最快的十年。目前拉美已经成为中国经济发展安全所需能源矿产等基础原材料产品的重要来源地。随着中拉贸易规模不断扩大，带动了中国对拉美投资的增长，中国企业走向拉美的步伐明显加快。2010 年，中国对拉美的非金融类直接投资达到 110.87 亿美元（商务统计），首次超过 100 亿美元。同时，中国企业在拉美的工程承包、劳务合作市场的拓展力度越来越大。

三、中国与拉美国家的自由贸易区建设稳步推进

中国加入世界贸易组织以来，中国与拉美地区国家在多边贸易体制框架下经贸关系发展迅速，经贸关系已成为各自对外关系中最重要的关系之一，在促进本国经济的发展过程中的重要性日益凸显。中国与一些拉美国家签署了双边自贸协定，进一步推进了与这些国家的经贸关系的发展。2010 年 3 月 1 日，《中国—秘鲁自贸协定》正式生效，成为中国与拉美国家签署的第一个一揽子自贸协定；4

月8日，《中国—哥斯达黎加自贸协定》正式签署，成为中国与中美洲国家签署的第一个一揽子自贸协定。《中国智利自贸协定》实施顺利，2010年8月《中智自贸协定关于服务贸易的补充协定》正式实施，目前双方已就投资部分进行了七轮谈判。

四、金融领域的合作成为中拉经贸合作进一步发展不可或缺的因素

随着中拉经贸关系的不断深入，中国和拉美地区国家在金融领域的合作越来越成为进一步推动中拉经贸关系发展的至关重要因素。2009年1月，中国正式成为美洲开发银行的正式会员，将进一步拓展与拉美国家的经贸合作和投资力度。2009年4月，中国人民银行与阿根廷中央银行签署了700亿人民币的双边货币互换协议，为中国与拉美国家在解决贸易融资方面做出了有益的尝试。2009年以来，中国与一些拉美国家签署了多项“石油换贷款”合作协议，凸显了金融领域的合作对扩大中拉贸易的作用。

五、“入世”十年来，涌现了一批熟悉拉美市场的企业，培养了一批懂得海外市场运作规律的专门人才队伍

“入世”十年来，拉美地区已发展成为中国对外贸易和中国企业实施“走出去”战略的重要地区，中国企业对拉美市场的重视和了解程度逐年提高。随着中国企业对拉美市场的不断开拓，其业务范围不断扩展，经验得到了积累，培养了一批熟悉海外市场运作规律的专门人才，为今后中拉经贸合作持续发展奠定了基础。

（商务部美大司）

中国与欧盟经济贸易关系

中国与欧盟于1975年建交，2003年建立全面战略伙伴关系。目前，欧盟是中国第一大贸易伙伴、出口市场和技术引进来源地，以及累计第四大实际外资来源地；中国为欧盟第二大贸易伙伴、第一大进口来源地和第二大出口市场。

自建交以来，中欧经贸关系长期保持稳定、健康的发展势头。特别是2001年中国加入世贸组织后，伴随着欧盟的第五次和第六次扩大，双边经贸关系发展更为迅速。2009年，中欧经贸合作经受住了全球金融和经济危机的严峻考验，在短暂的回落后，双边贸易额和双向投资额均显著回升。2010年，中欧经贸关系逐渐走出经济危机阴影，并已超过金融危机前水平。

一、双边贸易

据中方统计，2010年，中欧贸易额4 797.2亿美元，同比增长31.8%。其中，中国出口3 112.4亿美元，增长31.8%；进口1 684.8亿美元，增长31.9%；中国顺差1 427.6亿美元，增长31.6%。据欧方统计，2010年，中欧贸易额3 950亿欧元，同比增长33.3%，其中，欧盟自中国进口2 819亿欧元，增长31.6%；对中国出口1 131亿欧元，增长37.2%，欧方逆差1 688亿欧元。

中国入世十年来，中欧贸易额增长了5倍多，年均增幅高达22.6%，超过同期中国外贸18.9%的年均增幅。十年间，中欧贸易额共计25 810亿美元，为此前25年双边贸易额总和的5倍多。

从2004年起，欧盟连续7年保持中国最大贸易伙伴地位，从2003年起，中国超过瑞士成为欧盟第二大贸易伙伴。德国、荷兰、英国、意大利和法国是中国在欧盟内的主要贸易伙伴，中国与这5个国家的贸易额超过中欧双边贸易总额的70%。

二、双向投资

（一）欧盟对华直接投资

欧盟连续多年保持中国累计第四大实际投资来源地。据商务部统计，截至2010年底，欧盟对华直接投资项目33 361个，实际投入732.6亿美元，占中国吸收外资总量的7%。其中，2010年欧盟对华直接投资项目1 598个，实际投入55.7亿美元。

中国入世十年来，欧盟对华直接投资项目年均增幅2%，实际投入年均增幅3%。十年间，欧盟对华投资项目共20 981个，占累计投资项目的62.9%；实际投入469.91亿美元，占累计实际投入的64.1%。

欧盟对华投资以制造业为主（约占其对华投资总量的一半以上），主要集中在化学原料及化学品制造业、通信设备（含电子计算机和电子设备）、通用设备和专用设备制造等领域。

（二）中国对欧直接投资

近年来，中国企业对欧投资日渐活跃。据商务部统计，截至2009年底，中国共在欧盟设立直接投资企业1 400家，覆盖欧盟27个成员国，雇用当地雇员约1.5万人。其中，2010年中国对欧直接投资流量22亿美元，占中国对外投资流量总额的3.7%。截至2010年底，中国对欧直接投资存量达84.8亿美元。

中国自2003年起开始统计对外直接投资数据。2003—2010年，中国对欧直接投资年均增幅高达86%。

从领域看，中国对欧投资主要集中在制造业、金融业、批发和零售业、租赁和商务服务业等领域。从国别看，中国对欧投资主要分布在卢森堡、瑞典、德国、英国、荷兰、法国、西班牙、意大利等国。并购已成为中国企业对欧投资的重要方式。

三、技术引进

欧盟长期保持中国累计最大技术引进来源地。截至2010年底，中国自欧引进技术共34 572项，累计合同金额1 348.7亿美元。其中，2010年中国自欧技术引进3 058项，合同金额78.2亿美元。

入世十年来，中国自欧引进技术合同数目年均增幅12.5%，合同金额年均增幅6.4%。十年间，中国自欧共引进技术合同20 518项，占累计引进技术的59.35%；合同金额623.8亿美元，占累计合同金额的46.3%。

四、发展合作

欧盟于1984年开始向中国提供财政技术援助。1995年以前，欧盟对华提供的发展援助以扶贫为主，主要集中在农业领域。1995年以后，欧盟调整了对华政策及对华发展援助政策，扩大了对华援助的领域。双方合作项目涉及经济与社会改革、贸易、司法、政府治理、农业、环保、能源、教育、卫生和社会保障等众多领域，对中国经济社会发展、管理水平的提高以及脱贫等起到了积极作用，也促进了中欧关系的健康、稳定发展。

五、重要经贸往来（2010年）

2010年4月，欧盟委员会主席巴罗佐访华并出席上海世博会开幕式。其间，胡锦涛主席和温家宝总理分别与他会见、会谈。温家宝总理还和巴罗佐主席共同会见了欧盟在华企业代表。

2010年5月，第24届中欧经贸混委会、第五次中欧贸易与投资政策对话相继在布鲁塞尔召开。

2010年10月，温家宝总理访欧，与欧洲理事会主席范龙佩、欧盟委员会主席巴罗佐共同主持第十三次中欧领导人会晤。会后，双方发表了《联合新闻公报》。访问期间，温家宝总理出席了第六次中欧工商峰会并发表演讲。

2010年12月，王岐山副总理与欧委会副主席兼竞争委员阿尔穆尼亚、经济货币委员雷恩和贸易委员德古赫特共同主持召开第三次中欧经贸高层对话。

六、对话机制

中欧对话机制健全，交流渠道畅通。1979年中欧成立正部级经贸混委会，下设经贸、环保、能源和信息社会对话四个工作组及科技指导委员会，迄今已举行24次会议。近年来，双方又相继建立了贸易和投资政策、竞争政策、知识产权和纺织品贸易等四个对话机制。2007年，双方领导人达成共识，建立副总理级中欧经贸高层对话机制，迄今已成功举行三次。多层次、宽领域的对话和磋商机制为双方协调立场、处理分歧、促进合作提供了重要平台。

（商务部欧洲司）

附表：

表1　“入世”十年中欧贸易统计（中方数据）

单位：亿美元

年份	总额	中国出口	中国进口	中方贸易平衡
2001	766.27	409.04	357.23	51.81
2002	867.60	482.10	385.40	96.70
2003	1 252.17	721.55	530.62	190.93
2004①	17 72.87	1 071.63	701.24	370.39
2005	2 173.07	1 437.12	735.95	701.17
2006	2 723.00	1 819.80	903.20	916.60
2007②	3 561.50	2 451.90	1 109.60	1 342.30
2008	4 255.80	2 928.80	1 327	1 601.80
2009	3 640.90	2 362.90	1 278.00	1 084.90
2010	4 797.20	3 112.40	1 684.80	1 427.60

① 2004年，塞浦路斯、马耳他、斯洛伐克、捷克、波兰、匈牙利、斯洛文尼亚、爱沙尼亚、拉脱维亚和立陶宛加入欧盟。

② 2007年，罗马尼亚、保加利亚加入欧盟。

表 2 “入世”十年中欧贸易统计（欧方数据）

单位：亿欧元

年份	总额	欧盟进口	欧盟出口	欧方贸易平衡
2001	1 052.71	754.62	298.09	－456.53
2002	1 440	1 016	424	－592
2003	1 676	1 179	497	－682
2004	2 166	1 571	595	－976
2005	2 122.3	1 603.6	518.7	－1 084.9
2006	2 586	1 948.2	637.8	－1 310.4
2007	3 027	2 310	717	－1 593
2008	3 263	2 479	784	－1 695
2009	2 963	2 147	816	－1 331
2010	3 950	2 819	1 131	－1 688

中国与亚洲经济贸易关系

一、2010年中国与亚洲经贸合作情况

（一）中国与亚洲经贸合作总体情况

2010年，亚洲各国经济大幅增长，复苏势头超出预期。中国与亚洲经贸合作迅速走出金融危机的不利局面，实现强劲发展，相互间贸易和投资已超过金融危机前的水平。主要情况如下：

1. 中国与亚洲进出口贸易额大幅增长

据海关统计，2010年，中国与亚洲进出口贸易额为1.57万亿美元，同比增长33.7%；其中，中国出口7 321亿美元、进口8 346亿美元，同比分别增长28.7%和38.3%；中方逆差1 025亿美元，同比增长1.94倍，创历史新高。在2010年中国前十大贸易伙伴中，来自亚洲的有6个，除中国香港特区（5）和台湾省（7）外，日本、东盟、韩国、印度分别排在第三、四、六、十位。

2. 亚洲对华直接投资保持较快增速

据商务部统计，2010年，亚洲国家和地区对华直接投资项目2.14万个、实际对华投资769亿美元，分别同比增长17.9%和26.7%，增幅均高于同期全国整体水平。截至2010年底，亚洲国家和地区对华直接投资项目55.4万个、外资实际到位7 056亿美元，分别占全国累计批准外资项目的77.9%和实际利用外资金额的67.1%。在2010年中国前十大实际利用外资来源地中，来自亚洲的有5个，除中国香港（1）和中国台北（5）外，还包括日本（3）、韩国（6）、新加坡（7）。

3. 中国对亚洲非金融类直接投资全面恢复

2010年，中国对亚洲非金融类直接投资383亿美元，同比增长19.1%，其中对泰国、柬埔寨、日本、韩国、菲律宾、越南、老挝、印度尼西亚、马来西亚、孟加拉国、塞浦路斯等国投资均大幅增长。截至2010年底，中国对亚洲非金融类直接投资存量1 814亿美元，占同期中国境外投资存量的70.1%。

4. 亚洲仍为中国对外经济技术合作重要市场

2010年，中国与亚洲新签工程承包与劳务合作合同金额746亿美元，同比增长14.2%；完成营业额460亿美元，同比增长6.5%，其中对印度、印度尼西亚、越南、新加坡、巴基斯坦、香港、日本等国家和地区完成营业额居中国企业开展境外工程承包和劳务合作国家和地区的前列。截至2010年底，中国与亚洲累计签订工程承包和劳务合作合同金额4 002亿美元、完成营业额2 609亿美元，分别占同期中国对外承包工程和劳务合作合同总额、完成营业总额的51.6%和51.2%。

（二）中国与亚洲经贸合作主要特点

1. 亚洲在中国对外经贸合作中占重要地位

根据海关和商务部统计，2010年，中国与亚洲贸易额占全国外贸总额的52.7%，其中对亚洲出口占全国出口总额的46.4%，自亚洲进口占全国进口总额的59.8%；亚洲国家和地区对华实际投资金额占全国实际利用外资总额的72.8%；中国对亚洲非金融类直接投资占全国非金融类境外直接投资总额的64.9%；对亚洲工程承包和劳务合作完成营业额占全国总额的45.5%。

2. 高层互访有力促进中国与亚洲经贸合作

2010年，中国与亚洲国家领导人高层互访十分活跃，经贸合作是历次高访的重要议题。党和国家领导人先后访问亚洲多个国家，以及出席在亚洲国家举行的二十国集团领导人会议、亚太经合组织领导人非正式会议、东亚领导人系列峰会及中日韩领导人会议等多边和地区重要活动，与各国领导人就扩大和深化双边及地区经贸合作深入交换意见，达成广泛共识，推动中国与亚洲经贸合作取得新发展。此外，印度、孟加拉国、阿富汗、蒙古、朝鲜等亚洲约20个国家的元首或政府首脑访问中国或专程来华出席世博会、博鳌亚洲论坛等活动，进一步密切了中国与有关国家的经贸合作。

3. 中国对亚洲经济的引领作用进一步增强

2010年，中国积极扩大内需，保持经济平稳、较快增长，已成为公认的亚洲经济增长的主要动力。一是中国自亚洲进口增幅远高于对亚洲出口，贸易逆差持续扩大。2010年，中方逆差1 025亿美元，创历史新高。二是对华出口在主要贸易伙伴对外出口中所占比重显著上升。根据各国统计，2010年对华出口已分别占日本、韩国、泰国、新加坡、

马来西亚对外出口总额的19.4%、25.1%、11.0%、10.3%和12.7%。三是中国在亚洲各国和地区对外贸易中的地位不断提高。2009年，中国成为东盟最大的域外贸易伙伴。2010年，中国继续保持日本、韩国、朝鲜、蒙古、越南、马来西亚等国最大贸易伙伴地位，并成为印度尼西亚最大贸易伙伴（非油气产品）和泰国最大出口市场。

（三）中国与重要经贸伙伴合作情况

1. 中日经贸合作

2010年，中日双边贸易额为2 978亿美元，同比增长30.2%；其中中国对日出口1 211亿美元、自日进口1 767亿美元，分别同比增长23.7%和35.0%。截至2010年底，日企业对华实际投资累计达736亿美元，占同期中国实际利用外资总额的7.0%；中国企业对日非金融类直接投资累计达到7.2亿美元、工程承包和劳务合作完成营业额累计142亿美元，分别占同期全国总额的0.3%和2.8%；2010年底中国在日劳务人员人数17.2万人。日本是中国第三大贸易伙伴、第五大出口市场和最大的进口来源，也是中国第三大外资来源及最大的海外劳务合作市场；中国则是日本最大的贸易伙伴、出口市场和进口来源地。

2. 中韩经贸合作

2010年，中韩双边贸易额为2 072亿美元，同比增长32.6%，提前两年实现双方领导人共同确定的2000亿美元的贸易目标；其中中国对韩出口688亿美元、自韩进口1 384亿美元，分别同比增长28.1%和35.0%。截至2010年底，韩企业累计实际对华直接投资473亿美元；中国企业累计对韩非金融类直接投资10.5亿美元；工程承包和劳务合作完成营业额55.6亿美元；2010年末在韩劳务人员3.9万人。韩国是中国第六大贸易伙伴、第六大出口市场和第四大进口来源及仅次于中国台湾省的第二大贸易逆差来源，也是中国第六大外资来源及重要的劳务合作市场。中国则是韩国最大的贸易伙伴、出口市场和进口来源及重要的海外投资市场。2010年，中韩完成了历时六年的双边自贸区官产学联合研究，为启动政府间谈判奠定了基础。

3. 中国—东盟经贸合作

2010年1月1日，中国—东盟自贸区如期全面建成。中国与东盟6个老成员之间90%以上的产品实现零关税；到2015年，中国与东盟4个新成员之间的贸易自由化也将达到同样水平。双方服务部门开放水平进一步提高，投资政策和环境更加稳定和透明。中国与东盟之间基本实现自由贸易，资金、资源、技术和人才等生产要素的流动效率显著提高。一年来，中国—东盟自贸区顺利实施，双边经贸合作发展迅速。全年双边贸易额为2928亿美元，同比增长37.5%；其中中方出口1 382亿美元、进口1 546亿美元，分别同比增长30.1%和44.8%。截至2010年底，中国与东盟累计相互投资总额接近745亿美元，其中东盟对华投资累计超过630亿美元，中国对东盟投资累计接近115亿美元；中国与东盟工程承包和劳务合作累计完成营业额701亿美元。东盟是中国第四大贸易伙伴、第四大出口市场和第三大进口来源，最重要的外商直接投资来源和工程承包市场之一；中国则是东盟最大的贸易伙伴、第二大出口市场和最大的进口来源。

4. 中印经贸合作

2010年中印双边贸易额达到617亿美元，同比增长42.4%，如期实现两国领导人共同确定的双边贸易额600亿美元的目标。其中，中国对印度出口409亿美元、自印度进口208亿美元，分别同比增长38.0%和51.8%。印度是当年中国第十大贸易伙伴、第七大出口市场和第十大进口来源；中国则是印第二大贸易伙伴、第三大出口市场和最大的进口来源。截至2010年底，中国企业对印工程承包完成营业额累计已达194亿美元，居中国对外工程承包累计完成营业额第三位；累计实际利用印度投资4亿美元，2010年末中国对印度非金融类直接投资存量2.5亿美元。

二、入世十年来中国与亚洲经贸合作发展情况

（一）与亚洲经贸合作规模迅速扩大

2010年中国与亚洲进出口贸易额、实际利用亚洲国家和地区直接投资额、对亚洲工程承包合作完成营业额分别达2001年的5.4倍、1.6倍和9.1倍。过去十年间，中国利用亚洲国家和地区直接投资额累计已达4 425亿美元。截至2002年底，中国累计对亚洲非金融类直接投资251亿美元，而2010年当年中国对亚洲非金融类直接投资额就达到383亿美元。经过十年的发展，中国与亚洲经贸

合作的基础已发生根本变化，各项合作都已站在新的起点。

（二）与主要经贸伙伴的合作取得巨大发展

1. 中日经贸关系内涵逐渐变化

中日经贸合作是两国关系的重要组成部分，在彼此对外经贸关系中占有重要地位。经过十年的发展，中日经贸关系已呈现新的特点：一是中日建立经济高层对话机制并已成功举行3次会议，进一步深化了两国在经贸领域的战略互惠关系。二是中国市场对日本经济的重要性日益突出。对华出口的大幅增长对日本经济较快走出金融危机起到了关键作用。三是日本对华投资转型升级，扎根中国市场的当地销售型投资迅速增长，绿色经济、能源环保、电子商务等逐渐成为日本对华投资新的重点领域。四是中国企业尤其民营企业对日本“走出去”的步伐不断加快，对日本中小企业的并购逐渐成为中国企业对日本投资的一项重要内容。

2. 中韩经贸合作已站在新的起点

中韩经贸合作起步晚，发展快，双方在经贸领域已形成相互依存的紧密关系。一是过去十年，双边贸易额增长3.7倍。两国进出口贸易额2001年首次突破400亿美元，2004、2006年和2010年分别突破1 000亿美元、1 500亿美元和2 000亿美元，不断跨上新台阶。二是中国市场对韩国经济的重要性日渐突出。2010年，对华出口占韩国对外出口比重远超其对排名第二至四位的美国、日本、中国香港出口之和。三是韩国企业对华投资迅速从东部沿海向中西部内陆地区延伸。韩国主要大企业均已在华设立地区总部，并将参与中国西部大开发视为进一步发展的重要机遇。四是双方积极落实两国领导人共识和《中韩经贸合作中长期发展规划报告》，大力推进高新技术、绿色经济、循环经济等重点合作领域和项目，努力培育新的经贸合作增长点。

3. 东盟成为中国增长最快的经贸合作市场

过去十年，中国—东盟双边贸易额增长了6倍，远高于同期全国对外贸易增长幅度。中国—东盟自贸区的如期全面建成和顺利实施，使双方经济一体化程度达到前所未有的水平，与东盟经贸合作已成为中国最重要的对外经贸关系之一。目前，中国与东盟合作的制度性框架不断完善，合作主动性和前瞻性不断增强。中国积极支持东盟共同体建设及东盟在区域合作中的主导地位，与东盟在10＋1、10＋3、大湄公河次区域、东部增长区和泛北部湾经济合作框架内的合作顺利进行。除中国—东盟自贸区外，中国与新加坡建成了自贸区，已与印度尼西亚、马来西亚、越南、菲律宾、泰国、缅甸等签署了《关于扩大和深化双边经贸合作的协定》。与东盟基础设施互联互通稳步推进。双方领导人同意在东盟实施“互联互通规划”中加强合作，为中国与东盟进一步扩大合作提供了良好机遇。

4. 中印经贸合作取得长足发展

中国加入世贸组织以来，中印双边经贸合作快速发展。十年间，双边贸易额增加17倍，显示出巨大的发展潜力；对印度工程承包合作取得突破，中国企业在印度电力、通讯设备等领域承揽的项目不断增多。双向投资合作虽起步较晚，但领域广泛。印度在华投资已覆盖金融、软件、高等教育、制药、贸易、钢铁、化工、清洁能源等领域；中国对印度投资则涉及电信、机械制造、冶金和家用电器等领域。2010年末温家宝总理成功访问印度，两国领导人确定了2015年实现双边贸易额1 000亿美元的新目标，为中印经贸合作的进一步发展带来了新动力。此外，作为世界上最大的两个发展中国家，中国与印度同属“金砖国家”，近年在国际经济事务中加强协调、配合，双方在联合国应对气候变化公约谈判、二十国集团、多哈回合谈判等领域有效合作，维护了共同利益。

（商务部亚洲司）

中国与非洲国家的经济贸易关系

近年来，中非经贸关系全面快速发展，逐步形成多层次、宽领域、全覆盖的合作格局，双方在贸易、投资、基础设施建设等领域的合作富有成效，不断充实中非战略伙伴关系的内涵，在双方经济社会发展中发挥着不可替代的作用。

一、双边贸易快速增长

2001—2010年，中非贸易年均增长28%，2008年首次突破1 000亿美元，达1 068亿美元。2009年，中非贸易为910.7亿美元，中国首次超过美国成为非洲第一大贸易伙伴国。中非贸易占非洲对外贸易总额的10%。2010年中非贸易恢复增长，全年贸易额为1 269亿美元，同比增长39%，再创历史新高，其中中国出口600亿美元，进口669亿美元，同比分别增长25.6%和54.5%。目前中国在非洲的前五大贸易伙伴为南非、安哥拉、苏丹、尼日利亚和埃及，双边贸易额分别为256.5亿美元、248.2亿美元、86.3亿美元、77.7亿美元和59.6亿美元。

近年来，中国的机械设备、汽车、电子产品、通讯设备等机电产品对非洲出口增长显著，商品质量和技术含量不断提高。目前，机电产品占中国对非洲出口总额的比例已超过50%。在非洲对华出口方面，能矿产品和农产品是主要出口商品，近年来非洲的钢材、铜材、化肥、电子产品等制成品也陆续进入中国市场。

二、对非洲投资稳步扩大

2001年，中国对非洲投资0.5亿美元，2010年中国对非洲投资10.7亿美元。截至2010年底，中国对非洲直接投资存量104亿美元。在规模扩大的同时，中国对非洲投资呈现投资主体多元化、投资领域和地区不断拓宽、合作方式日趋多样化等特点。投资分布在49个非洲国家，主要集中在南非、阿尔及利亚、尼日利亚、苏丹和赞比亚等国家，涉及采矿、制造业、建筑、贸易、交通运输、农业等多个领域。目前，中国在非洲投资企业超过2 000家。

三、承包劳务合作发展迅速

中国在非承包工程业务规模逐年扩大，非洲已成为中国第二大海外工程承包市场。2001年，中国在非洲完成承包劳务营业额17.5亿美元，2010年完成承包劳务营业额362.5亿美元，年均增长35.4%。截至2010年底，中国在非洲累计完成承包工程营业额1 325亿美元，占全国累计在外完成承包工程营业额的30%，主要涉及房建、道路、桥梁、水利水电、石化、电信、建材、供水、农业等领域。市场主要集中在阿尔及利亚、安哥拉、尼日利亚、苏丹、利比亚等国。

四、对非援助成效显著

中国不断加大对非洲援助，支持非洲发展经济，改善民生，提高自主发展能力。目前中国对非洲援助已惠及50多个国家，并更加关注农业、减贫、医疗卫生、能力建设等领域。中国为非洲国家援建了一大批低造价住房、打井供水、污水处理、通讯设施等项目，还援建了150所学校、30所医院、30个抗疟中心和20个农业技术示范中心，派遣了100名农业专家和50个农业技术组，并为非洲培训了近3万名各类人才，涵盖经济、管理、农业、卫生、司法、教育、实用技术等多个领域。中国政府向非洲提供优惠性质贷款，帮助非洲改善基础设施条件和实施社会发展项目。此外，中国三次减免非洲重债穷国和最不发达国家的对华债务，减轻非洲国家的债务负担。

五、合作领域逐步拓宽

中非在金融、电信、旅游等领域合作加快发展。中国银行、中国建设银行等多家金融机构在非开展业务。中国银行在赞比亚和南非有2家分行，建设银行在南非有1家分行。摩洛哥、埃及等5个非洲国家的6家银行在中国设立分行或代表处。截至2010年底，非洲共有27个国家和1个地区成为中国大陆公民组团出境旅游目的地。2010年，中国大陆公民首站到访非洲共72.85万人次，比

2009年增长18.5%。埃及、南非、肯尼亚是中国游客的首选地。非洲国家来华旅游人数为40.1万人次，同比增长6%。

六、机制保障日臻完善

截至目前，中国已与非洲49个建交国中的43个国家建立了双边经贸联（混）委会机制，与45个国家签订了贸易协定，与33个国家签订了投资保护协定，与11个国家签订了避免双重征税协定。

中非合作论坛已成为推动中非经贸关系发展的重要机制，中方在论坛框架下推出的各项经贸举措，为经贸合作提供了重要动力。自2000年中非论坛创立以来，已召开四届部长级会议和一届峰会，在中非双方共同努力下，论坛已成为中非开展集体对话的重要平台和进行务实合作的有效机制。中国政府在每届部长级会议上推出经贸合作举措，并认真落实各项承诺。中国政府在第一届部长级会议上宣布了鼓励企业投资和培训专业人才等举措。在第二届部长级会议上，宣布了增加对非洲援助、加强人力资源开发合作、给予非洲最不发达国家部分输华产品零关税待遇等举措。在第三届和第四届部长级会议上，又分别宣布了一系列举措，涵盖基础设施、医疗、教育、投资、贸易、科技、农业、金融等广泛领域。这些举措惠及所有与中国建交的非洲国家，促进了中非经贸关系的发展。

（商务部西亚非洲司）

第六篇　入世十年与WTO有关的政策与管理措施

●贸易政策与管理措施

中国的法制建设

加入世界贸易组织（WTO）是中国融入经济全球化的重大决策，入世十年来中国社会主义市场经济发展取得重大进展、经济发展成就举世瞩目。没有健全的适应市场经济条件的法制，就没有完善的社会主义市场经济体制。因此，谈论中国十年来市场经济体制的发展，离不开中国法制建设取得的辉煌成就。1999年3月，“中华人民共和国实行依法治国，建设社会主义法治国家”被载入宪法，中国的法制建设进入一个全面推进的新阶段。2001年12月，中国正式成为世界贸易组织成员，WTO规则在中国实施。这两个事件是中国法制建设史上的大事，分别代表了十年来推动中国法制建设的内因和外因。

十年来中国抓住了历史机遇，使加入WTO对中国的法制建设产生了积极的、正面的影响。中国政府将实施依法治国基本方略、维护法制统一的内在要求，与WTO及其成员对中国切实履行入世承诺、保证WTO规则在中国得到实施的外部要求有机结合，既以此为契机，推动依法治国基本方略的实施，推进中国国民主政治建设，促进国民经济发展，又注意维护中国国的宪政体制、基本法律制度，保障国家安全和经济利益。经过十多年的不懈努力，加入WTO这一举措至少在三个方面对中国的法制建设产生了积极的影响：促进了适应市场经济条件的法律制度体系的形成，推动了规范和制约政府行为的行政程序法律制度的完善和创新，加快了全面推进依法行政、建设法治政府的进程。可以说，入世十年是中国法制建设与时俱进、又好又快发展的十年。加入WTO对中国法制建设的积极作用主要有以下三个方面：

一、促进了适应市场经济条件的法律制度体系的形成

WTO规则不能在中国直接适用，而应通过中国国内法转换适用，这是中国政府为保证WTO规则在中国得到有效的、统一的实施和维护中国的法制统一做出的重要决断。由此形成了及时、全面进行法规修改和制度调整的决策。因此，中国代表团在入世文件的谈判中，坚决拒绝了试图使WTO规则在中国直接适用的提案。同时，按照既定的行动计划，对有关法律法规和政策措施进行了集中清理和适时调整，保证了WTO规则通过国内法在中国实施。中国的国内法与WTO规则构成动态的平衡和协调，不仅保证了WTO规则的实施和承诺的履行，中国的法律制度也更加适应市场经济条件下的规制要求。应当说，应对加入WTO的立法工作，对中国特色社会主义法律体系的形成起了重要作用。

（一）为适应加入世贸组织需要，对有关法律法规和政策措施进行集中清理和全面调整，并实施了立、改、废工作

从1999年底开始，中国即着手对有关货物贸易、服务贸易、知识产权等方面的法律法规和其他政策性措施进行了新中国成立以来最大规模的集中清理，并实施了立、改、废工作。截至2002年12月底，全国人大及其常委会制定、修改有关法律14件；国务院立、改、废行政法规共50件，停止执行有关文件34份；国务院有关部门立、改、废部门规章和其他政策措施1 000多件。地方上的立、改、废数量更大，达到19万多件，其中地方性法规1 130件、规章4 490件。新修改、新制定的法律

法规，主要涉及以下四方面内容：（1）在货物贸易方面：根据中国对外承诺，完善了进出口、海关、商检等方面的法律制度，体现了公开、透明和非歧视原则；同时，调整与完善了贸易救济制度，分别制定了《反倾销条例》、《反补贴条例》和《保障措施条例》。（2）在服务贸易方面：一是调整了金融服务法律制度，修改了《外资金融机构管理条例》、《保险法》、《证券交易所管理条例》，制定了《外资保险公司管理条例》；二是调整了电信服务法律制度。中国在加入 WTO 前就正式颁布了《电信条例》，并制定了《外商投资电信企业管理规定》；三是调整了视听和出版服务法律制度，修订了《电影管理条例》、《音像制品管理条例》、出版《管理条例》；四是调整了旅游服务法律制度，修改了《旅行社管理条例》；五是调整了海运服务法律制度，制定了《国际海运条例》，废止了原来的《国际集装箱运输条例》。此外，还修订了《外国律师事务所驻华代表机构管理条例》，制定了《中外合作办学条例》。（3）在知识产权保护方面：一是修改了《商标法》、《专利法》、《著作权法》及其实施细则，规定所有涉及知识产权的案件都可以向法院起诉，取消了行政机关的终局决定权。二是完善了知识产权保护客体，新制定了《集成电路布图设计保护条例》，并修改了《兽药管理条例》、《药品管理法实施条例》、《饲料和饲料添加剂管理条例》等的相关条款，对未披露信息提供保护。（4）在与贸易有关的投资措施方面，修改了有关外商投资的《中外合资经营企业法》、《中外合作企业法》和《外资企业法》三部法律及其实施细则，取消了原有的出口实绩要求、外汇平衡要求和当地含量要求的硬性规定。

（二）根据对外承诺的时间表和改革开发的需要，适时调整了有关法律法规和政策措施

根据对外承诺的时间表，2003 年以来，中国适时对有关的法律法规和政策措施等做了调整。这些调整，主要还是涉及对外贸易基本法律制度、服务贸易和知识产权保护方面。例如，2003 年至 2006 年 10 月，全国人大及其常委会、国务院制定或者修改有关法律、行政法规 25 件。修订的有：《对外贸易法》、《公司法》、《进出口商品检验法实施条例》、《反倾销条例》、《反补贴条例》、《保障措施条例》、《兽药管理条例》、《证券法》等。制定的有：《直销管理条例》、《禁止传销条例》、《进出口货物原产地条例》、《海关统计条例》、《外资银行管理条例》、《著作权集体管理条例》等。地方人大和政府、国务院各有关部门，也对有关地方性法规和规章适时做了相应调整。

从 2002 年以来，中国先后多次对不适应经济社会发展需要包括不适应加入 WTO 形势的法律法规和规章进行了全面清理：2008 年下半年至 2009 年 6 月，全国人大常委会对现行法律进行了全面清理。根据清理结果，全国人大常委会 2009 年 6 月决定废止法律 8 件，2009 年 8 月决定修改法律 59 件，141 条；2007 年 2 月至 2008 年 4 月，对现行行政法规、规章进行了一次全面清理，经清理，废止了行政法规 49 件，宣布失效 43 件。废止了 1 977件规章，宣布失效 196 件，修改 395 件；2010 年开始对现行行政法规、规章和规范性文件又进行了一次全面清理。经清理，目前已废止行政法规 7 件，修改 107 件、172 条。明令废止或宣布失效规章1 525件，修改规章1 449件。

（三）中国特色社会主义法律体系已经形成

2002 年 11 月，党的十六大提出："适应社会主义市场经济发展、社会全面进步和加入世贸组织的新形势，加强立法工作，提高立法质量，到 2010 年形成中国特色社会主义法律体系"。目前，以宪法为核心，由宪法及宪法相关法、民商法、行政法、经济法、社会法、刑法、诉讼及非诉讼程序法等 7 个法律部门构成的中国特色社会主义法律体系已经形成。科学化、民主化水平和立法质量不断提高，法律在促进经济社会发展、维护社会公平正义、保障人民各项权利、确保国家权力正确行使等方面的作用不断增强。到 2011 年 7 月，除宪法及四个宪法修正案外，中国现行有效的法律 239 件，行政法规 706 件，地方性法规8 025余件，规章 1 万余件，社会生活的各个领域已基本上有法可依。

应当说，应对加入 WTO 的立法工作，对中国特色社会主义法律体系的形成起了重要作用，完备的法律制度也保证了 WTO 规则的有效实施。2010 年中国特色社会主义法律体系形成标志着中国的法律制度和 WTO 规则实现了双赢。今后，中国的立法工作将远远超越保证 WTO 规则的实施要求，而致力于发挥中国的根本政治制度和基本经济制度的优势，更加适应市场经济发展、社会全面进步的新形势、新要求。

二、推动了规范和制约政府行为的基本程序法律制度的完善和创新

WTO规则中的贸易制度统一实施原则、透明度原则和司法审查原则以及加入议定书和工作组报告书的承诺部分在这三方面的法律条款，不仅涉及对行政立法和公共政策制定等抽象行政行为的规范、监督甚至救济，也涉及对政府具体行政行为的规范、监督和救济，对规范政府行为的各项法律制度的完善，提出了新的要求。为切实履行承诺，中国除在建立、完善有关行政处罚、行政强制、行政许可、行政收费、行政决策等各方面行政程序法律制度上做出了巨大努力、取得了重大进展外，在行政立法和公共政策制定的公众参与、法规规章备案审查监督和行政复议这三项规范和制约政府行为的基本程序法律制度方面，完善了法律制度，创新了有关运行机制。

（一）完善法规、规章和规范性文件的备案审查制度，保证了法制统一和法律法规的正确实施

加入WTO前后，中国主动对法规规章和规范性文件的备案审查制度进行了完善。2000年3月制定的《立法法》对行政法规、地方性法规、部门规章和地方政府规章的备案审查制度做了具体规定；国务院于2001年12月14日修改、制定了《法规规章备案条例》，规定任何组织或者个人认为法规、规章、行政决定与法律、行政法规相抵触的，可以向国务院书面提出审查建议，由国务院法制机构做出处理。并首次明确将其他具有普遍约束力的行政决定、命令即规范性文件纳入备案审查的范围。据此，各级地方政府逐步建立了规范性文件的备案审查制度。加入WTO以来，各级政府严格遵守法制统一原则，切实加强了对法规规章和规范性文件的备案审查。例如，从2002年1月1日到2006年10月底，国务院法制办公室共收到有关国家机关、社会团体、企事业单位和公民个人认为有关法规、规章与上位法相抵触提出的书面审查建议258件，并依照法定程序做了处理。

（二）在切实履行透明度义务的基础上，行政立法和公共政策制定的公众参与的制度建设和实践不断发展

中国政府十分重视加强提高立法透明度和公众参与程度的制度建设，我国宪法及党的十五大和十六大报告、《中共中央关于加强党的执政能力建设的决定》和国务院《全面推进依法行政实施纲要》等对公众参与机制和要求做了原则规定。《立法法》、《行政法规制定程序条例》和《规章制定程序条例》等有关法律、法规和规章对行政决策中的公众参与制度进行了初步的建构。《政府信息公开条例》的实施为行政决策的公众参与提供了基础性保障。2008年国务院颁布的《关于加强市县政府依法行政的决定》和《国务院工作规则》也对完善听取意见制度做了具体规定。

“开门立法”已经成为普遍实践。除依法需要保密的外，原则上所有法律、行政法规和规章草案都向社会公开征求意见。在法律、法规、规章制定过程中，必须采取书面征求意见、座谈会、论证会、听证会等方式，广泛听取有关机关、组织和公民的意见。举例来讲，国务院法制办近年来探索建立了行政法规、规章草案公布征求意见等公众参与政府立法的制度和机制，指定“中国政府法制信息网”作为集中公布行政法规和部门规章草案的网站，并组织研发了“行政法规草案意见征集系统”和“规章草案意见征集系统”。自2008年起，除涉及国家秘密、国家安全的外，所有行政法规草案均通过“中国政府法制信息网”向社会公开征求意见。所有法律、法规、规章的公布与实施之间，都要求保持一段时间间隔，不允许自公布之日起就实施。“良法”是“善治”的前提和基础，政府立法和行政决策的公众参与制度的发展和规则的完善，不仅提高了政府立法的透明度，也从源头上保证了立法质量和法规的有效实施。

中国特色的公众参与制度的进一步发展和完善，已经远远超越了WTO透明度框架下的承诺。中国的立法和政策制定向来有“从群众中来，到群众中去”的优良传统，有许多特有的保障人民群众当家作主的制度规定和实践。如立法调查研究、专家咨询论证制度等不仅在立法实践中得到了长期不懈的坚持，而且上升为《全面推进依法行政实施纲要》、《行政法规制定程序条例》和《规章制定程序条例》等法规规定的制度；各地方、各部门在实践中创新和发展了许多具有各自特色、行之有效的公众参与的方法和形式。中国行政立法公众参与的制度建设和实践，被公认为中国履行WTO承诺的

"亮点"。

（三）推进行政复议法律制度的完善和机制创新，加强了对行政行为的监督和救济

WTO 规则所称的司法审查，是指当事人对一个国家或地区的行政机关对有关贸易事项的决定不服的时候，由该国家或地区法律规定的司法、仲裁或行政机关进行复议审查。审查应当及时、迅速，审查机关应当公正并独立于原做出行政决定的机关。中国加入议定书的司法审查条款是在符合中国宪政体制的前提下达成的。中国行政诉讼和行政复议制度是实施这一原则的基本制度。为适应加入 WTO 的新形势，中国不断完善行政复议制度、推进行政复议体制机制创新。如加大了行政复议程序的公开透明，2007 年《行政复议法实施条例》明确规定了听证审理方式，以往则基本实行书面审理。各级行政复议机关积极采用公开审理、听证等方式审理行政复议案件，提高了行政复议的透明度和公信力。国务院法制办近年来在部分地方开展了行政复议委员会的试点工作，通过相对集中行政复议权限和吸收外部力量参与审案等机制创新，提高了行政复议的权威性和公正性。2001 年以来，各级行政复议机关共办理行政复议案件 74 万余件。其中，做出维持决定的约 40 万件，纠正违法或者不当行政行为的 10 余件，通过调解、和解等方式有效化解争议的约 14 余万件。行政复议在监督和纠正行政行为、促进依法行政以及化解行政争议、维护人民群众合法权益方面，发挥着越来越重要的作用。

三、加快了全面推进依法行政、建设法治政府的进程

贯彻依法治国基本方略、全面推进依法行政、建设法治政府，是中国共产党治国理政方式的革命性变革。2002 年 11 月，党的十六大明确提出了"推进依法行政"的战略任务，2004 年 3 月，国务院发布了《全面推进依法行政实施纲要》，提出了建设法治政府的奋斗目标和具体要求。涉及政府职能转变与行政管理体制改革、制度建设、法律实施、科学民主决策和政府信息公开、社会矛盾解决机制、行政监督、行政机关工作人员依法行政的观念和能力等七方面的内容。2011 年 3 月，胡锦涛总书记在中央政治局集体学习时发表重要讲话，要求各级党委和政府把依法行政作为保证"十二五"时期经济社会各项目标任务顺利实现的重大举措加以推进；吴邦国委员长在第十一届全国人民代表大会第四次会议上，郑重宣布中国特色社会主义法律体系已经形成，并明确要求国家行政机关要严格按照法定权限和程序办事，加快建设法治政府；2010 年 8 月，国务院专门召开全国依法行政工作会议，温家宝总理深刻阐释了建设法治政府的重要性和迫切性，并对加快建设法治政府进行了全面部署；2011 年 9 月，马凯国务委员在国家行政学院秋季开学典礼及省部级领导干部"加强法治政府建设"专题研讨班开班时发表重要讲话，系统阐释了中国特色社会主义法治政府建设的一系列理论和实践问题，分析了建设法治政府取得的重大成就和面临的突出问题，提出了新形势下加快建设法治政府的重点任务和具体措施。近年来，通过改革行政审批制度和制定并实施行政许可法、完善立法和重大决策的公众参与制度、改革行政执法体制、完善行政监督制度、加强市县依法行政工作、培养行政机关工作人员特别是领导干部依法行政意识和能力等一系列举措的全面落实，依法行政、建设法治政府的工作取得了重大进展。

WTO 规则从规范贸易制度入手，广泛介入各成员的政治、经济、文化、科技等社会生活的各个领域，主要规范的是成员的政府经济管理活动，是约束政府行为的。有的学者称 WTO 规则为"国际行政法典"。加入 WTO，最大的挑战是对政府管理经济方式的挑战，最大的影响是对行政管理体制的影响。WTO 规则既有实体规则又有程序规则，是"带牙齿的"规则。在中国全面推进依法行政、建设法治政府的进程中，实施 WTO 规则、履行承诺的工作，对各级政府及其工作人员而言，也是培养和深化"规则意识"或称"法律意识"、提高将依法行政作为政府治理的基本原则和方式的认识和能力的辅修课。入世以来，WTO 有关成员利用 WTO 规则中的透明度原则、贸易政策审议机制、争端解决机制等规则，多方位、高频率地介入并试图影响中国的行政立法和政策制定、行政管理和执法、行政监督和救济等各方面事务，也在客观上对依法行政和法治政府建设的进程起到了加快和推动作用。

（国务院法制办公室法规译审和外事司司长　吴浩）

中国海关管理制度

一、2001—2010年总体情况介绍

2001—2010年，是中国海关积极主动适应中国加入世界贸易组织（WTO）后的经济社会发展大局，不断深化对海关工作规律的科学认识，以“依法行政、为国把关、服务经济、促进发展”的海关工作方针为指导，成功实践现代海关制度“两步走”发展战略的十年。

现代海关制度是指为全面、高质量地实现海关把关服务职能，通过管理思想、管理制度、管理方法和管理手段的现代化，而建立起的与全面建设小康社会相适应、与完善的社会主义市场经济体制相配套、与国际通行规则相衔接、严密监管与高效运作相结合、充满生机和活力的海关管理体系。建立现代海关制度的战略构想萌芽于1994年，建立现代海关制度“两步走”发展战略确立于1998年，第一步发展战略实现于2003年，第二步发展战略实现于2010年。

（一）现代海关制度第一步发展战略的成功实践

1. 通关作业改革及机构改革全面推行

全国海关对传统的通关作业流程、作业方式、职能管理实现方式进行了全面系统的改革，初步形成了由审单系统、物流监控系统、职能管理系统和风险管理平台（“3个系统和1个平台”）构成的，由职能部门、审单中心和基层海关共同把关的新型通关管理模式，通关作业逐步趋于统一、规范、严密和高效，通关管理的有效性和可控性比改革前明显增强；通过强化对物流的实体监控和动态监控，使海关由单纯的对货物的监管延伸到包括由货物到企业及物流全过程的监管，监管时空得到拓展；职能管理实现方式进一步转变，随着海关执法评估系统和关税分析监控系统等职能管理系统的投入应用，海关总署各业务职能部门的工作重点也逐步向科学决策、重点指导和强化监督方面转变；各直属海关按照职能管理与实际操作相分离的要求，优化配置权力和责任，对业务职能机构设置和业务事权划分也进行了较大调整，下放业务审批权限、减少事务性工作，管理水平得到进一步提高。

2. 海关法制工作进一步健全

初步建立了以《中华人民共和国海关法》为核心的海关法律框架体系，《中华人民共和国货物进出口管理条例》（国务院令第332号）、《中华人民共和国进出口关税条例》（国务院令第392号）、《中华人民共和国知识产权海关保护条例》（国务院令第395号）、《中华人民共和国海关稽查条例》（海关总署令第79号）、《中华人民共和国海关计核涉嫌走私的货物、物品偷逃税款暂行办法》（海关总署令第97号）、《中华人民共和国海关进出口货物申报管理规定》（海关总署令第103号）、《中华人民共和国海关对保税仓库及所存货物的管理规定》（海关总署令第105号）等一大批法律法规相继出台，内容涵盖监管、征税、加贸、统计、稽查、缉私等各项海关业务，是海关依法行政的有力保障。在海关法律框架体系不断健全完善的同时，执法监督工作更加到位，法制工作内部管理制度更加健全，各项执法监控系统开始建立并发挥作用，海关人员的法制意识不断增强。

3. 通关作业改革各项配套措施适时推出

为适应中国对外贸易迅猛发展的需要，实现有效监管与高效运作的有机统一，全国海关大力推进通关作业改革。初步建立起全国快速通关体系，“便捷通关”、“无纸通关”、“大通关”等新型通关制度相继出台，风险管理平台的试点和推广工作积极稳妥地开展；以口岸通关“管得住、通得快”为着眼点，进一步优化口岸海关与内陆海关的业务分工和资源配置，全国大部分口岸特别是重点口岸的通关效率不断提高，口岸物流规模迅速扩大；积极主动加强与各有关方面的协调配合，口岸工作联络协调机制运作良好，部门间联系配合更加顺畅。

4. 海关信息化建设成效显著

1998年以来，在海关总署党组的正确领导下，海关信息化建设突飞猛进，实现了从单一系统应用到海关系统内跨部门、跨地区联网应用，并向跨部委综合应用、业务监控分析辅助决策应用的跨越式发展，基本形成了“电子海关”、“电子口岸”、“电子总署”的应用格局，为全面贯彻落实“依法行

政、为国把关、服务经济、促进发展”的海关工作方针，为提升海关把关服务能力发挥了重要作用。

（二）现代海关制度第二步发展战略的成功实践

第二步发展战略以风险管理为中心环节，近年来海关又继续推进海关大监管体系建设，以风险式管理为基础，以综合监管为模式，以提升整体功能为要求，建立职能分工更加科学合理、目标责任更加清晰到位、工作运转更加协调高效的新时期海关监督管理体系。

1. 优化海关监管和服务，大力推进贸易便利化

在确保有效监管的前提下，通过大力推进通关作业制度改革，包括分类通关、企业分类管理、“属地申报、口岸验放”通关作业模式、提前申报、集中申报、24 小时预约通关、与贸易伙伴和周边国家海关 3M（执法互助、监管互认、信息互换）合作模式等理念的引入和配套措施的实施，进一步改善了通关环境，提高了通关效率，降低了物流成本，大大促进了贸易便利化的发展。

2. 认真履行税收征管职责，确保税收应收尽收

海关依法征管，科学征管，推进“综合治税”改革，建立完善税收征收、考核制度，不断提高税收征管能力和水平，确保了税收应收尽收，出色完成了国家交给的税收征收任务，为国家经济建设和社会和谐发展做出了应有的贡献。（2001—2010 年海关税收增长情况见附表）

3. 调整完善口岸管理职能，口岸“大通关”建设取得积极进展

自 2006 年 5 月中编办批准将“海关总署口岸规划办公室”更名为“国家口岸管理办公室”以来，国家口岸管理办公室充分发挥国家口岸管理协调职能作用，有序推进口岸开放，大力推进口岸基础设施建设，不断完善口岸联络协调机制，积极推进口岸法制化建设，有序推进口岸国际合作与交流，口岸“大通关”建设取得积极进展。

4. 推进海关特殊监管区域整合发展，推动加工贸易转型升级

推动设立海关特殊监管区域，使其成为承接产业转移、吸引外资、加工贸易转型升级的重要平台和带动有关地区开发开放的新增长点；扎实推进基础工作，不断完善管理制度，加强和规范海关特殊监管区域货物“进、出、转、存”管理；配合相关部门调整完善加工贸易政策，推动加工贸易产业升级、延长加工贸易产业链、提升加工贸易附加值；创新保税监管模式，促进加工贸易持续健康发展和转型升级。据统计，中国加工贸易年度进出口额从 2006 年到 2010 年期间增长了 20%；全国从事加工贸易的企业数量超过 12 万家，解决就业人员超过 4 000万人。

5. 大力推进电子口岸建设，增强口岸执法和服务效能

按照国务院办公厅《关于加强电子口岸建设的通知》要求，海关总署会同国家电子口岸委各成员单位，建立具有一个“门户”入网、一次认证登录和“一站式”服务等功能、集口岸通关、执法管理及相关物流商务服务为一体的大通关、大物流、大外贸的统一信息平台，加强了口岸监管，提高了口岸通关效率，改善了对外贸易软环境。在中央层面，国家电子口岸委各成员单位普遍加大参与电子口岸建设力度，实现了 11 个部委以及贸促会、香港、澳门有关部门、14 家商业银行的联网，累计开发应用了 70 个项目，入网企业 55 万余家；在地方层面，目前已开通了 35 个地方电子口岸门户网站，开发应用了一批有本地特色、深受企业欢迎的通关、物流、商务紧密结合的应用项目，方便了企业办理通关相关业务，降低了企业贸易成本。

6. 发挥海关进出口监测预警机制作用，为国家宏观经济调控提供决策参考

海关总署于 2002 年开始研究建立进出口监测预警机制，通过逐年来对进出口监测预警工作机制的进一步完善，对监测预警信息的针对性的进一步加强以及对进出口监测预警系统的进一步优化，使海关进出口监测预警机制在国家宏观调控、应对国际金融危机等方面发挥着越来越重要的作用。

7. 海关国际合作更加广泛和深入，中国海关的国际地位不断提升

截至 2010 年，中国海关已与 117 个国家（地区）的海关建立了友好往来关系，对外签署了 72 个政府间海关互助合作文件。成功担任 WCO（世界海关组织）副主席（亚太地区）职务，成功当选世界海关组织守法便利司司长，成功承办 RILO（世界海关组织亚洲太平洋地区情报联络中心）。积

极参与非优惠原产地规则谈判、贸易争端应对、各项审议等WTO事务工作，与商务部联合牵头WTO贸易便利化谈判，在参与国际规则制定中努力维护国家利益。

二、2010年海关工作具体情况介绍

2010年，全国海关坚决贯彻中央的决策部署，进一步优化海关监管和服务，着力巩固和扩大应对国际金融危机成果，海关事业继续保持了良好的发展态势。

（一）着力开拓创新，全面推进海关各项重大改革

现代海关制度第二步发展战略规划各项任务顺利完成。以海关大监管体系建设为载体的海关改革有序推进：分类通关改革取得阶段性成果，“三查合一”积极推开，风险管理运行机制继续优化和完善，海关监管综合效能不断提升；H2010工程即（“现代海关综合管理系统”建设工程）总体设计和实施进展顺利，综合业务管理平台顶层设计和一期项目需求设计基本完成，海关信息化水平不断提高。

（二）加强综合治税，提高税收征管能力和水平

加强税收监控和考评，完善加工贸易内销征税制度，强化稽查验核工作，开展减免税设备违规使用、出口骗退税等专项治理，实现了全年税收过万亿元的历史性重大突破。（2010年海关税收情况见附表）

（三）优化通关监管服务，全面落实国家进出口政策

积极创新监管模式，完善以风险分析和企业分类管理为基础的分类通关监管模式，以运输工具监管为源头，以舱单管理为主线，以监管场所管控为基础，加强对进出境货物、物品和运输工具的查验、检查，实现对实际物流的有效监控。加强知识产权执法，海关知识产权保护工作多年来连续得到国内外的广泛认可和好评。

（四）严厉打击走私，有力维护中国贸易秩序和社会稳定

加大对涉税走私特别是资源性产品出口走私的打击力度，加强对广西北仑河沿线非设关地走私、粤港澳“水客”走私、珠三角水域走私等顽症的综合治理，严厉打击毒品、废物、武器弹药等危害国家安全、社会稳定和人民健康的走私违法活动。全年共立案侦办涉税走私犯罪案件833起，其中偷逃税款千万元以上大案、要案45起。

（五）发挥统计监测预警作用，有效服务国家宏观经济决策

围绕国家宏观决策需要，进一步发挥海关统计监测预警作用。推进监测预警应急机制常态化，在旬报的基础上增加对热点敏感问题的监测预警专题，同步加强进出口价格、数量和国际市场份额变动情况的分析。2010年，全国海关上报各类监测预警信息700余篇次，许多建议直接转化为国家应对国际金融危机的政策措施。

（六）支持地方经济发展，积极落实国家区域发展总体战略

充分发挥保税政策优势，促进加工贸易转型升级。支持中西部地区打造承接国际国内产业转移的平台，为中西部地区营造与沿海同样便利的通关环境。积极参与横琴、平潭开发开放政策研究，参加《海峡两岸经济合作框架协议》谈签，提出可行的政策建议。加大署地合作和粤港、粤澳海关合作力度，年内与10个省（区、市）政府签署了合作备忘录，累计共与21个省（区、市）政府签署了合作备忘录，有针对性地支持各地区对外开放和重点项目建设。

（七）推动电子口岸建设，提高通关效率

在中央层面，开展海关与国库税费联网核销系统建设，研发海关总署与农业部农药进出口证件联网核查系统，协调推动质检部门加入铁路口岸信息平台，开发完成海关税费网上支付整合项目。在地方层面，配合国家有关海南国际旅游岛、海西建设等区域规划的要求，协调相关部门推动海南、福建、江苏等地电子口岸建设；以服务企业为核心，推动地方电子口岸开展“一次录入、多次申报”、“加工贸易联网审批”等大通关综合应用项目，提高通关效率，降低企业贸易成本。

（八）加强海关国际合作，努力服务国家外交外贸大局

积极加强海关国际合作，有力配合中国企业“走出去”战略的实施。加强双边务实合作，在第二轮中美战略与经济对话中，同时在战略和经济两个轨道展开对话，签署了中美海关关于供应链安全

与便利合作的谅解备忘录。在第三次中欧经贸高层对话中，签署了以中方提出的“监管互认、执法互助、信息互换（3M）”为基础的中欧海关战略合作框架。中俄海关合作围绕规范通关监管秩序继续推进，中俄海关合作分委会的作用有效发挥。

附表：

入世以来海关税收增长情况

单位：亿元，%

年度	两税收入	两税增长	关税	关税增长	进口环节税	进口环节税增长
2001	2 492.30	11.20	840.60	12.00	1 651.70	10.70
2002	2 590.70	3.90	705.00	−16.10	1 885.70	14.20
2003	3 711.80	43.30	923.20	30.90	2 788.60	47.90
2004	4 744.19	27.80	1 043.70	13.10	3 700.30	32.70
2005	5 278.36	11.30	1 066.64	2.20	4 211.72	13.80
2006	6 104.23	15.60	1 141.73	7.00	4 962.50	17.80
2007	7 584.63	24.30	1 432.50	25.50	6 152.13	24.00
2008	9 161.07	20.80	1 769.95	23.60	7 391.12	20.10
2009	9 213.57	0.60	1 483.80	−16.20	7 729.77	4.60
2010	12 518.30	35.90	2 027.80	36.70	10 490.50	35.70

（海关总署）

中国关税政策

关税政策是一国政府在一定时期内为运用关税达到其特定经济政治目的而采用的行为准则，是国家经济政策、社会政策在对外贸易活动中的具体体现。在经济全球化背景下，关税杠杆成为各国开展经济竞争与合作的重要工具。自2001年中国加入WTO以来，中国进出口贸易规模急剧攀升，进出口贸易总值从2001年的5 096亿美元增长到2010年的29 727亿美元，世界贸易排名也从2001年的第六位攀升至2010年的第二位。量的增长是中国外经贸大踏步前进的见证，也是关税政策发挥宏观调控、贸易调节、平衡收支等多重效应的综合体现。

十年来，中国关税政策的总体情况如下：

一、认真履行入世承诺，全面降低进口关税

根据中国入世承诺，自2001年入世以后，中国严格履行关税减让义务，分步实施降低关税方案。2002年，关税总水平由2001年的15.3%下降到12%，涉及5 300多个税目的税率，占该年《中华人民共和国进出口税则》中税目总数的73%，59%税目的最惠国税率降至中国承诺的最终约束税率。2003年，关税总水平继续下降至11%，降低了3019个税目的最惠国税率，8.4%税目的最惠国税率降到中国承诺的最终约束税率。2004年，关税总水平下降至10.4%，对2 414个税目的税率进行了不同程度下调，占税目总数的32.3%。2005年是中国履行入世关税减让承诺，较大幅度降税的最后一年，关税总水平下降至9.9%，对980个税目的税率进行了不同程度的下调，占税目总数的13%。2006年，中国继续履行关税减让义务，关税总水平下降至9.88%，再次降低《中华人民共和国进出口税则》中143个税目的最惠国税率，主要包括汽车及汽车零部件等。2007年，关税总水平降至9.84%，其中农产品的平均关税水平为15.2%，工业品的平均关税水平为8.95%。2008年，中国继续降低《中华人民共和国进出口税则》中45个税目的最惠国税率，关税总水平降至9.80%，其中农产品的关税水平不变，工业品关税水平下降至8.92%。2009年和2010年，中国仅小范围每年进一步降低5个税目商品的最惠国税率，调整后关税总水平仍为9.80%。截至2010年，中国入世关税减让承诺已全面履行完毕，目前中国关税水平在发展中国家中是最低的。

二、关税政策在制定和执行等方面强调法制化管理

一是规范关税立法。2000年3月15日，第九届全国人民代表大会常务委员会第三次会议通过了《中华人民共和国立法法》，从此中国关税立法走向了法制化道路。早期关税政策多以“条例”、“规定”或“通知”，甚至是“函”的方式存在，立法层级低，关税政策的稳定性和预见性较差。这既不符合WTO的透明度原则，也不利于关税政策的实施。因此，入世后中国不断清理和完善关税政策，提升立法层级，逐步建立了以《中华人民共和国海关法》为基础、以《中华人民共和国进出口关税条例》为主体、以各税收征管规章为配套的海关税收征管法律体系。

二是提高关税执法水平。入世后，日益猖獗、隐蔽的商业瞒骗形势和愈加错综复杂的关税政策对海关执法提出了更高的要求。因此，新形势下，海关确立了综合治税大格局的理念。海关坚持税收是海关各项任务的“轴心”和全国海关税收“一盘棋”的思想，实现了海关各业务部门之间的合作以及海关与社会和国际间的合作，严厉打击进出境领域的瞒骗行为和其他违法犯罪活动，保障了关税政策的正确执行。

（海关总署）

中国海关估价制度

根据中国入世承诺，中国海关自2001年入世后开始全面实施《WTO海关估价协定》。通过对有关法律、法规的修订及对其他相关命令、公告的修订或废止，中国完成了《WTO海关估价协定》在国内的立法转换。目前中国已建立起符合《WTO海关估价协定》原则的海关估价体系。

一、海关估价的法律框架

中国海关估价法律体系可以分为三个层次。

（一）《中华人民共和国海关法》

由全国人民代表大会常务委员会发布的《中华人民共和国海关法》是与海关管理相关的基本法律。《中华人民共和国海关法》第五十五条规定："进出口货物的完税价格，由海关以该货物的成交价格为基础审查确定。"

（二）《中华人民共和国进出口关税条例》

由国务院颁布的《中华人民共和国进出口关税条例》主要规定了关税税率适用、估价问题、关税征收等。其中第三章规定了进出口完税价格的确定。

（三）《中华人民共和国海关审定进出口货物完税价格办法》（海关总署令第148号）

《中华人民共和国海关审定进出口货物完税价格办法》以总署令的形式颁布，其中按《WTO海关估价协定》的原则详细规定了不同条件下的海关估价问题、完税价格的计算和审查确定完税价格的方法等。

除以上法律法规外，海关总署根据全国海关审价工作的实际情况，通过公告等形式发布执行海关估价法律法规所必需的解释说明、详细资料等，统一全国海关估价的程序和执法尺度。

二、海关估价工作机构设置和职责

海关估价工作机构分为职能部门和执行部门。职能部门包括海关总署关税司、海关总署价格信息办公室及价格信息处、直属海关关税处。执行部门包括直属海关审单处、直属海关驻派机构和隶属海关。

海关总署关税司负责制定和调整海关审价规章制度，监督、管理、指导全国海关审价工作，组织全国范围的培训。海关总署在广州设立价格信息办公室，在上海、天津、深圳、宁波和哈尔滨设立价格信息处分别管理不同的商品，负责收集、整理价格资料，为直属海关估价工作提供价格信息和技术支持。直属海关关税处负责指导、监督、协调关区内估价工作，开展关区价格监控，进行价格专业认定。

审单处、直属海关派驻机构和隶属海关对进出口企业提供的电子申报数据和纸质单据进行审核，按照法律法规的规定审查确定进出口货物的完税价格。

（海关总署）

中国海关原产地管理制度

中国加入世贸组织十年来，海关在非优惠原产地管理和优惠原产地管理方面取得了长足发展。

一、法制建设

(一) 非优惠原产地方面

为了适应全球贸易和经济合作的发展形势，解决中国进出口原产地法制上存在的问题，2004 年 9 月，国务院颁布了《中华人民共和国进出口货物原产地条例》，自 2005 年 1 月 1 日起施行。依照《中华人民共和国进出口货物原产地条例》的有关规定，海关总署会同商务部、国家质检总局于 2004 年 12 月发布了《关于非优惠原产地规则中实质性改变标准的规定》(海关总署令第 122 号)，与《中华人民共和国进出口货物原产地条例》同时实施。此外，为履行中国入世承诺，便利企业通关，海关总署于 2001 年颁布了《关于实施进口货物原产地预确定制度的公告》(海关总署公告 2001 年第 17 号)。

(二) 优惠原产地方面

伴随中国参与经济全球化和区域经济一体化的进程，海关总署在优惠原产地管理法制建设方面做了大量工作，取得了丰硕成果。自 2001 年以来，海关总署共组织制定优惠原产地规章(署令) 18 部(其中两部已作废)。尤其值得一提的是，2009 年 3 月 1 日，海关总署施行了《中华人民共和国海关进出口货物优惠原产地管理规定》(海关总署令第 181 号)。这部规章的颁布，结束了各项优惠贸易协定项下的原产地管理程序各自为政的混乱局面，初步形成了完整统一的海关优惠原产地管理体系。

上述优惠和非优惠法规和规章的颁布实施，初步构成了中国原产地管理的法律制度框架。

二、原产地规则拟订和谈判机制

根据国务院“三定”(即“定机构、定编制、定职能”)赋予海关的职责，海关在原产地规则的拟订和谈判过程中，无论是在事前、事中还是事后，都注重发挥牵头作用。为了强化部门沟通协调机制，海关总署于 2006 年 6 月牵头成立了有 9 个部委和 20 多个产业协会参加的原产地协调管理委员会(目前已扩至 14 个部委和 50 个产业协会)，加强部际协调，密切联系配合，及时通报情况，充分征求有关部门的意见和建议，协调中方谈判立场，完善对外谈判方案，以确保各项原产地规则的科学性、合理性、实用性和有效性。

同时，通过多年摸索和总结，逐步形成了比较科学规范的谈判工作机制。

三、原产地规则的组织实施

一方面，在海关系统内部，海关总署高度重视原产地规则的组织实施和管理。加强对进出口环节原产地规则实施的监控预警分析。加强原产地核查，切实防范原产地瞒骗行为和执法风险。加强原产地培训，加强原产地能力建设。另一方面，作为国家进出口原产地职能管理部门，加强对签证工作的监督，积极开展对企业的原产地宣讲，加强原产地政策宣传，树立海关原产地管理权威。

四、机构设置和队伍建设

为加强对全国海关原产地管理的组织领导和业务指导，2003 年，海关总署将原来属于统计司的原产地协调管理职能划归关税司，并设立了原产地处。同年，为配合内地与香港、澳门 CEPA(即《关于建立更紧密经贸关系的安排》)的实施，海关总署决定在毗邻港澳的深圳、拱北两个海关分别设立原产地管理办公室，作为海关总署关税司的外脑机构，协助海关总署处理内地与港、澳 CEPA 实施中与货物原产地相关的各种问题。

近年来，为配合中国自贸区战略的稳步推进和实施，海关总署注重在原产地管理方面加大投入，整合资源，健全组织，充实力量。2008 年 8 月，海关总署将原产地处升格为原产地办公室。同时，调整深圳、拱北原产地管理办公室的职责定位，赋予其更为宽泛的优惠和非优惠原产地规则实施监控职责。在沿海、沿边原产地业务量大的海关关税职能部门设立原产地管理科，在通关现场建立原产地工作联络员制度，加强一线原产地管理力量。

五、原产地管理的信息化建设

2003 年，海关总署依托“H2000 通关管理系统”，在“关税分析监控系统”下增设原产地模块，对已实施的优惠贸易安排项下的进出口货物，从多维度、多角度开展监控分析，做好预警监测，辅助政府决策。同时，海关总署于 2010 年 6 月开发建设“海关原产地管理系统”，以协调全国海关日常原产地工作、开展原产地监控分析、解答和探讨各类原产地管理疑难问题、查询原产地资料和法规文件、研究原产地政策理论制度等，该系统的建成标志着海关对进出口货物的原产地管理进入了信息化时代。

（海关总署）

中国海关归类制度

一、制度建设

中国于1992年签署加入世界海关组织(WCO)《协调制度公约》(即《HS公约》)。中国海关作为《HS公约》的主管部门，为其在中国的推广、应用做了大量工作。迄今，海关先后组织完成了1992年版、1996年版、2002年版、2007年版、2012年版《HS公约》的翻译，并在此基础上完成了《中华人民共和国进出口税则》的修订转换以及1992年版、1996年版、2002年版《HS公约注释》的翻译工作，极大地推动了HS在中国的普及和应用。入世之后，海关总署共完成2002年版、2007年版和2012年版三次的《HS公约》转版工作，并逐步建立起《中华人民共和国海关法》(2000年)、《中华人民共和国进出口关税条例》(2002年)、《中华人民共和国海关进出口商品归类管理规定》(2007年)三个层级的海关归类法律框架。

通过对HS的维护和推广使用，使HS目录成为国家发改委、财政部等政府部门制定相关经济和贸易政策时的一项基本政策工具，并在关税及进口环节税的征收、原产地管理、自贸区谈判、进出口许可证管理、贸易保障措施、军控、检验检疫和环保管理以及中国实施的其他各类非关税措施等方面得到广泛应用，促进了口岸管理的规范统一，确保了中国关税政策和贸易管制政策的有效实施。同时为保证以HS为基础的《中华人民共和国进出口税则》的准确实施，海关也从归类执法统一性入手开展了大量的工作，如构建了全国统一使用的信息化操作系统等。

二、机构设置

为了确保HS在中国的有效实施和商品归类工作的顺利开展，海关总署根据WCO提出的良好工作模式，构建了总署、归类分中心和直属海关三个层级的归类工作体系，成立了对应的机构。从2001年开始在北京海关设立了商品归类办公室，在上海、天津、广州和大连海关设立了商品归类分中心(统称“一办四分中心”)。四个商品归类分中心还相应地建立了四个化验中心，为商品归类提供技术服务。四个化验中心均通过了实验室国家标准的认证。迄今，全国海关共培养出120余名商品归类的专家和技术骨干。

(海关总署)

中国进出口许可证制度

一、中国进口许可证制度

根据世界贸易组织《进口许可协定》，进口许可定义为用以实施进口许可制度的行政程序，该制度要求向有关行政机关提交申请或其他文件（报关所需文件除外），作为货物进入进口成员关税领土的先决条件。

1999年，中国对35大类产品实施进口限制，这些商品包括：成品油、羊毛、涤纶纤维、腈纶纤维、聚酯切片、天然橡胶、汽车轮胎、氰化钠、食糖、化肥、烟草及其制品、二醋酸纤维丝束、棉花、汽车及其关键件、摩托车及其发动机及车架、彩色电视机及显像管、收录音机及其机芯、电冰箱及其压缩机、洗衣机、录像设备及其关键件、照相机及其机身（镜头除外）、手表、空调器及其压缩机、录音录像磁带复制设备、汽车起重机及其底盘、电子显微镜、气流纺纱机、电子分色机、粮食、植物油、酒、彩色感光材料、可用于化学武器的监控化学品、易制毒化学品、光盘生产设备。1999年在1657亿美元的进口总额中，实行许可证管理的进口占8.45%，金额为140亿美元。

根据入世承诺，中国政府须根据时间表取消大部分商品（共计377个税号）的进口许可证、进口配额和招标管理，例如：加入时即取消对白糖的进口配额许可证管理；自2002年起取消部分化肥的进口配额许可证管理；自2004年起取消对成品油的进口配额许可证管理；同时在有关配额取消前，保证配额量按年均15%增长。

入世以来部分进口商品管理措施调整表

序号	商　品	原管理措施	取消时间	备　注
1	食糖	配额许可证	加入之日	
2	烟草	配额许可证	加入之日	
3	成品油	配额许可证	2004年	自加入之日至配额取消，配额年增15%
4	氰化钠	配额许可证	2002年	自加入之日至配额取消，配额年增15%
5	化肥	配额许可证	2002年	自加入之日至配额取消，配额年增15%
6	二醋酸纤维丝束	配额许可证	加入之日	
7	天然橡胶	配额许可证	2004年	自加入之日至配额取消，配额年增15%
8	汽车轮胎	配额许可证	加入时/2002年	根据税号不同分别于加入之日起、2002年取消配额许可证管理，自加入之日至配额取消，配额年增15%
9	羊毛	配额许可证	加入之日	
10	聚酯切片	配额许可证	加入之日	
11	腈纶纤维	配额许可证	加入之日	
12	涤纶纤维	配额许可证	加入之日	
13	汽车及其关键件	配额许可证、机电产品进口特别招标要求	2003、2004年	根据税号不同分别于2003、2004年取消许可证管理
14	电冰箱及其压缩机	配额许可证	加入之日	
15	空调器及其压缩机	配额许可证	2002年	
16	汽车起重机及其底盘	机电产品进口特别招标要求	加入之日/2002、2003年	根据税号不同分别于加入之日起，2002、2003年取消许可证管理。自加入之日至配额取消，配额年增15%
17	造纸及印刷机	机电产品进口特别招标要求	加入之日/2002、2004年	根据税号不同分别于加入之日起，2002、2004年取消许可证管理

续表

序号	商品	原管理措施	取消时间	备注
18	气流纺纱机	配额许可证、机电产品特别招标要求	加入之日	
19	洗衣机	配额许可证、机电产品特别招标要求	加入之日	
20	各类机床及部分电子设备	机电产品特别招标要求	加入之日/2002、2004年	根据税号不同分别于加入之日起，2002、2004年取消许可证管理
21	录音录像磁带复制设备	配额许可证	加入之日/2002年	自加入之日至配额取消，配额年增15%
22	录音设备及其关键件	配额许可证	加入之日/2002、2004年	自加入之日至配额取消，配额年增15%
23	彩色电视机及关键部件	配额许可证	加入之日/2002、2004年	根据税号不同分别于加入之日起，2002、2004年取消许可证管理。自加入之日至配额取消，配额年增15%
24	汽车及其关键部件	配额许可证、机电产品特别招标要求	加入之日/2002、2004、2005年	根据税号不同分别于加入之日起，2004、2005年取消许可证管理。自加入之日至配额取消，配额年增15%
25	大型船舶	机电产品特别招标要求	2004年	
26	摩托车及关键部件	配额许可证	2004年	自加入之日至配额取消，配额年增15%
27	照相机及机身	配额许可证	2003年	自加入之日至配额取消，配额年增15%
28	电子显微镜	机电产品特别招标要求	加入时	
29	超声波及分析仪	机电产品特别招标要求	加入时	
30	手表	配额许可证	2003年	自加入之日至配额取消，配额年增15%

自2001年11月11日加入世界贸易组织以来，中国政府依据《中华人民共和国加入世界贸易组织议定书》相关承诺及世界贸易组织《进口许可协定》有关要求，积极履行承诺，依据国际通行规则实施进口管理措施，目前中国采取的进口管理措施主要有：

1. 禁止进口

依据有关国际公约，国内相关法律法规，出于安全、健康和环境保护的考虑，中国对某些商品禁止进口，主要包括虎骨、犀牛角、鸦片、部分固体废物、部分废旧机电等，自2001年以来，共发布6批禁止进口目录。

2. 限制进口

进口许可证管理。为保护环境、人身健康安全，依据《中华人民共和国对外贸易法》及相关国际公约，中国对消耗臭氧层物质、重点旧机电实行进口许可证管理：其中，消耗臭氧层物质共47个商品编码，重点旧机电等共88个商品编码（2009年进口许可证管理商品进口5.3亿美元，占进口总额的0.05%）。

两用物项和技术进口许可证管理。为维护国家安全和社会公共利益，中国对监控化学品、易制化学品和放射性物质共计114个商品编码实施两用物项和技术进口许可证管理（2009年两用物项和技术进出口许可证管理商品进口24.9亿美元，占进口总量的0.2%）。

固体废物进口。由环境保护部负责制定禁止进口、限制进口和自动进口的固体废物目录，实行分类管理；对进口废五金拆解企业实行定点管理；向符合加工利用和污染防治标准的企业签发可作为原料的固体废物进口许可证。商务部负责国内再生资源回收体系管理。海关总署负责对进口固体废物原料实行严格的入境制度，打击走私，并对非法入境的废物责令退运并依法处罚。质检总局对固体废物原料进口实行准入制度，对境外供货人及国内收货人进行注册登记，同时实行起运国装船前检验和国内到货口岸检验检疫。

3. 进口经营主体管理

根据入世承诺，中国于2004年12月11日取消了进口指定经营，对部分关系国计民生的商品实行国营贸易管理，负责部门包括发展改革委、商务部等，主要商品包括粮食、棉花、烟草、原油、成品油以及化肥等。其中烟草由国家烟草总公司专营；粮食、棉花、食糖等农产品国营贸易配额由国营贸易企业进口，非国营贸易配额由有贸易权的企业进口；原油、成品油、化肥的进口经营按照加入世贸组织承诺执行。

4. 程序性管理

自动进口许可管理：基于统计监测需要，加入WTO后，对部分进口的货物实行自动进口许可管理。近年来，中国自动进口许可管理目录总体呈下降态势。2010年，实行自动进口许可管理的商品共计机电产品和非机电产品两个目录，50类商品，737个商品编码。

二、中国出口许可证制度

加入世贸组织前，中国对部分农产品，资源性产品和化学品实行出口许可证制度。1999年，实行出口许可证管理的商品58类，73种，出口值为185亿美元，只占出口总值的9.5%。加入世贸组织后，中国不断完善出口许可证制度，促进对外贸易发展。

2011年实行出口许可证管理的49种货物，分别实行出口配额许可证、出口配额招标和出口许可证管理。实行出口配额许可证管理的货物是：玉米、大米、小麦、玉米粉、大米粉、小麦粉、棉花、锯材、活牛（对港澳）、活猪（对港澳）、活鸡（对港澳）、煤炭、焦炭、原油、成品油、稀土、锑及锑制品、钨及钨制品、锌矿砂、锡及锡制品、白银、铟及铟制品、钼、磷矿石；实行出口配额招标的货物是：蔺草及蔺草制品、碳化硅、滑石块（粉）、镁砂、矾土、甘草及甘草制品；实行出口许可证管理的货物是：活牛（对港澳以外市场）、活猪（对港澳以外市场）、活鸡（对港澳以外市场）、冰鲜牛肉、冻牛肉、冰鲜猪肉、冻猪肉、冰鲜鸡肉、冻鸡肉、消耗臭氧层物质、石蜡、锌及锌基合金、部分金属及制品、铂金（以加工贸易方式出口）、汽车（包括成套散件）及其底盘、摩托车（含全地形车）及其发动机和车架、天然砂（含标准砂）、钼制品、柠檬酸、维生素C、青霉素工业盐、硫酸二钠。2010年以上商品出口447亿美元，只占出口总值的2.8%。

根据《货物出口许可证管理办法》有关规定，实施出口许可证管理的有关货物由商务部配额许可证事务局（以下简称"许可证局"）、商务部驻各地特派员办事处（以下简称"特办"）及商务部授权的地方商务主管部门发证机构（以下简称"地方发证机构"）负责签发相应货物的出口许可证。

许可证局负责签发以下6种货物的出口许可证：玉米、小麦、棉花、煤炭、原油、成品油。

特办负责签发以下32种货物的出口许可证：大米、玉米粉、小麦粉、大米粉、锯材、活牛、活猪、活鸡、焦炭、稀土、锑及锑制品、钨及钨制品、锌矿砂、锡及锡制品、白银、铟及铟制品、钼、磷矿石；蔺草及蔺草制品、碳化硅、滑石块（粉）、镁砂、矾土、甘草及甘草制品；冰鲜牛肉、冻牛肉、冰鲜猪肉、冻猪肉、冰鲜鸡肉、冻鸡肉、铂金（以加工贸易方式出口）、天然砂（含标准砂）。

地方发证机构负责签发以下11种货物的出口许可证：消耗臭氧层物质、石蜡、锌及锌基合金、部分金属及制品、汽车（包括成套散件）及其底盘、摩托车（含全地形车）及其发动机和车架、钼制品、柠檬酸、青霉素工业盐、维生素C、硫酸二钠。

为维护正常的经营秩序，对部分出口货物实行指定发证机构发证或指定口岸报关出口。企业出口此类货物，须向指定发证机构申领出口许可证，并在指定口岸报关出口；发证机构须按指定口岸签发出口许可证。

1. 锑及锑制品指定黄埔海关、北海海关、天津海关为报关口岸。

2. 镁砂项下产品"按重量计含氧化镁70%以上的混合物"（HS编码为3824909200）的出口许可证由特办签发，不再指定报关口岸；镁砂项下其他产品的出口许可证由大连特办签发，指定大连（大窑湾、营口、鲅鱼圈、丹东、大东港）、青岛（莱州海关）、天津（东港、新港）、长春（图们）、满洲里为报关口岸。

3. 甘草的报关口岸限定为天津海关、上海海关、大连海关；甘草制品的报关口岸限定为天津海关、上海海关。

4. 以陆运方式出口的对港澳地区活牛、活猪、活鸡出口许可证由广州特办、深圳特办签发。

5. 进口原木加工锯材复出口的许可证签发：黑龙江省商务厅负责签发本省企业的出口许可证，报关口岸限定为大连和绥芬河海关；内蒙古自治区商务厅负责签发本自治区企业的出口许可证，报关口岸限定为满洲里、二连浩特、大连、天津和青岛海关；新疆维吾尔自治区商务厅负责签发本自治区企业的出口许可证，报关口岸限定为阿拉山口、天津和上海海关；福建省外经贸厅负责签发本省企业的出口许可证，报关口岸限定为福州、厦门、莆田和漳州海关。

6. 广州特办、海南特办负责签发本省企业对台港澳地区天然砂出口许可证，福州特办负责签发本省企业对台天然砂出口许可证，报关口岸限定于企业所在省的海关；福州特办负责签发标准砂出口许可证。

（商务部对外贸易司）

中国关税配额制度

一、入世以来中国关税配额管理情况

关税配额制度是对商品的进口数量不加限制，而在一定的时期内对配额内进口商品给予低税、减税或免税待遇，对超过配额的进口商品征收较高关税的一种贸易管理制度。1996 年中国首次公布了实行关税配额管理的进口产品清单，及适用于进口产品的配额内外税率。关税配额的分配依据历史实绩和国营贸易制度的管理。自加入时起，中国保证在透明、可预测、统一、公平和非歧视的基础上管理关税配额，使用能够提供有效进口机会的明确规定的时限、管理程序和要求；反映消费者喜好和最终用户需求，且不抑制每一种关税配额的足额使用。中国将完全依照世贸组织规则及中国货物贸易减让和承诺表中所列规定实施关税配额。

根据入世承诺，自 2002 年起，中国对粮食（小麦、玉米、稻谷和大米）、食用油（豆油、棕榈油、菜籽油）、棉花、食糖、羊毛和毛条、化肥等涉农产品取消了许可证管理，实行关税配额管理。2006 年 1 月 1 日，中国取消了对食用植物油的进口关税配额和国营贸易管理。

中国进口关税配额实行全口径管理，即一般贸易、加工贸易、易货贸易、边境小额贸易、援助、捐赠等方式进口均纳入管理范围，但由境外进入保税仓库、保税区、出口加工区的产品，免于领取进口关税配额证明，进口关税配额为全球配额，不分国别，由获得配额的企业根据国内市场需求和价格情况，自主选择进口的国家（地区）和时机。其中，国营贸易配额须通过国营贸易企业进口，非国营贸易配额通过有贸易权的企业进口，有贸易权的最终用户也可以自行进口。通过实施关税配额制度，进一步加强了相关贸易政策的透明度和开放性。

（1）充分体现了透明、可预见、统一、公平和非歧视的原则。中国在入世承诺中明确了年度关税配额数量、关税配额申请条件和程序等，并制定了《农产品进口关税配额管理暂行办法》、《化肥进口关税配额管理暂行办法》和关税配额商品年度进口实施细则。执行过程中，中国严格履约，按照承诺公布有关事项、如期完成关税配额分配，增强了管理体制的公开、公正、统一和透明。

（2）非关税措施关税化。进口关税配额取消了传统进口政策对进口数量的直接限制，利用关税配额内外关税差异实现了对进口的调节作用，既保证了国内的合理需求，又保护了相关产业避免受到大量低价进口的冲击，为产业保留了合理的发展空间。

（3）实行关税配额证明一证报关。企业凭进口关税配额证明直接报关进口（化肥除外），不需再申领进口许可证，简化了原有凭进口配额证明和许可证双证报关的程序，降低了费用，便利了企业进口。

（4）接受世贸组织年度审议。按照世贸组织规定和要求，提供有关年度进口关税配额的申请、分配和实际进口等情况，对成员国提供咨询和就有关问题磋商等。

附表：

2010 年关税配额商品配额数量

单位：万吨，%

品　　种	关税配额数量	配额内税率	国营贸易比例
小麦	963.6	1～10	90
玉米	720	1～10	60
稻谷和大米	532	1～9	50
食糖	194.5	15	70
棉花	89.4	1	33
羊毛	28.7	1	—
毛条	8	3	—
化肥	1 365	1	60

二、关税配额分配相关条件

根据相关规定，食糖、羊毛和毛条、化肥进口关税配额由商务部分配，粮食、棉花进口关税配额由国家发展改革委会同商务部分配。相关要求如下：

（1）小麦。国营贸易企业；具有国家储备职能的中央企业；2009 年有进口实绩的企业；日加工小麦 400 吨以上的生产企业；2009 年无进口实绩，但具有进出口经营权并由所在地外经贸主管部门出具加工贸易生产能力证明、以小麦为原料从事加工贸易的企业。

（2）玉米。国营贸易企业；具有国家储备职能的中央企业；2009 年有进口实绩的企业；以玉米为原料，年需要玉米 5 万吨以上的配合饲料生产企业；以玉米为原料，年需要玉米 10 万吨以上的其他生产企业；2009 年无进口实绩，但具有进出口经营权并由所在地外经贸主管部门出具加工贸易生产能力证明、以玉米为原料从事加工贸易的企业。

（3）稻谷和大米（长粒米和中短粒米需分别申请）。国营贸易企业；具有国家储备职能的中央企业；2009 年有进口实绩的企业；具有粮食批发零售资格，年销售额 1 亿元人民币以上的粮食企业；粮食年进出口额 2 500 万美元以上的贸易企业；2009 年无进口实绩，但具有进出口经营权并由所在地外经贸主管部门出具加工贸易生产能力证明、以稻谷和大米为原料从事加工贸易的企业。

（4）棉花。国营贸易企业；2009 年有进口实绩的企业；纺纱设备 5 万锭以上的棉纺企业。

（5）食糖。国营贸易企业；具有国家储备职能的中央企业；持有 2009 年食糖关税配额且有进口实绩的企业；日加工原糖 600 吨以上（含 600 吨）、注册资金 1 000 万元以上（含 1 000 万元）、年销售额 2 亿元以上（含 2 亿元）的制糖企业；以食糖为原料从事加工贸易的企业。

（6）羊毛和毛条。持有 2009 年羊毛、毛条关税配额且有进口实绩的企业（以下简称“有实绩申请者”）或新建成投产且羊毛、毛条年加工能力 5 000 吨以上的企业（以下简称“无实绩申请者”），同时：2010 年 1 月 1 日前在工商管理部门登记注册，并按规定通过工商部门年度审验；上一年度无海关、工商、税务、质检、外汇、社会保障、环保等方面的违规记录；没有违反《农产品进口关税配额管理暂行办法》、《2009 年羊毛、毛条进口关税配额管理实施细则》和《2009 年羊毛、毛条进口国别关税配额管理实施细则》的行为。

（7）化肥。申请化肥国营贸易关税配额的单位为：农业生产资料公司；农业三站（土肥站、种子站、农技站）；其他经营范围含“生产或销售化肥”的企业。申请非国营贸易关税配额的企业为：边境小额贸易企业；自用及生产产品需要进口化肥的外商投资企业；其他符合条件的新的申请者。

（商务部对外贸易司）

中国其他进出口税收制度

2001—2010年，为了发展对外贸易，促进国内经济，中国在其他进出口税收制度方面采取了一系列的积极措施，取得了良好的效果。这里所说的其他进出口税收制度，主要包括进口环节征收的增值税、消费税（简称“进口环节税”），出口环节退还的增值税、消费税（简称“出口退税”），以及与进出口有关的营业税、企业所得税等税收。

一、2001—2002年的调整措施

2001年6月21日，根据国务院领导的指示，国家税务总局规定：自2001年7月1日起，棉纱、棉布及其制品的出口退税率从15%提高到17%。

2001年10月15日，中共中央政治局常委、国务院总理朱镕基在外贸出口工作座谈会上强调：面对国际经济环境的新变化，必须更加重视外贸出口工作。外经贸、海关、税务等部门要全力支持外贸出口。要优先保证出口创汇多、信誉好的重点企业及时足额退税。要抓紧完善“金税工程”，实现全国联网，交叉稽核，严厉打击骗取出口退税，改善出口退税办法。

2001年11月3日，经国务院批准，国务院办公厅转发对外经济贸易部（现为商务部）、国家税务总局等9个部门报送的《关于“十五”期间进一步促进机电产品出口的意见》。意见中提出：机电产品出口企业的各项研究开发费用可以计入管理费，研究开发费用应当逐年增长，年增长幅度在10%以上的，可以再按照实际发生额的50%抵扣应税所得额。引进确属国外先进技术、关键设备，特别是制造业的核心技术，凡符合国务院规定的，可以免征进口环节增值税。完善出口退税机制，加快退税进度。

2001年12月10日，国务院公布《中华人民共和国货物进出口管理条例》。条例中规定：国家采取出口信用保险、出口信贷、出口退税和设立外贸发展基金等措施，促进对外贸易发展。

2002年1月23日，根据国务院的决定，财政部、国家税务总局发出《关于进一步推进出口货物实行免抵退税办法的通知》。通知中规定：自2002年1月1日起，生产企业自营出口或者委托外贸企业代理出口的自产货物，除了另有规定的以外，增值税一律实行免、抵、退办法。免税，指对生产企业出口的自产货物免征生产销售环节的增值税；抵税，指生产企业出口的自产货物所耗用的原材料、零部件、燃料和动力等所含应当予以退还的进项税额，抵顶内销货物应纳的增值税；退税，指生产企业出口的自产货物当月应当抵顶的进项税额大于应纳增值税税额的时候，对没有抵顶完的部分予以退税。

2002年2月25日、3月18日，经国务院批准，财政部、国家税务总局先后联合发出《关于出口棉花实行零税率的通知》和《关于出口大米、小麦、玉米增值税实行零税率的通知》，均自2002年1月1日起执行。

2002年9月4日，经国务院批准，财政部、国家税务总局等6个部门发出《关于调整部分进口税收优惠政策的通知》。通知中规定：1996年4月1日以前批准的技术改造项目、基本建设项目和外商投资项目，在项目额度或者投资总额以内进口的自用设备，除了另有规定的以外，免征进口环节增值税。自2002年10月1日起，产品全部直接出口的允许类外商投资项目进口设备，一律照章征收进口环节增值税。自投产之日起，对产品直接出口情况核查5年。经过核查，情况属实的，每年返还已纳上述进口税收的20%，5年以内全部返还。今后一般不再受理和审批个案减免进口税项目的申请。

2002年9月10日，国家税务总局规定：自当月1日起，对出口加工区内的生产企业生产出口货物所耗用的水、电、气准予退还所含的增值税。

二、2003—2004年出口退税制度改革

2003年5月5日，中共中央办公厅、国务院办公厅转发《国家发展和改革委员会关于当前经济发展主要情况和政策建议》。建议中提出：加快出口退税进度，在财力可能的情况下适当增加出口退税指标，并抓紧研究出口退税机制改革，提出解决出口退税历史欠账的办法。

2003年10月10日，中共中央政治局常委、国务院总理温家宝在国务院召开的出口退税机制改革工作座谈会上的讲话中指出：改革出口退税机制，是党中央、国务院做出的重要决策。各地区、各部门要从战略和全局的高度充分认识这项改革的重要意义，正确处理局部利益与全局利益、当前利益与长远利益的关系，确保改革平稳顺利实施。

2003年10月13日，国务院发布《关于改革现行出口退税机制的决定》，其主要内容如下：

(1) 适当降低出口退税率。本着“适度、稳妥、可行”的原则，区别不同产品调整退税率：对国家鼓励出口产品不降或者少降，对一般性出口产品适当降低，对国家限制出口产品和一些资源性产品多降或者取消退税。

(2) 加大中央财政对出口退税的支持力度。自2003年起，中央进口环节增值税、消费税收入增量首先用于出口退税。

(3) 建立中央和地方共同负担出口退税的新机制。自2004年起，以2003年出口退税实退指标为基数，超基数部分的应退税额由中央和地方按照75∶25的比例分担（自2005年起，上述分担比例改为92.5∶7.5）。

(4) 累计欠退税由中央财政负担。对截至2003年底累计欠企业的出口退税款和按照增值税分享体制影响地方的财政收入，全部由中央财政负担。

同日，经国务院批准，财政部、国家税务总局发出《关于调整出口货物退税率的通知》，自2004年1月1日起执行，其中规定：

(1) 下列货物维持现行出口退税率不变：现行出口退税率为5%和13%的农产品，现行出口退税率为13%的以农产品为原料加工生产的工业品(另有规定者除外)，现行征税税率为17%、退税税率为13%的货物（另有规定者除外)，船舶、汽车及其关键件零部件、航空航天器、数控机床、加工中心、印刷电路、铁道机车等现行出口退税率为17%的货物。

(2) 小麦粉、玉米粉、分割鸭和分割兔等货物的出口退税率从5%提高到13%。

(3) 取消原油、木材、纸浆、山羊绒、鳗鱼苗、稀土金属矿、磷矿石和天然石墨等货物的出口退税，其中属于应征消费税的货物相应取消出口退(免)消费税的规定。

(4) 降低下列货物的出口退税率：汽油、未锻轧锌的出口退税率降低到11%，未锻轧铝、黄磷及其他磷、未锻轧镍、铁合金、钼矿砂及其精矿等货物的出口退税率降低到8%，焦炭半焦炭、炼焦煤、轻重烧镁、萤石、滑石和冻石等货物的出口退税率降低到5%。

除了上述规定的货物以外，凡现行出口退税率为17%和15%的货物，其出口退税率一律降低到13%；凡现行征税率和退税率均为13%的货物，其出口退税率一律降低到11%。

改革出口退税制度也写进了2004年10月14日中国共产党第十六届中央委员会第三次全体会议通过的《中共中央关于完善社会主义市场经济体制若干问题的决定》。

2004年的其他重要出口退税措施有：自2004年3月16日起，尿素出口退税暂停1年，自2004年5月24日起，焦炭和炼焦煤停止出口退税，自2004年11月1日起，集成电路、手持（车载）无线电话、数控机床等若干类信息技术产品的出口退税率从13%提高到17%。

三、2005—2010年的调整措施

在此期间，为了适当控制高耗能、高污染和资源性产品出口，并根据国内外市场情况调整某些产品的进出口，国务院及其办公厅就调整其他进出口税收问题发出大量指示，财政部、国家税务总局据此陆续联合发出文件，逐项落实。

自2005年1月1日起，电解铝、铁合金、未锻轧镍、磷和碳化钙等产品停止出口退（免）税。自2005年4月1日起，钢坯等钢铁初级产品停止出口退税，尿素和磷酸氢二铵暂停出口退税。自2005年5月1日起，稀土金属、稀土氧化物、稀土盐类、金属硅、钼矿砂及其精矿、轻重烧镁、氟石、滑石、碳化硅、木粒、木粉、木片停止出口退税；钢材的出口退税率降低到11%，煤炭、钨、锡、锌、锑及其制品的出口退税率降低到8%；出口企业出口含金成分的产品可以免征增值税，相应的进项税额不再退税或者抵扣。自2005年7月1日起，废止列名企业销售到保税区“以产顶进”国产钢材退税的规定；列名企业销售给国内加工出口企业用于生产出口产品的国产钢材，一律按照规定

征收增值税，不再办理免、抵税。自2005年8月1日起，未锻轧锰停止出口退税。自2005年9月到12月，汽油、石脑油暂停出口退税。

2005年12月2日，国务院发布《促进产业结构调整暂行规定》，其中规定鼓励类投资项目在投资总额以内进口的自用设备继续免征进口环节增值税（国家另有规定者除外）。

自2006年1月1日起，尿素产品和磷酸氢二铵、磷酸氢一铵化肥产品继续暂停出口退税，煤焦油、生皮、生毛皮、蓝湿皮、湿革和干革停止出口退税；25种农药，分散染料，汞，钨、锌、锡、锑及其制品，金属镁及其初级产品，硫酸二钠，石蜡的出口退税率降低到5%。自2006年3月14日起，暂停出口汽油、石脑油出口退税。自2006年9月15日起，取消部分商品的出口退税，如煤炭、天然气、石材料、有色金属、细山羊毛和木炭等；降低部分商品的出口退税率，如钢材的出口退税率从11%降低到8%，水泥、玻璃的出口退税率从13%降低到11%，陶瓷的出口退税率从13%降低到8%；提高部分商品的出口退税率，如重大技术装备和部分信息技术产品的出口退税率从13%提高到17%，部分以农产品为原料的加工品的出口退税率从5%或11%提高到13%；将所有取消出口退税的商品列入加工贸易禁止类目录，并对此类商品进口一律征收进口关税和进口环节税。

2006年5月27日，经国务院批准，国务院办公厅转发商务部、国家税务总局等9个部门报送的《关于“十一五”期间加快转变机电产品出口增长方式的意见》。意见中提出：适时调整机电产品的出口退税率，鼓励高技术含量、高附加值机电产品出口。

自2007年4月1日起，取消铬盐和松节油及其粗制品出口退税。自2007年4月15日起，取消83个税号的钢材的出口退税，同时将76个税号的钢材的出口退税率降低到5%。自2007年7月1日起，取消濒危动物、植物及其制品、盐、溶剂油、水泥、皮革等高耗能高污染和资源性商品的出口退税；降低植物油、塑料、橡胶及其制品、箱包、服装、摩托车、家具、钟表等容易引起贸易摩擦的商品的出口退税率；将花生果仁、油画等商品的出口退税改为出口免税。自2007年12月20日起，取消小麦、稻谷、大米、玉米、大豆等原粮及其制粉的出口退税。

自2008年6月13日起，取消豆油、花生油、橄榄油、葵花油、椰子油、玉米油、芝麻油等若干品种植物油的出口退税。自2008年8月1日起，部分纺织品、服装的出口退税率从11%提高到13%；部分竹制品的出口退税率提高到11%；取消红松子仁、部分农药产品、部分有机砷产品、紫杉醇及其制品、松香、白银、零号锌、部分涂料产品、部分电池产品、碳素阳极的出口退税。自2008年11月1日起，部分纺织品、服装、玩具的出口退税率提高到14%，日用和艺术陶瓷的出口退税率提高到11%，部分塑料制品出口退税率提高到9%，部分家具出口退税率提高到11%和13%，艾滋病药物、基因重组人胰岛素冻干粉、黄胶原、钢化安全玻璃、电容器用钽丝、船用锚链、缝纫机、风扇、数控机床硬质合金刀、部分书籍、笔记本等商品的出口退税率分别提高到9%、11%和13%。自2008年12月1日起，部分橡胶制品、林产品的出口退税率从5%提高到9%；部分模具、玻璃器皿的出口退税率从5%提高到11%；部分水产品的出口退税率从5%提高到13%；箱包、鞋、帽、伞、家具、寝具、灯具、钟表等商品的出口退税率从11%提高到13%；部分化工产品、石材、有色金属加工材等商品的出口退税率分别从5%、9%提高到11%、13%；部分机电产品的出口退税率分别从9%提高到11%，11%提高到13%，13%提高到14%。

自2008年11月1日起，边境居民通过互市贸易进口的生活用品，每人每日价值在人民币8 000元以下的部分，免征进口环节税。以边境小额贸易方式进口的商品，照章征收进口环节税。

2008年12月31日，经国务院批准，国务院办公厅发布《关于保持对外贸易稳定增长的意见》。意见中提出：认真落实国务院关于提高部分产品出口退税率的决策，加快出口退税进度，确保及时足额退税。完善信贷、外汇、财税、人员出入境等政策措施，鼓励企业建立境外营销网络，带动国内产品出口。

自2009年起，下列项目恢复征收进口环节增值税：《国务院关于调整进口设备税收政策的通知》（国发〔1997〕37号）规定的国家鼓励发展的国内投资项目和外商投资项目进口的自用设备、外国政府贷款和国际金融组织贷款项目进口设备、加工贸易外商提供的不作价进口设备以及按照合同随上述设备进口的技术及配套件、备件；《海关总署关于进一步鼓励外商投资有关进口税收政策的通知》（署税〔1999〕791号）规定的外商投资企业和外商投资设立的研究开发中心进行技术改造和按照《中西部地区外商投资优势产业目录》批准的外商投资项目进口的自用设备及其配套技术、配件、备件；软件生产企业、集成电路生产企业、城市轨道交通项目和其他比照国发〔1997〕37号文件执行的企业和项目，进口设备及其配套技术、配件、备件；外国政府和国际金融组织贷款项目进口的自用设备，除了《外商投资项目不予免税的进口商品目录》所列的商品以外，免征进口环节增值税。

自2009年1月1日起，航空惯性导航仪、陀螺仪、离子射线检测仪、核反应堆、工业机器人等产品的出口退税率从13%、14%提高到17%，摩托车、缝纫机、电导体等产品的出口退税率从11%、13%提高到14%。自2009年2月1日起，纺织品、服装出口退税率提高到15%。自2009年4月1日起，CRT彩电、部分电视机零件、光缆、不间断供电电源、有衬背的精炼铜制印刷电路用覆铜板等货物的出口退税率提高到17%，纺织品、服装的出口退税率提高到16%，六氟铝酸钠等化工制品、香水等香化洗涤、聚氯乙烯等塑料、部分橡胶及其制品、毛皮衣服等皮革制品、信封等纸制品、日用陶瓷、显像管玻壳等玻璃制品、精密焊钢管等钢材、单晶硅片、直径大于等于30厘米的单晶硅棒、铝型材等有色金属材、部分凿岩工具、金属家具等货物的出口退税率提高到13%，甲醇、部分塑料及其制品、木制相框等木制品、车辆后视镜等玻璃制品等货物的出口退税率提高到11%，碳酸钠等化工制品、建筑陶瓷、卫生陶瓷、锁具等小五金、铜板带材、部分搪瓷制品、部分钢铁制品、仿真首饰等货物的出口退税率提高到9%，商品次氯酸钙及其他钙的次氯酸盐、硫酸锌的出口退税率提高到5%。自2009年6月1日起，电视用发送设备、缝纫机等商品的出口退税率提高到17%；罐头、果汁和桑丝等农业深加工产品，电动齿轮泵、半挂车等机电产品，光学元件等仪器仪表，胰岛素制剂等药品，箱包，鞋帽，伞，毛发制品，玩具，家具等商品的出口退税率提高到15%；部分塑料、陶瓷、玻璃制品，部分水产品，车削工具等商品的出口退税率提高到13%；合金钢异性材等钢材、钢铁结构体等钢铁制品、剪刀等商品的出口退税率提高到9%；玉米淀粉、酒精的出口退税率提高到5%。

2009年4月29日，经国务院批准，海关总署公告，对实施对外贸易救济措施的进口产品停止减税、免税：从中国境外进口的特定产品，从国务院关税税则委员会做出的对外贸易救济措施征税决定实施之日起，一律停止减税、免税，照章征收进口环节税。执行进口减免税政策的有关产品，在实施临时对外贸易救济措施期间，应当先按照规定征收进口环节税税款保证金和相应的对外贸易救济措施保证金，待有关对外贸易救济措施明确以后按照规定办理相关手续。

2010年3月29日，经国务院批准，财政部、国家税务总局发出《关于边境地区一般贸易和边境小额贸易出口货物以人民币结算准予退（免）税试点的通知》。通知中规定：现行云南边境小额贸易出口货物以人民币结算准予退（免）税政策扩大到边境省份（自治区）与接壤毗邻国家的一般贸易，并进行试点。凡在内蒙古、辽宁、吉林、黑龙江、广西、新疆、西藏、云南等省、自治区登记注册的出口企业，以一般贸易或者边境小额贸易方式从陆地指定口岸出口到接壤毗邻国家的货物，并采取银行转账人民币结算方式的，可以享受应退税额全额出口退税政策。

2010年4月6日，国务院发布《关于进一步做好利用外资工作的若干意见》。意见中提出：在当年12月31日以前，对符合规定条件的外资研发中心确需进口的科技开发用品免征进口关税和进口环节增值税、消费税。对符合条件的西部地区内外资企业继续实行企业所得税优惠政策，保持西部地区吸收外商投资好的发展势头。对东部地区外商投资企业向中西部地区转移，要加大政策开放和技术资金配套支持力度，同时完善行政服务，在办理工商、税务、外汇和社会保险等手续时提供便利。

2010年6月22日，经国务院批准，财政部、国家税务总局发出《关于取消部分商品出口退税的通知》。通知中规定：自2010年7月15日起，取消部分钢材，部分有色金属加工材，银粉，酒精、玉米淀粉，部分农药、医药、化工产品，部分塑料及制品、橡胶及制品、玻璃及制品共406种货物的出口退税。

四、相关的税制改革

十年来，中国与进出口相关的税收制度也有很大变化，主要有增值税“转型”，调整消费税，开征车辆购置税，统一企业所得税制度等。

（一）增值税“转型”

2008年11月10日，国务院公布修订以后的《中华人民共和国增值税暂行条例》，自2009年1月1日起施行。从此，企业购入机器设备时缴纳的增值税可以在销项税额中抵扣，从而降低了税负，有利于鼓励投资、技术进步和减少重复征税。

（二）调整消费税

自2006年4月1日起，新增高尔夫球及球具、高档手表、游艇、木制一次性筷子和实木地板税目，适用税率从5%到20%不等；增列成品油税目，将原汽油、柴油税目改为该税目下的子目（税额标准不变），新增石脑油、溶剂油、润滑油、燃料油和航空煤油5个子目，税额标准分为每升0.2元、0.1元两档；取消护肤护发品税目，将原来属于护肤护发品征税范围的高档护肤类化妆品列入化妆品税目；调整小汽车税目、税率，按照气缸容量实行3%到20%的税率；按照气缸容量将摩托车的税率分为3%和10%两档；将汽车轮胎的税率降低到3%；将粮食白酒、薯类白酒的比例税率统一为20%，定额税率为每斤（500克）0.5元或者每500毫升0.5元。

自2008年9月1日起，按照气缸容量调整部分乘用车的税率。其中气缸容量不超过1.0升的乘用车，税率从3%降低到1%；气缸容量超过3.0升至4.0升的乘用车，税率从15%提高到25%；气缸容量超过4.0升的乘用车，税率从20%提高到40%。

2008年11月10日，国务院公布修订以后的《中华人民共和国消费税暂行条例》，自2009年1月1日起施行，配合成品油税费改革，汽油、石脑油、溶剂油、润滑油税额标准从每升0.2元提高到每升1元，柴油、燃料油、航空煤油税额标准从每升0.1元提高到每升0.8元。

自2009年5月1日起，生产、进口环节甲类卷烟税率调整为56%，乙类卷烟税率调整为36%；雪茄烟税率调整为36%；同时在卷烟批发环节加征一道从价税，税率为5%。

（三）开征车辆购置税

根据国务院2000年10月22日发布的《中华人民共和国车辆购置税暂行条例》，车辆购置税自2001年1月1日起开征。车辆购置税的纳税人包括在中国境内购置（含进口）汽车、摩托车、电车、挂车和农用运输车（以下简称“应税车辆”）的单位和个人；以规定的应税车辆的计税价格为计税依据，按照10%的税率计算应纳税额，实行一次缴纳；外国驻华使馆和外交代表、外国驻华领事馆和领事官员、国际组织驻华机构及其官员自用的车辆，中国人民解放军和中国人民武装警察部队列入军队武器装备订货计划的车辆，设有固定装置的非运输车辆，三轮农用运输车，可以免征车辆购置税。

（四）统一企业所得税

2007年3月16日，第十届全国人民代表大会第五次会议通过《中华人民共和国企业所得税法》，同日以中华人民共和国主席令公布，从2008年起施行。企业所得税的纳税人为企业和其他取得收入的组织，居民企业就其来源于中国境内、境外的所得纳税，非居民企业区别不同情况就其来源于中国境内、境外的所得纳税。应纳税所得额为企业每一纳税年度的收入总额减除不征税收入、免税收入、各项扣除和允许弥补的以前年度亏损以后的余额。税率为25%。企业当年发生的亏损可以用以后年度的所得弥补，但是最长不得超过5年。国债利息收入，符合条件的居民企业之间的股息、红利等收入，在中国境内设立机构、场所的非居民企业从居民企业取得与该机构、场所有实际联系的股息、红利等收入，符合条件的非营利组织的收入，可以免征企业所得税。从事农业、林业、牧业、渔业的所得，从事国家重点扶持的公共基础设施项目投资经营的所得，从事符合条件的环境保护、节能节水项目的所得，符合条件的技术转让所得，可以免征、减征企业所得税。符合条件的小型微利企业，可以减按20%的税率缴纳企业所得税。国家需要重点扶持的高新技术企业，可以减按15%的税率缴纳企业所得税。民族自治地方的自治机关对本地区的企业应当缴纳的企业所得税中属于地方分享的部分，可以决定减征或者免征。非居民企业没有在中国境内设立机构、场所；或者虽然在中国境内设立机构、场所，但是取得的所得与其在中国境内所设机构、场所没有实际联系的，应当就其来源于中国境内的所得缴纳20%的所得税，并且可以免税、减税。12月6日，国务院公布《中华人民共和国企业所得税法实施条例》。

五、增值税、消费税进口征税和出口退税数量

十年来，随着中国进出口贸易的增长，进出口增值税、消费税制度的改革和调整，增值税、消费税进口征税额和出口退税额逐年快速增长。其中，进口征税额从2001年的1 651.6亿元增加到2010年的10 490.6亿元，九年间增长了近5.4倍，平均每年增长22.8%；出口退税额从2001年的1 080.0亿元增加到2010年的7 327.3亿元，九年间增长了近5.8倍，平均每年增长23.7%。

附表：

2001—2010年中国进出口增值税、消费税统计表

单位：亿元，%

年份	进口征税		出口退税		全国税收	
	金额	比上年增长	金额	比上年增长	金额	比上年增长
2001	1 651.6	10.7	1 080.0	2.9	15 301.4	21.6
2002	1 885.7	14.2	1 150.0	6.5	17 636.5	15.3
2003	2 788.6	47.9	1 988.6	72.9	20 017.3	13.5
2004	37 00.2	32.7	3 484.1	75.2	24 165.7	20.7
2005	4 211.8	13.8	4 048.9	16.2	28 778.5	19.1
2006	4 962.6	17.8	4 877.2	20.5	34 804.4	20.9
2007	6 153.4	24.0	5 635.0	15.5	45 622.0	31.1
2008	7 391.1	20.1	5 865.9	4.1	54 223.8	18.9
2009	7 729.8	4.6	6 486.6	10.6	59 521.6	9.8
2010	10 490.6	35.7	7 327.3	13.0	73 210.8	23.0

（国家税务总局税收科学研究所　刘佐）

中国政府采购制度

第一部分：2010 年情况

2010 年，中国政府采购制度改革取得新的进展，对外谈判和交流迈出新的步伐。

一、政府采购制度改革取得新的成效

2010 年，按照突出重点、着力创新的原则，不断深化政府采购改革工作。

（一）政府采购政策功能进一步完善

基本建立了强制采购节能产品制度，优化了节能环保清单管理方式。正式实施信息安全产品强制认证制度，加强信息安全产品政府采购管理。强化政府采购正版软件工作，加大保护知识产权力度。进一步支持“三农”和民生支出，中小学免费教材、农机具购置、医疗器械及药品、安居工程等民生采购项目规模持续增长。积极研究扶持中小企业发展、政府采购本国产品、加强信用担保等方面的政策措施。

（二）政府采购法规体系建设迈出新的步伐

配合国务院法制办，研究提出对《政府采购法实施条例》的修改建议。修订发布了《政府采购代理机构资格认定办法》，从严规定中介机构代理政府采购业务的条件，进一步明确了认定程序和资格管理要求。印发了《财政部关于认真做好政府采购代理机构资格认定工作的通知》，明确了代理机构资格认定相关工作分工，规定了认定工作要求。

（三）政府采购监管工作不断加强

推进政府采购计划编报工作，建立政府采购实施计划与预算、执行情况的衔接贯通机制。首次开展对中央集中采购机构考核工作，促进集中采购机构规范管理和操作。加强供应商投诉举报处理工作，实行律师事务所横向协助、专家审查委员会纵向把关、审计署联合办案的工作机制。强化对代理机构的监督，首次对招标代理机构做出行政处罚决定。

（四）电子化政府采购工作取得突破性进展

确定了政府采购管理交易大平台建设的目标，明确了“中央统筹规划、地方分级建设、各采购主体共同使用”的建设思路，提出了一体化业务需求。评标专家库新系统建设工作取得进展，研究提出了优化分类标准，增加语音通讯等功能需求，整理形成了新的业务需求文本，同时研究新系统与采购管理交易平台中全国共享专家库的衔接。推进政府采购信息统计与计划管理系统、政府采购代理机构审批系统的升级改造和连通工作。开展中国政府采购网有关分网站与主网站的信息接口改造和网络连接工作，基本实现了中国政府采购网全国范围内的互联互通。

二、政府采购对外谈判和交流取得重大进展

2010 年财政部会同有关部门继续开展加入世界贸易组织（WTO）《政府采购协议》（GPA）谈判，参与有关多边和双边框架下政府采购议题的磋商与交流。

（一）按时提交中国加入 GPA 修改出价

根据国务院部署，依据向 WTO 提交的中国加入 GPA 路线图，会同有关部门研究起草了修改出价，经国务院批准后于 2010 年 7 月 9 日提交 WTO 秘书处，履行了中国在第二届中美战略与经济对话上的相关承诺。修改出价充分考虑参加方要价，对初步出价做出实质性改进。与初步出价相比，修改出价增加了开放实体，大幅降低了项目的开放门槛价，采用国际分类标准并扩大了服务和工程项目的开放范围，货物项目由穷尽列举改为排除法，缩短了执行协议的过渡期。WTO 秘书处和参加方一致认为中国提交了一份积极的修改出价。

（二）积极与 GPA 参加方开展谈判

组团赴日内瓦与美国、欧盟、加拿大、日本、韩国、瑞士、挪威、新加坡等 8 个 GPA 参加方开展了 16 场次双边谈判，还与欧盟和美国在布鲁塞尔和北京各开展了一次双边谈判，就中国加入 GPA 出价、参加方要价，以及有关政府采购政策与参加方开展磋商。同时，4 次参加政府采购委员

会会议，通报中国为加入GPA所做的努力，表明中国加入GPA的立场，并回应了有关参加方的关切。

GPA参加方对中国积极开展谈判给予了高度肯定，对中国加入GPA面临的困难表示理解，希望中国尽快按照其最新要价提交新的修改出价。

（三）稳妥开展其他双边政府采购问题磋商和谈判

在第二届中美战略与经济对话期间，就中国加入GPA及有关政府采购政策与美国开展了深入磋商。参与了中美商贸联委会有关政府采购议题磋商，就美方关于中国提交修改出价和制定本国产品认定标准等议题达成共识。在中欧财金对话框架下，与欧盟开展政府采购对话。同时，参与了中日韩、中瑞自贸区谈判中有关政府采购议题的磋商。

（四）广泛开展政府采购国际合作与交流

参加联合国贸易法委员会政府采购工作组会议，参与修订《贸易法委员会货物、工程和服务采购示范法》，表明发展中国家国情和具体关注。参加APEC政府采购专家组会议，审议有关政府采购原则在APEC成员国家的执行情况。配合做好WTO第三次对华贸易政策审议工作，答复美欧等十多个国家对中国政府采购法律政策方面的问题。此外，与美国、WTO秘书处联合举办了政府采购国际研讨会，就GPA规则和加入GPA国际经验进行交流，增进了理解。

第二部分：入世十年总体情况

政府采购是市场经济的产物，起源于西方发达国家，在中国还是一项新事务。入世十年，是政府采购由初创转为全面发展的十年，也是政府采购由国内改革走向国际化的十年。

一、以入世承诺为契机，大力推动政府采购立法工作

中国于1996年开始实行政府采购改革试点，在1999年启动了政府采购法立法工作。为了履行入世时关于尽快启动加入《政府采购协议》(GPA)谈判的承诺，中国加快推进政府采购立法进程，在2002年就颁布了《中华人民共和国政府采购法》(以下简称政府采购法)。该法从启动立法到颁布，只用了3年时间，是新中国立法史上少有的。政府采购法出台后，财政部先后制定了《政府采购货物和服务招标投标管理办法》等系列配套规章制度。截至目前，已初步建立了以政府采购法为统领、以部门规章为依托的政府采购法律制度体系。中国的政府采购法律法规很多都借鉴了GPA和联合国示范法等国际规则，充分体现了公开透明、物有所值和非歧视的基本原则，与GPA规则一脉相承。法律的制定和完善为推动政府采购改革提供了有力保障。

二、深化改革，为加入GPA创造条件

中国加入GPA，开放政府采购市场，基本前提是建立与国际规则接轨的政府采购制度。为此，中国围绕贯彻落实政府采购法，着力从以下几个方面建立完善政府采购制度。

一是扩大政府采购范围。政府采购法实施后，按照应采尽采的原则，不断扩大政府采购范围。目前，政府采购已涵盖了货物、服务和工程各类采购，政府采购资金构成从财政性资金逐步向单位自筹资金、银行贷款、BOT项目市场融资等方面扩展。随着政府采购范围的拓宽，政府采购规模由2002年的1 009.6亿元增加到2010年的8 422亿元，增加了7倍多。

二是提高政府采购透明度。坚持以公开招标为主要采购方式，促进政府采购市场竞争。近几年来，政府采购中公开招标的合同金额占到全国采购总规模60%以上，2010年达到了77%。建立了包括网站、报纸、杂志在内的指定政府采购信息发布媒体体系，为采购人、供应商提供了固定权威的信息发布平台。目前，政府采购信息等都在指定媒体按照规定的要求发布。2010年全国发布的政府采购信息达77万多条。

三是加强政府采购监督管理。建立“管采分离”的政府采购管理体制，明确了政府采购管理机构、采购单位和集中采购机构各自的工作职责。规范政府采购代理机构认定，加强了对中介机构的监督管理。依法做好供应商投诉处理工作，有效地维护了政府采购市场秩序。

四是发挥政府采购政策功能。财政部与有关部门配合，制定了促进节能减排、保护国家信息安全、保护知识产权及推进正版软件使用，以及促进有关产业发展的相关政策和措施，通过政府采购实现有关社会经济政策目标。这些政府采购政策，对国内外企业在中国生产的产品都是一视同仁、平等对待的。

随着政府采购改革的推进，政府采购的经济和社会效益日益显现，采购人依法采购意识不断增强，供应商参与政府采购的积极性逐步提高，政府采购活动日趋规范，监管运行机制更加透明，政策功能作用成效凸显。这些都为中国深化国内政府采购改革和启动加入 GPA 谈判奠定了良好基础。

三、及时启动加入 GPA 谈判，积极稳妥开展谈判工作

在推动政府采购改革的同时，中国还积极为启动加入 GPA 谈判做准备工作。一方面建立了中国—欧盟政府采购对话机制、中国—美国政府采购技术性磋商机制，全面了解有关 GPA 参加方谈判经验和政府采购制度，就中国政府采购制度和加入 GPA 等问题进行交流；另一方面组织开展谈判问题研究，重点研究了 GPA 规则和 GPA 成员出价的基本规律，开展国内产业竞争力评估，分析加入 GPA 对中国经济、社会等方面的影响。

随着对政府采购和 GPA 规则研究的不断深入，启动加入 GPA 谈判的条件逐步成熟，中国于 2007 年底向 WTO 提交了加入 GPA 申请和初步出价清单，正式启动了加入 GPA 谈判。此后，中国政府按照谈判程序，于 2008 年提交了政府采购国情报告，2009 年提交了修改出价路线图，2010 年 7 月提交了修改出价清单，每年都在加入 GPA 道路上取得新的进展。参加方对中国为加入 GPA 所做的努力和谈判进程给予了充分肯定，希望中国能够尽快加入 GPA。

在这十年期间，中国还参加了 APEC 政府采购专家组会议，参与审议 APEC 成员执行政府采购非约束性原则情况；参加了联合国贸易法委员会政府采购工作组会议，参与修订联合国《货物、工程和服务采购示范法》。此外，中国还通过中美战略与经济对话、中美商贸联委会、中欧财金对话等双边机制，与美国、欧盟等国家在政府采购领域进行了深入磋商和广泛交流。

建立健全、公开、透明、开放的政府采购制度，是中国政府采购改革的目标。十年来，政府采购制度改革取得了突出成效，为实现上述目标奠定了坚实的基础。下一步，中国将按照统筹国内发展和对外开放的原则，一方面加大政府采购改革力度，继续为加入 GPA 创造条件；另一方面积极与 GPA 参加方开展谈判，争取早日加入 GPA。

（财政部国库司）

中国的自由贸易区建设

一、2010年中国自由贸易区建设新进展

2010年，我们坚定实施党的十七大提出的“自由贸易区（以下简称“自贸区”）战略”，着力推进自贸区谈判和研究，为广大企业进出口创造稳定、透明、自由、公平的环境；同时，大力开展自贸区实施工作，使企业对自贸区优惠政策的利用率显著提升，为中国对外贸易平稳较快增长发挥了积极作用。

（一）成功签署中国—哥斯达黎加自贸协定

经过13个月6轮密集谈判，2010年4月8日，中哥两国在北京签署了自贸协定。该协定涵盖领域广泛，开放水平高，是中国与中美洲国家签署的第一个涵盖货物贸易、服务贸易、知识产权、贸易救济等领域的一揽子自贸协定，为两国经贸关系增添了实质内容，进一步提升了双边友好关系。

（二）全面建成中国—东盟自贸区

2010年1月1日，我和东盟6个老成员实现90%产品零关税的目标，在东亚地区率先建成第一个10+1自贸区。此外，双方服务部门的开放程度进一步提高，投资政策和环境得到法律框架的保障，更加稳定和透明。自贸区为双方企业提供了更大的市场和更多的机会，也促进了中国经济发展方式的转变和产业结构的调整。中国已成为东盟最大的贸易伙伴和第一大出口目的地。东盟国家也已成为中国吸引外资的重要来源地及中国企业“走出去”的首选地之一。

（三）完成中国—韩国自贸区官产学联合研究

2010年5月28日，在温家宝总理访问韩国期间，中韩两国共同宣布结束中韩自贸区官产学联合研究，并由双方经贸部长签署了谅解备忘录。中韩自贸区联合研究加深了双方的相互了解，在两国自贸区进程中迈出了重要一步，为进一步推进中韩自贸区建设奠定了良好基础。

（四）启动中日韩自贸区官产学联合研究

2010年5月，根据中日韩三国领导人共识，三国自贸区官产学联合研究在韩国首尔正式启动。三国领导人同意将争取于2012年中日韩领导人会议前完成联合研究。中日韩自贸区联合研究的顺利启动，将有力推动东亚经济一体化建设。

（五）完成中国—瑞士自贸区联合可行性研究

2010年8月13日，在胡锦涛主席和瑞士联邦主席洛伊特哈德的共同见证下，两国签署了谅解备忘录，共同宣布结束中瑞自贸区可行性研究并同意尽快启动谈判进程。与瑞士建立自贸区，不仅是中国与发达国家商建自贸区的又一重大尝试，而且也有利于推进中瑞双边经贸关系再上新台阶。

（六）举办第一届全国自贸区工作会议

2010年12月6—7日，来自国务院有关部委、地方商务主管部门、商协会、研究机构和企业共150多位代表出席了在北京举行的第一届全国自贸区工作会议。与会代表就当前世界自贸区发展态势、中国自贸区建设发展布局、加快实施自贸区战略等进行了充分交流和深入探讨，为国内部门统一思想，在“十二五”期间加快推进中国自贸区建设奠定了坚实基础。

在自贸区谈判方面，中国还积极推进中国—海合会、中国—澳大利亚、中国—挪威自贸区谈判以及中国—智利自贸区投资协定等谈判，推动《亚太贸易协定》第四轮谈判，为今后达成互利共赢的谈判成果创造了良好条件。

在自贸区实施方面，分别于3月和8月，顺利开始实施中国—秘鲁自贸协定和中国—智利自贸区服务贸易协定；6月，在奥克兰成功举办了主题为“互利共赢新篇章—中国新西兰自由贸易协定”的自贸区合作研讨会，习近平副主席出席研讨会开幕式并作重要讲话，推进了中新自贸区的顺利实施；12月，在北京成功举办了亚洲自由贸易区论坛；利用各种平台，开展自贸区协定宣讲，取得显著成效；进一步完善中国自贸区服务网，建立了“傻瓜式”的自贸区关税减让查询系统，为社会各界用户提供更好的服务。

二、十年来中国自贸区建设成果丰硕

2011年是中国加入世贸组织十周年，中国自贸区建设也整整走过了十个年头。在2001年正式加入世贸组织后，为在新时期寻求中国对外开放的

新平台和改革发展的新动力，我们顺应世界区域经济一体化加速发展的新特点，着手参与以自贸区为主要形式的区域经济合作。十年来，中国自贸区建设从无到有，从小到大，取得了重大进展，初步形成周边自贸平台和全球自贸区网络。目前，中国在建自贸区达15个，涉及28个国家和地区，涵盖中国对外贸易总额的1/4，其中实施自贸协定9个，不仅在国内外产生了良好的政治经济效应，而且为中国经济贸易平稳较快发展发挥了积极作用。

（一）周边自贸区建设：基本形成布局

全面建成中国—东盟自贸区。中国—东盟自贸区是中国与其他国家商谈的第一个，也是最大的一个自贸区，又是东盟作为整体对外建立的第一个自贸区。2004年11月，中国与东盟签署货物贸易协议，并于次年7月开始实施。2007年1月，中国与东盟签署服务贸易协议。2009年8月，双方又签署投资协议。2010年1月1日，中国—东盟自贸区如期全面建成。

连续与巴基斯坦、新西兰、新加坡签订自贸协定。2006年11月、2008年4月和10月，中国分别与三国签署了双边自贸协定。2009年2月，中巴又签署自贸区服务贸易协定。中国与三国均相互提供大幅度零关税待遇。自贸区建成时，中国对新西兰、新加坡97%和90%以上的产品实行零关税，新西兰、新加坡对中国100%的产品实行零关税。另外，中国还与三国相互就服务业做出了进一步开放的承诺。

中国还推进了与海湾合作委员会（包括沙特、阿曼、阿联酋、卡塔尔、科威特和巴林6国）、澳大利亚的自贸区谈判，完成了与印度的区域贸易安排联合研究，结束与韩国的自贸区联合研究，正在开展中日韩自贸区官产学联合研究。

相继与香港、澳门、台湾地区达成经贸安排和协议。2003年6月和10月，中央政府分别与香港、澳门特别行政区政府签署更紧密经贸关系安排，此后每年都签署补充协议，目前已经签署了7个补充协议。2010年6月，大陆海协会与台湾海基会签署了海峡两岸经济合作框架协议。

（二）与拉美自贸协定：迈出重要步伐

先后与智利、秘鲁、哥斯达黎加签署自贸协定。2005年11月、2009年4月和2010年4月，中国分别与三国签署自贸协定。2008年4月，中智还签署了自贸协定服务贸易补充协定。中国与三国相互实现了高标准的贸易自由化。其中，占智利税目总数98%和占中国税目总数97%的产品实行零关税，智利37个服务部门和分部门和中国37个服务部门和分部门实行进一步开放。中国与三国还承诺在经济、中小企业、文化、教育、科技、环保等领域进一步加强交流合作。这些协定像跨越太平洋的“金桥”，增进了中国与三国的经贸和友好往来，也树立了中国与拉美国家双边关系的新样板。

（三）与欧洲自贸关系：取得良好开端

2007年4月，中国与冰岛启动自贸谈判，已举行4轮；2008年9月，与挪威启动自贸谈判，已举行8轮；2009年11月，与瑞士启动自贸联合研究，2010年8月结束研究，为启动中瑞自贸区谈判奠定了良好基础，同时也是中国与欧洲乃至西方发达国家建立自贸关系的良好开端。

三、十年来中国自贸区实施成效显著

十年来，中国自贸区建设产生了良好的政治和经济效应，不仅为中国巩固和发展与有关国家的政治经贸关系提供了新的动力，而且为中国商务事业乃至整个国民经济的发展营造了良好外部环境。可以说，有了自贸区这一政策工具，在应对变幻莫测的国际经贸形势时，中国统筹两个市场、两种资源的能力明显增强。具体而言：

（一）政治方面

第一，自贸区增强了中国与有关国家的政治互信。中国—东盟自贸区的建设实践，使东盟真切感受到中国真心诚意帮助其发展的诚意，双边关系提升到了前所未有的水平。智利《国家战略报》报道，中国—智利自贸协定使智就业人数增加近4万，GDP增长1.34%。该协定使智国内各界更加重视发展对华关系，其领导人多次在公开场合对中智自贸协定的重要意义给予高度评价。

第二，自贸区提升了中国的国际地位和影响力。通过中国—东盟自贸区建设，中国在东亚经济一体化中发挥了重要引领作用，为东亚经济一体化发展奠定了良好基础。中国—巴基斯坦自贸协定为两国全天候、全方位的特殊友好关系注入了新内涵。中国—智利自贸协定树立了中国与拉美国家关系的新标杆，并吸引同一地区秘鲁、哥斯达黎加等向中国靠拢。

第三，自贸区巩固了中国开放、负责任的大国形象。在全球金融危机持续蔓延的情况下，中国继续实施自贸区战略，积极倡导自由贸易，明确反对贸易保护主义，给国际社会留下了深刻印象。路透社和彭博社的报道称，在金融危机已影响实体贸易的情况下，中国和东盟仍坚持在2010年全面建成自贸区，这对世界经济复苏来说是一个好消息。

（二）经济方面

第一，自贸区促进了中国与有关国家和地区贸易规模的不断扩大。2010年，中国与10个自贸伙伴双边贸易额达7 826亿美元，已占我外贸总额26.3%。不包括与台港澳地区的安排、协议，中国与7个自贸伙伴双边贸易额达到4 044亿美元，同比增长34.9%。随着中国—东盟自贸区2010年如期建成，双边经贸关系迅速发展，中国成为东盟第一大贸易伙伴和第一大出口目的地。

第二，自贸区推动了中国与有关国家贸易结构的逐步优化。例如，中国—东盟自贸区货物贸易协议实施以来，中国向东盟出口较多、增长较快的是船舶、钢铁、针织服装、陶瓷制品等优势产品。据中国海关统计，机电产品占中国对东盟总出口的比例由2003年的39.5%提高到2010年的53.4%。

第三，自贸区促进了中国对外贸易环境的日益改善。通过发展自贸区，中国已促使21个自贸伙伴承认中国完全市场经济地位。实践也证明，自贸伙伴对中国动用贸易救济措施呈明显减少趋势。例如，2001—2006年，秘鲁每年平均对中国发起2起反倾销调查，且全部采取了反倾销措施。而在2007年与中国启动自贸区谈判后的4年里，秘鲁仅对中国发起1起反倾销调查，并最终未采取反倾销措施。

第四，自贸区使中国企业从中大量受益。各个自贸协定实施以来，企业利用协定优惠政策的比例持续上升。据不完全统计，2010年有关部门为企业签发了95万份优惠原产地证书，使其降低了进出口成本，提高了产品竞争力。例如，中兴通讯公司出口到智利和越南的3 300多万美元通讯产品，凭借120份自贸区原产地证书，获得了进口国1 150多万元人民币的关税减免。

继党的十七大之后，《中共中央关于制定国民经济和社会发展第十二个五年规划的建议》中又明确提出“引导和推动区域合作进程，加快实施自由贸易区战略”。按照上述要求，下一步，中国将在坚决维护多边贸易体制、深入参与多哈回合谈判的同时，顺应区域经济一体化加速发展的国际形势，积极与有关国家和地区推进自贸区建设。通过实施自贸区战略，以开放促改革、促发展、促共赢，统筹利用好国际国内两个市场、两种资源，拓展经济贸易发展空间。具体来说：一方面，积极推动进行中的自贸区谈判取得突破，争取新启动与部分国家的自贸区谈判，在谈判中做到“互利共赢、共同发展”；另一方面，实施好已经签署的自贸协定，提高中国已实施自贸协定优惠政策的利用率，发挥自贸区在扩大国内消费、促进进口等方面的作用。

（商务部国际经贸关系司）

●投资政策与管理措施

中国利用外资政策

一、2010年中国吸收外资概况

2010年，中国吸收外资保持了较快增长势头，实际使用外资1 147.3亿美元，同比增长22.0%。其中，全国非金融领域（不含银行、保险、证券）新批准设立外商投资企业27 406家，同比增长16.9%；实际使用外资1 057.4亿美元，首度突破1 000亿美元，同比增长17.4%（参见附表1）。同期，金融领域新批设立中外合资银行、中外合资非银行业金融机构、基金公司和保险公司14家，实际使用外资金额89.99亿美元，同比增长123.2%。

（一）产业结构

2010年，农、林、牧、渔业新批准设立外商投资企业929家，同比增长3.7%；实际使用外资19.1亿美元，同比增长33.8%，占全国总量（非金融领域，下同）的比重由上年同期的1.6%升至1.8%。制造业新批准设立外商投资企业11 047家，同比增长13.1%；实际使用外资495.9亿美元，同比增长6.0%，占全国总量的比重为46.9%，较上年同期下降5.1个百分点。服务业新批准设立外商投资企业13 905家，同比增长21.3%；实际使用外资487.1亿美元，同比增长28.6%，占全国总量的比重为46.1%，较上年同期上升4.0个百分点（参见附表2）。

（二）主要投资来源地情况

2010年，亚洲十国/地区（香港、澳门、台湾、日本、菲律宾、泰国、马来西亚、新加坡、印尼、韩国）对华投资新设立企业22 058家，同比增长20.4%，实际投入外资金额881.8亿美元，同比增长20.6%。美国对华投资新设立企业1 576家，同比下降0.8%，实际投入外资金额40.5亿美元，同比增长13.3%。欧盟27国对华投资新设立企业1 688家，同比增长7.0%；实际投入外资金额65.9亿美元，同比增长10.7%（参见附表3）。

（三）区域分布

2010年，东部地区新设立外商投资企业22 992家，同比增长16.7%，实际使用外资金额898.6亿美元，同比增长15.8%，分别占全国总额的83.9%和85.0%；中部地区新设立外商投资企业3 056家，同比增长16.4%，实际使用外资金额68.6亿美元，同比增长28.6%，分别占全国总额的11.2%和6.5%；西部地区新设立外商投资企业1 358家，同比增长22.3%，实际使用外资金额为90.2亿美元，同比增长26.9%，分别占全国总额的5.0%和8.5%（参见附表4）。

（四）外商投资企业运营情况

2010年，全国外商投资企业创造了19万亿元（人民币，如无说明币种下同）的工业产值，同比增长26%，占全国工业产值的27%；纳税总额16 390亿元，同比增长20%，占全国纳税总额的21%，其中，缴纳的增值税、企业所得税、营业税分别为8 353亿元、4 089亿元、1 259亿元，同比分别增长11%、37%和19%，占全国相应总量的比重依次为27%、28%和11%；进出口额16 003亿美元，同比增长32%，占全国进出口总值的54%，其中出口8 623亿美元，同比增长28%，占全国出口总值的55%；直接吸纳就业人员4 500万人，占全国城镇就业总人口的14%。

二、2010年中国出台的主要外资政策

2010年4月，中国政府出台了《国务院关于进一步做好利用外资工作的若干意见》（以下简称《意见》）。该文件不仅是前一阶段外资领域应对国际金融危机的各项政策措施的集成和总结，更是对今后一个时期内中国吸收外资工作的总要求，具有重要的标志性意义。

《意见》围绕建设小康社会、建设创新型国家、加快转变经济发展方式等当前国家发展的关键主题，就进一步加大改革创新和开放力度，更好地发挥外资在推动科技创新、产业升级和区域协调发展方面的作用出台了多项政策措施，主要内容如下：

（一）优化利用外资结构

修订《外商投资产业指导目录》，扩大开放领域，鼓励外资投向高端制造业、高新技术产业、现代服务业、新能源和节能环保产业，严格限制“两高一资”和低水平、过剩产能扩张类项目；对用地集约的国家鼓励类外商投资项目优先供应土地；鼓励外商投资高新技术企业发展，改进并完善高新技术企业认定工作；鼓励中外企业加强研发合作；鼓励跨国公司在华设立地区总部、研发中心等功能性机构；落实和完善支持政策，鼓励外商投资服务外包产业。

（二）引导外资向中西部地区转移和增加投资

补充修订《中西部地区外商投资优势产业目录》，鼓励外商在中西部地区发展符合环保要求的劳动密集型产业；对符合条件的西部地区内外资企业继续实行企业所得税优惠政策；对东部地区外商投资企业向中西部地区转移，加大政策开放和技术资金配套支持力度；鼓励东部地区与中西部地区通过委托管理、投资合作等多种方式共建开发区。

（三）促进利用外资方式多样化

鼓励外资以参股、并购等方式参与国内企业改组改造和兼并重组；支持A股上市公司引入境内外战略投资者；规范外资参与境内证券投资和企业并购；加快推进外资设立中小企业担保公司试点工作；鼓励外商投资设立创业投资企业，积极利用私募股权投资基金；继续支持符合条件的企业境外上市，支持外商投资企业在境内公开发行股票、发行企业债和中期票据；引导金融机构继续加大对外商投资企业的信贷支持；稳步扩大在境内发行人民币债券的境外主体范围。

（四）深化外商投资管理体制改革

全面清理涉及外商投资的审批事项；允许国务院有关部门在一定范围内将本部门负责的审批权限下放地方政府，其中，《外商投资产业指导目录》中总投资（包括增资）3亿美元以下的鼓励类、允许类项目，除按规定需由国务院有关部门核准的项目之外，由地方政府有关部门核准，服务业领域外商投资企业的设立（金融、电信服务除外）由地方政府按照有关规定进行审批；逐步在全国推行外商投资企业合同、章程格式化审批，大力推行在线行政许可，规范行政行为。

（五）营造良好的投资环境

规范和促进开发区发展，支持符合条件的省级开发区升级，支持具备条件的国家级、省级开发区扩区和调整区位，制定加快边境经济合作区建设的支持政策措施；进一步完善外商投资企业外汇管理，简化外商投资企业外汇资本金结汇手续；对依法经营、资金紧张暂时无法按时出资的外商投资企业，允许延长出资期限；加强投资促进，针对重点国家和地区、重点行业加大引资推介力度，积极参与多双边投资合作，把“引进来”和“走出去”相结合，推动跨国投资政策环境不断改善。

按照《意见》的要求，中国政府有关部门在2010年度出台了一系列配套政策文件，如《商务部、财政部、海关总署、国家税务局关于外资研发中心采购设备免/退税资格审核办法的通知》、《国务院办公厅关于鼓励服务外包产业加快发展的复函》、《财政部、国家税务总局、商务部、科学技术部、国家发展和改革委员会关于技术先进型服务企业有关企业所得税政策问题的通知》、《商务部、国家发展改革委、国土资源部、国家能源局关于同意中国石油天然气集团公司等三家公司开展对外合作开采煤层气资源试点工作的通知》等，产业梯度转移、沿边开放战略实施、《外商投资产业指导目录》修订、省级开发区升级、知识产权保护等相关重点工作也在有序推进中。

三、自加入世贸组织至2010年间外资领域对外开放工作回顾

加入世贸组织前后，中国政府根据世贸组织规则，对涉及外资工作的政策法规进行了全面清理，修改或删除了大量针对外商投资企业的限制性条款

(如强制性技术转让、外汇平衡、当地含量和出口实绩等)，逐步对其在中国境内的经营活动实行国民待遇。

与此同时，中国在产业的对外开放方面也全面履行了入世承诺。目前，绝大部分制造业领域均对外商投资开放，只有少数不利于节约资源和改善生态环境、危害国家安全或者损害社会公共利益、危害军事设施安全和使用效能、运用中国特有工艺或者技术生产产品的制造业投资项目被列入限制和禁止外商投资目录，对外商投资股权比例的要求也逐步放宽，绝大多数领域已允许设立外商独资企业。在服务业领域，中国颁布实施了 40 余项服务领域吸收外资的法规和规章，如期开放包括金融、电信、建筑、分销、法律、旅游、交通等在内的众多服务领域。在世贸组织分类的 160 多个服务贸易部门中，中国已开放 104 个，占 62.5%，接近发达成员 108 个的平均水平。

在入世承诺的基础上，中国还就旅游、物流、医疗等产业对全球外资的主动开放做出了具体安排。在推进区域贸易投资自由化方面，中国也取得了一系列重要成果，如与港澳在建筑、分销、旅游、运输、专业服务、视听等 40 多个部门相互做出高于世贸组织的开放承诺，对新加坡在医疗、教育、会计等领域做出高于世贸组织的承诺，对新西兰在商务、环境、体育娱乐、运输等 4 大部门的 15 个分部门做出高于世贸组织的承诺。

此外，在这一时期，中国的外资法律体系建设工作也取得了重大进展。截至 2010 年度，中国已发布了 200 多项外资管理法律法规和部门规章，并与相关国家和地区签订了 120 多个投资保护协定，形成了较为完备的、基本覆盖了各类主要投资方式和企业模式、与国际通行规则对接的外资法律法规体系，既为下阶段中国外资领域的进一步对外开放打下了良好的基础，也为外商权益保护工作提供了有力保障。

附表：

表 1　2010 年度全国吸收外商直接投资统计简表

单位：亿美元，%

利用外资方式	项目数			实际使用外资		
	本年累计	去年同期	同比	本年累计	去年同期	同比
总计	27 406	23 435	16.94	1 057.35	900.33	17.44
中外合资企业	4 970	4 283	16.04	224.98	172.73	30.24
中外合作企业	300	390	−23.08	16.16	20.34	−20.52
外资企业	22 085	18 741	17.84	809.75	686.82	17.90
外商投资股份制	51	21	142.86	6.46	20.44	−68.38
合作开发	0	0		0	0	
其他	0	0		0	0	

表 2　2010 年外商投资分领域简况

单位：亿美元，%

行业	项目数		实际使用外资	
	个数	比重	金额	比重
总计	27 406	100	1 057.35	100
农业	929	3.39	19.12	1.81
制造业	11 047	40.31	495.91	46.90
服务业	13 905	50.74	487.09	46.07
其他	1 525	5.56	55.23	5.22

表3　　2010年对华投资前15位资金来源地简况

单位：个，亿美元，%

国别/地区	项目数		实际使用外资	
	个数	同比	金额	同比
总计	27 406	16.94	1 057.35	17.44
香港	13 612	21.22	674.74	24.97
台湾省	3 555	24.47	67.01	2.1
新加坡	802	22.63	56.57	45.57
日本	1 763	38.17	42.42	3.04
美国	1 576	−0.76	40.52	13.31
韩国	1 695	1.56	26.93	−0.35
英国	359	8.79	16.42	11.81
法国	184	−8	12.39	88.11
荷兰	118	7.27	9.52	27.39
德国	367	19.93	9.33	−24.02
加拿大	400	−13.04	7.25	−24.45
澳门	278	−6.08	6.57	−34.34
沙特阿拉伯	11	−8.33	4.84	325.84
意大利	181	2.84	3.96	12.59
马来西亚	230	15.58	3.9	−14.92
其他	2 275	9.66	75	−8.67

注：自由港数据按实际来源地纳入后按实际使用外资排序

表4　　2010年外商直接投资地区分类同期对比表

单位：个，万美元，%

地区	项目数		实际使用外资	
	个数	同比	金额	同比
总计	27 406	16.94	10 573 524	17.44
东部地区	22 992	16.71	8 985 458	15.81
中部地区	3 056	16.42	685 813	28.55
西部地区	1 358	22.34	902 253	26.91

（商务部外国投资管理司）

中国外汇管理制度

一、2010年外汇管理工作

2010年，中国国际收支仍延续“双顺差”基本格局，顺差规模依然较大，但国际收支不平衡状况有所改善。截至年末，国家外汇储备达到28 473亿美元，较上年末增加4 481亿美元。外汇管理部门按照党中央、国务院的总体部署，加快转变外汇管理理念和方式，加强对跨境资本流动的监管，严厉打击“热钱”等违法违规资金流入，积极推动进口核销等重点领域改革，各项工作取得新成绩。

（一）加强跨境资金流动的监测和管理，防范跨境资本流动风险

积极采取措施抑制外汇贷款过快增长，年初将2010年度境内金融机构短期外债余额指标较上年调减1.5%，提示部分外汇贷款发放较快的银行关注外汇信贷风险。通过对银行结售汇头寸、出口收结汇、短期外债等方面的政策调整，合理引导跨境资金流动，缓解央行购汇压力。加强跨境资金监测分析。修订国际收支统计申报和核查的相关制度和操作规程，开展外汇统计执法大检查，夯实统计监测和分析的基础，完善国际收支风险监测预警体系。在全国推广非现场检查系统，加强对现有数据信息的综合利用，提高排查异常违规案件线索的精准度，提升打击异常跨境资金流动的能力。

（二）推动外汇管理重点领域改革，促进外汇管理方式转变

2010年5月，在7个省（市）开展进口付汇核销制度改革试点，95%以上进口企业的正常付汇业务无须再办理核销手续，全面取消银行为企业办理进口付汇业务的联网核查手续。在全面总结试点经验的基础上，12月1日进口核销改革在全国范围内推广。大力推进系统和数据整合，研究确定了系统和数据整合的短中期工作目标和总体方案。以资本项目数据综合利用为切入点，确定数据综合利用的主要方向。

（三）进一步便利市场主体外汇收支，促进涉外经济健康发展

2010年12月，在全国推广实施出口收入存放境外，允许企业在境外开户存放具有真实合法交易背景的出口收入，用于货物贸易、部分服务贸易和经核准的资本项目对外支付。利用信息化手段改进外商投资企业外汇年检工作，大大提升年检工作效率。完善合格境外机构投资者（QFII）和合格境内机构投资者（QDII）制度。2010年，共批准22家QFII机构额度30.5亿美元、19家QDII机构额度70.2亿美元。积极培育和发展外汇市场。增加交易主体供求结构的多样性，新增32家即期市场会员、3家远期市场会员、3家外汇掉期会员、4家货币掉期会员，新核准11家企业集团财务公司进入银行间外汇市场。

（四）开展应对和打击“热钱”专项行动，有效抑制异常资金流入

2010年2月起，在部分外汇业务量较大的省（市）组织开展应对和打击“热钱”专项行动，有针对性地查处重点主体、重点渠道“热钱”流入，并适时披露工作进展和成果，分5批对部分银行、企业和个人违规办理外汇业务的处罚情况进行通报，保持对“热钱”的高压打击态势，对“热钱”流动形成有力威慑。

（五）积极推进依法行政，提高外汇管理透明度

继续加大法规的整合和清理力度。2010年，共宣布废止或失效141件规范性文件，取消7大项行政审批项目，下放部分资本项目业务审批权限，公布现行有效法规、行政许可项目目录。加大新闻宣传力度。连续发布6期《外汇管理政策热点问答》，系统宣传外汇管理和外汇储备经营的基础知识和政策。通过局领导接受采访，以及借助各类宣传媒体、网络等平台，加大对热点问题的宣传。

二、2001—2010年外汇管理工作

2001年中国入世以来，外汇管理部门调整管理思路、创新管理方式，从重点管外汇流出转为流出入均衡管理。特别是2008年国际金融危机全面爆发以来，针对跨境资金流向复杂、市场主体便利化需求不断增长的现实，外汇管理部门进一步简化审批程序，减少审批事项，强化事后监测分析和管

理，更大程度地发挥市场机制在调节跨境资金流动中的基础性作用，努力实现贸易投资便利化和审慎监管的有机统一。

（一）在推动贸易投资便利化、支持国民经济又好又快发展方面取得新进展

放宽经常项目外汇账户管理。2001年，放宽中资企业外汇结算账户开立标准，扩大开户范围。2002年，取消中资企业开立经常项目外汇账户的条件限制，将原有的外汇结算账户和外汇专用账户合并为经常项目外汇账户。2003年，放开国际承包工程等暂收待付项下经常项目外汇账户限额。2004年5月以后至2007年8月，分4次不断放宽直至取消经常项目外汇账户开户条件和限额管理，满足企业保留和灵活使用外汇需求。

规范便利个人外汇收支。2003年8月，统一居民与非居民个人携带外币现钞出入境的标准。2004年，对居民和非居民个人外汇管理的若干规定作适当调整和完善，加强对个人大额结汇的真实性监督和管理。2007年2月，实施《个人外汇管理办法》及其实施细则，将境内外居民个人结汇和境内居民个人购汇年度总额均提高至5万美元，充分满足个人用汇需求。2008年开展个人本外币兑换特许业务试点，允许境内非金融机构为个人办理人民币与外币间的货币兑换业务，2009年进一步扩大了试点地区，满足国际旅游中心、部分涉外经济发达地区的个人兑换需求。

大力支持企业“走出去”。积极推进境外直接投资外汇管理改革。2006年以来，先后扩大境内企业境外直接投资外汇来源，取消购汇额度限制，在全国推广境外放款外汇管理改革，扩大境外放款的主体和资金来源，简化相关核准和汇兑手续，加大对境外投资企业的融资支持；先后允许跨国公司以外币资金池、内部结售汇等方式开展外汇资金集中管理，放宽企业境外运用限制。2010年7月，完善对外担保管理，满足境外投资企业对信用支持的政策需求。

（二）在深化金融体制改革、推动人民币资本项目可兑换方面取得新突破

促进证券投资资金双向流动。有序拓宽对外投资金融渠道。2006年4月，实行合格境内机构投资者（QDII）制度，有序拓宽境内机构和个人对外金融投资渠道。截至2010年12月末，共批准88家QDII机构的境外投资额度共计683.61亿美元。有序扩大境内证券市场开放。在2002年引入合格境外机构投资者（QFII）制度的基础上，2007年以来，先后提高QFII总额度和单家QFII投资额度，鼓励境外中长期投资者在境内进行证券投资。截至2010年12月末，共批准97家QFII的投资额度共计197.2亿美元。

推动资本项下人民币业务发展。2007年，会同发改委、人民银行等部门允许符合条件的境内金融机构赴香港发行人民币债券。2010年开展人民币对外直接投资、对外放款、对外担保等跨境资本项目业务试点。

截至目前，按照国际货币基金组织划分的7大类共40项资本项目交易中，中国实施严格管制的主要是跨境金融衍生工具交易等，其他项目已实现一定程度的可兑换，人民币资本项目可兑换程度明显提高。

（三）在防范金融风险、维护国家经济金融安全方面的作用进一步增强

加强和改进货物贸易外汇真实性审核。2006—2007年，重点加强对贸易收汇与外贸出口明显不符的“关注企业”收汇和结汇管理。2008年7月，实行出口收结汇联网核查和贸易项下债权和债务（贸易信贷）登记管理制度，加强对贸易项下资金流入真实性审核。

加强个人分拆购结汇和服务贸易外汇流入管理。2007年2月，对个人超限额的购结汇实行严格真实性审核，年度总额可根据国际收支形势动态调整。2009年，明确银行对个人分拆结售汇行为的处理方式和处罚依据，规范个人手持外币现钞结汇限额。同时，逐步构建服务贸易外汇收支非现场监管体系，与税务部门建立协同监管机制，提高服务贸易外汇资金真实性审核的效率和水平。

规范和加强外资外债管理。加强外商直接投资、外资并购等外汇管理，严控外资流入房地产市场。2006年，配合建设部、商务部等部门加强房地产市场管理，对外资购买境内房地产严格执行自用和实需原则，规范房地产市场的外资准入。2007年5月，限制返程投资设立或并购房地产企业，严格限制外资房地产企业借用外债。2008年，加强外商投资企业资本金结汇及转股收入结汇管理，防止异常资金通过直接投资渠道流入。2010年，会同住房与城乡建设部进一步规范境外机构和非居民个人境内购房外汇管理，加强房地产项下外汇资金流入的管理。完善境内机构外债管理，根据外汇收支形势变化，动态调节金融机构短期外债余额指标，控制外债风险。

完善国际收支统计监测和预警应急体系。完善国际收支申报和统计体系，加强跨境资金流动监测。2001 年首次发布半年度国际收支平衡表，2005 年起每半年发布中国国际收支报告，2006 年起发布国际投资头寸表。2003 年正式运行国际收支风险预警系统，2005 年开发运行高频债务监测预警系统和市场预期调查系统，加强对资本流动脆弱性的监测预警。完善国际收支应急机制。为防范跨境资金流动冲击，先后运行国际收支风险预警、高频债务监测和市场预期调查等系统。2009 年和 2010 年分别制定了异常跨境资金流出应急预案和跨境资金异常流入应对预案。2010 年 11 月启动跨境资金异常流入应对预案，加强银行结售汇综合头寸、出口收结汇联网核查等七项管理措施，防范跨境资本流动风险。

严厉打击“热钱”等各类违法违规外汇交易活动。开展应对和打击“热钱”专项行动，有针对性地查处重点主体、重点渠道“热钱”的流入。严厉打击地下钱庄、非法买卖外汇、网络炒汇等违法违规外汇交易，加大大案、要案查处力度。

(四) 在发挥市场机制配置外汇资源的基础性作用方面取得新进步

丰富外汇市场交易品种，满足市场主体多种避险需求。2005 年 7 月汇率形成机制改革以后，不断改进交易机制，理顺供求关系。在银行间外汇市场先后推出 8 个国际主要货币间即期交易、人民币对外汇远期和掉期交易以及交叉货币交易，推出人民币对英镑、卢布及林吉特即期交易。推广银行对客户的远期结售汇业务，增加银行对客户的外汇掉期业务。

扩大外汇市场主体，构建多元化的市场主体层次。截至 2010 年 12 月末，先后核准 22 家符合条件的非银行金融机构和非金融性企业进入银行间即期外汇市场，允许 3 家货币经纪公司在银行间外汇市场开展外汇经纪业务。

完善市场机制，增强交易自主性和灵活性。2006 年，引入人民币对外币交易做市商和询价交易制度，提高市场流动性。2007 年 4 月，运行新一代外汇交易系统，为银行间外汇交易提供了更便捷、更高效的交易平台。2008 年 7 月开展询价交易的净额清算试点工作，2010 年将其扩至所有银行间外汇市场。2009 年在银行间外汇市场推出外汇交易集中清算业务，降低市场运行风险。

完善银行结售汇头寸和牌价管理。将银行对客户美元现汇、现钞挂牌汇价改为最大买卖价差分别为 1% 和 4% 的非对称管理，允许一日多价，取消银行对客户非美元货币挂牌汇价的价差幅度限制。2006 年 6 月将权责发生制管理原则推行至全部外汇指定银行，允许银行远期交易头寸到即期外汇市场平盘。上述措施大大提高了银行自主定价能力，进一步完善人民币汇率形成机制的市场化基础。

（国家外汇管理局综合司）

中国国有企业改革发展情况

一、2010年国有企业改革发展取得积极进展

2010年，各级国资委和广大国有企业，深入推进各项改革，突出做强主业，着力整合资源，不断提高运行质量和效益。1～12月份，全国国有企业累计实现营业总收入30.33万亿元，同比增长31.1%；实现利润1.99万亿元，同比增长37.9%；已交税费2.4万亿元，同比增长20.3%。国务院国资委监管的中央企业（以下简称中央企业）累计实现营业收入16.7万亿元，同比增长32.1%；实现净利润8 489.8亿元（其中扣除少数股东权益后归属母公司所有者的净利润为5 621.5亿元），同比增长36.4%；上缴税金1.3万亿元，同比增长19.5%。截至2010年底，中央企业资产总额达到24.3万亿元，同比增长14.7%；净资产9.5万亿元，同比增长13.3%。有30家中央企业进入《财富》2010年公布的世界500强，比2009年增加6家。

（一）公司制股份制改革深入推进

到2010年底，地方国有企业改制面超过90%，中央企业及其所属子企业的公司制股份制改制面超过70%。又有11家中央企业控股公司首次公开发行股票并上市，中国一重、西电集团等一批企业实现整体上市，中国五矿、中核建设集团等一批企业完成整体改制工作。实现主营业务整体上市的中央企业达43家。全国各级国资委监管企业所控股的境内外上市公司达到1 038户。各地通过推动企业整体上市、增资扩股、资产注入等方式，提高国有资本证券化率。安徽省属企业上市公司已达16家，资本证券化率达到40%。上海市国有企业资本证券化率从2009年的25.4%上升到30%。天津通过合资合作、相互参股、引进战略投资者等多种途径，市属国有企业改制面达到94.8%。

（二）规范董事会建设进一步推进

国务院国资委进一步完善董事会规范运作的制度，建设规范董事会的中央企业扩大到30家。外部董事会队伍建设进一步加强，董事会在科学决策、风险防范和加强管理等方面的作用进一步显现。一些中央企业积极探索解决整体上市后母子公司管理构架重叠、职能交叉问题，公司治理进一步完善，管理效率进一步提高。各地普遍加大建设规范董事会的力度，进一步完善相关制度。上海制定了《董事会试点企业治理指引》，将“选人用人、投资决策、预算审核、考核奖惩”等职权依法授予董事会行使。深圳在市属国有独资公司全部建立董事会，将企业高管经营业绩考核和薪酬分配权力交给董事会。北京、厦门等地建立董事会向国资委报告年度工作制度，开展对企业董事会、董事的年度和任期评价工作。山东、湖南等地选择一部分企业进行规范董事会建设试点。

（三）布局结构调整取得积极进展

国务院国资委加快推进中央企业之间以及中央企业与地方国有企业、其他所有制企业的联合重组，推动国有资本进一步向关系国家安全和经济命脉的重点行业和关键领域集中。目前中央企业户数调整到121户。国药集团、上海医工院、中出服（中国出国人员服务总公司）成功整合，打造具有较强创新能力的综合型中央企业医药产业发展平台。鞍钢和攀钢实现联合重组，提高中国钢铁产业集中度，促进优化资源配置、提升市场竞争力。东航集团和上航联合重组，航线结构得到优化，核心市场占有率明显提升。新时代集团分拆并入中国节能和保利集团，上海船研所并入中国海运，企业布局结构进一步优化。中国国新控股有限责任公司正式成立，从事国有资产经营与管理的企业化操作，为中央企业改革重组搭建新的平台。各地结合地方经济发展规划，积极开展“外引内联”，积极推动国有资本向基础性产业、支柱产业和新兴产业集中，推动监管企业与央企、省外优强企业战略合作，做强做优做大国有企业。

（四）产业升级和技术创新力度加大

国务院国资委引导中央企业下大力气推进结构调整和产业升级，积极发展新能源、重大装备制造、新一代信息技术等战略性新兴产业。加强国家级技术中心、研发中心、重点实验室建设，加大研发投入，积极推进组建产业技术创新战略联盟，在

一些重大项目方面取得新的突破。探月工程嫦娥二号任务取得圆满成功。中国南车、中国北车实现引进消化吸收再创新，列车制造技术达到国际领先水平。国家电网、南方电网全面掌握特高压核心技术，在世界电网科技领域实现了中国创造和中国引领。电信科研院主导提出的 TD—LTE—A 成功纳入 4G 国际标准。中国商飞加快设计研发、总装制造、客户服务三大中心建设，大飞机项目研制取得积极进展。16 家中央企业组成电动车产业联盟，积极发展电动车产业。各地加大了传统产业改造升级力度，淘汰落后产能，加大对战略性新兴产业的投资，发挥国有经济的先导性作用。

（五）国有资产监管进一步完善和加强

贯彻落实《中华人民共和国企业国有资产法》，进一步完善国资监管法规体系。在中央企业全面实施经济增加值考核，进一步完善分类考核，全面推进全员业绩考核，稳妥推进董事会试点企业经营业绩考核工作。加强出资人财务监督和监事会当期监督，探索建立金融衍生业务、高负债企业和对外捐赠业务的监管体系，开展“小金库”专项治理工作。将中央企业集团内部国有产权协议转让事项的审核权限下放，减少审核权限，简化协议转让流程。进一步强化国有资本经营预算管理和中央企业投资决策管理。推进中央企业工资总额预算管理，加快中央企业年金制度建设。完善中央企业负责人薪酬管理制度，逐步规范企业负责人职务消费。完善董事会试点企业高管薪酬管理制度。

二、2001 至 2010 年国有企业改革发展总体情况

2001—2010 年，是国有资产管理体制改革不断深化，国有企业改革发展取得突破性进展，国有经济快速发展壮大的关键时期。2002 年，党的十六大提出深化国有资产管理体制改革的重大任务，明确提出：国家要制定法律法规，建立中央政府和地方政府分别代表国家履行出资人职责，享有所有者权益，权利、义务和责任相统一，管资产和管人、管事相结合的国有资产管理体制。2003 年 3 月正式组建了国有资产监督管理委员会，代表国家履行出资人职责。经过八年来的探索与实践，新的国有资产管理体制不断完善，体制的重大创新与变革进一步激发了国有企业的活力。

（一）国有资产管理体制不断完善

中央和省、市（地）三级国有资产监管组织体系基本建立。以《企业国有资产法》为龙头，以《企业国有资产监督管理暂行条例》为基础，以国有资产监管规章规范性文件为具体内容的企业国有资产监管法规体系初步形成。国有企业经营业绩考核体系进一步完善，加强国有企业改制和国有产权转让的监督检查，健全上市公司国有股权监管制度，初步形成覆盖全国的国有产权交易监控平台。建立完善国有资本经营预算制度，引导国有资本投资方向，促进国有经济布局结构战略性调整的作用初步显现。建立完善出资人财务监督体系，促进中央企业不断提高集团管控能力和风险防范能力。监事会监督实现从事后监督到当期监督的转变，监督成效更加显现。对地方国资监管工作指导监督的工作体系初步建立。

（二）国有企业改革稳步推进

目前，全国国有企业公司制股份制改革比例已超过 90%，地方大部分国有企业已经从国有独资改制为多元持股的公司制企业。中央企业及其下属子企业的公司制股份制改制面由 2002 年的 30.4% 提高到 2010 年的 70.0%。中央企业控股境内外上市公司达 336 家，目前中央企业资产总额的 52.9%、净资产的 68.1%、营业收入的 59.7%都在上市公司。按照党中央、国务院的要求，国资委从 2004 年开始进行建立规范董事会的试点，目前建设规范董事会的中央企业达到 30 家，外部董事制度和董事会规范运作的制度体系建立并逐步健全。地方国有企业借鉴中央企业的做法，普遍加大建设规范董事会的力度，完善相关制度，公司治理水平不断提升。

（三）国有经济布局结构不断优化

通过大力实施联合重组，积极推进国有经济布局结构的战略性调整，国有资产逐步向关系国家安全和国民经济命脉的重要行业和关键领域集中。2002 年至 2009 年，全国国有企业户数从 17.4 万户减少到 11.5 万户。中央企业户数从 2003 年的 196 户减少到目前的 121 户，成功实施电信、航空、医药、冶金等行业重大重组，布局结构进一步优化，企业整体实力显著提升。目前国有资本在石油、电信、电力、军工等行业的比重占 90%以上，在铁路、船舶等行业占 80%以上，在石化、汽车

等行业占70%以上。通过实施主辅分离辅业改制、分离办社会职能等措施，大大减轻了长期困扰国有企业发展的沉重包袱，为国有企业平等参与市场竞争奠定了重要基础。

（四）国有企业管理水平不断提高

中央企业普遍推行全面预算管理，建立风险防范体系，集团管控能力显著增强，组织架构和管理流程不断优化。中央企业信息化水平全面提升，97.8%的企业实现了财务管理信息化，88%的企业实现了人力资源管理信息化，79.1%的企业实现了设备管理信息化，建筑企业全部实现了项目管理信息化。2009年有17家中央企业获得全国企业管理现代化创新成果一等奖，占获奖总数的55%。

（五）国有企业自主创新能力显著增强

2006—2009年中央企业科技投入经费年均增幅达到28.5%，研发投入达到1 468亿元，军工行业研发投入占营业收入比例已达5.36%。2009年，中央企业申请专利39 203项，其中发明专利19 993项；授权专利20 431项，其中发明专利4 891项，均接近2006年的3倍。截至2009年底，累计拥有有效专利76 138项，其中有效发明专利21 266项。33家中央企业被命名为国家级创新型企业，46.2%的国家重点实验室建在中央企业。2005年以来的国家科技进步特等奖和国家技术发明一等奖全部由中央企业获得。世界上时速最快的动车组、首个特高压示范工程、首个煤直接液化示范工程都是由中央企业研制建设的。青藏铁路、三峡工程、载人航天、“嫦娥工程”等更成为中国自主创新的典范。

（六）国有企业发展质量和经济效益大幅提升

2001至2010年，全国国有企业营业收入由7.63万亿元增加到30.3万亿元，年均增长16.6%；实现利润由2 811.2亿元增加到1.99万亿元，年均增长24.3%；上缴税金由6 682.6亿元增加到2.44万亿元，年均增长15.5%。2002至2010年，中央企业资产总额由7.13万亿元增长到24.3万亿元，年均增长16.6%；营业收入由3.36万亿元增加到16.7万亿元，年均增长22.2%；实现净利润由1 649.8亿元增加到8 489.8亿元，年均增长22.7%；上缴税金由2 914.8亿元增加到1.3万亿元，年均增长20.5%。特别是“十一五”期间，面对国际金融危机的严峻挑战，国有企业发挥骨干和中坚作用，全力开拓市场，严控经营风险，快速企稳回升，保持良好发展势头，为国民经济保持平稳较快发展做出重要贡献。

（七）国有企业积极履行社会责任，为经济社会发展做出重要贡献

2001至2010年，全国国有企业累计上缴税金14.3万亿元。2002至2010年，中央企业累计向国家上缴税金6.7万亿元。2007年以来，中央企业累计上缴国有资本收益1 686亿元。积极转持国有股充实全国社保基金，截至2009年底，已有1 561.26亿元国有股权转让收入划归社保基金，占全部社保基金财政性收入的41%。模范执行国家各项政策措施，在依法经营、维护市场经济秩序、保障市场供应、节能减排保护环境、促进就业、抢险救灾、维护稳定等方面发挥表率作用，为促进经济社会协调发展做出了突出贡献。许多中央企业还承担了援疆援藏和定点帮扶老少边穷地区的任务，为改变贫困地区落后面貌做出了积极贡献。

（国务院国有资产监督管理委员会研究局）

中国对外投资合作情况

一、2010年基本发展情况

2010年，为应对国际金融危机，商务部会同有关部门加大工作力度，进一步完善政策促进体系、制定风险控制体系、健全服务保障体系，推动“走出去”健康快速发展。随着国内外形势和发展环境日趋好转，“走出去”企业积极实施全球化经营战略，中国对外投资合作实现了跨越式发展。

（一）对外投资稳定增长

受世界经济和金融危机的持续影响，2010年全球外国直接投资流出量较2009年仅增长0.7%，从1.11万亿美元增加到1.12万亿美元。面对金融危机之后的挑战和机遇并存的局面，中国政府和企业审时度势、积极应对，2010年非金融类对外直接投资保持了稳定增长的势头。

2010年，中国非金融类对外直接投资流量为590亿美元，同比增长36.3%。截至2010年底，中国对外直接投资累计超过3 000亿美元，广泛分布在全球177个国家和地区，共设立境外企业1.5万家，资产总额累计超过万亿美元。

从投资方式来看，以收购方式实现的对外直接投资（非金融类）已经成为对外直接投资的主要方式，获取国外先进技术、营销网络和能源资源成为企业并购投资新的重点。2010年主要跨国并购项目有中石化集团以71.39亿美元收购西班牙雷普索尔公司巴西公司40%股权，中石油集团35亿澳元与澳洲壳牌能源控股有限公司联合体收购澳大利亚阿罗能源有限公司100%股权，浙江吉利控股集团公司17.88亿美元收购瑞典沃尔沃轿车公司100%股权等。

（二）对外承包工程水平提升，企业实力不断增强

2010年，对外承包工程完成营业额922亿美元，同比增长18.7%；新签合同额1 344亿美元，同比增长6.5%。对外承包工程开始进入转变发展方式的关键时期，结构和领域不断优化，石化、交通、电力和电子通讯等领域项目合同额占同期合同总额的六成以上，带动出口和盈利水平进一步提升。对外承包工程逐步实现从数量规模型向质量效益型转变，设计—采购—施工（EPC）总承包项目越来越多，以投融资为先导的特许经营方式（BOT）有所尝试。企业实力不断增长，具有对外承包工程经营资格的企业已超过2600家，2010年入选美国ENR国际承包商225强的中国企业增加到54家，完成海外工程营业总额占225强海外营业总额的13.2%，首次跃居全球首位。

（三）对外劳务合作发展平稳，市场秩序进一步规范

2010年末中国在外各类劳务人员约84.7万，2010年新签合同额87.2亿美元，完成营业额88.8亿美元。外派劳务市场经营秩序不断好转，境外劳务纠纷增加势头得到进一步遏制，案件数量及涉及人数均呈下降趋势。从外派劳务市场分布来看，中国对外劳务合作完成营业额主要来自日本、新加坡、澳门、香港、韩国等国家和地区。

二、2001—2010年的总体情况

自从中国加入世界贸易组织之后，伴随“走出去”战略深入实施，中国对外投资合作快速增长并呈跨越式发展势头。特别是“十一五”期间，虽然受到全球金融危机的不利影响，对外投资合作仍实现了“逆市上扬”。现阶段，对外投资合作已与对外贸易、利用外资相互融合、相互促进，共同构成了当前中国开放型经济的重要组成部分。

（一）对外投资发展迅速，跨国并购成为亮点

中国的对外直接投资经历了不同的发展阶段。2003年开始对对外直接投资进行统计，当年中国对外直接投资达到29亿美元，累计对外投资332亿美元。“十一五”期间，对外直接投资年均增长32.3%，投资总额累计约2 200亿美元，是“十五”期间的7.3倍。2008年对外直接投资首次突破500亿美元，达到2003年中国实际利用外资的水平。截至2010年底，中国对外直接投资累计超过3 000亿美元，遍及全球177个国家和地区，共设立境外企业1.6万家，资产总额累计超过万亿美元。对外投资合作由单个项目建设逐步向区域化、集群式模式发展。以获取资源能源、营销网络和技术品牌为

目的的跨国并购日益频繁，“十一五”期间跨国并购投资额总计877.5亿美元，年均增长30.3%。企业集群式“走出去”进行有益尝试，境外经贸合作区建设取得阶段性进展，带动国内产业发展和部分富余产能转移，逐步形成对外投资规模效应。民营及地方企业异军突起，投资热情不断高涨，在能源资源、电子通讯、汽车制造等众多领域有突出表现。

（二）对外承包工程水平提升，方式不断拓展

截至2010年底，中国对外承包工程累计完成营业额4 356亿美元，签订合同额6 994亿美元。入世后的十年间中国对外承包工程累计完成营业额3 703亿美元，占中国对外承包工程累计完成营业额的52.9%。“十一五”期间，对外承包工程累计完成营业额2 971亿美元，是“十五”时期的4倍，年均增长32.4%。2010年，对外承包工程完成营业额922亿美元，同比增长18.7%；新签合同额1 344亿美元，同比增长6.5%。对外承包工程结构和领域不断优化，石化、交通、电力和电子通讯等领域项目合同额占同期合同总额的六成以上，带动出口和盈利水平进一步提升。对外承包工程逐步实现从数量规模型向质量效益型转变，以投融资为先导的特许经营方式有所尝试，中国工程技术标准“走出去”得到实现，“信贷、工程、资源”等一揽子合作模式带动对外承包工程与对外投资及资源开发协调发展。企业实力不断增长，具有对外承包工程经营资格的企业超过2 600家。

（三）对外劳务合作稳步发展，市场秩序进一步规范

截至2010年底，中国对外劳务合作累计完成营业额736亿美元，新签合同额760亿美元，累计派出各类劳务人员543万人。“十一五”期间，累计派出劳务195.6万人，2010年末在外各类劳务人员84.7万人，比“十五”期末增加28.2万人。入世后，中国对外劳务合作快速发展。入世后十年间，中国对外劳务合作完成营业额561亿美元，占中国对外劳务合作累计完成营业额的76%。近年来，外派劳务市场经营秩序不断好转，境外劳务纠纷增加势头得到进一步遏制，案件数量及涉及人数均呈明显下降趋势。

（商务部对外投资和经济合作司）

中国行政管理体制改革和机构改革工作

根据党的十七大做出的战略部署和中国经济社会发展的客观要求，“十二五”规划明确提出以科学发展为主题，以加快转变经济发展方式为主线。从贯彻落实这一主题和主线出发，行政管理体制改革和国务院机构改革工作进一步深化，有利于科学发展和加快转变经济发展方式的体制机制逐步构建完善。

一、进一步转变政府职能

（一）政府管理的科学化、民主化、法制化和现代化水平有效提升，为实现科学发展和转变经济发展方式提供了保障

通过政府职能的转变，形成了有利于加快经济发展方式转变的制度安排和政策引导，建立起了有效的宏观调控体系和产业结构调整政策，把握和应对经济全球化和产业结构调整与科技进步发展带来的机遇和挑战的能力显著提升，促进了生产要素与市场主体、投资与消费、内需与外需、人类社会与自然环境的协调平衡发展。政府均衡配置功能，全面正确履行职能，在加强改进经济调节和市场监管的同时，更加注重社会管理和公共服务，把人民群众的利益作为一切工作的出发点和落脚点，不断满足人们日益增长的物质文化需求，促进人的全面发展。更加注重全面协调可持续发展，促进政治、经济、文化、社会等各个方面的相互衔接和良性互动。更加注重增长速度和结构质量效益的统一、经济发展与人口资源环境的协调。

（二）切实履行政府公共服务职责，大力推进服务型政府建设

各级政府始终坚持以人为本、民生优先的理念，着眼“十二五”时期经济社会发展目标，明确基本公共服务建设的重点任务、主要标准、政策措施和保障性工程，时刻把群众的安危冷暖放在心上，为人民群众办好事、办实事，努力为人民群众提供方便、快捷、优质、高效的公共服务。同时，以政府职能转变推动社会管理体制机制创新，完善群众基本利益保障机制，建立健全权利平等、机会平等、规则平等的法律制度，维护社会公平正义。加大财政对基本公共服务的投入，使城乡居民都能够享受到均等的基本公共服务。改进政府提供公共服务的方式，鼓励和引导社会力量以多种方式参与和出资兴办各种公共服务项目。规范引导社会组织有序发展，充分发挥社会组织作用。积极稳妥地推进事业单位分类改革，进一步理顺政府与事业单位的关系，探索管办分离的实现形式，深化人事制度、收入分配和养老保险制度改革，推进事业单位法人治理结构试点，加强对事业单位的监管。

二、继续推进政府机构改革

（一）巩固和深化机构改革重点领域和关键环节的成果

继续巩固和深化国务院机构改革、地方政府机构改革和乡镇机构改革，切实解决政府本身在涉及社会转型和经济转轨中不平衡、不协调、不可持续的体制机制方面的突出矛盾和问题。认真研究和总结大部门制改革的经验和做法，特别是内部运行机制和办事流程，简化程序，提高效能，促进政府结构转型和升级，使上层建筑更加适应经济基础。继续优化政府结构、行政层级，降低行政成本，积极探索省直接管理县（市）体制和经济发达镇管理体制，促进城乡和区域的协调发展。

（二）开展国务院部门“三定”执行情况评估工作

2008年“三定”工作完成后，中央编办对国务院部门“三定”规定执行情况进行了评估。“三定”评估工作是机构编制工作的重要创新，是检验国务院机构改革精神和要求落实情况、巩固改革成果的重要举措。评估的目的主要有三个方面：一是全面了解掌握部门“三定”规定的执行情况，查找执行中的问题，进一步贯彻落实部门“三定”规定和各项改革要求；二是结合新的形势和任务需要，研究提出调整完善部门“三定”规定的建议意见，特别是重在查找体制上的问题，为下一步深化改革奠定基础；三是通过评估，进一步加强机构编制管理制度建设，提高机构编制工作的科学性、规范性和有效性。通过评估，一方面，验证了中央关于深

化行政管理体制改革和国务院机构改革的决策部署是完全正确的，各部门从大局出发，努力工作，“三定”规定执行是富有成效的；另一方面，通过评估工作，查找出了一些需要统筹研究、逐步解决的深层次的体制机制问题，为进一步深化行政管理体制改革和机构改革奠定了基础。

三、着力推进政府管理体制机制创新

（一）逐步探索与2020年建立起比较完善的中国特色社会主义行政管理体制总体目标相适应的体制机制

解放思想、开拓思路，适应经济社会发展中出现的新情况新要求，在协调部门职责分工，完善运行机制的同时，创新机构改革的理念、内容和方式，对建立决策、执行、监督相协调的政府机构设置模式进行了研究探索。充分利用先进的技术手段，减少管理层级，扩大管理半径，逐步合理划分中央和地方经济社会管理权责，有效促进地方经济结构转变和健康快速发展。继续深化应急管理、食品安全、药品流通、煤矿生产安全、清洁能源生产、互联网安全、文化保护等管理体制方面的改革，特别是在涉及人民群众切身利益的关键领域逐步理顺了体制机制，进一步明确了职责分工，强化和落实了部门责任，有效解决了重点领域监管不到位的问题，保障了人民群众的生命健康和经济安全，促进了社会个体和群体的协调可持续发展。

（二）加强机构改革中带有长期性、战略性体制机制问题的研究

站在促进科学发展和转变经济发展方式的高度，站在党和国家长治久安、永葆活力的高度，站在巩固和加强党的执政地位的高度，认真研究了机构改革中长期性和战略性问题，巩固和优化了党和国家的执政资源和配置。同时，针对政府机构改革中的关键问题进行了深入调研，比如坚定推进大部门制改革的国际经验借鉴、改革的内外部环境和改革可能遇到的难点问题；如何进一步调整和完善经济调节职能，进一步健全宏观调控体系；如何改进市场监管职能，提高监管水平和效能，深化综合执法改革，切实解决多头执法、多层执法；如何强化社会管理职能，构建社会管理格局等。研究这些问题的同时，注重考虑国情，结合实际，深入论证，积极创新，制订切实可行的方案，为实施改革做好思想准备、理论准备和工作准备。

四、逐步加强依法行政和制度建设

推进依法行政既是深化行政管理体制改革的重要任务，也是深化行政管理体制改革的重要保障。近几年来，各级政府在推进依法行政、加强制度建设方面取得了重要进展。

（一）大力推进政务公开，让行政权力运行更加公开透明

建立和完善了政府门户网站、新闻发布制度。凡是经济社会发展中重大决策和与群众利益密切相关的重大事项，坚持调研研究与集体决策制度，实行公示听证制度，充分听取社会各界的意见，便于群众监督，使政府工作更加符合人民意愿。

（二）完善科学民主决策机制，推进政府决策的科学化、民主化和法治化

健全重大决策调查研究、集体决策、咨询评估和责任追究等制度，确保重大决策真正体现科学发展观的要求，确保行政决策的科学性和严肃性，真正体现人民群众的意愿和诉求。

（三）加强和改善行政执法，改革行政执法体制

健全执法机制，严肃执法纪律，确保严格执法、公正执法、文明执法，切实维护社会公平正义。制定科学合理的依法行政考核指标，全面推行行政执法责任制。健全政府职责体系，完善行政问责程序，规范行政问责行为。积极推进综合执法试点，继续抓好相对集中行政处罚权工作。探索建立行政监督机制，形成人大监督、政协监督、行政系统内部监督、专门机构监督、新闻舆论监督相结合的监督体系。改进行政复议和行政诉讼，督促和约束行政机关及其工作人员严格依法行使权力、履行职责。加强了对公务员的法治教育和培训，切实提高了公务员的依法行政意识和能力。

（四）推进政府管理方式创新，提高行政效能

全力打造政府公共服务平台，推广以集中办理行政审批事项为主要内容的“一站式”政务服务中心，服务企业、服务群众、服务社会。建立科学的政府绩效评估体系和经济社会发展综合评价体系，探索建立客观公正的评估机制和基本方法，建立有

效运用绩效评估结果的相关制度，充分评估的导向和激励约束作用，不断提高政府管理水平和服务水平。大力开展机关效能建设，实施工作目标责任制，推进电子政务建设，运用现代信息技术提高政府工作效率，减少政府行政成本，建设节约型政府。

（中央机构编制委员会办公室研究中心　许涛）

● 产业开放与管理措施

中国农业对外开放情况

一、2010年中国农产品贸易概述

2010年，在国内外农产品消费需求增长、农产品价格全面上升、人民币对主要货币升值、政府将鼓励进口作为重要政策目标的背景下，中国农产品进出口贸易呈现大幅增长态势，农产品贸易总额1219.9亿美元，其中出口额494.2亿美元，增长24.7%；进口额725.7亿美元，增长37.7%；贸易逆差231.5亿美元；均创历史新高。

（一）商品结构

2010年，居中国农产品出口额前五位的产品依次为水产品、蔬菜、畜产品、水果和饮品类。居进口额前五位的产品依次为油籽、畜产品、植物油、水产品和棉麻丝（图1）。

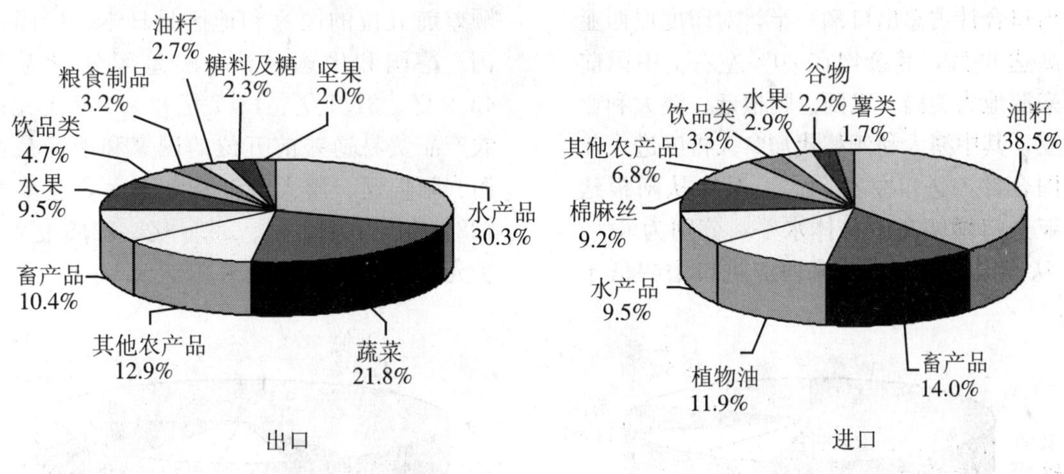

图1　2010年中国农产品进出口结构

分产品看：谷物和食用油籽贸易均呈出口下降和进口上升格局。谷物出口124.3万吨，下降9.3%；进口570.9万吨，增长81.2%；净进口446.6万吨，略低于2004年水平。其中玉米进口量急剧增加17.6倍；大麦进口增长36.2%。大豆进口增长28.8%，达5478.6万吨，再创历史新高；菜籽油进口量增加1.1倍。棉花进口增长77.9%，达313万吨。食糖进口176.6万吨，增长65.9%。主要园艺产品贸易呈进出口双增长局面。蔬菜出口99.9亿美元，增长45.2%；进口2.8亿美元，增长54.6%。水果出口43.6亿美元，增长13.5%；进口20.3亿美元，增长23.0%。畜产品出口47.5亿美元，比上年增长21.3%；进口96.6亿美元，增长46.4%。水产品贸易继续发展，出口138.4亿美元，增长28.1%；进口65.4亿美元，增长24.3%。

（二）市场结构

出口方面，亚洲仍为最大市场，出口额295.7

亿美元，增长 26%，占出口总额 60%，与上年持平。欧洲为第二大市场，出口额 88.7 亿美元，增长 22%，占 18%。北美洲列第三，出口额 66.6 亿美元，增长 23%。对非洲出口 18.0 亿美元，增长 14%，增幅在各洲中最低。对南美洲出口 16.6 亿美元，增长 51%，增幅在各洲中最高。对大洋洲出口 8.7 亿美元，增长 23%。进口方面，北美洲、南美洲和亚洲为前三大进口来源地。从北美洲进口 217.1 亿美元，比上年增长 30%，占进口总额的 30%。从南美洲进口 195.7 亿美元，增长 37%，占 27%。从亚洲进口 166.2 亿美元，增长 44%，占 23%。从大洋洲进口增幅最高，达 59%。

表 1　　2010 年中国农产品贸易区域分布

单位：亿美元，%

	贸易额				比上年增长		占比重	
	进出口	出口额	进口额	差额	出口	进口	出口	进口
国家合计	1 219.9	494.2	725.7	−231.4	24.7	37.7	100	100
亚洲	461.9	295.7	166.2	129.5	25.6	44.3	59.8	22.9
非洲	34.1	18.0	16.0	2.0	13.6	32.7	3.6	2.2
欧洲	157.7	88.7	69.0	19.7	21.5	35.6	17.9	9.5
北美洲	283.7	66.6	217.1	−150.5	23.2	29.8	13.5	29.9
大洋洲	70.3	8.7	61.6	−52.9	22.6	59.4	1.8	8.5
南美洲	212.3	16.6	195.7	−179.2	50.9	36.9	3.4	27.0

从国别（地区）贸易看，中国前五大出口市场为日本、美国、中国香港、韩国和印度尼西亚，对五大市场出口合计占总出口额一半，对印度尼西亚出口增幅高达 69%，其余均在 20%左右。中国前五大进口来源地为美国、巴西、阿根廷、澳大利亚和马来西亚，其中澳大利亚替代加拿大再度进入前五名，五国合计占进口总额 59%。其中从阿根廷和澳大利亚进口增幅高于总体水平，分别为 64%和 58%；从美国、巴西和马来西亚进口增幅低于总体水平，分别为 33%、27%和 15%。

从农产品贸易平衡情况看，居中方农产品贸易顺差前五位的国家和地区是日本、中国香港、韩国、德国和中国台湾，顺差额分别为 85.6 亿、43.9 亿、31.1 亿、13.7 亿和 9.1 亿美元；居中方农产品贸易逆差前五位的国家和地区是美国、巴西、阿根廷、澳大利亚和加拿大，逆差额分别为 128.1 亿、102.1 亿、56.6 亿、32.5 亿和 21.9 亿美元。

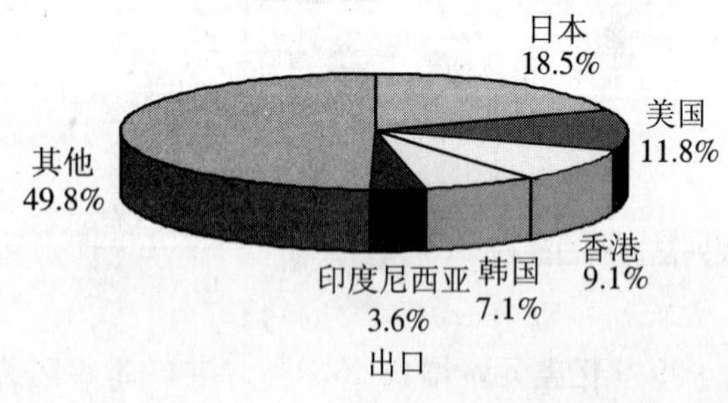

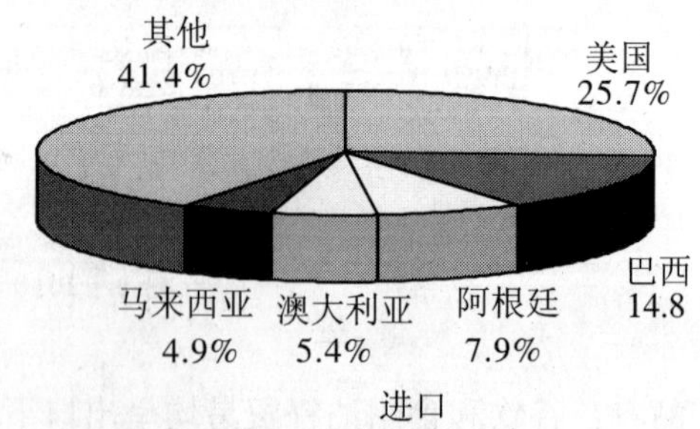

图 2　2010 年中国农产品出口市场和进口来源地结构

（三）贸易方式

2010 年，农产品出口额中，一般贸易出口 397.1 亿美元，占 80%，同比提高约 3 个百分点；进料加工贸易出口额 63.2 亿美元，占 13%，下降 1.7 个百分点。进口额中，一般贸易进口额 571.1 亿美元，占 79%，提高 0.5 个百分点；进料加工贸易进口额 57.1 亿美元，占 8%，下降 0.4 个百分点。

（四）国内地区结构

出口方面，除新疆外，各省（自治区、直辖市）农产品出口额均全面增长，居出口额前五位的省区是山东、广东、福建、浙江和辽宁，合计占出口总额的63%，比上年提高1.1个百分点。分区域看，东部地区出口额最大，占全国近70%，增长27%；东北地区居次，增长13%，在4个地区中增速最低；西部地区居第三位，增长19%；中部地区增长36%，领先于其他区域。进口方面，除湖南和西藏外，其他省（自治区、直辖市）进口额均增长，居进口额前五位的省（自治区、直辖市）是广东、山东、江苏、上海和天津，合计占进口总额的67%，略低于上年水平。东部地区进口额最大，占全国的83%，增幅在4个区域中最低；东北地区居次，增长51%，增速居首位；西部地区进口额和增幅均排第三；中部地区进口规模最小，增长47%。

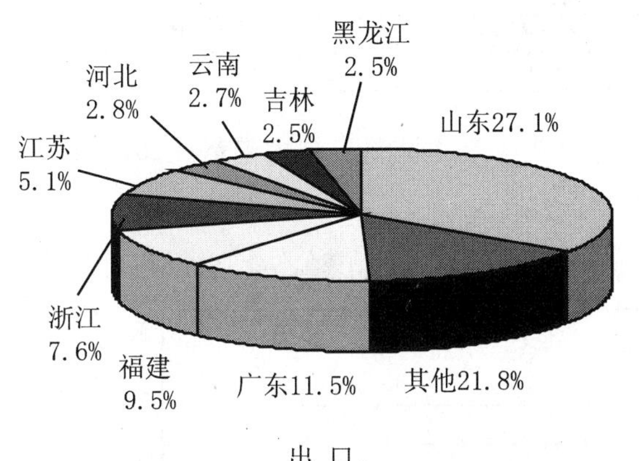

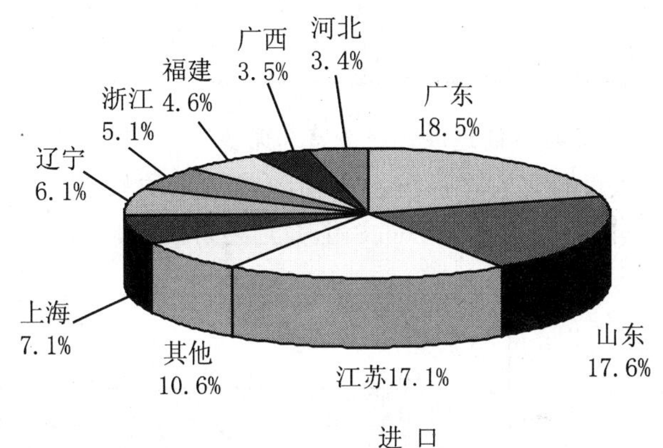

图3　2010年中国各省（自治区、直辖市）农产品进出口所占比重

二、2001—2010年中国农产品贸易发展情况

作为中国对外贸易的重要组成部分，农产品贸易在经济建设中发挥着重要作用。入世后，随着开放步伐的加快，农产品贸易实现了持续快速增长和全面发展，已成为世界农产品贸易大国，贸易总额居世界第四位，占世界农产品贸易总额约3%，进口额和出口额分列世界第四位和第五位，在世界农产品贸易中占有举足轻重地位。农产品贸易为充分利用国内国际两个市场两种资源、调剂国内市场余缺、保证农产品有效供给、推动农业战略性结构调整、促进农民就业增收、保持国民经济平稳较快发展做出了重要贡献。

（一）相关政策与贸易措施的调整情况

入世十年来，中国认真履行入世农业承诺，在取消非关税措施、降低关税水平、完善相关法律法规等方面做了大量工作。一是取消了进口许可、数量限制等非关税措施，进一步降低了农产品关税水平，平均关税由2001年的21%降低到2010年的15.2%；二是对粮棉油糖等10种大宗农产品实行关税配额管理，不断完善管理办法，扩大向非国营企业的配额发放比例并逐年增加了配额量，配额内实施关税仅1%～10%；三是取消了所有农产品出口补贴，更多使用绿箱支持政策，并在8.5%微量许可水平下调整了黄箱支持结构；四是积极开展了农业法律法规清理修订工作，修改了5部法律文件，起草并颁布了符合WTO规则要求的有关法律法规，废除了与WTO规则不一致的26项规章和规范性文件，各项法律规章的实施更加透明。在市场开放程度高、外部竞争压力加大的情况下，党中央、国务院对“三农”工作高度重视，在深化农业改革、加强对农业的支持等方面采取了一系列果断有力的措施，不断加强了对农业的支持与保护，为农业发展创造了有利的政策环境，极大地调动了农民积极性，为农业有效应对入世挑战提供了根本保证，农业实现平稳过渡并保持良好发展态势。

（二）贸易发展特征

1. 贸易规模持续快速扩大

2001—2010年，中国农产品贸易额由279.2亿美元增加到1219.9亿美元，增长3.4倍，年均递增14.7%，远高于1995—2001年年均4%的增幅。其中出口额由160.7亿美元增长到494.2亿美元，年均增长11%；占全国货物出口总额比重由5%降为3.1%；进口额由118.5亿美元增长到725.7亿美元，年均增长22%，占全国货物进口总额比重由4.9%上升为5.2%。

表 2　　1995—2010 中国农产品贸易总额表

单位：亿美元

年份	农产品贸易总额	年份	农产品贸易总额
1995	238	2003	404
1996	227	2004	514
1997	224	2005	563
1998	197	2006	635
1999	190	2007	781
2000	233	2008	992
2001	219	2009	923
2002	306	2010	1 220

2. 贸易平衡逆转，逆差成为常态

入世后，农产品贸易平衡随着进口的增多由2002年顺差额最高的56.9亿美元逐渐减少，2004年起出现逆差并呈逐步扩大趋势，2010年逆差额231.5亿美元。

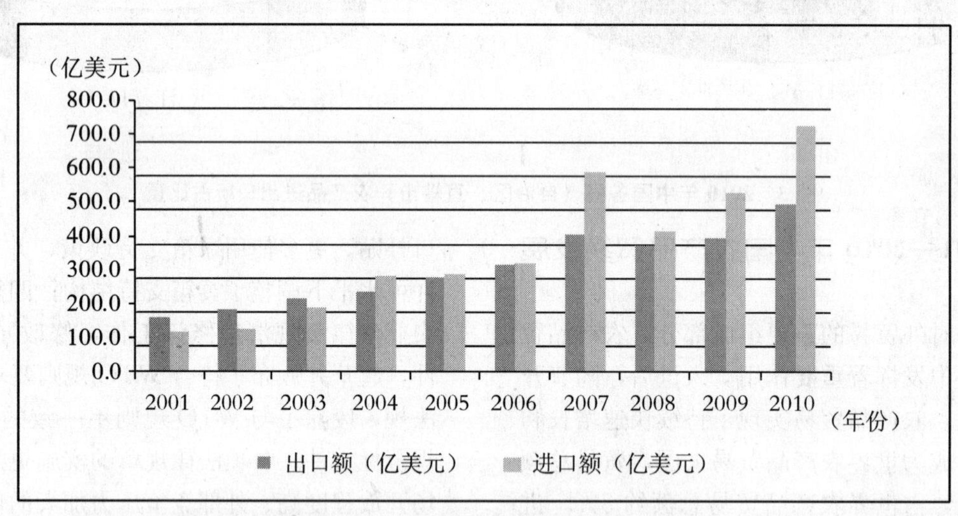

图 4　2001—2010 年中国农产品进出口额

3. 进出口产品结构特征明显

(1) 进口产品。入世前几年主要以粮食、植物油、棉花和畜产品为主，入世后大豆、食用油、棉花、动物生皮等加工原料型农产品进口量激增，粮食由20世纪90年代中期进口占30%下降为目前的2%，食用油籽由1%增到36%。

表 3　　1995—2010 年中国主要农产品进口结构变化情况

单位：亿美元，%

	1995 年		2001 年		2010 年	
	进口额	比重	进口额	比重	进口额	比重
农产品进口总额	121.7	100	118.4	100	725.7	100
食用油籽	1.1	0.9	31.9	27	265.3	36.6
植物油	24.4	20	5.9	5	71.6	9.9
棉花	14.2	11.7	0.8	0.7	58.5	8.1
食糖	9.0	7.4	3.1	2.7	9.1	1.3
水果	0.8	0.6	3.4	2.9	20.3	2.8
水产品	9.6	7.9	18.8	15.8	65.4	9.1
畜产品	14.8	12.1	27.9	23.5	96.6	13.3

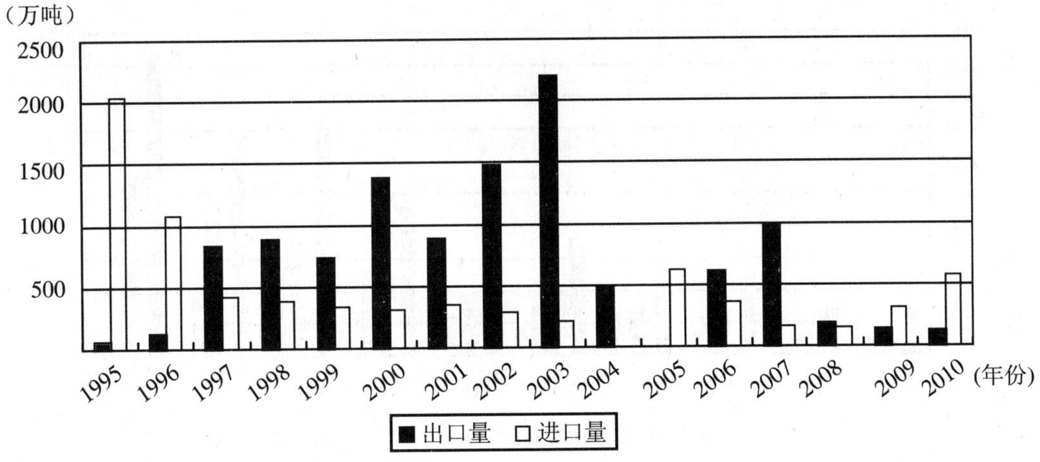

图5　1995—2010年中国谷物进出口量变化

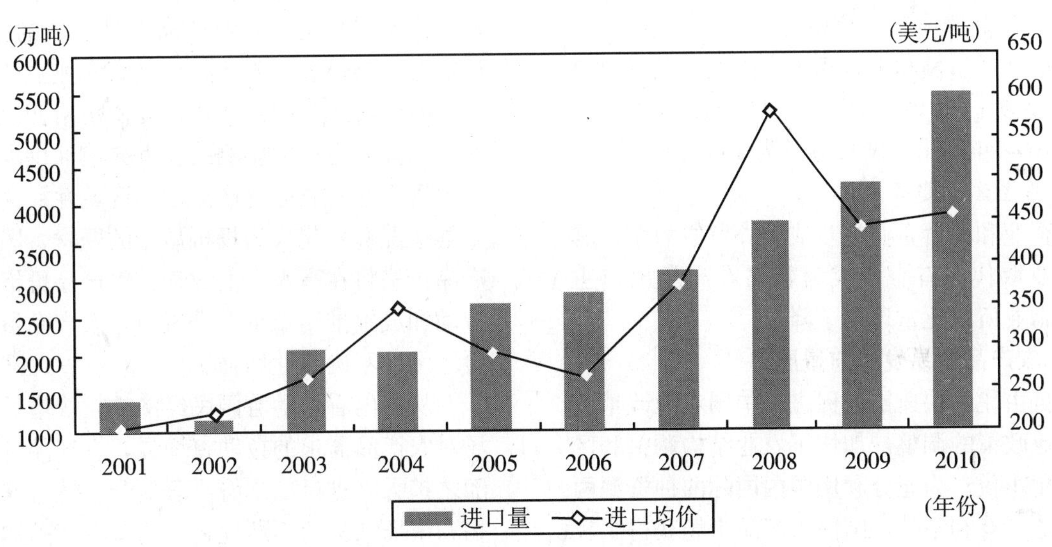

图6　2001—2010年中国大豆进口量价变化

（2）出口产品。20世纪90年代中期以水产品、畜产品为主，入世后水海产品、园艺产品、畜产品等劳动密集型农产品出口稳步增长。蔬菜、水果出口占农产品出口额比重由2001年的19.7%增长到2010年的28%，畜产品则由同期的16.6%下降为9.6%；水产品出口基本呈稳定增长态势，所占比重由2001年的26%增长为2010年的28%；粮食出口很不稳定。

4. 出口市场多元，进口来源集中

出口方面，主要集中在亚洲国家和地区，其中对日本、东盟、韩国和香港地区出口一直保持较高份额，但入世后出口市场集中度逐渐下降。日本始终是中国农产品第一大出口去向地，入世前的2000年占比35%，2010年降为18.5%；由于中国与东盟建立自贸区，对东盟出口增幅较大；中国香港由位居第二降为第五，占比由1995年的24%减到2000年的12%和2010年的9.1%；对美出口持续增长，占比1995年的4.9%上升到2010年的12%。进口方面，入世后，来源地集中度上升明显。北美、南美和亚洲是最大来源地，前两者超过半数，亚洲占1/4。从国别看，美国一直位居第一，占比基本维持在22%～29%。入世后由于大豆进口的增加，巴西和阿根廷分别取代澳大利亚和加拿大居第二位和第三位。

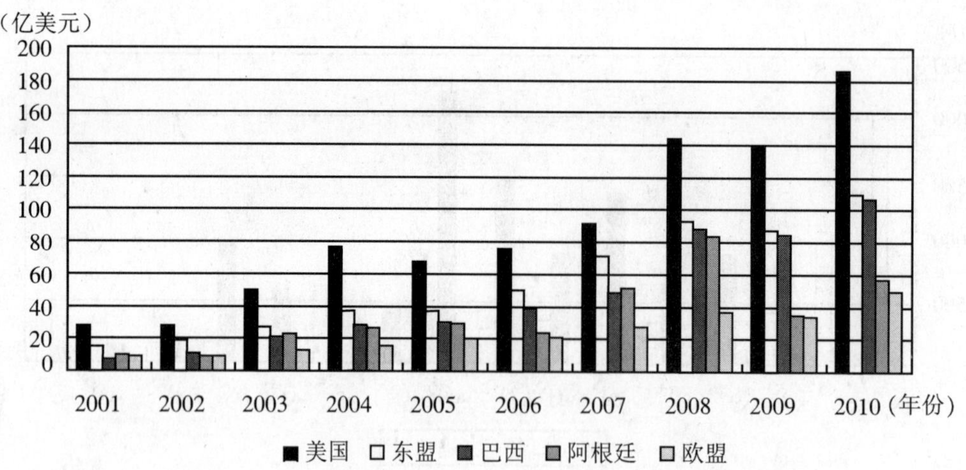

图 7　2001—2010 年中国主要农产品进口来源地进口额变化

5. 国内区域分布呈梯度格局

东部地区进口额和出口额占全国农产品进出口总额比重呈增长态势，中西部贸易额增长较快，2001—2010 年年均出口增长分别为 14%和 19%。

6. 贸易主体日趋多元化

外资企业和民营企业逐步成为外贸主力军，其中民营企业取代国有企业成为新兴农产品出口主体，国有企业所占比重逐渐下降。

（三）农产品贸易发展前景展望

贸易自由化的快速推进促进了中国农业改革的深化和农业政策的调整，加快了农业结构调整和区域布局优化步伐，为充分利用国内国际两种资源两个市场创造了有利条件，国内农产品市场获得了较为稳定的供应来源，一定程度上减缓农产品需求对资源造成的压力，推动了农产品质量安全体系的完善和安全水平的提高。但同时部分产品进口过快增加对国内相关产业和主产区农民增收造成了不利影响，加剧了国内市场的波动，削弱了相关产业发展动力，也使政府对农产品市场宏观调控措施受到很大制约，调控难度明显加大。

与过去十年相比，未来一个时期，国内外农产品市场环境将更加复杂。从国际看，全球经济预期恢复正常增长是世界农产品贸易发展的主导因素，但能源价格显著上升势必会提高农业生产和流通成本，对供给产生抑制作用，能源价格变化也会通过对生物能源生产的影响改变世界粮油供求平衡，自然灾害引起的农业生产波动、区域性社会动乱的发生等情况极可能成为投机炒作的题材，国际市场农产品价格将在高水平上波动，农产品价格面临需求拉动和成本推动双重上升压力，农产品贸易发展风险增多、不确定性增强。

从国内看，随着国民经济的较快增长，国内市场对农产品需求的拉动将增强，农产品进口需求将随之扩大，进口成本将显著上升。随着农业产品结构和市场结构的不断优化，出口农产品加工程度不断提高，出口企业竞争力和经营模式逐渐提高，贸易结构将进一步改善。受国外贸易保护主义增强、生产资料、劳动力等成本上升以及人民币继续升值等因素影响，中国优势农产品出口竞争将趋激烈，出口难度增大。在价格高企背景下，未来一个时期中国农产品进出口额将继续保持增长，逆差将继续加大。

（农业部农业贸易促进中心　左常升 张晓婉）

中国纺织业对外开放情况

一、2010年中国纺织业对外开放情况

2010年以来，国际市场逐步好转、内需市场稳步扩大，为中国纺织工业①提供了较好的市场环境，但同时，原料价格大幅上涨、人民币升值等一系列因素也增加了发展压力。纺织行业坚持加快结构调整和产业升级，经济运行质量不断提高，有效化解了各种外部风险，行业整体实现稳定较快发展。2010年全年，纺织行业5.6万户规模以上企业②累计完成工业总产值47 611.7亿元，同比增长27.5%；1～11月③累计实现利润总额2 053.6亿元，同比增长54.6%；到11月底从业人数达到1 120.1万人，同比增长3.7%。④

表1　　2010年中国纺织工业主要指标

指标名称	单位	2010年累计	同比（%）	比2009年增减（百分点）
主要经济指标（规模以上企业）				
工业总产值（现价）	亿元	46 597.3	27.5	16.9
利润总额（1～11月）	亿元	2 053.6	54.6	29.2
从业人数（1～11月）	万人	1 120.1	3.7	4.2
主要大类产品产量（规模以上企业）				
化学纤维	万吨	3 089.7	15.6	1.2
纱	万吨	2 716.9	13.7	1.0
布	亿米	655.5	19.5	14.2
纺织品服装贸易指标（全社会口径）				
出口总额	亿美元	2 120.0	23.8	33.4
进口总额	亿美元	203.2	20.4	29.7
贸易差额	亿美元	1 916.8	24.1	33.8

资料来源： 中国国家统计局、中国海关、中国纺织工业协会统计中心。

出口贸易方面，2010年，伴随着全球经济逐步复苏，国际市场需求较上年明显好转，带动中国纺织行业出口恢复增长，且由于上年基数较低，出口增速较高。纺织行业2010年共出口纺织品服装2 120.0亿美元⑤，同比增长23.8%，增速较2009年提高了33.4个百分点。其中，纺织品出口额为825.2亿美元，同比增长28.4%，增速较上年提高36.4个百分点；服装出口额为1 294.8亿美元，同比增长21.0%，增速较上年提高31.6个百分点。主要出口市场中，中国对美国、欧盟出口纺织品服装的增速分别达到27.9%和23.6%，体现出中国出口纺织服装产品在传统发达国家市场上仍然具有较强竞争力；而对东盟、土耳其出口纺织品服装的增速分别达到35.9%和73.9%，出口产品中约70%是纺织纱线和织物，体现出中国与新兴经济体之间的纺织产业链合作关系日益紧密，行业出口市场也正在进一步多元化。

① 本文中纺织工业、纺织行业是广义概念，涵盖化学纤维制造、纺纱、织造、非织造、针织、染整、制成品及服装制造和纺织机械制造整条纺织产业链。本文中来源于国家统计局的纺织工业统计数据包括国家统计局标准分类中的纺织业、化学纤维制造业、服装鞋帽制造业中的服装业以及机械制造业中的纺织机械制造业。

② 2010年规模以上企业指年主营业务收入超过500万元的企业。

③ 国家统计局目前尚未公布2010年全年纺织工业经济指标，因此部分经济指标数据使用2010年1～11月快报数据。

④ 本文中规模以上企业数据来源于国家统计局，除非特别说明为年报数据，均为快报数据。

⑤ 本文中来源于中国海关的纺织品服装贸易统计数据包括海关商品分类第50～63章中的纺织纱线、织物、制成品、服装及附件和第94章中的寝具。

表 2　　2010 年中国对主要市场出口纺织品服装情况

国家/地区	出口额（亿美元）	同比（%）	比 2009 年增减（百分点）	占全行业比重（%）	比 2009 年增减（百分点）
欧　盟	458.13	23.59	30.72	21.61	−0.03
美　国	355.94	27.90	24.46	16.79	0.54
日　本	232.48	5.29	5.02	10.97	−1.92
香港地区	149.94	7.13	20.01	7.07	−1.10
东　盟	149.53	35.88	38.04	7.05	0.63
非　洲	110.97	24.33	26.49	5.23	0.03
韩　国	54.57	30.62	55.42	2.57	0.13
澳大利亚	39.37	24.09	31.13	1.86	0.01
加拿大	38.71	17.21	30.15	1.83	−0.10
土耳其	18.63	73.87	91.95	0.88	0.25
墨西哥	13.68	50.55	85.03	0.65	0.11
台湾地区	11.48	56.06	66.75	0.54	0.11
澳门地区	4.61	20.68	72.52	0.22	−0.01

资料来源：中国海关、中国纺织工业协会统计中心。

进口方面，由于 2009 年受到金融危机影响进口减少，2010 年中国纺织品服装进口在上年低基数的基础上同比明显增加，全年进口总额为 203.2 亿美元，同比增长 20.4%，增速较上年提高 29.7 个百分点。其中，纺织品进口额为 178.1 亿美元，占进口总额的 87.6%，同比增长 18.5%，增速较上年提高 26.4 个百分点；服装进口额为 25.2 亿美元，占进口总额的 12.4%，同比增长 36.4%，增速较上年提高 55.4 个百分点。除纺织品服装外，中国纺织工业还进口了一批纺织原辅料及装备用于生产环节。2010 年，全行业共进口棉、麻、毛、丝等天然纤维、纤维素纤维原料、合成纤维单体、染料、助剂以及纺织机械共计 429.0 亿美元，同比增长 32.4%。

表 3　　2010 年中国进口纺织品服装及其他纺织工业相关产品情况

产品名称	进口量			进口额	
	单位	全年累计	同比（%）	全年累计（亿美元）	同比（%）
纺织纱线	万吨	172.4	6.3	56.4	31.4
纺织织物	亿米	27.4	−2.4	51.7	6.5
纺织制成品	—	—	—	70.0	19.0
服装及附件	—	—	—	25.2	36.4
天然纤维	万吨	396.9	56.6	83.5	104.7
纤维素纤维原料	万吨	1 149.9	−16.6	89.2	29.6
化纤单体	万吨	1 814.7	6.0	184.5	33.8
染料、助剂	万吨	77.8	8.2	28.6	28.4
纺织机械	—	—	—	43.2	65.2

资料来源：中国海关、中国纺织工业协会统计中心。

利用外资方面，2010 年，伴随着国内外市场好转，中国港澳台和外商控股的纺织企业运行态势总体良好。截至 2010 年 11 月底，中国规模以上纺织企业中共有港澳台和外商控股企业10 082户，累计完成工业总产值 8 699.2 亿元，同比增长 22.6%，增速较上年提高 17.1 个百分点；实现利润总额 414 亿元，同比增长 58.4%，增速较上年提高 33.4 个百分点。2010 年全年，全国三资企业出口总额达到 644.5 亿美元，同比增长 15.4%，增速较上年提高 25.0 个百分点；进口总额为 141.8，同比增长 18.8%，增速较上年提高 29.2 个百分点，由于加工贸易较多，进口占全行业比重高达 69.8%。

表 4　　2010 年港澳台及外商控股纺织企业主要指标

主要经济指标（规模以上企业）（1～11月）							
指标名称	单位	港澳台控股			外商控股		
		累计	同比（%）	占全行业比重（%）	累计	同比（%）	占全行业比重（%）
企业户数	户	5 754	—	10.4	4 328	—	7.8
工业总产值（现价）	亿元	5 308.0	22.6	12.4	3 391.2	22.7	7.9
利润总额	亿元	258.7	50.6	12.6	155.3	73.3	7.6
从业人数	万人	193.5	2.4	17.3	108.9	0.48	9.7

纺织品服装贸易指标（全口径）（1～12月）				
指标名称	单位	三资企业		
		累计	同比（%）	占全行业比重（%）
出口总额	亿美元	644.5	15.4	30.4
进口总额	亿美元	141.8	18.8	69.8
贸易差额	亿美元	502.7	14.6	26.2

资料来源：中国国家统计局、中国海关、中国纺织工业协会统计中心。

二、中国入世以来纺织业对外开放情况

纺织工业是中国工业制造业中市场化程度和对外开放水平最高的行业之一，2001 年，中国加入世界贸易组织为纺织行业创造了良好的发展环境和机遇，行业由此步入了自新中国成立以来发展环境最好、发展速度最快、发展质量与水平最高的新时期。

（一）出口贸易发展情况

21 世纪以来，经济全球化发展不断深入，国际纺织品服装需求稳步扩大，中国加入世贸组织使纺织行业在参与国际市场竞争时具备了更好的条件。2005 年，全球纺织品服装配额全面取消，为中国纺织行业国际竞争力的释放提供了更加宽阔的舞台。与此同时，中国纺织行业多年来坚持推进产业结构调整，促进产业升级，国际竞争力不断提升，把握住了历史机遇，出口贸易实现了持续稳定发展。

1. 出口整体保持稳定增长

以 2000 年末数据为基数，2001—2010 年间，中国纺织品服装出口总额从 520.8 亿美元增加到 2 120.0亿美元，累计增长了 3.1 倍，年均增长 15.1%。其中，纺织品出口累计增长 4.1 倍，年均增长 17.8%，服装出口累计增长 2.6 倍，年均增长 13.6%。除 2009 年受到国际金融危机影响，行业出口总额同比下降，其余年份出口总额均保持稳定增长。

表 5　　2000—2010 年中国纺织品服装出口额及占全国的比重情况

单位：亿美元,%

年份	纺织品服装出口		其中：纺织品出口额	服装出口额
	出口额	占全国		
2000	520.8	21.3	160.6	360.2
2001	532.8	20.4	167.4	365.4
2002	617.7	19.4	205.8	411.9
2003	804.8	18.4	285.7	519.2
2004	973.9	16.4	357.7	616.2
2005	1 175.4	15.4	439.7	735.7
2006	1 470.9	15.2	522.5	948.3
2007	1 756.2	14.4	605.4	1 150.7
2008	1 896.2	13.3	698.34	1 197.9
2009	1 713.3	14.3	642.0	1 070.0
2010	2 120.0	13.4	825.2	1 294.8

资料来源：中国海关、中国纺织工业协会统计中心。

2. 出口结构显著优化

2001—2010年，中国纺织品服装出口单价累计增长43.8%，其中服装及附件出口单价提高60.2%，出口产品附加值有所提高；化学纤维、纱线、织物、产业用纺织品等具有较高技术附加值的纺织品出口年均增速高于服装出口增速4.2个百分点，产业链综合竞争能力进一步增强；一般贸易出口比重由55.5%提高到74.4%，加工贸易比重明显下降，服装出口从加工生产（OEM）全面走向设计生产（ODM）和品牌生产（OBM），行业在国际纺织产业链上的分工得到优化；对美、欧、日、香港地区以外的非传统市场，如东盟、非洲等地的出口额占比达到43.6%，比2000年提高12.2个百分点，出口市场进一步多元化。

表6　　2001—2010年中国纺织品服装出口价格指数

（上年同期＝100）

年份	纺织品服装	纺织品	服装
2001	99.0	102.6	97.4
2002	93.4	88.0	96.1
2003	103.4	101.5	104.4
2004	104.4	105.9	103.7
2005	107.6	103.2	110.5
2006	110.1	102.9	114.6
2007	107.7	103.7	109.9
2008	106.9	108.1	106.2
2009	97.8	95.2	99.4
2010	108.0	108.8	107.6

资料来源：中国纺织工业协会统计中心根据中国海关统计数据整理。

表7　　2000—2010年中国纺织品服装出口贸易方式占全行业比重情况

单位：%

年份	一般贸易	进料加工	来料加工	其他
2000	55.5	24.5	18.6	1.4
2001	56.9	22.8	18.8	1.5
2002	62.5	20.0	15.7	1.8
2003	64.5	18.5	12.3	2.8
2004	67.7	18.2	10.9	3.3
2005	69.7	17.0	9.1	4.2
2006	72.0	16.0	7.7	4.3
2007	72.4	15.5	6.7	5.4
2008	69.5	15.0	6.6	8.9
2009	72.5	14.6	5.8	7.1
2010	74.4	13.5	4.6	7.5

资料来源：中国海关、中国纺织工业协会统计中心。

表8　　2000—2010年中国纺织品服装出口市场结构

单位：%

年份	对欧盟、美国、日本、香港四大市场出口占比	对其他市场出口占比
2000	68.6	31.4
2001	67.0	33.0
2002	63.9	36.1
2003	61.2	38.8

续　表

年份	对欧盟、美国、日本、香港四大市场出口占比	对其他市场出口占比
2004	60.0	40.0
2005	60.7	39.3
2006	56.8	43.2
2007	53.8	46.2
2008	55.3	44.7
2009	58.9	41.1
2010	56.4	43.6

资料来源：中国海关、中国纺织工业协会统计中心。

3. 出口发展方式逐步转变

伴随着出口结构的不断优化，中国纺织行业的出口增长逐步由数量驱动转变为价值驱动，贸易发展方式发生根本性变化。2001—2005 年，中国纺织品服装出口增长中，价格增长的贡献率仅为 15.5%，其余 84.5%的增长均来自数量增长带动。而 2006—2010 年，出口价格对中国纺织品服装出口增长的贡献度已经达到 53.1%，比此前五年提高了 37.6 个百分点，出口数量的贡献率则下降到 46.8%，出口价格的贡献作用已经明显超过了数量，成为行业出口增长的首要动力。

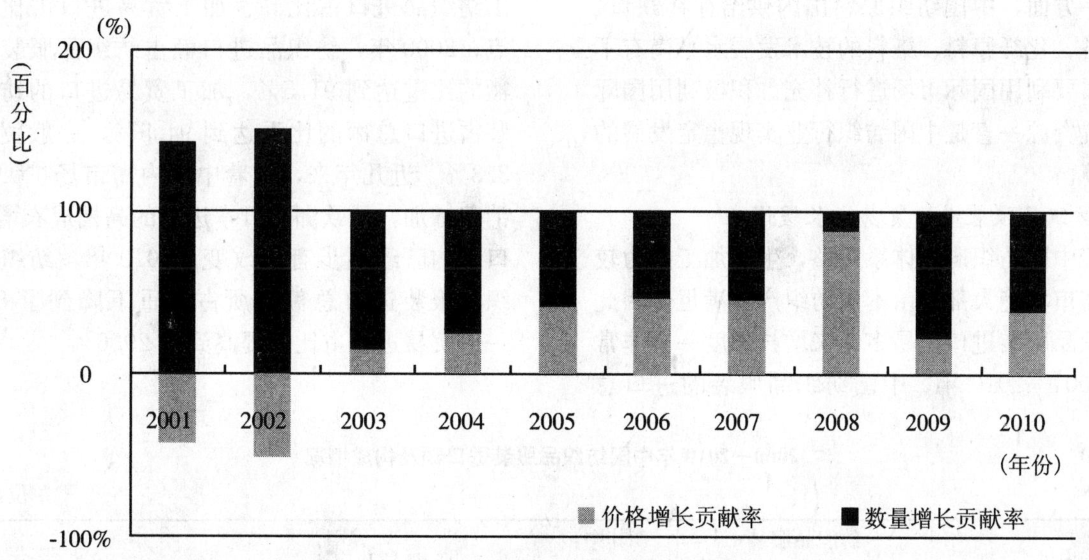

图 1　2001—2010 年出口价格和出口数量对中国纺织品服装出口增长的贡献情况

资料来源：根据中国海关，中国纺织工业协会统计中心数据整理。

4. 国际市场份额稳步提高

出口稳定增长以及发展方式和结构不断优化带动中国纺织产业的国际竞争力持续提升，在国际市场上所占的份额稳步扩大。根据世界贸易组织统计数据，2009 年，中国纺织品服装出口总额占全球的比重达到 31.7%，比 2000 年提高了 17 个百分点，行业出口所占国际市场份额连续十余年位居全球首位。其中，中国纺织品出口占全球的份额由 2000 年 10.3%提高到 28.3%，服装出口占比由 18.2%提高到 34%。

表 9　　2000—2009 年中国纺织品服装出口总额占全球的比重情况

单位:%

年份	纺织品服装	纺织品	服装
2000	14.7	10.3	18.3
2001	15.6	11.3	18.9
2002	17.2	13.2	20.3
2003	19.3	15.4	22.3
2004	20.8	17.0	23.7
2005	23.9	20.1	26.6
2006	27.2	22.1	30.8
2007	29.2	23.2	33.3
2008	30.0	25.8	33.0
2009	31.7	28.3	34.0

资料来源：世界贸易组织。

(二) 进口贸易发展情况

中国是世界上的纺织品服装生产大国，同时也是消费大国，一方面需要进口一定数量的纺织品和服装，以满足内需市场多层次、多元化的消费需求；另一方面，中国纺织原料国内供给存在缺口，部分装备、化纤原料、染料的技术发展水平尚有不足，也需要利用国际市场进行补充。积极利用国际市场配置资源一直是中国纺织行业实现稳定发展的重要保障。

1. 纺织品服装进口贸易增长缓慢

由于中国纺织产业体系完整，生产加工能力较强，内需市场绝大部分由本国纺织产业满足，因此中国纺织品服装进口贸易多年来增长速度一直非常缓慢。2001—2010 年，中国纺织品服装的进口总额从 138.9 亿美元增加到 203.2 亿美元，累计增长 46.3%，年均仅增长 3.9%。

中国进口的纺织服装产品主要是用于加工贸易的纺织纱线和面料，因此进口总额从结构上看呈现出纺织品进口占比高、加工贸易进口占比高的特点，2000 年，纺织品进口额占纺织品服装进口总额的比重达到 91.5%，加工贸易进口的纺织品服装占进口总额的比重达到 94.5%，一般贸易仅占 3.3%。近几年来，随着中国内需市场扩大，高端消费增加，从欧洲、日本进口的高档成衣增多，进口结构已经逐步有所改变。2010 年，纺织品在纺织品服装进口总额中所占比重下降到了 87.6%，一般贸易进口占比也提高到了 29.6%。

表 10　　2000—2010 年中国纺织品服装进口额及构成情况

单位：亿美元

年份	纺织品服装进口总额	其中：一般贸易进口额	其中：纺织品	服装
2000	138.9	4.6	127.1	11.8
2001	137.2	6.1	124.6	12.6
2002	143.6	9.2	130.3	13.4
2003	155.9	13.3	141.8	14.0
2004	168.0	17.2	152.7	15.3
2005	171.0	20.7	154.9	16.1
2006	180.5	24.4	163.5	17.0
2007	187.4	29.6	167.8	19.7
2008	186.5	37.1	163.7	22.8
2009	169.2	40.9	150.8	18.4
2010	203.2	60.1	178.1	25.1

资料来源：中国海关、中国纺织工业协会统计中心。

2. 原料、装备等行业相关进口量基本保持稳定

除了纺织品服装以外，中国纺织行业每年还从国际市场进口一定数量的天然纤维原料、纤维素纤维原料、合成纤维单体、染料、助剂和纺织专用装备等用于满足生产需要，弥补国内市场供给的不足。2010年，中国共进口各种纺织原辅料、装备429亿美元，比2003年①增长了1.6倍，年均增长14.7%。其中，除2009年受金融危机影响，行业生产增速减缓，进口需求有所下降以外，其他年份进口基本保持稳定。进口产品中，天然纤维和人造纤维素纤维原料由于国内相关农、林产品种植、养殖规模有限，进口量一直稳步提高；纺织机械和化纤单体则随着行业中相关关键技术实现自主研发突破，国产化水平不断提高，进口增速呈现逐步减缓的态势。

表11　2003—2010年中国纺织行业相关产品进口情况

单位：亿美元

年份	天然纤维	纤维素纤维原料	化纤单体	有机染料及助剂	纺织机械	合计
2003	23.6	26.6	56.3	11.6	46.1	164.2
2004	47.4	35.8	93.4	14.5	47.6	238.7
2005	44.1	37.2	118.5	16.3	35.6	251.7
2006	66.7	49.2	133.1	18.9	42.3	310.2
2007	58.8	55.6	165.7	22.2	49.2	351.5
2008	57.0	67.0	167.5	24.9	38.5	354.9
2009	68.8	68.8	137.9	22.3	26.1	323.9
2010	83.5	89.2	184.5	28.6	43.2	429.0

资料来源：中国海关、中国纺织工业协会统计中心。

（三）利用外资情况

纺织工业是中国最早进行市场化改革和对外开放产业之一，由于中国投资环境良好，且早期在生产要素成本方面与发达国家相比具有明显的比较优势，因而吸引了大量港澳台和外商资本进入中国纺织产业，港澳台和外商资本成为中国纺织工业资本构成中的重要组成部分，对于促进行业发展发挥了重要作用。

1. 利用外资的总量稳定增长

入世以来，中国纺织行业利用外资的总量保持稳定增长。根据国家统计局年报数据，中国规模以上纺织企业②的实收资本中，港澳台资本和外商资本总额由2000年末的757.3亿元增加到2009年③的2 375.7亿元，累计增长了2.1倍，年均增长13.5%。2006年以前，港澳台和外商资本占全行业实收资本的比重整体呈上升趋势，2006年占比为37.9%，比2000年底提高了8.4个百分点；2007年以后占比逐步下降，2009年占比为36.9%。

① 由于2003年以前同口径统计数据部分缺失，本部分以2003年作为基数。

② 2000—2006年规模以上企业指全部国有控股企业及年主营业务收入（销售收入）超过500万元的非国有企业。2007—2010年规模以上企业指年主营业务收入超过500万元的企业。

③ 2010年相关统计数据尚未公布。

表 12　2000—2009 年中国规模以上纺织工业港澳台及外商实收资本情况①

单位：亿元，%

年份	港澳台资本		外商资本		合计	
	实收资本额	占全行业比重	实收资本额	占全行业比重	实收资本额	占全行业比重
2000	448.7	17.5	308.6	12.0	757.3	29.5
2001	456.5	17.5	331.0	12.7	787.5	30.2
2002	467.0	16.2	426.8	14.8	893.8	30.9
2003	616.2	19.6	443.0	14.1	1 059.2	33.6
2004	801.0	20.0	587.1	14.7	1 388.1	34.7
2005	881.6	20.1	691.8	15.8	1 573.4	35.9
2006	1 157.5	23.2	734.9	14.7	1 892.4	37.9
2007	1 213.3	21.8	854.7	15.4	2 068.0	37.2
2008	1 364.2	21.5	1 010.9	15.9	2 375.1	37.4
2009	1 390.6	21.6	985.1	15.3	2 375.7	36.9

资料来源：中国国家统计局、中国纺织工业协会统计中心。

2. 服装加工环节利用外资最多

服装业是纺织产业链各环节资本结构中外资所占比重最高的，2009 年，中国规模以上服装制造业实收资本中，港澳台和外商资本达到 657.1 亿元，与 2000 年底相比累计增长了 2.6 倍，年均增长 15.4%；自中国入世以来，港澳台和外商资本占服装制造业实收资本总额的比重一直在 40%以上，2006 年高达 52.2%，远远高于纺纱织造、化纤、纺机等其他纺织子行业。但是近年来，中国各项生产要素价格均持续上涨，特别是劳动力价格的快速提高明显削弱了劳动密集型的服装加工业的竞争力，因此国际资本向印度、越南等更具有成本比较优势的发展中国家流动的趋势正日趋明显，港澳台和外商资本占中国服装业实收资本中所占的比重也正在逐步下降，2009 年占 45.3%，已经比 2006 年下降了 6.9 个百分点。

表 13　2000—2009 年中国规模以上服装制造业港澳台及外商实收资本情况②

单位：亿元，%

年份	港澳台资本		外商资本		合计	
	实收资本额	占全行业比重	实收资本额	占全行业比重	实收资本额	占全行业比重
2000	99.3	21.4	81.1	17.5	180.4	38.9
2001	105.6	22.3	89.8	19.0	195.4	41.3
2002	117.3	21.4	105.8	19.3	223.1	40.8
2003	152.9	24.9	115.3	18.8	268.2	43.7
2004	202.1	26.9	140.6	18.7	342.7	45.5
2005	216.0	26.0	189.5	22.8	405.5	48.8
2006	395.9	35.3	189.7	16.9	585.6	52.2
2007	328.1	27.6	242.8	20.4	570.9	48.0
2008	381.4	27.1	286.6	20.4	668	47.5
2009	400.1	27.6	257.0	17.7	657.1	45.3

资料来源：中国国家统计局、中国纺织工业协会统计中心。

3. 三资企业发展状况整体良好

自中国入世以来，除受到国际金融危机影响的时期外，中国的三资企业经济运行整体态势良好，生产规模稳步扩大，出口基本保持稳定增长，效益

① 表 12 中数据为年报数据。
② 表 13 中数据为年报数据。

稳步提升。根据国家统计局年报数据，到2009年底①，中国纺织行业规模以上港澳台和外商控股企业累计完成工业总产值7 934.9亿元，比2000年增长了2倍，年均增长12.8%；完成利润总额415.2亿元，比2000年增长2.8倍，年均增长16.0%；吸纳就业人员303.9万人，比2000年增长83.7%。根据中国海关数据，2010年，中国三资企业出口总额达到644.5亿美元，比2000年增长2.6倍，年均增长13.5%。

其中，由于港澳台和外商控股企业以从事服装加工出口居多，因此出口总额占全行业比重一直较高，虽然2006年以来有下降趋势，但占比始终保持在30%以上。而由于中国近年来劳动力等生产要素价格上涨突出，服装出口加工业的利润空间不断压缩，港澳台和外商控股企业对行业利润增长的贡献不断降低，2010年规模以上企业利润总额占全行业的比重为21.8%，比2000年底下降了约8.4个百分点。

表14　2000—2009中国港澳台及外商控股纺织企业主要指标情况②

年份	工业总产值（规模以上）		利润总额（规模以上）		从业人数（规模以上）		出口总额（全社会口径）	
	当年累计（亿元）	占全行业比重（%）	当年累计（亿元）	占全行业比重（%）	当年累计（万人）	占全行业比重（%）	当年累计（亿美元）	占全行业比重（%）
2000	2 684.9	30.2	109.0	36.9	165.4	22.4	181.4	34.8
2001	2 615.9	28.0	83.9	32.5	183.6	24.0	194.9	36.6
2002	3 085.7	28.8	102.8	30.2	211.3	26.4	220.8	35.7
2003	3 788.9	29.3	143.9	31.3	245.3	29.3	277.8	34.5
2004	5 411.8	32.4	187.4	38.2	332.2	34.1	335.0	34.4
2005	6 342.7	30.7	222.2	31.3	338.7	34.0	403.3	34.3
2006	5 975	23.8	227.0	24.4	304.2	28.9	481.4	32.7
2007	7 283.0	23.5	327.6	24.9	327.9	29.8	561.2	32.0
2008	7 658.8	21.6	297.2	19.5	322.2	27.5	617.3	32.6
2009	7 934.9	20.9	415.2	21.8	303.9	27.1	558.2	32.6
2010	—	—	—	—	—	—	644.5	30.4

资料来源：中国国家统计局、中国海关、中国纺织工业协会统计中心。

（四）对外投资情况

近年来，随着经济全球化进程推进以及中国市场经济体制日趋完善，中国纺织企业跨国配置资源、全球布局生产力的发展趋势日渐显现，中国加入世贸组织也为这一发展趋势的不断深化提供了良好的基础条件。受统计资料限制，目前还不掌握有关中国纺织企业在海外投资情况的详细数据，但根据调研情况，目前中国纺织企业对外直接投资的主要领域包括在美、欧、日等发达国家建立产品研发设计中心、时尚创意中心，为企业在国内生产环节提供智力支持；在主销市场建立营销中心、终端零售实体等，扩展海外营销渠道，提高对国际贸易的自主控制力；在越南、柬埔寨等具有劳动力成本比较优势的发展中国家建立生产加工基地，将低端产品加工生产向境外转移等，行业跨国、跨地区进行资源整合的能力明显增强。

（中国纺织工业协会产业部　赵明霞）

① 国家统计局目前尚未公布2010年全年纺织工业经济指标，为便于进行跨年度比较，本部分经济指标使用2009年年报数据。

② 表14中数据为年报数据。

中国汽车业对外开放情况

中国入世以来，中国和世界各国分享繁荣，实现共赢。中国按照有关承诺，逐步放开市场准入，国内市场日益国际化。外资看好中国经济和汽车市场发展前景，纷纷扩大在华投资规模。中国在应对入世带来挑战的同时，也抓住了入市带来的机遇，完善了国家对汽车工业的管理规则，改善了汽车工业的投资和发展环境，吸引了大量投资，实现了汽车工业的快速发展。

一、2010 年中国汽车产业发展概况

2010 年，中国汽车工业延续了 2009 年发展态势，在购置税优惠、以旧换新、汽车下乡、节能惠民产品补贴等多种鼓励消费政策叠加效应的作用下，汽车产销双双超过1800万辆，创全球历史新高，再次蝉联全球第一。各车型全面增长，自主品牌份额有所提升，汽车出口逐步恢复，大企业集团产销规模整体提升，行业经济效益明显提高。主要发展情况表现如下。

（一）产销创全球历史新高，再次蝉联全球第一，各类车型全面增长

1. 延续上年走势产销再创新高

2010 年全国汽车产销1826.47万辆和1806.19万辆，同比分别增长 32.44%和 32.37%，产销再创新高，刷新全球历史纪录。今年的增长表现为高速增长，其主要原因既有政策的促进因素，也有消费者担心政策退出引发的提前消费因素。

2. 各类车型全面增长

2010 年，各类车型全面增长，其中，乘用车产销 1389.71 万辆和 1375.78 万辆，同比增长 33.83%和 33.17%。商用车产销分别为 436.76 万辆和 430.41 万辆，同比增长 28.19%和 29.90%。

3. 基本型乘用车（轿车）继续保持较快增长

2010 年，基本型乘用车（轿车）市场继续保持较快增长，共销售 949.43 万辆，同比增长 27.05%。在轿车主要品种中，除排量 3 升以上销量同比有所下降外，其他均呈现不同程度增长，其中，排量 1.6～2.0 升和 2.5～3.0 升增幅均高于同期，分别销售 215.27 万辆和 6.67 万辆，同比分别增长 29.77%和 39.72%。排量 1.6 升以下车型继续保持较快增长，但增速明显减缓，共销售 663.18 万辆，同比增长 27.98%，增幅与上年 66.83%比较，回落 38.85 个百分点。

4. SUV 和 MPV 增势迅猛，交叉型乘用车需求由热趋稳

2010 年 SUV 销售 132.60 万辆，同比增长 101.27%，高于乘用车平均增速 68 个百分点。2.0 升及以下车型仍呈现高速增长，保持了市场占有率第一（市场份额占到 SUV 销售总量的 60%）的位置，其中 2.0 升及以下四驱车型销售 30.11 万辆，两驱销售 49.87 万辆，同比增长均超 1 倍。

2010 年 MPV 销售 44.54 万辆，同比增长 78.92%，增幅高于同期 52.80 个百分点。分排量看，1.6 升及以下增速最高，2010 年销售 15.10 万辆，同比增长 3.9 倍；2.0～2.5 升继续占最大比重，销售 16.74 万辆，同比增长 47.47%，占 MPV 销售总量的 37.58%；2.5 升及以上大排量品种需求有所下降，共销售 3.31 万辆，同比下降 2.94%。

2010 年交叉型乘用车受购置税优惠政策力度减弱等因素影响，增幅明显减缓。销售 249.21 万辆，同比增长 27.77%，与同期相比，增幅减缓 55.62 个百分点。细分看，排量小于 1 升车型需求依旧旺盛，销售 133.02 万辆，同比增长 59.60%，1～1.6 升增势大幅下降，销售 115.61 万辆，同比增长 3.83%，增幅较上年减缓 79.13 个百分点。

5. 客货车市场全面增长，重型货车销量首超百万

2010 年，客货车市场全面增长，客车表现明显好于上年，重型货车销售火爆，首次突破百万大关。2010 年货车销售 386.11 万辆，同比增长 30.47%。其中，重卡 101.74 万辆，同比增长 59.93%，增幅高于同期 42.22 个百分点；中、轻、微卡增幅较上年呈不同程度减缓。2010 年，微卡销售 61.21 万辆，同比增长 19.90%，增幅较上年减缓 52.90 个百分点；中卡销售 27.18 万辆，同比增长 4.94%，增幅较上年减缓 19.62 个百分点；

轻卡销售195.98万辆，同比增长26.13%，增幅较上年减缓3.85个百分点。

2010年，客车销售44.31万辆，同比增长25.14%，增幅高于同期21.19个百分点。其中，大客增速明显，销售6.88万辆，同比增长45.87%；轻客增速居次，销售28.44万辆，同比增长26.42%；中客增速相对略低，销售8.99万辆，同比增长9.68%。

（二）乘用车自主品牌市场份额有所提升

2010年自主品牌表现值得肯定，同比增长高于行业同比平均增长，市场份额有所提升。2010年，乘用车自主品牌销售627.30万辆，同比增长37.05%，占乘用车销售总量的45.60%，比上年提高1.30个百分点；自主品牌轿车销售293.30万辆，同比增长32.28%，占轿车销售总量的30.89%，比上年提高1.22个百分点。

（三）汽车行业经济效益明显提高，大企业集团产销规模整体提升

1. 汽车行业经济效益明显提高

据中国汽车工业协会整理的全国汽车行业15163家规模以上企业主要经济指标快报数据，汽车工业全年总产值43358亿元，增长36.3%，销售总产值42646亿元，增长36.7%。2010年主要经济指标均高于上年同期，行业规模以上企业累计实现主营业务收入39350亿元，同比增长38.82%，累计实现利税总额5119亿元，同比增长54.81%，实现利润总额3314亿元，增长66.8%。主要经济指标增幅均高于汽车产量增幅。

2. 大企业集团产销规模整体提升

2010年，大企业集团产销规模整体提升。与同期比，上汽销量由上年270.55万辆提升至355.84万辆，同比增长31.53%，净增85.29万辆；东风、一汽和长安同时跨入200万辆阵营，分别销售272.48万辆、255.82万辆和237.88万辆，同比分别增长36.05%、31.55%和27.22%。上汽、东风、一汽、长安和北汽共销售汽车1271.01万辆，占汽车销售总量的70%，其中，乘用车共销售1005.69万辆，占乘用车销售总量的73%；商用车销售265.32万辆，占商用车销售总量的62%。

2010年销量前十家企业共销售汽车1559.60万辆，占汽车销售总量的86%。

（四）节能与新能源汽车示范推广全面推进

2010年，中国汽车产品燃料消耗量公示制度全面建立，工业和信息化部“轻型汽车燃料消耗量通告”系统发布通告12批，累计发布152家企业、11124条数据；“节能产品惠民工程”节能汽车推广政策6月起开始实施，截至年底，共发布四批次节能汽车推广目录，37家企业272个车型纳入节能汽车推广目录，促进了纳入推广目录车型的销售；节能与新能源汽车示范推广城市由13个扩大到25个，6个城市启动私人购买新能源汽车补贴试点工作，共有54家汽车生产企业的190个车型列入《节能与新能源汽车示范推广应用工程推荐工程目录》。

（五）汽车进出口市场发展态势良好，进口大幅增长，出口实现恢复性增长

2010年中国汽车商品进出口总额为1085.31亿美元，同比增长55.22%，其中进口金额达到566.94亿美元，同比增长71.24%；出口金额518.37亿美元，同比增长40.82%。

2010年，中国经济发展健康平稳，带动了消费升级，进口汽车市场需求强劲，汽车整车进口81.36万辆，比去年增长93.33%，进口金额306.40亿美元，同比增长99.73%。

东部沿海经济发达市场增长强劲，内陆市场增长相对较弱；轿车、SUV车型增长较快，MPV车型相对较慢；排量3.0L以下的中低排量车型大幅增长，3.0L以上的大排量车型增幅较小。从产品结构来看，进口车依然呈现高档化、个性化、差异化的发展特征，主要集中在奔驰、宝马、雷克萨斯等高档豪华轿车、高档豪华越野车、个性化汽车，与国产车形成“品种互补，错位经营”之势，未来一段时间，将会保持这种趋势。

伴随2010年全球经济回暖，国际市场需求逐步回升。中国汽车整车出口56.62万辆，同比增长53.17%，出口金额69.86亿，同比增长34.68%。在出口产品中，轿车和载货车是两大主要出口车型，占汽车出口总量的70%以上。出口市场主要是非洲、中东、新兴国家和地区。这些地区消费水平相对较低，价格敏感度高，消费者比较重视车辆的外观和价格。

2010年中国汽车出口增速较高，但仍属于恢复性增长。由于2009年中国汽车出口市场受到国际金融危机影响，市场需求大幅下降，2009年的基数较低，因此出现2010年出口大幅增长的现象。

2010年中国汽车零部件进出口呈现高速增长。2010年中国汽车零部件进口260.41亿美元，同比增长46.65%。进口零部件产品结构以发动机、变速箱等高端产品为主。中国零部件出口405.84亿美元，同比增长41.89%，产品以制动器、轮毂等中低端产品为主。在汽车产业国际化日益加深的背景下，跨国汽车公司大量采购具有成本优势的中国零部件产品，美国、日本、欧盟、韩国等汽车工业发达国家和地区是中国零部件产品的重点市场。

（六）2010年政策对汽车市场发展的影响

1. 鼓励政策继续发挥作用，但相关政策已开始收紧

2010年在购置税优惠、以旧换新、汽车下乡、节能惠民产品补贴等多种鼓励消费政策叠加效应的作用下，中国汽车产业保持了高速的发展。但从《关于1.6L及以下排量乘用车车辆购置税减征政策到期停止执行的通知》、《关于汽车下乡政策到期后停止执行等有关问题的通知》、《关于汽车以旧换新政策到期后停止执行等有关问题的通知》等表明，政府鼓励汽车消费的政策正逐步退出。

但从政府发布的《私人购买新能源汽车试点财政补助资金管理暂行办法》、《“节能汽车惠民工程”节能汽车（1.6L及以下乘用车）推广实施细节》等政策看出，政府在指引节能与新能源汽车的应用。

2. 1.6升及以下排量乘用车受政策影响最为明显

2010年1.6升及以下乘用车销售946万辆，占乘用车总量比重68.77%，比同期下降0.88个百分点；1.6升及以下轿车销售占轿车总量的比重69.85%，比同期增长0.51个百分点。

大多消费者对购置税优惠政策力度敏感。2010年优惠政策力度有所减弱，1.6升及以下车型市场份额开始下降，7月落至最低点。但随着国家节能惠民产品补贴政策的实施，对该类车型市场份额回升起到了积极作用。随着消费者对购置税优惠政策退出的预期，四季度该类车型销售火爆，11、12月市场份额均超过70%。全年呈“V”字形态。可以看出，1.6升及以下乘用车销售受政策影响非常明显。

3. 2010年主要汽车政策列表

2010年颁布的汽车行业有关的部分政策法规目录

政策法规名称	颁布日期	颁布单位
印发《废旧轮胎综合利用指导意见》	2010.12.31	工信部
发布《关于汽车以旧换新政策到期后停止执行等有关问题的通知》	2010.12.30	财政部、商务部、环保部
发布《关于汽车下乡政策到期后停止执行等有关问题的通知》	2010.12.29	财政部、发改委、工信部、公安部、商务部、工商总局、质检总局
发布《关于1.6L及以下排量乘用车车辆购置税减征政策到期停止执行的通知》	2010.12.27	财政部、税务总局
印发《商用车生产企业级产品准入管理规则》	2010.12.15	工信部
印发《“节能产品惠民工程”节能汽车（1.6升及以下乘用车）推广专项核查办法》的通知	2010.11.12	工信部、发改委、财政部
颁布《关于开展二手车交易市场升级改造示范工程试点的通知》	2010.11.12	商务部
发布《关于进一步加强轻型汽车燃料消耗量通知管理的通知》	2010.11.01	工信部
颁布《关于加快培育和发展战略性新兴产业的决定》	2010.10.10	国务院
发布《国务院关于促进企业兼并重组的意见》	2010.08.28	国务院办公厅
印发《再制造产品认定管理暂行办法》	2010.06.29	工信部
发布《关于延长实施汽车以旧换新政策的通知》	2010.06.18	财政部、商务部、环保部
颁布《车辆生产企业级产品生产一致性监督管理办法》	2010.06.14	工信部

续 表

政策法规名称	颁布日期	颁布单位
发布《私人购买新能源汽车试点财政补助资金管理暂行办法》	2010.05.31	财政部、科技部、工信部、发改委
发布《关于扩大公共服务领域节能与新能源汽车的示范推广有关工作的通知》	2010.05.31	财政部、科技部、工信部、发改委
印发《"节能汽车惠民工程"节能汽车（1.6L 及以下乘用车）推广实施细节》	2010.05.26	财政部、发改委、工信部
联合发布《关于推进再制造产业发展的意见》	2010.05.13	发改委、科技部、工信部、公安部、工商总局、质检总局
发布《关于启用并加强汽车零部件再制造产品标志管理与保护的通知》	2010.02.20	发改委、工商总局
发布《关于推进报废汽车回收拆解企业升级改造示范工程有关工作的通知》	2010.01.29	商务部
联合发布《关于继续实施汽车下乡政策的通知》	2010.01.08	财政部、发改委、工信部、公安部、商务部、工商总局、质检总局
发布《关于允许汽车以旧换新补贴与车辆购置税减征政策同时享受的通知》	2010.01.04	财政部、商务部

（七）2010 年汽车行业国际贸易摩擦主要事件

2010 年全年中国遭遇贸易摩擦 64 起，涉案金额约 70 亿美元。世界其他国家对华贸易保护主义呈现频率升级、强度升级、手段升级和内容升级，欧盟及部分发展中国家也纷纷效仿美国，有的调查甚至直指中国的行业准入、差别退税等产业政策。2010 年以来涉及汽车行业的贸易摩擦案件有：

1. 欧盟对我铝车轮案"反倾销"的终裁

2010 年 10 月 28 日欧盟委员会公布了对原产于中国的进口铝制轮毂最终裁定：认定初裁中关于原产于中国的被调查产品进口构成倾销、欧盟产业受到实质损害和倾销与损害之间存在因果关系的裁定，决定最终按 22.3%的税率征收反倾销税。自 2010 年 10 月 29 日起执行上述裁决，按照欧盟反倾销条例，最终反倾销措施的实施期为五年。

2. 美国 301 调查指向中国新能源补贴政策，新能源汽车涉案

2010 年 10 月 15 日，美国政府宣布接受美国钢铁工人联合会的请求，着手调查中国的新能源产品补贴政策。这项调查涉及中国的风能、太阳能、高效电池和新能源汽车行业的 154 家企业。

3. 印度对华客车和卡车斜交轮胎做出反倾销期中复审终裁

2010 年 8 月 26 日，印度商工部对原产于中国和泰国的客车和卡车斜交轮胎做出反倾销期中复审终裁：采用最低限价措施，如果涉案产品到岸价低于最低限价，则反倾销税为两者之间的差额，反之则不予征收，最低限价为 0.37 美元/千克和 1.64 美元/千克。涉案产品海关编码为 40112090、40131020、40129049。

此案于 2005 年 12 月开始进行反倾销立案调查，2007 年 6 月，印度对此案做出终裁，认定中国和泰国客车和卡车斜交轮胎倾销。在本案中，印度商工部向四家中国企业发放了调查问卷，但没有中国企业应诉，这四家企业包括：青岛中策橡胶有限公司、上海双钱集团股份有限公司、风神轮胎股份有限公司、青岛 Monolith OTR 轮胎有限公司。

4. 印度对华中重型商用车的前桥梁和转向关节做出反倾销终裁

2010 年 3 月 5 日，印度对原产于中国的中重型商用车的前桥梁和转向关节做出反倾销终裁，裁定涉案企业的反倾销税率为 0.35%～1.11%。涉案产品海关编码为 73269099、73261910、73261990、87085000、87089900。2008 年 12 月，印度对原产于中国的中重型商用车的前桥梁和转向关节进行反倾销立案调查；2009 年 4 月，印度对此案做出肯定性初裁。

5. 印度对中国客车和卡车的子午轮胎做出反倾销终裁

2010 年 1 月 1 日，印度商工部对原产于中国和泰国的汽车和卡车子午轮胎做出反倾销终裁，裁定中国企业的反倾销税率为 24.97%～88.27%。

涉案产品海关编码为 40112010、40131020、40129049。2008 年 10 月，印度商工部对原产于中国和泰国的汽车和卡车子午轮胎进行反倾销立案调查。

二、入世以来中国汽车工业发展概况

在 WTO 的框架下，中国逐步降低汽车关税、开放汽车市场，履行了全部入世承诺，中国汽车工业无论是产销规模、产业地位、自主品牌建设、对外贸易、产业结构调整等都取得了重大进展，取得了令世界汽车产业瞩目的成就。

（一）汽车行业如期履行了入市的承诺

根据中国加入世界贸易组织的有关法律文件，中国已如期履行了对汽车行业所做的入世承诺。

1. *关税方面*

中国履行对轿车、客车、载货车、专用车、摩托车和汽车零部件的关税减让情况的具体承诺如下：

(1) 轿车进口关税平均税率从 2001 年的 70%～80%逐年递降，2006 年 7 月已降至 25%；

(2) 各类客车进口关税平均税率从 2001 年的 45%～60%逐年递降，2005 年 1 月的已降至 25%；

(3) 载货车、专用车的进口关税平均税率从 2001 年的 40%～50%逐年递降，2005 年 1 月已降至 20%～25%；

(4) 摩托车整车进口关税平均税率从 2001 年 1 月的 50%～60%逐年递降，2004 年 1 月的已降至 30%～45%；

(5) 汽车零部件

汽车零部件关税平均税率从 2001 年的 22.3%逐年递降，2006 年 7 月已降至 10%。（简单算术平均值）；

(6) 摩托车零部件依然维持 30%的关税。

2. *非关税方面*

(1) 汽车关税的进口配额以 2000 年 60 亿美元的数额为基数，逐年递增 15%，直到 2005 年彻底取消了配额限制；摩托车及其关键零部件进口配额以 2000 年 0.88 亿美元的数额为基数，逐年递增 15%，至 2005 年 1 月已全部取消了配额限制。

(2) 对汽车服务贸易领域（主要指汽车分销，即批发和零售等）2006 年已履行取消外方不能控股 30 家以上合资连锁店限制；允许国外非金融机构进入从事汽车贷款业务；逐步放宽省级政府轿车项目审批权；取消发动机合资企业外方控股不能超过 50%的限制的承诺。

(3) 在汽车工业产业政策方面：2003 年取消了对汽车生产者生产类别、类型和车型的限制政策（但中国有权区分载货车、轻型商用车和轿车等种类，即被批准生产轿车的项目，不能生产大客车）；省级政府 2002 年可审批6000万美元以下的项目，2003 年可审批9000万美元以下的项目，2005 年可审批 1.5 亿美元以下的项目。

（二）入世以来汽车工业发展情况

1. *汽车产销规模跃居世界前列*

入世以来，汽车产量从 2001 年的 230 万辆左右快速增长到 2010 年的1826万辆，由 2001 年的全球第八位提高到 2010 年的全球第一位。2010 年，中国新车产销量连续两年保持全球第一位。

表 2　　2001—2008 年中国汽车产量

单位：万辆

年份	汽车产量	轿车产量
2001	233.40	70.40
2002	325.10	109.10
2003	444.40	201.90
2004	507.10	231.60
2005	571.80	277.90
2006	728.00	386.90
2007	888.20	479.80
2008	934.50	503.70
2009	1 379.10	747.12
2010	1 826.47	957.59

表 3　中国汽车产量在世界上的位次变化

排名＼年份	2001	2002	2003	2004	2005	2006	2007	2008	2009	2010 1～10月
1	美国	美国	美国	美国	美国	日本	日本	日本	中国	中国
2	日本	日本	日本	日本	日本	美国	美国	中国	日本	日本
3	德国	德国	德国	德国	德国	中国	中国	美国	美国	美国
4	法国	中国	中国	中国	中国	德国	德国	德国	德国	德国
5	韩国	法国	法国	法国	韩国	韩国	韩国	韩国	韩国	韩国
6	西班牙	韩国	韩国	韩国	法国	法国	法国	巴西	巴西	巴西
7	加拿大	西班牙	西班牙	西班牙	西班牙	西班牙	巴西	法国	印度	印度
8	中国	加拿大	加拿大	加拿大	加拿大	巴西	西班牙	西班牙	西班牙	西班牙

注：根据国际汽车制造商协会（OICA）有关数据整理。

汽车工业国际地位逐年提升，成为世界汽车工业重要组成部分。汽车产量占全球汽车产量比重由2005年的8.59%上升到2010年的23.5%，摩托车产量占世界总产量的一半。

2. 汽车产业成为国家重要支柱产业

中国汽车工业在国民经济中的地位日渐提高。汽车工业增加值在GDP中比例处于上升趋势，2005年至2010年，完成工业增加值分别为2772亿元、3566亿元、5034亿元、5832亿元、7637亿元和10406亿元，占GDP比重分别为1.50%、1.65%、1.89%、1.86%、2.27%和2.61%。

2010年，汽车工业实现增加值10406亿元，占GDP比重由2000年的0.97%上升到2.61%。2009年末，汽车工业直接就业人员达到216.5万。汽车产业对机械、钢铁、电子、橡胶、石化、纺织、轻工、有色金属、建材等上游产业及金融、保险、销售、修理、拆解等下游服务行业表现出巨大带动效应。2010年中国汽车工业总产值达到4.3万亿元。

3. 汽车进口逐年增加，但未对国内汽车工业造成冲击

入世以来，汽车进口快速增长，从2001年的7.14万辆增加至2010年的81.36万辆，年均增速高达31.04%。进口汽车虽然全面放开，进口汽车总量上尽管有明显增长，但在国内市场中占有率仅保持在5%以下的水平。

表 4　历年汽车、轿车进口量及国内市场占有率

单位：万辆，%

年份	汽车进口量	轿车进口量	进口汽车市场占有率	进口轿车市场占有率
2001	7.14	4.66	3.00	6.20
2002	12.82	7.03	3.80	6.10
2003	17.17	10.30	3.80	4.90
2004	17.57	11.61	3.40	4.80
2005	16.17	76.54	2.80	2.70
2006	22.78	11.18	3.20	2.90
2007	31.41	13.97	3.70	2.90
2008	40.98	15.45	4.50	3.10
2009	42.08	16.48	3.10	2.20
2010	81.36	34.37	4.45	3.59

注：汽车进口数据包括成套散件。

进口车型中主要是国内不生产或是少量的高端豪华车型，在很大程度上起到了补充国内市场需求的作用，因此并未对国内汽车市场造成大的冲击。

4. 汽车产品出口整体保持高速增长，已成为全球重要汽车产品出口国家

加入世界贸易组织以后，中国汽车出口开始加速，2005 年达到 17.3 万辆，首次超过进口量，2007 年达到了 61.4 万辆，2003—2007 年年均增速达到了 94%。2008 年受金融危机影响，汽车出口量为 68.1 万辆，增速大幅下滑到 5%左右，占国产汽车销量的比例为 7.3%。中国出口的汽车主要是自主品牌汽车，且主要对发展中国家市场出口。2010 年中国汽车出口量为 56.62 万辆，就汽车出口数量来看，已经可以进入全球前 10 名，中国已是全球重要的汽车出口国家。

汽车零部件出口也呈高速增长态势，2010 年出口金额达到了 405.84 亿美元，2001—2010 年年均增长率为 30.5%。汽车零部件在中国汽车产品出口中始终占据主导地位，1999 年占汽车产品出口总额的 95%，虽然近年整车出口增速大大高于零部件出口增速，但 2010 年零部件出口比重仍然保持在 50%左右。

表 5　　2000—2010 年汽车及零部件出口数据

年份	零部件		整车		
	出口额（亿美元）	增长率（%）	出口量（辆）	出口额（亿美元）	增长率（%）
2000	37.0		15 194	1.95	—
2001	44.1	19.20	14 429	2.06	5.30
2002	53.3	20.90	17 550	2.30	11.80
2003	71.9	34.80	37 124	3.72	61.80
2004	118.5	64.80	78 283	6.12	64.60
2005	181.1	52.80	172 639	15.82	158.40
2006	258.4	42.70	324 210	31.35	98.20
2007	358.2	38.60	614 412	73.06	133.10
2008	422.4	17.90	681 008	96.30	31.80
2009	286.02	−20.72	369 626	51.87	−46.15
2010	405.84	41.89	566 162	69.86	34.68

注：汽车零部件包括轮胎、玻璃。

5. 跨国汽车公司纷纷投资中国

入世以来，随着跨国汽车公司纷纷投资中国，跨国公司在国内的生产链条逐渐延长，充分发挥了产业集聚效应；一些跨国汽车企业加大了在华产品研发投入，建立产品研发中心。此外，汽车零部件工业也逐渐成为外商投资的重点领域之一。这些企业的设立和发展为中国引进了国外先进技术，形成了汽车配套产业链，改善了中国汽车的产品结构，增强了中国汽车零部件产品的国际竞争力，使中国的汽车零部件逐渐进入了国际配套市场。并且由于部分零部件配套企业的工艺、测试设备和部分产品质量已达国际先进水平，中国汽车工业引进新车型的国产化周期已大大缩短，国产化水平明显提高。

6. 大企业集团实力增强

入世以来，大企业集团之间进行了多种形式的战略重组，并呈现出以大集团为主导的趋势，一汽、上汽、东风、长安、广汽等大集团成为行业整合的最主要力量，大型汽车企业集团的产销规模不断扩大。2010 年，上汽集团产销超过 355 万辆，一汽集团超过 250 万辆，东风集团超过 270 万辆。

表 6　　主要汽车集团入世以来的兼并重组举措

集团	主要兼并重组举措
上汽	联手美国通用收购了柳州五菱汽车（2002 年），会同上海通用和美国通用收购兼并烟台车身厂、山东大宇发动机厂（2003 年）及金杯通用汽车公司（2004 年）；重组中汽总公司，在上海大众的持股比例增至 50%，并在北京建立发展基地（2004 年）；商用车方面，收购南汽集团（2006 年底），与依维柯联合重组重庆红岩（2007 年）；参股通用大宇（2002 年），并控股韩国双龙（2004 年）。
一汽	控股天津夏利和天津华利及四川旅行车厂（2002 年）并与日本丰田汽车公司实现了全面合作、取得海南马自达 49%的股权（2004 年）。
东风	与日本日产汽车公司达成全面合资协议，2003 年成立新的“东风汽车有限公司”，2004 年 10 月，又通过“东风汽车有限公司”的子公司——东风汽车股份有限公司控股了郑州日产汽车有限公司；重组悦达起亚，建立第二个经济型轿车生产基地。
长安	2004 年 10 月，重组江铃集团。
广汽	2009 年 5 月，重组长丰汽车。

7. 产品技术水平大幅提高，产品结构明显改善

入世以来，企业加大了汽车特别轿车新车型的开发力度，新款车型上市节奏加快。

入世前的 2001 年，中国仅推出赛欧、波罗、派里奥、宝来等 10 种车型。随着跨国汽车公司纷纷投资中国建厂和投放具有竞争力的产品，2006 年中国推出轿车、SUV 和 MPV 等乘用车新车型 117 款，其中自主品牌达 30 多款。这些新车型极大地丰富了国产汽车品种，提高了中国汽车产业整体竞争力。

汽车工业已形成了多品种、全系列的乘用车、商用车及专用车的生产体系。目前，国内合资乘用车企业生产的产品基本上都是国外发达国家正在生产的车型。可以说国产乘用车的技术水平、产品水平与国外的差距已经大为缩小。乘用车燃油经济性水平明显改善，新车平均燃油消耗量比 2002 年降低了 15%以上。汽车主动安全技术和被动安全技术应用水平日益提高，作为汽车标准配置的安全装置不断增多。

产品结构方面，轿车占汽车总产量的比例从 2001 年的 30.1%提高到 2010 年的 51.39%；乘用车中 1.6L 以下车型所占比例从 2004 年的 59%提高到 2010 年的 68.82%；重型货车占货车总产量的比例从 2001 年的 20%降低到 2010 年的 8.87%。

新能源汽车开始进入产业化阶段，多款自主品牌电动汽车和混合动力汽车已经陆续上市销售。经过多年努力，自主品牌企业已经在新能源汽车领域，特别是纯电动和充电式混合动力汽车方面取得了重大突破，初步具备了产业化推广的条件。

8. 自主品牌建设取得重要突破

中国汽车自主品牌不仅继续保持了在商用车领域的市场主导地位，在以轿车为主要代表的乘用车领域也取得了明显进展。在商用车领域，自主品牌几乎垄断了全国市场，并拥有一批在国内市场上具有广泛的影响力的自主品牌。在轿车领域，则是外资品牌长期占据主导地位。近年来，以奇瑞、吉利、比亚迪、华晨等为主要代表的自主品牌企业迅速崛起，并在经济型轿车市场占据了一定的优势。2010 年，自主品牌轿车市场份额已经达到了 30%以上，而入世前的 2001 年只有约 15%。自主品牌轿车企业的产品水平也不断提高，主要自主品牌轿车企业已经具备了发动机、变速箱等关键总成的研发和生产能力，并实现了自我配套。汽车电子领域的高压共轨、电动转向、电动汽车专用空调等一些关键项目取得重要进展，核心技术空心化问题在一定程度上得到缓解。

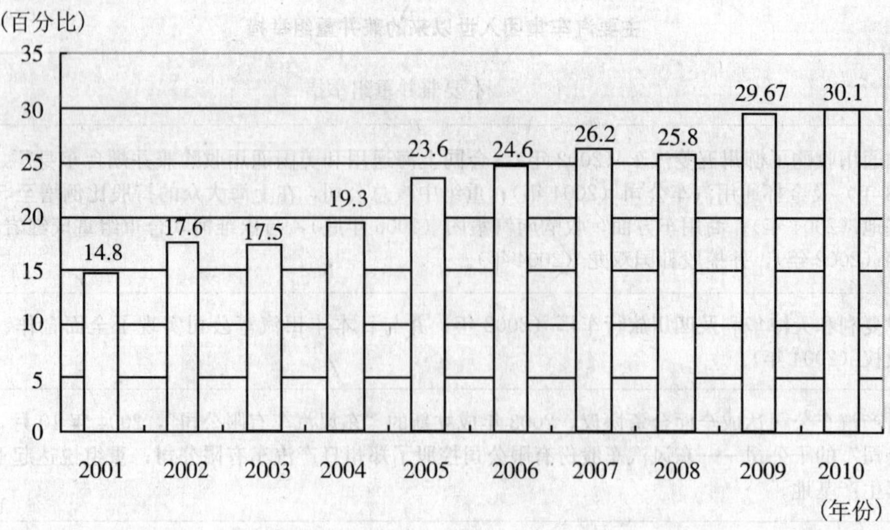

图 1 自主品牌轿车乘用车产量所占比例（2001—2010）

（三）入世以来中国遭遇贸易摩擦的部分情况

入世以来，中国汽车工业快速发展，汽车商品出口大幅增长，贸易摩擦时有发生，并且呈现出频率升级、强度升级、手段升级和内容升级的趋势。目前中国遭遇贸易摩擦的部分案件有：

1. 加拿大对中国汽车挡风玻璃采取反倾销措施

2001 年 9 月 20 日，加拿大 PPG 等公司向加拿大海关和税务总署起诉中国挡风玻璃生产企业向加拿大倾销产品。

加拿大国际贸易法庭初裁认定中国的汽车挡风玻璃产品对加拿大的相关产业造成了损害，加拿大海关和税务总署做出了相应倾销幅度的初裁，其中福耀玻璃工业集团的倾销税率为 57%，奔迅汽车玻璃有限公司为 51%，信义玻璃控股有限公司为 36%，港湾汽车玻璃有限公司为 40%，国内其他厂家为 194%。

中国企业反应迅速，成立工作小组，积极应诉。2002 年 7 月 31 日，加拿大海关税收署对原产于中国的汽车挡风玻璃做出反倾销终裁，给予应诉的中国四家企业市场经济待遇，同时享受个别税率。四家应诉企业的税率分别为：福耀公司 24.09%，信义、奔迅、港湾三家企业为零。中国其他企业则适用 114.32%的普遍税率。

2. 中国在加拿大起诉我汽车油箱倾销一案中胜诉

2003 年 11 月加拿大的 SPI 公司提起对中国汽车油箱的反倾销申诉。加拿大反倾销调查机关——加拿大边境服务署（CBSA）于 2003 年 12 月 19 日立案展开调查，并对中国应诉企业进行了现场核查。2004 年 5 月 3 日和 8 月 3 日，CBSA 分别做出初裁和终裁，裁决中国企业存在倾销。

应诉企业准备申诉材料，积极抗辩，终于在案件终裁时获胜。2004 年 8 月 31 日，加拿大国际贸易法庭（CITT）发布简明公告，裁决原产自中国大陆和中国台湾的汽车油箱没有对加拿大国内产业造成损害或阻碍，也没有对其构成损害威胁；加拿大因此将不对原产自中国大陆和中国台湾的汽车油箱征收反倾销税。

3. 世界贸易组织（WTO）首次裁定中国违反贸易规则

2005 年中国出台了《构成整车特征的汽车零部件进口管理办法》（以下简称《办法》）及相关配套措施，规定合资企业在中国生产的汽车，其进口零部件不能超过整车 60%，否则按整车征税。而整车 25%的税率比进口零部件税率多 15 个百分点；2006 年，欧盟、美国及加拿大先后向世贸组织起诉，认为《办法》是对进口汽车零部件的歧视，有违中国“开放市场”的承诺。2009 年 2 月 13 日，WTO 首次裁定中国违反贸易规则，称中国《构成整车特征的汽车零部件进口管理办法》违背了中国 2001 年加入世贸组织的承诺。

4. 美国轮胎业对中国轮胎制造商提起特保申请

2009 年 4 月 20 日，美国联合钢铁工人工会（United Steelworkers）向美国国际贸易委员会

（ITC）提出对中国输美商用轮胎的特殊保障措施案申请；4月29日，ITC正式启动对中国轮胎产品的特保调查；6月18日，美对华轮胎特保案做出肯定性损害裁决；6月29日，ITC提出救济措施的初步建议，拟对中国输美轮胎产品连续3年分别加征55%、45%和35%的关税。根据相关调查程序，美国贸易代表办公室将于9月2日前向总统提出建议，美国总统奥巴马于9月17日批准了该特殊保障措施案，此为美国对中国采取的首例特保措施案。

5. 中国汽车工业协会代表企业提出对美汽车“双反”调查

2009年9月，中国汽车工业协会应有关企业的要求，针对原产于美国的2.0升及以上进口小轿车和越野车对我同类产品构成的损害和威胁，在进行深入调查后，从维护行业利益的角度出发，作为立案申请人正式向国家调查机关提出了对上述进口于美国的产品实施反倾销和反补贴调查的申请。

2011年5月5日，商务部最终裁定，在案件调查期内，原产于美国的排气量在2.5升以上的进口小轿车和越野车存在倾销和补贴，中国国内排气量在2.5升以上的小轿车和越野车产业受到实质损害，且倾销、补贴与实质损害之间存在因果关系。经国务院关税税则委员会同意，暂不对被调查产品征收反倾销税和反补贴税，实施事宜视情另行公告。

6. 欧盟对我铝车轮“反倾销”案的终裁

2009年6月29日，欧洲轮毂制造商协会代表欧盟六家铝合金轮毂生产商，向欧盟贸易委员会递交了对中国铝合金轮毂产品发起反倾销调查的申诉书。欧盟贸易委员会于8月3日照会中国政府。8月13日，欧盟贸易委员会发布公告，宣布正式对中国出口的铝合金轮毂进行反倾销立案调查。

2010年10月28日欧盟委员会公布了对原产于中国的进口铝制轮毂最终裁定：认定初裁中关于原产于中国的被调查产品进口构成倾销、欧盟产业受到实质损害和倾销与损害之间存在因果关系的裁定，决定最终按22.3%的税率征收反倾销税。自2010年10月29日起执行上述裁决，按照欧盟反倾销条例，最终反倾销措施的实施期为五年。

7. 美国301调查指向中国新能源补贴政策，新能源汽车涉案

2010年10月15日，美国政府宣布接受美国钢铁工人联合会的请求，着手调查中国的新能源产品补贴政策。这项调查涉及中国的风能、太阳能、高效电池和新能源汽车行业的154家企业。

回顾入世以来汽车行业发展的进程，中国汽车行业进一步与国际接轨，完善了国家对汽车工业的管理规则，改善了汽车工业的投资和发展环境，吸引了大量投资，汽车市场迅速繁荣，在政府、行业、企业、消费者的共同努力下，中国汽车工业得到了快速发展，走出了一条大国开放之路。

（中国汽车工业协会）

中国服务贸易

2001 年，中国正式加入世界贸易组织。十年来，中国完全兑现服务领域的入世承诺，还在多个服务部门实行了自主开放，部分服务领域的开放程度超过入世承诺，部分领域甚至超过了发达经济体的开放水平。中国加入世界贸易组织的十年，是中国和世界分享繁荣和实现共赢发展的十年。中国认真履行入世承诺，在为贸易伙伴们创造了巨大商机的同时，自己也实现了服务业和服务贸易的持续快速发展，服务贸易已成为中国对外贸易的重要组成部分。特别是“十一五”后期，中国积极应对国际金融危机，继续有序推进服务业对外开放，推动服务贸易的发展跃上了新的台阶。

一、2010 年中国服务进出口创历史新高

受国际金融危机影响，2009 年，中国服务贸易曾出现下滑。2010 年，中国服务贸易实现恢复性增长，进出口总量创历史新高，出口和进口世界排名双双攀升。

(一) 服务进出口总体呈快速增长态势

2010 年，中国服务进出口（按国际收支口径统计，不含政府服务，下同）规模扩大，总额达 3 624.2亿美元，比上年增长 26.4%，超过世界服务进出口平均增幅 18 个百分点。

服务出口强劲反弹。2010 年，中国服务出口和进口增幅均在 20%以上，出口增长明显快于进口。其中，服务出口1 702.5亿美元，由上年的下降 12.2%转为增长 32.4%；服务进口1 921.7亿美元，增幅由上年的 0.1%提升至 21.5%。

服务贸易逆差规模缩减。2010 年，中国服务贸易逆差由上年的 295.1 亿美元缩小至 219.3 亿美元，同比下降 25.7%。逆差主要集中于运输服务、保险服务、专有权利使用费和特许费及旅游等服务类别，逆差金额合计为 643.5 亿美元。其他商业服务、建筑服务、咨询、计算机和信息服务则实现较大数额顺差，顺差额共计 418 亿美元。

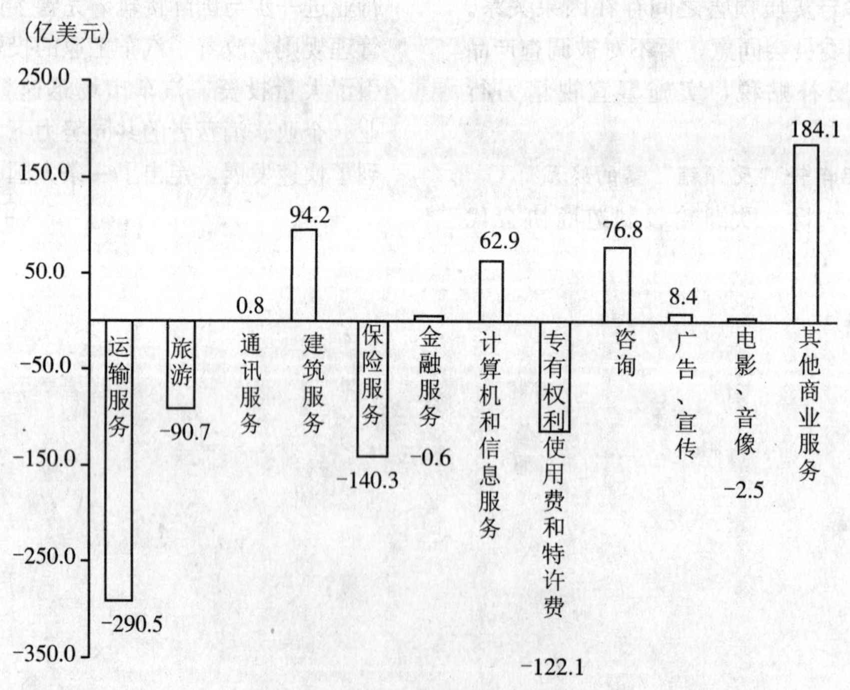

图 1　2010 年中国服务贸易差额类别构成

出口和进口世界排名双升。2010年，中国服务出口和进口世界排名提升。出口居世界第四位（前三位依次为美国、德国、英国）；进口居世界第三位（前二位依次为美国、德国）；出口与进口世界排名均比上年上升一位。

（二）服务贸易国际市场结构稳定

2010年，中国服务进出口仍集中于中国香港、欧盟、美国、日本、东盟等国家（地区）。中国对主要贸易伙伴进出口增长迅速。

前五大服务贸易伙伴进出口占比微增。2010年，中国香港、欧盟（27国）、美国、日本和东盟继续成为中国前五大服务贸易伙伴。2010年中国与上述国家（地区）实现服务进出口2 209.1亿美元，占中国服务进出口总额的61%，比重较上年略有上升。中国除对中国香港呈现贸易顺差外，对其他四大服务贸易伙伴均为逆差。

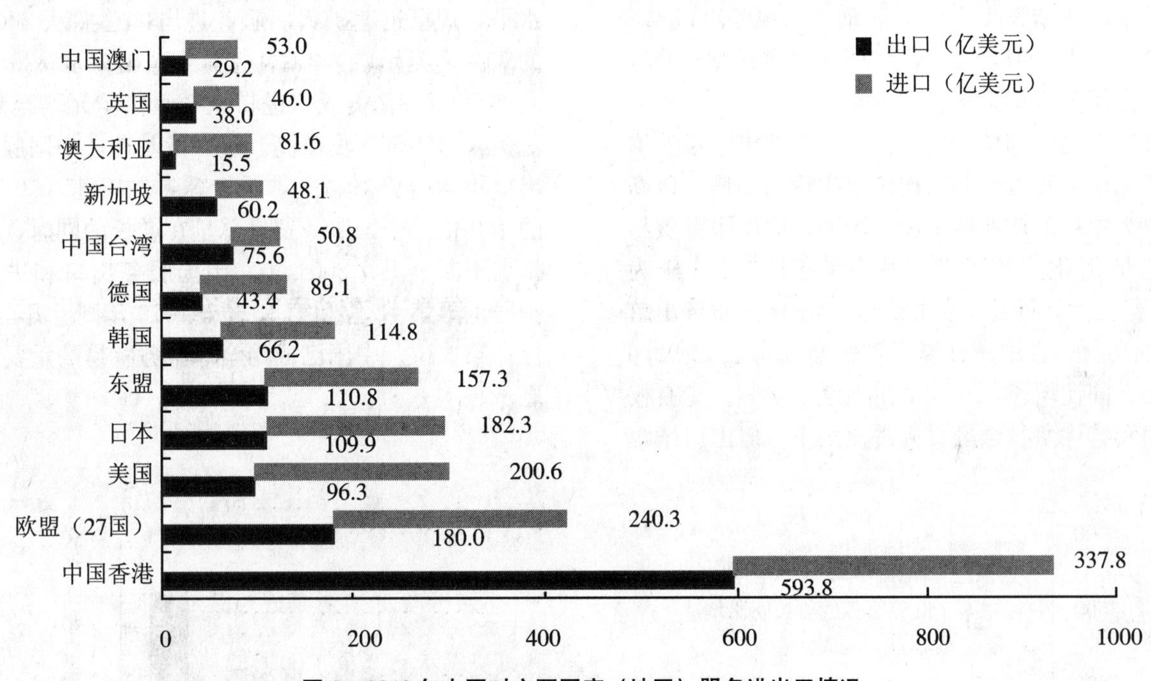

图2　2010年中国对主要国家（地区）服务进出口情况

中国香港继续保持我最大服务贸易伙伴地位。2010年，中国对中国香港服务进出口总额为931.6亿美元，比上年增长46.7%。其中，对中国香港出口593.8亿美元，同比增长59.7%；进口337.8亿美元，同比增长28.4%；贸易顺差256亿美元，为上年的2.4倍，顺差明显扩大。中国香港依然是中国最大的服务出口目的地、进口来源地和顺差来源地，双边服务进出口总额占中国服务进出口总额的25.7%，较上年提高3.6%。中国香港作为中国第一大服务贸易伙伴地位进一步巩固。

美国为中国服务贸易最大逆差来源地。2010年，美国对华服务进出口总额为296.9亿美元，较上年增长24.4%；对华出口200.6亿美元，同比增长28.1%；自华进口96.3亿美元，同比增长17.4%。中国对美国服务贸易逆差进一步扩大，2010年逆差额为104.4亿美元，为上年逆差的1.4倍。除美国外，日本、澳大利亚、欧盟（27国）也是中国服务贸易逆差的主要来源地，且逆差较上年显著扩大。其中，中国对日本、澳大利亚和欧盟（27国）服务贸易逆差分别为72.5亿美元、66.1亿美元和60.3亿美元，分别是上年逆差的1.3倍、1.4倍和1.9倍。

（三）服务贸易结构进一步优化

首先，传统服务继续拉动中国服务贸易增长。受国际金融危机影响，2010年全球运输市场回暖，中国运输服务进出口总额为974.7亿美元，由上年的下降21%转为增长39%，在中国服务进出口总额中的占比由上年的24.5%上升到26.9%。其中，运输服务出口342.1亿美元，同比增长45.2%，拉动中国服务出口增长8.3个百分点；进口632.6亿美元，同比增长35.8%，拉动中国服务进口增长10.6个百分点。2010年，中国入境旅游市场逐步恢复，出境旅游市场再度升温。上海世博会和广州亚运会的召开将入境旅游推向高潮，而居民消费观念的日趋理性以及人民币的持续升值促进了出境旅游的增长。2010 年，中国入境旅游人数（含港澳台同胞和外国人）较上年增长 5.8%，出境旅游人数同比增长 20.4%。中国旅游进出口总额首破千亿美元，达1 006.9亿美元，居各项服务进出口总额之首，同比增长 20.8%。其中，出口 458.1 亿美元，同比增长 15.5%，拉动中国服务出口 4.8 百分点；进口 548.8 亿美元，同比增长 25.6%，拉动中国服务进口 7.1 个百分点。

其次，高附加值服务助推中国服务出口迅速增长。近年来，随着产业结构调整步伐的加快，以高附加值为主导的产业体系加快转型，中国服务贸易结构趋于优化。2010 年，中国咨询出口总额为 227.7 亿美元，同比增长 22.3%，占中国服务出口总额的 13.4%。中国计算机和信息服务出口 92.6 亿美元，同比增长 42.1%，占比为 5.4%。专有权利使用和特许费、金融服务占比虽小，但出口增幅显著。2010 年，中国专有权利使用和特许费、金融服务出口额分别比上年同期增长 93.4%、204.6%。

二、入世十年来中国服务贸易快速发展

（一）服务贸易规模迅速扩大，国际排名稳步上升

十年间，中国服务贸易发展速度高于世界平均水平，规模迅速扩大。服务进出口总额从 2001 年的 719 亿美元增至3 624亿美元，出口从 329 亿美元增至1 702亿美元，进口从 390 亿美元增至1 922亿美元，均创历史新高。这一段时期，中国服务进出口年均增长 19.7%，为全球年均增速（10.3%）的 1.9 倍。中国服务贸易总量在增长的同时，国际排名不断上升。2001 年，中国服务出口和进口分别居世界第 12 位和第 10 位，2010 年则上升至第 4 位和第 3 位。中国已成为全球服务贸易的重要国家之一。

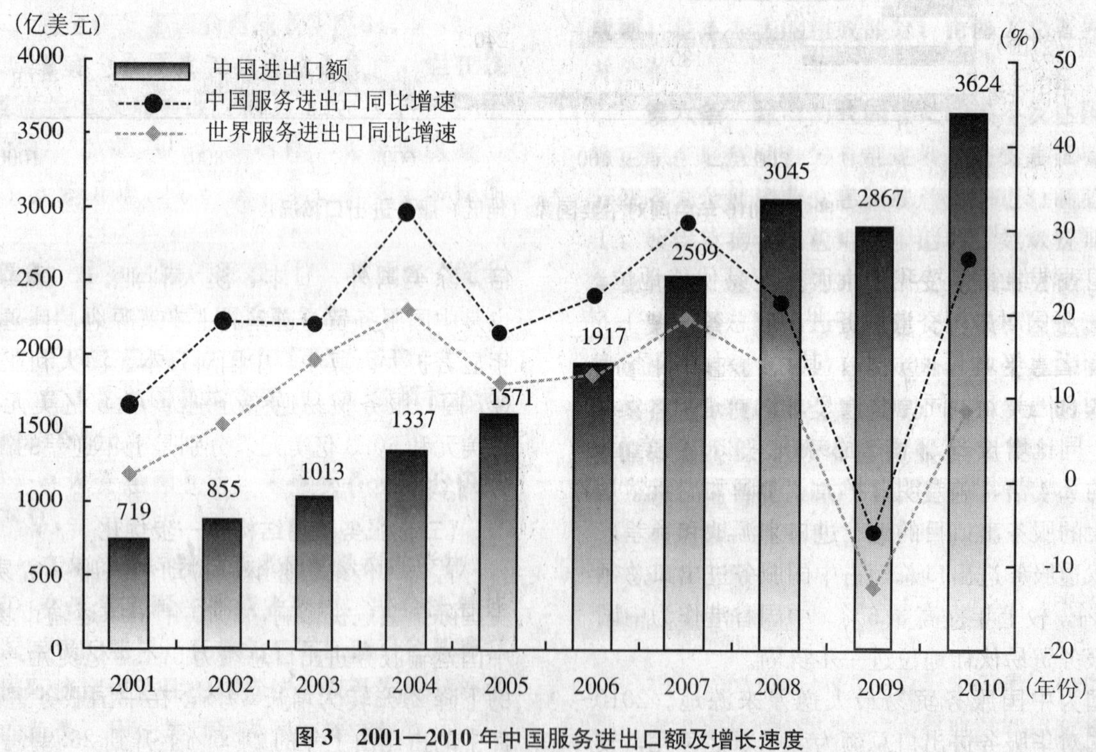

图 3 2001—2010 年中国服务进出口额及增长速度

资料来源：世界贸易组织（WTO）国际贸易统计数据库，中国商务部《中国服务贸易统计》。

表 1　　2001—2010 年中国服务贸易的国际排名情况

年份	中国服务贸易世界排名		
	进出口	出口	进口
2001	13	12	10
2002	9	11	9
2003	9	9	8
2004	9	9	8
2005	9	9	7
2006	8	8	7
2007	6	7	5
2008	5	5	5
2009	4	5	4
2010	4	4	3

数据来源：世界贸易组织（WTO）国际贸易统计数据库，中国商务部《中国服务贸易统计》。

（二）服务贸易结构渐趋平衡

长期以来，中国服务出口以旅游、运输、建筑等传统服务为主，其他服务出口所占份额较小。2001—2010 年，尽管传统服务贸易仍占有较大比重，但占比总体呈下降趋势。2001 年，中国旅游、运输服务和建筑服务出口额占中国服务出口总额的比重为 70.7%，到 2010 年这一占比降至 55.5%，下降 15 个百分点。

十年来，中国新兴服务贸易发展迅速，在服务贸易中的比重快速上升。其中，高附加值服务贸易出口显现出强劲的增长势头，在服务贸易出口中的比重不断提升。2001 年，中国计算机和信息服务、专有权利使用费和特许费、咨询和广告宣传出口占中国服务出口总额的比重仅为 5.3%，到 2010 年已升至 21%。

（三）重点领域服务出口取得显著成效

2001—2010 年，中国在传统服务、新兴服务和中国特色服务三个领域的服务出口成效显著。一是传统的旅游、运输、建筑服务出口快速发展。2010 年，中国建筑服务出口 145 亿美元，比 2001 年增长 16 倍；建筑服务贸易差额由 2001 年的逆差 0.2 亿美元，转为 2010 年的顺差 94 亿美元。二是高附加值的计算机和信息服务、咨询服务等新兴服务出口的规模优势逐步显现，贸易效益逐步提升。2010 年，中国计算机和信息服务及咨询出口额分别为 93 亿美元和 228 亿美元，分别是 2001 年的 19 倍和近 25 倍。其中咨询贸易在 2006 年及以前均为逆差，自 2007 年开始转逆为顺，到 2010 年顺差已达 77 亿美元，成为中国服务贸易第三大顺差项目。三是文化、广播影视、教育、中医药服务等具有中国特色的服务出口潜力逐步发挥。近年来，中国围绕游戏、动漫、文艺演出等行业，针对重点企业落实支持政策，积极开展重点国别（地区）促进活动，文化出口绩效日益提升。教育服务出口进一步发展，国际教育层次不断提高，中国教育机构在境外办学、来华留学教育呈现良好发展势头。据统计，2010 年共有来自 194 个国家和地区的 26.5 万名各类外国留学人员分布在全国的 620 所高等院校、科研院所和其他教学机构学习。

三、入世十年来中国服务贸易体制更加健全

（一）服务贸易法制保障逐步强化

作为世界贸易组织大家庭中的一员，中国始终认为均衡、普惠、共赢的多边贸易体制是世界经济和贸易增长的重要基础，一直致力于推动建立一个更加公正、开放、自由的全球服务贸易体系。作为服务贸易和投资自由化、便利化的坚定支持者，中国在加入世界贸易组织谈判过程中，谈得最多的就是服务领域的开放问题，承诺最多的就是服务贸易减让表。为了切实履行加入世界贸易组织的承诺，中国加大了服务贸易法制建设力度，有效推进有关法律法规与国际规则逐步接轨。2001 年以来，中国及时修订或出台了相关服务行业的立法，范围涵盖金融、电信、建筑、分销、法律、旅游、运输等众多领域。近年来，商务部又陆续修订了技术进出口管理方面的法律文件。目前，商务部及相关部门正在研究制订《服务贸易促进办法》。

(二)服务贸易政策体系逐步完善

中国服务贸易发展起步较晚，面临激烈的国际市场竞争，中国政府借鉴主要发达经济体的做法，加大对服务贸易的政策扶持力度，促进服务贸易快速发展。特别是“十一五”以来，国务院陆续出台《关于加快发展服务业的若干意见》、《关于加快发展服务业若干政策措施的实施意见》等促进服务业发展的政策措施，为夯实服务业产业基础、促进服务贸易发展创造了政策环境。各服务行业主管部门也迈出改革开放的新步伐，国有银行股份制改革、电信企业调整重组、文化新闻出版体制改革、完善社会保障制度、深化医药卫生体制改革以及税收、价格、收费等方面的改革稳步推进，对突破服务业体制机制约束、加快服务业发展产生了积极推动作用。有的部门出台了相关服务行业发展的指导意见；有的制定了财税、金融、土地、价格等方面的支持措施；有的加强和改进了市场准入、人才服务、品牌培育、服务业标准和服务业统计等方面的工作，服务业发展的政策环境得到了很大的改善。商务部会同有关部门制定（修订）了技术进出口、文化产品和服务出口等方面的指导目录，在会计、信息服务、文化出口等领域出台了一系列政策措施，服务贸易促进政策体系不断完善和深化。

(三)服务贸易管理机制逐步健全

中国对外经济贸易主管部门负责全国服务贸易管理和促进工作。2006年，商务部成立服务贸易司，专门负责牵头拟订服务贸易发展规划、促进服务出口规划与政策并组织实施，承担服务贸易促进和服务贸易统计工作，此外，还负责拟订技术贸易政策和对技术进出口进行管理。2011年，商务部服务贸易司调整为服务贸易和商贸服务业司，增加了部分服务业管理职能，服务业和服务贸易管理体制进一步理顺。

2007年，商务部牵头会同发展改革委、财政部、文化部等35个部门建立了服务贸易跨部门联系机制。服务贸易跨部门联系机制是各成员单位凝聚共识、共享资源、共谋发展的重要平台，有效地协调部门联合出台扶持政策，促进文化、软件和信息服务、技术、中医药、会计等重点领域服务出口；协调部门联手完善管理机制，从服务贸易立法、发展规划、统计分析、政策研究等方面夯实服务贸易工作基础；协调部门联力开展促进活动，推动中国服务贸易大会、中国（大连）国际软件和信息服务交易会、中国（深圳）国际文化产业博览交易会等服务贸易平台建设。服务贸易跨部门联系机制的成功运作，为分领域、分行业成立跨部门联系机制并针对重点企业、行业和领域联手推出专门的扶持政策、推动服务贸易发展提供了模板。2010年，中宣部、商务部、财政部、文化部等部门成立了文化出口重点企业和项目相关工作部际联系机制，进一步加强文化出口促进工作。

(四)服务贸易促进体系逐步完善

一是加强政府层面的交流与合作，为服务贸易发展和促进工作创造有利条件。加入世界贸易组织以前，中国主要通过双边合作为服务贸易发展创造条件。加入世界贸易组织后，中国通过多边领域的全方位合作，为服务贸易发展开拓了广阔的国际市场。特别是“十一五”以来，中国继续加强多双边领域的交流与合作，与六大国际组织建立了工作联系，与欧盟、德国、澳大利亚等国家（地区）建立了服务贸易工作部门联系或对话机制，并组织企业赴韩国、日本、英国开展服务贸易促进活动。此外，中国驻外使领馆和经商机构在促进服务贸易领域的国际交流与合作方面也在发挥越来越重要的作用。

二是加强服务贸易领域的社会中介组织建设。2007年，国务院批准成立中国服务贸易协会，商务部会同各相关部门组成了中国服务贸易协会指导委员会。2008年、2009年，中国服务贸易协会分别成立了通信与信息服务贸易专业委员会、文化贸易专业委员会等专业委员会。目前，各地也在陆续建立当地服务贸易协会组织。服务贸易行业协会在服务贸易促进工作中发挥了不可替代的作用。

三是积极搭建服务贸易交流交易平台。2006年，商务部设立“中国服务贸易指南网”。几年来，它逐渐成长为服务贸易领域政府提供信息服务、促进国际交流、企业开展合作的重要平台。2011年6月，中国服务贸易指南网贸易促进平台正式上线，设有企业展示、项目对接和企业推广三个栏目，旨在增强企业间交流与合作，为企业发展服务贸易提供服务。在2007、2009、2011年，中国成功举办三届中国服务贸易大会，对促进服务贸易发展发挥了积极作用。近年来，还陆续举办数届中国（深圳）国际文化产业博览交易会、国际服务贸易（重庆）高峰会、中国（大连）国际软件和信息服务交易会、中国（香港）国际服务贸易洽谈会等大型展会，在服务贸易领域逐步形成了覆盖面广、重点突出的会展格局。

（五）服务贸易工作基础逐步巩固

一是建立和完善服务贸易统计制度和体系。2007年，商务部、国家统计局联合发布《国际服务贸易统计制度》；中国服务贸易统计数据库建立。2010年，商务部、国家统计局联合修订《国际服务贸易统计制度》，探索建立以企业调查为基础的服务贸易统计体系。

二是加强服务贸易发展与促进理论研究。一段时期以来，商务部组织专家学者积极参与国际服务贸易领域的理论研究和政策分析，牵头完成了大量的服务贸易发展理论和政策研究；组织翻译部分国家服务贸易相关法律法规；积极开展服务贸易统计信息报告、《服务贸易简报》、《中国服务贸易发展报告》、《中国软件出口发展报告》等的编撰工作。其中，《中国服务贸易发展报告》自2006年面世至今，全面反映了中国服务贸易的发展形势，充分展示了中国服务贸易发展的特点和优势，已经成为对内、对外大力宣传中国服务业和服务贸易领域改革开放政策的重要窗口。

2011年是中国加入世界贸易组织十周年，也是中国“十二五”规划实施的第一年。“十二五”规划提出要“扩大服务业开放领域”，“大力发展服务贸易”。今后一段时期，中国将实施更加主动、互利共赢的开放战略，把服务贸易作为参与国际经济合作和竞争的新平台。中国将在符合世界贸易组织规则的条件下，营造更加开放透明的法律环境、公平竞争的市场环境、稳定有序的经营环境，进一步扩大服务业对外开放，提高服务贸易在对外贸易中的比重。

（商务部服务贸易和商贸服务业司司长　周柳军）

中国银行业对外开放情况

第一部分 2010年在华外资银行业金融机构发展情况

2010年是经济金融发展形势复杂的一年，国际金融危机并未结束，世界经济复苏进程艰难曲折，中国面临着转变经济发展方式和调整产业结构的紧迫任务。在复杂多变的内外部环境下，银监会认真总结危机应对经验，高度关注欧洲债务危机演进和外资银行母行（总行）经营变化及风险事件，持续监测市场动向，加强对外资银行的窗口指导和风险提示，努力提升外资银行监管有效性和精细化程度，确保在华外资银行实现有质量的增长。

一、在华外资银行业金融机构业务发展情况

目前，在华外资银行营业性机构基本面健康，资本充足、资产质量良好、拨备充足、盈利情况较好、流动性充足，主要监管指标均高于监管要求。

从机构设立看，在华外资银行营业性机构数量有序增加。截至2010年末，共有45个国家和地区的185家银行在华设立了216家代表处，14个国家和地区的银行在华设立了37家外商独资银行、2家合资银行和1家外商独资财务公司，25个国家和地区的74家外国银行在华设立了90家分行（见表1）。获准经营人民币业务的外国银行分行为44家、外资法人银行为35家，获准从事金融衍生产品交易业务的外资银行机构数量为56家。

表1　在华外资银行业金融机构情况（截至2010年底）

单位：家

	外国银行	独资银行	合资银行	独资财务公司	合计
法人机构总行		37	2	1	40
法人机构分行及附属机构		223	7		230
外国银行分行	90				90
总计	90	260	9	1	360

从业务经营看，在华外资银行经营状况自金融危机爆发后已恢复增长态势。截至2010年末，在华外资银行资产总额为1.74万亿元（见图1），同比增长29.13%，比2009年同期增幅提高28.8个百分点；负债合计1.56万亿元，同比增长31.73%，比2009年同期增幅提高33.47个百分点；实现利润77.85亿元，同比增长20.77%。资本金（营运资金）总计1 559.95亿元，同比增长8.7%，整体资本充足率和核心资本充足率分别达到18.89%和18.56%。资产质量总体保持良好，不良贷款余额同比减少13.24亿元，不良贷款率0.53%，比2009年同期下降0.32个百分点。外资法人银行拨备覆盖率和贷款损失准备充足率保持上升态势，拨备覆盖率为208.31%，贷款损失准备充足率为174.72%，分别比2009年同期提高67.6个百分点和25.23个百分点。整体流动性比例基本保持稳定，为61.49%，所有银行流动性比例均超过25%的监管要求，同业资金依存度有所下降，外资法人银行整体存贷比持续下降。

二、在华外资银行业金融机构监管有效性进一步提升

2010年，银监会主动加强前瞻性监管，巩固应对国际金融危机冲击的成果，保持银行业稳健发展的良好态势，积极推进外资银行监管有效性建设。

一是狠抓落实，有效防控重点风险。加强信贷窗口指导和风险监测，强化流动性本地管理机制要求，推动融资结构持续改善，督促妥善化解理财业务风险，引导建立操作风险防控长效机制，确保了对在华外资银行重点风险的有效监管。

二是完善制度，强化监管执行力。进一步完善外资银行监管评级制度，增加监管评级风险敏感性，统筹监管评级标准，充分反映外资银行实际经

营和风险状况。持续优化市场准入与非现场监管及现场检查有效衔接、各监管层级步调协调的联动监管流程，着力提升监管合力。对国际上跨国银行危机管理问题进行深入研究，推进外资银行危机应对制度化工作。

三是积极参与，增强跨境监管沟通能力。通过多种渠道加强与主要外资银行母国监管当局的工作交流，与1家境外监管当局就重大监管措施进行事前充分沟通，参加7家外资银行跨境监管联席会议，参与对相关机构的联合风险评估和危机处置计划制定，协调12项母国监管当局跨境现场检查项目，进一步提高参与跨境监管事务的能力。

四是注重服务，加强政策业务指导。通过经济形势通报会、监管情况通报会、各类座谈会和日常监管沟通等多种形式，提供贴近式的监管指导和信息服务，向外资银行介绍中国宏观经济金融形势，引导外资银行落实国家宏观调控政策，充分发挥自身业务特色和优势。

三、科学规划、稳步实施，对外开放质量不断提高

一是机构布局进一步优化。2010年，通过绿色通道批准5家外资法人银行赴昆明、哈尔滨、长沙和西安设立分行，支持外资银行在中西部和东北等外资机构较少的地区增设网点，推动外资银行在华合理布局。同时，开展外向型企业密集市县设立支行试点，批准2家外资银行苏州分行筹建昆山和常熟支行，调动外资银行在县域外向型经济发展中的作用。

二是认真贯彻法人导向政策。2010年，批准4家外资银行将在华分行改制为外资法人银行，推动老法人银行改制或股权重组工作的有序进行。

三是支持符合条件的在华外资银行发行金融债。2010年审核通过4家外资法人银行在境内发行人民币金融债券的申请，进一步改善了申请银行人民币业务融资结构。

2011年是中国实施“十二五”规划的第一年。外资银行监管工作将在认真贯彻中国对外开放总体战略的基础上，以确保在华外资银行安全稳健为核心任务，以提高在华外资银行发展质量为基本方向，持续增强对宏观监管政策的把握能力，不断完善微观监管手段和方法，引导在华外资银行发挥业务优势，提高风险抵御能力，使外资银行监管工作和能力取得新成效。

第二部分　2001—2010年中国对外资银行业金融机构开放政策实施效果

中国银行业对外开放经历了从局部地区到全国范围、从外汇业务到人民币业务、从外国居民到中国居民的发展历程。在银行业对外开放过程中，银监会始终坚持改革与开放并举、开放与监管并行、监管与服务并重的方针，以深化改革迎接对外开放，以强化监管防范风险，以优化服务改善开放环境。自2001年12月11日加入世界贸易组织以来，银监会严格按照承诺履行银行业开放义务，取消对外资银行经营地域、客户对象和其他非审慎性限制，在承诺基础上对外资银行实行国民待遇。同时，银监会还根据经济发展和深化银行业改革的需要，主动实施自主开放措施。近十年来的银行业开放举措为外资银行在华发展开创了新局面，外资银行在华经营取得积极进步，经营规模、机构设置、客户对象和服务能力均得到良好发展，已成为我国金融业重要组成部分。

一、外资银行业金融机构整体经营稳健有序

（一）经营规模持续稳健增长

自2001年末加入世界贸易组织至今，在华外资银行资产持续稳健增长（见下图1），从2001年末的3 730亿元发展到2010年末的1.74万亿元，年均复合增长率达18.7%。

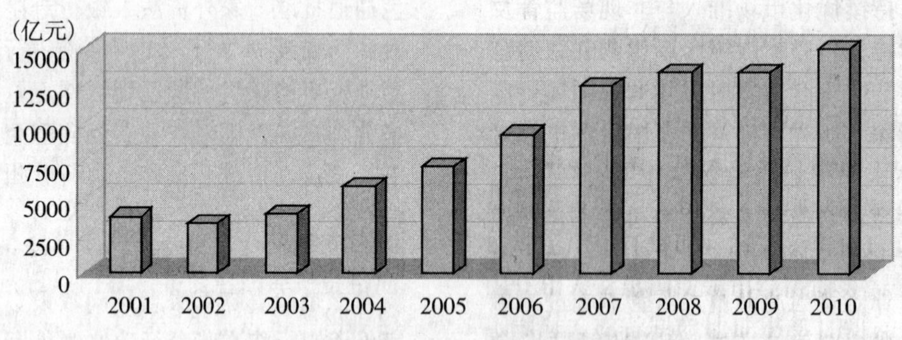

图 1　在华外资银行资产增长趋势图

尽管席卷全球的国际金融危机曾一度减缓外资银行在华的增长速度，但外资银行整体受影响程度有限，经营业绩已自 2009 年下半年开始逐步恢复，并在 2010 年得到了较好的发展。由于中国区良好的业绩表现以及对中国宏观经济前景稳定向好的预期，外资银行母行加大投入力度，在业务战略和资本分配方面给予在华机构有力支持，充分展示对中国市场的信心及长期承诺。

（二）人民币业务份额和本地客户业务量稳步攀升

在巩固传统服务领域和对象的同时，在华外资银行依托优势业务，不断丰富产品体系，人民币业务和本地客户业务量稳步攀升，本土服务功能得到深化，并显示出进一步本地化的发展趋势。在华外资银行人民币资产份额从 2001 年末的 12%稳步增加到 2010 年末的 65%，彻底改变了以外汇业务为主的经营模式。在华外资银行客户对象也从最初主要服务外资企业和外籍人士、很少开展中资企业客户业务，发展到目前拥有一定比例的中资企业和境内居民客户。其中，中资企业客户贷款占各类客户贷款比重从 2001 年末的 7%上升到 2010 年末的 36%，境内居民贷款从零开始，已达到全部个人贷款的 45%。

二、中外资银行一致的监管框架基本形成

根据加入世界贸易组织承诺和银行业审慎监管需要，中国及时修订和颁布了一系列法律法规和部门规章，形成了统一适用于中外资银行的监管法规体系，贯彻了依法开放、依法行政和依法监管的要求，为中外资银行创造了平等的经营和竞争环境。

目前，在中国注册的外资法人银行在业务范围以及监管标准上已经与中资银行统一，外资法人银行可以经营对各类客户的外汇和人民币业务，并遵守与中资银行相同的资本充足、授信集中限制、信贷分类和准备计提等监管要求。外国银行分行在华也享受到更为有利的经营条件，获准经营人民币业务的外国银行分行可以吸收中国居民 100 万元人民币以上的定期存款，符合条件的外国银行分行可以自主申请改制为外资法人银行。

三、外资银行业金融机构类型和布局呈现新特点

（一）法人化趋势更加明显

为促进外资银行在华稳健发展，维护银行体系安全运行，银监会在允许外资银行自主选择商业存在形式的基础上，对外资银行在华发展实施“分行与法人双轨并行，法人银行导向”的政策，简称法人化政策。实施法人化政策可有效隔离境外风险传染，最大限度地维护本国金融体系稳定和保护存款人利益，发挥东道国监管当局监管的主动性和有效性。

在法人化政策的推动下，外资银行在华经营发展方式发生了根本性变化，许多国际知名银行已将在华分行改制为本地注册法人银行，积极地推行本地化经营策略。目前，40 家外资法人机构资产占外资银行在华资产的 87.4%，外资法人银行业金融机构已成为在华外资银行的主要存在形式。其中，5 家最大的外资法人银行资产规模已超过千亿元，达到小型股份制商业银行和中等城市商业银行水平。

（二）服务内容呈现多元化

为促进银行业服务多元化发展，银监会在向外资银行开放各类银行业务的同时，注重引入不同经

营类型及背景的外资银行，引导其发挥业务优势。目前，外资银行在华除经营基本的银行存贷款和结算业务外，可以开办债券交易、衍生产品交易业务、合格境外机构投资者境内证券投资托管业务(QFII)、代客境外理财及托管业务（QDII)、个人理财等业务，提供银行卡、电子银行和人民币跨境贸易结算等服务，特别是擅长贸易融资、中小企业融资、外汇及衍生产品交易、资产管理和托管等专项领域经营。外资银行在华服务内容的多元化为中国银行服务体系提供了有益的补充。

（三）区域布局持续优化

自取消对外资银行经营地域和客户的限制后，外资银行除继续在传统的外资企业聚集的经济发达地区设立机构外，营业网点开始逐步覆盖内陆省份和二线城市。在银监会的引导和鼓励下，外资银行积极地响应国家关于东北振兴、西部开发和中部崛起的发展战略，在部分金融欠发达地区开设机构，发掘和拓展新的业务机会和增长点，促进当地金融服务改善。截至2010年末，外资银行已在全国27个省（区、市）的45个城市设立营业性机构，比2001年末加入世界贸易组织时增加25个城市，填补了12个省区的营业性机构空白，其中在东北和中西部地区设立的营业性网点达89家。

四、中外资银行以比较优势为基础展开竞争

在监管法规环境趋同的情况下，中外资银行间的业务竞争与合作更加广泛而深入。中外资银行凭借各自比较优势展开合理竞争，优势互补领域的交流与合作也得到加强。特别是在长三角、珠三角和环渤海地区等经济活跃、金融服务发达的地区，外资银行市场参与程度较高，中外资银行间的竞争与合作也尤为充分，进而推动了银行业整体服务能力的提升。

从中外资银行当前竞争情况看，在华外资银行积极地从事其所擅长的专项领域业务，不断将国际上成熟做法和先进经验引入本地市场，为客户提供优质金融服务，并促进市场细分。中资银行则充分发挥服务网络密集、客户关系稳定和产品服务全面等方面的优势，不断巩固和发展各项业务关系。

（中国银行业监督管理委员会
银行监管三部主任 杨丽平）

中国保险业对外开放情况

2001年中国加入世贸组织后，中国保险业坚持以我为主、互利共赢的原则，坚持履行我国入世承诺，积极稳妥推动对外开放，在深化我国金融体制改革、优化金融市场结构、推动金融机构转制等方面取得较为显著的成绩。总体看，我国保险业对外开放程度与中国目前经济发展水平、市场发育程度和金融监管能力基本相适应。

一、保险业对外开放基本情况

（一）市场体系不断完善

一是市场主体数量稳步增长。截至2010年末，共有15个国家和地区的保险公司在我国设立了52家外资保险公司法人机构，各级分支机构1 100家，分别是入世前数量的1.86倍和42.3倍。二是业务规模平稳增长。截至2010年末，我国保险业总资产为5.05万亿元，其中外资保险公司总资产2 621.12亿元，是入世前的29.3倍；外资保险公司原保费收入634.3亿元，较入世前的33.29亿元增长了19倍，市场份额从入世前的1.95%增至4.37%；在北京、上海、广东等外资保险公司相对集中的区域保险市场，外资保险公司的市场份额分别为16.31%、17.94%和8.23%，较入世前有较大幅度的增长。三是市场结构不断优化。入世以来，共有约1 000亿元人民币的境外资金通过设立外资保险机构、参股中资保险机构进入我国保险业，在完善公司治理结构、转换经营机制、加强风险管控和引进先进技术等方面取得了积极成效。

（二）金融风险防范能力全面提升

自金融危机爆发后，中国保监会不断强化风险防范体系的规范性和有效性，定期对金融危机发展进程、国际金融监管改革、跨国保险集团经营状况进行跟踪分析。建立外资保险公司信息日报制度，对外资保险公司的境外股东的财务业务状况进行全面排查，根据其境外股东的情况对外资保险公司采取相应的监管措施。联系美国、欧盟、香港、澳门等国家和地区的保险监管机构，充分利用国际保险监管合作平台，重点关注我国保险公司境外机构及境内外资保险公司境外母公司的财务状况。为防范保险公司境外股东风险向我国市场传递，密切关注外资保险机构股权变化和资金流出问题，并制订相关应急预案。

（三）外资保险机构充分享受国民待遇

入世以来，中国保险业坚持对外开放政策，严格遵守入世承诺，逐步取消对外资保险公司在经营地域、设立形式、业务范围等方面的限制。目前，外资保险公司经营地域范围已扩大至其所在省（直辖市）的全部地区，与中资保险公司无差别。除外资产险公司不得经营机动车第三者责任险外、外资设立寿险公司必须合资且股比不超过50%等限制外，外资保险机构的待遇与中资保险机构基本一致。

（四）国际竞争力不断增强

一是保险业改革不断深入。在我国深化金融体制改革进程中，保险机构率先完成股份制改革和海外上市，目前已有中国人寿、中国人保和平安集团3家保险公司在香港或纽约证券交易所上市。截至2010年末，有7家中资保险公司在海外设立了保险营业机构，为我国驻外企业、员工和各国华人华侨提供了风险保障，提高了中国保险公司在海外的知名度和认可度。有4家中资保险公司在香港设立了资产管理公司。二是在国际保险监管合作中发挥重要作用。积极参与国际保险监管规则的制订工作，通过多个层面对国际保险监督官协会正在制定的《国际保险集团监管共同框架》表达意见和诉求，争取使其成为符合我国保险市场实际情况的政策。2010年，中国保监会成功召开了首次中国保险监管国际联席会议，进一步与外资保险公司的母国监管机构加强交流沟通和监管合作，有效防范风险跨境传递，共同维护金融稳定。

二、保险业对外开放呈现新局面

自加入世贸组织以来，保险业进入全面对外开放的新时期，呈现出安全可控、优势互补、合作共赢、和谐发展的良好局面。

（一）开放更加全面深入

外资保险公司可以在我国任何地区提供保险服

务，除法定保险业务外，外资保险公司可以经营其他全部业务。

（二）开放的质量较高

截至2010年末，来自23个国家和地区的136家外资保险公司在华设立了169家代表处。世界上主要跨国保险金融集团和发达国家的保险公司都已经进入我国，《财富》杂志评选的世界500强企业中的40多家外国保险公司已经有一半以上在我国设立了营业机构。

（三）开放的效果较好

注重引进在养老、健康、责任和农业保险等方面有专长的境外保险公司，积极借鉴外资公司先进的经营理念、管理经验、技术服务和运作方式。配合国家区域发展战略，鼓励外资保险公司在中西部和东北地区设立经营机构，开展保险业务。外资保险公司已成为促进我国保险业改革发展的一支重要力量。

三、保险业对外开放的积极成果

总体来看，中国保险业的对外开放开阔了保险业发展的视野，拓宽了保险业发展空间，促进了国内保险公司经营管理水平的提升，提高了市场效率。

（一）保障和支持国民经济发展

外资保险公司进入中国市场后，在改善投资环境、为进出口贸易提供风险管理服务、重大灾害事故发生后提供经济补偿等方面发挥了积极作用。

（二）提高保险业的经营管理水平

外资的参股对中资保险公司完善法人治理结构，加强内部管理起到了促进作用；外资保险公司以效益和风险防范为核心的经营理念，依法经营的意识以及优质的客户服务，对中资企业起到了良好的示范作用。

（三）积极推动保险产品创新

一些在责任、养老、健康、巨灾保险等领域有专长的外资保险公司进入中国市场，以先进理念技术带动国内保险公司产品创新，提供专业化的保险服务。部分外资保险公司结合国际经验和中国国情，研究开发适合县域农村特点的保险产品，不断扩大保险覆盖面，提高农民生产生活保障水平。

（四）增强保险业行业竞争力

外资的进入推动了保险市场的竞争，扩大了保险的社会影响，提高了公众的保险意识，拓宽了保险的社会覆盖面。中资公司通过与国际同行的广泛接触，逐渐熟悉了国际竞争环境，加快了对国外市场的开拓，为早日融入国际保险市场做好了准备。

事实表明，保险业的对外开放，为做大做强我国保险业不断注入了新的活力，保险业日益发挥着“促进改革、保障经济、稳定社会、造福人民”的重要作用，对全面建设小康社会提供了有力的保障。

（中国保险业监督管理委员会　杜墨）

中国资本市场对外开放情况

一、2010 年中国资本市场概览

20 世纪 70 年代末期以来的中国改革开放推动了中国资本市场的萌生和发展。1990 年上海、深圳证券交易所的相继成立，标志着全国性资本市场的形成。在此后的二十年间，随着市场经济体制的逐步建立，中国资本市场得到了迅速的发展，市场规模不断扩大，制度不断完善，证券中介机构和投资者不断成熟，逐步成长为一个在法律制度、交易规则、监管体系等各方面与国际普遍公认原则基本相符的资本市场。

目前，中国有 2 家证券交易所，3 家商品期货交易所和 1 家金融期货交易所。中国致力于建立包括主板（含中小企业板）、创业板和证券公司代办股份转让系统在内的多层次证券市场交易体系。

中国证券市场的有价证券品种包括股票、债券、证券投资基金、权证、商品期货和金融期货等。其中，股票又分为人民币普通股（A 股）、境内上市外资股（B 股）和境外上市外资股（H 股）；债券又分为国债、金融债、公司债、企业债、可转换债券、资产支持证券等，债券交易方式包括现券交易和回购交易。

2010 年，中国境内市场共有 531 家公司发行 A 股股票、债券或权证，合计筹资10 275.21亿元；其中，347 家公司首次公开发行（IPO）A 股，融资额为4 882.58亿元，首发融资规模居世界首位。境内股票总成交额和日均成交额分别为 54.56 万亿元和2 254.68亿元。2010 年，沪深 300 股指期货合约在中金所正式挂盘交易，至此，中国期货市场上市品种达到 24 个，其中商品期货品种 23 个，金融期货品种 1 个。期货市场全年共成交 15.7 亿手，成交金额 154.6 万亿元；其中商品期货成交量超过全球商品期货成交量的 50%，为全球成交量最大的商品期货市场。

截至 2010 年底，境内上市公司（A、B 股）计2 063家，沪深两市总市值为 26.54 万亿元，为当年 GDP（39.80 万亿）的 66.7%。股票与基金投资者开户数达 1.89 亿户；63 家基金管理公司，管理证券投资基金 704 只，基金资产净值总额为 2.52 万亿元；证券公司 106 家，总资产19 665亿元，净资产5 664亿元，净资本4 319亿元；期货公司 164 家，总资产 304.07 亿元（不含客户资产），净资产 270.12 亿元，净资本 251.26 亿元，客户保证金1 618.14亿元。

二、入世以来对外开放情况

对外开放是促进中国资本市场发展的重要动力。中国认真履行了证券业对外开放的承诺，主动采取了一系列开放证券市场的政策措施。中国证监会始终坚持循序渐进、互利共赢的开放原则，借鉴其他市场开放的经验和做法，不断完善对外开放的政策措施，在确保市场稳定运行和维护国家金融安全的前提下，积极主动、适时适度地扩大证券业对外开放，促进证券市场持续健康安全发展。

（一）证券期货业对外开放

1. 履行加入世贸组织证券业开放承诺

2001 年 12 月，中国正式成为世界贸易组织（以下简称世贸组织）成员，对证券服务业的开放做了如下承诺：外国证券机构可以直接（不通过中国中介）从事 B 股交易；外国证券机构驻华办事处可成为所有中国证券交易所的特别会员；允许外国服务提供者设立合资公司，从事国内证券投资基金管理业务，中国加入后 3 年内，外资可增加至 49%；允许外国证券公司设立合资公司，外资比例不超过 1/3，合资公司可以（不通过中方中介）从事 A 股的承销、外资股以及政府债和公司债券的承销和交易，以及发起设立基金。加入世贸组织以来，这些承诺已全部兑现。

在 WTO 承诺范围外，中国主动实施的证券公司对外开放政策还包括：一是允许符合规定条件的合资证券公司扩大业务范围，逐步增加证券经纪、自营、资产管理等业务；二是允许合格境外机构投资者依法通过证券交易所的证券交易持有上市内资证券公司股份；三是允许符合条件的境外投资者与上市内资证券公司建立战略合作关系并经我会批准持有上市内资证券公司股份，单个境外投资者持股比例不超过20%，全部境外投资者持股比例不超过25%。

截至2010年底，中国已批准设立了12家中外合资证券公司（附录表1）和37家中外合资基金管理公司（附录表2），其中17家合资基金公司的外资股权已达49%。上海、深圳证券交易所各有3家特别会员，并各有38家和22家境外证券经营机构直接从事B股交易。

2. 期货业对外开放

截至2010年12月底，有3家港资参股的内地期货公司（附录表3）获批。目前因正在起草新的法规，暂停审批合资期货公司申请。

3. 境外证券交易所和证券类经营机构驻华代表机构

截至2010年底，已有8家境外证券交易所获准设立驻华代表处（附录表4）；境外证券类经营机构获准设立了156家驻华代表机构，其中境外证券公司驻华代表处119家，境外资产管理公司驻华代表处37家。

4. 境内证券期货经营机构"走出去"

根据《内地与香港关于建立更紧密经贸关系的安排（CEPA）》协议，截至2010年底，内地已批准18家证券公司（附录表5）、12家基金公司（附录表6）、6家期货公司（附录表7）在香港设立分支机构。另有28家境内企业获准从事以套期保值为目的的境外期货交易。

（二）证券市场对外开放

1. 允许境内外个人投资者和境外机构投资者用外币投资B股市场

B股是指在中国境内注册的股份有限公司向境内外投资者发行、募集外币资金并在中国境内证券交易所上市交易的股票。截至2010年底，有B股公司108家，累计筹资338亿元。

2. 允许境内企业到境外发行上市

境外上市是中国利用外资的重要方式之一。中国证监会将继续支持符合条件的境内企业在境外上市，开展跨境投资和并购重组，在全球范围内配置资源，不断提高国际竞争力。截至2010年底，共有166家在境内注册的股份有限公司发行境外上市外资股并到境外上市，累计筹资1 631.6亿美元。已有67家发行境外上市外资股公司在境内公开发行了A股。

3. 实施合格境外机构投资者（QFII）制度

这是人民币在资本项目下未实现完全自由兑换情况下，中国有限度地引进外资、开放资本市场的过渡性措施。2006年8月，中国证监会会同有关单位联合发布了《合格境外机构投资者境内证券投资管理暂行办法》。目前，QFII总投资额度已增加至300亿美元。截至2010年底，获得QFII资格的境外机构有106家（附录表8）；15家银行获准开展QFII托管业务，其中有6家为外资银行在华分行（附录表9）。

4. 实施合格境内机构投资者（QDII）制度

这是人民币在资本项目下未实现完全自由兑换情况下，中国有条件地允许境内投资者进行境外投资的制度措施。根据2007年7月起施行《合格境内机构投资者境外证券投资管理试行办法》，符合条件的境内基金管理公司和证券公司等证券经营机构经批准可以在境内募集资金，以资产组合方式进行境外证券投资。截至2010年底，有31家基金管理公司和9家证券公司取得了QDII资格；批准了37只QDII基金和4只QDII资产管理计划，其中28只QDII基金和2只QDII资产管理计划成立，资产净值约计734亿元人民币。

5. 允许外国投资者对上市公司进行战略投资

2006年2月，《外国投资者对上市公司战略投资管理办法》开始实施，外国投资者可以对已经完成股权分置改革的上市公司和股权分置改革后新上市公司进行具有一定规模的中长期战略性并购投资。

6. 允许外资企业在境内发行股票和债券

根据2001年10月颁布并实施的《关于上市公司涉及外商投资有关问题的若干意见》，合格的外商投资股份有限公司（港、澳、台资参照执行）可以在境内证券市场发行股票并上市。迄今已有多家外商投资企业（包括港、台资）的股票在境内发行上市。

三、国际交流与跨境监管合作

中国证监会一贯重视与境外证券期货监管机构、国际组织和政府部门的交流合作。截至2010年底，已与44个国家（或地区）的证券期货监管机构签署了48个监管合作谅解备忘录。作为国际证监会组织（IOSCO）正式成员和执委会成员，中国证监会于2007年4月正式签署了IOSCO多边备忘录。在上述双边监管备忘录和IOSCO多边备忘录框架下，通过互派人员实习培训、共同参与国际性会议以及相互提供跨境监管协助，与境外主要的证券监管机构增进了相互了解，扩大了监管合作范围。此外，中国证监会还积极参与金融部门评估规划（FSAP）项目，积极参加双边与多边对话磋商与谈判，积极参与G20、FSB机制下的国际金融监管改革工作等，为推动国际金融监管改革做出贡献。

附录：中国证券业对外开放统计数据

表1　外资参股证券公司

序号	公司名称	主要境外股东
1	中国国际金融有限公司	摩根士丹利国际公司（Morgan Stanley International）
2	中银国际证券有限公司	中银国际控股有限公司（BOC International Holdings）
3	光大证券有限公司	中国光大控股有限公司（China Everbright Ltd）
4	财富里昂证券有限公司	法国里昂证券资本市场公司（CLSA ECM Ltd）
5	海际大和证券有限公司	日本大和证券公司（Daiwa Securities）
6	高盛高华证券有限公司	高盛集团（Goldman Sachs）
7	瑞银证券有限责任公司	瑞士银行有限公司（UBS AG）
8	瑞信方正证券有限责任公司	瑞士信贷（Credit Suisse）
9	中德证券有限责任公司	德意志银行（Deutsche Bank）
10	华英证券有限责任公司	苏格兰皇家银行公众有限公司（The Royal Bank of Scotland Group Plc）
11	摩根士丹利华鑫证券有限责任公司	摩根士丹利（亚洲）有限公司（Morgan Stanley Asia Ltd）
12	第一创业摩根大通证券有限责任公司	摩根大通经纪（香港）有限公司（J. P. Morgan Banking（Hong Kong）Ltd）

注：经证监会批准，长江巴黎百富勤证券有限公司外资方法国巴黎银行已于2006年12月8日将所持的33%股权全部转让给长江证券，长江巴黎百富勤证券有限公司从而成为长江证券的全资子公司。

表2　外资参股基金管理公司

序号	公司名称	境外股东	外资比重
1	招商基金管理公司	荷兰国际集团（ING）	33.3
2*	华宝兴业基金管理公司	法国兴业资产管理公司（SG Asset Management Ltd）	49
3*	国联安基金管理公司	德国安联集团（Allianz Group）	49
4*	海富通基金管理公司	欧洲富通基金管理公司（Fortis Investment Management）	49
5*	景顺长城基金管理公司	美国景顺资产管理公司（Invesco Asset Management）	49
6	富国基金管理公司	加拿大蒙特利尔银行（BMO）	27.775
7*	泰达荷银基金管理公司	荷兰银行（ABN-AMRO）	49
8	光大保德信基金管理公司	美国保德信投资管理有限公司（Prамerical Investment Management）	33
9	申万巴黎基金管理公司	法国巴黎资产管理有限公司（BNP Paribas Asset Management S. A. S）	33
10*	上投摩根基金管理有限公司	摩根富林明资产管理有限公司（J. P. Morgan Fleming Asset Management（U. K.）Limited）	49
11	中银基金管理公司	贝莱德投资管理（英国）有限公司（Blackrock Investment Management（UK）ltd）	16.5

续　表

序号	公司名称	境外股东	外资比重
12*	国海富兰克林基金管理公司	美国坦伯顿国际股份有限公司（Templeton International Inc.）	49
13*	友邦华泰基金管理公司	友邦投资管理公司（AIG Global Investment Corp.）	49
14*	国投瑞银基金管理公司	瑞银集团（UBS）	49
15	嘉实基金管理有限公司	德意志资产管理（亚洲）公司（Deutsche Assets Management）	30
16	工银瑞信基金管理公司	瑞士信贷（Credit Suisse）	25
17	交银施罗德基金管理公司	施罗德投资管理公司（Schroder Investment Management Limited）	30
18*	信诚基金管理有限公司	英国保诚集团股份有限公司（Prudential Group）	49
19	建信基金管理有限公司	美国信安金融服务公司（Principal Financial Services，Inc.）	25
20*	汇丰晋信基金管理有限公司	汇丰环球投资管理（英国）有限公司（HSBC Global Asset Management）	49
21	信达澳银基金管理有限公司	康联首域集团有限公司（Colonial First State Group Ltd.）	46
22*	诺德基金管理有限公司	美国诺德·安博特公司（Lord Abbett& Co. LLC）	49
23*	中欧基金管理有限公司	意大利意联银行股份有限公司（Unione di Banche ItalianeS. c. p. a.）	49
24*	金元比联基金管理有限公司	比利时联合资产管理公司（KBC Asset Management Group）	49
25	长盛基金管理公司	新加坡星展资产公司（DBS Asset Management）	33
26*	鹏华基金管理公司	意大利欧利盛资本资产管理股份有限公司（EurizonCapital SGR S. p. A.）	49
27	融通基金管理公司	日兴资产管理公司（Nikko Asset Management Co.，Ltd.）	40
28	浦银安盛基金管理公司	法国安盛投资资产公司（AXA Investment Managers）	39
29*	兴业全球基金管理公司	荷兰全球人寿保险国际公司（AEGON International N. V.）	49
30	农银汇理基金管理公司	东方汇理资产管理公司（Credit Agricole Asset Management）	33.33
31	摩根士丹利华鑫基金管理公司	摩根士丹利国际控股公司（Morgan Stanley International Holdings Inc.）	34
32	民生加银基金管理有限公司	加拿大皇家银行（Royal Bank of Canada）	30
33	中海基金管理有限公司	法国爱德蒙得洛希尔银行（LacompagnieFinanciere Edmond De Rothschild Banque）	15.385
34	国泰基金管理公司	意大利忠利集团（AssicurazioniGeneraliS. p. A.）	30
35*	纽银梅隆西部基金管理有限公司	纽约银行梅隆资产管理国际有限公司（BNY Mellon Corporation）	49
36	金鹰基金管理有限公司	东亚联丰投资管理有限公司（BEA Union Investment Management Ltd）	11
37	平安大华基金管理公司	大华资产管理有限公司（UOB Asset Management Ltd）	25

注： *　表示外资股权为49%。

表 3　外资参股期货公司

序号	境内期货公司	境外股东
1	银河期货经纪有限公司	苏皇金融期货亚洲有限公司
2	中信新际期货经纪有限公司	新际经纪香港有限公司
3	摩根大通期货有限公司	摩根大通经纪（香港）有限公司

表 4　设立驻内地代表处的境外证券交易所

序号	境外交易所名称
1	香港交易及结算所
2	纽约证券交易所
3	纳斯达克股票市场
4	东京证券交易所
5	韩国交易所
6	新加坡交易所有限公司
7	伦敦证券交易所
8	德国德意志交易所股份有限公司

表 5　在香港特别行政区设立分支机构的内地证券公司

序号	公司名称	序号	公司名称
1	广发证券	10	平安证券
2	国泰君安	11	国信证券
3	国元证券	12	国都证券
4	海通证券	13	安信证券
5	华泰证券	14	东方证券
6	招商证券	15	中国建银投资证券
7	中金公司	16	长江证券
8	中信证券	17	光大证券
9	申银万国	18	银河证券

表 6
在香港特别行政区设立分支机构的内地基金管理公司

序号	公司名称
1	南方基金
2	易方达基金
3	嘉实基金
4	华夏基金
5	汇添富基金
6	大成基金
7	博时基金
8	海富通基金
9	华安基金
10	广发基金
11	上投摩根基金
12	国投瑞银基金

表 7
在香港特别行政区设立分支机构的内地期货公司

序号	公司名称
1	格林期货
2	浙江永安
3	广发期货
4	中国国际期货
5	金瑞期货
6	南华期货

表 8

合格境外机构投资者

序号	合格境外机构投资者（QFII）名称	批准时间	注册地
1	瑞士银行（UBS AG）	2003. 5. 23	英国
2	野村证券株式会社（Nomura Securities Co.，Ltd.）	2003. 5. 23	日本
3	花旗环球金融有限公司（Citigroup Global Markets Ltd.）	2003. 6. 5	英国
4	摩根士丹利国际股份有限公司(Morgan Stanley &Co. International Ltd.)	2003. 6. 5	英国
5	高盛公司（Goldman Sachs & Co.）	2003. 7. 4	美国
6	香港上海汇丰银行有限公司（Hongkong and Shanghai Banking Corporation Ltd.）	2003. 8. 4	中国香港
7	德意志银行（Deutsche Bank AG）	2003. 7. 30	德国
8	荷兰安智银行股份有限公司（ING Bank N. V.）	2003. 9. 10	荷兰
9	摩根大通银行（JPMorgan Chase Bank）	2003. 9. 30	美国
10	瑞士信贷（香港）有限公司［Credit Suisse（Hong Kong）Ltd.］	2003. 10. 24	中国香港
11	日兴资产管理有限公司（Nikko Asset Management Co.，Ltd.）	2003. 12. 11	日本
12	渣打银行（香港）有限公司［Standard Chartered Bank（Hong Kong）Ltd.］	2003. 12. 11	中国香港
13	美林国际（Merrill Lynch International）	2004. 4. 30	英国
14	恒生银行有限公司（HangSeng Bank）	2004. 5. 10	中国香港
15	大和证券 SMBC 株式会社（Daiwa Securities SMBC Co.，Ltd）	2004. 5. 10	日本
16	雷曼兄弟国际(欧洲)公司［Lehman Brothers International（Europe)］	2004. 7. 6	美国
17	比尔及梅林达·盖茨基金会（Bill & Melinda Gates Foundation）	2004. 7. 19	美国
18	景顺资产管理有限公司（INVESCO Asset Management Ltd.）	2004. 8. 4	英国
19	荷兰银行有限公司（ABN AMRO Bank N. V.）	2004. 9. 2	荷兰
20	法国兴业银行（SociétéGénérale）	2004. 9. 2	法国
21	巴克莱银行（Barclays Bank PLC）	2004. 9. 15	英国
22	德累斯登银行股份公司（Dresdner Bank Aktiengesellschaft）	2004. 9. 27	德国
23	富通银行（Fortis Bank SA/NV）	2004. 9. 29	比利时
24	法国巴黎银行（BNP Paribas）	2004. 9. 29	法国
25	加拿大鲍尔公司（Power Corporation of Canada）	2004. 10. 15	加拿大
26	东方汇理银行（CALYON S. A.）	2004. 10. 15	法国
27	高盛国际资产管理公司（Goldman Sachs Asset Management International）	2005. 5. 9	英国
28	新加坡政府投资有限公司（Government of Singapore Investment Pte Ltd）	2005. 10. 25	新加坡
29	马丁可利投资管理有限公司（Martin Currie Investment Management Ltd.）	2005. 10. 25	英国
30	美国国际集团环球投资公司（AIG Global Investment Corp.）	2005. 11. 14	美国
31	淡马锡富敦投资有限公司（TemasekFullerton Alpha Investment Pte Ltd）	2005. 11. 15	新加坡
32	JF 资产管理有限公司（JF Asset Management Ltd.）	2005. 12. 28	中国香港
33	日本第一生命保险相互会社（The Dai-ichi Mutual Life Insurance Company）	2005. 12. 28	日本
34	新加坡星展银行（DBS Bank Ltd.）	2006. 2. 13	新加坡
35	安保资本投资有限公司（AMP Capital Investors Ltd.）	2006. 4. 10	澳大利亚
36	加拿大丰业银行（The Bank of Nova Scotia）	2006. 4. 10	加拿大
37	比联金融产品英国有限公司（KBC Financial Products UK Ltd.）	2006. 4. 10	英国
38	法国爱德蒙得洛希尔银行（La Compagnie Financierr Edmond de Rothschild Banque）	2006. 4. 10	法国
39	耶鲁大学（Yale University）	2006. 4. 14	美国

续 表

序号	合格境外机构投资者（QFII）名称	批准时间	注册地
40	英国保诚资产管理（香港）有限公司［Prudential Asset Management（Hong Kong）Ltd.］	2006.7.7	中国香港
41	摩根士丹利投资管理公司（Morgan Stanley Investment Management Inc.）	2006.7.7	美国
42	斯坦福大学（Stanford University）	2006.8.5	美国
43	通用电气资产管理公司（GE Asset Management Incorporated）	2006.8.5	美国
44	大华银行有限公司（United Overseas Bank Limited）	2006.8.5	新加坡
45	施罗德投资管理有限公司（Schroder Investment Management Ltd.）	2006.8.29	英国
46	汇丰环球投资管理（香港）有限公司［HSBC Global Asset Management（Hong Kong）Ltd.］	2006.9.5	中国香港
47	新光证券株式会社（Shinko Securities Co.，Ltd.）	2006.9.5	日本
48	瑞银环球资产管理（新加坡）有限公司［UBS Global Asset Management（Singapore）Ltd］	2006.9.25	新加坡
49	三井住友资产管理株式会社（Sumitomo Mitsui Asset Management，Ltd）	2006.9.25	日本
50	挪威中央银行（Norges Bank）	2006.10.24	挪威
51	百达资产管理有限公司（Pictet Asset Management Limited）	2006.10.25	英国
52	哥伦比亚大学（The Trustees of Columbia University in the City of New York）	2008.3.12	美国
53	保德信资产运用株式会社（Prudential Asset Management Co.，Ltd）	2008.4.7	韩国
54	荷宝基金管理公司（Rebeco Institutional Asset Management B.V.）	2008.5.5	荷兰
55	道富环球投资管理亚洲有限公司（State Street Global Advisors Asia Ltd.）	2008.5.16	中国香港
56	铂金投资管理有限公司（Platinum Investment Company Limited）	2008.6.2	澳大利亚
57	比利时联合资产管理有限公司（KBC Asset Management N.V.）	2008.6.2	比利时
58	未来资产基金管理公司（Mirae Asset Global Investments Co.，Ltd.）	2008.7.25	韩国
59	安达国际控股有限公司（ACE INA International Holdings，Ltd.）	2008.8.5	美国
60	魁北克储蓄投资集团（Caisse de dépôt et placement du Québec）	2008.8.22	加拿大
61	哈佛大学（President and Fellows of Harvard College）	2008.8.22	美国
62	三星投资信托运用株式会社（Samsung Investment Trust Management Co.，Ltd.）	2008.8.25	韩国
63	联博有限公司（AllianceBernstein Limited）	2008.8.28	英国
64	华侨银行有限公司（Oversea-Chinese Banking Corporation Limited）	2008.8.28	新加坡
65	首域投资管理（英国）有限公司［First State Investment Management（UK）Limited］	2008.9.11	英国
66	大和证券投资信托委托株式会社（DAIWA Asset Management Co.）	2008.9.11	日本
67	壳牌资产管理有限公司（Shell Asset Management Company B.V）	2008.9.12	荷兰
68	普信国际公司（T.Rowe Price International，Inc.）	2008.9.12	美国
69	法国兴业资产管理有限公司（SociétéGénérale Asset Management SA）	2008.10.14	法国
70	瑞士信贷（Credit Suisse）	2008.10.14	瑞士
71	大华资产管理有限公司（UOB Asset Management LTD）	2008.11.28	新加坡
72	阿布达比投资局（ABU Dhabi Investment Authority）	2008.12.3	阿联酋
73	德盛安联资产管理卢森堡（Allianz Global Investors Luxembourg S.A.）	2008.12.16	卢森堡
74	资本国际公司（Capital International，Inc.）	2008.12.18	美国
75	三菱日联证券股份有限公司（Mitsubishi UFJ Securities Co.，Ltd.）	2008.12.29	日本

续 表

序号	合格境外机构投资者（QFII）名称	批准时间	注册地
76	韩华投资信托管理株式会社（Hanwha Investment Trust Management Co.，Ltd.）	2009.2.5	韩国
77	新兴市场管理有限公司（Emerging Markets Management，L.L.C.）	2009.2.10	美国
78	DWS投资管理公司（DWS Investment S.A.）	2009.2.24	卢森堡
79	韩国产业银行（The Korea Development Bank）	2009.4.23	韩国
80	韩国友利银行股份有限公司（Woori Bank Co.，Ltd.）	2009.5.4	韩国
81	马来西亚国家银行（Bank Negara Malaysia）	2009.5.19	马来西亚
82	罗祖儒投资管理（香港）有限公司［Lloyd George Management（Hong Kong）Limited］	2009.5.27	中国香港
83	邓普顿投资顾问有限公司（Templeton Investment Counsel，LLC）	2009.6.5	美国
84	东亚联丰投资管理有限公司（BEA Union Investment Management Limited）	2009.6.18	中国香港
85	日本住友信托银行股份有限公司（The Sumitomo Trust & Banking Co.，Ltd.）	2009.6.26	日本
86	韩国投资信托运用株式会社（Korea Investment Trust Management Co.，Ltd.）	2009.7.21	韩国
87	霸菱资产管理有限公司（Baring Asset Management Limited）	2009.8.6	英国
88	安石投资管理公司（Ashmore Investment Management Limited）	2009.9.14	英国
89	纽约银行梅隆资产管理国际有限公司（BNY Mellon Asset Management International Limited）	2009.11.6	英国
90	宏利资产管理（香港）有限公司［Manulife Asset Management（Hong Kong）Limited］	2009.11.20	中国香港
91	野村资产管理株式会社（Nomura Asset Management Co.，LTD）	2009.11.23	日本
92	东洋投资信托运用株式会社（Tongyang Investment Trust Management Co.，Ltd.）	2009.12.11	韩国
93	加拿大皇家银行（Royal Bank of Canada）	2009.12.23	加拿大
94	英杰华投资集团全球服务有限公司（Aviva Investors Global Services Limited）	2009.12.28	英国
95	常青藤资产管理公司（Ivy Investment Management Company）	2010.2.8	美国
96	达以安资产管理公司（DIAM Co.，Ltd）	2010.4.20	日本
97	法国欧菲资产管理公司（OFI Asset Management）	2010.5.21	法国
98	安本亚洲资产管理公司（Aberdeen Asset Management Asia Ltd）	2010.7.6	新加坡
99	KB资产运用（KB Asset Management Co.，Ltd）	2010.8.9	韩国
100	富达基金（香港）有限公司［Fidelity Investment Management（Hong Kong）Ltd］	2010.9.1	中国香港
101	美盛投资（欧洲）有限公司［Legg Mason Investment（Europe）Ltd］	2010.10.8	英国
102	香港金融管理局（Hong Kong Monetary Authority）	2010.10.27	中国香港
103	富邦证券投资信托股份有限公司（Fubon Securities Investment Trust Co.，Ltd）	2010.10.29	中国台湾
104	群益证券投资信托股份有限公司（Capital Securities Investment Trust Co.，Ltd）	2010.10.29	中国台湾
105	蒙特利尔银行投资公司（BMO Investment Inc）	2010.12.6	加拿大
106	瑞士宝盛银行（Bank Julius Bear & Co.，Ltd）	2010.12.14	瑞士
107	科提比资产运用株式会社（KTB Asset Management Co.，Ltd）	2010.12.28	韩国

表 9　　合格境外机构投资者托管行

序号	QFII 托管行中文名称	QFII 托管行英文名称
1	汇丰银行（中国）有限公司	HSBC (China) Company Limited
2	花旗银行（中国）有限公司	CitiBank (China) Co. Ltd
3	渣打银行（中国）有限公司	Standard Chartered Bank (China) Ltd
4	中国工商银行股份有限公司	Industrial & Commercial Bank of China
5	中国银行股份有限公司	Bank of China
6	中国农业银行股份有限公司	Agricultural Bank of China
7	交通银行股份有限公司	Bank of Communications
8	中国建设银行股份有限公司	China Construction Bank
9	中国光大银行股份有限公司	China Everbright Bank
10	中国招商银行股份有限公司	China Merchants Bank
11	德意志银行	Deutsche Bank
12	新加坡星展银行	DBS Bank
13	中国中信银行股份有限公司	China Citic Bank
14	上海浦东发展银行股份有限公司	Shanghai Pudong Development Bank
15	中国民生银行股份有限公司	China Minsheng Banking Corp. Ltd

（中国证券监督管理委员会国际合作部　韩萍 周宏达）

中国交通运输业对外开放情况

一、2010 年交通运输业对外开放情况

（一）交通运输行业发展情况

2010 年我国公路水路交通固定资产投资完成 1.28 万亿元，同比增长 14.5%。继续保持较快发展水平和良好的发展质量。

1. 公路

2010 年底，中国公路总里程已达到 398.4 万公里，其中高速公路达到 7.4 万公里。公路密度继续增加，路网密度达到 41.5km/km²，通达水平进一步提高。

全国通公路的乡（镇）占全国乡（镇）总数的 99.60%，通公路的建制村占全国建制村总数的 95.77%，分别比 2009 年末提高 0.36 个和 2.91 个百分点。全国乡镇、建制村通班车率分别为 97%、87%。

2010 年公路货运量、货物周转量、客运量、旅客周转量分别完成 243 亿吨、43 005亿吨公里、306 亿人、14 914 亿人公里，同比增长 14%、15.6%、10.2%、10.4%。

2. 水路

2010 年全国沿海港口通过能力达到 55.1 亿吨，深水泊位1 774个。内河航道通航里程达到 12.3 万公里，其中三级及以上航道9 085公里。

在世界经济温和复苏和我国经济较快增长的带动下，2010 年我国水运业运行良好。2010 年全国水路货运量、货物周转量分别为 36.4 亿吨、64 305亿吨公里，同比增长 14%、11.7%。客运量、旅客周转量分别为 2.2 亿人、71.5 亿人公里，与 2009 年基本持平。全国港口完成货物吞吐量 89.32 亿吨、集装箱吞吐量 1.46 亿 TEU，比 2009 年增长 16.7%和 19.4%，超过金融危机前水平。在全球货物吞吐量排名前 20 大港口中，中国大陆占 12 席，上海港首次超过新加坡成为全球第一大集装箱港。

截至 2010 年底，全国拥有水上运输船舶 17.84 万艘、18 040.86万载重吨，分别比 2009 年末增长 0.8%和 23.5%，主要航运企业经营规模继续发展壮大。我国共计拥有集装箱箱位 132.44 万标准箱 TEU，比 2009 年增长 11.2%，其中中远集运、中海集运在全球 20 强集装箱班轮公司中排名分别为第 6 位、第 8 位。

（二）加入世贸组织后最新开放情况

《〈内地与香港关于建立更紧密经贸关系的安排〉补充协议七》2010 年 5 月 27 日在香港签署。《〈内地与澳门关于建立更紧密经贸关系的安排〉补充协议七》2010 年 5 月 28 日在澳门签署。

根据以上补充协议，允许香港服务提供者在内地设立的独资、合资、合作航空运输销售代理企业销售国内航线的机票；允许香港服务提供者以独资或拥有控制性股权形式，在内地经营航空器维修和保养业务；允许澳门服务提供者在内地设立的独资、合资或合作国际船舶管理公司在申请外派海员类对外劳务合作经营资格时，无须申请外商投资职业介绍机构或人才中介机构资格。

2008 年 12 月，交通运输部发布《关于台湾海峡两岸间海上直航实施事项的公告》和《台湾海峡两岸直航船舶监督管理暂行办法》，明确了两岸航运管理模式、公司及船舶的市场准入标准和申请程序。2008 年 12 月 15 日两岸海运直航正式启动。两年来，在两岸交通主管部门的共同努力及两岸港航业界的积极参与下，两岸间海上直航健康、有序发展。据统计，目前两岸共有 94 家船公司、210 艘船舶从事两岸海上直航运输，57 个大陆港口和 14 个台湾港口开通了直航运输。

在遭受全球金融危机影响，世界海运市场整体低迷的情况下，两岸间航运逆势增长。海上直航两年来，两岸间货运、集装箱、客运量增长迅速，已累计运送货物 1.2 亿吨，旅客近 300 万人次。其中运送集装箱超过 300 万标准箱，平均实载率也从直航前的 50%升至 60%。海上直航极大地方便了两岸货物运输和人员往来，促进了两岸经贸交流与合作。

交通运输部最新制定了进一步促进两岸海上直航政策措施，允许两岸登记的非运输两岸间贸易货物的船舶，从两岸港口或第三地港口进入对方港口；允许从事国际集装箱班轮运输且在两岸登记的

船舶，在两岸港口间承运空集装箱；允许经交通运输部批准从事两岸间集装箱直航运输的船舶，进行两岸贸易货物和中转货物的集装箱运输。

（三）运输服务贸易

2010年全球运输市场回暖，运价回升，运输服务贸易恢复较快增长，2010年，中国运输服务进出口总额为974.7亿美元，由2009年的下降21%转为增长39%，在中国服务进出口总额中的占比由2009年的24.5%上升到26.9%。2010年，中国服务贸易逆差缩小至219.3亿美元，比2009年的295.1亿美元下降25.7%。运输服务贸易仍然是中国最大的服务贸易逆差行业，这一逆差在占中国运输服务贸易近七成的海运服务中体现得尤为明显。

2011年，中国服务进出口有望保持目前的良好增长势头，预计全年进出口总额将超过4 000亿美元。在经济平稳发展的趋势下，货物进出口运输需求将会稳步增加。同时，作为重要的航运服务的出口国，为国际贸易提供的航运出口服务也将同步增加。

二、加入WTO十年来交通运输业对外开放情况

我国在加入世贸组织时，在海运和道路运输服务领域做出了较高水平的承诺。入世十年来，我国运输主管部门严格按照承诺内容，调整行业政策，有序进行了市场开放。

（一）入世承诺情况

1. 航运业

(1) 国际海运方面：对外商从事挂靠我国港口的班轮和非班轮运输无限制；允许外商设立合营船公司，经营悬挂中国国旗的船舶（外资比例不超过49%)；合营企业可享受国民待遇。

(2) 海运辅助业务：允许外商设立合营企业从事船舶代理业务（外资比例不超过49%)；允许外商设立外资控股的合营企业从事货物运输和集装箱场站服务；合营企业可享受国民待遇。

(3) 港口服务方面：外商船舶在我国港口可以在合理和不歧视条件下使用包括引航、拖带、食品、燃料和淡水供应、垃圾收集和污水处理、助航设备服务、船舶营运必需的岸基服务等港口服务。

2. 道路运输业

(1) 道路货物运输和汽车维修：从加入WTO时起，允许外商设立合营企业从事道路货物运输服务（外资比例不超过49%)；加入后一年内，允许外资控股；加入后三年内，允许外商独资经营；合营和独资企业可享受国民待遇。

(2) 汽车维修：从加入WTO时起，允许外商设立合营企业从事汽车维修服务（外资比例不超过49%)；加入后一年内，允许外资控股；加入后三年内，允许外商独资经营；合营和独资企业可享受国民待遇。

(3) 道路运输辅助服务的仓储行业：从加入WTO时起，允许外商设立合营企业从事仓储服务（外资比例不超过49%)；加入后一年内，允许外资控股；加入后三年内，允许外商独资经营；合营和独资企业可享受国民待遇。

3. 船舶检验服务领域

从加入WTO时起，允许外商设立合营船舶检验机构（外资比例不超过49%)；加入后两年内，允许外资控股；加入后四年内，允许外商独资经营；合营和独资企业可享受国民待遇。

（二）有关行业政策

入世以来，我国各级运输主管部门和企业全面履行了入世承诺。同时，为了促进运输业对外开放，我国交通运输主管部门就改革管理方式，完善市场机制，制定、颁布了一系列法律、法规和部门规章，为营造公平竞争的市场环境不断努力。根据入世承诺和贸易便利化政策的发展，还适时调整了有关行业政策，推进运输市场有序开放。

在国际海运业领域，我国颁布了《中华人民共和国国际海运条例》(2001年12月)、《中华人民共和国国际海运条例实施细则》(2003年1月)、《中华人民共和国港口法》(2003年6月)、《外商投资国际海运业管理条例》(2004年1月）等法律法规。

在道路运输领域，我国颁布了《外商投资道路运输业管理规定》(2001年11月)、《〈外商投资道路运输业管理规定〉的补充规定》(2003年12月)、《中华人民共和国道路运输条例》(2004年4月)、《国际道路运输管理规定》(2005年4月)、《机动车维修管理规定》(2005年7月）等。2005年颁布《道路货物运输及站场管理规定》和《道路

旅客运输及客运站管理规定》，2008年修正并重新发布了该规定。

在船舶检验领域，颁布了《外国船舶检验机构在中国设立常驻代表机构管理办法》等，兑现船舶检验业入世承诺。

为了促进我国与港澳地区的经贸往来，在《内地与香港关于建立更紧密经贸关系的安排》与《内地与澳门关于建立更紧密经贸关系的安排》协议中，专门针对交通运输领域的开放，做了相关规定。

与此同时，交通运输部还发布了《关于进一步加强国际海运市场监管的通告》、《防治船舶污染海洋环境管理条例》等法规和条例，以进一步规范国际海上运输活动，保护海洋环境。

（三）入世承诺履行和对外开放情况

入世十年来，我国运输业对外承诺均已全面履行实现。截至2010年底，我国国际班轮运输企业约140家。我国国际船舶代理企业约1 900家，比2009年增加180家。外商在华设立独资船务公司40家，独资船务公司设立分公司186家。外商在华设立外商独资集装箱运输服务公司7家，分公司73家。我国取得无船承运人经营资格的企业3 600多家，外商在华注册登记具有无船承运人资格的公司近400家。外贸海运货物主要承运人有丹麦马士基、法国达飞、瑞士地中海航运、德国赫伯罗特、韩国现代商船、内地中远、香港东方海外、日本川崎汽船、台湾长荣等大型国际公司。据统计，中国外贸海运货物的1/4由中国船公司承运，其中集装箱和散货约占25%，石油约占30%，杂货约占35%，约有3/4外贸海运出口货物由境外船公司承运。挪威船级社、法国国际验船协会、英国劳氏船级社、日本海事协会、美国船级社等国外主要船舶检验机构在北京、上海、大连、广州、青岛、宁波等城市均设立了代表处。目前全国道路运输业外商投资企业已达到2 865家，外商投资企业数排名前列的省（直辖市）有上海、广东、江苏、浙江、天津、北京等。外商投资与合资的货物运输企业在道路运输、仓储物流业领域不断发展，并在国际快递等高端运输物流服务领域占据主要份额。

（交通运输部规划研究院）

中国航空运输业对外开放情况

一、2001—2010 年中国民航运输发展状况

2001 年中国民航运输总周转量为 141.19 亿吨公里，旅客周转量为1 091.35亿人公里，货邮周转量为 43.72 亿吨公里。共拥有 134 条国际航线（不含港澳台航线），运营里程 60.06 万公里，通航国外 33 个国家和地区的 62 个城市，国际航线客运量为 692.6 万人，国际货邮运输量为 35.58 万吨。到 2010 年底，中国民航运输总周转量上升为 538.45 亿吨公里，旅客周转量为4 039.00亿人公里，货邮周转量为 178.9 亿吨公里。共拥有 302 条国际航线，运营里程 107.2 万公里，通航国外 110 个城市。国际航线客运量为1 931万人，国际货邮运输量为 192.6 万吨①。

表 1　　2001—2010 年中国民航运输发展状况

年份	运输总周转量（亿吨公里）	客运量（万人）	旅客周转量（亿人公里）	货运量（万吨）	货邮周转量（亿吨公里）
2001 年	141.19	7 524.30	1 091.35	171.00	43.72
2010 年	538.45	26 769.14	4 039.00	563.04	178.90
同比增长	73.8%	71.9%	73.0%	69.6%	75.6%
年份	**国际航线（条）**	**通航城市（个）**	**国际客运量（万人）**	**国际货运量（万吨）**	
2001 年	134	62	692.6	35.58	
2010 年	302	110	1 931.0	192.60	
同比增长	125.4%	77.4%	178.8%	441.3%	

截至 2010 年底，中国共与 112 个国家/地区签署航空运输协定，其中 12 个为草签协定。2001—2010 年期间，共新增 22 个航空运输协定，其中 9 个为草签协定；此外与 19 个国家重签了航空运输协定。

二、2001—2010 年中国民航对外开放情况

（一）《服务贸易总协定》对航空运输的管辖范围

《服务贸易总协定—关于空运服务的附件》明确航空器的修理和保养服务、空运服务的销售和营销、计算机订座系统服务三个领域纳入《服务贸易总协定》的管辖，同时明确“（a）业务权，无论以何种形式给予；或（b）与业务权的行使直接有关的服务”不适用于《服务贸易总协定》。在《空运附件》中对“航空器的修理和保养服务”、“空运服务的销售和营销”、“计算机订座系统服务”和“业务权”进行了定义，但是对“与业务权的行使直接有关的服务”未做定义。我国入世具体承诺内容如下：

1. 航空器的修理和保养服务领域

（1）承诺开放境外消费，即允许我国航空公司把飞机和发动机送国外维修单位修理。

（2）承诺开放商业存在，即：①允许外国服务提供者在中国境内成立合资维修企业来提供维修服务；②中方应在合资企业中控股或处于支配地位；③设立合资企业的营业许可需进行经济需求测试；④中外合资航空器维修企业有承揽国际市场业务的义务。

2. 空运服务的销售和营销

我国目前未对该领域做出承诺。

3. 计算机订座系统服务

（1）承诺开放跨境交付：①外国计算机订座系统，如与中国空运企业和中国计算机订座系统订立协议，则可通过与中国计算机订座系统连接，向中国空运企业和中国航空代理人提供服务；②外国计算机订座系统可向根据双边航空协定有权从事经营

① 统计数据来源于《民航统计年鉴 2002》及《民航管理数据手册 2011（内部资料）》。

的外国空运企业在中国通航城市设立的代表处或营业所提供服务；③中国空运企业和外国空运企业的代理直接进入和使用外国计算机订座系统须经中国民航总局批准。

（2）承诺开放境外消费，即我国航空公司的驻外机构可使用国外的计算机订座系统提供的服务。

（3）不承诺开放商业存在。

（二）《外商投资民用航空业规定》历程

为切实履行入世承诺，进一步扩大中国民用航空业的对外开放，促进民航业的改革和发展，保护投资者的合法权益，2002 年中国民用航空总局、中华人民共和国对外贸易经济合作部、中华人民共和国国家发展计划委员会联合发布《外商投资民用航空业规定》。除空中交通管制系统外，允许外商投资范围包括民用机场、公共航空运输企业、通用航空企业和航空运输相关项目在内的所有民航领域；允许外商采取合资、合作经营、购买股票和其他经批准的投资方式。在外商投资比例方面，外商投资民用机场，应当由中方相对控股；投资公共航空运输企业，应当由中方控股，一家外商（包括其关联企业）投资比例不得超过 25%；投资从事农林渔业作业项目，由中外双方商定；投资航空油料、飞机维修项目，由中方控股；投资货运仓储、地面服务、航空食品、停车场等项目，由中外双方商定投资比例①，该规定自 2002 年 8 月 1 日起施行。

自此之后，根据 CEPA 及 ECFA 相关协议，民航局分别于 2005 年、2007 年、2008 年、2010 年对《外商投资民用航空业规定》进行补充规定。

（三）CEPA 及 ECFA 进展历程

为促进中国内地与香港、澳门经济共同繁荣与发展，2003 年 6 月 29 日，中国中央政府与香港、澳门特区政府分别签署《内地与香港关于建立更紧密经贸关系的安排》、《内地与澳门关于建立更紧密经贸关系的安排》（Closer Economic Partnership Arrangement，以下简称 CEPA）。自此之后，2004 年、2005 年、2006 年、2007 年、2008 年、2009 年、2010 年又分别签署了《补充协议》、《补充协议二》、《补充协议三》、《补充协议四》、《补充协议五》、《补充协议六》和《补充协议七》。

此外为加强和增进海峡两岸之间的经济、贸易和投资合作，扩大经济合作领域，建立合作机制，2010 年 6 月 29 日，两岸两会领导人签署《海峡两岸经济合作框架协议》（Economic Cooperation Framework Agreement，以下简称 ECFA）。

表 2　CEPA 及 ECFA 协议涉及民航领域的具体开放内容

时间	名称	内容	法规依据
2004 年	CEPA 补充协议承诺	1. 允许香港服务提供者以跨境交付、合作、合资或独资形式提供中小机场委托管理服务，合同有效期不超过 20 年 2. 允许香港服务提供者以跨境交付、境外消费、合作、合资或独资形式提供机场管理培训、咨询服务 3. 允许香港服务提供者以合资或独资形式在内地提供代理服务、装卸控制和通信联络及离港控制系统服务、集装设备管理服务、旅客与行李服务、货物与邮件服务、机坪服务、飞机服务等七项航空运输地面服务	《〈外商投资民用航空业规定〉的补充规定》（2005 年 2 月 24 日施行）
2005 年	CEPA 补充协议二承诺	允许香港服务提供者在内地设立合资、合作航空运输销售代理企业，注册资本要求与内地企业相同	《民用航空运输销售代理业管理规定》
2006 年	CEPA 补充协议三承诺	允许香港服务提供者在内地设立独资航空运输销售代理企业，注册资本要求与内地企业相同	《民用航空运输销售代理业管理规定》

① 《外商投资民用航空业规定》（中国民用航空总局令第 110 号）。

续 表

时间	名称	内容	法规依据
2007 年	CEPA 补充协议四承诺	1. 香港服务提供者在内地申请设立合资、合作或独资航空运输销售代理企业时，允许由内地的中资银行或中国航空运输协会推荐的担保公司提供经济担保	《中国民用航空运输销售代理资格认可办法》（2006 年 3 月 31 日施行）
		2. 香港服务提供者在内地申请设立合资、合作或独资航空运输销售代理企业时，无须经过中国航空运输协会地区代表处的实质性初审，直接将申请材料报中国航空运输协会审核	《中国民用航空运输销售代理资格认可办法》（2006 年 3 月 31 日施行）
		3. 允许香港服务提供者在内地与内地的计算机订座系统（CRS）服务提供者成立合资企业。内地应在合资企业中控股。设立合资企业的营业许可需进行经济需求测试	《〈外商投资民用航空业规定〉的补充规定（三）》（2008 年 1 月 1 日施行）
2008 年	CEPA 补充协议五承诺	允许香港、澳门服务提供者在内地申请设立独资、合资或合作航空运输销售代理企业时，出具由内地的法人银行或中国航空运输协会推荐的担保公司提供的经济担保	《〈中国民用航空运输销售代理资格认可办法〉的补充规定（三）》（2009 年 1 月 1 日施行）
2009 年	CEPA 补充协议六承诺	允许香港及澳门服务提供者在内地设立独资、合资或者合作航空运输销售代理企业时，出具内地法人银行或者中国航空运输协会推荐的担保公司提供的经济担保；也可由当地银行（香港、澳门银行）做担保，但在申请获得内地批准后，须在 2 个月内补回内地担保。由香港或者澳门银行提供担保，有关担保事宜使用内地法律规定，在担保期限内由香港银行、澳门银行按担保协议承担先行赔付责任	《香港、澳门服务提供者在内地设立内资、合资或合作航空运输销售代理企业有关经济担保的规定》（2009 年 10 月 26 日施行）
2010 年	CEPA 补充协议七承诺	1. 允许港澳服务提供者在内地设立的独资、合资或合作航空运输销售代理企业销售国内航线的机票 2. 允许港澳服务提供者以独资或拥有控制性股权形式，在内地经营航空器维修或保养业务	《〈外商投资民用航空业规定〉的补充规定（四）》（2011 年 1 月 1 日施行）
2010 年	ECFA 承诺	允许台湾服务提供者以独资或合资形式投资大陆航空器维修领域，台湾服务提供者必须为法人或多个台湾服务提供者同时投资时其主要投资者必须为法人	《〈外商投资民用航空业规定〉的补充规定（五）》（2011 年 1 月 1 日施行）

（四）自由贸易区进展历程

1. 中国—东盟自贸区

2007 年，民航继续稳步推进对外开放，在中国—东盟自贸区建设中，根据《中国—东盟全面经济合作框架协议服务贸易协议》，我国和柬埔寨、马来西亚、缅甸、文莱、新加坡、越南分别对航空运输的一些领域做出了超越世贸开放幅度的开放承诺：允许东盟服务提供者在华与中国的 CRS 服务提供者成立合资企业。中方应在合资企业中控股或处于支配地位①。设立合资企业的营业许可需进行经营需求测试。该协议于 2007 年 7 月 1 日起正式实施。

2. 中国—智利自贸区

2008 年 4 月 13 日，中国和智利签署了《中智自贸协定关于服务贸易的补充协定》。除入世承诺中的民航业的航空器的维修服务、计算机订座系统（CRS）服务两个领域外，还向智利开放了空运服务的销售和营销、机场运营服务、机场地面服务及通用航空服务四个领域。

其中“机场运营服务”是指基于收费或合同基础上的旅客候机楼服务和机场空侧地面运营包括跑道运营服务，不包括机场保安服务和已包含在机场地面服务的项目（CPC7461）。“机场地面服务”指集装箱管理服务，旅客与行李服务、货物与邮件服

① 《关于转发〈中国—东盟全面经济合作框架协议服务贸易协议〉有关民航内容的通知》，民航发〔2007〕58 号。

务、机坪服务、飞机服务(《标准地勤作业协定》附件A的一部分，国际航空运输协会1998版本)，但不包括双边航空运输协定涉及的指定航空公司自营地面服务。“空运服务的销售和营销服务”与服务贸易总协定关于空运服务的附件6（b）中的定义一样，包括营销的所有方面，如市场调查、广告和分销。“通用航空服务”指公共航空运输以外的航空服务，如消防、观光、播撒、勘测、绘图、摄影、跳伞、滑翔机牵引、伐木和建筑的直升机搬运等，以及其他为农业、工业和巡查服务的航空作业。

在入世承诺基础上，民航进一步向智利开放，允许智利服务提供者与中国计算机订座系统服务商在中国境内成立合资计算机订座系统企业，提供计算机订座系统服务。中方应在合资计算机订座系统中绝对控股。同时要求设立合资计算机订座系统企业的营业许可需进行经济需求测试；允许根据双边航空协定有权从事经营的智利空运企业可在中国设立办事处，提供空运服务的销售和营销服务；允许智利服务提供者设立合资企业提供机场地面服务，但中方应在合资企业中绝对控股。

在机场运营服务及通用航空服务领域，允许跨境提供服务和境外消费，对商业存在模式不做承诺。

3. 其他

2009年4月28日及2010年4月8日，中国政府分别与秘鲁、哥斯达黎加签署了《中国—秘鲁自由贸易区协定》、《中国—哥斯达黎加自由贸易协定》，在空运服务领域包含航空器维修服务及计算机订座系统服务。

（中国民用航空局政策法规司　陈婧丹）

中国卫生服务业对外开放情况

根据我国加入世界贸易组织前发布的《中外合资合作医疗机构管理暂行办法》和《外国医师来华短期行医管理办法》，以及我国的入世减让表中可以看出，我国卫生领域在商业存在和自然人流动模式下的开放程度是比较高的：允许外国服务提供者与中国合资伙伴一起设立合资合作医疗机构，外籍医师在中国注册后可以提供最长为期1年的短期医疗服务，期满需继续执业的可重新办理。

卫生部已经批准设置的中外合资合作医疗机构有200余家，大多数因各种原因未进入正式营业阶段。目前正在运营的合资合作医疗机构有近80家。

为了落实《内地与香港关于建立更紧密经贸关系的安排》和《内地与澳门关于建立更紧密经贸关系的安排》，卫生部公布了多项部门规章和规范性文件，在医疗机构和人员准入方面出台了更多开放性措施。

一、医疗机构准入

（一）发布的文件

《〈中外合资、合作医疗机构管理暂行办法〉的补充规定》（2007卫生部商务部令第57号）。

《关于落实内地与香港、澳门〈关于建立更紧密经贸关系的安排补充协议四〉中有关医疗服务事项的通知》[卫医发（2007）303号]。

《〈中外合资、合作医疗机构管理暂行办法〉的补充规定二》（卫生部、商务部令2008年第61号）。

《香港和澳门服务提供者在内地设立独资医院管理暂行办法》[卫医政发（2010）109号]。

《关于落实内地与香港澳门更紧密经贸关系安排补充协议七有关事项的通知》[卫医政发（2010）105号]。

《台湾服务提供者在大陆设立独资医院管理暂行办法》[卫医政发（2010）110号]。

《国务院办公厅转发发展改革委卫生部等部门关于进一步鼓励和引导社会资本举办医疗机构意见的通知》[国办发（2010）58号]。

《卫生部关于调整中外合资合作医疗机构审批权限的通知》[卫医政发（2011）7号]。

（二）开放措施

自2008年1月1日起，香港、澳门服务提供者在内地设立的合资、合作医疗机构，其投资总额下限由原来的2000万元降低到1000万元人民币。取得内地《医师资格证书》（临床、中医、口腔类别的执业医师）且符合一定条件的香港、澳门服务提供者可在内地申请开设个体诊所。

自2009年1月1日起，对香港、澳门服务提供者可以在广东省开办独资或合资形式设立门诊部，对投资总额不限制，其审批权下放到广东省卫生行政部门。

2010年11月，国务院批准了卫生部与发展改革委等五部门有关进一步鼓励和引导社会资本举办医疗机构的意见，提出进一步扩大医疗机构对外开放，将境外资本举办医疗机构调整为允许类外商投资项目。逐步取消合资合作医疗机构中对境外资本的股权比例限制。对具备条件的境外资本在我国境内设立独资医疗机构进行试点，逐步放开。境外资本既可举办营利性医疗机构，也可以举办非营利性医疗机构。鼓励境外资本在我国中西部地区举办医疗机构。简化并规范外资办医的审批程序。中外合资、合作医疗机构的设立由省级卫生部门和商务部门审批，其中设立中医、中西医结合、民族医医院的应征求省级中医药管理部门意见。外商独资医疗机构的设立由卫生部和商务部审批。

自2011年1月1日起，经卫生部审批后，允许台湾服务提供者在上海市、江苏省、福建省、广东省和海南省设立营利性或非营利性独资医院。香港和澳门服务提供者可以在上海市、福建省、广东省、海南省和重庆市设立独资医院，设立合资、合作医院的，对合资比例不予限制，还可以在广东省设立独资、合资、合作疗养院。

自2011年1月25日起，设置中外合资、合作医疗机构（营利性或非营利性均可）正式由省级卫生行政部门审批。

二、专业人员准入

（一）有关外籍医师来华执业的措施

1. 发布的文件

《外国医师来华短期行医暂行管理办法》（1992

年卫生部令第24号）

《卫生部关于修改〈外国医师来华短期行医暂行管理办法〉第十八条的通知》［卫医发（2003）331号］。

《香港、澳门特别行政区医师在内地短期行医管理规定》（2008年卫生部令第62号）。

《台湾地区医师在大陆短期行医管理规定》（2009年卫生部令第63号）。

《香港和澳门特别行政区医疗专业技术人员在内地短期执业管理暂行规定》［卫医政发（2010）106号］。

2. 开放措施

香港、澳门、台湾的医师或医疗团体在内地行医可参照《外国医师来华短期行医暂行管理办法》（1992年卫生部令第24号）执行，其中港澳医师自2003年11月28日起在内地短期行医注册的有效期可达3年。

为了加强香港特别行政区、澳门特别行政区医师在内地短期行医的管理，2008年12月29日发布的62号部令，细化了港澳医师申请在内地行医的规定，其执业类别规定为临床、中医、口腔三个类别。

2009年3月1日起，台湾医师在大陆短期行医（临床、中医、口腔专业）注册的有效期也达到3年。

自2011年1月1日起，港澳在内地医疗机构从业的医疗专业技术人员范围从医师扩大到药剂师、护士、化验师、放射技师、物理治疗师等。

卫生部目前正在制定《外籍护士执业管理办法》，规定外籍护士来华执业注册的条件和程序，规范其执业行为。

（二）有关外籍医师资格认定的措施

1. 发布的文件

《关于取得内地医学专业学历的台湾、香港、澳门居民申请参加国家医师资格考试有关问题的通知》［卫医发（2001）249号］。

《关于取得中国医学专业学历的外籍人员和取得内地医学专业学历的台港澳居民参加医师资格考试补充规定的通知》［卫医发（2002）52号］。

《关于落实〈内地与香港关于建立更紧密经贸关系的安排〉和〈内地与澳门关于建立更紧密经贸关系的安排〉中医疗及牙医服务有关问题的通知》［卫医发（2003）333号］。

《关于台湾地区居民和获得国外医学学历的中国大陆居民参加医师资格考试有关问题的通知》［卫发明电（2007）17号］（2007年4月5日发布）。

《关于台港澳医师获得大陆医师资格有关问题的通知》［卫医发（2008）14号］。

《台湾地区医师获得大陆医师资格认定管理办法》［卫医政发（2009）32号］。

《香港和澳门特别行政区医师获得内地医师资格认定管理办法》［卫医政发（2009）33号］。

2. 开放的措施

自2004年1月1日起，在内地学习获得医学学历或在港澳学习并获得合法行医权等一系列符合一定条件的港、澳居民可以申请参加内地临床、中医、口腔类别的国家医师资格考试，成绩合格者，发给相应的《医师资格证书》。

自2007年起，符合规定条件的台湾居民可以参加大陆临床、中医和口腔类别的医师资格考试，成绩合格者可获得《医师资格证书》。

自2008年起，符合一定条件的台湾地区、香港和澳门特别行政区永久性居民，可以申请通过认定方式获得大陆内地临床、中医和口腔类别的医师资格，具体的程序在2009年4月15日下发的文件中得到进一步明确，提出由省级卫生行政部门负责相应的受理、审核和认定工作。

（卫生部政策法规司）

中国旅游业对外开放情况

一、2010 年旅游业开放及对外交流情况

(一) 旅游市场开放情况

2010 年 8 月，国家旅游局和商务部出台《中外合资经营旅行社试点经营出境旅游业务监管暂行办法》，规定在国家试点的基础上，逐步对外商投资旅行社开放经营中国内地居民出境旅游业务。根据该办法，取得试点资格的中外合资经营旅行社可以招徕、组织、接待中国内地居民出国旅游和赴香港、澳门特别行政区旅游的经营活动，但不得组织大陆居民赴台湾地区旅游。

(二) 旅游对外交流合作

截至 2010 年，中国公民出境旅游目的地国家和地区已达 140 个，其中已实施 110 个。2010 年，中国与 6 个国家签署了 7 项旅游交流合作协议。胡锦涛主席先后出席了中国与加拿大旅游目的地协议签字仪式，中国与葡萄牙旅游合作协定签字仪式。组织召开了第十届世界旅游旅行大会、第五届中日韩旅游部长会议、第四届中美省州旅游局长对话会议、海南博鳌国际旅游论坛，积极参加了世界旅游组织执委会会议、T20 旅游部长会议、中美商贸联委会和中俄人文分委会旅游工作组会议。国家旅游局组织召开了中澳 ADS 十周年回顾会议、“中越德天·板约瀑布国际旅游合作区”磋商会议，积极参加了世界旅游组织地区会议、世界旅游组织大会、亚太旅游协会理事会会议、10＋3 旅游部长会议，此外，还与各地共同开展了多项对外交流活动，如河南世界旅游城市论坛及广东、新疆、四川等地方国际旅游节庆活动。中国在国际旅游事务中的话语权进一步增强，国际影响力进一步提升。

(三) 旅游市场持续增长

2010 年，随着对外开放程度的扩大，中国旅游业蓬勃发展，三大旅游市场继续增长。全国旅游业总收入 1.57 万亿元，增长 21.7%。入境旅游人数 1.34 亿人次，增长 5.8%；入境过夜旅游人数 5 566万人次，增长 9.4%；旅游外汇收入 458 亿美元，增长 15.5%。出境旅游人数5 739万人次，增长 20.4%；出境旅游花费 549 亿美元，增长 25.6%。旅游贸易逆差由 2009 年的 40 亿美元扩大到 91 亿美元。入境过夜旅游人数和旅游外汇收入分别位居世界第三和第四位。中国公民出境旅游稳居亚洲最大的客源国地位，并成为全球出境旅游增长最快的国家之一。国内旅游人数达 21 亿人次，比 2009 年增长 10.6%；国内旅游收入 1.26 万亿元，增长 23.5%；旅游已经成为人民群众重要的生活方式，有力地推动了社会经济的全面发展。

二、2001—2010 年旅游业与 WTO 有关的政策与管理措施情况

(一) 旅游市场开放

在 2007 年 11 月 WTO 过渡期正式结束之时，中国旅游业已经完全兑现了在饭店和餐馆、旅行社和旅游经营两方面的各项承诺。

1. 饭店（包括公寓楼）和餐馆

对于跨境支付、境外消费、商业存在的服务提供方式，在市场准入和国民待遇方面没有限制。对于自然人流动的服务提供方式，市场准入方面规定，除水平承诺中内容和下列内容外，不做承诺：允许与在中国的合资饭店和餐馆签订合同的外国经理、专家，包括厨师和高级管理人员在中国提供服务。在国民待遇方面除水平承诺中内容外不做承诺。此项承诺已全面兑现。

2. 旅行社和旅游经营者

对于跨境支付和境外消费的服务提供方式，市场准入和国民待遇方面均没有限制。对于商业存在的服务提供方式，市场准入方面对外资旅行社的要求与国内旅行社相同。对于自然人流动的服务提供方式，在市场准入和国民待遇方面除水平承诺中的内容外，不做承诺。同时，根据我国服务业入世水平承诺，允许外国提供者可以在中国国内自由选择投资合作伙伴，包括行业内外的合作者。

在外商投资旅行社准入方面，根据原《旅行社管理条例》规定，外商投资旅行社注册资本最低额度为 400 万元，且应具备以下条件：①是旅行社或者主要从事旅游经营业务的企业；②年旅游经营总额4 000万美元以上；③是本国旅游行业协会的会员。十年间，为兑现 WTO 承诺，国家旅游局几次

对“注册资本”及“年经营额”等有关条件做出放宽调整。至2009年5月1日，在新修订的《旅行社条例》中规定，注册资本金最低额度降到30万元，实现国民待遇，全面兑现了WTO承诺。

在质量保证金方面，2009年4月30日前，经营入境旅游业务的外商投资旅行社质量保证金为60万元，经营国内旅游业务为10万元。2009年5月1日《旅行社条例》实施后，无论是经营入境旅游业务还是国内旅游业务，质量保证金一律为20万元，实现了国民待遇。另外，2010年《中外合资经营旅行社试点经营出境旅游业务监管暂行办法》规定，试点经营出境旅游业务的外商投资旅行社质量保证金为120万元。

在分社设立方面，2009年4月30日前，外商投资旅行社设立分社的条件是：每年接待旅游者10万人次以上，中方合资或合作的旅行社进入全国旅行社百强排名，分社经理必须取得《旅行社经理资格证书》，增加一个分社增加注册资金75万元，增加一个分社增加质量保证金30万元，增加的分社不具有独立法人资格。2009年5月1日《旅行社条例》实施后，增加分社除了需要增加质量保证金30万元外，其他条件被取消。

（二）CEPA及其补充协议在旅游领域的开放措施情况

1. CEPA协议

2003年6月29日中央政府与香港、澳门特区政府签订《内地与香港、澳门关于建立更紧密经贸关系的安排》。该协议文本和附件共涉及8项旅游承诺内容：

（1）为进一步促进香港、澳门旅游业的发展，内地将允许广东省境内的居民个人赴港澳旅游。此项措施首先在东莞、中山、江门三市试行，并不迟于2004年7月1日在广东省全省范围实施。

（2）双方加强在旅游宣传和推广方面的合作，包括促进相互旅游以及开展以珠江三角洲为基础的对外推广活动。

（3）通过合作，提高双方旅游行业的服务水平，保障游客的合法权益。

（4）允许香港、澳门服务提供者以独资形式在内地建设、改造和经营饭店、公寓楼和餐馆设施。

（5）香港、澳门旅行社与内地合资设立的由内地拥有多数股权的合资旅行社无地域限制。

（6）降低香港、澳门旅行社进入内地准入条件，即：在内地设立独资旅行社的香港旅游企业的年旅游经营总额不低于2 500万美元，在内地设立合资旅行社的香港旅游企业的年旅游经营总额不低于1 200万美元。

（7）允许在广东的香港、澳门独资或合资旅行社，申请试点经营广东省居民（具有广东省正式户籍的居民）前往香港、澳门的团队旅游业务。

（8）允许广东省、北京市、上海市、天津市、重庆市、成都市、济南市、南宁市、海口市、长沙市、贵阳市、昆明市、南昌市，以及浙江省的杭州市、宁波市、台州市，福建省的福州市、泉州市、厦门市，辽宁省的沈阳市、大连市，江苏省的南京市、无锡市、苏州市的居民个人赴港澳旅游。

2. 补充协议一

2004年10月27日签署《内地与香港、澳门关于建立更紧密经贸关系的安排》补充协议，除将个人游范围扩大到天津市、重庆市外，无其他承诺。

3. 补充协议二

2005年10月18日签署《内地与香港、澳门关于建立更紧密经贸关系的安排》补充协议二，旅游无具体承诺。（注：个人游范围扩大辽宁省沈阳市和大连市、四川省成都市、山东省济南市、江西省南昌市、湖南省长沙市、广西的南宁市、海南省海口市、贵州省贵阳市、云南省昆明市）

4. 补充协议三

2006年6月27日签署《内地与香港、澳门关于建立更紧密经贸关系的安排》补充协议三，旅游无具体承诺。（注：个人游范围扩大到河北省石家庄市、吉林省长春市、安徽省合肥市、河南省郑州市、湖北省武汉市）

5. 补充协议四

2007年6月29日签署《内地与香港、澳门关于建立更紧密经贸关系的安排》补充协议四，旅游承诺如下：

（1）降低香港、澳门特别行政区的旅游经营者在内地设立独资或合资旅行社的年经营额要求，在内地设立独资旅行社的，年旅游经营总额应不低于1 500万美元；在内地设立合资旅行社的，年旅游经营总额应不低于800万美元。

（2）允许在广西、湖南、海南、福建、江西、云南、贵州和四川设立的香港、澳门独资或合资旅行社，试点经营具有该省、自治区正式户籍的居民前往香港、澳门的团队旅游业务。

6. 补充协议五

2008 年 7 月 29 日签署《内地与香港、澳门关于建立更紧密经贸关系的安排》补充协议五，旅游承诺如下：

(1) 委托广东省审批香港、澳门服务提供者在广东设立独资、合资或合作旅行社。

(2) 允许香港、澳门永久性居民中的中国公民参加内地导游人员资格考试。考试合格者依照有关规定领取导游人员资格证书。

(3) 自 2008 年 9 月 1 日起，对香港、澳门旅游企业在内地设立独资、合资或合作旅行社的年旅游经营总额不作要求。

7. 补充协议六

2009 年 5 月 9 日签署《内地与香港、澳门关于建立更紧密经贸关系的安排》补充协议六，旅游承诺如下：

(1) 允许香港、澳门永久性居民中的中国公民取得内地出境游领队证，并可受雇于内地具有出境旅游业务经营权的国际旅行社和获准经营赴港澳团队旅游业务的香港、澳门旅行社。

(2) 经营赴台旅游的组团社可组织持有效《大陆居民往来台湾通行证》及旅游签注（签注字头为 L）的游客以过境方式在香港或澳门停留，以便利内地及香港、澳门旅游业界推出“一程多站”式旅游产品。

8. CEPA 补充协议七

2010 年 5 月 27 日签署《内地与香港、澳门关于建立更紧密经贸关系的安排》补充协议七，旅游承诺如下：

允许在北京市和上海市设立的香港、澳门独资或合资旅行社，申请试点经营北京市和上海市居民（具有北京市和上海市正式户籍的居民）前往香港、澳门的团队旅游业务。

（三）大陆居民赴台湾旅游开放情况

2006 年 4 月 16 日，国家旅游局、公安部、国务院台湾事务办公室公布《大陆居民赴台湾地区旅游管理办法》，规定大陆居民赴台旅游，须由指定经营大陆居民赴台旅游业务的旅行社组织，以团队形式整团往返。参游人员在台期间须集体活动。组团社由国家旅游局会同有关部门，从已批准的特许经营出境旅游业务的旅行社范围内指定，由海峡两岸旅游交流协会公布。台湾地区接待大陆居民赴台旅游的旅行社，经大陆有关部门会同国家旅游局确认后，由海峡两岸旅游交流协会公布。大陆居民赴台旅游实行配额管理，配额由国家旅游局会同有关部门确认后，下达给组团社。

2008 年 6 月 13 日，海峡两岸关系协会会长陈云林与台湾海峡交流基金会董事长江丙坤在北京签署了《海峡两岸关于大陆居民赴台湾旅游协议》，确定大陆居民赴台旅游在北京、天津、辽宁、上海、江苏、浙江、山东、湖北、广东、福建、重庆、云南、陕西共 13 个省、直辖市试点开放。海峡两岸旅游交流协会 17 日公布了第一批指定经营大陆居民赴台湾旅游业务的 33 家旅行社名单。

2009 年 2 月增加河北、山西、吉林、黑龙江、安徽、江西、河南、湖南、广西、海南、四川、贵州共 12 个省份为大陆居民赴台旅游第二批开放区域，使我国大陆居民赴台旅游扩大到 25 个省、区、市，并公布了 113 家国际旅行社为第二批指定经营大陆居民赴台旅游业务旅行社。

自 2010 年 7 月 18 日起，增加内蒙古自治区、西藏自治区、甘肃省、青海省、宁夏回族自治区、新疆维吾尔自治区等 6 省、区为大陆居民赴台旅游第三批开放区域，实现了 31 个省、区、市开放赴台旅游，并公布了 18 家旅行社为第三批指定经营大陆居民赴台旅游业务旅行社。加上第一批公布的 33 家和第二批公布的 113 家旅行社，目前共有 164 家旅行社成为指定经营大陆居民赴台旅游业务旅行社。

此外，在与相关国家和地区的 FTA（自由贸易区）谈判过程中，十年来，我国旅游业视情况逐步放宽准入。至 2007 年底全面兑现 WTO 承诺后，在自由贸易区所涉及的国家和地区，不再有特殊开放政策。

（国家旅游局政策法规司）

中国电信业对外开放情况

一、2010年电信业运行情况

2010年，我国电信业认真贯彻落实中央关于继续应对国际金融危机、保持经济平稳较快发展的一系列政策措施，加快3G发展建设，推动网络发展演进升级，优化市场竞争结构，拓展信息服务应用，积极推进行业转型升级，电信业在国民经济和社会发展中的战略性、基础性作用日益增强。

（一）行业规模继续保持平稳增长

2010年，实现电信业务总量30 955亿元，同比增长20.5%。实现电信业务收入8 988亿元，同比增长6.4%。完成固定资产投资3 197亿元。电话用户总数达到11.53亿户，电话普及率为86.5部/百人，其中固定电话和移动电话用户分别为2.94和8.59亿户。互联网网民总数达到4.57亿，互联网普及率达到34.3%。电信资费综合价格水平同比降低11.7%。

（二）信息网络加速向宽带化、移动化和IP化演进

截至2010年底，通信光缆线路长度达到995.1万公里，同比增长20.4%。移动电话交换机容量达到15亿户，同比增长4.5%。互联网宽带接入端口达到1.88亿个，同比增长38%。互联网国际出口带宽达到1 099Gbps，同比增长26.8%。已建成全球最大IP软交换网和IPv6示范网络，骨干传输网发展成为多路由冗余和多环网保护的高速、高可靠网络，加快实施“光进铜退”，信息网络技术装备达到世界先进水平。

（三）3G发展进程明显加快

2010年，完成3G投资1 063亿元，基站规模累计达到62万个，3G网络已覆盖全国大部分地市和主要县及发达乡镇。3G用户总数达到4 705万户，其中TD用户达到2 070万户。3G用户占移动电话用户总数的比例5.5%，比年初提高了3.5个百分点。3G可视电话、手机视频、宽带上网、家庭网关、无线城市、视频监测、移动办公等业务应用不断涌现，用户的认知度和感知度不断提升。

（四）各类互联网应用迅速扩展

互联网已成为经济社会生活必不可少的沟通交流工具。2010年，搜索引擎已为互联网网民首选应用，用户规模达到3.75亿。网络购物用户同比增长48.6%，网上支付、网上银行使用率迅速提升。微博客、团购等互联网新应用初具规模，微博客和团购用户规模分别达到6 311万和1 875万。移动互联网快速发展，手机即时通信、手机新闻和手机搜索使用率分别达到67.7%、59.9%和56.6%，位列移动互联网使用率前三位①。

（五）信息通信服务逐渐融入经济社会各领域

积极推进全行业向多媒体化、融合化、集成化的信息服务业加速转型，加快推动信息通信技术和信息网络在工业生产中的集成应用和与传统服务业的深度结合，大力培育面向互联网的新型业态，引导移动办公、视频监控、数字城市、智能交通等行业应用不断拓展。截至2010年底，实现非话业务收入3 801.5亿元，同比增长11.2%，占电信业务收入的比例达到42.3%。

（六）信息通信普遍服务持续深化

截至2010年底，我国已实现100%行政村通电话和100%乡镇能上网，实现94%的20户以上自然村通电话，75%的行政村基本具备互联网接入能力，98%的乡镇通宽带。已建成“农信通”、“信息田园”、“金农通”等全国性农村综合信息服务平台，建成涉农互联网站近2万个，乡镇信息服务站20 229个，行政村信息服务点117 281个，网上建成乡镇涉农信息库14 137个，村信息栏目135 478个。全国近一半乡镇已建成乡镇信息服务站和县、乡、村三级信息服务体系。

（七）推动行业实现绿色发展成效明显

通过继续深化电信基础设施共建共享工作。截至2010年底，共减少新建铁塔超过7.8万个、杆路超过13.7万公里、基站站址及其配套环境（含铁塔）超过9.9万个、传输线路（含杆路）超过18.3

---

① 数据来源：中国互联网络信息中心。

万公里，节约投资超过 200 亿元，节约土地超过 4 200亩，节约钢材超过 78 万吨。通过引导企业加强节能技术、节能产品和节能工艺的研发和应用，加快推进高耗能设备的升级和节能化改造，加快绿色能源和自然能源的普及使用，全行业节能节电效果明显。截至 2010 年底，全行业综合耗电约 334 亿度，单位业务总量综合能耗同比下降 4.42%。

二、入世以来电信业开放情况

2001 年 12 月 11 日，我国正式加入世界贸易组织。入世以来，我国严格履行电信服务入世承诺，逐步建设完善相关法律法规，开放水平日益提高。

（一）积极履行入世承诺，鼓励外资投资电信企业

根据我国电信服务入世承诺，开放的基础电信服务包括寻呼服务、移动话音和数据服务、国内业务和国际业务，每项业务的开放时间、地域和外资股比要求不相同。至 2007 年，各项开放业务过渡期均已结束，允许外资在国内设立合资企业，股比不超过 49%（其中寻呼服务不超过 50%），并取消了地域限制。开放的增值电信服务包括电子邮件、语音邮件、在线信息和数据检索、电子数据交换、增值传真服务（包括储存和发送、储存和检索）、编码和规程转换、在线信息和/或数据处理（包括交易处理），明确了业务开放时间、地域和外资股比要求。至 2004 年，各项开放业务过渡期均已结束，允许外资在国内设立合资企业，股比不超过 50%，并取消了地域限制。

截至 2010 年底，我国电信主管部门（工业和信息化部及各地通信管理局）共正式受理外商投资电信企业申请 55 份。获得工业和信息化部颁发的《外商投资经营电信业务审定意见书》的有 37 份，获得工业和信息化部颁发的《电信业务经营许可证》的外商投资企业有 23 家，包括全球知名的 MSN 等企业已在中国成立了合资企业。

（二）完善相关法律法规，降低电信行业准入门槛

为做好与我国入世承诺的衔接，2001 年 12 月，国务院颁布了《外商投资电信企业管理规定》（国务院第 333 号令），对外商投资电信企业的经营业务范围、股权比例、审批程序等做了明确规定。2008 年 9 月 10 日，国务院第 534 号令公布了《国务院关于修改〈外商投资电信企业管理规定〉的决定》。新的规定一是降低了外商投资电信企业经营基础电信业务的注册资本最低限额。其中，经营全国的或者跨省、自治区、直辖市范围的基础电信业务的，注册资本最低限额从 20 亿元人民币下降为 10 亿元人民币；经营省、自治区、直辖市范围内的基础电信业务的，注册资本最低限额从 2 亿元人民币下降为 1 亿元人民币。二是减少了设立外商投资电信企业的申请材料，不再要求提交可行性研究报告。三是删除了境内电信企业在境外上市须经国务院信息产业主管部门审查的有关规定。

（三）逐步探索扩大电信业务开放新领域

在积极履行入世承诺，降低准入门槛的同时，我国还积极探索扩大电信业务开放的新领域。在《内地与港澳关于建立更紧密经贸关系的安排》（CEPA）框架下，除入世承诺中开放的各项电信业务外，还向港资和澳资增开了国内因特网虚拟专用网业务、因特网数据中心业务、呼叫中心业务、因特网接入服务业务 4 项增值电信业务。允许香港和澳门服务提供者在内地设立经营上述业务的合资企业，无地域限制，拥有股权不超过 50%。

同时，经工业和信息化部和商务部申请，国务院通过《关于鼓励服务外包产业加快发展的复函》和《关于同意简化外资经营离岸呼叫中心业务试点审批程序的复函》，批准同意离岸呼叫中心对外资开放试点。依据批复意见，2010 年 11 月 11 日，工业和信息化部研究出台了《关于鼓励服务外包产业加快发展及简化外资经营离岸呼叫中心业务试点审批程序的通知》，对外资经营离岸呼叫中心业务试点审批程序做了简化，同时对外资经营离岸呼叫中心业务试点地区、业务、主体、审批部门、审批程序做了具体规定。

（四）积极参加多哈回合谈判，做好政策审议相关工作

在多哈回合谈判过程中，我国积极听取各成员国对我国电信市场开放的建议和要价，及时反馈我方意见，并对外方关注的问题予以解释和澄清。同时定期向世贸组织通报我国电信业法律法规的调整情况，配合世贸组织秘书处做好我国贸易政策审议工作，参加服务贸易规则分类等专题会议，对各成员国关注的我国电信业重组、境内外私人投资、资费结构、普遍服务、许可等的情况，通过各种渠道予以了通报。

（工业和信息化部运行监测协调局、通信发展司）

中国文化产业对外开放情况

2001—2011 年是我国文化产业政策快速发展和转型的十年，文化体制改革强力推进，文化产业发展获得新的动力。根据入世签订的相关协议所做的承诺，我国文化市场对外开放的步伐加大，同时文化企业积极实施“走出去”战略，不断增强参与国际合作与竞争的能力。

一、广播电视业

中共十六大提出了广播电视产业化发展的方向，2004 年国家广播电影电视总局（简称广电总局）颁布了《关于促进广播影视产业发展的意见》，进一步加快了产业化进程。按照入世承诺，广播电视并不是直接开放的领域，但是有关网络、视听服务和广告服务等的承诺必将会影响到广播电视业。在国内不断推进产业化和加入 WTO 的双重压力下，我国逐步开放广播电视产业市场。非公有资本在特定条件下允许进入某些部门，目前中视传媒、上海东方明珠、北京歌华有线、湖南电广传媒等已上市，广电领域的国际合作也已逐步展开。

（一）电视节目、电视剧合作制作

为促进中外广播影视交流活动健康有序地发展，规范外国人参加广播影视节目制作活动，广电总局 1999 年出台了《关于外国人参加广播电视节目制作活动管理规定》，2004 年发布了《中外合作制作电视剧管理规定》，2008 年发布了《〈中外合作制作电视剧管理规定〉补充规定》。广播电台、电视台、具有电视剧制作许可证或摄制电影许可证的单位，经批准可聘请外国人参加影视节目、电视剧或电影片的制作，但不得聘请外国人主持新闻类节目，包括新闻、新闻评论、新闻专题等，广播电台、电视台经批准聘请外国人以专家身份参加外语教学节目并付给报酬的，纳入聘请外国文教专家系列管理，并按国家有关规定办理相关手续。2004 年国家颁布了《中外合资、合作广播电视节目制作经营企业管理暂行规定》，使影视制作成为大规模吸引外资的文化产业领域。

（二）境外机构和节目引进

2004 年广电总局颁布了《境外机构设立驻华广播电视办事机构管理规定》和《境外卫星电视节目引进、播出管理规定》、《境外卫星电视频道落地管理办法》。我国对境外机构设立驻华广播电视办事机构实行许可制度，境外机构不得在中国境内设立广播电视代理机构或编辑部；允许引进境外电影、电视剧（电视动画片）及教育、科学、文化等其他各类电视节目，不能引进时事性新闻节目，广电总局负责境外影视剧引进和以卫星传送方式引进境外其他电视节目的审批工作；频道落地实行归口管理和审批制度，落地限于三星级以上涉外宾馆饭店、专供境外人士办公居住的涉外公寓等规定的范围及其他特定的范围，目前约 30 多个境外卫星电视频道已落地中国。

（三）广电“走出去”

为扩大我国广播电视在国外的覆盖面，2002 年广电总局颁布了《赴国外租买频道和设台管理暂行规定》，推动广播电视文化产业“走出去”。中央电视台已在 140 个国家和地区实现落地入户，卫星传输信号基本实现了全球覆盖。中国国际广播电台已形成 53 种语言广播、22 家境外整频率电台、153 家调频/中波合作电台、3 158个海外听众俱乐部、覆盖全球 60 多个国家和地区的对外广播体系。

二、电影业

入世后中国电影进入深化体制改革和产业政策调整的重要阶段，2002 年颁布的《电影管理条例》作为我国电影产业政策的主要指导文件，对电影产业和电影市场的各个方面都进行了宏观的规定，为我国电影产业的发展描绘出了基本的政策框架。国家对电影摄制、进口、出口、发行、放映和电影制片公映实行许可制度，这种制度保证了国内电影市场各方面管理的最大有效性，但在一定程度上阻碍了中国电影与国际接轨。

（一）中外合拍影片

中外合拍影片实行立项制，对剧本审核通过后发给《中外合作电影片许可证》；中外合作摄制电影片需要进口设备、器材、胶片、道具的，中方合作者应当持国务院广播电影电视行政部门的批准文件到海关办理进口或者临时进口手续；境外电影制片者同中方合作者合作或者以其他形式在中华人民共和国境内摄制电影片，应当遵守中华人民共和国的法律、法规，尊重中华民族的风俗，习惯。

（二）电影进出口

电影进口业务由广电总局指定电影进口经营单位经营，进口供公映的电影片，进口前应当报送电影审查机构审查；举办中外电影展、国际电影节，提供电影片参加境外电影展、电影节等也须报广电总局审查批准。同时，也实行了对国产电影放映的保护政策，规定各放映单位每年放映国产影片的时间不得少于年总放映时间的 2/3，并加强对年度国产影片放映情况的考核，根据考核情况调整进口影片供片政策，以鼓励电影单位多发行放映国产影片。

（三）外商投资

电影业不断放宽外国资本进入的门槛，允许以中外合资或者中外合作的方式建设、改造电影院，从事电影放映业务，但外商不得设立独资电影院，不得组建电影院线公司。外商投资电影院放映的影片必须持有国家广播电影电视总局颁发的《电影片公映许可证》，不准放映走私、盗版电影，不得从事营业性的录像、VCD、DVD 的放映。

三、演出展览业

加入 WTO 后，演出产业政策做出了巨大调整，最为突出的是取消了对演出市场主体的所有制限制，实施全面对内开放。作为演出市场政策的基本制度框架，《营业性演出管理条例》和《营业性演出管理条例实施细则》不断修订完善，我国国有文艺院团体制改革全面推进，民营艺术院团如雨后春笋，异军突起，演出院团的市场竞争力逐渐增强，演出市场进一步开放，对外文化交流日益频繁。

（一）境外主体对内演出或设立机构

2006 年文化部公布的《外国文艺表演团体或个人来华在非歌舞娱乐场所进行营业性演出活动的审批》规定了演出经纪机构、演出场所经营单位、文艺表演团体拟邀请外国文艺表演团体或者个人来华进行营业性演出的申请材料及审核期限等。2008 年国务院修订了《营业性演出管理条例》，台湾地区投资者、外国投资者可以与中国投资者依法设立中外合资经营、中外合作经营的演出经纪机构、演出场所经营单位，中国合作者应当拥有经营主导权；不得设立中外合资经营、中外合作经营、外资经营的文艺表演团体，不得设立外资经营的演出经纪机构、演出场所经营单位。香港特别行政区、澳门特别行政区的投资者可以在内地投资设立合资、合作、独资经营的演出经纪机构、演出场所经营单位；香港特别行政区、澳门特别行政区的演出经纪机构可以在内地设立分支机构。2007 年发布的《外商投资产业指导目录》中，由中方控股的演出场所经营被列入鼓励外商投资产业目录。

（二）涉外演出展览

2004 年文化部制定了《文化部关于促进商业演出展览文化产品出口的通知》，从政策和资金上为商演和展览产品出口提供强有力支持，鼓励有条件的文化企事业单位在境外建立商演展分支机构，鼓励文化企事业单位横向联合，构建商演展产品出口战略联盟，向境外拓展市场，鼓励文化企事业单位与境外演展经纪机构加强联系，建立产品国际销售网络。为贯彻《通知》的精神，鼓励、扶持商业演出展览文化产品出口，制定了《国家商业演出展览文化产品出口指导目录》，政府对列入指导目录项目的商演展产品实行后援支持和资金支持。

四、动漫业

中国入世之后，国外的动漫产品迅速涌入国内市场，中国市场面临着被蚕食的危险。在应对国际动漫市场竞争的同时，将我国民族特色融入到动漫创作中，创作出有中国特色的动漫产品，是我国动漫市场面临的挑战。2006 年财政部等十部委发布《关于推动我国动漫产业发展的若干意见》，首次从国家层面明确提出要发展动漫产业，这是中国发展动漫产业的一部纲领性文件。

（一）鼓励国产优质动漫创作

在支持动漫原创方面，从 2002 到 2004 年，国家先后出台了《影视动画业“十五”期间发展规划》、《关于加强动画片引进和播放管理的通知》等相关文件，积极扶持国产动画片，鼓励境内外合作制作动画片。并规定所有境外动画片的引进须经国家广电总局审查通过，获得发行许可证后方可发行播出。在每个播出动画片的频道中，国产动画片与引进动画片的播出比例不低于 6∶4；自 2006 年 9

月1日起，全国各级电视台所有频道在每天17：00—20：00之间，均不得播出境外动画片和介绍境外动画片的资讯节目或展示境外动画片的栏目。

（二）实施国产动漫产品“走出去”工程

为支持动漫产品“走出去”，拓展动漫产业发展空间，建立健全了动漫产业海外服务支撑体系，支持我国动漫企业开拓海外市场，适当补助动漫产品出口译制经费；通过“中小企业国际市场开拓资金”渠道，积极鼓励和支持优秀国产动漫作品和产品到海外参展；中国进出口银行可以为动漫企业出口动漫产品提供出口信贷支持，积极利用国家出口信用保险促进动漫产品海外市场营销；企业出口动漫产品享受国家统一规定的出口退（免）税政策，企业出口动漫版权可适当予以奖励。对动漫企业在境外提供劳务获得的境外收入不征营业税，境外已缴纳的所得税款可按规定予以抵扣。此外，2009年出台的《关于扶持动漫产业发展有关税收政策问题的通知》中提出，动漫企业自主开发、生产动漫直接产品，确需进口的商品可享受免征进口关税和进口环节增值税的优惠政策，大力推动了我国动漫“走出去”。

未来的中国文化产业将充分利用WTO提供的全球文化市场平台，以更加开放的姿态积极参与国际文化贸易竞争，不断扩大文化市场的准入范围，加强与世界各国、各民族文化交流与合作，优势互补，共同发展。

表1　　**中国文化创意产品出口额**

单位：百万美元

项目＼年份	2002	2003	2004	2005	2006	2007	2008
手工艺品	3 568.65	4 394.30	5 041.46	6 206.33	7 591.17	9 364.10	10 721.80
视听产品	0.19	0.08	0.06	0.01	0.17	0.16	0.10
设计	23 529.14	28 280.48	33 893.42	41 167.42	45 009.94	51 858.62	58 848.25
新媒体	2 378.17	2 665.27	2 910.98	3 952.26	5 181.15	5 655.53	8 377.04
表演艺术	168.17	193.76	162.75	135.45	122.52	715.61	723.50
出版和印刷媒体	534.75	651.00	852.74	1 031.12	1 451.17	2 043.72	2 420.65
视觉艺术品	2 168.63	2 383.59	2 758.92	3 022.21	3 368.48	3 361.23	3 715.30
出口总额	32 347.69	38 568.47	45 620.32	55 514.82	62 724.61	72 998.97	84 806.64

数据来源：联合国贸发会创意经济数据库（http：//unctadstat. unctad. org/ReportFolders/reportFolders. aspx）。

表2　　**中国文化创意产品进口额**

单位：百万美元

项目＼年份	2002	2003	2004	2005	2006	2007	2008
手工艺品	513.83	550.38	661.95	696.34	802.44	852.96	895.50
视听产品	1.23	0.99	2.13	1.69	15.13	27.08	25.36
设计	1 164.65	1 271.58	1 338.72	1 532.29	1 639.24	2 083.18	2 588.76
新媒体	465.00	466.29	297.89	214.30	330.54	555.83	327.92
表演艺术	465.32	638.21	883.79	1 051.79	1 008.29	1 559.28	1 635.96
出版和印刷媒体	301.34	383.00	340.18	416.71	432.01	493.88	536.39
视觉艺术品	29.15	28.68	38.01	43.16	63.97	49.51	67.87
进口总额	2 940.52	3 339.12	3 562.67	3 956.28	4 291.63	5 621.72	6 077.75

数据来源：联合国贸发会创意经济数据库（http：//unctadstat. unctad. org/ReportFolders/reportFolders. aspx）。

表 3　　中国文化创意服务出口额

单位：百万美元

项目＼年份	2002	2003	2004	2005	2006	2007	2008
广告服务	372.846	486.261	848.628	1 075.73	1 445.03	1 912.27	2 202.32
创意研发	1 284.94	1 884.94	＊＊	＊＊	＊＊	＊＊	＊＊
文化娱乐休闲服务	29.6 741	33.443	40.9 926	133.859	137.433	316.285	417.943
版权转让与许可费	132.822	106.979	236.359	157.402	204.504	342.634	570.536

数据来源：联合国贸发会创意经济数据库，＊＊ 表示数据缺失（http：//unctadstat. unctad. org/ReportFolders/reportFolders. aspx）。

表 4　　中国文化创意服务进口额

单位：百万美元

项目＼年份	2002	2003	2004	2005	2006	2007	2008
广告服务	394.447	457.881	698.335	715.208	954.96	1 336.92	1 940.66
创意研发	2 630.53	3 449.54	＊＊	＊＊	＊＊	＊＊	＊＊
文化娱乐休闲服务	96.0239	69.535	175.831	153.954	121.48	153.72	254.62
版权转让与许可费	3 114	3 548.13	4 496.6	5 321.25	6 634.08	8 192.07	10 319.5

数据来源：联合国贸发会创意经济数据库，＊＊ 表示数据缺失（http：//unctadstat. unctad. org/ReportFolders/reportFolders. aspx）。

（中国传媒大学经济与管理学院　李怀亮 方英）

中国钢铁业对外开放情况

一、2010年中国钢铁行业运行的基本情况及特点

2010年是中国“十一五”规划的最后一年，也是中国钢铁工业不寻常的一年。在这一年里，中国粗钢产量登上6亿吨台阶，实现了“十一五”期间粗钢产量的三级跳，虽然一方面有力地支持了中国经济的发展和金融危机后的复苏，另一方面却使产能过剩的阴云继续笼罩，钢铁企业盈利水平远低于工业企业的平均水平。在这一年中，中国出口钢材4 255.6万吨，较金融危机时有了较大恢复，但国际上贸易保护主义的浪潮依然没有退去；中国钢铁企业海外投资领域更广、金额更大、目标更高，以资源为主的对外投资成为中国海外投资的主力军。在这一年里，节能减排、取消部分产品出口退税及限电等国家政策对行业产生显著影响，调整行业结构、转变发展方式迫在眉睫。

（一）钢铁产量适度增长

2010年中国粗钢产量首次登上6亿吨台阶，全国生产粗钢62 665.4万吨，比2009年增加5 308.7万吨，增长9.26%。受国家节能减排和限电政策的影响，钢铁生产呈现前高后低的态势。2010年1～8月生产粗钢42 655.1万吨，平均日产175.54万吨；9～12月生产粗钢19 994.6万吨，平均日产163.89万吨，日产水平比1～8月大幅减少11.65万吨。

（二）产品结构向优化方向发展

2010年国产钢材的国内市场占有率不断提高，汽车用钢、管线钢、硅钢、船板、钢轨等关键钢材产品产量大幅度提高，产品质量实现了重大的突破，22大类钢材品种中有18类钢材国内市场占有率达到95%以上。时速350公里的高速钢轨全部实现国产化，具有自主知识产权的高档取向硅钢实现批量生产并替代进口，用于50万伏以上等级的超高压大型变压器。石油化工产业使用的X80级管线钢基本实现国产化，并成功试制生产X120级管线钢，帘线钢72A、82A产品达到国际先进水平。宝钢、鞍钢开发生产的高强度汽车用钢板满足汽车生产的需求，2010年比上年增产500多万辆汽车的汽车板需求，基本由国内市场提供，国产第五代桥梁钢板已在芜湖长江大桥、京沪南京大胜关铁路桥、杭州湾跨海大桥等60余座大型铁路、公路桥梁使用。国产高质量家电面板已广泛用于各类家电产品，国产不锈钢已占国内市场不锈钢产品的30%以上，产品结构明显向优化的方向发展。

（三）钢铁企业盈利增加，但总体盈利能力较低，企业间差距大

与遭遇金融危机沉重打击的2009年相比，2010年大部分钢铁企业盈利总额大幅提高。纳入统计的77户大中型钢铁企业（集团）实现利润897.13亿元，比2009年增长52.02%。但2010年全国工业行业平均利润率为6.2%，钢铁行业仅为2.91%，全行业一方面受上游大宗原材料及能源价格影响，一方面受无序竞争钢价低水平震荡的困扰，总体盈利水平不高。

钢铁行业的利润分布仍较为集中，不同企业盈利能力差距较大，品种优势和成本优势决定盈利水平的高低。2010年钢铁协会会员企业实现利润总额894.07亿元，平均吨钢实现利润173.49元，而宝钢凭借其高附加值产品实现利润总额236亿元，占全行业利润的26.4%，平均吨钢利润637.68元。

（四）钢铁产品出口有所恢复，出口目的地悄然改变

2010年出口钢材4 255.6万吨，钢坯14.2万吨，折合粗钢出口4 541.43万吨；全年进口钢材1 643.01万吨，钢坯63.69万吨，折合粗钢进口1 811.57万吨，同比下降22.39%。全年钢材、钢坯进出口相抵，折合粗钢净出口2 729.86万吨。

2010年上半年，受国际市场需求恢复、价格增长等因素影响，钢材出口呈现出较快增长势头，上半年出口钢材2 358.41万吨，但受国外需求放缓及出口退税政策调整等因素影响，下半年钢材出口逐步回落，出口1 897.38万吨，比上半年减少461.03万吨。

2010年1月，中国—东盟自由贸易区正式运行，推动中国钢材对东盟出口快速增长。2010年中国向东盟出口钢材828.50万吨，同比增长

78.79%，占中国出口钢材总量的 19.47%，成为中国钢材第二大出口市场。而受贸易保护影响，向传统的美国市场出口大幅减少，2010 年中国对美国出口钢材 101.78 万吨，同比下降 3.03%，占中国出口钢材的 2.39%。

（五）联合重组成效显著，淘汰落后稳步推进

2010 年，钢铁企业联合重组进程继续推进，联合重组呈现跨地区、跨所有制的特点，钢铁产业地图发生剧变。鞍钢集团与攀钢集团进行重组合并；本钢集团合并北台钢铁，重组为本钢集团有限公司；天冶、天钢、天管、天铁联合重组为天津渤海钢铁集团；首钢集团合并重组通化钢铁；河北钢铁集团以“渐进式股权融合”重组模式，与 12 家民营企业签署联合重组协议等。年产钢1 000万吨的企业集团达到13家。经过联合重组，2010 年全行业产粗钢最多的十家钢铁企业集团合计生产粗钢30 473.3万吨，占全国粗钢生产总量的 48.43%，比 2009 年提高 3.61 个百分点，全行业产业集中度有所提高。

2010 年，国务院发布了进一步加大节能减排力度加快钢铁工业结构调整若干意见，进一步规范钢铁行业生产经营条件、支持企业加强技术改造、大力推动节能减排和淘汰落后产能，有力推进了钢铁行业节能减排和结构调整。2010 年，重点钢铁企业吨钢综合能耗、吨钢耗新水分别从 2005 年的 741 千克标煤和 8 吨新水降至 619 千克标煤和 4.4 吨新水。根据工信部公布的数据，“十一五”期间共淘汰落后炼铁产能 1.1 亿吨，炼钢产能6 800多万吨，焦炭 1 亿吨。

二、入世十年中国钢铁工业参与多边规则历程

在加入世界贸易组织的谈判中，中国钢铁工业立足大局，做出了全方位多层次的减让承诺，主要包括削减关税、取消数量限制和取消指定经营三个方面：将冶金产品关税税率由入世前的 10.58%降至 2005 年的 8.07%；取消钢铁产品配额和许可证，原则上不使用任何形式的进口数量限制；加入WTO后 5 年内取消钢铁产品的核定经营，此后有外贸经营权的企业都可以从事钢铁贸易。这三个方面的承诺当时被认为会给中国钢铁工业带来一定的冲击，这也从一个方面促使钢铁从业者积极学习和运用多边规则，从而使中国钢铁工业成为较早运用多边贸易规则的行业之一。

（一）学习和运用 WTO 规则，合法保护国内产业

1. 早期实践：冷轧硅钢片和不锈钢冷轧薄板反倾销

在中国加入世贸组织之前的 1997 年，作为国内冷轧硅钢片的唯一生产者，武汉钢铁（集团）公司代表国内产业向中国有关部门提起对俄罗斯进口的冷轧硅钢片的反倾销调查申请，原对外贸易经济合作部于 1999 年 3 月 12 日发布公告发起反倾销调查。这是中国第二起反倾销案，也是冶金行业第一起反倾销案。1999 年 5 月 17 日，太原钢铁（集团）有限公司、上海浦东钢铁（集团）有限公司和陕西精密金属（集团）有限责任公司代表中国不锈钢冷轧薄板产业，向中华人民共和国对外贸易经济合作部提出对来自日本和韩国的不锈钢冷轧薄板进行反倾销调查的申请。冷轧硅钢片终裁决定对俄罗斯向中国出口的冷轧硅钢片征收 0～62%的反倾销税。不锈钢冷轧薄板终裁决定日本公司的反倾销税税率为 17%～58%，韩国公司的反倾销税税率为 4%～57%。商务部自 2004 年 12 月 30 日起，终止了对原产于俄罗斯的进口冷轧硅钢片征收反倾销税。这是商务部根据《WTO 反倾销协议》及中国《反倾销条例》的相关规定，首次终止对进口产品所采取的反倾销措施。而不锈钢冷轧薄板反倾销税执行了十年，至 2011 年 4 月 8 日终止。这两起反倾销调查及反倾销税的征收，为中国发展冷轧硅钢片及不锈钢冷轧薄板这两种高端产品赢得了宝贵的时间。特别是不锈钢产业取得十年的快速发展，使中国不锈钢在世界上的地位发生了根本转变，令世人瞩目。

2. 举世瞩目：中国钢铁保障措施案

2002 年 3 月，为了保护美国的钢铁工业，美国政府宣布对 10 种进口钢材实施保障措施，三年内加征 8%～30%的关税。美国的这一举措立即激起了欧盟和世界许多国家的强烈抗议和抵制，许多钢材生产国（地区）相继采取相应的保护措施，以保护本国的钢铁企业。由此引发了一场全球钢铁贸易纠纷，成为迄今为止影响最大、范围最广、争议最多的一起国际贸易纠纷。

为减少美国这一措施引起的贸易转移对中国钢铁业的不利影响，2002 年 5 月，中国根据 WTO 规则和《中华人民共和国保障措施条例》的规定，

对部分钢铁产品进行保障措施立案调查，这是中国第一起保障措施案件，也是中国保障措施条例颁布后的第一次实践。同年11月，原国家经贸委经过调查公布了对这起案件的最终裁决：对5种钢铁产品做出了有损害裁决，对20种产品做出了无损害裁决。5种钢铁产品保障措施的实施，有效防止了世界钢铁贸易转移对中国钢铁产业的冲击，在为中国钢铁行业的发展创造良好的市场环境，为钢铁产业结构调整赢得宝贵时间的同时，也使国内产业积累了运用WTO规则解决国际贸易争端的经验。

3. 成熟运用：取向电工钢反倾销、反补贴调查

2008年下半年以来，受金融危机影响，国外一些取向电工钢厂家向中国低价大量出售取向电工钢。根据这一情况，武钢、宝钢申请对原产于美国和俄罗斯进口的取向电工钢进行反倾销调查。商务部于2009年6月1日发布反倾销立案公告，同日，还根据《中华人民共和国反补贴条例》的规定，决定对原产于美国的取向电工钢进行反补贴调查。2010年4月10日，商务部做出终裁，决定对原产于美国的取向电工钢征收反倾销税和反补贴税。这是中国第一起反补贴调查，充分体现中国对多边规则的应用日益成熟。

中国加入世界贸易组织十年来，中国钢铁行业遭遇了近百起国外贸易救济调查，但提起的对国外钢铁产品的贸易救济申请只有以上四起，每个申请都有理有力有节。特别是2008年全球金融危机之后，面对国外热轧和冷轧产品的大量进口，面对国外对中国钢铁产品提起的多起贸易救济调查，中国钢铁行业和钢铁企业顶住自身压力，维护了全球最大的钢材消费市场的开放和稳定，为全球钢铁贸易秩序的稳定及全球钢铁业的复苏做出了贡献。

（二）积极应对国外贸易救济调查

入世十年，中国钢铁工业在开放与竞争中迅速发展，保持了较高的增长速度，钢材出口随之快速增长，引发了国外对中国钢铁产品的贸易救济调查。2007至2009年是中国钢铁遭遇产品贸易摩擦高发期，每年都有十几起针对不同钢铁产品的贸易救济调查。钢铁产品遭遇的贸易救济调查有涉案金额巨大的特点，但和以前遭遇的贸易救济调查相比，这些调查还体现出多元化特点，主要表现在以下几个方面：

（1）对中国钢铁产品发起贸易救济措施的国家多元化：除美国、欧盟、加拿大等传统上经常使用贸易救济调查的发达国家或地区以外，其他众多发展中国家也对中国的钢铁产品发起贸易救济调查，范围遍布全球。在南美，有阿根廷、墨西哥；在非洲，有南非；在南亚及东南亚地区，有印度、印尼和泰国；在大洋洲，有澳大利亚；在欧洲，有欧盟、俄罗斯和乌克兰等国家或地区。

（2）贸易救济调查的方式多样化，反倾销反补贴合并调查常态化。过去，对中国钢铁产品发起的贸易救济调查大部分是反倾销调查，但近年来，反倾销反补贴合并调查逐步成为美国、加拿大等国对中国钢铁产品发起调查的一种常用方式。对被调查企业合并征收反倾销税和反补贴税，进一步加重了企业出口负担。随着中国企业逐步占领国外市场，中国钢铁产品也成为部分保障措施调查的主要目标。

（3）受调查产品多元化，主要钢铁产品几乎全部遭遇围剿。无论从物理形态上（长材、板材、管材）还是化学成分上（普碳类、不锈钢类、合金钢类等）几乎都曾遭遇贸易救济调查。钢管产品更是受到多个国家对多个品种的多起贸易救济调查，贸易救济调查的连锁效应显现，出口市场缩小，出口竞争更加激烈，部分钢管企业开始对外投资设厂应对危机。

（4）受贸易救济调查影响的企业多元化：中国出口钢铁产品企业的多元化直接导致受贸易救济调查企业的多元化。国有钢铁企业一直是受贸易救济调查影响最大的，但民营企业、外资企业也开始受到影响。

面对众多的贸易救济案件，中国钢铁工业协会和中国的钢铁企业一贯坚持积极应对的态度。在前期重视贸易救济调查培训和预警工作，案件调查过程中认真答卷，积极争取政府主管部门的指导和支持。同时联合进口商和下游用户等相关利益团体，取得广泛支持。在案件调查过程中就积极做好将有关案件诉诸WTO争端解决机制的准备工作。在案件之外，中国钢铁行业一直坚持与国外同行的交流与协作，有效拓展化解贸易摩擦的空间和领域。一方面，我们密切跟踪贸易救济调查申请方尤其是一些大型跨国公司的动向，与各国钢铁同行进行了大量的对话与交流，化解矛盾。另一方面，做好贸易救济调查申请工作，保护中国钢铁产业安全，客观上也能起到一定的反制效果，有助于遏制国外对华

频繁的贸易救济调查。

通过行之有效的应对贸易救济调查的机制和方法，中国钢铁行业在多个贸易救济调查中取得了无损害的结果，如美国盘条反倾销、印度尼西亚中厚板反倾销等案件。在欧盟镀锌板、不锈钢冷轧薄板反倾销等案件中，申请方撤销了申请。对众多贸易救济调查的积极应诉，最大程度上保护了中国钢铁产品的出口。在积极应对的过程中，也培养了一批熟悉多边贸易规则的业务人才和法律人才，使中国钢铁行业能够更加成熟地面对多边贸易体制下的国际市场。

三、入世十年中国钢铁业发展成就

（一）粗钢产量攀升，产品结构优化，钢铁业实力显著增强

入世后得益于开放的经济政策，中国保持了较长时期的经济增长，2000 年中国 GDP 规模是 9.92 万亿元，2001 年达到 10.97 万亿元，2006 年达到 21.19 万亿元，2009 年已经达到 34.05 万亿元。得益于中国经济的迅速发展，作为重要原材料行业的钢铁工业也获得了较快增长。2001 年中国加入世贸组织时，粗钢产量为 1.52 亿吨。加入世贸组织后，粗钢产量在十年内实现了五级跳，2010 年突破 6 亿吨。

表 1　2010—2011 年钢材表观消费量

单位：万吨

年份	钢材		生铁	
	表观消费量	产量	表观消费量	产量
2001	16 950	15 702	14 634	14 654
2002	21 154	19 250	17 104	17 079
2003	27 129	24 108	21 347	21 367
2004	33 483	31 976	26 784	26 831
2005	38 301	37 771	34 179	34 375
2006	44 443	46 893	41 175	41 245
2007	51 983	56 561	47 653	47 652
2008	54 108	58 488	47 078	47 067
2009	68 643	69 340	57 201	56 863
2010	77 015	79 627	59 038	59 022

资料来源：国家统计局、海关总署

粗钢产量占世界比重由 2001 年的 17.88%上升至 2010 年的 44.3%，人均粗钢产量由 2001 年时低于世界平均水平，发展到现在的远超世界平均水平。

表 2　中国粗钢产量占世界比重变化

年份	中国粗钢产量占世界比重变化百分比	人均粗钢产量（公斤）	
		世界	中国
2001	17.88	142	120
2002	20.18	147	143
2003	22.99	152	173
2004	26.40	168	210
2005	30.87	178	272
2006	33.60	190	319
2007	36.36	203	370
2008	38.20	200	386
2009	46.79	182	432
2010	44.30	—	—

资料来源：中国钢铁统计。

钢材产品结构优化，板管带占钢材产量比例稳步增长，合金钢与低合金钢比例也有一定的增长。宝钢、武钢自主研发的高磁感取向硅钢已基本替代进口，2009年中国国产钢材市场占有率已达96%，比2005年提高4个百分点；钢铁行业板带材比达到46%，比2005年提高6个百分点。钢铁生产技术不断进步，铁钢比逐步降低，连铸比稳步提高。

表3　　钢铁生产的几个重要比例关系

年份	铁钢比	材钢比	板管带比	连铸比	低合金钢比	合金钢比
2001	0.97	1.04	39.7	88.2	26.9	5.7
2002	0.94	1.06	40.9	91.2	26.7	6.2
2003	0.96	1.08	41.9	93.5	28.8	5.8
2004	0.95	1.13	44.1	95.9	32.9	5.9
2005	0.97	1.07	46.0	97.0	28.8	5.8
2006	0.98	1.12	49.4	97.0	28.5	7.0
2007	0.97	1.16	50.6	97.7	29.5	6.8
2008	0.94	1.20	53.2	98.2	28.2	7.0
2009	0.99	1.20	50.5	98.5	28.7	6.7
2010	0.94	1.27	52.6	99.5	32.1	6.3

资料来源：中国钢铁统计。

表4　　历年钢材进出口量值

单位：万吨，万美元

年份	进口量		出口量	
	数量	金额	数量	金额
2001	1 721.73	896 359	474.14	186 705
2002	2 448.81	1 236 585	545.50	218 321
2003	3 716.85	1 991 581	695.56	310 496
2004	2 930.27	2 078 723	1 423.10	833 632
2005	2 581.62	2 460 845	2 052.26	1 307 968
2006	1 851.00	1 982 755	4 300.70	2 624 293
2007	1 687.06	2 055 261	6 264.63	4 413 283
2008	1 538.00	2 332 764	5 918.27	6 337 111
2009	1 763.20	1 947 976	2 459.65	2 227 185
2010	1 643.01	2 010 882	4 255.60	3 683 069

资料来源：中国钢铁统计。

（二）出口竞争力增强，由钢材净进口国转变为净出口国

2006年，中国进口钢材1 851.0吨，出口钢材4 300.7万吨，扭转了长期以来中国钢材依靠进口的历史，实现了由钢材净进口国向净出口国的转变。

（三）对外投资逐年增长

随着中国钢铁产能的不断增长，对铁矿石需求日益增加，近年来钢铁企业对外投资矿业资源迅速增长。根据商务部的统计，2010年中国境内投资者共对全球129个国家和地区的3 125家境外企业进行了直接投资，累计实现非金融类对外直接投资590亿美元，同比增长36.3%。其中，矿业投资占中国对外投资总量的20%以上，成为中国对外投资的最重要的项目之一。

表 5　　历年钢铁产品进出口额占全部商品进出口额比重

单位：亿美元，%

年份	进口额			出口额		
	全国总额	钢铁产品	比重	全国总额	钢铁产品	比重
2001	2 435.50	145.78	5.98	2 661.50	41.65	1.56
2002	2 951.70	175.71	5.95	3 255.70	43.74	1.34
2003	4 127.60	288.09	6.98	4 382.30	66.24	1.51
2004	5 612.30	394.85	7.04	5 933.20	181.09	3.05
2005	6 599.53	487.95	7.39	7 619.53	220.43	2.89
2006	7 914.61	459.95	5.81	9 689.36	353.40	3.65
2007	9 559.59	639.63	6.69	12 177.76	560.58	4.60
2008	11 325.62	974.13	8.60	14 306.93	786.97	5.50
2009	10 056.00	894.73	8.90	12 016.60	247.95	2.06
2010	13 948.3	—	—	15 779.3	—	—

资料来源：中国钢铁统计。

（四）国有、民营、外资企业等多种经济成分共同发展

加入世贸组织后，国有企业战略性调整推进力度不断加大，国有经济活力、影响力进一步增强，国有钢铁企业也在这十年中获得较快发展，通过整合优势、产业升级等方式激活企业竞争力。

民营钢铁企业在加入世贸组织后的十年中获得了飞速发展。中国加入世贸组织之初，市场需求和固定资产投资增长很快，很多民营钢铁企业在这一背景下迅速发展起来。经过近十年的发展，中国的民营钢铁企业具备了一定规模，总产量稳步增长，工艺装备水平逐年提高，形成了沙钢、日照钢铁等多家大型民营钢铁企业。同时，在不锈钢、无缝钢管等领域，也凸显出一批有特色的民营企业。

中国钢铁产业政策规定：外商投资中国钢铁行业，原则上不允许外商控股。但外资并未因此停止投资中国钢铁行业的脚步。2005 年 10 月，安赛乐—米塔尔以 3.38 亿美元收购华菱管线 36.67% 的股权，成为华菱管线的第二大股东。十年来，三井集团与宝钢合资兴建了多家剪切配送中心，在汽车板、家电用板领域具有较大的影响力。韩国浦项也独资或与中国企业合资兴建了多家剪切配送与汽车零部件企业。外资（合资）不锈钢企业，如上海克虏伯、张家港浦项、宁波宝新等，把国外先进的生产技术和经营方式带到中国，促进了中国不锈钢产业的健康发展。

十年前，中国钢铁工业在面临诸多挑战的情况下，做出了高于中国平均减让水平的承诺。十年来，中国钢铁工业不仅履行了入世承诺，而且始终是多边贸易规则的积极参与者，通过十年的学习和实践逐步在世界钢铁贸易中占据了举足轻重的地位。中国钢铁工业在全球多边规则的规范下，在开放与竞争的国际市场中获得了更快更好的发展，各国企业也在参与中国钢铁工业建设的同时分享了中国经济增长的成果，实现了互利与共赢。

（中国钢铁工业协会　侯颖 蒋璇芳）

中国房地产业对外开放情况

入世以来，房地产业对外开放进程加快，利用外资设立的房地产开发企业、物业服务企业、房地产中介企业不断增多，外资在房地产行业中发挥的作用越来越大。对WTO而言，中国在一个主权领土下拥有内地、香港、澳门和台湾四个单独关税区，并且都在WTO中拥有成员席位，针对这种特殊情况，中国开创性的实施了CEPA、ECFA等措施。CEPA是以同一主权国家内的单独关税区为主体的双边自由贸易协定，内地与香港、内地与澳门分别签署的CEPA，是WTO框架下双边自由贸易协定的新形式，开创了WTO体制下一个国家内建立区域性安排的历史，丰富了“一国两制”的理论和实践。CEPA实施七年多以来，内地与香港就房地产估价师与测量师、房地产经纪人与地产代理（个人）开展了资格互认，组织了多次交流活动，内地房地产估价师和房地产经纪人资格考试向香港、澳门居民开放，各项工作有序推进，成效显著。

一、房地产业情况

（一）2010年情况

1. 房地产开发经营

房地产开发经营指房地产开发企业进行的基础设施建设、房屋建设，并转让房地产开发项目或者销售、出租商品房的活动。

2010年全国共有房地产开发企业8万余家，从业人数超过200万。2010年住房用地全年总量约12.5万公顷，同比增幅达64%。在住宅用地中，保障性住房用地2.5万公顷，同比增长了125%，占住宅用地的19.7%，同比提高了5.4个百分点；中低价位、中小套型普通商品住宅用地7.1公顷，同比大幅增长。2010年房地产开发完成投资48 267.07亿元，同比增长33.2%，其中住宅投资34 038.14亿元，同比增长32.9%。新建商品房销售面积104 349.11万平方米，同比增长10.1%；销售额52 478.72亿元，同比增长18.3%。

2. 物业服务

物业服务指物业管理企业依照合同约定，对物业进行专业化维修、养护、管理，以及对相关区域内的环境、公共秩序等进行管理，并提供相关服务的活动。

物业管理是住房制度改革和住房商品化的产物，物业管理行业是一个新兴的、充满朝气和活力的行业。近年来，经过全社会各方面的共同努力，物业管理行业取得了长足的进步。截至2008年底，全国物业服务企业总数超过5.8万家，从业人员超过250万人，年经营总收入超过2 000亿元，管理物业面积超过125亿平方米，城镇物业管理覆盖面接近60%。物业管理行业已经成为改善人居环境、促进就业和推动经济社会协调发展的重要行业。

3. 房地产中介服务

房地产中介服务，是对房地产价格评估、房地产经纪、房地产咨询等专业服务活动的总称。

2010年，共有2 516人经考试取得了房地产估价师执业资格，1 735人获准初始注册，取得了房地产估价师注册证书。共有98家房地产估价机构取得了一级资质，其中原一级71家，新申报的27家；营业收入排名全国前100名的一级机构平均营业收入约1 600万元；全年223家一级机构共完成估价项目约30万个（其中房地产抵押占项目总数的84%），评估总建筑面积约4.2亿平方米，评估总土地面积约7.8亿平方米，评估总价值约3.2万亿元。在与WTO有关的政策措施方面，2010年9月14日，中国房地产估价师与房地产经纪人学会与香港测量师学会签署了《中国房地产估价师与香港测量师学会资格互认协议书（补充文件）》。

2010年，共有1 881人经考试取得了房地产经纪人执业资格，1 384人获准初始注册，取得了房地产经纪人注册证书；房地产经纪机构数量较上一年度也有一定增加；据有关统计，通过房地产经纪服务达成的房地产交易已占到交易总量的60%以上，2010年房地产经纪行业的佣金收入也超过300亿元人民币。在与WTO有关的政策措施方面，2010年11月3日，中国房地产估价师与房地产经纪人学会与香港地产代理监管局在香港签署了《内地房地产经纪人与香港地产代理专业资格互认协议书》。

（二）入世十年来总体发展情况

1. 房地产开发经营

加入WTO后，中国外资房地产开发企业（单位）数量快速增长。2001年，房地产开发企业总数为29 552家，其中，港澳台投资企业2 959家，外商投资企业1 084家；到2008年，港澳台企业增长至3 916家，外资企业增长至2 364家，数量达到近年来的最多。受房地产市场调整影响，2009年非内资企业数量有所下降，港澳台企业3 633家，外资企业2 100家。具体数据见2001—2009年房地产开发企业（单位）数量表（《2010年中国统计年鉴》）。

表1 2001—2009年房地产开发企业（单位）数量表

年份	企业总数	内资企业数	港、澳、台投资企业数	外商投资企业数
2001	29 552	25 509	2 959	1 084
2002	32 618	28 657	2 884	1 077
2003	37 123	33 107	2 840	1 176
2004	59 242	53 495	3 639	2 108
2005	56 290	50 957	3 443	1 890
2006	58 710	53 268	3 519	1 923
2007	62 518	56 965	3 524	2 029
2008	87 562	81 282	3 916	2 364
2009	80 407	74 674	3 633	2 100

2001年至2009年，港澳台及外资房地产开发企业聘用的员工数量也不断增加。2001年，房地产开发行业从业人员总数为1 062 319人，其中，港澳台投资企业人数81 668人，外商投资企业人数31 071人；到2008年，外资企业人数增长到85 087人，数量达到近十年最高水平；2009年，港澳台企业人数增长至109 965人，也达到历史最多。具体数据见2001—2009年房地产开发企业（单位）从业人员数量表（《2010年中国统计年鉴》）。

表2 2001—2009年房地产开发企业（单位）从业人员数量表

年份	从业人数总数	内资企业人数	港、澳、台投资企业人数	外商投资企业人数
2001	1 062 319	949 580	81 668	31 071
2002	1 134 009	1 014 254	85 449	34 306
2003	1 205 355	1 086 923	79 397	39 035
2004	1 585 428	1 429 291	95 646	60 491
2005	1 516 150	1 366 743	90 674	58 733
2006	1 600 930	1 442 158	97 688	61 084
2007	1 719 666	1 541 336	100 398	77 932
2008	2 100 362	1 906 029	109 246	85 087
2009	1 949 295	1 763 867	109 965	75 463

2001年至2009年，房地产开发利用外资数额不断增长，外商直接投资在利用外资中占绝对比重。2001年房地产开发利用外资1 357 044万元，其中外商直接投资1 061 150万元。2008年，利用外资7 282 172万元，其中外商直接投资6 349 940万元，数额达到有史以来最高。2009年，房地产市场调整，外资利用数额有所下降，利用外资额为4 793 940万元，其中外商直接投资为4 033 203万元。不可否认，外资在房地产开发中发挥了重要作用。具体数据见2001—2009年房地产开发企业（单位）资金来源表（《2010年中国统计年鉴》）。

表3　　2001—2009年房地产开发企业（单位）资金来源

单位：万元

年份	年度资金来源共计	国内贷款	利用外资	外商直接投资	自筹资金	其他资金来源
2001	76 963 877	16 921 968	1 357 044	1 061 150	21 839 587	36 705 562
2002	97 499 536	22 203 357	1 572 284	1 241 285	27 384 451	46 198 961
2003	131 969 224	31 382 699	1 700 040	1 162 667	37 706 891	61 060 503
2004	171 687 669	31 584 126	2 282 001	1 425 587	52 075 627	85 625 867
2005	213 978 389	39 180 778	2 578 111	1 714 093	70 003 924	102 215 576
2006	271 355 516	53 569 795	4 001 541	3 030 476	85 970 853	127 813 327
2007	374 779 610	70 156 355	6 410 425	4 853 862	117 725 316	180 487 514
2008	396 193 602	76 056 925	7 282 172	6 349 940	153 120 988	159 733 517
2009	577 990 365	113 645 111	4 793 940	4 033 203	179 491 191	280 060 123

2. 物业服务

加入WTO以来，物业服务行业快速发展。2005年底，全国实行物业管理的房屋面积超过100亿平方米，物业管理覆盖率已接近50%，北京等较发达城市的覆盖率达70%，深圳、上海已达90%以上。上述三城市物业管理企业创造的产值已占当地国民生产总值的2%左右。根据国家统计局第二次全国经济普查的统计数据，截至2008年底，全国物业服务企业总数为58 000多家，从业人员超过250万人，年经营总收入超过2 000亿元，管理物业面积超过125亿平方米，城镇物业管理覆盖率达到60%。

2008年，根据原人事部、原建设部《关于印发〈物业管理师制度暂行规定〉、〈物业管理师资格考试实施办法〉和〈物业管理师资格认定考试办法〉的通知》[国人部发（2005）95号]的有关规定，全国进行物业管理师资格认定，共有1 119名物业管理人员通过认定，取得物业管理师资格。2010年举办首次全国物业师资格考试，近13 000人考试合格，取得物业管理师资格。

入世加快了物业服务行业对外开发的步伐，世邦魏理仕、仲量联行、戴德梁行、第一太平戴维斯、高力国际等国际知名物业服务企业都在国内设立了公司。根据2008年中国物业管理协会发布的《物业管理行业生存状况调查报告》，被调研的4 600家物业服务企业中，国有企业758家，占总企业数的16.48%；股份有限公司301家，占6.54%；有限责任公司2 976家，占64.70%；私营企业348家，占7.57%；港澳台商独资企业73家，占1.59%；外商投资企业43家，占0.93%；其他类型企业101家，占2.20%。虽然国际知名的品牌物业服务企业已经进入中国，但是外资企业比例仍然偏低。国际大公司的进入，带来了先进管理方式和服务理念，引领物业服务领域不断拓展，服务内容不断深化。目前，物业服务领域从单纯的新建商品房项目，拓展到经济适用房、房改房，从住宅物业拓展到办公、工业、医院、学校、机场、码头、车站、仓储、运动场馆、文物建筑等物业，从小型配套到大型公建，从单门独院到大型社区，从单一类型物业到综合性建筑等多种多样的物业类型。目前，物业服务已经覆盖到不动产管理的所有领域。

3. 房地产中介服务

（1）房地产中介行业状况

截至2010年12月31日，取得估价师资格总计41 876人，其中注册房地产估价师36 652人。全国估价机构总计5 000余家，其中一级机构223家。据不完全统计，全国房地产经纪从业人员超过百万；36 690人取得了房地产经纪人执业资格，其中22 713人进行了注册，全国房地产经纪机构已经达到5万余家，其中聘有全国房地产经纪人的机构17 953家。经过近几年的快速发展，目前已经形成了一批门店过百、人员上千甚至门店过千、人员上万的大型品牌房地产经纪机构，如21世纪中国不动产业务覆盖全国35个城市，门店达1 100余个，从业人员1.5万余人；中原地产在内地的连锁门店数量超过900家，人员2.5万人，本土的链家、我爱我家等机构的门店数量也超过500家，人员也接近万人。另外，世联地产、易居中国、满堂红等也具有相当规模。有些房地产经纪机构已在资本市场上市，如世联地产在深圳上市，易居中国和21世纪不动产在美国上市。

（2）2001—2010年CEPA开放措施的落实情况

为落实CEPA承诺内容，对房地产估价师和房地产经纪人的相关管理法规和文件进行了修订。2004年6月29日，原建设部下发了《关于改变房地产经纪人执业资格注册管理方式有关问题的通知》［建办住房（2004）43号］：将房地产经纪人注册工作转交中国房地产估价师与房地产经纪人学会，为中国房地产估价师与房地产经纪人学会同香港地产代理监管局签订资格互认协理提供了条件。2005年1月14日，原人事部下发《关于做好香港澳门居民参加内地统一举行的专业技术人员资格考试有关问题的通知》［国人部发（2005）9号］，香港、澳门居民均可按规定的程序和要求报名参加房地产估价师和房地产经纪人资格考试，扫清了香港、澳门居民参加房地产经纪人执业资格考试的政策障碍。2005年10月12日，原建设部令第142号发布了《房地产估价机构管理办法》，通过互认取得房地产估价师资格的香港居民可以在内地设立房地产估价机构；2006年12月25日，原建设部令第151号发布了《注册房地产估价师管理办法》：在注册需要提交的材料条款中规定台港澳人士在内地注册，可以提供台港澳人员就业证书复印件，而不必提供聘用单位委托人才服务中心托管人事档案的证明和社会保险缴纳凭证复印件，方便了取得房地产估价师资格的香港澳门居民在内地注册执业。

CEPA的开放措施提高了房地产估价和经纪行业整体对外开放水平。

2005年1月14日，原人事部下发《关于做好香港澳门居民参加内地统一举行的专业技术人员资格考试有关问题的通知》［国人部发（2005）9号］，香港、澳门居民均可按规定的程序和要求报名参加房地产估价师和房地产经纪人资格考试。2007年5月30日，原人事部、国务院台湾事务办公室联合下发《关于向台湾居民开放部分专业技术人员资格考试有关问题的通知》［国人部发（2007）78号］，解决了台湾居民报名参加房地产估价师和房地产经纪人资格考试的问题。截至2011年2月份，共有73名港澳居民参加了房地产估价师考试，其中6名香港居民通过了考试；271名港澳居民参加了房地产经纪人考试，其中32名香港居民和1名澳门居民通过了考试。根据《内地与香港关于建立更紧密经贸关系的安排》（CEPA）第十五条内容：双方鼓励专业技术人员资格相互承认，推动彼此之间的专业技术人才交流。2004年，111名内地房地产估价师和97名香港测量师分别获得了香港测量师证书与房地产估价师注册证书。经互认取得内地房地产估价师资格的香港测量师与内地房地产估价师享有同等的权利和义务，符合注册条件的，可以注册并在内地执业。在内地注册并执业的香港测量师要遵循国内的有关评估规范和其他技术要求。

根据《内地与香港关于建立更紧密经贸关系的安排》第四章第十一条市场准入的措施，内地放开了对房地产估价机构和房地产经纪机构的准入限制，按规定的程序和要求可在内地设立房地产估价机构和房地产经纪机构。2004年以来，深圳市戴德梁行房地产评估有限公司、北京永利行房地产评估顾问有限公司、第一太平戴维斯房地产评估（北京）有限公司、天津津港房地产咨询评估有限公司等多家香港房地产估价机构陆续在内地取得了房地产估价资质。香港的房地产经纪机构进入内地更早，内地的港资房地产经纪机构发展更快。早在CEPA措施实施前，香港中原地产和香港美联物业等机构就已进入内地市场。香港中原地产进入内地后，快速发展，目前已经在北京、上海、天津、重庆、广州、深圳、杭州、成都、南京等30多个城市设立分公司，业务范围扩展至全国百余个城市，聘任员工3万人，开设经纪门店1 000多家，2010年的佣金收入超过80亿元人民币。香港美联物业也较早进入内地，目前美联物业在深圳、广州、重庆、成都、上海、北京等地设立的分公司，房地产销售代理项目涉及内地多个省市。

房地产估价师资格互认工作进程：

2001年8月17日，香港特别行政区行政会议召集人、戴德梁行主席梁振英先生到当时的中国房地产估价师学会（2004年7月更名为中国房地产估价师与房地产经纪人学会）访谈，双方就内地房地产估价师与香港测量师资格互认问题进行了初步探讨。

2002年5月13日，建设部刘志峰副部长在接见以陈克会长为团长的香港测量师学会代表团时表示“对互认支持，香港可先一步，两会先搞一个方案，经三司论证后上报讨论”。

2002年6月28日，中国房地产估价师学会向建设部住宅与房地产业司、人事教育司、外事司，专题汇报了资格互认工作的情况和草案。

2003年1月8日，建设部办公厅向人事部、原对外贸易经济合作部和国务院港澳办发出《关于征求〈内地房地产估价师和香港产业测量师资格互认方案〉（征求意见稿）意见的函》［建办住房函（2003）4号］。

2003年9月25日，建设部办公厅向人事部、商务部和国务院港澳办发出《关于征求对〈内地房地产估价师和香港产业测量师资格互认协议（草案）〉意见的函》［建办人教函（2003）471号］。

2003年11月4日，经建设部、人事部、商务部、国务院港澳事务办公室同意，中国房地产估价师学会与香港测量师学会在深圳签署了《内地房地产估价师与香港测量师资格互认协议书》，确定了资格互认的原则、条件、申请、考核方式等重要事项。

2004年3月26～28日，中国房地产估价师学会与香港测量师学会在深圳举行了内地房地产估价师与香港测量师资格互认面授和补充测试。内地111名房地产估价师、香港97名测量师还参加了资格互认补充测试，全部达到合格标准。

2004年8月20日，内地房地产估价师与香港测量师资格互认颁证大会在北京举行，111名内地房地产估价师和97名香港测量师分别获得了香港测量师证书与房地产估价师注册证书。

2006年5月17～18日，首期内地互认房地产估价师继续教育培训在珠海举行。5月19日至20日，内地互认房地产估价师还赴香港测量师学会进行了实地考察。

2010年9月14日上午，与香港测量师学会积极磋商，就第二批资格互认事宜达成一致意见。中国房地产估价师与房地产经纪人学会与香港测量师学会在北京举行资格互认协议书（补充文件）签字仪式。根据补充文件，两会计划于2011年一季度前在深圳、东莞或珠海举行面授和补充测试，互认通过人数香港约为50人，内地不超过100人。两会将于近期分别进行第二批资格互认申请及人员遴选。

2011年2月10日，中国房地产估价师与房地产经纪人学会下发了《关于开展第二批内地房地产估价师与香港测量师资格互认工作的通知》［中房学（2011）1号］，与香港测量师学会签署了资格互认协议书（补充文件），第二批资格互认工作正式展开。

2011年3月12～13日，中国房地产估价师与房地产经纪人学会与香港测量师学会在深圳对参加互认的人员进行了面授。来自内地的99名房地产估价师和香港的99名测量师参加了面授培训并通过补充测试。

房地产估价师资格互认工作进程：

2004年2月起，根据《内地与香港关于建立更紧密经贸关系的安排》（CEPA）第十五条内容，中国房地产估价师与房地产经纪人学会同香港地产代理监管局就“内地房地产经纪人和香港地产代理专业资格互认”进行了多轮商谈。

2004年7月14日，内地房地产经纪人与香港地产代理资格互认联合工作组在北京召开了第三次工作会议，草拟了《内地房地产经纪人和香港地产代理专业资格互认协议书》。

2004年9月14日，建设部办公厅向人事部、商务部和国务院港澳办发出《关于征求〈内地房地产经纪人和香港地产代理专业资格互认协议书〉（征求意见稿）意见的函》［建办人教函（2004）533号］。9月、10月国务院港澳办和商务部分别复函，对《内地房地产经纪人和香港地产代理专业资格互认协议书（征求意见稿）》均表示不持异议。

2004年12月，人事部对资格互认的具体工作提出意见与建议，包括：①目前对房地产经纪机构管理、房地产经纪人执业活动监管尚未出台相应的管理办法，缺乏必要的监管措施；②香港地产代理的考试条件比较低，与内地房地产经纪人的报考条件不对等；③房地产经纪人执业资格考试已向香港开放，应当不再存在资格互认的问题，否则一部分人考试，一部分不用考试，造成资格取得的不公平；④房地产经纪人执业资格考试推行仅2年，考试标准、注册管理等房地产经纪人执业制度还处在完善过程中；⑤如果为促进解决房地产经纪人管理的法律依据问题，为相关立法准备，有必要互认的话，应当有限度的资格互认。

2005年5月11～12日，在中国房地产估价师与房地产经纪人学会换届期间，建设部住宅与房地产业司、人事教育司与中国房地产估价师与房地产经纪人学会在充分听取了人事部的意见与建议后，与香港地产代理监管局行政总裁陈佩珊就继续做好资格互认工作的前期准备工作交换了意见。

2009 年 1 月，在征求人力资源和社会保障部、商务部、国务院港澳事务办公室的意见后，中国房地产估价师与房地产经纪人学会与香港地产代理监管局签署了内地房地产经纪人与香港地产代理专业资格互认备忘录，拟订了资格互认工作步骤。

2010 年 11 月 3 日，与香港地产代理监管局签署了《内地房地产经纪人与香港地产代理专业资格互认协议书》，资格互认进入实质性阶段。根据协议，未来五年内，和香港地产代理监管局将每年举行一次资格互认。

2011 年 5 月 11 日，中国房地产估价师与房地产经纪人学会下发了《关于开展首批内地房地产经纪人与香港地产代理专业资格互认工作的通知》，与香港地产代理专业资格互认的工作正式展开。

CEPA 有关开放措施对香港房地产估价和经纪机构及整体行业具有重要作用。CEPA 安排实施以来，内地的广阔市场为香港的房地产估价企业快速发展提供了有利条件。例如戴德梁行自 1993 年起积极开拓中国的房地产业业务，目前已经成长为国际知名的“五大行”之一。戴德梁行深圳公司（深圳市戴德梁行房地产评估有限公司）具有房地产估价一级资格，聘用员工 96 人，其中估价师 44 人，专职房地产估价师 27 人，经纪人 2 人，注册资金 300 万元。在长沙、重庆、南京、深圳、天津、武汉、上海、北京、厦门、大连、广州、成都、杭州、沈阳、西安、青岛等城市设有 16 个分公司。2010 年，戴德梁行的估价的物业总值达到1 180亿美元，物业投资代理业务占内地市场份额超过50%，2010 年代理物业总值高达 27.5 亿美元。物业管理公司、物业管理项目遍布 65 个城市，面积超过9 000万平方米。

CEPA 有关开放措施对内地房地产估价与经纪行业具有引导作用。CEPA 有关房地产估价和经纪行业开放措施，对进一步提升内地房地产估价师和房地产经纪人的业务水平，提高房地产估价和经纪机构的管理能力，加强和完善房地产估价和经纪行业管理都发挥了积极作用。香港房地产估价和经纪公司的发展历程、公司现状、管理模式对内地的房地产估价和经纪机构都有启示和借鉴作用。戴德梁行等房地产估价机构的成长历程，为国内房地产估价机构的做久、做优、做强、做大提供了宝贵经验。香港中原地产和美联物业进入内地，带来了“港式”的房地产经纪业务模式，内地的房地产经纪机构纷纷效仿、学习，对提高内地的房地产经纪服务水平起到了积极作用。另外，香港地区有房地产经纪的专门立法——《地产代理条例》，房地产经纪管理制度比较成熟完善，这对加快内地房地产经纪行业的立法进程起到了借鉴和推动作用。

二、住房保障工作情况

（一）2010 年情况

2010 年《政府工作报告》提出全年建设保障性住房和各类棚户区改造住房 580 万套、改造农村危房 120 万户。一年来，按照党中央、国务院的决策部署，各地区、各部门不断完善住房保障政策，加大资金投入，健全体制机制，保障性安居工程建设取得明显成效。2010 年全国保障性住房和各类棚户区改造住房开工 590 万套，基本建成 370 万套；农村危房改造开工 139 万户，基本竣工 128 万户；中央财政实际下达保障性安居工程补助资金 764 亿元（含农村危房改造补助资金）。

（二）入世以来总体发展情况

1998 年以来，中国逐步停止住房实物分配，推行住房供应商品化、社会化和分配货币化。之后，随着以住房为主的房地产市场快速发展，商品住房逐步成为满足城镇居民住房需求的主要渠道。住房保障制度建设开始起步。特别是党的十七大提出了让全体人民实现“住有所居”的目标，2007 年 8 月国务院印发了《关于解决城市低收入家庭住房困难的若干意见》［国发（2007）24 号］，要求以城市低收入家庭为对象，进一步建立健全城市廉租住房制度，改进和规范经济适用住房制度，加大棚户区、旧住房区改造力度，力争到“十一五”期末，使低收入家庭住房条件得到明显改善，农民工等其他城市住房困难群体的居住条件得到逐步改善。2008 年四季度以来，各地区、各部门按照党中央、国务院的决策部署，大规模开展了保障性安居工程建设。从 2007 年起，中央开始安排住房保障补助资金，到 2010 年年底，总共安排了1 336

亿元。

保障性安居工程建设取得明显成效。截至2010年12月底，通过实物方式解决了近2 200万户低收入和中等偏下收入家庭的住房困难，实物保障性住房覆盖比例为9.8%；发放租金补贴400万户。两项合计，住房保障覆盖比例为12%。

（本文第一部分“房地产业情况”由住房和城乡建设部房地产市场监管司提供；第二部分“住房保障工作情况”由住房和城乡建设部住房保障司提供）

中国建筑业对外开放情况

一、2010 建筑业发展

（一）行业发展概况

2010 年，建筑业继续保持平稳增长。全国建筑业企业（指具有资质等级的总承包和专业承包建筑业企业，不含劳务分包建筑业企业，下同）完成建筑业总产值95 206亿元，比上年增加18 398亿元，增长 24%；全年全社会建筑业实现增加值26 451亿元，比上年增长 12.6%。

（二）建筑服务贸易发展情况

1. 境内外国投资建设工程企业发展情况

目前，中国建筑市场成为全球关注的具有巨大潜力和生机的市场，成为国际建筑市场的重要组成部分。来自全球 30 多个国家和地区的投资者在中国境内设立企业，取得建筑活动从业资质的外商投资的建设工程企业已达1 300余家。

2. 境外中国建设工程企业发展情况

2010 年，中国对外承包工程持续稳定发展，中国对外承包工程业务完成营业额 922 亿美元，同比增长 18.7%；新签合同额1 344亿美元，同比增长 6.5%。在发展过程中，中国企业积极转变经营模式，努力提高经营管理水平、工程服务能力、项目投融资能力、加强企业品牌建设和社会责任建设，在国际市场上的竞争力不断提升。

（三）最新开放情况

2010 年，中央政府与香港、澳门特别行政区政府签署了《〈内地与香港关于建立更紧密经贸关系的安排〉补充协议七》和《〈内地与澳门关于建立更紧密经贸关系的安排〉补充协议七》，协议的签署进一步扩大了建筑市场的开放，促进了两地市场的融合和经贸关系的发展。协议在建设领域开放方面做了以下规定：

1. 对香港特区开放内容

（1）允许取得内地一级注册建筑师或一级注册结构工程师资格的香港专业人士作为合伙人，按相应资质标准要求在内地设立建筑工程设计事务所。对合伙企业中香港与内地合伙人数量比例、出资比例、香港合伙人在内地居留时间没有限制。

（2）允许通过互认取得内地一级注册建筑师资格和香港专业人士在广东注册、执业，不受在香港注册、执业与否的限制。

（3）允许通过互认取得内地一级注册结构工程师资格的香港专业人士在广东注册、执业，不受在香港注册、执业与否的限制。

2. 对澳门特约开放内容

允许取得内地一级注册建筑师或一级注册结构工程师资格的澳门专业人士作为合伙人，按相应资质标准要求在内地设立建筑工程设计事务所。对合伙企业中澳门与内地合伙人数量比例、出资比例、澳门合伙人在内地居留时间没有限制。

（四）重要法规及规范性文件

一是为推进《施工总承包企业特级资质标准》（下称《特级标准》）实施工作，组织制定了《施工总承包特级资质标准实施办法》，对《特级标准》的指标做了进一步细化解释，为特级企业资质就位做好准备工作。

二是为推进个人注册执业制度建设。印发了《关于开展注册公用设备工程师、注册电气工程师、注册化工工程师注册工作的通知》，启动了注册电气、化工和公用设备工程师的注册工作。印发了《注册建造师继续教育管理暂行办法》，开展建造师继续教育工作。

三是为进一步加强住宅工程质量管理，强化质量责任，落实责任追究，组织起草并印发了《关于进一步强化住宅工程质量管理和责任的通知》[建市（2010）68 号]。

四是印发《关于加强建筑市场资质资格动态监管完善企业和人员准入清出制度的指导意见》。要求加大资质资格弄虚作假的查处力度、开展建筑市场动态监管、加强诚信体系建设，以引导、规范、监督建筑市场主体行为，建立和维护公平竞争、规范有序的建筑市场秩序。

二、入世以来建筑业发展总体情况

（一）行业发展概况

中国建筑业是国民经济的支柱产业。近些年来，建筑业呈现良好的发展态势。建筑业增加值占国内生产总值的比重在2009、2010年，连续两年达6.56%。目前，建筑业从业人员也已达4 000万人，成为为城乡居民提供就业岗位、大量转移农村富余劳动力的重要产业。

（二）建筑服务贸易发展概况

1. 境内外国投资建设工程企业发展情况

入世后，中国建筑市场呈现出具大生机，吸引了各国的投资者。目前，来自全球30多个国家和地区的投资者在中国境内设立了建设工程企业，其中取得中国建设工程企业资质的企业已达1 300余家，这些企业在中国境内从事建筑活动，业务范围集中在石油、化工、水利、电力、市政等基础设施项目和房屋建筑。

同时，还有许多外国企业通过跨境交付方式在中国境内开展工程设计活动，承接了一些大型工程的方案设计。如中国的国家体育场、国家大剧院、上海环球金融中心等一大批著名建筑的设计方案均是外国建筑师的设计作品。

2. 境外中国建设工程企业发展情况

近十年来中国对外承包工程发展迅速，市场不断拓宽，业务领域不断扩展。目前，中国对外承包工程形成了以房屋建筑、电力工业、石油化工和交通运输建设为重点，以亚洲、非洲等传统市场为中心，向欧美地区延伸的市场格局。对外承包工程企业在发展过程中，积极调整经营模式，努力提高经营管理水平、工程服务能力，项目投融资能力，加强企业品牌建设和社会责任建设，在国际市场上的竞争力不断提升。截至2010年底，中国对外承包工程累计完成营业额4 356亿美元，签订合同额6 994亿美元。

（三）建筑市场开放情况

1. 中国建设领域加入WTO的承诺

（1）关于建筑设计服务方面的承诺

在市场准入方面：对于方案设计的市场准入没有限制；除方案设计以外的设计要求与中国专业机构合作；允许设立合资、合作企业，允许外方拥有多数股权。中国加入WTO五年内，允许设立外商独资企业。

在国民待遇方面：外国服务提供者应为在其本国从事建筑、工程、城市规划服务的建筑师、工程师或设计企业。

（2）关于建筑及相关工程服务方面的承诺

在市场准入方面：允许设立中外合资、合作建筑业企业，允许外资控股。中国加入WTO后三年内，允许设立外商独资建筑业企业。但外商独资建筑业企业只允许承包四类建设项目：外资建筑企业只允许在其资质等级许可的范围内承包下列工程：一是全部由外国投资、外国赠款、外国投资和外国赠款捐助的项目；二是由国际金融机构资助并通过根据贷款条款进行的国际招标授予的建设项目；三是外资等于或超过50%的中外联合建设项目；外资少于50%、但因技术困难而不能由中国建筑企业独立实施的中外联合建设项目；四是由中国投资、但中国建筑企业难以独立实施的建设项目，经省政府批准，可由中外建筑企业联合承揽。

在国民待遇方面：中国加入WTO后三年内取消建筑企业注册资本与国内企业的差别要求；取消对合资、合作建筑业企业承包外资工程的义务要求。

2. CEPA情况

自2003年开始，中央政府与香港、澳门特别行政区政府开始签署《内地与香港关于建立更紧密经贸关系的安排》和《内地与澳门关于建立更紧密经贸关系的安排》及相关补充协议，这些协议的签署进一步扩大了市场的开放，促进了两地市场的融合和经贸关系的发展。

3. 其他自贸区的情况

在入世后，中国积极参加自贸区的磋商，以期在更广大范围内参与国际市场竞争。目前已与新加坡、东盟、哥斯达黎加等国签订了自由贸易协定，以促进双边市场的进一步扩大和开放。

三、重要政策法规及规范性文件

按照中国加入WTO承诺，住房和城乡建设部废止了部分不符合承诺要求和WTO原则的规章及规范性文件，对部分规章进行了修订，颁布了体现入世承诺要求的规章和规范性文件，对入世承诺通过法律形式予以确定和保障。这一时期出台的主要规章及规范性文件包括：《外商投资建筑业企业管理规定》（建设部、对外贸易经济合作部令第113号），《外商投资建筑业企业管理规定中有关资质管理的实施办法》[建市（2003）73号]，《外商投资建设工程设计企业管理规定》（建设部、对外贸易经济合作部令第114号），《关于外国企业在中华人民共和国境内从事建设工程设计活动的管理暂行规定》[建市(2004)78号],《外商投资建设工程设计企业管理规定实施细则》[建市(2007)18号],《外商投资建设工程服务企业管理规定》(建设部、商务部第155号令)等。同时,企业资质标准和相关资质管理规定修订后,国外企业与国内企业适用同一企业资质标准申请资质,取得资质后方可在资质许可范围内开展业务活动。这些规章及规范性文件同其他相关法律、法规等构成了统一体系,这对外资进入中国市场开展建筑活动进行了规范和保护,有利于建造公平竞争、规范有序的建筑市场。

为落实CEPA及补充协议,住房和城乡建设部印发了一系列规范性文件,对协议中的内容予以保障落实。

在对外承包工程方面,2008年7月20日,《对外承包工程管理条例》颁布,自2008年9月1日施行,将对外承包工程予以规范管理。2009年10月12日,商务部、住房和城乡建设部颁布《对外承包工程资格管理办法》(商务部、住房和城乡建设部令第9号),自2009年11月1日起施行。《对外承包工程资格管理办法》对对外承包工程资格的申请条件、程序、《资格证书》管理以及商务部、住房和城乡建设部的监督管理活动进行了规定,要求企业需按照《对外承包工程资格管理办法》规定的条件和程序取得对外承包工程资格后方可在许可范围内从事对外承包工程,也明确了监管部门的责任。《对外承包工程资格管理办法》对规范和加强对外承包工程管理、促进对外承包工程健康发展具有重要意义。

在建筑业对外开放的进程中,中国政府加大了对建筑市场运行规则的改革力度,使得中国建筑市场的运行规则更加符合WTO服务贸易总协定的透明度原则和非歧视性原则,公开、公正、统一、规范的建筑市场新秩序初步建立,并由此带来生机勃勃、蓬勃发展的中国建筑业。

(住房和城乡建设部建筑市场监管司)

●知识产权保护

中国知识产权发展情况

一、2010年中国知识产权新进展

2010年，中国国家知识产权战略实施工作全面推进，制定发布了《2010年中国保护知识产权行动计划》，知识产权保护工作取得显著成效。

（一）知识产权法律、法规

2010年，知识产权法律、法规、规章进一步完善。《专利法》及其实施细则第三次修改工作顺利完成，修改后的《专利法实施细则》施行。《商标法》修订工作持续推进，《商标法实施条例》修改工作稳步推进。新修订的《著作权法》公布施行，《著作权质权登记办法》颁布，《民间文学艺术作品著作权保护办法》的修改取得进展。修订后的《中华人民共和国知识产权海关保护条例》实施。《第八批农业植物品种保护名录》发布。最高人民法院制定并发布《最高人民法院关于审理商标授权确权行政案件若干问题的意见》和《关于做好涉及网吧著作权纠纷案件审判工作的通知》，加强对相关案件审判的指导。

（二）知识产权审批登记

2010年，中国知识产权审批登记工作稳步推进，在质和量两个方面均取得新的突破。国家知识产权局受理三种专利申请1 222 286件，同比增长25.1%；授权三种专利814 825件，同比增长40.0%；受理集成电路布图设计登记申请1 108件，予以公告并发出证书1 009件。国家工商行政管理总局受理商标注册申请1 072 187件；受理地理标志商标申请382件，注册和初步审定269件；收到商标评审案件新申请72 253件。中国软件著作权登记量达81 966件，连续五年保持高速增长态势；全国作品自愿登记量达375 649件。农业部受理国内外植物新品种权申请1 206件，较2009年增长11.5%；授予品种权666件，较2009年增长34.8%；全年新公告颁证农产品地理标志产品334个。国家林业局受理国内外品种权申请89件，授权植物新品种26件。海关知识产权保护备案数量不断增加，2010年新增加核准备案3 035件。

（三）知识产权保护

2010年，中国政府做出部署，决定自10月至2011年3月在全国集中开展打击侵犯知识产权和制售假冒伪劣商品专项行动（以下简称专项行动），对知识产权侵权行为进行集中打击和专项整治。各部门认真贯彻落实，取得显著成效。各相关部门还积极开展上海世博会、广州亚运会知识产权保护工作，有力保障了世博会和亚运会顺利举办。

2010年，知识产权系统共受理专利侵权纠纷案件1 095件，受理其他专利纠纷案件18件，查处假冒专利案件728件。各级工商行政管理机关共查处各类商标违法案件56 034件，其中，商标侵权假冒案件48 548件。各地版权执法部门查处204起侵犯著作权案件，正在立案查处157起。文化行政部门和文化市场综合执法机构共受理举报47 816件；立案调查60 132件；办结案件51 248件。地方农业部门查处了37件侵犯品种权和制售假冒伪劣种子案件。林业局有效加强了涉及林木新品种的知识产权保护力度。中国海关扣留侵权货物约2.03万批，涉及侵权商品约1.1亿件，商品价值达人民币约2.5亿元。

2010年，全国司法机关进一步加大知识产权司法保护力度，人民法院受理的知识产权民事案件继续增长。全国地方法院共新收和审结知识产权民事一审案件42 931件和41 718件，同比分别增长40.18%和36.74%。共审结涉及知识产权侵权的

刑事案件3 942件；在审结案件中，以侵犯知识产权犯罪判决的案件1 254件，生效判决人数1 966人，同比分别上升 24.5%和 22.5%。全国检察机关共受理提请批准逮捕涉及侵犯知识产权犯罪案件1 887件3 368人，同比分别上升 26.5%和 26.3%；批捕 1 566 件 2 613 人，同比分别上升 24.7%和 23.3%。

（四）知识产权宣传

各相关部门围绕知识产权专项行动、知识产权战略实施两周年、上海世博会和广州亚运会知识产权保护等工作，积极开展宣传活动，取得良好宣传效果和社会反响。

2010 年，国家知识产权局牵头，联合中宣部等 25 个部（委）成立宣传周活动组委会，组织开展全国知识产权宣传周活动，全国各地共举办 500 多项宣传活动，参与人数达千万人。

2010 年，国家知识产权局发布《2010 年中国知识产权保护状况》，国家工商行政管理总局发布《中国商标战略年度发展报告》，国家版权局启动"绿书签行动 2010——拒绝盗版，从我做起"，文化部组织开展保护知识产权法制宣传活动，农业部编写出版《农业知识产权》，国家林业局组织开展林业知识产权系列宣传活动，海关总署发布《中国海关 2009 年知识产权保护状况》，最高人民法院首次发布《中国法院知识产权司法保护状况（2009 年）》白皮书，最高人民检察院开展检察机关保护知识产权工作宣传，全国公安机关会同有关部门累计开展集中宣传活动 377 次。大量知识产权宣传活动的开展，有效提高了社会公众对知识产权的关注度，进一步提高了公众知识产权意识。

二、2001—2010 年中国知识产权发展总体情况

十年来，中国知识产权事业实现跨越式发展，知识产权支撑科技进步和经济社会发展的作用日益凸显。《国家知识产权战略纲要》（简称《纲要》）的颁布实施，标志着中国知识产权事业进入崭新的发展阶段。

（一）《国家知识产权战略纲要》实施工作稳步推进

2005 年，中国政府从国家发展的战略高度，决定制定实施知识产权战略。经过三年多的不懈努力，《纲要》于 2008 年正式颁布实施。《纲要》明确提出，知识产权是国家发展的战略性资源，知识产权战略是国家重要战略。

为推进战略实施工作，成立了国家知识产权战略实施工作部际联席会议，负责推进战略实施工作。部际联席会议有关部门制定 2009 年、2010 年《知识产权战略实施推进计划》，两年来共推出各项措施 460 多项，有效促进了全社会知识产权创造、运用、保护和管理水平明显提升。截至 2010 年底，已有 16 个部门出台了落实《纲要》的实施意见，23 个省（区、市）和新疆生产建设兵团出台了地方知识产权战略纲要或贯彻国家知识产权战略的实施意见。

（二）知识产权法律法规不断完善

中国加入 WTO 前后，对知识产权保护相关法律、法规和司法解释进行了全面修改，在立法精神、权利内容、保护标准、法律救济手段等方面更加突出促进科技进步与创新的同时，做到了与 WTO《与贸易有关的知识产权协议》以及其他知识产权保护国际规则相一致。

近年来，陆续启动了知识产权主要法律的修改工作。《专利法》第三次修改于 2008 年顺利完成并于 2009 年施行；修改后的《专利法实施细则》于 2010 年施行。新修订的《著作权法》、《著作权法质权登记办法》于 2010 年公布并施行。《知识产权海关保护条例》完成修订并于 2010 年实施。《商标法》、《商标法实施条例》的修订工作持续推进。

近年来，最高人民法院发布一系列司法解释和规范性文件，如《关于全国加强知识产权审判工作为建设创新型国家提供司法保障的意见》、《关于办理侵犯知识产权刑事案件具体应用法律若干问题的解释（二）》等，推进知识产权审判工作的规范化，加大知识产权刑事司法保护力度。

2007 年获得通过的《反垄断法》和《科学技术进步法》，前者为规制知识产权滥用提供了依据，后者对企业技术创新主体地位、国家资助科研项目的知识产权归属做了明确规定。2009 年，全国人大常委会审议并通过《中华人民共和国侵权责任法》，明确将著作权、专利权、商标专用权等纳入民事主体合法权益的保护范围，补充和完善了知识产权保护的法律体系。

（三）知识产权数量持续快速增长

与 2001 年相比，2010 年中国各类知识产权数

量均增长了数倍，三种专利申请量增长了5倍，三种专利授权量增长了6.1倍，PCT国际申请增长了6.8倍，集成电路布图设计登记申请和登记公告分别增长了16.9倍和30.5倍；受理商标注册申请量增长了3倍，审查商标注册申请数量增长了9.6倍；海关总署核准知识产权备案申请增长了3.7倍。

2010年中国软件著作权登记量连续5年保持高速增长，从2006年的2万余件增加到8万余件，增长了4倍。与2002年相比，2010年植物新品种权申请增长了3.2倍，品种权增长了4.5倍。

表1　　2001—2010年主要知识产权数据

年份	专利申请	专利授权	PCT国际申请	集成电路布图设计登记申请/公告	商标注册申请（万）	商标审结（万）	植物新品种申请	植物品种权	核准知识产权备案申请
2001	203 573	114 251	1 656	62/32	27.0	13.9	—	—	648
2002	252 631	132 399	951	183/130	37.2	22.4	307	125	844
2003	308 487	182 226	1 165	193/204	45.2	24.6	615	268	1 353
2004	353 807	190 238	1 592	244/205	58.8	24.5	771	91	1 350
2005	476 264	214 003	2 438	269/263	66.4	31.2	1 022	236	1 469
2006	573 178	268 002	3 826	417/373	76.6	31.3	934	209	2 000
2007	693 917	351 782	5 401	428/345	70.8	40.5	877	596	2 267
2008	828 328	411 982	6 081	743/738	69.8	75	945	489	2 292
2009	976 686	581 992	8 000	817/655	83.0	141.5	1 168	1 209	3 002
2010	1 222 286	814 825	12 917	1 108/1 009	107.2	148.1	1 295	692	3 035
累计	5 889 157	3 261 700	44 027	4 464/3 954	642.0	553.0	7 934	3915	1 8260

（四）知识产权保护力度不断加大

十年来，中国政府坚持完善行政保护和司法保护“两条途径、并行运作”的知识产权保护模式，不断加大知识产权保护力度。2008年机构改革，在国家知识产权局增设保护协调司，加强全国保护知识产权的组织协调。已连续三年制定发布年度《中国保护知识产权行动计划》，对全国知识产权保护工作进行统一部署。

近年来，中国政府进一步加大知识产权保护的行政执法力度。2004年8月，中国政府决定从2004年9月到2005年8月，在全国范围内组织开展为期一年的保护知识产权专项行动。2010年10月，中国政府再次决定，在全国范围集中开展为期半年的专项行动，对知识产权侵权行为进行集中打击，取得积极成效，有效遏制侵犯知识产权违法犯罪行为。

据统计，2001—2010年，知识产权系统共受理各类专利纠纷案件1.2万多件，查处假冒、冒充专利案件1.3万多件；各级工商行政管理机关共查处各类商标违法案件48万多件；中国海关扣留侵权货物11万多批。2004—2010年，全国地方法院共新收和审结知识产权民事一审案件152 812件和148 921件，共审结涉及知识产权侵权的刑事案件22 169件；在审结的刑事案件中，以侵犯知识产权犯罪判决的案件5 820件，生效判决人数9 080人。2008—2010年，全国检察机关批准逮捕涉及侵犯知识产权案件4 032件6 839人。

（五）知识产权宣传取得显著成效

中国政府高度重视知识产权的宣传普及工作。从2004年开始，国家将每年4月20日至26日确定为“保护知识产权宣传周”，利用报刊、电视、广播、互联网等各种媒体，采取多种宣传方式，在全社会开展知识产权保护宣传教育活动。各地相关部委每年都围绕“4·26世界知识产权日”组织开展“保护知识产权宣传周”系列活动，在国内外都产生了重要影响。

近年来，全国知识产权宣传工作统筹协调加强，实现了全国知识产权宣传工作“一盘棋”，有力地推动了知识产权工作开展。围绕创新型国家建设、改革开放 30 周年、战略分步实施、《专利法》修改、北京奥运会、上海世博会、广州亚运会等重要活动，开展了一系列更富有成效的宣传，取得良好反响。“尊重知识、崇尚创新、诚信守法”为核心的知识产权文化理念，正得到社会公众越来越广泛的认同。

（国家知识产权局办公室　沙开清）

中国专利制度

一、2010年中国专利新进展

2010年，中国专利法律、法规进一步完善，专利申请和授权快速增长，专利管理能力进一步加强，专利保护取得显著成绩。

（一）法律法规

1. 修改后的《专利法实施细则》于2010年2月1日施行，《施行修改后的专利法实施细则的过渡办法》、《专利审查指南》同日施行。对《专利权质押登记办法》、《关于专利电子申请的规定》、《专利行政执法办法》、《专利实施许可合同备案管理办法》、《关于台湾同胞专利申请的若干规定》等规章进行修订。

2.《专利代理条例》的修订被列入国务院2010年立法工作计划二档项目。《专利代理条例修订草案》（送审稿）于2011年1月上旬提高国务院审议。启动了“职务技术成果条例”和“职务发明人流动中的利益共享办法”研究制订工作。修订出版《2010年全国专利代理人资格考试指南》，制定《专利代理援助专项资金管理暂行办法》。

3. 制定发布《全国专利事业发展战略（2011—2020年）》。围绕《国家知识产权战略纲要》对专利工作的要求，提出了中国专利事业发展目标、战略重点和保障措施。

（二）申请与授权

1. 全年受理三种专利申请122.2万件，同比增长25.2%。其中，发明专利申请39.1万件，同比增长24.1%，居世界第二位；实用新型专利申请41.0万件、外观设计专利申请42.1万件，同比分别增长31.8%和19.9%。

2. 授权三种专利81.5万件，同比增长40.0%。其中，发明专利13.5万件、实用新型专利34.5万件、外观设计专利33.5万件，同比分别增长5.5%、69.1%和34.0%。

3. 国家知识产权局作为《专利合作条约》（PCT）受理局，全年受理PCT国际申请12 917件，同比增长61.5%，跃居世界第四位。

4. 受理复审请求12 369件，同比增长34.5%。受理无效宣告请求2 411件，同比增长7.3%。当事人向北京市第一中级人民法院起诉和向北京市高级人民法院上诉的案件总计878件。

（三）管理工作

1. 新批准国家知识产权工作示范城市21个、示范创建市16个、试点城市9个。新批准146家单位为第二批全国企事业知识产权示范创建单位，启动800家第四批全国企事业知识产权试点工作。首次批准建立2家国家自主知识产权产业化试点基地，新批4家国家专利产业化试点基地。

2. 发布《关于加强知识产权质押融资与评估管理，支持中小企业发展的通知》。组织17个省（区、市）、8个中心城市开展实施地方知识产权资产评估推进工程，开展第三批知识产权质押融资试点单位。全年专利质押合同登记362件，同比增长115.5%，质押金额近66亿元。全年专利许可合同备案9 771件、许可专利18 540件。

3. 完成半导体照明关键技术等重点产业和重大技术项目的专利分析和预警工作。制定发布《关于加强专利分析工作的指导意见》。组织开展了第四届中国专利周、中国国际专利技术与产品交易会、第十二届中国专利奖评选等工作。

4. 全年共资助中小企业、事业单位及科研机构提出的PCT国际申请2 645项，资助金额13 919万元。

（四）保护工作

落实国务院常务会议与全国知识产权保护和执法工作电视电话会议的重要精神，认真深入开展知识产权保护专项。组织开展世博会知识产权保护专项行动、亚运会知识产权保护执法行动，以及“雷雨”、“天网”知识产权执法集中行动。

知识产权系统全年共出动执法人员20 646人次，同比增长55.9%；检查商业场所10 642次，同比增长77.0%；检查商品2 134 668件，同比增长61.4%。共受理专利侵权纠纷案件1 077件，受理其他专利纠纷案件18件，查处假冒他人专利728件，跨部门执法协作545次，跨地区执法协作972次。

二、2001—2010 年中国专利制度总体情况

自入世以来，中国专利法律、法规不断完善，专利申请和授权持续快速增长，专利管理能力不断加强，专利保护取得显著进展。

(一) 法律法规

为顺应中国加入 WTO 的要求，突出专利制度对中国经济发展的推动作用，中国分别于 2000 年、2008 年对《专利法》进行了修改。

2000 年的《专利法》修改，在处理专利国际申请等方面与国际条约有关规定相衔接，根据中国 1994 年加入的《专利合作条约》，在专利国际申请方面明确了中国单位或者个人提出专利国际申请的权利和应当满足的条件，与 TRIPs 协议更趋一致；在与 TRIPs 协议接轨方面增加了许诺销售、诉前临时措施的规定，取消了“终局决定”的规定，改进了强制许可制度等。

2008 年的《专利法》修改，是中国《专利法》的第三次修改，修订后的《专利法》及其实施细则分别于 2009 年 10 月 1 日和 2010 年 2 月 1 日施行。《专利法》及其实施细则第三次修改，适应中国经济社会发展需要，适度提高了授予专利权的条件，加强了对专利权的保护，增加了维护公众权益的措施，完善了外观设计制度。此外，根据《生物多样性公约》和《修改〈与贸易有关的知识产权协定〉议定书》，对利用专利制度保护遗传资源、强制许可等方面做了规定。

为适应修改后《专利法》的施行，对《审查指南》进行修改，编制《审查操作规程》，使专利审查标准更加科学合理规范。制定、修改《涉及公共健康问题的专利实施强制许可办法》、《关于规范专利申请行为的若干规定》、《关于台湾同胞专利申请的若干规定》、《专利行政执法办法》等规章。

(二) 申请与授权

1. 2001—2010 年，共受理三种专利申请 588.9 万件，年均增长 22.0%。其中，发明专利申请 200.3 万件、实用新型专利申请 182.3 万件、外观设计专利申请 206.3 万件，年均增长分别为 22.4%、20%和 24%。十年间，国内发明专利申请达 127.8 万件，占 63.8%，年均增长为 28.8%。

2. 2001—2010 年，共授权三种专利 326.2 万件，年均增长 24.4%。其中，发明专利 66.1 万件、实用新型专利 131.3 万件、外观设计专利 128.8 万件，年均增长分别为 26.5%、22.8%和 25.4%。十年间，国内发明专利授权达 31 万件，年均增长为 34.9%。

3. 截至 2010 年底，中国有效专利量 221.6 万件，其中，发明专利 56.5 万件、实用新型 85.8 万件、外观设计 79.3 万件，分别占 25.5%、38.7%和 35.8%。国内申请人有效专利量为 182.5 万件，占 82.4%。

4. 2001—2010 年，受理 PCT 国际申请44 027 件，年均增长为 25.6%。自 1994 年以来，累计受理 PCT 国际申请45 798件。

5. 2001—2010 年，受理复审请求40 770件，受理无效宣告请求20 219件。自 1985 年以来，共受理复审请求43 957件，共受理无效宣告请求 25 745件。截至 2010 年底，复审请求结案达 34 114件，无效宣告请求结案23 664件。

(三) 管理工作

1. 知识产权工作机制逐步健全。国家知识产权局相继与 15 个省（区、市）和中国科学院、铁道部、科技部 3 个中央单位建立了合作会商工作机制，有力推进了知识产权工作机制建设。全国 31 个省（区、市）和新疆生产建设兵团均设立了知识产权局，近 85%的地级市设立了知识产权局。

2. 知识产权试点示范工作进展显著。全国共有工作示范城市 45 个、示范创建市 28 个、试点城市 31 个，工作示范园区 1 个、示范创建园区 12 个、试点园区 30 个；强县工程试点县 127 个、传统知识产权试点县 17 个；国家级试点单位1 065 家、示范创建单位 216 家、示范单位 58 家。

3. 专利转化运用工作有效推进。批准设立国家专利技术展示交易中心达 43 家，遍布全国 27 个省区市；批准建立国家专利产业化试点基地 22 家；建立国家自主知识产权产业化试点基地 2 家。连续组织开展第七届至第十二届中国专利奖评选、第一届至第四届中国专利周等活动。组织开展地方知识产权资产评估推进工程、知识产权质押融资试点单位。

4. 专利分析预警工作取得重要成果。自 2008 年以来，已连续开展了煤液化、高铁、大飞机等 20 多项国家重点产业和重大技术项目的专利分析和预警工作，为国家经济和科技决策提供了参考。

5. 按照《资助向国外申请专利专项资金管理暂行办法》的要求，配合财政部完成2009和2010年度资助向国外申请专利专项资金申报和评审工作。两年共资助中小企业、事业单位及科研机构提出的PCT国际申请3 791项，资助金额19 204万元。

6. 专利代理行业稳步健康发展。随着专利代理法律政策的完善，专利代理行业呈现出规模稳步扩大、服务能力明显提升的良好态势。截至2010年11月底，全国共有11 000多人获得了专利代理人资格，执业专利代理人达6 400多人；全国现有专利代理机构794家；专利代理行业从业人员达2万人。

（四）保护工作

坚持行政保护和司法保护"两条途径、并行运作"的专利权保护模式，不断加大专利保护力度。实践证明，这是符合中国国情的有效保护模式。专利行政执法因其具有主动性、效率高、成本低以及执法人员技术素质较强的特点，在中国专利权的保护中发挥着不可或缺的重要作用。

近年来，专利行政保护机制逐步健全，专利执法工作统筹协调加强，各部门之间执法协作机制、跨地区执法协作机制进一步完善，有力地推动全国执法保护工作的开展。全国共有27个省（区、市）出台了知识产权保护相关政策法规，38家司法机构、研究开发机构和法律服务机构成为全国专利保护重点联系单位，29个省（区、市）设立了67家知识产权维权援助中心，且全部开通了"12330"知识产权维权援助公益热线电话。

国家知识产权局连续多年部署开展"雷雨"、"天网"等专利执法专项行动，取得明显成效，有效遏制了群体侵权、反复侵权行为与专利诈骗行为的发生。2001年至2010年，知识产权系统共受理各类专利纠纷案件12 425件，查处假冒、冒充专利案件13 466件。

（国家知识产权局办公室 沙开清）

中国商标保护制度

一、2010年商标工作新进展

(一) 商标战略实施

国家工商总局从2009年开始组织开展国家商标战略实施示范城市(区)、示范企业工作。2010年6月1日为首批53个示范城市(区)和41家示范企业授牌。7月12日,总局出台对示范城市(区)、示范企业的扶持措施。

2010年12月和2011年1月,分别在安徽省芜湖市和江苏省苏州市召开示范企业、示范城市(区)经验交流暨商标运用保护会议。41家示范企业签署《芜湖倡议》,53个示范城市签署《苏州共识》,向全社会做出了大力实施商标战略,严厉打击侵权假冒的郑重承诺。

(二)《商标法》修订

1. 第二次修订

2001年10月,为适应加入WTO的需要,全面履行《与贸易有关的知识产权协议》规定的义务,《商标法》进行了第二次修改。主要内容包括:扩大商标保护范围,将集体商标、证明商标纳入《商标法》;商标构成要素增添了新内容,准予注册立体商标;增加对驰名商标保护的内容,明确了认定驰名商标时应考虑的因素;取消行政机构的决定、裁定为终局决定、裁定的规定,确立了商标确权司法终审的原则;增加工商管理部门查处商标侵权行为的手段,增加诉前申请财产保全、证据保全等救济措施。

2. 第三次修订

《商标法》第三次修订是十一届全国人大五年立法规划项目,修订的主要内容包括:解决"商标确权程序繁琐、商标注册周期长"的问题;解决"异议程序被滥用"的问题;解决"对商标侵权行为处罚力度与社会经济发展不相适应"的问题;解决"商标代理市场混乱,亟须规范"的问题。

受国务院委托,国家工商总局承担《商标法》的修订起草工作。2009年11月18日,《商标法(修订送审稿)》(以下简称《送审稿》)正式报国务院审议。2010年工商总局多次召开座谈会,听取各方意见,进行专题研究。11月,国务院法制办、工商总局共同开展地方调研。

(三) 解决商标审查积压

自1979年恢复全国商标统一注册以来,商标注册年申请量迅猛增长,截至2007年底,中国积压的商标注册申请量已达180多万件。

2010年,国家工商总局商标局以实现"三年解决商标审查积压"为重点,积极推行"注重商标审查工作向审查工作、管理工作并重转变,注重审查数量向审查数量、质量并重转变",在确保商标审查质量的前提下,不断加快商标审查进度,彻底解决商标审查积压,取得显著成果。

——自2008年起,实现了审查量大于申请量,扭转了自2000年以来申请量一直大于审查量的被动局面,完成了历史性转变。

——商标注册年审查量连续两年突破百万件。2009年审查141.5万件,2010年完成审查148万件,相当于加快审查前近五年的工作量。商标注册年申请量突破百万件。在2009年申请量创历史最高的基础上,2010年又突破百万件大关,达107.2万件。

——截至2010年底,中国商标注册累计申请829.5万件,累计注册562.8万件,有效注册460.4万件,均居世界第一。

截至2010年底,工商总局商标局彻底解决了国内外广泛关注的商标审查积压问题,审查周期由2007年底的36个月以上缩短至1年以内。

(四) 商标专用权的保护与运用

1. 打击侵权假冒专项行动

2010年10月,国务院决定在全国开展为期半年的打击侵犯知识产权和制售假冒伪劣商品专项行动。按照国务院领导指示和全国专项行动领导小组要求,全国工商系统建立了执法数据统计、重大案件督办、重要信息报送、知识产权保护宣传等工作制度;明确了三项工作重点,即严查侵犯涉外商标和驰名商标权益违法行为、切实扼制恶意商标抢注行为、严厉打击违法印制商标标识及仿冒知名商品包装装潢的不正当竞争行为。

自开展专项行动之日起至2010年底,全国各级工商机关共出动执法人员72.2万人次，检查经营户169.5万户，检查各类市场10.8万个，捣毁制假售假窝点1 372个，吊销营业执照568户。立案查处侵权假冒案件1.6万件，罚没金额达9 877.2万元。

2. 世博会标志和亚运会标志保护

截至2010年底，国家工商总局商标局备案、注册各类世博会标志、特殊标志和商标共计3 107件，核准亚运会标志和商标注册2 539件，为世博会和亚运会知识产权保护提供坚强的法律保障。2010年，共查处侵犯世博会标志案件1 132件，案值817万元，没收侵犯世博会标志专用权商品20万件。

3. 地理标志商标工作

根据《商标法》及《商标法实施条例》的相关规定，地理标志在中国作为证明商标或者集体商标注册后，可以得到注册商标享有的所有法律保护。国家工商总局商标局在不断完善地理标志审查工作机制的同时，大力宣传运用地理标志商标增加农民收入的理念，引导农业生产者、经营者运用地理标志商标增产增收。

2010年，商标局累计注册农产品商标94.5万件，地理标志1 040件，近三年注册的地理标志相当于前15年的2.46倍。从随机抽取的220个种植类地理标志农产品调查统计看，2010年地理标志农产品附加值比注册保护前平均增长105%，最高增长达6倍；种植地理标志农产品的农民人均收入占其总收入的41%，比注册保护前增长90%，最高达10倍；直接解决地理标志产品所在地总人口18.16%的农民就业，促进了农业稳定发展和农民持续增收。

(五) 其他工作进展

1. 注册商标专用权质押融资工作

2009年8月12日，国家工商总局和财政部等6部委联合发布了《关于加强知识产权质押融资与评估管理支持中小企业发展的通知》，推进知识产权质押融资工作，拓展中小企业融资渠道。2010年，办理质权登记申请369件，帮助企业融资145亿元，为中小企业的发展提供了大力支持。

2. 商标自动化三期系统建设

商标局连续三年发布全国3 226个省、市、县商标重要数据。2010年，中国商标网点击量达24.5亿次，已经向3 016家商标代理组织开通网上申请，商标注册网上申请56.7万件，占申请总量的53%。

3. 国际注册及海外维权

截至2010年底，商标局累计受理商标国际注册15.4万件，连续6年居世界第一；累计申请商标国际注册11 415件，由居世界第八位升至第七位。在海外维权方面，成功解决了“镇江香醋”商标在韩国和“孔子学院”商标在哥斯达黎加被恶意抢注案件。

4. 国际及港澳台的交流合作

2010年，国家工商总局开展了一系列商标领域多边及双边交流合作项目。与世界知识产权组织签署了《中华人民共和国国家工商行政管理总局和世界知识产权组织关于进一步加强合作的谅解备忘录》；与美日欧四方共同举办了中美日欧商标申请中的新型问题研讨会；开展了中欧知识产权保护二期项目下的进一步合作；分别与日本特许厅、法国工业产权局、英国知识产权局举办研讨会，交流了商标体系、制度及知识产权保护等问题；积极参加“海峡两岸知识产权保护协议”磋商工作，并承担了优先权、协处机制等议题的落实工作。

二、入世十年中国商标事业的发展

加入WTO十年来，商标申请量及注册量迅猛增长。商标局年受理商标注册申请量由2001年的374 485件增长到2010年的107.2万件，年核准注册商标由2001年的202 839件增长到2010年的1 349 237件。自2008年起，中国实施国家商标战略，工商总局商标局在确保商标审查质量的前提下，不断加快商标审查进度。这三年的申请量达到260万件，相当于前28年总量的45.7%；审查量364万件，相当于加快审查前12年的工作量；注册量259万件，相当于前28年总量的85.3%。截至2010年底，中国商标注册累计申请829.5万件，累计注册562.8万件，有效注册460.4万件，均居世界第一。

加入WTO十年来，中国对注册商标专用权的保护力度进一步加大。2000年至2010年，各级工商行政管理机关商标管理部门共查处各类商标违法案件52.18万件。分析入世十年来的商标违法案件基本情况，2004年之前的商标侵权违法案件查处量在每年4万件左右（2000年38 240件、2001年41 163件、2002年39 105件、2003年37 489件）。2004年起，中国将知识产权作为全国整顿和规范市场经济秩序的三大重点工作之一，在保护注册商标专用权方面将专项行动与日常监管相结合。商标侵权违法案件的查处量在2004年以后增长到每年5万件左右（2004年51 851件、2005年49 412件、2006年50 534件、2007年50 318件、2008年56 634件、2009年51 044件、2010年56 034件），为促进经济社会发展做出了重要贡献。

（国家工商行政管理总局商标局）

中国著作权保护制度

入世以来，中国政府高度重视知识产权保护工作，版权保护工作力度不断加大，取得了显著成绩，对鼓励优秀作品的创作与传播，促进文学艺术和科学事业的繁荣与发展发挥了积极作用。

一、修订和制定了一系列著作权法律、法规

为履行入世承诺，中国积极完善著作权立法，努力强化对著作权的保护。在此期间，中国加入版权国际条约2项，颁布并实施著作权法律、行政法规10部、部门规章12部、地方性法规3部、司法解释7部。

（一）积极加入版权国际条约

入世之前，中国相继加入《伯尔尼保护文学和艺术作品公约》、《世界版权公约》、《保护录音制品制作者防止未经许可复制录音制品公约》、《与贸易有关的知识产权协议》等主要国际版权条约，成为国际版权保护事务的积极参与者。入世后，为提高著作权保护水平，加强对外交流，中国加入《世界知识产权组织版权条约》和《世界知识产权组织表演和录音制品条约》等国际条约，这对中国在网络环境下提高权利人的保护标准起到了一定促进作用。其中，《世界知识产权组织表演和录音制品条约》明确了互联网领域内表演者和录音制品制作者的权利；《世界知识产权组织版权条约》在权利客体、专有权利、技术措施等方面做出了新的规定，有助于中国在网络环境下加强对著作权人的保护。

（二）坚持基本法律的修订，完善基本法律体系

为履行入世义务，《著作权法》分别于2001年和2010年进行了两次修订。

2001年《著作权法》的修订解决了1990年《著作权法》存在的多项问题，增加了著作权的保护客体，将杂技造型、建筑作品等列入受保护的客体；规定了12项财产性权利，具体通过增设信息网络传播权、扩大表演权控制范围等方式构建了较为完善的权利体系；增加了法定许可的情形；[①] 增加了集体管理组织的规定，[②] 充分保障了著作权人的经济利益。此次修订使中国著作权法律制度符合了WTO相关制度的要求，兑现了中国加入WTO时做出的承诺。

2010年，为履行WTO中美知识产权争端案裁决，中国再次对《著作权法》进行了修订。[③] 修订后的《著作权法》第4条规定："著作权人行使著作权，不得违反宪法和法律，不得损害公共利益。国家对作品的出版、传播依法进行监督管理"。同时，第26条增加了著作权出质的规定："以著作权出质的，由出质人和质权人向国务院著作权行政管理部门办理出质登记"。此次修订，使中国的著作权法律制度进一步完善，著作权保护水平进一步提高，并保障了著作权人的经济利益。

（三）制定专门法规规章，贯彻实施基本法律

在坚持修订《著作权法》、完善基本法律体系的基础上，中国制定了相关的行政法规和部门规章，以贯彻实施《著作权法》。入世以来，中国颁布并实施著作权行政法规10部、部门规章12部，从计算机软件保护、音像制品管理、信息网络传播权保护、海关知识产权保护等多个方面，全面加强了对著作权人权益的保护。

例如，国务院于2002年8月2日颁布了《中华人民共和国著作权法实施条例》，条例的颁布增强了修订后《著作权法》的可操作性，也履行了中国政府在加入WTO谈判中的有关承诺；此外，国

---

① 周长玲：《我国修改后的著作权法中若干问题浅析》，载于《知识产权》2002年第5期。

② 2001年修订的《著作权法》第8条规定："著作权人和与著作权有关的权利人可以授权著作权集体管理组织行使著作权或者与著作权有关的权利。著作权集体管理组织被授权后，可以以自己的名义为著作权人和与著作权有关的权利人主张权利，并可以作为当事人进行涉及著作权或者与著作权有关的权利的诉讼、仲裁活动。著作权集体管理组织是非营利性组织，其设立方式、权利义务、著作权许可使用费的收取和分配，以及对其监督和管理等由国务院另行规定。"

③ See WTO，Report of the Panel，China2MeasuresAffecting the Protection and Enforcement of Intellectual Property Rights，WT/DS362 /R.

务院颁布了《信息网络传播权保护条例》、《广播电台电视台播放录音制品支付报酬暂行办法》等行政法规，制定了《国家知识产权战略纲要》；国家版权局修订颁布《著作权行政处罚实施办法》，印发《国家版权局关于贯彻国家知识产权战略纲要的实施意见》。北京、上海、山东等十多个省（自治区、直辖市）制定了有关版权保护的地方法规、政府规章，出台了贯彻《国家知识产权战略纲要》的区域版权战略规划，中国版权保护的法律、法规和政策体系不断完善，为版权事业的健康发展提供了基本制度保障。

二、结合本国国情，完善执法体系，加强版权行政执法工作力度

（一）完善版权执法体系

为加强对著作权的保护，中国立足基本国情，构建了一套司法审判与行政管理并行的执法体系。

一方面，为维护市场经济秩序，打击具有严重社会危害性的著作权侵权行为，《中华人民共和国刑法》第217条、第218条以专门条款的形式规定了侵犯复制权、发行权犯罪的刑事处罚。① 同时，为强化对著作权的司法保护，最高人民法院、最高人民检察院先后发布了多项司法解释。例如，为惩治侵犯知识产权犯罪活动，维护社会主义市场经济秩序，最高人民法院、最高人民检察院联合发布了《最高人民法院、最高人民检察院关于办理利用互联网、移动通讯终端、声讯台制作、复制、出版、贩卖、传播淫秽电子信息刑事案件具体应用法律若干问题的解释》、《最高人民法院、最高人民检察院关于办理侵犯知识产权刑事案件具体应用法律若干问题的解释》、《最高人民法院、最高人民检察院关于办理侵犯知识产权刑事案件具体应用法律若干问题的解释（二）》以及2011年颁布的《最高人民法院、最高人民检察院、公安部关于办理侵犯知识产权刑事案件适用法律若干问题的意见》。

另一方面，除司法保护外，中国在《著作权法》等基本法律中规定了对著作权的行政保护，并出台了相应的法规以贯彻实施《著作权法》。目前，中国已形成国家版权局、省（自治区、直辖市）版权局以及中心城市版权局为主体的层级管理体系，著作权行政执法体制逐步健全。同时，国家版权局与公安部等部门加强了执法协作，形成了有效的协作机制。

（二）开展一系列打击侵权盗版专项行动

入世以来，各级版权行政管理部门在加强日常监管的基础上，相继开展了打击盗版光盘、盗版教材教辅、盗版软件和网络侵权等一系列专项行动，取得了显著成果。在2008年北京奥运会、2010年上海世博会及广州亚运会等重大活动期间启动了版权保护快速反应机制，收到了良好执法效果；在2010年底国务院部署的打击侵犯知识产权和制售假冒伪劣商品专项行动工作中，国家版权局负责清理印刷复制生产源头秩序、打击流通市场盗版、打击网络侵权盗版，并突出查处大案要案工作。

据统计，近五年来各级版权行政管理部门共行政处罚49 416起侵权盗版案件，移送司法机关案件1 653件，取缔违法经营单位128 493家，查获地下窝点3 507个，收缴各类盗版品 3.17 亿册（张），有效震慑了侵权盗版分子，为维护正常的市场秩序发挥了积极作用。

（三）积极推进软件正版化工作

中国政府自2002年全面推进政府部门使用正版软件工作，于2005年基本完成第一轮中央、省、地市级人民政府软件正版化工作；目前，第二轮中央、省、市（地）、县政府机关正版化工作已经于2010年底启动，并将政府机关需要采购的正版软件经费纳入预算，初步建立软件采购经费保障机制。

此外，2006年起中国政府全面推进的企业使用正版软件工作成效显著，全国129个中央大型企业总部全部实现了软件正版化，12 200多个大中型企业实现了使用正版软件的工作目标。据国内外有

① 《刑法》第217条规定："以营利为目的，有下列侵犯著作权情形之一，违法所得数额较大或者有其他严重情节的，处三年以下有期徒刑或者拘役，并处或者单处罚金；违法所得数额巨大或者有其他特别严重情节的，处三年以上七年以下有期徒刑，并处罚金：（一）未经著作权人许可，复制发行其文字作品、音乐、电影、电视、录像作品、计算机软件及其他作品的；（二）出版他人享有专有出版权的图书的；（三）未经录音录像制作者许可，复制发行其制作的录音录像的；（四）制作、出售假冒他人署名的美术作品的。"《刑法》第218条规定："以营利为目的，销售明知是本法第217条规定的侵权复制品，违法所得数额巨大的，处三年以下有期徒刑或者拘役，并处或者单处罚金。"

关机构调查统计显示，中国软件盗版率大幅下降，软件版权保护环境明显改善。

三、健全版权社会服务体系建设，促进集体管理组织发展

（一）健全版权社会服务体系建设

入世以来，中国的版权社会服务体系不断发展，已初步建立起由版权集体管理、版权代理、版权保护协会和有关权利人组织等组织组成的版权社会管理和社会服务体系；以中国版权保护中心为代表的集软件和一般作品登记、合同备案、版权质押登记为一体的公共服务体系逐步形成，全国软件和一般作品的登记量分别由2006年的2.3万余件和15.2万余件上升到2010年的8.1万余件和37万余件；推动建立了一批集版权评估、版权质押、版权投融资、版权交易为一体的常态性版权贸易平台，不断完善了版权运用的市场机制。

（二）促进集体管理组织发展

为促进集体管理组织的发展，2001年修订的《著作权法》增加了集体管理组织的规定。① 同时，为贯彻《著作权法》关于集体管理组织的规定，规范著作权集体管理活动，国务院于2005年3月1日颁布《著作权集体管理条例》，以便著作权人和与著作权有关的权利人行使权利及使用者使用作品，有助于构建版权社会服务体系。

1992年，国家版权局批准成立了中国音乐著作权协会。入世以来，国家版权局又先后批准成立中国音像集体管理协会、中国文字著作权协会、中国摄影著作权协会和中国电影著作权协会，形成了文字、音乐、音像、电影和摄影等比较完备的著作权集体管理体系；同时，一些作者团体和产业行业协会也相继成立版权维权组织。这些组织的建立，为维护著作权人的合法权益，促进文学艺术、新闻出版、广播影视、教育科技、信息网络和计算机软件等相关版权产业的发展发挥了积极作用。

（三）版权产业促进经济发展

入世以来，中国版权相关产业健康快速发展，国家版权局一方面颁布了《全国版权示范城市、示范单位、示范园区（基地）管理办法》，积极培育版权保护示范典型，批准杭州、成都等为全国版权示范城市；另一方面培育“南通家纺”、“德化陶瓷”等在国际国内有重大影响力的版权保护促进经济发展的典型，为发挥版权保护示范作用，促进版权产业发展打下坚实基础。据统计，2006年中国版权相关产业的增加值为13 489亿元，占当年国内生产总值的6.4%；而2009年仅北京市版权相关产业增加值就高达1 489亿元，占其当年生产总值的12.39%，版权产业对国民经济的贡献日益凸现。

四、版权宣传培训机制日益完善

入世以来，按照国务院加强知识产权宣传教育的统一部署，国家版权局加大了版权保护的宣传教育力度，在全国开展了形式多样的宣传推广活动，版权宣传培训工作成效显著，基本形成了以“4·26世界知识产权日”以及重大节庆活动为载体，各种新闻媒体广泛参与的版权保护宣传普及工作机制。针对领导干部、执法人员、著作权人、版权经营者等为培训对象的版权培训制度基本建立。据调查，中国国民的版权认知度逐年上升，已从2006年的60.6%上升到2010年的75%，全社会保护版权的法律意识不断提高。

五、国际交流与合作不断加强

中国政府与国际组织及许多国家保持了良好的版权合作关系，特别是入世以来，中国加强了与世界知识产权组织、WTO和亚太经合组织的多边交流与合作，构建了与美、欧、日、韩、澳等发达国家在版权保护问题上的对话与磋商机制，发展了与泰国、越南、巴西等发展中国家的传统友谊。经过努力，中国版权保护外部环境逐步改善。在建立国际版权保护新秩序中，反映发展中国家的诉求，坚决维护国家利益；在处理双边关系中，坚持加强沟通、求同存异、消除误解、互利共赢原则，得到了国际社会和广大发展中国家的高度赞许和充分肯定。

① 2001年修订的《著作权法》第8条规定：“著作权人和与著作权有关的权利人可以授权著作权集体管理组织行使著作权或者与著作权有关的权利。著作权集体管理组织被授权后，可以以自己的名义为著作权人和与著作权有关的权利人主张权利，并可以作为当事人进行涉及著作权或者与著作权有关的权利的诉讼、仲裁活动。著作权集体管理组织是非营利性组织，其设立方式、权利义务、著作权许可使用费的收取和分配，以及对其监督和管理等由国务院另行规定。”

附表　　入世以来主要著作权法律法规、司法解释的变动情况

入世之前	入世以后	变动以及新增内容
1990 年制定《著作权法》	2001 年修订《著作权法》	2001 年修订 《著作权法》： 1. 扩大了保护客体的范围，增加了对杂技艺术作品、建筑作品和模型作品的保护； 2. 增加了著作权集体管理组织的规定； 3. 增加了著作权人的权利种类； 4. 增加了转让著作财产权应订立书面合同及合同的主要内容的规定； 5. 增加了邻接权人的权利种类，如增加了出版者专有版式设计的权利等内容； 6. 增加了诉前停止侵权、财产保全和证据保全的规定。
	2010 年修订《著作权法》	2010 年修订 《著作权法》： 1. 修订后的《著作权法》第 4 条规定："著作权人行使著作权，不得违反宪法和法律，不得损害公共利益。国家对作品的出版、传播依法进行监督管理。" 2. 增加了著作权出质的规定。
1991 年制定《著作权法实施条例》	2002 年修订《著作权法实施条例》	2002 年修订《著作权法实施条例》： 1. 对《著作权法》中杂技、建筑、模型作品的具体含义做了进一步解释； 2. 明确对侵害著作权同时损害社会公共利益的行政处罚标准； 3. 进一步明确了职务作品、合作作品的著作权归属； 4. 进一步规定著作权许可使用合同的形式及合同自愿备案制度。
1991 年制定《计算机软件保护条例》	2001 年修订《计算机软件保护条例》	1. 将软件著作权人享有的权利改为"署名权"、"修改权"、"复制权"、"发行权"，并新增了"出租权"、"信息网络传播权"和"翻译权"； 2. 进一步明确了软件著作权的许可使用和转让规定； 3. 规定"故意避开或者破坏著作权人为保护其软件著作权而采取的技术措施"和"故意删除或者改变软件权利管理电子信息"为侵权行为； 4. 增加了软件著作权诉前救济措施。
	2005 年 3 月 1 日起施行的《著作权集体管理条例》	该条例就著作权集体管理组织的机构及其设立、与著作权人的关系、管理范围、收费与分配、争端解决机制与监督、法律责任等方面做出了规定。
	2006 年制定《信息网络传播权保护条例》	1. 规定了信息网络传播权的定义； 2. 规定了网络服务提供者免于承担侵权责任的条件； 3. 规定了技术措施的定义，以及避开、破坏技术措施应承担的责任； 4. 规定了合理避开技术措施的具体情况； 5. 规定了网络环境中著作权的合理使用、法定许可的情形； 6. 规定了权利管理信息和对权利管理信息的法律保护。
1997 年制定《著作权行政处罚实施办法》	2003 年修订《著作权行政处罚实施办法》 2009 年修订《著作权行政处罚实施办法》	2003 年修订《著作权行政处罚实施办法》： 1. 进一步明确了著作权行政处罚的程序性，强化行政处罚的透明度； 2. 在有关法律框架内强化了行政执法的执法手段； 3. 对著作权法及行政处罚法有关规定做了进一步细化。 2009 年修订《著作权行政处罚实施办法》： 1. 新增加了两类违法行为和三项新的行政处罚种类； 2. 降低刑事责任追究标准； 3. 确定了网络环境下著作权行政执法的管辖。
	2004 年起施行的《最高人民法院、最高人民检察院关于办理侵犯知识产权刑事案件具体应用法律若干问题的解释》	明确了《刑法》第 217 条中的"违法所得数额较大"、"有其他严重情节"、"违法所得数额巨大"、"有其他特别严重情节"，以及刑法第 218 条中的"违法所得数额巨大"。

续　表

入世之前	入世以后	变动以及新增内容
	2007年起施行的《最高人民法院、最高人民检察院关于办理侵犯知识产权刑事案件具体应用法律若干问题的解释（二）》	重新解释了《刑法》第217条中的"有其他严重情节"、"有其他特别严重情节"，明确了《刑法》第217条中的"复制发行"、"发行"。
	2011年颁布的《最高人民法院、最高人民检察院、公安部关于办理侵犯知识产权刑事案件适用法律若干问题的意见》	解释了《刑法》第217条、第218条中的"以营利为目的"，以及《刑法》第217条中的"未经著作权人许可"，明确了《刑法》第217条中的"其他严重情节"、"其他特别严重情节"在网络侵权情况下的认定标准。

（国家版权局版权管理司）

第七篇　入世十年中国地方WTO事务

入世十年北京回顾

十年来，北京市根据国家的统一部署和安排，抓住中国加入WTO的开放新机遇，出台了一系列政策措施，投资环境更加开放，市场监管更加规范，推动了经济社会稳步发展，加快了与世界经济融合的步伐，经济社会的国际影响力明显提升。

一、紧抓中国入世机遇，全市经济持续健康发展

市委、市政府高度重视中国加入WTO应对工作，在全国率先制定并实施了《中国加入世界贸易组织过渡期北京行动计划纲要》，作为指导全市各项应对工作的纲领性文件，为过渡期内全市经济实现快速、健康发展奠定了坚实基础。十年来，经济总量持续增长，重要经济领域运行平稳，开放领域迅速扩大，对外经济取得了前所未有的成就。

（一）经济总量保持稳步增长态势

十年来，坚持科学发展理念，深化改革开放，实现了经济平稳增长。2010年北京地区生产总值为13 777.9亿元，比2001年增长了2.7倍；人均地区生产总值突破1万美元，比2001年增长了2倍多。产业结构进一步优化，符合首都功能特点的现代服务业、高新技术产业、现代制造业取得长足的发展，第三产业比重从2001年的67%增长到2010年的75%。经济规模的增长带动地方财力的快速增长，地方财政收入从2001年的507.7亿元增长到2010年的2 353.9亿元，增加了近4倍。首都市场更加繁荣，社会消费品零售额从2001年的1 831.4亿元增长到2010年的6 229.3亿元，增长了2.4倍。

（二）外向型经济特征日益突出

——外向型经济主体迅速增长。截至2010年底，全市累计备案登记进出口企业28 201家，外资法人企业32 933家，累计核准境外投资企业和机构1 173家。

——外向型经济活动规模显著扩大。2010年，货物贸易进出口3 014.1亿美元，是2001年的5.8倍，占全国的10.1%，居全国第四。服务贸易进出口798.3亿美元，是2001年的6倍，占全国22.0%，居全国第二。2010年全市实际利用外资金额63.6亿美元，是2001年3.6倍。2010年境外投资中方实际投资额6.9亿美元，是2001年的7.6倍。

——全方位、宽领域开放格局已经形成。北京货物出口到213个国家和地区，从184个国家和地区进口货物；在银行、保险、电信、会计、教育等服务贸易部门实现了对外开放，来自147个国家和地区的外商已投资3万多个项目，进入北京市18个行业门类中86个行业大类；北京市企业走向95个国家和地区投资发展，境外投资的行业分布遍及十六大行业。

——与贸易有关的知识产权保护成效显著。截至2010年，北京市共拥有注册商标25万多件，驰名商标104件，有效著名商标456件。

二、深化行政管理体制改革，转变政府职能

（一）完善法律法规，建立法制政府

在加入WTO初期，对照WTO规则和中国所做的承诺，对现行有效的所有地方性法规、规章、文件进行了全面审查。审查了489项地方性法规及规章，废止27项，修改56项，并停止执行北京市政府文件235件。出台了《全面推进依法行政的实施意见》，大力推进民主立法和依法决策，严格规范政府行为，切实履行法定职责。

（二）实行政务公开，建设透明政府

全面建设政府网站，通过政府信息发布制度以及法规公民自由索取制度等一系列方式，做到法规、文件及时向社会公布。制定了《关于全面推进电子政务建设的意见》等行政法规；建立了涵盖市委、市政府、市人大、市政协统一的北京市国家机关网站——首都之窗，设立了全市统一的政府信息公开专栏，建立了市政府信息公开大厅等632个各级各类政府信息公开查阅场所。截至2010年底，政府信息公开专栏主动公开政府信息共48.13万条，专栏点击量1.09亿人次。

（三）提高行政效率，建设高效政府

建立了北京电子政务在线服务平台，基本实现了企业网上申请、申报，在线审批等网上办公服务

项目的简明化、电子化和网络化；行政审批制度从入世之初的“一家受理、转告相关、联动审批、限时办理、责任追究”的审批机制到绿色审批通道机制，审批时间缩短 50%左右。2010 年，北京市固定资产投资项目行政审批综合服务大厅正式成立，17 个政府部门入驻“一站式审批”；全市 40 多个市政府部门和 16 个区县政府基本实现“一个窗口对外，集中办理、统一办理、联合办理”等“一站式”服务，945 个基层单位设立了办事代理服务窗口，2 000多项行政许可和为民服务事项纳入全程办事代理范围，政府的办事效能进一步提升。

三、大力推进经济改革与创新，提升产业竞争力

（一）深化贸易体制改革，内外贸融合发展

北京市首先建立健全了内外贸统一的管理机制和贸易促进服务体系，成立了北京市商务局（现更名为北京市商务委员会），全面履行商品流通、生活服务行业及对外经济贸易的管理职能，大力推进内外贸一体化进程，优化政策环境、打造发展载体、完善口岸格局、创新工作机制，搞好国内外市场的衔接，加快建设国际商贸中心。

（二）改革投融资体制，多渠道筹措发展资金

出台了《北京市工程建设项目招标范围和规模标准规定》、《关于北京市深化城市基础设施投融资体制改革的实施意见》、《北京市政府投资建设项目代建制管理办法》等系列文件，对北京市投融资体制进行了改革，推进公用事业开放；搭建了“投资北京”平台，为社会提供投资信息，为企业提供专业化服务，为政府开展资金运作服务。

（三）实施首都创新战略，提升产业核心竞争力

把增强自主创新能力作为发展的战略基点和调整产业结构，转变增长方式的中心环节。大力实施以中关村科技园区为核心的首都创新战略，打造中关村创新高地，实施重大创新攻关，完善首都区域创新体系，开发首都人才资源。以重点领域和关键技术为突破口，着力提高自主创新能力和整体产业竞争力，建设全国知识创新高地和技术创新源泉，基本形成立足北京、辐射全国的创新体系。

（四）优化产业结构，促进产业升级

坚持走高端产业发展之路，优先发展现代服务业，大力发展高新技术产业，适度发展现代制造业，显著提升都市型现代农业水平。注重发展知识型服务业，稳定提升金融、文化创意、房地产等支柱产业，积极培育旅游会展、现代物流等潜力产业。重点发展以软件、研发、信息服务业为主的高技术服务业和以电子信息产业、生物产业为主的高新技术制造业；加快培育具有自主知识产权的技术、名牌产品、龙头企业和支柱产业群。重点发展籽种农业、加工农业和观光休闲农业；支持推动龙头企业做大做强，打造区域农业产业链；着力发展绿色、有机农产品及高端农产品。

四、全面开展地方世界贸易组织事务，为各界提供专业有效的公共服务

（一）深入调查研究，积极制定应对措施

先后完成《抓住加入世界贸易组织机遇，发展首都经济》、《我国加入世界贸易组织过渡期北京行动计划纲要》、《我国加入世界贸易组织以来北京情况回顾与后过渡期对策建议》等重要研究报告。组织开展了多项与 WTO 事务相关的课题研究，为北京市制定相关应对政策、措施提供了重要的参考和依据。

（二）深入学习研究世贸规则，普及世贸相关知识

组织实施百名世贸组织事务专业人才培养工作，开展内容丰富的宣传培训，全市共举办了 WTO 知识培训班数百次，数万人参加了培训。2001 年至 2010 年成功举办十届“世界贸易组织与中国：北京国际论坛”，就世贸规则、加入 WTO 承诺、国际贸易热点问题等进行国际交流，成为沟通和传播世贸事务信息和理论的窗口和交流世贸事务规则与发展经验的平台。

（三）妥善运用贸易救济措施，积极指导企业应对贸易摩擦

按照国家“四体联动”工作机制的要求，积极为辖区内的涉案企业提供服务，及时发布案件信息，讲解贸易救济措施理论，动员并指导企业参与案件应诉，北京松下、首钢集团、安泰钢研等企业通过主动应诉维护了企业合法权益。建立反补贴应对协调工作机制，成功应对了加拿大复合木地板、欧盟数据卡等多个反补贴案件。支持企业主动运用贸易救济措施维护产权安全。北京市企业参与提起

贸易救济案件申请并获得商务部立案数已达19起，居全国各省市之首。多数企业通过合理运用贸易救济措施，扭转了亏损局面，社会和经济效果显著。

（四）完善产业损害预警系统建设，助力北京市企业提高竞争力

建立和完善北京市产业损害预警系统，以化工、高新技术、机电产品等行业为重点，推进产业安全数据库扩容建设。建立了各国技术性贸易壁垒信息查询系统，完善TBT/SPS数据库的建设，不断更新数据库内容，丰富数据库信息。

（北京市商务委员会课题组）

抢抓入世机遇　加快天津开放型经济发展

一、2010 年情况

2010 年，实现社会消费品零售额2 900亿元，同比增长 19%，继续保持全国领先水平；实际利用外资 108 亿美元，实现超百亿元的历史性突破，同比增长 20%；完成出口 375 亿美元，同比增长 25%。

(一) 商业发展

和平路提升改造工程、梅江会展中心等一批重大项目投入使用。举办各类展会 160 个、各类节庆及促销活动近千项。新建和改造大批菜市场、美食街、再生资源回收点和农村消费品连锁店等，提高了便民服务水平。

(二) 利用外资

加快了 LG 百万吨乙烯、法液空工业气体、凯发海水淡化等重大项目的实施，引进了中沙石化、中石油天然气等一批大项目，全市新批5 000万美元以上项目 86 个，同比增长 27%。举办各类招商促进活动 400 场，达沃斯论坛、津洽会、津台投洽会、新津理事会等 23 个国内外重要展会，美国洛克菲勒财团等 20 余批企业高层对接活动成果突出，形成了一批在谈项目。

(三) 对外贸易

深入开展以百家大企业为重点的企业帮扶活动，稳定了出口存量，出口超 10 亿美元重点区域、百强出口企业、主要出口商品实现了较快增长。组织 112 项国际市场开拓活动，狠抓广交会、境外采购对接会、天津品牌非洲行等重大活动，拓展了新兴市场，促进了中小企业出口。推进汽车及零部件、科技兴贸出口基地建设，扶持自主出口品牌，开展百家加工贸易企业转型升级活动，优化了外贸结构，提升了贸易便利化水平。

(四) 对外经济技术合作

加快埃及苏伊士经贸合作区建设，建成了 1 平方公里起步区，完善了扶持政策，引进了西电集团等一批大项目。推动外经企业加快发展，承揽了一批境外工程；协调解决融资问题，推进了对外投资合作。全年新批设立境外企业和机构 79 家，投资额同比增长超过 1 倍。

二、入世十年的持续飞跃发展

(一) 全市国民经济高速发展

2000 年至 2010 年，全市国民生产总值从1 639.4亿元增长到9 108亿元，按可比价格相当于翻了 5 番。财政收入从 244.8 亿元增长到1 068亿元，相当于翻了 4 番。人均收入从8 141元增长到16 562元，年均增长 7.4%。

(二) 产业结构发生质变

航空航天、石油化工、装备制造、电子信息、生物医药、新能源新材料、国防科技、轻工纺织等优势支柱产业占整个工业的比重超过了 90%，引进了大飞机、大火箭、大炼油、大乙烯、大造船、大机车等一大批龙头骨干企业项目。引进了空客 A320、大推力火箭、直升机、航空器等，成为全国重要的航空航天产业基地。在天津诞生的天河一号、曙光星云超级计算机达到世界顶级水平。

(三) 载体活力显著增强

滨海新区综合配套改革“三年实施计划”基本完成，10 个领域专项改革成效明显。各功能区建设整体推进，东疆港正式对外开放，中新天津生态城、中心商务区建设全面展开，南港工业区、临港工业区、滨海旅游区造陆规模不断扩大。天津开发区连续 13 年在国家综合评价中名列第一，综合保税区落户空港经济区，滨海高新区成为首批国家级创新型园区。

(四) 利用外资和吸引内资快速增长

从 2000 年至 2010 年，全市累计直接利用外资到位金额 537 亿美元，年均增长 15.5%。外商投资企业达到 2.2 万家，世界 500 强有 143 家在天津落户。利用外资对全市经济发展的作用和贡献日益突出。全市工业增加值的 42%、利税总额的 45%、外贸出口的 71%，都是由外资企业创造的。

(五) 外贸出口平稳发展

2000 年至 2010 年，天津口岸进出口总额由298 亿美元增长到1 641亿美元，天津市外贸进出口总额从 172 亿美元增长到 822 亿美元。其中进口从 85 亿美元增长到 447 亿美元，出口从 87 亿美元增长到 375 亿美元。出口商品结构进一步优化，机电产品、高新技术产品出口占全市比重分别比 2000 年提高 22 个和 15.5 个百分点。

（六）对外经济技术合作步伐显著加快

2010 年，全市完成境外承包工程劳务合作设计咨询营业额 24.8 亿美元，比 2000 年增长 11 倍，境外投资额 2.6 亿美元，增长 8 倍。埃及苏伊士经济区和美国商贸工业园建设成效明显。

（七）消费市场持续繁荣活跃

2010 年，全市实现社会消费品零售额2 902亿元，比 2000 年增长 11%。服务性消费大幅提升，占居民消费总量的比重达到 26%。集散辐射功能显著增强。批发交易市场建设快速发展，成交额超亿元的大型批发市场达 76 个。

（八）城市影响力明显提升

先后两次成功举办了夏季达沃斯论坛，产生了广泛影响。还举办了亚欧财长会议、联合国气候变化谈判会议、中阿合作论坛第四届部长级会议、“融洽会”、矿业大会、旅游产业节等一系列大型展会。教育、文化、卫生、体育等领域的交流合作和民间交往不断加强。

三、积极抢抓入世机遇，运用规则促进发展

中国加入 WTO 以来，天津各部门和企业研究运用 WTO 规则，大力开拓国际市场，依法保护自己的权益，采取了一系列工作措施。

（一）深入开展综合性应对工作

一是建立应对入世工作领导机构。市政府建立了应对中国加入 WTO 工作领导小组，制定实施了抢抓入世机遇的行动纲要。

二是加快转变政府行政职能。从 2001 年至 2003 年底，经过四轮清理，全市共精简行政审批事项 490 项，精简比例达到 50.5%。全市各部门和区县清理了自 1980 年以来形成的地方性规章和政策性措施22 860件。

三是不断优化对外开放环境。2004 年市委、市政府制定了《关于进一步扩大对外开放加快开放型经济发展的决定》，成立了市对外开放工作协调推动小组，建立了监督检查制度和评议考核制度，连续七年开展了开放型经济发展服务月活动，积极协调解决企业的急难问题。

（二）积极应对国际贸易摩擦保护企业合法权益

随着中国成为世界第一贸易大国，企业遭遇国际贸易摩擦不断加剧。2010 年，天津市遭遇“双反”和特保案件企业 45 家，涉案金额 7.56 亿美元，直接影响出口 10.65 亿美元。包括美国无缝钢管“双反”案，欧盟对华不锈钢产品反倾销案、加拿大钢格板反补贴案、美国金属丝网托盘案、加拿大石油管材“双反”案、美国轮胎特保案、欧盟铝合金轮毂反倾销案和印度纯碱案等。特别是 2009 年，美国对中国石油井管的反倾销、反补贴合并调查，是中国迄今最大案值的“双反”案件，涉及天津市钢管集团等多家企业、17 个政府部门，九大类 38 个补贴项目。

针对这种形势，天津市积极开展了国际贸易摩擦的应对工作。

一是完善工作机制。建立全市应对国际贸易摩擦领导小组，制定《天津市反补贴应对工作实施细则》，明确分工职责，强化保障措施。

二是做好 WTO 争端解决机制案件应对。针对美国、墨西哥对中国 18 个省市、自治区政府提出的贸易政策反补贴诉讼案，我们积极做好涉案文件及相关文件的梳理、废止和修改工作。

三是认真组织案件应对。各区县、各有关部门密切配合，做好案件的事前预警、来案发布、案情分析研究、跟踪服务等工作。在美国油井管案件中，在商务部指导下，全市各有关部门和单位指定专人开展工作，力求案卷填答翔实，资料提供和现场抗辩坚强有力，使天津钢管集团争取到全国 4 家强制应诉企业中的最低税率。

四是搭建信息服务平台。市商务委责成专人维护市进出口公平贸易网，做好贸易摩擦预警信息的收集、分析和传递，发布国际贸易摩擦预警信息和案件动态，开展咨询服务，努力建立“信息共享，协调到位，统筹资源，有效应对”的信息服务工作机制。

五是支持企业调整产品结构和开拓出口市场。积极研究制定了一系列政策措施，支持企业提高自主创新能力，开发高端产品，开拓新兴出口市场，帮助企业走出困境。

（三）积极支持企业突破技术性贸易壁垒

主要措施包括组织专家和各方面力量，深入研究与天津主导产品相关的国际技术性贸易措施，密切跟踪其发展趋势，完善 WTO/TBT、SPS 预警通报系统，及时掌握动向，向有关部门、行业和企业通报，并制定了支持鼓励企业加强自主研发、提高技术含量和标准水平的政策措施。

四、进一步加强 WTO 相关工作

（一）加强对全市 WTO 工作的领导协调

进一步完善由商务部、地方政府有关部门、行业协会以及相关企业组成贸易救济“四体联动”工作机制，形成上下统一、信息共享、快速应对的全市 WTO 事务工作网络。

（二）完善反倾销与产业损害预警系统

通过普查摸清天津市企业受贸易壁垒影响的总体情况，包括关税壁垒、进口限制、通关环节壁垒、技术性贸易壁垒、反倾销调查、知识产权等，有针对性地研究应对措施。

（三）完善技术性贸易措施和检验检疫（WTO/TBT、SPS）应对通报机制

引导企业积极采用国际标准、国外先进标准，鼓励企业参与国际标准制定等国际标准化活动。加大对 ISO9000 等国际标准认证的推广力度，积极开展原产地标志保护工作，支持名、优、特产品扩大出口。

（四）完善知识产权保护体系

制定综合性政策措施，推动提高全市知识产权创造、管理、运用和保护的水平。建立市和区县两级专利行政执法队伍，提高行政执法能力。

（五）建立与 WTO 规则相适应的企业投资环境和经营环境

加快转变政府职能，进一步减少和规范行政审批。全面推进依法行政和政务公开制度，进一步突出“优化投资软环境，提升服务便利化”主题，促进优化开放环境。

（天津市商务委员会世贸处　闫刚　杨靓）

河北省经济对外开放工作入世十年情况综述

一、推进开放型经济发展

2010年，全省实际利用外资43.7亿美元，比上年增长18.2%，其中外商直接投资38.3亿美元，增长6.5%；全省进出口总值实现419.3亿美元，其中出口225.7亿美元，比上年分别增长41.5%和43.9%；全省境外投资实现9.5亿美元，其中中方投资额7.5亿美元，比上年分别增长1.5倍和1.1倍；全省省级以上开发区（园区）完成生产总值2 278亿元，实现财政收入462亿元，比上年分别增长33.4%和36.6%。

（一）对外贸易连上新台阶

十年来，河北省进出口总值由2000年的52亿美元增至2010年的419亿美元，年均增长23.2%，稳居全国外贸十强。其中出口和进口分别达到226亿美元和193亿美元，年均分别增长19.8%和29%。全省出口超亿美元的企业发展到23家，出口额占全省的28%。保定新能源、石家庄生物医药和邯郸新材料成为国家科技兴贸出口创新基地，保定成为国家汽车及零部件出口基地城市。省级特色产品出口基地发展到16家，唐山陶瓷产品出口额占全国同类商品出口总值的33%，衡水裘皮产品出口额占全国同类商品出口总值的21%，安平丝网产品出口额占全国同类商品出口总值的44%。铁矿石、大豆等资源性产品和机电、高新技术产品作为河北省主要进口商品，为支撑河北省经济发展发挥了重要作用。全省服务贸易进出口额发展到35亿美元，秦皇岛、廊坊、保定等服务外包产业已形成良好的发展基础。

（二）利用外资迈出新步伐

十年来，河北省累计实际利用外资248.8亿美元，占全部利用外资总额的66.8%；其中外商直接投资217.9亿美元，占全部外商直接投资的72%。美国美铝、日本住友、韩国现代重工、台湾富士康等投资的一批重大外资项目落户河北省，投资河北省的世界500强企业已达到83家。600多家企业增资扩股、50多家企业并购融资、14家企业境外上市，成为利用外资新的增长点。全球三大零售商沃尔玛、家乐福、特易购全部进入河北省，形成了全新的零售业竞争格局。招商银行、香港东亚银行等金融机构开始在河北省布点，中英人寿、海康、信诚等外资保险公司相继在河北省登陆。首家外资建筑设计公司、创业投资公司、融资租赁公司等先后获批成立。

（三）对外投资实现新增长

河北省“九五”时期对外投资不足2 400万美元，入世十年来，河北省累计核准对外投资企业201家，中方直接投资总额达到16.6亿美元，投资500万美元以上项目达到52个。对外工程承包和劳务合作累计完成营业额107.7亿美元，年均增长52%。对外承包工程营业额超亿美元项目达到31个。累计派出各类劳务人员8.8万人。一批企业通过“走出去”，实施产业转移和海外并购，获得了较为稳定的资源保障和销售渠道。

（四）园区建设得到新增强

2010年，河北省48家省级以上开发区（园区）以不到2‰的土地面积，创造了15.6%的生产总值、19.8%的财政收入，分别比2000年提高13.1和16个百分点；省级以上开发区（园区）利用外资占到全省的38.2%，外贸出口占全省出口总额的45.6%。推进园区升级扩区，河北省国家级开发区（园区）数量达到7家，省级以上开发区（园区）达到62家；47家省级以上开发区（园区）分两批扩区，规划面积扩大413平方公里。曹妃甸新区、沧州渤海新区、北戴河新区等沿海重点开发地区加快建设，进入了大规模聚集生产要素阶段。

（五）国际经贸关系日益密切

2010年，河北省已与215个国家和地区建立了经贸合作关系，比2000年增加了49个；全年接待国际游客97.7万人次，旅游外汇收入3.5亿美元，分别比2000年增长44%和1.7倍。河北省与20多个国家和地区和地区的企业或科研机构建立了科技合作关系，与30多个国家和地区的教育机构建立了教育合作关系，与21个国家和地区的59个地方政府建立了友好省市关系。

二、推进政府行政职能转变

（一）建立符合 WTO 规则和中国入世承诺的法规体系

入世以来，河北省重点对出口补贴政策措施开展了专项清理，先后清理地方性法规、规章 538 件，省政府提请省人大审议的地方性法规草案 35 件，制定省政府规章 99 件。各级政府部门建立了规范性文件合规性审查制度，较好地解决了河北省在法规、规章和政策层面存在的与 WTO 规则及中国入世承诺不一致的问题。

（二）推进政府行政职能转变

河北省继 2004 年对行政许可项目、实施主体和收费进行集中清理后，2007 年以来又连续 4 年对现行行政审批项目进行了大力削减，目前全省已累计取消行政审批项目 1 352 项，取消率为 59.2%，对 141 项行政审批项目依法下放管理层级。

（三）推行行政权力公开透明运行

大力推行“一站式”审批服务。目前河北省已有 10 个设区市、131 个县（市、区）建立了行政服务中心，有 49 个省直部门建立了行政服务大厅或服务窗口。

三、推进地方 WTO 工作创新

（一）普及和宣传 WTO 规则常态化

入世以来，先后组织各种形式的学习、宣传和培训 120 余场（次），参训人员 1 万多人次。先后邀请龙永图、张向晨等 WTO 事务专家到河北省作“WTO 与对外开放问题”专题报告。“河北 WTO 事务咨询网”累计向社会提供信息产品达 150 多万字，接受咨询和解答相关问题 300 余次。“保护知识产权举报投诉服务中心”和“外商投诉服务中心”协调解决相关案件 178 起。

（二）有效应对国际贸易摩擦机制化

河北省建立了省直 19 个部门横向和省市相关部门纵向应对贸易摩擦的协同工作机制，贸易摩擦应对指导体系和产业损害预警体系不断完善。入世以来，河北省各级商务部门协调应对国外贸易救济案件 200 多起，其中胜诉 31 起；沧州大化 TDI 公司、石家庄化纤有限公司等企业的反倾销案先后获胜。

（三）高质量做好一批战略性课题研究

先后形成了 200 多万字的研究成果。王志欣厅长的《科学发展三十六计》、《如何引进战略投资者》成为该时期的代表之作。较早地开展了“建设自由贸易港区”、“加快发展服务贸易”、“用足用好自贸区政策”等课题研究，特别是河北省商务厅与商务部研究院合作开展的“唐山·曹妃甸扩大开放新战略研究”，形成了 13 项研究成果，对河北省扩大沿海地区开发开放起到了重要的推动作用。通过中欧 CSR 项目和地理标识项目的执行，形成了《企业社会责任导论》、《地理标识保护通论》等研究专著。应对国外反补贴、日本肯定列表制度、欧盟 REACH 法规、337 调查等即时研究，受到了基层企业的好评。

（河北省商务厅　李彦哲）

入世十年吉林省商务工作报告

一、2010 年 WTO 有关工作

1. 根据 WTO2010 年贸易政策审议的工作安排，吉林省商务厅将本年度接受贸易政策审议的国家和审议时间在厅网站上予以公告，广泛征求意见。

2. 承担课题研究。吉林省商务厅向卫生厅等 6 家成员单位发放了《关于成立吉林省 GPA 研究和应对工作服务组并开展相关工作的通知》，组成工作队伍，收集相关信息，组织培训，展开研讨，于 2010 年 12 月 20 日牵头完成省情报告、影响分析及开放范围研究。

二、入世十年商务工作的总体发展

（一）宣传普及世贸知识

省商务厅将 WTO 知识的宣传和培训纳入规划，省市各级成立了相应的组织机构和工作机构，采取省级层面办班与到市州基层办班相结合的方式，共举办 WTO 规则培训班 12 期，培训人数达 1 100多人次。

（二）加强入世及后过渡期相关工作研究

按照省政府的统一部署，省商务厅牵头组织全省 42 个部门和 9 个市州制定、下发了《加入 WTO 吉林省经济对策研究》和《加入 WTO 过渡期吉林省应对工作指导意见》，对全省重点企业和相关部门开展 WTO 知识培训，对与 WTO 规则不相符的法律法规进行清理，指导农业、汽车、化工等重点行业和企业做好入世应对工作。后过渡期公平贸易对吉林省汽车、农业、化工产业的影响加大，针对这些情况，商务厅认真研究后，撰写了《入世后过渡期贸易壁垒对吉林省相关产业的影响》的研究报告。维护产业安全工作取得成效，两反一保和贸易壁垒的预警、应对机制初步建立起来。确定八大类 45 种工业品的产业损害预警目录和重点产业敏感产品的产业损害监测制度；配合国家开展反倾销案件核查工作，协助调查新闻纸、有机硅、乙丙橡胶、越野车等十几起反倾销案件，有力维护了省内相关产业和企业的合法权益。

（三）全省商务工作快速发展

十年累计实现外贸进出口 863.1 亿美元。2010 年全省外贸进出口实现 168.5 亿美元，同比增长 43.5%。以一汽集团、长春轨道客车公司、中粮吉林公司等进出口骨干企业为代表的外贸经营主体不断壮大。贸易结构也得到优化。工业制成品出口占出口总值的比重由“十五”末的 64.8% 发展到 2010 年的 76%，机电、高新技术产品出口比重进一步提高。对亚洲出口份额由“十五”末的 62.8%下降到 2010 年的 48.1%，对欧美出口份额不断扩大，实现多元化发展。

招商引资工作成效显著，区域经济合作不断加强。十年累计实际利用外资 179.9 亿美元，其中，直接利用外资 102.36 亿美元。目前已有 54 户世界 500 强企业及知名跨国公司在吉林省共投资设立 90 户企业。在境外合作地域方面，巩固港、日、韩等传统引资地，积极拓展美、德等欧美市场，重点培育东南亚和台湾市场，外资来源地得到较大拓展。截至 2010 年，已有美国、德国、日本、韩国、新加坡、香港、台湾等 61 个国家和地区来吉林省投资，累计批准设立企业8 988户，现存企业2 378户。

对外经济合作空间不断拓展，“走出去”新格局初步形成。全省十年累计实现对外承包劳务合作完成总额 38 亿美元，外派劳务规模居全国前列。对外投资快速发展，直接投资累计达 11.89 亿美元，“十一五”期间的直接投资总额比“十五”期间增长了 11 倍。以“朝俄资源、非洲工程、日韩新劳务”为标志、富有吉林特色的走出去新格局基本形成。

国内贸易繁荣畅旺，城乡消费快速增长。流通业增加值累计实现3 600.9亿元，占 GDP 比重达到 11.3%，高于全国平均水平 0.7 个百分点；全省十年累计实现社会消费品零售总额18 293.2亿元。

东北亚博览会成为吉林省扩大开放的重要品牌，自 2005 年第一届博览会开办以来，累计到会客商 28 万人，签约项目1 278个，总投资6 240多亿元人民币，出口成交 26.85 亿美元。博览会的交流平台效应和品牌放大效应越发显著，东北亚经贸合作不断扩大。

（吉林省商务厅法规处）

黑龙江省WTO事务总结

从2001年中国加入WTO以来，黑龙江经济社会发展走上了良性发展的快车道。2010年，全省生产总值达10 235亿元，十年增长了214.5%，人均国内生产总值由8 580元增加到25 198.81元。

一、对外贸易快速发展

一是进出口规模快速增长。十年间，全省进出口保持了年均33.8%的增长速度，2010年达到255亿美元，外贸进出口对全省税收的贡献超过20%；全省外贸依存度由2000年的7.6%上升到2010年的20%，提高了12.4个百分点。

二是对外贸易运行质量明显提升。到2010年，进出口额超过1亿美元以上的企业有42家，超过5 000万美元以上的有46家，超过1 000万美元以上的有203家。商品结构更加优化。机电产品和高新技术产品累计出口147.5亿美元和14.9亿美元，年均分别增长36.1%和14.1%，十年累计进口原油成品油1 701.4万吨、铁矿砂771.4万吨、木材7 540.13万立方米，比入世前分别增长了4.7倍、16.9倍和10.6%。市场结构更趋优化。地产品出口年均增长10%。培育了哈药、哈飞、完达山乳业等一批“黑龙江省重点培育和发展的出口名牌”企业。目前黑龙江省已与全球214个国家和地区建立了经贸往来关系。服务贸易进出口实现82.73亿美元，年均增长11.5%。

三是对俄经贸合作取得突破。十年来，对俄贸易额累计实现606.5亿美元，年均增长28.1%，成为拉动全省对外贸易增长的重要力量。截至2010年，黑龙江省在俄设立木材加工企业164个，总投资13.86亿美元。《中俄林业二期合作规划》中确定的犹太州下列宁斯阔耶木材加工园区和阿玛扎尔林浆一体化项目建设等林业合作项目、图瓦铅锌多金属矿产开发等项目取得积极进展。在中俄边界架设了4条跨境国际输电线路，累计购俄电42.7亿度。在俄实施农业开发项目累计开发土地640万亩。边境贸易快速发展，19个边境市县地区生产总值增幅比全省高0.8个百分点。佳木斯市成功举办了“中俄（佳木斯）农机产品展销洽谈会”，签订各类贸易合同13项，金额10亿美元；牡丹江市成功举办了两届中俄（东宁）机电产品展销会。哈牡绥东对俄贸易加工区建设在全省经济社会发展的引领作用日益突出。区域内加工中心、商贸中心、旅游中心、现代物流中心和会展中心建设成果显著，启动建设面积118平方公里，投放资金超过400亿元。国务院批准的绥芬河综合保税区，各项建设全面展开，已有20多家境内外企业入区投资。

二、利用外来资金成效显著

一是规模不断扩大。十年来，全省累计实际使用外资总金额230.52亿美元，年均增长11%以上；累计实际吸收省外投资总额4 384.67亿元人民币，年均增长20%。

二是质量不断提升。全省利用域外资金产业结构不断优化。其中，第三产业所占比重提高到39.2%。目前，已有36家全球500强企业在黑龙江省投资52个项目。中石油、中石化、中航科等一大批央企和伊力、蒙牛、大亚科技集团等行业龙头纷纷投资黑龙江省优势产业。英国糖业公司地区总部成功落户黑龙江省，实现了引进世界500强企业地区投资总部零的突破。

三是招商引资成效凸显。连续十届“哈尔滨国际经贸合作洽谈会”累计签约经贸合作项目共计1 253项，引进外资总金额48.4亿美元，引进省外资金总金额1 997.4亿元人民币。成功举办四届“黑龙江冬季国际投资合作洽谈会”。先后在香港、韩国举办“黑龙江活动周”，共签订合作项目127项，总签约额58.83亿美元。先后赴欧盟、美国、日本、韩国和香港、澳门、台湾等国家和地区组织经贸合作交流会、经贸互助合作恳谈会和招商推介会等活动10余次。

四是利用外来投资渠道不断拓宽。十年间，境外有79个国家和地区的外商在黑龙江省投资。香港、英属维尔京群岛、美国、新加坡、英国是黑龙江省的主要外资来源地。

三、对外投资迈出新步伐

一是增长速度日益加快，总体规模不断扩大。十年累计对外直接投资额 41.5 亿美元，年均增长 12.6%，截至 2010 年底存量达 21.7 亿美元，分布在 36 个国家和地区。黑龙江省设立境外企业 344 家，投资总额累计 41.5 亿美元。2010 年对外承包工程完成营业额 10.1 亿美元，年均增长 20.7%，对外劳务合作实现平稳较快增长，截至 2010 年底，累计派出各类劳务人员达 3.5 万人。

二是方式日趋多样，领域日益拓展。加入 WTO 后，跨国并购成为新亮点，哈尔滨量具刃具集团并购了德国凯师集团，开创了黑龙江省企业并购发达国家企业的先河。哈飞集团通过技术转让在马来西亚、中东设立了装配厂和生产线，哈电站集团先后承建了伊朗麦洛维电站、越南高岸电站、苏丹吉利电站等大型电站交钥匙工程。哈电站集团、哈飞、一重等企业自主研发、自主创新、自主经营的发电设备、连铸设备、汽车及零部件等一批具有自主知识产权的重点产品迅速走向国际市场。哈电站集团所属哈动股份公司与民营企业黑龙江天狼星电站设备有限公司正式签订了俄罗斯特罗依茨克三大主机供货合同，实现了电站成套设备向原技术输出国的出口。

四、园区建设明显加强、口岸功能作用凸显

一是开发区已经成为拉动全省经济社会增长的重要力量。截至 2010 年底，省级以上开发区总数达到 52 家。目前，开发区内有 34 个世界 500 强企业和 165 个大型跨国集团与投资公司投资建厂。全省开发区用不足全省万分之五的土地面积，创造了全省 12%的 GDP，14%的财政收入，45%的进出口额，吸引了 22%的实际外商投资，创造了 53.9 万人的就业岗位。十年间全省形成了境内、跨境、境外园区和产业基地相结合的口岸发展支撑体系。建设了以俄能源、原材料为重点的境内产业园区和以对俄出口为重点的工业生产加工基地、产业基地。二是口岸建设功能不断提升。截至 2010 年底，全省已开通了 25 个国家级口岸，其中有 15 个边境口岸。十年全省口岸累计货运量8 147.9万吨，出入境人员3 185.4万人次。

五、对外交流不断扩大

十年来，黑龙江省与 30 个国家缔结国际友城关系 71 对。经国务院批准，黑龙江省还与俄滨海边区、哈巴罗夫斯克边区、犹太自治州、阿穆尔州和赤塔州 5 个州区建立了省州长定期会晤机制。

（黑龙江省商务厅）

江苏省 WTO 事务及商务发展十年成果

一、透明规范政策环境

1. 2003 年 8 月 27 日，《中华人民共和国行政许可法》正式颁布，江苏省外经贸厅，随之加快了行政审批制度改革，对行政审批事项进行了全面审查，取消了 26 项行政审批事项，并对审批程序进行了规范。

2. 建立了涉外法规、政策的审查和发布机制。2007 年，根据国务院要求，省政府要求地方性法规、政府规章和部门规范性文件在出台前，由省外经贸厅负责审查是否与 WTO 规则相符，同时由外经贸厅统一报商务部对外发布。

二、推动公平贸易工作

为充分利用 WTO 机制维护出口产业利益，2002 年 10 月江苏省组建世界贸易组织咨询服务中心（后增设进出口公平贸易局），逐步展开了有关工作。

入世以来江苏省贸易摩擦案件连续 9 年攀升，由 2002 年的 9 起猛增到 2009 年的 78 起，2010 年回落到 53 起。贸易摩擦涉案金额增长迅速，2002 年全省涉案金额不到5 000万美元，2010 年跃升至 29 亿美元。入世以来，江苏共遭遇反倾销、反补贴、保障措施、美国 337 调查、反垄断等各类贸易摩擦案件 321 起，涉案金额 74 亿美元。

江苏积极应对贸易摩擦。于 2009 年在全国率先建立了由 18 个厅局组成的联席会议制度。通力合作应对贸易摩擦工作，尤其是应对国外反补贴调查工作取得了丰硕成果。充分发挥行业中介组织、企业在应对贸易摩擦中的作用，自 2009 年起江苏省还先后设立了两批 20 个公平贸易预警点，为冶金、光伏、纺织、制药、船舶等行业提供预警信息。应对贸易摩擦已经取得了较好的成绩。如江苏省紫菜协会发起的中国第一例贸易壁垒案件——对日紫菜案件，中国第一例特保案件——印度缝纫机针特保案、美国反补贴第一案——铜版纸案件、第一例澳大利亚反补贴案件——卫生纸案件等。此外，盐城捷康三氯蔗糖制造有限公司和常州市牛塘化工厂在应对美国 337 调查案件中取得完胜；南通外贸医药保健品公司在应对美国 337 调查中仅用不到 6 个月时间就取得胜诉。

三、商务发展成效显著

江苏省多项经济指标比入世前有大幅增长，成为名副其实的开放经济大省。

1. 消费市场规模持续扩大，2010 年社会消费品零售总额达 1.35 万亿元，较 2001 年扩大 3.2 倍，社会消费品零售规模年均增长 16.6%，每五年翻一番。流通产业结构不断优化，流通模式不断创新，流通业的支柱地位和先导作用凸现，成为江苏省经济发展和人民生活质量提高的重要动力。

2. 进出口规模迅速扩张，由 2001 年的 500 亿美元跃升至 2010 年的突破4 000亿美元，规模扩大 8.1 倍，年均增长 24.7%，其中出口增长 8.4 倍，年均增长 25%。进出口占全国比重由 1/10 上升到 15.7%，其中出口占 1/6，成为名副其实的外贸大省。

3. 入世十年间累计吸收外商投资项目数和实际到账外资，分别是改革开放以来全省累计总量的 59%和 80%，到 2010 年为止，已连续 8 年领先全国。目前外资企业涉外税收较入世前增长近 10 倍，占全省税收总额的 1/4 左右。外资企业从业人数近 500 万人，2010 年在岗职工人数占全省的比重达 27%左右，较入世前提高 20 个百分点。利用外资促进了江苏科技进步、产业优化升级和新兴产业发展，并产生明显的贸易效应。

4. 入世十年间批准的境外投资项目和中方投资，分别是入世前项目数和中方投资额的 4 倍和 35 倍。对外承包工程和劳务合作业务进入快速发展期，2010 年完成外经营业额较 2001 年扩大 3.5 倍。2010 年江苏省服务贸易进出口规模超过 200 亿美元，服务外包执行金额 70 亿美元，其中离岸执行额超过 40 亿美元。

5. 开发区建设和升级得到了加快推进。目前全省开发区达 125 家，其中国家级 22 家，省级 103 家，开发区内设有 13 家出口加工区开发区注重功能创新，设立了全国第一个保税物流中心——苏州工业园区保税物流中心、全国第一个综合保税区——苏州工业园区综合保税区、全国第一个实施循环经济的国家级高新区——苏州高新区。

（江苏省商务厅）

安徽省外向型经济成绩显著的十年

一、2010年对外经贸发展情况

2010年，安徽省外向型经济取得了新的发展成就：

（一）货物贸易全面回升

完成进出口242.8亿美元，再创历史新高，增长54.8%，高于全国20.1个百分点。进出口协调发展，进口增长迅速，外贸顺差由上年度21.2亿美元收窄至3.6亿美元。出口商品销往204个国家（地区），主要出口市场如下（表1）：

表1 安徽省2010年主要出口市场

单位：亿美元，%

序号	国家（地区）	出口金额	占出口总额比重
1	美国	18.4	14.8
2	日本	7.6	6.1
3	德国	4.7	3.8
4	印度	4.1	3.3
5	韩国	3.8	3.0
6	英国	3.6	2.9
7	意大利	3.6	2.9
8	巴西	3.1	2.5
9	香港	3.1	2.5
10	俄罗斯	2.7	2.1
	合计	54.7	43.9

进口商品来自121个国家（地区），主要进口市场如下（表2）：

表2 安徽省2010年主要进口市场

单位：亿美元，%

序号	国家（地区）	出口金额	占出口总额比重
1	日本	23.9	20.2
2	澳大利亚	17.7	15.0
3	智利	14.9	12.6
4	韩国	8.4	7.1
5	美国	8.2	6.9
6	德国	6.7	5.6
7	巴西	5.6	4.7
8	秘鲁	5.5	4.7
9	台湾	4.0	3.4
10	南非	2.3	2.0
	合计	97.2	82.2

（二）服务贸易发展势头良好

进出口总额24亿美元，比上年增长41.2%。其中，出口额11.6亿美元，同比增长37.3%；进口额12.4亿美元，同比增长45.1%。

（三）利用外资结构优化

实际利用外资57.2亿美元、增长20.4%，其中外商直接投资50.1亿美元，增长29.1%。制造业、服务业利用外商直接投资31.3亿美元、9.3

亿美元，分别增长 21.9%、36.9%。金融租赁业引资取得零突破，生物、电子信息、新材料、新能源等行业新批项目 76 个，合同外资 4.4 亿美元、占全省总量的 20.4%。

（四）对外投资与合作势头正旺

全年对外承包工程和劳务合作完成营业额 20.5 亿美元，增长 26.9%；实际对外投资达 8.1 亿美元、增长 13.9 倍，跃居全国第七、中部第一。全省新增“走出去”企业 45 家、累计达 186 家，其中 18 家完成营业额超千万美元，5 家突破 1 亿美元。全年新签对外承包工程合同额 15.1 亿美元，增长 54.1%，其中千万美元以上项目 17 个，总承包工程项目 16 个，为历史最好水平。对外投资大幅提升，新签铜陵有色厄瓜多尔铜矿项目、省外经建津巴布韦金刚石项目等 6 个境外资源开发项目，总投资达 10.5 亿美元。

二、入世 10 年来总体情况

（一）入世十年是安徽省外经贸发展最好最快的时期

安徽进出口总体保持快速增长，从 2000 年的 33.5 亿美元逐渐发展到 2010 年的 242.8 亿美元，年均增长 22%，十年累计进出口1 180亿美元，进出口市场遍及 207 个国家和地区，生产加工型、科技领先型、外贸专业型、文化特色型等多类型进出口企业齐头并进。2000 年全省引进外资 4.2 亿美元，2010 年达到 57.2 亿美元，年均增长 30%，累计引进外资 258 亿美元。2010 年全省对外经济合作营业额 20.5 亿美元，对外投资 8.1 亿美元，分别为入世前的 2000 年实绩的 19.9 倍和 130.2 倍，对外经济合作营业额、对外投资分别实现 34.8% 和 62.7%年均增长。直接“走出去”的企业从少数国有企业扩展到不同所有制的 185 家企业；对外承包工程由比较单一的建筑业向交通基础设施、水利、电力、建材、通讯等领域拓展，对外投资从轻纺、建材向机电、化工、医药、采矿等领域延伸，“走出去”业务已经涉及 105 个国家和地区。

（二）口岸建设为开放的安徽打开更多新窗口

全省 2 个航空口岸全部实现对外国籍飞机开放，八百里皖江 5 个水运口岸全部实现对外国籍船舶开放，口岸数量位居中部第一。最近五年来口岸货运量从 237 万吨增加到1 560万吨，年均增速达 45.8%，进出境旅客由 4 万人次增长到 12 万人次。对外商务交往成为开放的重要通道。安徽与世界近百个国家和地区的 400 余家商协会、近 40 家中国驻外使领馆、近 50 家外国驻华使领馆以及全球 50 余家安徽商会等建立了国际经贸交流联系，最近五年共邀请外商来访 1.7 万人次，接待商务来访 4 805人次。

（三）贸易救济体系成为对外开放的安全保障

遵循 WTO 规则，入世以来安徽省逐步建立健全预防与应对并重的贸易救济体系，以产业安全数据库扩容工作为抓手参与国家产业损害预警机制建设；积极推广国际标准，完善国家技术性贸易措施的同时，建立出口产品公共检测、认证等服务平台 10 个；积极应对涉及安徽省出口产品的贸易摩擦案件 52 起，先后有 7 家企业参与对 4 种进口商品的反倾销、反补贴调查申请。WTO 基本原则的引进和普及，在对外经贸领域，通过竞争与合作实现共赢的意识和能力明显提高，也为安徽省经济社会发展注入了强大的活力。

（安徽省商务厅）

福建省入世十年回顾

入世十年来，福建省积极做好各项应对工作，同时抢抓国家扩大对外开放和继续鼓励东部地区率先发展、支持海峡西岸经济区发展的重大历史机遇，大力拓展对外开放的广度和深度，GDP由2001年的4 258亿元增长到2010年的14 357亿元，三次产业结构由2001年的15.3∶44.7∶40.0调整为2010年的9.5∶51.3∶39.2，成为发展速度最快、质量最好的一个时期。

入世后，福建省外经贸实现了“量”的扩张和“质”的提升。一是外贸发展进入黄金时期。2001年，福建外贸进出口总额仅为226亿美元，入世后主要贸易大国对中国歧视性贸易限制的逐步取消，使福建省有比较优势的产品出口快速增长。2010年全省外贸总额突破千亿美元大关，达1 088亿美元。其中，出口715亿美元，进口373亿美元。二是实际利用外资大幅增长。按历史可比口径，2001年福建省实际利用外资为39亿美元，2010年上升为103亿美元，增长164%。按验资口径，2010年全省新批外商投资项目1 139项，实际利用外资58亿美元，比2005年增长120%，“十一五”期间年均增幅达17.3%；实际利用外资占全国的比重由2005年的4.33%上升到2010年的6.08%。三是“走出去”步伐加快。2001年，福建省新批境外投资企业20家，协议金额1 042万美元。2010年全省新批境外投资企业207家（含17家境外机构），协议投资总额14.2亿美元，中方协议投资额8.14亿美元。“十一五”期间年均增长率分别达到126%、168%、172%。四是外经贸的支撑拉动作用更加突出。“十一五”期间全省外贸总值相当于GDP的54%，出口总额相当于GDP的36%，出口增量相当于GDP增量的26%；规模以上外商投资（含港澳台）工业增加值占全省52%；涉外税收收入约占全省税收总收入的38%；外贸年均带动就业人数约400万人，占二、三产业从业人数的30%，外商投资法人单位年吸纳从业人员约220万人，占二、三产业法人单位从业人数的23%。

回顾入世十年，一些做法和经验值得认真总结。

一、成立机构，专业应对

2000年成立了“WTO/TBT福建咨询工作站”和省政府WTO事务协调办公室，指导协调应对入世工作。2001年成立了“省应对入世行动计划和领导小组”。2002年省政府成立“应对贸易壁垒工作协调小组”，负责全省应对贸易壁垒的组织协调工作。

二、规划先行，制定意见

结合当时的入世形势，组织制定了应对入世行动计划纲要，并制订了年度实施要点，将任务分解落实。2006年国务院办公厅“关于加入世界贸易组织后过渡期地方综合性应对工作若干意见的通知”下发后，福建省立即组织外经贸主管部门和有关部门会议，形成福建省的实施意见并印发执行。

三、转变职能，提高效率

各部门抓紧审批制度的改革。2002年初，省级政府部门向社会公布取消审批项目606项，占审批总事项的40.4%，改革面为55.7%；各设区市行政审批等事项平均减少42.6%。对保留的审批事项进行了审批行为规范，通过“政务服务中心”或“建设管理中心”或“一幢楼办公”，提高办事效率和透明度。

四、加强宣传，普及知识

省委、省政府举办领导干部WTO研究班。省外经贸厅邀请了欧盟、商务部、省内外有关专家举办各种报告会和研修班，研讨WTO基本规则、贸易争端解决机制、外经贸发展、反倾销、技术性贸易壁垒、知识产权、市场准入、国际融资等，每场培训参会者都达数百人。入世前后，省外经贸厅等组织了电视大赛，电视系列专题片和“WTO巡回论坛”等多项WTO知识宣传普及活动。

五、开展研究，深入应对

自2001年以来，外经贸部门组织编辑了

《WTO与福建经贸实务手册》、《福建关贸指南》、《福建应对国外贸易壁垒探索》等多本书籍，省外经贸厅等进行了物流业发展、国际贸易摩擦、人民币升值影响、外经贸发展等有关专题的研究，取得较有价值的研究成果。

六、应对摩擦，跨越壁垒

一是指导企业有效应对贸易摩擦。如在加拿大的铜制管件反补贴调查中，外贸与财政、土地、税收、金融等部门和地市进行密切合作，及时填写反补贴政府调查问卷；在应对纺织品特保案中，外经贸部门和商会、协会多次召开相关纺织品企业的政策通气会、研讨会和应对国际贸易摩擦知识培训会，定期编制“纺织品出口信息”，介绍中国纺织品出口政策和欧美设限产品通关信息及国际市场动态，及时对企业进行指导和帮助。在欧盟皮鞋反倾销调查和家具反倾销预警工作中，政府有关部门和商会、协会组织企业座谈会，指导企业开展有效应对。二是努力跨越国外技术性贸易壁垒。省外经贸、国检等部门搜集掌握主要市场国家新出台的技术法规、标准、合格评定程序信息，举办了“国外技术性贸易壁垒培训班”、“国外食品安全法规培训班”和“乌龙茶出口企业座谈会”等，成立“欧盟两个指令协调小组”，对企业进行信息辅导，并给予资金支持，推动企业有效应对。积极引导企业加快技术改造，加快出口产品符合国际标准的步伐。外经贸与国检、海洋渔业等部门联合指导企业对鳗鱼的养殖、加工、出口以及渔药使用进行全面治理。指导机电企业加强原料控制，研发安全环保的绿色产品，使出口产品达到欧盟标准。配合商务部、农业部调查福建省紫菜生产加工现状和“日本肯定列表制度”对中国输日紫菜产品的影响。在省内开展“国外技术性贸易壁垒对中国对外贸易影响的抽样调查”，全面掌握福建省受影响的基本情况，为研究科学的应对策略提供依据。

七、加强预警，维护安全

一是建立健全预警机制。预警领域从6个行业扩大到10个，监测企业从500家扩充至近1万家。发挥维护产业安全联席会议制度的作用，结合实际调查电子、石化、机械等支柱产业和骨干企业以及轻纺、食品等重点产业的发展情况，对重点敏感商品进口异常造成的影响进行跟踪分析。收集欧美相关行业的最新立法动态，利用外经贸网、应对国际贸易摩擦与壁垒网站、WTO咨询服务网等网站和《进出口公平贸易信息月报》等，及时将重要信息提供给企业，帮助企业开展预警工作，提前采取防范措施。二是扎实维护产业安全。建立“职责明确、分工协作、信息共享、有效应对”的维护产业安全工作机制，定期召开“福建省维护产业安全联席会议”，研究制定维护产业安全的政策措施，加强对企业贸易救济案件的调查、了解。支持企业主动对外提起反倾销调查申请，维护国内产业的利益，如福建青山纸业对进口未漂白牛皮纸板提起反倾销立案调查取得胜利。对外实施反倾销措施，有效遏制国外产品低价进口趋势，维护公平竞争的市场秩序，受损害企业生产经营状况明显好转，产业竞争力迅速提升。

八、注重保护，反对滥用

一是认真保护知识产权。福建省目前共查处商标侵权案件2 711件；多次开展打击包括图书、期刊、软件音像制品、电子出版物和工艺美术等产品在内的盗版侵权行动，还以德化陶瓷产业版权保护为典型，积极推进全省版权保护工作；全省共受理各类专利纠纷案件70多件，结案率达90%。2004年还出台了《福建省专利保护条例》，填补了福建省地方专利法规的空白，为加大专利行政保护力度提供了法律依据。此外，海关、质检、工商和公安等部门加大进出口货物监管力度，重点打击生产销售假冒伪劣产品的侵权案件。二是反对滥用知识产权的贸易壁垒。依托行业及中介专业机构，开展分领域、分行业知识产权专业情报分析，提供专业、细分、实用的各类知识产权专业情报信息，初步建立预警机制，采取积极措施应对进口方滥用与知识产权有关的执法措施或程序造成的贸易障碍。福建省版权部门还分批在全省范围发展版权保护重点企业，把保护领域向计算机软件、网游动漫、藤铁木雕、玩具、纺织等方面扩展，促使重点企业及全省版权产业迅速发展。

（福建省对外贸易经济合作厅）

入世十年来锐意进取的江西省开放型经济

一、开放型经济迅猛发展

（一）招商引资快速发展，质量和水平不断提升

2001年以前，江西省利用外资一直在2亿～3亿美元徘徊。入世以来，江西实际利用外资的总量增长了13.1倍，十年来年均增长36.49%，实际利用外资连续七年位居中部第一。2010年达到51亿美元，是2001年的12.9倍。2010年全省利用外资平均规模达到686万美元，比2001年高出515万美元，2010年新批合同外资1 000万美元以上重大外资项目147个，引进省外亿元以上项目441个，累计引进世界500强企业40家，国内500强企业74家。重大招商活动成效显著，连续十年在香港举办招商引资活动，累计签约项目1 730个，签约金额362.97亿美元。

表1　　2001—2010年江西省吸收外商直接投资规模

单位：万美元，%

年份	企业家数	合同外资		实际使用外资	
		金额	增长	金额	增长
2001	308	52 660	98.88	39 575	74.16
2002	591	153 387	191.28	108 725	174.73
2003	759	233 094	51.96	161 234	48.30
2004	964	311 289	33.55	205 238	27.29
2005	940	387 645	24.53	242 258	18.04
2006	982	403 068	3.98	280 657	15.85
2007	866	544 615	35.12	310 358	10.58
2008	689	492 550	−9.56	360 368	16.11
2009	821	490 484	−0.42	402 354	11.65
2010	1 092	749 447	52.8	510 084	26.77

（二）进出口规模连创新高，外贸发展赶超势头强劲

全省进出口总额由2001年的15.31亿美元增加到2010年的214.53亿美元，增长了14倍，年均增长29.54%。其中出口由2001年的10.39亿美元增加到2010年的134.16亿美元，增长了12.9倍，年均增长27.33%。外贸出口在全国排位由2001年的第二十四位跃居到2010年的第十四位。江西省商品出口市场由2001年的169个国家和地区上升至2010年的215个。欧美等传统出口市场进一步巩固，新兴市场出口快速增长，对东盟、印度、伊朗、巴西等新兴市场出口大幅增长，市场多元化格局初步形成。出口产品结构不断优化。2001年，全省出口以国有企业为主，纺织服装、化工产品和农产品的出口额分别占全省出口商品总量的35%、16%和15%。2010年，民营企业和外商投资企业成为江西外贸出口增长主力军。机电产品和高新技术产品出口比重分别达到33.8%和20.2%，机电产品成为第一大出口产品。

表2　　2001—2010年江西省进出口总额汇总表

单位：万美元

年份	进出口	出口	进口	同比		
				进出口	出口	进口
2001	153 120	103 930	49 190	－5.71	－13.20	15.30
2002	169 468	105 231	64 237	10.68	1.25	30.59
2003	252 799	150 569	102 230	49.17	43.08	59.15
2004	353 194	199 539	153 655	39.71	32.52	50.30
2005	405 939	244 005	161 934	14.93	22.28	5.39
2006	619 355	375 307	244 048	52.57	53.81	50.71
2007	944 886	544 473	400 413	52.56	45.07	64.07
2008	1 361 793	772 666	589 127	44.12	41.91	47.13
2009	1 277 878	736 849	541 029	－6.16	－4.64	－8.16
2010	2 160 006	1 341 606	818 400	69.03	82.07	51.27

（三）大力实施“走出去”战略，对外承包工程和对外投资快速发展

全省对外承包工程和劳务合作完成营业额由2001年的1.32亿美元发展到2010年的11.1亿美元，十年间增长了8.41倍。全省对外投资起步于2003年，到2010年实现对外直接投资额2.13亿美元，居全国第十九位。2010年成功争取到国家财政境外资源风险勘查基金1.46亿元，居全国第一位。

表3　　2001—2010年江西省对外承包工程和劳务合作业绩

单位：万美元，人次，%

年份	合同额	增长率	营业额	增长率	派出人次	增长率	年末在外人数
2001	8 398		13 335		2 435		6 640
2002	8 449	1	13 477	1	2 222	－9	6 372
2003	12 595	49	14 825	10	2 456	11	6 229
2004	14 200	13	16 880	14	2 656	8	6 580
2005	28 518	101	21 167	25	3 184	20	7 052
2006	40 682	43	30 817	46	3 976	25	8 350
2007	50 981	25	44 766	45	4 746	19	10 482
2008	76 473	50	56 216	26	7 231	52	12 121
2009	106 694	39	75 552	34	5 936	－17	12 345
2010	139 228	30.49	110 916	46.81	4 474	－24.63	11 568

表4　　江西省对外投资情况

单位：万美元，%

年份	中方实际投资额	增长率
2005年前累计	1 257.94	
2006	665.32	5.50
2007	1 436.39	115.90
2008	1 445.76	0.60
2009	4 038.48	179.34
2010	21 300.00	427.40

（四）突出优势产业集聚化，经济结构不断优化

2001年以来，江西省引进了一批重点产业，形成了以赣州国际华坚城、赛得利（九江）化纤为代表的轻纺产业；以梅里亚、双飞人制药、济民可信为代表的中成药和生物制药产业；以星火有机硅、谱赛科、亚东、泓泰为代表的精细化工及新兴建材产业；以江铃和昌河为代表的汽车航空及精密制造产业；以新余赛维LDK太阳能、晶科能源为代表的光伏产业；以江铜耶兹、江铜铜板带为代表的高精铜材产业；以博硕科技、红板科技、一元数码为代表的电子信息产业；以ABB、东元电机为代表的机械制造业等。2010年鹰潭铜产业基地销售收入突破1 000亿元，新余光伏、赣州钨和稀土、小蓝汽车零部件、青山湖纺织服装、吉泰电子信息等特色产业基地销售收入达到100亿元以上。

（五）加强大通关合作，开放平台建设取得新突破

2010年全省口岸完成进出口货运192万吨，国际集装箱13万标箱。口岸平台和通道建设成效显著，建成铁路口岸作业区5个、公路口岸作业区3个、水运口岸作业区1个，开通至上海、宁波、厦门、深圳等铁海联运通道11条，覆盖全省8个设区市，有效帮助企业降低运输成本。新开辟中国台北、韩国2条国际（地区）航线。全国首个内陆铜拆解加工园区——鹰潭铜拆解加工园区封关运营，南昌保税物流中心获批并投入运营。南昌白水湖国际集装箱码头、九江城西港、上饶口岸作业区相继建成运营。在中西部地区率先启动电子口岸实体平台建设，为实现大通关提供技术支持。

（六）发展环境不断优化，对外开放平台有了新提升

入世以来，江西省积极争取设立了一批重要的对外开放平台，形成全方位、多层次、宽领域的对外开放体系。目前，江西省拥有6个国家级经济技术开发区、3个出口加工区、5个科技兴贸创新基地、5个加工贸易梯度转移承接基地，国家级开放平台总数居中西部地区第一位。

二、跨越发展贡献突出

（一）有效增加建设投入，促进全省经济总量扩大

江西省固定资产投资从2001年的660亿元增加到2010年的8 775亿元，增长了13.3倍。2010年，江西省十大战略性新兴产业新批外资项目498个，同比增长29.7%；一大批1 000万美元以上外资项目、亿元以上省外工业项目落户。

（二）有效增加各级政府财税收入，为各项事业发展提供强劲支撑

2010年江西开放型经济带来税收约占全省税收总收入的50%，占全省财政总收入的40%以上。

（三）引进项目、资金、技术和管理经验，促进产业结构优化升级

一批企业实现成功转型，创出自主品牌，增强了国际竞争力。通过引进一批大规模、高水平的新材料、新能源、医药化工、电子信息等产业项目，调整提升了江西传统优势产业，加速战略性新兴产业发展壮大。

（四）有效扩大社会就业，加快推进新型城镇化进程

随着开放型经济迅猛发展，工业园区产业快速集聚，园区规模不断扩大，居住、交通、教育、文化、卫生等相关配套设施相继入园，推动江西省新型城镇化进程。与此同时，开放型经济对就业贡献率不断提升，新增就业岗位占全省新增就业岗位一半以上。

（江西省商务厅）

山东省开放型经济发展情况报告

一、发展成就

（一）综合经济实力显著增强

2010年，全省生产总值达到39 416.2亿元，是2001年的4.2倍，十年间实现翻两番；人均生产总值突破6 000美元，是2001年的4.9倍；地方财政收入达到2 749.3亿元，是2001年的4.8倍。

（二）开放型经济跨越式发展

入世十年，山东省对外贸易进出口总额由2001年的289.6亿美元，提高到2010年的1 889.5亿美元，增长5.5倍，其中出口从181.3亿美元提升到1 042.5亿美元。利用外资规模、质量显著提高，实际到账外资2001年42.5亿美元，2010年达到91.7亿美元，增长1.2倍，来山东投资的世界500强企业达到159家。境外投资2001年仅为1.4亿美元，2010年达到18.5亿美元，年均增长超过30％；完成对外承包劳务营业额由5.6亿美元提高到60.2亿美元，增长9.8倍。

（三）产业结构不断优化升级

通过国际合作，形成了以电子信息、汽车、造船、工程机械、化工为主干的先进制造业集群。对外开放从第二产业扩展到一、三产业，农产品出口连续11年居全国首位，服务外包发展迅速，2010年全省离岸外包出口额达到5亿美元，吸纳大中专毕业生就业10万人，近20家外资银行在山东设立分支机构。

（四）全面开放格局基本形成

东部沿海各市引进了一批重大项目，山东半岛蓝色经济区成为对外开放的重要高地。中西部各市充分发挥自身优势，走出了各具特色的开放路子。全省省级以上经济开发区发展到160家，青岛前湾保税港区、烟台保税港区获批并封关运营，批准设立了潍坊综合保税区及济南、青岛、威海、青岛西海岸出口加工区，东营、日照、潍坊滨海、邹平、临沂5家经济开发区经国务院批准升级为国家级经济技术开发区，省内国家级经济技术开发区总数达到8家。2010年，全省经济开发区在占全省不足1％的土地面积上，创造了32.7％的地方财政一般预算收入、46％的规模以上工业增加值、55％的进出口额和55％的实际到账外资。

（五）投资环境日益完善

电力、港口、机场、通信等基础设施建设有了质的飞跃，支撑发展和对外开放的能力不断增强。行政管理体制改革和审批制度改革不断深化，政府职能转变和政府提速成效明显，全面实行了“一站式”审批和“一个窗口”服务，外商投诉处理机制不断完善。资本、产权、技术、信息、人才、劳务、土地等要素市场日益健全，信用体系逐步建立。医疗、教育、文化、休闲、旅游、娱乐设施建设不断加强，与国际接轨的涉外服务进一步完善，对国内外投资者的吸引力明显增强。

二、主要工作

（一）把握入世难得机遇，不断扩大对外开放

山东省委、省政府入世伊始就制定了《山东省应对加入世贸组织全面实施经济国际化战略行动纲要》，对入世应对工作进行了全面部署。2003年，省委、省政府将外经贸作为全省经济工作的三大亮点之一，要求全省上下把对外开放作为头等大事来抓。2005年，省委、省政府制定《关于突出重点全方位高水平扩大对外开放的意见》，提出树立世界眼光、战略思维、省情意识，在全球范围内布局对外开放。2008年，省委、省政府下发《关于深入贯彻党的十七大精神进一步扩大对外开放的意见》，实施“深化日韩、提升东盟、突破欧美、拓展非洲”的全面开放战略，完善内外联动、互利共赢、安全高效的开放型经济体系。面对国际金融危机不断深化蔓延的严峻形势，省政府迅速出台《关于促进外经贸平稳较快发展的意见》，提出18条措施，千方百计稳定外需，努力保持外经贸平稳较快发展。

（二）优化出口商品结构，转变外贸发展方式

目前，全省已培育国际知名品牌企业147家，科技兴贸出口创新基地35家，其中国家级基地5家。2008年以来，省政府连续四年召开全省出口农产品质量安全示范区建设工作会议，在全省推行“公司＋基地＋标准化＋品牌＋市场”五位一体的

示范区发展模式。组织大型连锁超市与示范区开展"区超对接"，全省已设立示范区农产品专柜（区）157个，对接企业80多家，农产品质量安全由出口保障向全民共享转变。

（三）坚持规模质量并重，提高利用外资水平

一是建立高层推进对外开放工作机制。连续在日韩港台等重点国家和地区举办大型经贸活动，营造扩大开放氛围，引进一批重大外资项目。二是强化外资产业导向。制定了《山东省利用外资重点产业指导目录》，严格依法审批外资项目，避免引进"两高一资"项目，把好市场准入关。三是优化利用外资结构。2010年制造业利用外资占比61.8%，制造业中IT及电子设备、通用设备、专用设备制造为主的现代装备制造业实际到账外资占25.3%；服务业利用外资步伐加快，占比达到30.7%。四是不断丰富利用外资方式。十年间86家企业成功在境外上市或增发，累计融资70亿美元，上市地由中国香港拓展到新加坡、美国、英国、德国等全球主要证券市场。外资并购成为利用外资的重要方式，近五年批准外资并购项目403个，合同外资年均增长20%以上。五是大力发展服务外包，济南市成为首批国家服务外包示范城市，全省相继建立了一批服务外包示范园区、实训基地，服务外包企业达到667家，初步形成了软件开发、数据和图像处理、呼叫中心、工程设计、动漫创意等优势外包业务。

（四）实施"走出去"战略，拓展经济发展空间

一是强化规划指导。制定了《山东省境外资源开发总体规划》、《对非洲、拉美、周边国家地区实施"走出去"战略行动计划》、《关于加快实施"走出去"战略的意见》，按照"政府协调、企业主体、市场运作、互利共赢"的原则，强力推动企业安全高效"走出去"。二是实施境外资源合作开发"163"工程。围绕山东省经济发展急需的煤矿、铁矿、铜矿、铝土矿等10种重要资源，着力建设境外资源基地，重点培育壮大60家境外资源合作开发骨干企业，力求尽快实现由境外资源基地提供的资源占进口总量的30%以上。兖矿集团投资33亿澳元收购澳大利亚菲利克斯资源公司股权，获得澳大利亚大量煤炭资源。三是把握机遇大力开展海外并购。指导有条件企业收购境外优质资产、品牌、股权、营销网络，积极开展境外研发，低成本获取先进技术、管理经验、市场渠道和客户群体。烟台万华实业集团投资12.6亿欧元并购匈牙利最大的化工企业宝思德化学公司，使万华实业异氰酸酯产能跻身全球前三强。四是大力发展对外承包劳务。积极拓展境外承包工程劳务市场，围绕电厂、公路、铁路、石油、住房等优势领域，支持企业承揽EPC总承包、BOT带资承包等工程，提升工程项目层次，扩大承包工程市场份额，带动劳务输出和商品出口。2010年，全省外派劳务47 300人，列全国第一位；对外承包工程合同额100.8亿美元，列全国第二位。

（五）提升开发区承载功能，增强辐射带动作用

一是强化开发区开放引领作用，省委、省政府出台了《关于全面提升经济开发区发展水平的意见》，着力解决制约经济开发区又好又快发展的突出问题，推动经济开发区利用外资和进出口占全省比重不断提高。二是坚持产业发展高端取向，引导重点产业在开发区集聚发展，指导开发区通过大招商引进大项目，通过大项目发展大产业，初步形成了汽车及零部件、电子信息及家电、船舶、装备制造、化工、医药、食品加工、有色金属、新能源、保税物流、服务外包等产业集群。三是增强产业扩散效应，带动周边地区形成相关配套产业集群，提升所在区域的工业化水平，加快城市化进程。

（六）积极应对贸易摩擦，努力优化开放环境

一是按照WTO规则和转变政府职能要求，对全省地方性法规、规章和其他政策措施进行了全面清理，建立了地方性法规规章和规范性文件审查机制。二是积极推进外经贸管理体制改革，进一步下放外资审批权限，变外贸经营权审批制为备案制，调动了企业从事外经贸业务的积极性。三是积极应对贸易摩擦。加大对涉案企业培训动员、组织协调、跟踪指导、法律援助力度，并对应诉企业提供财政扶持。目前对案件的总体应诉率已达70%，对欧美等主要市场的案件应诉率达到85%以上。四是加强省内产业保护。指导山东省企业充分利用WTO规则，对使山东省产业受到不合理冲击的部分进口产品提起反倾销调查，取得明显成效，维护了正常的进出口经营秩序和公平竞争环境。

（山东省商务厅）

入世十年河南省WTO工作实现迅速发展

一、2010年：深入推进WTO工作

2010年，我们以科学发展观为指导，以维护产业安全、应对贸易摩擦为主线，进一步完善贸易摩擦应对机制，建立产业和企业联系机制，提高产业损害预警工作质量，推进产业安全数据库扩容，开展贸易救济效果跟踪与评估，加强宣传、培训和调研。

（一）做好“两反两保”案件和知识产权纠纷案件应对工作

重点指导做好金龙铜管、铝挤压材、日用陶瓷、石墨电极反倾销调查应对协调工作。协助商务部对挤压铝材反补贴案涉及河南省8家企业的资料进行搜集、整理、上报。

（二）做好贸易救济案件的调查和救济效果跟踪

协助商务部和行业协会做好河南永达清真食品有限公司白羽肉鸡反倾销实地核查工作；对现存实施贸易救济企业生存状态进行了跟踪，撰写了专题报告。

（三）开展好数据库扩容和预警监测

新增加了59家省重点进出口企业入库；修改印发了《河南省维护产业安全绩效考核办法》；每季度对省辖市维护产业安全情况进行考核和通报。撰写了《氧化铝进口、铝及铝材出口、轮胎出口监测情况的报告》和《大豆进口预警监测情况的报告》；对纺织等四类5 000多种产品开展了出口变动异常的监测，发布了6种量价变动异常商品。起草了河南省产业损害预警年度报告。

（四）积极开展宣传

全年上报政务信息160期；编发WTO信息通报9期；在厅网站编发信息1 500多条；在中国产业安全指南河南子站编发信息2 300多条；撰写了“对我省进出口工作的两点思考”和“对促进出口基地建设的看法”等文章，在《河南商务》杂志上刊登多篇文章。

二、入世十年：WTO工作从无到有、全面发展

（一）设置机构

2002年2月，河南省在外经贸厅设立了WTO业务处，2003年底，WTO业务处更名为世界贸易组织与公平贸易处，具体负责WTO相关业务工作、进出口公平贸易工作、产业损害调查和产业安全工作。2009年又增加了反垄断工作职能，人员编制5人。上级对口商务部世贸司、进出口公平贸易局、产业损害调查局和反垄断局，全省18个省辖市商务局有1/3设立了世贸科，其他2/3省辖市WTO工作在外贸等科室由专人负责。2002年9月，依托河南财经学院成立了“河南省WTO研究咨询与培训中心”，负责政策研究、咨询和培训工作。

（二）构建工作机制

1. 应对机制。2005年，制定出台了《河南省进出口公平贸易和产业损害调查工作要点》，建立了省、市商务部门、中介组织和企业“四位一体”工作机制，2005年5月，建立了河南省WTO事务联席办公会议制度，2009年3月，由省商务厅牵头成立了河南省应对国际贸易争端联席办公会议制度。

2. 产业损害预警监测工作机制。2005年9月出台了《河南省产业损害预警机制实施方案》，2005年底，启动了对铝、纺织、轮胎出口产业损害预警监测工作，2007年启动了对铝、轮胎出口、大豆进口产业损害预警监测工作。

3. 产业安全数据库扩容工作机制。2006年开展了产业安全数据库扩容工作，制定了《国家产业安全数据库扩容工程项目河南省实施方案》。2008年出台了《关于进一步做好产业安全数据库有关工作的通知》，将审核管理权延伸到省辖市，2009年出台了《河南省商务厅维护产业安全工作绩效考核办法》。

（三）积极应对贸易摩擦

1. 贸易摩擦案件。截至2010年底，河南省出口产品发生贸易摩擦案件49起，涉案企业105家，涉案金额6亿多美元；遭遇知识产权纠纷4起，涉案金额2亿多美元；贸易救济申诉案件5起。

2. 贸易摩擦应对。充分发挥“四位一体”应对工作机制的优势，积极引导协调企业应对贸易摩

擦。2009年，我们改进工作方法，根据商务部网站公布的信息，通过厅统计查询系统，及时掌握企业涉案情况，指导企业积极应对。2009年，为应对美国向WTO诉我地方政府有关出口补贴政策案件，协助商务部条法司及时协调有关部门和省辖市清理和废止了含有补贴政策的文件，印发了《关于美国、加拿大对中国反补贴案调查项目的汇总通报》。2007年，组织省发改委、国资委、财政厅等十个省直部门积极配合了国家应对加拿大对原产于中国的复合木地板发起的反补贴再调查。

（四）开展产业损害预警监测

自2005年以来，共撰写产业损害预警监测报告19篇，两次受到主管省长的批示；七次发布量价变动异常产品80多种。积极推进产业安全数据库扩容工作，自2006年以来，河南省三次增加产业安全监测企业，截至2010年，河南省入库企业达到230家，企业数据上报率达到95%以上，在全国综合考评位于第三名。

（五）开展宣传和培训

1. 广泛宣传。入世后，对入世意义及WTO规则广泛进行了宣传，举办了WTO知识电视大奖赛、座谈会、报告会、研讨会、专题讲座和论坛，完成了多期与WTO有关的节目。2008年，通过多家媒体进行了欧盟REACH法规应对工作的宣传；2009年，在《河南商务》杂志编发了2万多字的《入世六年来重点行业分析报告》。

2. 建立信息通道。一是通过厅“政务信息”平台，将有关WTO信息及时报送省领导，五年共上报信息1 000多条。二是创办了“WTO事务信息通报”，将信息及时通报省辖市、省直部门、行业协会和企业。创办以来共编发“通报”180多期。三是2005年在省厅网站开辟了“WTO与河南”专栏，介绍最新动态、法律法规、开展预警预报及本省的有关应对工作，已发布信息5 000多条。四是2008年创建了中国产业安全指南河南子站，开通以来，共发布信息5 000多条。

3. 加强培训。共组织举办各级各类WTO知识培训班30多期，培训各类人员5000多人次；先后编印了《河南省企业反倾销应诉申诉知识指南》、《河南省公平贸易与维护产业安全工作手册》、《贸易壁垒知识及应对手册》、《反补贴知识及应对手册》和《反垄断法律法规与案例》，编印了有关经营者集中申报标准和法律责任等内容的单页。

（六）深入调查研究

1. 入世后过渡期应对工作研究2009年，对河南省油菜籽进口、加工产业和种植业等相关情况进行了调查，提出了建议。完成了省社科联《构建新时期对外开放新格局》课题，与省WTO中心联合完成了《河南省开放型经济发展的比较优势研究》。

2. 产业安全预警研究。与省农业厅、省社科院共同完成了《入世一年来我省农业应对成效的研究》；与洛阳工业学校联合完成了省科委《河南省粮食安全监测及预警系统》课题；完成了商务部《河南省电解铝产业安全监测及预警系统》课题。

3. 产业竞争力调查和研究2007年，撰写了《河南省大中型客车竞争力调查及发展战略》研究报告、《欧盟新化学品管理法规对我省产业影响及应对》论文、《三门峡湖滨果汁有限公司反倾销胜诉给我们带来的启示》和《三门峡湖滨果汁有限公司胜诉美国反倾销后取得快速发展》的调查报告。

4. 推动省辖市调研。每年选择调研课题，要求各市至少选择一个课题开展调研，以此推动本系统产业调研工作开展。

（河南省商务厅）

借入世东风　湖北省实现商务工作大发展

一、主要进展

1. 对外贸易实现新跨越

加入 WTO 以来，湖北省进出口贸易总额十年增长了 6.3 倍，2010 年达到 259.1 亿美元，年均增幅达到 20% 以上。其中，出口额 2010 年达 144.4 亿美元，十年增长了 7 倍，居全国第十二位、中部地区首位。具体表现在：(1) 出口商品结构明显改善。机电、高新技术产品出口比重达到 54%和 26.7%，分别比 2001 年提升约 37 个和 20 个百分点；农产品出口 10.8 亿美元，比 2001 年增长 6.2 倍，香菇、活性酵母、小龙虾、鲜鸡蛋、蜂蜜等产品出口居全国第一；传统的纺织服装占出口总额的比重较 2001 年下降 29 个百分点。(2) 外贸主体结构不断优化。外资企业、民营企业出口占比分别较 2001 年提高 18.8 和 7.1 个百分点，国有企业出口占比下降 19 个百分点。(3) 加工贸易加快发展。2010 年加工贸易出口占出口总额的比重达到 38.2%，比 2001 年提升 14 个百分点。(4) 市场多元化取得积极进展。2010 年，与湖北省有贸易往来的国家和地区达到 200 多个，对亚洲、欧洲、北美洲的出口比重分别达到 45.3%、26.1% 和 13.6%，基本改变了原香港市场占湖北省出口总值近一半的局面。(5) 应对贸易摩擦取得显著成效。应对欧盟碳酸钡反倾销案等一批贸易摩擦案件取得较好结果，并先后对美国、欧盟、日本等 10 个国家（地区）的 7 种产品参与发起 10 起贸易救济措施调查，企业运用贸易救济措施保护自身权益的意识和能力不断增强。

2. 利用外资实现新发展

2010 年实际使用外资达到 47.2 亿美元（其中直接投资 40.5 亿美元），是 2001 年的 3 倍（其中直接投资 3.3 倍）。(1) 利用外资质量和水平逐步提高。已有 87 家世界 500 强企业来湖北省投资，跨国公司设立研发中心 19 个。(2) 利用外资的形式和领域不断创新。外资股份制、并购、增资、创业投资、股权投资等利用外资新形式快速发展。2009 年中部地区首家中外合作创投基金—湖北高和创业投资基金落户湖北。(3) 外资在经济发展中的作用不断增强。外商投资在资本形成中发挥了乘数效应，带动省内外资金增加投资，汽车、船舶制造业等传统产业长足发展，消费电子等新兴产业迅速成长。外商投资促进了就业、税收和出口。据联合年检资料显示，2009 年，全省外商投资企业吸收就业人员 46.5 万人，占全省城镇从业人员总数的 6.8%；上缴税收总额 298.1 亿元，同比增长 14.1%。外资企业出口 33.9 亿美元，占全省出口总额的 33.9%。(4) 投资环境不断改善。建立和完善外商投诉服务体系，集中清理和妥善处理一批外商投诉积案；推动建立投资环境评价体系，不断改善服务环境、信用环境、法制环境和政策环境。

3. “走出去”实现新突破

2001—2010 年，湖北省累计完成营业额 95.6 亿美元，是 1979—2000 年累计完成营业额的 20 倍。(1) 国际工程承包业务加快发展。湖北省大型骨干外经企业充分发挥在道路、桥梁、水电等方面设计和施工能力强的优势，开拓国际工程承包市场成效显著。湖北省对外承包工程扩大到 93 个国家和地区，在建项目 350 多个，合同金额超过 250 亿美元。(2) 对外劳务输出快速增长。2001—2010 年，湖北省累计外派劳务 8.5 万人次，相当于 1979—2000 年外派劳务总数的 2.4 倍。已设立 14 个劳务综合基地，初步建立起劳务培训和输出一条龙服务体系。外派劳务人员年均收入超过6 500美元。(3) 对外直接投资高速增长。已在全球 50 多个国家和地区设立经营机构和创办企业近 200 家，投资总额达到 8 亿美元，其中 2001—2010 年新批境外投资企业和机构 185 家，协议投资总额 6.8 亿美元。(4) 对外援助取得良好效果。湖北省依靠教育科技实力和农业优势，承担了国家对外援助项目 50 个，援助总额达 3.7 亿元。承担 25 个技术援助项目，先后派遣农业专家和技术人员 160 多人，承建的援莫桑比克农业技术示范中心项目顺利实施，进一步密切与受援国的经贸交往与合作。

4. 口岸建设取得新进展

加入 WTO 以来，湖北省口岸开放和建设步伐明显加快。(1) 口岸布局日趋完善。2001—2010

年，经国务院批准，湖北省先后开放了宜昌港、荆州港、宜昌三峡机场3个一类口岸，设立B型保税物流中心1个。截至目前，湖北省共有口岸13个，其中水运口岸（武汉、黄石、宜昌、荆州）4个、铁路口岸（江岸、襄阳、十堰、麻城）4个、公路口岸（武汉、襄阳、十堰）3个、航空口岸（武汉天河机场、宜昌三峡机场）2个，初步形成水、铁、公、空和特殊监管区域相互补充的全方位口岸开放格局。(2) 口岸辐射能力不断增强。“江海直达”航线、国际客运和货运航班开通，武汉成为周边地区集装箱运输集散地和中部地区的国际航空枢纽港。国际货运直达包机筹备进展顺利，航空物流园区项目已动工建设，电子口岸信息平台完成搭建，具备上线运行条件。(3) 口岸货运量和出入境人数快速增长。口岸进出口货运量由2001年的85万吨上升到2010年的1 826.8万吨，国际集装箱运量24.7万标箱，出入境人数34.5万人次。(4) 保税物流成为新亮点。武汉东西湖保税物流中心运营良好，通关量及征收关税均居全国同类园区前列；武汉出口加工区海关监管设施进一步完善，保税物流功能全面拓展；武汉东湖综合保税区建设顺利推进；集现代化航运物流、综合保税服务、临港产业开发为一体的武汉新港建设启动。

5. 对外开放领域扩大

湖北省建立了与国外友好省市（省州）关系，与国外和地区的教育机构签订合作协议，举办文化、教育博览会，外资银行在湖北可经营人民币存款业务，长江证券公司与法国百富勤合资经营投行业务已经起步，沃尔玛、家乐福、麦德龙、百安居等10多家外资零售企业落户湖北，安永会计师事务所在汉挂牌。2009年，湖北省在美国设立湖北企业（美国）营销中心，创造产业、企业集群的海外展示模式。

二、主要问题

一是湖北企业在对外贸易中频频遭遇诉讼，据不完全统计，截至2010年，湖北省累计发生出口反倾销案件79起，进口申诉案件5起，反补贴调查10起，一般保障措施案件7起，特别保障措施调查3起，针对反倾销裁决的司法诉讼案件1起。涉案国家和地区10个，涉案企业80多家，涉案行业7个，涉案产品21个，从涉案产品看，主要集中于化工、机电、钢铁等具有出口竞争力的产品。

二是对国际规则尚处于学习阶段，部分行业和企业还不能或不善于运用WTO规则维护自身合法权益。遭遇反倾销反补贴调查不应诉，遇到进口产品倾销不申诉，遇到国外贸易壁垒不抗辩的现象仍很普遍，给外贸出口造成了不少损失，部分产业受到了进口产品的不合理冲击。

三是湖北省出口产品大多仍为技术附加值低的大路货，靠低价来争取市场。具有自主知识产权的品牌产品较少也是湖北省贸易摩擦多发的主要原因。

（湖北省世贸协调办公室）

入世十年广东省综合应对工作总体情况

入世十年来，广东省积极参与国际经济竞争与合作，深度融入国际产业分工体系，扎实推进入世综合应对工作，参与全球化深度和广度得到前所未有的发展。2001—2010年，广东省GDP以年均超过12%的速度增长，2010年GDP总量是2001年的3.8倍，达45 473亿元，占全国的11.4%；对外贸易进出口总额比2001年增长了3.4倍，突破2 000亿美元，2010年达到7 847亿美元，约占全国26.4%。截至2010年底，累计吸收外商直接投资项目15.5万个，合同外资金额3 942.8亿美元，实际吸收外资2 534.5亿美元，约占全国1/4。世界500强企业在粤投资778个项目，合计投资总额556.1亿美元。“走出去”战略成效显著。截至2010年底，广东企业在100多个国家和地区设立非金融类企业2 891家，协议投资131.6亿美元。2010年对外承包工程完成营业额82.1亿美元，居全国首位，对外劳务合作完成营业额5.8亿美元。

一、2010年度情况

（一）公平贸易工作

1. 协调应对贸易摩擦大案要案

2010年，广东省遭遇各类贸易摩擦案件30起。先后协调应对了9起影响面广、主产区在广东省或者重点产品和重点市场的大案要案，包括：美国铜版纸反补贴反倾销调查、澳大利亚铝挤压材“两反”调查、泰国瓷砖反倾销调查、美国铝挤压材“两反”调查、欧盟瓷砖反倾销调查、美国卧室木家具反倾销日落复审调查、美国打印机硒鼓337调查、加拿大半导体冷热箱反倾销调查、欧盟日用餐具反倾销调查预警。

2. 加强反补贴应对工作体系建设

印发《广东省应对国外反补贴调查工作规范》，初步建立起工作框架。分4批对全省主要部门和单位700多名反补贴应对工作联络员进行了培训，建立起应对国外反补贴调查的工作队伍。期间还开展了WTO政府采购协议培训宣讲，为应对政府采购市场对外开放做好准备。

3. 开展应对国际贸易摩擦交涉交流活动

派出工作小组于2010年9月赴瑞士、西班牙、葡萄牙开展公平贸易调查与交流活动。与中国驻WTO代表团、经商处、欧盟鞋业组织、国际认证机构等进行了多层面的调查、交流和研讨，向中国驻WTO代表团反馈了地方政府和企业诉求。

4. 承办中美337调查交流研讨会

省商务厅承办了由商务部和美国国际贸易委员会2010年10月下旬在广州联合主办的“中美337调查交流研讨会”，美方人员对337法律进行了讲解，并与参会企业进行交流。

（二）产业损害调查与维护产业安全工作

1. 积极运用贸易救济措施维护产业安全

协助商务部开展对进口核苷酸类食品添加剂、乙醇胺、碳钢紧固件产品反倾销调查。先后三次分别赴肇庆星湖公司，茂名实华东升化工有限公司、东莞春雨五金制品有限公司进行实地核查，为国家及时对案件裁决做出了贡献。年内有4个广东省企业参与发起反倾销的案件做出肯定性终裁，中方企业均取胜。

2. 协助商务部对贸易救济案件开展跟踪评价

协助商务部调查组，就锦纶6切片、核苷酸、己内酰胺反倾销调查可能涉及的上下游产业利益，先后四次在广州、珠海，召开了80多家企业参加的座谈会。协助一家企业对国家采取反倾销措施后严重影响其原料供应的问题向中央政府调查机构做了反映。

3. 配合和支持商务部开展产业安全数据库扩容工程

对广东省已培训的175家重点联系企业开展数据上报指导、催报、稽核，提高数据报送率和准确性。据最新统计，广东省数据上报率已达58%，居全国中上游水平。

4. 协助商务部开展贸易调整援助和企业“走出去”调研

组织10家企业赴深圳协助商务部召开优势产业“走出去”提升国际竞争力座谈会。组织了有关省协（商）会、市主管部门、企业共20多个单位代表，协助商务部调查局在广州召开贸易调整援助规章立法调研会。

（三）规章政策的清理、审议

1. 加强国际规则合规性审查

对相关文件的合规性严格审查，对商务厅及相关单位出台的文件涉及补贴政策、品牌提法的合规性等严格审查把关，提出正确意见，避免中国应对美、墨、危 WTO 争端案件工作前功尽弃和避免新出台的政策直接违背 WTO 规则。

2. 贸易政策审议和通报工作

充分关注中国参加 WTO 第三次贸易政策审议工作情况，通过工作简报通报审议结果及各方评价。配合国家贸易政策审议工作，广泛收集省内企业开展国际贸易投资中所遇到的壁垒和障碍，并将有关意见建议上报送。

二、十年来综合应对工作主要进展

（一）建立健全综合应对工作体系

中国入世后，省委、省政府先后制定下发了《关于做好加入世贸组织应对工作的若干意见》、《中国加入世贸组织过渡期广东省行动计划纲要》等多个文件，全面部署广东省应对工作。进入 WTO 后过渡期，广东省及时制定下发了《关于进一步做好加入世界贸易组织后过渡期应对工作的意见》，进一步加强全省后过渡期应对工作的综合协调和指导。牵头组建了由全省 68 个单位组成的广东省 WTO 事务咨询理事会；省市相继成立了公平贸易机构、WTO 事务专责机构，或指定科室负责相关工作。

（二）有效创建符合 WTO 规则的软环境

一是清理和修改不符合 WTO 规则的法规政策文件，开展与 WTO 规则合规性审核工作，做好广东省新制定的经贸政策法规与 WTO 规则一致性咨询，切实做到与 WTO 规则衔接。二是积极履行入世对地方贸易政策法规透明度义务，在全省各地政府、各有关部门建立起联络员制度，定期开展政策法规通报。三是扩大贸易政策公共参与，推动各方加强对制定贸易政策的参与能力建设。在国内率先与英国政府有关机构合作开展“贸易政策公共参与”项目，率先颁布规范公众参与行政立法的地方政府规章。四是加强宣传培训，不断提高企业的规则意识和国际竞争意识。五是加快政府职能转变，服务与监管并重，规范市场秩序。六是积极应对 WTO 争端案件。综合协调组织并指导省、市各相关部门在争端解决机制下开展涉及广东省案件应对工作，以案件应对为契机提升相关政府部门的国际规则意识。

（三）持续提高应对贸易摩擦的能力

制定下发《广东省进出口公平贸易工作规范》、《广东省进出口公平贸易工作要点》及《广东省应对国外反补贴调查工作规范》，着力构建中央、地方、行业与企业四体联动的应对体系，应对贸易摩擦能力持续提高。一是收集有关出口商品数据，逐步完善预警机制，指导政府部门、中介组织和企业调节出口，规避贸易摩擦风险。二是通过采用预警通气、法律培训、企业调研、组织联盟、研究问卷、参与核查等各种应对措施加强组织协调。三是充分运用 WTO 规则，组团赴有关国家开展公平贸易调查与交涉，并向来访的涉案国政府官员及其他 WTO 成员表达观点，施加影响，涉案企业应诉率达到 90%以上，应诉、交涉和抗辩工作成效显著。四是通过联合宣传培训、搭建网络合作平台等方式，开展粤港展会知识产权保护、涉外知识产权保护公共资讯服务等方面的合作。

（四）积极应对国外技术性贸易壁垒

一是开展技术性贸易措施调查。建立了国外技术性贸易措施对广东省外贸影响的年度抽样调查制度，以掌握广东省受国外技术壁垒影响的权威性统计数据。二是加强指导，增强应对能力。针对欧盟电子电器产品指令 ROHS、欧盟化学品注册管理法规 REACH、日本农产品肯定列表制度等，广东省积极开展咨询和举办各种专题培训，为企业规避国外技术性贸易壁垒提供支持。三是组织开展相关调研，提出应对体系建设思路和对策。

（五）着力保护知识产权和自主创新

一是积极支持省知识产权联席会议，狠抓货物进出口、会展及生产三个环节保护知识产权专项行动。二是把组织广交会参展与知识产权保护工作结合起来，总结推广中国出口商品交易会保护知识产权的经验。三是积极开展与国外的专业交流与培训，邀请欧盟法律专家举办“国际知识产权纠纷的应对和处理”讲座，充实专业知识。

（六）积极开展产业损害调查与维护产业安全

一是积极推进产业安全数据库扩容工程建设，

成立工作小组，制订工作方案，建立广东省子网站和产业损害预警监测系统。二是建立和完善对案件效果的跟踪机制。每季度向国家有关部门报送跟踪结果，为国家对案件裁决及采取贸易救济措施提供依据，维护广东省产业安全。三是通过培训、论坛、网络及简报等多样形式加大产业损害调查工作的宣传力度。

（七）积极参与WTO贸易政策审议

近年来，广东省积极参与对主要WTO成员的贸易政策审议工作。组织研究各国政府发布的《贸易政策声明》和WTO发布的《贸易政策审议报告》，分析并推介主要贸易投资伙伴的市场状况、政策环境及其对广东省外经贸的影响，为广东省企业开拓国际市场提供参考资讯。以欧盟、日本、印度、土耳其和泰国等国家为贸易政策审议工作的重点对象，收集被审议成员在反倾销、知识产权、检验检疫、服务业市场准入等方面的情况，掌握其设置贸易和投资壁垒的证据，为中国政府提供谈判基础材料。

（八）大力推动广东省参与自由贸易区建设

积极把握机遇，大力推动全省各界参与自由贸易区建设，充分利用自由贸易区打造新的外贸增长点。一是参与中国—东盟自由贸易区建设，积极推动广东与东盟经贸交流合作。二是抢抓CEPA补充协议实施和粤港、粤澳合作框架协议签署机遇，扩大对港澳服务业开放，打造粤澳对葡语国家经贸合作平台。三是开展区域经济合作系列课题调研与交流活动。组织实施ECFA与粤台经贸合作、东亚区域经济合作、广东—拉美区域经济合作、中日韩经贸合作等方面研究，重点分析双方利益空间、发展机会以及各项优惠政策等。

（九）不断强化WTO咨询服务

一是建立WTO事务工作网站和资料库，开设WTO咨询服务大厅，开展综合性咨询服务。二是创办《应对加入世贸组织工作简报》，发行至（区）县级政府，反映全省工作动态和最新研究成果。三是编撰出版广东应对入世相关书刊，包括：在全国率先编撰出版了《中国加入世界贸易组织承诺精读》手册、《中国入世承诺、WTO规则与例外简明读本》、《广东主要行业应对入世参考》等。四是在《南方日报》、《大经贸》等媒体开设“WTO咨询专栏”，与多家大学合作出版《WTO法系列教材》、《WTO与行政管理》等教材。五是每年编撰出版《广东外经贸发展报告》，加强了对国内外经贸形势与发展趋势的监测与分析。

（广东省WTO事务咨询服务中心）

入世推动了海南省经济的健康发展

一、入世十年来基本工作情况

（一）经济步入健康快速发展轨道

2010年全省生产总值2 052.12亿元，是2001年的2.7倍。地方财政一般预算收入271.06亿元，是2001年的5.5倍。全社会固定资产投资1 331.46亿元，是2001年的6.4倍。社会消费品零售总额624亿元，是2001年的3.3倍。城乡居民收入大幅度提高，城镇居民人均可支配收入15 581元，比2001年增长1.7倍；农村居民人均纯收入5 275元，比2001年增长76%。企业经济效益明显提高，2010年，全省规模以上工业企业实现利润总额为117.28亿元，综合效益指数达310.5%，创历年新高。

（二）经济结构战略性调整取得重要进展

省委、省政府积极推进"大企业进入、大项目带动、高科技支撑"发展战略，着力推进新型工业化，培育发展高新技术产业，大力发展以旅游业为龙头的现代服务业，全力建设热带现代农业生产基地。

1. 实施积极政策，扶持产业稳健发展。2010年，安排4 500万元中小企业发展专项资金，撬动中小企业担保贷款16.5亿元；安排7 700万元贴息，实现小额贷款27.7亿元，受益农民29万户。金融危机以来，制定了保持外贸稳定增长的13条措施。2010年安排外经贸区域协调发展促进资金4 900万元，扶持了72个成长性、带动性较好的项目；安排3 284.8万元中小企业开拓国际市场资金，支持了280家外贸企业885个市场开拓项目；安排4 838万元资金用于12家输欧水产品加工厂和15家养殖场的整改。

2. 产业结构明显优化。三次产业结构由2001年的35.6∶23.3∶41.1优化为2011年的26.3∶27.6∶46.1，第三产业比重上升5个百分点。第三产业增加值对经济增长贡献率2010年达56%，以旅游业为龙头、现代服务业为主导的产业特色更加鲜明。旅游业在由观光型向休闲度假型的转型升级中逐步发展壮大，建成了一批重点旅游景区景点，接待能力提升，服务设施和服务水平明显改善。油气化工、浆纸等新型工业不断壮大，一批大项目、大工程开工建设。生物医药、新能源、新材料、电子信息等高新技术产业迅速崛起。热带特色现代农业快速发展，农业内部结构调整成效突出，瓜菜、水果、畜牧业、渔业等优势产值占农业总产值的比重不断上升，海南作为国家冬季瓜菜、热带水果、南繁育种和水产基地的作用日益凸显。海洋经济开始起步，海南省资源开发和服务基地建设取得新进展。

（三）对外开放与经济交流合作不断深入

对外开放水平进一步提高。2001年成立的博鳌亚洲论坛成为海南省对外开放和交流合作的重要平台；2007年海南洋浦保税港区获准设立，成为全国第四个、华南地区第一个保税港区；海口保税区升级为海口综合保税港区；实施入境免签证政策范围扩大到26个国家；2009年国际旅游岛建设上升为国家战略，明确海南发展的六大战略定位是：中国旅游业改革创新的试验区、世界一流的海岛休闲度假旅游目的地、全国生态文明建设示范区、国际经济合作和文化交流的重要平台，南海资源开发和服务基地、国家热带现代农业基地，标志着海南省建设开放型经济进入新阶段；2010年出台了《海南省游艇管理试行办法》；2011年购物离境退税和离岛免税政策实施。

1. 对外贸易快速增长。十年间，海南省的出口市场由单一市场向多元化市场格局发展，贸易伙伴由2001年的148个国家或地区，增加到2010年的205个，主要为东盟、美国、欧盟、日本、香港等国家和地区。2010年加工贸易类进出口总值达到19.43亿美元。对越边贸2010年进出口额为1.4亿美元，较2001年增长4.2倍。进出口商品结构不断优化，从以农业产品为主，转变为以工业产品、制成品为主，航空航天、石油冶炼、天然气、造纸等产业迅速发展。水海产品为海南省第一大出口地产品，占农产品出口总值的86.7%。2010年，海南省外贸进出口总额达到108.02亿美元，比2001年增长5.13倍。其中出口总额达到23.91亿美元，增长1.99倍，进口总额84.11亿美元，增长 7.75 倍。

2. 利用外资水平不断提升。灵狮、惠普、英利、汉能、东软、印尼力宝等一批国际知名的大公司相继进入海南，外商投资向热带高效农业、生态环保、海岛旅游以及新兴工业领域延伸。2001 年至今，海南外商直接投资 84.89 亿美元，占建省以来利用外资总额（152.55 亿美元）的 55.6%。外资的来源扩展至 60 多个国家和地区。

3. “走出去”取得明显成效。2010 年，海航、海马、金鹿等企业境外投资 2.37 亿美元，海南航空以国际一流的服务品质跻身全球五星航空公司；泛洋航运公司开辟了洋浦的国际国内 15 条海运航线；椰岛股份、海虹控股、海南航空等 42 家企业在境外设立分支机构。2001 年至今，海南省累计对外工程承包合同额为13 169万美元，营业额为10 340万美元，劳务外派1 034人次。

4. 区域经济合作更趋紧密。出访哈萨克斯坦、新加坡、越南开展经贸活动、组织海南（香港）经贸活动周、天津“环渤海”经贸活动、香港现代服务业推介会、泛珠三角区域合作论坛等重大经贸活动，增进经贸交往。与天津、福建、广东等省市签署战略合作协议。利用博鳌亚洲论坛，全面推进同有关国家和地区的合作，2010 年博鳌国际旅游论坛成功举办。

（四）知识产权保护成效显著

1. 加大宣传培训和政策支持力度。每年举办知识产宣传周，十年培训近2 000人次。制定《海南省专利申请资助暂行办法》等一系列规范性文件，每年安排 600 万元的专项资金用于知识产权申请资助。2001 年以来，专利申请总量6 356件，占建省以来专利申请总量（9 265件）的 69%，授权总量5 040件，占建省以来专利授权量的 81%。有 25 家企事业单位参加了国家级和省级企事业知识产权试点示范工作，海口市被认定为“全国知识产权示范城市”。

2. 加强专利保护。十年来，共查处假冒专利 51 件，销毁假冒专利产品71 874件。调处专利纠纷 65 件，赔偿专利权人经济损失 14.3 万元。

3. 促进专利成果产业化。2001 年成立海南省技术交易中心。2008 年，在海南特区产权交易中心的基础上，创办国家专利技术（海口）展示交易中心。据统计，十年来技术交易额达 3.15 亿元。

（五）组织机构逐渐加强，制度环境不断改善

2003 年，省商务厅正式挂牌。2005 年，专门设立世界贸易组织处。一是认真做好 WTO 规则的宣传、推广和普及工作，加强培训、调研，提供信息和法律咨询，培训企业、机关等专业人才3 000人次。二是初步形成了应对贸易摩擦与产业损害预警工作机制。三是清理法规、规章以及规范性文件万余件。四是深化审批制度，提高行政效率。2008 年 7 月，启动运行海南省政务服务中心，简化了审批程序。

二、主要行业基本情况

（一）农业生产平稳较快发展

2010 年全省农业增加值达到 539.32 亿元，较 2001 年增长 97%。2010 年瓜菜、水果、橡胶干胶等农产品产量为 528.05 万吨、286.25 万吨和 33.35 万吨。瓜菜、水果出岛量达到 540 万吨。花卉业、桑蚕业等特色绿色产业不断发展壮大，2010 年全省总肉量达到 68.49 万吨，生猪出岛 173 万头，全省万头以上养猪场达到 153 家。

（二）工业实力明显增强

2010 年工业增加值达 380.76 亿元，较 2001 年增长 3.19 倍。800 万吨炼油、160 万吨造纸、140 万吨甲醇、15 万台汽车发动机等一批重大项目相继建成投产。电力、医药、造纸、水泥、汽车、化工、炼油、农副食品加工等已发展成为海南省八大重点工业行业，2010 年产值占规模以上工业总产值的比重达到 81.7%。2010 年水泥、汽车等产品产量为1 264.05万吨、13.60 万辆，比 2001 年分别增长 3 倍、12 倍。

（三）以旅游业为龙头的服务业快速发展

2010 年第三产业增加值达 946.25 亿元，比 2001 年增长 1.73 倍。旅游、房地产、金融等现代服务业快速发展，交通运输、批发零售、住宿餐饮等传统服务业加快升级，服务业整体水平明显提升。

（海南省商务厅）

入世十年云南省商务发展情况

一、2010 年商务发展情况

（一）对外贸易实现跨越式发展

2010 年，进出口总额完成 133.7 亿美元，首次进入全国百亿美元省份行列，比上年净增了 53.5 亿美元，同比增长 66.5%。

（二）引进外资迈上新台阶

2010 年，新批外商投资项目 163 个，实际引进外资 13.3 亿美元，比上年增长 46%，首次突破 10 亿美元大关，占全国实际利用外资的比例首次突破 1%。

（三）“走出去”步伐加快

2010 年，对外承包工程完成营业额 9.7 亿美元，比上年增长 33.5%；派出各类劳务人员 11 275人次，比上年增长 40%；新批境外投资企业 49 家，实际投资 4.7 亿美元，比上年增长 75.6%，对外实际投资额全国排名进入前十位。

（四）口岸建设全面加速

2010 年，全省口岸进出口货值累计 53.3 亿美元，比上年净增 13 亿美元，同比增长 31.4%；进出口货运量累计 900.6 万吨，同比增长 35.9%；出入境人员累计1 925.2万人次，同比增长 8%；出入境交通工具累计 323 万辆（艘、架、列）次，同比增长 24.2%。

（五）社会消费快速增长

2010 年，社会消费品零售总额完成2 500.2亿元，比上年增长 21.9%，增幅在全国位居前列，其中城镇完成1 992.7亿元，比上年增长 22.8%，乡村完成 507.5 亿元，比上年增长 18.5%。

二、入世十年来的商务发展情况

（一）突破百亿美元大关

全省对外贸易由 2001 年的 19.89 亿美元上升到 2010 年的 133.7 亿美元，突破了百亿美元大关。十年来进出口额增长达 7 倍，年均增速 20%以上，其中出口由 12.4 亿美元增长为 76.1 亿美元，进口由 7.4 亿美元增长为 57.6 亿美元，对外贸易实现了跨越式发展。

“转方式、调结构”取得初步成就，商品结构明显改善。2010 年，机电产品、农产品和纺织品占全省出口的比重接近 50%，传统出口产品比重下降到 20%以下。市场多元化战略成效显著，与东南亚、南亚国家的贸易增速高于全国，贸易伙伴由 2001 年的 107 个拓展到 2010 年的 190 多个。外贸经营队伍不断壮大，民营企业开始扮演云南对外贸易的主角。服务贸易快速发展。

（二）利用外资突础 10 亿美元大关

全省实际利用外资由 2001 年的 2.94 亿美元上升到 2010 年 13.3 亿美元，首次突破 10 亿美元大关，增长达 4.5 倍。外商投资产业结构进一步优化。外商投资不仅涉及烟草、旅游、制药等传统领域，还扩展到城市基础设施建设、商业零售、金融服务等领域。外资来源地扩大到了泰国、荷兰、加拿大、香港、澳门等多个国家和地区。民营企业利用外资也不断增长。

（三）“走出去”快速发展

2010 年，全省对外承包工程 2010 年完成营业额 9.8 亿美元，比 2001 年的 2.03 亿美元增长达 4.7 倍以上；派出各类劳务人员11 275人次；新批境外投资企业 49 家，实际投资 4.7 亿美元，对外实际投资额进入全国排名前十位。

对外投资领域不断拓展，从矿产资源开发向电力、农业、基础设施建设等多领域延伸。“走出去”主体不断优化，初步形成了边境民营企业、省属大型企业和中央企业多头并进的良好格局。对外经济合作市场不断扩大，对非洲和南美洲市场开拓迈出了实质性步伐。替代种植取得明显成效，进一步得到国家的大力支持，种植面积和企业在稳步增加。

（四）口岸功能明显提升，口岸发展绩效突出

2010 全省口岸通关货值达 53.3 亿美元；进出口货运量达 900.6 万吨；人员出入境1 925.2万人次；交通工具出入境 232 万辆次，四项指标全面增长，口岸基础设施和配套设施建设全面提速，通关便利化水平日益提高。

（五）社会消费稳步增长

2010 年全省社会消费品零售总额达到2 500亿元，比 2001 年的 640 亿元增长了 3 倍。内贸流通

成效显著，处理突发事件和重要商品管理的能力进一步提高。

三、推动商务发展的几项基本经验

总结入世十年来的发展经验，可以概括为以下几方面：

（一）建设完善的商务发展环境

“十五”期间，国家和云南省相继设立和出台了西部外经贸发展促进资金、中小企业国际市场开拓资金、出口商品贴息、出口商品投资技改项目贴息、出口信用保险、出口退税、鼓励企业“走出去”等扶持资金和促进措施，有力地促进了云南商务发展。“十一五”时期，云南省委、省政府又密集出台了扩大开放、加快推进通关便利化、搞活流通扩大消费、促进餐饮业发展、加强外来投资促进工作等政策性文件，从制度层面优化了商务发展环境，为云南商务发展奠定了坚实的基础。

（二）抓住机遇、顺势而谋

入世以来，云南抓住国家外交工作重点调整的机遇，充分发挥云南毗邻东南亚、南亚的区位优势，积极主动参与中国—东盟自由贸易区建设、澜沧江—湄公河次区域合作及面向南亚的“孟中印缅地区经济合作”等区域性国际经济合作，不失时机地利用云南在资金、技术、人才等方面的比较优势，探索以技术换市场、以资本换资源、以产品换资源等多种合作方式，本着互利共赢的原则，不断拓宽、深化与周边国家和次区域国家的经贸合作关系，取得了积极成效，有力地推动了云南开放型经济的发展。

（三）转方式、调结构、重统筹

一是着力调整商品结构，促使出口产品由低附加值向高附加值转变，由“两高一资”向符合国家产业导向的商品转变；二是着力调整市场结构，促进贸易伙伴由“门口”市场向多元化转变，由发展中国家向发展中国家与新兴市场国家、发达国家并重转变；三是着力调整所有制结构，促进贸易主体由国有企业向多种所有制企业转变，由大企业向大、中、小企业齐头并进转变。同时，在工作中坚持内外贸一体，坚持“三外”联动，统筹协调，整体推进，取得了明显成效。

（四）积极应对国际贸易争端，切实维护国内产业安全

云南省出口的黄磷和农副产品曾是国际反倾销调查的重点对象。入世以来，相关企业在商务部和有关商协会的指导下，积极应对来自欧盟、美国、印度等国家或地区的反倾销诉讼，保住了市场，积累了经验。在欧盟案号 398 的对中国黄磷的反倾销调查中，云南马龙化建公司在反倾销应诉中取得了“市场经济地位”，是中国应对反倾销取得的积极进展。云南玉溪吉邦公司采取果断措施提出独立应诉，经过四年的艰苦努力，2002 年 8 月，美国商务部宣布将吉邦食品有限公司的反倾销税率调整为零税率，不仅恢复了对美市场，而且为提高产区农民收入做出了积极贡献。此外，企业积极运用贸易救济措施，对因进口冲击而遭受损害的国内产业实行保护和救济，取得了良好效果。

（云南省商务厅　李熙燕）

西藏对外贸易发展十年回顾

一、主要工作和成效

(一) 对外贸易快速发展

1. 进出口规模不断扩大，对经济的拉动作用明显增强。“九五”期间，西藏自治区外贸进出口额完成6.33亿美元，“十五”达到8.15亿美元，“十一五”达到27.24亿美元，较“九五”期间增长330%。2010年的进出口总额达到8.36亿美元，较2001年增长780%。

2. 边境贸易突飞猛进，沿边优势进一步凸显。“九五”期间边贸进出口额2.35亿美元，“十五”达到4.33亿美元，“十一五”达到14.14亿美元，较“九五”期间增长502%。2010年的边贸进出口总额达到5.01亿美元，较2001年增长519%。贸易方式也由以物易物的传统方式发展到货物过境运输、信用证结算等现代贸易方式。

3. 自产产品出口稳步扩大。“十五”期间，西藏自治区自产产品出口达到0.77亿美元，“十一五”期间达到1.93亿美元，增长151%。2010年出口达到4 650万美元，比2001年增长了869%。特别值得一提的是，自产产品出口规模在十年间稳步扩大，即便在受到2008年国际金融危机的冲击下也未出现反复。

4. 市场多元化战略取得重大突破。对外贸易市场已由对印度、尼泊尔等毗邻国家为主扩大到欧美、港澳、日本等120多个国家和地区。

5. 出口商品品种不断丰富，结构不断优化。出口商品实现了由以虫草、羊毛、大蒜、“两绒一毛”等资源性产品为主，向以矿泉水、啤酒、水泥、藏毯、建材等工业制成品以及机电产品为主打产品的结构转变。

6. 贸易主体发展壮大，市场竞争力增强。截至2010年底全自治区备案登记的进出口企业444家，其中，出口额500万美元以上的企业20家，出口额1 000万美元以上的企业20家，提前实现了到2010年培育5个出口额1 000万美元以上、10个出口额500万美元以上企业的目标。

7. 口岸和边贸市场建设进入新阶段。樟木、普兰、吉隆、亚东等口岸以及边贸市场建设和整治工作稳步推进。樟木口岸基础设施更加完善，通关环境进一步优化，贸易量快速增长。吉隆口岸基础设施建设全面加强，中尼跨境经济合作区建设前期工作已经启动。2006年7月，中断44年的中印乃堆拉山口边贸通道恢复开放，亚东仁青岗边贸市场交易活跃，贸易额逐年增长，2010年交易额达3 521万元人民币，同比增长116%。

(二)“请进来”、“走出去”成效显著，开发区建设全面推进

1. 利用外资不断取得新的成绩。十年来，全区共审批外商投资企业103家，合同利用外商直接投资累计28 543.92万美元，实际利用外商直接投资累计19 210.77万美元。涉及的领域主要有具有西藏自治区特色的矿产业，啤酒、矿泉水等绿色食饮品业，酒店、餐饮等旅游业，藏医药与医疗保健业，羊毛加工销售等农畜产品加工业，以及太阳能、民族手工艺等行业。外商直接投资主要来自香港、尼泊尔、英属维尔京群岛、开曼群岛、丹麦、加拿大、澳大利亚等国家和地区。

2. 对外经济交流与合作深入发展，“走出去”迈出新步伐。西藏自治区自实施国际多双边无偿援助项目以来，到2010年累计接受国际多双边无偿援助项目165个，接受援助资金14 604.17万美元。援助项目涉及扶贫开发、医疗卫生、教育、新能源开发利用等领域。与此同时，西藏自治区积极实施“走出去”战略，鼓励支持企业开展对外工程承包、劳务合作，到境外投资办实业。2007年，由西藏交通公路勘察设计院设计、西藏宏绩建设实业（集团）有限公司承建的中国政府援助尼泊尔沙拉公路项目顺利开工。到2010年底，西藏自治区已有8家企业在尼泊尔、越南、香港等国家和地区投资办企业或设立办事处。

3. 开发区建设成效显著。自2001年9月拉萨国家级经济技术开发区设立并开工建设以来，截至2010年底，开发区累计登记注册企业255家，注册资金达45亿元，实现税收16.7亿元。已形成藏药、农副产品加工、高新技术等多个产业群雏形。

二、商务发展特点显著

一是进出口增势强劲。“十一五”时期，全区累计实现进出口总额 27.24 亿美元，为“十五”时期的 3.3 倍，年均增长 32.41%。2010 年全区进出口总额达到 8.36 亿美元，同比增长 109%，超额完成进出口总额 4.69 亿美元的“十一五”规划目标。

二是民营企业成为新的出口增长点。入世以来，依靠政策支持、科技创新、产品研发、市场开拓，西藏自治区以青稞啤酒、5100 矿泉水、藏毯等为代表的一批民营出口企业异军突起。

三是自产产品出口呈现良好势头。不断加强出口基地建设和藏毯、林下产品、农畜特色产品的培育，自产产品出口比重大幅提升，为兴边富民、增加群众收入发挥了积极作用。

四是出口产品结构调整成效明显。初步形成了一批特色产业龙头企业和出口知名品牌。拉萨啤酒、西藏藏药等已成为新的出口增长点。

五是国际市场开拓扎实有效，市场多元化格局初步形成。在 2008 年全球金融危机中，不仅避免了贸易下滑趋势，还取得了同比增长 94.5%的成绩。

六是利用外资数量呈上升趋势，外资大项目落地成为新亮点。自 2004 年开始，一批重点特色产业项目陆续入驻落地，开工建设。如 2004 年 8 月，丹麦嘉士伯国际有限公司、丹麦发展中国家基金会投资2 295.52万美元投资扩建拉萨啤酒厂等。

三、投资环境显著改善

随着中央对西藏自治区投资力度的加大，西藏自治区交通运输、电力能源、邮电通信、金融服务等基础设施建设取得了巨大成就，特别是青藏铁路的建成通车所带来的巨大辐射效应，极大地改善了西藏自治区的投资环境。口岸基础设施建设力度加大，口岸功能不断完善；“一线、两基地、三出口”（即以青藏、拉日铁路为干线，以那曲物流中心和拉萨经济技术开发区为基地，以樟木、吉隆、亚东口岸为出口）的南亚贸易陆路大通道基本框架已形成，吉隆口岸中尼跨境经济合作区建设前期工作已全面启动，国家级西藏拉萨经济技术开发区 A 区基础设施建设完成，入驻企业涉及藏医药、农副产品深加工、手工艺品、电子信息技术等领域。国家投资 15 亿元的青藏铁路那曲物流中心已正式投入运营。拉萨达孜工业园、林芝生物科技园等地市级园区对产业的集聚效应也开始显现。

（西藏自治区商务厅政策法规处）

甘肃省：运用WTO规则 应对贸易摩擦

加入WTO十年来，甘肃省对外经济贸易事业发展很快，上了几个台阶。2010年外贸进出口总值达到73.24亿美元，比入世前（2001年全年进出口总值7.8亿美元）增长了8倍多。其中进口增长了近18倍，出口增长约2.5倍，在全国排名第二十七位，在西部十二省（区、市）排名第八位。尽管受到国际金融危机的严重冲击，但2010年甘肃省仍实现了进出口总值增长89.7%，增速排名全国第二位，出口增速排名全国第一位，基本回到金融危机前良性发展轨道。

入世以来，中国与世界各国经贸关系得到了更大发展，但也遭遇到国际贸易保护主义的严重挑战。在近两年的金融危机期间，贸易保护主义和贸易摩擦对甘肃省的冲击也很大。截至2010年底，甘肃省企业申诉的反倾销案件已达5起，即：丁苯橡胶、丙烯酸酯、甲乙酮、TDI和马铃薯淀粉反倾销案；应诉反倾销案4起，即：圆锥轴承、苹果汁、硅铁和柠檬酸反倾销案。案件涉及甘肃省机械制造、化学工业、冶金工业、涉农产品等支柱产业，涉及的国家有美国、俄罗斯、日本、韩国、印度等国，造成甘肃省出口近亿美元损失和甘肃省产业数十亿元人民币的损害。为应对贸易保护主义和贸易摩擦，全省逐步建立和完善了产业安全预警机制，开设并使用了贸易救济安全网甘肃子站，举办了专业培训并建立起专业队伍，完成了涉案企业的核查裁定工作。企业在自身利益受到国外进口产品的侵害和贸易歧视及壁垒时，学习运用WTO的通行规则，据理力争，有力地突破了国外贸易保护主义的障碍。9起反倾销案中，7起胜诉，1起撤诉，胜诉率达89%。

现将甘肃省遭遇的贸易救济典型案例列举如下。

一、申诉案件

（一）对进口丁苯橡胶的反倾销案

1999年，丁苯橡胶低价资源大批量进口给中国的合成橡胶行业带来重创，国内丁苯橡胶多次跌破成本价，丁苯橡胶产业严重亏损。据统计，1999—2001年，中国丁苯橡胶产业利润平均下降了241.77%，一些企业为减轻压力而被迫减员。

2002年3月4日，齐鲁石油化工股份有限公司橡胶厂等向外经贸部提出了对原产于俄罗斯、韩国、日本的进口丁苯橡胶进行反倾销调查的申请。3月19日外经贸部正式启动反倾销立案调查，并于2003年9月9日，决定对原产于俄罗斯、日本和韩国的进口丁苯橡胶实施为期五年的最终反倾销措施。2009年，经期终复审调查，商务部决定自9月8日起，继续对原产于俄罗斯、日本、韩国的进口丁苯橡胶实施五年反倾销措施。

中国西部地区最大的石油化工联合企业——中国石油天然气股份有限公司兰州石化分公司（以下简称“兰州石化公司”）是本案中甘肃省涉案企业。目前，兰州石化公司在炼油工艺、化工催化剂、炼油催化剂、苯乙烯系列树脂合成、粉末及液体橡胶、环保技术等方面已经形成了自己特有的技术优势领域和知识产权保护体系。2003年商务部反倾销措施出台后，中国丁苯橡胶的市场价格直逼前期高位，包括兰州石化公司在内的企业利润也实现了大幅上升。

（二）对进口马铃薯淀粉的反倾销案

2005年10月，欧盟进口至中国的马铃薯淀粉突然大幅度降价，进口数量比上年猛增3倍，严重地破坏了中国马铃薯淀粉正常的市场秩序。国内马铃薯淀粉行业17家主要生产企业年底向商务部提出对欧盟进口的马铃薯淀粉开展反倾销调查的申请。

商务部经立案调查后认定原产自欧盟的进口马铃薯淀粉存在倾销，使中国产业遭受到了实质损害，决定自2006年8月18日起对涉案产品征收35%～57.1%不等的临时反倾销税；自2007年2月6日起，对原产于欧盟的进口马铃薯淀粉征收5年17%～35%不等的反倾销税。

甘肃兴达淀粉工业有限责任公司是本案中甘肃省的涉案企业，年产马铃薯淀粉7 000吨，加工马铃薯5万吨。对进口马铃薯反倾销措施的出台，为中国马铃薯淀粉业恢复良性发展提供了保障。反倾销措施实施四年后，中国马铃薯淀粉出口产品价格已从每吨3 750元涨至5 650元，涨幅达 50.7%。2008 年，尽管全球性金融危机不断蔓延，马铃薯淀粉的价格有所下滑，但仍保持在四五千元的水平。

2010 年 3 月 8 日，中国淀粉工业协会马铃薯淀粉专业委员会代表国内马铃薯淀粉产业向商务部递交了关于对原产于欧盟的进口马铃薯淀粉适用的倾销及倾销幅度进行期中复审的书面申请，认为2008 年下半年以来，欧盟马铃薯淀粉向中国倾销幅度加大，超过了终裁确定的反倾销税税率，请求重新计算欧盟生产商、出口商的倾销幅度并相应调整反倾销税税率。商务部经审查后最终裁定：自2011 年 4 月 19 日起，按 12.6%～56.7%倾销幅度对原产于欧盟的进口马铃薯淀粉征收反倾销税。中国马铃薯淀粉的价格由此回升，薯农受益，产业发展。

二、应诉案件

一、印度对华柠檬酸反倾销案

2004 年 8 月 27 日，印度商工部反倾销总局对原产于中国等输印柠檬酸发起反倾销调查并于2005 年 8 月 25 日公布了终裁结果，认为中国公司对印度出口的柠檬酸并未使印度国内企业遭受实质性损害，决定不对原产于中国的柠檬酸征收反倾销税。尽管印度对中国产柠檬酸的反倾销案最终以“无损害”裁决告终，但之后中国企业生产的柠檬酸仍然遭到了包括欧盟、美国在内的多个国家的反倾销调查。

甘肃雪晶生化有限责任公司是本案中甘肃省的涉案企业，该公司的柠檬酸生产规模已达 4 万吨/年以上，主要出口至欧美、亚非等市场。

作为四大宗原料药之一，中国柠檬酸的价格一直较低。统计显示，2007 年全年中国柠檬酸钠盐的出口量达到92 208吨，同比增长 16.83%，但是价格同比下降 8.10%；柠檬酸出口量为 61.6 万吨，同比增长 25.2%，价格同比增长仅 5.39%。可见，中国的柠檬酸类产品是典型的量大价低产业。2008 年后，虽然柠檬酸价格猛增近 70%，国内生产企业获得了相当可观的利润，但由于屡遭国外反倾销，加上近年来原材料价格的上涨以及人民币升值，众多因素的累积效应或将削弱中国柠檬酸的出口优势。

（二）欧盟对华硅铁反倾销案

欧盟先后两次对中国的硅铁产品采取贸易保护措施。早在 1992—2002 年，欧盟就曾对中国硅铁实行了长达十年的反倾销措施。

2006 年 10 月 30 日，欧盟委员会决定对原产于中国等国的硅铁进行反倾销立案调查。2007 年 8 月 29 日，欧盟委员会宣布初裁结果，对从中国和俄罗斯等国家进口的硅铁征收临时性反倾销税，对内蒙古西金矿业有限公司和兰州谷特铁合金公司分别加征 2.8%和 33.7%的临时反倾销税，其他未应诉企业一律加征 35.5%的关税。2008 年 2 月 28 日，欧盟委员会宣布终裁结果：对内蒙古鄂尔多斯西金矿业有限公司和兰州谷特铁合金公司分别征收15.6%和 29.0%的反倾销税，其他未应诉企业加征 31.2%的反倾销税。

腾达西北铁合金有限责任公司是本案中甘肃省的应诉企业，硅铁、铬系产品等的年生产能力合计25 万吨，每年约有 60%以上的硅铁产品出口，年创汇4 000万美元左右，是甘肃省出口创汇的大户之一。由于欧盟对中国企业征收的反倾销税率高于俄罗斯、哈萨克斯坦、埃及等国，使中国硅铁产品的竞争力被大大削弱，从而可能导致欧盟市场被其他国家夺走，而中国的硅铁生产企业由此也不得不压缩产能。

（甘肃省商务厅法规及公平贸易处　顾豫扬）

深圳：地方WTO事务的十年探索

入世十年来，深圳市积极探索“贴近产业、服务企业”的地方WTO事务工作模式，为在更大范围、更宽领域、更高层次上参与国际经济合作与竞争，全面提高对外开放水平等方面发挥了重要的促进作用。

一、建立多层次工作体系，提供WTO事务公共服务

深圳市在2002年就成立了WTO事务专门工作机构——深圳市WTO事务中心，并逐步建立起“多体联动”工作机制和体系。以原来的“深圳市WTO事务工作领导小组”、目前的“深圳市WTO事务工作联席会议”为领导协调机构，以深圳市WTO中心为核心，以政府相关部门和行业协会、中介机构、企业等工作站为支撑，专家学者、顾问为智库等，组成了“统筹组织协调、政策审议咨询、法律指导援助、宣传教育培训、研究和技术支持”五大WTO公共服务体系，推动了深圳WTO事务工作的开展。

二、颁布应对入世指导性文件，积极主动开展各项应对工作

2003年，在全国率先颁布了《深圳应对入世行动纲要》。2005年出台了《深圳市应对入世后过渡期行动纲要》，提出了入世“后过渡期”应对工作的总体思路，对深圳应对入世工作内容进行了详细分解并落实到具体部门。

三、清理相关法规、规章，做好与WTO规则一致性的审核工作

根据《中国加入议定书》和《中国加入工作组报告书》以及有关法律规定，深圳市全面清理与WTO规则不相符法规、规章和政府文件；对拟出台政策和规范性文件，探索性地开展与WTO规则合规性的审核工作，积极推进与WTO规则的接轨。十年来处理上述文件达3 000余件。

四、积极主动应对各类贸易摩擦，提升深圳的国际竞争力

深圳WTO事务中心制定了“早发现、早应对、早化解”的工作方针，力求对贸易摩擦做到案前预警、来案发布、分析案情、组织应对、跟踪服务、事后总结。2004年，深圳市政府批准建设“深圳市反倾销与产业损害预警系统”，深圳市WTO事务中心运用该系统对重点出口市场、敏感产品进行监测、分析，先后发布25份预警、监测报告，并将企业在国际贸易、对外投资过程中所遭遇的壁垒情况上报国家商务部等有关部门，同时指导企业向商务部提出贸易壁垒调查申请，维护企业合法权益。

五、应对技术性贸易壁垒，做好与贸易有关的知识产权保护工作

为做好应对欧盟、日本等发达国家陆续出台实施的多项技术性贸易措施，深圳市WTO事务专门工作机构、深圳市场监督局、深圳进出口检验检疫局等多家单位整合资源，向企业解读国外法令，帮助企业积极做好检测认证工作，并积极参与标准通报、评议工作。同时，在2010年出台的《知识产权海外维权指引》被国家知识产权局转发国内其他省市学习；并自建全领域专利信息服务平台，提供12 312、12 330两条维权服务热线，开展答疑、咨询等信息和维权服务。

六、积极开展WTO相关课题研究，持续抓好调研、培训、宣传工作

深圳市WTO事务中心十年来开展WTO框架下的课题研究项目达70项，其中不少是中央、省市委托的研究任务，内容涉及反倾销、反补贴、知识产权、政府采购、技术性贸易措施等，同时，深圳市WTO事务工作联席会成员单位坚持赴企业、行业协会、各区和有关单位开展调研与辅导；开展培训与宣传，平均每年举办各类培训20余场，培训人数3 000余人；每年举办“WTO与深圳国际化”论坛和“顾问委员会年会”，开展国际交流；成立“深圳市WTO事务中心博士后创新实践基地”，努力打造高端专业人才的培育平台。

（深圳市世贸组织事务中心主任　张金生）

第八篇　WTO 最新学术成果

专 著

1. 黄东黎著. 世界贸易组织补贴规则的条约解释. 北京：法律出版社，2010

［作者简介］黄东黎，美国法学博士，中国社会科学院国际法研究中心研究员、教授，法学研究所学术委员会委员。在美期间，曾担任美国纽约州法院法官助理，就职华尔街美国纽约证券交易所法律部及纽约市捷运局法律部。回国后，先后在对外经济贸易大学法学院、北京大学法学院、清华大学法学院任教。作为中华人民共和国商务部、国务院法制办公室特邀法律专家参与了中国补贴与反补贴措施、反规避措施的立法研讨、《对外贸易法》修改等立法活动。著有《国际贸易法：经济理论、法律、案例》、《国际贸易法学》；主编（合著）《中华人民共和国对外贸易法条文精释及相关国际规则》；先后在中、外法学刊物及国内专业报刊发表国际贸易法、WTO研究以及法经济学学术论文40余篇。

［内容提要］所有的成文法，其适用都离不开法律解释。国际条约适用的法律解释被称为条约解释。WTO之前，国际法适用的条约解释在实践中大致采用两种方式：学理解释和官方解释。WTO之后，条约解释出现了另一种全新的解释方法——“先例”解释方法。实践中，WTO条约既遵循条约解释的一般规则，又遵循“先例”对条约的含义“剖析明白”。专家组、上诉机构已经裁定的案件，成为WTO条约解释需要遵循的“先例”。随着这个组织争端解决机构发布案件的增多，“先例”在条约解释上起到的作用，将越来越超过条约解释的理论和原则。这一特征，使WTO法律体系的条约适用，成为国际条约适用的一个新生事物，也迫使WTO条约的研究和应用者，必须考虑采用这种全新的条约解释方法——“先例”解释法。该书阐释“先例”解释法对WTO补贴规则的条约解释。

2. 朱榄叶著. 世界贸易组织国际贸易纠纷案例评析（2007—2009）. 北京：法律出版社，2010

［作者简介］朱榄叶，华东政法大学国际法学院教授、博士研究生导师，从事知识产权法和国际经济法的教学和研究。曾作为客座教授在美国、比利时、荷兰、澳大利亚和新加坡等多所大学法学院讲授比较知识产权法、中国司法制度、经济法和国际贸易公法等课程。经中国政府推荐，2004年2月17日，被WTO争端解决机构（DSB）批准列入争端解决指示性专家名单。

［内容提要］该书收集了2007年至2009年WTO争端解决机制处理的所有纠纷，特别是通过专家组和上诉机构程序处理的21个案件，以及中国作为被申诉方的5个案件，并选择了专家组和上诉机构报告中与WTO法律规定联系最密切的要点，做了详细的阐述和分析。该书对于研究WTO法律制度的学者、从事与WTO各项协定相关业务的政府部门及律师都是一本非常实用的参考书籍。书中案例顺序按照WTO各项协定规定编排，便于读者查找。

3. 侯幼萍著. 世界贸易组织与区域贸易组织管辖权的冲突与协调. 上海：上海社会科学院出版社，2010

［作者简介］侯幼萍，江苏省徐州市人。2001年于南京大学获法学学士学位，2004年于厦门大学获法学硕士学位，2007年于厦门大学获法学博士学位。现于上海政法学院国际法商系任教。主要研究方向为国际贸易法、国际金融法。曾在《国际经济法学刊》、《法学杂志》、《对外经济贸易大学学报》等刊物发表法学论文若干。

［内容提要］鉴于WTO与区域贸易组织的管辖权冲突实实在在地体现在具体案件中，对案件的

实证分析对该书研究有着莫大意义。该书集中选取了 WTO 与《北美自由贸易协定》（NAFTA）中的典型案件，运用这些案件对 WTO 与区域贸易组织的管辖权冲突问题进行了全面剖析。另外，作者还在多处使用了比较研究法，包括区域贸易协定争端解决机制相关方面的相互比较、WTO 与区域贸易组织相关方面的比较以及国内法与国际法中相似情形的比较。

4. 龙英锋著. 世界贸易组织协定中的国内税问题. 北京：法律出版社，2010

[作者简介] 龙英锋，男，1969 年 6 月出生。国际法专业博士研究，法学博士学位。职称：教授。职务：上海立信会计学院文法学院院长。上海立信会计学院及华尔师范大学联合培养硕士研究生导师、上海市法学会第九届理事会理事、中国法学会财税法学研究会理书、中国财税法教育研究会理事。

[内容提要] 该书分为三编，分别是理论篇、应用篇和拓展研究篇。理论篇主要是对 WTO 法律文件中与国内税相关的有关规定进行梳理、分析和研究；应用篇将理论篇中形成的观点在实践中加以应用，针对我国入世被诉的几个案件进行分析；拓展研究篇对世贸组织协定中的国内税问题向相关领域进行拓展延伸，探讨国际贸易体制与国际税收体制的相互影响与作用。

5. 竺一苇著. 用普通法的方式解读世贸组织技术性贸易壁垒. 上海：上海社会科学院出版社，2010

[作者简介] 竺一苇，上海通乾律师事务所合伙人、律师。1995 年毕业于新西兰奥克兰大学法学院，获法学学士。1993 年开始在新西兰奥克兰律师事务所工作，是首位中国内地留学生在新西兰取得新西兰高等法院执业律师资格的律师，也是中国内地留学生首位在新西兰开办个人律师事务所的律师。曾担任中国新西兰奥克兰总领事馆和多家新西兰中国国企的代理律师。2000 年取得澳大利亚新南威尔士高级法院律师资格。2002 年回国从事律师业务，与他人合伙创办上海通乾律师事务所，主要从事商事领域的法律事务，涉及的范围包括外商投资、兼并收购、证券与资本市场、对外贸易等多个领域。

[内容提要] 该书尝试采用普通法教科书的形式即通过分析 WTO 争端机构案例来了解 WTO 争端机构的观点、原则和实际案件处理的推理过程，包括上下两篇。上篇主要归纳 WTO 争端解决过程中在处理技术性贸易壁垒争端可能发生的程序方面的法律问题。内容主要涉及探讨专家组报告和上诉机构报告在争端过程中的实际作用与专家组和上诉机构解释 WTO 涵盖协议的思路及方法，以及在争端过程中文件准备的重点和应该注意避免的失误、相关的程序问题诸如证据的准备与递交的经验。下篇主要归纳 WTO 争端解决过程中在处理技术性贸易壁垒争端可能发生的实体方面的法律问题。主要探讨了与 WTO 技术性贸易壁垒相关的协议条款之间的关系。重点是对《实施动植物卫生检疫措施协议》与《技术性贸易壁垒协议》条款的理解和对 WTO 争端机构在处理《实施动植物卫生检疫措施协议》与《技术性贸易壁垒协议》已经形成的观点和实际操作的思路。对已结案的多个案件进行重点介绍，包括案件专家组报告和上诉机构报告的主要观点及其推理过程。

6. 毛燕琼著. WTO 争端解决机制问题与改革. 北京：法律出版社，2010

[作者简介] 毛燕琼，浙江诸暨人，华东政法大学国际法博士、上海社会科学院世界经济研究所经济学博士后，曾赴瑞士比较法协会和美国 Hamline university 从事访问研究工作。现就职于上海社会科学院世界经济研究所，主要研究方向为国际贸易争端解决。已出版个人编著一本，在核心期刊及非核心期刊发表论文数十篇。

[内容提要] WTO 争端解决机制是保障国际贸易规则被 WTO 成员方相对普遍遵守的重要原因之一，也是保障 WTO 得以顺利运行的重要支柱之一。其对 WTO 的贡献，对世界经济发展的贡献难以估计。然而，争端解决机制亦有着先天不足，这些不足随着实践的发展不断被放大，目前已经影响到争端解决机制功能的正常发挥，争端解决机制急需大刀阔斧的改革。该书作者广泛阅读相关中外资料，对争端解决机制存在的问题以及 WTO 成员方提出的改革建议进行了深入、周密的分析，三年成著，为读者提供了系统的资料信息以及相对中肯的分析评论，希望有助于广大读者阅后对争端解决机制存在的问题以及目前的改革情况有比较客观、全

面和深入的了解。

7. 刘敬东著. 人权与 WTO 法律制度. 北京：社会科学文献出版社，2010

［作者简介］刘敬东，黑龙江省哈尔滨市人，中国社会科学院国际法研究所副研究员，国际经济法室副主任，法学博士。美国哥伦比亚大学、瑞士苏黎世大学访问学者。出版专著《WTO 法律制度中的善意原则》、《国际融资租赁交易中的法律问题》、《中国入世议定书解读》等，译著有《WTO 的未来》、《贸易政策审议——WTO 秘书处关于中华人民共和国的报告》。并在《人民日报》、新华社《经济参考报》、《中国社会科学报》、《法制日报》、《法学研究》（笔谈）、《政法论坛》、《中国法律》（香港）、《国际贸易》、《中国国际法年刊》、《国际经济法论丛》等报纸、期刊发表大量学术文章和评论。

［内容简介］该书是 2008 年中国社会科学院重点课题"人权与 WTO 法律制度的关系研究"的最终成果，系作者在 2008—2009 年赴美国哥伦比亚大学访学期间收集国际最新资料的基础上研究完成。该书考察了国际上对于人权与贸易之间关系的主要学术观点，深入研究了"人权入世"思潮产生的国际背景、人权与 WTO 法律制度之间的联系、WTO 协定对人权保护的机制和作用、WTO 处理与贸易有关的人权问题的实践等问题，并提出 WTO 协调和解决未来面临的人权事务应采取的途径和方式。《人权与 WTO 法律制度》对我国参与联合国和 WTO 等国际组织对人权与贸易关系问题的讨论以及 WTO 规则修订工作，特别是在防范和抵制西方国家利用人权问题损害我国贸易利益、干涉我国人权事业方面具有重要参考价值。

8. 黄辉著. WTO 与环保——自由贸易与环境保护的冲突与协调. 北京：中国环境科学出版社，2010

［作者简介］黄辉，1968 年出生，福建闽侯人，1990 年毕业于北京大学法律系。现任福州大学法学院副教授，硕士生导师。长期从事国际法教学与研究，并从事国际贸易法的相关实务工作。主持或参加过 6 项国家及省部级课题，参与五部专业著作和教材的编写工作，担任其中《新编国际商法》、《经济法》的副主编，并在《中国法学》等学术刊物上发表过数十篇论文。

［内容提要］该书以 WTO 规则为切入点，以贸易有关的环境保护问题为对象，探讨自由贸易思想与国际环境保护这两大潮流的冲突与协调，从中研究国际法在其中的作用。共分三篇：WTO 规则引导下的自由贸易，WTO 规则与环境保护和自由贸易与环境保护的协调。上篇在研究 WTO 规则与现代自由贸易的关系之后，重点分析 WTO 规则为现代自由贸易提供的国际性法律框架。分别论述 WTO 规则的主要规定及原则，并对相关的原则加以评述。中篇从国际环境保护标准中最为典型的 PPMS 标准入手，解析其与 WTO 规则的冲突，进而分析国际环境保护引起自由贸易中的绿色壁垒。下篇重点从理论上探究环境保护与自由贸易关系的深层次内涵，提出实现环境保护与自由贸易协调发展的思路，并对实现两者协调的可持续发展战略进行评述。

9. 龚柏华著. WTO 争端解决与中国（第二卷）. 上海：上海人民出版社，2010

［作者简介］复旦大学国际政治系本科毕业，获法学学士学位，法律学系国际法专业研究生毕业，获法学硕士学位，留学美国乔治敦大学法律中心，获法学硕士学位，密西根大学法学院、德国康斯坦茨大学访问学者。教授、硕士生导师，中国法学会 WTO 研究会理事，上海市法学会国际法研究会干事，兼上海市 WTO 事务咨询中心信息部主任。主要研究领域：国际法、世界贸易组织法、国际金融法。

［内容提要］该书是继《WTO 争端解决与中国》（第一卷）后，重点关注 2009 年度 WTO 涉及中国案子的文集。述评了 2009 年以来中国参与 WTO 争端解决的实践；分析了中国涉案中 GATT 第 20 条援引的情况；全文翻译了 2009 年结案的"中国——影响出版物和娱乐用音像制品贸易权和分销服务措施案"的上诉机构报告。

10. 陈福利著. 中美知识产权 WTO 争端研究. 北京：知识产权出版社，2010

［作者简介］陈福利，中国政法大学国际经济法学士，阿姆斯特丹大学法学院国际贸易法硕士，北京大学国际经济法博士；中国法学会知识产权研

究会理事，中国国际法学会理事，中国知识产权研究会理事，北京大学国际知识产权研究中心客座研究员；历任商务部条法司国际贸易法律处、知识产权处处长，自 2009 年 8 月始任中国驻美使馆知识产权专员。

［内容提要］该书选取中美知识产权历次争端为研究对象，通过对中美知识产权争端的历史回顾和争端要点的分析，特别是通过对中美知识产权 WTO 争端案（DSU）的法律研究，探讨和解释知识产权强势保护趋势这一本质规律在中美知识产权争端下的存在和发展。主要针对以下几个方面的问题展开系统研究：第一，美国对外的知识产权国家战略；第二，知识产权与中美经贸关系发展的正相关关系；第三，聚焦中美知识产权争端案研究；第四，中国知识产权制度的发展演进。

11. 贺小勇等著. WTO 与 IMF 框架下人民币汇率机制的法律问题. 北京：法律出版社，2010

［作者简介］贺小勇，男，华东政法大学国际经济法教授，博士生导师。中国国际法学会理事。华东政法大学国际经济法硕士（1997）、博士（2002）；英国华威大学发展法硕士（2002）。美国旧金山大学法学院客座教授；上海市优秀青年教师（2004）；上海市曙光学者（2007）。发表学术论文 80 余篇；专著 3 部。主持司法部、教育部、上海哲学社会科学科研项目多项。主要研究领域为：国际贸易法（含 WTO）、国际金融法。

［内容提要］世界经济发展不平衡加剧，围绕资源、能源、市场、知识产权、人才的国际竞争日趋激烈，贸易壁垒和经济、贸易摩擦明显增多。在这种错综复杂的国际形势下，厘清金融全球化下的汇率政策法律问题具有重要意义。该书内容包括：金融全球化背景下的汇率政策法律问题、IMF 框架下汇率主权边界对人民币汇率机制的影响、WTO 框架下人民币汇率的法律问题等。

12. 谈谭著. 国际贸易组织（ITO）的失败：国家与市场. 上海：上海社会科学院出版社，2010

［作者简介］谈谭，1988 年参加工作，安徽大学英语系自考本科毕业，文学学士；2004 年宁夏大学民族文化史专业硕士毕业；2007 年上海师范大学世界史专业博士毕业。曾在《世界历史》、《世界经济与政治》、《世界宗教研究》、《西南大学学报》等期刊发表论文十多篇。现在上海政法学院国际事务与公共管理系任教。

［内容提要］该书虽然并非直接探讨当前世界的复杂变化和国际体系的深刻演变，但是却在不经意间为我们认识今天的国际局势提供了颇有价值的历史借鉴。该书的重点在于考察、研究第二次世界大战后作为新霸主的美国在建立国际贸易制度过程中的政策演变及其与相关各国，尤其是与战前的老霸主英国之间的协调，并在此基础上探究创建国际贸易新制度之所以艰难曲折的原因。

13. 刘亚军著. 中国反倾销产业保护效果的法经济学分析. 北京：对外经济贸易大学出版社，2010

［作者简介］刘亚军，1970 年 12 月生，西北政法大学国际法学院副教授、硕士研究生导师、中国国际私法学会理事、陕西省法学会国际法学研究会秘书长。1988—1992 年就读西安电子科技大学外语系，获得文学士学位（1992）；1996—1999 年就读西北政法学院研究生部，获法学硕士学位（1999）；2004—2010 年在西安交通大学经济金融学院攻读博士学位，获得经济学博士学位（2010）。主要研究方向为国际贸易法和贸易救济。

［内容提要］该书共分为九章：第一章 导论；第二章 反倾销产业保护效果研究理论综述；第三章 反倾销动机论；第四章 反倾销方法论；第五章 反倾销产业保护效果评估——理论与方法；第六章 我国反倾销产业保护效果评估的实证分析；第七章 评估案件产业保护总体效果分析；第八章 我国反倾销产业保护中存在的问题及对策；第九章 研究结论。

14. 宋利芳著. WTO 框架下的国际反倾销政策与实践. 北京：对外经济贸易大学出版社，2010

［作者简介］宋利芳，男，1964 年生，浙江余姚人。1982 年进入中国人民大学经济学院学习，先后获经济学学士、硕士和博士学位。现为中国人民大学经济学院副教授。曾在英国萨塞克斯大学、荷兰蒂尔堡大学做访问学者；在日本早稻田大学从事合作研究；在美国乔治华盛顿大学作富布赖特研究学者。主要从事国际反倾销政策与实践、国际贸易摩擦、WTO 和发展经济学等问题的研究。曾出版《世界各国外汇制度》等专著、合著或译著 10

余部，在核心期刊发表论文30余篇。

［内容提要］该书内容包括：国际反倾销政策与实践的经济学基础——倾销、WTO成立以来的全球反倾销实践、其他发达国家的反倾销政策与实践、发展中国家的反倾销政策与实践等。

15. 付荣著. 反倾销法实质性阻碍认定研究. 北京：人民法院出版社，2010

［作者简介］付荣，女，法学博士，华北电力大学人文学院讲师，研究方向为侵权法、国际经济法、法学理论。曾在《法学家》、《现代法学》、《法学杂志》、《河北法学》等法学核心期刊发表学术论文二十余篇，并独立承担和完成了华北电力大学青年博士基金项目。

［内容提要］该书意在前人研究基础上，针对WTO现状和我国的现实背景，对实质性阻碍问题进行系统、深入的研究，以期有益于完善WTO相关规则和我国的立法。目前为止，国内外研究反倾销的著作比较多，但相比之下，专门研究反倾销中损害问题的论著就比较少了。在这些著作中，只是简单提及实质性阻碍问题，进行深入研究的并不多。国内外专门研究实质性阻碍的成果更为稀少，尽管这些研究水平较高，研究的也较为深入，但其通常只涉及实质性阻碍的一些方面，对WTO乃至我国如何构建相关规则的探讨很少。

16. 侯兴政著. 全球与中国反倾销调查研究：特征、影响因素与对策. 上海：上海交通大学出版社，2010

［作者简介］侯兴政，博士，上海交通大学教师，德国汉诺威大学访问学者，律师，主要研究方向：国际贸易政策、商法等。先后独立完成或与他人合作完成《国际商法》、《中国商务基本法律制度》等著作；在SSCI、CSSCI等期刊发表论文多篇。

［内容提要］金融危机发生之后，新贸易保护主义的重要特征之一就是反倾销调查数量的急剧增加，该书的研究将有助于理解当前的新贸易保护主义。该书系统研究了全球以及以中国为发起国和目标国的反倾销调查的特征，分析了影响反倾销调查发起的因素，展望了反倾销可能会出现的发展趋势，并且提出了中国以及WTO应对反倾销形势的政策与建议。

17. 冯巨章著. 企业合作困境与商会规避机理：以反倾销为例. 北京：中国社会科学出版社，2010

［作者简介］冯巨章，1976年生，广东从化人，中山大学管理学博士，现为华南师范大学经济与管理学院副教授，硕士生导师。主要研究领域为企业理论、商会组织、反倾销。近年主持和参与多项课题研究，在《中国工业经济》、《统计研究》、《数量经济技术经济研究》、《财贸经济》、《财经研究》、《中国经济问题》等杂志上发表学术论文二十余篇。

［内容提要］该书先对现有的研究合作困境及其规避的相关文献做出回顾，结合反倾销的特点，通过评介前人研究的贡献和不足，指出拓展方向，并据此提出一个统领的理论假说。在此基础上，从企业决策的角度出发，通过构建模型论证在反倾销中确实存在企业合作困境，进一步分析形成企业合作困境的原因、过程和表现，并据此引出规避这种困境的机制所应具备的条件。

18. 邓德雄著. 国外对华反补贴研究：政策转变、影响及对策. 北京：中国商务出版社，2010

［作者简介］邓德雄，男，1971年生，厦门大学法学学士、硕士，经济学博士，中央财经大学财政学博士后。2000年2月～2004年8月赴欧盟总部布鲁塞尔工作，并参加了2001年7月欧洲学院举办的“欧洲一体化高级研修班”的学习。先后从事国际投资法律、亚太经合组织（APEC）竞争政策、中国和欧盟双边经贸关系与贸易摩擦、中国和美洲大洋洲国家贸易摩擦、国外对华贸易和投资壁垒以及自由贸易协定（FTA）贸易救济条款谈判和WTO反倾销反补贴规则谈判的研究和实务工作。

［内容提要］该书以美国对中国产品重叠实施反倾销和反补贴为主要分析对象，就国外对华反补贴及其影响问题进行研究。主要目标包括：（1）通过分析国际贸易理论中的补贴观和解读多边规则为补贴预留的空间，探讨国外对华反补贴是否存在相应的理论和规则依据，并从不同视角解读现实中的对华反补贴及其功能实现路径；（2）着重从反倾销和反补贴重复救济、外部基准和不利事实的使用以及反补贴涉及的项目等方面分析国外对华反补贴的具体运作、救济效果、触及领域及对中国的影响；（3）寻求中国企业和政府应对国外反补贴之策。

19. 冯宗宪著. 基于多哈回合关税减让谈判的市场准入研究. 北京：光明日报出版社，2010

[作者简介] 冯宗宪，西安交通大学经济金融学院教授、博士生导师、国际经济研究所所长、全国哲学社会科学规划专家评议组成员，厦门大学、北京工业大学、湖南大学、江西财经大学兼职教授，对外经济贸易大学 WTO 研究中心研究员、陕西师范大学历史地理与环境经济研究中心学术委员会副主任、西北大学西部经济发展研究中心学术委员会委员，为享受国务院特殊津贴专家。先后主持过国家社会科学基金重点项目和一般项目、国家自然科学基金一般项目、国家"十五"重大科技攻关项目，以及国际合作项目、省部级项目等数十个项目，取得一批研究成果，发表论文多篇，获得省部级奖励。主编了《发展经济学》、《国际贸易理论与政策》、《国际服务贸易教程》、《新编期货期权交易》等教材。

[内容提要] 多哈回合是中国第一次以正式成员身份参加 WTO 的多边贸易谈判，谈判的关键是农业和非农产品市场准入问题。首先，该书在回顾多哈回合农产品和非农产品市场准入谈判议题和进程的基础上，提出了市场准入谈判分析框架。其次，对多哈回合关税减让公式原理和关税减让对主要进口产品及出口产品的市场准入影响因素进行了分析。再次，对多哈回合市场准入谈判的各参与方利益集团立场及攻防策略、国内外的双层博弈、谈判中的冲突分析、竞争力等进行了深入的讨论；最后，在以上分析的基础之上，提出了中国在多哈回合市场准入谈判的策略建议，从而有助于政府制定相应的贸易政策和产业政策。

20. 王玉婷著. WTO 宪政理论研究. 北京：法律出版社，2010

[作者简介] 王玉婷，武汉大学国际法学博士。现任武汉大学中国边界研究院讲师，教授本科生、研究生海洋法、海域边界学等专业课程，其专职研究方向为海洋法、海事法、海洋边界争端问题。

[内容提要] 国际"宪法"规范是否存在、其内容、含义、价值等都还处于纯理论探讨中，事实上，国际法宪法化理论同 WTO 宪政理论都是为了处理国际政治合法性和国际法合法性的问题，并希望求助于宪政话语，实现两者的同步统一。本书通过对国际宪政主义的哲学基础、历史发展和当代思潮进行透视，力图对作为 WTO 宪政基础的国际法宪政问题做出恰如其分的梳理，将研究焦点集中于现代国际法体系的中心部门，即 WTO 法体系之上，深入 WTO 诸宪政理论的幕后，透视对 WTO 规范是否具有宪法功能，并体现宪法价值持不同态度的学说观点。

21. 顾婷著. 国际公法视域下的 WTO 法. 北京：北京大学出版社，2010

[作者简介] 顾婷，女，1974 年 9 月出生，江苏镇江人，华东政法大学国际法学博士，现任教于苏州大学，主要从事国际法教学与研究。曾出版专著《"可持续旅游"及其国际法规制》，并先后在《法学》、《华东政法大学学报》等刊物上发表论文十余篇，其中多篇被中国人民大学复印报刊资料《国际法学》全文转载。

[内容提要] 该书力图澄清 WTO 法的国际公法性质，并对 WTO 法与国际公法的关系进行全面系统的探讨。全书的主旨在于点明正确界定 WTO 法的法律性质及其与国际公法的关系对 WTO 法和国际公法的发展及其学术研究所具有的重要意义。

22. 王玉玮著. 欧共体/欧盟与 GATT/WTO 的法律关系问题研究. 北京：中国人民公安大学出版社，2010

[作者简介] 王玉玮，男，1974 年 5 月出生，安徽利辛人。1995 年毕业于山东大学，获哲学学士学位。2001 年和 2004 年，毕业于中国政法大学，分别获法学硕士、法学博士学位。现任中共上海市奉贤区委党校副校长、副教授。

[内容简介] 该书以世界范围内两种并存的贸易自由化安排——多边贸易体制与区域经济一体化为研究背景，主要从欧共体/欧盟的角度，探讨它参与 GATT/WTO 的实践以及二者之间的法律关系问题。作者认为，欧共体/欧盟作为具有"超国家"性质的区域性国际组织，是多边贸易体制的积极参加者。同时，它作为 WTO 这一国际组织的成员，既享有相应的权利，也需要诚实履行其承担的义务。文章选择了几个典型性的问题，以透视二者之间的法律关系，在此基础上，对欧共体/欧盟等区域经济一体化集团，给多边贸易体制带来的影响予以总结，并简要分析了中国参与 WTO 的几个问题。

23. 侯杰著. 中国贸易救济问题研究. 北京：经济科学出版社，2010

［作者简介］侯杰，男，1981年生，湖南涉外经济学院教师，华中科技大学博士生，副研究员。主持省级课题3项、厅级课题1项；公开发表论文19篇，其中CSSCI 2篇，中文核心7篇；两次获湖南省教学成果三等奖。

米家龙，男，1980年生，湖南涉外经济学院讲师，湖南大学硕士研究生，湖南省“国际经济与贸易省级特色专业”“国际贸易学省级优秀教学团队”和湖南省社会科学研究基地“湖南省跨国投资与经营研究基地”的主要成员。主持和参与省厅级课题10余项，出版学术专著3本，公开发表论文多篇。

［内容提要］《中国贸易救济问题研究》对中国贸易救济制度进行了探索性的分析和尝试性的研究。《中国贸易救济问题研究》分为上、下两篇：上篇为中国贸易救济现状与问题研究，介绍中国反倾销、反规避、反补贴和保障措施制度的现状、问题及对策；下篇为中国贸易救济的比较与对策研究，对中国贸易救济制度进行了国际比较和内部比较，探讨中国贸易救济制度的发展对策。在世界经济和全球贸易复苏的情况下，《中国贸易救济问题研究》结合WTO规则分析中国贸易救济的发展问题，使得《中国贸易救济问题研究》成果不仅具有理论价值，还有促进中国贸易救济制度发展的实际价值。

24. 肖北庚著. WTO《政府采购协定》及我国因应研究. 北京：知识产权出版社，2010

［作者简介］肖北庚，男，1963年10月生，湖南祁东人，湖南师范大学法学院院长、教授、法学博士、博士后、博士生导师、留美学者，武汉大学宪法学与行政法学博士，中国社会科学院法学所政府采购法制博士后，中国西方法律思想史研究会执行会长，湖南省行政法学会副会长，湖南省首届“121人才”入选学者。

［内容提要］该书首先介绍中国加入WTO《政府采购协定》（GPA协定）的进程与承诺策略，然后梳理GPA协定的衍生与发展，在分析GPA协定的基本结构与具体内容的基础上，提出我国的因应对策。

25. 张乃根著. WTO争端解决的“中国年（2009）”. 上海：上海人民出版社，2010

［作者简介］张乃根，现任复旦大学法学院国际法研究中心主任，复旦大学知识产权研究中心主任。教育部第一届、第二届法学学科教学指导委员会委员，中国国际法学会常务理事，中国国际经济法学会常务理事，中国高校知识产权研究会学术委员会副主任，中国法学会国际经济法学研究会副会长。1999年12月曾荣获“上海市首届优秀中青年法学家”称号。主要研究领域有国际法、知识产权法、西方法哲学。

［内容提要］该书大致分为总论、分论和比较与借鉴。其中第一篇总论，阐述了2009年中国参与WTO争端解决的概况、对WTO争端解决裁决性质的分析、对WTO诉讼策略和技巧的思考、WTO争端解决中的规则适用差异、GATT“一般例外”条款的援引问题和WTO争端解决的仲裁制度等；第二篇分论包括对中国应诉的知识产权案、出版物案和稀有资源出口限制案的专题分析或条约解释、对中国涉案的反补贴与非市场经济问题的研究等；第三篇是对巴西、日本与中国参与WTO争端解决的国内机制比较。

26. 曲如晓著. WTO框架下的贸易壁垒及应对机制研究. 北京：北京师范大学出版社，2010

［作者简介］曲如晓，博士，北京师范大学经济与工商管理学院教授、博士生导师，国际经济系主任。主要研究领域是国际贸易、中国对外贸易。出版《中国对外贸易概论》等多部著作，发表论文多篇。

［内容提要］WTO自成立以来，在推动全球自由贸易、公平竞争等方面发挥着十分重要的作用。作为一个协调各国贸易关系的国际组织，WTO历经九轮谈判，不断削减和拆除贸易壁垒，为促进贸易自由化、解决国际贸易争端提供了很好的协商平台。该书共包括13章，分别对关税壁垒、行政性贸易壁垒、反倾销、反补贴、保障措施、技术壁垒、环境壁垒、社会壁垒、服务贸易壁垒、动物福利壁垒等当前国际社会主要的贸易壁垒进行了分析。

●学术论文

➤ WTO 与中国

1. WTO有关禁止性出口补贴规则研究——以中美“知名品牌产品出口补贴”WTO磋商案为视角. 龚柏华. 国际商务研究，2010/02

［作者简介］复旦大学

［内容提要］2009年12月18日，中美就“知名品牌产品出口补贴”WTO磋商案达成谅解备忘录，以中方让步解决这一纠纷。尽管该案已经解决，但该案涉及的一些法律问题仍需引起注意或探讨。该文在概述基本案情的基础上，归纳了WTO有关禁止性出口补贴的规定，最后就本案涉及的中国中央部委的相关措施是否属于有“强制性措施”的法律文件、“视出口实绩为条件”与以“出口企业为前提”有无区别、关于能否用《SCM协定》第11.9条下微量补贴作为例外辩护等法律问题进行了分析。

2. 加入WTO对中国收入不平等的影响——基于微观面板数据的实证研究. 姜凌. 国际贸易问题，2010/03

［作者简介］西南财经大学

［内容提要］该文分析了加入WTO前后中国贸易模式的变化及其对中国劳动者收入不平等的影响，并利用微观数据，通过计量模型对上述影响关系进行了实证检验。该文的主要研究结论有二：第一，中国加入WTO后，低技术工人密集部门的关税降低幅度大于高技术工人密集的部门，从而使得低技术工人对高技术工人的相对劳动回报降低；第二，上述现象通过S-S定理阐明的产品价格和要素回报之间的影响机制，加剧了中国不同技术层次劳动者之间的收入差距。因此，加入WTO是加剧中国劳动者收入不平等的一个重要因素。

3. 中国设立SPS措施对外贸发展影响的研究. 杨波. 财贸经济，2010/05

［作者简介］中南财经政法大学经济学院

［内容提要］近年来技术性贸易壁垒在国际贸易中的重要性不断加强，WTO成员方TBT/SPS通报数不断增加。中国加入WTO以来，TBT通报数快速增加至世界前列，但是中国SPS通报数明显低于发达国家，也低于巴西、印度等发展中国家，凸现了中国在食品安全、环境保护、动植物安全方面的技术标准和法规建设的不足。该文认为，设立SPS措施符合国际贸易发展的趋势，是中国国内经济和对外贸易长期发展的需要，也关系到中国作为贸易大国的国际形象，还可以作为应对国外贸易保护主义的重要手段。因此，中国应将SPS措施作为对外贸易战略的重要组成部分，在WTO框架内合理设立和应对SPS措施。进而，该文提出了相应的政策建议。

4. 中国加入WTO十年的法理断想：简论WTO的法治、立法、执法、守法与变法. 陈安. 现代法学，2010/06

［作者简介］厦门大学法学院

［内容提要］在中国加入WTO“满九晋十”之际，针对目前国内外学界流行的某些看法，提出若干商榷意见和建言，是很有必要的。中国人亟宜认真总结加入WTO九年以来的实践经验，对WTO的体制及其立法、法治、执法现状，进行一分为二的科学剖析和判断，提高认识，用以指导今后的新实践。中国和国际弱势群体既要在WTO现存体制中“守法”和“适法”，在实践中精通其运行规则，使其为我所用，最大限度地趋利避害；又要在实践中明辨是非臧否，深入探究WTO现行体制中对国际弱势群体明显不利和显失公平的各种条款和“游戏规则”，认真思考其变革方向，并通过“南南联合”，凝聚力量，推动“变法图强”，促使WTO法制和法治与时俱进，造福全球。

5. 中国台湾跨国市场进入竞争发展模式探讨. 吴金德. 当代财经，2010/07

[作者简介] 南开大学经济学院

[内容提要] 中国台湾加入WTO后，面临国际化的强大竞争已是不可避免的，无论是传统产业，或生物科技产业、纳米产业、数字科技产业等各种企业投资家追求的明星产业，皆无法挡住此全球化的浪潮。因此，台湾的产业如何在跨国市场进入、竞争、生存将成为每一家企业刻不容缓的议题。

6. 中国比较优势的变化与建立新型对外经贸关系. 崔凡，张汉林. 国际经贸探索 2010/07

[作者简介] 对外经济贸易大学国际经贸学院、中国WTO研究院

[内容提要] 比较优势是一国参与国际分工的基础，也是其处理对外经贸关系的基础。中国的比较优势正在经历迅速的变化，在此基础上，我们应该寻求建立新型的对外经贸关系。中国比较优势变化的主要内容有：资本密集型产业优势逐渐形成，产业内纵向国际分工体系中生产环节地位的攀升；更为重要的是，日益庞大的内需正在成为中国新的比较优势来源，横向分工相对纵向分工的重要性日益提高。在此基础上，我们应该充分利用内需与外需的互补性，建立以内需为基础的新型对外经贸关系。

7. 入世以来中国进口管理政策调整及其影响. 韩秀申. 国际贸易，2010/09

[作者简介] 商务部研究院

[内容提要] 近年来，由于出口规模迅速扩大，中国对外贸易呈现巨额贸易顺差，引起许多贸易伙伴的不满和双边贸易摩擦，带来了人民币升值的外部压力，在国内也增加了宏观调控的难度，扩大进口并优化进口结构已成为外贸发展中长期战略的重要内容之一。该文归纳了中国入世后进口政策调整的主要内容，分析了进口发展的变化，并针对目前进口存在的问题提出了建议。

8. 论GATT 1994第20条对中国入世议定书的适用. 郭文利. 国际经贸探索，2010/11

[作者简介] 南京大学法学院

[内容提要] WTO协定例外必须明示，特别是适用GATT 1994例外时。GATT 1994第20条按照通常含义，条约的宗旨和目的，条约的谈判历史解释应只适用于GATT 1994本身。中国入世议定书是WTO协定的一部分，其例外的适用亦应明示。GATT 1994第20条只能适用于议定书明确规定或者通过其他协定间接援引可以适用该条款部分以及对GATT 1994相关内容重申部分。

9. 中国承接生产者服务外包区域竞争力研究——基于东亚动态SHIFT-SHARE方法的探析. 王荣艳. 世界经济研究，2010/12

[作者简介] 天津财经大学

[内容提要] 该文利用动态Shift-Share方法，以东亚区域经济体为参照组，从产业结构效应、竞争效应以及交叉效应等角度，研究中国承接生产者服务外包优势的结构性问题，即对中国生产者服务业的出口优势进行结构分解研究，具体分析在中国承接外包优势中是哪些结构性因素导致了这些优势的发展，研究结果表明，中国在进入2000年后尤其是加入WTO后，承接来自区域外的生产者服务外包增长速度趋于快速发展态势，但与东亚区域内的经济体相比，无论从整体还是从分行业的角度，当前中国生产者服务出口的主要问题仍表现为较快的发展速度和较低的竞争优势。

➤ 争端解决

1. 诚信原则在WTO争端解决机制中的适用评析. 姜作利. 现代法学，2010/01

[作者简介] 山东大学法学院

[内容提要] 诚信原则作为各国民法中最重要的原则，已经成为国际法中的一般法律原则，越来越频繁地应用在WTO争端解决中。由于诚信原则存在明显的不确定性，难以在实践中适用，专家组和上诉机构在诸多案例中对诚信原则的含义及其解释法律和弥补法律漏洞的司法职能进行了确认，并成功地解决了不少争端。遗憾的是，上诉机构的司法限制制约了专家组的有益探索，过分谨慎。当前国际国内经济与法律的发展为专家组和上诉机构进行更大胆的探索准备了良好的条件，WTO争端解决机制应充分发挥诚信原则的司法职能，确立成员方诚信履行WTO实体法律的独立的义务，这将有利于弥补WTO的相关法律漏洞，迅速有效地解决争端。

2. WTO非农产品关税减让方案及其模拟分析. 冯宗宪. 国际贸易问题，2010/01

［作者简介］西安交大经济金融学院

［内容提要］该文就基于瑞士公式的多哈回合非农产品市场准入谈判中的减让方案进行比较分析，提出了3个不同系数的关税减让模拟方案；整理和分析了中国现行关税税率的构成、分布和平均水平；利用3个模拟方案测算了削减之后中国进口关税税率水平和税率结构的变动；分析了中国在非农产品市场准入谈判中的立场，并提出了政策建议。

3. 贸易争端解决机制及其选择研究综述. 强永昌，权家敏. 经济评论，2010/03

［作者简介］复旦大学经济学院

［内容提要］该文对单边、双边、区域、多边争端解决机制及其选择的文献加以全面梳理，并且指出每种争端解决机制的不足之处，在对各种争端解决机制的理论分析和实证分析进行综述的基础上，得出政治、经济等因素会影响各种争端解决机制选择的结论。现有的研究对于中国贸易争端解决机制选择的系统性理论分析不足，实证研究欠缺，成为今后进一步研究的方向。

4. 争端解决机制下违禁作品的版权保护——以中国《版权法》第4条为中心. 梁志文. 法治研究，2010/03

［作者简介］华南师范大学法学院，中南财经政法大学知识产权学院

［内容提要］WTO争端解决专家组认为中国《版权法》第4条第1款完全否认了部分违禁作品的版权，未能履行版权保护最低标准的国家义务，也不符合知识产权实施措施的最低要求。WTO成员方基于公共利益可对版权实施进行限制，但不得与最低保护标准相抵触。在争端解决中，对国内法和条约的解释要遵循“客观评估”原则和“国际条约解释的通行惯例”，但比较法分析等法律学说也会产生重要影响。这对今后知识产权争端解决具有重要的启示意义，即适当引用比较法研究成果分析系争法律的国际通行做法将有利于己方。中国《版权法》第三次修订应采国际通行做法，限制违禁作品的出版、传播，但不排除权利人享有的消极权利。

5. “市场扰乱”与对华特保措施的滥用. 李毅. 国际经贸探索，2010/05

［作者简介］北京师范大学政治学与国际关系学院

［内容提要］由于《中国入世议定书》等文件对于市场扰乱规定过于简略，导致实践中许多国家过于宽泛地解释市场扰乱的认定标准，滥用特保措施。对此，我们一方面应坚持对有关条款严格解释；另一方面也应重视与对方政府的磋商程序，必要时援引世界贸易组织的争端解决机制，并且不排除运用报复手段反击滥用特保措施的贸易保护主义行为的可能性。

6. 发展中成员利用WTO争端解决机制的困境及能力建设. 陈咏梅. 现代法学，2010/05

［作者简介］西南政法大学

［内容提要］WTO争端解决机制对于有效解决成员间贸易争端、促进自由贸易进程起着重大的推动作用。然而，考察各成员参与WTO争端解决机制的实践后发现，占WTO成员大多数的发展中成员充分利用该机制的寥寥无几，而阻碍发展中成员利用该机制的原因在于发展中成员缺乏相应的能力，成员方国内政府与私人产业之间的联系缺乏法律保障。发展中成员利用WTO争端解决机制能力建设的有效途径，是政府在其国内为私人产业创建一种正式的行政程序申诉制度。

7. 出口企业争端解决的优选方式：出口和解——基于“后危机时代”的研究. 闫瑞波. 国际经贸探索，2010/08

［作者简介］南京大学法学院

［内容提要］全球经济的逐步复苏标志着“后危机时代”的到来，但金融危机中形成的贸易保护主义并无衰退的迹象，甚至可能愈演愈烈。与诉讼相比，对于出口企业来说，出口和解因其可控性、灵活性和成本低等特点而更具优势。对于保护主义重压下的中国出口企业而言，面对“后危机时代”下越来越多的贸易争端，出口和解更具有迫切性、合理性和现实可能性，应成为其解决贸易争端的优选方式。中国政府所倡导的“四体联动”机制也保障了出口和解的高效与成功。

8. 国际公法在WTO争端解决中的作用与应用. 许楚敬. 现代法学，2010/11

[作者简介] 厦门大学法学院

[内容提要] WTO法是在国际公法的大背景中创制的，WTO协定不是存在于一个不受一般国际法影响的制度中。WTO法从来就不是一个封闭的、自给自足的法律制度，WTO规则是更广泛的国际公法内容的一部分，它在国际公法的框架内运作，并不是脱离国际公法的法律子系统。至少在解释的层面，它们总是会有某种程度的互动。国际公法可为WTO规则提供规范背景，有助于WTO无具体规定的某些方面的运作或提供解释性指导。在解释WTO协定的必要范围内，专家组和上诉机构有权使用或考虑其他条约、习惯和一般法律原则。但是，它们并非作为法律适用。在WTO争端解决中，其他国际法规则的作用是有限的、辅助的。

9. 区域贸易协议争端解决机制构建与实效反差研究. 黄苹，纪文华. 国际贸易问题，2010/12

[作者简介] 浙江大学公共管理学院，瑞士日内瓦中国常驻WTO代表团

[内容提要] 近年来，区域贸易协议蓬勃发展，越来越多WTO成员投入到各种区域贸易协议之中。截至2010年5月，WTO的153个成员中只有蒙古尚未加入任何RTA。中国政府以“实施自由贸易区战略，加强双边多边经贸合作”，作为对这一当前国际贸易体制现状的明确回应。文章立足于分析区域贸易协议框架下的争端解决机制，通过对区域贸易协议争端解决机制和实效进行理论探讨与实践考察，分析了区域贸易协议争端解决机制与实效之间所存在的现实反差。在此基础之上，进一步探究该反差形成的深层次缘由，最后针对中国区域贸易协议框架下争端解决机制的构建问题提出政策建议。

➤ 多边贸易体制

1. WTO体系中的双边主义路径评析. 吴永辉. 现代法学，2010/01

[作者简介] 华侨大学法学院

[内容提要] 世界贸易的自由化，一直存在着多边主义和双边主义路径的争论。WTO作为全球最大和最重要的国际贸易组织，一直以来被认为是典型的多边性合作机制。但作为国际合作的高级形式，WTO体系仍然保留了双边主义合作的特性。区域性贸易协定、互惠性原则、相互认可制度以及争端解决机制等制度都充分说明了在推进全球贸易自由化的进程中，作为多边主义合作组织的WTO并不排斥双边主义的路径，甚至在一定程度上对双边主义存在着强烈的路径依赖。因此，就目前陷于僵局的多边贸易谈判而言，问题的关键不在于多边主义和双边主义的相互替代或位序选择，而在于如何促进两者在WTO体系内外的协调与统一。

2. 后危机时代中国外贸政策调整的选择. 薛荣久，杨凤鸣. 国际贸易，2010/03

[作者简介] 对外经济贸易大学

[内容提要] 在金融危机下，国际贸易保护主义抬头，中国成为贸易保护主义最大的冲击者和受害者。在这种背景下，中国是支持以WTO为基础的多边贸易体制，继续执行其主导的自由贸易政策，还是改弦更张，另辟贸易政策。它关系后危机时代中国整体贸易发展，中国从贸易大国成为贸易强国的大问题。笔者认为，中国应从目前自由贸易政策转向协调管理型的自由贸易政策，把被动的自由贸易政策转变成主动的自由贸易政策，把WTO主导的自由贸易政策引向有序化，促进世界贸易的健康发展。WTO主导的自由贸易政策不会逆转自由贸易政策是指国家对进出口贸易不加干预，任其自由竞争。

3. 论多边环境协定与WTO的关系. 曾炜. 生态经济，2010/04

[作者简介] 武汉大学国际法研究所

[内容简介] 随着全球环境问题的影响范围逐渐扩张，国际社会开始关注全球环境变迁，目前各种国际环境议题开始通过协商与谈判，制定国际公约加以规范以达成环境治理目标。而WTO以贸易自由化为主要目标，它与多边环境协定之间的竞合关系成为值得深入探讨的议题。文章通过分析WTO的环保立场、WTO有关多边环境协定的谈判内容及多哈回合谈判暂停对WTO贸易与环境谈判的影响阐述WTO与多边环境保护协定的关系。

4. 欧盟在WTO中的地位与角色. 蔡春林，李计. 国际经贸探索，2010/06

[作者简介] 广东工业大学经济与贸易学院，

对外经济贸易大学中国 WTO 研究院

[内容提要] 一体化使得欧盟可以像一个“大国”一样参与国际经济活动，并逐步成为了多边贸易体制中的领导者。欧盟不仅是 WTO 决策体制中的“双寡头”之一，而且还在西雅图会议之后赢得了多边主义领导者的声誉。欧盟是 WTO 的领导者，是多边规则的制定者，通过灵活选择基于实用主义的策略，成为多边贸易体系中的受益者。欧盟在多边政策中的实用主义体现为：在利益的驱动下积极推动多边贸易自由化、需要时不惜违背 WTO 规则、善用“原则中的例外”条款、成为多边争端解决机制的第二大用户。

5. “后危机时代”中国深化参与多边贸易体制及其途径选择. 张磊. 世界经济研究，2010/07

[作者简介] 上海 WTO 事务咨询中心研究部

[内容提要] “后危机时代”国内外经贸环境的变化要求中国更加深入地参与多边贸易体制。在前期实践的基础上，中国应适时改变以往策略，积极利用 WTO 内的多种谈判机制，增强中国在相关谈判中的影响力；借鉴印度等发展中国家经验，重视利用提案权维护国家利益；此外还应促进中国各类非官方组织更多参与 WTO 事务。

6. 美韩自由贸易协定：影响与法律对策. 付荣. 国际经济合作，2010/09

[作者简介] 华北电力大学

[内容提要] 2007 年 4 月 2 日，美国和韩国结束了具有历史意义的自由贸易协定谈判，成功签订了美韩自由贸易协定（简称美韩 FTA）。尽管协定还有待于两国国会的批准，但鉴于双方的强烈意愿和努力，其最终的通过应当不会有太大问题。美韩 FTA 涵盖内容相当广泛，体现了发达国家 FTA 高度的自由化和成熟的制度化特征，对美韩两国、亚洲地区，甚至多边贸易体制 WTO 都会产生深远的影响。面对美韩 FTA，中国应当如何在法律制度、机制层面加以应对和借鉴，将是我们不得不正视的现实问题。

7. 世界贸易体制的外溢. 贾海龙. 国际经贸探索，2010/10

[作者简介] 华南理工大学法学院

[内容提要] 世界贸易体制是最为发达的国际制度之一，拥有完备的实体性规范和发达的决策与争端解决制度。出于自身价值的考虑，社会问题领域积极争取借用世界贸易体制，主要是通过借助世界贸易体制的立法制度来进行本问题领域的制度建设，也通过世界贸易体制的争端解决制度来保障制度的执行。然而，世界贸易体制向社会问题领域的外溢对于世界贸易体制自身的稳定和发展不利，而且对于发展中国家也会产生不公平的后果。

8. 金融危机后的全球贸易保护主义与 WTO 规则的完善. 盛斌. 国际经贸探索，2010/10

[作者简介] 南开大学国际经济研究所

[内容提要] 金融危机催生了全球范围内的贸易保护主义，贸易保护措施的滋生和泛滥，暴露了 WTO 在限制贸易保护主义方面存在缺陷。为了应对贸易保护主义，WTO 规则应该进行相应修改。文章力图从贸易保护措施的合规性、合理性分析得出 WTO 规则中存在的漏洞，并试图针对 WTO 规则的缺陷加以修正完善。

9. 贸易自由化与环境政策协调发展论——兼评 WTO 贸易导向的协调模式. 张晓君. 现代法学，2010/11

[作者简介] 西南政法大学

[内容提要] 贸易自由化对社会经济福利的发展以及环境保护的重要性决定了两者协调的必要性。两者在终极目标和利益主体上存在着可协调性，协调贸易自由化与环境政策必须坚持共同的义务与责任原则、差别的义务与责任原则、适度贸易自由化的原则和环境政策的整体经济性原则。WTO 贸易与环境政策的协调发展过度关注环境问题，以及协调机制的内在缺陷，阻碍了贸易体制的发展和完善，无益于以贸易方式解决环境问题，必须改革完善协调机制，实现 WTO 贸易与环境政策协调发展模式中“贸易导向”的自觉。

➤ 反倾销

1. 美国反倾销政策法规及其实践. 宋利芳. 现代国际关系，2010/01

[作者简介] 中国人民大学经济学院

[内容提要] 美国是世界上最早制定反倾销法的国家之一，并形成了较完备的反倾销政策法规体系。美国反倾销政策法规不仅是其对外实施反倾销的法律依据和有效保障，而且也成为其保护国内产

业和市场最常用的贸易救济手段。该文从美国反倾销管理体制出发，考察了美国实施反倾销的前提条件以及实施反倾销的具体措施，进而分析了美国反倾销政策的实践特点。

2. 对华反倾销的趋势、国别分布与产品结构：1995—2008. 冯巨章. 国际经贸探索，2010/01

［作者简介］华南师范大学经济与管理学院

［内容提要］文章利用WTO提供的数据，对1995—2008年国外对华反倾销进行了统计分析。分析表明，中国近年遭受的反倾销日益严重，而各国对华反倾销的分布差异显著，发展中国家正成为对华反倾销的主力军；中国不同产品遭受反倾销的频率差别也很大。对华反倾销的执行率处于高水平，这对于中国企业应诉工作的开展极为不利。

3. 试论建立反倾销行动快速控制机制. 余菲. 世界经济研究，2010/02

［作者简介］上海财经大学

［内容提要］反倾销是WTO允许的贸易救济制度之一，其目的是为了抵制不公平贸易行为。但在实践中，反倾销并没有起到国际贸易“矫正器”或者国内产业“安全阀”的作用，相反，反倾销滥用正成为贸易自由化进程中的“毒瘤”。为了遏制这种滥用，大量的反倾销受害国将美国、欧盟等国家和地区的反倾销立法与措施诉诸WTO争端解决机制。但是，被奉为“皇冠上的明珠”的WTO争端解决机制是不完善的，它在处理反倾销争端方面存在耗时太长、效率偏低和威慑力不足等缺陷。为此，应当考虑在现有WTO争端解决机制的基础上建立反倾销行动快速控制机制，通过设立反倾销常设专家组，扩大争端解决管辖范围，缩短审理期限，同时强化专家组裁决的执行力度等措施，有效遏制反倾销滥用，促进国际贸易自由化。

4. “三体联动”应对反倾销成效影响因素的实证研究. 刘爱东，陈林荣. 国际贸易问题，2010/02

［作者简介］中南大学商学院

［内容提要］政府、行业协会和企业（简称“三者”）各自扮演的角色、发挥的作用，及其影响“三者”有效运行的因素，都是提高中国（企业）应对反倾销成效亟待研究的深层次问题。文章在借鉴国内外研究成果的基础上，尝试性地从战略视角，提出了政府、行业协会等中介机构、企业“三体联动”应对反倾销的结构方程模型；并以问卷调查所采集的数据进行了实证检验。实证结果启示，应对反倾销应从完善中国战略支持体系和整体性竞争制度安排入手，思考中国政府应对反倾销的宏观引导能力、行业协会等中介机构应对反倾销的自律协调能力和企业应对反倾销快速响应能力的综合效应，“三体联动”应当是中国应对反倾销效率实现的必然选择。

5. 美国对华实施“双轨制反补贴措施”问题研究. 陈利强，屠新泉. 国际贸易问题，2010/02

［作者简介］浙江工业大学法学院，对外经济贸易大学中国WTO研究院

［内容提要］对华实施“双轨制反补贴措施”是美国实施以WTO规则为基础的对华贸易政策的法律工具，是美国强化监督中国履行补贴领域“最困难义务”的重要措施。美国政府利用WTO争端解决机制指控中国的禁止性补贴，而美国产业界利用反补贴税法指控中国的可诉性补贴，双轨各司其职，对中国的补贴政策形成了巨大压力。中国应当采用“权利对抗权利”、深入研究美国反补贴税法的判例与条款及调整补贴政策等方式，积极主动应对美国的“双轨制反补贴措施”。

6. 欧美对华反倾销措施的贸易效应：理论与经验研究. 冯宗宪，向洪金. 世界经济，2010/03

［作者简介］西安交通大学经济金融学院，湖南大学经济与贸易学院

［内容提要］该文首先对反倾销措施的贸易破坏效应、贸易转向效应、贸易偏转效应和贸易抑制效应的概念及基本含义进行了说明，并分别构建了两个Bertrand寡占竞争模型对前三种贸易效应进行理论分析。通过理论推导及分析表明，反倾销措施具有负的贸易破坏效应、正的贸易转向效应和贸易偏转效应。然后利用2002—2007年欧美国家对华纺织品反倾销案例8位和10位税则号涉案产品的月度数据，考察了欧盟和美国对华反倾销过程中不同阶段贸易破坏效应、贸易转向效应和贸易偏转效应的存在和大小。结果表明，对华反倾销措施不仅导致了指控国从中国的涉案产品进口量减少，以及从韩国、印度等竞争国同类产品的进口量增加，而且促使中国涉案产品向第三方市场出口量增加。

7. 差异化营销 努力规避“两反两保”. 吴国英，赵红霞. 国际贸易，2010/04

[作者简介] 天津大学，河北经贸大学商学院

[内容提要] 近年，中国企业遇到的贸易摩擦已由某段时间、某个国家、某类产品、区域性扩大为全时期、多国家、多类产品和全领域。特别是在金融危机的影响下，中国的钢铁、石化、纺织、家具、毛毯、防水雨靴等大大小小的产品先后都遭遇到类似情况。各国使用贸易限制措施阻止他国和他地区的产品进入，使用最频繁的就是“两反两保”，仅 2009 年 4 月，美国对中国轻型货车轮胎启动特保调查、对油井管产品发起反倾销反补贴合并调查两起案件，涉及金额巨大，引起了中国政府及产业界的高度关注。

8. 倾销判断方法及贸易保护行为负面影响的探究——由中美轮胎特保案引发的思考. 赵若楠. 价格理论与实践，2010/06

[作者简介] 中国人民大学经济学院

[内容提要] 在国际贸易中，反倾销作为一种保护公平贸易的措施越来越受到重视。在国际贸易实务和相关法律及国际协定中也涉及有关反倾销的内容。从法律意义上讲，反倾销应该是一种防御性工具，但是也不乏一些国家在反倾销的名义之下对中国进行攻击，损害中国在对外贸易中的正当利益。该文对如何判断倾销及反倾销的负面影响进行了讨论，以期为政府和企业的决策提供参考。

9. 中国农产品遭受反倾销的特点、原因及对策. 李磊，汪艳. 世界贸易组织动态与研究，2010/06

[作者简介] 南开大学经济学院

[内容提要] 随着各国农产品关税大幅度降低以及农产品补贴逐步减少，利用反倾销进行农产品贸易保护的案例大量涌现，中国已成为国外农产品反倾销主要目标国。该文分析了 1980—2009 年中国农产品遭受反倾销的情况及特点，并依据农产品特性探讨了中国农产品遭受反倾销的主要原因，提出了中国政府及企业应对农产品反倾销所应采取的对策。

10. 应对涉华贸易特殊保障措施的对策研究. 田洪鋆. 经济纵横，2010/07

[作者简介] 吉林大学法学院

[内容提要] 美国对华轮胎特保案引起国内外对新形势下贸易保护措施的关注。当前，各国采用的贸易保护措施与以往不同，反倾销及反补贴措施的运用出现下降趋势，保障措施的使用频率有所升高，《中国入世议定书》中特定产品过渡期保障机制的规定又使中国陷于特殊保障措施频发的困境。如何摆脱这种不利局面，值得思考。

11. 中国对外反倾销威慑力能否有效抑制国际对华反倾销. 李磊，漆鑫. 财贸经济，2010/07

[作者简介] 南开大学经济学院国际经济研究所

[内容提要] 该文利用 1981—2007 年的国际对华反倾销数据和负二项回归方法，发现中国对外反倾销威慑和报复能力对国际对华反倾销产生了一定程度的抑制效应。此外还发现，宏观经济不是影响国际对华反倾销的主要原因；外国货币的升值会导致国际对华反倾销的增加；反倾销案件是国外利益集团要求政府对其实行贸易保护的结果。该文据此提出中国应维持汇率稳定，完善行业协会，降低对某些国家过高的出口集中度和适度对外反倾销的政策建议。

12. 美对华铜版纸“双反”案例及思考. 樊钱莉. 知识经济，2010/9

[作者简介] 西南财经大学国际商学院

[内容提要] 2009 年 10 月 20 日，美国商务部对原产于中国和印度尼西亚的铜版纸进行反倾销和反补贴立案调查，11 月 6 日，美国国际贸易委员会对中国铜版纸做出反倾销和反补贴产业损害初裁。美国对华铜版纸案启示我们，在加强自身国内纸业的发展的同时，应该更加关注 WTO 的倾销与反倾销、补贴与反补贴制度，并运用 WTO 的规则来维护自身的合法权益。

13. 从倾销与反倾销视角看中美贸易摩擦问题. 吴慧颖. 现代商业，2010/10

[作者简介] 中国人民大学经济学院

[内容提要] 近年来中美贸易摩擦屡屡出现，从 2009 年的中美轮胎特保案中亦可看出其有上升的趋势，该文主要从倾销与反倾销的视角出发，探究中美贸易摩擦问题并进而探讨中国的出口企业应如何应对这些贸易争端。

14. 中国反倾销措施产业救济效应的作用机制和实际效果. 苏振东，刘芳，严敏. 财贸经济. 2010/11

［作者简介］大连理工大学经济学院，中信银行股份有限公司大连分行营业部

［内容提要］该文选取1997年3月至2009年6月中国对外反倾销案例的贸易、投资和产业数据集，以构建微观面板数据模型定量评估反倾销措施通过影响涉案产品的进出口贸易、涉案领域FDI最终作用于国内进口竞争性产业的实际救济效果。结果表明，虽然存在贸易转移效应和投资跨越效应，但反倾销措施对中国进口贸易仍然存在显著的救济作用；而对外实施反倾销措施也极易引发指控对象国的贸易报复，反过来限制中国相关产品的总体出口。总体而言，尽管存在上述正反两方面的影响效应，但最终中国反倾销措施对国内进口竞争性产业确实产生了显著的正面救济效果。在此基础上，该文提出了中国对外实施反倾销措施的制度路径选择与政策建议。

➢ 多哈回合谈判与新议题

1. 中国参加WTO地理标志谈判的立场和对策. 王笑冰. 知识产权，2010/01

［作者简介］山东大学法学院

［内容提要］目前地理标志在中国的使用实际效果有限，政府对地理标志使用的推广起着主导性作用，结合中国国情和国际市场的现状来看，地理标志商标保护和专门立法保护模式各有利弊。中国参加WTO地理标志谈判应当坚持主权原则，在地理标志扩大保护的前提下支持多边注册体系谈判，并注意保持中国与外国权利、义务的对等。为了配合中国参与相关地理标志谈判，应完善地理标志国内保护。

2. "碳关税"：当前热点争论与研究综述. 曹静. 经济学动态，2010/01

［作者简介］清华大学经济管理学院

［内容提要］该文对当前国际上学术界、公共政策及环境界对碳关税的观点进行了整理，综述了碳关税的最新研究动态，并运用一个中国的可计算动态一般均衡（CGE）模型对碳关税进行了初步分析，指出了未来碳关税领域的研究方向。

3. 多哈回合谈判的前景及中国推动多边贸易体制的战略对策. 姚淑梅. 国际贸易，2010/03

［作者简介］国家发展和改革委员会对外经济研究所

［内容提要］多哈回合谈判的焦点及下一步的谈判策略自2002年1月多哈回合谈判启动以来，2006年和2008年两度中止谈判，2009年9月再次重新启动。回顾8年的谈判进程可以看出：多哈回合谈判的焦点始终集中在农业国内支持、农产品市场准入和非农产品市场准入（NAMA）上，发展中国家要求发达国家减少直至取消扭曲国际贸易的农产品补贴、降低农产品关税，发达国家则要求发展中国家降低农产品和非农产品进口关税，并在一些关键部门进行谈判。这三个议题相互牵制，发展中国家和发达国家在削减关税和补贴模式、敏感产品市场准入、特殊保障机制、部门谈判等方面存在重大分歧，导致多哈回合谈判迟迟难以完成。

4. 联合国气候变化谈判背景下的边境碳调整研究. 李晓玲. 宏观经济管理，2010/04

［作者简介］北京大学法学院

［内容提要］该文从以下三个方面对边境碳调整进行研究：一是发达国家提出边境碳调整的政策考量；二是边境碳调整对发展中国家利益的挑战与影响；三是中国应对边境碳调整的政策建议。

5. 多哈回合谈判解决发展问题的困境与出路. 王红梅，穆忠和. 国际贸易，2010/05

［作者简介］中央财经大学政府管理学院，商务部世界贸易组织司

［内容提要］自2001年11月启动以来，WTO多哈回合谈判已经走过了九年的艰苦历程。发展问题虽然被确定为本回合谈判的主题，但由于发达国家缺乏足够的政治意愿等原因，谈判已经远远偏离了发展的主题。如何解决多哈谈判在解决发展问题上的困境，成为国际社会普遍关心的重大问题。该文将试图探析造成这种困境的主要原因，并在此基础上提出走出困境的主要出路。

6. 对外开放与互联网监管. 崔凡，杨凤鸣. 国际贸易，2010/05

［作者简介］对外经济贸易大学国际经贸学院

［内容提要］在全世界范围内，互联网的监管方式正在引起越来越多的关注。WTO虽然不是一

个全球的互联网监管机构，但是一方面电信服务（包括互联网服务）开放是 WTO 所管辖的领域；另一方面其他许多服务贸易部门越来越多地使用互联网作为跨界提供服务的媒体。因此，服务贸易的开放问题，特别是文化及传媒产业的开放，越来越多地涉及互联网监管问题。我们将结合诸多案例，剖析该问题产生的政治背景和法律背景，对全球互联网监管的最新发展趋势及其对中国的影响做一个基本的预测，最后将提出对中国政府的建议。

7. WTO 框架下“碳关税”条款刍议. 苑路佳. 法学杂志，2010/08

［作者简介］中国政法大学国际法学院

［内容提要］《美国清洁能源与安全法案》第768 节“国际储备配额项目”条款（“碳关税”条款）引发了发展中国家的广泛反对，它的提出体现了新的国际格局中发达国家对国际多边环境公约“共同但有区别的责任”原则的不满和违反。美国在其国内环境立法过程中依然贯彻惯常的单边霸权做法，碳关税是十年来美国单边主义与 WTO 多边主义交锋的续演。该条款与 WTO 原则相违背，美国难以依据 GATT 1994 例外条款进行有效的抗辩，WTO 体制下贸易事项与非贸易价值的对接趋向亦不能为其提供先例支持。为应对此问题，中国要增强在国际舞台维护本国利益的主动性和理论依据的说服性，积极利用国际多边环境公约创设的有利平台，亦须加强对 WTO 体制的研究与利用，并利用此“外部动力”促进国内产业的绿色升级改造。

8. WTO 公共道德例外条款探析. 李广辉，杨琼. 国际经贸探索，2010/09

［作者简介］汕头大学法学院

［内容提要］为了将不同意识形态的成员纳入到 WTO 体制下，WTO 规定了例外条款。但是也有不少国内贸易保护集团恶意使用例外条款保护其国内产业。目前国际社会还较少援引公共道德例外免责，但未来公共道德例外会被广泛援引。探讨公共道德例外有助于我们今后更好地援引和保护中国的根本利益。文章首先论述了 GATT/WTO 例外条款的概念及基本内容，然后分析了适用公共道德例外的条件以及与公共秩序的区别，最后结合中国国情进一步提出了完善公共道德例外条款的建议。

第九篇　与 WTO 有关的法规及政策(2010)

食品安全风险评估管理规定（试行）

第一条　为规范食品安全风险评估工作，根据《中华人民共和国食品安全法》和《中华人民共和国食品安全法实施条例》的有关规定，制定本规定。

第二条　本规定适用于国务院卫生行政部门依照食品安全法有关规定组织的食品安全风险评估工作。

第三条　卫生部负责组织食品安全风险评估工作，成立国家食品安全风险评估专家委员会，并及时将食品安全风险评估结果通报国务院有关部门。

国务院有关部门按照有关法律法规和本规定的要求提出食品安全风险评估的建议，并提供有关信息和资料。

地方人民政府有关部门应当按照风险所在的环节协助国务院有关部门收集食品安全风险评估有关的信息和资料。

第四条　国家食品安全风险评估专家委员会依据国家食品安全风险评估专家委员会章程组建。

卫生部确定的食品安全风险评估技术机构负责承担食品安全风险评估相关科学数据、技术信息、检验结果的收集、处理、分析等任务。食品安全风险评估技术机构开展与风险评估相关工作接受国家食品安全风险评估专家委员会的委托和指导。

第五条　食品安全风险评估以食品安全风险监测和监督管理信息、科学数据以及其他有关信息为基础，遵循科学、透明和个案处理的原则进行。

第六条　国家食品安全风险评估专家委员会依据本规定及国家食品安全风险评估专家委员会章程独立进行风险评估，保证风险评估结果的科学、客观和公正。

任何部门不得干预国家食品安全风险评估专家委员会和食品安全风险评估技术机构承担的风险评估相关工作。

第七条　有下列情形之一的，由卫生部审核同意后向国家食品安全风险评估专家委员会下达食品安全风险评估任务：

（一）为制订或修订食品安全国家标准提供科学依据需要进行风险评估的；

（二）通过食品安全风险监测或者接到举报发现食品可能存在安全隐患的，在组织进行检验后认为需要进行食品安全风险评估的；

（三）国务院有关部门按照《中华人民共和国食品安全法实施条例》第十二条要求提出食品安全风险评估的建议，并按规定提出《风险评估项目建议书》（见附表1）；

（四）卫生部根据法律法规的规定认为需要进行风险评估的其他情形。

第八条　国务院有关部门提交《风险评估项目建议书》时，应当向卫生部提供下列信息和资料：

（一）风险的来源和性质；

（二）相关检验数据和结论；

（三）风险涉及范围；

（四）其他有关信息和资料。

卫生部根据食品安全风险评估的需要组织收集有关信息和资料，国务院有关部门和县级以上地方农业行政、质量监督、工商行政管理、食品药品监督管理等有关部门应当协助收集前款规定的食品安全风险评估信息和资料。

第九条　对于下列情形之一的，卫生部可以做出不予评估的决定：

（一）通过现有的监督管理措施可以解决的；

（二）通过检验和产品安全性评估可以得出结论的；

（三）国际政府组织有明确资料对风险进行了科学描述且适于我国膳食暴露模式的。

对做出不予评估决定和因缺乏数据信息难以做出评估结论的，卫生部应当向有关方面说明原因和依据；如果国际组织已有评估结论的，应一并通报相关部门。

第十条　卫生部根据本规定第七条的规定和国家食品安全风险评估专家委员会的建议，确定国家食品安全风险评估计划和优先评估项目。

第十一条　卫生部以《风险评估任务书》（见附表2）的形式向国家食品安全风险评估专家委员会下达风险评估任务。《风险评估任务书》应当包括风险评估的目的、需要解决的问题和结果产出形式等内容。

第十二条 国家食品安全风险评估专家委员会应当根据评估任务提出风险评估实施方案，报卫生部备案。

对于需要进一步补充信息的，可向卫生部提出数据和信息采集方案的建议。

第十三条 国家食品安全风险评估专家委员会按照风险评估实施方案，遵循危害识别、危害特征描述、暴露评估和风险特征描述的结构化程序开展风险评估。

第十四条 受委托的有关技术机构应当在国家食品安全风险评估专家委员会要求的时限内提交风险评估相关科学数据、技术信息、检验结果的收集、处理和分析的结果。

第十五条 国家食品安全风险评估专家委员会进行风险评估，对风险评估的结果和报告负责，并及时将结果、报告上报卫生部。

第十六条 发生下列情形之一的，卫生部可以要求国家食品安全风险评估专家委员会立即研究分析，对需要开展风险评估的事项，国家食品安全风险评估专家委员会应当立即成立临时工作组，制订应急评估方案。

（一）处理重大食品安全事故需要的；

（二）公众高度关注的食品安全问题需要尽快解答的；

（三）国务院有关部门监督管理工作需要并提出应急评估建议的；

（四）处理与食品安全相关的国际贸易争端需要的。

第十七条 需要开展应急评估时，国家食品安全风险评估专家委员会按照应急评估方案进行风险评估，及时向卫生部提交风险评估结果报告。

第十八条 卫生部应当依法向社会公布食品安全风险评估结果。

风险评估结果由国家食品安全风险评估专家委员会负责解释。

第十九条 本规定用语定义如下：

危害：指食品中所含有的对健康有潜在不良影响的生物、化学、物理因素或食品存在状况。

危害识别：根据流行病学、动物试验、体外试验、结构—活性关系等科学数据和文献信息确定人体暴露于某种危害后是否会对健康造成不良影响、造成不良影响的可能性，以及可能处于风险之中的人群和范围。

危害特征描述：对与危害相关的不良健康作用进行定性或定量描述。可以利用动物试验、临床研究以及流行病学研究确定危害与各种不良健康作用之间的剂量—反应关系、作用机制等。如果可能，对于毒性作用有阈值的危害应建立人体安全摄入量水平。

暴露评估：描述危害进入人体的途径，估算不同人群摄入危害的水平。根据危害在膳食中的水平和人群膳食消费量，初步估算危害的膳食总摄入量，同时考虑其他非膳食进入人体的途径，估算人体总摄入量并与安全摄入量进行比较。

风险特征描述：在危害识别、危害特征描述和暴露评估的基础上，综合分析危害对人群健康产生不良作用的风险及其程度，同时应当描述和解释风险评估过程中的不确定性。

第二十条 食品安全风险评估技术机构的认定和资格管理规定由卫生部另行制订。

第二十一条 本办法由卫生部负责解释，自发布之日起实施。

外商投资合伙企业登记管理规定

第一章　总　　则

第一条　为了规范外国企业或者个人在中国境内设立合伙企业的行为，便于外国企业或者个人以设立合伙企业的方式在中国境内投资，扩大对外经济合作和技术交流，依据《中华人民共和国合伙企业法》（以下简称《合伙企业法》）、《外国企业或者个人在中国境内设立合伙企业管理办法》和《中华人民共和国合伙企业登记管理办法》（以下简称《合伙企业登记管理办法》），制定本规定。

第二条　本规定所称外商投资合伙企业是指2个以上外国企业或者个人在中国境内设立的合伙企业，以及外国企业或者个人与中国的自然人、法人和其他组织在中国境内设立的合伙企业。

外商投资合伙企业的设立、变更、注销登记适用本规定。

申请办理外商投资合伙企业登记，申请人应当对申请材料的真实性负责。

第三条　外商投资合伙企业应当遵守《合伙企业法》以及其他有关法律、行政法规、规章的规定，应当符合外商投资的产业政策。

国家鼓励具有先进技术和管理经验的外国企业或者个人在中国境内设立合伙企业，促进现代服务业等产业的发展。

《外商投资产业指导目录》禁止类和标注“限于合资”、“限于合作”、“限于合资、合作”、“中方控股”、“中方相对控股”和有外资比例要求的项目，不得设立外商投资合伙企业。

第四条　外商投资合伙企业经依法登记，领取外商投资合伙企业营业执照后，方可从事经营活动。

第五条　国家工商行政管理总局主管全国的外商投资合伙企业登记管理工作。

国家工商行政管理总局授予外商投资企业核准登记权的地方工商行政管理部门（以下称企业登记机关）负责本辖区内的外商投资合伙企业登记管理。

省、自治区、直辖市及计划单列市、副省级市工商行政管理部门负责以投资为主要业务的外商投资合伙企业的登记管理。

第二章　设立登记

第六条　设立外商投资合伙企业，应当具备《合伙企业法》和《外国企业或者个人在中国境内设立合伙企业管理办法》规定的条件。

国有独资公司、国有企业、上市公司以及公益性的事业单位、社会团体不得成为普通合伙人。

第七条　外商投资合伙企业的登记事项包括：

（一）名称；

（二）主要经营场所；

（三）执行事务合伙人；

（四）经营范围；

（五）合伙企业类型；

（六）合伙人姓名或者名称、国家（地区）及住所、承担责任方式、认缴或者实际缴付的出资数额、缴付期限、出资方式和评估方式。

合伙协议约定合伙期限的，登记事项还应当包括合伙期限。

执行事务合伙人是外国企业、中国法人或者其他组织的，登记事项还应当包括外国企业、中国法人或者其他组织委派的代表（以下称委派代表）。

第八条　外商投资合伙企业的名称应当符合国家有关企业名称登记管理的规定。

第九条　外商投资合伙企业主要经营场所只能有一个，并且应当在其企业登记机关登记管辖区域内。

第十条　合伙协议未约定或者全体普通合伙人未决定委托执行事务合伙人的，全体普通合伙人均为执行事务合伙人。

有限合伙人不得成为执行事务合伙人。

第十一条 外商投资合伙企业类型包括外商投资普通合伙企业（含特殊的普通合伙企业）和外商投资有限合伙企业。

第十二条 设立外商投资合伙企业，应当由全体合伙人指定的代表或者共同委托的代理人向企业登记机关申请设立登记。

申请设立外商投资合伙企业，应当向企业登记机关提交下列文件：

（一）全体合伙人签署的设立登记申请书；

（二）全体合伙人签署的合伙协议；

（三）全体合伙人的主体资格证明或者自然人身份证明；

（四）主要经营场所证明；

（五）全体合伙人指定代表或者共同委托代理人的委托书；

（六）全体合伙人对各合伙人认缴或者实际缴付出资的确认书；

（七）全体合伙人签署的符合外商投资产业政策的说明；

（八）与外国合伙人有业务往来的金融机构出具的资信证明；

（九）外国合伙人与境内法律文件送达接受人签署的《法律文件送达授权委托书》；

（十）本规定规定的其他相关文件。

法律、行政法规或者国务院规定设立外商投资合伙企业须经批准的，还应当提交有关批准文件。

外国合伙人的主体资格证明或者自然人身份证明和境外住所证明应当经其所在国家主管机构公证认证并经我国驻该国使（领）馆认证。香港特别行政区、澳门特别行政区和台湾地区合伙人的主体资格证明或者自然人身份证明和境外住所证明应当依照现行相关规定办理。

《法律文件送达授权委托书》应当明确授权境内被授权人代为接受法律文件送达，并载明被授权人姓名或者名称、地址及联系方式。被授权人可以是外国合伙人在中国境内设立的企业、拟设立的外商投资合伙企业（被授权人为拟设立的外商投资合伙企业的，外商投资合伙企业设立后委托生效）或者境内其他有关单位或者个人。

第十三条 外商投资合伙企业的经营范围中有属于法律、行政法规或者国务院规定在登记前须经批准的行业的，应当向企业登记机关提交批准文件。

第十四条 外国合伙人用其从中国境内依法获得的人民币出资的，应当提交外汇管理部门出具的境内人民币利润或者其他人民币合法收益再投资的资本项目外汇业务核准件等相关证明文件。

第十五条 以实物、知识产权、土地使用权或者其他财产权利出资，由全体合伙人协商作价的，应当向企业登记机关提交全体合伙人签署的协商作价确认书；由全体合伙人委托法定评估机构评估作价的，应当向企业登记机关提交中国境内法定评估机构出具的评估作价证明。

外国普通合伙人以劳务出资的，应当向企业登记机关提交外国人就业许可文件，具体程序依照国家有关规定执行。

第十六条 法律、行政法规规定设立特殊的普通合伙企业，需要提交合伙人的职业资格证明的，应当依照相关法律、行政法规规定，向企业登记机关提交有关证明。

第十七条 外商投资合伙企业营业执照的签发日期，为外商投资合伙企业成立日期。

第三章 变更登记

第十八条 外商投资合伙企业登记事项发生变更的，该合伙企业应当自做出变更决定或者发生变更事由之日起 15 日内，向原企业登记机关申请变更登记。

第十九条 外商投资合伙企业申请变更登记，应当向原企业登记机关提交下列文件：

（一）执行事务合伙人或者委派代表签署的变更登记申请书；

（二）全体普通合伙人签署的变更决定书或者合伙协议约定的人员签署的变更决定书；

（三）本规定规定的其他相关文件。

法律、行政法规或者国务院规定变更事项须经批准的，还应当提交有关批准文件。

变更执行事务合伙人、合伙企业类型、合伙人姓名或者名称、承担责任方式、认缴或者实际缴付的出资数额、缴付期限、出资方式和评估方式等登记事项的，有关申请文书的签名应当经过中国法定公证机构的公证。

第二十条　外商投资合伙企业变更主要经营场所的，应当申请变更登记，并提交新的主要经营场所使用证明。

外商投资合伙企业变更主要经营场所在原企业登记机关辖区外的，应当向迁入地企业登记机关申请办理变更登记；迁入地企业登记机关受理的，由原企业登记机关将企业登记档案移送迁入地企业登记机关。

第二十一条　外商投资合伙企业执行事务合伙人变更的，应当提交全体合伙人签署的修改后的合伙协议。

新任执行事务合伙人是外国企业、中国法人或者其他组织的，还应当提交其委派代表的委托书和自然人身份证明。

执行事务合伙人委派代表变更的，应当提交继任代表的委托书和自然人身份证明。

第二十二条　外商投资合伙企业变更经营范围的，应当提交符合外商投资产业政策的说明。

变更后的经营范围有属于法律、行政法规或者国务院规定在登记前须经批准的行业的，合伙企业应当自有关部门批准之日起30日内，向原企业登记机关申请变更登记。

外商投资合伙企业的经营范围中属于法律、行政法规或者国务院规定须经批准的项目被吊销、撤销许可证或者其他批准文件，或者许可证、其他批准文件有效期届满的，合伙企业应当自吊销、撤销许可证、其他批准文件或者许可证、其他批准文件有效期届满之日起30日内，向原企业登记机关申请变更登记或者注销登记。

第二十三条　外商投资合伙企业变更合伙企业类型的，应当按照拟变更企业类型的设立条件，在规定的期限内向企业登记机关申请变更登记，并依法提交有关文件。

第二十四条　外商投资合伙企业合伙人变更姓名（名称）或者住所的，应当提交姓名（名称）或者住所变更的证明文件。

外国合伙人的姓名（名称）、国家（地区）或者境外住所变更证明文件应当经其所在国家主管机构公证认证并经我国驻该国使（领）馆认证。香港特别行政区、澳门特别行政区和台湾地区合伙人的姓名（名称）、地区或者境外住所变更证明文件应当依照现行相关规定办理。

第二十五条　合伙人增加或者减少对外商投资合伙企业出资的，应当向原企业登记机关提交全体合伙人签署的或者合伙协议约定的人员签署的对该合伙人认缴或者实际缴付出资的确认书。

第二十六条　新合伙人入伙的，外商投资合伙企业应当向原登记机关申请变更登记，提交的文件参照本规定第二章的有关规定。

新合伙人通过受让原合伙人在外商投资合伙企业中的部分或者全部财产份额入伙的，应当提交财产份额转让协议。

第二十七条　外商投资合伙企业的外国合伙人全部退伙，该合伙企业继续存续的，应当依照《合伙企业登记管理办法》规定的程序申请变更登记。

第二十八条　合伙协议修改未涉及登记事项的，外商投资合伙企业应当将修改后的合伙协议或者修改合伙协议的决议送原企业登记机关备案。

第二十九条　外国合伙人变更境内法律文件送达接受人的，应当重新签署《法律文件送达授权委托书》，并向原企业登记机关备案。

第三十条　外商投资合伙企业变更登记事项涉及营业执照变更的，企业登记机关应当换发营业执照。

第四章　注销登记

第三十一条　外商投资合伙企业解散，应当依照《合伙企业法》的规定由清算人进行清算。清算人应当自被确定之日起10日内，将清算人成员名单向企业登记机关备案。

第三十二条　外商投资合伙企业解散的，清算人应当自清算结束之日起15日内，向原企业登记机关办理注销登记。

第三十三条　外商投资合伙企业办理注销登记，应当提交下列文件：

（一）清算人签署的注销登记申请书；

（二）人民法院的破产裁定、外商投资合伙企业依照《合伙企业法》做出的决定、行政机关责令关闭、外商投资合伙企业依法被吊销营业执照或者被撤销的文件；

（三）全体合伙人签名、盖章的清算报告（清算报告中应当载明已经办理完结税务、海关纳税手续的说明）。

有分支机构的外商投资合伙企业申请注销登记，还应当提交分支机构的注销登记证明。

外商投资合伙企业办理注销登记时，应当缴回营业执照。

第三十四条 经企业登记机关注销登记，外商投资合伙企业终止。

第五章 分支机构登记

第三十五条 外商投资合伙企业设立分支机构，应当向分支机构所在地的企业登记机关申请设立登记。

第三十六条 分支机构的登记事项包括：分支机构的名称、经营场所、经营范围、分支机构负责人的姓名及住所。

分支机构的经营范围不得超出外商投资合伙企业的经营范围。

外商投资合伙企业有合伙期限的，分支机构的登记事项还应当包括经营期限。分支机构的经营期限不得超过外商投资合伙企业的合伙期限。

第三十七条 外商投资合伙企业设立分支机构，应当向分支机构所在地的企业登记机关提交下列文件：

（一）分支机构设立登记申请书；

（二）全体合伙人签署的设立分支机构的决定书；

（三）加盖合伙企业印章的外商投资合伙企业营业执照复印件；

（四）全体合伙人委派执行分支机构事务负责人的委托书及其身份证明；

（五）经营场所证明；

（六）本规定规定的其他相关文件。

第三十八条 分支机构的经营范围中有属于法律、行政法规或者国务院规定在登记前须经批准的行业的，应当向分支机构所在地的企业登记机关提交批准文件。

第三十九条 外商投资合伙企业申请分支机构变更登记或者注销登记，比照本规定关于外商投资合伙企业变更登记、注销登记的规定办理。

第四十条 外商投资合伙企业应当自分支机构设立登记之日起30日内，持加盖印章的分支机构营业执照复印件，到原企业登记机关办理备案。

分支机构登记事项变更的，隶属企业应当自变更登记之日起30日内到原企业登记机关办理备案。

申请分支机构注销登记的，外商投资合伙企业应当自分支机构注销登记之日起30日内到原企业登记机关办理备案。

第四十一条 分支机构营业执照的签发日期，为外商投资合伙企业分支机构的成立日期。

第六章 登记程序

第四十二条 申请人提交的登记申请材料齐全、符合法定形式，企业登记机关能够当场登记的，应予当场登记，发给（换发）营业执照。

除前款规定情形外，企业登记机关应当自受理申请之日起20日内，做出是否登记的决定。予以登记的，发给（换发）营业执照；不予登记的，应当给予书面答复，并说明理由。

对于《外商投资产业指导目录》中没有法定前置审批的限制类项目或者涉及有关部门职责的其他项目，企业登记机关应当自受理申请之日起5日内书面征求有关部门的意见。企业登记机关应当在接到有关部门书面意见之日起5日内，做出是否登记的决定。予以登记的，发给（换发）营业执照；不予登记的，应当给予书面答复，并说明理由。

第四十三条 外商投资合伙企业涉及须经政府核准的投资项目的，依照国家有关规定办理投资项目核准手续。

第四十四条 外商投资合伙企业设立、变更、注销的，企业登记机关应当同时将企业设立、变更或者注销登记信息向同级商务主管部门通报。

第四十五条 企业登记机关应当将登记的外商投资合伙企业登记事项记载于外商投资合伙企业登记簿上，供社会公众查阅、复制。

第四十六条 企业登记机关吊销外商投资合伙企业营业执照的，应当发布公告。

第七章 年度检验和证照管理

第四十七条 外商投资合伙企业及其分支机构应当按照企业登记机关的要求，在每年3月1日至6月30日，提交年度检验报告书等文件，接受年度检验。

年检结束后，企业登记机关应当将外商投资合伙企业年检信息向同级商务主管部门通报。

第四十八条 营业执照分为正本和副本，正本和副本具有同等法律效力。

外商投资合伙企业及其分支机构根据业务需要，可以向企业登记机关申请核发若干营业执照副本。

营业执照正本应当置放在经营场所的醒目位置。

第四十九条 任何单位和个人不得涂改、出售、出租、出借或者以其他方式转让营业执照。

营业执照遗失或者毁损的，应当在企业登记机关指定的报刊上声明作废，并向企业登记机关申请补领或者更换。

第五十条 外商投资合伙企业及其分支机构的登记文书格式和营业执照的正本、副本样式，由国家工商行政管理总局制定。

第八章 法律责任

第五十一条 未领取营业执照，而以外商投资合伙企业名义从事合伙业务的，由企业登记机关依照《合伙企业登记管理办法》第三十六条规定处罚。

从事《外商投资产业指导目录》禁止类项目的，或者未经登记从事限制类项目的，由企业登记机关和其他主管机关依照《无照经营查处取缔办法》规定处罚。法律、行政法规或者国务院另有规定的，从其规定。

第五十二条 提交虚假文件或者采取其他欺骗手段，取得外商投资合伙企业登记的，由企业登记机关依照《合伙企业登记管理办法》第三十七条规定处罚。

第五十三条 外商投资合伙企业登记事项发生变更，未依照本规定办理变更登记的，由企业登记机关依照《合伙企业登记管理办法》第三十八条规定处罚。

第五十四条 外商投资合伙企业在使用名称中未按照企业登记机关核准的名称标明“普通合伙”、“特殊普通合伙”或者“有限合伙”字样的，由企业登记机关依照《合伙企业登记管理办法》第三十九条规定处罚。

第五十五条 外商投资合伙企业未依照本规定办理不涉及登记事项的协议修改、分支机构及清算人成员名单备案的，由企业登记机关依照《合伙企业登记管理办法》第四十条规定处罚。

外商投资合伙企业未依照本规定办理外国合伙人《法律文件送达授权委托书》备案的，由企业登记机关责令改正；逾期未办理的，处2 000元以下的罚款。

第五十六条 外商投资合伙企业的清算人未向企业登记机关报送清算报告，或者报送的清算报告隐瞒重要事实，或者有重大遗漏的，由企业登记机关依照《合伙企业登记管理办法》第四十一条规定处罚。

第五十七条 外商投资合伙企业未依照本规定接受年度检验的，由企业登记机关依照《合伙企业登记管理办法》第四十二条规定处罚。

第五十八条 外商投资合伙企业在年度检验中，隐瞒真实情况，弄虚作假的，由企业登记机关依照《合伙企业登记管理办法》第四十三条规定处罚。

第五十九条 外商投资合伙企业未将其营业执照正本置放在经营场所醒目位置的，由企业登记机关依照《合伙企业登记管理办法》第四十四条规定处罚。

第六十条 外商投资合伙企业涂改、出售、出租、出借或者以其他方式转让营业执照的，由企业登记机关依照《合伙企业登记管理办法》第四十五条规定处罚。

第六十一条 外商投资合伙企业的分支机构有本章规定的违法行为的，适用本章有关规定。

第六十二条 企业登记机关违反产业政策，对于不应当登记的予以登记，或者应当登记的不予登记的，依法追究其直接责任人或者主要负责人的行政责任。

企业登记机关的工作人员滥用职权、徇私舞弊、收受贿赂、侵害外商投资合伙企业合法权益的，依法给予处分。

第九章 附 则

第六十三条 中国的自然人、法人和其他组织在中国境内设立的合伙企业，外国企业或者个人入伙的，应当符合本规定，并依法向企业登记机关申请变更登记。

第六十四条 以投资为主要业务的外商投资合伙企业境内投资的，应当依照国家有关外商投资的法律、行政法规、规章办理。

第六十五条 外商投资的投资性公司、外商投资的创业投资企业在中国境内设立合伙企业或者加入中国自然人、法人和其他组织已经设立的合伙企业的，参照本规定。

第六十六条 外商投资合伙企业依照本规定办理相关登记手续后，应当依法办理外汇、税务、海关等手续。

第六十七条 香港特别行政区、澳门特别行政区、台湾地区的企业或者个人在内地设立合伙企业或者加入内地自然人、法人和其他组织已经设立的合伙企业的，参照本规定。

第六十八条 本规定自 2010 年 3 月 1 日起施行。

融资性担保公司管理暂行办法

第一章　总　　则

第一条　为加强对融资性担保公司的监督管理，规范融资性担保行为，促进融资性担保行业健康发展，根据《中华人民共和国公司法》、《中华人民共和国担保法》、《中华人民共和国合同法》等法律规定，制定本办法。

第二条　本办法所称融资性担保是指担保人与银行业金融机构等债权人约定，当被担保人不履行对债权人负有的融资性债务时，由担保人依法承担合同约定的担保责任的行为。

本办法所称融资性担保公司是指依法设立，经营融资性担保业务的有限责任公司和股份有限公司。

本办法所称监管部门是指省、自治区、直辖市人民政府确定的负责监督管理本辖区融资性担保公司的部门。

第三条　融资性担保公司应当以安全性、流动性、收益性为经营原则，建立市场化运作的可持续审慎经营模式。

融资性担保公司与企业、银行业金融机构等客户的业务往来，应当遵循诚实守信的原则，并遵守合同的约定。

第四条　融资性担保公司依法开展业务，不受任何机关、单位和个人的干涉。

第五条　融资性担保公司开展业务，应当遵守法律、法规和本办法的规定，不得损害国家利益和社会公共利益。

融资性担保公司应当为客户保密，不得利用客户提供的信息从事任何与担保业务无关或有损客户利益的活动。

第六条　融资性担保公司开展业务应当遵守公平竞争的原则，不得从事不正当竞争。

第七条　融资性担保公司由省、自治区、直辖市人民政府实施属地管理。省、自治区、直辖市人民政府确定的监管部门具体负责本辖区融资性担保公司的准入、退出、日常监管和风险处置，并向国务院建立的融资性担保业务监管部际联席会议报告工作。

第二章　设立、变更和终止

第八条　设立融资性担保公司及其分支机构，应当经监管部门审查批准。

经批准设立的融资性担保公司及其分支机构，由监管部门颁发经营许可证，并凭该许可证向工商行政管理部门申请注册登记。

任何单位和个人未经监管部门批准不得经营融资性担保业务，不得在名称中使用融资性担保字样，法律、行政法规另有规定的除外。

第九条　设立融资性担保公司，应当具备下列条件：

（一）有符合《中华人民共和国公司法》规定的章程。

（二）有具备持续出资能力的股东。

（三）有符合本办法规定的注册资本。

（四）有符合任职资格的董事、监事、高级管理人员和合格的从业人员。

（五）有健全的组织机构、内部控制和风险管理制度。

（六）有符合要求的营业场所。

（七）监管部门规定的其他审慎性条件。

董事、监事、高级管理人员和从业人员的资格管理办法由融资性担保业务监管部际联席会议另行制定。

第十条　监管部门根据当地实际情况规定融资性担保公司注册资本的最低限额，但不得低于人民币500万元。

注册资本为实缴货币资本。

第十一条　设立融资性担保公司，应向监管部门提交下列文件、资料：

（一）申请书。应当载明拟设立的融资性担保公司的名称、住所、注册资本和业务范围等事项。

（二）可行性研究报告。

（三）章程草案。

（四）股东名册及其出资额、股权结构。

（五）股东出资的验资证明以及持有注册资本5%以上股东的资信证明和有关资料。

（六）拟任董事、监事、高级管理人员的资格证明。

（七）经营发展战略和规划。

（八）营业场所证明材料。

（九）监管部门要求提交的其他文件、资料。

第十二条 融资性担保公司有下列变更事项之一的，应当经监管部门审查批准：

（一）变更名称。

（二）变更组织形式。

（三）变更注册资本。

（四）变更公司住所。

（五）调整业务范围。

（六）变更董事、监事和高级管理人员。

（七）变更持有5%以上股权的股东。

（八）分立或者合并。

（九）修改章程。

（十）监管部门规定的其他变更事项。

融资性担保公司变更事项涉及公司登记事项的，经监管部门审查批准后，按规定向工商行政管理部门申请变更登记。

第十三条 融资性担保公司跨省、自治区、直辖市设立分支机构的，应当征得该融资性担保公司所在地监管部门同意，并经拟设立分支机构所在地监管部门审查批准。

第十四条 融资性担保公司因分立、合并或出现公司章程规定的解散事由需要解散的，应当经监管部门审查批准，并凭批准文件及时向工商行政管理部门申请注销登记。

第十五条 融资性担保公司有重大违法经营行为，不予撤销将严重危害市场秩序、损害公众利益的，由监管部门予以撤销。法律、行政法规另有规定的除外。

第十六条 融资性担保公司解散或被撤销的，应当依法成立清算组进行清算，按照债务清偿计划及时偿还有关债务。监管部门监督其清算过程。

担保责任解除前，公司股东不得分配公司财产或从公司取得任何利益。

第十七条 融资性担保公司不能清偿到期债务，并且资产不足以清偿全部债务或者明显缺乏清偿能力的，应当依法实施破产。

第三章 业务范围

第十八条 融资性担保公司经监管部门批准，可以经营下列部分或全部融资性担保业务：

（一）贷款担保。

（二）票据承兑担保。

（三）贸易融资担保。

（四）项目融资担保。

（五）信用证担保。

（六）其他融资性担保业务。

第十九条 融资性担保公司经监管部门批准，可以兼营下列部分或全部业务：

（一）诉讼保全担保。

（二）投标担保、预付款担保、工程履约担保、尾付款如约偿付担保等履约担保业务。

（三）与担保业务有关的融资咨询、财务顾问等中介服务。

（四）以自有资金进行投资。

（五）监管部门规定的其他业务。

第二十条 融资性担保公司可以为其他融资性担保公司的担保责任提供再担保和办理债券发行担保业务，但应当同时符合以下条件：

（一）近两年无违法、违规不良记录。

（二）监管部门规定的其他审慎性条件。

从事再担保业务的融资性担保公司除需满足前款规定的条件外，注册资本应当不低于人民币1亿元，并连续营业两年以上。

第二十一条 融资性担保公司不得从事下列活动：

（一）吸收存款。

（二）发放贷款。

（三）受托发放贷款。

（四）受托投资。

（五）监管部门规定不得从事的其他活动。

融资性担保公司从事非法集资活动的，由有关部门依法予以查处。

第四章　经营规则和风险控制

第二十二条　融资性担保公司应当依法建立健全公司治理结构，完善议事规则、决策程序和内审制度，保持公司治理的有效性。

跨省、自治区、直辖市设立分支机构的融资性担保公司，应当设两名以上的独立董事。

第二十三条　融资性担保公司应当建立符合审慎经营原则的担保评估制度、决策程序、事后追偿和处置制度、风险预警机制和突发事件应急机制，并制定严格规范的业务操作规程，加强对担保项目的风险评估和管理。

第二十四条　融资性担保公司应当配备或聘请经济、金融、法律、技术等方面具有相关资格的专业人才。

跨省、自治区、直辖市设立分支机构的融资性担保公司应当设立首席合规官和首席风险官。首席合规官、首席风险官应当由取得律师或注册会计师等相关资格，并具有融资性担保或金融从业经验的人员担任。

第二十五条　融资性担保公司应当按照金融企业财务规则和企业会计准则等要求，建立健全财务会计制度，真实地记录和反映企业的财务状况、经营成果和现金流量。

第二十六条　融资性担保公司收取的担保费，可根据担保项目的风险程度，由融资性担保公司与被担保人自主协商确定，但不得违反国家有关规定。

第二十七条　融资性担保公司对单个被担保人提供的融资性担保责任余额不得超过净资产的10%，对单个被担保人及其关联方提供的融资性担保责任余额不得超过净资产的15%，对单个被担保人债券发行提供的担保责任余额不得超过净资产的30%。

第二十八条　融资性担保公司的融资性担保责任余额不得超过其净资产的10倍。

第二十九条　融资性担保公司以自有资金进行投资，限于国债、金融债券及大型企业债务融资工具等信用等级较高的固定收益类金融产品，以及不存在利益冲突且总额不高于净资产20%的其他投资。

第三十条　融资性担保公司不得为其母公司或子公司提供融资性担保。

第三十一条　融资性担保公司应当按照当年担保费收入的50%提取未到期责任准备金，并按不低于当年年末担保责任余额1%的比例提取担保赔偿准备金。担保赔偿准备金累计达到当年担保责任余额10%的，实行差额提取。差额提取办法和担保赔偿准备金的使用管理办法由监管部门另行制定。

监管部门可以根据融资性担保公司责任风险状况和审慎监管的需要，提出调高担保赔偿准备金比例的要求。

融资性担保公司应当对担保责任实行风险分类管理，准确计量担保责任风险。

第三十二条　融资性担保公司与债权人应当按照协商一致的原则建立业务关系，并在合同中明确约定承担担保责任的方式。

第三十三条　融资性担保公司办理融资性担保业务，应当与被担保人约定在担保期间可持续获得相关信息并有权对相关情况进行核实。

第三十四条　融资性担保公司与债权人应当建立担保期间被担保人相关信息的交换机制，加强对被担保人的信用辅导和监督，共同维护双方的合法权益。

第三十五条　融资性担保公司应当按照监管部门的规定，将公司治理情况、财务会计报告、风险管理状况、资本金构成及运用情况、担保业务总体情况等信息告知相关债权人。

第五章　监督管理

第三十六条　监管部门应当建立健全融资性担保公司信息资料收集、整理、统计分析制度和监管记分制度，对经营及风险状况进行持续监测，并于每年 6 月底前完成所监管融资性担保公司上一年度机构概览报告。

第三十七条 融资性担保公司应当按照规定及时向监管部门报送经营报告、财务会计报告、合法合规报告等文件和资料。

融资性担保公司向监管机构提交的各类文件和资料，应当真实、准确、完整。

第三十八条 融资性担保公司应当按季度向监管部门报告资本金的运用情况。

监管部门应当根据审慎监管的需要，适时提出融资性担保公司的资本质量和资本充足率要求。

第三十九条 监管部门根据监管需要，有权要求融资性担保公司提供专项资料，或约见其董事、监事、高级管理人员进行监管谈话，要求就有关情况进行说明或进行必要的整改。

监管部门认为必要时，可以向债权人通报所监管有关融资性担保公司的违规或风险情况。

第四十条 监管部门根据监管需要，可以对融资性担保公司进行现场检查，融资性担保公司应当予以配合，并按照监管部门的要求提供有关文件、资料。

现场检查时，检查人员不得少于 2 人，并向融资性担保公司出示检查通知书和相关证件。

第四十一条 融资性担保公司发生担保诈骗、金额可能达到其净资产 5%以上的担保代偿或投资损失，以及董事、监事、高级管理人员涉及严重违法、违规等重大事件时，应当立即采取应急措施并向监管部门报告。

第四十二条 融资性担保公司应当及时向监管部门报告股东大会或股东会、董事会等会议的重要决议。

第四十三条 融资性担保公司应当聘请社会中介机构进行年度审计，并将审计报告及时报送监管部门。

第四十四条 监管部门应当会同有关部门建立融资性担保行业突发事件的发现、报告和处置制度，制定融资性担保行业突发事件处置预案，明确处置机构及其职责、处置措施和处置程序，及时、有效地处置融资性担保行业突发事件。

第四十五条 监管部门应当于每年年末全面分析评估本辖区融资性担保行业年度发展和监管情况，并于每年 2 月底前向融资性担保业务监管部际联席会议和省、自治区、直辖市人民政府报告本辖区上一年度融资性担保行业发展情况和监管情况。

监管部门应当及时向融资性担保业务监管部际联席会议和省、自治区、直辖市人民政府报告本辖区融资性担保行业的重大风险事件和处置情况。

第四十六条 融资性担保行业建立行业自律组织，履行自律、维权、服务等职责。

全国性的融资性担保行业自律组织接受融资性担保业务监管部际联席会议的指导。

第四十七条 征信管理部门应当将融资性担保公司的有关信息纳入征信管理体系，并为融资性担保公司查询相关信息提供服务。

第六章 法律责任

第四十八条 监管部门从事监督管理工作的人员有下列情形之一的，依法给予行政处分；构成犯罪的，依法追究刑事责任：

（一）违反规定审批融资性担保公司的设立、变更、终止以及业务范围的。

（二）违反规定对融资性担保公司进行现场检查的。

（三）未依照本办法第四十五条规定报告重大风险事件和处置情况的。

（四）其他违反法律法规及本办法规定的行为。

第四十九条 融资性担保公司违反法律、法规及本办法规定，有关法律、法规有处罚规定的，依照其规定给予处罚；有关法律、法规未作处罚规定的，由监管部门责令改正，可以给予警告、罚款；构成犯罪的，依法追究刑事责任。

第五十条 违反本办法第八条第三款规定，擅自经营融资性担保业务的，由有关部门依法予以取缔并处罚；擅自在名称中使用融资性担保字样的，由监管部门责令改正，依法予以处罚。

第七章 附 则

第五十一条 公司制以外的融资性担保机构从事融资性担保业务参照本办法的有关规定执行，具体实施办法由省、自治区、直辖市人民政府另行制定，并报融资性担保业务监管部际联席会议备案。

外商投资的融资性担保公司适用本办法，法律、行政法规另有规定的，依照其规定。

融资性再担保机构管理办法由省、自治区、直辖市人民政府另行制定，并报融资性担保业务监管部际联席会议备案。

第五十二条 省、自治区、直辖市人民政府可以根据本办法的规定，制定实施细则并报融资性担保业务监管部际联席会议备案。

第五十三条 本办法施行前已经设立的融资性担保公司不符合本办法规定的，应当在2011年3月31日前达到本办法规定的要求。具体规范整顿方案，由省、自治区、直辖市人民政府制定。

第五十四条 本办法自公布之日起施行。

食品生产许可管理办法

第一章 总 则

第一条 为了保障食品安全，加强食品生产监管，规范食品生产许可活动，根据《中华人民共和国食品安全法》和其实施条例以及产品质量、生产许可等法律法规的规定，制定本办法。

第二条 在中华人民共和国境内，企业从事食品生产活动以及质量技术监督部门实施食品生产许可，必须遵守本办法。

第三条 企业未取得食品生产许可，不得从事食品生产活动。

第四条 国家质量监督检验检疫总局（以下简称国家质检总局）在职责范围内负责全国食品生产许可管理工作。

县级以上地方质量技术监督部门在职责范围内负责本行政区域内的食品生产许可管理工作。

第五条 食品生产许可必须严格按照法律、法规和规章规定的程序和要求实施，遵循公开、公平、公正、便民原则。

第二章 程 序

第六条 设立食品生产企业，应当在工商部门预先核准名称后依照食品安全法律法规和本办法有关要求取得食品生产许可。

第七条 县级以上地方质量技术监督部门是食品生产许可的实施机关，但按照有关规定由国家质检总局实施的食品生产许可除外。

省级质量技术监督部门按照有关法律法规和国家质检总局有关规定要求，确定本行政区域内质量技术监督部门分别实施许可的品种范围。

第八条 取得食品生产许可，应当符合食品安全标准，并符合下列要求：

（一）具有与申请生产许可的食品品种、数量相适应的食品原料处理和食品加工、包装、贮存等场所，保持该场所环境整洁，并与有毒、有害场所以及其他污染源保持规定的距离；

（二）具有与申请生产许可的食品品种、数量相适应的生产设备或者设施，有相应的消毒、更衣、盥洗、采光、照明、通风、防腐、防尘、防蝇、防鼠、防虫、洗涤以及处理废水、存放垃圾和废弃物的设备或者设施；

（三）具有与申请生产许可的食品品种、数量相适应的合理的设备布局、工艺流程，防止待加工食品与直接入口食品、原料与成品交叉污染，避免食品接触有毒物、不洁物；

（四）具有与申请生产许可的食品品种、数量相适应的食品安全专业技术人员和管理人员；

（五）具有与申请生产许可的食品品种、数量相适应的保证食品安全的培训、从业人员健康检查和健康档案等健康管理、进货查验记录、出厂检验记录、原料验收、生产过程等食品安全管理制度。

法律法规和国家产业政策对生产食品有其他要求的，应当符合该要求。

第九条 拟设立食品生产企业申请食品生产许可的，应当向生产所在地质量技术监督部门（以下简称许可机关）提出，并提交下列材料：

（一）食品生产许可申请书；

（二）申请人的身份证（明）或资格证明复印件；

（三）拟设立食品生产企业的《名称预先核准通知书》；

（四）食品生产加工场所及其周围环境平面图和生产加工各功能区间布局平面图；

（五）食品生产设备、设施清单；

（六）食品生产工艺流程图和设备布局图；

（七）食品安全专业技术人员、管理人员名单；

（八）食品安全管理规章制度文本；

（九）产品执行的食品安全标准；执行企业标准的，须提供经卫生行政部门备案的企业标准；

（十）相关法律法规规定应当提交的其他证明材料。

申请食品生产许可所提交的材料，应当真实、合法、有效。申请人应在食品生产许可申请书等材料上签字确认。

第十条　许可机关对收到的申请，应当依照《中华人民共和国行政许可法》第三十二条等有关规定进行处理。

对申请决定予以受理的，应当出具《受理决定书》。决定不予受理的，应当出具《不予受理决定书》，并说明不予受理的理由，告知申请人享有依法申请行政复议或者提起行政诉讼的权利。

第十一条　许可机关受理申请后，应当依照有关规定组织对申请的资料和生产场所进行核查（以下简称现场核查）。

现场核查应当由许可机关指派二至四名核查人员组成核查组并按照国家质检总局有关规定进行，企业应予以配合。

第十二条　许可机关应当根据核查结果，在法律法规规定的期限内做出如下处理：

（一）经现场核查，生产条件符合要求的，依法做出准予生产的决定，向申请人发出《准予食品生产许可决定书》，并于做出决定之日起十日内颁发设立食品生产企业食品生产许可证书。

（二）经现场核查，生产条件不符合要求的，依法做出不予生产许可的决定，向申请人发出《不予食品生产许可决定书》，并说明理由。

除不可抗力外，由于申请人的原因导致现场核查无法在规定期限内实施的，按现场核查不合格处理。

第十三条　拟设立的食品生产企业必须在取得食品生产许可证书并依法办理营业执照工商登记手续后，方可根据生产许可检验的需要组织试产食品。

第十四条　新设立的食品生产企业应当按规定实施许可的食品品种申请生产许可检验。

许可机关接到生产许可检验申请后，应当及时按照有关规定抽取和封存样品，并告知申请企业在封样后七日内将样品送交具有相应资质的检验机构。

第十五条　检验机构收到样品后，应当按照规定要求和标准进行检验，并准确、及时地出具检验报告。

第十六条　检验结论合格的，许可机关根据检验报告确定食品生产许可的品种范围，并在食品生产许可证副页中予以载明。

在未经许可机关确定食品生产许可的品种范围之前，禁止出厂销售试产食品。

第十七条　检验结论为不合格的，可以按照有关规定申请复检。

复检结论为部分食品品种不合格的，不予确定该类食品的生产许可范围，在食品生产许可证副页中不予载明；禁止出厂销售该类食品。

复检结论为全部食品品种不合格的，应当按照有关规定注销食品生产许可；禁止出厂销售全部品种的食品。

第十八条　已经设立的企业申请取得食品生产许可的，应当持合法有效的营业执照，按照本章规定的有关条件和要求办理许可申请手续。

许可机关按照本章规定的有关条件和要求，受理已经设立的企业从事食品生产的许可申请，并根据现场核查结果和检验报告决定是否准予许可以及确定食品生产许可的品种范围，颁发食品生产许可证书。

第十九条　食品生产许可证有效期为三年。

有效期届满，取得食品生产许可证的企业需要继续生产的，应当在食品生产许可证有效期届满六个月前，向原许可机关提出换证申请；准予换证的，食品生产许可证编号不变。

期满未换证的，视为无证；拟继续生产食品的，应当重新申请，重新发证，重新编号，有效期自许可之日起重新计算。

第二十条　食品生产许可证有效期内，有以下情形之一的，企业应当向原许可机关提出变更申请：

（一）企业名称发生变化的；

（二）住所、生产地址名称发生变化的；

（三）生产场所迁址的；

（四）生产场所周围环境发生变化的；

（五）设备布局和工艺流程发生变化的；

（六）生产设备、设施发生变化的；

（七）法律法规规定的应当申请变更的其他情形。

有前款第（三）项至第（六）项情形之一的，原许可机关应当按照本办法的规定组织进行核查和检验；符合条件的，依法办理变更手续。

第二十一条 企业提出变更食品生产许可申请，应当提交下列申请材料：

（一）变更食品生产许可申请书；

（二）食品生产许可证书正、副本；

（三）与变更食品生产许可事项有关的证明材料。

申请变更食品生产许可所提交的材料，应当真实、合法、有效，符合相关法律法规的规定。申请人应当在变更食品生产许可申请书等材料上签字确认，并对其内容的合法性、真实性负责。

第二十二条 食品生产许可有效期内，有关法律法规、食品安全标准或技术要求发生变化的，原许可机关可以根据国家有关规定重新组织核查和检验。

第二十三条 有下列情形之一的，原许可机关应当依法办理食品生产许可证书注销手续：

（一）生产许可被依法撤回、撤销，或者生产许可证书被依法吊销的；

（二）企业申请注销的或者生产许可证有效期满未换证的；

（三）企业依法终止的；

（四）因不可抗力导致生产许可事项无法实施的；

（五）法律法规规定的应当注销生产许可证书的其他情形。

第二十四条 企业申请注销食品生产许可证书的，应当向原许可机关提交下列申请材料：

（一）注销食品生产许可申请书；

（二）食品生产许可证书正、副本；

（三）与注销食品生产许可事项相关的证明材料。

第三章 证书与标识

第二十五条 食品生产许可证书分为正本和副本，证书及其副页式样由国家质检总局统一规定。

第二十六条 企业应当妥善保管食品生产许可证书，并在生产场所显著位置予以悬挂或者摆放。

食品生产许可证书遗失或者损毁的，企业应当及时在省级以上媒体声明，并及时申请补证。

第二十七条 企业应当在其食品或者其包装上标注食品生产许可证编号和标志；没有食品生产许可证编号和标志的，不得出厂销售。

第二十八条 食品生产许可证编号和标志均属企业获得食品生产许可的标识。食品生产许可证编号规则和标志式样由国家质检总局统一规定。

第二十九条 企业不得出租、出借或者以其他形式转让食品生产许可证书和编号。禁止伪造、变造食品生产许可证书、食品生产许可证编号和食品生产许可证标志。

第四章 监督检查

第三十条 企业应当在食品生产许可的品种范围内从事食品生产活动，不得超出许可的品种范围生产食品。

第三十一条 企业应当保证生产条件持续符合规定要求，并对其生产的食品安全负责。

第三十二条 各级质量技术监督部门在各自职责范围内依法对企业食品生产活动进行定期或不定期的监督检查。

第三十三条 各级质量技术监督部门应当建立食品生产许可和监督检查档案管理制度。档案保存期限按国家有关规定执行。

第三十四条 各级质量技术监督部门应当建立食品生产许可和监督检查信息平台，便于公民、法人和其他社会组织查询。

第五章 法律责任

第三十五条 违反本办法第三条、第十六条第二款、第十七条第二款、第十七条第三款、第三十条等规定，或者已取得食品生产许可但被依法注销的，按照《中华人民共和国食品安全法》第八十四条规定处罚。

第三十六条　违反本办法第二十条、第二十七条、第二十九条等规定，构成有关法律法规规定的违法行为的，按照有关法律法规的规定实施行政处罚。

第三十七条　各级质量技术监督部门及有关工作人员、核查人员、检验机构及检验人员在食品生产许可管理工作中，滥用职权、玩忽职守、徇私舞弊的，依法追究相关法律责任。

第三十八条　本办法规定的行政处罚由县级以上地方质量技术监督部门在职权范围内决定并实施。

决定吊销食品生产许可证的，应当在做出行政处罚决定之前逐级上报许可机关核准。

第三十九条　当事人对依据本办法所实施的行政许可和行政处罚不服的，可以依法提出行政复议或者行政诉讼。

第六章　附　　则

第四十条　本办法所称食品是指《中华人民共和国食品安全法》第九十九条等规定的食品，但不包括食用农产品、声称具有保健功能的食品。

法律、行政法规对乳品、转基因食品、生猪屠宰、酒类和食盐的食品生产许可另有规定的，依照其规定。

第四十一条　本办法规定的实施生产许可的食品品种的划分，按照法律法规和国家质检总局有关规定执行。

第四十二条　取得餐饮服务许可的餐饮服务提供者在其餐饮服务场所制作加工食品，不需要取得本办法规定的食品生产许可。

第四十三条　小作坊等其他食品生产者从事食品生产活动，按照有关法律法规的规定执行。

第四十四条　本办法所规定的核查人员、检验机构资质及其管理，按照有关规定执行。

第四十五条　本办法由国家质检总局负责解释。

第四十六条　本办法自2010年6月1日起施行。国家质检总局在本办法施行前公布的有关食品生产许可的规章、规范性文件与本办法不一致的，以本办法为准。

中华人民共和国海关最不发达国家特别优惠关税待遇进口货物原产地管理办法

第一条 为了正确确定与我国建交的最不发达国家特别优惠关税待遇进口货物的原产地，促进我国与有关国家间的经贸往来，根据《中华人民共和国海关法》、《中华人民共和国进出口货物原产地条例》的规定，制定本办法。

第二条 本办法适用于从与我国建交的最不发达国家（以下称受惠国）进口并享受特别优惠关税待遇货物的原产地管理。

受惠国名单由海关总署另行公告。

第三条 从受惠国直接运输进口的货物，符合下列条件之一的，为该受惠国原产货物，适用《中华人民共和国进出口税则》（以下简称《税则》）中相应的特惠税率：

（一）完全在受惠国获得或者生产的；

（二）非完全在受惠国获得或者生产，但在该受惠国最后完成实质性改变的。

本条第一款第（二）项所称“实质性改变”，适用本办法第五条、第六条、第七条规定的标准确定。

第四条 本办法第三条第（一）项所称“完全在受惠国获得或者生产”的货物是指：

（一）在该受惠国出生并饲养的活动物；

（二）在该受惠国从本条第（一）项所指的动物中获得的货物；

（三）在该受惠国收获、采摘或者采集的植物和植物产品；

（四）在该受惠国狩猎或者捕捞获得的货物；

（五）在该受惠国注册或者登记，并合法悬挂该受惠国国旗的船只，在该受惠国根据符合其缔结的相关国际协定可适用的国内法有权开发的境外水域得到的鱼类、甲壳类动物及其他海洋生物；

（六）在该受惠国注册或者登记，并合法悬挂该受惠国国旗的加工船上加工本条第（五）项所列货物获得的货物；

（七）在该受惠国开采或者提取的矿产品及其他天然生成物质，或者从该受惠国根据符合其缔结的相关国际协定可适用的国内法有权开采的境外水域、海床或者海床底土得到或者提取的除鱼类、甲壳类动物及其他海洋生物以外的货物；

（八）在该受惠国收集的该受惠国消费过程中产生的仅适用于原材料回收的废旧物品；

（九）在该受惠国加工制造过程中产生的仅适用于原材料回收的废碎料；

（十）利用本条第（一）项至第（九）项所列货物在该受惠国加工所得的货物。

第五条 在受惠国境内非完全获得或者生产，但符合《与我国建交的最不发达国家产品特定原产地规则》的，应当视为该受惠国原产货物。

《与我国建交的最不发达国家产品特定原产地规则》是本办法的组成部分，由海关总署另行制定并公布。

第六条 除《与我国建交的最不发达国家产品特定原产地规则》另有规定外，在受惠国境内，部分或者完全使用非受惠国原产材料进行制造或者加工，所得货物在《税则》中的四位数级税则归类发生变化的，应当视为原产于受惠国的货物。

第七条 除《与我国建交的最不发达国家产品特定原产地规则》另有规定外，在受惠国境内，部分或者完全使用非受惠国原产材料生产的货物，其增值部分不低于所得货物船上交货价格（FOB）40%的，应当视为原产于该受惠国的货物。

本条第一款所称货物的增值部分应当按照下列方法计算比例：

$$\frac{\text{货物船上交货价格（FOB）}-\text{非原产材料价格}}{\text{货物船上交货价格（FOB）}}\times 100\% \geqslant 40\%$$

“非原产材料价格”，是指非受惠国原产材料的进口成本、运至目的港口或者地点的运费和保险费（CIF）。原产地不明的材料按照最早可以确定的在受惠国境内为该材料实付或者应付的价格，计入非原产材料价格；该原产地不明材料由货物生产商在受惠国境内获得时，从供应商仓库运抵生产商所在地的运费、保费、包装费及任何其他费用均不计入非原产材料价格。

本条规定中货物船上交货价格和非原产材料价格的计算应当符合《海关估价协定》。

第八条　下列微小加工或者处理不影响货物原产地确定：

（一）为在运输或者贮存期间使货物保持良好状态而进行的加工或者处理；

（二）为便于货物装卸而进行的加工或者处理；

（三）为便于货物销售而进行的包装、展示等加工或者处理；

（四）简单的稀释、混合、干燥、装配、分类或者装饰；

（五）动物屠宰。

第九条　属于《税则》归类总规则三所规定的成套货物，其中全部货物均原产于某一受惠国的，该成套货物即为原产于该受惠国；其中部分货物非原产于该受惠国，但是非原产货物的价格按照本办法第七条确定的比例未超过该成套货物价格15%的，该成套货物仍应当视为原产于该受惠国。

第十条　在确定货物的原产地时，货物生产过程中使用，本身不构成货物物质成分、也不成为货物组成部件的下列材料或者物品，其原产地不影响货物原产地的确定：

（一）燃料、能源、催化剂及溶剂；

（二）用于测试或者检验货物的设备、装置及用品；

（三）手套、眼镜、鞋靴、衣服、安全设备及用品；

（四）工具、模具及型模；

（五）用于维护设备和厂房建筑的备件及材料；

（六）在生产中使用或者用于运行设备和维护厂房建筑的润滑剂、油（滑）脂、合成材料及其他材料；

（七）在货物生产过程中使用，未构成该货物组成成分，但能够合理表明其参与了该货物生产过程的任何其他货物。

第十一条　与货物一起申报进口并在《税则》中与该货物一并归类的包装、包装材料和容器的原产地，以及正常配备的附件、备件、工具及介绍说明性材料的原产地，不影响货物原产地的确定。

第十二条　本办法第三条所称“直接运输”，是指申报享受特别优惠关税待遇的进口货物从受惠国直接运输至我国境内，途中未经过中国和该受惠国以外的其他国家或者地区（以下简称“其他国家或者地区”）。

货物经过其他国家或者地区运输至我国境内，不论在运输途中是否转换运输工具或者作临时储存，同时符合下列条件的，应当视为“直接运输”：

（一）未进入其他国家或者地区的贸易或者消费领域；

（二）该货物在经过其他国家或者地区时，未做除装卸或者其他为使货物保持良好状态所必须处理以外的其他处理；

（三）处于该国家或者地区海关的监管之下。

本条第二款规定情况下，相关货物进入其他国家或者地区停留时间最长不得超过3个月。

第十三条　海关有证据证明进口货物有规避本办法嫌疑的，该进口货物不得享受特别优惠关税待遇。

第十四条　货物申报进口时，进口货物收货人或者其代理人应当按照海关的申报规定填制《中华人民共和国海关进口货物报关单》，申明适用特惠税率，并同时提交下列单证：

（一）由出口受惠国政府指定的原产地证书签发机构（以下简称签证机构）签发，并由该国海关在出口时加盖印章的有效原产地证书（格式见附件）正本以及第二副本。

未提交有效原产地证书正本以及第二副本的，应当按照《中华人民共和国海关进出口货物优惠原产地管理规定》的规定，就该进口货物是否具备原产资格向海关进行补充申报。

（二）货物的商业发票正本。

（三）货物的运输单证：

1. 货物从受惠国直接运输至我国境内，进口货物收货人或者其代理人应当提交在出口受惠国签发的运输单证。

2. 货物经过其他国家或者地区运输至我国境内，进口货物收货人或者其代理人应当提交在出口受惠国签发的联运提单以及证明符合本办法第十二条第二款规定的相关文件等。

受惠国为内陆国家，因运输原因货物必须从其他国家启运的，进口货物收货人或者其代理人可以提交国际联运始发的其他国家或者地区签发的联运提单、由出口受惠国运输至签发联运提单的国家或者地区的运输单证以及证明符合本办法第十二条第二款规定的相关文件等。

3. 在其他国家或者地区作临时储存的，进口货物收货人或者其代理人应当提交货物全程运输单证，以及临时储存货物的国家或者地区海关出具的证明符合本办法第十二条规定的文件。

第十五条 进口货物收货人或者其代理人按照第十四条规定就该进口货物具备受惠国原产资格向海关进行补充申报的，海关可以根据进口货物收货人或者其代理人的申请，依法选择按照该货物适用的最惠国税率、普通税率或者其他税率收取等值保证金后放行货物，并按照规定办理进口手续，进行海关统计。

第十六条 同时具备下列条件的，进口货物收货人或者其代理人可以自缴纳保证金之日起 1 年内，向海关申请退还已缴纳的等值保证金：

（一）进口时已就进口货物具备原产资格向海关进行补充申报，申明适用特惠税率；

（二）提交有效原产地证书正本、第二副本及海关要求提供的与货物进口相关的其他文件。

进口货物收货人或者其代理人未在缴纳保证金之日起 1 年内提出退还保证金申请的，海关应当立即办理保证金转为进口税款手续。海关统计数据同时作相应修改。

第十七条 享受特别优惠关税待遇进口货物适用的原产地证书应当由一份正本和三份副本组成。副本包括第二副本、第三副本和第四副本，其中第二副本为海关认为必要时核查之用，第三副本应当由出口受惠国签证机构留存，第四副本由出口人留存。

第十八条 原产地证书自签发之日起 1 年内有效。

第十九条 进口货物收货人或者其代理人向海关提交的原产地证书应当同时符合下列条件：

（一）由签证机构在货物出口前或者出口时签发；

（二）符合本办法附件所列格式，以英文填制；

（三）符合与受惠国通知中国海关的印章样本相符等安全要求；

（四）具有出口受惠国海关在出口时加盖的印章；

（五）所列的一项或者多项货物为同一批次的进口货物；

（六）具有不重复的原产地证书编号；

（七）注明确定货物具有原产资格的依据；

（八）证书在其有效期内。

第二十条 海关对原产地证书的真实性、相关货物是否原产于相关受惠国或者是否符合本办法其他规定产生怀疑时，海关总署可以直接或者通过中国驻相关受惠国使领馆经济商务参赞处（室）向受惠国海关或者原产地证书签证机构提出核查要求，并要求其在自收到核查要求之日起的 180 日内予以答复。

未能在上述期限内收到答复的，该货物不得适用特惠税率。

在等待受惠国原产地证书核查结果期间，依照进口货物收货人或者其代理人的申请，海关可以依法选择按照该货物适用的最惠国税率、普通税率或者其他税率收取等值保证金后放行货物，并按规定办理进口手续、进行海关统计。核查完毕后，海关应当根据核查结果，立即办理退还保证金手续或者办理保证金转为进口税款手续，海关统计数据应当作相应修改。

对国家限制进口或者有违法嫌疑的进口货物，海关在原产地证书核查完毕前不得放行。

第二十一条 原产地证书被盗、遗失或者损毁，并且未经使用的，进口货物收货人或者其代理人可以要求该进口货物的出口人凭原产地证书第四副本向受惠国原签证机构书面申请在原证书正本有效期内签发经核准的原产地证书副本。该副本应当在备注栏注明“原产地证书正本（编号日期）经核准的真实副本”字样。经核准的原产地证书副本向海关提交后，原产地证书正本失效。

原产地证书正本已经使用的，经核准的原产地证书副本无效。

第二十二条 具有下列情形之一的，进口货物不适用特惠税率：

（一）进口货物的原产地不符合本办法规定的；

（二）货物申报进口时，进口货物收货人或者其代理人没有提交有效的原产地证书正本以及第二副本，也未就进口货物是否具备受惠国原产资格进行补充申报的；

（三）原产地证书所用的签证机构印章与海关备案资料不一致的；

（四）原产地证书所列货物与实际进口货物不符的；

（五）自受惠国海关或者签证机构收到原产地核查请求之日起180日内，海关没有收到受惠国海关或者签证机构答复结果，或者该答复结果未包含足以确定原产地证书真实性或者货物真实原产地信息的；

（六）进口货物收货人或者其代理人存在其他不遵守本办法有关规定行为的。

第二十三条 海关对依照本办法规定获得的商业秘密依法负有保密义务。未经进口货物收货人同意，海关不得泄露或者用于其他用途，但是法律、行政法规及相关司法解释另有规定的除外。

第二十四条 违反本办法，构成走私行为、违反海关监管规定行为或者其他违反《海关法》行为的，由海关依照《海关法》和《中华人民共和国海关行政处罚实施条例》的有关规定予以处理；构成犯罪的，依法追究刑事责任。

第二十五条 本办法下列用语的含义：

“受惠国”，是指与中国签有对最不发达国家特别优惠关税待遇换文的国家或者地区；

“材料”，是指在生产另一货物的过程中所使用的货物，包括任何组件、成分、原材料、零件或者部件；

“生产”，是指货物获得的方法，包括货物的种植、饲养、提取、采摘、采集、开采、收获、捕捞、诱捕、狩猎、制造、加工或者装配；

“海关估价协定”，是指作为《马拉喀什建立世贸组织协定》一部分的《关于履行1994年关税与贸易总协定第7条的协定》。

第二十六条 本办法由海关总署负责解释。

第二十七条 本办法自2010年7月1日起施行。

商标代理管理办法

第一条 为维护商标代理秩序，保障委托人及商标代理组织的合法权益，根据《中华人民共和国商标法》及《中华人民共和国商标法实施条例》，制定本办法。

第二条 本办法所称商标代理是指商标代理组织接受委托人的委托，以委托人的名义办理商标注册申请及其他有关商标事宜。

本办法所称商标代理组织是指接受委托人的委托，以委托人的名义办理商标注册申请或者其他商标事宜的法律服务机构。

本办法所称商标代理人是指在商标代理组织中执业的工作人员。

第三条 国务院工商行政管理部门依法对全国商标代理组织和商标代理人的代理行为进行管理和监督。

县级以上工商行政管理部门依法对本辖区的商标代理组织和商标代理人的代理行为进行管理和监督。

第四条 申请设立商标代理组织的，申请人向所在地县级以上工商行政管理部门申请登记，领取《企业法人营业执照》或者《营业执照》。

律师事务所从事商标代理的，不适用前款规定。

第五条 商标代理组织不得委托其他单位和个人从事商标代办活动，并不得为从事上述活动提供任何便利。

第六条 商标代理组织可以接受委托人委托，指定商标代理人办理下列代理业务：

（一）代理商标注册申请、变更、续展、转让、异议、撤销、评审、侵权投诉等有关事项；

（二）提供商标法律咨询，担任商标法律顾问；

（三）代理其他有关商标事务。

商标代理人办理的商标注册申请书等文件，应当由商标代理人签字并加盖商标代理组织印章。

第七条 商标代理组织不得接受同一商标案件中双方当事人的委托。

第八条 商标代理人应当遵守法律，恪守职业道德和执业纪律，依法开展商标代理业务，及时准确地为委托人提供良好的商标代理服务，认真维护委托人的合法权益。

第九条 商标代理人应当符合以下条件：

（一）具有完全的民事行为能力；

（二）熟悉商标法和相关法律、法规，具备商标代理专业知识；

（三）在商标代理组织中执业。

第十条 商标代理人不得同时在两个以上的商标代理组织执业。

第十一条 商标代理人应当为委托人保守商业秘密，未经委托人同意，不得把未经公开的代理事项泄露给其他机构和个人。

第十二条 在明知委托人的委托事宜出于恶意或者其行为违反国家法律或者具有欺诈性的情况下，商标代理人应当拒绝接受委托。

第十三条 商标代理组织有下列行为之一的，由其所在地或者行为地县级以上工商行政管理部门予以警告或者处以一万元以下罚款；有违法所得的，处以违法所得额三倍以下，但最高不超过三万元罚款：

（一）与第三方串通，损害委托人合法权益的；

（二）违反本办法第五条、第七条规定的；

（三）损害国家和社会公共利益或者其他代理组织合法权益的；

（四）从事其他非法活动的。

第十四条 商标代理人有下列行为之一的，由其所在地或者行为地县级以上工商行政管理部门予以警告或者处以一万元以下罚款：

（一）私自接受委托，向委托人收取费用，收受委托人财物的；

（二）隐瞒事实，提供虚假证据，或者威胁、诱导他人隐瞒事实，提供虚假证据的；

（三）违反本办法第十条、第十一条、第十二条规定的；

（四）有其他违法行为的。

第十五条 违反本办法第四条第一款规定，未经工商行政管理部门登记即从事商标代理活动或者用欺骗手段取得登记的组织，由所在地县级以上工商行政管理部门依照有关企业登记管理的法律、法规处罚。

第十六条　被处罚的商标代理组织及商标代理人对工商行政管理部门的行政处罚不服的，可以依照《行政复议法》的规定申请复议；也可以直接向人民法院依法提起诉讼。

第十七条　本办法由国家工商行政管理总局负责解释。

第十八条　本办法自公布之日起施行。

关于专利电子申请的规定

第一条 为了规范与通过互联网传输并以电子文件形式提出的专利申请（以下简称专利电子申请）有关的程序和要求，方便申请人提交专利申请，提高专利审批效率，推进电子政务建设，依照《中华人民共和国专利法实施细则》（以下简称专利法实施细则）第二条和第十五条第二款，制定本规定。

第二条 提出专利电子申请的，应当事先与国家知识产权局签订《专利电子申请系统用户注册协议》（以下简称用户协议）。

开办专利电子申请代理业务的专利代理机构，应当以该专利代理机构名义与国家知识产权局签订用户协议。

申请人委托已与国家知识产权局签订用户协议的专利代理机构办理专利电子申请业务的，无须另行与国家知识产权局签订用户协议。

第三条 申请人有两人以上且未委托专利代理机构的，以提交电子申请的申请人为代表人。

第四条 发明、实用新型和外观设计专利申请均可以采用电子文件形式提出。

依照专利法实施细则第一百零一条第二款的规定进入中国国家阶段的专利申请，可以采用电子文件形式提交。

依照专利法实施细则第一百零一条第一款的规定向国家知识产权局提出专利国际申请的，不适用本规定。

第五条 申请专利的发明创造涉及国家安全或者重大利益需要保密的，应当以纸件形式提出专利申请。

申请人以电子文件形式提出专利申请后，国家知识产权局认为该专利申请需要保密的，应当将该专利申请转为纸件形式继续审查并通知申请人。申请人在后续程序中应当以纸件形式递交各种文件。

依照专利法实施细则第八条第二款第（一）项直接向外国申请专利或者向有关国外机构提交专利国际申请的，申请人向国家知识产权局提出的保密审查请求和技术方案应当以纸件形式提出。

第六条 提交专利电子申请和相关文件的，应当遵守规定的文件格式、数据标准、操作规范和传输方式。专利电子申请和相关文件未能被国家知识产权局专利电子申请系统正常接收的，视为未提交。

第七条 申请人办理专利电子申请各种手续的，应当以电子文件形式提交相关文件。除另有规定外，国家知识产权局不接受申请人以纸件形式提交的相关文件。不符合本款规定的，相关文件视为未提交。

以纸件形式提出专利申请并被受理后，除涉及国家安全或者重大利益需要保密的专利申请外，申请人可以请求将纸件申请转为专利电子申请。

特殊情形下需要将专利电子申请转为纸件申请的，申请人应当提出请求，经国家知识产权局审批并办理相关手续后可以转为纸件申请。

第八条 申请人办理专利电子申请的各种手续的，对专利法及其实施细则或者专利审查指南中规定的应当以原件形式提交的相关文件，申请人可以提交原件的电子扫描文件。国家知识产权局认为必要时，可以要求申请人在指定期限内提交原件。

申请人在提出专利电子申请时请求减缴或者缓缴专利法实施细则规定的各种费用需要提交有关证明文件的，应当在提出专利申请时提交证明文件原件的电子扫描文件。未提交电子扫描文件的，视为未提交有关证明文件。

第九条 采用电子文件形式向国家知识产权局提交的各种文件，以国家知识产权局专利电子申请系统收到电子文件之日为递交日。

对于专利电子申请，国家知识产权局以电子文件形式向申请人发出的各种通知书、决定或者其他文件，自文件发出之日起满 15 日，推定为申请人收到文件之日。

第十条 专利法及其实施细则和专利审查指南中关于专利申请和相关文件的所有规定，除专门针对以纸件形式提交的专利申请和相关文件的规定之外，均适用于专利电子申请。

第十一条 本规定由国家知识产权局负责解释。

第十二条 本规定自 2010 年 10 月 1 日起施行。2004 年 2 月 12 日国家知识产权局令第三十五号发布的《关于电子专利申请的规定》同时废止。

专利权质押登记办法

第一条　为了促进专利权的运用和资金融通，保障债权的实现，规范专利权质押登记，根据《中华人民共和国物权法》、《中华人民共和国担保法》、《中华人民共和国专利法》及有关规定，制定本办法。

第二条　国家知识产权局负责专利权质押登记工作。

第三条　以专利权出质的，出质人与质权人应当订立书面质押合同。

质押合同可以是单独订立的合同，也可以是主合同中的担保条款。

第四条　以共有的专利权出质的，除全体共有人另有约定的以外，应当取得其他共有人的同意。

第五条　在中国没有经常居所或者营业所的外国人、外国企业或者外国其他组织办理专利权质押登记手续的，应当委托依法设立的专利代理机构办理。

中国单位或者个人办理专利权质押登记手续的，可以委托依法设立的专利代理机构办理。

第六条　当事人可以通过邮寄、直接送交等方式办理专利权质押登记相关手续。

第七条　申请专利权质押登记的，当事人应当向国家知识产权局提交下列文件：

（一）出质人和质权人共同签字或者盖章的专利权质押登记申请表；

（二）专利权质押合同；

（三）双方当事人的身份证明；

（四）委托代理的，注明委托权限的委托书；

（五）其他需要提供的材料。

专利权经过资产评估的，当事人还应当提交资产评估报告。

除身份证明外，当事人提交的其他各种文件应当使用中文。身份证明是外文的，当事人应当附送中文译文；未附送的，视为未提交。

对于本条第一款和第二款规定的文件，当事人可以提交电子扫描件。

第八条　国家知识产权局收到当事人提交的质押登记申请文件后，应当通知申请人。

第九条　当事人提交的专利权质押合同应当包括以下与质押登记相关的内容：

（一）当事人的姓名或者名称、地址；

（二）被担保债权的种类和数额；

（三）债务人履行债务的期限；

（四）专利权项数以及每项专利权的名称、专利号、申请日、授权公告日；

（五）质押担保的范围。

第十条　除本办法第九条规定的事项外，当事人可以在专利权质押合同中约定下列事项：

（一）质押期间专利权年费的缴纳；

（二）质押期间专利权的转让、实施许可；

（三）质押期间专利权被宣告无效或者专利权归属发生变更时的处理；

（四）实现质权时，相关技术资料的交付。

第十一条　国家知识产权局自收到专利权质押登记申请文件之日起7个工作日内进行审查并决定是否予以登记。

第十二条　专利权质押登记申请经审查合格的，国家知识产权局在专利登记簿上予以登记，并向当事人发送《专利权质押登记通知书》。质权自国家知识产权局登记时设立。

经审查发现有下列情形之一的，国家知识产权局做出不予登记的决定，并向当事人发送《专利权质押不予登记通知书》：

（一）出质人与专利登记簿记载的专利权人不一致的；

（二）专利权已终止或者已被宣告无效的；

（三）专利申请尚未被授予专利权的；

（四）专利权处于年费缴纳滞纳期的；

（五）专利权已被启动无效宣告程序的；

（六）因专利权的归属发生纠纷或者人民法院裁定对专利权采取保全措施，专利权的质押手续被暂停办理的；

（七）债务人履行债务的期限超过专利权有效期的；

（八）质押合同约定在债务履行期届满质权人未受清偿时，专利权归质权人所有的；

（九）质押合同不符合本办法第九条规定的；

（十）以共有专利权出质但未取得全体共有人同意的；

（十一）专利权已被申请质押登记且处于质押期间的；

（十二）其他应当不予登记的情形。

第十三条 专利权质押期间，国家知识产权局发现质押登记存在本办法第十二条第二款所列情形并且尚未消除的，或者发现其他应当撤销专利权质押登记的情形的，应当撤销专利权质押登记，并向当事人发出《专利权质押登记撤销通知书》。

专利权质押登记被撤销的，质押登记的效力自始无效。

第十四条 国家知识产权局在专利公报上公告专利权质押登记的下列内容：出质人、质权人、主分类号、专利号、授权公告日、质押登记日等。

专利权质押登记后变更、注销的，国家知识产权局予以登记和公告。

第十五条 专利权质押期间，出质人未提交质权人同意其放弃该专利权的证明材料的，国家知识产权局不予办理专利权放弃手续。

第十六条 专利权质押期间，出质人未提交质权人同意转让或者许可实施该专利权的证明材料的，国家知识产权局不予办理专利权转让登记手续或者专利实施合同备案手续。

出质人转让或者许可他人实施出质的专利权的，出质人所得的转让费、许可费应当向质权人提前清偿债务或者提存。

第十七条 专利权质押期间，当事人的姓名或者名称、地址、被担保的主债权种类及数额或者质押担保的范围发生变更的，当事人应当自变更之日起30日内持变更协议、原《专利权质押登记通知书》和其他有关文件，向国家知识产权局办理专利权质押登记变更手续。

第十八条 有下列情形之一的，当事人应当持《专利权质押登记通知书》以及相关证明文件，向国家知识产权局办理质押登记注销手续：

（一）债务人按期履行债务或者出质人提前清偿所担保的债务的；

（二）质权已经实现的；

（三）质权人放弃质权的；

（四）因主合同无效、被撤销致使质押合同无效、被撤销的；

（五）法律规定质权消灭的其他情形。

国家知识产权局收到注销登记申请后，经审核，向当事人发出《专利权质押登记注销通知书》。专利权质押登记的效力自注销之日起终止。

第十九条 专利权在质押期间被宣告无效或者终止的，国家知识产权局应当通知质权人。

第二十条 专利权人没有按照规定缴纳已经质押的专利权的年费的，国家知识产权局应当在向专利权人发出缴费通知书的同时通知质权人。

第二十一条 本办法由国家知识产权局负责解释。

第二十二条 本办法自2010年10月1日起施行。1996年9月19日中华人民共和国专利局令第八号发布的《专利权质押合同登记管理暂行办法》同时废止。

中华人民共和国海关事务担保条例

第一条　为了规范海关事务担保，提高通关效率，保障海关监督管理，根据《中华人民共和国海关法》及其他有关法律的规定，制定本条例。

第二条　当事人向海关申请提供担保，承诺履行法律义务，海关为当事人办理海关事务担保，适用本条例。

第三条　海关事务担保应当遵循合法、诚实信用、权责统一的原则。

第四条　有下列情形之一的，当事人可以在办结海关手续前向海关申请提供担保，要求提前放行货物：

（一）进出口货物的商品归类、完税价格、原产地尚未确定的；

（二）有效报关单证尚未提供的；

（三）在纳税期限内税款尚未缴纳的；

（四）滞报金尚未缴纳的；

（五）其他海关手续尚未办结的。

国家对进出境货物、物品有限制性规定，应当提供许可证件而不能提供的，以及法律、行政法规规定不得担保的其他情形，海关不予办理担保放行。

第五条　当事人申请办理下列特定海关业务的，按照海关规定提供担保：

（一）运输企业承担来往内地与港澳公路货物运输、承担海关监管货物境内公路运输的；

（二）货物、物品暂时进出境的；

（三）货物进境修理和出境加工的；

（四）租赁货物进口的；

（五）货物和运输工具过境的；

（六）将海关监管货物暂时存放在海关监管区外的；

（七）将海关监管货物向金融机构抵押的；

（八）为保税货物办理有关海关业务的。

当事人不提供或者提供的担保不符合规定的，海关不予办理前款所列特定海关业务。

第六条　进出口货物的纳税义务人在规定的纳税期限内有明显的转移、藏匿其应税货物以及其他财产迹象的，海关可以责令纳税义务人提供担保；纳税义务人不能提供担保的，海关依法采取税收保全措施。

第七条　有违法嫌疑的货物、物品、运输工具应当或者已经被海关依法扣留、封存的，当事人可以向海关提供担保，申请免予或者解除扣留、封存。

有违法嫌疑的货物、物品、运输工具无法或者不便扣留的，当事人或者运输工具负责人应当向海关提供等值的担保；未提供等值担保的，海关可以扣留当事人等值的其他财产。

有违法嫌疑的货物、物品、运输工具属于禁止进出境，或者必须以原物作为证据，或者依法应当予以没收的，海关不予办理担保。

第八条　法人、其他组织受到海关处罚，在罚款、违法所得或者依法应当追缴的货物、物品、走私运输工具的等值价款未缴清前，其法定代表人、主要负责人出境的，应当向海关提供担保；未提供担保的，海关可以通知出境管理机关阻止其法定代表人、主要负责人出境。

受海关处罚的自然人出境的，适用前款规定。

第九条　进口已采取临时反倾销措施、临时反补贴措施的货物应当提供担保的，或者进出口货物收发货人、知识产权权利人申请办理知识产权海关保护相关事务等，依照本条例的规定办理海关事务担保。法律、行政法规有特别规定的，从其规定。

第十条　当事人连续两年同时具备下列条件的，可以向直属海关申请免除担保，并按照海关规定办理有关手续：

（一）通过海关验证稽查；

（二）年度进出口报关差错率在3%以下；

（三）没有拖欠应纳税款；

（四）没有受到海关行政处罚，在相关行政管理部门无不良记录；

（五）没有被追究刑事责任等。

当事人不再符合前款规定条件的，海关应当停止对其适用免除担保。

第十一条　当事人在一定期限内多次办理同一类海关事务的，可以向海关申请提供总担保。海关接受总担保的，当事人办理该类海关事务，不再单独提供担保。

总担保的适用范围、担保金额、担保期限、终止情形等由海关总署规定。

第十二条 当事人可以以海关依法认可的财产、权利提供担保，担保财产、权利的具体范围由海关总署规定。

第十三条 当事人以保函向海关提供担保的，保函应当以海关为受益人，并且载明下列事项：

（一）担保人、被担保人的基本情况；

（二）被担保的法律义务；

（三）担保金额；

（四）担保期限；

（五）担保责任；

（六）需要说明的其他事项。

担保人应当在保函上加盖印章，并注明日期。

第十四条 当事人提供的担保应当与其需要履行的法律义务相当，除本条例第七条第二款规定的情形外，担保金额按照下列标准确定：

（一）为提前放行货物提供的担保，担保金额不得超过可能承担的最高税款总额；

（二）为办理特定海关业务提供的担保，担保金额不得超过可能承担的最高税款总额或者海关总署规定的金额；

（三）因有明显的转移、藏匿应税货物以及其他财产迹象被责令提供的担保，担保金额不得超过可能承担的最高税款总额；

（四）为有关货物、物品、运输工具免予或者解除扣留、封存提供的担保，担保金额不得超过该货物、物品、运输工具的等值价款；

（五）为罚款、违法所得或者依法应当追缴的货物、物品、走私运输工具的等值价款未缴清前出境提供的担保，担保金额应当相当于罚款、违法所得数额或者依法应当追缴的货物、物品、走私运输工具的等值价款。

第十五条 办理担保，当事人应当提交书面申请以及真实、合法、有效的财产、权利凭证和身份或者资格证明等材料。

第十六条 海关应当自收到当事人提交的材料之日起5个工作日内对相关财产、权利等进行审核，并决定是否接受担保。当事人申请办理总担保的，海关应当在10个工作日内审核并决定是否接受担保。

符合规定的担保，自海关决定接受之日起生效。对不符合规定的担保，海关应当书面通知当事人不予接受，并说明理由。

第十七条 被担保人履行法律义务期限届满前，担保人和被担保人因特殊原因要求变更担保内容的，应当向接受担保的海关提交书面申请以及有关证明材料。海关应当自收到当事人提交的材料之日起5个工作日内做出是否同意变更的决定，并书面通知当事人，不同意变更的，应当说明理由。

第十八条 被担保人在规定的期限内未履行有关法律义务的，海关可以依法从担保财产、权利中抵缴。当事人以保函提供担保的，海关可以直接要求承担连带责任的担保人履行担保责任。

担保人履行担保责任的，不免除被担保人办理有关海关手续的义务。海关应当及时为被担保人办理有关海关手续。

第十九条 担保财产、权利不足以抵偿被担保人有关法律义务的，海关应当书面通知被担保人另行提供担保或者履行法律义务。

第二十条 有下列情形之一的，海关应当书面通知当事人办理担保财产、权利退还手续：

（一）当事人已经履行有关法律义务的；

（二）当事人不再从事特定海关业务的；

（三）担保财产、权利被海关采取抵缴措施后仍有剩余的；

（四）其他需要退还的情形。

第二十一条 自海关要求办理担保财产、权利退还手续的书面通知送达之日起3个月内，当事人无正当理由未办理退还手续的，海关应当发布公告。

自海关公告发布之日起1年内，当事人仍未办理退还手续的，海关应当将担保财产、权利依法变卖或者兑付后，上缴国库。

第二十二条 海关履行职责，金融机构等有关单位应当依法予以协助。

第二十三条 担保人、被担保人违反本条例，使用欺骗、隐瞒等手段提供担保的，由海关责令其继续履行法律义务，处5 000元以上50 000元以下的罚款；情节严重的，可以暂停被担保人从事有关海关业务或者撤销其从事有关海关业务的注册登记。

第二十四条　海关工作人员有下列行为之一的，给予处分；构成犯罪的，依法追究刑事责任：

（一）违法处分担保财产、权利；

（二）对不符合担保规定的，违法办理有关手续致使国家利益遭受损失；

（三）对符合担保规定的，不予办理有关手续；

（四）与海关事务担保有关的其他违法行为。

第二十五条　担保人、被担保人对海关有关海关事务担保的具体行政行为不服的，可以依法向上一级海关申请行政复议或者向人民法院提起行政诉讼。

第二十六条　本条例自2011年1月1日起施行。

中华人民共和国海关进出境运输工具监管办法

第一章 总 则

第一条 为了规范海关对进出境运输工具的监管，保障进出境运输工具负责人和进出境运输工具服务企业的合法权益，根据《中华人民共和国海关法》，制定本办法。

第二条 本办法所称进出境运输工具是指用于载运人员、货物、物品进出境的各种船舶、航空器、铁路列车、公路车辆和驮畜。

第三条 海关对经营性进出境运输工具的监管适用本办法，对非经营性进出境运输工具的监管比照本办法管理。

第四条 除经国务院或者国务院授权的机关批准外，进出境运输工具应当通过设立海关的地点进境或者出境，在海关监管场所停靠、装卸货物、物品和上下人员。

由于不可抗力原因，进出境运输工具被迫在未设立海关的地点或者在非海关监管场所停靠、降落或者抛掷、起卸货物、物品以及上下人员的，进出境运输工具负责人应当立即报告附近海关。附近海关应当对运输工具及其所载的货物、物品实施监管。

第五条 进境运输工具在进境以后向海关申报以前，出境运输工具在办结海关手续以后出境以前，应当按照交通运输主管机关规定的路线行进；交通运输主管机关没有规定的，由海关指定。

进境运输工具在进境申报以后出境以前，应当按照海关认可的路线行进。

第六条 进出境运输工具到达或者驶离设立海关的地点时，进出境运输工具负责人应当采用电子数据和纸质申报单形式向海关申报。

第七条 进境的境外运输工具和出境的境内运输工具，未向海关办理手续并缴纳关税，不得转让或者移作他用。

运输工具作为货物以租赁或其他贸易方式进出口的，除按照本办法办理进出境运输工具进境或者出境手续外，还应当按照有关规定办理进出境运输工具进出口报关手续。

第二章 备案管理

第八条 进出境运输工具、进出境运输工具负责人和进出境运输工具服务企业应当在经营业务所在地的直属海关或者经直属海关授权的隶属海关备案。

海关对进出境运输工具、进出境运输工具负责人以及进出境运输工具服务企业的备案实行全国海关联网管理。

第九条 进出境运输工具、进出境运输工具负责人和进出境运输工具服务企业在海关办理备案的，应当按不同运输方式分别提交《进出境国际航行船舶备案表》、《进出境航空器备案表》、《进出境铁路列车备案表》、《进出境公路车辆备案表》、《运输工具负责人备案表》、《运输工具服务企业备案表》，并同时提交上述备案表随附单证栏中列明的材料。

运输工具服务企业相关管理办法，由海关总署另行制定。

第十条 《运输工具备案表》、《运输工具负责人备案表》和《运输工具服务企业备案表》的内容发生变更的，进出境运输工具负责人、进出境运输工具服务企业应当在海关规定的时限内持《备案变更表》和有关文件到备案海关办理备案变更手续。

进出境运输工具负责人、进出境运输工具服务企业可以主动申请撤销备案，海关也可以依法撤销备案。

第十一条 海关对在海关备案的进出境运输工具服务企业和进出境运输工具所有企业、经营企业实施分类管理，具体办法由海关总署另行制定。

第三章　运输工具管理

第一节　进境监管

第十二条　进境运输工具负责人应当在规定时限将运输工具预计抵达境内目的港和预计抵达时间以电子数据形式通知海关。

因客观条件限制，经海关批准，公路车辆负责人可以采用电话、传真等方式通知海关。

进境运输工具抵达设立海关的地点以前，运输工具负责人应当将进境时间、抵达目的港的时间和停靠位置通知海关。

第十三条　进境运输工具抵达设立海关的地点时，运输工具负责人应当按不同运输方式向海关申报，分别提交《中华人民共和国海关船舶进境（港）申报单》、《中华人民共和国海关航空器进境（港）申报单》、《中华人民共和国海关铁路列车进境申报单》、《中华人民共和国海关公路车辆进境（港）申报单》，以及上述申报单中列明应当交验的其他单证。

进境运输工具负责人也可以在运输工具进境前提前向海关办理申报手续。

第十四条　进境运输工具抵达监管场所时，监管场所经营人应当通知海关。

第十五条　海关接受进境运输工具申报时，应当审核电子数据和纸质申报单证。

国定进境运输工具在向海关申报以前，未经海关同意，不得装卸货物、物品，除引航员、口岸检查机关工作人员外不得上下人员。

第二节　停留监管

第十六条　进出境运输工具到达设立海关的地点时，应当接受海关监管和检查。

海关检查进出境运输工具时，运输工具负责人应当到场，并根据海关的要求开启舱室、房间、车门；有走私嫌疑的，并应当开拆可能藏匿走私货物、物品的部位，搬移货物、物料。

海关认为必要时，可以要求进出境运输工具工作人员进行集中，配合海关实施检查。

海关检查完毕后，应当按规定制作《检查记录》。

第十七条　海关认为必要的，可以派员对进出境运输工具值守，进出境运输工具负责人应当为海关人员提供方便。

海关派员对进出境运输工具值守的，进出境运输工具装卸货物、物品以及上下人员应当征得值守海关人员同意。

第十八条　进出境运输工具负责人应当在进出境运输工具装卸货物的1小时以前通知海关；航程或者路程不足1小时的，可以在装卸货物以前通知海关。

海关可以对进出境运输工具装卸货物实施监装监卸。

进出境运输工具装卸货物、物品完毕后，进出境运输工具负责人应当向海关递交反映实际装卸情况的交接单据和记录。

第十九条　进出境运输工具在海关监管场所停靠期间更换停靠地点的，进出境运输工具负责人应当事先通知海关。

第三节　境内续驶监管

第二十条　进出境运输工具在境内从一个设立海关的地点驶往另一个设立海关的地点的，进出境运输工具负责人应当按照本章第四节的有关规定办理驶离手续。

第二十一条　进出境运输工具在境内从一个设立海关的地点驶往另一个设立海关的地点的，应当符合海关监管要求，驶离地海关应当制发关封。进出境运输工具负责人应当妥善保管关封，抵达另一设立海关的地点时提交目的地海关。

未经驶离地海关同意，进出境运输工具不得改驶其他目的地；未办结海关手续的，不得改驶境外。

第二十二条 进出境运输工具在境内从一个设立海关的地点驶往另一个设立海关的地点时，海关可以派员随运输工具实施监管，进出境运输工具负责人应当为海关人员提供方便。

第二十三条 进出境运输工具在境内从一个设立海关的地点驶往另一个设立海关的地点抵达目的地以后，应当按照本章第一节的有关规定办理抵达手续。

第四节 出境监管

第二十四条 出境运输工具离开设立海关的地点驶往境外的2小时以前，运输工具负责人应当将驶离时间以电子数据形式通知海关。对临时出境的运输工具，运输工具负责人可以在其驶离设立海关的地点以前将驶离时间通知海关。

因客观条件限制，经海关批准，公路车辆负责人可以在车辆出境前采用电话、传真等方式通知海关。

第二十五条 运输工具出境时，运输工具负责人应当按不同运输方式向海关申报，分别提交《中华人民共和国海关船舶出境（港）申报单》、《中华人民共和国海关航空器出境（港）申报单》、《中华人民共和国海关铁路列车出境申报单》、《中华人民共和国海关公路车辆出境（港）申报单》，以及上述申报单中列明应当交验的其他单证。

第二十六条 出境运输工具负责人在货物、物品装载完毕或者旅客全部登机（船、车）以后，应当向海关提交结关申请。海关审核无误的，制发《结关通知书》。

海关制发《结关通知书》以后，非经海关同意，出境运输工具不得装卸货物、上下旅客。

第二十七条 出境运输工具驶离海关监管场所时，监管场所经营人应当通知海关。

第二十八条 进出境运输工具在办结海关出境或者续驶手续后的24小时未能驶离的，运输工具负责人应当重新办理有关手续。

第四章 物料管理

第二十九条 经运输工具负责人申请，海关核准后，进出境运输工具可以添加、起卸、调拨下列物料：

（一）保障进出境运输工具行驶、航行的轻油、重油等燃料；

（二）供应进出境运输工具工作人员和旅客的日常生活用品、食品；

（三）保障进出境运输工具及所载货物运输安全的备件、垫舱物料和加固、苫盖用的绳索、篷布、苫网等；

（四）海关核准的其他物品。

第三十条 进出境运输工具需要添加、起卸物料的，物料添加单位或者接受物料起卸单位应当向海关申报，并提交以下单证：

（一）《中华人民共和国海关运输工具起卸/添加物料申报单》；

（二）添加、起卸物料明细单；

（三）海关认为必要的其他单证。

境外运输工具在我国境内添加、起卸物料的，应当列入海关统计。

第三十一条 进出境运输工具之间调拨物料的，接受物料的进出境运输工具负责人应当在物料调拨完毕后向海关提交《运输工具物料调拨清单》。

第三十二条 进出境运输工具添加、起卸、调拨物料的，应当接受海关监管。

第三十三条 进出境运输工具添加、起卸、调拨的物料，运输工具负责人免予提交许可证件，海关予以免税放行；添加、起卸国家限制进出境或者涉及国计民生的物料超出自用合理数量范围的，应当按照进出口货物的有关规定办理海关手续。

第三十四条 除下列情况外，进出境运输工具使用过的废弃物料应当复运出境：

（一）运输工具负责人声明废弃的物料属于《自动进口类可用作原料的废物目录》和《限制进口类可用作原料的废物目录》列明，且接收单位已经办理进口手续的。

（二）不属于《自动进口类可用作原料的废物目录》和《限制进口类可用作原料废物目录》目录范围内的供应物料，以及进出境运输工具产生的清舱污油水、垃圾等，且运输工具负责人或者接受单位能够自卸下进出境运输工具之日起30天内依法做无害化处理的。

前款第（一）、（二）项所列物项未办理合法手续或者未在规定时限内依法做无害化处理的，海关可以责令退运。

第三十五条 进出境运输工具负责人应当将进口货物全部交付收货人。经海关核准，同时符合下列条件的扫舱地脚，可以免税放行：

（一）进口货物为散装货物；

（二）进口货物的收货人确认运输工具已经卸空；

（三）数量不足1吨，且不足进口货物重量的0.1%。

前款规定的扫舱地脚涉及许可证件管理的，进出境运输工具负责人免于提交许可证件。

第五章 运输工具工作人员携带物品管理

第三十六条 进出境运输工具工作人员携带物品进出境的，应当向海关申报并接受海关监管。

第三十七条 进出境运输工具工作人员携带的物品，应当以服务期间必需和自用合理数量为限。

运输工具工作人员不得为其他人员托带物品进境或者出境。

第三十八条 进出境运输工具工作人员需携带物品进入境内使用的，应当向海关办理手续，海关按照有关规定验放。

第六章 附 则

第三十九条 违反本办法，构成走私行为、违反海关监管规定行为或者其他违反海关法行为的，由海关依照《海关法》和《中华人民共和国海关行政处罚实施条例》的有关规定予以处理；构成犯罪的，依法追究刑事责任。

第四十条 本办法下列用语的含义是：

运输工具负责人，是指进出境运输工具的所有企业、经营企业，船长、机长、汽车驾驶员、列车长，以及上述企业或者人员授权的代理人。

运输工具服务企业，是指为进出境运输工具提供本办法第二十九条规定的物料或者接受运输工具（包括工作人员及所载旅客）消耗产生的废、旧物品的企业。

扫舱地脚，是指经进口货物收货人确认进出境运输工具已经卸空，但因装卸技术等原因装卸完毕后，清扫进出境运输工具剩余的进口货物。

运输工具工作人员，是指在进出境运输工具上从事驾驶、服务，且具有相关资格证书的人员以及实习生。

第四十一条 经海关总署批准只使用运输工具电子数据通关的，申报单位应当将纸质单证至少保存3年。

第四十二条 海关对驮畜的监管办法另行制定。

海关对来往香港、澳门小型船舶和公路车辆的监管，另按照有关规定执行。

第四十三条 本办法所列文书格式由海关总署另行制定公告。

第四十四条 本办法由海关总署负责解释。

第四十五条 本办法自2011年1月1日起施行。1974年9月10日外贸部“[1974]贸关货233号”发布的《中华人民共和国海关对国际民航机监管办法》、1990年3月15日海关总署令第11号发布的《中华人民共和国海关对国际铁路联运进出境列车和所载货物、物品监管办法》、1991年8月23日海关总署令第24号发布的《中华人民共和国海关对进出境国际航行船舶及其所载货物、物品监管办法》同时废止。

中华人民共和国海关企业分类管理办法

第一章 总 则

第一条 为了鼓励企业守法自律，提高海关管理效能，保障进出口贸易的安全与便利，根据《中华人民共和国海关法》及其他有关法律、行政法规的规定，制定本办法。

第二条 在海关注册登记的进出口货物收发货人、报关企业的分类管理，适用本办法。

其他企业的分类管理，由海关总署另行规定。

第三条 海关根据企业遵守法律、行政法规、海关规章、相关廉政规定和经营管理状况，以及海关监管、统计记录等，设置AA、A、B、C、D五个管理类别，对有关企业进行评估、分类，并对企业的管理类别予以公开。

第四条 海关总署按照守法便利原则，对适用不同管理类别的企业，制订相应的差别管理措施，其中AA类和A类企业适用相应的通关便利措施，B类企业适用常规管理措施，C类和D类企业适用严密监管措施。

全国海关实行统一的企业分类标准、程序和管理措施。

海关与企业应当加强合作，开展经常性信息交流和业务联系。

第五条 海关总署对企业分类管理工作进行指导、监督；直属海关负责审定、调整本关区企业适用的管理类别。

第二章 管理类别的设定

第一节 进出口货物收发货人

第六条 AA类进出口货物收发货人，应当同时符合下列条件：

（一）符合A类管理条件，已适用A类管理1年以上；

（二）上一年度进出口报关差错率3%以下；

（三）通过海关稽查验证，符合海关管理、企业经营管理和贸易安全的要求；

（四）每年报送《企业经营管理状况评估报告》和会计师事务所出具的上一年度审计报告；每半年报送《进出口业务情况表》。

第七条 A类进出口货物收发货人，应当同时符合下列条件：

（一）已适用B类管理1年以上；

（二）连续1年无走私罪、走私行为、违反海关监管规定的行为；

（三）连续1年未因进出口侵犯知识产权货物而被海关行政处罚；

（四）连续1年无拖欠应纳税款、应缴罚没款项情事；

（五）上一年度进出口总值50万美元以上；

（六）上一年度进出口报关差错率5%以下；

（七）会计制度完善，业务记录真实、完整；

（八）主动配合海关管理，及时办理各项海关手续，向海关提供的单据、证件真实、齐全、有效；

（九）每年报送《企业经营管理状况评估报告》；

（十）按照规定办理《中华人民共和国海关进出口货物收发货人报关注册登记证书》的换证手续和相关变更手续；

（十一）连续1年在商务、人民银行、工商、税务、质检、外汇、监察等行政管理部门和机构无不良记录。

第八条 进出口货物收发货人有下列情形之一的，适用C类管理：

（一）有走私行为的；

（二）1年内有3次以上违反海关监管规定行为，且违规次数超过上一年度报关单及进出境备案清单总票数1‰的，或者1年内因违反海关监管规定被处罚款累计总额人民币100万元以上的；

（三）1年内有2次因进出口侵犯知识产权货物而被海关行政处罚的；

（四）拖欠应纳税款、应缴罚没款项人民币50万元以下的。

第九条 进出口货物收发货人有下列情形之一的，适用D类管理：

（一）有走私罪的；

（二）1年内有2次以上走私行为的；

（三）1年内有3次以上因进出口侵犯知识产权货物而被海关行政处罚的；

（四）拖欠应纳税款、应缴罚没款项超过人民币50万元的。

第十条 进出口货物收发货人未发生本办法第八条和第九条所列情形并符合下列条件之一的，适用B类管理：

（一）首次注册登记的；

（二）首次注册登记后，管理类别未发生调整的；

（三）AA类企业不符合原管理类别适用条件，并且不符合A类管理类别适用条件的；

（四）A类企业不符合原管理类别适用条件的。

第十一条 在海关登记的加工企业，按照进出口货物收发货人实施分类管理。

第二节 报关企业

第十二条 AA类报关企业，应当同时符合下列条件：

（一）符合A类管理条件，已适用A类管理1年以上；

（二）上一年度代理申报的进出口报关单及进出境备案清单总量在2万票（中西部5 000票）以上；

（三）上一年度进出口报关差错率3%以下；

（四）通过海关稽查验证，符合海关管理、企业经营管理和贸易安全的要求；

（五）每年报送《企业经营管理状况评估报告》和会计师事务所出具的上一年度审计报告；每半年报送《报关代理业务情况表》。

第十三条 A类报关企业，应当同时符合下列条件：

（一）已适用B类管理1年以上；

（二）企业以及所属执业报关员连续1年无走私罪、走私行为、违反海关监管规定的行为；

（三）连续1年代理报关的货物未因侵犯知识产权而被海关没收，或者虽被没收但对该货物的知识产权状况履行了合理审查义务；

（四）连续1年无拖欠应纳税款、应缴罚没款项情事；

（五）上一年度代理申报的进出口报关单及进出境备案清单等总量在3 000票以上；

（六）上一年度代理申报的进出口报关差错率在5%以下；

（七）依法建立账簿和营业记录，真实、正确、完整地记录受委托办理报关业务的所有活动；

（八）每年报送《企业经营管理状况评估报告》；

（九）按照规定办理注册登记许可延续及《中华人民共和国海关报关企业报关注册登记证书》的换证手续和相关变更手续；

（十）连续1年在商务、人民银行、工商、税务、质检、外汇、监察等行政管理部门和机构无不良记录。

第十四条 报关企业有下列情形之一的，适用C类管理：

（一）有走私行为的；

（二）1年内有3次以上违反海关监管规定的行为，或者1年内因违反海关监管规定被处罚款累计总额人民币50万元以上的；

（三）1年内代理报关的货物因侵犯知识产权而被海关没收达2次且未尽合理审查义务的；

（四）上一年度代理申报的进出口报关差错率在10%以上的；

（五）拖欠应纳税款、应缴罚没款项人民币50万元以下的；

（六）代理报关的货物涉嫌走私、违反海关监管规定拒不接受或者拒不协助海关进行调查的；

（七）被海关暂停从事报关业务的。

第十五条 报关企业有下列情形之一的，适用D类管理：

（一）有走私罪的；

（二）1年内有2次以上走私行为的；

（三）1年内代理报关的货物因侵犯知识产权而被海关没收达3次以上且未尽合理审查义务的；

（四）拖欠应纳税款、应缴罚没款项超过人民币50万元的。

第十六条 报关企业未发生本办法第十四条和第十五条所列情形，并符合下列条件之一的，适用B类管理：

（一）首次注册登记的；

（二）首次注册登记后，管理类别未发生调整的；

（三）AA类企业不符合原管理类别适用条件，并且不符合A类管理类别适用条件的；

（四）A类企业不符合原管理类别适用条件的。

第三章 管理类别的适用与调整

第十七条 企业符合本办法第六条第（一）项或者第十二条第（一）项、第（二）项的规定，可以通过注册地海关向直属海关提出适用AA类管理申请，并提交下列材料：

（一）《适用AA类管理申请书》；

（二）《企业经营管理状况评估报告》；

（三）会计师事务所出具的上一年度审计报告。

第十八条 企业符合本办法第七条或者第十三条的规定，可以通过注册地海关向直属海关提出适用A类管理申请，并提交下列材料：

（一）《适用A类管理申请书》；

（二）《企业经营管理状况评估报告》。

第十九条 注册地海关接受企业适用AA类、A类管理申请后，经审核企业提交的材料齐全，符合法定形式的，应当当场制发《企业分类管理申请受理决定书》，并报直属海关审定。

对申请AA类的，直属海关经审查认为不需要进行稽查验证的，应当自受理之日起1个月内做出不予适用决定；直属海关经审查认为需要进行稽查验证的，应当在稽查结论做出之日起2个月内做出适用或者不予适用决定。

对申请A类的，直属海关应当自受理之日起3个月内做出适用或者不予适用决定。

第二十条 申请适用AA类、A类管理的企业有下列情形之一的，直属海关对其申请予以退回，并做出不予适用的决定：

（一）申请时不符合本办法所规定的条件的；

（二）审核期间不符合本办法所规定的条件的；

（三）审核期间有涉嫌走私或者违反海关监管规定以及侵犯知识产权的行为被海关立案侦查或者调查的。

第二十一条 C类企业自海关做出类别调整决定之日起满1年未再发生本办法第八条或者第十四条所列情形的，经企业申请，海关将其调整为B类。

D类企业自海关做出类别调整决定之日起满1年未再发生本办法第九条或者第十五条所列情形的，经企业申请，海关将其调整为C类。

申请调整为B类、C类管理的C类、D类企业有本办法第二十条所列情形之一的，直属海关对其申请予以退回，并做出不予调整的决定。

第二十二条 C类、D类企业申请调整为B类、C类的，应当通过注册地海关向直属海关提交《企业管理类别调整申请书》。注册地海关经审核，企业提交的材料齐全，符合法定形式的，应当当场制发《企业分类管理申请受理决定书》，并报直属海关审定。

直属海关应当自受理之日起1个月内做出调整或者不予调整的决定。

第二十三条 企业有下列应当降低类别情形之一的，注册地直属海关应当自发现之日起1个月内，根据本办法第二章的规定，做出调整其管理类别的决定：

（一）AA类、A类企业不符合原管理类别适用条件的；

（二）B类企业有C类、D类管理类别情形之一的；

（三）C类企业有D类管理类别情形之一的。

第二十四条 经直属海关决定调整或者不予调整企业管理类别的，由企业注册地海关在决定做出之日起10个工作日内将相关决定送达企业。

自海关做出调整决定之日起，海关按照调整后的管理类别对企业实施相应的管理措施。

企业在海关做出调整或者不予调整企业管理类别之前撤回管理类别调整申请的，海关终止管理类别调整的审核，并做出终止管理类别调整审核的决定。

第二十五条　AA类或者A类企业涉嫌走私被立案侦查或者调查的，海关暂停其与管理类别相应的管理措施；暂停期内，按照B类企业的管理措施实施管理。

第二十六条　企业仅名称或者海关注册编码发生变化的，其管理类别可以继续适用，但是有下列情形之一的，按照下列方式调整：

（一）企业发生存续分立，分立后的存续企业承继分立前企业的主要权利义务或者债权债务关系的，其管理类别适用分立前企业的管理类别，其余的分立企业视为首次注册企业；

（二）企业发生解散分立，分立企业视为首次注册企业；

（三）企业发生吸收合并，合并企业管理类别适用合并后存续企业的管理类别；

（四）企业发生新设合并，合并企业视为首次注册企业。

第四章　管理措施的实施

第二十七条　报关企业代理进出口货物收发货人开展报关业务，海关按照报关企业和进出口货物收发货人各自适用的管理类别分别实施相应的管理措施。

因企业的管理类别不同导致应当实施的管理措施抵触的，海关按照下列方式实施：

（一）报关企业或者进出口货物收发货人为C类或者D类的，按照较低的管理类别实施相应的管理措施；

（二）报关企业和进出口货物收发货人均为B类以上管理类别的，按照报关企业的管理类别实施相应的管理措施。

第二十八条　加工贸易经营企业与承接委托加工的生产企业管理类别不一致的，海关对该加工贸易业务按照较低的管理类别实施相应的管理措施。

第五章　附　　则

第二十九条　作为企业分类管理评定记录的走私罪，其评定时间认定以人民法院刑事判决书生效时间为准。

作为企业分类管理评定记录的走私行为、违反海关监管规定行为、进出口侵犯知识产权货物行为，其评定时间认定以海关行政处罚决定书做出时间为准。

第三十条　警告以及罚款额在人民币3万元以下的违反海关监管规定行为，不作为企业分类管理评定记录。

第三十一条　本办法下列用语的含义是：

“其他企业”，指在海关注册登记的进出口货物收发货人、报关企业外，海关总署规定的其他从事与进出口活动直接有关的企业。

“中西部”，指除东部地区以外的其他地区。东部地区包括北京市、天津市、上海市、辽宁省、河北省、山东省、江苏省、浙江省、福建省、广东省。

“拖欠应纳税款”，指自缴纳税款期限届满之日起超过3个月仍未缴纳进出口货物、物品应当缴纳的进出口关税、进出口环节海关代征税之和，包括经海关认定违反海关监管规定，除给予处罚外，尚需缴纳的税款。

“拖欠应缴罚没款项”，指自海关行政处罚决定规定的期限届满之日起超过3个月仍未交付海关罚款、没收的违法所得和追缴走私货物、物品等值价款。

“进出口总值”，包括海关贸易统计与单项统计数据，以海关的统计为准，有关数据仅用于海关企业分类管理。

“报关差错率”，指上一年度企业所有报关员以该企业作为申报单位进行申报被记分的总次数，除以该年度企业作为申报单位申报的报关单及进出境备案清单总票数的百分比。

“1 年”，指连续的 12 个月。

“年度”，指 1 个公历年度。

“一年内”，涉及向上调整企业管理类别的，以《企业分类管理申请受理决定书》做出之日倒推 12 个月计算；涉及向下调整企业管理类别的，以最近一次行政处罚决定做出之日倒推 12 个月计算。

“以上”、“以下”，均包含本数。

第三十二条 本办法由海关总署负责解释。

第三十三条 本办法自 2011 年 1 月 1 日起施行。2008 年 1 月 30 日海关总署令第 170 号公布的《中华人民共和国海关企业分类管理办法》同时废止。

第十篇　贸易统计数据

● 世界贸易统计

表 1：

1950—2009 年世界货物出口、产量和 GDP

（指数，2000 年=100）

年份	总额				数量								世界 GDP
	出口				出口				产量				
	合计 a	农产品	燃料和矿产品	制成品	合计 a	农产品	燃料和矿产品	制成品	合计	农业	矿业	制造业	
1950	1.0	5.1	1.1	0.5	4.6	17.4	12.0	2.3	14.2	29.5	24.7	9.7	14.6
1951	1.3	6.7	1.5	0.7	5.1	18.2	12.5	2.8	15.5	30.0	27.3	10.8	15.8
1952	1.3	5.7	1.7	0.7	5.3	18.2	14.6	2.8	15.9	31.0	28.0	11.2	16.2
1953	1.3	5.7	1.7	0.8	5.7	18.6	15.6	3.1	17.1	32.0	28.6	12.3	17.3
1954	1.4	5.8	1.8	0.8	6.2	18.6	16.7	3.4	17.1	32.5	28.6	12.3	17.7
1955	1.5	6.0	2.0	0.9	6.8	20.7	18.2	3.7	18.8	33.5	31.9	14.2	18.9
1956	1.7	6.3	2.3	1.0	7.3	21.1	19.3	4.0	19.7	35.1	33.8	14.9	19.6
1957	1.8	6.9	2.4	1.1	7.9	23.2	20.8	4.4	20.1	35.1	34.5	15.3	20.4
1958	1.7	6.6	2.3	1.1	7.7	23.6	19.8	4.4	20.1	37.6	33.8	14.9	20.4
1959	1.9	7.0	2.4	1.2	8.6	26.5	21.4	4.8	21.7	38.6	35.1	16.8	21.6
1960	2.1	7.2	2.5	1.3	9.7	28.2	26.1	5.4	23.4	39.6	38.4	18.2	22.7
1961	2.1	7.4	2.7	1.4	10.1	29.8	27.1	5.7	24.3	40.1	41.0	19.4	23.9
1962	2.3	7.4	2.8	1.5	10.8	29.8	28.1	6.2	26.3	41.7	43.6	21.2	25.4
1963	2.5	8.1	3.1	1.7	12.1	30.7	29.7	6.9	27.6	42.7	45.5	22.3	26.6
1964	2.8	8.7	3.4	2.0	13.4	32.3	32.3	7.9	30.1	44.7	49.5	24.6	28.5
1965	3.0	9.1	3.7	2.2	14.3	34.0	33.3	8.5	31.8	44.7	51.4	26.8	29.6
1966	3.3	9.4	4.0	2.4	15.4	35.2	35.4	9.4	33.9	46.2	54.0	29.0	31.6
1967	3.4	9.4	4.2	2.6	16.3	36.0	39.1	9.8	35.5	47.8	55.3	30.5	32.7
1968	3.8	9.8	4.8	3.0	18.0	38.1	43.8	11.6	37.6	49.3	59.2	32.8	34.6
1969	4.4	10.5	5.3	3.5	20.2	40.2	46.4	13.5	39.7	49.3	60.5	35.4	37.0
1970	5.0	11.6	6.0	4.0	22.0	41.4	52.1	14.7	41.8	50.8	65.1	37.2	38.8
1971	5.6	12.4	6.7	4.6	23.5	42.3	52.6	16.0	43.9	52.3	67.7	39.1	40.6
1972	6.6	15.0	7.6	5.5	25.5	45.2	56.3	17.6	46.0	52.3	69.6	41.7	42.9
1973	9.1	21.8	11.2	7.3	28.6	45.6	62.0	20.1	49.8	54.9	74.2	45.8	45.8
1974	13.2	26.5	25.1	9.6	30.1	43.5	61.0	21.9	51.0	55.9	75.5	47.3	46.8
1975	13.8	26.8	24.1	10.5	27.9	43.9	53.7	21.0	50.2	57.9	70.9	45.4	47.4
1976	15.6	29.6	28.0	11.8	31.2	47.2	57.3	23.6	53.5	58.4	76.8	49.2	49.9
1977	17.8	33.6	30.9	13.5	32.5	48.9	58.9	24.8	55.6	60.0	79.4	51.4	51.9
1978	20.6	38.0	32.1	16.5	34.1	52.2	62.0	26.3	58.1	62.0	80.0	54.0	54.3
1979	26.2	47.3	47.2	20.0	35.8	54.7	65.7	27.6	60.2	62.5	87.2	56.2	56.5
1980	32.0	53.9	66.9	23.2	36.7	58.4	61.5	29.2	59.8	63.0	85.0	56.6	58.1
1981	31.6	52.9	64.8	23.0	36.5	61.3	55.4	30.4	59.9	65.3	78.2	56.7	59.3
1982	29.6	48.9	57.9	22.2	35.6	60.1	52.2	29.7	59.2	67.4	72.8	55.9	59.8
1983	29.0	48.2	53.3	22.3	36.6	60.3	51.7	31.3	60.5	67.5	72.1	57.7	61.5
1984	30.7	50.8	52.8	24.1	39.6	62.0	54.2	34.6	64.5	71.1	74.8	61.8	64.4
1985	30.6	47.9	51.1	25.0	40.7	61.2	53.6	36.3	66.3	72.8	74.0	63.9	66.6
1986	33.5	53.2	38.9	30.1	42.3	60.2	58.5	37.8	68.2	74.1	76.2	65.9	68.9
1987	39.4	61.2	43.2	36.0	44.6	63.5	59.5	40.2	70.6	74.8	77.2	68.8	71.5
1988	44.7	69.2	43.5	41.8	48.4	65.3	62.8	44.0	74.0	76.1	81.3	72.7	74.7
1989	48.2	72.2	50.3	44.7	51.5	67.3	65.5	47.4	76.6	78.7	85.0	75.2	77.5
1990	54.5	75.6	58.4	51.2	53.5	67.7	69.2	50.0	77.6	80.6	85.8	76.0	79.5

续 表

年份	总额				数量								世界 GDP
	出口				出口				产量				
	合计 a	农产品	燃料和矿产品	制成品	合计 a	农产品	燃料和矿产品	制成品	合计	农业	矿业	制造业	
1991	55.3	76.2	54.7	52.9	55.5	70.0	71.5	51.8	77.3	81.0	85.4	75.5	80.1
1992	59.0	81.6	54.3	57.1	58.2	74.2	74.6	54.2	77.4	82.8	86.1	75.1	81.1
1993	59.0	78.2	52.3	57.1	60.7	74.9	77.2	56.4	77.3	83.3	87.8	74.7	81.8
1994	67.0	90.6	55.0	66.0	66.4	81.4	82.4	62.7	79.4	85.7	89.2	76.9	83.6
1995	80.0	106.6	63.4	79.2	71.3	85.2	85.4	68.4	83.1	87.5	91.1	81.1	85.6
1996	83.7	109.3	72.4	82.0	74.9	88.5	88.7	72.0	86.0	91.3	93.6	83.9	88.4
1997	86.5	107.8	74.4	85.8	82.5	93.8	94.9	79.9	90.3	93.5	96.7	88.7	91.4
1998	85.2	102.8	59.1	87.8	86.3	95.2	97.3	83.8	92.2	95.0	97.7	90.8	93.3
1999	88.6	99.1	68.3	90.7	90.3	96.1	96.6	88.0	95.0	98.1	96.4	94.1	96.0
2000	100.0	100.0	100.0	100.0	100.0	100.0	100.0	100.0	100.0	100.0	100.0	100.0	100.0
2001	95.9	100.2	90.6	96.3	99.8	101.6	99.5	99.5	99.0	101.5	99.9	98.3	101.6
2002	100.5	106.1	91.8	101.3	103.2	105.2	101.7	103.2	100.3	102.5	100.0	99.9	103.6
2003	117.5	123.7	112.9	117.4	109.0	109.0	106.9	109.4	103.8	105.3	103.6	103.6	106.2
2004	143.0	141.8	152.9	141.3	119.6	112.9	114.1	121.8	109.5	110.2	108.1	109.6	110.4
2005	162.9	153.6	210.6	155.4	127.5	119.5	117.7	130.9	113.1	112.2	110.0	113.8	114.1
2006	188.3	170.9	270.0	175.6	138.4	126.8	122.3	144.7	116.8	114.0	111.1	118.5	118.3
2007	217.9	205.5	311.1	202.6	147.4	133.7	126.4	156.0	117.3	116.8	111.1	118.7	122.5
2008	251.3	243.1	412.4	222.6	150.6	136.4	127.1	159.8	118.7	120.7	112.3	119.6	124.1
2009	194.1	212.0	265.0	177.7	132.2	132.6	121.5	135.0	112.7	121.0	110.3	111.4	121.1

a 包括未分类产品。

表 1（续）：　　1950—2009 年世界货物出口、产量和 GDP

（年度百分比变化）

年份	总额				数量								世界 GDP
	出口				出口				产量				
	合计 a	农产品	燃料和矿产品	制成品	合计 a	农产品	燃料和矿产品	制成品	合计	农业	矿业	制造业	
1950—1963	7	4	8	10	8	4	7	9	5	3	5	7	5
1964	12	7	12	15	11	5	9	15	9	5	9	10	7
1965	8	4	7	11	7	5	3	7	6	0	4	9	4
1966	9	4	10	11	8	4	6	10	7	3	5	8	6
1967	5	0	6	8	6	2	10	5	5	3	2	5	4
1968	11	4	14	15	11	6	12	18	6	3	7	7	6
1969	14	7	9	16	12	5	6	16	6	0	2	8	7
1970	15	11	14	15	9	3	12	9	5	3	8	5	5
1971	12	7	11	14	7	2	1	9	5	3	4	5	4
1972	18	20	14	19	8	7	7	10	5	0	3	7	6
1973	38	46	47	34	12	1	10	14	8	5	7	10	7
1974	45	22	123	31	5	−5	−2	9	3	2	2	3	2
1975	4	1	−4	9	−7	1	−12	−4	−2	4	−6	−4	1
1976	13	11	16	13	12	8	7.	13	7	1	8	8	5

续　表

年份	总额				数量								世界 GDP
	出口				出口				产量				
	合计 a	农产品	燃料和矿产品	制成品	合计 a	农产品	燃料和矿产品	制成品	合计	农业	矿业	制造业	
1977	14	13	11	15	4	4	3	5	4	3	3	5	4
1978	16	13	4	22	5	7	5	6	5	3	1	5	5
1979	27	24	47	21	5	5	6	5	4	1	9	4	4
1980	22	14	42	16	2	7	−6	6	−1	1	−3	1	3
1981	−1	−2	−3	−1	−1	5	−10	4	0	4	−8	0	2
1982	−6	−7	−11	−4	−2	−2	−6	−2	−1	3	−7	−1	1
1983	−2	−1	−8	1	3	0	−1	5	2	0	−1	3	3
1984	6	5	−1	8	8	3	5	11	7	5	4	7	5
1985	0	−6	−3	4	3	−1	−1	5	3	2	−1	3	4
1986	9	11	−24	20	4	−2	9	4	3	2	3	3	3
1987	17	15	11	20	6	6	2	6	3	1	1	4	4
1988	14	13	1	16	9	3	6	9	5	2	5	6	5
1989	8	4	15	7	6	3	4	8	3	3	4	3	4
1990	13	5	16	14	4	1	6	6	1	2	1	1	3
1991	1	1	−6	3	4	3	3	4	0	0	−1	−1	1
1992	7	7	−1	8	5	6	4	5	0	2	1	−1	1
1993	0	−4	−4	0	4	1	4	4	0	1	2	−1	1
1994	14	16	5	16	9	9	7	11	3	3	2	3	2
1995	19	18	15	20	7	5	4	9	5	2	2	6	2
1996	5	3	14	4	5	4	4	5	4	4	3	3	3
1997	3	−1	3	5	10	6	7	11	5	2	3	6	3
1998	−1	−5	−21	2	5	1	3	5	2	2	1	2	2
1999	4	−4	16	3	5	1	−1	5	3	3	−1	4	3
2000	13	1	46	10	11	4	4	14	5	2	4	6	4
2001	−4	0	−9	−4	0	2	0	−1	−1	2	0	−2	2
2002	5	6	1	5	3	4	2	4	1	1	0	2	2
2003	17	17	23	16	6	4	5	6	4	3	4	4	3
2004	22	15	35	20	10	4	7	11	5	5	4	6	4
2005	14	8	38	10	7	6	3	7	3	2	2	4	3
2006	16	11	28	13	9	6	4	11	3	2	1	4	4
2007	16	20	15	15	6	5	3	8	0	3	0	0	4
2008	15	18	33	10	2	2	1	2	1	3	1	1	1
2009	−23	−13	−36	−20	−12	−3	−4	−15	−5	0	−2	−7	−2

a 含未分类产品。

表 2：

2007—2009 年世界货物贸易流向（按地区）

（左半部分表格）

单位：十亿美元

目的地		世界 a	北美洲		中、南美洲	欧洲			独联体	
原产地	年份		总计	美国		总计	(27)	欧洲其他地区	总计	俄罗斯
世界	2007	13 670.00	2 518.47	1 923.04	448.92	5 988.68	5 491.51	497.17	399.28	229.19
	2008	15 763.00	2 695.47	2 051.28	585.99	6 759.70	6 179.24	580.45	517.53	289.14
	2009	12 178.00	2 026.06	1 511.03	437.28	5 105.37	4 658.04	447.32	310.97	162.61
北美洲	2007	1 840.76	951.31	554.78	129.52	325.28	291.01	34.26	12.17	8.51
	2008	2 035.21	1 013.43	587.59	164.94	369.06	323.24	45.81	16.03	10.86
	2009	1 602.42	768.66	421.73	128.22	291.92	258.44	33.47	9.35	6.15
美国	2007	1 148.20	385.42	—	105.35	272.46	244.17	28.30	10.50	7.28
	2008	1 287.44	413.15	—	134.98	311.08	271.81	39.27	13.82	9.33
	2009	1 056.04	334.31	—	108.00	249.90	220.60	29.30	8.10	5.33
中、南美洲	2007	497.99	148.83	130.78	124.28	105.89	96.59	9.30	6.59	5.82
	2008	603.41	169.80	152.15	161.38	120.74	108.84	11.90	8.69	7.51
	2009	458.87	114.82	100.60	119.96	89.85	77.62	12.23	5.83	5.16
欧洲	2007	5 799.32	458.29	384.82	79.99	4 270.06	3 945.82	324.24	190.32	129.68
	2008	6 469.09	475.19	394.91	97.05	4 711.25	4345.38	365.87	239.72	164.40
	2009	5 015.95	365.93	306.59	74.65	3 619.53	3 323.81	295.72	146.59	96.92
欧盟（27）	2007	5 346.83	419.57	354.54	74.11	3 951.69	3 645.75	305.95	174.53	120.86
	2008	5 920.89	434.75	362.96	89.52	4 335.61	3 993.14	342.48	218.16	152.99
	2009	4 587.60	332.41	279.74	68.62	3 335.74	3 059.34	276.41	132.43	90.24
欧洲其他地区	2007	452.49	38.72	30.29	5.87	318.37	300.08	18.29	15.78	8.82
	2008	548.20	40.43	31.95	7.53	375.64	352.24	23.40	21.55	11.42
	2009	428.35	33.53	26.84	6.03	283.79	264.47	19.31	14.15	6.68
独联体	2007	519.44	26.44	22.14	5.95	295.92	240.85	55.07	103.73	30.07
	2008	702.75	35.11	28.31	8.54	402.87	335.76	67.10	136.85	37.06
	2009	451.56	23.39	18.49	5.10	238.89	203.50	35.39	86.85	22.45
俄罗斯	2007	354.40	18.21	16.54	4.24	220.53	184.77	35.76	53.83	—
	2008	471.61	25.17	22.86	5.25	295.21	252.60	42.61	71.15	—
	2009	303.39	17.12	15.54	2.77	175.21	150.26	24.95	48.12	—
非洲	2007	434.45	96.74	85.26	12.31	171.34	159.14	12.20	1.11	0.84
	2008	557.36	116.52	105.20	18.88	224.22	207.32	16.90	1.76	1.17
	2009	383.94	65.68	58.43	9.25	148.84	136.01	12.83	1.26	0.92
中东	2007	767.83	83.37	81.48	4.33	102.92	89.06	13.86	5.39	1.50
	2008	1 023.13	109.90	105.45	7.14	127.06	107.42	19.64	5.61	1.69
	2009	689.74	60.30	57.74	4.62	75.81	64.71	11.10	3.66	1.21
亚洲	2007	3 810.32	753.49	663.78	92.55	717.27	669.03	48.24	79.97	52.78
	2008	4 372.37	775.52	677.67	128.07	804.50	751.28	53.21	108.85	66.45
	2009	3 575.15	627.27	547.46	95.48	640.53	593.95	46.58	57.43	29.80
日本	2007	714.33	164.47	143.66	15.00	112.67	105.44	7.23	12.51	10.76
	2008	782.05	158.05	137.30	19.22	119.32	110.23	9.10	19.27	16.49
	2009	580.72	108.20	93.62	12.16	81.38	72.31	9.07	4.13	3.29
中国	2007	1 220.46	326.21	289.36	39.50	317.85	299.27	18.57	48.13	28.53
	2008	1 430.69	350.03	308.26	56.85	371.79	351.92	19.87	64.72	33.08
	2009	1 201.53	304.78	269.33	42.93	301.53	285.86	15.68	38.97	17.51
澳大利亚和新西兰	2007	168.31	14.28	11.41	2.04	22.05	19.89	2.16	0.83	0.66
	2008	217.83	15.85	13.31	3.28	25.07	23.50	1.56	1.51	1.10
	2009	179.17	12.32	9.98	1.95	17.42	16.59	0.83	0.74	0.58
亚洲其他地区	2007	1 707.23	248.53	219.35	36.00	264.70	244.43	20.27	18.50	12.83
	2008	1 941.79	251.58	218.80	48.72	288.32	265.63	22.69	23.36	15.79
	2009	1 613.73	201.97	174.52	38.44	240.20	219.19	21.01	13.60	8.42

a　包括未分类产品

（右半部分表格） 单位：十亿美元

非洲			中东	亚洲						目的地	
总计	南非	非洲其他地区		总计	日本	澳大利亚/新西兰	亚洲其他地区			年份	原产地
							总计	中国	其他		
368.70	79.62	289.08	497.19	3 277.38	580.57	171.97	2 524.84	747.92	1 776.92	2007	世界
470.39	90.00	380.39	629.64	3 913.31	691.47	204.31	3 017.53	878.63	2 138.90	2008	
390.54	66.89	323.65	510.34	3 197.25	503.70	166.73	2 526.81	797.92	1 728.90	2009	
27.65	6.40	21.25	48.87	343.56	71.68	24.49	247.39	73.68	173.71	2007	北美洲
33.61	7.57	26.04	60.16	375.63	77.66	27.94	270.03	81.64	188.39	2008	
28.30	4.97	23.33	49.47	324.23	60.04	24.15	240.05	81.50	158.54	2009	
24.05	5.52	18.53	45.12	304.40	61.16	21.89	221.35	62.91	158.45	2007	美国
28.77	6.49	22.28	55.00	329.41	65.14	24.75	239.51	69.71	169.80	2008	
24.69	4.45	20.24	44.80	285.45	51.13	21.76	212.56	69.48	143.08	2009	
13.76	3.16	10.60	9.17	81.77	16.42	1.45	63.90	34.67	29.23	2007	中、南美洲
16.70	3.08	13.61	11.87	100.64	17.02	2.43	81.19	44.11	37.09	2008	
12.99	2.17	10.83	11.33	95.59	12.35	1.60	81.63	46.81	34.82	2009	
148.17	29.20	118.97	152.98	433.77	65.92	37.07	330.78	104.64	226.14	2007	欧洲
185.62	31.26	154.36	188.67	489.25	69.49	43.59	376.17	123.83	252.34	2008	
161.88	23.43	138.45	153.52	425.98	57.31	35.47	333.21	121.84	211.37	2009	
138.50	27.66	110.84	132.28	396.01	58.45	34.53	303.02	97.37	205.66	2007	欧盟（27）
171.93	29.08	142.85	156.22	443.33	60.81	40.65	341.88	114.57	227.30	2008	
147.04	21.81	125.23	127.77	383.16	49.03	32.85	301.28	112.57	188.71	2009	
9.68	1.54	8.13	20.70	37.76	7.48	2.53	27.75	7.27	20.48	2007	欧洲其他地区
13.69	2.18	11.51	32.45	45.92	8.68	2.94	34.29	9.26	25.04	2008	
14.84	1.62	13.23	25.75	42.82	8.28	2.61	31.93	9.26	22.66	2009	
7.43	0.05	7.38	16.63	59.75	12.42	0.09	47.24	24.72	22.52	2007	独联体
10.42	0.18	10.24	25.01	79.01	13.39	0.20	65.41	31.15	34.26	2008	
7.20	0.20	6.99	14.32	62.78	8.86	0.23	53.69	26.87	26.82	2009	
4.12	0.01	4.11	7.02	44.45	9.51	0.05	34.89	17.72	17.17	2007	俄罗斯
5.29	0.04	5.25	8.62	57.65	12.04	0.09	45.53	21.45	24.08	2008	
4.06	0.20	3.87	6.03	48.20	7.97	0.16	40.07	19.15	20.92	2009	
39.91	9.42	30.48	10.98	84.94	12.30	2.18	70.46	33.26	37.19	2007	非洲
54.97	12.57	42.40	15.72	115.96	17.75	2.49	95.73	47.98	47.75	2008	
44.91	10.50	34.41	11.51	85.27	7.37	1.19	76.70	39.71	36.99	2009	
38.46	7.92	30.53	107.33	382.17	110.81	4.00	267.35	42.87	224.48	2007	中东
47.66	10.21	37.45	124.75	565.99	154.44	5.08	406.46	74.73	331.73	2008	
33.65	6.79	26.86	106.78	356.96	88.74	3.68	264.54	51.20	213.34	2009	
93.32	23.46	69.86	151.22	1891.43	291.02	102.67	1 497.73	434.08	1 063.66	2007	亚洲
121.42	25.12	96.30	203.46	2 186.84	341.72	122.59	1 722.54	475.19	1 247.35	2008	
101.60	18.82	82.78	163.41	1 846.43	269.02	100.42	1 476.99	429.99	1 047.00	2009	
10.55	4.61	5.94	26.23	360.99	—	16.72	344.27	129.67	214.61	2007	日本
12.52	4.63	7.89	34.02	406.07	—	19.81	386.26	144.36	241.91	2008	
8.17	2.61	5.56	21.62	328.81	—	13.69	315.12	125.52	189.60	2009	
36.75	7.44	29.31	44.32	406.56	124.88	24.68	257.00	—	257.00	2007	中国
50.52	8.62	41.91	58.82	476.81	138.77	29.89	308.14	—	308.14	2008	
46.32	7.37	38.96	51.06	413.29	118.07	27.85	267.37	—	267.37	2009	
4.16	2.26	1.90	6.63	115.24	29.06	13.76	72.42	21.99	50.44	2007	澳大利亚和新西兰
4.77	2.24	2.53	8.81	155.10	45.31	14.99	94.80	29.03	65.77	2008	
3.38	1.29	2.09	6.13	134.41	31.74	11.95	90.72	35.42	55.30	2009	
41.86	9.15	32.71	74.05	1 008.63	137.08	47.52	824.04	282.43	541.61	2007	亚洲其他地区
53.60	9.63	43.97	101.81	1 148.87	157.64	57.90	933.33	301.80	631.53	2008	
43.72	7.55	36.17	84.60	969.92	119.22	46.93	803.77	269.04	534.73	2009	

a 包括未分类产品

表 3：

2007—2009 年世界货物贸易流向（按产品类别和地区）

（左半部分表格）　　　　单位：十亿美元

目的地	世界 a			北美洲			中、南美洲			欧洲		
原产地	2007	2008	2009	2007	2008	2009	2007	2008	2009	2007	2008	2009
世界												
农产品	1 132.88	1 340.15	1 168.85	150.58	163.87	141.94	40.03	54.53	43.67	550.28	635.98	545.23
食品	916.15	1 111.96	986.88	121.96	135.84	122.85	34.83	48.63	39.31	453.70	536.23	469.35
鱼产品	90.05	97.28	90.73	15.40	16.17	15.57	1.69	1.97	2.07	41.17	44.00	39.28
其他食品	826.10	1 014.69	896.15	106.56	119.67	107.28	33.14	46.66	37.24	412.54	492.23	430.08
原料	216.73	228.18	181.97	28.62	28.03	19.08	5.20	5.90	4.36	96.58	99.75	75.88
燃料和矿产品	2 656.77	3 521.71	2 262.88	488.46	614.47	353.81	84.03	125.00	80.03	1 001.74	1 304.28	795.50
矿石和其他矿物	259.63	309.36	218.83	19.55	23.44	14.43	5.09	6.56	3.33	101.18	114.03	65.25
燃料	2 029.04	2 852.75	1 807.60	411.34	538.25	306.38	71.79	110.77	72.12	721.31	1 020.89	627.96
有色金属	368.10	359.61	236.45	57.57	52.78	33.00	7.15	7.66	4.57	179.25	169.36	102.29
制成品	9 528.87	10 468.21	8 354.65	1 825.62	1 860.31	1 479.75	310.80	388.80	300.67	4 310.60	4 658.58	3 620.15
钢铁	481.11	589.95	326.33	55.16	70.74	32.66	12.83	20.59	11.85	236.42	265.58	130.62
化学品	1 475.11	1 676.07	1 447.12	217.26	239.72	208.52	60.05	78.67	62.92	765.82	853.09	729.13
药品	372.02	419.84	431.47	66.96	69.32	73.83	11.06	12.87	12.92	232.86	266.35	267.40
其他化学品	1 103.10	1 256.22	1 015.65	150.30	170.41	134.70	49.00	65.80	50.01	532.95	586.73	461.73
其他半制成品	918.98	1 004.65	798.61	163.48	159.56	123.77	26.39	33.23	26.24	463.37	497.52	381.56
机械和运输设备	4 971.02	5 366.62	4 209.06	1 033.71	1 030.26	805.31	163.69	200.55	153.06	2 078.54	2 206.98	1 667.28
办公和电信设备	1 517.70	1 572.01	1 322.82	318.01	318.82	282.58	34.61	40.92	32.80	529.41	554.25	447.67
EDP 和办公设备	546.58	550.85	462.81	135.15	131.94	119.38	11.39	12.65	11.74	231.70	234.73	188.71
通讯设备	558.75	602.40	506.41	144.73	149.76	131.70	19.17	23.70	17.03	216.33	226.92	187.67
集成电路	412.37	418.75	353.60	38.13	37.12	31.49	4.05	4.58	4.03	81.38	92.60	71.30
运输设备	1 716.29	1 837.91	1 379.55	397.01	374.03	260.97	68.63	81.45	59.88	836.35	868.94	656.11
汽车	1 201.98	1 245.76	846.68	316.85	288.94	198.15	42.69	48.92	33.18	595.40	600.28	413.52
其他运输设备	514.31	592.15	532.87	80.16	85.09	62.82	25.93	32.53	26.70	240.95	268.66	242.59
其他机械	1 737.04	1 956.70	1 506.68	318.69	337.42	261.76	60.46	78.17	60.38	712.78	783.79	563.49
纺织品	241.33	253.36	211.05	33.51	32.58	27.55	12.38	13.94	11.30	96.57	96.99	76.09
服装	347.06	364.91	315.62	86.44	82.70	72.91	7.97	8.20	6.26	165.93	181.85	159.67
其他制成品	1 094.25	1 212.65	1 046.85	236.06	244.74	209.02	27.49	33.63	29.04	503.95	556.59	475.80
个人及家居用品	232.90	256.63	218.28	56.97	57.88	48.58	5.11	6.55	5.32	122.31	132.41	112.33
科学和控制仪器	279.35	309.62	270.91	55.57	61.03	54.96	7.55	9.74	8.62	105.32	116.47	98.29
杂项制成品	582.00	646.40	557.66	123.52	125.83	105.49	14.83	17.34	15.10	276.32	307.70	265.18
制成品出口总额 b	**13 670.00**	**15 763.00**	**12 178.00**	**2 518.47**	**2 695.47**	**2 026.06**	**448.92**	**585.99**	**437.28**	**5 988.68**	**6 759.70**	**5 105.37**
北美洲												
农产品	178.03	211.17	178.81	74.99	83.09	70.49	12.00	16.38	12.70	20.78	22.71	17.37
食品	134.31	168.01	145.63	58.75	68.23	60.26	10.00	14.24	10.99	13.67	16.13	12.55
鱼产品	8.73	8.68	7.94	3.77	3.85	3.51	0.16	0.16	0.15	1.76	1.69	1.42
其他食品	125.58	159.33	137.69	54.98	64.38	56.75	9.84	14.08	10.84	11.92	14.45	11.13
原料	43.72	43.17	33.18	16.24	14.86	10.23	2.01	2.14	1.71	7.11	6.58	4.82
燃料和矿产品	258.44	345.51	217.55	172.69	225.32	133.31	16.33	24.73	17.07	32.81	49.22	30.28
矿石和其他矿物	42.15	51.40	33.92	8.89	11.94	6.50	0.83	1.31	0.72	14.17	16.38	10.42
燃料	172.25	252.72	157.38	136.36	187.19	110.27	14.67	22.55	15.61	11.85	26.67	16.35
有色金属	44.04	41.39	26.25	27.44	26.19	16.55	0.82	0.88	0.74	6.78	6.17	3.51
制成品	1 325.78	1 389.28	1 129.82	671.64	669.85	534.92	95.16	117.54	93.38	246.61	265.46	217.58
钢铁	26.96	35.53	21.02	18.92	23.85	13.56	1.67	3.75	2.10	2.75	3.17	1.57
化学品	199.79	228.93	197.79	72.58	79.97	67.31	20.10	26.56	20.48	58.49	63.41	58.98
药品	41.27	46.00	52.11	9.43	9.17	10.89	2.55	2.83	2.86	24.18	28.37	31.05
其他化学品	158.52	182.93	145.68	63.15	70.80	56.42	17.55	23.73	17.61	34.31	35.04	27.92
其他半制成品	110.61	117.23	91.92	66.30	65.37	52.88	6.65	8.00	6.34	16.21	18.37	13.24
机械和运输设备	800.47	814.51	650.44	421.99	408.56	322.15	53.17	64.34	51.67	127.81	136.14	104.53
办公和电信设备	203.64	208.04	173.68	94.21	96.40	87.06	17.48	20.05	16.42	28.91	29.05	21.19
EDP 和办公设备	63.95	61.56	53.31	28.75	28.03	26.17	8.02	8.50	7.44	12.30	11.28	8.02
通讯设备	85.16	91.07	78.65	54.86	57.26	50.69	7.35	8.74	6.72	10.44	11.71	9.01
集成电路	54.53	55.41	41.72	10.60	11.11	10.20	2.12	2.80	2.26	6.17	6.06	4.16
运输设备	342.67	332.56	256.00	203.00	182.48	131.56	16.02	19.05	15.45	59.36	64.15	49.81
汽车	220.19	209.31	143.07	170.95	151.30	108.12	8.10	9.13	6.28	20.87	23.30	11.78
其他运输设备	122.48	123.25	112.93	32.05	31.19	23.44	7.91	9.92	9.17	38.49	40.84	38.03
其他机械	254.16	273.91	220.76	124.78	129.67	103.53	19.67	25.24	19.80	39.54	42.95	33.53
纺织品	16.96	16.48	13.20	9.97	9.17	7.58	3.41	3.53	2.67	1.48	1.50	1.16
服装	11.04	10.63	9.36	8.44	8.07	7.00	1.00	0.74	0.66	0.78	0.86	0.81
其他制成品	159.95	165.97	146.09	73.44	74.85	64.43	9.16	10.61	9.46	39.08	42.01	37.30
个人及家居用品	18.19	17.34	13.30	15.13	14.12	10.48	0.63	0.71	0.60	0.83	0.87	0.67
科学和控制仪器	58.46	62.15	56.39	18.83	20.53	18.71	3.16	3.80	3.47	17.09	18.55	16.78
杂项制成品	83.30	86.47	76.41	39.48	40.21	35.25	5.38	6.11	5.39	21.16	22.59	19.85
制成品出口总额 b	**1 840.76**	**2 035.21**	**1 602.42**	**951.31**	**1 013.43**	**768.66**	**129.52**	**164.94**	**128.22**	**325.28**	**369.06**	**291.92**

（右半部分表格） 单位：十亿美元

独联体			非洲			中东			亚洲			目的地
2007	2008	2009	2007	2008	2009	2007	2008	2009	2007	2008	2009	原产地
												世界
43.21	55.56	43.66	50.05	65.48	55.81	47.45	63.40	57.35	247.63	297.45	273.87	农产品
39.08	50.61	39.69	44.24	58.87	49.83	43.19	58.73	53.61	176.39	220.01	207.92	食品
3.28	3.91	3.30	2.03	2.72	2.65	1.07	1.36	1.34	25.13	26.82	25.91	鱼产品
35.80	46.70	36.40	42.21	56.14	47.18	42.12	57.38	52.27	151.26	193.20	182.00	其他食品
4.13	4.95	3.97	5.81	6.62	5.98	4.26	4.67	3.74	71.23	77.43	65.95	原料
43.32	65.46	37.45	53.39	76.68	52.65	50.50	69.86	46.02	862.06	1 196.54	832.04	燃料和矿产品
4.94	7.26	3.66	3.82	7.58	3.92	3.01	4.43	2.98	120.04	143.66	123.06	矿石和其他矿物
34.53	53.97	31.35	45.09	64.14	44.93	40.07	55.89	36.69	634.74	942.87	626.22	燃料
3.86	4.23	2.43	4.48	4.95	3.79	7.42	9.55	6.36	107.28	110.01	82.76	有色金属
307.47	390.17	225.92	254.74	314.26	271.35	384.46	476.12	393.09	2 089.49	2 329.83	2 008.22	制成品
18.07	23.26	14.00	16.33	22.86	19.74	34.73	48.05	26.37	106.42	137.53	89.69	钢铁
39.26	48.23	37.01	35.39	44.16	38.69	36.58	42.22	39.89	311.18	363.38	321.49	化学品
9.74	12.54	11.41	9.08	10.38	10.33	7.63	8.83	9.69	32.11	37.17	42.70	药品
29.52	35.69	25.60	26.31	33.78	28.36	28.95	33.39	30.20	279.06	326.21	278.79	其他化学品
32.16	40.09	26.33	28.81	35.73	32.70	50.42	60.62	51.45	151.79	175.05	153.72	其他半制成品
156.46	202.65	99.53	129.25	161.46	134.94	197.22	243.22	198.69	1182.87	1285.02	1111.97	机械和运输设备
24.29	26.70	14.62	21.64	25.09	20.06	35.35	39.99	34.83	552.88	565.31	489.52	办公和电信设备
7.76	7.59	4.90	6.39	7.08	6.15	11.29	13.14	12.44	142.67	143.60	119.39	EDP 和办公设备
15.59	18.15	9.03	13.71	16.44	12.61	22.57	24.93	20.84	125.45	141.75	126.96	通讯设备
0.94	0.95	0.70	1.54	1.58	1.29	1.49	1.91	1.55	284.76	279.96	243.17	集成电路
61.78	84.14	28.64	50.84	61.37	48.19	73.82	96.43	74.04	203.76	239.47	217.71	运输设备
50.91	68.64	18.91	37.83	45.79	34.89	54.03	71.98	48.18	101.71	118.69	98.49	汽车
10.87	15.50	9.73	13.02	15.58	13.31	19.79	24.45	25.86	102.06	120.78	119.22	其他运输设备
70.39	91.80	56.26	56.76	75.00	66.69	88.05	106.80	89.82	426.23	480.24	404.74	其他机械
8.43	10.73	7.82	15.10	17.22	14.89	14.21	17.59	14.54	60.20	63.55	57.86	纺织品
20.86	24.27	14.56	7.96	7.49	6.73	11.97	13.41	12.83	44.91	46.21	41.73	服装
32.23	40.96	26.67	21.91	25.33	23.66	39.33	50.99	49.34	232.11	259.09	231.77	其他制成品
10.87	14.62	9.38	5.60	6.67	6.05	6.89	9.28	8.59	24.98	29.03	27.79	个人及家居用品
5.38	6.90	4.75	4.94	5.54	5.17	7.02	8.35	8.04	93.29	101.36	90.82	科学和控制仪器
15.98	19.45	12.54	11.38	13.12	12.44	25.41	33.36	32.71	113.84	128.70	113.16	杂项制成品
399.28	**517.53**	**310.97**	**368.70**	**470.39**	**390.54**	**497.19**	**629.64**	**510.34**	**3277.38**	**3913.31**	**3197.25**	制成品出口总额 b
												北美洲
2.14	3.05	2.17	7.07	8.73	6.06	5.02	6.99	5.22	55.67	70.07	64.61	农产品
2.04	2.88	2.03	6.58	8.12	5.54	4.49	6.40	4.81	38.45	51.87	49.27	食品
0.21	0.22	0.15	0.02	0.03	0.03	0.02	0.03	0.03	2.78	2.70	2.64	鱼产品
1.83	2.66	1.88	6.56	8.09	5.50	4.47	6.37	4.78	35.67	49.17	46.62	其他食品
0.10	0.17	0.15	0.49	0.61	0.52	0.53	0.59	0.40	17.22	18.20	15.34	原料
0.22	0.44	0.17	1.70	3.18	2.59	1.37	2.13	1.88	33.01	39.94	31.90	燃料和矿产品
0.04	0.13	0.01	0.33	0.83	0.36	0.18	0.24	0.18	17.70	20.58	15.72	矿石和其他矿物
0.13	0.20	0.12	1.22	2.28	2.18	0.75	1.27	1.31	6.97	12.00	11.21	燃料
0.05	0.11	0.04	0.15	0.07	0.05	0.44	0.62	0.40	8.33	7.36	4.97	有色金属
9.55	12.27	6.81	17.61	20.35	18.61	39.70	48.00	40.00	244.79	255.44	218.28	制成品
0.09	0.11	0.12	0.54	0.55	0.71	0.70	0.75	0.41	2.28	3.34	2.56	钢铁
0.81	1.09	0.80	2.02	2.31	2.21	2.72	3.22	2.89	42.95	52.29	45.05	化学品
0.15	0.16	0.13	0.23	0.25	0.33	0.46	0.54	0.64	4.28	4.67	6.20	药品
0.67	0.93	0.68	1.78	2.06	1.88	2.26	2.68	2.25	38.67	47.63	38.85	其他化学品
0.32	0.49	0.28	1.00	1.28	1.20	6.51	7.75	4.99	13.54	15.89	12.97	其他半制成品
7.27	9.43	4.99	12.64	14.67	13.03	26.39	32.27	27.82	150.86	149.00	126.18	机械和运输设备
0.57	0.52	0.32	1.20	1.29	0.96	2.28	2.73	2.69	58.91	57.99	45.03	办公和电信设备
0.36	0.25	0.16	0.39	0.47	0.36	0.92	1.02	1.05	13.20	12.00	10.10	EDP 和办公设备
0.16	0.21	0.11	0.74	0.75	0.54	1.04	1.33	1.36	10.51	11.06	10.22	通讯设备
0.04	0.06	0.04	0.07	0.06	0.06	0.32	0.38	0.28	35.20	34.93	24.71	集成电路
2.99	3.92	1.62	5.40	6.14	5.62	13.12	17.11	14.93	42.54	39.62	36.97	运输设备
1.79	2.53	0.48	2.67	3.58	2.56	6.28	9.71	6.30	9.31	9.77	7.55	汽车
1.20	1.40	1.14	2.74	2.56	3.06	6.84	7.41	8.63	33.23	29.85	29.42	其他运输设备
3.71	4.99	3.05	6.03	7.25	6.45	10.98	12.43	10.20	49.41	51.40	44.18	其他机械
0.06	0.06	0.03	0.08	0.12	0.07	0.15	0.17	0.16	1.80	1.92	1.53	纺织品
0.02	0.02	0.02	0.03	0.03	0.03	0.14	0.21	0.18	0.62	0.68	0.65	服装
0.98	1.07	0.57	1.31	1.40	1.35	3.09	3.62	3.56	32.76	32.31	29.35	其他制成品
0.04	0.05	0.03	0.08	0.11	0.10	0.24	0.33	0.30	1.22	1.15	1.10	个人及家居用品
0.38	0.50	0.33	0.70	0.71	0.78	1.52	1.74	1.75	16.77	16.32	14.58	科学和控制仪器
0.55	0.52	0.21	0.52	0.57	0.48	1.33	1.56	1.51	14.77	14.83	13.66	杂项制成品
12.17	**16.03**	**9.35**	**27.65**	**33.61**	**28.30**	**48.87**	**60.16**	**49.47**	**343.56**	**375.63**	**324.23**	制成品出口总额 b

表 3（续 1）:

（左半部分表格） 单位：十亿美元

目的地	世界 a			北美洲			中、南美洲			欧洲		
原产地	2007	2008	2009	2007	2008	2009	2007	2008	2009	2007	2008	2009
中、南美洲												
农产品	126.16	156.32	139.74	20.28	21.23	20.05	19.88	27.31	22.60	40.60	48.84	39.47
食品	111.59	140.36	126.37	16.41	17.31	17.05	18.41	25.66	21.41	36.03	43.92	36.16
鱼产品	8.32	9.19	8.36	2.58	2.58	2.34	0.88	1.08	1.24	2.85	3.24	2.51
其他食品	103.27	131.17	118.02	13.83	14.73	14.72	17.53	24.58	20.17	33.18	40.68	33.65
原料	14.57	15.96	13.36	3.87	3.92	3.00	1.47	1.65	1.19	4.57	4.92	3.31
燃料和矿产品	206.65	258.30	178.29	78.06	95.63	58.75	41.92	60.16	41.24	38.06	42.29	25.29
矿石和其他矿物	51.43	56.80	42.27	5.59	5.54	3.82	3.71	4.30	2.15	13.42	15.99	10.13
燃料	117.88	166.71	109.61	63.93	82.71	50.02	33.49	51.01	36.38	12.13	14.78	9.41
有色金属	37.35	34.79	26.41	8.54	7.38	4.91	4.72	4.85	2.71	12.52	11.52	5.74
制成品	154.04	172.90	125.57	50.49	52.95	34.67	61.57	73.38	55.56	23.04	23.66	17.62
钢铁	19.84	21.97	12.41	5.43	5.52	1.92	4.77	6.07	3.83	4.73	3.83	1.68
化学品	30.36	37.12	28.73	8.73	11.61	6.57	13.99	16.92	13.83	5.03	5.72	5.07
药品	3.05	3.74	3.74	0.37	0.49	0.49	2.35	2.67	2.48	0.19	0.38	0.51
其他化学品	27.31	33.38	24.99	8.36	11.12	6.07	11.64	14.25	11.35	4.84	5.34	4.57
其他半制成品	21.37	22.74	17.87	6.11	5.50	4.18	8.48	10.34	8.35	3.62	3.59	2.90
机械和运输设备	55.00	61.90	42.75	14.70	15.23	9.19	25.53	29.69	21.49	7.37	7.99	6.00
办公和电信设备	5.92	5.98	4.88	1.25	1.31	1.13	2.36	2.68	1.86	0.43	0.52	0.47
EDP 和办公设备	1.62	1.64	1.49	0.60	0.58	0.50	0.24	0.32	0.32	0.30	0.27	0.23
通讯设备	2.82	3.15	2.28	0.55	0.55	0.46	2.10	2.31	1.48	0.10	0.17	0.16
集成电路	1.48	1.19	1.11	0.11	0.18	0.16	0.02	0.05	0.06	0.03	0.09	0.08
运输设备	30.55	35.08	22.56	7.51	8.18	3.98	15.50	17.55	12.60	4.52	4.67	3.42
汽车	20.85	23.09	15.14	3.42	3.10	1.74	13.56	15.14	11.11	2.00	2.62	1.27
其他运输设备	9.69	12.00	7.42	4.09	5.08	2.24	1.94	2.41	1.49	2.52	2.05	2.15
其他机械	18.53	20.84	15.31	5.94	5.75	4.08	7.67	9.45	7.04	2.42	2.79	2.11
纺织品	3.52	4.04	3.22	0.80	0.76	0.56	2.38	2.91	2.42	0.20	0.19	0.13
服装	12.90	12.73	9.89	10.61	10.13	8.33	1.82	2.11	1.24	0.37	0.35	0.23
其他制成品	11.06	12.39	10.70	4.12	4.20	3.92	4.58	5.33	4.39	1.72	2.00	1.60
个人及家居用品	4.26	4.40	3.21	1.50	1.17	0.83	1.41	1.70	1.19	1.11	1.20	0.93
科学和控制仪器	1.76	2.29	2.19	0.93	1.25	1.23	0.49	0.58	0.52	0.23	0.28	0.26
杂项制成品	5.04	5.70	5.30	1.69	1.78	1.86	2.69	3.05	2.69	0.38	0.52	0.41
制成品出口总额 b	**497.99**	**603.41**	**458.87**	**148.83**	**169.80**	**114.82**	**124.28**	**161.38**	**119.96**	**105.89**	**120.74**	**89.85**
欧洲												
农产品	521.81	603.24	528.29	23.87	23.74	20.58	4.61	5.58	4.65	422.46	485.99	425.73
食品	438.30	516.13	456.93	21.28	21.38	18.89	4.03	4.87	4.06	355.89	417.68	370.86
鱼产品	32.41	34.94	31.60	0.66	0.65	0.86	0.39	0.43	0.40	26.83	28.41	25.65
其他食品	405.88	481.18	425.33	20.61	20.73	18.03	3.64	4.44	3.66	329.06	389.27	345.21
原料	83.52	87.12	71.36	2.59	2.36	1.69	0.58	0.71	0.59	66.56	68.31	54.87
燃料和矿产品	611.36	767.42	482.55	51.15	58.56	33.59	3.94	3.78	2.82	487.21	611.67	380.22
矿石和其他矿物	68.31	74.89	46.45	1.95	2.06	1.06	0.19	0.28	0.19	53.96	58.78	33.14
燃料	397.71	550.17	347.28	40.75	48.51	28.22	2.78	2.41	1.97	312.95	438.13	276.56
有色金属	145.35	142.36	88.82	8.45	7.99	4.31	0.97	1.09	0.67	120.30	114.77	70.53
制成品	4 553.12	4 946.08	3 879.20	375.25	381.48	301.67	70.12	85.18	65.64	3 296.65	3 532.40	2 748.10
钢铁	229.21	265.62	146.72	11.03	12.71	6.33	2.23	3.52	2.21	183.43	203.46	106.44
化学品	882.06	972.85	860.88	96.51	100.35	96.09	15.08	18.58	16.39	637.86	704.28	605.60
药品	295.79	333.44	337.72	47.26	48.95	50.96	5.22	6.13	6.43	200.98	228.55	226.34
其他化学品	586.27	639.41	523.16	49.26	51.40	45.12	9.86	12.45	9.96	436.89	475.72	379.26
其他半制成品	490.07	527.02	410.00	28.14	26.19	19.15	5.91	7.31	5.36	372.58	400.45	311.42
机械和运输设备	2 220.39	2 389.38	1 800.25	180.97	184.76	134.57	39.77	47.49	34.83	1 557.32	1 637.34	1 229.17
办公和电信设备	409.33	421.27	334.86	17.61	17.26	13.98	3.33	3.63	2.54	307.84	319.12	260.53
EDP 和办公设备	160.68	160.29	131.17	6.93	6.46	5.56	0.57	0.64	0.71	131.25	131.57	107.43
通讯设备	182.51	191.75	154.51	6.57	6.99	5.90	2.19	2.62	1.56	136.38	144.00	121.04
集成电路	66.15	69.22	49.18	4.11	3.82	2.52	0.57	0.38	0.28	40.22	43.55	32.06
运输设备	901.01	949.42	701.95	75.01	73.49	50.63	16.26	18.34	12.60	683.99	700.16	526.52
汽车	663.58	682.71	470.46	53.87	50.10	31.55	7.17	8.52	5.53	521.65	523.43	369.29
其他运输设备	237.43	266.71	231.49	21.14	23.39	19.08	9.09	9.82	7.06	162.34	176.73	157.22
其他机械	910.04	1 018.69	763.43	88.34	94.01	69.97	20.19	25.52	19.69	565.48	618.05	442.13
纺织品	93.22	92.93	71.83	4.69	4.17	2.99	0.74	0.80	0.66	70.74	69.75	53.80
服装	123.27	132.41	112.17	4.87	4.58	3.22	0.36	0.41	0.35	102.87	109.88	94.95
其他制成品	514.90	565.87	477.35	49.04	48.71	39.32	6.03	7.06	5.83	371.86	407.25	346.72
个人及家居用品	115.69	124.36	101.43	7.13	6.62	4.64	0.51	0.62	0.44	93.52	99.70	82.55
科学和控制仪器	111.61	124.03	105.68	15.74	17.32	15.04	2.17	2.58	2.26	67.04	73.48	61.74
杂项制成品	287.60	317.47	270.24	26.16	24.77	19.65	3.36	3.86	3.14	211.30	234.06	202.43
制成品出口总额 b	**5 799.32**	**6 469.09**	**5 015.95**	**458.29**	**475.19**	**365.93**	**79.99**	**97.05**	**74.65**	**4 270.06**	**4 711.25**	**3 619.53**

（右半部分表格）

单位：十亿美元

独联体			非洲			中东			亚洲			目的地
2007	2008	2009	2007	2008	2009	2007	2008	2009	2007	2008	2009	原产地
												中、南美洲
5.76	7.63	5.51	7.23	9.47	7.93	6.42	8.11	8.76	25.52	32.88	34.35	农产品
5.59	7.41	5.28	7.10	9.32	7.83	6.19	7.87	8.61	21.42	28.18	29.17	食品
0.18	0.21	0.12	0.16	0.16	0.20	0.04	0.06	0.05	1.53	1.74	1.76	鱼产品
5.41	7.20	5.16	6.94	9.16	7.64	6.15	7.82	8.56	19.89	26.45	27.41	其他食品
0.17	0.22	0.23	0.13	0.15	0.10	0.22	0.24	0.15	4.11	4.70	5.19	原料
0.20	0.21	0.08	2.17	2.29	1.18	0.91	1.51	0.90	44.03	53.33	49.48	燃料和矿产品
0.20	0.20	0.07	0.67	0.86	0.62	0.57	1.18	0.61	27.27	28.73	24.86	矿石和其他矿物
0.00	0.01	0.00	1.39	1.36	0.52	0.27	0.21	0.21	5.38	13.77	11.70	燃料
0.00	0.00	0.00	0.10	0.07	0.04	0.08	0.12	0.08	11.38	10.83	12.92	有色金属
0.62	0.85	0.23	4.30	4.87	3.87	1.82	2.24	1.54	11.94	14.34	11.65	制成品
0.09	0.07	0.06	0.77	0.66	0.69	0.39	0.76	0.41	3.65	5.02	3.80	钢铁
0.06	0.07	0.04	0.56	0.59	0.50	0.17	0.14	0.13	1.76	1.93	2.45	化学品
0.02	0.02	0.02	0.03	0.04	0.03	0.02	0.02	0.03	0.06	0.09	0.12	药品
0.04	0.05	0.03	0.53	0.56	0.47	0.15	0.12	0.10	1.70	1.84	2.34	其他化学品
0.06	0.09	0.04	0.53	0.65	0.50	0.21	0.24	0.17	2.27	2.15	1.63	其他半制成品
0.37	0.57	0.06	2.17	2.61	1.90	0.94	0.98	0.71	3.87	4.75	3.28	机械和运输设备
0.00	0.00	0.00	0.02	0.02	0.01	0.01	0.02	0.05	1.83	1.42	1.35	办公和电信设备
0.00	0.00	0.00	0.00	0.01	0.00	0.00	0.00	0.01	0.48	0.46	0.42	EDP 和办公设备
0.00	0.00	0.00	0.02	0.01	0.01	0.01	0.02	0.04	0.04	0.09	0.12	通讯设备
0.00	0.00	0.00	0.00	0.00	0.00	0.00	0.00	0.00	1.31	0.87	0.80	集成电路
0.24	0.37	0.01	1.43	1.48	1.08	0.55	0.64	0.37	0.77	2.17	1.05	运输设备
0.24	0.34	0.00	1.05	1.23	0.68	0.26	0.26	0.07	0.31	0.38	0.26	汽车
0.00	0.03	0.00	0.38	0.25	0.40	0.29	0.37	0.30	0.46	1.79	0.79	其他运输设备
0.12	0.20	0.05	0.71	1.11	0.81	0.38	0.32	0.29	1.26	1.16	0.88	其他机械
0.00	0.00	0.00	0.02	0.03	0.02	0.01	0.01	0.01	0.10	0.09	0.07	纺织品
0.00	0.00	0.00	0.01	0.02	0.01	0.01	0.01	0.01	0.05	0.05	0.04	服装
0.04	0.05	0.03	0.25	0.30	0.24	0.08	0.11	0.10	0.25	0.34	0.38	其他制成品
0.02	0.03	0.02	0.09	0.13	0.11	0.04	0.05	0.04	0.08	0.10	0.09	个人及家居用品
0.01	0.01	0.01	0.03	0.04	0.03	0.02	0.02	0.03	0.07	0.10	0.11	科学和控制仪器
0.01	0.01	0.00	0.13	0.12	0.10	0.02	0.04	0.03	0.09	0.14	0.18	杂项制成品
6.59	**8.69**	**5.83**	**13.76**	**16.70**	**12.99**	**9.17**	**11.87**	**11.33**	**81.77**	**100.64**	**95.59**	制成品出口总额 b
												欧洲
16.51	20.93	16.07	15.26	20.62	17.76	10.95	14.13	13.21	26.82	31.07	28.66	农产品
14.93	18.93	14.58	12.54	17.44	14.73	9.47	12.57	11.86	19.26	22.34	20.88	食品
1.50	1.71	1.53	0.87	1.20	1.03	0.13	0.15	0.16	2.02	2.39	1.96	鱼产品
13.43	17.22	13.05	11.66	16.24	13.70	9.34	12.42	11.70	17.24	19.95	18.92	其他食品
1.59	2.00	1.50	2.73	3.18	3.03	1.48	1.56	1.36	7.55	8.73	7.78	原料
4.91	6.76	3.97	14.83	21.46	15.95	7.32	9.95	7.13	23.31	28.21	22.84	燃料和矿产品
0.56	0.71	0.33	0.95	1.70	0.84	0.63	0.87	0.64	9.90	10.39	10.06	矿石和其他矿物
2.81	4.39	2.69	12.11	17.79	13.31	5.15	7.24	5.02	3.16	5.29	3.93	燃料
1.55	1.67	0.95	1.77	1.97	1.80	1.53	1.85	1.47	10.25	12.52	8.85	有色金属
166.66	208.60	124.50	116.35	140.16	125.70	132.09	160.78	129.63	375.01	418.35	367.54	制成品
3.42	3.95	2.54	6.51	10.24	9.74	10.31	17.43	8.01	11.75	13.82	10.99	钢铁
26.90	32.48	25.53	17.88	21.05	19.35	16.97	19.72	19.23	63.31	72.35	73.07	化学品
8.33	10.85	9.86	6.12	6.84	7.16	5.77	6.70	7.37	19.69	23.10	26.60	药品
18.57	21.62	15.67	11.77	14.21	12.19	11.19	13.01	11.86	43.62	49.24	46.47	其他化学品
18.23	22.30	13.91	11.64	14.65	13.50	16.47	17.82	13.99	35.21	36.39	31.13	其他半制成品
89.36	115.53	60.31	63.86	75.88	66.41	70.59	83.04	68.02	209.40	234.49	199.49	机械和运输设备
16.15	17.05	9.04	11.58	11.83	9.07	13.47	12.49	9.43	38.73	39.44	29.90	办公和电信设备
5.87	5.53	3.39	4.08	4.23	3.77	4.43	4.37	3.72	7.45	7.46	6.58	EDP 和办公设备
9.64	10.92	5.19	6.55	6.60	4.53	8.58	7.70	5.34	12.10	12.53	10.62	通讯设备
0.64	0.60	0.46	0.95	1.01	0.77	0.46	0.42	0.37	19.18	19.44	12.71	集成电路
27.27	39.54	15.36	19.14	21.96	19.60	16.48	23.89	17.48	57.53	64.37	54.92	运输设备
23.11	32.33	10.25	14.72	16.60	14.04	10.66	15.50	10.03	31.17	34.57	29.21	汽车
4.15	7.21	5.11	4.42	5.36	5.56	5.83	8.39	7.45	26.35	29.80	25.72	其他运输设备
45.94	58.94	35.91	33.13	42.08	37.74	40.63	46.66	41.12	113.14	130.68	114.67	其他机械
3.87	4.33	2.94	5.25	5.71	4.80	1.70	2.06	1.90	5.61	5.63	4.37	纺织品
5.99	7.17	4.82	1.36	1.52	1.49	2.30	2.87	2.61	4.89	5.38	4.42	服装
18.89	22.84	14.46	9.84	11.11	10.42	13.75	17.84	15.88	44.83	50.28	44.07	其他制成品
4.91	6.14	3.93	1.43	1.66	1.56	1.98	2.68	2.29	6.13	6.86	5.97	个人及家居用品
3.74	4.74	3.01	3.15	3.48	3.18	3.46	4.28	4.24	16.10	18.00	16.10	科学和控制仪器
10.24	11.95	7.53	5.25	5.97	5.68	8.31	10.89	9.35	22.60	25.42	22.00	杂项制成品
190.32	**239.72**	**146.59**	**148.17**	**185.62**	**161.88**	**152.98**	**188.67**	**153.52**	**433.77**	**489.25**	**425.98**	制成品出口总额 b

表3（续2）：

（左半部分表格）　　　　　　　　　　　　　　　　单位：十亿美元

目的地	世界a			北美洲			中、南美洲			欧洲		
原产地	2007	2008	2009	2007	2008	2009	2007	2008	2009	2007	2008	2009
独联体												
农产品	39.57	46.60	39.25	0.68	0.53	0.66	0.03	0.11	0.10	10.51	13.32	8.79
燃料和矿产品	335.92	465.79	284.05	19.71	25.98	17.67	2.24	3.59	2.40	236.29	320.60	191.75
制成品	134.01	172.74	108.78	5.80	8.28	4.43	3.46	4.85	2.57	44.87	56.85	31.48
制成品出口总额b	**519.44**	**702.75**	**451.56**	**26.44**	**35.11**	**23.39**	**5.95**	**8.54**	**5.10**	**295.92**	**402.87**	**238.89**
非洲												
农产品	35.74	42.10	39.10	1.84	2.16	2.09	0.24	0.44	0.22	18.58	21.30	18.65
燃料和矿产品	297.70	393.69	245.75	86.61	104.50	57.02	10.70	16.17	7.97	107.81	154.44	94.76
制成品	79.83	98.23	73.79	7.37	9.48	6.24	1.38	2.27	1.06	41.38	45.07	32.12
制成品出口总额b	**434.45**	**557.36**	**383.94**	**96.74**	**116.52**	**65.68**	**12.31**	**18.88**	**9.25**	**171.34**	**224.22**	**148.84**
中东												
农产品	16.79	18.83	18.16	0.42	0.55	0.46	0.10	0.14	0.11	2.55	2.85	2.28
燃料和矿产品	548.28	751.27	469.13	59.60	84.05	39.03	2.54	4.62	2.71	70.82	86.53	47.45
制成品	181.88	235.50	187.96	20.73	24.66	20.48	1.32	2.30	1.76	23.86	34.36	22.27
制成品出口总额b	**767.83**	**1 023.13**	**689.74**	**83.37**	**109.90**	**60.30**	**4.33**	**7.14**	**4.62**	**102.92**	**127.06**	**75.81**
亚洲												
农产品	214.79	261.89	225.50	28.51	32.57	27.61	3.17	4.56	3.28	34.80	40.98	32.94
食品	164.67	206.20	182.96	23.12	26.23	23.80	2.10	3.29	2.49	26.42	31.92	26.72
鱼产品	31.35	35.03	33.63	7.90	8.73	8.42	0.23	0.26	0.25	5.79	6.52	6.22
其他食品	133.31	171.17	149.32	15.21	17.50	15.38	1.87	3.04	2.24	20.63	25.41	20.50
原料	50.12	55.68	42.55	5.39	6.34	3.81	1.07	1.27	0.79	8.38	9.06	6.22
燃料和矿产品	398.41	539.73	385.56	20.65	20.44	14.44	6.38	11.95	5.82	28.73	39.54	25.75
矿石和其他矿物	65.44	77.56	65.61	1.83	2.35	2.00	0.09	0.13	0.06	7.02	6.06	3.29
燃料	256.12	383.93	266.06	13.37	12.66	8.56	5.97	11.39	5.42	13.93	25.39	17.95
有色金属	76.85	78.25	53.88	5.45	5.43	3.88	0.32	0.44	0.34	7.78	8.09	4.51
制成品	3 100.21	3 453.46	2 849.53	694.33	713.61	577.34	77.80	103.30	80.69	634.19	700.78	550.98
钢铁	140.98	182.08	98.15	16.76	24.20	9.21	3.07	5.63	2.80	23.19	24.73	8.54
化学品	283.94	321.89	275.34	31.25	35.64	29.80	7.23	10.84	9.38	41.78	46.41	37.91
药品	25.77	28.87	30.47	7.09	6.68	7.71	0.89	1.19	1.10	6.64	8.10	8.59
其他化学品	258.17	293.02	244.87	24.15	28.96	22.09	6.34	9.65	8.28	35.14	38.31	29.32
其他半制成品	221.55	252.06	213.87	51.01	50.61	40.36	5.07	7.22	5.94	46.39	50.26	37.75
机械和运输设备	1 781.22	1 951.99	1 600.59	411.42	414.04	331.18	44.29	57.65	43.93	365.72	399.53	308.82
办公和电信设备	879.93	909.41	785.57	204.43	202.17	176.82	11.33	14.20	11.61	189.30	201.28	162.25
EDP和办公设备	314.84	319.48	270.88	98.65	96.46	86.82	2.51	3.14	3.25	87.33	90.69	72.33
通讯设备	276.58	299.77	258.18	82.50	83.91	73.73	7.48	9.71	7.06	67.96	68.32	55.49
集成电路	288.51	290.15	256.51	23.27	21.80	16.27	1.34	1.34	1.30	34.00	42.27	34.44
运输设备	394.26	460.60	354.60	109.96	106.76	72.31	20.53	26.05	18.94	81.96	92.12	71.43
汽车	264.51	289.18	190.82	87.81	82.62	54.93	13.68	15.91	10.11	48.29	46.95	29.05
其他运输设备	129.75	171.42	163.78	22.15	24.14	17.38	6.86	10.14	8.83	33.67	45.17	42.38
其他机械	507.03	581.98	460.42	97.03	105.11	82.05	12.42	17.41	13.38	94.47	106.14	75.14
纺织品	114.24	124.02	111.13	17.43	17.73	15.71	5.79	6.61	5.48	21.19	22.30	18.66
服装	181.00	189.19	167.77	59.25	56.81	52.00	4.78	4.91	3.99	51.56	60.19	55.16
其他制成品	377.29	432.23	382.67	107.21	114.59	99.07	7.58	10.44	9.18	84.36	97.36	84.14
个人及家居用品	87.71	102.48	94.40	33.04	35.82	32.51	2.56	3.51	3.09	24.73	28.32	26.42
科学和控制仪器	102.91	115.62	102.26	19.39	21.23	19.27	1.67	2.70	2.30	19.85	22.88	18.47
杂项制成品	186.66	214.13	186.01	54.78	57.54	47.29	3.35	4.23	3.80	39.78	46.16	39.26
制成品出口总额b	**3 810.32**	**4 372.37**	**3 575.15**	**753.49**	**775.52**	**627.27**	**92.55**	**128.07**	**95.48**	**717.27**	**804.50**	**640.53**

a　包括未列明的目的地。

b　包括未分类产品。

（右半部分表格） 单位：十亿美元

独联体			非洲			中东			亚洲			目的地
2007	2008	2009	2007	2008	2009	2007	2008	2009	2007	2008	2009	原产地
												独联体
12.48	15.38	13.07	2.90	2.71	2.19	2.51	3.71	2.99	9.94	10.22	8.80	农产品
36.57	55.69	32.13	0.62	2.53	1.46	5.85	11.05	4.21	34.02	45.42	33.81	燃料和矿产品
52.98	64.28	40.46	3.51	4.91	3.27	7.91	9.50	6.60	14.23	21.95	17.84	制成品
103.73	**136.85**	**86.85**	**7.43**	**10.42**	**7.20**	**16.63**	**25.01**	**14.32**	**59.75**	**79.01**	**62.78**	制成品出口总额 b
												非洲
0.68	0.97	0.84	6.57	8.40	8.22	1.62	1.99	1.94	5.86	6.70	6.47	农产品
0.24	0.52	0.26	14.86	21.81	14.49	1.85	2.59	2.19	67.73	92.08	66.18	燃料和矿产品
0.18	0.25	0.14	15.76	21.22	18.56	3.58	5.60	3.91	9.02	13.85	9.30	制成品
1.11	1.76	1.26	39.91	54.97	44.91	10.98	15.72	11.51	84.94	115.96	85.27	制成品出口总额 b
												中东
0.79	0.96	0.77	1.42	1.68	1.48	9.01	9.91	10.48	2.37	2.50	1.92	农产品
0.09	0.15	0.08	12.70	16.53	11.26	20.96	25.62	20.14	342.77	504.88	309.42	燃料和矿产品
4.02	4.22	2.72	23.67	28.55	20.75	74.79	85.60	74.91	30.63	53.19	39.56	制成品
5.39	**5.61**	**3.66**	**38.46**	**47.66**	**33.65**	**107.33**	**124.75**	**106.78**	**382.17**	**565.99**	**356.96**	制成品出口总额 b
												亚洲
4.86	6.64	5.22	9.61	13.87	12.17	11.91	18.56	14.75	121.45	144.00	129.06	农产品
4.49	6.19	4.96	8.79	12.86	11.35	10.82	17.36	13.76	88.53	107.71	99.44	食品
0.75	1.10	0.88	0.55	0.87	0.90	0.59	0.78	0.75	15.46	16.69	16.15	鱼产品
3.74	5.09	4.08	8.24	11.99	10.45	10.24	16.58	13.01	73.07	91.01	83.29	其他食品
0.37	0.45	0.26	0.81	1.01	0.82	1.09	1.21	0.99	32.92	36.29	29.62	原料
1.09	1.69	0.76	6.52	8.88	5.72	12.23	17.01	9.57	317.19	432.67	318.41	燃料和矿产品
0.21	0.45	0.18	0.12	0.23	0.18	0.29	0.54	0.42	54.28	65.84	57.98	矿石和其他矿物
0.40	0.59	0.27	5.33	7.45	4.62	8.74	12.25	7.15	204.35	308.61	218.55	燃料
0.47	0.65	0.31	1.07	1.19	0.92	3.20	4.22	2.01	58.56	58.22	41.88	有色金属
73.45	99.71	51.05	73.55	94.20	80.59	124.57	164.40	136.49	1 403.87	1 552.71	1 344.05	制成品
2.20	3.65	2.48	3.83	5.98	4.67	12.64	16.17	8.03	79.27	101.68	62.40	钢铁
4.42	5.46	3.68	7.76	9.66	8.35	7.75	9.86	8.55	182.72	203.15	176.50	化学品
0.61	0.75	0.64	2.11	2.42	2.08	0.56	0.71	0.74	7.82	9.01	9.58	药品
3.82	4.71	3.03	5.65	7.24	6.27	7.18	9.15	7.81	174.91	194.14	166.91	其他化学品
4.90	7.51	4.88	8.45	10.65	10.82	16.03	21.52	20.71	89.63	104.06	93.35	其他半制成品
35.70	48.98	18.63	35.43	48.16	37.31	61.68	82.08	64.77	809.91	878.25	769.25	机械和运输设备
6.63	7.93	4.36	6.06	8.37	7.39	10.44	13.78	14.10	451.61	461.57	408.97	办公和电信设备
1.25	1.57	1.19	1.01	1.27	1.37	3.11	4.14	4.44	120.97	122.19	101.46	EDP 和办公设备
5.22	6.17	3.08	4.58	6.66	5.61	6.92	9.03	9.06	101.82	115.91	104.12	通讯设备
0.16	0.18	0.09	0.47	0.45	0.40	0.41	0.61	0.61	228.82	223.47	203.38	集成电路
19.85	27.37	6.27	17.52	21.83	14.27	28.31	38.04	24.98	99.23	125.31	119.82	运输设备
18.18	25.75	5.21	12.87	15.73	11.22	24.68	32.81	20.54	58.06	68.76	59.20	汽车
1.67	1.62	1.05	4.65	6.10	3.05	3.64	5.24	4.43	41.18	56.56	60.62	其他运输设备
9.22	13.68	7.99	11.85	17.95	15.66	22.93	30.26	25.69	259.07	291.37	240.46	其他机械
3.24	4.97	3.82	7.35	8.78	8.15	7.38	8.68	7.93	51.75	54.83	51.26	纺织品
14.18	16.22	9.03	4.94	3.75	3.81	7.10	7.47	7.35	39.17	39.82	36.42	服装
8.82	12.91	8.54	5.80	7.23	7.47	11.99	18.62	19.16	151.41	170.92	154.87	其他制成品
4.87	7.22	4.61	2.33	2.89	3.12	2.87	4.14	4.17	17.29	20.52	20.43	个人及家居用品
0.56	0.83	0.81	0.68	0.79	0.83	1.28	1.37	1.48	59.45	65.81	59.07	科学和控制仪器
3.38	4.86	3.11	2.79	3.54	3.52	7.84	13.11	13.51	74.67	84.59	75.36	杂项制成品
79.97	**108.85**	**57.43**	**93.32**	**121.42**	**101.60**	**151.22**	**203.46**	**163.41**	**1 891.43**	**2 186.84**	**1 846.43**	制成品出口总额 b

表 4：

2000—2009 年区域一体化协定的货物贸易

单位：十亿美元

地区 \ 年份	2000	2001	2002	2003	2004	2005	2006	2007	2008	2009
欧盟（27）										
总出口	2 453	2 469	2 638	3 149	3 762	4 065	4 591	5 347	5 921	4 588
内部出口	1 668	1 677	1 794	2 166	2 577	2 756	3 136	3 646	3 993	3 059
外部出口	785	792	843	983	1 185	1 310	1 456	1 701	1 928	1 528
总进口	2 580	2 549	2 672	3 214	3 855	4 222	4 830	5 611	6 295	4 733
内部进口	1 663	1 673	1 786	2 156	2 576	2 754	3 133	3 646	3 993	3 059
外部进口	917	877	886	1 058	1 278	1 468	1 697	1 965	2 302	1 673
北美自由贸易区										
总出口	1 225	1 148	1 106	1 163	1 320	1 476	1 664	1 841	2 035	1 602
内部出口	680	633	621	650	739	824	901	950	1 012	768
外部出口	544	515	486	513	581	651	763	891	1 023	835
总进口	1 684	1 580	1 601	1 723	2 008	2 283	2 541	2 701	2 907	2 177
内部进口	668	627	618	640	715	791	864	914	964	717
外部进口	1 015	953	983	1 083	1 292	1 492	1 676	1 786	1 942	1 460
东盟										
总出口 a	432	388	407	475	569	656	770	865	990	814
内部出口 a	99	87	92	117	142	165	192	218	252	202
外部出口	333	301	315	358	427	491	578	647	737	612
总进口 a	381	347	367	412	514	603	688	775	938	725
内部进口 a	86	77	84	101	125	151	174	195	229	179
外部进口	294	270	283	311	389	452	514	581	709	546
南方共同市场										
总出口	85	88	89	106	136	164	190	224	278	217
内部出口	18	15	10	13	17	21	26	32	42	33
外部出口	67	73	79	93	119	143	164	191	237	185
总进口	90	84	62	69	95	114	140	183	258	186
内部进口	18	16	11	13	18	22	26	33	44	32
外部进口	72	68	52	56	77	91	114	149	214	154
安第斯共同体										
总出口	26	25	26	30	39	51	65	77	94	78
内部出口	2	2	3	3	3	5	5	6	7	6
外部出口	24	23	23	27	36	47	60	71	87	73
总进口	25	27	28	31	37	46	56	71	93	74
内部进口	2	3	3	3	4	5	6	7	9	7
外部进口	22	25	25	27	33	41	50	64	85	67

a 不包括 2000—2001 年新加坡与印度尼西亚的贸易。

表 5：

1999—2009 年区域集团的货物贸易

单位：十亿美元

地区＼年份	1999	2000	2001	2002	2003	2004	2005	2006	2007	2008	2009
出口											
世界 a	**5 712.2**	**6 456.4**	**6 191.2**	**6 492.3**	**7 585.6**	**9 217.9**	**10 488.6**	**12 112.4**	**14 001.4**	**16 116.6**	**12 490.2**
北美洲和欧洲											
欧洲自由贸易联盟	127.8	142.5	143.4	153.6	175.5	208.2	237.8	273.5	313.2	378.3	297.8
欧盟（27）	2 357.0	2 452.6	2 469.5	2 637.6	3 148.9	3 762.4	4 065.3	4 591.0	5 346.8	5 920.9	4 587.6
北美自由贸易区	1 070.6	1 224.9	1 147.5	1 106.2	1 162.9	1 319.6	1 475.8	1 664.1	1 840.7	2 035.2	1 602.4
中、南美洲											
安第斯共同体	23.2	26.2	25.3	26.0	30.0	38.9	51.4	64.8	76.7	94.1	78.4
中美洲共同市场	14.8	15.5	14.4	16.7	18.0	19.9	21.7	24.3	27.2	29.7	26.4
加勒比共同体和共同市场	6.4	8.1	7.8	7.3	9.0	11.0	14.9	20.2	20.1	26.3	14.9
南方共同市场	74.3	84.6	87.8	88.8	106.1	135.8	164.0	190.1	223.7	278.3	217.2
非洲											
中部非洲经济与货币共同体	6.7	8.4	8.4	8.9	11.6	16.6	22.9	26.8	29.9	41.3	25.7
东南非共同市场	22.6	30.8	28.0	28.6	37.5	49.2	66.1	82.8	99.0	128.6	91.0
中部非洲国家经济共同体	12.7	17.2	16.0	18.5	22.5	32.0	49.4	61.2	77.2	109.5	69.2
西非国际经济共同体	24.4	30.3	27.6	29.5	37.0	53.7	67.1	78.1	85.5	107.0	76.3
南部非洲发展共同体	44.0	50.5	48.5	51.5	61.7	79.4	97.5	115.9	143.6	176.8	130.9
西非经济和货币同盟	7.7	6.7	7.0	8.7	9.8	11.6	12.7	14.2	15.0	18.1	16.8
中东和亚洲											
东盟	362.1	432.0	387.6	407.4	474.8	568.9	656.0	769.8	865.4	989.8	813.5
海湾（阿拉伯国家）合作委员会	118.2	176.0	160.2	167.9	212.7	285.2	397.6	480.7	556.6	751.6	497.6
南亚自由贸易区	55.0	64.2	64.4	70.8	84.0	105.2	132.6	158.9	190.0	240.8	204.2
备忘：											
非洲、加勒比和太平洋国家集团	95.2	113.1	107.3	112.2	136.6	181.5	226.8	269.6	314.6	393.4	280.6
最不发达国家	28.8	36.3	36.1	40.0	45.9	60.7	82.6	103.3	128.6	169.0	126.4
WTO 成员（153）	5 550.1	6 218.2	5 971.5	6 267.2	7 306.4	8 840.4	9 979.8	11 466.8	13 232.1	15 084.0	11 823.4
进口											
世界	**5 921.2**	**6 724.0**	**6 482.2**	**6 741.2**	**7 861.0**	**9 567.1**	**10 853.1**	**12 435.3**	**14 296.6**	**16 513.1**	**12 682.4**
北美洲和欧洲											
欧洲自由贸易联盟	116.5	119.5	119.3	124.3	143.1	168.0	187.0	211.8	248.2	279.7	228.6
欧盟（27）	2 419.1	2 579.9	2 549.4	2 672.1	3 214.2	3 854.5	4 221.7	4 830.6	5 610.7	6 295.3	4 732.7
北美自由贸易区	1 425.7	1 683.6	1 579.5	1 600.8	1 723.1	2 007.9	2 283.4	2 540.6	2 700.8	2 906.8	2 176.7
中、南美洲											
安第斯共同体	22.3	24.5	27.2	28.4	30.6	36.9	46.3	56.4	70.7	93.3	74.1
中美洲共同市场	20.2	21.9	23.1	26.2	28.2	32.1	36.2	41.5	47.7	54.5	41.4
加勒比共同体和共同市场	12.4	14.1	14.0	14.1	15.1	17.0	20.2	23.0	26.3	31.7	23.4
南方共同市场	82.7	89.9	84.2	62.3	69.1	95.1	113.9	139.5	182.8	257.8	186.3
非洲											
中部非洲经济与货币共同体	3.9	3.8	5.1	5.9	6.0	6.9	7.9	10.5	12.6	16.2	16.8
东南非共同市场	37.1	35.5	36.5	35.6	39.8	51.2	64.7	75.4	93.5	118.6	111.4

续 表

地区 \ 年份	1999	2000	2001	2002	2003	2004	2005	2006	2007	2008	2009
中部非洲国家经济共同体	7.9	7.9	9.6	11.2	13.5	15.2	19.3	23.0	30.7	43.1	39.1
西非国际经济共同体	21.8	20.9	23.6	19.7	25.9	32.7	43.1	51.6	65.6	88.0	71.4
南部非洲发展共同体	45.4	48.2	46.9	48.9	65.5	84.8	98.6	118.7	139.4	168.4	132.7
西非经济和货币同盟	8.1	7.4	7.4	7.9	10.2	12.4	14.8	15.7	19.4	23.7	20.8
中东和亚洲											
东盟	309.8	380.7	347.1	366.8	411.8	513.8	602.9	688.1	775.5	938.3	725.3
海湾（阿拉伯国家）合作委员会	78.3	85.4	90.4	99.3	117.3	154.3	188.3	225.1	295.0	378.8	301.8
南亚自由贸易区	73.5	80.6	77.6	84.5	105.2	140.7	194.4	238.4	296.6	406.7	319.2
备忘：											
非洲、加勒比和太平洋国家集团	108.1	113.7	117.0	115.3	141.0	175.8	215.4	258.8	307.0	383.1	310.4
最不发达国家	42.0	43.9	47.7	50.2	59.8	71.5	87.4	100.7	124.7	161.1	148.2
WTO 成员（153）a	5 793.7	6 578.3	6 316.5	6 563.1	7 649.2	9 281.4	10 509.7	12 030.3	13 779.6	15 841.0	12 152.6

a 包括重要的转口及因转口的进口。

表 6：

1999—2009 年区域集团的服务贸易

单位：十亿美元

地区 \ 年份	1999	2000	2001	2002	2003	2004	2005	2006	2007	2008	2009
出口											
世界	**1 394.6**	**1 483.9**	**1 487.2**	**1 599.2**	**1 836.0**	**2 222.1**	**2 487.9**	**2 822.8**	**3 387.9**	**3 826.4**	**3 350.2**
北美洲和欧洲											
欧洲自由贸易联盟	45.6	47.9	47.0	50.0	57.2	69.1	80.1	88.4	106.9	124.1	109.1
欧盟（27）	629.6	645.5	669.2	738.1	882.6	1 062.1	1 168.5	1 320.4	1 598.2	1 787.0	1 527.6
北美自由贸易区	305.9	330.9	317.1	325.2	339.8	393.2	432.7	479.4	552.2	603.2	546.8
中、南美洲											
安第斯共同体	4.3	4.4	4.5	4.2	4.6	5.4	6.2	7.3	8.2	9.3	9.2
中美洲共同市场	3.5	4.0	4.2	4.4	4.6	5.1	5.9	6.8	7.7	8.5	7.7
加勒比共同体和共同市场	7.0	7.2	6.8	7.0	7.6	8.4	9.1	9.5	10.2	10.6	10.0
南方共同市场	13.2	15.6	14.8	13.5	15.3	18.5	23.3	27.9	35.5	44.0	40.3
非洲											
中部非洲经济与货币共同体	0.9	0.9	1.2	1.2	1.0	1.5	1.3	1.4	1.8	2.1	1.8
东南非共同市场	13.4	13.8	13.0	13.5	15.6	20.1	21.6	23.8	29.4	36.6	31.9
中部非洲国家经济共同体	1.1	1.3	1.5	1.6	1.4	2.0	1.9	2.1	2.7	3.3	3.0
西非国际经济共同体	2.9	3.7	3.8	4.8	6.1	6.41	5.2	6.1	6.4	8.1	7.8
南部非洲发展共同体	8.9	8.8	8.8	9.0	12.8	15.2	17.1	18.6	21.6	21.9	20.6
西非经济和货币同盟	1.2	1.1	1.3	1.4	1.6	2.0	2.1	2.2	2.9	3.7	…

续 表

地区 \ 年份	1999	2000	2001	2002	2003	2004	2005	2006	2007	2008	2009
中东和亚洲											
东盟	62.8	68.0	67.6	74.1	78.7	104.3	117.0	135.4	172.1	195.3	177.6
海湾（阿拉伯国家）合作委员会	9.9	9.9	10.6	11.0	12.8	16.01	25.8	35.8	41.41	38.7	…
南亚自由贸易区	17.3	19.3	20.4	22.7	27.6	42.5	56.9	74.8	92.3	109.2	93.9
备忘：											
非洲、加勒比和太平洋国家集团	27.9	29.1	28.9	30.3	37.2	42.8	48.7	53.1	60.3	65.4	61.3
最不发达国家	5.9	6.1	6.3	6.7	7.3	8.8	9.7	11.3	14.5	18.4	17.4
WTO 成员（153）	1 369.0	1 455.7	1 456.0	1 561.5	1 788.1	2 166.0	2 422.8	2 747.4	3 294.9	3 709.4	3 247.5
进口											
世界	**1 367.0**	**1 460.5**	**1 478.6**	**1 564.2**	**1 786.1**	**2 124.1**	**2 364.0**	**2 645.7**	**3 131.7**	**3 555.0**	**3 142.6**
北美洲和欧洲											
欧洲自由贸易联盟	31.0	30.5	30.8	33.7	38.8	47.5	56.8	60.4	73.5	82.7	75.0
欧盟（27）	605.2	624.3	645.5	698.2	832.0	967.5	1 054.6	1 156.7	1 372.4	1 530.5	1 329.1
北美自由贸易区	237.6	268.2	264.2	270.9	291.7	335.9	365.9	408.7	443.7	477.6	429.2
中、南美洲											
安第斯共同体	6.8	7.1	7.6	7.5	7.9	9.0	10.4	11.8	13.7	16.5	15.0
中美洲共同市场	3.6	4.0	4.0	4.3	4.5	5.0	5.5	6.3	7.2	7.7	6.6
加勒比共同体和共同市场	4.1	4.5	4.5	4.6	4.7	5.2	5.7	6.3	6.9	7.2	6.5
南方共同市场	23.2	25.8	25.2	19.2	20.7	23.5	31.0	36.7	46.8	59.1	57.0
非洲											
中部非洲经济与货币共同体	3.2	3.4	4.1	4.2	4.5	5.9	6.7	8.1	9.9	11.6	9.8
东南非共同市场	11.6	13.3	12.8	13.2	13.4	16.4	20.8	23.5	29.6	36.8	30.3
中部非洲国家经济共同体	5.8	6.1	7.7	7.5	7.8	10.9	14.0	16.3	24.4	34.4	23.3
西非国际经济共同体	7.3	6.6	8.2	8.7	10.7	11.71	12.7	17.9	21.0	26.4	24.5
南部非洲发展共同体	12.5	12.5	13.0	13.0	15.6	20.5	25.0	28.2	38.5	48.8	36.1
西非经济和货币同盟	2.8	2.5	2.6	2.9	3.6	4.2	4.5	4.9	5.9	7.5	…
中东和亚洲											
东盟	74.9	86.6	88.8	93.6	103.6	124.6	137.8	155.9	182.1	209.7	191.8
海湾（阿拉伯国家）合作委员会	24.3	26.7	24.2	25.8	29.7	38.01	54.2	73.8	103.91	121.1	…
南亚自由贸易区	22.0	24.5	25.5	26.1	31.5	44.7	58.9	71.6	84.9	104.5	93.4
备忘：											
非洲、加勒比和太平洋国家集团	32.9	33.5	35.9	36.7	42.1	51.1	60.2	72.7	90.7	110.6	91.2
最不发达国家	12.4	13.1	15.1	15.0	16.6	21.0	26.2	30.2	41.1	55.2	42.6
WTO 成员（153）	1 333.7	1 422.2	1 433.9	1 510.6	1 720.7	2 041.1	2 267.6	2 536.1	2 994.7	3 384.3	2 994.0

表 7:

1999—2009 年世界货物出口（按地区和国家）

单位：百万美元

地区＼年份	1999	2000	2001	2002	2003	2004	2005	2006	2007	2008	2009
世界 a	**5 712 000**	**6 456 000**	**6 191 000**	**6 492 000**	**7 586 000**	**9 218 000**	**10 489 000**	**12 112 000**	**14 001 000**	**16 117 000**	**12 490 000**
北美洲	1 070 690	1 224 975	1 147 545	1 106 240	1 162 965	1 319 700	1 475 825	1 664 160	1 840 760	2 035 215	1 602 420
加拿大	238 446	276 635	259 858	252 394	272 739	316 762	360 475	388 178	420 693	456 471	316 713
墨西哥	136 391	166 367	158 547	160 682	165 396	187 980	214 207	249 961	271 821	291 265	229 637
美国	695 797	781 918	729 100	693 103	724 771	814 875	901 082	1 025 967	1 148 199	1 287 442	1 056 043
中、南美洲	166 000	197 800	190 700	193 100	221 500	287 900	359 500	435 500	498 000	603 400	458 900
安提瓜和巴布达	38	52	41	39	45	57	83	74	76	79	72
阿根廷	23 333	26 341	26 543	25 650	29 566	34 576	40 351	46 546	55 779	70 023	55 668
巴哈马	462	576	423	446	425	477	549	694	802	956	666
巴巴多斯	264	272	259	242	250	278	359	510	524	488	379
伯利兹	186	218	169	169	205	213	208	274	267	310	250
委内瑞拉	20 963	33 529	26 667	26 781	27 230	39 668	55 716	65 578	69 010	95 138	57 595
玻利维亚	1 051	1 230	1 285	1 299	1 598	2 146	2 791	3 875	4 458	6 448	4 848
巴西	48 011	55 086	58 223	60 362	73 084	96 678	118 529	137 808	160 649	197 942	152 995
智利	17 162	19 210	18 272	18 180	21 664	32 520	41 267	58 680	67 972	66 465	53 735
哥伦比亚	11 576	13 040	12 290	11 911	13 080	16 224	21 190	24 391	29 991	37 626	32 853
哥斯达黎加	6 577	5 865	5 021	5 264	6 102	6 301	7 026	8 200	9 337	9 504	8 788
古巴	1 496	1 676	1 661	1 421	1 688	2 332	2 319	3 159	3 981	3 974	3 109
多米尼克	54	53	44	43	40	42	42	41	37	40	34
多米尼加共和国	5 137	5 737	5 276	5 165	5 471	5 936	6 145	6 610	7 160	6 748	5 463
厄瓜多尔	4 451	4 927	4 678	5 042	6 223	7 753	10 100	12 728	14 321	18 511	13 799
萨尔瓦多	2 510	2 941	2 864	2 996	3 128	3 305	3 418	3 706	3 984	4 549	3 797
格林纳达	36	48	43	38	42	32	28	25	33	31	29
危地马拉	2 398	2 696	2 466	4 162	4 459	5 036	5 381	6 025	6 898	7 737	7 214
圭亚那	523	498	478	487	513	593	553	588	679	795	763
海地	334	318	274	280	347	391	470	509	522	480	576
洪都拉斯	2 777	3 343	3 423	3 745	3 754	4 534	5 048	5 277	5 784	6 458	5 196
牙买加	1 240	1 304	1 220	1 114	1 180	1 402	1 532	1 948	2 254	2 439	1 316
荷属安的列斯	1 451	2 009	2 398	1 609	1 161	521	608	695	676	1 088	810
尼加拉瓜	545	645	589	561	605	756	866	1 050	1 225	1 489	1 391
巴拿马	822	859	911	846	864	944	1 018	1 093	1 164	1 247	948
巴拉圭	741	869	990	951	1 242	1 627	1 688	1 788	2 745	4 390	3 167
秘鲁	6 113	7 028	7 013	7 714	9 091	12 809	17 368	23 830	27 882	31 529	26 885
圣基茨和尼维斯	28	33	31	39	41	40	34	40	39	47	39
圣卢西亚	56	43	44	44	62	80	64	94	98	164	153
圣文森特和格林纳丁斯	49	47	41	38	38	37	40	38	48	52	49
苏里南	342	399	403	469	638	874	997	1 175	1 359	1 743	1 450
特立尼达和多巴哥	2 804	4 274	4 280	3 880	5 178	6 517	9 942	14 155	13 396	18 650	9 126
乌拉圭	2 237	2 295	2 060	1 861	2 206	2 931	3 422	3 989	4 518	5 942	5 386
欧洲	2 521 770	2 633 985	2 655 665	2 839 425	3 386 535	4 051 100	4 397 005	4 975 785	5 799 315	6 469 095	5 015 955
阿尔巴尼亚	351	258	307	340	448	605	658	798	1 078	1 355	1 088
奥地利	66 061	67 710	70 751	78 673	97 146	1183 76	125 182	136 751	163 690	181 406	137 672
比利时	—	188 371	190 349	216 127	255 617	306 866	334 400	366 745	430 960	471 851	369 854
波斯尼亚和黑塞哥维那	751	1 069	1 032	1 005	1 340	1 793	2 400	3 323	4 152	5 021	3 929
保加利亚	3 979	4 852	5 118	5 733	7 543	9 932	11 739	15 064	18 525	22 377	16 455
克罗地亚	4 303	4 432	4 666	4 904	6 187	8 024	8 773	10 377	12 364	14 112	10 474
塞浦路斯	997	951	976	843	923	948	1 465	1 333	1 394	1 634	1 248
捷克	26 556	29 094	33 324	38 492	48 702	68 986	78 110	94 929	122 527	146 836	113 437
丹麦	50 296	51 292	51 705	57 495	66 512	77 079	85 121	92 558	103 014	116 569	93 344
爱沙尼亚	3 017	3 830	4 015	4 336	5 622	5 932	7 716	9 692	11 010	12 453	9 031
芬兰	42 243	46 102	43 237	45 145	53 171	61 520	65 498	77 206	90 034	96 459	62 798
法国	325 526	327 611	323 379	331 719	392 039	452 106	463 428	495 868	559 624	615 913	484 725
马其顿	1 191	1 323	1 158	1 116	1 367	1 676	2 041	2 401	3 356	3 978	2 692
德国	543 539	551 810	571 645	615 831	751 560	909 887	970 914	1 108 107	1 321 352	1 446 392	1 126 383
希腊	11 070	11 751	11 352	10 414	13 382	15 308	17 278	20 749	23 644	25 695	20 093

续　表

地区＼年份	1999	2000	2001	2002	2003	2004	2005	2006	2007	2008	2009
匈牙利	25 032	28 192	30 436	34 517	43 094	55 567	62 936	75 255	95 425	108 574	83 778
冰岛	2 004	1 901	2 019	2 229	2 381	2 839	3 091	3 453	4 783	5 382	4 026
爱尔兰	71 239	77 413	82 835	88 265	92 755	104 788	109 657	108 726	121 544	125 724	114 587
意大利	235 564	240 518	244 490	254 427	299 333	353 782	373 135	416 875	500 088	543 050	405 777
拉脱维亚	1 723	1 868	2 001	2 285	2 893	4 009	5 161	6 155	8 308	10 144	7 688
立陶宛	3 004	3 810	4 583	5 475	7 162	9 302	11 807	14 142	17 144	23 647	16 452
卢森堡	—	8 378	9 759	10 214	13 297	16 250	18 797	22 903	22 391	25 333	20 800
马耳他	1 978	2 453	1 822	2 028	2 252	2 517	2 399	2 796	3 078	2 946	2 098
黑山	—	—	—	—	—	—	—	813	744	769	585
荷兰	218 579	233 130	230 855	244 058	296 012	357 417	406 372	463 629	550 788	637 965	498 330
挪威	45 479	60 058	59 191	59 662	68 321	82 527	103 759	122 208	136 354	172 621	120 880
波兰	27 359	31 747	35 998	41 133	53 762	75 047	89 437	110 780	140 169	170 473	134 466
葡萄牙	24 541	24 363	24 108	25 908	31 757	35 787	38 150	43 332	51 516	55 817	43 358
罗马尼亚	8 518	10 412	11 394	13 877	17 662	23 553	27 688	32 458	40 503	49 579	40 633
塞尔维亚	—	—	—	—	—	—	—	6 428	8 825	10 972	8 345
塞尔维亚和黑山	1 498	1 723	1 903	2 275	2 650	3 979	5 065	—	—	—	—
斯洛伐克	10 211	11 832	12 595	14 405	21 837	27 745	31 889	41 862	58 520	71 152	55 980
斯洛文尼亚	8 560	8 770	9 267	10 366	12 766	16 361	19 248	23 230	30 294	34 343	26 369
西班牙	104 433	115 251	116 660	125 687	156 147	182 623	192 644	213 717	253 327	281 527	218 511
瑞典	84 889	87 132	75 645	81 499	102 104	123 267	130 962	147 793	168 854	183 351	131 243
瑞士	80 300	80 500	82 144	91 699	104 822	122 844	130 930	147 856	172 078	200 334	172 850
土耳其	26 588	27 775	31 334	36 059	47 253	63 167	73 476	85 535	107 272	132 027	102 129
英国	272 167	285 425	272 715	280 195	305 627	347 493	384 477	448 653	439 109	459 685	352 491
欧盟（27）b	…	2 452 621	2 469 464	2 637 595	3 148 935	3 762 448	4 065 347	4 590 994	5 346 831	5 920 897	4 587 600
欧盟（27）对外出口	…	784 819	792 343	843 379	983 280	1 185 380	1 309 688	1 456 622	1 701 084	1 927 760	1 528 265
欧盟（15）	2 237 500	2 316 260	2 319 485	2 465 660	2 926 460	…	…	…	…	…	…
欧盟（15）对外出口	810 215	870 070	882 840	943 035	1 108 095	…	…	…	…	…	…
独联体	106 460	145 725	144 315	153 200	194 595	265 495	343 705	430 855	519 440	702 750	451 565
亚美尼亚	232	294	343	505	686	723	974	985	1 152	1 057	698
阿塞拜疆	929	1 745	2 314	2 167	2 592	3 615	7 649	13 015	21 269	30 586	21 097
白俄罗斯	5 909	7 326	7 451	8 021	9 946	13 774	15 979	19 734	24 275	32 594	21 283
格鲁吉亚	238	323	318	346	461	647	865	936	1 232	1 496	1 135
哈萨克斯坦	5 872	8 812	8 639	9 670	12 927	20 093	27 849	38 250	47 755	71 172	43 196
吉尔吉斯共和国	454	505	476	486	582	719	672	794	1 135	1 642	1 439
摩尔多瓦	465	472	568	644	790	985	1 091	1 052	1 342	1 591	1 288
俄罗斯	75 665	105 565	101 884	107 301	135 929	183 207	243 798	303 551	354 403	471 606	303 388
塔吉克斯坦	690	785	650	738	797	915	909	1 399	1 468	1 406	1 009
土库曼斯坦	1 187	2 506	2 700	2 850	3 632	3 870	4 944	7 156	8 082	12 345	6 595
乌克兰	11 582	14 573	16 265	17 957	23 067	32 666	34 228	38 368	49 296	66 954	39 703
乌兹别克斯坦	3 235	2 817	2 708	2 513	3 189	4 280	4 749	5 617	8 029	10 300	10 735
非洲	116 700	148 600	138 800	144 800	179 400	239 700	311 100	370 600	434 400	557 400	383 900
阿尔及利亚	12 525	22 031	19 133	18 799	23 163	31 304	46 002	54 613	60 163	79 298	45 194
安哥拉	5 157	7 921	6 534	8 328	9 508	13 475	24 109	31 862	44 396	63 914	40 080
贝宁	422	392	374	448	541	569	578	736	1 047	1 150	1 000
博茨瓦纳	2 644	2 675	2 510	2 425	2 810	3 513	4 425	4 529	5 174	4 941	3 458
布基纳法索	255	209	223	247	321	479	468	588	623	693	850
布隆迪	54	50	39	30	38	47	58	58	59	57	64
喀麦隆	1 601	1 833	1 749	1 802	2 283	2 477	2 861	3 573	3 604	4 300	3 000
佛得角	11	11	10	11	13	15	18	21	19	32	35
中非共和国	146	161	142	147	128	134	128	158	180	150	120
乍得	243	183	189	185	601	2 191	3 081	3 352	3 668	4 330	2 800
科摩罗	9	14	17	19	27	19	12	10	14	13	13
刚果	1 560	2 489	2 055	2 280	2 677	3 433	4 745	6 078	5 635	7 900	5 600
刚果（金）	809	824	901	1 132	1 374	1 850	2 190	2 320	2 700	4 000	3 100
科特迪瓦	4 661	3 888	3 946	5 275	5 788	6 919	7 697	8 477	8 669	10 091	8 900
吉布提	28	32	32	36	37	38	40	55	58	69	75
埃及	3 559	5 276	4 825	5 546	7 408	9 661	12 912	16 728	19 224	26 224	23 062
赤道几内亚	709	1 097	1 735	2 117	2 801	4 599	7 064	8 207	10 210	15 900	9 100
厄立特里亚	21	37	19	52	7	11	11	12	13	15	15

续 表

地区 \ 年份	1999	2000	2001	2002	2003	2004	2005	2006	2007	2008	2009
埃塞俄比亚	467	486	455	480	496	678	903	1 043	1 277	1 602	1 596
加蓬	2 394	2 598	2 524	2 409	3 062	3 728	5 065	5 450	6 600	8 700	5 100
冈比亚	12	15	10	12	8	10	8	11	13	14	15
加纳	1 720	1 671	1 716	1 850	2 324	2 450	2 802	3 727	4 195	5 270	5 500
几内亚	636	666	731	709	609	744	853	1 033	1 203	1 342	1 010
几内亚比绍	51	62	63	54	65	76	89	74	107	125	115
肯尼亚	1 747	1 734	1 944	2 116	2 411	2 684	3 420	3 502	4 081	5 001	4 421
莱索托	172	220	280	358	476	708	651	694	769	882	750
利比里亚	469	329 |	128	176	109	104	131	158	200	242	150
利比亚	7 947	13 380	11 014	9 803	14 647	20 410	31 358	40 260	46 970	62 949	35 600
马达加斯加	584	824	928	486	856	992	855	985	1 237	1 302	1 140
马拉维	453	379	449	407	525	483	509	543	796	830	920
马里	571	545	725	874	928	976	1 101	1 550	1 556	1 980	2 100
毛里塔尼亚	358	355	355	332	318	440	625	1 367	1 402	1 788	1 370
毛里求斯	1 554	1 557	1 628	1 801	1 898	1 993	2 143	2 329	2 238	2 384	1 942
摩洛哥	7 367	7 432	7 144	7 849	8 778	9 925	11 190	12 744	15 340	20 302	13 863
莫桑比克	263	364	703	810	1 045	1 504	1 783	2 381	2 412	2 653	2 147
纳米比亚	1 234	1 320	1 179	1 072	1 262	1 827	2 070	2 647	2 922	3 116	3 553
尼日尔	287	283	272	279	352	437	489	508	663	880	900
尼日利亚	13 856	20 975	18 045	17 975	24 031	38 631	50 467	58 726	64 544	81 821	52 500
卢旺达	60	52	86	65	63	98	125	147	177	262	193
圣多美和普林西比	2	3	3	5	7	5	7	8	7	11	9
塞内加尔	1 027	920	1 003	1 067	1 257	1 509	1 578	1 594	1 674	2 290	2 180
塞舌尔	145	194	216	228	274	291	340	380	360	497	431
塞拉利昂	6	13	29	49	92	139	158	231	245	216	231
索马里	191	193	285	297	223	300	300	290	350	420	400
南非 c	26 707	29 983	29 258	29 723	36 482	46 146	51 626	58 175	69 784	80 782	62 603
苏丹	780	1 807	1 699	1 949	2 542	3 778	4 824	5 657	8 879	11 671	7 834
斯威士兰	937	910	1 054	1 029	1 638	1 949	1 770	1 790	1 880	1 700	1 500
坦桑尼亚	543 |	734	851	980	1 216	1 479	1 679 |	1 918	2 227	3 036	3 096
多哥	391	363	357	427	598	601	660	630	700	900	800
突尼斯	5 872	5 850	6 631	6 874	8 027	9 685	10 494	11 694	15 165	19 320	14 445
乌干达	519	460	456	481	563	759	1 017	1 188	1 999	2 703	2 478
赞比亚	1 063	892	985	930	981	1 576	1 810	3 770	4 617 |	5 099	4 312
津巴布韦	1 887	1 925	1 207	2 012	1 670	1 887	1 850	2 000	2 400	2 200	2 269
中东	182 300	268 000	239 800	247 800	302 300	400 800	541 200	659 500	767 800	1 023 100	689 700
巴林	4 363	6 195	5 577	5 794	6 632	7 558	10 242	12 200	13 634	17 316	11 874
伊朗	17 128	28 739	25 689	24 440	33 750	41 697	56 252	77 012	88 733	113 668	78 113
伊拉克	12 800	20 603	12 872	12 219	9 711	17 810	23 697	29 361	41 268	62 300	39 500
以色列	25 794	31 404	29 048	29 347	31 784	38 618	42 770	46 789	54 092	61 337	47 935
约旦	1 832	1 899	2 293	2 770	3 082	3 883	4 302	5 204	5 725	7 938	6 366
科威特	12 164	19 436	16 203	15 369	20 678	28 599	44 869	56 016	62 700	87 464	50 328
黎巴嫩	677	715	1 093	1 238	1 813	2 199	2 337	2 814	3 574	4 454	4 187
阿曼	7 238	11 319	11 074	11 172	11 669	13 342	18 692	21 585	24 692	37 719	27 651
卡塔尔	7 214	11 594	10 871	10 978	13 382	18 684	25 762	34 051	42 020	56 593	40 500
沙特阿拉伯	50 761	77 583	68 064	72 453	93 245	125 997	180 711	211 305	234 951	313 462	192 296
叙利亚	3 464	4 634	5 248	6 536	5 731 |	7 378	8 708	10 919	11 546	14 300	1 0400
阿联酋	36 474	49 835	48 414	52 163	67 135	90 997	117 287	145 587	178 600	239 000	175 000
也门	2 440	4 079	3 374	3 336	3 733	4 072	5 608	6 654	6 299	7 584	5 594
亚洲 a	1 548 300	1 837 300	1 674 400	1 807 700	2 138 300	2 653 200	3 060 100	3 576 000	4 141 600	4 725 700	3 887 700
阿富汗	166	137	68	100	144	305	384	408	497	540	560
澳大利亚	56 080	63 870	63 387	65 033	70 377	86 565	106 097	123 437	141 358	187 257	154 234
孟加拉国	5 497	6 389	6 080	6 149	6 990	8 305	9 297	11 802	12 453	15 370	15 084
不丹	116	103	106	113	133	183	258	414	674	519	496
文莱达鲁萨兰	2 579	3 903	3 640	3 702	4 421	5 057	6 249	7 636	7 668	10 543	6 900
柬埔寨	1 129	1 389	1 500	1 923	2 118	2 798	3 092	3 692	4 088	4 358	4 200
中国	194 931	249 203	266 098	325 596	438 228	593 326	761 953	968 978	1 220 456	1 430 693	1 201 534
斐济	609	585	537	515	668	693	701	694	755	923	650
中国香港	174 403	202 683	191 066	201 928	228 708	265 543	292 119	322 669	349 386	370 242	329 422

续 表

年份 地区	1999	2000	2001	2002	2003	2004	2005	2006	2007	2008	2009
国内出口	22 381	23 536	20 273	18 328	19 591	19 978	20 050	22 765	18 109	16 958	16 839
转口	152 022	179 147	170 793	183 600	209 117	245 565	272 069	299 904	331 276	353 284	312 583
印度	35 667	42 379	43 361	49 250	58 963	76 649	99 616	121 808	150 159	194 827	162 613
印度尼西亚	51 243	65 403	57 361	59 166	64 108	70 767	86 996	103 527	118 013	139 606	119 481
日本	417 610	479 249	403 496	416 726	471 817	565 675	594 941	646 725	714 327	782 047	580 719
基里巴斯	9	4	5	3	3	2	4	6	10	15	15
韩国	143 686	172 267	150 439	162 471	193 817	253 845	284 419	325 465	371 489	422 007	363 534
老挝	311	330	320	301	335	363	553	882	923	1 085	940
中国澳门	2 200	2 539	2 300	2 356	2 581	2 812	2 476	2 557	2 543	1 997	961
马来西亚	84 455	98 229	88 005	94 058	104 705	126 511	140 980	160 676	176 211	199 516	157 433
马尔代夫	91	109	110	132	152	181	162	225	228	331	169
蒙古	454	536	521	524	616	870	1 065	1 543	1 889	2 539	1 903
缅甸	1 136	1 646	2 381	3 046	2 483	2 380	3 813	4 589	6 338	6 937	6 710
尼泊尔	602	804	737	568	662	772	863	838	876	944	813
新喀里多尼亚	468	604	443	492	785	1 033	1 093	1 352	2 104	1 361	969
新西兰	12 455	13 272	13 730	14 383	16 527	20 344	21 730	22 409	26 948	30 578	24 932
北马里亚纳群岛	1 062	1 038	959	825	838	826	691	509	329	115	9
巴基斯坦	8 424	9 028	9 238	9 913	11 930	13 379	16 051	16 930	17 838	20 323	17 680
帕劳	7	12	17	20	8	6	13	14	10	9	6
巴布亚新几内亚	1 875	2 096	1 805	1 641	2 207	2 552	3 273	4 166	4 681	5 713	4 328
菲律宾	36 576	39 783	32 664	35 208	36 231	39 681	41 255	47 410	50 466	49 078	38 436
萨摩亚	20	14	15	14	15	11	12	11	15	11	12
新加坡	114 680	137 804	121 751	125 177 |	159 902	198 637	229 649	271 807	299 308	338 176	269 832
国内出口	68 682	78 703	66 172	66 836	86 419	106 663	124 546	143 176	156 038	175 702	138 064
转口	45 998	59 101	55 579	58 341 |	73 483	91 974	105 103	128 631	143 270	162 474	131 769
所罗门群岛	126	69	47	58	74	97	103	121	165	211	163
斯里兰卡	4 594	5 430	4 816	4 699	5 125	5 757	6 347	6 886	7 740	8 452	7 345
中国台北	123 626	151 357	125 900	135 080	150 298	182 432	198 432	224 017	246 677	255 629	203 675
泰国	58 440	69 057	64 968	68 108	80 324	96 248	110 936	129 722	153 867	177 778	152 498
汤加	13	9	7	15	18	15	10	10	8	9	9
图瓦卢	0	0	0	0	0	0	0	0	0	0	0
瓦努阿图	26	26	20	20	27	37	38	49	50	57	58
越南	11 541	14 483	15 029	16 706	20 149	26 485	32 442	39 826	48 561	62 685	57 096
备忘项:											
不含世界a											
欧盟(27)对内出口	…	4 789 000	4 514 000	4 698 000	5 420 000	6 641 000	7 733 000	8 978 000	10 356 000	12 123 000	9 431 000
欧盟(15)对内出口	4 285 000	5 010 000	4 755 000	4 970 000	5 767 000	…	…	…	…	…	…
不含欧洲											
欧盟(27)对内出口	…	966 180	978 550	1 045 210	1 220 880	1 474 030	1 641 350	1 841 420	2 153 570	2 475 960	1 956 620
欧盟(15)对内出口	1 094 480	1 187 800	1 219 030	1 316 800	1 568 170	…	…	…	…	…	…

a 含重要转口。

b 由于欧洲统计局对塞浦路斯，爱沙尼亚和立陶宛使用不同的统计方法，2004年前，欧盟（27）总体数据并不是由单个成员国加总而来。

c 自1998年，统计数据均来自南非，而不再是南部非洲关税同盟。

注：统计总额无连续性的国家和地区集团标示为“|”。主要在于货物贸易统计数据收集和报告的方法不同。

注意世界和亚洲数据含重复计算的因素，源于其使用一般货物贸易统计体系，该方法含转口贸易。

一些国家和地区近几年的数据由秘书处统计。

表 8：

1999—2009 年世界货物进口（按地区和国家）

单位：百万美元

地区 \ 年份	1999	2000	2001	2002	2003	2004	2005	2006	2007	2008	2009
世界 a	**5 921 000**	**6 724 000**	**6 482 000**	**6 741 000**	**7 861 000**	**9 567 000**	**10 853 000**	**12 435 000**	**14 297 000**	**16 513 000**	**12 682 000**
北美洲	1 426 495	1 684 340	1 580 295	1 601 620	1 724 005	2 008 940	2 284 410	2 541 720	2 702 095	2 908 130	2 178 010
加拿大 b	220 183	244 786	227 291	227 499	245 021	279 931	322 411	359 000	390 188	419 011	329 904
墨西哥 b	146 084	179 464	173 039	173 087	175 039	202 260	228 240	263 476	290 246	318 304	241 515
美国	1 059 440	1 259 300	1 179 180	1 200 230	1 303 050	1 525 680	1 732 706	1 918 077	2 020 403	2 169 487	1 605 296
中、南美洲	186 800	207 400	205 400	181 000	191 400	243 500	300 100	364 300	457 200	595 000	442 900
安提瓜和巴布达	414	407	386	400	422	454	506	624	728	744	652
阿根廷	25 508	25 154	20 320	8 990	13 834	22 445	28 689	34 152	44 706	57 423	38 780
巴哈马	1 757	2 074	1 912	1 728	1 762	1 905	2 312	2 727	2 956	3 199	2 540
巴巴多斯	1 108	1 156	1 087	1 039	1 195	1 413	1 604	1 697	1 746	1 920	1 449
伯利兹	370	524	517	525	552	520	593	660	684	837	668
委内瑞拉	14 064	16 213	18 323	12 963	9 256	16 679	24 027	33 616	46 097	49 602	40 597
玻利维亚	1 755	1 830	1 708	1 770	1 616	1 844	2 341	2 814	3 457	4 987	4 410
巴西	51 909	59 053	58 640	49 716	50 859	66 433	77 628	95 838	126 645	182 380	133 669
智利	15 988	18 507	17 429	17 091	19 322	24 794	32 735	38 406	47 164	61 911	42 427
哥伦比亚	10 659	11 539	12 834	12 711	13 889	16 746	21 204	26 162	32 897	39 669	32 898
哥斯达黎加	6 320	6 372	6 569	7 188	7 663	8 268	9 824	11 548	12 952	15 372	11 395
古巴	4 365	4 843	4 839	4 176	4 673	5 615	8 084	10 258	10 886	15 390	9 623
多米尼克	141	148	131	116	128	144	165	167	196	239	215
多米尼加共和国 b	8 041	9 479	8 779	8 838	7 627	7 888	9 869	12 174	13 597	15 993	12 283
厄瓜多尔	3 017	3 721	5 363	6 431	6 703	8 226	10 287	12 114	13 893	18 686	15 093
萨尔瓦多	4 095	4 947	5 027	5 184	5 754	6 329	6 690	7 663	8 712	9 755	7 255
格林纳达	202	239	212	199	254	233	328	299	365	363	282
危地马拉	4 382	4 791	5 607	7 659	8 127	9 475	10 499	11 915	13 576	14 547	11 531
圭亚那	480	573	584	563	576	651	788	889	1 059	1 312	1 161
海地	1 025	1 036	1 013	1 130	1 188	1 306	1 454	1 619	1 682	2 315	2 050
洪都拉斯 b	3 530	3 988	4 152	4 382	4 774	5 827	6 545	7 303	8 888	10 509	7 788
牙买加	2 899	3 326	3 360	3 533	3 639	3 940	4 739	5 650	6 893	8 465	5 064
荷属安的列斯	1 745	2 862	2 826	2 268	2 606	1 723	1 950	2 209	2 549	3 079	2 607
尼加拉瓜	1 862	1 805	1 775	1 754	1 879	2 212	2 623	3 026	3 598	4 338	3 477
巴拿马	3 516	3 379	2 964	2 982	3 086	3 594	4 180	4 831	6 872	9 050	7 801
巴拉圭	1 906	2 193	2 182	1 672	2 228	3 097	3 715	4 744	5 841	8 977	6 940
秘鲁	6 823	7 415	7 316	7 493	8 414	10 101	12 502	15 312	20 464	29 982	21 706
圣基茨和尼维斯	153	196	189	201	199	183	210	250	272	325	281
圣卢西亚	355	355	355	309	403	422	486	592	614	656	539
圣文森特和格林纳丁斯	201	163	186	174	201	226	240	271	327	373	333
苏里南	486	526	461	492	704	742	1 050	1 013	1 044	1 304	1 160
特立尼达和多巴哥	2 741	3 308	3 569	3 643	3 892	4 858	5 694	6 484	7 663	9 591	6 955
乌拉圭	3 357	3 466	3 061	1 964	2 190	3 114	3 879	4 8 06	5 628	9 069	6 907
欧洲	2 596 490	2 774 855	2 733 570	2 875 295	3 461 510	4 161 265	4 573 175	5 238 655	6 097 340	6 860 430	5 161 490
阿尔巴尼亚	1 154	1 090	1 327	1 504	1 864	2 309	2 618	3 058	4 188	5 250	4 548
奥地利	71 321	72 394	74 633	78 299	99 532	119 905	127 327	137 212	163 039	184 296	143 382
比利时	—	177 511	178 664	198 311	234 945	285 621	318 700	351 635	411 558	466 308	351 945
波斯尼亚和黑塞哥维那	3 305	3 107	3 354	3 872	4 801	5 915	7 070	7 345	9 720	12 189	8 773
保加利亚	5 478	6 544	7 279	7 954	10 871	14 453	18 163	23 270	29 962	36 908	23 330
克罗地亚	7 799	7 887	9 147	10 722	14 209	16 589	18 560	21 502	25 839	30 728	21 203
塞浦路斯	3 618	3 846	3 923	4 086	4 466	5 502	6 316	6 928	8 615	10 644	7 782
捷克	28 463	31 974	36 297	40 656	51 728	69 967	76 512	93 191	118 174	142 044	105 179
丹麦	45 753	45 557	45 322	50 320	57 429	68 157	75 581	85 507	98 029	109 981	82 947
爱沙尼亚	4 109	5 052	5 230	5 863	7 967	8 336	10 238	13 449	15 677	16 026	10 122
芬兰	32 114	34 443	32 639	34 218	42 513	51 443	58 766	69 375	81 704	91 782	60 753
法国	315 748	338 940	328 608	329 262	398 840	470 945	504 124	541 919	630 863	715 510	559 817
马其顿	1 776	2 094	1 694	1 995	2 306	2 932	3 228	3 763	5 228	6 852	5 043
德国	474 047	497 197	486 119	490 283	604 612	715 742	777 073	906 684	1 054 991	1 185 076	938 295
希腊	30 529	33 480	32 011	31 570	44 852	52 760	54 436	63 619	76 314	89 777	59 858

续 表

年份 地区	1999	2000	2001	2002	2003	2004	2005	2006	2007	2008	2009
匈牙利	28 015	32 172	33 617	37 755	47 808	60 538	66 552	78 262	95 686	108 949	78 175
冰岛	2 516	2 589	2 269	2 275	2 827	3 643	4 979	6 137	6 704	6 205	3 598
爱尔兰	46 769	51 041	50 556	52 399	53 886	61 814	68 565	73 118	83 823	83 965	62 507
意大利	220 637	238 757	236 220	247 015	297 519	355 301	384 790	442 555	511 880	562 102	412 721
拉脱维亚	2 954	3 202	3 506	4 046	5 234	7 096	8 697	11 541	15 322	16 143	9 765
立陶宛	4 835	5 457	6 353	7 709	9 803	12 387	15 548	19 373	24 412	31 099	18 234
卢森堡	—	11 278	12 331	12 651	16 165	20 046	21 893	26 572	27 566	31 585	24 380
马耳他	2 843	3 413	2 531	2 646	3 227	3 641	3 681	4 307	4 760	4 785	3 606
黑山	—	—	—	—	—	—	—	1 879	2 330	2 942	1 870
荷兰	206 162	218 267	208 638	219 265	264 704	319 669	363 822	416 832	492 618	580 951	445 496
挪威	34 173	34 392	32 955	34 873	40 055	48 534	55 488	64 261	80 297	90 293	69 292
波兰	45 883	49 029	50 184	55 299	68 272	89 696	101 639	126 989	165 710	208 804	146 626
葡萄牙	39 974	39 952	39 490	40 156	47 200	54 948	61 184	66 673	78 195	89 975	69 844
罗马尼亚	10 417	13 148	15 568	17 854	23 983	32 691	40 518	51 160	70 314	84 058	54 247
塞尔维亚	—	—	—	—	—	—	—	13 172	18 554	22 875	15 582
塞尔维亚和黑山	3 296	3 711	4 837	6 320	7 952	11 752	11 635	—	—	—	—
斯洛伐克 b	11 318	12 760	14 760	16 564	22 523	29 862	34 649	44 986	60 617	73 912	55 301
斯洛文尼亚	10 102	10 147	10 160	10 944	13 845	17 759	20 337	24 141	31 591	37 093	26 464
西班牙	135 346	156 143	154 650	165 105	208 602	258 331	288 786	328 696	389 304	420 805	287 567
瑞典	68 580	72 880	63 200	66 955	83 540	100 433	111 697	127 547	153 227	168 503	119 839
瑞士	79 857	82 521	84 102	87 189	100 239	115 799	126 574	141 400	161 180	183 192	155 706
土耳其	40 671	54 503	41 399	51 554	69 340	97 540	116 774	139 576	170 063	201 964	140 921
英国	324 899	348 058	343 786	364 075	399 401	470 633	513 673	601 424	622 900	632 983	481 707
欧盟（27）	…	2 579 869	2 549 434	2 672 086	3 214 192	3 854 541	4 221 746	4 830 574	5 610 691	6 295 258	4 732 653
欧盟（27）进口	…	916 856	876 922	886 001	1 057 950	1 278 135	1 467 501	1 698 559	1 964 944	2 302 121	1 673 318
欧盟（15）	2 262 540	2 404 840	2 361 815	2 462 350	2 946 525	…	…	…	…	…	…
欧盟（15）进口	831 135	954 480	921 030	935 335	1 122 915	…	…	…	…	…	…
独联体	70 570	81 555	94 440	103 960	132 275	172 975	215 610	279 560	378 595	500 155	333 065
亚美尼亚	800	882	874	987	1 280	1 351	1 802	2 192	3 268	4 426	3 304
阿塞拜疆	1 036	1 172	1 431	1 666	2 626	3 516	4 350	5 269	6 045	7 575	6 514
白俄罗斯	6 674	8 646	8 286	9 092	11 558	16 491	16 708	22 351	28 693	39 448	28 563
格鲁吉亚	585	709	753	796	1 141	1 846	2 490	3 678	5 215	6 305	4 378
哈萨克斯坦	3 655	5 040	6 446	6 584	8 409	12 781	17 353	23 677	32 756	37 889	28 409
吉尔吉斯共和国	600	554	467	587	717	941	1 102	1 718	2 412	4 072	3 037
摩尔多瓦	585	777	892	1 038	1 399	1 769	2 292	2 693	3 690	4 899	3 278
俄罗斯	39 537	44 659	53 764	60 966	76 070	97 382	125 434	164 281	223 486	291 861	191 803
塔吉克斯坦	663	675	688	721	881	1 191	1 330	1 723	2 455	3 270	2 569
土库曼斯坦	1 478	1 786	2 250	2 120	2 512	3 320	2 947	2 560	3 619	5 600	6 750
乌克兰	11 846	13 956	15 775	16 977	23 020	28 997	36 136	45 039	60 618	85 535	45 436
乌兹别克斯坦	3 110	2 697	2 814	2 425	2 662	3 392	3 666	4380	6 340	9 277	9 023
非洲	128 300	130 100	135 000	136 000	165 000	212 300	255 600	301 800	372 600	476 300	405 200
阿尔及利亚	9 162	9 171	9 940	11 969	12 380	18 169	20 357	21 456	27 631	39 479	39 294
安哥拉 b	3 109	3 040	3 179	3 760	5 480	5 832	8 353	8 778	13 661	20 982	17 000
贝宁	749	613	623	725	892	894	1 018	1 228	1 890	2 110	2 040
博茨瓦纳	2 198	2 081	1 809	1 845	2 448	3 231	3 161	3 086	4 067	5 211	4 728
布基纳法索	678	611	656	739	925	1 270	1 260	1 319	1 678	2 018	2 083
布隆迪	118	148	139	129	157	176	269	431	319	403	402
喀麦隆	1 318	1 489	1 852	1 866	2 163	2 406	2 735	3 150	3 700	4 680	4 250
佛得角	246	230	234	276	351	431	438	542	750	825	709
中非共和国	131	117	107	120	118	151	175	203	250	300	300
乍得	316	317	679	1 646	790	953	950	1 350	1 550	1 700	1 950
科摩罗	55	43	51	53	70	86	99	115	145	180	150
刚果	821	465	682	675	831	969	1 304	2 013	2 530	3 050	2 900
刚果（金）b	568	697	807	1 081	1 594	1 986	2 270	2 740	3 300	4 200	3 600
科特迪瓦	3 252	2 785	2 418	2 456	3 231	4 291	5 251	5 368	6 105	6 760	6 050
吉布提	194	207	196	197	238	261	277	336	473	574	410
埃及	16 022	14 578	13 376	12 770	12 950	15 950	22 449	27 300	37 100	48 382	44 946
赤道几内亚	425	451	813	507	908	1 092	1 310	2 020	2 370	3 910	5 200
厄立特里亚	510	471	423	538	433	480	490	495	510	530	540

续 表

地区＼年份	1999	2000	2001	2002	2003	2004	2005	2006	2007	2008	2009
埃塞俄比亚	1 538	1 262	1 815	1 622	2 119	3 087	4 127	4 805	5 749	8 036	7 963
加蓬	841	950	1 002	1 135	1 206	1 347	1 471	1 725	2 157	2 591	2 200
冈比亚	192	187	134	161	156	229	260	259	321	329	304
加纳	3 480	2 973	3 154	2 720	3 210	4 074	5 347	6 754	8 061	10 269	8 140
几内亚	556	612	601	667	640	780	820	956	1 218	1 600	1 400
几内亚比绍 b	51	59	62	59	65	83	106	127	168	195	230
肯尼亚	2 832	3 105	3 192	3 245	3 725	4 553	5 846	7 233	8 989	11 074	10 207
莱索托	866	809	743	815	1 121	1 440	1 410	1 500	1 738	2 005	1 950
利比里亚	520	668	229	178	170	337	310	467	499	813	552
利比亚	4 158	3 732	4 397	4 396	4 330	6 326	6 079	6 041	6 733	9 150	10 150
马达加斯加	742	1 097	1 118	627	1 304	1 680	1 706	1 804	2 636	3 980	3 250
马拉维	673	532	563	695	786	933	1 165	1 207	1 378	1 650	1 700
马里	824	806	990	928	1 271	1 364	1 544	1 820	2 185	2 920	2 644
毛里塔尼亚	385	454	465	431	542	923	1 428	1 167	1 596	1 941	1 430
毛里求斯	2 247	2 093	1 987	2 159	2 363	2 771	3 157	3 627	3 894	4 651	3 728
摩洛哥	9 925	11 534	11 038	11 864	14 250	17 822	20 790	23 980	32 010	42 262	32 892
莫桑比克	1 139	1 158	1 063	1 543	1 753	2 035	2 408	2 869	3 050	4 008	3 764
纳米比亚	1 610	1 550	1 547	1 470	1 980	2 396	2 577	2 884	3 520	4 340	5 120
尼日尔	410	395	412	468	622	750	943	949	1 149	1 500	1 500
尼日利亚	8 588	8 721	11 586	7 547	10 853	14 164	20 754	26 523	34 830	49 951	39 000
卢旺达	253	211	281	248	259	284	430	548	737	1 146	1 227
圣多美和普林西比	38	30	28	31	41	41	50	71	79	114	114
塞内加尔	1 564	1 519	1 730	1 958	2 391	2 839	3 498	3 671	4 871	6 528	4 713
塞舌尔	434	342	476	420	412	497	675	757	859	1 053	811
塞拉利昂	81	149	182	264	303	286	345	389	445	534	520
索马里	340	343	449	454	517	610	610	660	720	880	740
南非 c	26 696	29 695	28 248	29 267	39 748	53 466	62 304	78 715	88 450	100 532	73 172
苏丹	1 415	1 553	1 958	2 446	2 882	4 075	6 757	8 074	8 775	9 352	9 691
斯威士兰	1 068	1 046	1 129	955	1 519	1 925	1 900	1 920	1 845	1 700	1 600
坦桑尼亚	1 556	1 524	1 712	1 660	2 125	2 726	3 287	4 246	5 337	7 125	6 347
多哥	597	562	553	591	775	880	1 200	1 230	1 400	1 650	1 500
突尼斯	8 474	8 567	9 529	9 526	10 910	12 818	13 177	15 007	19 099	24 638	19 096
乌干达	1 342	1 536	1 594	1 053	1 375	1 726	2 054	2 557	3 493	4 526	4 310
赞比亚	822	993	1 307	1 253	1 574	2 152	2 558	3 074	4 007	5 060	3 793
津巴布韦	2 126	1 863	1 715	1 751	1 710	2 204	2 350	2 300	2 550	2 950	2 900
中东	147 500	167 400	175 100	184 300	210 200	280 600	335 400	375 800	469 600	599 300	493 900
巴林	3 698	4 633	4 306	5 013	5 657	7 385	9 393	10 515	11 488	10 800	7 300
伊朗	13 324	13 898	16 709	20 617	24 798	31 976	40 041	40 772	44 942	57 411	50 375
伊拉克	6 900	13 384	13 120	9 817	9 934	21 302	23 532	20 892	21 516	33 000	37 000
以色列	33 166	37 686	35 449	35 517	36 303	42 864	47 142	50 334	59 039	67 656	49 278
约旦	3 717	4 597	4 871	5 076	5 743	8 179	10 498	11 548	13 681	16 995	14 075
科威特	7 617	7 157	7 869	9 001	10 987	12 631	15 801	17 243	21 352	24 874	17 920
黎巴嫩	6 207	6 230	7 380	6 560	7 315	9 609	9 633	9 647	12 251	16 754	16 574
阿曼	4 801	5 131	5 933	6 296	6 801	8 796	8 971	11 039	16 025	23 137	18 020
卡塔尔	2 500	3 252	3 758	4 052	4 897	6 005	1 0061	1 6440	2 3429	2 7900	2 3000
沙特阿拉伯	28 011	30 238	31 223	32 293	36 915	47 376	59 459	69 800	90 217	115 134	95 567
叙利亚	3 832	3 815	4 752	4 488	5 111	8 411	10 862	11 488	14 655	18 150	16 300
阿联酋	31 721	35 009	37 293	42 652	52 074	72 082	84 654	100 057	132 500	177 000	140 000
也门	2 008	2 324	2 466	2 921	3 675	3 986	5 378	6 074	8 514	10 452	8 500
亚洲 a	1 365 200	1 678 400	1 558 400	1 659 100	1 976 700	2 487 600	2 888 800	3 333 400	3 819 100	4 573 700	3 667 800
阿富汗	1 012	1 176	1 696	2 452	2 101	2 177	2 471	2 582	2 819	3 020	3 970
澳大利亚	69 158	71 529	63 888	72 690	89 084	109 384	125 281	139 253	165 336	200 273	165 471
孟加拉国	8 331	8 883	9 018	8 592	10 434	12 036	13 889	16 034	18 596	23 860	21 833
不丹	182	175	191	197	249	411	386	420	526	540	529
文莱达鲁萨兰	1 342	1 107	1 159	1 556	1 327	1 422	1 491	1 676	2 101	2 574	2 500
柬埔寨	1 591	1 939	2 094	2 318	2 560	3 193	3 927	4 771	5 439	6 508	6 200
中国	165 699	225 094	243 553	295 170	412 760	561 229	659 953	791 461	956 116	1 132 567	1 005 688
斐济	903	830	886	901	1 205	1 446	1 607	1 804	1 800	2 266	1 470
中国香港	180 711	214 042	202 008	207 969	233 249	272 893	300 160	335 754	370 132	392 962	352 241

续 表

年份 地区	1999	2000	2001	2002	2003	2004	2005	2006	2007	2008	2009
留用进口	58 464	71 863	65 251	59 352	61 018	70 044	75 269	86 097	93 791	98 927	90 713
印度	46 979	51 523	50 392	56 517	72 558	99 775	142 870	178 410	229 371	321 031	249 590
印度尼西亚	33 321	43 595	37 534	38 340	42 196	54 877	75 533	80 346	92 777	126 950	91 749
日本	309 995	379 511	349 089	337 194	382 930	454 542	515 866	579 064	622 243	762 534	551 960
基里巴斯	41	40	41	50	52	59	74	63	70	70	68
韩国	119 752	160 481	141 098	152 126	178 827	224 463	261 238	309 383	356 846	435 275	323 085
老挝	525	535	510	447	462	713	882	1 060	1 065	1 405	1 260
中国澳门	2 040	2 255	2 386	2 530	2 755	3 478	3 913	4 565	5 366	5 365	4 622
马来西亚	64 966	81 963	73 866	79 869	83 300	105 283	114 625	131 152	146 982	156 896	123 832
马尔代夫	402	389	393	392	471	642	745	927	1 096	1 388	967
蒙古	513	615	638	691	801	1 021	1 184	1 486	2 117	3 616	2 131
缅甸	2 323	2 401	2 877	2 348	2 091	2 196	1 927	2 564	3 312	4 288	4 316
尼泊尔	1 422	1 573	1 473	1 419	1 754	1 938	2 283	2 492	3 097	3 581	4 392
新喀里多尼亚	1 006	924	931	1 008	1 541	1 636	1 774	2 117	2 809	3 233	2 574
新西兰	14 299	13 906	13 308	15 047	18 559	23 195	26 219	26 424	30 886	34 367	25 545
北马里亚纳群岛	523	607	554	646	660	664	591	489	300	160	70
巴基斯坦	10 207	10 864	10 191	11 233	13 038	17 949	25 357	29 825	32 590	42 329	31 710
帕劳	104	124	100	97	88	107	105	115	110	130	120
巴布亚新几内亚	1 188	1 151	1 071	1 137	1 367	1 680	1 729	2 260	2 990	3 560	3 200
菲律宾	32 568	37 027	34 921 |	41 092	42 576	46 102	49 487	54 078	57 996	60 420	45 878
萨摩亚	115	106	130	135	137	163	187	219	227	249	204
新加坡	111 060	134 545	116 000	116 441 |	136 218	173 599	200 047	238 710	263 155	319 780	245 785
留用进口	65 062	75 444	60 421	58 100	62 735	81 625	94 944	110 079	119 885	157 306	114 016
所罗门群岛	110	92	90	67	94	121	185	217	287	329	270
斯里兰卡	5 961	7 177	5 973	6 105	6 672	7 973	8 834	10 258	11 301	13 953	10 207
中国台北	111 449	140 642	107 944	113 331	128 130	169 250	182 614	202 698	219 252	240 448	174 371
泰国	50 342	61 924	61 962	64 645	75 824	94 410	118 178	128 773	139 966	178 746	133 801
汤加	73	70	73	89	94	105	121	116	143	168	150
图瓦卢	8	5	4	11	8	11	13	13	16	26	33
瓦努阿图	98	87	90	90	105	128	149	217	229	314	294
越南	11 742	15 638	16 218	19 746	25 256	31 969	36 761	45 015	62 682	80 714	69 949
备忘项：											
不含世界a											
欧盟（27）从内进口	…	5 061 000	4 810 000	4 955 000	5 705 000	6 991 000	8 099 000	9 303 000	10 651 000	12 520 000	9 623 000
欧盟（15）从内进口	4 490 000	5 274 000	5 041 000	5 214 000	6 037 000	…	…	…	…	…	…
不含欧洲											
欧盟（27）从内进口	…	1 111 840	1 061 060	1 089 210	1 305 270	1 584 860	1 818 930	2 106 640	2 451 590	2 867 290	2 102 150
欧盟（15）从内进口	1 165 080	1 324 500	1 292 780	1 348 280	1 637 900	…	…	…	…	…	…

a 含为转口的重要进口。

b 进口以 f.o.b. 计价。

c 自 1998 年，统计数据均来自南非，而不再是南部非洲关税同盟。

注：统计总额无连续性的国家和地区集团标示为“I”。主要在于货物贸易统计数据收集和报告的方法不同。

注意世界和亚洲数据含重复计算的因素，源于其使用一般货物贸易统计体系，该方法含转口贸易。

一些国家和地区近几年的数据由秘书处统计。

表 9：

1999—2009 年世界商业服务出口（按地区和国家）

单位：百万美元

地区 \ 年份	1999	2000	2001	2002	2003	2004	2005	2006	2007	2008	2009
世界	**1 394 600**	**1 483 900**	**1 487 200**	**1 599 200**	**1 836 000**	**2 222 100**	**2 487 900**	**2 822 800**	**3 387 900**	**3 826 400**	**3 350 200**
北美洲	305 900	330 900	317 100	325 200	339 800	393 200	432 700	479 400	552 200	603 200	546 800
加拿大	35 228	39 271	37 862	39 567	43 131	49 058	54 418	58 880	63 785	66 378	57 476
墨西哥	11 606	13 567	12 550	12 474	12 477	13 973	16 098	16 372	17 598	18 474	15 420
美国	259 059	278 089	266 660	273 207	284 171	330 185	362 134	404 127	470 790	518 316	473 899
中、南美洲	42 700	46 600	45 600	44 500	49 400	57 300	69 900	79 600	94 000	108 800	100 100
安提瓜和巴布达	427	406	393	389	413	470	454	465	514	551	512
阿根廷	4 557	4 775	4 469	3 428	4 419	5 202	6 519	7 899	10 233	11 918	10 818
阿鲁巴	908	995	978	986	1 034	1 237	1 287	1 306	1 495	1 675	1 581
巴哈马	1 778	1 946	1 776	2 035	2 028	2 211	2 460	2 403	2 566	2 503	2 234
巴巴多斯	950	998	977	951	1 063	1 111	1 290	1 428	1 607	1 731	…
伯利兹	130	135	143	161	196	223	284	339	369	355	317
委内瑞拉	1 207	1 057	1 242	9 13	791	1 024	1 247	1 441	1 646	2 003	1 805
玻利维亚	243	207	221	242	348	401	473	462	484	482	498
巴西	6 873	8 961	8 718	8 790	9 570	11 615	14 856	17 946	22 615	28 822	26 245
智利	3 780	3 995	4 071	4 315	4 990	5 949	7 040	7 726	8 851	10 677	8 401
哥伦比亚	1 876	1 984	2 122	1 799	1 852	2 188	2 594	3 301	3 559	4 058	4 104
哥斯达黎加	1 643	1 911	1 899	1 841	1 990	2 207	2 585	2 933	3 521	4 055	3 735
古巴	2 627	2 642	2 416	2 350	2 845	3 634	7 075	7 201	8 588	9 252	8 785
多米尼克	97	87	75	78	76	86	85	99	108	106	102
多米尼加共和国	2 767	3 143	3 024	2 982	3 401	3 435	3 865	4 496	4 722	4 866	4 868
厄瓜多尔	681	793	799	820	812	940	940	959	1 112	1 223	1 116
萨尔瓦多	620	673	680	750	907	1 039	1 097	1 387	1 456	1 483	1 159
格林纳达	141	146	129	128	132	159	115	129	149	151	139
危地马拉	653	702	948	1 053	954	1 015	1 221	1 410	1 619	1 732	1 406
圭亚那	147	169	172	172	157	161	148	148	173	212	…
海地	173	158	123	125	114	110	93	140	203	288	327
洪都拉斯	427	487	488	525	573	635	684	727	778	903	979
牙买加	1 949	1 988	1 867	1 881	2 103	2 262	2 296	2 613	2 670	2 762	2 703
荷属安的列斯	1 506	1 593	1 605	1 575	1 648	1 753	1 791	1 936	2 048	2 028	2 004
尼加拉瓜	181	187	188	191	222	250	271	305	333	357	429
巴拿马	1 747	1 961	1 958	2 241	2 503	2 758	3 193	3 957	4 887	5 756	5 382
巴拉圭	554	573	525	531	550	597	610	726	883	1 052	1 103
秘鲁	1 518	1 445	1 326	1 342	1 600	1 872	2 164	2 532	3 021	3 515	3 517
圣基茨和尼维斯	98	95	94	86	104	131	158	172	168	155	126
圣卢西亚	307	323	272	248	317	366	434	342	354	362	345
圣文森特和格林纳丁斯	126	126	131	135	131	143	156	169	158	150	144
苏里南	73	85	56	35	52	129	183	211	210	233	…
特立尼达和多巴哥	592	543	563	598	672	838	883	800	910	…	…
乌拉圭	1 235	1 249	1 099	745	746	1 086	1 285	1 361	1 807	2 192	2 133
欧洲	696 600	718 600	738 200	809 900	969 200	1 167 400	1 289 700	1 450 800	1 754 600	1 971 200	1 690 500
阿尔巴尼亚	253	429	495	552	695	997	1 154	1 481	1 924	2 420	2 348
奥地利	23 184	22 865	23 734	25 566	32 090	37 572	42 201	45 675	53 708	61 447	52 576
比利时	—	—	—	36 285	43 352	50 621	54 092	57 209	72 380	85 373	78 791
比利时—卢森堡	44 073	48 556	48 970	—	—	—	—	—	—	—	—
波斯尼亚和黑塞哥维那	461	448	495	522	719	861	987	1 137	1 455	1 658	1 380
保加利亚	1 760	2 129	2 120	2 162	2 921	3 984	4 389	5 287	6 826	7 988	6 837
克罗地亚	3 708	4 056	4 883	5 581	8 568	9 372	9 920	10 800	12 470	15 160	11 846
塞浦路斯	3 655	3 798	4 067	4 236	5 009	5 877	6 177	6 772	8 305	11 776	9 677
捷克	6 928	6 751	7 034	7 024	7 754	9 607	11 730	13 906	16 895	21 751	20 278
丹麦	19 982	23 721	25 134	26 667	31 672	36 304	43 372	52 308	61 965	72 468	55 040
爱沙尼亚	1 486	1 458	1 576	1 672	2 189	2 806	3 191	3 572	4 337	5 105	4 368
法罗群岛	56	54	57	71	77	86	132	174	214	252	…
芬兰	6 457	7 669	9 148	10 350	11 383	15 064	16 898	17 414	23 326	31 729	24 984
法国	80 994	82 115	81 699	87 900	100 791	113 772	121 363	128 051	148 539	166 429	142 487

续　表

地区＼年份	1999	2000	2001	2002	2003	2004	2005	2006	2007	2008	2009
马其顿	249	290	198	220	360	429	489	581	799	992	850
德国	80 173	79 659	84 270	96 785	116 430	139 462	160 224	188 433	222 778	256 240	226 639
希腊	16 464	19 181	19 384	20 044	24 202	32 986	33 806	35 671	42 984	50 377	37 690
匈牙利	5 171	5 836	6 949	7 336	9 131	10 704	12 732	13 598	17 163	20 134	18 101
冰岛	826	936	1 003	1 034	1 281	1 527	1 952	1 812	2 264	2 184	2 257
爱尔兰	15 526	18 326	23 266	29 666	41 785	52 213	59 402	68 659	93 239	101 580	96 745
意大利	58 018	55 998	57 098	59 562	70 602	83 302	88 094	97 554	110 682	118 398	101 237
拉脱维亚	1 020	1 131	1 161	1 221	1 487	1 751	2 134	2 613	3 666	4 496	3 787
立陶宛	1 083	1 052	1 147	1 451	1 864	2 431	3 074	3 583	3 980	4 767	3 740
卢森堡	—	—	—	20 291	25 237	33 638	40 507	50 372	65 230	70 927	60 789
马耳他	1 198	1 081	1 108	1 220	1 421	1 663	1 977	2 635	3 386	3 680	3 346
黑山	—	—	—	—	—	—	—	524	923	1 105	948
荷兰	50 835	48 361	50 121	54 700	61 317	71 782	78 182	82 700	94 217	102 710	90 897
挪威	16 118	17 528	18 152	19 228	21 357	24 964	29 620	33 114	40 357	45 595	37 976
波兰	8 331	10 395	9 745	10 030	11 170	13 437	16 212	20 530	28 818	35 428	28 815
葡萄牙	9 144	8 896	9 256	10 226	12 216	14 460	14 993	18 264	23 071	26 045	22 539
罗马尼亚	1 340	1 720	2 007	2 326	3 000	3 590	5 056	7 005	9 392	12 818	9 713
塞尔维亚	—	—	—	—	—	—	—	2 089	3 140	4 002	3 478
塞尔维亚和黑山	471	624	740	829	1 130	1 678	1 909	—	—	—	—
斯洛伐克	1 886	2 218	2 454	2 787	3 270	3 713	4 380	5 403	7 022	8 435	6 259
斯洛文尼亚	1 873	1 883	1 958	2 311	2 786	3 449	3 970	4 337	5 684	7 417	6 027
西班牙	51 982	52 112	55 292	59 599	73 679	85 303	93 853	105 869	127 185	142 515	122 126
瑞典	19 691	20 014	21 758	23 757	30 337	38 624	42 474	49 342	62 812	71 829	60797
瑞士	28 628	29 443	27 888	29 747	34 529	42 608	48 512	53 460	64 258	76 349	68 822
土耳其	16 230	19 267	15 084	13 979	17 909	22 706	26 450	25 269	28 624	34 536	32 759
英国	117 357	118 567	118 786	132 937	155 455	194 026	204 062	233 615	280 565	285 123	233 316
欧盟（27）	629 600	645 500	669 200	738 100	882 600	1 062 100	1 168 500	1 320 400	1 598 200	1 787 000	1 527 600
欧盟（27）对外出口a	—	—	—	—	—	439 100	487 800	553 000	673 800	754 400	651700
欧盟（15）	593 900	606 000	627 900	694 300	830 600	999 100	1 093 500	1 231 100	1 482 700	1 643 200	1 406 700
欧盟（15）对外出口a	268 600	274 900	283 900	309 400	370 900	451 600	507 200	…	…	…	…
独联体	16 300	17 600	19 800	23 200	26 900	34 700	41 800	51 600	65 500	83 700	69 300
亚美尼亚	129	130	179	176	199	324	403	475	571	636	577
阿塞拜疆	236	234	256	321	392	453	625	841	1 172	1 454	1 670
白俄罗斯	745	989	1 124	1 317	1 477	1 726	2 055	2 385	3 244	4 151	3 462
格鲁吉亚	217	206	299	370	418	508	648	801	976	1157	1218
哈萨克斯坦	933	905	1 093	1 363	1 528	1 817	1 999	2 584	3 251	3 981	3 792
吉尔吉斯共和国	60	57	76	120	137	193	234	351	654	884	969
摩尔多瓦	126	155	160	206	231	320	384	447	606	817	653
俄罗斯	9 067	9 565	11 215	13 450	16 088	20 469	24 741	30 866	38 960	50 551	41 244
塔吉克斯坦	52	63	62	60	66	81	103	110	116	134	142
乌克兰	3 869	3 800	3 897	4 583	5 013	7 460	8 913	10 822	13 651	17 302	13 324
非洲	30 100	31 500	32 200	34 600	43 100	52 300I	56 100	62 700	74 100	85 800	78 300
阿尔及利亚	720	910	910	1 300	1 570	1 853	2 510	2 582	2 839	3 480	3 072
安哥拉	153	267	203	207	201	323	177	…	311	329	302
贝宁	155	126	133	141	163	204	179	196	281	328	…
博茨瓦纳	305	306	326	439	626	774	844	771	559	878	903
布隆迪	2	2	2	4	2	4	7	6	7	3	…
喀麦隆	414	575	844	921	593	1 056	857	900	1 239	1 355	1 158
佛得角	95	101	120	144	190	220	253	361	468	575	530
中非共和国	13	9	9	6	11	18	19	22	26	29	28
刚果	139	130	137	158	185	183	206	251	303	364	…
科特迪瓦	507	415	509	513	560	641	697	706	775	856	816
吉布提	65	69	74	79	87	87	95	97	92	129	…
埃及	9 276	9 687	8 815	9 127	10 837	14 046	14 449	15 834	19 660	24 668	21 302
厄立特里亚	44	54	113	118	…	…	…	…	…	…	…
埃塞俄比亚	392	387	391	450	588	800	789	890	1 183	1 775	…
加蓬	249	171	143	74	167	136	120	148	168	195	172
冈比亚	78	62	61	61	84	73	80	92	119	123	…
加纳	454	490	515	539	612	684	1 083	1 243	1 614	1 559	1 722

续 表

地区 \ 年份	1999	2000	2001	2002	2003	2004	2005	2006	2007	2008	2009
几内亚	36	27	72	43	55	31	32	34	44	99	68
肯尼亚	720	727	824	773	876	1 227	1 523	1 979	2 409	2 520	…
莱索托	37	36	35	30	43	64	44	51	68	60	…
利比亚	50	119	134	275	329	351	419	385	109	208	…
马达加斯加	290	314	273	279	253	358	420	534	832	906	592
马拉维	49	34	44	49	40	41	43	80	…	…	…
马里	94	92	140	150	208	227	253	291	359	442	…
毛里塔尼亚	25	30	36	74	44	52	80	87	85	104	176
毛里求斯	1 030	1 066	1 218	1 146	1 274	1 449	1 604	1 663	2 194	2 530	2 225
摩洛哥	2 803	2 854	3 787	4 098	5 126	6 304	7 570	9 269	11 490	12 840	12 057
莫桑比克	295	325	249	336	300	246	316	355	404	488	544
纳米比亚	262	163	271	258	399	456	391	505	579	538	505
尼日利亚	980	1 833	1 653	2 524	3 473	3 336I	1 433	1 938	1 097	1 834	1 769
卢旺达	36	41	45	38	48	65	83	74	126	326	249
塞内加尔	351	330	345	389	488	604	690	716	1 097	1 470	…
塞舌尔	261	273	280	297	311	308	347	409	446	472	403
塞拉利昂	18	39	47	38	66	61	78	43	45	61	53
南非	5 041	4 888I	4 728	4 863	8 261	9 634	11 041	11 912	13 499	12 394	11 645
苏丹	82I	24	14	130	31	35	101	220	342	457	370
斯威士兰	51	271	112	90	200	235	273	274	447	…	…
坦桑尼亚	576	575	854	860	900	1 074	1 215	1 467	1 836	2 136	2 220
多哥	54	46	53	72	72	122	145	159	197	253	…
突尼斯	2 769	2 680	2 829	2 603	2 842	3 520	3 901	4 162	4 757	5 831	5 231
乌干达	188	205	208	216	249	350	488	469	517	705	876
赞比亚	107	114	143	114	142	161	207	228	273	297	239
津巴布韦	633	326	240	208	…	…	…	…	…	…	…
中东	30 300	33 800	32 900	34 800	43 800	50 800I	64 400	78 300	90 400I	98 500	94 500
巴林	859	933	950	1 068	1 260I	2 676	3 048	3 322	3 524	3 740	3 653
伊朗	977	1 429	2 257	3 740	4 369I	4 362	4 912	5 544	6 790	7 285	…
以色列	12 213	15 319	12 811	12 159	13 622	15 990	17 391	19 145	21 073	24 061	21 670
约旦	1 689	1 602	1 396	1 743	1 717	2 052	2 239	2 850	3 436	4 353	4 192
科威特	1 299	1 571	1 401	1 373	1 763	2 516	3 840	7 495	9 104	10 301	10 385
阿曼	413	452	606	606	655	736I	939	1 306	1 631	1 974	…
卡塔尔	209	337	649	606	1 011	1 633	2 557	3 489	…	…	…
沙特阿拉伯	5 373	4 779	5 008	5 177	5 713	58 52I	11 179	13 973	157 45I	9 132	9 335
叙利亚	1 415	1 480	1 566	1 347	1 181	2 343	2 560	2 649	3 562	3 770	3 746
阿联酋	1 767	1 843	2 014	2 191	2 350	2 560	4 277	6 259	7 434	8 958	9 503
也门	141	174	130	129	244	292	285	…	1 578	1 049	1 077
亚洲	272 700	304 900	301 400	326 900	363 900	466 300	533 300	620 500	757 200	875 100	770 800
澳大利亚	18 550	19 413	17 689	19 161	23 227	27 841	30 378	32 438	39 786	44 513	41 246
孟加拉国	266	283	243	305	398	420	474	603	685	899	935
不丹	18	20	24	23	20	28	42	52	60	55	58
柬埔寨	289	423	517	596	541	788	1 064	1 244	1 510	1 613	…
中国	26 165	30 146	32 901	39 381	46 375	62 056	73 909	91 421	121 654	146 446	128 600
斐济	505	406	394	481	590	672	837	787	835	973	669
中国香港	35 568	40 362	41 056	44 546	46 500	55 103	63 651	72 674	84 643	92 048	86 306
印度	14 006	16 031	16 799	19 125	23 633I	37 931I	52 199	69 456	86 648	102 562	87 434
印度尼西亚	4 452	5 061	5 361	6 519	51 43I	11 755	12 571	11 093	12 074	14 731	13 242
日本	61 447	69 430	64 769	66 054	71 784	89 668	102 071	115 140	127 060	146 514	125 858
韩国	25 766	29 746	28 103	27 345	31 753	40 505	43 711	48 382	61 729	75 973	57 304
老挝	101	150	141	159	131	168	200	194	255	372	…
中国澳门	2 710	3 280	3 768	4 758	5 605	7 856	8 393	10 159	13 873	17 517	18 528
马来西亚	11 800	13 812	14 331	14 753	13 459	16 999	19 463	21 572	29 384	30 283	28 108
马尔代夫	340	345	351	360	429	505	317	549	638	687	629
蒙古	73	74	109	179	203	329	409	483	…	…	…
缅甸	496	459	387	403	228	232	237	256	…	…	…
尼泊尔	454	410	303	192	302	356	271	252	340	494	548
新西兰	4 280	4 355	4 388	5 338	6 819	8 149	8 589	8 062	9 251	8 997	7 468
巴基斯坦	1 264	1 284	1 302	1 496	1 476	1 719	2 043	2 245	2 224	2 529	2 416

续 表

地区 \ 年份	1999	2000	2001	2002	2003	2004	2005	2006	2007	2008	2009
巴布亚新几内亚	248	243	285	162	219	181	285	316	360	363	148
菲律宾	3 468	3 377	3 072	3 428	3 389	4 043	4 525	6 444	9 766	9 715	10 101
萨摩亚	47	…	…	…	…	94	113	133	138	…	…
新加坡	24 845	28 083	27 562	29 591	36 423	46 992	54 057	64 115	81 453	97 307	87 805
所罗门群岛	51	45	47	15	24	26	37I	51	56	54	68
斯里兰卡	940	915	1 334	1 247	1 389	1 506	1 519	1 604	1 755	1 981	1 874
中国台北	17 037	19 890	19 760	21 501	23 028	25 545	25 574	28 860	31 015	34 490	30 635
泰国	14 542	13 785	12 932	15 304	15 694	18 932	20 011	24 636	30 124	33 056	29 934
汤加	19	14	18	18	22	21	29	22	23	34	29
瓦努阿图	106	118	112	90	108	118	135	140	177	213	217
越南	2 493	2 702	2 810	2 948	3 272	3 867	4 232	5 060	6 415	6 956	5 666
备忘项：											
不含世界											
欧盟（27）对内出口a	—	—	—	—	—	1 599 000	1 807 100	2 055 400	2 463 600	2 793 800	2 474 200
欧盟（15）对内出口a	1 069 300	1 152 700	1 143 200	1 214 200	1 376 300	1 674 600	1 901 600	…	…	…	…
不含欧洲											
欧盟（27）对内出口a	—	—	—	—	—	544 300	608 900	683 400	830 300	938 600	814 600
欧盟（15）对内出口a	371 300	387 400	394 200	424 900	509 500	619 900	703 400	…	…	…	…

a 欧盟内、外部贸易统计参阅技术注释。

注：由于服务贸易数据的频繁修正，致使大量国家和地区的数据缺少连续性。参阅技术注释。

表 10：

1999—2009 年世界商业服务进口（按地区和国家）

单位：百万美元

地区 \ 年份	1999	2000	2001	2002	2003	2004	2005	2006	2007	2008	2009
世界	**1 367 000**	**1 460 500**	**1 478 600**	**1 564 200**	**1 786 100**	**2 124 100**	**2 364 000**	**2 645 700**	**3 131 700**	**3 555 000**	**3 142 600**
北美洲	237 600	268 200	264 200	270 900	291 700	335 900	365 900	408 700	443 700	477 600	429 200
加拿大	40 060	43 597	43 236	44 455	51 771	58 023	64 906	71 841	81 723	87 953	77 579
墨西哥	14 061	16 718	16 521	17 031	17 571	19 250	20 915	22 329	23 228	24 701	21 022
美国	183 485	207 880	204 478	209 397	222 346	258 675	280 091	314 493	338 759	364 930	330 590
中、南美洲	50 600	54 800	55 100	48 800	51 200	58 600	71 300	81 300	99 700	120 400	110 500
安提瓜和巴布达	170	147	159	163	174	182	218	249	271	264	241
阿根廷	8 599	8 960	8 262	4 775	5 462	6 374	7 364	8 242	10 569	12 729	11 344
阿鲁巴	635	620	589	574	690	760	885	968	910	1093	784
巴哈马	884	969	896	929	1 009	1 169	1 209	1 510	1 502	1 306	1 070
巴巴多斯	433	460	471	466	492	519	632	679	755	919	…
伯利兹	99	116	111	121	127	139	147	143	159	161	154
委内瑞拉	3 982	4 236	4 509	3 837	3 251	4 2655 183	5 746	8 438	10 073	9 223	
玻利维亚	436	450	382	417	534	590	664	808	883	1 018	993
巴西	13 357	15 574	15 825	13 496	14 350	16 11122 409	27 149	34 700	44 396	44 074	
智利	4 474	4 664	4 848	4 953	5 555	6 653	7 572	8 250	9 733	11 386	9 351
哥伦比亚	3 082	3 242	3 535	3 234	3 298	3 873	4 704	5 428	6 170	7 109	6 807
哥斯达黎加	1 185	1 261	1 167	1 170	1 231	1 370	1 502	1 617	1 814	1 878	1 640
古巴	926	778	694	589	661	776	1 018	1 2631 330	2 090	1 375	
多米尼克	54	48	47	50	41	45	48	50	63	69	62
多米尼加共和国	1 224	1 340	1 249	1 271	1 179	1 1681 431	1 511	1 692	1 757	1 616	
厄瓜多尔	1 140	1 225	1 395	1 559	1 575	1 889	2 079	2 265	2 481	2 885	2 553
萨尔瓦多	800	912	938	1 007	1 040	1 130	1 1921 479	1 718	1 972	1 528	
格林纳达	78	85	79	86	77	80	88	101	104	106	86
危地马拉	760	786	891	1 018	1 085	1 324	1 4291 756	2 017	2 116	1 857	

续 表

年份 地区	1999	2000	2001	2002	2003	2004	2005	2006	2007	2008	2009
圭亚那	178	193	192	196	172	208	201	245	273	323	…
海地	222	270	252	251	247	336	299	371	479	561	736
洪都拉斯	491	688	705	726	746	840	923	1027	1126	1 204	1 059
牙买加	1 286	1 391	1 480	1 552	1 538	1 677	1 676	1 969	2 224	2 304	1 924
荷属安的列斯	662	728	787	788	801	787	805	749	794	870	929
尼加拉瓜	319	334	346	336	353	385	424	451	524	572	517
巴拿马	1 102	1 096	1 053	1 256	1 253	1 412	1 759	1 673	2 065	2 550	2 093
巴拉圭	463	390	362	321	318	287	329	365	442	566	505
秘鲁	2 105	2 165	2 274	2 325	2 493	2 603	2 9963 266	4 213	5 473	4 619	
圣基茨和尼维斯	66	72	71	73	75	76	90	96	98	119	111
圣卢西亚	137	126	125	124	141	148	174	182	199	209	180
圣文森特和格林纳丁斯	59	52	54	54	61	69	72	80	103	96	91
苏里南	136	177	164	152	188	251	339	250	292	367	…
特立尼达和多巴哥	253	363	339	340	335	314	471	311	320	…	…
乌拉圭	760	842	773	593	602	748	901	937	1 072	1 365	1 040
欧洲	647 700	665 500	685 200	741 600	882 800	1 031 000	1 129 100	1 236 500	1 471 600	1 643 500	1 431 200
阿尔巴尼亚	152	413	422	561	734	991	1 318	1 552	1 893	2 361	2 215
澳地利	17 144	16 383	17 491	18 645	23 645	27 897	30 625	33 407	39 007	42 738	37 023
比利时	—	—	—	35 288	42 163	48 260	50 40852 387	68 747	82 932	74 111	
比利时－卢森堡	38 815	41 444	42 856	—	—	—	—	—	—	—	—
波斯尼亚和黑塞哥维那	277	256	262	298	375	422	425	459	590	632	565
保加利亚	1 473	1 660	1 894	1 740	2 424	3 213	3 382	4 097	5 193	5 945	4 622
克罗地亚	2 055	1 782	1 918	2 378	2 950	3 523	3 349	3 491	3 842	4 517	3 803
塞浦路斯	1 537	1 563	1 592	1 635	2 089	2 552	2 614	2 850	3 635	4 863	3 994
捷克	5 772	5 364	5 487	6 372	7 240	8 932	10 110	11 867	14 401	17 766	18 887
丹麦	18 402	21 063	22 121	24 305	28 254	33 401	37 002	45 232	53 998	62 432	51 031
爱沙尼亚	829	870	949	1 081	1 370	1 715	2 173	2 462	3 033	3 308	2 496
法罗群岛	95	97	105	131	146	161	224	267	359	374	…
芬兰	7 491	8 323	7 994	9 763	12 020	14 422	17 591	18 618	22 715	30 388	22 701
法国	62 102	64 400	66 121	72 428	86 476	98 553	105 981	112 364	128 628	140 956	126 425
马其顿	226	260	253	267	370	485	527	545	745	970	798
德国	139 388	135 812	140 593	143 769	171 365	195 352	209 790	224 591	259 449	289 676	253 110
希腊	8 831	10 918	11 189	9 447	10 730	13 560	14 292	15 899	19 783	24 392	19 525
匈牙利	4 283	4 708	5 470	6 749	9 022	10 043	11 275	11 942	15 617	18 560	15 939
冰岛	1 012	1 149	1 058	1 105	1 481	1 818	2 531	2 542	2 942	2 511	1 946
爱尔兰	26 474	31 212	35 281	42 765	54 520	65 328	71 386	78 460	94 871	109 290	103 449
意大利	56 240	54 632	56 087	61 110	73 107	81 673	88 364	98 107	118 685	127 861	114 581
拉脱维亚	628	680	662	692	917	1 164	1541	1 962	2 679	3 163	2 179
立陶宛	747	655	669	878	1 215	1 578	1 989	2 462	3 282	4 133	2 814
卢森堡	—	—	—	12 388	15 511	20 912	24 559	2 9831	37 936	41 273	36 006
马耳他	722	735	735	769	861	1 031	1 186	1 750	2 195	2 283	2 088
黑山	—	—	—	—	—	—	—	277	313	501	401
荷兰	48 121	4 9941	52 166	56 492	62 954	68 565	72 413	74 678	83 762	91 918	84 708
挪威	15 214	14 832	15 667	17 834	20 415	23 871	28 709	31 227	38 941	43 928	37 604
波兰	6 837	8 862	8 853	9 165	10 810	13 213	15 310	19 438	23 780	30 035	23 709
葡萄牙	7 064	6 810	6 573	6 906	8 022	9 372	10 089	11 725	13 941	16 230	14 094
罗马尼亚	1 759	1 948	2 113	2 304	2 913	3 829	5 425	6 901	8 787	11 776	10 008
塞尔维亚	—	—	—	—	—	—	—	2 114	3 456	4 239	3 407
塞尔维亚和黑山	243	293	323	537	795	1 192	1 478	—	—	—	—
斯洛伐克	1 812	1 779	1 971	2 321	3 012	3 415	4 015	4 605	6 449	9 084	7 933
斯洛文尼亚	1 506	1 423	1 443	1 715	2 163	2 579	2 889	3 222	4 220	4 944	4 488
西班牙	31 544	32 837	34 903	38 445	47 607	58 822	66 739	78 175	96 023	104 365	86 467
瑞典	22 511	23 367	22 920	23 856	28 647	32 990	35 141	39 432	46 175	53 318	45 835
瑞士	14 760	14 533	14 049	14 714	16 881	21 852	25 593	26 592	31 574	36 277	35 472
土耳其	8 449	7 624	5 633	5 528	6 690	9 188	10 311	10 739	14 547	16 637	15 607
英国	93 170	96 893	97 352	107 177	122 948	145 172	158 325	170 273	195 402	196 896	160 873
欧盟（27）	605 200	624 300	645 500	698 200	832 000	967 500	1 054 600	1 156 700	1 372 400	1 530 500	1 329 100
欧盟（27）进口 a	—	—	—	—	—	386 900	421 500	461 900	547 600	621 600	542 900
欧盟（15）	577 300	594 000	613 600	662 800	788 000	914 300	992 700	1 083 200	1 279 100	1 414 700	1 229 900

续 表

地区＼年份	1999	2000	2001	2002	2003	2004	2005	2006	2007	2008	2009
欧盟（15）进口 a	259 800	268 900	275 600	287 700	339 900	402 700	441 900	…	…	…	…
独联体	20 000	24 000	29 500	33 900	39 600	50 300	59 400	69 800	90 100	113 300	90 800
亚美尼亚	183	177	192	217	264	419	517	600	772	952	834
阿塞拜疆	476	475	650	1 283	2 027	2 702	2 625	2 784	3 324	3 826	3 297
白俄罗斯	431	524	782	826	820	943	1 057	1 643	2 011	2 597	2 032
格鲁吉亚	224	216	231	323	355	440	584	687	872	1154	893
哈萨克斯坦	1 104	1 831	2 609	3 506	3 712	5 058	7 375	8 621	11 473	10 915	9 883
吉尔吉斯共和国	152	144	121	145	157	219	287	456	577	988	854
摩尔多瓦	168	190	195	243	268	331	390	457	594	779	669
俄罗斯	13 351	16 230	19 819	22 852	26 487	32 216	37 795	43 679	56 768	73 616	59 388
塔吉克斯坦	43	57	70	103	120	205	250	393	590	453	289
乌克兰	2 292	2 590	3 167	3 143	3 979	6 162	6 962	8 582	11 055	15 777	10 791
非洲	37 400	38 600	41 200	42 300	48 500	60 100I	71 800	84 800	107 900	136 700	114 200
阿尔及利亚	2 560	2 360	2 440	2 480	2 920	3 858	4 787	4 780	6 934	11 063	10 910
安哥拉	2 194	2 271	3 176	2 766	2 774	4 285	6 191	6 860	12 384	20 020	10 877
贝宁	213	186	186	203	244	273	267	342	491	500	…
博茨瓦纳	515	538	512	517	652	783	840	834	1193	1348	1122
布隆迪	18	36	31	34	38	75	125	193	168	173	…
喀麦隆	699	934	1 056	1 198	1 177	1 448	1 428	1 416	1 719	2 571	2 081
佛得角	112	97	113	138	183	194	201	242	285	349	324
中非共和国	107	113	96	90	88	106	105	120	148	165	146
刚果	854	728	842	917	866	1 012	1 413	2 422	3 523	3 767	…
科特迪瓦	1 358	1 142	1 188	1 447	1 657	1 896	1 982	2 087	2 263	2 487	2 324
吉布提	60	65	60	55	60	70	76	81	99	119	…
埃及	5 959	7 161	6 356	6 013	6 038	7 470	9 507	10 288	13 088	16 335	12 765
厄立特里亚	101	24	28	25	…	…	…	…	…	…	…
埃塞俄比亚	463	479	516	556	689	932	1 178	1 154	1737	2379	…
加蓬	854	846	695	741	821	921	1 020	1 232	1 455	1 632	1 279
冈比亚	62	61	55	54	36	46	45	94	79	88	…
加纳	555	514	538	536	743	904	1 140	1 428	1 808	2 038	2 166
几内亚	258	183	220	156	188	195	194	221	248	398	362
肯尼亚	505	665	712	588	575	803	955	1 235	1 479	1 663	…
莱索托	47	41	38	45	69	86	88	75	88	85	…
利比亚	887	815	964	1 343	1 528	1 753	2 128	2 324	2 497	3 572	…
马达加斯加	336	395	424	561	479	474	462	559	987	1 470	1 059
马拉维	185	167	171	222	189	211	222	222	…	…	…
马里	351	324	414	380	478	528	583	672	774	1 022	…
毛里塔尼亚	152	168	194	155	187	260	379	406	…	724	551
毛里求斯	719	748	799	775	875	1 005	1 193	1 312	1 562	1 910	1 586
摩洛哥	1 537	1 520	1 705	1 903	2 350	2 805	3 103	3 562	4 527	5 628	5 318
莫桑比克	392	439	607	559	553	511	627	729	819	918	1 004
纳米比亚	418	308	261	223	269	411	359	421	505	581	602
尼日利亚	3 311	3 144	4 420	4 688	5 715	5 973I	6 384	10 667	12 364	…	…
卢旺达	106	113	113	124	104	123	176	214	259	504	503
塞内加尔	419	396	403	457	567	684	777	808	1 205	1 722	…
塞舌尔	152	186	212	209	213	211	231	265	299	330	303
塞拉利昂	79	82	93	76	89	87	86	78	90	117	107
南非	5 580	5 657I	5 109	5 376	7 848	10 063	11 833	13 900	16 100	16 515	14 348
苏丹	270	632	638	784	805	1 023	1 801	2 728	2 873	2 552	2 169
斯威士兰	161	300	192	202	342	363	396	365	494	…	…
坦桑尼亚	723	620	635	611	685	923	1 131	1 212	1 366	1 576	1 691
多哥	130	116	129	147	204	237	249	261	303	358	…
突尼斯	1 106	1 119	1 332	1 353	1 510	1 869	2 075	2 338	2 662	3 226	2 803
乌干达	419	459	479	521	…	473	593	756	958	1 233	1 426
赞比亚	298	322	353	361	388	418	446	562	887	881	687
津巴布韦	647	494	439	447	…	…	…	…	…	…	…
中东	43 800	48 800	46 900	51 100	60 500	77 700I	97 400	120 500	158 800I	187 600	170 700
巴林	716	757	766	945	907I	1 248	1 416	1 605	1 701	2 030	1 741
伊朗	1 905	2 161	2 451	5 381	6 432I	9 730	10 407	11 407	14 760	17 076	…

续 表

地区＼年份	1999	2000	2001	2002	2003	2004	2005	2006	2007	2008	2009
以色列	10 047	11 703	11 644	10 701	10 978	12 611	13 498	14 424	17 322	19 629	16 921
约旦	1 485	1 463	1 520	1 627	1 690	1 972	2 465	2 854	3 356	3 926	3 657
科威特	3 867	4 115	4 520	4 881	5 534	6 202	7 444	8 805	10 494	12 149	11 100
阿曼	1 714	1 759	1 899	1 880	2 573	3 152	3 145	3 898	4 876	6 122	…
卡塔尔	823	870	966	1 050	1 283	1 667	3 640	5 680	…	…	…
沙特阿拉伯	9 426	10 928	7 155	7 152	7 936	11 057I	19 684	29 488	45 917I	49 571	45 540
叙利亚	1 416	1 468	1 494	1 675	1 697	2 071	2 274	2 437	2 917	3 127	2 963
阿联酋	7 757	8 275	8 893	9 934	11 440	14 655	18 891	24 322	33 372	42 773	36 799
也门	672	757	794	883	947	1 004	1 183	1 800	1 811	2 289	2 080
亚洲	329 900	360 500	356 400	375 600	411 700	510 400	569 100	644 200	759 900	875 900	796 000
澳大利亚	18 385	18 555	17 020	18 023	21 476	27 377	29 909	31 600	39 197	47 613	41 360
孟加拉国	1 318	1 523	1 423	1 318	1 595	1 835	2 011	2 111	2 673	3 496	3 203
不丹	34	46	42	60	108	103	128	108	110	161	134
柬埔寨	285	321	340	368	425	502	632	760	871	935	…
中国	30 967	35 858	39 032	46 080	54 852	71 602	83 173	100 327	129 254	158 004	158 200
斐济	364	323	285	273	384	463	503	514	515	593	421
中国香港	23 759	24 588	24 797	25 833	25 994	30 983	33 838	36 905	42 450	46 918	44 379
印度	17 045	18 898	19 792	20 776	24 679I	35 293I	46 820	58 222	70 127	87 395	79 774
印度尼西亚	12 139	15 381	15 596	16 770	17 171I	20 620	21 836	21 175	24 075	27 994	27 626
日本	103 151	105 230	98 762	97 865	99 906	119 925	122 369	133 900	148 685	163 270	146 903
韩国	26 773	32 957	32 473	36 132	39 928	49 373	58 055	68 023	82 108	92 915	74 978
老挝	91	87	87	97	108	132	154	183	242	303	…
中国澳门	703	812	876	1 046	1 147	1 351	1 559	1 882	2 664	3 467	3 149
马来西亚	14 622	16 603	16 539	16 248	17 323	18 967	21 750	23 421	28 580	30 060	27 052
马尔代夫	107	108	108	110	119	155	210	226	265	344	279
蒙古	140	158	198	260	249	496	468	514	…	…	…
缅甸	277	310	345	296	403	444	486	547	…	…	…
尼泊尔	202	193	205	231	258	376	424	488	716	840	771
新西兰	4 482	4 429	4 265	4 715	5 667	7 130	8 151	7 795	9 078	9 553	7 703
巴基斯坦	1 894	2 109	2 216	2 095	3 102I	5 101	7 206	8 094	8 426	9 285	6 732
巴布亚新几内亚	728	772	662	678	862	968	1 151	1 478	1 824	1 751	1 657
菲律宾	5 013	5 175	5 298	5 386	5 322	5 764	5 797	6 211	7 391	8 348	8 344
萨摩亚	19	…	…	…	…	41	55	56	55	…	…
新加坡	25 119	29 393	31 838	33 355	39 867	49 555	54 870	64 635	73 847	86 190	81 352
所罗门群岛	86	70	80	49	62	42	57I	66	95	113	95
斯里兰卡	1 388	1 592	1 735	1 553	1 646	1 872	2 051	2 359	2 568	2 975	2 487
中国台北	23 285	25 507	23 435	23 852	24 803	29 859	31 420	31 752	34 265	34 292	29 095
泰国	13 464	15 329	14 475	16 572	17 999	22 909	26 881	32 841	38 173	46 029	37 823
汤加	30	18	24	28	32	32	34	31	33	44	40
瓦努阿图	65	62	67	47	56	61	69	66	70	90	87
越南	3 040	3 252	3 382	3 698	4 050	4 739	4 420	5 082	7 137	7 881	6 759
备忘项：											
不含世界											
欧盟（27）从内进口 a	—	—	—	—	—	1 543 500	1 730 900	1 950 900	2 306 900	2 646 100	2 356 400
欧盟（15）从内进口 a	1 049 500	1 135 300	1 140 500	1 189 100	1 338 100	1 612 500	1 813 200	…	…	…	…
不含欧洲											
欧盟（27）从内进口 a	—	—	—	—	—	450 400	496 000	541 700	646 800	734 600	645 000
欧盟（15）从内进口 a	330 200	340 300	347 100	366 500	434 800	519 400	578 300	…	…	…	…

a 欧盟内、外部贸易统计参阅技术注释。

注：由于服务贸易数据的频繁修正，致使大量国家和地区的数据缺少连续性。参阅技术注释。

表 11：

2000—2009 年世界货物出口量和产量增长

（年度变化百分比）

年份	2000—2009	2007	2008	2009
世界货物出口	3.0	6.5	2.0	−12.0
农产品	3.0	5.5	2.0	−3.0
燃料和矿产品	2.0	3.5	0.5	−4.5
制成品	3.5	8.0	2.5	−15.5
世界货物产量	1.5	0.5	1.0	−5.0
农业	2.0	2.5	3.5	0.5
矿业	1.0	0.0	1.0	−2.0
制造业	1.0	0.0	1.0	−7.0
世界 GDP	2.0	3.5	1.5	−2.5

表 12：

2000—2009 年世界货物贸易量增长

（年度变化百分比）

出口			年份 / 地区	进口		
2000—2009	2008	2009		2000—2009	2008	2009
3	2	−12	世界	3	2	−13
1	2	−15	北美洲	1	−3	−17
−2	−6	−18	加拿大	1	1	−17
1	1	−15	墨西哥	1	4	−20
2	6	−14	美国	1	−4	−17
4	1	−8	中、南美洲	6	13	−17
2	0	−15	欧洲	1	−1	−15
2	0	−15	欧盟（27）	1	−1	−15
1	0	−3	挪威	3	3	−14
2	2	−15	瑞士	1	3	−10
6	2	−5	独联体	11	17	−26
8	6	−11	亚洲	6	5	−8
2	6	−5	澳大利亚	7	10	−11
17	9	−11	中国	15	4	3
−4	−11	−1	中国香港	2	−2	−6
12	15	−3	印度	13	18	−3
2	3	−25	日本	1	−1	−13
6	4	−8	六个东亚贸易国 a	3	4	−13

a　中国香港；马来西亚；韩国；新加坡；台、澎、金、马单独关税区（中国台北）和泰国。

表 13：

2000—2009 年世界货物和服务贸易（按地区和国家）

（年度变化百分比）

出口 2000—2009	出口 2008	出口 2009	地区	进口 2000—2009	进口 2008	进口 2009
			货物贸易			
8	15	−23	世界	7	16	−23
3	11	−21	北美洲	3	8	−25
3	12	−18	美国	3	7	−26
2	9	−31	加拿大	3	7	−21
10	21	−24	中、南美洲	9	30	−26
12	23	−23	巴西	10	44	−27
12	−2	−19	智利	10	31	−31
7	12	−22	欧洲	7	13	−25
7	11	−23	欧盟（27）	7	12	−25
9	16	−14	瑞士	7	14	−15
13	35	−36	独联体	17	32	−33
12	33	−36	俄罗斯	18	31	−34
12	36	−41	乌克兰	14	41	−47
11	28	−31	非洲	13	28	−15
9	16	−23	南非	11	14	−27
11	27	−36	尼日利亚 a	18	43	−22
11	33	−33	中东	13	28	−18
11	33	−39	沙特阿拉伯 a	14	28	−17
15	34	−27	阿联酋 a	17	34	−21
9	15	−18	亚洲	9	21	−20
19	17	−16	中国	18	18	−11
2	9	−26	日本	4	23	−28
			服务贸易			
9	13	−12	世界	9	14	−12
6	9	−9	北美洲	5	8	−10
6	10	−9	美国	5	8	−9
4	4	−13	加拿大	7	8	−12
9	16	−8	中、南美洲	8	21	−8
13	27	−9	巴西	12	28	−1
10	16	−9	阿根廷	3	20	−11
10	12	−14	欧洲	9	12	−13
10	12	−15	欧盟（27）	9	12	−13
10	19	−10	瑞士	10	15	−2
16	28	−17	独联体	16	26	−20
18	30	−18	俄罗斯	16	30	−19
15	27	−23	乌克兰	17	43	−32
…	16	−9	非洲	…	27	−16
9	25	−14	埃及	7	25	−22
…	−8	−6	南非	…	3	−13
…	…	−4	中东	…	…	−9
…	…	2	以色列	…	…	−8
4	14	−10	沙特阿拉伯	4	13	−14
11	16	−12	亚洲	9	15	−9
17	20	−12	日本	18	22	0
7	15	−14	中国	4	10	−10

a 秘书处估计。

表 14：

2009 年世界货物出口（按产品类别）

单位：百万美元，%

	农产品	燃料和矿产品		制成品						
		总额	燃料	总额	钢铁	化工产品	办公和通信设备	汽车	纺织品	服装
总额	1 169	2 263	1 808	8 355	326	1 447	1 323	847	211	316
占世界货物贸易比重	9.6	18.6	14.8	68.6	2.7	11.9	10.9	7.0	1.7	2.6
年度变化百分比										
1980—1985	−2	−5	−5	2	−2	1	9	5	−1	4
1985—1990	9	3	0	15	9	14	18	14	15	18
1990—1995	7	2	1	9	8	10	15	8	8	8
1995—2000	−1	10	12	5	−2	4	10	5	0	5
2000—2009	9	11	12	7	10	11	4	4	3	5
2007	20	15	13	15	28	19	4	17	9	12
2008	18	33	41	10	23	14	4	4	5	5
2009	−13	−36	−37	−20	−45	−14	−16	−32	−17	−14

表 15：

2009 年世界货物出口（按产品类别和地区）

单位：百万美元，%

	农产品	燃料和矿产品		制成品						
		总额	燃料	总额	钢铁	化工产品	办公和通信设备	汽车	纺织品	服装
世界	1 169	2 263	1 808	8 355	326	1 447	1 323	847	211	316
占所有出口比重	9.6	18.6	14.8	68.6	2.7	11.9	10.9	7.0	1.7	2.6
年度变化百分比										
2000—2009	9	11	12	7	10	11	4	4	3	5
2008	18	33	41	10	23	14	4	4	5	5
2009	−13	−36	−37	−20	−45	−14	−16	−32	−17	−14
北美洲	179	218	157	1 130	21	198	174	143	13	9
占所有出口比重	11.2	13.6	9.8	70.5	1.3	12.3	10.8	8.9	0.8	0.6
年度变化百分比										
2000—2009	5	10	10	2	7	8	−2	−1	−2	−8
2008	19	34	47	5	32	15	2	−5	−3	−4
2009	−15	−37	−38	−19	−41	−14	−17	−32	−20	−12
中、南美洲	140	178	110	126	12	29	5	15	3	10
占所有出口比重	30.5	38.9	23.9	27.4	2.7	6.3	1.1	3.3	0.7	2.2
年度变化百分比										
2000—2009	11	11	10	6	7	11	1	8	5	−2
2008	24	25	41	12	11	22	1	11	15	−1
2009	−11	−31	−34	−27	−44	−23	−18	−34	−20	−22

续 表

	农产品	燃料和矿产品		制成品						
		总额	燃料	总额	钢铁	化工产品	办公和通信设备	汽车	纺织品	服装
欧洲	528	483	347	3 879	147	861	335	470	72	112
占所有出口比重	10.5	9.6	6.9	77.3	2.9	17.2	6.7	9.4	1.4	2.2
年度变化百分比										
2000—2009	9	10	11	7	8	11	2	6	2	6
2008	16	26	38	9	16	10	3	3	0	7
2009	−12	−37	−37	−22	−45	−12	−21	−31	−23	−15
独联体	39	284	254	109	36	27	2	3	2	1
占所有出口比重	8.7	62.9	56.3	24.1	8.1	5.9	0.4	0.8	0.4	0.3
年度变化百分比										
2000—2009	13	14	17	11	11	12	12	6	4	1
2008	18	39	44	29	36	42	26	9	11	9
2009	−16	−39	−39	−37	−45	−32	−15	−57	−20	−26
非洲	39	246	212	74	7	14	2	5	2	9
占所有出口比重	10.2	64.0	55.3	19.2	1.8	3.7	0.6	1.4	0.6	2.5
年度变化百分比										
2000—2009	9	12	12	8	8	12	10	14	5	3
2008	18	32	34	23	16	64	13	41	3	1
2009	−7	−38	−39	−25	−43	−32	−10	−30	−10	−14
中东	18	469	461	188	5	43	20	18	8	5
占所有出口比重	2.6	68.0	66.8	27.3	0.7	6.3	2.9	2.7	1.1	0.8
年度变化百分比										
2000—2009	13	10	10	13	18	14	9	21	4	9
2008	12	37	37	29	26	43	52	29	24	14
2009	−4	−38	−37	−20	−26	−21	−13	−29	−31	−21
亚洲	226	386	266	2 850	98	275	786	191	111	168
占所有出口比重	6.3	10.8	7.4	79.7	2.7	7.7	22.0	5.3	3.1	4.7
年度变化百分比										
2000—2009	9	14	14	8	12	12	6	6	5	7
2008	22	35	50	11	29	13	3	9	9	5
2009	−14	−29	−31	−17	−46	−14	−14	−34	−10	−11

表 16：

2009 年世界商业服务贸易（按产品类别）

单位：百万美元，%

	贸易额	份　额				
年份	2009	2000	2005	2007	2008	2009
出口						
所有服务	3 350	100.0	100.0	100.0	100.0	100.0
运输服务	700	23.4	23.3	22.9	23.7	20.9
旅游服务	870	32.1	27.7	25.7	25.1	26.0
其他服务	1 780	44.5	49.0	51.4	51.1	53.1
进口						
所有服务	3 145	100.0	100.0	100.0	100.0	100.0
运输服务	835	28.7	29.1	29.0	30.0	26.6
旅游服务	790	29.8	27.1	25.6	24.4	25.1
其他服务	1 520	41.5	43.8	45.4	45.5	48.3

表 17：

1990—2009 年世界商业服务出口增长（按产品类别和地区）

（年度变化百分比）

	年度	世界	北美洲	中、南美洲	欧洲	独联体	非洲	中东	亚洲
商业服务									
	1990—1995	8	8	9	—	—	…	…	…
	1995—2000	5	7	6	…	…	…	…	4
	2000—2009	9	6	9	10	16	…	…	11
	2007	20	15	18	21	27	18	…	22
	2008	13	9	16	12	28	16	…	16
	2009	−12	−9	−8	−14	−17	−9	−4	−12
运输服务									
	1990—1995	6	4	7	—	—	…	…	11
	1995—2000	3	3	1	3	…	…	…	3
	2000—2009	8	4	8	9	13	…	…	8
	2007	20	12	16	21	20	12	9	24
	2008	17	16	20	16	26	19	17	18
	2009	−23	−21	−18	−22	−17	−14	−20	−26
旅游服务									
	1990—1995	9	7	10	—	—	8	…	…
	1995—2000	3	6	7	2	…	6	…	2
	2000—2009	7	2	6	7	15	12	…	10
	2007	15	11	12	14	27	17	21	20
	2008	10	11	9	9	23	9	16	13
	2009	−9	−11	−6	−13	−22	−5	2	−3
其他商业服务									
	1990—1995	10	12	10	—	—	…	…	16
	1995—2000	7	11	9	…	…	…	…	6
	2000—2009	12	8	13	12	23	…	…	13
	2007	23	18	27	24	36	30	…	22
	2008	12	7	21	13	34	29	…	16
	2009	−9	−5	−4	−11	−15	−11	0	−8

表 18：

2009 年区域间和区域内货物贸易

单位：十亿美元，%

原产地	目的地							世界
	北美洲	中、南美洲	欧洲	独联体	非洲	中东	亚洲	
贸易额								
世界	2 026	437	5 105	311	391	510	3 197	12 178
北美洲	769	128	292	9	28	49	324	1 602
中、南美洲	115	120	90	6	13	11	96	459
欧洲	366	75	3 620	147	162	154	426	5 016
独联体	23	5	239	87	7	14	63	452
非洲	66	9	149	1	45	12	85	384
中东	60	5	76	4	34	107	357	690
亚洲	627	95	641	57	102	163	1 846	3 575
区域内贸易流量占每一区域总货物贸易出口的份额								
世界	16.6	3.6	41.9	2.6	3.2	4.2	26.3	100.0
北美洲	48.0	8.0	18.2	0.6	1.8	3.1	20.2	100.0
中、南美洲	25.0	26.1	19.6	1.3	2.8	2.5	20.8	100.0
欧洲	7.3	1.5	72.2	2.9	3.2	3.1	8.5	100.0
独联体	5.2	1.1	52.9	19.2	1.6	3.2	13.9	100.0
非洲	17.1	2.4	38.8	0.3	11.7	3.0	22.2	100.0
中东	8.7	0.7	11.0	0.5	4.9	15.5	51.8	100.0
亚洲	17.5	2.7	17.9	1.6	2.8	4.6	51.6	100.0
区域内贸易流量占世界总货物贸易出口的份额								
世界	16.6	3.6	41.9	2.6	3.2	4.2	26.3	100.0
北美洲	6.3	1.1	2.4	0.1	0.2	0.4	2.7	13.2
中、南美洲	0.9	1.0	0.7	0.0	0.1	0.1	0.8	3.8
欧洲	3.0	0.6	29.7	1.2	1.3	1.3	3.5	41.2
独联体	0.2	0.0	2.0	0.7	0.1	0.1	0.5	3.7
非洲	0.5	0.1	1.2	0.0	0.4	0.1	0.7	3.2
中东	0.5	0.0	0.6	0.0	0.3	0.9	2.9	5.7
亚洲	5.2	0.8	5.3	0.5	0.8	1.3	15.2	29.4

表 19：

2009 年区域贸易流量占世界货物出口的份额

单位：%

原产地	目的地							
	世界	北美洲	中、南美洲	欧洲	独联体	非洲	中东	亚洲
	份　额							
世界	100.0	100.0	100.0	100.0	100.0	100.0	100.0	100.0
北美洲	13.2	37.9	29.3	5.7	3.0	7.2	9.7	10.1
中、南美洲	3.8	5.7	27.4	1.8	1.9	3.3	2.2	3.0
欧洲	41.2	18.1	17.1	70.9	47.1	41.5	30.1	13.3
独联体	3.7	1.2	1.2	4.7	27.9	1.8	2.8	2.0
非洲	3.2	3.2	2.1	2.9	0.4	11.5	2.3	2.7
中东	5.7	3.0	1.1	1.5	1.2	8.6	20.9	11.2
亚洲	29.4	31.0	21.8	12.5	18.5	26.0	32.0	57.8

表 20：

1948、1953、1963、1973、1983、1993、2003 和 2009 年世界货物出口（按地区和国家）

单位：十亿美元，%

地区＼年份	1948	1953	1963	1973	1983	1993	2003	2009
	贸易额							
世界	59	84	157	579	1 838	3 676	7 376	12 178
	份额							
世界	100.0	100.0	100.0	100.0	100.0	100.0	100.0	100.0
北美洲	28.1	24.8	19.9	17.3	16.8	18.0	15.8	13.2
美国	21.7	18.8	14.9	12.3	11.2	12.6	9.8	8.7
加拿大	5.5	5.2	4.3	4.6	4.2	3.9	3.7	2.6
墨西哥	0.9	0.7	0.6	0.4	1.4	1.4	2.2	1.9
中、南美洲	11.3	9.7	6.4	4.3	4.4	3.0	3.0	3.8
巴西	2.0	1.8	0.9	1.1	1.2	1.0	1.0	1.3
阿根廷	2.8	1.3	0.9	0.6	0.4	0.4	0.4	0.5
欧洲	35.1	39.4	47.8	50.9	43.5	45.4	45.9	41.2
德国 a	1.4	5.3	9.3	11.7	9.2	10.3	10.2	9.2
法国	3.4	4.8	5.2	6.3	5.2	6.0	5.3	4.0
意大利	1.8	1.8	3.2	3.8	4.0	4.6	4.1	3.3
英国	11.3	9.0	7.8	5.1	5.0	4.9	4.1	2.9
独联体 b	—	—	—	—	—	1.5	2.6	3.7
非洲	7.3	6.5	5.6	4.8	4.5	2.5	2.4	3.2
南非 c	2.0	1.6	1.5	1.0	1.0	0.7	0.5	0.5
中东	1.9	2.7	3.2	4.1	6.8	3.5	4.1	5.7
亚洲	14.0	13.4	12.5	14.9	19.1	26.1	26.2	29.4
中国	0.9	1.2	1.3	1.0	1.2	2.5	5.9	9.9
日本	0.4	1.5	3.5	6.4	8.0	9.9	6.4	4.8
印度	2.2	1.3	1.0	0.5	0.5	0.6	0.8	1.3
澳大利亚和新西兰	3.7	3.2	2.4	2.1	1.4	1.4	1.2	1.5
六个东亚贸易国	3.4	3.0	2.5	3.6	5.8	9.7	9.6	9.6
备忘项：								
欧盟 d	—	—	24.5	37.0	31.3	37.4	42.4	37.7
前苏联	2.2	3.5	4.6	3.7	5.0	—	—	—
GATT/WTO 成员 e	63.4	69.6	75.0	84.1	78.4	89.3	94.3	94.5

a 联邦德国的数据参考 1948—1983 年。

b 数据受到显著影响，包括波罗的海国家和独联体 1993 和 2003 年的相互贸易。

c 自 1998 年，统计数据均来自南非，而不再是南部非洲关税同盟。

d 数据参考 EEC（6）1963 年，EC（9）1973 年，EC（10）1983 年，EU（12）1993 年，EU（25）2003 年和 EU（27）2009 年。

e 其成员以所提年份为准。

注：1973、1983 年和 1993—2003 年的出口份额受到石油价格的影响。

表 21:

1948、1953、1963、1973、1983、1993、2003 和 2009 年世界货物进口（按地区和国家）

单位：十亿美元，%

年份 / 地区	1948	1953	1963	1973	1983	1993	2003	2009
	贸易额							
世界	62	85	164	594	1 882	3 786	7 689	12 421
	份额							
世界	100.0	100.0	100.0	100.0	100.0	100.0	100.0	100.0
北美洲	18.5	20.5	16.1	17.2	18.5	21.4	22.4	17.5
美国	13.0	13.9	11.4	12.3	14.3	15.9	16.9	12.9
加拿大	4.4	5.5	3.9	4.2	3.4	3.7	3.2	2.7
墨西哥	1.0	0.9	0.8	0.6	0.7	1.8	2.3	1.9
中、南美洲	10.4	8.3	6.0	4.4	3.8	3.3	2.5	3.6
巴西	1.8	1.6	0.9	1.2	0.9	0.7	0.7	1.1
阿根廷	2.5	0.9	0.6	0.4	0.2	0.4	0.2	0.3
欧洲	45.3	43.7	52.0	53.3	44.2	44.6	45.0	41.6
德国 a	2.2	4.5	8.0	9.2	8.1	9.0	7.9	7.6
法国	5.5	4.9	5.3	6.4	5.6	5.7	5.2	4.5
英国	13.4	11.0	8.5	6.5	5.3	5.5	5.2	3.9
意大利	2.5	2.8	4.6	4.7	4.2	3.9	3.9	3.3
独联体 b	—	—	—	—	—	1.2	1.7	2.7
非洲	8.0	7.0	5.2	3.9	4.6	2.6	2.1	3.3
南非 c	2.5	1.5	1.1	0.9	0.8	0.5	0.5	0.6
中东	1.7	2.0	2.2	2.6	6.2	3.3	2.7	4.0
亚洲	13.9	15.1	14.1	14.9	18.5	23.7	23.5	27.4
中国	0.6	1.6	0.9	0.9	1.1	2.7	5.4	8.1
日本	1.1	2.8	4.1	6.5	6.7	6.4	5.0	4.4
印度	2.3	1.4	1.5	0.5	0.7	0.6	0.9	2.0
澳大利亚和新西兰	2.9	2.3	2.2	1.6	1.4	1.5	1.4	1.5
六个东亚贸易国	3.5	3.7	3.1	3.7	6.1	10.3	8.6	8.8
备忘项：								
欧盟 d	—	—	25.5	37.1	31.4	35.3	40.2	37.4
前苏联	1.9	3.3	4.3	3.6	4.3	—	—	—
GATT/WTO 成员 e	58.6	66.9	75.3	85.5	81.3	89.7	95.6	95.7

a　联邦德国的数据参考 1948—1983 年。

b　数据受到显著影响，包括波罗的海国家和独联体 1993 和 2003 年的相互贸易。

c　自 1998 年，统计数据均来自南非，而不再是南部非洲关税同盟。

d　数据参考 EEC（6）1963 年，EC（9）1973 年，EC（10）1983 年，EU（12）1993 年，EU（25）2003 年和 EU（27）2009 年。

e　其成员以所提年份为准。

注：1973、1983 年和 1993—2003 年的出口份额受到石油价格的影响。

表 22：

2009 年世界货物贸易的主要进出口方

单位：十亿美元，%

排名	出口方	总额	份额	年度变化百分比	排名	进口方	总额	份额	年度变化百分比
1	中国	1 202	9.6	−16	1	美国	1 605	12.7	−26
2	德国	1 126	9.0	−22	2	中国	1 006	7.9	−11
3	美国	1 056	8.5	−18	3	德国	938	7.4	−21
4	日本	581	4.6	−26	4	法国	560	4.4	−22
5	荷兰	498	4.0	−22	5	日本	552	4.4	−28
6	法国	485	3.9	−21	6	英国	482	3.8	−24
7	意大利	406	3.2	−25	7	荷兰	445	3.5	−23
8	比利时	370	3.0	−22	8	意大利	413	3.3	−27
9	韩国	364	2.9	−14	9	中国香港	352	2.8	−10
10	英国	352	2.8	−23		留用进口	91	0.7	−8
11	中国香港	329	2.6	−11	10	比利时	352	2.8	−25
	内部出口	17	0.1	−1	11	加拿大 a	330	2.6	−21
	转口	313	2.5	−12					
12	加拿大	317	2.5	−31	12	韩国	323	2.5	−26
13	俄罗斯	303	2.4	−36	13	西班牙	288	2.3	−32
14	新加坡	270	2.2	−20	14	印度	250	2.0	−22
	内部出口	138	1.1	−21					
	转口	132	1.1	−19					
15	墨西哥	230	1.8	−21	15	新加坡	246	1.9	−23
						留用进口	114	0.9	−28
16	西班牙	219	1.7	−22	16	墨西哥	242	1.9	−24
17	中国台北	204	1.6	−20	17	俄罗斯	192	1.5	−34
18	沙特	192	1.5	−39	18	中国台北	174	1.4	−27
19	阿联酋	175	1.4	−27	19	澳大利亚	165	1.3	−17
20	瑞士	173	1.4	−14	20	瑞士	156	1.2	−15
21	印度	163	1.3	−17	21	波兰	147	1.2	−30
22	马来西亚	157	1.3	−21	22	奥地利	143	1.1	−22
23	澳大利亚	154	1.2	−18	23	土耳其	141	1.1	−30
24	巴西	153	1.2	−23	24	阿联酋	140	1.1	−21
25	泰国	152	1.2	−14	25	泰国	134	1.1	−25
26	奥地利	138	1.1	−24	26	巴西	134	1.1	−27
27	波兰	134	1.1	−21	27	马来西亚	124	1.0	−21
28	瑞典	131	1.1	−28	28	瑞典	120	0.9	−29
29	挪威	121	1.0	−30	29	捷克	105	0.8	−26
30	印度尼西亚	119	1.0	−14	30	沙特	96	0.8	−17
31	爱尔兰	115	0.9	−9	31	印尼	92	0.7	−28
32	捷克	113	0.9	−23	32	丹麦	83	0.7	−25
33	土耳其	102	0.8	−23	33	匈牙利	78	0.6	−28
34	丹麦	93	0.7	−20	34	南非	73	0.6	−27
35	匈牙利	84	0.7	−23	35	越南	70	0.6	−13
36	伊朗	78	0.6	−31	36	葡萄牙	70	0.6	−22
37	芬兰	63	0.5	−35	37	挪威	69	0.5	−23

续 表

排名	出口方	总额	份额	年度变化百分比	排名	进口方	总额	份额	年度变化百分比
38	南非	63	0.5	−23	38	爱尔兰	63	0.5	−26
39	委内瑞拉	58	0.5	−39	39	芬兰	61	0.5	−34
40	越南	57	0.5	−9	40	希腊	60	0.5	−33
41	斯洛伐克	56	0.4	−21	41	斯洛伐克 a	55	0.4	−25
42	阿根廷	56	0.4	−21	42	罗马尼亚	54	0.4	−35
43	智利	54	0.4	−19	43	伊朗	50	0.4	−12
44	尼日利亚 b	53	0.4	−36	44	以色列	49	0.4	−27
45	科威特	50	0.4	−42	45	菲律宾	46	0.4	−24
46	以色列	48	0.4	−22	46	乌克兰	45	0.4	−47
47	阿尔及利亚	45	0.4	−43	47	埃及	45	0.4	−7
48	葡萄牙	43	0.3	−22	48	智利	42	0.3	−31
49	哈萨克斯坦	43	0.3	−39	49	委内瑞拉	41	0.3	−18
50	罗马尼亚	41	0.3	−18	50	阿尔及利亚	39	0.3	0
	以上总计 c	11 588	92.8	—		以上总计 c	11 539	91.0	—
	世界 c	12 490	100.0	−23		世界 c	12 682	100.0	−23

a 进口以 f. o. b. 计价。
b 秘书处估计。
c 包括转口以及为转口的进口。

表 23:

2009 年世界货物贸易的主要进出口方［不包括 EU（27）内部贸易］

单位：十亿美元，%

排名	出口方	总额	份额	年度变化百分比	排名	进口方	总额	份额	年度变化百分比
1	EU（27）对外出口	1 528	16.2	−21	1	EU（27）从外出口	1 673	17.4	−27
2	中国	1 202	12.7	−16	2	美国	1 605	16.7	−26
3	美国	1 056	11.2	−18	3	中国	1 006	10.5	−11
4	日本	581	6.2	−26	4	日本	552	5.7	−28
5	韩国	364	3.9	−14	5	中国香港	352	3.7	−10
6	中国香港	329	3.5	−11		留用进口	91	0.9	−8
	内部出口	17	0.2	−1	6	加拿大 a	330	3.4	−21
	转口	313	3.3	−12					
7	加拿大	317	3.4	−31	7	韩国	323	3.4	−26
8	俄罗斯	303	3.2	−36	8	印度	250	2.6	−22
9	新加坡	270	2.9	−20	9	新加坡	246	2.6	−23
	内部出口	138	1.5	−21		留用进口	114	1.2	−28
	转口	132	1.4	−19					
10	墨西哥	230	2.4	−21	10	墨西哥	242	2.5	−24
11	中国台北	204	2.2	−20	11	俄罗斯	192	2.0	−34
12	沙特	192	2.0	−39	12	中国台北	174	1.8	−27
13	阿联酋 b	175	1.9	−27	13	澳大利亚	165	1.7	−17
14	瑞士	173	1.8	−14	14	瑞士	156	1.6	−15
15	印度	163	1.7	−17	15	土耳其	141	1.5	−30
16	马来西亚	157	1.7	−21	16	阿联酋 b	140	1.5	−21

续　表

排名	出口方	总额	份额	年度变化百分比
17	澳大利亚	154	1.6	−18
18	巴西	153	1.6	−23
19	泰国	152	1.6	−14
20	挪威	121	1.3	−30
21	印度尼西亚	119	1.3	−14
22	土耳其	102	1.1	−23
23	伊朗	78	0.8	−31
24	南非	63	0.7	−23
25	委内瑞拉	58	0.6	−39
26	越南	57	0.6	−9
27	阿根廷	56	0.6	−21
28	智利	54	0.6	−19
29	尼日利亚 b	53	0.6	−36
30	科威特	50	0.5	−42
31	以色列	48	0.5	−22
32	阿尔及利亚	45	0.5	−43
33	哈萨克斯坦	43	0.5	−39
34	卡塔尔 b	41	0.4	−28
35	安哥拉	40	0.4	−37
36	乌克兰	40	0.4	−41
37	伊拉克 b	40	0.4	−37
38	菲律宾	38	0.4	−22
39	利比亚 b	36	0.4	−43
40	哥伦比亚	33	0.3	−13
41	阿曼	28	0.3	−27
42	秘鲁	27	0.3	−15
43	新西兰	25	0.3	−18
44	埃及	23	0.2	−12
45	白俄罗斯	21	0.2	−35
46	阿塞拜疆	21	0.2	−31
47	巴基斯坦	18	0.2	−13
48	孟加拉	15	0.2	−2
49	突尼斯	14	0.2	−25
50	摩洛哥	14	0.1	−32
	以上总计 c	9 122	96.7	—
	世界［除 EU（27）］c	9 431	100.0	−22

排名	进口方	总额	份额	年度变化百分比
17	泰国	134	1.4	−25
18	巴西	134	1.4	−27
19	马来西亚	124	1.3	−21
20	沙特	96	1.0	−17
21	印度尼西亚	92	1.0	−28
22	南非	73	0.8	−27
23	越南	70	0.7	−13
24	挪威	69	0.7	−23
25	伊朗	50	0.5	−12
26	以色列	49	0.5	−27
27	菲律宾	46	0.5	−24
28	乌克兰	45	0.5	−47
29	埃及	45	0.5	−7
30	智利	42	0.4	−31
31	委内瑞拉	41	0.4	−18
32	阿根廷	39	0.4	0
33	尼日利亚 b	39	0.4	−22
34	阿根廷	39	0.4	−32
35	伊拉克 b	37	0.4	12
36	哥伦比亚	33	0.3	−17
37	摩洛哥	33	0.3	−22
38	巴基斯坦	32	0.3	−25
39	白俄罗斯	29	0.3	−28
40	哈萨克斯坦	28	0.3	−25
41	新西兰	26	0.3	−26
42	卡塔尔 b	23	0.2	−18
43	孟加拉	22	0.2	−8
44	秘鲁	22	0.2	−28
45	克罗地亚	21	0.2	−31
46	突尼斯	19	0.2	−22
47	阿曼	18	0.2	−22
48	科威特	18	0.2	−28
49	安哥拉 a，b	17	0.2	−19
50	黎巴嫩 a	17	0.2	−1
	以上总计 c	9 167	95.3	—
	世界［除 EU（27）］c	9 623	100.0	−23

a　进口以 f.o.b. 计价。
b　秘书处估计。
c　包括转口以及为转口的进口。

表24:

2009年世界商业服务贸易的主要进出口方

单位：十亿美元,%

排名	出口方	总额	份额	年度变化百分比	排名	进口方	总额	份额	年度变化百分比
1	美国	474	14.1	−9	1	美国	331	10.5	−9
2	英国	233	7.0	−18	2	德国	253	8.1	−13
3	德国	227	6.8	−12	3	英国	161	5.1	−18
4	法国	143	4.3	−14	4	中国	158	5.0	0
5	中国	129	3.8	−12	5	日本	147	4.7	−10
6	日本	126	3.8	−14	6	法国	126	4.0	−10
7	西班牙	122	3.6	−14	7	意大利	115	3.6	−10
8	意大利	101	3.0	−14	8	爱尔兰	103	3.3	−5
9	爱尔兰	97	2.9	−5	9	西班牙	87	2.8	−17
10	荷兰	91	2.7	−12	10	荷兰	85	2.7	−8
11	新加坡	88	2.6	−10	11	新加坡	81	2.6	−6
12	印度	87	2.6	−15	12	印度	80	2.5	−9
13	中国香港	86	2.6	−6	13	加拿大	78	2.5	−12
14	比利时	79	2.4	−8	14	韩国	75	2.4	−19
15	瑞士	69	2.1	−10	15	比利时	74	2.4	−11
16	瑞典	61	1.8	−15	16	俄罗斯	59	1.9	−19
17	卢森堡	61	1.8	−14	17	丹麦	51	1.6	−18
18	加拿大	58	1.7	−13	18	瑞典	46	1.5	−14
19	韩国	57	1.7	−25	19	沙特	46	1.4	−8
20	丹麦	55	1.6	−24	20	中国香港	44	1.4	−5
21	奥地利	53	1.6	−14	21	巴西	44	1.4	−1
22	澳大利亚	41	1.2	−7	22	澳大利亚	41	1.3	−13
23	俄罗斯	41	1.2	−18	23	泰国	38	1.2	−18
24	挪威	38	1.1	−17	24	挪威	38	1.2	−14
25	希腊	38	1.1	−25	25	奥地利	37	1.2	−13
26	土耳其	33	1.0	−5	26	阿联酋	37	1.2	−14
27	中国台北	31	0.9	−11	27	卢森堡	36	1.1	−13
28	泰国	30	0.9	−9	28	荷兰	36	1.1	−2
29	波兰	29	0.9	−19	29	中国台北	29	0.9	−15
30	马来西亚	28	0.8	−7	30	印尼	28	0.9	−1
31	巴西	26	0.8	−9	31	马来西亚	27	0.9	−10
32	芬兰	25	0.7	−21	32	波兰	24	0.8	−21
33	葡萄牙	23	0.7	−13	33	芬兰	23	0.7	−25
34	以色列	22	0.6	−10	34	墨西哥	21	0.7	−15
35	埃及	21	0.6	−14	35	希腊	20	0.6	−20
36	捷克	20	0.6	−7	36	捷克	19	0.6	6
37	中国澳门	19	0.6	6	37	以色列	17	0.5	−14
38	匈牙利	18	0.5	−10	38	伊朗 a	16	0.5	…
39	黎巴嫩	17	0.5	−4	39	匈牙利	16	0.5	−14
40	墨西哥	15	0.5	−17	40	土耳其	16	0.5	−6
	以上总计	3 010	89.8	—		以上总计	2 760	87.8	—
	世界	3 350	100.0	−12		世界	3 145	100.0	−12

a 秘书处估计。

表 25：

2009 年世界商业服务贸易的主要进出口方［不包括 EU（27）内部贸易］

单位：十亿美元，%

排名	出口方	总额	份额	年度变化百分比	排名	进口方	总额	份额	年度变化百分比
1	欧盟（27）对外出口	652	26.3	−14	1	欧盟（27）从外出口	543	23.0	−13
2	美国	474	19.2	−9	2	美国	331	14.0	−9
3	中国	129	5.2	−12	3	中国	158	6.7	0
4	日本	126	5.1	−14	4	日本	147	6.2	−10
5	新加坡	88	3.5	−10	5	新加坡	81	3.5	−6
6	印度	87	3.5	−15	6	印度	80	3.4	−9
7	中国香港	86	3.5	−6	7	加拿大	78	3.3	−12
8	瑞士	69	2.8	−10	8	韩国	75	3.2	−19
9	加拿大	58	2.3	−13	9	俄罗斯	59	2.5	−19
10	韩国	57	2.3	−25	10	沙特	46	1.9	−8
11	澳大利亚	41	1.7	−7	11	中国香港	44	1.9	−5
12	俄罗斯	41	1.7	−18	12	巴西	44	1.9	−1
13	挪威	38	1.5	−17	13	澳大利亚	41	1.8	−13
14	土耳其	33	1.3	−5	14	泰国	38	1.6	−18
15	中国台北	31	1.2	−11	15	挪威	38	1.6	−14
16	泰国	30	1.2	−9	16	阿联酋	37	1.6	−14
17	马来西亚	28	1.1	−7	17	瑞士	36	1.5	−2
18	巴西	26	1.1	−9	18	中国台北	29	1.2	−15
19	以色列	22	0.9	−10	19	印度尼西亚	28	1.2	−1
20	埃及	21	0.9	−14	20	马来西亚	27	1.1	−10
21	中国澳门	19	0.7	6	21	墨西哥	21	0.9	−15
22	黎巴嫩	17	0.7	−4	22	以色列	17	0.7	−14
23	墨西哥	15	0.6	−17	23	伊朗	16	0.7	...
24	乌克兰	13	0.5	−23	24	土耳其	16	0.7	−6
25	印度尼西亚	13	0.5	−10	25	尼日利亚 a	15	0.6	...
26	摩洛哥	12	0.5	−6	26	南非	14	0.6	−13
27	克罗地亚	12	0.5	−22	27	黎巴嫩	14	0.6	6
28	南非	12	0.5	−6	28	埃及	13	0.5	−22
29	阿根廷	11	0.4	−9	29	阿根廷	11	0.5	−11
30	科威特	10	0.4	1	30	科威特	11	0.5	−9
31	菲律宾	10	0.4	4	31	阿尔及利亚	11	0.5	−1
32	阿联酋	10	0.4	6	32	安哥拉	11	0.5	−46
33	沙特	9	0.4	2	33	乌克兰	11	0.5	−32
34	古巴	9	0.4	−5	34	哈萨克斯坦	10	0.4	−9
35	智利	8	0.3	−21	35	智利	9	0.4	−18
36	新西兰	8	0.3	−17	36	委内瑞拉	9	0.4	−8
37	伊朗	7	0.3	...	37	菲律宾	8	0.4	0
38	越南	6	0.2	−19	38	卡塔尔 a	8	0.3	...
39	巴拿马	5	0.2	−7	39	新西兰	8	0.3	−19
40	突尼斯	5	0.2	−10	40	哥伦比亚	7	0.3	−4
	以上总计 c	2 345	94.9	—		以上总计 c	2 200	93.3	—
	世界［除 EU（27）］c	2 475	100.0	−11		世界［除 EU（27）］c	2 355	100.0	−11

a　秘书处估计。

表 26：

1999—2009 年美国的货物贸易（按地区和国家）

单位：十亿美元

年份 地区	1999	2000	2001	2002	2003	2004	2005	2006	2007	2008	2009
出口											
世界	**692.8**	**781.9**	**729.1**	**693.1**	**724.8**	**814.9**	**901.1**	**1 026.0**	**1 148.2**	**1 287.4**	**1 056.0**
北美洲	251.3	289.0	265.0	258.7	267.7	301.0	332.6	364.9	385.4	413.2	334.3
加拿大	163.9	177.1	163.7	161.2	170.1	190.3	212.4	231.3	249.5	261.9	205.4
墨西哥	87.0	112.0	101.3	97.5	97.6	110.7	120.2	133.7	135.9	151.2	128.9
中、南美洲	54.6	58.8	57.6	50.9	51.5	60.7	71.5	87.3	105.4	135.0	108.0
巴西	13.2	15.4	15.9	12.4	11.2	13.9	15.4	18.9	24.2	32.3	26.1
其他中、南美洲国家	41.3	43.4	41.7	38.5	40.3	46.8	56.1	68.4	81.2	102.7	81.9
欧洲	168.9	184.8	177.7	160.1	168.9	187.0	204.0	235.8	272.5	311.1	249.9
欧盟（27）	155.0	168.8	162.6	147.3	155.2	171.9	186.0	212.7	244.2	271.8	220.6
欧洲其他地区	13.9	16.0	15.1	12.8	13.8	15.0	17.9	23.1	28.3	39.3	29.3
独联体	2.8	3.3	3.8	3.8	3.7	4.8	5.9	7.1	10.5	13.8	8.1
俄罗斯	1.8	2.3	2.7	2.4	2.4	3.0	4.0	4.7	7.3	9.3	5.3
其他独联体国家	1.0	1.0	1.1	1.4	1.3	1.8	1.9	2.4	3.2	4.5	2.8
非洲	9.9	11.0	12.3	10.7	10.7	13.4	15.5	18.8	24.1	28.8	24.7
南非	3.7	3.1	3.0	2.5	2.8	3.2	3.9	4.5	5.5	6.5	4.5
非洲其他地区	6.2	7.9	9.4	8.1	7.9	10.2	11.6	14.4	18.5	22.3	20.2
中东	20.9	19.1	19.2	18.9	19.4	23.5	31.5	37.2	45.1	55.0	44.8
亚洲	184.0	215.6	193.1	189.7	202.7	224.1	239.5	274.2	304.4	329.4	285.4
中国	13.1	16.3	19.2	22.1	28.4	34.4	41.2	53.7	62.9	69.7	69.5
日本	57.5	65.3	57.5	51.4	52.1	53.6	54.7	58.5	61.2	65.1	51.1
六个东亚贸易国	85.0	102.5	87.3	85.0	88.6	100.2	103.7	116.8	125.8	131.0	107.7
亚洲其他地区	28.4	31.5	29.0	31.2	33.6	35.9	40.0	45.3	54.6	63.6	57.1
进口											
世界	**1 059.2**	**1 259.3**	**1 179.2**	**1 200.2**	**1 303.1**	**1 525.7**	**1 732.7**	**1 918.1**	**2 020.4**	**2 169.5**	**1 605.3**
北美洲	312.5	370.7	352.6	349.2	366.5	417.7	464.6	507.9	531.6	559.0	407.1
加拿大	201.4	233.1	219.9	213.3	227.0	259.9	292.1	307.5	318.4	340.4	228.3
墨西哥	111.1	137.6	132.7	135.9	139.5	157.9	172.5	200.4	213.3	218.6	178.8
中、南美洲	61.8	77.5	71.7	73.7	83.8	105.2	129.9	140.4	141.8	167.4	113.5
巴西	11.9	14.6	15.2	16.7	18.9	22.7	26.2	28.0	27.2	32.1	21.1
其他中、南美洲国家	49.9	62.9	56.4	57.0	64.9	82.5	103.7	112.4	114.6	135.2	92.4
欧洲	224.5	255.5	252.8	259.7	282.0	317.5	346.8	369.9	393.5	409.6	314.5
欧盟（27）	206.1	235.0	233.6	239.5	260.8	292.4	319.7	341.2	364.9	377.9	287.7
欧洲其他地区	18.4	20.6	19.3	20.2	21.2	25.1	27.1	28.7	28.6	31.7	26.8
独联体	7.2	9.8	8.1	8.4	10.4	14.9	19.8	25.3	26.5	38.5	24.1
俄罗斯	6.0	8.0	6.5	7.1	9.1	12.6	16.2	20.7	20.2	27.9	19.0
其他独联体国家	1.1	1.8	1.5	1.2	1.3	2.3	3.6	4.6	6.3	10.5	5.1
非洲	18.0	29.1	26.8	23.3	33.9	48.3	67.9	83.8	95.2	117.3	64.6
南非	2.8	4.4	4.6	4.2	4.8	6.2	6.1	7.7	9.3	10.1	6.0
非洲其他地区	15.2	24.7	22.2	19.1	29.1	42.2	61.8	76.1	85.9	107.1	58.7
中东	26.8	40.9	38.7	35.8	43.9	54.2	65.7	74.7	80.3	115.3	61.0
亚洲	408.5	475.7	428.6	450.2	482.6	567.7	638.0	716.0	751.4	762.4	620.4
中国	87.8	107.6	109.4	133.4	163.2	210.5	259.8	305.7	340.3	356.6	309.7
日本	134.9	150.7	129.6	124.5	121.1	133.4	142.0	152.2	149.6	143.6	98.6
六个东亚贸易国	136.0	159.4	135.2	135.5	138.3	157.1	162.3	174.9	173.0	167.0	133.4
亚洲其他地区	49.8	58.0	54.4	56.8	60.0	66.7	73.9	83.2	88.5	95.3	78.7

表 27：

2005—2009 年欧盟（27）的货物贸易（按地区和国家）

单位：十亿美元

年份 / 地区	贸易额					年度变化百分比				
	2005	2006	2007	2008	2009	2000—2009	2006	2007	2008	2009
出口										
世界	**4 065.3**	**4 591.0**	**5 346.8**	**5 920.9**	**4 587.6**	**7**	**13**	**16**	**11**	**−23**
北美洲	362.5	393.0	419.6	434.8	332.4	3	8	7	4	−24
美国	311.0	334.4	354.5	363.0	279.7	3	7	6	2	−23
其他北美洲国家	51.4	58.7	65.0	71.8	52.7	5	14	11	10	−27
中、南美洲	53.5	61.5	74.1	89.5	68.6	5	15	21	21	−23
巴西	19.7	21.9	28.5	38.2	29.4	8	11	30	34	−23
其他中、南美洲国家	33.8	39.6	45.6	51.3	39.2	4	17	15	12	−23
欧洲	2 987.9	3 394.4	3 951.7	4 335.6	3 335.7	7	14	16	10	−23
欧盟（27）	2755.6	3135.6	3645.7	3993.1	3059.3	7	14	16	10	−23
欧洲其他地区	232.3	258.8	305.9	342.5	276.4	8	11	18	12	−19
独联体	100.8	131.7	174.5	218.2	132.4	18	31	33	25	−39
俄罗斯	70.1	89.9	120.9	153.0	90.2	18	28	34	27	−41
其他独联体国家	30.8	41.8	53.7	65.2	42.2	17	36	29	21	−35
非洲	105.9	113.3	138.5	171.9	147.0	11	7	22	24	−14
南非	22.3	24.6	27.7	29.1	21.8	8	10	12	5	−25
非洲其他地区	83.7	88.7	110.8	142.9	125.2	11	6	25	29	−12
中东	108.4	113.2	132.3	156.2	127.8	10	4	17	18	−18
亚洲	305.5	337.6	396.0	443.3	383.2	8	11	17	12	−14
中国	63.7	79.1	97.4	114.6	112.6	19	24	23	18	−2
日本	53.4	55.2	58.4	60.8	49.0	2	3	6	4	−19
六个东亚贸易国	108.6	117.7	133.5	146.5	122.5	6	8	13	10	−16
亚洲其他地区	79.8	85.6	106.7	121.4	99.1	9	7	25	14	−18
进口										
世界	**4 222.3**	**4 830.4**	**5 610.7**	**6 295.3**	**4 732.7**	**7**	**14**	**16**	**12**	**−25**
北美洲	238.1	257.3	296.8	324.7	255.0	2	8	15	9	−21
美国	203.3	219.0	248.3	269.3	216.5	2	8	13	8	−20
其他北美洲国家	34.7	38.3	48.4	55.3	38.6	5	10	26	14	−30
中、南美洲	76.6	93.7	109.5	129.8	90.8	8	22	17	19	−30
巴西	29.9	34.1	44.9	52.6	35.7	8	14	32	17	−32
其他中、南美洲国家	46.7	59.7	64.6	77.2	55.2	8	28	8	20	−29
欧洲	2 969.6	3 377.6	3 928.3	4 319.9	3 309.5	7	14	16	10	−23
欧盟（27）	2754.2	3133.2	3645.7	3993.1	3059.3	7	14	16	10	−23
欧洲其他地区	215.4	244.4	282.5	326.7	250.2	8	13	16	16	−23
独联体	176.8	224.6	252.3	337.8	203.4	13	27	12	34	−40
俄罗斯	142.7	178.5	197.8	261.8	161.7	12	25	11	32	−38
其他独联体国家	34.1	46.1	54.5	76.0	41.7	15	35	18	39	−45
非洲	128.9	146.5	164.3	216.4	147.1	8	14	12	32	−32
南非	20.7	23.0	28.4	32.5	20.7	5	11	23	15	−36
非洲其他地区	108.2	123.5	135.9	183.9	126.4	8	14	10	35	−31
中东	82.9	87.0	93.0	114.1	66.6	4	5	7	23	−42
亚洲	520.0	602.3	717.5	786.2	620.8	8	16	19	10	−21
中国	199.2	244.4	317.7	364.1	299.1	18	23	30	15	−18
日本	92.1	96.9	107.4	110.3	77.8	−1	5	11	3	−29
六个东亚贸易国	145.4	165.1	179.8	185.6	142.3	4	14	9	3	−23
亚洲其他地区	83.3	95.9	112.6	126.3	101.7	7	15	17	12	−19

表 28：

1999—2009 年日本的货物贸易（按地区和国家）

单位：十亿美元

地区 \ 年份	1999	2000	2001	2002	2003	2004	2005	2006	2007	2008	2009
出口											
世界	**417.6**	**479.2**	**403.5**	**416.7**	**471.8**	**565.7**	**594.9**	**646.7**	**714.3**	**782.0**	**580.7**
北美洲	141.1	156.9	133.4	131.5	128.6	142.5	151.7	164.7	164.5	158.1	108.2
美国	129.8	144.0	122.6	120.4	117.5	128.7	135.9	147.2	143.7	137.3	93.6
其他北美洲国家	11.3	12.9	10.9	11.1	11.1	13.8	15.8	17.5	20.8	20.8	14.6
中、南美洲	13.5	8.0	7.6	6.7	6.5	8.1	9.4	12.0	15.0	19.2	12.2
巴西	2.0	2.5	2.5	1.8	1.9	2.3	2.7	3.0	4.0	5.9	4.2
其他中、南美洲国家	11.4	5.5	5.1	4.9	4.6	5.8	6.6	9.0	11.0	13.3	7.9
欧洲	81.2	85.4	70.2	67.2	80.0	94.8	93.5	100.7	112.7	119.3	81.4
欧盟（27）	76.5	80.6	66.7	64.0	75.7	89.3	87.8	94.0	105.4	110.2	72.3
欧洲其他地区	4.7	4.8	3.5	3.2	4.3	5.5	5.7	6.7	7.2	9.1	9.1
独联体	0.8	0.8	1.0	1.2	2.2	3.8	5.2	8.3	12.5	19.3	4.1
俄罗斯	0.5	0.6	0.7	0.9	1.8	3.1	4.5	7.1	10.8	16.5	3.3
其他独联体国家	0.3	0.2	0.2	0.2	0.4	0.7	0.7	1.2	1.7	2.8	0.8
非洲	5.3	4.2	3.7	3.9	4.8	6.6	7.0	8.7	10.5	12.5	8.2
南非	1.6	1.9	1.5	1.6	2.0	2.9	3.3	4.1	4.6	4.6	2.6
非洲其他地区	3.7	2.3	2.2	2.4	2.8	3.7	3.7	4.6	5.9	7.9	5.6
中东	9.8	9.7	10.5	11.4	12.9	14.5	16.5	19.2	26.2	34.0	21.6
亚洲	165.9	207.3	171.7	189.5	231.2	288.7	303.5	322.2	361.0	406.1	328.8
中国	23.3	42.5	42.3	52.5	72.9	92.9	98.4	111.5	129.7	144.4	125.5
六个东亚贸易国	112.4	130.0	99.1	105.9	122.6	153.6	161.2	167.0	179.8	198.6	155.1
亚洲其他地区	30.2	34.8	30.3	31.1	35.7	42.3	43.8	43.6	51.5	63.2	48.2
进口											
世界	**310.0**	**379.5**	**349.1**	**337.2**	**382.9**	**454.5**	**516.7**	**579.1**	**622.2**	**762.5**	**552.0**
北美洲	77.1	83.6	73.5	67.7	69.2	74.2	77.0	80.4	84.1	94.3	70.9
美国	67.5	72.5	63.7	58.7	59.9	63.6	65.5	69.4	70.9	77.7	59.0
其他北美洲国家	9.6	11.1	9.8	9.0	9.3	10.6	11.5	11.1	13.1	16.6	12.0
中、南美洲	7.6	8.2	7.1	6.8	7.7	10.4	12.1	16.2	19.6	22.5	15.8
巴西	2.7	3.0	2.5	2.7	2.9	3.7	4.4	5.1	6.0	9.1	6.4
其他中、南美洲国家	5.0	5.2	4.6	4.2	4.8	6.8	7.7	11.1	13.6	13.4	9.4
欧洲	48.5	52.6	50.3	49.6	55.7	64.5	65.7	66.8	72.5	79.7	67.6
欧盟（27）	43.3	47.7	45.6	44.8	50.1	58.0	58.9	59.8	64.9	70.4	59.0
欧洲其他地区	5.2	4.9	4.7	4.8	5.6	6.5	6.8	7.0	7.6	9.3	8.7
独联体	4.0	4.9	4.2	3.6	4.6	6.2	6.8	7.4	11.5	14.9	9.7
俄罗斯	3.8	4.6	3.9	3.3	4.2	5.7	6.2	6.7	10.6	13.4	8.9
其他独联体国家	0.3	0.3	0.3	0.3	0.4	0.5	0.6	0.7	1.0	1.5	0.8
非洲	4.0	4.9	4.5	5.7	6.4	8.7	9.9	13.5	15.3	21.4	9.4
南非	3.6	3.0	2.8	2.9	3.6	4.6	5.5	6.6	7.7	9.0	5.0
非洲其他地区	0.5	1.9	1.7	2.8	2.9	4.1	4.3	6.9	7.6	12.4	4.4
中东	30.3	49.2	44.3	40.7	51.2	62.7	87.5	109.1	114.0	166.7	92.8
亚洲	138.3	176.0	165.2	163.1	188.1	227.8	257.6	283.3	303.2	361.3	283.7
中国	42.9	55.1	57.9	61.8	75.4	94.3	108.6	118.0	127.5	143.3	122.3
六个东亚贸易国	55.8	71.5	61.4	57.1	63.3	74.6	81.4	89.1	91.2	104.7	80.2
亚洲其他地区	39.6	49.4	45.9	44.3	49.3	59.0	67.6	76.2	84.5	113.2	81.2

表 29：

1999—2009 年中国的货物贸易（按地区和国家）

单位：十亿美元

地区＼年份	2001	2002	2003	2004	2005	2006	2007	2008	2009
出口									
世界	**266.1**	**325.6**	**438.2**	**593.3**	**762.0**	**969.0**	**1 220.5**	**1 430.7**	**1 201.5**
北美洲	77.5	100.4	130.4	176.2	226.0	284.2	326.2	350.0	304.8
美国	71.1	91.4	119.2	159.7	204.9	255.0	289.4	308.3	269.3
其他北美洲国家	6.4	9.0	11.2	16.4	21.1	29.2	36.9	41.8	35.5
中、南美洲	6.3	6.5	8.4	13.0	17.7	26.6	39.5	56.9	42.9
巴西	1.3	1.5	2.1	3.7	4.8	7.4	11.4	18.8	14.1
其他中、南美洲国家	5.0	5.0	6.3	9.3	12.9	19.3	28.1	38.0	28.8
欧洲	55.4	67.2	100.8	140.5	186.8	244.3	317.8	371.8	301.5
欧盟（27）	53.4	64.7	96.5	134.4	178.3	231.4	299.3	351.9	285.9
欧洲其他地区	2.0	2.5	4.2	6.0	8.5	12.9	18.6	19.9	15.7
独联体	3.5	5.1	9.3	13.8	21.4	28.0	48.1	64.7	39.0
俄罗斯	2.7	3.5	6.0	9.1	13.2	15.8	28.5	33.1	17.5
其他独联体国家	0.8	1.6	3.3	4.7	8.2	12.2	19.6	31.6	21.5
非洲	5.9	6.9	10.1	13.6	18.5	26.2	36.8	50.5	46.3
南非	1.0	1.3	2.0	3.0	3.8	5.8	7.4	8.6	7.4
非洲其他地区	4.8	5.6	8.1	10.7	14.7	20.4	29.3	41.9	39.0
中东	7.1	9.5	13.3	16.9	22.2	29.6	44.3	58.8	51.1
亚洲	110.3	130.0	165.9	219.1	269.2	329.5	406.6	476.8	413.3
日本	49.1	55.3	70.8	89.6	102.4	112.0	124.9	138.8	118.1
六个东亚贸易国	43.6	52.4	64.6	86.5	111.7	145.8	181.1	212.2	175.2
亚洲其他地区	17.7	22.2	30.5	43.0	55.2	71.6	100.6	125.9	120.0
进口									
世界	**243.6**	**295.2**	**412.8**	**561.2**	**660.0**	**791.5**	**956.1**	**1 132.6**	**1 005.7**
北美洲	31.0	32.0	40.0	54.2	58.5	69.6	83.8	97.9	93.7
美国	26.2	27.3	33.9	44.8	48.7	59.3	69.5	81.6	77.8
其他北美洲国家	4.8	4.7	6.1	9.5	9.7	10.3	14.2	16.4	15.9
中、南美洲	5.9	7.2	13.2	19.5	24.4	31.5	47.7	67.7	60.2
巴西	2.3	3.0	5.8	8.7	10.0	12.9	18.3	29.9	28.3
其他中、南美洲国家	3.6	4.2	7.3	10.9	14.4	18.6	29.4	37.8	32.0
欧洲	39.0	43.1	59.1	76.2	79.9	97.2	120.0	144.4	139.8
欧盟（27）	36.4	39.8	55.0	70.5	74.0	90.6	111.0	132.6	127.8
欧洲其他地区	2.6	3.3	4.2	5.7	5.9	6.6	9.0	11.8	12.0
独联体	9.6	10.6	13.1	16.2	20.7	22.8	28.0	33.9	31.0
俄罗斯	8.0	8.4	9.7	12.1	15.9	17.6	19.7	23.8	21.3
其他独联体国家	1.7	2.2	3.4	4.1	4.8	5.2	8.3	10.1	9.8
非洲	4.8	5.4	8.4	15.6	21.1	28.8	36.4	56.0	43.3
南非	1.2	1.3	1.8	3.0	3.4	4.1	6.6	9.2	8.7
非洲其他地区	3.6	4.2	6.5	12.7	17.6	24.7	29.7	46.7	34.6
中东	9.2	9.5	14.4	21.6	31.0	40.8	47.9	79.9	56.2
亚洲	144.0	187.3	264.5	357.7	424.3	500.8	592.3	652.7	581.2
中国	8.8	15.0	25.1	38.7	55.2	73.3	85.8	92.5	86.4
日本	42.8	53.5	74.1	94.3	100.4	115.7	134.0	150.6	130.9
六个东亚贸易国	76.2	99.3	136.9	182.5	214.3	246.8	286.5	306.3	272.0
亚洲其他地区	16.3	19.6	28.4	42.2	54.4	65.0	86.1	103.3	91.9

表 30：

2000 年和 2007—2009 年 NAFTA 的货物贸易（按产品和原产地/目的地）

单位：百万美元

原产地	目的地											
	世界				NAFTA				其他原产地/目的地			
	2000	2007	2008	2009	2000	2007	2008	2009	2000	2007	2008	2009
出口												
农产品	115.30	178.03	211.17	178.81	48.77	74.87	82.95	70.36	66.53	103.16	128.21	108.45
食品	80.15	134.30	168.00	145.63	32.52	58.64	68.10	60.13	47.63	75.67	99.90	85.50
鱼产品	6.49	8.73	8.68	7.94	3.34	3.76	3.85	3.50	3.15	4.96	4.83	4.44
其他食品	73.67	125.58	159.32	137.69	29.18	54.87	64.25	56.63	44.48	70.70	95.07	81.06
原料	35.15	43.72	43.17	33.18	16.24	16.24	14.85	10.22	18.90	27.49	28.31	22.95
燃料和矿产品	94.34	258.44	345.50	217.54	71.05	172.65	225.25	133.22	23.29	85.79	120.26	84.32
矿石和其他矿物	10.83	42.15	51.40	33.92	4.25	8.89	11.93	6.49	6.58	33.26	39.47	27.43
燃料	65.73	172.25	252.72	157.38	54.86	136.32	187.13	110.19	10.87	35.93	65.59	47.19
有色金属	17.78	44.04	41.39	26.25	11.94	27.44	26.19	16.54	5.84	16.60	15.21	9.71
制成品	963.17	1 325.74	1 389.26	1129.81	533.88	670.57	668.76	534.08	429.29	655.17	720.50	595.73
钢铁	11.27	26.96	35.53	21.02	8.87	18.91	23.84	13.55	2.40	8.05	11.70	7.47
化学品	102.73	199.78	228.93	197.79	39.91	72.54	79.93	67.28	62.82	127.24	149.00	130.52
药品	15.23	41.27	46.00	52.11	3.70	9.42	9.16	10.88	11.53	31.85	36.84	41.23
其他化学品	87.50	158.51	182.93	145.68	36.20	63.13	70.77	56.39	51.30	95.39	112.16	89.29
其他半制成品	80.05	110.61	117.23	91.92	55.48	66.24	65.30	52.81	24.57	44.37	51.92	39.10
机械和运输设备	622.02	800.45	814.50	650.43	350.37	421.15	407.73	321.55	271.65	379.30	406.77	328.88
办公和电信设备	208.07	203.63	208.03	173.68	92.01	94.15	96.33	87.00	116.05	109.48	111.70	86.68
EDP 和办公设备	74.87	63.95	61.56	53.31	29.20	28.72	28.00	26.15	45.67	35.23	33.55	27.16
通讯设备	63.86	85.16	91.07	78.65	40.96	54.83	57.22	50.66	22.89	30.33	33.86	27.99
集成电路	69.35	54.53	55.41	41.72	21.86	10.60	11.11	10.20	47.49	43.92	44.29	31.52
运输设备	223.34	342.66	332.56	255.99	159.00	202.27	181.79	131.08	64.34	140.40	150.77	124.91
汽车	158.51	220.19	209.31	143.07	140.08	170.93	151.29	108.11	18.42	49.25	58.03	34.96
其他运输设备	64.83	122.48	123.25	112.92	18.91	31.33	30.50	22.97	45.92	91.14	92.74	89.95
其他机械	190.61	254.15	273.91	220.76	99.36	124.73	129.61	103.47	91.25	129.42	144.30	117.29
纺织品	15.73	16.96	16.48	13.20	10.79	9.96	9.17	7.57	4.94	7.00	7.32	5.63
服装	19.34	11.05	10.63	9.36	13.46	8.43	8.07	6.99	5.88	2.61	2.57	2.36
其他制成品	112.04	159.94	165.96	146.09	55.01	73.34	74.73	64.32	57.03	86.61	91.23	81.77
个人及家居用品	15.85	18.19	17.34	13.30	13.19	15.10	14.08	10.44	2.66	3.09	3.27	2.85
科学和控制仪器	38.73	58.46	62.15	56.39	12.74	18.82	20.52	18.70	25.99	39.65	41.64	37.69
杂项制成品	57.46	83.29	86.47	76.41	29.08	39.42	40.14	35.18	28.38	43.88	46.33	41.23
货物出口总额	**1 224.92**	**1 840.71**	**2 035.18**	**1 602.39**	**680.44**	**950.02**	**1012.05**	**767.51**	**544.48**	**890.70**	**1 023.13**	**834.89**
进口												
农产品	95.68	160.25	173.65	150.81	47.64	74.79	82.24	70.39	48.05	85.46	91.41	80.42
食品	71.98	130.39	144.61	130.75	31.66	59.06	68.16	60.47	40.32	71.33	76.44	70.28
鱼产品	11.88	16.82	17.35	16.07	3.14	3.55	3.64	3.29	8.74	13.26	13.71	12.77
其他食品	60.10	113.58	127.25	114.68	28.52	55.51	64.52	57.18	31.58	58.07	62.73	57.51
原料	23.71	29.86	29.04	20.06	15.98	15.73	14.08	9.92	7.73	14.13	14.96	10.14
燃料和矿产品	195.33	506.95	662.82	372.51	68.54	173.50	229.03	134.42	126.79	333.45	433.79	238.09
矿石和其他矿物	9.96	19.62	23.66	13.69	4.34	8.94	11.75	6.28	5.62	10.68	11.91	7.41

续 表

原产地	目的地											
	世界				NAFTA				其他原产地/目的地			
	2000	2007	2008	2009	2000	2007	2008	2009	2000	2007	2008	2009
燃料	157.65	428.57	583.75	326.27	52.30	136.82	190.84	111.77	105.35	291.74	392.91	214.51
有色金属	27.71	58.77	55.41	32.55	11.90	27.74	26.44	16.38	15.82	31.03	28.97	16.17
制成品	1 322.61	1 945.54	1 972.61	1 564.74	523.25	630.96	614.23	478.36	799.36	1 314.58	1 358.38	1 086.38
钢铁	28.57	57.17	72.64	35.53	9.30	19.30	24.34	13.43	19.27	37.87	48.30	22.10
化学品	111.40	230.52	258.33	220.19	40.66	74.07	79.52	64.61	70.74	156.45	178.81	155.59
药品	20.10	68.73	76.11	77.05	3.66	9.74	9.34	10.14	16.44	58.99	66.78	66.91
其他化学品	91.30	161.79	182.22	143.15	37.00	64.32	70.18	54.47	54.30	97.46	112.03	88.68
其他半制成品	120.09	179.50	177.79	134.90	57.65	66.05	63.92	50.92	62.44	113.45	113.87	83.97
机械和运输设备	780.48	1060.70	1049.60	826.80	336.92	388.92	367.20	283.13	443.56	671.77	682.40	543.67
办公和电信设备	275.61	339.93	342.35	309.07	80.45	67.48	67.67	60.79	195.16	272.46	274.69	248.27
EDP 和办公设备	112.13	136.07	130.04	119.15	23.78	16.21	15.21	14.20	88.35	119.86	114.84	104.95
通讯设备	91.44	161.25	170.92	154.63	37.88	45.99	47.57	42.15	53.56	115.26	123.36	112.48
集成电路	72.04	42.62	41.39	35.29	18.79	5.28	4.89	4.44	53.25	37.34	36.49	30.85
运输设备	285.13	387.28	359.61	249.21	162.30	201.61	178.63	127.64	122.83	185.67	180.98	121.57
汽车	237.33	320.24	293.10	200.13	143.59	174.58	151.96	108.40	93.74	145.65	141.14	91.73
其他运输设备	47.80	67.04	66.51	49.07	18.71	27.03	26.67	19.24	29.09	40.02	39.84	29.84
其他机械	219.75	333.49	347.64	268.53	94.17	119.84	120.91	94.70	125.58	213.65	226.73	173.83
纺织品	26.02	34.46	33.10	27.21	11.04	10.26	9.08	7.45	14.98	24.20	24.02	19.76
服装	74.47	95.20	93.54	82.00	14.45	7.31	6.49	5.33	60.02	87.89	87.05	76.67
其他制成品	181.57	288.01	287.61	238.12	53.22	65.06	63.68	53.48	128.35	222.95	223.94	184.63
个人及家居用品	47.04	77.36	75.44	61.32	12.43	14.24	12.67	9.04	34.60	63.12	62.77	52.28
科学和控制仪器	31.90	56.25	58.05	47.67	13.37	17.79	18.45	16.43	18.54	38.45	39.60	31.24
杂项制成品	102.63	154.40	154.13	129.12	27.42	33.02	32.56	28.01	75.21	121.38	121.57	101.11
货物进口总额	**1 683.55**	**2 700.84**	**2 906.80**	**2 176.72**	**668.43**	**914.47**	**964.45**	**716.97**	**1 015.12**	**1 786.37**	**1 942.35**	**1 459.75**

表 31：

2000 年和 2007—2009 年 MERCOSUR 的货物贸易（按产品和原产地/目的地）

单位：百万美元

原产地	目的地											
	世界				MERCOSUR				其他原产地/目的地			
	2000	2007	2008	2009	2000	2007	2008	2009	2000	2007	2008	2009
出口												
农产品	29.39	82.33	106.96	92.59	4.08	5.44	7.33	5.99	25.31	76.89	99.63	86.60
食品	25.93	74.86	98.41	85.54	3.75	5.01	6.87	5.63	22.18	69.85	91.54	79.91
鱼产品	1.18	1.58	1.75	1.47	0.10	0.19	0.19	0.23	1.08	1.40	1.55	1.24
其他食品	24.74	73.28	96.67	84.07	3.65	4.82	6.68	5.40	21.09	68.45	89.99	78.67
原料	3.47	7.47	8.55	7.05	0.33	0.43	0.46	0.36	3.14	7.04	8.09	6.70
燃料和矿产品	11.95	40.66	53.11	40.56	2.41	4.20	4.99	4.40	9.54	36.46	48.12	36.15
矿石和其他矿物	4.19	15.79	22.46	17.92	0.28	0.67	0.91	0.35	3.92	15.12	21.55	17.57
燃料	5.59	19.58	25.60	19.39	1.96	3.04	3.58	3.74	3.63	16.55	22.02	15.64
有色金属	2.17	5.29	5.05	3.25	0.17	0.50	0.50	0.31	2.00	4.79	4.55	2.94
制成品	41.30	93.85	109.93	77.54	11.22	22.40	29.25	22.31	30.08	71.45	80.68	55.23
钢铁	4.50	12.03	15.90	9.09	0.39	1.12	1.84	0.97	4.11	10.91	14.06	8.13

续 表

原产地	目的地											
	世 界				MERCOSUR				其他原产地/目的地			
	2000	2007	2008	2009	2000	2007	2008	2009	2000	2007	2008	2009
化学品	5.64	15.19	18.91	16.04	2.20	4.72	5.70	4.46	3.44	10.47	13.22	11.58
药品	0.61	1.46	1.86	2.03	0.27	0.35	0.41	0.39	0.34	1.12	1.45	1.64
其他化学品	5.03	13.73	17.06	14.01	1.93	4.37	5.29	4.07	3.11	9.35	11.76	9.94
其他半制成品	6.66	14.31	14.77	11.32	1.58	2.37	2.83	2.23	5.08	11.94	11.94	9.10
机械和运输设备	18.98	44.13	51.82	34.54	5.48	12.20	16.54	12.75	13.50	31.93	35.29	21.78
办公和电信设备	2.42	2.84	3.33	2.45	0.83	1.04	1.28	1.14	1.59	1.80	2.05	1.31
EDP 和办公设备	0.53	0.36	0.44	0.44	0.22	0.11	0.17	0.20	0.32	0.25	0.28	0.23
通讯设备	1.65	2.43	2.76	1.90	0.58	0.92	1.10	0.91	1.07	1.51	1.66	0.99
集成电路	0.23	0.05	0.12	0.12	0.03	0.01	0.02	0.03	0.20	0.04	0.10	0.09
运输设备	11.89	27.66	32.65	20.80	3.41	8.48	11.90	9.42	8.48	19.17	20.76	11.38
汽车	6.93	18.73	21.56	14.15	3.18	8.03	11.16	8.92	3.75	10.70	10.40	5.23
其他运输设备	4.96	8.93	11.09	6.65	0.23	0.45	0.74	0.50	4.73	8.47	10.36	6.15
其他机械	4.67	13.64	15.85	11.28	1.24	2.68	3.36	2.19	3.43	10.96	12.49	9.09
纺织品	1.24	1.77	1.74	1.25	0.55	0.71	0.76	0.55	0.68	1.06	0.98	0.70
服装	0.46	0.48	0.48	0.35	0.19	0.15	0.18	0.15	0.28	0.34	0.29	0.20
其他制成品	3.82	5.94	6.30	4.95	0.83	1.13	1.41	1.21	2.99	4.81	4.89	3.74
个人及家居用品	2.38	3.25	3.26	2.37	0.32	0.40	0.50	0.40	2.05	2.86	2.76	1.97
科学和控制仪器	0.35	0.77	0.90	0.73	0.09	0.15	0.20	0.18	0.26	0.62	0.70	0.55
杂项制成品	1.09	1.91	2.14	1.85	0.42	0.58	0.71	0.63	0.68	1.33	1.44	1.23
货物出口总额	**84.59**	**223.69**	**278.30**	**217.22**	**17.73**	**32.35**	**41.58**	**32.71**	**66.86**	**191.35**	**236.71**	**184.50**
进口												
农产品	7.56	10.94	14.98	11.95	4.13	5.70	7.83	6.07	3.42	5.24	7.15	5.88
食品	5.92	8.39	11.89	9.74	3.77	5.25	7.34	5.70	2.15	3.14	4.55	4.03
鱼产品	0.41	0.73	0.87	0.90	0.11	0.19	0.21	0.24	0.31	0.54	0.66	0.65
其他食品	5.51	7.65	11.02	8.84	3.66	5.06	7.13	5.46	1.85	2.60	3.89	3.38
原料	1.64	2.55	3.09	2.21	0.37	0.45	0.49	0.37	1.27	2.10	2.61	1.85
燃料和矿产品	13.01	35.87	54.54	29.63	2.74	4.84	6.13	3.95	10.27	31.03	48.41	25.68
矿石和其他矿物	0.98	3.27	5.12	2.02	0.33	0.83	1.22	0.46	0.65	2.44	3.90	1.56
燃料	10.52	28.17	44.38	24.78	2.23	3.51	4.40	3.19	8.29	24.66	39.98	21.60
有色金属	1.51	4.43	5.04	2.83	0.18	0.50	0.51	0.31	1.34	3.92	4.53	2.52
制成品	69.17	135.72	186.69	144.32	11.35	22.82	29.69	21.91	57.83	112.90	157.00	122.42
钢铁	1.21	4.26	7.14	4.67	0.39	1.19	1.87	1.03	0.82	3.08	5.27	3.64
化学品	16.15	34.38	49.03	35.82	2.24	4.85	5.90	4.51	13.91	29.53	43.13	31.31
药品	2.83	5.51	6.80	6.98	0.26	0.29	0.35	0.32	2.57	5.23	6.46	6.66
其他化学品	13.32	28.87	42.23	28.84	1.98	4.56	5.56	4.19	11.34	24.30	36.67	24.65
其他半制成品	5.77	10.16	13.33	10.23	1.61	2.46	2.92	2.24	4.16	7.70	10.41	7.99
机械和运输设备	37.54	71.41	96.87	76.01	5.55	12.62	16.99	12.62	31.99	58.79	79.89	63.39
办公和电信设备	11.97	19.47	24.42	18.78	0.81	1.18	1.45	0.96	11.16	18.29	22.97	17.82
EDP 和办公设备	3.48	6.10	7.17	6.08	0.21	0.15	0.15	0.17	3.27	5.95	7.03	5.91
通讯设备	5.58	9.11	12.39	8.86	0.57	1.00	1.28	0.76	5.01	8.12	11.11	8.10
集成电路	2.92	4.26	4.85	3.84	0.03	0.03	0.02	0.03	2.89	4.23	4.83	3.80
运输设备	10.47	23.11	33.36	25.93	3.55	8.75	12.03	9.39	6.92	14.37	21.33	16.54
汽车	7.64	16.94	24.08	19.24	3.33	8.35	11.45	9.05	4.32	8.59	12.62	10.19
其他运输设备	2.82	6.17	9.28	6.69	0.22	0.40	0.58	0.34	2.61	5.78	8.70	6.35
其他机械	15.11	28.83	39.10	31.30	1.20	2.69	3.51	2.27	13.91	26.13	35.59	29.03
纺织品	1.89	3.58	4.50	3.80	0.55	0.55	0.57	0.38	1.34	3.04	3.93	3.42
服装	0.60	1.07	1.58	1.60	0.19	0.12	0.14	0.10	0.42	0.94	1.43	1.50
其他制成品	6.02	10.86	14.23	12.21	0.83	1.03	1.30	1.03	5.20	9.83	12.93	11.17
个人及家居用品	0.83	1.50	2.13	1.82	0.31	0.57	0.72	0.54	0.51	0.93	1.41	1.28
科学和控制仪器	1.84	4.47	5.88	4.61	0.10	0.12	0.17	0.15	1.75	4.35	5.71	4.45
杂项制成品	3.35	4.89	6.22	5.78	0.42	0.34	0.41	0.34	2.94	4.55	5.81	5.44
货物进口总额	**89.87**	**182.82**	**257.85**	**186.30**	**18.22**	**33.38**	**43.68**	**31.96**	**71.64**	**149.44**	**214.17**	**154.34**

表 32：

2000 年和 2007—2009 年安第斯共同体的货物贸易（按产品和原产地/目的地）

单位：百万美元

目的地	世界				安第斯共同体				其他原产地/目的地			
原产地	2000	2007	2008	2009	2000	2007	2008	2009	2000	2007	2008	2009
出口												
农产品	7.36	15.00	18.17	17.28	0.51	0.93	1.12	1.28	6.86	14.07	17.05	16.00
食品	6.34	12.80	15.76	15.21	0.47	0.88	1.08	1.25	5.87	11.92	14.68	13.96
鱼产品	0.90	2.00	2.53	2.22	0.05	0.09	0.12	0.12	0.85	1.92	2.41	2.11
其他食品	5.44	10.80	13.23	12.98	0.43	0.79	0.96	1.13	5.02	10.01	12.27	11.85
原料	1.02	2.20	2.41	2.08	0.04	0.05	0.04	0.04	0.99	2.15	2.36	2.04
燃料和矿产品	11.27	39.33	51.10	38.65	0.51	2.09	2.27	1.47	10.76	37.23	48.87	37.19
矿石和其他矿物	1.02	10.61	10.77	8.67	0.02	0.07	0.12	0.11	1.00	10.54	10.65	8.55
燃料	8.68	23.70	35.09	26.71	0.40	1.60	1.78	1.11	8.29	22.10	33.35	25.60
有色金属	1.57	5.02	5.24	3.28	0.10	0.43	0.38	0.24	1.47	4.60	4.87	3.04
制成品	6.09	16.16	17.75	13.73	1.01	2.89	3.62	3.13	5.09	13.28	14.13	10.60
钢铁	0.36	2.04	1.43	1.10	0.03	0.11	0.18	0.14	0.33	1.93	1.25	0.96
化学品	1.58	3.20	4.08	3.65	0.38	0.98	1.20	1.07	1.20	2.22	2.88	2.58
药品	0.25	0.34	0.43	0.49	0.08	0.12	0.14	0.17	0.17	0.22	0.28	0.32
其他化学品	1.32	2.86	3.65	3.17	0.30	0.86	1.06	0.90	1.02	2.00	2.59	2.26
其他半制成品	1.09	2.65	3.26	2.45	0.22	0.59	0.72	0.60	0.87	2.06	2.54	1.84
机械和运输设备	0.86	2.73	2.72	2.13	0.13	0.59	0.77	0.64	0.73	2.14	1.95	1.48
办公和电信设备	0.04	0.08	0.10	0.12	0.00	0.03	0.03	0.01	0.04	0.05	0.07	0.11
EDP 和办公设备	0.01	0.02	0.03	0.02	0.00	0.00	0.00	0.00	0.01	0.02	0.02	0.02
通讯设备	0.03	0.06	0.07	0.09	0.00	0.02	0.02	0.01	0.03	0.03	0.05	0.08
集成电路	0.00	0.00	0.00	0.01	0.00	0.00	0.00	0.00	0.00	0.00	0.00	0.01
运输设备	0.46	1.55	1.19	0.69	0.05	0.32	0.44	0.32	0.41	1.23	0.76	0.36
汽车	0.30	1.35	0.94	0.51	0.05	0.30	0.42	0.31	0.25	1.05	0.52	0.20
其他运输设备	0.16	0.19	0.25	0.18	0.00	0.01	0.02	0.01	0.16	0.18	0.23	0.16
其他机械	0.36	1.11	1.43	1.32	0.07	0.25	0.31	0.31	0.29	0.86	1.12	1.01
纺织品	0.45	0.94	1.36	1.08	0.11	0.21	0.23	0.23	0.33	0.73	1.13	0.85
服装	1.06	2.80	2.93	1.83	0.03	0.11	0.14	0.11	1.03	2.69	2.79	1.72
其他制成品	0.70	1.80	1.97	1.50	0.11	0.30	0.38	0.33	0.59	1.50	1.59	1.17
个人及家居用品	0.17	0.54	0.61	0.34	0.02	0.07	0.09	0.07	0.15	0.46	0.52	0.27
科学和控制仪器	0.03	0.05	0.06	0.08	0.00	0.01	0.02	0.02	0.02	0.04	0.04	0.06
杂项制成品	0.50	1.21	1.31	1.08	0.09	0.21	0.28	0.24	0.42	1.00	1.03	0.84
货物出口总额	**26.23**	**76.65**	**94.11**	**78.39**	**2.03**	**5.92**	**7.01**	**5.88**	**24.20**	**70.73**	**87.10**	**72.51**
进口												
农产品	3.42	7.61	10.36	8.47	0.56	1.03	1.37	1.45	2.87	6.59	8.99	7.02
食品	2.82	6.64	9.17	7.58	0.52	0.97	1.32	1.41	2.30	5.67	7.84	6.16
鱼产品	0.08	0.25	0.52	0.51	0.06	0.12	0.16	0.14	0.03	0.13	0.36	0.37
其他食品	2.73	6.39	8.65	7.07	0.46	0.85	1.16	1.27	2.27	5.54	7.48	5.80
原料	0.61	0.97	1.19	0.89	0.04	0.05	0.05	0.04	0.57	0.92	1.14	0.85
燃料和矿产品	2.16	9.29	12.92	8.50	0.51	2.29	2.52	1.61	1.65	7.00	10.40	6.89
矿石和其他矿物	0.10	0.30	0.55	0.32	0.01	0.04	0.08	0.08	0.09	0.26	0.47	0.24
燃料	1.77	7.83	11.30	7.46	0.42	1.83	2.05	1.28	1.35	6.00	9.25	6.17
有色金属	0.30	1.15	1.07	0.72	0.09	0.43	0.39	0.25	0.21	0.73	0.68	0.47
制成品	18.53	52.80	69.49	56.57	1.19	3.87	4.68	3.87	17.34	48.92	64.81	52.69
钢铁	0.97	3.93	6.40	3.85	0.04	0.11	0.17	0.13	0.93	3.82	6.23	3.71

续 表

目的地	世界				安第斯共同体				其他原产地/目的地			
原产地	2000	2007	2008	2009	2000	2007	2008	2009	2000	2007	2008	2009
化学品	4.94	11.77	15.27	12.61	0.40	1.07	1.33	1.15	4.55	10.70	13.94	11.45
药品	0.89	1.99	2.45	2.74	0.09	0.15	0.17	0.19	0.80	1.84	2.28	2.55
其他化学品	4.06	9.78	12.82	9.87	0.31	0.92	1.16	0.96	3.75	8.86	11.66	8.91
其他半制成品	2.07	4.93	6.29	5.36	0.25	0.62	0.81	0.65	1.82	4.32	5.49	4.71
机械和运输设备	7.75	25.56	33.30	27.77	0.26	1.42	1.56	1.26	7.49	24.15	31.73	26.51
办公和电信设备	1.96	6.59	8.14	5.95	0.00	0.03	0.02	0.01	1.96	6.56	8.12	5.94
EDP 和办公设备	0.78	2.18	2.72	2.41	0.00	0.00	0.00	0.00	0.78	2.18	2.72	2.41
通讯设备	1.14	4.23	5.21	3.36	0.00	0.02	0.02	0.01	1.14	4.20	5.19	3.35
集成电路	0.05	0.18	0.20	0.17	0.00	0.00	0.00	0.00	0.05	0.18	0.20	0.17
运输设备	2.29	8.95	11.54	10.10	0.18	1.12	1.21	0.95	2.12	7.83	10.33	9.15
汽车	1.45	7.05	8.69	6.32	0.17	1.10	1.19	0.94	1.28	5.95	7.50	5.38
其他运输设备	0.85	1.89	2.85	3.77	0.01	0.02	0.02	0.01	0.84	1.88	2.83	3.76
其他机械	3.49	10.03	13.61	11.72	0.08	0.27	0.33	0.30	3.41	9.76	13.28	11.42
纺织品	0.88	1.73	1.98	1.63	0.12	0.23	0.26	0.25	0.77	1.50	1.72	1.38
服装	0.19	0.65	0.84	0.67	0.02	0.12	0.15	0.09	0.16	0.53	0.69	0.58
其他制成品	1.73	4.23	5.41	4.68	0.11	0.31	0.40	0.34	1.62	3.92	5.01	4.34
个人及家居用品	0.24	0.85	1.06	0.88	0.02	0.08	0.09	0.07	0.22	0.77	0.97	0.81
科学和控制仪器	0.38	1.09	1.36	1.29	0.00	0.01	0.01	0.01	0.38	1.07	1.35	1.28
杂项制成品	1.11	2.30	2.99	2.50	0.08	0.22	0.30	0.25	1.03	2.08	2.69	2.25
货物进口总额	24.51	70.71	93.32	74.11	2.27	7.19	8.57	6.94	22.24	63.52	84.75	67.16

表 33：

2000 年和 2007—2009 年 ASEAN 的货物贸易（按产品和原产地/目的地）

单位：百万美元

目的地	世界				ASEAN				其他原产地/目的地			
原产地	2000	2007	2008	2009	2000	2007	2008	2009	2000	2007	2008	2009
出口												
农产品	39.01	93.56	121.57	99.79	6.98	16.91	21.38	18.95	32.03	76.65	100.19	80.84
食品	30.13	70.11	94.89	81.85	5.78	13.64	17.88	16.25	24.34	56.47	77.01	65.60
鱼产品	8.82	13.35	15.55	14.40	0.73	1.01	1.16	1.12	8.09	12.35	14.39	13.29
其他食品	21.31	56.76	79.34	67.45	5.05	12.63	16.72	15.13	16.26	44.12	62.62	52.32
原料	8.88	23.45	26.68	17.94	1.20	3.27	3.50	2.71	7.68	20.18	23.18	15.24
燃料和矿产品	53.31	151.83	203.92	147.88	13.05	51.07	69.08	50.82	40.26	100.76	134.84	97.06
矿石和其他矿物	3.37	12.21	10.36	10.38	0.45	1.57	1.61	1.37	2.92	10.64	8.74	9.01
燃料	46.00	124.75	178.50	126.82	11.14	42.94	60.36	44.73	34.86	81.81	118.14	82.10
有色金属	3.93	14.87	15.06	10.68	1.46	6.57	7.11	4.72	2.47	8.31	7.95	5.95
制成品	328.96	592.48	627.23	535.15	76.86	146.59	158.13	129.11	252.10	445.89	469.10	406.04
钢铁	2.67	12.62	14.68	9.28	1.02	6.17	7.35	4.60	1.65	6.45	7.33	4.68
化学品	21.24	65.04	67.21	60.32	6.63	19.00	21.72	17.37	14.61	46.04	45.49	42.95
药品	1.32	6.99	5.74	6.65	0.37	0.85	0.92	0.94	0.95	6.15	4.82	5.71
其他化学品	19.93	58.04	61.47	53.67	6.26	18.16	20.80	16.43	13.66	39.89	40.67	37.25
其他半制成品	20.31	39.82	46.32	40.96	4.13	9.79	12.20	10.67	16.18	30.04	34.12	30.29
机械和运输设备	226.13	375.83	390.38	325.63	58.21	97.16	100.66	82.10	167.92	278.67	289.72	243.53
办公和电信设备	178.32	257.23	256.22	213.16	41.48	56.80	54.34	43.43	136.85	200.43	201.89	169.73
EDP 和办公设备	71.47	89.21	90.17	73.32	13.47	17.14	17.87	14.92	58.00	72.07	72.30	58.41

续 表

目的地	世界				安第斯共同体				其他原产地/目的地			
通讯设备	30.28	41.60	41.56	32.17	5.99	9.88	9.87	6.73	24.30	31.72	31.69	25.44
集成电路	76.57	126.42	124.50	107.67	22.02	29.79	26.60	21.79	54.55	96.64	97.90	85.88
运输设备	8.69	36.11	45.65	38.22	2.31	10.61	14.75	12.31	6.38	25.50	30.89	25.91
汽车	4.39	21.04	26.28	19.45	1.06	5.68	8.02	6.49	3.33	15.36	18.26	12.96
其他运输设备	4.30	15.07	19.36	18.77	1.24	4.93	6.73	5.82	3.06	10.14	12.63	12.95
其他机械	39.11	82.49	88.51	74.24	14.42	29.75	31.57	26.35	24.69	52.74	56.95	47.89
纺织品	8.49	11.06	11.18	10.16	1.77	2.53	2.69	2.39	6.71	8.53	8.49	7.76
服装	19.10	28.40	30.35	27.78	0.62	0.89	1.01	0.82	18.48	27.51	29.35	26.96
其他制成品	31.03	59.71	67.10	61.04	4.49	11.06	12.50	11.17	26.54	48.66	54.60	49.87
个人及家居用品	10.42	16.97	18.68	16.67	0.52	1.06	1.26	1.12	9.90	15.91	17.42	15.55
科学和控制仪器	3.44	9.78	10.68	10.38	0.76	2.50	2.64	2.38	2.68	7.29	8.04	8.00
杂项制成品	17.17	32.96	37.74	33.99	3.21	7.50	8.59	7.67	13.96	25.46	29.14	26.32
货物出口总额	**432.03**	**865.44**	**989.76**	**813.53**	**98.70**	**218.48**	**252.28**	**201.90**	**333.33**	**646.97**	**737.49**	**611.62**
进口												
农产品	24.58	49.24	64.70	55.10	5.95	15.10	19.77	16.94	18.63	34.14	44.93	38.17
食品	17.85	38.76	51.20	44.47	4.46	11.92	16.02	13.81	13.40	26.83	35.18	30.66
鱼产品	1.72	3.49	4.44	4.06	0.57	1.19	1.36	1.30	1.15	2.30	3.08	2.76
其他食品	16.13	35.27	46.77	40.41	3.88	10.74	14.66	12.51	12.25	24.53	32.10	27.90
原料	6.73	10.48	13.50	10.64	1.49	3.17	3.74	3.13	5.24	7.31	9.75	7.51
燃料和矿产品	49.10	159.55	232.08	152.01	12.75	51.47	71.21	47.17	36.35	108.08	160.86	104.84
矿石和其他矿物	2.71	7.63	11.21	8.38	0.66	1.40	2.00	2.17	2.05	6.22	9.21	6.21
燃料	40.20	131.37	198.32	127.69	11.19	45.30	63.81	40.89	29.01	86.07	134.51	86.80
有色金属	6.19	20.55	22.55	15.94	0.90	4.77	5.41	4.11	5.29	15.79	17.15	11.83
制成品	300.33	547.88	615.86	497.57	66.59	122.58	131.07	109.36	233.74	425.29	484.79	388.20
钢铁	10.26	37.22	47.36	28.43	0.71	3.92	4.77	3.41	9.54	33.31	42.60	25.02
化学品	32.32	67.38	82.32	66.42	6.40	16.47	18.00	14.66	25.92	50.91	64.33	51.76
药品	2.61	6.05	6.93	7.41	0.27	0.53	0.61	0.66	2.33	5.52	6.32	6.75
其他化学品	29.71	61.33	75.39	59.01	6.13	15.94	17.39	14.00	23.58	45.39	58.01	45.01
其他半制成品	17.63	33.73	40.52	33.95	3.91	8.40	10.51	9.38	13.72	25.33	30.01	24.57
机械和运输设备	205.13	349.92	378.55	311.62	49.43	81.74	84.02	70.09	155.71	268.18	294.54	241.53
办公和电信设备	122.69	195.67	192.91	154.50	36.65	53.43	49.68	39.91	86.04	142.23	143.23	114.58
EDP 和办公设备	29.53	46.59	47.81	38.65	11.65	15.98	15.14	12.12	17.88	30.61	32.66	26.53
通讯设备	16.97	32.90	35.02	30.07	4.92	7.29	6.93	5.02	12.05	25.60	28.09	25.06
集成电路	76.20	116.19	110.09	85.77	20.08	30.16	27.61	22.78	56.11	86.02	82.48	63.00
运输设备	18.81	46.02	59.57	50.51	1.73	8.36	12.19	10.82	17.08	37.66	47.38	39.70
汽车	10.35	19.66	26.59	21.25	0.80	5.02	7.11	5.44	9.55	14.64	19.48	15.81
其他运输设备	8.46	26.35	32.98	29.26	0.93	3.34	5.08	5.38	7.54	23.01	27.90	23.88
其他机械	63.63	108.24	126.08	106.61	11.05	19.95	22.15	19.36	52.58	88.29	103.93	87.25
纺织品	9.87	15.82	17.22	14.80	1.24	1.86	2.05	1.76	8.63	13.96	15.16	13.04
服装	2.90	3.94	4.05	3.35	1.18	1.15	1.10	0.88	1.72	2.79	2.95	2.47
其他制成品	22.24	39.87	45.85	39.00	3.73	9.05	10.64	9.19	18.51	30.82	35.21	29.81
个人及家居用品	1.91	3.47	4.16	3.68	0.46	0.77	0.96	0.83	1.45	2.69	3.20	2.85
科学和控制仪器	6.82	12.63	13.92	11.93	0.61	1.95	2.11	1.80	6.21	10.68	11.81	10.13
杂项制成品	13.50	23.77	27.77	23.40	2.66	6.32	7.56	6.57	10.84	17.45	20.21	16.83
货物进口总额	**380.67**	**775.47**	**938.28**	**725.27**	**86.39**	**194.78**	**228.79**	**179.20**	**293.79**	**580.70**	**709.49**	**546.07**

表 34：

1999—2010 年初级产品的出口价格

（指数，2005 年=100）

	1999	2000	2001	2002	2003	2004	2005	2006	2007	2008	2009	2009				2010	
												Q1	Q2	Q3	Q4	Q1	Q2
食品和饮料	81	80	81	83	87	98	100	110	127	157	136	128	140	137	140	143	143
食品	79	81	82	84	88	100	100	111	127	157	134	126	139	135	136	140	140
谷类	81	78	82	94	95	102	100	122	159	222	161	165	170	153	157	152	140
小麦	74	75	83	97	96	103	100	126	167	214	147	152	163	137	135	128	116
玉米	92	90	91	101	107	114	100	124	166	227	168	170	179	154	171	165	160
大米	87	71	60	67	69	85	100	106	116	243	205	217	193	208	201	200	166
大麦	80	81	99	115	110	104	100	123	181	211	135	122	136	128	153	151	155
植物油和蛋白粉	75	72	70	82	96	111	100	103	143	193	154	138	165	156	157	157	158
肉类	72	79	85	80	82	100	100	95	99	103	98	96	99	99	99	110	121
牛肉	70	74	81	80	76	96	100	97	99	102	101	94	100	105	105	120	131
羊肉	72	70	81	91	99	103	100	96	101	106	91	84	90	96	95	92	88
猪肉	66	88	91	70	79	105	100	94	94	96	82	84	86	78	82	101	119
家禽	81	80	86	85	90	102	100	94	106	115	116	117	118	117	112	113	117
海产食品	109	112	99	85	84	88	100	121	113	113	114	104	121	118	112	125	138
鱼类	88	90	71	72	74	82	100	125	112	119	121	104	129	129	122	138	155
虾类	172	180	181	124	117	105	100	105	116	91	85	104	87	73	74	73	72
糖	71	81	82	70	77	83	100	133	102	117	152	113	131	172	191	198	134
香蕉	65	73	101	91	65	91	100	118	117	146	147	153	150	144	142	140	154
柑橘	52	43	71	67	81	101	100	98	114	132	108	95	103	102	131	118	129
饮料	92	78	66	76	80	83	100	108	123	152	154	141	145	159	173	168	170
咖啡	97	76	54	54	59	70	100	112	129	150	132	127	131	132	136	138	153
可可豆	73	59	70	115	114	100	100	103	127	167	187	168	168	192	222	214	208
茶	107	115	92	83	90	92	100	112	98	125	145	122	131	160	166	147	131
农业原材料	89	93	88	90	93	98	100	109	114	113	94	87	86	98	106	115	117
木料	92	90	83	82	86	96	100	108	107	109	102	109	102	98	98	97	92
棉花	96	107	87	84	115	112	100	105	115	129	114	99	109	117	130	147	163
羊毛	73	83	78	101	113	105	100	104	144	138	115	88	108	122	142	153	144
橡胶	42	46	40	51	72	87	100	140	153	174	128	98	110	132	172	210	237
生皮	110	122	129	123	104	102	100	105	110	98	68	52	49	82	91	103	111
金属和有色金属（不含石油）	53	59	53	52	58	79	100	156	183	169	120	96	111	131	143	152	162
铜	43	49	43	42	48	78	100	183	194	189	141	94	127	160	181	197	191
铝	72	82	76	71	75	90	100	135	139	136	88	72	79	95	106	114	110
铁矿石	42	44	46	45	49	58	100	119	130	216	155	156	155	155	155	155	257
锡	73	74	61	55	66	115	100	119	196	250	184	150	184	197	206	233	241
镍	41	58	40	46	65	94	100	163	251	143	99	72	88	119	119	135	152
锌	78	82	64	56	60	76	100	237	235	137	120	86	107	128	160	165	147
铅	52	47	49	46	53	91	100	132	265	215	177	119	154	198	235	227	200
铀	36	30	31	35	40	65	100	171	355	230	167	169	169	169	162	151	147
以上总计	**71**	**74**	**71**	**72**	**76**	**91**	**100**	**123**	**140**	**151**	**123**	**110**	**120**	**127**	**134**	**140**	**143**
能源	34	54	47	47	55	72	100	119	132	185	117	93	111	125	137	143	145
天然气	34	60	60	48	63	70	100	115	117	174	110	146	104	91	97	110	112
原油	34	53	46	47	54	71	100	121	133	182	116	83	111	128	142	144	147
烧杯	51	53	65	54	57	113	100	104	138	266	149	151	138	147	159	196	206
所有初级产品	**45**	**59**	**54**	**54**	**61**	**77**	**100**	**121**	**135**	**172**	**119**	**99**	**115**	**126**	**136**	**142**	**144**

表 35：

2009 年农产品出口（按目的地）

单位：十亿美元，%

地区 \ 年份	总额	份额				年度变化百分比		
		地区出口		世界出口				
	2009	2000	2009	2000	2009	2000—2009	2008	2009
世界	1 169	100.0	100.0	100.0	100.0	9	18	−13
欧洲								
世界	**528**	**100.0**	**100.0**	**44.3**	**45.2**	**9**	**16**	**−12**
欧洲	426	79.0	80.6	35.0	36.4	9	15	−12
亚洲	29	6.1	5.4	2.7	2.5	8	16	−8
北美洲	21	5.4	3.9	2.4	1.8	5	−1	−13
非洲	18	3.3	3.4	1.5	1.5	9	35	−14
独联体	16	2.0	3.0	0.9	1.4	14	27	−23
中东	13	2.5	2.5	1.1	1.1	9	29	−6
中、南美洲	5	1.2	0.9	0.6	0.4	5	21	−17
亚洲								
世界	**226**	**100.0**	**100.0**	**18.4**	**19.3**	**9**	**22**	**−14**
亚洲	129	60.8	57.2	11.2	11.0	9	19	−10
欧洲	33	15.2	14.6	2.8	2.8	9	18	−20
北美洲	28	13.8	12.2	2.5	2.4	8	14	−15
中东	15	4.5	6.5	0.8	1.3	14	56	−21
非洲	12	2.7	5.4	0.5	1.0	18	44	−12
独联体	5	1.1	2.3	0.2	0.4	19	37	−21
中、南美洲	3	1.0	1.5	0.2	0.3	14	44	−28
北美洲								
世界	**179**	**100.0**	**100.0**	**20.9**	**15.3**	**5**	**19**	**−15**
北美洲	70	42.6	39.4	8.9	6.0	4	11	−15
亚洲	65	31.6	36.1	6.6	5.5	7	26	−8
欧洲	17	13.7	9.7	2.9	1.5	1	9	−24
中、南美洲	13	5.4	7.1	1.1	1.1	8	36	−22
非洲	6	2.8	3.4	0.6	0.5	7	23	−31
中东	5	2.7	2.9	0.6	0.4	6	39	−25
独联体	2	0.9	1.2	0.2	0.2	9	43	−29
中、南美洲								
世界	**140**	**100.0**	**100.0**	**9.6**	**12.0**	**11**	**24**	**−11**
欧洲	39	33.9	28.2	3.3	3.4	9	20	−19
亚洲	34	15.8	24.6	1.5	2.9	17	29	4
中、南美洲	23	18.6	16.2	1.8	1.9	10	37	−17
北美洲	20	22.0	14.3	2.1	1.7	6	5	−6
中东	9	3.9	6.3	0.4	0.7	18	26	8
非洲	8	3.0	5.7	0.3	0.7	19	31	−16
独联体	6	2.2	3.9	0.2	0.5	19	32	−28
独联体								
世界	**39**	**100.0**	**100.0**	**2.3**	**3.4**	**13**	**18**	**−16**
独联体	13	29.9	33.3	0.7	1.1	15	23	−15
亚洲	9	30.1	22.4	0.7	0.8	10	3	−14

续 表

地区 \ 年份	总额	份额				年度变化百分比		
		地区出口		世界出口				
	2009	2000	2009	2000	2009	2000—2009	2008	2009
欧洲	9	30.7	22.4	0.7	0.8	9	27	−34
中东	3	2.2	7.6	0.1	0.3	30	48	−19
非洲	2	1.7	5.6	0.0	0.2	29	−7	−19
北美洲	1	3.3	1.7	0.1	0.1	5	−22	24
中、南美洲	0	0.3	0.3	0.0	0.0	10	275	−8
非洲								
世界	**39**	**100.0**	**100.0**	**3.4**	**3.3**	**9**	**18**	**−7**
欧洲	19	49.6	47.7	1.7	1.6	8	15	−12
非洲	8	17.5	21.0	0.6	0.7	11	28	−2
亚洲	6	19.3	16.6	0.7	0.6	7	14	−3
北美洲	2	5.4	5.3	0.2	0.2	8	18	−4
中东	2	6.1	5.0	0.2	0.2	6	23	−2
独联体	1	0.9	2.1	0.0	0.1	19	44	−14
中、南美洲	0	0.8	0.6	0.0	0.0	4	87	−49
中东								
世界	**18**	**100.0**	**100.0**	**1.1**	**1.6**	**13**	**12**	**−4**
中东	10	47.8	57.7	0.5	0.9	15	10	6
欧洲	2	25.4	12.6	0.3	0.2	4	12	−20
亚洲	2	10.4	10.5	0.1	0.2	13	6	−23
非洲	1	4.5	8.2	0.1	0.1	20	19	−12
独联体	1	4.8	4.2	0.1	0.1	11	22	−20
北美洲	0	3.2	2.6	0.0	0.0	10	31	−16
中、南美洲	0	0.6	0.6	0.0	0.0	12	35	−23

表36：

2009年农产品进口（按原产地）

单位：百万美元，%

加拿大 a						美国					
	总额	份额	年度变化百分比				总额	份额	年度变化百分比		
	2009	2009	2000—2009	2008	2009		2009	2009	2000—2009	2008	2009
地区						地区					
世界	29 221	100.0	7	10	−6	世界	100 745	100.0	4	6	−13
北美洲	18 652	63.8	7	11	−5	北美洲	35 067	34.8	2	4	−15
欧洲	3 569	12.2	7	7	−7	欧洲	24 801	24.6	6	15	−16
亚洲	3 449	11.8	9	10	−11	亚洲	19 062	18.9	5	5	−8
中、南美洲	2 876	9.8	9	9	−2	中、南美洲	18 866	18.7	5	−1	−11
非洲	532	1.8	10	21	−4	非洲	2 051	2.0	6	22	−5
独联体	75	0.3	4	−3	−35	独联体	560	0.6	4	−15	−8
中东	68	0.2	5	−5	−7	中东	337	0.3	5	−10	−6
经济体						经济体					
美国	17 565	60.1	6	13	−5	加拿大	21 955	21.8	0	3	−22
欧盟（27）	3 238	11.1	7	7	−9	欧盟（27）	16 865	16.7	4	−2	−14
中国	1 002	3.4	18	5	−6	墨西哥	13 109	13.0	8	6	2
墨西哥	991	3.4	15	−18	6	中国	5 553	5.5	15	11	−15
巴西	760	2.6	10	3	2	泰国	3 841	3.8	4	17	−9
以上5个经济体总计	**23 556**	**80.6**	—	—	—	以上**5**个经济体总计	**61 323**	**60.9**	—	—	—

续　表

	加拿大 a					美国				
	总额	份额	年度变化百分比				总额	份额	年度变化百分比		
	2009	2009	2000—2009	2008	2009		2009	2009	2000—2009	2008	2009
智利	584	2.0	13	13	−1	智利	3 620	3.6	6	1	−9
泰国	559	1.9	7	15	−7	巴西	3 569	3.5	5	3	−18
澳大利亚	364	1.2	3	−2	−12	印尼	2 907	2.9	7	29	−30
哥伦比亚	302	1.0	7	8	8	澳大利亚	2 334	2.3	3	−11	−5
新西兰	290	1.0	5	−3	−10	哥伦比亚	2 035	2.0	5	13	0
印度	230	0.8	10	21	2	新西兰	1 737	1.7	3	1	−9
危地马拉	210	0.7	8	18	−7	厄瓜多尔	1 715	1.7	6	6	10
阿根廷	207	0.7	7	6	6	马来西亚	1 542	1.5	14	53	−30
厄瓜多尔	193	0.7	11	24	21	危地马拉	1 520	1.5	7	22	−2
印尼	188	0.6	6	29	−38	越南	1 503	1.5	12	11	−8
越南	167	0.6	13	12	−2	印度	1 439	1.4	3	24	−17
哥斯达黎加	166	0.6	7	10	−22	哥斯达黎加	1 327	1.3	2	−2	−10
马来西亚	145	0.5	10	1	−16	阿根廷	1 153	1.1	4	10	−16
科特迪瓦	143	0.5	17	38	15	秘鲁	1 061	1.1	14	13	−3
秘鲁	141	0.5	11	30	−23	菲律宾	1 041	1.0	4	23	−22
瑞士	132	0.5	15	24	16	日本	951	0.9	3	12	−10
南非	131	0.4	5	13	−15	多米尼加	709	0.7	5	−1	14
土耳其	111	0.4	19	3	1	科特迪瓦	700	0.7	10	45	−5
摩洛哥	95	0.3	9	−1	0	洪都拉斯	694	0.7	4	10	−12
加拿大	93	0.3	...	22	13	瑞士	683	0.7	13	78	−9
菲律宾	86	0.3	7	19	−18	韩国	635	0.6	5	19	−20
日本	83	0.3	5	6	−7	土耳其	604	0.6	9	−12	13
韩国	81	0.3	6	35	−28	俄罗斯	505	0.5	3	−17	−8
中国台北	81	0.3	7	26	−17	尼加拉瓜	494	0.5	8	23	−6
俄罗斯	64	0.2	2	0	−41	中国台北	484	0.5	−1	15	−22
洪都拉斯	49	0.2	18	37	−12	挪威	444	0.4	8	−22	58
挪威	49	0.2	0	−8	5	南非	251	0.2	0	−3	−9
乌拉圭	42	0.1	−2	−69	70	以色列	245	0.2	6	0	5
新加坡	30	0.1	11	84	−15	萨尔瓦多	230	0.2	2	24	−16
以色列	30	0.1	12	0	23	乌拉圭	156	0.2	5	−61	1
牙买加	28	0.1	2	5	1	斐济	154	0.2	15	4	−16
中国香港	28	0.1	−2	12	−12	新加坡	145	0.1	0	9	−22
萨尔瓦多	26	0.1	8	392	−24	巴拿马	132	0.1	−2	−3	−23
尼日利亚	25	0.1	20	42	−49	摩洛哥	132	0.1	8	16	−14
加纳	22	0.1	14	215	−12	孟加拉国	121	0.1	−3	−13	−21
以上40个经济体总计	**28 735**	**98.3**	—	—	—	以上40个经济体总计	**98 294**	**97.6**	—	—	—

表 36（续）

2009 年农产品进口（按原产地）

单位：百万美元，%

	欧盟（27）					日本					
	总额	份额	年度变化百分比				总额	份额	年度变化百分比		
	2009	2009	2000—2009	2008	2009		2009	2009	2000—2009	2008	2009
地区						地区					
世界	525 380	100.0	8	15	−14	世界	67 663	100.0	1	17	−16
北美洲	403 254	76.8	9	15	−12	北美洲	27 346	40.4	1	12	−14
欧洲	44 057	8.4	9	21	−21	欧洲	21 347	31.5	−1	28	−26
亚洲	32 317	6.2	8	21	−20	亚洲	10 299	15.2	4	15	1

续 表

欧盟（27）						日本					
	总额	份额	年度变化百分比				总额	份额	年度变化百分比		
	2009	2009	2000—2009	2008	2009		2009	2009	2000—2009	2008	2009
中、南美洲	20 819	4.0	7	11	−10	中、南美洲	5 583	8.3	4	22	−13
非洲	15 677	3.0	0	10	−27	非洲	1 557	2.3	−2	−7	−21
独联体	6 524	1.2	6	22	−34	独联体	1 392	2.1	0	9	−13
中东	2 375	0.5	4	−3	−16	中东	123	0.2	0	−6	−15
经济体						经济体					
欧盟（27）	384 607	73.2	9	15	−13	美国	16 024	23.7	−1	27	−26
巴西	17 952	3.4	10	14	−19	欧盟（27）	8 601	12.7	4	13	−3
美国	11 357	2.2	0	12	−28	中国	7 774	11.5	1	−10	−2
阿根廷	8 736	1.7	9	40	−32	澳大利亚	4 753	7.0	2	12	−21
中国	6 767	1.3	12	13	−16	加拿大	4 650	6.9	−1	31	−26
以上5个经济体总计	**429 419**	**81.7**	—	—	—	以上5个经济体总计	**41 801**	**61.8**	—	—	—
挪威	5 158	1.0	6	6	−3	泰国	3 937	5.8	4	31	−15
印尼	4 840	0.9	10	43	−19	智利	2 125	3.1	5	6	2
瑞士	4 523	0.9	12	19	−2	巴西	2 013	3.0	6	47	−26
土耳其	4 425	0.8	9	8	−13	印尼	1 744	2.6	1	24	−29
智利	3 886	0.7	11	16	−16	韩国	1 657	2.4	−2	23	0
泰国	3 647	0.7	7	28	−22	俄罗斯	1 464	2.2	−3	−6	−24
科特迪瓦	3 254	0.6	8	22	−2	菲律宾	1 379	2.0	6	30	5
加拿大	3 233	0.6	−2	0	−26	新西兰	1 303	1.9	1	10	−15
南非	2 980	0.6	7	10	−15	马来西亚	1 147	1.7	1	25	−28
印度	2 950	0.6	8	28	−20	越南	855	1.3	−4	11	−21
俄罗斯	2 944	0.6	2	−3	−38	中国台北	762	1.1	−1	50	−29
新西兰	2 715	0.5	5	7	−15	印度	667	1.0	0	30	8
乌克兰	2 707	0.5	22	93	−31	挪威	671	1.0	5	20	−12
摩洛哥	2 665	0.5	10	6	−11	墨西哥	514	0.8	33	124	168
越南	2 616	0.5	18	20	−14	瑞士	500	0.7	1	1	−22
厄瓜多尔	2 522	0.5	12	28	−16	南非	427	0.6	4	34	−16
马来西亚	2 213	0.4	4	21	−44	新加坡	381	0.6	5	−23	19
澳大利亚	2 147	0.4	1	−2	−10	阿根廷	341	0.5	5	33	−8
哥伦比亚	2 090	0.4	7	23	−25	哥伦比亚	195	0.3	6	−5	−15
秘鲁	1 881	0.4	13	14	−3	秘鲁	185	0.3	10	13	−6
哥斯达黎加	1 642	0.3	8	9	−15	土耳其	159	0.2	−3	11	7
加纳	1 414	0.3	12	24	−17	厄瓜多尔	141	0.2	−8	16	−17
以色列	1 390	0.3	5	−11	−9	毛里塔尼亚	140	0.2	7	9	26
肯尼亚	1 354	0.3	8	15	−11	摩洛哥	134	0.2	5	52	−10
冰岛	1 326	0.3	4	−5	−16	危地马拉	119	0.2	11	−52	101
喀麦隆	1 325	0.3	6	8	−3	加纳	111	0.2	−3	8	−14
乌拉圭	1 153	0.2	15	76	−22	冰岛	104	0.2	3	−13	−4
墨西哥	1 051	0.2	9	24	−11	缅甸	98	0.1	−2	−2	−6
塞尔维亚	965	0.2	...	−2	14	坦桑尼亚	95	0.1	20	−42	97
克罗地亚	865	0.2	12	−2	−6	克罗地亚	90	0.1	24	−3	166
埃及	842	0.2	15	1	1	斯里兰卡	88	0.1	−1	28	6
尼日利亚	842	0.2	14	15	17	乌克兰	79	0.1	23	35	26
菲律宾	729	0.1	6	34	−29	格陵兰	50	0.1	5	15	−1
洪都拉斯	648	0.1	8	25	4	突尼斯	50	0.1	0	−16	−12
突尼斯	588	0.1	5	11	−38	以色列	47	0.1	−11	−11	−23
以上40个经济体总计	**508 949**	**96.9**	—	—	—	以上40个经济体总计	**65 576**	**96.9**	—	—	—

注：该表加拿大数据经过秘书处调整。

表 37：

2009 年农产品的主要进出口方

单位：十亿美元，%

年份 / 地区	总额	占世界出口/进口份额				年度变化百分比			
	2009	1980	1990	2000	2009	2000—2009	2007	2008	2009
出口方									
欧盟（27）	495	—	—	41.8	42.3	9	20	16	−13
欧盟(27)对外出口	110	—	—	10.1	9.4	8	16	17	−14
美国	120	17.0	14.3	13.0	10.2	6	23	23	−15
巴西	58	3.4	2.4	2.8	4.9	16	22	27	−6
加拿大	44	5.0	5.4	6.3	3.7	3	10	11	−19
中国	41	1.5	2.4	3.0	3.5	11	19	9	−3
阿根廷	28	1.9	1.8	2.2	2.4	10	35	30	−25
泰国	28	1.2	1.9	2.2	2.4	10	16	27	−12
印尼	25	1.6	1.0	1.4	2.2	14	33	38	−23
澳大利亚	23	3.3	2.9	3.0	2.0	4	1	17	−10
俄罗斯	21	—	—	1.4	1.8	12	36	1	−12
马来西亚	21	2.0	1.8	1.5	1.8	11	32	35	−25
印度	17	1.0	0.8	1.1	1.4	12	34	30	−23
墨西哥	16	0.8	0.8	1.7	1.3	6	8	9	−9
新西兰	15	1.3	1.4	1.4	1.3	8	21	12	−14
智利	15	0.4	0.7	1.2	1.2	10	23	6	−2
以上 15 个经济体总计	**966**	**—**	**—**	**83.7**	**82.6**	**—**	**—**	**—**	**—**
进口方									
欧盟（27）	525	—	—	42.6	43.9	8	21	15	−14
欧盟(27)对外出口	141	—	—	13.3	11.8	7	21	16	−19
美国	101	8.7	9.0	11.6	8.4	4	6	6	−13
中国	77	2.1	1.8	3.3	6.4	16	27	33	−12
日本	68	9.6	11.5	10.4	5.7	1	5	17	−16
俄罗斯 a	29	—	—	1.6	2.4	14	15	28	−15
加拿大 a	28	1.8	2.0	2.6	2.4	7	14	10	−6
韩国	21	1.5	2.2	2.2	1.8	6	19	20	−20
墨西哥 a	20	1.2	1.2	1.8	1.7	7	19	18	−22
中国香港	17	—	—	—	—	4	13	23	4
留用进口	11	1.0	1.0	1.1	0.9	6	10	22	6
印度	14	0.5	0.4	0.7	1.2	15	33	17	17
沙特 b	12	1.5	0.8	1.0	1.0	9	26	27	−21
马来西亚	12	0.5	0.5	0.8	1.0	12	25	26	−8
印尼	11	0.6	0.5	1.0	0.9	8	40	27	−15
瑞士	11	1.2	1.3	1.0	0.9	8	17	19	−8
阿联酋	11	0.3	0.4	0.6	0.9	12	22	37	−7
以上 15 个经济体总计	**952**	**—**	**—**	**82.1**	**79.6**	**—**	**—**	**—**	**—**

a 进口以 f.o.b. 计价。
b I包括秘书处估计。

表 38：

1990—2009 年主要经济体的农产品出口

单位：百万美元，%

地区＼年份	总额 1990	2000	2007	2008	2009	占经济体总货物出口的份额 2000	2009a
世界	414 723	551 294	1 132 882	1 340 149	1 168 847	8.8	9.6
阿根廷	7 482	11 954	28 806	37 499	28 173	45.4	50.6
澳大利亚	11 875	16 446	22 399	26 134	23 449	25.7	15.2
白俄罗斯	—	761	2 231	2 637	2 606	10.4	12.2
巴西	9 779	15 464	48 287	61 400	57 659	28.1	37.7
喀麦隆 b	695	438	1 099	1 142	797	23.9	26.6
加拿大	22 339	34 789	48 726	54 125	43 637	12.6	13.8
智利	2 779	6 399	14 093	14 915	14 573	33.3	27.1
中国	10 060	16 384	38 860	42 254	40 880	6.6	3.4
哥伦比亚	2 514	3 106	5 858	6 693	5 971	23.8	18.2
哥斯达黎加	927	1 812	2 878	3 353	3 101	30.9	35.3
科特迪瓦 b	2 374	2 308	3 898	4 785	4 702	59.4	52.8
克罗地亚	…	595	1 732	1 850	1 727	13.4	16.5
厄瓜多尔	1 236	1 948	4 245	5 232	5 472	39.5	39.7
埃及 b	669	613	1 528	3 250	2 819	13.1	12.2
埃塞俄比亚	260	406	1 034	1 370	1 354	83.5	84.8
欧盟（27）	—	230 390	491 371	568 003	494 860	9.4	10.8
欧盟（27）对内出口	—	174 774	382 354	440 400	384 607	10.5	12.6
欧盟（27）对外出口	—	55 616	109 017	127 603	110 253	7.1	7.2
加纳 b	…	621	2 159	2 602	2 314	37.2	42.1
危地马拉	849	1 618	2 843	3 233	3 435	60.0	47.6
洪都拉斯	680	782	1 300	1 607	1 382	23.4	26.6
中国香港	4 556	5 693	5 481	6 743	6 773	2.8	2.1
内部出口	821	454	652	704	661	1.9	3.9
转口	3 735	5 240	4 826	6 039	6 113	2.9	2.0
冰岛	1 274	1 257	2 083	2 079	1 559	66.1	38.7
印度	3 506	5 931	16 770	21 769	16 661	14.0	10.2
印度尼西亚	4 154	7 764	23 805	32 857	25 264	11.9	21.1
伊朗	601	932	3 971	4 569	2 911	3.2	3.7
以色列	1 327	1 182	2 253	2 170	2 144	3.8	4.5
日本	3 298	4 395	7 565	8 366	7 895	0.9	1.4
肯尼亚	559	1 062	2 231	2 739	2 453	61.3	55.5
韩国	2 985	4 298	6 323	7 636	7 163	2.5	2.0
马拉维 b	382	342	617	680	807	90.2	87.7
马来西亚	7 500	8 015	20 515	27 797	20 861	8.2	13.3
墨西哥	3 466	9 100	15 602	17 075	15 585	5.5	6.8

续 表

地区＼年份	总额 1990	2000	2007	2008	2009	占经济体总货物出口的份额 2000	2009a
摩洛哥	1 228	1 746	3 006	3 741	3 243	23.5	23.4
新西兰	5 966	7 642	16 045	17 902	15 396	57.6	61.8
尼加拉瓜	295	547	976	1 207	1 145	84.8	82.3
挪威	3 077	4 244	7 508	8 388	8 027	7.1	6.6
巴基斯坦	1 081	1 234	2 327	3 901	3 209	13.7	18.2
巴拿马	263	580	937	959	655	67.5	69.1
巴拉圭	863	699	2 356	3 944	2 808	80.4	88.7
秘鲁	789	1 911	4 184	5 278	4 860	27.2	18.1
菲律宾	1 683	2 026	3 237	3 961	3 174	5.1	8.3
俄罗斯	—	7 527	23 611	23 878	21 056	7.1	6.9
塞尔维亚	…	…	1 822	2 100	2 031	…	24.3
塞尔维亚和黑山	…	389	…	…	…	22.6	20.1
新加坡	4 095	3 723	5 981	7 181	6 192	2.7	2.3
内部出口	1 183	1 202	2 513	3 374	2 906	1.5	2.1
转口	2 912	2 521	3 468	3 807	3 286	4.3	2.5
南非	1 691	3 227	5 573	7 037	6 679	10.8	10.7
斯里兰卡 b	758	1 093	2 015	2 327	2 023	20.1	27.5
瑞士	2 244	2 521	5 993	7 634	7 339	3.1	4.2
叙利亚 b	767	621	2 542	3 318	3 234	13.4	31.1
中国台北	3 732	3 509	4 557	5 002	4 325	2.4	2.1
坦桑尼亚	…	432	889	1 104	980	65.9	31.6
泰国	7 786	12 220	24 960	31 662	28 004	17.7	18.4
突尼斯	418	548	1 516	1 807	1 405	9.4	9.7
土耳其	3 300	3 828	9 471	11 189	10 937	13.8	10.7
乌干达 b	…	292	825	1 006	922	63.4	37.2
乌克兰	—	1 585	6 828	11 328	9 923	10.9	25.0
阿联酋 b	501	1 508	3 761	4 761	5 161	3.0	2.9
美国	59 404	71 408	113 697	139 967	119 584	9.1	11.3
乌拉圭	1 025	1 278	2 872	4 116	3 956	55.7	73.5
越南 b	…	3 954	11 331	14 560	10 704	27.3	18.7

a 接近一年。

b 包括秘书处估计。

c 主要的转口。

表 39：

1990—2009 年主要经济体的农产品进口

单位：百万美元，%

地区 \ 年份	总额					占经济体货物进口的份额	
	1990	2000	2007	2008	2009	2000	2009a
阿尔及利亚	2 766	2 815	6 103	9 098	6 995	30.7	17.8
阿根廷	326	1 644	2 225	3 242	1 970	6.5	5.1
澳大利亚 b	2 735	4 234	8 919	10 433	9 792	5.9	6.2
孟加拉国 c，d	835	1 716	5 322	6 822	6 249	19.3	28.6
白俄罗斯	—	1 227	2 487	3 419	2 573	14.2	9.0
委内瑞拉	986	1 970	4 487	8 291	6 621	13.5	16.3
波斯尼亚和黑塞哥维纳	...	...	1 659	2 083	1 771	...	20.2
巴西 e	2 690	4 762	7 266	9 690	8 208	8.5	6.4
加拿大 b	9 009	15 272	27 395	30 252	28 441	6.4	8.9
智利	461	1 421	3 446	4 613	3 323	7.7	7.8
中国	7 855	19 544	65 369	86 807	76 617	8.7	7.6
哥伦比亚	593	1 736	3 470	4 542	3 774	15.0	11.5
科特迪瓦 d	...	453	1 202	1 597	1591	16.3	26.3
克罗地亚	...	777	2 342	2 820	2 373	9.9	11.2
古巴	...	826	...	...	...	17.1	16.4
多米尼加 b，d	413	964	1 740	2 121	1 852	10.2	15.1
厄瓜多尔	206	423	1 289	1 682	1 586	11.4	10.5
埃及 d	4 793	4 208	6 242	10 635	9 177	30.0	20.4
萨尔瓦多	158	692	1 378	1 606	1 495	14.0	20.6
欧盟（27）f	—	253 703	532 435	614 405	525 380	9.8	11.1
欧盟（27）从外进口	—	78 952	150 081	174 005	140 773	8.6	8.4
危地马拉	196	673	1 689	2 008	1 720	14.1	14.9
中国香港	8 325	11 728	13 429	16 502	17 151	5.5	4.9
留用进口	4 591	6 488	8 603	10 463	11 039	18.6	27.8
印度	1 721	3 953	10 296	12 055	14 063	7.7	5.6
印度尼西亚	2 126	5 727	10 473	13 312	11 351	13.1	12.4
伊朗	3 830	2 943	5 196	7 846	7 060	21.2	14.0
以色列	1 565	2 288	4 018	5 059	4 150	6.1	8.4
日本	50 762	62 185	68 817	80 768	67 663	16.4	12.3
约旦	709	942	2 200	3 043	2 574	20.5	18.3
哈萨克斯坦	—	506	2 522	3 174	2 602	10.0	9.2
韩国	9 531	12 837	22 037	26 355	21 097	8.0	6.5
科威特 d	589	1 312	2 906	3 785	2 439	18.3	13.6
黎巴嫩 d	...	1 210	2 054	2 438	2 779	19.4	16.8
马来西亚	2 404	4 610	10 612	13 355	12 319	5.6	9.9
墨西哥 b	5 374	10 989	21 939	25 919	20 220	6.3	8.6
摩洛哥	1 096	1 941	4 691	5 887	4 408	16.8	13.4
新西兰	756	1 204	2 841	3 396	2 899	8.7	11.3
尼日利亚 d	658	1 212	6 773	10 516	4 337	13.9	11.1
挪威	2 090	2 956	6 770	7 868	6 586	8.6	9.5
阿曼	506	1 158	1 644	2 614	2 057	22.6	11.4
巴基斯坦	1 568	1 882	4 518	7 103	4 925	17.3	15.5

续　表

地区＼年份	总额 1990	2000	2007	2008	2009	占经济体货物进口的份额 2000	2009a
秘鲁	668	998	2 465	3 422	2 680	13.5	12.3
菲律宾	1 665	3 104	4 671	6 948	5 601	8.4	12.2
俄罗斯 b	—	9 262	26 884	34 284	29 079	20.7	15.2
沙特 d	3 487	5 663	12 445	15 861	12 489	18.7	13.1
塞内加尔 d	372	394	1 292	1 778	1 212	25.9	25.7
新加坡	4 702	4 890	8 370	10 020	8 756	3.6	3.6
留用进口	1 789	2 369	4 901	6 214	5 470	3.1	4.8
南非 b	1 219	1 650	4 832	5 364	4 730	6.2	7.4
斯里兰卡 d	549	934	1 508	2 022	1 362	13.0	13.3
苏丹	...	376	545	1 261	...	24.2	13.8
瑞士	5 920	5 693	10 387	12 324	11 346	6.9	7.3
叙利亚 d	791	850	2 176	3 020	3 313	22.3	20.3
中国台北	6 203	7 899	10 847	12 612	10 311	5.6	5.9
泰国	3 230	4 484	8 446	11 668	9 364	7.2	7.0
突尼斯	819	968	2 298	2 985	2 023	11.3	10.6
土耳其	2 806	4 133	9 812	13 037	9 624	7.6	6.8
乌克兰	—	1 092	4 584	6 995	5 273	7.8	11.6
阿联酋	1 726	3 857	8 283	11 355	10 571	11.0	7.6
美国	39 966	69 115	109 572	115 908	100 745	5.5	5.3
越南 d	236	1 269	5 870	7 925	9 267	8.1	13.2
也门	...	...	2 183	2 673	2 600	...	30.6

a　接近一年。
b　进口以 f.o.b. 计价。
c　财政年度的数据。
d　包括秘书处估计。
e　自 2000 年进口以 f.o.b. 计价。
f　参见欧盟（27）从外进口的详细数据。

表 40：

2009 年燃料和矿产品的出口（按目的地）

单位：十亿美元，%

地区＼年份	总额	份额 地区出口		世界出口		年度变化百分比		
	2009	2000	2009	2000	2009	2000—2009	2008	2009
世界	2 263	100.0	100.0	100.0	100.0	11	33	−36
欧洲								
世界	483	100.0	100.0	23.9	21.3	10	26	−37
欧洲	380	79.9	78.8	19.1	16.8	10	26	−38
北美洲	34	11.0	7.0	2.6	1.5	5	14	−43
亚洲	23	3.5	4.7	0.8	1.0	14	21	−19
非洲	16	1.6	3.3	0.4	0.7	19	45	−26
中东	7	0.9	1.5	0.2	0.3	17	36	−28
独联体	4	0.6	0.8	0.1	0.2	14	38	−41
中、南美洲	3	0.6	0.6	0.2	0.1	9	−4	−25
中东								
世界	469	100.0	100.0	22.9	20.7	10	37	−38
亚洲	309	61.2	66.0	14.0	13.7	11	47	−39

续 表

年份 地区	总额	份额				年度变化百分比		
		地区出口		世界出口				
	2009	2000	2009	2000	2009	2000—2009	2008	2009
欧洲	47	15.8	10.1	3.6	2.1	5	22	−45
北美洲	39	12.0	8.3	2.7	1.7	6	41	−54
中东	20	1.9	4.3	0.4	0.9	20	22	−21
非洲	11	3.1	2.4	0.7	0.5	7	30	−32
中、南美洲	3	0.7	0.6	0.2	0.1	7	82	−41
独联体	0	0.0	0.0	0.0	0.0	8	57	−49
亚洲								
世界	386	100.0	100.0	14.1	17.0	14	35	−29
亚洲	318	83.3	82.6	11.7	14.1	14	36	−26
欧洲	26	5.7	6.7	0.8	1.1	16	38	−35
北美洲	14	7.0	3.7	1.0	0.6	6	−1	−29
中东	10	0.9	2.5	0.1	0.4	28	39	−44
中、南美洲	6	0.6	1.5	0.1	0.3	25	87	−51
非洲	6	0.3	1.5	0.0	0.3	35	36	−36
独联体	1	0.2	0.2	0.0	0.0	14	56	−55
独联体								
世界	284	100.0	100.0	9.9	12.6	14	39	−39
欧洲	192	65.8	67.5	6.5	8.5	15	36	−40
亚洲	34	8.0	11.9	0.8	1.5	20	33	−26
独联体	32	11.9	11.3	1.2	1.4	14	52	−42
北美洲	18	7.2	6.2	0.7	0.8	13	32	−32
中东	4	1.1	1.5	0.1	0.2	18	89	−62
中、南美洲	2	5.6	0.8	0.6	0.1	−7	60	−33
非洲	1	0.2	0.5	0.0	0.1	28	309	−42
非洲								
世界	246	100.0	100.0	10.2	10.9	12	32	−38
欧洲	95	47.4	38.6	4.9	4.2	10	43	−39
亚洲	66	18.8	26.9	1.9	2.9	17	36	−28
北美洲	57	24.1	23.2	2.5	2.5	12	21	−45
非洲	14	5.1	5.9	0.5	0.6	14	47	−34
中、南美洲	8	3.3	3.2	0.3	0.4	12	51	−51
中东	2	0.8	0.9	0.1	0.1	14	40	−16
独联体	0	0.0	0.1	0.0	0.0	25	120	−49
北美洲								
世界	218	100.0	100.0	11.0	9.6	10	34	−37
北美洲	133	75.4	61.3	8.3	5.9	7	30	−41
亚洲	32	9.5	14.7	1.0	1.4	15	21	−20
欧洲	30	9.8	13.9	1.1	1.3	14	50	−38
中、南美洲	17	4.3	7.8	0.5	0.8	17	51	−31
非洲	3	0.5	1.2	0.1	0.1	20	87	−18
中东	2	0.4	0.9	0.0	0.1	18	56	−12
独联体	0	0.0	0.1	0.0	0.0	21	96	−60
中、南美洲								
世界	178	100.0	100.0	7.9	7.9	11	25	−31
北美洲	59	48.2	33.0	3.8	2.6	7	23	−39
亚洲	49	10.6	27.8	0.8	2.2	24	21	−7
中、南美洲	41	23.5	23.1	1.9	1.8	11	44	−31
欧洲	25	14.1	14.2	1.1	1.1	11	11	−40
非洲	1	0.5	0.7	0.0	0.1	15	6	−48
中东	1	0.7	0.5	0.1	0.0	8	65	−40
独联体	0	0.1	0.0	0.0	0.0	0	4	−64

表 41：

2009 年制成品的出口（按目的地）

单位：十亿美元，%

地区＼年份	总额	份额				年度变化百分比		
		地区出口		世界出口				
	2009	2000	2009	2000	2009	2000—2009	2008	2009
世界	8 355	100.0	100.0	100.0	100.0	7	10	−20
欧洲								
世界	**3 879**	**100.0**	**100.0**	**45.2**	**46.4**	**7**	**9**	**−22**
欧洲	2 748	72.1	70.8	32.6	32.9	7	7	−22
亚洲	368	8.2	9.5	3.7	4.4	9	12	−12
北美洲	302	11.2	7.8	5.0	3.6	3	2	−21
中东	130	2.4	3.3	1.1	1.6	11	22	−19
非洲	126	2.3	3.2	1.1	1.5	11	20	−10
独联体	125	1.3	3.2	0.6	1.5	19	25	−40
中、南美洲	66	1.9	1.7	0.9	0.8	6	21	−23
亚洲								
世界	**2 850**	**100.0**	**100.0**	**29.7**	**34.1**	**8**	**11**	**−17**
亚洲	1 344	45.5	47.2	13.5	16.1	9	11	−13
北美洲	577	29.1	20.3	8.6	6.9	4	3	−19
欧洲	551	18.7	19.3	5.5	6.6	9	11	−21
中东	136	2.5	4.8	0.7	1.6	16	32	−17
中、南美洲	81	1.8	2.8	0.5	1.0	14	33	−22
非洲	81	1.3	2.8	0.4	1.0	18	28	−14
独联体	51	0.4	1.8	0.1	0.6	27	36	−49
北美洲								
世界	**1 130**	**100.0**	**100.0**	**20.5**	**13.5**	**2**	**5**	**−19**
北美洲	535	55.5	47.3	11.4	6.4	0	0	−20
亚洲	218	18.8	19.3	3.8	2.6	2	4	−15
欧洲	218	17.4	19.3	3.6	2.6	3	8	−18
中、南美洲	93	5.7	8.3	1.2	1.1	6	24	−21
中东	40	1.6	3.5	0.3	0.5	11	21	−17
非洲	19	0.8	1.6	0.2	0.2	10	16	−9
独联体	7	0.2	0.6	0.0	0.1	13	29	−45
中东								
世界	**188**	**100.0**	**100.0**	**1.4**	**2.2**	**13**	**29**	**−20**
中东	75	25.1	39.9	0.3	0.9	19	14	−12
亚洲	40	20.9	21.0	0.3	0.5	13	74	−26
欧洲	22	18.2	11.8	0.3	0.3	7	44	−35
非洲	21	8.6	11.0	0.1	0.2	16	21	−27
北美洲	20	21.4	10.9	0.3	0.2	4	19	−17

续 表

地区 \ 年份	总额	份额				年度变化百分比		
		地区出口		世界出口				
	2009	2000	2009	2000	2009	2000—2009	2008	2009
独联体	3	1.7	1.4	0.0	0.0	10	5	−35
中、南美洲	2	1.0	0.9	0.0	0.0	11	75	−23
中、南美洲								
世界	**126**	**100.0**	**100.0**	**1.6**	**1.5**	**6**	**12**	**−27**
中、南美洲	56	33.9	44.2	0.5	0.7	9	19	−24
北美洲	35	46.0	27.6	0.7	0.4	0	5	−35
欧洲	18	13.6	14.0	0.2	0.2	7	3	−26
亚洲	12	4.9	9.3	0.1	0.1	14	20	−19
非洲	4	1.1	3.1	0.0	0.0	19	-13	−21
中东	2	0.4	1.2	0.0	0.0	19	23	−31
独联体	0	0.0	0.2	0.0	0.0	24	37	−73
独联体								
世界	**109**	**100.0**	**100.0**	**0.9**	**1.3**	**11**	**29**	**−37**
独联体	40	34.6	37.2	0.3	0.5	12	21	−37
欧洲	31	27.9	28.9	0.3	0.4	11	27	−45
亚洲	18	19.6	16.4	0.2	0.2	8	54	−19
中东	7	4.2	6.1	0.0	0.1	15	20	−30
北美洲	4	8.1	4.1	0.1	0.1	2	43	−46
非洲	3	3.0	3.0	0.0	0.0	11	40	−33
中、南美洲	3	2.1	2.4	0.0	0.0	12	40	−47
非洲								
世界	**74**	**100.0**	**100.0**	**0.8**	**0.9**	**8**	**23**	**−25**
欧洲	32	59.1	43.5	0.4	0.4	5	9	−29
非洲	19	15.8	25.2	0.1	0.2	14	35	−13
亚洲	9	10.5	12.6	0.1	0.1	11	54	−33
北美洲	6	9.1	8.5	0.1	0.1	8	29	−34
中东	4	3.4	5.3	0.0	0.0	14	56	−30
中、南美洲	1	1.4	1.4	0.0	0.0	9	65	−53
独联体	0	0.2	0.2	0.0	0.0	7	38	−44

表 42:

2009 年美国、欧盟和中国的制成品贸易（按原产地和目的地）

单位：十亿美元，%

出口						年份/地区	进口					
总额	份额		年度变化百分比				总额	份额		年度变化百分比		
2009	2000	2009	2000—2009	2008	2009		2009	2000	2009	2000—2009	2008	2009
						美国						
800	100.0	100.0	2	7	−17	世界	1 121	100.0	100.0	2	1	−21
263	38.0	32.8	1	3	−17	北美洲	242	27.2	21.6	−1	−5	−22
78	7.5	9.7	5	23	−18	中、南美洲	29	3.1	2.6	0	5	−33
23	2.2	2.8	6	33	−19	巴西	9	1.0	0.8	−1	2	−47
195	24.0	24.3	3	8	−18	欧洲	249	21.6	22.2	2	3	−23
178	22.4	22.2	2	8	−18	欧盟（27）	229	20.2	20.4	2	2	−23
6	0.3	0.7	12	30	−45	独联体	4	0.4	0.3	−1	47	−61
4	0.2	0.5	12	25	−48	俄罗斯	3	0.3	0.3	2	45	−50
17	1.1	2.1	10	18	−9	非洲	7	0.4	0.6	6	26	−35
38	2.3	4.7	11	21	−17	中东	20	1.5	1.8	3	7	−19
205	26.8	25.6	2	4	−14	亚洲	572	45.7	51.0	3	1	−18
44	1.9	5.5	15	6	−2	中国	298	10.7	26.6	12	4	−12
34	7.2	4.3	−3	1	−20	日本	93	14.9	8.3	−5	−3	−32
84	13.6	10.5	−1	−1	−17	六个东亚贸易方	118	15.3	10.5	−2	−4	−20
						欧盟（27）						
3 605	100.0	100.0	7	8	−22	世界	3 377	100.0	100.0	6	7	−22
277	11.0	7.7	2	1	−22	北美洲	198	9.4	5.9	1	5	−19
60	1.9	1.7	5	20	−23	中、南美洲	20	0.7	0.6	5	7	−27
27	0.7	0.7	8	32	−22	巴西	11	0.3	0.3	5	7	−31
2 584	72.5	71.7	7	7	−22	欧洲	2 517	72.5	74.5	7	7	−22
2 363	66.9	65.5	6	7	−23	欧盟（27）	2 363	68.5	70.0	7	7	−23
114	1.2	3.2	18	24	−40	独联体	22	0.6	0.7	8	17	−46
78	0.8	2.2	18	27	−43	俄罗斯	14	0.4	0.4	7	15	−43
114	2.4	3.2	10	19	−12	非洲	31	1.1	0.9	4	7	−28
110	2.3	3.0	10	16	−18	中东	18	0.7	0.5	3	6	−30
332	8.0	9.2	8	11	−13	亚洲	565	14.6	16.7	8	8	−20
98	1.1	2.7	19	17	−2	中国	289	3.3	8.6	18	15	−17
41	1.7	1.1	2	1	−17	日本	75	4.3	2.2	−1	3	−30
107	3.3	3.0	5	8	−15	六个东亚贸易方	129	5.0	3.8	3	0	−23
						中国 a						
1 125	100.0	100.0	20	17	−16	世界	675	100.0	100.0	17	8	−8
293	31.9	26.0	17	7	−12	北美洲	61	11.8	9.0	13	10	−7
40	2.5	3.6	25	40	−22	中、南美洲	7	0.3	1.0	32	5	18
14	0.5	1.2	32	61	−20	巴西	3	0.2	0.4	26	28	21
290	21.5	25.8	22	17	−18	欧洲	121	17.5	17.9	17	20	−4
275	20.4	24.4	22	18	−18	欧盟（27）	112	16.5	16.6	17	20	−5
37	1.3	3.3	33	35	−40	独联体	7	1.9	1.0	9	11	34
16	0.9	1.4	26	15	−48	俄罗斯	4	1.4	0.6	6	21	14
44	2.0	3.9	29	38	−8	非洲	3	0.2	0.4	23	10	−10
49	2.5	4.3	27	33	−13	中东	9	0.7	1.3	25	17	12
370	38.3	32.9	18	18	−13	亚洲	468	67.6	69.4	17	5	−10
103	15.7	9.2	13	11	−13	日本	120	23.1	17.8	13	10	−12
162	16.4	14.4#	18	16	−13	六个东亚贸易方	240	37.3	35.6	16	4	−9

a 中国通报其内部进口占制成品进口的 13%。

表 43：

2009 年制成品的主要进出口方

单位：十亿美元，%

地区 \ 年份	总额	占世界出口/进口份额				年度变化百分比			
	2009	1980	1990	2000	2009	2000—2009	2007	2008	2009
出口方									
欧盟（27）	3 605	—	—	42.8	43.2	7	16	8	−22
欧盟(27) 对外出口	1 243	—	—	14.2	14.9	7	17	11	−20
中国 a	1 125	0.8	1.9	4.7	13.5	20	27	17	−16
美国	800	13.0	12.1	13.8	9.6	2	8	7	−17
日本	508	11.2	11.5	9.6	6.1	1	9	8	−27
韩国	323	1.4	2.5	3.3	3.9	8	14	10	−12
中国香港	305	—	—	—	—	5	9	5	−12
内部出口	6	1.2	1.1	0.5	0.1	−14	−22	−21	−39
转口	299	—	—	—	—	6	10	6	−12
新加坡	198	0.8	1.6	2.5	2.4	6	6	4	−17
内部出口	87	0.4	1.0	1.3	1.0	4	3	−1	−13
转口	111	0.3	0.6	1.2	1.3	8	9	9	−19
中国台北	180	1.6	2.6	3.0	2.2	3	9	1	−19
墨西哥 a	172	0.4	1.1	2.9	2.1	2	8	4	−19
加拿大	157	2.7	3.1	3.7	1.9	−1	4	−5	−27
瑞士	155	2.4	2.5	1.5	1.9	9	16	15	−14
马来西亚 a，b	109	0.2	0.7	1.7	1.3	4	6	4	−16
泰国	109	0.1	0.6	1.1	1.3	9	18	9	−14
印度	107	0.5	0.5	0.7	1.3	14	19	30	−14
阿联酋 b，c	89	0.1	0.1	0.4	1.1	19	40	33	−23
以上 15 个经济总计	**7 644**	**—**	**—**	**92.2**	**91.5**	**—**	**—**	**—**	**—**
进口方									
欧盟（27）	3 377	—	—	39.9	39.1	6	17	7	−22
欧盟(27)从外进口	1 014	—	—	12.6	11.7	6	18	8	−21
美国	1 121	11.2	15.4	19.8	13.0	2	4	1	−21
中国 a，d	675	1.1	1.7	3.5	7.8	17	17	8	−8
中国香港	311	—	—	—	—	5	10	5	−11
留用进口	12	1.1	0.9	0.5	0.1	−7	−5	−28	12
日本	286	2.3	4.1	4.3	3.3	3	5	9	−16
加拿大 e	242	3.7	3.8	4.1	2.8	2	7	2	−20
墨西哥 a，e	188	1.5	1.3	3.1	2.2	3	2	11	−21
韩国	186	0.9	1.8	2.0	2.2	7	16	12	−20
新加坡	162	1.2	1.8	2.2	1.9	4	8	9	−21
留用进口	52	0.8	1.2	1.1	0.6	−1	5	9	−24
俄罗斯 b，e	153	—	—	0.6	1.8	19	40	30	−37
瑞士	126	2.3	2.4	1.4	1.5	7	18	10	−14
印度	116	0.5	0.5	0.5	1.3	20	37	37	−20
澳大利亚 e	115	1.3	1.3	1.2	1.3	8	17	16	−16
中国台北	112	0.9	1.5	2.3	1.3	0	4	0	−22
巴西 e	97	0.9	0.5	0.8	1.1	10	20	58	−20
以上 15 个经济总计	**6 969**	**—**	**—**	**86.1**	**80.7**	**—**	**—**	**—**	**—**

a 包括重要的经过加工区出口的货物。

b 包括秘书处估计。

c 重要的转口。

d 中国通报其 2009 年内部的进口达 851 亿美元。

e 进口以 f.o.b. 计价。

表 44：

1990—2009 年主要经济体的制成品出口

单位：十亿美元，%

地区＼年份	份额					占经济体总货物出口的份额	
	1990	2000	2007	2008	2009	2000	2009a
世界	2 391	4 702	9 529	10 468	8 355	74.9	68.6
阿根廷	4	9	17	22	18	32.4	31.9
澳大利亚	7	15	26	29	23	23.7	14.9
孟加拉 b，c	1	6	11	13	13	92.0	87.6
白俄罗斯	—	5	13	17	10	66.6	47.6
巴西	16	32	75	86	58	57.5	38.0
柬埔寨 c	...	1	4	4	4	95.7	97.1
加拿大	73	176	224	214	157	63.5	49.6
智利	1	3	7	8	6	14.5	11.4
中国 d	44	220	1 136	1 331	1 125	88.2	93.6
哥伦比亚	2	4	12	12	9	32.5	27.4
哥斯达黎加 c，d	0	4	6	6	6	67.8	62.8
克罗地亚	...	3	8	10	7	72.5	66.3
多米尼加 d	2	5	5	4	3	87.7	60.3
埃及 c	1	2	9	10	10	40.9	43.1
萨尔瓦多 d	0	2	3	3	3	76.5	71.1
欧盟（27）	—	2 012	4 265	4 609	3 605	82.0	78.6
欧盟（27）对内出口	—	1 345	2 858	3 050	2 363	80.7	77.2
欧盟（27）对外出口	—	667	1 407	1 559	1 243	84.9	81.3
危地马拉	0	1	3	4	3	32.1	43.1
中国香港	76	192	331	348	305	95.0	92.6
内部出口	27	22	12	10	6	94.1	35.2
转口	48	170	319	338	299	95.1	95.7
印度 e	13	33	95	124	107	77.3	66.0
印尼 c，d	9	37	48	53	47	56.5	39.1
伊朗 c	1	2	8	11	8	6.9	9.8
以色列 e	10	30	51	54	43	94.1	88.9
日本	275	450	641	694	508	93.8	87.5
约旦	1	1	4	6	5	50.2	71.7
哈萨克斯坦	—	1	6	10	6	16.4	13.2
韩国	61	155	330	365	323	89.9	88.7
马来西亚 c，d	16	79	125	130	109	80.4	69.5
墨西哥 d	25	139	204	212	172	83.3	75.1
摩洛哥 d	2	5	10	13	9	64.1	64.4
新西兰	2	4	7	8	6	30.0	25.3
挪威	11	13	25	29	24	22.2	19.6
巴基斯坦	4	8	14	15	13	84.7	76.0
菲律宾 c，d	6	35	43	41	33	87.4	85.3
俄罗斯	—	25	73	92	64	23.5	21.1
沙特 c	4	6	25	27	23	7.7	12.2
塞尔维亚	...	...	6	7	5	...	62.0
塞尔维亚和黑山	...	1	...	...	...	60.9	57.2

续 表

地区 \ 年份	份额					占经济体总货物出口的份额	
	1990	2000	2007	2008	2009	2000	2009a
新加坡	37	118	227	237	198	85.4	73.2
内部出口	23	63	101	100	87	80.4	62.9
转口	14	54	126	137	111	92.0	84.2
南非 c，e	8	20	38	44	32	67.5	51.8
斯里兰卡 c	1	4	5	5	5	76.3	65.0
瑞士	60	72	155	179	155	90.0	89.4
中国台北	62	141	221	223	180	95.1	88.5
泰国	15	52	116	127	109	74.8	71.7
特立尼达和多巴哥	1	1	4	5	2	28.8	17.9
突尼斯	2	5	11	14	11	77.0	75.4
土耳其	9	22	87	104	78	80.3	76.5
乌克兰	—	10	36	47	25	67.1	61.9
阿联酋 c，f	3	19	87	116	89	37.4	51.0
美国	290	649	897	963	800	83.0	75.8
越南 c	...	6	26	34	37	42.6	64.6

a 接近一年。

b 财政年度的数据。

c 包括秘书处估计。

d 包括重要的自加工区的出口。

e 包括重要的钻石出口。最近几年，钻石占制成品出口的份额，印度为 14%，以色列是 6%，南非则是 5%。

f 重要的转口。

表 45：

1990—2009 年主要经济体的制成品进口

单位：十亿美元，%

地区 \ 年份	总额					占经济体总货物出口的份额	
	1990	2000	2007	2008	2009	2000	2009a
阿尔及利亚	7	6	21	29	31	66.5	79.7
阿根廷 b	3	22	38	48	33	87.1	86.1
澳大利亚 c	32	59	118	137	115	83.0	72.2
孟加拉国 b，d	2	5	10	12	11	57.9	51.4
白俄罗斯	—	4	14	19	13	49.0	45.3
委内瑞拉	5	12	37	38	30	81.0	73.0
巴西 e	13	41	77	122	97	73.4	75.9
加拿大 c	93	201	294	301	242	83.6	75.5
智利	5	12	26	35	25	64.1	58.9
中国 f	42	170	678	733	675	75.5	67.1
哥伦比亚	4	9	27	32	27	79.6	81.7
哥斯达黎加 f	1	5	9	11	9	82.8	75.4
科特迪瓦 b	...	1	3	3	3	41.1	47.7
克罗地亚	...	6	19	22	15	73.3	69.8
多米尼加 b，c，f	2	7	8	9	7	73.9	61.0
厄瓜多尔	2	3	9	12	11	70.8	70.1
欧盟（27）g	—	1 954	4 054	4 337	3 377	75.7	71.3
欧盟（27）从外进口	—	616	1 195	1 287	1 014	67.2	60.6
危地马拉 f	1	3	9	9	7	71.7	64.3
中国香港	71	193	334	349	311	90.0	88.2

续 表

地区＼年份	总额					占经济体总货物出口的份额	
	1990	2000	2007	2008	2009	2000	2009a
留用进口	22	22	15	11	12	63.9	29.7
印度 h	12	22	106	145	116	43.6	46.6
印尼 b，f	17	30	57	77	58	69.9	63.5
伊朗 b	15	10	33	40	37	71.6	74.3
伊拉克 b	...	2	16	25	28	15.8	76.1
以色列 h	12	29	42	45	34	77.1	69.3
日本	100	213	314	342	286	56.0	51.8
约旦	1	3	8	9	8	57.5	59.5
哈萨克斯坦	—	4	26	28	23	73.2	79.7
肯尼亚 b	1	2	6	6	6	55.3	57.9
韩国	44	98	206	232	186	61.2	57.6
科威特 b	3	6	17	20	14	77.5	78.6
黎巴嫩 b	...	3	7	9	9	55.8	53.8
马来西亚 b，f	23	68	111	114	93	83.1	75.0
墨西哥 c，f	32	150	215	239	188	85.9	80.4
摩洛哥 f	4	7	19	24	21	62.9	63.3
新西兰	8	11	23	23	18	77.7	71.4
尼日利亚 b	5	4	24	29	28	50.0	72.7
挪威	21	27	62	69	53	79.9	75.8
阿曼 b	2	3	13	18	14	67.5	78.5
巴基斯坦	4	5	18	20	17	46.8	52.1
秘鲁	2	5	14	21	16	70.3	72.3
菲律宾	9	29	42	39	31	77.9	67.1
卡塔尔 b	1	3	21	25	21	84.4	91.3
俄罗斯 b，c	—	31	186	242	153	69.8	79.8
沙特 b	18	22	72	88	77	72.9	80.4
墨尔维亚	...	...	13	15	10	...	66.4
墨尔维亚和黑山	...	2	...	...	...	63.3	64.8
新加坡	44	110 |	188	205	162	81.6	66.1
留用进口	30	55 |	62	68	52	73.4	45.3
南非 b，c	13	19	56	59	44	71.7	68.3
斯里兰卡 b	2	5	7	8	6	68.2	59.8
瑞士	58	68	132	146	126	82.0	80.6
叙利亚 b	1	2 |	7	8	8	64.7	48.6
中国台北	37	110	144	144	112	78.9	64.5
泰国	25	47	98	114	90	75.8	67.3
特立尼达和多巴哥	1	2	4	5	4	56.1	53.4
突尼斯	4	6	14	16	14	75.4	74.8
土耳其	14	38	107	118	89	70.0	63.5
乌克兰	—	6	37	51	24	41.1	52.3
阿联酋	9	29	81	117	91	84.2	65.2
美国	376	968	1409	1417	1121	76.9	65.3
越南 b	2	11	44	54	51	72.8	72.2

a 接近一年。

b 包括秘书处估计。

c 进口以 f.o.b. 计价。

d 财政年度的数据。

e 自 2000 年进口以 f.o.b. 计价。

f 包括重要的加工区进口。

g EU（27）从内部的进口见数据库。

h 包括重要的钻石进口。最近几年，钻石占制成品进口的份额，印度为 12%，以色列是 16%。

表 46：　　1990—2009 年主要经济体的汽车出口

单位：百万美元，%

地区 \ 年份	份额 1990	2000	2007	2008	2009	占经济体总货物出口份额 2000	2009a
世界	318 959	577 785	1 201 976	1 245 762	846 681	9.2	7.0
阿根廷	200	2 108	5 479	6 654	5 480	8.0	9.8
澳大利亚	726	2 151	3 697	4 341	2 029	3.4	1.3
白俄罗斯	—	740	2 003	2 192	889	10.1	4.2
委内瑞拉	73	223	231	81	41	0.7	0.1
巴西	2 034	4 683	13 134	14 750	8 555	8.5	5.6
加拿大	28 442	60 656	65 832	51 796	34 170	21.9	10.8
智利	18	203	358	311	265	1.1	0.5
中国 b	258	1 581	23 031	28 636	19 852	0.6	1.7
哥伦比亚	6	226	1 130	533	248	1.7	0.8
科特迪瓦	...	11	185	37	73	0.3	0.8
克罗地亚	...	45	209	248	182	1.0	1.7
厄瓜多尔	1	60	243	404	247	1.2	1.8
欧盟（27）	—	287 180	644 622	661 262	455 859	11.7	9.9
欧盟（27）对内出口	—	216 416	475 315	474 086	334 821	13.0	10.9
欧盟（27）向外出口	—	70 764	169 308	187 175	121 038	9.0	7.9
中国香港	354	764	1 459	1 760	1 665	0.4	0.5
内部出口	27	23	24	15	8	0.1	0.0
转口	328	741	1 435	1 745	1 658	0.4	0.5
印度	198	581	3 522	4 920	4 744	1.4	2.9
印尼	22	369	2 150	2 783	1 861	0.6	1.6
伊朗	...	61	375	445	255	0.2	0.3
以色列	31	31	319	201	609	0.1	1.3
日本	66 195	88 082	158 808	171 024	103 711	18.4	17.9
约旦	19	62	142	260	219	3.3	3.4
韩国	2 301	15 194	49 484	48 842	37 003	8.8	10.2
马来西亚 b	121	307	1 122	1 154	944	0.3	0.6
墨西哥 b	4 383	30 655	45 304	45 985	36 254	18.4	15.8
摩洛哥 b	28	24	166	209	226	0.3	1.6
挪威	305	459	907	929	594	0.8	0.5
菲律宾 b	23	583	1 782	2 196	1 535	1.5	4.0
卡塔尔 c	32	32	197	431	302	0.3	0.7
俄罗斯	—	959	3 786	3 873	1 754	0.9	0.6
沙特 c	229	59	1 288	291	1 491	0.1	0.8
新加坡	348	678	2 864	3 399	2 927	0.5	1.1
内部出口 c	82	90	47	56	22	0.1	0.0
转口 c	266	588	2 817	3 343	2 701	1.0	2.1
南非	249	1 708	5 369	7 737	5 087	5.7	8.1
瑞士	591	772	2 001	2 016	1 554	1.0	0.9
中国台北	829	2 221	4 138	4 209	3 642	1.5	1.8
泰国	108	2 417	12 669	16 227	11 683	3.5	7.7
突尼斯	30	63	352	350	312	1.1	2.2
土耳其	153	1 517	15 582	17 873	11 987	5.5	11.7
乌克兰	—	145	933	1134	367	1.0	0.9
阿联酋 c，d	1	2 109	17 118	20 912	15 083	4.2	8.6
美国	32 547	67 195	109 050	111 529	72 645	8.6	6.9
越南 c	...	8	424	456	280	0.1	0.5

a　接近一年。

b　包括重要的出口加工区的出口。

c　包括秘书处估计。

d　主要的转口。

表 47：

1990—2009 年主要经济体的汽车进口

单位：百万美元，%

年份 地区	份额					占经济体总货物进口的份额	
	1990	2000	2007	2008	2009	2000	2009a
阿尔及利亚	658	615	3 453	4 664	4 677	6.7	11.9
阿根廷	183	2 805	7 160	9 560	6 212	11.2	16.0
澳大利亚 b	3 794	8 550	19 563	21 668	15 115	12.0	9.5
巴林 c	152	214	896	843	570	4.6	7.8
孟加拉国 c，d	77	191	331	424	388	2.2	1.8
白俄罗斯	—	297	1 339	2 082	1 123	3.4	3.9
委内瑞拉	426	1 451	7 238	3 070	1 072	9.9	2.6
巴西 e	532	4 154	8 345	13 189	11 722	7.4	9.2
加拿大 b	24 640	46 276	66 801	61 052	43 505	19.3	13.6
智利	579	1 507	4 118	5 122	2 963	8.1	7.0
中国 f	1 796	3 798	24 033	29 069	30 848	1.7	3.1
哥伦比亚	416	590	3 868	3 515	2 558	5.1	7.8
克罗地亚	...	831	2 279	2 509	1 202	10.5	5.7
厄瓜多尔	157	184	1 302	1 782	1 508	4.9	10.0
埃及	416	514	1 089	2 979	2 583	3.7	5.7
埃塞俄比亚	114	141	593	515	465	11.2	5.8
欧盟（27）g	—	245 244	552 535	552 490	387 017	9.5	8.2
欧盟（27）从外进口	—	32 091	77 220	78 404	52 196	3.5	3.1
加纳 c	...	331	1 104	1 256	1 110	11.1	13.6
危地马拉 f	117	481	925	855	557	10.0	4.8
中国香港	994	2 195	2 796	3 406	2 838	1.0	0.8
留用进口	666	1 455	1 361	1 661	1 180	4.2	3.0
印度	260	431	2 318	3 615	2 973	0.8	1.2
印尼	1 523	1 870	2 597	6 000	3 739	4.3	4.1
伊朗 c	...	770	4 329	6 158	4 416	5.5	8.8
以色列	871	2 298	3 339	4 018	3 384	6.1	6.9
日本	7 327	9 957	15 354	15 871	10 048	2.6	1.8
约旦	108	519	977	1 173	1 383	11.3	9.8
哈萨克斯坦	—	435	4 230	2 361	1 382	8.6	4.9
肯尼亚	255	156	726	758	696	5.0	6.8
韩国	929	1 773	6 684	7 250	5 371	1.1	1.7
科威特 c	453	1 141	3 200	3 772	2 686	15.9	15.0
黎巴嫩 c	...	535	944	1 675	1 277	8.6	7.7
马来西亚 f	1 312	1 833	3 223	4 002	3 901	2.2	3.2
墨西哥 b，f	933	20 003	29 497	30 513	21 448	11.5	9.2
摩洛哥 f	317	471	2 102	2 946	2 466	4.1	7.5
新西兰	1 012	1 480	3 431	3 156	1 791	10.6	7.0
挪威	1 419	2 597	7 413	7 138	4 975	7.6	7.2
阿曼 c	429	1 109	3 781	5 669	3 288	21.6	18.2
巴基斯坦	390	324	1 214	1 026	804	3.0	2.5
巴拿马	111	332	773	870	749	9.8	9.6
秘鲁	176	510	1 436	2 619	1 777	6.9	8.2

续 表

地区 \ 年份	份额					占经济体总货物进口的份额	
	1990	2000	2007	2008	2009	2000	2009a
菲律宾	537	974	1 461	1 729	1 697	2.6	3.7
卡塔尔 c	202	409	2 616	3 281	1 670	12.6	7.3
俄罗斯 b	—	2 381	32 934	47 453	14 358	5.3	7.5
沙特 c	2 839	3 815	12 024	15 854	15 434	12.6	16.1
新加坡	1 418	2 417	4 025	4 978	3 632	1.8	1.5
留用进口 c	1 152	1 829	1 207	1 636	528	2.4	0.5
南非 b, c	...	2 401	12 245	11 280	7 244	9.0	11.4
苏丹	...	155	993	906	...	10.0	9.9
瑞士	6 048	6 222	9 969	11 522	9 709	7.5	6.2
叙利亚 c	75	184	1 001	935	768	4.8	4.7
中国台北	2 565	2 676	2 904	2 461	2 643	1.9	1.5
泰国	2 651	2 084	4 793	5 965	4 922	3.4	3.7
突尼斯	306	595	1 243	1 478	1 418	6.9	7.4
土耳其	1 177	5 831	14 684	15 155	10 498	10.7	7.4
乌克兰	—	446	8 006	11 442	1 907	3.2	4.2
阿联酋	964	2 384	11 465	16 999	8 655	6.8	6.2
美国	79 320	170 195	220 770	199 229	133 319	13.5	9.2
越南 c	...	294	1 578	2 448	3 314	1.9	4.7

a 接近一年。

b 进口以 f. o. b. 计价。

c 包括秘书处估计。

d 财政年度的数据。

e 自2000年进口以 f. o. b. 计价。

f 包括重要的加工区的进口。

g EU (27) 从内进口参看数据库信息。

表48:

1990—2009年主要经济体的纺织品出口

单位：百万美元, %

地区 \ 年份	份额					占经济体总货物出口的份额	
	1990	2000	2007	2008	2009	2000	2009 a
世界	104 354	157 400	241 335	253 359	211 054	2.5	1.7
阿根廷	158	258	233	274	214	1.0	0.4
澳大利亚	153	347	340	319	242	0.5	0.2
孟加拉国 b, c	343	393	884	1 090	1 071	6.2	7.1
白俄罗斯	—	410	567	588	454	5.6	2.1
巴西	769	895	1 436	1 361	953	1.6	0.6
加拿大	687	2 204	2 316	1 992	1 644	0.8	0.5
智利	33	114	133	105	89	0.6	0.2
中国 d	7 219	16 135	56 025	65 361	59 821	6.5	5.0
哥伦比亚	133	268	628	858	639	2.1	1.9
克罗地亚	...	87	132	141	118	2.0	1.1
埃及 c	554	412	726	844	813	8.8	3.5

续　表

地区＼年份	份额					占经济体总货物出口的份额	
	1990	2000	2007	2008	2009	2000	2009 a
萨尔瓦多 d	38	79	143	188	180	2.7	4.7
欧盟（27）	—	56 737	81 944	81 111	62 223	2.3	1.4
欧盟（27）对内出口	—	41 170	58 160	56 910	43 413	2.5	1.4
欧盟（27）向外出口	—	15 567	23 785	24 201	18 810	2.0	1.2
危地马拉	34	53	202	248	207	2.0	2.9
中国香港	8 213	13 441	13 417	12 256	9 976	6.6	3.0
内部出口	2 171	1 176	462	396	280	5.0	1.7
转口	6 042	12 265	12 955	11 860	9 696	6.8	3.1
印度	2 180	5 570	9 812	10 447	9 105	13.1	5.6
印尼	1 241	3 505	3 829	3 675	3 208	5.4	2.7
伊朗 c	510	766	962	1 003	617	2.7	0.8
以色列	270	490	764	774	795	1.6	1.7
日本	5 871	7 023	7 102	7 373	6 099	1.5	1.1
韩国	6 076	12 710	10 373	10 371	9 155	7.4	2.5
中国澳门	136	272	197	107	57	10.7	6.0
马来西亚 d	343	1 270	1 470	1 549	1 359	1.3	0.9
毛里求斯 c，d	35	81	88	80	66	5.2	3.4
墨西哥 d	713	2 571	2 216	1 993	1 624	1.5	0.7
摩洛哥 d	203	123	326	330	305	1.7	2.2
尼泊尔	82	182	170	185	243	22.7	29.9
新西兰	135	142	304	280	216	1.1	0.9
挪威	163	173	258	252	181	0.3	0.1
巴基斯坦	2 663	4 532	7 371	7 186	6 510	50.2	36.8
秘鲁	221	128	250	314	272	1.8	1.0
菲律宾 d	132	297	205	194	147	0.7	0.4
俄罗斯	—	430	517	488	433	0.4	0.1
沙特 c	31	114	324	419	284	0.1	0.1
新加坡	903	907	969	885	697	0.7	0.3
内部出口	141	293	320	274	203	0.4	0.1
转口	762	614	649	611	495	1.0	0.4
南非 c	167	240	332	301	226	0.8	0.4
斯里兰卡 c	25	244	162	169	147	4.5	2.0
瑞士	2 557	1 503	1 761	1 801	1 386	1.9	0.8
叙利亚 c	555	158	1 045	1 464	1 364	3.4	13.1
中国台北	6 128	11 891	9 732	9 253	7 891	8.0	3.9
坦桑尼亚	...	11	56	111	122	1.7	3.9
泰国	928	1 958	3 114	3 211	3 002	2.8	2.0
突尼斯	112	154	495	478	395	2.6	2.7
土耳其	1 440	3 672	8 940	9 396	7 723	13.2	7.6
乌克兰	—	127	290	289	183	0.9	0.5
阿联酋 c，e	6	3 903	6 126	7 747	4 850	7.8	2.8
美国	5 039	10 952	12 426	12 496	9 931	1.4	0.9
越南 c	...	299	1 321	1 563	1 815	2.1	3.2

a　接近一年。
b　财政年度的数据。
c　包括秘书处估计。
d　包括重要的出口加工区的出口。
e　主要的转口。

表 49：

1990—2009 年主要经济体的纺织品进口

单位：百万美元，%

地区＼年份	份额					占经济体总货物进口的份额	
	1990	2000	2007	2008	2009	2000	2009 a
阿根廷	53	653	1 000	1 147	909	2.6	2.3
澳大利亚 b	1 445	1 632	2 051	2 209	1 928	2.3	1.2
孟加拉国 c，d	452	1 350	1 206	1 546	1 416	15.2	6.5
白俄罗斯	—	256	487	591	421	3.0	1.5
委内瑞拉	112	286	1 079	1 470	1 266	2.0	3.1
波斯尼亚和黑塞哥维那	...	...	294	329	285	...	3.2
巴西 e	252	1 045	2 183	2 947	2 584	1.9	2.0
柬埔寨 b，d	...	432	1 350	1 365	1 683	22.3	27.2
加拿大 b	2 325	4 126	4 431	4 319	3 571	1.7	1.1
智利	203	431	564	662	468	2.3	1.1
中国 f	5 292	12 832	16 645	16 288	14 944	5.7	1.5
哥伦比亚	75	558	988	999	816	4.8	2.5
哥斯达黎加 f	83	184	232	290	235	2.9	2.1
克罗地亚	...	249	566	598	459	3.2	2.2
多米尼加 b，d，f	...	1 173	823	824	744	12.4	6.1
埃及 d	211	526	1 279	1 800	1 800	3.8	4.0
萨尔瓦多 f	111	325	940	968	680	6.6	9.4
欧盟（27）g	—	57 422	85 563	84 895	66 039	2.2	1.4
欧盟（27）从外进口	—	16 222	27 403	27 985	22 626	1.8	1.4
马其顿	...	27	425	464	387	1.3	7.7
危地马拉 f	38	59	1 043	990	794	1.2	6.9
洪都拉斯 b	26	501	1 413	1 559	1 093	12.6	14.0
中国香港	10 182	13 716	13 559	12 313	9 964	6.4	2.8
留用进口	4 140	1 451	604	454	269	4.2	0.7
印度	240	578	2 247	2 437	2 187	1.1	0.9
印尼	785	1 251	785	3 262	2 802	2.9	3.1
伊朗 d	...	298	375	428	482	2.1	1.0
以色列	474	759	763	801	669	2.0	1.4
日本	4 133	4 935	6 297	6 948	6 753	1.3	1.2
约旦	107	172	670	651	518	3.7	3.7
肯尼亚	17	47	250	252	190	1.5	1.9
韩国	1 947	3 359	4 140	4 112	3 536	2.1	1.1
科威特 d	168	212	325	350	273	3.0	1.5
中国澳门	619	902	485	310	146	40.0	3.2
马达加斯加 d	20	200	417	536	299	18.2	9.2
马来西亚 f	951	1 114	1 184	1 121	916	1.4	0.7
毛里求斯 d	336	411	290	264	195	19.6	5.2
墨西哥 b，f	992	5 822	5 640	5 366	4 197	3.3	1.8
摩洛哥 f	361	1 364	2 306	2 364	1 984	11.8	6.0
新西兰	396	369	564	537	447	2.7	1.8
挪威	554	509	927	960	741	1.5	1.1
巴基斯坦	126	130	579	589	591	1.2	1.9

续　表

年份 / 地区	份额					占经济体总货物进口的份额	
	1990	2000	2007	2008	2009	2000	2009 a
秘鲁	17	165	479	614	460	2.2	2.1
菲律宾	910	1 250	1 189	873	604	3.4	1.3
俄罗斯 b，d	—	1 316	4 408	5 512	3 525	2.9	1.8
沙特 d	1 312	986	1 296	1 655	2 221	3.3	2.3
新加坡	1 778	1 275	1 174	1 193	907	0.9	0.4
留用进口	1 016	661	525	582	412	0.9	0.4
南非 b	561	570	1 015	1 019	906	2.1	1.4
斯里兰卡 d	412	1 483	1 607	1 694	1451	20.7	14.2
瑞士	1 849	1 326	2 032	2 177	1 823	1.6	1.2
叙利亚 d	168	399	292	491	485	10.5	3.0
中国台北	1 013	1 460	1 188	1181	904	1.0	0.5
泰国	898	1 630	2 160	2 444	1 913	2.6	1.4
突尼斯	790	1 207	1 997	2 088	1 749	14.1	9.2
土耳其	567	2 124	6 009	5 646	4 718	3.9	3.3
乌克兰	—	450	984	1 117	825	3.2	1.8
阿联酋	983	2 055	2 605	2 884	2 321	5.9	1.7
美国	6 730	15 985	24 089	23 128	19 211	1.3	1.1
越南 d	...	1 379	5 139	5 703	5 902	8.8	8.4

a　接近一年。
b　进口以 f. o. b. 计价。
c　财政年度的数据。
d　包括秘书处估计。
e　自 2000 年进口以 f. o. b. 计价。
f　包括重要的加工区的进口。
g　EU (27) 从内进口参看数据库信息。

表 50：

1990—2009 年主要经济体的服装出口

单位：百万美元，%

年份 / 地区	份额					占经济体总货物出口的份额	
	1990	2000	2007	2008	2009	2000	2009 a
世界	108 129	197 570	347 059	364 914	315 622	3.1	2.6
阿尔巴尼亚	...	97	289	351	291	37.6	26.8
孟加拉国 b，c	643	5 067	8 855	10 920	10 726	79.3	71.1
白俄罗斯	—	262	400	449	344	3.6	1.6
波斯尼亚和黑塞哥维那	...	...	177	208	184	...	4.7
博茨瓦纳	...	30	340	260	196	1.1	5.7
柬埔寨 c	...	970	2 851	2 985	2 974	69.8	70.8
加拿大	328	2 077	1 586	1 271	1 005	0.8	0.3
中国 d	9 669	36 071	115 516	120 399	107 261	14.5	8.9
哥伦比亚	460	520	1 351	1 222	592	4.0	1.8
哥斯达黎加 d	54	660	212	266	194	11.2	2.2
克罗地亚	...	469	585	604	509	10.6	4.9
多米尼加 d	782	2 555	728	615	517	44.5	9.5

续 表

地区 \ 年份	份额					占经济体总货物出口的份额	
	1990	2000	2007	2008	2009	2000	2009 a
埃及 c	144	710	1 330	787	1 442	15.1	6.3
萨尔瓦多 d	184	1 673	1 599	1 679	1 355	56.9	35.7
欧盟（27）	—	56 240	105 375	114 314	96 797	2.3	2.1
欧盟（27）对内出口	—	43 286	80 579	86 573	75 115	2.6	2.5
欧盟（27）向外出口	—	12 954	24 795	27 741	21 682	1.7	1.4
马其顿	...	318	635	823	584	24.0	21.7
危地马拉	24	49	1 390	1 230	1 049	1.8	14.5
海地	63	245	459	421	...	76.9	86.0
洪都拉斯	64	2 275	2 842	2 940	2 377	68.0	45.7
中国香港	15 406	24 214	28 765	27 908	22 826	11.9	6.9
内部出口	9 266	9 935	4 985	2 867	578	42.2	3.4
转口	6 140	14 279	23 780	25 041	22 248	8.0	7.1
印度	2 530	5 960	9 932	11 495	11 454	14.1	7.0
印尼	1 646	4 734	5 870	6 285	5 915	7.2	5.0
日本	568	534	523	593	483	0.1	0.1
约旦	11	115	1 218	1041	852	6.1	13.4
肯尼亚	9	9	241	255	174	0.5	3.9
韩国	7 879	5 027	1 914	1 741	1 396	2.9	0.4
莱索托 c	...	161	503	457	484	73.1	64.5
中国澳门	1 111	1 849	1 491	1 053	269	72.8	28.0
马达加斯加 c	11	309	394	531	431	37.4	37.8
马来西亚 d	1 315	2 257	3 159	3 624	3 126	2.3	2.0
毛里求斯 c，d	607	948	887	845	717	60.9	36.9
墨西哥 d	587	8 631	5 139	4 911	4 165	5.2	1.8
摩尔多瓦	—	76	238	267	227	16.0	17.6
摩洛哥 d	722	2 401	3 517	3 420	3 079	32.3	22.2
缅甸 c	12	800	412	371	505	48.6	7.5
巴基斯坦	1 014	2 144	3 806	3 906	3 357	23.8	19.0
秘鲁	120	504	1 406	1 641	1 166	7.2	4.3
菲律宾 d	1 733	2 536	2 294	1 979	1 534	6.4	4.0
塞尔维亚	...	...	445	552	533	...	6.4
塞尔维亚和黑山	...	130	...	...	...	7.6	4.9
新加坡	1 588	1 825	1 779	1 557	1 041	1.3	0.4
内部出口	995	504	222	222	155	0.6	0.1
转口 c	593	1 321	1 557	1 335	885	2.2	0.7
斯里兰卡 c	638	2 812	3 272	3 437	2 991	51.8	40.7
斯威士兰 c	...	124	47	44	63	13.6	4.2
瑞士	686	607	1 771	1 921	1 616	0.8	0.9
叙利亚 c	330	129	975	557	414	2.8	4.0
中国台北	3 987	3 015	1 274	1 194	904	2.0	0.4
泰国	2 817	3 759	4 073	4 241	3 724	5.4	2.4
突尼斯	1 126	2 227	3 571	3 766	3 120	38.1	21.6
土耳其	3 331	6 533	13 886	13 590	11 555	23.5	11.3
乌克兰	—	417	718	719	551	2.9	1.4
阿联酋 c，e	146	910	2 953	3 786	2 919	1.8	1.7
美国	2 565	8 629	4 320	4 449	4 186	1.1	0.4
越南 c	...	1 821	7 400	8 724	8 629	12.6	15.1

a 接近一年。
b 财政年度的数据。
c 包括秘书处估计。
d 包括重要的出口加工区的出口。
e 主要的转口。

表 51：

1990—2009 年主要经济体的服装进口

单位：百万美元，%

年份 / 地区	份　额					占经济体总货物进口的份额	
	1990	2000	2007	2008	2009	2000	2009 a
阿尔巴尼亚	...	68	232	246	182	6.3	4.0
阿根廷	6	333	271	417	394	1.3	1.0
澳大利亚 b	711	1 858	3 703	4 280	4 058	2.6	2.6
孟加拉国 c，d	14	174	197	252	231	2.0	1.1
委内瑞拉	101	390	1 443	1 641	851	2.7	2.1
波斯尼亚和黑塞哥维那	...	...	189	220	185	...	2.1
巴西 e	59	173	614	883	963	0.3	0.8
加拿大 b	2 388	3 690	7 613	8 248	7 559	1.5	2.4
智利	52	501	1 176	1 416	1 129	2.7	2.7
中国 f	48	1 192	1 976	2 282	1 842	0.5	0.2
哥伦比亚	19	80	258	335	306	0.7	0.9
哥斯达黎加 f	17	592	236	272	236	9.3	2.1
克罗地亚	...	278	691	762	641	3.5	3.0
厄瓜多尔	1	23	185	214	87	0.6	0.6
埃及	9	404	817	358	408	2.9	0.9
萨尔瓦多 f	171	713	331	306	259	14.4	3.6
欧盟（27）g	—	83 181	165 320	179 982	16 0112	3.2	3.4
欧盟（27）从外进口	—	40 148	84 741	93 409	84 997	4.4	5.1
危地马拉 f	5	33	208	183	154	0.7	1.3
洪都拉斯	25	1 304	333	186	290	32.7	3.7
中国香港	6 913	16 008	19 149	18 546	15 508	7.5	4.4
留用进口	...	...	...	...	...	...	...
冰岛	75	88	184	169	98	3.4	2.7
以色列	61	471	949	1 123	1 007	1.2	2.0
日本	8 765	19 709	23 997	25 870	25 510	5.2	4.6
约旦	28	61	296	326	297	1.3	2.1
韩国	151	1 307	4 318	4 223	3 379	0.8	1.0
科威特 d	206	317	699	739	587	4.4	3.3
中国澳门	26	214	1 105	872	268	9.5	5.8
马来西亚 f	76	148	410	492	352	0.2	0.3
墨西哥 b，f	573	3 602	2 459	2 544	2 112	2.1	0.9
摩洛哥 f	8	232	321	356	294	2.0	0.9
新西兰	149	401	877	914	828	2.9	3.2
挪威	1 231	1 287	2 286	2 571	2 235	3.7	3.2
秘鲁	1	59	183	252	256	0.8	1.2
卡塔尔 d	29	54	264	302	195	1.7	0.8
俄罗斯 b，d	—	2 688	14 505	12 018	7 250	6.0	3.8
沙特 d	833	813	1 939	2 018	3 025	2.7	3.2
塞尔维亚	...	...	362	491	335	...	2.1
塞尔维亚和黑山	...	46	...	...	...	1.2	1.3
新加坡	920	1 881	2 428	2 224	1 698	1.4	0.7
留用进口	328	560	871	889	812	0.7	0.7

续 表

年份 地区	份额					占经济体总货物进口的份额	
	1990	2000	2007	2008	2009	2000	2009 a
南非 b	108	223	994	993	1 054	0.8	1.7
瑞士	3437	3 160	5 184	5 805	5 242	3.8	3.4
中国台北	290	978	1 118	1 176	1 010	0.7	0.6
泰国	29	131	331	392	372	0.2	0.3
突尼斯	191	438	644	635	532	5.1	2.8
土耳其	16	264	1 566	2 216	2 147	0.5	1.5
乌克兰	—	60	375	877	478	0.4	1.1
阿联酋	514	832	2 296	2 777	2 543	2.4	1.8
美国	26 977	67 115	84 851	82 464	72 059	5.3	3.8
越南 d	…	450	270	352	305	2.9	0.4

a 接近一年。
b 进口以 f.o.b. 计价。
c 财政年度的数据。
d 包括秘书处估计。
e 自 2000 年进口以 f.o.b. 计价。
f 包括重要的加工区的进口。
g EU (27) 从内进口参看数据库信息。

表 52:

2009 年世界运输服务贸易（按地区）

单位：百万美元,%

年份 地区	总额	份额		年度变化百分比			
	2009	2000	2009	2000—2009	2007	2008	2009
出口							
世界	**700**	**100.0**	**100.0**	**8**	**20**	**17**	**−23**
北美洲	82	17.1	11.7	4	12	16	−21
中、南美洲	21	2.9	3.0	8	16	20	−18
欧洲	351	47.8	50.1	9	21	16	−22
欧盟 (27)	318	42.5	45.4	9	21	16	−23
独联体	26	2.5	3.7	13	20	26	−17
非洲	20	2.2	2.9	…	12	19	−14
中东	19	2.1	2.7	…	9	17	−20
亚洲	182	25.4	26.0	8	24	18	−26
进口							
世界	**835**	**100.0**	**100.0**	**8**	**18**	**17**	**−22**
北美洲	101	18.4	12.1	3	5	10	−22
中、南美洲	35	4.8	4.2	6	24	21	−24
欧洲	307	38.8	36.7	7	18	13	−24
欧盟 (27)	279	35.5	33.5	7	17	13	−24
独联体	18	1.0	2.2	18	32	41	−31
非洲	49	3.5	5.8	…	27	26	−16
中东	62	4.5	7.4	14	33	36	−15
亚洲	263	29.1	31.6	9	19	19	−20

表 53:

2009 年运输服务的主要进出口方

单位：百万美元，%

地区＼年份	总额	份额		年度变化百分比			
	2009	2000	2009	2000—2009	2007	2008	2009
出口方							
欧盟（27）	318.0	42.5	45.4	9	21	16	−23
欧盟（27）对外出口	153.2	...	21.9	...	18	18	−23
美国	71.8	14.5	10.2	4	13	17	−21
日本	31.6	7.4	4.5	2	12	11	−32
新加坡	30.7	3.4	4.4	11	28	23	−14
韩国	28.9	3.9	4.1	9	30	33	−35
中国香港	25.0	3.7	3.6	8	14	13	−13
中国	23.6	1.1	3.4	23	49	23	−39
挪威	15.9	2.8	2.3	6	19	13	−27
俄罗斯	12.4	1.0	1.8	15	17	27	−18
印度	10.8	0.6	1.5	21	19	25	−5
加拿大	8.9	2.2	1.3	2	6	3	−22
土耳其	7.6	0.8	1.1	11	32	19	−3
埃及	6.7	0.8	1.0	11	27	17	−18
乌克兰	6.3	0.8	0.9	9	14	25	−18
泰国	5.8	0.9	0.8	7	18	14	−20
以上 15 个经济体总计	**605.0**	**86.4**	**86.2**	—	—	—	—
进口方							
欧盟（27）	279.5	35.5	33.5	7	17	13	−24
欧盟（27）从外进口	123.6	...	14.8	...	13	17	−25
美国	80.7	15.7	9.7	2	3	10	−23
中国	46.6	2.5	5.6	18	26	16	−7
日本	40.6	8.0	4.9	2	14	10	−25
印度	34.7	2.1	4.2	17	24	36	−17
新加坡	26.4	3.0	3.2	9	17	10	−14
韩国	23.4	2.6	2.8	9	26	26	−36
阿联酋	23.0	1.1	2.8	20	42	33	−10
加拿大	17.3	2.2	2.1	7	14	13	−18
泰国	17.3	1.6	2.1	11	11	26	−25
中国香港	13.6	1.5	1.6	9	20	14	−14
印尼	12.0	1.0	1.4	13	16	46	−13
沙特	11.5	0.5	1.4	20	63	71	−27
澳大利亚	10.5	1.5	1.3	6	15	13	−29
挪威	9.9	1.2	1.2	8	33	10	−32
以上 15 个经济体总计	**645.0**	**80.0**	**77.5**	—	—	—	—

f　参见欧盟（27）从外进口的详细数据。

表 54:

2009 年世界旅游服务贸易（按地区）

单位：百万美元，%

地区 \ 年份	总额	份额		年度变化百分比			
	2009	2000	2009	2000—2009	2007	2008	2009
出口							
世界	**870**	**100.0**	**100.0**	**7**	**15**	**10**	**−9**
北美洲	145	24.6	16.7	2	11	11	−11
中、南美洲	40	4.9	4.6	6	12	9	−6
欧洲	395	46.2	45.3	7	14	9	−13
欧盟（27）	341	42.0	39.2	6	14	8	−13
独联体	17	1.0	1.9	15	27	23	−22
非洲	40	3.1	4.5	12	17	9	−5
中东	37	2.8	4.2	...	21	16	2
亚洲	199	17.5	22.8	10	20	13	−3
进口							
世界	**790**	**100.0**	**100.0**	**7**	**16**	**8**	**−9**
北美洲	110	19.6	14.0	3	9	6	−9
中、南美洲	27	3.5	3.5	7	26	16	−1
欧洲	366	48.3	46.4	6	15	9	−14
欧盟（27）	334	45.3	42.3	6	15	9	−15
独联体	28	2.4	3.5	11	18	13	−12
非洲	21	1.9	2.7	...	24	16	−9
中东	61	3.4	7.8	...	33	2	1
亚洲	175	20.9	22.2	8	14	7	0

表 55:

2009 年旅游服务的主要进出口方

单位：十亿美元，%

地区 \ 年份	总额	份额		年度变化百分比			
	2009	2000	2009	2000—2009	2007	2008	2009
出口方							
欧盟（27）	341.4	42.0	39.2	6	14	8	−13
欧盟（27）从外进口	95.4	...	10.9	...	15	6	−14
美国	120.3	20.6	13.8	2	12	13	−11
中国	39.7	3.4	4.6	10	10	10	−3
澳大利亚	25.9	2.0	3.0	12	26	12	3
土耳其	21.3	1.6	2.4	12	10	19	−3
中国澳门	17.9	0.6	2.1	22	38	28	7
中国香港	16.4	1.2	1.9	12	18	11	7
泰国	15.9	1.6	1.8	9	24	9	−12
马来西亚	15.4	1.1	1.8	13	35	9	1
瑞士	14.0	1.4	1.6	9	13	19	−3
加拿大	13.7	2.3	1.6	3	7	1	−13
墨西哥	11.3	1.7	1.3	3	6	3	−15
埃及	10.8	0.9	1.2	11	23	18	−2

续 表

地区 \ 年份	总额	份额		年度变化百分比			
	2009	2000	2009	2000—2009	2007	2008	2009
印度	10.6	0.7	1.2	13	24	10	−10
日本	10.3	0.9	1.2	10	10	17	−5
以上15个经济体总计	**685.0**	**82.0**	**78.6**	—	—	—	—
进口方							
欧盟（27）	334.2	45.3	42.3	6	15	9	−15
欧盟（27）从外进口	120.5	...	15.3	...	17	8	−14
美国	79.1	15.4	10.0	2	6	5	−8
中国	43.7	3.0	5.5	14	22	21	21
日本	25.2	...	3.2	...	−1	...	6
加拿大	24.2	2.9	3.1	8	20	10	−11
俄罗斯	20.8	2.0	2.6	10	17	12	−13
沙特	18.8	...	2.4	...	55	−25	24
澳大利亚	18.2	1.5	2.3	12	27	26	−3
中国香港	16.0	2.9	2.0	3	7	7	−1
新加坡	15.8	1.0	2.0	15	18	15	4
韩国	13.3	1.6	1.7	7	17	−13	−30
挪威	12.3	1.1	1.6	11	21	13	−23
巴西	10.9	0.9	1.4	12	42	34	−1
瑞士	10.9	1.2	1.4	8	9	8	−1
阿联酋	10.3	0.7	1.3	15	28	18	−22
以上15个经济体总计	**655.0**	**85.2**	**82.8**	—	—	—	—

表56：

2009年世界其他服务贸易（按地区）

单位：十亿美元，%

地区 \ 年份	总额	份额		年度变化百分比			
	2009	2000	2009	2000—2009	2007	2008	2009
出口							
世界	**1 780**	**100.0**	**100.0**	**12**	**23**	**12**	**−9**
北美洲	319	23.4	18.0	8	18	7	−5
中、南美洲	40	2.0	2.2	13	27	21	−4
欧洲	945	50.3	53.2	12	24	13	−11
欧盟（27）	868	45.1	48.8	13	24	12	−12
独联体	27	0.6	1.5	23	36	34	−15
非洲	19	1.4	1.1	...	30	29	−11
中东	39	2.0	2.2	...	...	...	0
亚洲	389	20.2	21.9	13	22	16	−8
进口							
世界	**1 520**	**100.0**	**100.0**	**11**	**20**	**14**	**−6**
北美洲	218	17.5	14.4	8	11	7	−4
中、南美洲	48	3.2	3.2	11	19	23	3
欧洲	759	48.3	50.0	11	21	12	−7
欧盟（27）	715	46.0	47.1	11	21	12	−7
独联体	45	1.5	3.0	19	36	28	−19
非洲	44	2.6	2.9	...	30	33	−20
中东	47	2.5	3.1	...	...	...	−12
亚洲	357	24.4	23.5	10	19	17	−3

表 57：

2009 年其他服务贸易的主要进出口方

单位：十亿美元，%

地区＼年份	总额	份额		年度变化百分比			
	2009	2000	2009	2000—2009	2007	2008	2009
出口方							
欧盟（27）	868.2	45.1	48.8	13	24	12	−12
欧盟（27）对外出口	403.1	...	22.7	...	26	11	−9
美国	281.8	19.6	15.9	9	20	7	−4
日本	83.9	6.0	4.7	9	10	17	−6
印度	66.1	...	3.7	...	26	19	−17
中国	65.3	1.6	3.7	23	46	27	−3
瑞士	49.2	2.8	2.8	12	22	19	−11
新加坡	47.9	1.7	2.7	18	28	18	−6
中国香港	44.8	3.3	2.5	8	17	6	−6
加拿大	34.9	3.2	2.0	6	10	6	−11
俄罗斯	19.5	0.4	1.1	25	34	34	−18
韩国	18.9	1.4	1.1	8	31	−3	−12
中国台北	18.2	1.8	1.0	5	9	13	−15
挪威	18.1	0.9	1.0	13	27	13	−7
巴西	16.9	0.9	1.0	13	33	30	−4
以色列	15.1	1.3	0.8	6	6	10	1
以上 15 个经济体总计	**1 650.0**	**91.5**	**92.7**	—	—	—	—
进口方							
欧盟（27）	715.5	46.0	47.1	11	21	12	−7
欧盟（27）对外出口	298.8	...	19.7	...	22	15	−6
美国	170.8	12.4	11.2	10	12	8	−2
日本	81.2	8.0	5.3	6	14	17	−5
中国	67.9	2.0	4.5	21	35	27	−5
新加坡	39.1	2.0	2.6	14	11	23	−3
韩国	38.3	2.4	2.5	11	19	19	3
加拿大	36.1	3.6	2.4	6	10	3	−9
印度	35.9	...	2.4	...	17	15	0
俄罗斯	29.1	0.8	1.9	21	39	41	−21
巴西	25.2	1.2	1.7	15	21	28	9
瑞士	17.3	0.6	1.1	18	28	18	2
泰国	16.4	1.0	1.1	12	24	22	−9
挪威	15.4	0.8	1.0	13	21	15	14
沙特	15.3	...	1.0	...	...	...	−19
中国香港	14.8	1.0	1.0	11	20	11	−1
以上 15 个经济体总计	**1 320.0**	**84.3**	**86.8**	—	—	—	—

表 58：

2008 和 2009 年世界通信服务出口（按地区）

单位：十亿美元，%

地区＼年份	总额		份额		年度变化百分比		
	2008	2009	2000	2009	2000—2009	2008	2009
出口							
世界	90	85	...	100.0	...	13	−9
北美洲	12	12	...	14.1	...	11	−4
中、南美洲	4	3	...	3.7	5	17	−14
欧洲	50	45	...	54.4	12	9	−9
欧盟（27）	46	42	...	50.3	...	8	−9
独联体	2	2	...	2.9	14	15	1
亚洲	12	10	...	12.5	6	10	−13

表 59：

2008 和 2009 年世界建筑服务出口（按地区）

单位：十亿美元，%

地区＼年份	总额		份额		年度变化百分比		
	2008	2009	2000	2009	2000—2009	2008	2009
出口							
世界	90	80	100.0	100.0	12	27	−13
北美洲	2	...	...	...	...	43	...
中、南美洲	0	0	1.4	0.2	−8	−4	−10
欧洲	51	45	62.7	56.3	11	20	−11
欧盟（27）	47	42	...	52.0	...	19	−11
独联体	5	4	1.0	4.9	33	36	−26
亚洲	29	26	29.0	32.8	14	42	−11

表 60：

2008 和 2009 年世界保险服务出口（按地区）

单位：十亿美元，%

地区＼年份	总额		份额		年度变化百分比		
	2008	2009	2000	2009	2000—2009	2008	2009
出口							
世界	85	80	100.0	100.0	13	10	−6
北美洲	17	17	28.8	22.1	10	6	3
中、南美洲	3	2	4.0	2.8	9	16	−21
欧洲	51	47	51.2	59.2	15	11	−9
欧盟（27）	44	40	...	51.1	...	11	−9
独联体	1	1	0.2	1.0	33	53	−11
亚洲	9	9	11.7	11.6	13	7	2

表 61：

2008 和 2009 年世界金融服务出口（按地区）

单位：十亿美元，%

地区＼年份	总额		份额		年度变化百分比		
	2008	2009	2000	2009	2000—2009	2008	2009
出口							
世界	295	250	100.0	100.0	11	1	−15
北美洲	63	58	23.2	23.2	11	−2	−8
中、南美洲	3	3	0.9	1.1	13	18	2
欧洲	185	152	61.5	60.7	11	3	−18
欧盟（27）	164	133	…	53.3	…	2	−19
独联体	2	2	0.2	0.6	29	22	−24
亚洲	36	31	11.9	12.3	11	−3	−14

表 62：

2008 和 2009 年世界计算机和信息服务出口（按地区）

单位：十亿美元，%

地区＼年份	总额		份额		年度变化百分比		
	2008	2009	2000	2009	2000—2009	2008	2009
出口							
世界	195	185	100.0	100.0	16	23	−6
北美洲	17	18	19.4	9.5	7	8	0
中、南美洲	3	3	0.9	1.6	24	28	10
欧洲	114	103	54.2	55.7	16	21	−9
欧盟（27）	108	98	…	52.8	…	20	−10
独联体	2	2	0.2	1.1	41	52	−14
亚洲	51	50	15.3	27.0	24	33	−2

表 63：

2008 和 2009 年世界专有权利使用费和特许费服务出口（按地区）

单位：十亿美元，%

地区＼年份	总额		份额		年度变化百分比		
	2008	2009	2000	2009	2000—2009	2008	2009
出口							
世界	215	210	100.0	100.0	11	12	−3
北美洲	96	88	53.9	42.4	8	9	−8
中、南美洲	1	1	0.6	0.6	11	16	−4
欧洲	81	85	29.0	40.8	15	16	5
欧盟（27）	68	73	…	35.1	…	13	7
独联体	1	1	0.1	0.3	21	15	17
亚洲	33	29	14.5	13.8	10	15	−12

表 64：

2008 和 2009 年世界其他商业服务出口（按地区）

单位：十亿美元，%

地区 \ 年份	总额		份额		年度变化百分比		
	2008	2009	2000	2009	2000—2009	2008	2009
出口							
世界	940	855	100.0	100.0	12	14	−9
北美洲	111	109	16.1	12.8	9	11	−2
中、南美洲	27	26	2.5	3.1	14	22	−2
欧洲	517	450	51.3	52.8	12	14	−13
欧盟（27）	487	424	...	49.7	...	14	−13
独联体	17	15	0.9	1.8	21	35	−13
亚洲	249	231	26.1	27.1	12	14	−7

表 65：

2008 和 2009 年世界个人、文化及娱乐服务出口（按地区）

单位：十亿美元，%

地区 \ 年份	总额		份额		年度变化百分比		
	2008	2009	2000	2009	2000—2009	2008	2009
出口							
世界	40	40	100.0	100.0	5	3	−11
北美洲	17	16	44.2	41.3	4	−6	−7
中、南美洲	1	1	1.0	2.2	15	36	−20
欧洲	19	17	44.8	46.2	6	7	−10
欧盟（27）	17	16	...	42.0	...	5	−7
独联体	1	1	0.2	1.4	33	29	−26
亚洲	4	3	7.5	7.0	4	16	−25

● 中国商务统计

表 1:

1981—2010 年全国进出口总值

单位：亿美元，%

年度	进出口	出口	进口	同比		
				进出口	出口	进口
1981	440.2	220.1	220.2	—	—	—
1982	416.1	223.2	192.9	−5.5	1.4	−12.4
1983	436.2	222.3	213.9	4.8	−0.4	10.9
1984	535.5	261.4	274.1	22.8	17.6	28.1
1985	696.0	273.5	422.5	30.0	4.6	54.1
1986	738.5	309.4	429.0	6.1	13.1	1.5
1987	826.5	394.4	432.2	11.9	27.5	0.7
1988	1 027.8	475.2	552.7	24.4	20.5	27.9
1989	1 116.8	525.4	591.4	8.7	10.6	7.0
1990	1 154.4	620.9	533.5	3.4	18.2	−9.8
1991	1 357.0	719.1	637.9	17.6	15.8	19.6
1992	1 655.3	849.4	805.9	22.0	18.1	26.3
1993	1 957.0	917.4	1 039.6	18.2	8.0	29.0
1994	2 366.2	1 210.1	1 156.2	20.9	31.9	11.2
1995	2 808.6	1487.8	1 320.8	18.7	23.0	14.2
1996	2 898.8	1 510.5	1 388.3	3.2	1.5	5.1
1997	3 251.6	1 827.9	1 423.7	12.2	21.0	2.5
1998	3 239.5	1 837.1	1 402.4	−0.4	0.5	−1.5
1999	3 606.3	1 949.3	1 657.0	11.3	6.1	18.2
2000	4 743.0	2 492.0	2 250.9	31.5	27.8	35.8
2001	5 096.5	2 661.0	2 435.5	7.5	6.8	8.2
2002	6 207.7	3 256.0	2 951.7	21.8	22.4	21.2
2003	8 509.9	4 382.3	4 127.6	37.1	34.6	39.8
2004	11 545.5	5 933.3	5 612.3	35.7	35.4	36.0
2005	14 219.1	7 619.5	6 599.5	23.2	28.4	17.6
2006	17 604.4	9 689.8	7 914.6	23.8	27.2	19.9
2007	21 765.7	12 204.6	9 561.2	23.6	26.0	20.8
2008	25 632.6	14 306.9	11 325.7	17.8	17.3	18.5
2009	22 072.7	12 016.6	10 056	−13.9	−16	−11.2
2010	29 792.6	15 779.3	13 948.3	34.7	31.3	38.7

表 2:

2010 年全国进出口简要情况

单位：亿美元，%

项　目	12 月份		1～12 月累计	
	绝对值	同比	绝对值	同比
进出口总值	2 952.2	21.4	29 727.6	34.7
出口总值	1 541.5	17.9	15 779.3	31.3
进口总值	1 410.7	25.6	13 948.3	38.7
进出口差额	130.8	−28.9	1 831.0	−6.4

表 3:

2010 年全国进出口主要国别/地区总值

单位：亿美元,%

出口最终目的国（地）	12 月份		1～12 月累计	
	金额	同比	金额	同比
总值	1 541.5	17.9	15 779.3	31.3
其中：				
美国	262.1	18.0	2 833.0	28.3
中国香港	245.0	23.6	2 183.2	31.3
日本	119.6	14.2	1 210.6	23.7
韩国	63.6	10.8	687.7	28.1
德国	59.7	18.3	680.5	36.3
荷兰	44.9	23.5	497.1	35.5
印度	40.3	22.5	409.2	38.0
英国	36.4	16.7	387.7	24.0
意大利	31.2	51.2	311.4	53.8
中国台北	30.2	26.6	296.8	44.8
进口原产国（地）	12 月份		1～12 月累计	
	金额	同比	金额	同比
总值	1 410.7	25.6	13 948.3	38.7
其中：				
日本	180.3	20.0	1 767.1	35.0
韩国	125.5	15.0	1 384.0	35.0
美国	122.2	28.2	1 020.4	31.7
台湾	105.8	11.4	1 156.9	35.0
中国台北	102.5	10.0	1 068.1	23.6
德国	73.7	29.3	743.4	33.4
澳大利亚	62.8	41.5	608.7	54.1
马来西亚	49.5	22.2	504.1	55.9
沙特阿拉伯	35.1	1.8	328.1	39.2
巴西	33.9	56.9	380.9	34.7

表 4:

2010 年全国进口重点商品量值

金额单位：亿美元,%

商品名称	计量单位	1～12 月累计		同比	
		数量	金额	数量	金额
* 机电产品	—	—	4 914.2	—	−8.7
* 高新技术产品	—	—	3 098.4	—	−9.4
集成电路	亿个	1 462.3	1 199.0	8.1	−7.2
原油 #	万吨	20 378.6	892.6	13.9	−31.0
农产品	—	—	521.7	—	−10.5
铁矿砂及其精矿	亿吨	6 277.8	501.4	41.6	−17.4
液晶显示板	亿个	18.4	349.8	−5.0	−20.7
初级形状的塑料	万吨	2 381.1	347.9	34.5	2.2

续 表

商品名称	计量单位	1～12 月累计		同比	
		数量	金额	数量	金额
自动数据处理设备及其部件	亿台	6.0	237.7	9.8	−6.4
未锻造的铜及铜材	万吨	429.0	226.3	62.8	18.1
粮食	万吨	5 223.2	207.1	26.5	−10.4
商品名称	计量单位	1 月至当月累计		同比	
		数量	金额	数量	金额
钢材	万吨	1 763.2	194.8	14.3	−16.9
成品油	万吨	3 696.0	169.8	−5.4	−43.7
通断保护电路装置及零件	—	—	158.1	—	−9.9
汽车（包括整套散件）	万辆	41.9	153.6	2.8	1.4
计量检测分析自控仪器及器具	—	—	151.6	—	−6.8
纺织纱线、织物及制品	—	—	149.7	—	−8.2
废金属	万吨	2 034.7	139.8	79.2	26.4
自动数据处理设备的零件	万吨	15.0	131.2	−17.1	−12.4
汽车零件	—	—	128.2	—	12.2
二极管及类似半导体器件	亿个	2 549.5	112.9	−6.8	−8.6
煤	万吨	12 583.4	105.7	211.9	201.3

注：＊“机电产品”和“高新技术产品”包括本表中已列名的有关商品。

表 5:

2010 年全国出口重点商品量值

金额单位：亿美元，%

商品名称	计量单位	1～12 月累计		同比	
		数量	金额	数量	金额
＊机电产品	—	—	9 334.3	—	30.9
＊高新技术产品	—	—	4 924.1	—	30.7
自动数据处理设备及其部件	万台	166 723.8	1 639.5	27.4	34.0
服装及衣着附件	—	—	1 294.8	—	20.9
纺织纱线、织物及制品	—	—	770.5	—	28.4
电话机	万台	90 394.9	489.3	26.9	17.8
＊农产品	—	—	488.7	—	24.7
船舶	万艘	203.5	392.0	15.8	44.5
钢材	万吨	4 255.6	368.2	73.0	65.3
鞋类	—	—	356.3	—	27.1
家具及其零件	—	—	329.9	—	30.3
自动数据处理设备的零件	万吨	95.5	306.9	2.5	19.2
二极管及类似半导体器件	亿个	2 954.9	302.5	27.5	111.2
集成电路	亿个	831.5	292.5	46.9	25.5
液晶显示板	亿个	22.5	264.6	16.9	37.7
塑料制品	万吨	742.7	186.6	13.2	29.5
汽车零件	—	—	186.5	—	44.1
箱包及类似容器	—	—	180.2	—	40.8
成品油＃＃	万吨	2 687.8	170.4	7.5	35.9
打印机（包括多功能一体机）	万台	8 869.5	151.4	40.8	45.0
电视机（包括整套散件）	万台	6 723.2	148.5	20.8	38.0
通断保护电路装置及零件	—	—	147.7	—	41.5
静止式变流器	—	—	128.9	—	39.9
电线和电缆	万吨	173.5	128.9	21.7	39.2

注：＊“机电产品”和“高新技术产品”包括本表中已列名的有关商品。

表6：

2010年全国进出口企业性质总值

单位：亿美元，%

出口	12月份		1～12月累计	
	金额	同比	金额	同比
总 值	1 541.5	17.9	15 779.3	31.3
其中：				
国有企业	216.0	3.9	2 343.6	22.7
外商投资企业	831.9	16.1	8 623.1	28.3
其他企业	493.6	28.9	4 812.7	42.2
进口	12月份		1～12月累计	
	金额	同比	金额	同比
总 值	1 410.7	25.6	13 948.3	38.7
其中：				
国有企业	378.8	16.4	3 875.6	34.3
外商投资企业	712.4	19.5	7 380.0	35.3
其他企业	319.5	58.2	2 692.8	56.6

表7：

2010年全国进出口贸易方式总值

单位：亿美元，%

出口	12月份		1～12月累计	
	金额	同比	金额	同比
总 值	1 541.5	17.9	15 779.3	31.3
其中：				
一般贸易	724.0	25.7	7 207.3	36.0
加工贸易	700.6	10.7	7 403.3	26.2
保税区仓储转口货物	37.0	51.0	365.0	70.0
保税仓库进出境货物	31.7	－5.7	353.7	32.0
进口	12月份		1～12月累计	
	金额	同比	金额	同比
总 值	1 410.7	25.6	13 948.3	38.7
其中：				
一般贸易	814.5	36.9	7 679.8	43.7
加工贸易	382.4	7.0	4 174.3	29.5
保税区仓储转口货物	115.9	40.8	1 092.4	70.0
保税仓库进出境货物	57.2	－3.8	611.0	12.4
外商投资企业作为投资进口的设备、物品	16.6	54.7	163.1	7.7
边境小额贸易	8.1	－20.9	96.3	33.8
租赁贸易	7.4	164.1	56.3	63.2

表 8:

2010 年全国月度进口和出口统计

单位：亿美元，%

出 口	当月		1月至当月累计	
	金额	同比	金额	同比
2010.01	1 095.0	21.0	1 095.0	21.0
2010.02	944.8	45.7	2 039.7	31.3
2010.03	1 120.7	24.2	3 160.4	28.7
2010.04	1 198.5	30.4	4 358.9	29.2
2010.05	1 316.7	48.4	5 675.6	33.2
2010.06	1 373.4	43.9	7 049.1	35.1
2010.07	1 454.4	38.0	8 503.4	35.6
2010.08	1 392.5	34.3	9 895.9	35.4
2010.09	1 449.4	25.1	11 345.3	34.0
2010.10	1 359.4	22.9	12 704.7	32.7
2010.11	1 533.1	34.9	14 237.8	33.0
2010.12	1 541.5	17.9	15 779.3	31.3
进 口	当月		1月至当月累计	
	金额	同比	金额	同比
2010.01	955.2	85.9	955.2	85.9
2010.02	871.1	45.0	1 826.3	63.9
2010.03	1 194.7	66.3	3 021.0	64.8
2010.04	1 184.5	50.0	4 205.5	60.4
2010.05	1 122.0	48.3	5 327.5	57.6
2010.06	1 171.8	33.9	6 499.3	52.8
2010.07	1 168.5	22.8	7 667.8	47.3
2010.08	1 193.2	35.2	8 860.9	45.5
2010.09	1 282.1	24.2	10 143.1	42.5
2010.10	1 088.8	25.4	11 231.9	40.6
2010.11	1 305.7	37.9	12 537.6	40.3
2010.12	1 410.7	25.6	13 948.3	38.7

表 9:

2010 年月度进出口总值统计

单位：亿美元，%

月份	当月		1月至当月累计	
	进出口	同比	进出口	同比
2010.01	2 050.1	44.5	2 050.1	44.5
2010.02	1 815.9	45.4	3 866.0	44.9
2010.03	2 315.4	42.9	6 181.4	44.1
2010.04	2 383.0	39.4	8 564.4	42.8
2010.05	2 438.7	48.4	11 003.1	44.0
2010.06	2 545.2	39.1	13 548.3	43.1
2010.07	2 622.9	30.8	16 171.2	40.9
2010.08	2 585.6	34.7	18 756.8	40.0
2010.09	2 731.6	24.7	21 488.4	37.9
2010.10	2 448.3	24.0	23 936.7	36.3
2010.11	2 838.8	36.3	26 775.4	36.3
2010.12	2 952.2	21.4	29 727.6	34.7

表 10：

1982—2009 年我国历年服务进出口情况

单位：亿美元，%

年份	进出口额			出口额			进口额		
	金额	同比增长	占世界比重	金额	同比增长	占世界比重	金额	同比增长	占世界比重
1982	44	—	0.6	25	—	0.7	19	—	0.5
1983	43	−2.3	0.6	25	0.0	0.7	18	−5.3	0.5
1984	54	25.6	0.7	28	12.0	0.8	26	44.4	0.7
1985	52	−3.7	0.7	29	3.6	0.8	23	−11.5	0.6
1986	56	7.7	0.6	36	24.1	0.8	20	−13.0	0.4
1987	65	16.1	0.6	42	16.7	0.8	23	15.0	0.4
1988	80	23.1	0.7	47	11.9	0.8	33	43.5	0.5
1989	81	1.3	0.6	45	−4.3	0.7	36	9.1	0.5
1990	98	21.0	0.6	57	26.7	0.7	41	13.9	0.5
1991	108	10.2	0.6	69	21.1	0.8	39	−4.9	0.5
1992	183	69.4	1.0	91	31.9	1.0	92	135.9	1.0
1993	226	23.5	1.2	110	20.9	1.2	116	26.1	1.2
1994	322	42.5	1.6	164	49.1	1.6	158	36.2	1.5
1995	430	33.5	1.8	184	12.2	1.6	246	55.7	2.1
1996	430	0.0	1.7	206	12.0	1.6	224	−8.9	1.8
1997	522	21.4	2.0	245	18.9	1.9	277	23.7	2.2
1998	504	−3.4	1.9	239	−2.4	1.8	265	−4.3	2.0
1999	572	13.5	2.1	262	9.6	1.9	310	17.0	2.3
2000	660	15.4	2.2	301	14.9	2.0	359	15.8	2.5
2001	719	8.9	2.4	329	9.3	2.2	390	8.6	2.6
2002	855	18.9	2.7	394	19.8	2.5	461	18.2	3.0
2003	1 013	18.5	2.8	464	17.8	2.5	549	19.1	3.1
2004	1 337	32.0	3.1	621	33.8	2.8	716	30.4	3.4
2005	1 571	17.5	3.2	739	19.0	3.0	832	16.2	3.5
2006	1 917	22.0	3.5	914	23.7	3.2	1 003	20.6	3.8
2007	2 509	30.9	3.9	1216	33.0	3.6	1 293	28.9	4.1
2008	3 045	21.4	4.1	1 465	20.5	3.9	1 580	22.2	4.5
2009	2 867	−5.8	4.5	1 286	−12.2	3.9	1 581	0.1	5.1

注：遵循 WTO 有关服务贸易的定义，中国服务进出口数据不含政府服务。

表 11：

1997—2009 年我国服务进出口差额

单位：亿美元

年份	1997	1998	1999	2000	2001	2002	2003	2004	2005	2006	2007	2008	2009
总计	−32.2	−25.9	−48.0	−57.1	−61.3	−67.0	−84.8	−95.5	−92.6	−89.1	−76.0	−115.6	−295.1
运输	−69.9	−44.6	−54.8	−67.3	−66.9	−78.9	−103.3	−124.8	−130.2	−133.5	−119.5	−119.1	−230.1
旅游	39.4	34.0	32.3	31.2	38.8	49.9	22.2	65.9	75.4	96.3	74.5	46.9	−40.3
通讯	−0.2	6.1	4.0	11.0	−0.5	0.8	2.1	−0.3	−1.2	−0.3	0.9	0.6	−0.1
建筑	−6.2	−5.3	−5.5	−3.9	−0.2	2.8	1.1	1.3	9.7	7.0	24.7	59.7	36.0
保险	−8.7	−13.7	−17.2	−23.6	−24.8	−30.4	−42.5	−57.4	−66.5	−82.8	−97.6	−113.6	−97.1
金融	−3.0	−1.4	−0.6	−0.2	0.2	−0.4	−0.8	−0.4	−0.1	−7.5	−3.3	−2.5	−2.9
计算机和信息	−1.5	−2.0	0.4	0.9	1.2	−4.9	0.7	3.8	2.2	12.2	21.4	30.9	32.8
专有权利使用费和特许费	−4.9	−3.6	−7.2	−12.0	−18.3	−29.8	−34.4	−42.6	−51.6	−64.3	−78.5	−97.5	−106.4
咨询	−1.2	−2.4	−2.4	−2.8	−6.1	−13.5	−15.6	−15.8	−8.6	−5.6	7.2	46.1	52.1
广告宣传	0.0	−0.5	0.0	0.2	0.2	−0.2	0.3	1.5	3.6	4.9	5.8	2.6	3.6
电影音像	−0.3	−0.2	−0.3	−0.3	−0.2	−0.7	−0.4	−1.3	−0.2	0.2	1.6	1.6	−1.8
其他商业	24.3	7.8	3.2	9.7	15.4	38.3	85.9	74.7	75.0	84.3	86.8	28.9	59.2

注：遵循 WTO 有关服务贸易的定义，中国服务进出口数据不含政府服务。

表 12：

2009 年我国对外承包工程、劳务合作人员分国别/地区情况

单位：人

项　目	合　计		对外承包工程		对外劳务合作	
国家（地区）	派出人数	年末在外人数	派出人数	年末在外人数	派出人数	年末在外人数
合计	394 833	777 619	214 208	326 861	180 091	450 277
亚洲	248 054	528 355	99 012	142 741	148 659	385 257
#缅甸	7 467	8 067	7404	7 976	63	91
中国香港	17 651	19 552	363	449	17 288	19 103
日本	57 436	162 556	352	463	56 933	161 942
中国澳门	20 336	49 999	1 573	2 091	18 763	47 908
蒙古	7 351	6 381	7 127	4 776	224	1 605
新加坡	29 210	83 769	5 072	20 808	24 011	62 856
韩国	6 483	37 220	16	628	6 467	36 592
阿联酋	12 312	34 067	8 671	24 162	3 640	9 904
沙特阿拉伯	16 505	20 944	14 733	16 472	1 726	4 426
越南	9 704	14 174	6 880	7 337	2 781	6 794
中国台北	11 043	12 599	42	4	11 001	12 595
非洲	116 866	187 396	102 816	161 336	14 010	26 020
#阿尔及利亚	22 657	49 631	20 551	46 039	2 106	3 592
安哥拉	21 587	31 072	18 301	25 620	3 286	5 452
利比亚	22 249	24 155	20 250	21 595	1 999	2 560
尼日利亚	2 099	5 267	1 707	3 573	392	1 694
苏丹	14 100	20 538	14 051	20 455	49	83
欧洲	17 683	35 575	5 371	8 939	12 308	26 632
#英国	941	1 363	65	157	872	1 202
德国	2 146	4 785	204	256	1 942	4 529
荷兰	528	1 474	0	0	528	1 474
希腊	1 063	673	0	131	1 063	542
西班牙	454	1 339	454	1 321	0	18
俄罗斯联邦	9 865	21457	2 728	4439	7 137	17 018
拉丁美洲	7 403	14 236	4 642	10 187	2 671	3 983
#巴西	767	832	670	657	97	175
墨西哥	31	540	26	223	1	313
北美洲	1 445	5 184	276	785	1 154	4 387
#加拿大	384	955	18	42	365	912
美国	1 061	4 229	258	743	789	3 475
大洋洲	3 382	6 591	2 091	2 862	1 289	3 727
#澳大利亚	567	1 345	117	199	448	1 144
新西兰	104	302	35	80	69	222
巴布亚新几内亚	1 481	1 879	1 481	1 879	0	0
其他	0	282	0	11	0	271

注：“#”表示“其中”。

表 13:

2010 年全国派出各类劳务人员按省市区排名

单位：人

序号	省市区名称	派出人数	年末在外人数
1	山东省	47 300	101 913
	其中：青岛市	6 393	15 559
2	江苏省	34 576	96 336
3	河南省	32 435	56 291
4	广东省	24 788	38 455
	其中：深圳市	0	135
5	湖北省	22 372	29 478
6	福建省	19 182	24 240
	其中：厦门市	5 803	7 394
7	辽宁省	18 291	41 448
	其中：大连市	11 784	19 620
8	吉林省	15 972	66 566
9	上海市	15 910	26 847
10	浙江省	13 446	26 261
	其中：宁波市	1 664	4 257
11	安徽省	12 631	20 236
12	北京市	11 770	22 499
13	云南省	11 275	17 189
14	湖南省	9 727	20 370
15	河北省	8 761	13 324
16	陕西省	7 638	8 553
17	天津市	7 066	12 683
18	四川省	5 876	21 983
19	新疆维吾尔自治区	5 122	3 077
20	广西壮族自治区	4 723	5 958
21	江西省	4 694	14 615
22	新疆生产建设兵团	3 813	4 665
23	黑龙江省	3 166	12 885
24	重庆市	1 790	4 066
25	山西省	1 224	6 147
26	贵州省	977	1 789
27	内蒙古自治区	931	4 706
28	甘肃省	922	911
29	宁夏回族自治区	453	692
30	青海省	57	51
31	海南省	0	2

注：表中未列省区暂无此项业务。

表 14：

2010 年我国对外承包工程完成营业额按省市区排名

单位：万美元

序号	省市区名称	完成营业额	新签合同额
1	广东省	820 815	986 740
	其中：深圳市	774 356	924 301
2	上海市	689 616	1 010 276
3	山东省	523 767	1 008 411
	其中：青岛市	98 272	59 538
4	江苏省	516 738	544 726
5	四川省	399 299	684 878
6	湖北省	381 301	765 531
7	河北省	285 351	294 596
8	浙江省	275 057	241 543
	其中：宁波市	100 022	73 368
9	天津市	245 205	173 753
10	北京市	222 514	251 114
11	河南省	207 085	237 489
12	安徽省	192 729	151 147
13	辽宁省	132 250	172 372
	其中：大连市	61 402	31 585
14	湖南省	109 065	62 645
15	黑龙江省	105 093	17 601
16	江西省	104 334	135 697
17	云南省	99 194	106 102
18	陕西省	81 022	88 786
19	山西省	71 999	47 517
20	新疆维吾尔自治区	62 945	46 948
21	广西壮族自治区	56 429	61 019
22	重庆市	35 987	79 035
23	新疆生产建设兵团	30 769	8 418
24	吉林省	26 364	38 178
25	福建省	23 531	8 607
	其中：厦门市	70	0
26	甘肃省	22 403	41 084
27	贵州省	22 003	32 431
28	内蒙古自治区	3 159	681
29	宁夏回族自治区	1 711	3 003
30	海南省	825	1 916

注：表中未列省区暂无此项业务。

表 15：

2010 年全国对外承包工程新签合同额按省市区排名

单位：万美元

序号	省市区名称	新签合同额	完成营业额
1	上海市	1 010 276	689 616
2	山东省	1 008 411	523 767
	其中：青岛市	59 538	98 272
3	广东省	986 740	820 815
	其中：深圳市	924 301	774 356
4	湖北省	765 531	381 301
5	四川省	684 878	399 299
6	江苏省	544 726	516 738
7	河北省	294 596	285 351
8	北京市	251 114	222 514
9	浙江省	241 543	275 057
	其中：宁波市	73 368	100 022
10	河南省	237 489	207 085
11	天津市	173 753	245 205
12	辽宁省	172 372	132 250
	其中：大连市	31 585	61 402
13	安徽省	151 147	192 729
14	江西省	135 697	104 334
15	云南省	106 102	99 194
16	陕西省	88 786	81 022
17	重庆市	79 035	35 987
18	湖南省	62 645	109 065
19	广西壮族自治区	61 019	56 429
20	山西省	47 517	71 999
21	新疆维吾尔自治区	46 948	62 945
22	甘肃省	41 084	22 403
23	吉林省	38 178	26 364
24	贵州省	32 431	22 003
25	黑龙江省	17 601	105 093
26	福建省	8 607	23 531
	其中：厦门市	0	70
27	新疆生产建设兵团	8 418	30 769
28	宁夏回族自治区	3 003	1 711
29	海南省	1 916	825
30	内蒙古自治区	681	3 159

注：表中未列省区暂无此项业务。

表 16：

2010 年全国利用外资统计简表

金额单位：亿美元，%

利用外资方式	本年批准外资情况 项 目 数			本年实际使用外资		
	本年累计	去年同期	比去年	本年累计	去年同期	比去年
总 计	27 406	23 435	16.94	1 088.21	918.04	18.54
一、外商直接投资	27 406	23 435	16.94	1 057.35	900.33	17.44
中外合资企业	4 970	4 283	16.04	224.98	172.73	30.24
中外合作企业	300	390	−23.08	16.16	20.34	−20.52
外资企业	22 085	18 741	17.84	809.75	686.82	17.9
外商投资股份制	51	21	142.85	6.46	20.44	−68.38
合作开发	0	0		0	0	
其他	0	0		0	0	
二、外商其他投资	0	0		30.86	17.71	74.24
对外发行股票	0	0		16.64	1.62	927.49
国际租赁	0	0		3	2.3	30.43
补偿贸易	0	0		0.45	0.13	246.62
加工装配	0	0		10.78	13.66	−21.13

注：此表数据未包括：银行、保险、证券领域吸收外商投资数据。

表 17：

2010 年全国外商投资企业进出口情况

金额单位：亿美元，%

	全 国		外商投资企业					
	金 额	比去年	金 额		占全国比重		比重+/−(百分点)	比去年
进出口总值	29 727.62	34.67	16 003.07		53.83		−1.32	31.45
出口总值	15 779.32	31.30	8 623.06		54.65		−1.29	28.28
进口总值	13 948.30	38.70	7 380.01		52.91		−1.30	35.36
			投资进口设备	163.12	占三资企业进口比重	2.21	−0.57	7.49

注：1～12 月份贸易顺差值为 1 243.05 亿美元，扣除投资项下进口设备、物料，贸易净顺差值为 1 406.17 亿美元。

表18：

2010年全国非金融类对外直接投资分省市区排名

单位：万美元

序号	省市区名称	当年直接投资流量
	地方合计	1 632 026
1	浙江省	262 139
1	其中：宁波市	52 351
2	辽宁省	177 429
2	其中：大连市	135 058
3	山东省	158 750
3	其中：青岛市	51 674
4	上海市	155 811
5	江苏省	120 105
6	广东省	119 577
6	其中：深圳市	46 009
7	安徽省	80 967
8	北京市	69 383
9	福建省	47 681
9	其中：厦门市	21 016
10	云南省	47 406
11	河北省	42 712
12	重庆市	39 882
13	四川省	34 351
14	湖南省	31 135
15	天津市	30 925
16	新疆维吾尔自治区	30 664
17	陕西省	28 920
18	海南省	22 477
19	江西省	21 280
20	吉林省	18 041
21	黑龙江省	17 314
22	广西壮族自治区	17 249
23	河南省	15 618
24	湖北省	13 832
25	甘肃省	10 132
26	新疆生产建设兵团	6 682
27	内蒙古自治区	3 973
28	山西省	3 863
29	宁夏回族自治区	3 080
30	贵州省	510
31	青海省	110
32	西藏自治区	29

注：表中未列省区暂无对外直接投资业务。

表 19：

2000—2010 年两岸贸易统计

单位：亿美元，%

年份	贸易总额		大陆对台出口额		大陆自台进口额		贸易差额
	金额	同比	占当年总额比重	金额	同比	占当年总额比重	
2000	305.3	30.1	50.4	27.6	254.9	30.6	−204.5
2001	323.4	5.9	50.0	−0.8	273.4	7.2	−223.4
2002	446.7	38.1	65.9	31.7	380.8	39.3	−314.9
2003	583.6	30.7	90.0	36.7	493.6	29.7	−403.6
2004	783.2	34.2	135.5	50.4	647.8	31.2	−512.3
2005	912.3	16.5	165.5	22.2	746.8	15.3	−581.3
2006	1 078.4	18.2	207.4	25.3	871.1	16.6	−663.7
2007	1 244.8	15.4	234.6	13.1	1 010.2	16.0	−775.6
2008	1 292.2	3.8	258.8	10.3	1 033.4	2.3	−774.6
2009	1 062.3	−18.8	205.1	−20.8	857.2	17.0	−652.1
2010	1 453.7	36.9	296.8	44.8	1 156.9	35.0	−860.1

表 20：

2000—2010 年台商投资大陆统计

单位：亿美元，%

年份	项目数			实际使用台资金融		
	个数	同比	占当年总额比重	金额	同比	占当年总额比重
2000	3 108	24.4	13.9	23.0	−11.7	5.6
2001	4 214	35.6	16.1	29.8	29.8	6.4
2002	4 853	15.2	14.2	39.7	33.3	7.5
2003	4 495	−7.4	10.9	33.8	−14.9	6.3
2004	4 002	−11.0	9.2	31.2	−7.7	5.1
2005	3 907	−2.4	8.8	21.6	−31.0	3.6
2006	3 752	−4.0	9.1	21.4	−0.7	3.4
2007	3 299	−12.1	8.7	17.7	−20.4	2.4
2008	2 360	−28.5	8.6	19.0	7.0	2.1
2009	2 555	8.3	10.9	18.8	−1.0	2.1
2010	3 072	20.2	—	24.8	31.7	—

表 21：

2000—2010 年内地与香港贸易统计

单位：亿美元，%

年份	进出口		出口		进口	
	总额	增长率	总额	增长率	总额	增长率
2000	539.5	23.3	445.2	20.8	94.3	36.8
2001	559.7	3.7	465.5	4.6	94.2	−0.1
2002	629.1	23.7	584.7	25.6	107.4	14.0
2003	847.1	26.3	762.9	30.5	111.2	3.7
2004	1 126.8	28.9	1 008.8	32.3	118.0	6.1
2005	1 367.1	21.3	1 244.8	23.4	122.3	3.6
2006	1 661.7	21.6	1 553.9	24.8	107.9	−11.8
2007	1 972.5	18.7	1 844.3	18.7	128.2	18.8
2008	2 036.7	3.3	1 907.4	3.4	129.2	0.9
2009	1 749.5	−14.1	1 662.3	−12.8	87.1	−32.6
2010	2 035.8	31.8	2 183.2	31.3	133.6	40.9

表 22：

2000—2010 年内地对香港承包工程统计

单位：亿美元，%

年份	项目数		新签合同额		完成营业额		年末在港人数	
	份数	同比	金额	同比	金额	同比	人数	同比
1998	116	−36.30	18.30	−7.60	19.00	24.20	497	−21.40
1999	156	34.00	27.70	51.40	19.60	3.10	924	85.90
2000	162	3.80	25.50	−8.00	20.20	3.10	1 037	12.20
2001	235	45.06	23.64	−7.25	16.99	−16.18	958	−7.62
2002	187	20.43	22.03	−6.79	21.38	25.76	907	−5.32
2003	284	51.87	23.34	5.94	26.37	23.38	850	−6.28
2004	649	128.52	17.74	−23.99	25.43	−3.58	839	−1.29
2005	209	67.80	14.46	−18.51	17.83	−29.89	991	18.12
2006	258	23.44	18.28	26.42	17.55	−18.11	1 037	4.64
2007	263	1.94	16.27	−11.00	19.94	13.62	767	−26.04
2008	95	−63.88	16.1	−1.04	16.9	−15.25	375	−51.11
2009	94	−1.05	29.3	81.99	18.0	6.51	449	19.73
2010	1 632	—	35.1	—	19.0	—	21 052	—

注：2010 数据包括内地在香港承包工程、劳务合作合同数；年末在港劳务人数。

表 23：

2000—2010 年香港对内地投资统计

单位：亿美元，%

年份	项目数			实际使用港资金额		
	个数	同比	占比	金额	同比	占比
2000	7 199	22	32.21	155	−6.3	38.07
2001	8 008	11.2	30.64	167.1	7.8	35.66
2002	10 845	35.4	31.74	178.6	6.88	33.86
2003	13 633	25.7	33.19	177.0	−0.9	33.08
2004	14 719	7.97	33.71	189.9	7.29	31.08
2005	14 831	0.76	33.71	179.5	5.48	24.72
2006	15 496	4.5	37.36	202.3	12.7	32.11
2007	16 208	4.6	42.8	277.0	30.0	37.1
2008	12 857	−20.7	45.7	410.4	48.1	44.4
2009	10 701	−16.8	45.7	460.8	12.3	51.2
2010	13 070	22.1	—	605.7	31.5	—

表 24：

2000—2010 年内地与澳门贸易统计

单位：亿美元，%

年份	进出口		出口		进口	
	总额	增长率	总额	增长率	总额	增长率
2000	8.05	9.6	7.10	11.3	0.95	−2.0
2001	8.63	7.2	7.43	4.7	1.19	25.4
2002	10.18	18.2	8.76	18.0	1.42	19.4
2003	14.67	44.1	12.81	46.3	1.86	30.6
2004	18.28	24.7	16.11	25.9	2.16	16.3
2005	18.70	2.0	16.05	−0.8	2.65	22.5
2006	24.41	30.5	21.84	36.1	2.56	−3.4
2007	29.2	19.7	26.4	20.9	2.8	9.7
2008	29.1	−0.5	26	−1.5	3.1	9.1
2009	21	−27.9	18.5	−28.8	2.5	−19.6
2010	22.6	8.0	21.4	15.7	1.2	−49.8

表 25：

1998—2010 年内地对澳门劳务合作统计

单位：亿美元

年份	劳务合作			承包工程		
	新签合同额	完成营业额	年末在外人数（人次）	新签合同额	完成营业额	年末在外人数（人次）
1998	1.34	1.12	27 066	1.30	1.45	436
1999	0.73	1.31	28 260	0.55	1.18	614
2000	0.98	1.23	28 253	0.62	0.98	451
2001	1.24	1.38	36 563	0.93	0.64	241
2002	1.23	1.09	21 033	1.25	0.79	611
2003	0.90	1.18	23 590	2.13	1.70	1 024
2004	1.20	1.31	21 983	5.24	2.18	1 146
2005	2.74	1.38	27 063	5.79	3.73	219
2006	3.14	2.57	37 557	18.13	7.92	456
2007	4.04	2.63	44 510	11.03	11.72	578
2008	5.41	3.64	53 399	8.86	8.79	899
2009	1.1	3.3	47 908	2.8	5.3	2 091
2010	新签合同额		完成营业额		年末在外人数（人次）	
	15.6		14.5		48 951	

注：2010 年数据未单列。

表 26：

2000—2010 年澳门对内地投资统计

单位：亿美元，%

年份	项　目		实际利用外资	
	个数	同比	金额	同比
2000	433	70.5	3.47	12.50
2001	458	5.8	3.21	−7.60
2002	518	13.1	4.68	45.90
2003	580	12.0	4.16	−11.10
2004	715	23.3	5.46	31.20
2005	707	−1.2	6.00	10.00
2006	868	22.8	6.00	0.41
2007	856	−1.4	6.40	−6.00
2008	435	−96.8	5.80	−9.40
2009	294	−32.4	8.10	40.10
2010	274	−6.8	6.60	−19.60

表 27：

2010 年我国对亚洲国家（地区）贸易统计

单位：亿美元，%

	进出口		出口		进口		贸易差额	
	金额	同比	金额	同比	金额	同比	当年	上年同期
总值	29 727.61	34.7	15 779.32	31.3	13 948.29	38.7	1 831.04	1 961.08
亚洲地区	15 666.75	33.7	7 320.66	28.7	8 346.09	38.3	−1 025.44	−348.54
亚洲司主管国别	9 316.32	34.5	4 138.13	29.2	5 178.19	39.0	−1 040.06	−524.02
占总值比	0.31	−0.05	0.26	−0.42	0.37	0.07		
东北亚	5 123.94	31.3	1 935.61	25.3	3 188.34	35.3	−1 252.73	−810.84
日本	2 977.68	30.2	1 210.61	23.7	1 767.07	35.0	−556.46	−330.27
韩国	2 071.71	32.6	687.71	28.1	1 383.99	35.0	−696.28	−488.72
朝鲜	34.72	29.6	22.78	20.8	11.93	50.6	10.85	10.95
蒙古	39.84	64.0	14.50	35.8	25.34	86.2	−10.84	−2.81
东盟	2 927.76	37.5	1 382.07	30.1	1 545.69	44.8	−163.62	−4.17
文莱	10.25	142.8	3.68	161.8	6.58	133.3	−2.90	−1.42
缅甸	44.44	53.2	34.80	54.4	9.64	49.2	25.16	16.15
柬埔寨	14.41	52.6	13.48	48.5	0.94	153.6	12.54	8.70
印度尼西亚	427.50	50.6	219.73	49.3	207.77	52.0	11.95	10.57
老挝	10.55	40.3	4.84	28.2	5.71	52.5	−0.88	0.09
马来西亚	742.15	42.8	238.06	21.3	504.10	55.9	−266.04	−126.99
菲律宾	277.46	35.1	115.41	34.3	162.05	35.6	−46.65	−33.62
新加坡	570.58	19.2	323.48	7.6	247.10	38.8	76.38	122.70
泰国	529.47	38.6	197.47	48.6	332.00	33.3	−134.53	−115.90
越南	300.94	43.0	231.14	41.8	69.80	47.0	161.33	115.54
东帝汶	0.4308	85.0	0.4283	84.1	0.003	1000.3	0.43	0.23
南亚	805.71	41.2	576.15	37.6	229.58	51.1	346.59	266.67
印度	617.60	42.4	409.19	38.0	208.41	51.8	200.78	159.52
巴基斯坦	86.67	27.7	69.38	25.5	17.29	37.2	52.09	42.55
孟加拉	70.59	54.1	67.91	52.9	2.68	91.2	65.23	43.00
斯里兰卡	20.975	28.0	19.950	27.2	1.025	45.6	18.93	14.99
尼泊尔	7.437	79.6	7.322	79.1	0.114	115.8	7.21	4.04
马尔代夫	0.6352	55.7	0.6348	56.1	0.0005	−62.1	0.63	0.41
不丹	0.0160	−61.6	0.0159	−61.5	0.0001	−75.6	0.02	0.04
阿富汗	1.79	−16.7	1.75	−17.9	0.04	167.6	1.72	2.12
西亚	1 657.72	39.8	759.73	25.3	897.98	55.0	−138.25	26.68
伊朗	293.82	38.5	110.96	40.1	182.86	37.5	−71.90	−53.68
土耳其	151.00	49.6	119.43	43.3	31.57	79.3	87.86	65.88
塞浦路斯	13.65	12.0	13.48	12.0	0.17	11.5	13.31	11.89
中国香港	2 305.75	31.8	2 183.17	31.3	122.58	40.9	2 060.59	1 575.22
中国澳门	22.64	8.0	21.41	15.7	1.24	−49.8	20.17	16.05
中国台北	1 453.70	36.9	296.77	44.8	1 156.94	35.0	−860.17	−652.18
亚洲其他	1 369.08	24.5	165.32	−0.8	1 203.76	29.0	−1 038.44	−766.21
欧盟	4 797.13	31.8	3 112.35	31.8	1 684.77	31.9	1 427.58	1 085.27
美国	3 853.41	29.2	2 833.04	28.3	1 020.38	31.7	1 812.66	1 433.72

注：1. 十大贸易伙伴：欧盟、美国、日本、东盟、香港、韩国、台湾、澳大利亚、巴西、印度。

2. 十大出口市场：欧盟、美国、香港、东盟、日本、韩国、印度、台湾、俄罗斯、澳大利亚。

3. 十大进口市场：日本、欧盟、东盟、韩国、台湾、美国、澳大利亚、巴西、俄罗斯、印度。

4. 占总值比中的“同比”为同比增减总数，亚洲司主管 26 个国别。

表 28：

2010 年美国对我国出口主要商品构成（章）

单位：百万美元，%

HS 编码	商品类别	2010 年	上年同期	同比	占比
章	总值	91 878	69 497	32.2	100.0
85	电机、电气、音像设备及其零附件	11 549	9 478	21.9	12.6
84	核反应堆、锅炉、机械器具及零件	11 222	8 397	33.6	12.2
12	油籽；子仁；工业或药用植物；饲料	10 994	9 295	18.3	12.0
88	航空器、航天器及其零件	5 765	5 337	8.0	6.3
90	光学、照相、医疗等设备及零附件	5 205	3 960	31.4	5.7
39	塑料及其制品	4 837	4 364	10.8	5.3
87	车辆及其零附件，但铁道车辆除外	4 504	1 922	134.3	4.9
47	木浆等纤维状纤维素浆；废纸及纸板	3 047	2 492	22.3	3.3
29	有机化学品	3 023	2 392	26.4	3.3
74	铜及其制品	2 851	1 777	60.4	3.1
76	铝及其制品	2 294	1 566	46.5	2.5
52	棉花	2 111	837	152.1	2.3
72	钢铁	2 016	2 866	−29.7	2.2
28	无机化学品；贵金属等的化合物	1 479	920	60.9	1.6
38	杂项化学产品	1 373	1 013	35.5	1.5
27	矿物燃料、矿物油及其产品；沥青等	1 335	534	150.2	1.5
26	矿砂、矿渣及矿灰	1 246	682	82.6	1.4
44	木及木制品；木炭	1 162	550	111.3	1.3
41	生皮（毛皮除外）及皮革	1 039	713	45.8	1.1
40	橡胶及其制品	898	665	35.0	1.0
23	食品工业的残渣及废料；配制的饲料	830	268	209.5	0.9
32	鞣料；着色料；涂料；油灰；墨水等	758	327	132.2	0.8
03	鱼及其他水生无脊椎动物	731	586	24.7	0.8
71	珠宝、贵金属及制品；仿首饰；硬币	674	348	93.6	0.7
73	钢铁制品	655	669	−2.1	0.7
30	药品	617	478	29.0	0.7
48	纸及纸板；纸浆、纸或纸板制品	591	538	9.8	0.6
55	化学纤维短纤	472	402	17.5	0.5
15	动、植物油、脂、蜡；精制食用油脂	449	73	513.2	0.5
95	玩具、游戏或运动用品及其零附件	417	139	200.7	0.5
以上合计		84 143	63 588	32.3	91.6

表 29:

2010 年美国自我国进口主要商品构成（章）

单位：百万美元，%

HS 编码	商品类别	2010 年	上年同期	同比	占比
章	总值	364 944	296 374	23.1	100.0
85	电机、电气、音像设备及其零附件	90 823	72 937	24.5	24.9
84	核反应堆、锅炉、机械器具及零件	82 731	62 417	32.5	22.7
95	玩具、游戏或运动用品及其零附件	24 978	23 199	7.7	6.8
94	家具；寝具等；灯具；活动房	19 956	16 022	24.6	5.5
64	鞋靴、护腿和类似品及其零件	15 919	13 336	19.4	4.4
62	非针织或非钩编的服装及衣着附件	14 733	12 904	14.2	4.0
61	针织或钩编的服装及衣着附件	14 044	11 462	22.5	3.9
39	塑料及其制品	9 647	8 032	20.1	2.6
42	皮革制品；旅行箱包；动物肠线制品	7 455	5 993	24.4	2.0
73	钢铁制品	7 329	7 494	−2.2	2.0
90	光学、照相、医疗等设备及零附件	7 016	5 582	25.7	1.9
87	车辆及其零附件，但铁道车辆除外	6 995	4 992	40.1	1.9
63	其他纺织制品；成套物品；旧纺织品	5 876	4 710	24.8	1.6
29	有机化学品	4 616	3 895	18.5	1.3
83	贱金属杂项制品	3 321	2 756	20.5	0.9
40	橡胶及其制品	3 218	2 816	14.3	0.9
71	珠宝、贵金属及制品；仿首饰；硬币	2 905	2 273	27.8	0.8
44	木及木制品；木炭	2 768	2 326	19.0	0.8
82	贱金属器具、利口器、餐具及零件	2 636	2 097	25.7	0.7
48	纸及纸板；纸浆、纸或纸板制品	2 267	2 061	10.0	0.6
96	杂项制品	2 015	1 692	19.1	0.6
76	铝及其制品	1 918	1 561	22.9	0.5
69	陶瓷产品	1 905	1 427	33.5	0.5
03	鱼及其他水生无脊椎动物	1 810	1 565	15.7	0.5
49	印刷品；手稿、打字稿及设计图纸	1 790	1 612	11.1	0.5
70	玻璃及其制品	1 629	1 207	34.9	0.5
67	加工羽毛及制品；人造花；人发制品	1 285	1 069	20.2	0.4
28	无机化学品；贵金属等的化合物	1 240	875	41.7	0.3
65	头饰	1 131	901	25.6	0.3
72	钢铁	1 027	507	102.3	0.3
以上合计		344 982	279 718	23.3	94.5

表 30：

2010 年美国对我国出口主要商品构成（类）

单位：百万美元，%

海关分类	HS 编码	商品类别	2010 年	上年同期	同比	占比
类	章	总值	91 878	69 497	32.2	100.0
第 16 类	84—85	机电产品	22 771	17 875	27.4	24.8
第 2 类	06—14	植物产品	11 828	9 765	21.1	12.9
第 17 类	86—89	运输设备	10 539	7 474	41.0	11.5
第 15 类	72—83	贱金属及制品	8 586	7 517	14.2	9.4
第 6 类	28—38	化工产品	8 564	6 262	36.8	9.3
第 7 类	39—40	塑料、橡胶	5 735	5 030	14.0	6.2
第 18 类	90—92	光学、钟表、医疗设备	5 223	3 978	31.3	5.7
第 10 类	47—49	纤维素浆；纸张	3 781	3 132	20.7	4.1
第 11 类	50—63	纺织品及原料	3 080	1 632	88.8	3.4
第 5 类	25—27	矿产品	2 823	1 375	105.3	3.1
第 4 类	16—24	食品、饮料、烟草	1 441	752	91.5	1.6
第 1 类	01—05	活动物；动物产品	1 410	1 539	−8.4	1.5
第 8 类	41—43	皮革制品；箱包	1 213	835	45.2	1.3
第 9 类	44—46	木及制品	1 167	554	110.5	1.3
第 14 类	71	贵金属及制品	674	348	93.6	0.7
其　他			3 043	1 428	113.0	3.3

表 31：

2010 年美国自我国进口主要商品构成（类）

单位：百万美元，%

海关分类	HS 编码	商品类别	2010 年	上年同期	同比	占比
类	章	总值	364 944	296 374	23.1	100.0
第 16 类	84—85	机电产品	173 554	135 355	28.2	47.6
第 20 类	94—96	家具、玩具、杂项制品	46 950	40 913	14.8	12.9
第 11 类	50—63	纺织品及原料	37 030	30 896	19.9	10.2
第 12 类	64—67	鞋靴、伞等轻工产品	18 786	15 662	19.9	5.2
第 15 类	72—83	贱金属及制品	17 436	15 370	13.4	4.8
第 7 类	39—40	塑料、橡胶	12 865	10 847	18.6	3.5
第 6 类	28—38	化工产品	9 523	7 605	25.2	2.6
第 18 类	90—92	光学、钟表、医疗设备	8 257	6 618	24.8	2.3
第 17 类	86—89	运输设备	7 659	5 521	38.7	2.1
第 8 类	41—43	皮革制品；箱包	7 563	6 075	24.5	2.1
第 13 类	68—70	陶瓷；玻璃	4 487	3 535	26.9	1.2
第 10 类	47—49	纤维素浆；纸张	4 065	3 679	10.5	1.1
第 9 类	44—46	木及制品	3 056	2 592	17.9	0.8
第 14 类	71	贵金属及制品	2 905	2 273	27.8	0.8
第 4 类	16—24	食品、饮料、烟草	2 316	2 017	14.8	0.6
其　他			8 491	7 417	14.5	2.3

表32：

2010年美国自我国进口的十大类商品及其国别/地区构成

单位：百万美元，%

HS84—85：机电产品				HS39—40：塑料、橡胶			
国家和地区	金额	同比	占比	国家和地区	金额	同比	占比
中国	173 554	28.2	34.2	中国	12 865	18.6	22.7
墨西哥	87 479	28.4	17.2	加拿大	12 011	21.2	21.2
日本	43 137	24.0	8.5	日本	4 443	38.4	7.8
加拿大	25 526	7.9	5.0	墨西哥	4 374	26.6	7.7
韩国	24 614	17.3	4.9	德国	2 801	30.1	4.9
德国	22 485	13.0	4.4	韩国	2 638	56.8	4.7
HS94—96：家具、玩具、杂项制品				HS28—38：化工产品			
国家和地区	金额	同比	占比	国家和地区	金额	同比	占比
中国	46 950	14.8	65.9	爱尔兰	25 305	26.7	16.1
墨西哥	6 540	41.8	9.2	加拿大	18 516	16.0	11.8
加拿大	4 087	20.0	5.7	德国	13 384	−2.5	8.5
越南	1 997	30.8	2.8	英国	12 548	−17.2	8.0
中国台北	1 624	28.8	2.3	中国	9 523	25.2	6.0
日本	1 535	11.5	2.2	法国	8 675	12.8	5.5
HS50—63：纺织品及原料				HS90—92：光学、钟表、医疗设备			
国家和地区	金额	同比	占比	国家和地区	金额	同比	占比
中国	37 030	19.9	38.8	墨西哥	8 948	20.3	14.0
越南	6 063	17.2	6.4	中国	8 257	24.8	12.9
印度	5 692	17.0	6.0	德国	7 372	13.8	11.6
墨西哥	5 145	7.4	5.4	日本	7 045	27.8	11.0
印度尼西亚	4 697	15.7	4.9	爱尔兰	5 070	10.2	7.9
孟加拉	4 034	15.6	4.2	瑞士	4 184	20.3	6.6
HS64—67：鞋靴、伞等轻工产品				HS86—89：运输设备			
国家和地区	金额	同比	占比	国家和地区	金额	同比	占比
中国	18 786	19.9	76.4	加拿大	51 013	36.9	24.9
越南	1 733	25.8	7.1	日本	43 845	30.1	21.4
意大利	931	16.2	3.8	墨西哥	40 691	49.5	19.9
印度尼西亚	760	32.8	3.1	德国	22 533	35.8	11.0
墨西哥	368	24.6	1.5	韩国	9 669	29.3	4.7
巴西	361	−5.4	1.5	中国	7 659	38.7	3.7
HS72—83：贱金属及制品				HS41—43：皮革制品；箱包			
国家和地区	金额	同比	占比	国家和地区	金额	同比	占比
加拿大	22 109	32.3	23.4	中国	7 563	24.5	69.8
中国	17 436	13.4	18.4	意大利	738	10.5	6.8
墨西哥	7 766	29.3	8.2	法国	395	20.4	3.7
德国	4 724	36.5	5.0	越南	272	43.6	2.5
日本	4 605	21.9	4.9	印度	265	9.3	2.5
中国台北	3 784	38.3	4.0	加拿大	223	33.0	2.1

表33：

2010年欧盟（27）对我国出口主要商品构成（章）

单位：百万美元，%

HS编码	商品类别	2010年	上年同期	同比	占比
章	总值	148 943	114 256	30.4	100.0
84	核反应堆、锅炉、机械器具及零件	41 671	33 625	23.9	28.0
87	车辆及其零附件，但铁道车辆除外	23 687	12 423	90.7	15.9
85	电机、电气、音像设备及其零附件	18 479	15 827	16.8	12.4
90	光学、照相、医疗等设备及零附件	7 099	5 412	31.2	4.8
88	航空器、航天器及其零件	6 500	4 902	32.6	4.4
39	塑料及其制品	5 490	4 567	20.2	3.7
74	铜及其制品	4 997	4 270	17.0	3.4
30	药品	3 677	2 900	26.8	2.5
29	有机化学品	3 560	3 264	9.1	2.4
72	钢铁	2 560	2 633	−2.8	1.7
73	钢铁制品	2 441	2 643	−7.7	1.6
47	木浆等纤维状纤维素浆；废纸及纸板	1 899	1 508	26.0	1.3
71	珠宝、贵金属及制品；仿首饰；硬币	1 816	1 330	36.5	1.2
38	杂项化学产品	1 572	1 217	29.2	1.1
40	橡胶及其制品	1 560	1 012	54.2	1.1
86	铁道车辆；轨道装置；信号设备	1 395	812	71.7	0.9
76	铝及其制品	1 212	1 077	12.6	0.8
22	饮料、酒及醋	1 074	650	65.2	0.7
48	纸及纸板；纸浆、纸或纸板制品	1 009	878	15.0	0.7
28	无机化学品；贵金属等的化合物	1 000	927	7.9	0.7
27	矿物燃料、矿物油及其产品；沥青等	986	262	277.0	0.7
41	生皮（毛皮除外）及皮革	893	688	29.8	0.6
94	家具；寝具等；灯具；活动房	780	587	32.9	0.5
32	鞣料；着色料；涂料；油灰；墨水等	779	605	28.6	0.5
26	矿砂、矿渣及矿灰	674	591	14.2	0.5
34	洗涤剂、润滑剂、人造蜡、塑型膏等	589	476	23.7	0.4
83	贱金属杂项制品	559	423	32.0	0.4
70	玻璃及其制品	494	402	22.7	0.3
82	贱金属器具、利口器、餐具及零件	483	444	8.9	0.3
33	精油及香膏；香料制品及化妆盥洗品	464	389	19.3	0.3
以上合计		139 398	106 744	30.6	93.6

表34：

2010年欧盟（27）自我国进口主要商品构成（章）

单位：百万美元，%

HS编码	商品类别	2010年	上年同期	同比	占比
章	总值	373 151	298 575	25.0	100.0
85	电机、电气、音像设备及其零附件	102 847	74 917	37.3	27.6
84	核反应堆、锅炉、机械器具及零件	75 485	59 284	27.3	20.2
62	非针织或非钩编的服装及衣着附件	20 122	19 640	2.5	5.4
61	针织或钩编的服装及衣着附件	17 248	16 073	7.3	4.6
95	玩具、游戏或运动用品及其零附件	16 884	17 358	−2.7	4.5
94	家具；寝具等；灯具；活动房	15 602	12 552	24.3	4.2
89	船舶及浮动结构体	9 761	4 434	120.1	2.6
64	鞋靴、护腿和类似品及其零件	9 513	8 343	14.0	2.6
73	钢铁制品	7 948	7 118	11.7	2.1
39	塑料及其制品	7 536	6 106	23.4	2.0
42	皮革制品；旅行箱包；动物肠线制品	7 434	6 687	11.2	2.0
29	有机化学品	6 710	5 493	22.2	1.8
90	光学、照相、医疗等设备及零附件	6 675	5 397	23.7	1.8
87	车辆及其零附件，但铁道车辆除外	5 612	4 440	26.4	1.5
63	其他纺织制品；成套物品；旧纺织品	4 003	3 435	16.5	1.1
72	钢铁	3 214	1 544	108.2	0.9
83	贱金属杂项制品	3 092	2 468	25.3	0.8
40	橡胶及其制品	2 819	1 983	42.2	0.8
71	珠宝、贵金属及制品；仿首饰；硬币	2 805	2 562	9.5	0.8
44	木及木制品；木炭	2 733	2 281	19.8	0.7
82	贱金属器具、利口器、餐具及零件	2 682	2 256	18.9	0.7
69	陶瓷产品	2 472	2 050	20.6	0.7
70	玻璃及其制品	2 443	1 944	25.7	0.7
96	杂项制品	2 134	1 831	16.6	0.6
48	纸及纸板；纸浆、纸或纸板制品	1 978	1 663	18.9	0.5
76	铝及其制品	1 836	1 337	37.3	0.5
03	鱼及其他水生无脊椎动物	1 801	1 620	11.2	0.5
91	钟表及其零件	1 629	1 367	19.1	0.4
30	药品	1 531	934	64.0	0.4
28	无机化学品；贵金属等的化合物	1 495	890	68.0	0.4
以上合计		348 045	278 009	25.2	93.3

表 35：

2010 年欧盟（27）对我国出口主要商品构成（类）

单位：百万美元，%

海关分类	HS 编码	商品类别	2010 年	上年同期	同比	占比
类	章	总值	148 943	114 256	30.4	100.0
第 16 类	84—85	机电产品	60 150	49 452	21.6	40.4
第 17 类	86—89	运输设备	31 776	18 383	72.9	21.3
第 15 类	72—83	贱金属及制品	12 999	12 046	7.9	8.7
第 6 类	28—38	化工产品	12 222	10 310	18.6	8.2
第 18 类	90—92	光学、钟表、医疗设备	7 251	5 509	31.6	4.9
第 7 类	39—40	塑料、橡胶	7 050	5 579	26.4	4.7
第 10 类	47—49	纤维素浆；纸张	3 076	2 555	20.4	2.1
第 11 类	50—63	纺织品及原料	2 181	1 728	26.2	1.5
第 5 类	25—27	矿产品	2 115	1 185	78.5	1.4
第 4 类	16—24	食品、饮料、烟草	1 893	1 310	44.5	1.3
第 14 类	71	贵金属及制品	1 816	1 330	36.5	1.2
第 8 类	41—43	皮革制品；箱包	1 453	975	49.1	1.0
第 1 类	01—05	活动物；动物产品	1 073	910	17.9	0.7
第 20 类	94—96	家具、玩具、杂项制品	996	744	33.8	0.7
第 13 类	68—70	陶瓷；玻璃	971	816	19.0	0.7
其　他			1 922	1 425	34.8	1.3

表 36：

2010 年欧盟（27）自我国进口主要商品构成（类）

单位：百万美元，%

海关分类	HS 编码	商品类别	2010 年	上年同期	同比	占比
类	章	总值	373 151	298 575	25.0	100.0
第 16 类	84—85	机电产品	178 332	134 201	32.9	47.8
第 11 类	50—63	纺织品及原料	46 364	42 883	8.1	12.4
第 20 类	94—96	家具、玩具、杂项制品	34 620	31 741	9.1	9.3
第 15 类	72—83	贱金属及制品	20 873	16 072	29.9	5.6
第 17 类	86—89	运输设备	15 715	9 341	68.2	4.2
第 6 类	28—38	化工产品	13 627	10 450	30.4	3.7
第 12 类	64—67	鞋靴、伞等轻工产品	11 881	10 370	14.6	3.2
第 7 类	39—40	塑料、橡胶	10 356	8 089	28.0	2.8
第 18 类	90—92	光学、钟表、医疗设备	8 863	7 274	21.8	2.4
第 8 类	41—43	皮革制品；箱包	7 864	7 022	12.0	2.1
第 13 类	68—70	陶瓷；玻璃	6 333	5 134	23.4	1.7
第 10 类	47—49	纤维素浆；纸张	3 239	2 847	13.8	0.9
第 9 类	44—46	木及制品	3 195	2 681	19.2	0.9
第 14 类	71	贵金属及制品	2 805	2 562	9.5	0.8
第 1 类	01—05	活动物；动物产品	2 600	2 396	8.5	0.7
其　他			6 483	5 510	17.7	1.7

表 37：

2010 年欧盟（27）自我国进口的十大类商品及其国别/地区构成

单位：百万美元，%

HS84—85：机电产品				HS28—38：化工产品			
国家和地区	金额	同比	占比	国家和地区	金额	同比	占比
中国	178 332	32.9	39.1	美国	47 757	10.2	28.7
美国	61 587	6.5	13.5	瑞士	36 703	3.0	22.1
日本	39 844	11.7	8.7	中国	13 627	30.4	8.2
韩国	23 734	15.2	5.2	新加坡	8 900	36.1	5.4
瑞士	19 864	10.4	4.4	日本	8 021	8.0	4.8
中国台北	19 553	30.7	4.3	俄罗斯	6 081	34.9	3.7
HS50—63：纺织品及原料				HS64—67：鞋靴、伞等轻工产品			
国家和地区	金额	同比	占比	国家和地区	金额	同比	占比
中国	46 364	8.1	41.7	中国	11 881	14.6	53.7
土耳其	14 762	6.6	13.3	越南	2 642	0.7	12.0
印度	8 652	4.5	7.8	印度	1 572	15.3	7.1
孟加拉	8 028	7.5	7.2	印度尼西亚	1 169	5.9	5.3
巴基斯坦	3 459	9.4	3.1	突尼斯	657	11.2	3.0
突尼斯	3 449	−0.9	3.1	巴西	571	1.3	2.6
HS94—96：家具、玩具、杂项制品				HS39—40：塑料、橡胶			
国家和地区	金额	同比	占比	国家和地区	金额	同比	占比
中国	34 620	9.1	69.9	中国	10 356	28.0	18.8
美国	1 827	2.6	3.7	美国	8 931	19.4	16.2
越南	1 142	10.6	2.3	瑞士	4 078	8.4	7.4
日本	1 081	−9.6	2.2	日本	3 960	24.3	7.2
中国台北	1 072	15.3	2.2	土耳其	2 751	19.8	5.0
印度尼西亚	995	11.5	2.0	韩国	2 631	14.0	4.8
HS72—83：贱金属及制品				HS90—92：光学、钟表、医疗设备			
国家和地区	金额	同比	占比	国家和地区	金额	同比	占比
中国	20 873	29.9	17.9	美国	24 217	3.5	35.5
俄罗斯	12 847	54.4	11.0	瑞士	11 964	6.5	17.5
美国	7 600	14.2	6.5	中国	8 863	21.8	13.0
挪威	7 303	30.8	6.3	日本	7 400	16.9	10.8
瑞士	6 749	25.9	5.8	韩国	3 095	3.7	4.5
智利	5 373	41.7	4.6	墨西哥	1 706	13.2	2.5
HS86—89：运输设备				HS41—43：皮革制品；箱包			
国家和地区	金额	同比	占比	国家和地区	金额	同比	占比
美国	23 906	−33.7	18.0	中国	7 864	12.0	50.9
日本	17 997	−3.3	13.5	印度	1 506	11.5	9.8
中国	15 715	68.2	11.8	巴西	601	45.7	3.9
韩国	13 697	16.3	10.3	瑞士	534	3.7	3.5
土耳其	11 460	8.8	8.6	巴基斯坦	460	10.8	3.0
中国台北	2 861	16.4	2.2	美国	439	44.0	2.8

表 38：

2010 年日本对中国出口主要商品构成（章）

单位：百万美元，%

HS 编码	商品类别	2009 年	上年同期	同比	占比
章	总值	149 692	109 577	36.6	100.0
84	核反应堆、锅炉、机械器具及零件	33 522	19 341	73.3	22.4
85	电机、电气、音像设备及其零附件	32 207	25 651	25.6	21.5
87	车辆及其零附件，但铁道车辆除外	15 056	9 901	52.1	10.1
90	光学、照相、医疗等设备及零附件	9 700	6 424	51.0	6.5
72	钢铁	8 963	7 577	18.3	6.0
39	塑料及其制品	8 201	6 068	35.2	5.5
29	有机化学品	6 515	5 951	9.5	4.4
74	铜及其制品	3 716	2 996	24.0	2.5
27	矿物燃料、矿物油及其产品；沥青等	2 059	1 916	7.5	1.4
38	杂项化学产品	2 034	1 371	48.4	1.4
73	钢铁制品	2 023	1 882	7.5	1.4
40	橡胶及其制品	1 485	1 064	39.5	1.0
70	玻璃及其制品	1 332	874	52.5	0.9
32	鞣料；着色料；涂料；油灰；墨水等	980	739	32.7	0.7
76	铝及其制品	869	734	18.4	0.6
47	木浆等纤维状纤维素浆；废纸及纸板	862	634	35.9	0.6
54	化学纤维长丝	841	753	11.6	0.6
28	无机化学品；贵金属等的化合物	818	682	19.9	0.6
71	珠宝、贵金属及制品；仿首饰；硬币	753	389	93.7	0.5
37	照相及电影用品	683	508	34.5	0.5
48	纸及纸板；纸浆、纸或纸板制品	654	501	30.6	0.4
82	贱金属器具、利口器、餐具及零件	623	491	27.0	0.4
55	化学纤维短纤	606	461	31.5	0.4
34	洗涤剂、润滑剂、人造蜡、塑型膏等	591	425	39.1	0.4
68	矿物材料的制品	445	271	64.0	0.3
60	针织物及钩编织物	444	406	9.4	0.3
94	家具；寝具等；灯具；活动房	432	319	35.3	0.3
59	浸、包或层压织物；工业用纺织制品	372	299	24.1	0.3
52	棉花	370	381	−2.9	0.3
49	印刷品；手稿、打字稿及设计图纸	364	392	−7.1	0.2
以上合计		137 518	99 400	38.3	91.9

表 39：

2010 年日本自中国进口主要商品构成（章）

单位：百万美元，%

HS 编码	商品类别	2009 年	上年同期	同比	占比
章	总值	153 370	122 515	25.2	100.0
85	电机、电气、音像设备及其零附件	38 586	26 037	48.2	25.2
84	核反应堆、锅炉、机械器具及零件	26 269	20 078	30.8	17.1
61	针织或钩编的服装及衣着附件	11 075	10 501	5.5	7.2
62	非针织或非钩编的服装及衣着附件	10 115	9 731	4.0	6.6
95	玩具、游戏或运动用品及其零附件	4 436	4 971	−10.8	2.9
39	塑料及其制品	4 083	3 415	19.6	2.7
90	光学、照相、医疗等设备及零附件	3 816	3 077	24.0	2.5
94	家具；寝具等；灯具；活动房	3 701	3 198	15.7	2.4
64	鞋靴、护腿和类似品及其零件	3 502	3 229	8.5	2.3
42	皮革制品；旅行箱包；动物肠线制品	3 149	2 862	10.0	2.1
73	钢铁制品	3 133	2 894	8.2	2.0
28	无机化学品；贵金属等的化合物	2 763	1 272	117.2	1.8
87	车辆及其零附件，但铁道车辆除外	2 762	2 202	25.5	1.8
63	其他纺织制品；成套物品；旧纺织品	2 582	2 959	−12.7	1.7
16	肉、鱼及其他水生无脊椎动物的制品	2 516	2 094	20.1	1.6
29	有机化学品	2 512	1 883	33.4	1.6
27	矿物燃料、矿物油及其产品；沥青等	1 803	1 373	31.3	1.2
44	木及木制品；木炭	1 498	1 344	11.4	1.0
72	钢铁	1 429	643	122.2	0.9
76	铝及其制品	1 389	771	80.2	0.9
20	蔬菜、水果等或植物其他部分的制品	1 287	1 082	19.0	0.8
07	食用蔬菜、根及块茎	1 236	943	31.1	0.8
38	杂项化学产品	1 223	789	55.1	0.8
48	纸及纸板；纸浆、纸或纸板制品	1 117	1 040	7.4	0.7
03	鱼及其他水生无脊椎动物	1 110	975	13.9	0.7
68	矿物材料的制品	848	828	2.3	0.6
91	钟表及其零件	731	558	31.0	0.5
25	盐；硫黄；土及石料；石灰及水泥等	712	458	55.6	0.5
96	杂项制品	697	648	7.6	0.5
70	玻璃及其制品	650	460	41.3	0.4
以上合计		140 733	112 314	25.3	91.8

表 40：

2010 年日本对中国出口主要商品构成（类）

单位：百万美元，%

海关分类	HS 编码	商品类别	2010 年	上年同期	同比	占比
类	章	总值	149 692	109 577	36.6	100.0
第 16 类	84—85	机电产品	65 729	44 992	46.1	43.9
第 15 类	72—83	贱金属及制品	17 198	14 440	19.1	11.5
第 17 类	86—89	运输设备	15 373	10 165	51.2	10.3
第 6 类	28—38	化工产品	12 427	10 280	20.9	8.3
第 18 类	90—92	光学、钟表、医疗设备	9 897	6 561	50.9	6.6
第 7 类	39—40	塑料、橡胶	9 686	7 132	35.8	6.5
第 11 类	50—63	纺织品及原料	3 363	2 966	13.4	2.3
第 5 类	25—27	矿产品	2 249	2 049	9.8	1.5
第 13 类	68—70	陶瓷；玻璃	1 921	1 212	58.5	1.3
第 10 类	47—49	纤维素浆；纸张	1 880	1 527	23.1	1.3
第 20 类	94—96	家具、玩具、杂项制品	909	800	13.7	0.6
第 14 类	71	贵金属及制品	753	389	93.7	0.5
第 1 类	01—05	活动物；动物产品	330	247	33.8	0.2
第 4 类	16—24	食品、饮料、烟草	175	142	23.8	0.1
第 8 类	41—43	皮革制品；箱包	87	78	11.6	0.1
其　他			7 715	6 598	16.9	5.2

表 41：

2010 年日本自中国进口主要商品构成（类）

单位：百万美元，%

海关分类	HS 编码	商品类别	2010 年	上年同期	同比	占比
类	章	总值	149 692	109 577	36.6	100.0
第 16 类	84—85	机电产品	65 729	44 992	46.1	43.9
第 15 类	72—83	贱金属及制品	17 198	14 440	19.1	11.5
第 17 类	86—89	运输设备	15 373	10 165	51.2	10.3
第 6 类	28—38	化工产品	12 427	10 280	20.9	8.3
第 18 类	90—92	光学、钟表、医疗设备	9 897	6 561	50.9	6.6
第 7 类	39—40	塑料、橡胶	9 686	7 132	35.8	6.5
第 11 类	50—63	纺织品及原料	3 363	2 966	13.4	2.3
第 5 类	25—27	矿产品	2 249	2 049	9.8	1.5
第 13 类	68—70	陶瓷；玻璃	1 921	1 212	58.5	1.3
第 10 类	47—49	纤维素浆；纸张	1 880	1 527	23.1	1.3
第 20 类	94—96	家具、玩具、杂项制品	909	800	13.7	0.6
第 14 类	71	贵金属及制品	753	389	93.7	0.5
第 1 类	01—05	活动物；动物产品	330	247	33.8	0.2
第 4 类	16—24	食品、饮料、烟草	175	142	23.8	0.1
第 8 类	41—43	皮革制品；箱包	87	78	11.6	0.1
其　他			7 715	6 598	16.9	5.2

表 42：

2010 年日本自我国进口的十大类商品及其国别/地区构成

单位：百万美元，%

HS84—85：机电产品				HS16—24：食品、饮料、烟草			
国家和地区	金额	同比	占比	国家和地区	金额	同比	占比
中国	64 855	40.6	45.6	中国	5 000	15.7	22.1
美国	15 964	9.8	11.2	美国	3 528	1.8	15.6
中国台北	12 329	28.6	8.7	泰国	2 585	6.2	11.4
韩国	10 002	18.3	7.0	荷兰	1 540	9.0	6.8
泰国	7 205	33.4	5.1	法国	1 269	2.7	5.6
马来西亚	6 174	33.1	4.3	德国	1 088	−6.1	4.8
HS50—63：纺织品及原料				HS90—92：光学、钟表、医疗设备			
国家和地区	金额	同比	占比	国家和地区	金额	同比	占比
中国	25 458	3.8	77.4	美国	7 253	22.7	28.9
越南	1 394	17.0	4.2	中国	4 675	24.2	18.6
意大利	820	−6.8	2.5	德国	2 101	22.7	8.4
印度尼西亚	640	28.6	2.0	瑞士	1 729	6.7	6.9
韩国	609	14.9	1.9	爱尔兰	1 615	41.3	6.4
泰国	555	18.4	1.7	泰国	826	17.0	3.3
HS94—96：家具、玩具、杂项制品				HS39—40：塑料、橡胶			
国家和地区	金额	同比	占比	国家和地区	金额	同比	占比
中国	8 833	0.2	69.0	中国	4 665	21.0	25.8
泰国	523	4.9	4.1	泰国	2 401	57.6	13.3
越南	497	17.4	3.9	美国	2 256	40.5	12.5
中国台北	440	−2.3	3.4	印度尼西亚	1 927	64.4	10.7
美国	383	1.4	3.0	韩国	1 669	35.7	9.2
马来西亚	314	1.7	2.5	中国台北	1 211	30.5	6.7
HS72—83：贱金属及制品				HS64—67：鞋靴、伞等轻工产品			
国家和地区	金额	同比	占比	国家和地区	金额	同比	占比
中国	8 177	42.3	24.8	中国	4 231	6.9	73.9
韩国	4 392	48.2	13.3	越南	285	27.4	5.0
澳大利亚	2 123	111.7	6.5	意大利	278	−0.2	4.9
印度尼西亚	2 084	50.5	6.3	印度尼西亚	125	17.3	2.2
美国	1 633	15.1	5.0	柬埔寨	119	24.7	2.1
俄罗斯	1 556	70.7	4.7	缅甸	79	8.5	1.4
HS28—38：化工产品				HS41—43：皮革制品；箱包			
国家和地区	金额	同比	占比	国家和地区	金额	同比	占比
美国	10 493	28.0	19.6	中国	3 321	11.3	59.4
中国	7 766	55.8	14.5	意大利	872	4.9	15.6
德国	5 202	16.9	9.7	法国	522	−5.0	9.3
法国	3 735	22.5	7.0	西班牙	144	−5.3	2.6
瑞士	3 293	15.0	6.1	越南	116	38.8	2.1
英国	2 387	0.3	4.5	美国	113	12.3	2.0

附　录

附录一　多哈回合及中国参与谈判大事记（2001—2010）

一、多哈谈判历程一览

2001 年 11 月 9～14 日	启动多哈回合。WTO 第四届部长级会议在卡塔尔多哈举行，会议通过了《多哈部长宣言》，多哈谈判正式启动。此次会议通过了关于接受中国加入 WTO 的决定。
2001 年 12 月 11 日	中国正式加入 WTO 并开始参与多哈谈判。《中国加入 WTO 议定书》生效，中国正式成为 WTO 第 143 个成员，开始以 WTO 正式成员的身份参与多哈谈判。
2003 年 9 月 10～14 日	坎昆会议。WTO 第五届部长级会议在墨西哥坎昆举行，由于各方在主要问题上的巨大分歧，会议无果而终。
2004 年 7 月 20～31 日	框架协议。WTO 总理事会在日内瓦举行，会议达成了多哈谈判框架协议，为下一步谈判奠定了基础。
2005 年 12 月 13～18 日	香港会议。WTO 第六届部长级会议在中国香港举行，会议通过了《香港部长宣言》，并确定 2006 年底前结束多哈谈判。
2006 年 7 月 24 日	谈判中止。因 WTO“六方”（G6）在重要议题上分歧严重，WTO 总干事拉米建议多哈谈判中止。
2007 年 1 月 27 日	WTO 小型部长会议在瑞士达沃斯举行，与会成员一致同意正式全面地恢复多哈谈判。
2007 年 6 月 11 日	WTO“发展中成员农业 20 国协调组”（G20）在日内瓦召开部长级会议，协调集体谈判立场。
2008 年 1 月 26 日	WTO 小型部长会议在瑞士达沃斯举行，主要成员国的贸易部长就多哈谈判的当前形势与下一步路线图等问题交换了意见。
2009 年 1 月 31 日	WTO 小型部长会议在瑞士达沃斯举行，会议就如何推动多哈谈判进行了讨论。
2009 年 6 月 7～9 日	第 33 届凯恩斯集团部长级会议在印度尼西亚巴厘岛举行。会议通过了《凯恩斯集团宣言》，呼吁 WTO 为尽早结束多哈谈判制订明确的计划并在 2009 年 8 月前开始实施。
2010 年 1 月 30 日	WTO 小型部长会议在瑞士达沃斯举行，会议就如何进一步推动多哈谈判进行了讨论。

二、多哈回合及中国参与谈判大事记

时　　间	事　　件
2001 年 11 月 9～14 日	WTO 第四届部长级会议在卡塔尔首都多哈举行，会议通过了《多哈部长宣言》，多哈谈判正式启动并计划于 2005 年 1 月 1 日前结束。 会议做出了同意中国加入 WTO 的决定，原外经贸部部长石广生率团出席。
2001 年 12 月 11 日	《中国加入 WTO 议定书》生效，中国正式成为 WTO 第 143 个成员，开始以 WTO 成员身份参与多哈谈判。
2001 年 12 月 19～20 日	原外经贸部副部长龙永图率团出席 WTO 总理事会，中国代表团第一次以成员身份在 WTO 亮相。
2002 年 1 月 28 日	WTO 贸易谈判委员会（TNC）第一次会议在日内瓦举行，选举 WTO 总干事穆尔（新西兰人）为 TNC 主席，并为各项议题确定了结束谈判的期限。 中国常驻 WTO 代表团在日内瓦举行了隆重的揭牌仪式。中国首任 WTO 代表孙振宇大使出席。
2002 年 6 月 20 日	中国提交了关于渔业补贴的提案，这是中国在多哈谈判中的第一份提案，该提案得到了包括巴西、菲律宾等一些 WTO 成员的响应。
2002 年 7 月 18～19 日	TNC 会议在日内瓦举行，会议打破了非农工作组的僵局，恢复了谈判势头。 原外经贸部副部长龙永图率团出席并发言，强调了中国对推动贸易自由化、充分参与多哈谈判的积极态度和实际行动。
2002 年 7 月 31 日	WTO 成员未就加强发展中成员特殊和差别待遇条款达成一致，从而错过了多哈谈判规定的第一个截止日期。WTO 总理事会决定将原定的 2002 年 7 月底这一期限推迟至 2002 年底。
2002 年 9 月 1 日	素帕猜（泰国人）就任 WTO 总干事，任期三年，穆尔离任。
2002 年 9 月 2～6 日	中国代表团参加了 WTO 农业委员会特别会议，正式提出中国在新一轮农业谈判中的总体立场。
2002 年 11 月 4～8 日	欧盟在日内瓦召集小范围高官会，就如何推动多哈谈判进行了讨论，约 30 个 WTO 成员派高官出席。 原外经贸部副部长龙永图率团出席并发言，强调要优先解决好发展中成员的关注。
2002 年 11 月 14～15 日	WTO 小型部长级会议在悉尼举行，会议重点就 TRIPs（与贸易有关的知识产权保护）及公共健康、发展问题、市场准入等问题进行了讨论。 原外经贸部部长石广生率团出席，同包括发展中成员在内的与会各方加强沟通与协调，推动谈判在促进发展和各方利益平衡的基础上取得积极进展。
2002 年 12 月 10 日	WTO 总理事会完成了对中国的最终审议，并对在此之前的审议进行了总结，这标志着中国已顺利地通过了加入 WTO 后的第一次过渡性审议。
2002 年 12 月 31 日	WTO 未就 TRIPs 和公共健康问题达成协议，从而错过了多哈谈判规定的第二个截止日期。此外，加强发展中成员特殊和差别待遇条款仍未达成一致，再次错过日期。
2003 年 3 月 31 日	WTO 未就农业谈判模式、非农谈判模式达成一致，从而错过了多哈谈判的第三个和第四个截止日期。
2003 年 5 月 30 日	“WTO 新一轮谈判各部门协调会”在商务部召开。魏建国副部长出席会议并讲话，分析了新一轮谈判的现状，介绍了我国参与谈判的任务。

续 表

时 间	事 件
2003年5月31日	WTO未就《争端解决谅解》的改进和澄清达成一致，从而错过了多哈谈判的第五个截止日期。
2003年6月 21～22日	WTO小型部长级会议在埃及沙姆沙伊赫举行，会议重点就TRIPs与公共健康、市场准入问题、发展问题、新加坡议题等进行了讨论。 商务部副部长魏建国率团出席，在会上表达了中国的关注，并呼吁应在多哈谈判中充分关注发展中成员的利益。
2003年7月 28～30日	WTO小型部长级会议在加拿大蒙特利尔举行，会议主要就农业、非农、发展问题和谈判的整体平衡等交换了意见。 商务部部长吕福源率团出席，在会上表达了中国支持多哈谈判如期取得平衡结果的立场，并强调各方应充分考虑新成员对多边贸易体制做出的巨大贡献。
2003年8月13日	美国与欧盟提交有关农业谈判的联合提案，以应对发展中成员要求削减农业补贴的诉求，但印度、巴西等成员拒绝接受这一提案。
2003年8月 18～24日	WTO成员高官会议及坎昆会议前最后一次WTO总理事会在日内瓦举行，会议旨在为坎昆会议做最后的准备工作，讨论了坎昆会议部长宣言案文。商务部部长助理易小准率团出席。 G20（发展中成员农业问题协调组）就农业问题提出联合提案，这是发展中成员在多边贸易谈判中的首次联盟。
2003年9月5日	中国按期向WTO提交了多哈回合服务贸易谈判的最初出价。
2003年9月 10～14日	WTO第五届部长级会议在墨西哥坎昆举行，由于各方在主要问题上的巨大分歧，会议无果而终。 商务部部长吕福源率团出席，农业部部长杜青林、商务部部长助理易小准、中国常驻WTO代表团大使孙振宇参加了代表团。
2004年1月	美国贸易代表佐立克致函WTO各成员部长，呼吁在2004年年中就多哈谈判达成框架协议。 商务部部长吕福源回函，对美方的努力表示欢迎，并表示愿意与包括美方在内的WTO成员一道共同推动多哈谈判在2004年年中取得进展。
2004年5月	欧盟贸易委员拉米和农业委员费施勒致函WTO各成员部长，在取消出口补贴方面首次做出有条件承诺，信中还提出G90（90国集团，主要包括ACP、LDC和非洲集团成员）应在多哈谈判中免于减让。 商务部部长薄熙来在回函中对此表示赞赏，并表达了中方在农业、非农产品市场准入、服务贸易、新加坡议题、发展问题，以及新加入成员待遇问题等方面的立场。
2004年5月 13～14日	经济合作发展组织（OECD）部长级会议在巴黎举行，期间举行了WTO小型部长级会议，与会成员一致同意推动在7月底前达成框架协议。 商务部部长助理易小准率团出席。
2004年6月 4～5日	亚太经合组织（APEC）第十次贸易部长会议在智利普贡举行，会议重点讨论了如何推动WTO在7月达成多哈谈判的框架协议，并就此发表了部长声明。 商务部部长薄熙来率团出席，就农业、非农产品市场准入、服务贸易、贸易便利化和发展问题阐述了中国的立场。

续 表

时　间	事　件
2004 年 7 月 1 日	《对外贸易法》修订本和《对外贸易经营者备案登记办法》正式施行，我国对外贸易经营权彻底放开，对外贸易经营者开始实行登记备案制度，比承诺时间提前了半年。
2004 年 7 月 20～31 日	WTO 总理事会在日内瓦举行，会议达成了多哈谈判框架协议，为下一步谈判奠定了基础。与会成员一致同意取消“新加坡议题”中除了贸易便利化问题以外的其他议题的谈判。会议还决定将原定于 2005 年 1 月 1 日前结束多哈谈判的截止日期向后推延，并决定 WTO 第六届部长级会议于 2005 年 12 月在中国香港举行。“五个利益方”（FIPs，美、欧、巴西、印度、澳大利亚）对会议结果产生了重要影响。 商务部部长助理易小准率团出席会议，中方为框架协议的达成发挥了积极作用。
2004 年 10 月 12 日	TNC 决定成立贸易便利化谈判小组，贸易便利化谈判正式启动。
2005 年 1 月 29 日	WTO 小型部长级会议在瑞士达沃斯举行，会议就 2004 年 7 月框架协议达成后的谈判形势和 2005 年的谈判任务以及香港第六届 WTO 部长会议的目标进行了研究和探讨，并发出明确信号，希望 2006 年结束多哈谈判。 中国常驻 WTO 代表团大使孙振宇出席。
2005 年 3 月 2～4 日	WTO 小型部长级会议在肯尼亚蒙巴萨举行，会议重点讨论了农业和非农谈判议题，就农业谈判中非从价税转换方式进行了深入磋商，缩小了各主要谈判方在此问题上的分歧。 中国常驻 WTO 代表团大使孙振宇出席。
2005 年 3 月 18～19 日	G20 部长级会议在新德里举行，非洲集团、加勒比共同体、最不发达国家等集团的牵头协调国应邀派代表参加了会议。会议强调了农业问题在多哈谈判的核心地位，呼吁发展中成员继续加强团结，更加积极主动地参与谈判。 商务部部长助理易小准率团出席。
2005 年 5 月 4 日	WTO 小型部长级会议在巴黎举行，就农业谈判中的非从价税转换问题达成一致，为推进农业市场准入谈判扫除了一个障碍。 商务部部长薄熙来率团出席。
2005 年 6 月 20～21 日	WTO 少数成员高官会在法国迪翁举行，会议就 WTO 多哈谈判重点领域的具体问题进行了磋商。 商务部部长助理易小准率团出席。
2005 年 7 月 12～13 日	WTO 小型部长级会议在大连举行，这是中国首次主办此类会议，意味着中国正在以一种更加积极主动的姿态参与制定多边贸易规则。会议涵盖农业、非农产品市场准入、发展、服务、规则和通向香港之路等方面，与会成员同意农业谈判以 G20 市场准入新建议为起点展开进一步的工作，表达了推进谈判的强烈政治愿望和相互协调的务实精神，为今后一个阶段的谈判确定了方向。 商务部部长薄熙来与中国香港工商和科技局局长曾俊华共同主持了会议。
2005 年 9 月 1 日	拉米就任 WTO 总干事，任期四年，素帕猜离任。

续 表

时 间	事 件
2005年10月 11～16日	WTO小型部长级在瑞士苏黎世举行，美国公布了其农业谈判新建议，会后欧盟、G10（农业高保护10成员协调组）和G20等重要谈判方提出各自提案，农业谈判节奏明显加快。 此次会议由中国香港倡议，商务部副部长易小准率团出席。
2005年11月 18～19日	APEC第十三次领导人非正式会议在韩国釜山举行，与会成员就多哈谈判发表特别声明，表示了推动谈判的强烈的政治决心。 国家主席胡锦涛出席会议并发表重要讲话，呼吁各方采取灵活务实的态度，共同推进多边贸易体制健康发展。
2005年12月 13～18日	WTO第六届部长级会议在中国香港举行，会议通过了《香港部长宣言》，在取消农产品出口补贴、优先解决棉花问题、对最不发达国家给予“双免”待遇以及确定非农关税削减公式等方面取得了进展，但在农业、非农产品市场准入和服务等核心领域，各成员间仍存在严重分歧。 商务部部长薄熙来率团出席，农业部部长杜青林、商务部副部长易小准、农业部副部长牛盾、中国常驻WTO代表团大使孙振宇参会。中国代表团在会议的关键时刻与少数成员积极沟通，为宣言的通过发挥了重要作用。
2006年2月7日	WTO总干事拉米在WTO总理事会会议上提出“齐步走”的谈判三原则：(1)所有成员都要主动做出减让；(2)农业、非农和服务不再相互牵制；(3)所有议题都要展开文字和数字的具体谈判。
2006年3月 10～11日	WTO六方（G6，即美国、欧盟、日本、澳大利亚、巴西、印度）部长级会议在伦敦举行，会议试图推动谈判，但由于各方在农业问题、非农关税减让系数上的立场相去甚远，会议未能取得任何实质性进展。
2006年4月 19～25日	WTO在日内瓦举行中国加入以来的首次贸易政策审议，商务部副部长易小准在会上介绍了中国加入WTO四年多来经济贸易发展情况，与会成员普遍认为中国加入WTO给世界带来机遇，并肯定了中国在多哈谈判中发挥的建设性作用。
2006年4月 26～27日	“12方高官磋商”（美国、欧盟、澳大利亚、巴西、加拿大、埃及、印度、日本、挪威、马来西亚、肯尼亚和中国）在日内瓦举行，与会成员在具体问题上的磋商没有取得进展。 商务部副部长易小准率团出席，常驻WTO代表团大使孙振宇参会。
2006年5月 15～19日	“12方高官磋商”在瑞士日内瓦再次举行，会议在重大问题上仍无起色。 商务部副部长易小准率团出席，常驻WTO代表团大使孙振宇参会。
2006年6月 1～2日	APEC第十二次贸易部长会议在越南胡志明市举行，会议重申推动多边贸易体系发展的使命，以及在2006年底完成多哈谈判的决心。 会议期间商务部部长薄熙来会见WTO总干事拉米与候任美国贸易代表施瓦布，就多哈谈判前景交换了意见。
2006年6月 29日～7月2日	WTO小型部长级会议在瑞士日内瓦举行，会议无果而终，WTO总干事拉米承认“谈判陷入了危机”。 商务部副部长易小准率团出席。

续 表

时　间	事　件
2006 年 7 月 15～18 日	八国峰会（G8）以及 G8 同发展中国家领导人对话会在俄罗斯圣彼得堡举行，会议发表声明，呼吁 WTO 成员为在 2006 年年底前结束多哈谈判做出实质性努力，并要求各成员的贸易谈判代表在一个月内就农业和非农产品关税问题达成基本谈判框架协议。 国家主席胡锦涛出席会议并发表重要讲话，呼吁各成员领导人做出政治决断，推动谈判取得共赢结果，使多哈谈判成为真正的发展回合。
2006 年 7 月 24 日	“六方”（G6，即美、欧、印、巴西、澳、日）会议在日内瓦举行，因“六方”分歧严重，会谈没有进展。WTO 总干事拉米建议多哈谈判中止。
2006 年 9 月 3～5 日	国务院总理温家宝、前总理朱镕基和商务部部长薄熙来在北京会见来访的 WTO 总干事拉米，就多哈谈判及中国加入 WTO 五周年等话题交换了意见。
2006 年 9 月 9～10 日	G20 成员部长召开会议并于会后召开了巴西、印度和南非三国首脑峰会，会议虽未就何时正式重启谈判达成一致，但与会成员都表达了重启谈判的强烈愿望。
2006 年 9 月 10～11 日	第六届亚欧首脑会议在芬兰赫尔辛基举行，会议发表声明，呼吁各方显示必要的政治意愿和灵活性，使谈判在条件允许时尽快恢复。 国务院总理温家宝出席会议并发表重要讲话，呼吁各成员反思各自谈判立场，敦促主要发达国家拿出政治意愿，在削减农业补贴和关税方面表现出更大的灵活性，为恢复谈判创造条件。
2006 年 9 月 20～22 日	凯恩斯集团召开部长会议并邀美、欧、印、日部长及 WTO 总干事出席，会议发表公告呼吁在 11 月前重启谈判。
2006 年 11 月 16 日	WTO 贸易谈判委员会（TNC）举行非正式会议，各成员一致同意恢复多哈谈判各项议题的技术性磋商。
2006 年 11 月 17～19 日	APEC 第十四次领导人非正式会议在越南河内举行，会议期间各国领导人发表声明，一致同意支持推动多哈谈判尽快恢复。 国家主席胡锦涛出席会议并发表重要讲话，呼吁各方推动多哈谈判重回轨道，尽早就关键问题达成一致，并把关于多哈回合是发展回合的承诺落到实处。
2007 年 1 月 27 日	WTO 小型部长会议在瑞士达沃斯举行，与会成员一致同意正式全面地恢复多哈谈判。商务部易小准副部长率团出席。
2007 年 3 月 1 日	商务部易小准副部长在京会见并宴请美国贸易代表办公室副代表卡兰·巴提亚，双方就多哈谈判及中美双边经贸关系等问题交换了意见。
2007 年 3 月 5 日	商务部易小准副部长在京会见并宴请越南办公厅副主任阮国徽率领的越南政府学习中国加入 WTO 经验考察团。双方就如何履行加入 WTO 的承诺、如何加强两国在 WTO 框架内的合作及双边经贸关系交换了意见。
2007 年 3 月 18 日	商务部部长薄熙来在中国世界贸易组织研究会第二次理事会上讲话，就 2007 年有关 WTO 的重点工作进行了阐述。
2007 年 4 月 4 日	拉米在日内瓦召集部分 WTO 成员大使举行“绿屋会议”，就多哈谈判的程序问题进行了讨论。中国驻 WTO 代表团孙振宇大使表示，谈判应在各谈判机构主席案文基础上，由各成员广泛参与，最终取得充分体现发展目标的平衡结果。
2007 年 4 月 16 日	商务部部长薄熙来在北京会见印度商工部长纳特，双方重点就 WTO 多哈谈判交换了意见，并发表了联合声明。

续 表

时 间	事 件
2007 年 4 月 20 日	WTO 总干事拉米主持召开贸易谈判委员会（TNC）非正式会议，敦促各方加紧谈判，争取年底成功结束谈判。中国驻 WTO 代表团孙振宇大使强调，成功结束多哈谈判时不我待，但不能因此忽视谈判的透明度和包容性，必须高度重视和解决发展中国家的关注。
2007 年 5 月 8 日	商务部部长薄熙来应约与世贸组织总干事拉米通话，双方就中国在多哈谈判中的关注以及下一步如何推动谈判尽早取得突破交换了意见。
2007 年 5 月 15～16 日	OECD 部长理事会在巴黎举行，会议邀请中国、巴西、印度、俄罗斯和南非（“金砖五国”）参加讨论，商讨推动多哈谈判。易小准副部长率团参加。
2007 年 5 月 18 日	商务部部长薄熙来和农业部部长孙政才联名致函 WTO 总干事拉米，提出中国核心关切，推动谈判更多反映发展中成员诉求。
2007 年 5 月 27 日	商务部部长薄熙来在参加中美经济战略对话（SED）期间会见美国贸易代表施瓦布，双方就多哈谈判的形势与前景以及各自关注交换了意见。
2007 年 6 月 11 日	WTO“发展中成员农业 20 国协调组”（G20）在瑞士日内瓦召开部长级会议，协调集体谈判立场。会后发表联合声明指出，多哈回合进入决定性阶段，年内有望达成协议；但不能为结束谈判而牺牲根本利益；呼吁落实发展主题，明确要求美国做出“真实的有效的削减”，把扭曲贸易的农业国内支持削减到 120 亿美元，指出这是“唯一的出路”。中方易小准副部长代表薄部长率团出席了本次会议。
2007 年 6 月 17～20 日	WTO 总干事拉米访问中国。拉米在京期间分别会晤商务部、财政部、中国人民银行和国家知识产权局等部门，并在中央党校发表演讲，赞赏中国在 WTO 中发挥的建设性作用。
2007 年 7 月 5～6 日	APEC 贸易部长会议在澳大利亚凯恩斯举行。会议就支持多哈谈判单独发表《部长声明》，发出政治信号，敦促推动尽快完成多哈谈判。商务部部长薄熙来率团出席。
2007 年 8 月 15 日	易小准副部长在全国地方 WTO 工作会议上讲话，认真总结加入 WTO 以来的地方应对工作，深入分析“后过渡期”的新形势，特别是各地方面临的机遇和挑战，进一步树立坚定不移推进对外开放的意识，研究和布置中国进一步参与 WTO 工作的思路和举措。
2007 年 9 月 6 日	国家主席胡锦涛在亚太经合组织（APEC）商业峰会上演讲，呼吁各方推动多哈谈判早日取得全面平衡的成果。
2007 年 9 月 14 日	中国政府就美对中国出口的铜版纸发起反补贴及反倾销措施案诉诸 WTO 争端解决机构。这是中国加入 WTO 后首次单独起诉另一个成员。
2007 年 10 月 12 日	商务部易小准副部长在北京会见并宴请老挝工贸部副部长肯玛尼·奔舍娜女士率领的老挝政府学习中国加入 WTO 经验考察团。双方就如何履行加入 WTO 的承诺、如何加强两国在 WTO 框架内的合作及双边经贸关系交换了意见。
2007 年 11 月 9 日	商务部部长薄熙来应约与巴西外长阿莫林通话。双方就多哈谈判交换了意见，薄熙来表示，中国支持巴西协调 G20 成员立场，在谈判的关键阶段发挥重要作用。
2007 年 11 月 9 日	商务部部长薄熙来应约与世贸组织总干事拉米通话。双方回顾了几年来的良好合作，并就推动多哈谈判、解决中国在谈判中的关注以及“促贸援助”等问题交换了意见。

续 表

时　间	事　件
2007年11月20～21日	中国代表团出席WTO在日内瓦举行的首次“全球促贸援助审议大会”。会议通过评估“促贸援助”活动及其效果，加强了援助方与受援方的交流，推动国际社会对最不发达国家的援助，提高其参与国际贸易的能力。
2007年11月27日	WTO争端解决机构排除干扰，通过了对包括中国政府推荐的张月姣在内的四位上诉机构成员的任命。张月姣成为第一位中国籍的WTO上诉机构成员。任期四年，始于2008年6月1日。
2007年11月29日	中国向WTO正式递交由胡锦涛主席签发的《修改〈与贸易有关的知识产权协定〉议定书》的批准书，支持世贸组织成员借助世贸组织知识产权规则的灵活性解决公共健康问题。
2007年12月8～13日	应老挝政府申请和要求，中国政府“入世经验介绍”和“老挝入世谈判文件准备培训与咨询”项目在老挝首都万象顺利举办，为老挝入世谈判和文件准备提供了咨询。
2007年12月16日	陈德铭部长在京会见世界银行行长佐立克，就多哈谈判等问题交换了意见。
2007年12月28日	财政部部长谢旭人代表中国政府签署了中国加入WTO《政府采购协议》（GPA）申请书，标志着中国正式启动加入WTO《政府采购协议》谈判。
2008年1月13～14日	WTO总干事拉米应邀访华，受到温家宝总理接见，并就多哈谈判等问题交换了意见。商务部部长陈德铭、中国常驻世贸组织代表团大使孙振宇等参加了会见。
2008年1月26日	易小准副部长出席在瑞士达沃斯举行的WTO贸易部长非正式午餐会，与美、欧、印、巴等WTO主要成员的贸易部长就多哈谈判的当前形势与下一步路线图等问题交换了意见。
2008年1月28日	为准备WTO第二次对华贸易政策审议，WTO中国审议秘书处报告撰写小组由WTO贸易政策审议司司长克莱门斯·布南坎普（Clemens Boonekemp）带队于1月28～30日来华访问。
2008年2月25日	中国政府宣布向WTO“促贸援助”活动提供20万美元的捐助，用于帮助发展中国家，特别是最不发达国家提高参与国际贸易的能力。
2008年2月28～29日	来自36个WTO最不发达成员的贸易部长在莱索托首都马塞卢举行部长级会议，商讨推动多哈回合实现发展目标，落实对最不发达国家出口产品“免关税、免配额”待遇和提供促贸援助等工作。我驻莱索托大使仇伯华代表陈德铭部长应邀出席了此次会议并在会上阐述了中国支持多哈回合及优先解决最不发达国家关注的立场。
2008年3月7日	陈德铭部长应约与美国贸易代表施瓦布就推动WTO多哈谈判通电话，易小准副部长和常驻WTO代表团孙振宇大使参加了通话。
2008年3月13日	商务部部长陈德铭应约与WTO总干事拉米就推动WTO多哈谈判通电话，易小准副部长参加了通话。
2008年3月14日	国际商会（ICC）主席马库斯·瓦伦伯格致函陈德铭部长，希望中国全力投入多哈谈判，使其尽快成功结束。
2008年3月21日	王岐山副总理在中南海紫光阁会见了来访的美国贸易代表施瓦布，双方就多哈谈判等问题交换了意见。

续表

时　间	事　件
2008年4月1日	WTO总干事致函王岐山副总理，希望中国在多哈谈判进入决定性阶段之时支持其工作，确保多哈谈判成功结束。
2008年4月16日	易小准副部长、仇鸿部长助理主持了世贸组织第二次对华贸易政策审议重点问题讨论会。发改委、工业与信息化部、财政部、住房与城乡建设部、人民银行、银监会、保监会等部门的同志参加了会议。
2008年4月28日	商务部组织在京主要商协会和部分企业共60余名代表，召开了2008年WTO对美国贸易政策审议研讨会。会议就美国近期经济、贸易与投资政策、对华贸易壁垒等问题进行了讨论。
2008年4月29日	美国贸易代表苏珊·施瓦布就多哈谈判问题致函陈德铭部长，陈部长回函，阐明了中方对谈判的立场与看法。
2008年5月19日	WTO农业特会主席、新西兰驻WTO大使福克纳（Crawford Falconer）和非农谈判主席、加拿大驻WTO大使斯蒂文森（Don Stephenson）分别散发了多哈谈判农业和非农模式案文第二次修改稿。
2008年5月21～23日	WTO对华第二次贸易政策审议于瑞士日内瓦WTO总部举行。会议全面审议了中国近两年来经贸政策的发展及对多边贸易体制的影响。中国商务部部长助理仇鸿率中国代表团与会。中国常驻WTO代表团大使孙振宇参会。
2008年6月10日	“《与贸易有关的知识产权协定》（TRIPs）与公共健康”国际研讨会在北京举行。商务部副部长易小准、卫生部副部长邵明立、国家知识产权局副局长李玉光出席会议并讲话。
2008年6月18～20日	易小准副部长赴瑞士与美就多哈谈判农业问题进行磋商。
2008年7月10日	WTO农业特会主席、新西兰驻WTO大使福克纳（Crawford Falconer）和非农谈判主席、加拿大驻WTO大使斯蒂文森（Don Stephenson）分别散发了多哈谈判农业和非农模式案文第三次修改稿。
2008年7月21～29日	商务部部长陈德铭率团赴日内瓦参加WTO小型部长级会议，历时9天，并在29日召开的WTO主要成员部长会议上发言。会议未能就寻求多哈回合关键性突破达成一致。
2008年9月25日	国务院副总理王岐山在中南海会见欧盟贸易委员彼得·曼德尔森。双方就多哈谈判等问题交换了意见。
2008年10月20日	国务院副总理王岐山在中南海紫光阁会见来访的世界贸易组织总干事拉米。双方就多哈谈判等问题交换了意见。
2008年10月23日	易小准副部长在日内瓦与欧委会贸易总司奥沙利文总司长进行了会谈，双方就多哈谈判问题交换意见。
2008年11月15日	华盛顿二十国集团（G20）领导人金融峰会首次发出强烈信号，呼吁年内达成模式协议，以便尽早结束多哈谈判。
2008年11月22日	APEC领导人非正式会议发表声明，重申了华盛顿G20会议上提出的年内达成模式协议的呼吁，为多哈谈判集聚了政治动力。
2009年1月16日	易小准副部长应约会见日本经济产业省经济产业审议官石毛博行，双方就推动多哈谈判、抵制贸易保护主义及谈判具体议题等交换意见。

续 表

时　　间	事　　件
2009 年 1 月 27 日～2 月 2 日	温家宝总理于达沃斯世界经济论坛年会期间会见 WTO 总干事拉米，就推动多哈谈判及应对金融危机交换意见。
2009 年 1 月 31 日	易小准副部长出席了达沃斯世界经济论坛年会期间举行的 WTO 主要成员贸易部长非正式会议。会议就如何推动多哈谈判进行了讨论。
2009 年 4 月 1～2 日	G20 伦敦峰会召开。会议期间，胡锦涛主席与拉米寒暄时指出："世贸组织有两项最紧迫的任务，一是抵制贸易保护主义，二是推进多哈谈判。"陈德铭部长与 WTO 总干事拉米以及有关成员部长进行会谈，就多哈谈判交换意见。
2009 年 4 月 16～18 日	WTO 总干事拉米应邀访华并参加博鳌亚洲论坛。拉米访华期间，拜会了吴仪同志、财政部谢旭人部长、银监会刘明康主席、进出口银行李若谷行长、人民银行周小川行长，与陈德铭部长进行了会谈，就多哈谈判、贸易融资等问题交换了意见。
2009 年 4 月 28 日	商务部陈德铭部长访美期间提出加强中美经贸合作四点建议，其中第二点是反对贸易投资保护主义，共同推动尽快重启多哈谈判。
2009 年 5 月 7～8 日	第二次中欧经贸高层对话在布鲁塞尔举行，商务部陈德铭部长对媒体表示，中欧将做出表率，遏制保护主义，推动多哈谈判进程。
2009 年 5 月 21 日	易小准副部长应约会见了来访的日本经产省经济产业审议官石毛博行，日方希望在"中日经济高层对话"期间，以两位部长的名义发表一份关于多哈谈判的联合声明。
2009 年 6 月 7～9 日	第 33 届凯恩斯集团部长级会议在印度尼西亚巴厘岛举行。中国、美国、印度、欧盟、日本作为非凯恩斯集团成员应邀参会。易小准副部长率团参会，与凯恩斯集团成员对话，并与印度、印尼、日本、巴基斯坦等成员，以及 WTO 总干事拉米举行了双边会谈，就多哈谈判交换了意见。会议通过了《凯恩斯集团宣言》，呼吁 WTO 为尽早结束多哈谈判制订明确的计划。
2009 年 6 月 13 日	商务部陈德铭部长应约与澳大利亚贸易部长克林通话，就推动多哈谈判等问题交换了意见。
2009 年 6 月 17 日	美国驻 WTO 大使奥尔盖耶受美国贸易代表柯克委托，专程来华就如何尽快结束多哈谈判与中方交换意见。商务部易小准副部长应约与其进行了会谈。
2009 年 7 月 8～10 日	商务部陈德铭部长参加了在意大利举行的 G8＋5 峰会，与会各方呼吁在 2010 年年底前完成多哈谈判。
2009 年 7 月 24～25 日	商务部陈德铭部长参加了在新加坡举行的 APEC 贸易部长会，会上各方也发出推动多哈谈判早日结束的积极信号。
2009 年 9 月 3～4 日	商务部陈德铭部长率团出席在印度新德里举行的 WTO 小型部长级会议。会议就如何推动多哈谈判以及下一步谈判的路线图进行了讨论。中国常驻世贸组织代表团孙振宇大使参会。会议期间，陈德铭部长还与美国、印度、欧盟等多个世贸组织成员的部长进行了双边磋商。
2009 年 11 月 30 日～12 月 2 日	商务部陈德铭部长率领由商务部、农业部、工信部、财政部、海关总署等部门组成的中国代表团在瑞士日内瓦参加了 WTO 第七届部长级会议。易小准副部长、农业部牛盾副部长和孙振宇大使参会。

续 表

时 间	事 件
2010年1月21日	商务部易小准副部长在京会见日本经产省审议官石毛博行，双方就多哈谈判等多双边经贸问题交换了意见。
2010年1月28日	中国国务院副总理李克强在瑞士达沃斯会见了世贸组织总干事帕斯卡尔·拉米，就多哈谈判交换了意见。
2010年1月30日	易小准副部长出席达沃斯WTO小型部长会议，并就多哈谈判和贸易与气候变化等议题发言。
2010年2月2日	陈德铭部长与新西兰贸易部长格罗泽会谈，并就多哈谈判交换了意见。
2010年4月2日	商务部易小准副部长出席2010年博鳌亚洲论坛，并就多哈谈判发言。
2010年5月25日	商务部陈德铭部长会见美国贸易代表柯克，并就多哈谈判交换了意见。
2010年5月27日	商务部易小准副部长在巴黎出席OECD部长会期间的WTO小型部长会，就多哈谈判阐述中方关注。
2010年6月5～6日	陈德铭部长出席2010年札幌APEC贸易部长会议第一次非正式会议，并就推动多哈谈判提出三点建议，即坚持锁定成果，坚持多边主渠道，坚持多哈发展目标。期间，陈德铭部长还会见了WTO总干事拉米等。
2010年6月26～27日	国家主席胡锦涛参加在加拿大首都多伦多举行的二十国集团第四次峰会，并就多哈谈判阐述了中方立场。
2010年7月21日	国务院副总理王岐山在中南海紫光阁会见来访的世界贸易组织总干事拉米，双方就多哈谈判等问题交换了意见。
2010年8月2日	商务部陈德铭部长出席东盟10＋3＋1会议，并就多哈谈判阐述了中方立场。
2010年9月7日	出席第二届世界投资论坛的国家副主席习近平会见了世界贸易组织总干事拉米。商务部部长陈德铭、外交部副部长王光亚参加了会见。
2010年9月29日～10月1日	世贸组织对美国进行了第十次贸易政策审议。中国常驻世贸组织孙振宇大使率领由商务部和国家质检总局组成的中国代表团出席会议，并表达了中方对美国贸易政策的关注。
2010年11月11～12日	国家主席胡锦涛出席G20首尔峰会，并就多哈谈判阐述了中方立场。
2010年12月14日	商务部陈德铭部长与美国贸易代表柯克大使举行会谈，并就多哈谈判交换了意见。

附录二 WTO 年度大事记（2010）

◇ **2010 年 1 月**

26 日

WTO 开展教席院校项目（WCP），资助发展中国家 14 所大学

WTO 秘书处启动了新的教席资助项目，资助发展中国家 14 所大学的教学、研究及其拓展活动。该项目目的在于援助学术研究机构，帮助学生更深刻地了解贸易政策问题，有助于这些机构更好地分析国家贸易政策，并对其制定建言献策。

27～31 日

总干事拉米参加世界经济论坛第四十届年会

总干事拉米在 BBC 主持的辩论会上表达了对贸易保护的忧虑，他担心如果欧洲失业问题加剧，将会令民意倒向保护主义。他呼吁与贸易保护主义斗争，坚持发展国际贸易，贸易才是解决失业的根本之道。

◇ **2010 年 2 月**

22 日

拉米高调呼吁成员为 3 月的盘点会议注入政治努力

总干事拉米在 2 月 22 日向总理事会提交的多哈回合进度报告中，提到“虽然多哈回合取得了一些进步，但仍然存在分歧”，他建议 3 月底举行的高官盘点会，能够评估多哈回合谈判是否有望在 2010 年年底前结束，评估时需要注意技术性问题与政治决心，希望在“日内瓦阶段将政治行动转化为具体的实质的进展”。

24 日

拉米在布鲁塞尔的欧洲政策中心演讲

拉米提到，自金融危机以来“多边贸易体制已经被证实足以抗衡失控的贸易保护主义”。他强调，目前已经具备了多哈回合结束的“经济必要性”。

◇ **2010 年 3 月**

2 日

WTO 开展面向年轻经济学家的年度有奖征文

文章要求解决 WTO 经济问题，如：贸易协议的构想和影响、反倾销和反补贴措施、对进口逆差的临时保护、贸易便利化、贸易援助、争端解决的经济问题。作者必须在 30 周岁以下（包括 30 周岁），或者获得博士学位不超过两年。目的是促进年轻经济学家高质量研究 WTO 及其相关的问题，并加强 WTO 与学术界的联系。

26 日

WTO 开始召开为期一周的高官盘点会议

此次会议目的是“盘点”目前多哈回合贸易谈判所处形势，探讨弥合分歧以及推动谈判走向最后阶段的可能性。全面盘点会议结束时，拉米发表谈话，重申 WTO 多边贸易体制的重要性，认为多边贸易体制在金融危机中扮演了吸震器的角色，或避免国际上全面陷入保护主义，并有助于贸易复苏。他表示“盘点结果显示多哈回合谈判进度虽然未能达到预期成果，但也未发现任何失败的迹象”。

◇ **2010 年 4 月**

15 日

拉米宣讲国际贸易规则的重要性

拉米在圣地亚哥公共政策研究中心的圆桌会议上，做了题为“多边贸易体制与经济危机下贸易保护主义的威胁”的演讲，他指出：“国际贸易规则体制的建立起到了举足轻重的作用……贸易规则坚守住了保护主义的压力，现在我们需要确保合作的文化传统引领多哈回合的成功结束。”

16 日

副总干事 Harsha V. Singh 亚洲开发银行“2010 亚洲发展展望”开幕致词中强调了开放的贸易对世界经济复苏的重要性。他认为，对于多边贸易体制而言，应该建立更好更公平的框架，以更好地抵御冲击并提供更公平的竞争环境——这正是多哈回合议程的精神。多哈回合的成功完成将为未来的经济增长和发展奠定坚实的基础。

24 日

拉米在世界银行发展委员会召开前说，“主权债务危机达到了惊人的地步”，但复苏已经被牢牢锁定，这其中“贸易为可持续的、非债务的增长和发展提供了源泉”。这正是我们必须成功完成多哈发展回合的原因。再拖延下去将不符合全体成员的利益。更多更好的贸易援助也将确保发展中国家和最不发达国家成员从多边贸易体制确立的贸易开放中获益。而此前一天，在国际货币基金组织的国际货币和金融委员会，他认为，“如果我们要解决低收入国家从全球复苏中获益的限制，G20 峰会的筹备就必须解决贸易融资问题。”

◇ **2010 年 5 月**

4 日

拉米提交给总理事会的报告中，提到自 3 月盘点评估会以来，成员开始贯彻所谓“鸡尾酒法”，并列举了多哈回合进程中的“原料”，即：由不同谈判小组主席组织的会议或磋商；贸易部长间的初步接触，主要是各种形式和内容的会议；以及他自己与各代表团在一般议题上的磋商。他风趣地说，“我们有搅拌机，也知道了原料，为了能在冰块融化之前提供鸡尾酒，这正是我们开始摇动他们的时机。”

4 日

叙利亚入世工作组建立

总理事会一致同意建立工作组审查叙利亚的入世申请。叙利亚将其作为 WTO “促进贸易和发展的国际合作”努力的一部分。

26 日

副总干事 Alejandro Jara 敦促审查贸易统计

在维也纳的世界投入产出数据库大会，副总干事 Alejandro Jara 在主旨演讲中提到，“依赖传统的贸易统计，扭曲了国家间的贸易失衡状况。”

27 日

贸易援助（AFT）和金融发展专题讨论会在日内瓦举行

贸易援助和金融发展专题讨论会的传达的主要信息：贸易援助是金融发展结构的重要组成部分，且在经济复苏时期更加重要。

◇ **2010 年 6 月**

9 日

拉米敦促给予发展中国家更多的贸易融资

日内瓦举行的国际商品金融会议，拉米在其主旨演讲发出警告，低收入的发展中国家，尤其是撒哈拉以南非洲，尽管大宗商品市场的流动性有所恢复，但在贸易融资方面仍继续面对“很强的限制”。他认为，结束多哈回合将显著减少“国际商品市场目前的扭曲，尤其降低这些扭曲对发展中国家的影响”。

11 日

拉米：只有所有成员获益，富有雄心的多哈回合才能达成

贸易谈判委员会说明会上，拉米指出，在所有成员都在寻求从多哈回合谈判获益更多的情况下，成员之间的利益未达到平衡时，更富有雄心的谈判结果是不可能达成的。因而，现在的挑战在于如何在“确保平衡的同时争取更富有雄心的结果”。

14 日

WTO-OECD-UNCTAD 报告：尽管危机继续，G20 政府极大地抑制了保护主义压力

WTO、OECD、UNCTAD 就 G20 的贸易和投资发布联合报告，认为贸易限制措施虽然少，但警告说“正在累积”。WTO 与贸易相关的单独报告中，拉米确认了这一趋势，但督促政府保持“警醒”，并将“消除目前的限制措施”列为政策优先。OECD 和 UNCTAD 也就 G20 投资措施发布了单独报告。

26 日

总干事参加在加拿大多伦多举行的 G20 峰会

拉米在其对 G20 峰会上对国际企业领导人的讲话中，强调了多边贸易体制在确保金融危机中贸

易保护主义不失控的重要作用。他认为多哈回合的结束将为世界经济提供一个受欢迎的刺激政策。

29 日

多哈回合的较快结束将有助于实现千年发展目标

拉米在日内瓦国际研究生院讲话中指出，WTO工作的两个重要部分能够帮助我们实现千年发展目标：“早期的以发展为基点的多哈回合，以及辅助的贸易援助计划”。他认为尤其是 WTO 承诺将加强“其最不发达国家成员”贸易获益。

◇ 2010 年 7 月

16 日

世界卫生组织、世界知识产权组织和世界贸易组织共同主办药品准入论坛

该论坛引发了影响贫穷人口获得药品的一系列问题的深入的接近事实的讨论。

22 日

“WTO 纪念日”在上海世博会举行

拉米在“WTO 纪念日”升旗仪式的讲话中指出，自改革以来，中国已经“使上亿的人民脱离了贫困，且已经成为了世界第二大经济体”。同时，中国的入世已经“提高了我们的可信度，使世界贸易组织更加完整”。

29 日

拉米：多哈回合和贸易援助是 WTO 对千年发展目标的贡献

拉米向总理事会的报告中提到，“通过多哈回合的结束以及贸易援助加强多边贸易体制”，是WTO为促进千年发展目标实现的贡献。同时拉米提到2011年7月的贸易援助审议会议的重点即为“汇报成果及影响”。

29 日

WTO、OECD秘书处征集贸易援助案例

WTO、OECD秘书处，号召政府、机构、组织、学术团队、个体部门及其他相关团队分享其落实贸易援助的经验，征集相关案例。这些将成为2011年第三次全球贸易援助审议会议的重要信息来源。

◇ 2010 年 8 月

31 日

拉米：结束多哈回合将平衡全球贸易

在东非和南非共同市场第 14 次政府首脑峰会上，拉米讲话中提到“目前的贸易规则仍然是不平衡的，偏向于发达国家”，结束多哈回合谈判“是消除不平衡，以及平衡全球贸易的唯一方式”。

◇ 2010 年 9 月

9 日

WTO 颁发年轻经济学家奖

WTO 发布了面向年轻经济学家的有奖征文活动的获胜者名单，麻省理工学院的 Dave Donaldson（美国）和女王大学的 Olena Ivus（加拿大）。评选专家组认为他们的文章并列第一。Dave Donaldson 的文章是“Raj 之路：评估交通运输基础设施的影响”，Olena Ivus 的文章是“专利权是否提高对发展中国家的高科技出口?”

9 日

拉米呼吁以“更整体的观念”帮助发展中国家

在重庆举行的国际贸易中心的世界出口发展论坛，拉米强调“在帮忙发展中国家融入全球经济中要使用全方位的工具”。他欢迎并希望南南合作越来越多，认为“中国是发展中国家最重要的伙伴”。

15～17 日

WTO 开放论坛在日内瓦举行

拉米在开幕式上发言，希望论坛使“我们的成员能够将多边贸易体制向前推进”。为期 3 天的开放论坛，共讨论了 43 个话题，有 200 名专家，1 500多名参与。

19 日

WTO 举行第二次开放日活动

本次开放日迎来了3 000多名参观者。

20 日

总干事拉米参加千年发展目标峰会，强调贸易消除贫困的作用

在纽约举行的千年发展目标峰会上，拉米在高层全体大会上提到，WTO 规则为最不发达国家快

速走出衰退提供了路径。尽管多边贸易体制至今已为消除贫困做出了积极贡献，拉米仍强调“我们可以也必须做得更好”。

22 日

总干事拉米参加全球服务峰会，提到服务将在经济复苏中发挥重要作用

在华盛顿举行的全球服务峰会上，拉米提出“开放服务贸易领域将提供新的贸易机会，对于增长和就业有重要的意义”。同时，“贸易，尤其是多哈回合谈判的成功，加快复苏的步伐。”

◇ 2010 年 10 月

1 日

拉米：多哈回合标志着旧贸易秩序的旧治理向新贸易秩序的新管理的转变

在伯尔尼举行的世界贸易研究所十周年之际，拉米发表演讲总结了过去十年中世界贸易模式的复杂变化，以及全球贸易治理再平衡的巨大挑战。

20 日

WTO 在世界统计日

WTO 发布最近的贸易数据，包括 2010 年国际贸易统计，更新了世界关税简况、贸易简况，以及用户所使用的贸易数据的新页面。

26 日

拉米：多哈是自然资源中健康良好的贸易规则的“垫脚石”

在柏林举行的第三届德国产业联盟原材料大会上，拉米发言指出“资源贸易中规则制定的精心合作，是改变经济民族主义和冲突的唯一途径。”因而，“结束多哈回合将有助于更好地治理自然资源贸易。”

◇ 2010 年 11 月

2 日

港口的繁琐代价高于港口间的运输：经济学家评估多哈回合的价值

多哈回合在所有货物上的市场准入，以及农业补贴的一揽子协议，将使世界经济增加 1210 亿美元到2 020亿美元之间。“贸易便利化”协议所减少的贸易成本要高于国家间“地理距离”的影响。

4 日

G20 政府继续抑制保护主义但风险仍存

WTO、OECD、UNCTAD 发布联合报告，G20 政府大体上抑制了保护主义的压力。同时也发出警告：由于较高的失业率以及外汇紧张，潜在的风险在未来几个月内仍然存在。

12 日

更开放的市场以及精心设计的就业政策——支持增长的关键

OECD、IMF、WB、WTO 联合报告指出，开放市场在支持增长和创造就业方面起到了重要的作用。然而，贸易开放必须辅之以精密的国内政策，包括就业和社会保障政策，以确保社会广泛分享贸易利益。因而，货物和服务贸易的更大开放将刺激世界经济，同时危机时的临时刺激措施正在退出。

15 日

拉米：G20 和 APEC 领导人期望明年结束多哈回合

WTO 无长驻代表团的成员和观察员的日内瓦周开启仪式上，拉米认为 G20 和 APEC 领导人会议上“传达了一个清晰的信号，他们期待多哈发展回合明年结束”。他指出，“这一话题讨论的是非常切题的：如何补充现有桌面的内容以确保最终一揽子协议的完成，并将其提交给他们各自的议会。挑战在于如何将这一政治意愿融入日内瓦的谈判中。自 6 月以来，成员们已经检验了各种模式。为了说到做到，这一程序必须加强。”

24 日

拉米呼吁成员日益警醒世界贸易的三个潜在风险

国际贸易与环境发展的年度报告中，拉米呼吁成员警醒以下三个风险：全球失衡带来的保护主义压力的增加，同时偏向于开放的贸易和投资的政治意愿受到日益高企的失业率的压力；限制或扭曲贸易和投资措施的累积；应对危机所采取的刺激和救助措施的影响。

30 日

拉米：多哈回合谈判倒计时开始

贸易谈判委员会上，拉米发表讲话，表示将开

展“密集工作计划”以便在明年末结束多哈回合谈判。他说：“我们有政治信号，我们有专业技术，我们也有工作计划。现在我们需要将三者整合融入一个综合性的一揽子协议，一个你们可以全部带回去的协议。”

◇ 2010 年 12 月

8 日

拉米：危机是重建全球经济治理的机会

拉米在联合国日内瓦办公室的一个讲话中指出，“这次危机源于二战后所建立的秩序日益混乱。但是，我也认为这为我们提供了一个机会，使我们能够重建全球经济治理中的一致性。”

9 日

拉米呼吁全球合作促进贸易顺畅

在国际贸易环境发展的年度报告中，拉米指出，“全球金融和经济危机以及 WTO 的贸易监管活动，已经表明了透明度对于多边贸易体制正常运行的重要性。而这又依赖于全体成员的积极参与。并且这一全面、准确、客观的报告也只能依靠所有代表的积极参与。我将再一次督促你们所有人继续积极参与监管，能够及时提供原始信息以及其后佐证的具体措施。”

14 日

拉米呼吁贸易谈判者“为了协议从其舒适窝中挪出”

总理事会上，拉米指出，“现阶段，谈判桌前仅有答录机已经不够了。在此我们必须谈判，所有的谈判者必须为了达成协议从其舒适窝中挪出。不能再有任何先验的红线。所有的成员必须在‘无偏见’的基础上，全力推进谈判。”

附录三 《世界贸易报告（2010）》内容摘要

A 引言

自然资源占世界贸易的份额十分可观，并且呈增长趋势。如果管理得当，自然资源可以提供丰富多样的产品，显著提高人类生活的质量。但是，自然资源也向政策制定者提出了特别的挑战。

自然资源的开采和利用，必须兼顾现在与未来的不同需求。自然资源的管理方式，对环境和可持续性具有重大意义。自然资源国别分布不均以及价格频繁波动，有可能引起国际关系紧张。此外，金融危机和全球经济衰退过后，随着世界生产增长的恢复，自然资源价格上涨几乎已成定局。

自然资源特有的种种特征影响其贸易方式和适用其贸易的规则的性质。自然资源贸易固有的国际利益和代际利益冲突，使得透明、可预测、设计得当和公平的贸易规则尤显可贵。不恰当或有争议的规则有可能为自然资源民族主义火上浇油，不同国家的实力差别和以邻为壑的心态可能主导贸易政策。在一个稀缺的自然资源禀赋需要精心培育和管理的世界，非合作性的贸易政策可能会损害全球的福利。

本报告将审视这些问题，重点考察在国家之间进行贸易的资源，例如渔产品、林产品、燃料和矿产品。分析范围不包括农产品，因为农产品是种植而得，而非从自然环境中开采而出。对其他非贸易资源只是稍加探讨。例如，本报告不将水本身视为一种贸易产品，而是作为其他商品的含水成分。空气或生物多样性等自然资源不作讨论，除非它们受到贸易的影响。

B 自然资源：定义，贸易方式和贸易全球化

自然资源的定义和主要特征

自然资源是："大量存在于自然环境中，无需、加工或经过最小的程度加工后，在生产和消费中具有稀缺和经济用途的物质。"自然资源具有若干鲜明的特性，包括地理分布的不均衡性、可耗竭性、外部效应（市场失灵在生产和消费过程中，导致的巨大影响）、一些经济体对自然资源的高度依赖性和市场价格的波动性。

自然资源分布不平衡

由于世界上最重要的一些自然资源供应掌控在几个少数国家手中，所以这些国家能够拥有市场势力。尽管，贸易可以将资源从相对丰富地区转移到相对匮乏地区，从而具有提高效率、增进福利的潜能，但是贸易摩擦仍无法避免。

可耗竭性

自然资源既不是非再生资源（如：石化燃料和金属矿石）也不是可再生资源（如：鱼类、森林和淡水），但即使是可再生资源，如果管理不善也会耗尽。这就是为什么资源管理如此重要。在一些情况下，贸易可能会加速资源的消耗，成为资源耗竭的促进因素。

外部性

自然资源的生产、贸易和消费会通过相关经济政策，对市场以外的其他消费者产生负影响。贸易可以通过增加消费率或者提升资源使用效率，从而恶化或者改善这些外部性。

在国民经济中的重要地位

资源采掘业往往使得一国贸易与GDP之比显得过大，尤其是对石油和稍次的矿石和其他矿产品采掘业来说。资源丰富国家的出口倾向于高度集中的少数产品，同时贸易会促进资源开采的过度专门化。贸易还提供了进入国外市场，促进了多元化。

波动性

某些自然资源，尤其是燃料和矿产品，易受剧烈市场价格波动的影响。这种不确定性将对投资和生产的决策产生不利影响。通过确保资源供应的多

元化，贸易能够减少市场价格的波动。

自然资源贸易流和相关指标

近些年，自然资源在世界贸易中的份额大幅增加，部分扭转了第二次世界大战以来，工业制成品贸易持续增长的趋势，但各地区的情况各不相同。

最近的增长主要归因于大宗商品价格的上涨，尤其是石油。燃料在自然资源贸易中所占比重已超过 3/4。

2008 年，非洲，中东和独联体（CIS）资源在其出口总量中所占比例都超过 70%，与此同时，北美洲，欧洲和亚洲，资源只占其出口总量的 20%或更少。中南美洲在二者之间，占其出口总量的 47%。

次工业化地区的地区内自然资源贸易量很少，然而，工业发达地区趋于在他们地区内交易资源。

2008 年，WTO 各发达工业地区自然资源出口在地区内贸易所占份额如下：欧洲 82%，亚洲 78%和北美洲 62%。相比之下，资源主导地区独联体、非洲和中东的所占比例非常低，分别为：12%，5%和 2%。拉美地区仍然处在两极之间，占地区内贸易量的 22%。

自然资源贸易模式

自然资源贸易与工业制成品贸易在一些方面有显著不同。由于在本质上或多或少是相同的，所以自然资源易于集中交易，进而使交易更为便利，促使形成同一价格。

有组织的交易市场的出现，大幅降低了自然资源贸易的交易成本。虽然大部分期货交易仍然发生在发达国家，但一些发展中国家已经在某些商品契约交易方面成为市场的领导者。

集中交易促进“价格发现”——或者市场价格的决定因素——然后，通过鼓励竞争，消费者可以获得较低的交易价格。商品交易同时会增加流动性，也允许供应破裂后，一个生产者可以通过选择其他供应得到补偿。同时，能抵御不合理的价格波动，发挥金融中介和清算所的作用，从而管理与交易相关的风险，保证市场的健全。

特定的贸易模式，例如：政府间的长期合同和纵向一体化，也是应自然资源的特殊属性，尤其是资源的地理不均衡分布而产生的。

直到 20 世纪 70 年代前期，各种商品贸易主要是以生产国和消费国之间的长期合同的形式，大部分是通过国有企业或跨国公司进行。这种安排源于诸多因素，包括战略考虑、非竞争生产机构、高沉没成本投资和供应安全。随着时间的推移，这些双边长期供应合同被不断完善，甚至被有组织的交易所替代。但是，双边供应合同在资源丰富国家政府和国外私人投资者或公司间依然存在。

就多数能源和矿产商品来说，与其签订这种的合同，不如在一个企业内部生产过程中各个阶段的实行纵向一体化，而这种贸易模式正在全球生产链中变得日益重要。这归因于供应链中不同阶段的利润波动、资源获取的不确定性、地点或特定场地的投资相关的高沉没成本和消费者对质量和安全的要求。

自然资源：全球化和学术辩论

自然资源贸易的全球化是由多种因素驱动的，包括：人口增长、工业化的扩散和发展中经济体的崛起。然而，两种趋势更具意义——始于 19 世纪中叶的运输技术革命和始于 20 世纪 80 年代逐渐开放的商品市场。

运输和通讯的技术进步改变了贸易，使低价值货物的远途运输变得更便宜。从 1870 年至 2000 年，自然资源的运输成本下降了 90%以上。因此，极大地扩大了原材料的贸易量，距离缩短了，也促进了商品贸易。

20 世纪 80 年代后，这一时期全球商品市场持续（虽然不是普遍）转向开放。在连续几个多边贸易协商后，关税壁垒逐渐减少。

一场关于经济增长对地球有限自然资源的影响的学术辩论从未间断。

一方认为，经济和人口的持续增长将不可避免地导致自然资源的枯竭和环境的恶化。

另一方则相信，经济的增长和技术的进步有助于稀缺资源的管理并发展替代资源。

争论的焦点之一：目前的市场体系，是否具备应对这些压力的能力。涉及与需要政府政策管理溢出性或者外部性相关的市场生存力。气候改变以及其他环境恶化的迹象，证实了当前市场体系应对资源耗竭和环境破坏的局限性。

多年以来，资源对经济发展究竟是一种“恩赐”还是“诅咒”一直存在不同看法。许多经济学家认为，自然资源对国家比较优势而言是一种重要的禀赋，并在经济发展中起关键作用，而另外一些经济学家则认为，对自然资源出口的过度依赖，会使国家落入一种欠发达的陷阱。

与资源的价格下跌和产量日益增加，使一些经济学家充满乐观情绪的同时，其他经济学家则发现世界市场商品价格的下跌和贸易条件的恶化（出口价格相比进口价格下跌）是导致发展中国家收入增长和经济发展停滞不前的原因。

为了摆脱困境，发展中国家积极推进经济多元化和发展本国制造业——包括实施有选择性保护和进口替代政策。过度依赖进口替代，致使一些国家侧重于出口导向型增长，也同时认为开放市场是经济增长和发展的最有效保证。

近年来，这场争论已经成熟，认识到了发展过程中多面性和内在的复杂性。这种观点既承认了市场开放的优势，又肯定了政府在促进经济发展中的责任。

C 贸易理论和自然资源

贸易和资源分布

自然资源的地理分布平衡在解释自然资源贸易收益方面起重要作用。

在建立在比较优势理论基础上的标准贸易模型中，固定和稀有的自然资源禀赋构成了一种贸易收益。贸易促进了更有效的资源配置，促进了世界社会福利增长。贸易对自然资源的可枯竭性的这些静态影响需要参照其动态影响。

近期的实证文献为传统经济理论提供了支持。然而，文献同时指出，只有当比较优势的其他决定性因素——基础设施、学校和教育制度质量都具备时，资源丰富国家才能通过在与资本和熟练劳动力相对丰富的其他国家交换资源，进口资本密集型商品而收获全部贸易利益。

贸易理论和资源的可耗竭性：有限供应的挑战

有限资源的贸易对社会福利既有静态影响也有动态影响。与此同时，传统理论预计贸易的静态影响是积极的，而动态影响则更难预测。

有限资源的一个显著特征是：资源当前的使用会影响后代资源消费的潜力。这就为长期对自然资源的有效管理提出了一个问题。

几项研究结果显示：在一个资源有限的世界，假设在没有市场和政府失灵的情况下，传统经济理论的预测是成立的。虽然这是一项有意义的研究成果，但重要的是要记住市场和政府失灵在自然资源部门是无处不在的。例如：不完全竞争、环境对市场无法估价的影响（外部性）和低效的管理。

一些自然资源市场的不完全竞争，引起了有关资源开采效率和最优开采率的问题。不完全竞争可能会影响那个贸易模式，尽管经济学文献对在这种情况下，资源管理对贸易的影响的研究还不是很充分。

自然资源市场具有高度集中和垄断势力强大的特征。在供应方面，自然资源地理上不平衡分布、稀缺和固定的高开采成本限制了市场的参与者、有利于产生卡特尔。在需求方面，自然资源固定的高提炼成本和运输成本，有利于生产集中在少数地区。

经济理论的一个研究结果认为，与完全竞争市场相比，不完全竞争市场将会延缓资源的耗尽。就贸易而言，在全部资源由卡特尔控制并出口到世界各地的情况下，与完全竞争相比，不完全竞争将会导致更保守的开采计划。更普遍的是，经济学家难以确定贸易对不完全竞争条件下资源耗竭的影响。这是因为，在自然资源市场建立不完全竞争模型分析的复杂性，这是由在一个跨期框架中，各种战略因素相互作用造成的，导致福利分析和归纳的困难。

如果资源开采被一个国际卡特尔所控制，贸易模式可能违反比较优势理论。不完全竞争本身可能也是贸易的一个决定因素。国内和国外两个市场中的垄断者，可能会在价格上不同，从而，产生同一种货物的双向贸易——这种现象被称为相互倾销。

技术变更和资本积累可以部分抵消不可再生资源的耗尽性影响。贸易可以促进这一进程。

当前不可再生自然资源的使用，根据其定义，将会减少未来的消费。然而，经济学家指出这一现实情况，并不能表明当前的经济增长率不能持续到未来。

通过使用人为的生产因素（资本）替代自然资源，可以抵消自然资源的限制。从某种程度上，这可以促进技术的扩散从而抵消自然资源的耗竭影响，国际贸易可以帮助支持经济的持续增长。

贸易理论和资源的可耗竭性：开放准入的问题

开放准入可能会逆转传统贸易理论的一些预测。

产权保护的欠缺意味着自然资源的开放，例如：湖中的鱼类资源不能得到控制。过多的渔民，会导致过度捕鱼。每个渔民减少所有其他渔民的生产率。然而，每个渔民并不考虑因为自己的加入，而带给其他渔民生产率的负面影响。最后，结果是耗费很大力气，捕到很少的鱼。

根据传统贸易理论，偏好、禀赋和技术完全相同的国家之间不会进行贸易。但是，假如一个自然资源部门具有开放的特征，各国产权保护力度的不同给贸易创造了基础，尽管各国在其他方面完全相同。这意味着，产权管理体制可以充当比较优势的实际基础，并会改变贸易模式。例如，如果自然贫瘠国的产权管理体制比较弱，那么该国很可能停止向资源更丰富的国家出口货物。

开放准入也可能减少贸易收益

当资源进口国的福利通过提高的同时，资源出口国的福利下降了。这是因为自由贸易加速了自然资源的开采，储量比自给自足的情况下减少了。由于自然资源的储量影响劳动生产率，所以储量减少意味着，在贸易更加开放的情况下，国家自然资源的收益就会减少。

假如对某种开放准入的自然资源需求旺盛，或者贸易强化了产权管理体系，那么贸易悲观主义可能是夸大其词了。

假如对某一种自然资源的需求旺盛，产权保护较弱的国家会最终进口而不是出口这种自然资源。对这种资源旺盛的需求和产权模糊的界定，综合这两点因素，即使该国完全不买卖也会导致储量的快速耗竭。

产权制度的权威取决于多个因素，包括政府监管供应和发现违法行为的能力、技术、对收获和管理的天性和盗采资源所带来的经济利益。贸易从不同方面对这些因素的影响造成了自然资源价格的上涨。这可能会引起监管力度的加强或者对盗采资源更严厉的惩罚，两者都会加强产权管理体系。贸易所催生的技术变革的效果是不确定的，取决于变革的天性。

环境外部性和贸易

开采和在生产和消费活动中使用可耗竭资源会对环境造成负面影响。

资源的开采和使用给环境带来的负面影响，包括二氧化碳的排放、海洋的酸化或者森林的砍伐，可能不会被市场考虑。因而造成的外部性导致对资源超过社会最佳开采率的过度开采。

在污染性资源有限的情况下，例如石化燃料，理论文献得出的一般结论认为，推迟开采资源对环境而言是最理想的。贸易对由于开采有限资源而产生的污染外部效应的影响是不确定的。

不可再生资源的价格会随着时间的推移，储量的减少而有望上涨。毫无疑问，这将部分抵消因开采这些资源而造成的环境破坏。另外，市场会对不断上涨的资源价格做出反应，通过发展替代能源技术以应对气候变化问题。在开采工业存在垄断势力的情况下，资源的开采率会比更具竞争性的市场条件下慢。

在存在市场失灵，例如，市场中参与者对资源可供应量信息掌握的不同和产权界定的模糊不清，贸易可能加速资源消费超过社会最优消费率，并且加剧与开采和使用有限资源相关的环境的外部性。相比之下，因贸易而产生的技术创新对环境破坏的影响将会是正面的，也可能是负面的，取决于技术创新是否能够降低开采成本，或者减少开采和消费活动中的排放。对煤炭、石油和天然气等资源，贸易有助于缓和一些环境的外部性，通过促进使用替代能源从而减少污染能源的使用。

在使用可再生资源的情况下，保护生物的多样性是一个非常重要的问题。在开放的背景下，贸易给自然栖息地带来破坏，从而对生物多样性产生负面影响。在开放准入的环境下，贸易对物种影响的问题，取决于物种之间的生物学关系。

例如，在森林或者草原的栖息地破坏是经济活动扩张的一个直接后果，分别是木材和粮食生产扩张的结果。在某种程度上，这个后果归因于贸易，基于这种考虑，从贸易中获得的福利是打了折扣的。假如各国的物种是各国特有的，贸易专业化将会对全球生物多样化产生消极影响。然而，假如在贸易开放之前，同样的物种存在于所有国家，贸易还是可能使生物多样化总体上增加。

贸易对各种动植物的影响，取决于各物种之间的关系是否是共生的——或者是有益的。例如，在没有贸易的世界中，有两种鱼类可以捕猎，如果这个物种间的关系是有益的（即两种鱼类资源是相互有利的），将会缓解一种自然资源公共准入的问题。而如果这种关系是有害的，则该问题将会恶化。就两国之间的贸易而言，会走向捕猎单一物种的专业化，如果物种间的关系有害的（或有益的）将会导致捕猎不足（或过度捕猎）。随着开拓和交易各自物种的国家增多，无论是过度捕猎还是捕猎不足，将不仅取决于物种间的生物外部性，还将取决于一系列的因素，例如：参与贸易的国家总数、价格影响和各国消费者的不同偏好。

自然资源诅咒

一种自然资源在一个经济体中占主导地位，可能会影响其经济表现。这种现象通常被称为资源诅咒假说。资源诅咒的传播途径包括"荷兰病"、对发展中其他决定因素的逆影响及文明冲突。

荷兰病是指由于自然资源收入增加，使本国货币升值，进而削弱制造业部门的竞争力，导致一国家经济逆工业化。这种逆工业化可以是直接的或者间接的。当生产要素从制造业转向自然资源部门时，是直接逆工业化，而当自然资源收入增加，导致消费增加，造成真实汇率的进一步升值，是间接逆工业化。如果制造业部门因从做中学或其他因素，从正外部性中获利，那么因荷兰病引起的制造业产出收缩可能会减缓经济增长率，并对收入水平造成永久性影响。

资源优势可能会通过制度框架间接影响经济增长。其要么在不健全的现行体制下束缚经济增加，比如，产权界定不清、司法体系不健全和法律权威缺失，要么致使制度恶化。

叛乱集团可以通过初级产品筹集行动经费，所以自然资源增加了爆发内战的可能性。此外，由于征地赔偿不足或环境破坏等因素，开采资源会引发当地居民的不满。领土内和少数民族地区自然资源分布不均衡的国家，尤其易于爆发国内冲突。证据表明，"集中点源的"自然资源，即例如，石油和矿产等通常分布集中的资源更易引发冲突。在冲突期间，诸如宝石等商品，经常与走私和抢劫联系在一起。

在一个经济体内，贸易可能加强或者削弱自然资源优势。

在其他条件相同的情况下，开放贸易将会造成自然资源价格上涨，并会增强资源优势。可是，贸易也可能为生产基地提供多元化的机会，进而削弱资源优势。后者的影响将主要取决于政府是否实行至支持多元化的相关政策。

目前为止，实证文献就自然资源诅咒尚未达成共识。

早先的文献认定增长和资源依赖性之间的关系是负的，即使还有很多其他可能减缓经济增长的因素，例如，贸易条件的改变、投资活动和制度质量。后续的研究指出制度质量是决定自然资源是诅咒，还是福音的最重要因素，认为资源禀赋对经济增长的间接影响，是通过它对制度的负面影响实现的。

最新的实证文献批评了自然资源禀赋是一种诅咒的观点，评估包含了与资源禀赋相关的附加变量和取样周期期间资源开采的因素，认为自然资源优势如果管理得当，会对经济增长会产生零，甚至正面影响。

自然资源和价格波动

从历史上看，自然资源具有周期性价格高度波动的特征。在最近的商品繁荣和萧条周期——历史上规模最大，持续时间最长的之一，包含了范围广泛的商品——2006 年以来，某些大宗商品价格的快速上涨，可能受到投机活动的影响。

非传统投资者在引起价格波动中角色已经越来越重要，例如：指数基金、对冲基金和与商品交易无关的其他基金。2004 年至 2008 年，金融交易商在原油期货市场中所占的份额持续增加（从 33%增加至 50%），同时，传统贸易商的参与正在减少，例如：原油生产商、炼油商和批发商（从 31%下降至 15%），这被一些人称为"羊群"效应可以导致投机泡沫。

然而，在最近的物价波动中，投机者是否起了重要作用还存在疑问。投机交易在现货市场可以抬高物价，现货市场是即时安排发货，只有当价格上涨才促使参与者在市场外建立仓库并囤积商品。以上所谈论的各种商品库存量数据，在一个时期内显示库存量保持不变甚至下降，从而打破各种"囤积"的可能。

一些证据表明，非传统交易商的商品投资延迟或缓和，而不是加剧或恶化了价格波动。在非传统投资者参与较少的一些商品市场，出现了高度价格波动。之前的周期表明，基础经济因素的特殊混合体导致了物价的大幅波动。

造成价格波动的市场力量原因包括：新兴经济体的快速增长、短期的产能限制和资源替代产品的相对价格。

与20世纪80和90年代相比2002年至2007年这段时间，主要商品的全球消费每年都在大幅增长，主要归因于经济的快速增长、几个新兴经济体的工业化和城市化。但是在2008年中期的经济衰退中，这一趋势被世界需求的萎缩替代。

在短期内，增加供应能力存在一些限制。在商品价格高涨期间，产能限制日益明显，这是由于20世纪80和90年代价格很低、投资不足的结果。另一方面，在此次经济衰退之前，高涨的商品价格很有可能刺激了产能方面的投资，进而在未来缓解供应方的产能不足。

在近期的价格波动中，不同商品市场之间的连锁反应关系也发挥了重要作用。例如：更高的油价影响了其他商品的价格，用煤炭替代石油发电的情况就是这样。

对于严重依赖商品出口的国家，自然资源的价格波动一直是个问题。

造成这个问题的一个原因是，消费者不愿承担风险，把收入花费在防止资源价格波动的风险的措施方面。另一个原因是，如果出口国倚仗高额的出口收入借款，为增加的进口和消费提供资金，当自然资源价格下跌，他们可能会面临严重债务负担。

经验证据表明价格波动妨碍经济发展。如果某国遭受资源诅咒，价格波动会使情况恶化。甚至在一些资源优势对经济增长发挥正效应的国家，其正效应也会被价格波动的负面影响逆转。

对严重依赖资源进口的国家而言，自然资源价格波动也应引起重视。这对石油来说尤其如此，各个部门的生产都离不开这种重要的原料。

石油价格波动通过三个途径影响石油进口国——供应、需求和货币政策。石油价格上涨，引起使用石油作为中间投入商品的生产成本的增加。石油进口国减少对商品和服务的消费和投资的支出，以应对不曾预料到的能源价格上涨。石油价格上涨引起的通货膨胀压力可能会导致紧缩货币政策。实证文献表明，需求的变化实际上受石油价格变化影响最大。本文中有关石油的论述可以应用于任何自然资源，不过可能程度会轻一些。

D 贸易政策和自然资源

自然资源部门所运用的贸易和其他政策工具

与其他货物一样，传统贸易政策工具同样适用于自然资源。包括出口税、关税、数量限制、其他非关税措施和补贴，本报告将讨论所有这些措施。然而，由于自然资源市场的特性，贸易政策的动机和效果可能会不同。

虽然不同国家只具有部分可比性，WTO贸易政策审议（TPRS）记录的出口税和数量限制信息表明，各国对自然资源使用的措施相对频繁。

根据有选择性的和不同年份的汇总信息，与自然资源相关的政策约占所有部门的24%，自然资源部门在贸易政策审议的统计中，约占全部运用出口税政策的部门的1/3。渔业和林业部门的出口税使用频率高于燃料和采矿业。

证据表明目前存在的出口数量限制措施，通常是出于保护可耗竭性自然资源的目的。已提交到世界贸易组织的其他形式的出口限制，也大多与自然资源有关。

自然资源部门的关税通常较低，尽管存在关税升级，也存在一些非关税措施。

自然资源部门的关税税率通常低于商品贸易的总体税率。只有渔业例外，在发展中国家渔产品的进口关税高于其他商品。燃料和矿产品的税率最低。自然资源的约束税率通常高于实施税率，在发展中国家两者之间的“水分”更大。

关税升级存在于一些资源自然货物，例如林业和采矿业，但在其他资源中并不存在，例如燃料。但是，如果仅就发达国家市场来说，关税升级的程度更高，并且也涉及燃料业。

应用于自然资源部门最常见的非关税措施是：（ⅰ）技术法规（产品特性要求、标识要求、测试、检查和检疫要求，等等）；（ⅱ）非自动许可证（许可证结合或者被特殊进口许可证替代、敏感产品目类的预先审核、等等）；（ⅲ）禁止进口。渔业的非关税措施适用的频率高于林业或燃料业。

就它们的经济作用而言，自然资源的国内和贸易政策通常是可以替换的。

因为自然资源的地理集中性，经济措施在影响国内生产或者消费的同时，会对出口或者进口产生巨大影响。例如，一国的石油全部来自进口，并征收消费税，可以达到征收一种贸易关税的效果。然而，从法律上区分这两种干预手段十分重要，因为WTO和其他国际协定通常覆盖了关税，但没有包含消费税。

关税以外的措施和其他贸易（非关税）措施的税率，因国家和自然资源产品的种类的不同，存在显著差异。

就燃料而说，例如，与燃料关税相比，国内税率更高，而且相差很大。渔业补贴在绝对值上及其占产值的比重上都很大。

贸易政策、资源分布和可耗竭性

对于可耗竭的有限自然资源，贸易政策的作用不仅取决于干预的程度，还取决于政策长期的演化。只有少数几项研究关注了自然资源贸易政策的动态效果。

关于贸易政策这个层面的现有文献专门关注了进口关税和消费税。这些研究的一个主要成果是，如果政府可以设立一项固定关税，自然资源的价格和开采方式将不会受到影响。贸易政策也可能面临持续性的问题。一项政策最初的立场，例如，当市场动态展开后，可能会面临压力。长期的政策一致性对各国政府来说是一项挑战。

获取资源红利（经济租金）是对不可再生资源部门施加贸易措施的一个解释。

关税不能将产品从一个地区移动到另一个地区，如果自然资源产于特定地区并不能移动，造成租金转移——资源进口国试图从资源出口国索取租金——一个使用此类措施的动机。更为普遍的是，稀有自然资源存在大规模租金，极大地刺激了寻租行为。

当进口关税将租金从出口国转移到进口国，出口税将租金从开采公司转移到政府时，同时出口配额将未来的租金转移到现在。

即使进口国因一种关税影响，导致国内价格立刻上涨，刚性供应意味着关税的负担仍将最终落在出口国肩上。出口价格将会下降到进口国剔除关税后的价格点上，而剔除关税后的价格等于推行关税前的价格。

当所有开采的资源都出口时，对一种不可再生资源征收的出口税，实现了租金从生产者到政府转移。

配额将会造成自然资源的价格上涨，但是这会导致未来资源更高的开采率和更低的价格。如果所有产品用于出口，那么出口（产品）配额将租金从未来转移到现在。

在一个大供应商对可耗竭自然资源征收出口税的情况下，可能会存在贸易条件的争论，由此出口价格上涨会影响进口价格。但是，这个争论有一些限定条件。

当资源也用于国内消费时，出口税相当于国内消费补贴——或者双重定价制——从价格和数量的角度来看影响。因此，应考虑与资源生产部门相关的出口税对整体福利的影响。

当一个国家大到足以通过征收自然资源出口税影响世界价格时，以损害进口国利益的方式改善贸易条件的行为，将导致全世界福利下降。这就是为什么，以改善贸易条件为动机的贸易措施被称为以邻为壑政策。

从长远来看，税收导致更高出口价格可能会为发展替代产品、新节能技术或者开发新能源提供动力。进口国也可能通过对其他进口产品征税进行报复。短期国家贸易条件收益需要与更高的需求不确定性造成的长期损失相比较。

通过调整出口税和其他贸易政策也可以解决其他各种政策目标，包括与自然资源价格波动和在一个国内经济环境中的优势度的问题。

对一种自然资源征收出口税未必可以降低国内商品价格。这有助于减缓快速上涨的世界价格带给国内市场的压力，从而保护本地消费者。很多自然资源经济学家可能认为这是应对收入不稳定的问题的第二选择，只有在最佳选择——发展有效证券交易和金融市场不能实现的情况下使用。

出口税还可以避免非工业化（也称荷兰病）以及提升幼稚工业或者多元化。由于自然资源是很多高附加值工业的原料，出口税降低了资源原料的价格，对制造业相当于一项间接补贴。次优措施的合理性在于市场的不完善，也是“干中学”理论的一个例证。

补贴会有租金转移和与邻为壑的效果，但补贴也可以用于实现合理的政策目标。

经济学理论通常支持在市场失灵的情况下使用补贴。一个众所周知的例子是“绿色”补贴。例如，当决定投资多少发展一项减少排放技术时，一家公司将比较新技术产生的私人成本和收益。由于一个公司不会完全考虑社会的环境收益，该公司会投资不足。政府干预通过补贴的形式克服市场失灵。

另外一个有趣的例子是勘探补贴，不可再生资源的一个重要特点是供应的不确定性。公司投资于勘探以发现新的矿藏。在市场可能失灵的情况下也可能需要政府干预。市场失灵的实例包括地质信息的溢出，以及因勘探的沉没成本引起的维持问题。

贸易政策和资源的可耗竭性：开放准入的问题

加强产权制度是解决开放准入问题的最佳方法。如果这个选择无法实现或者花费巨大，政府可以考虑直接影响生产或者贸易的措施。

对一种自然资源征收生产税也可以作为一种最优政策工具，如果设定税率的水平导致生产者之间对生产率的相互作用内部化。一个相似的论点也完全适合用于收获自然资源的生产配额。

尽管出口税不能弥补产权的缺失，但可以限制对自然资源的过度开采。然而，使用出口税会产生与邻为壑的效果，因为出口国的福利增加是以其贸易伙伴的福利减少为代价的。进口国将遭受贸易条件下降。

出口税可以降低国内自然资源价格，也会助长国内对资源的不可持续消费。通过采取确保在一个可持续的水平上开采资源的措施，可以避免出现这样的结果。

自然资源行业的补贴，例如渔业，将加剧原已遭受开放准入而造成资源过度开采的情况。但是，补贴对收获和贸易的影响并不确定的。由于当前过度开采的情况严重，如果一味要求增加产量，补贴可能会实际上造成产量减少。

自然资源的外部性和环境政策

认清环境外部性和资源开发之间的关系是有效贯彻环境政策的关键。

经济学文献论证，随时间而变化的从价税可以延迟消耗，并且减缓资源开采对环境造成的不利影响。当环境破坏随着时间推移日益严重，相应变化的最佳税率将取决于不同因素的相互影响，例如自然衰变率、初期积累的环境破坏和消费者对当前行为对未来影响的忽视程度（折现率）。

资源的开采和使用，例如化石燃料，不仅对开采和使用此类资源的国家，而且对全球环境都会造成负面影响。在这种情况下，有必要通过一个跨国界、统一课征税收的多边协定以决定最佳税率水平，设置一个长期高效的资源分配。

为了使一个环境政策行之有效，该政策应该在颁布后即刻执行。这是为了避免在政策执行前，出现加速开采资源和加剧相关环境破坏的情况。

当生物多样化损失成为一种资源总存量减少的结果时，一种关税对于收益的效果取决于造成资源总存量减少的主要原因，因此取决于栖息地的破坏。

栖息地毁坏是过度捕获的一个直接后果，或者它可能是因替代经济活动的扩张与栖息地转化妥协而产生的结果。在第一种情况，一个贸易政策例如，关税可能是最佳，因为关税可以降低资源开采率和减少栖息地损失。但在第二种情况关税的效果是不明确的，因为关税通过减少资源开采和扩展其他经济活动都会影响栖息地的保护。

如果资源转换到其他用途对栖息地产生不利影响，环境标准和生态标签体系可以有效应对。

环境标准设立了每个生产者强制性遵守的质量条件，同时生态标签是一个认证体系，为消费者提供信息并帮助消费者识别绿色产品。只有消费者偏爱美好环境，环境生态标签才能达到它的目标。在那种环境下，生态标签体系可能实现与环境标准相似的环境目标。此外，在政府不能对外国公司强加一个环境标准的情况下，一个生态标签体系是最行之有效政策。

自然资源部门贸易政策的政治经济学

当贸易和环境保护政策在特殊利益集团的影响下，很难达到社会最佳资源开采率。

众多研究表明一种可能性：因为管理不善或者游说活动，资源利用率可能大于社会最佳开采率。在对政府行为缺乏制衡和缺乏体制监督的国家，情况尤其如此。

贸易开放既影响游说政府的积极性，又影响政策决策者所管理的制度质量。然而贸易开放度对游说的作用是不明确的，最近研究强调：贸易对制度质量有积极影响，从而对资源的有效利用也有积极影响。

在游说活动面前，国际转移是应对与过度开采资源有关的跨国负效应的最合适的政策。

政府通过劝说出口以将增加资源储备，国际转移，例如，债务——自然环境转换改进一种资源管理的最优政策，这种资源的开采引发了被市场忽略（外部性）的跨国负效应。因为会伤害政治上有组织的资源部门的利益，一项贸易制裁可能产生相反的效果。

国家资源禀赋和区域一体化

自然资源和区域一体化之间存在一种相互关系。区域一体化对资源丰富和资源贫瘠的国家有不同影响。这些影响转而又决定这些国家参与区域一体化的积极性。

资源丰富、对自然资源实行低关税、低关税壁垒，同时具有相似产业结构、有限制造能力的两个国家的一体化，可能造成有限的贸易创造，并潜在巨大的贸易分歧影响。在另一方面，区域一体化可能使一个资源丰富的国家通过放宽发展制造业部门面临的限制，实现生产和出口结构的多元化。

区域一体化可能会缓解关于自然资源过度开采和国际贸易对环境造成的其他负面结果的担忧，因为自然资源的管理有时会被作为条款列入区域和双边自由贸易协定。

E 自然资源、国际合作和贸易条例

自然资源贸易和 WTO 规则

世界贸易组织没有专门管理自然资源贸易的协定，但是很多 WTO 规则涵盖了与资源相关的货物和服务贸易。本报告分析了自然资源市场的五个特征。

全球的不均衡分布

《关贸总协定》（GATT）第二条约束世界贸易组织成员不得将关税提高到减让表中约束水平之上。《服务贸易总协定》（GATS）也制定了市场开放具体承诺表。《关贸总协定》的第一条、第三条和服务贸易总协定第二条都设立了非歧视性规则。第十一条规定除关税、税收或者其他收费以外对任何进出口产品以及外销产品没有禁止和限制。规定允许设立出于国家政策需要的限制，第十七条要求这些措施是非歧视性。第十七条试图确保国有贸易企业在商业考虑的基础上，以非歧视性态度进行经济活动。

可耗竭性

《补贴和反补贴措施协定》禁止出口补贴以及设立对其他 WTO 成员造成不利影响的补贴。一些自然资源是农产品属于《农业协定》管理的范畴，例如某些原材料和林业产品，也包括在补贴规定之内。作为多哈回合贸易谈判的一部分，WTO 成员目前正在就渔业补贴的具体规定进行协商。

关贸总协定第二十条规定例外的一些国家政策，尤其与资源可耗竭性有关。（g）款允许采取保护可耗竭性自然资源的措施。（j）款允许 WTO 成员对必需品或者一般分配产品或者当地紧缺产品采取措施。但是，任何措施必须与所有成员对此类产品享有同等国际供应份额的原则一致。

外部性

生态标签可以用于管理经济活动对环境造成的无法估量的负面影响。《技术性贸易壁垒协定》以规定产品特点、相关的工艺和生产方法的文件形式定义了技术规则。非强制性标准的定义，也使用了相似语言。两个定义的第二句指的都是标签要求“因为他们可以应用于一个产品、工艺或者生产方法。”

《实施卫生与植物卫生措施协议》承认 WTO 成员有权为保护人类、动物或者植物生命或健康采取动植物卫生检疫措施。第二条（b）款也允许采取为保护人类、动物或者植物的生命或者健康所必需的措施。第二条（d）款允许为保证与 GATT 协定规定不相抵触的遵守法律或者法规守所必需的措施。当使用许可证的情况下，这些规则可能会与《进口许可证程序协定》有关，例如：在控制进口由合法砍伐木材制成的林业产品。

《政府采购协定》允许对中央和次中央政府实体的采购施加条件，以实现外部性的最小化，例如某些做法对环境造成的负面后果。

第十一条第 2 款 a 项规定了一项禁止出口限制的例外，允许 WTO 成员临时对“为阻止或者缓解食品严重短缺或者其他出口缔约方必需的产品”采取措施。《农业协定》也包含出口限制的条款。

主导性

双重定价制——设立不同的国内价格和出口价格——一些政府以此作为国内生产结构多元化的方法。该机制包括：出口税和出口限制、国家垄断专营和自然资源国内价格最大化。一些人认为，双重定价行为构成可诉补贴，但是，关于这一点，还没有协定或者权威的法律解释。

第二十条第1款允许与WTO协定不符而为保证国内加工企业所必需的原材料数量所设置的国内原材料出口限制措施。

波动性

价格稳定是国际商品协定的一个主要目标。关贸总协定第二十条h款为该协定下例外的措施做了详细规定。该条款的现实意义有限，至少对本报告中涉及的自然资源部门是这样。

与自然资源相关的国际法规则

世界贸易组织是更广阔的国际合作框架的一部分，而且自然资源的很多方面，也受其他国际法约束。

世界贸易组织不涉及管理自然资源的所有权。大量的惯例法和条约涉及领土、大陆架、水域和海底的主权。这些法律与国家间自然资源产权的分配有关。在20世纪60和70年代，发展中国家通过了几个国际条约，试图将国外投资者持有的自然资源收归国有。

国际商品协议建立了稳定自然资源价格的机制，同时该机制也被视为调整发展中国家出口国贸易条件下降的工具。在本报告中涉及的唯一与货物相关的国际商品协定中，现在只有《国际热带木材协定》还在发挥作用，而且该协定已扩展了其目标。《国际锡协定》和《国际天然橡胶协定》已经终止。目前，生产国之间的协定更加紧密。石油输出国组织（OPEC）是这类协定中最著名的。

一些贸易协定包含的与自然资源有关的要求超过了WTO规定的义务。例如，某些双边和地区协定禁止新设立或者完全废除出口税。《能源宪章条约》对运输的约束超过了《关贸总协定》第五条的规定。

很多国际协定为应对国际外部性的国家间合作建立了机制。许多协定与环境保护有关。腐败是国家间合作的另一个议题。

双边投资条约试图解决所谓的“锁定问题”——契约的双方担心一方事先投资后，另外一方获得事后议价权的一种情况——尤其在涉及矿产和能源资源的契约中起重要作用。

近几年，WTO的协定与一般国际法之间的关系成为议论的主题，尚未达成一致结论。

WTO的协定为其成员提供了和解WTO义务与其他国际协定冲突的途径。从更广泛程度上，联合国国际法委员会确立了几项原则，在与不同国际法之间寻求谅解时可能会有帮助。

WTO和多边环境协定之间的关系是最引人注目的议题之一。

1994年WTO《关于环境与贸易的决定》宣称：“在环境保护与维护一个开放的、非歧视性的和平等的多边贸易体系的政策上不应该，也不需要存在任何冲突。”

《关于环境与发展的里约宣言》中反映了一个类似的要求：环境措施和多边贸易体系的一致性。到目前为止，根据多边环境协定，争端解决专家组或者上诉机构没有发现一项不符合WTO义务的贸易措施。

管理自然资源贸易：挑战和政策意义

国际合作面临以下一系列的挑战。这个清单并不完整，而且之所以选择它们也没有任何特定意义。它们必须在WTO下经过谈判，并被列入约定的WTO管辖权限范围内。

出口政策

与出口政策相关的第一个挑战是出口税和规则。WTO规则的一个关键经济原则是：鼓励贸易参与者在会受单边行为伤害的领域合作。一个大国可以通过设立出口限制和提高经济租金，以损害其贸易伙伴的利益为代价，改善本国贸易条件。供给的减少将会推高世界价格并挑起与国内价格的矛盾。例如关税，两个大国限制向对方的出口，最终双方的财富都会减少。关于出口税的承诺可以在出口国之间的出口税或进口税的减让交换来实现，因为出口税往往和进口国的关税升级是相伴而生的。当然更广泛的交换也是可能的。

这里可以得到两点结论。首先，围绕出口政策的问题不是只有自然资源才有的。这些问题有更普遍的应用。其次，无论是否改变世界价格，出于贸易条件和租金转移的原因，政府会采取出口税政策。采取出口税的目的可能是为了提高税收、稳定收入、国内和出口经济结构的多元化、应对产业链内贸易伙伴的关税升级和达到环境目标。本报告中对出口税（有时对数量限制）的理论分析，也指出这些政策选择的潜在局限性。

自然资源的可持续利用

尽管现行 WTO 规则提供了适应自然资源可持续利用的灵活性措施，但在某些领域还有继续扩大这种灵活性的空间。例如，某些补贴可以作为政府管理自然资源的一项重要国内政策工具，或者解决因使用该补贴引起的相关环境影响。《补贴和反补贴措施协定》的第 8 条规定认为，环境补贴是不可诉补贴——即不受 WTO 规则挑战或者采取反补贴措施——在 1999 年年末终止，并且 WTO 成员没有同意延期。现在还不清楚是否可以援引第 20 条中的一般例外解释环境保护补贴。

不同的政策导致相似的结果

某些国内和贸易措施受制于不同的纪律（制度），即使它们的经济效果相似，这种情况下产生了另一个挑战。当一些国家国内不生产一种自然资源而依赖进口，并且出口国国内对这种资源的需求很少时，国内与贸易措施可以近似替代。对自然资源而言，一项生产配额通常等于一项出口配额，而双重定价制通常会有类似出口税的效果。这相应的，产生了消费补贴相同的效果。在这种情况下，仅仅通过调节一种平衡措施，通常不足以维护自然资源贸易的平衡。

以长期成本管理短期需要

因为自然资源是有限的和可耗竭的，现行政策和未来结果之间有重要关系。在 WTO 框架下，协商达成的国际规则可以提供一个支柱，帮助政府忽略短期激励而追求可持续政策。一项措施，出于政治经济的原因可能在短期内是有利的，但是它不符合国家长期的利益，一个例子是开放准入问题引起的资源开采补贴。WTO 渔业补贴谈判，正是为了应对此类问题。石化燃料对环境有不利影响，最近 G20 出于相似的目的授权审查该类燃料的消费补贴。

自然资源的过境和贸易

尽管本报告中涉及的大部分自然资源的运输相对畅通，还是出现了一些关于已经交易的自然资源通过管辖区域的争议。能源产品尤其容易引发争议。《关贸总协定》第 5 条：过境自由，在促进货物世界范围内的流动中发挥了重要作用。然而，关于第 5 条的范围，在通过固定设施输送的情况下，产生了管理的不确定性，例如：管道。这种不确定性会带来经济成本。

增进国际协定间的法律的透明度和连贯性

还有一个问题是 GATT 和 GATS 之间关于自然资源开发利用的模糊界定。这减低了多边规则的可预见性。更为重要的是，争议涉及 WTO 和其他国际协定的关系。自然资源的很多方面是受 WTO 之外的国际规则管理，而且一些挑战只能通过更好的全球治理得到有效解决。关于面对自然资源的国际争议的很多讨论，必须在几个多边层面进行，同时政策的连贯性尤为重要。

F 总 结

本报告的分析强烈呼吁合作。自然资源在人类活动各方面的重要性和资源产品的特性，使得各国政府一同寻找共同点和恰当的妥协办法显得极为重要。此类合作应旨在保证健全的资源管理、公平和共赢。

贸易合作的领域是本报告关注的重点，而合作的落脚点是建立有效的多边贸易规则。精心设计的贸易规则不仅仅为了保证贸易的正常收益；也是各个合作领域的关键组成部分，例如，管理稀有资源环境保护和国内政策。

附录四 WTO 成员一览表、WTO 政府观察员一览表

WTO 正式成员一览表

（截至 2010 年 12 月）

序号	中文名称（简称）	英文名称（简称）	加入时间
1	阿尔巴尼亚	Albania	2000 年 9 月 8 日
2	安哥拉	Angola	1996 年 11 月 23 日
3	安提瓜和巴布达	Antigua and Barbuda	1995 年 1 月 1 日
4	阿根廷	Argentina	1995 年 1 月 1 日
5	亚美尼亚	Armenia	2003 年 2 月 5 日
6	澳大利亚	Australia	1995 年 1 月 1 日
7	奥地利	Austria	1995 年 1 月 1 日
8	巴林	Bahrain	1995 年 1 月 1 日
9	孟加拉	Bangladesh	1995 年 1 月 1 日
10	巴巴多斯	Barbados	1995 年 1 月 1 日
11	比利时	Belgium	1995 年 1 月 1 日
12	伯利兹	Belize	1995 年 1 月 1 日
13	贝宁	Benin	1996 年 2 月 22 日
14	玻利维亚	Bolivia	1995 年 9 月 12 日
15	博茨瓦纳	Botswana	1995 年 5 月 31 日
16	巴西	Brazil	1995 年 1 月 1 日
17	文莱	Brunei Darussalam	1995 年 1 月 1 日
18	保加利亚	Bulgaria	1996 年 12 月 1 日
19	布基纳法索	Burkina Faso	1995 年 6 月 3 日
20	布隆迪	Burundi	1995 年 7 月 23 日
21	柬埔寨	Cambodia	2004 年 10 月 13 日
22	喀麦隆	Cameroon	1995 年 12 月 13 日
23	加拿大	Canada	1995 年 1 月 1 日
24	佛得角	Cape Verde	2008 年 7 月 23 日
25	中非	Central African Republic	1995 年 5 月 31 日
26	乍得	Chad	1996 年 10 月 19 日
27	智利	Chile	1995 年 1 月 1 日
28	中国	China	2001 年 12 月 11 日
29	中国台北	Chinese Taipei	2002 年 1 月 1 日
30	哥伦比亚	Colombia	1995 年 4 月 30 日
31	刚果（布）	Congo	1997 年 3 月 27 日
32	哥斯达黎加	Costa Rica	1995 年 1 月 1 日
33	科特迪瓦	Côte d'Ivoire	1995 年 1 月 1 日
34	克罗地亚	Croatia	2000 年 11 月 30 日
35	古巴	Cuba	1995 年 4 月 20 日
36	塞浦路斯	Cyprus	1995 年 7 月 30 日
37	捷克	Czech Republic	1995 年 1 月 1 日
38	刚果（金）	Democratic Republic of the Congo	1997 年 1 月 1 日

续 表

序号	中文名称（简称）	英文名称（简称）	加入时间
39	丹麦	Denmark	1995 年 1 月 1 日
40	吉布提	Djibouti	1995 年 5 月 31 日
41	多米尼克	Dominica	1995 年 1 月 1 日
42	多米尼加共和国	Dominican Republic	1995 年 3 月 9 日
43	厄瓜多尔	Ecuador	1996 年 1 月 21 日
44	埃及	Egypt	1995 年 6 月 30 日
45	萨尔瓦多	El Salvador	1995 年 5 月 7 日
46	爱沙尼亚	Estonia	1999 年 11 月 13 日
47	欧洲共同体	European Community	1995 年 1 月 1 日
48	斐济	Fiji	1996 年 1 月 14 日
49	芬兰	Finland	1995 年 1 月 1 日
50	马其顿	Former Yugoslav Republic of Macedonia	2003 年 4 月 4 日
51	法国	France	1995 年 1 月 1 日
52	加蓬	Gabon	1995 年 1 月 1 日
53	冈比亚	Gambia	1996 年 10 月 23 日
54	格鲁吉亚	Georgia	2000 年 6 月 14 日
55	德国	Germany	1995 年 1 月 1 日
56	加纳	Ghana	1995 年 1 月 1 日
57	希腊	Greece	1995 年 1 月 1 日
58	格林纳达	Grenada	1996 年 2 月 22 日
59	危地马拉	Guatemala	1995 年 7 月 21 日
60	几内亚	Guinea	1995 年 10 月 25 日
61	几内亚比绍	Guinea-Bissau	1995 年 5 月 31 日
62	圭亚那	Guyana	1995 年 1 月 1 日
63	海地	Haiti	1996 年 1 月 30 日
64	洪都拉斯	Honduras	1995 年 1 月 1 日
65	中国香港	Hong Kong，China	1995 年 1 月 1 日
66	匈牙利	Hungary	1995 年 1 月 1 日
67	冰岛	Iceland	1995 年 1 月 1 日
68	印度	India	1995 年 1 月 1 日
69	印度尼西亚	Indonesia	1995 年 1 月 1 日
70	爱尔兰	Ireland	1995 年 1 月 1 日
71	以色列	Israel	1995 年 4 月 21 日
72	意大利	Italy	1995 年 1 月 1 日
73	牙买加	Jamaica	1995 年 3 月 9 日
74	日本	Japan	1995 年 1 月 1 日
75	约旦	Jordan	2000 年 4 月 11 日
76	肯尼亚	Kenya	1995 年 1 月 1 日
77	韩国	Korea，Republic of	1995 年 1 月 1 日
78	科威特	Kuwait	1995 年 1 月 1 日
79	吉尔吉斯斯坦	The Kyrgyz Republic	1998 年 12 月 20 日
80	拉脱维亚	Latvia	1999 年 2 月 10 日
81	莱索托	Lesotho	1995 年 5 月 31 日
82	列支敦士登	Liechtenstein	1995 年 9 月 1 日
83	立陶宛	Liechtenstein	2001 年 5 月 31 日
84	卢森堡	Luxembourg	1995 年 1 月 1 日

续 表

序号	中文名称（简称）	英文名称（简称）	加入时间
85	中国澳门	Macau，China	1995年1月1日
86	马达加斯加	Madagascar	1995年11月17日
87	马拉维	Malawi	1995年5月31日
88	马来西亚	Malaysia	1995年1月1日
89	马尔代夫	Maldives	1995年5月31日
90	马里	Mali	1995年5月31日
91	马耳他	Malta	1995年1月1日
92	毛里塔尼亚	Mauritania	1995年5月31日
93	毛里求斯	Mauritius	1995年1月1日
94	墨西哥	Mexico	1995年1月1日
95	摩尔多瓦	Moldova	2001年7月26日
96	蒙古	Mongolia	1997年1月29日
97	摩洛哥	Morocco	1995年1月1日
98	莫桑比克	Mozambique	1995年8月26日
99	缅甸	Myanmar	1995年1月1日
100	纳米比亚	Namibia	1995年1月1日
101	尼泊尔	Nepal	2004年4月23日
102	荷兰	Netherlands	1995年1月1日
103	新西兰	New Zealand	1995年1月1日
104	尼加拉瓜	Nicaragua	1995年9月3日
105	尼日尔	Niger	1996年12月13日
106	尼日利亚	Nigeria	1995年1月1日
107	挪威	Norway	1995年1月1日
108	阿曼	Oman，Sultanate of	2000年11月9日
109	巴基斯坦	Pakistan	1995年1月1日
110	巴拿马	Panama	1997年9月6日
111	巴布亚新几内亚	Papua New Guinea	1996年6月9日
112	巴拉圭	Paraguay	1995年1月1日
113	秘鲁	Peru	1995年1月1日
114	菲律宾	Philippines	1995年1月1日
115	波兰	Poland	1995年7月1日
116	葡萄牙	Portugal	1995年1月1日
117	卡塔尔	Qatar	1996年1月13日
118	罗马尼亚	Romania	1995年1月1日
119	卢旺达	Rwanda	1996年5月22日
120	圣基茨和尼维斯	Saint Kitts and Nevis	1996年2月21日
121	圣卢西亚	Saint Lucia	1995年1月1日
122	圣文森特和格林纳丁斯	Saint Vincent and the Grenadines	1995年1月1日
123	沙特阿拉伯	Saudi Arabia	2005年12月11日
124	塞内加尔	Senegal	1995年1月1日
125	塞拉利昂	Sierra Leon	1995年7月23日
126	新加坡	Singapore	1995年1月1日
127	斯洛伐克	Slovakia Republic	1995年1月1日
128	斯洛文尼亚	Slovenia	1995年7月30日
129	所罗门群岛	Solomon Islands	1996年7月26日
130	南非	South Africa	1995年1月1日

续 表

序号	中文名称（简称）	英文名称（简称）	加入时间
131	西班牙	Spain	1995 年 1 月 1 日
132	斯里兰卡	Sri Lanka	1995 年 1 月 1 日
133	苏里南	Suriname	1995 年 1 月 1 日
134	斯威士兰	Swaziland	1995 年 1 月 1 日
135	瑞典	Sweden	1995 年 1 月 1 日
136	瑞士	Switzerland	1995 年 7 月 1 日
137	坦桑尼亚	Tanzania	1995 年 1 月 1 日
138	泰国	Thailand	1995 年 1 月 1 日
139	多哥	Togo	1995 年 5 月 31 日
140	汤加	Tonga	2007 年 7 月 27 日
141	特立尼达和多巴哥	Trinidad and Tobago	1995 年 3 月 1 日
142	突尼斯	Tunisia	1995 年 3 月 29 日
143	土耳其	Turkey	1995 年 3 月 26 日
144	乌干达	Uganda	1995 年 1 月 1 日
145	乌克兰	Ukraine	2008 年 5 月 16 日
146	阿联酋	United Arab Emirates	1996 年 4 月 10 日
147	英国	United Kingdom	1995 年 1 月 1 日
148	美国	United States	1995 年 1 月 1 日
149	乌拉圭	Uruguay	1995 年 1 月 1 日
150	委内瑞拉	Venezuela	1995 年 1 月 1 日
151	越南	Viet Nam	2007 年 1 月 11 日
152	赞比亚	Zambia	1995 年 1 月 1 日
153	津巴布韦	Zimbabwe	1995 年 3 月 5 日

WTO 政府观察员一览表

（截至 2010 年 12 月）

序号	中文名称	英文名称
1	阿富汗*	Afghanistan
2	阿尔及利亚	Algeria
3	安道尔	Andorra
4	阿塞拜疆	Azerbaijan
5	巴哈马群岛	Bahamas
6	白俄罗斯	Belarus
7	不丹*	Bhutan
8	波斯尼亚和黑塞哥维那	Bosnia and Herzegovina
9	科摩罗*	Comoros
10	赤道几内亚*	Equatorial Guinea
11	埃塞俄比亚*	Ethiopia
12	梵蒂冈	Holy See (Vatican)
13	伊朗	Iran
14	伊拉克	Iraq
15	哈萨克斯坦	Kazakhstan
16	老挝*	Lao People's Democratic Republic

续 表

序号	中文名称	英文名称
17	黎巴嫩	Lebanon
18	利比里亚*	Liberia，Republic of
19	利比亚	Libya
20	黑山共和国	Montenegro
21	俄罗斯联邦	Russian Federation
22	萨摩亚*	Samoa
23	圣多美和普林西比*	Sao Tone and Principe
24	塞尔维亚	Serbia
25	塞舌尔	Seychelles
26	苏丹*	Sudan
27	叙利亚	Syrian Arab Republic
28	塔吉克斯坦	Tajikistan
29	乌兹别克斯坦	Uzbekistan
30	瓦努阿图*	Vanuatu
31	也门*	Yemen

注： *最不发达国家。

除了梵蒂冈例外，其他所有观察员必须在其成为观察员后五年内开始其加入 WTO 谈判。

附录五 国内 WTO 相关机构名录

一、政府机构

分类	名 称	电 话	传 真	网 站
中央政府	商务部办公厅	010－65198318	010－65198315	bgt. mofcom. gov. cn
	商务部条约法律司	010－65198723	010－65198905	tfs. mofcom. gov. cn
	商务部世界贸易组织司	010－65197313	010－65197310	sms. mofcom. gov. cn
	商务部进出口公平贸易局	010－65198167	010－65198172	gpj. mofcom. gov. cn
	商务部产业损害调查局	010－65198085	010－65198075	dcj. mofcom. gov. cn
	商务部国际贸易谈判代表办公室	010－65197188	010－65197188	tpb. mofcom. gov. cn
	国家保护知识产权工作组办公室	010－85226816	010－85226821	ipr. mofcom. gov. cn
	中国常驻世界贸易组织代表团	010－65121919	010－87519093	wto. mofcom. gov. cn
	中国 WTO/TBT 国家通报咨询中心	010－82260618	010－82262448	www. tbt-sps. gov. cn
	国家质检总局国际合作司 WTO 处	010－82260552	010－82260552	gjhzs. aqsiq. gov. cn
地方政府	北京市商务局法制与公平贸易处（世贸组织事务处）	010－85163082	010－65252002	gpmyc. beijing. mofcom. gov. cn
	北京 WTO 事务中心	010－58260961	010－58260962	www. bjwto. gov. cn
	天津市商务委员会法规处（进出口公平贸易处）	022－58665707	022－58665712	www. tjcoc. gov. cn
	天津市商务委员会世贸组织工作处	022－58665763	022－58665767	www. tjcoc. gov. cn
	河北省商务厅世界贸易组织处	0311－87909505	0311－87909533	www. hecom. gov. cn
	河北省商务厅进出口公平贸易和产业损害调查局	0311－87909385	0311－87909932	www. hbcom. gov. cn
	山西省商务厅世贸处	0351－4068029	0351－4068029	www. docsx. gov. cn
	山西省商务厅产业损害调查处	0351－4083528	0351－4078570	www. docsx. gov. cn
	山西省商务厅进出口公平贸易处	0351－4078120		www. docsx. gov. cn
	内蒙古自治区商务厅世贸处	0471－6944264	0471－6610893	www. nmgswt. gov. cn
	辽宁省对外贸易经济合作厅公平贸易和产业损害调查处	024－86892785		www. china-liaoning. gov. cn
	吉林省商务厅政策法规处（公平贸易处）	0431－85627011	0431－85622167	www. jldofcom. gov. cn
	黑龙江省商务厅进出口公平贸易处	0451－82627631	0451－82622637	www. hl-doftec. gov. cn
	黑龙江省商务厅贸易发展促进处	0451－82626951	0451－82623585	www. hl-doftec. gov. cn
	上海市商务委员会	021－52881032	021－62704708	www. smert. gov. cn
	上海 WTO 事务咨询中心	021－52301760	021－52305319	www. sccwto. net
	江苏省对外贸易经济合作厅进出口公平贸易局	025－57710219	025－57712072	www. jsdoftec. gov. cn
	江苏省经贸委产业损害调查处	025－83392995	025－83398247	www. jsetc. gov. cn
	浙江省经贸委产业损害调查局	0571－87058120		www. zjjmw. gov. cn
	浙江省商务厅公平贸易局	0571－87050853		www. zftec. gov. cn
	安徽省商务厅进出口公平贸易局	0551－3540115	0551－3540120	www. ahbofcom. gov. cn/gpmy. asp
	福建省外经贸厅进出口公平贸易处	0591－87270129		fgc. fujian. mofcom. gov. cn
	福建省 WTO 事务协调办公室	0591－87270311	0591－87270313	wtobgs. fujian. mofcom. gov. cn
	江西省商务厅政策法规处	0791－6246237		www. jxdoftec. gov. cn
	江西省商务厅进出口公平贸易和产业损害调查处	0791－6246377		www. jxdoftec. gov. cn

续 表

分类	名称	电话	传真	网站
地方政府	江西省经贸委对外经济贸易处	0791—6219241		www. jxetc. gov. cn
	山东省经济和信息化委员会产业损害调查处	0531—86918273		www. sdetn. gov. cn
	山东省对外贸易经济合作厅世贸处（公平贸易处）	0531—89013659	0531—89013546	www. shandongbusiness. gov. cn
	河南省商务厅世贸组织与公平贸易处	0371—63576312		www. hncom. gov. cn
	湖北省商务厅进出口公平贸易处	027—85728991	027—85720637	www. hbdofcom. gov. cn/index. trade
	湖北省商务厅世贸事务协调办公室	027—85732103		www. hbdofcom. gov. cn
	湖南省商务厅产业损害调查处	0731—2287052		cyc. hunancom. gov. cn
	湖南省商务厅世贸组织处（进出口公平贸易处）	0731—2287069		smc. hunancom. gov. cn
	广东省对外贸易经济合作厅政策法规处（进出口公平贸易局）	020—38802373	020—38802373	www. gddoftec. gov. cn
	广东省 WTO 事务咨询服务中心	020—87337769	020—87337595	www. gdwto. org. cn
	广西壮族自治区商务厅政策法规处	0771—2109140	0771—2109584	zfc. guangxi. mofcom. gov. cn
	海南省商务厅政策法规处	0898—65313962	0898—65338762	www. dofcom. gov. cn
	重庆 WTO 事务咨询中心	023—67723451	023—67726419	www. cqwto. com
	重庆市经济委员会外经外事处	023—63899442		www. cqec. gov. cn
	重庆市对外经济贸易委员会外贸处	023—89018570	023—89018018	www. ft. cq. cn
	四川省商务厅进出口公平贸易处	028—83224789	028—83224920	www. sccom. gov. cn
	四川省商务厅政策法规处	028—83223259	028—86939516	www. sccom. gov. cn
	贵州商务厅进出口公平贸易处	0851—8555606	0851—8555607	www. gzcom. gov. cn/sjmyc/
	贵州省 WTO 研究咨询服务中心	0851—6826084	0851—6826084	www. gzwto. org
	云南省商务厅政策法规处	0871—3139241	0871—3210067	www. bofcom. gov. cn
	西藏自治区商务厅政策法规处	0891—6831362	0891—6831362	tibet. mofcom. gov. cn
	陕西省商务厅世贸工作和公平贸易处	029—87290767		www. sxdofcom. gov. cn
	甘肃省商务厅政策法规处	0931—8618790		www. gsdofcom. gov. cn
	青海省商务厅公平贸易处	0971—6321782	0971—6321712	www. qhcom. gov. cn
	宁夏回族自治区商务厅对外贸易与产业损害调查处	0951—5048967	0951—5043032	www. nxdofcom. gov. cn
	新疆维吾尔自治区经贸委外经处	0991—4523025		www. xjftec. gov. cn
	新疆生产建设兵团商务局政策法规信息处	0991—2896420	0991—2896320	bingtuan. mofcom. gov. cn
	WTO/TBT 云南咨询点	0871—4326037	0871—4326037	www. ynbz. net
	深圳市贸易工业局政策法规处	0755—82108823	0755—82107062	www. szbti. gov. cn
	深圳市 WTO 事务中心	0755—82105516	0755—82002090	www. szwto. gov. cn
	大连市对外经济贸易合作局公平贸易处	0411—83686065		wjw. china-dalian. com
	宁波市对外经济贸易合作局公平贸易处	0574—87327290	0574—87328288	www. nbfet. gov. cn
	宁波 WTO 咨询服务中心	0574—87178035	0574—87178160	www. nbwto. com
	无锡市 WTO 事务咨询中心	0510—82763137	0510—82763137	
	武汉市 WTO 研究咨询服务中心	027—82750140	027—82750140	
	厦门市贸易发展局 WTO 事务咨询联络处	0592—5202701		www. xmtdc. gov. cn
	厦门市经济发展局综合与法规处	0592—5114158		www. xmjfw. gov. cn
	厦门反倾销咨询服务中心	0592—5049231	0592—5054289	xiamen. acs. gov. cn
	湛江市 WTO 事务咨询服务中心	0759—3337498	0759—3337601	wjmj. zhanjiang. gov. cn

二、学术研究机构

分类	名 称	电 话	传 真	网 站
高等院校	北京大学中国经济与WTO研究所	010－62767993	010－62767993	wto. gsm. pku. edu. cn
	对外经济贸易大学中国WTO研究院	010－64495778	010－64495779	www. uibe. edu. cn
	广东外语外贸大学WTO研究中心	020－36207057		www1. gdufs. edu. cn
	南开大学WTO研究中心	022－23504093	022－23504093	wto. nankai. edu. cn
	山东师范大学WTO研究中心	0531－6180350		
	上海对外贸易学院入世研创学会	021－67703045	021－67703111	www. shift. edu. cn
	上海交通大学WTO与经济全球化研究中心	021－52301227		www. asom. sjtu. edu. cn
	武汉大学WTO学院	027－68753875	027－68753865	www. whuwto. com
	广东海洋大学WTO研究中心	0759－2362470	0759－2362471	www. gdou. edu. cn/wto
	中南财经政法大学WTO与湖北发展研究中心	027－88325489		www. wto-znufe. com. cn
科研机构	广州市社会科学院WTO咨询研究中心	020－86464355		www. gzass. gd. cn
	湖北省企业与WTO研究会	027－50653042	027－50653047	www. hbwto. com
	青岛市技术标准科学研究所	0532－3875176	0532－3875176	www. qdsi. gov. cn
	上海WTO研究中心	021－52067210	021－52067210	
	云南省标准化研究院	0871－4326079		www. ynbz. net
	中国（海南）改革发展研究院	0898－66180000	0898－66258777	www. cird. org. cn
	中国社会科学院WTO研究中心	010－68033728	010－68033679	www. caesedu. com
	中国世界贸易组织研究会	010－84255121	010－84255122	www. chinawto. org. cn

附录六　中国世界贸易组织研究会年度大事记（2010）

1. 1月16～17日在北京举办了“2010年对外投资和经济合作形势展望高层论坛”。商务部陈健副部长到会并发表了重要讲话。郑志海副会长与世贸司合作，在媒体上发表了《如何正确看待谷歌事件和贸易规则》的署名文章，并随后在中国网接受专访，谈《谷歌退出中国市场的前前后后》。文章和视频在社会上产生了积极的影响。

2. 4月10日，中国世界贸易组织研究会研究中心在山东省日照市揭牌成立。研究中心将以日照市的农副产品电子商务为切入点，对农产品贸易以及电子商务进行研究。谷永江会长、俞晓松副会长、郑志海副会长和吴家煌副会长共同出席揭牌仪式。

3. 4月中旬，吴家煌副会长应邀出席亚洲开发银行在马尼拉举行的贸易委员会会议，并向与会的中亚发展中国家（都是申请加入世贸组织的国家）介绍了中国入世谈判的经验，受到欢迎。

4. 4月22日，郑志海副会长兼秘书长会见新西兰葡萄酒协会副会长郑琳达、Craig Brownie一行五人，就中新葡萄酒贸易交换了意见。

5. 6月22～29日，受台湾海峡两岸贸易文化促进会邀请，由中国世界贸易组织研究会、中国企业改革与发展交流协会、北京厦门商会、台湾海峡两岸贸易文化促进会联合主办的“海峡两岸低碳和谐座谈会”在台北举行。任以锋常务副秘书长代表我会出席了此次会议并就世界贸易组织和两岸经济合作框架协议（ECFA）相关议题分别与宋楚瑜、江丙坤、郁慕明交换了看法。

6. 7月初，吴家煌副会长参加北京大学/法国威立雅环境研究中心主办的环境与贫困国际研讨会，参与主持了研讨活动。

7. 8月17日，工业和信息化部产业政策司邀请有关专家，召开由财政部、工业和信息化部、国资委委托课题《二氧化碳排放与工业可持续发展研究》评审验收会议，一致通过了评审验收。

8. 9月12日，《中国竞争法律与政策研究报告（2010年）》出版座谈会在法律出版社举行。商务部国际贸易谈判副代表崇泉致信祝贺。来自反垄断执法机构、国内高校竞争法研究机构、法律出版社、中外企业、非政府组织以及国际组织的代表共50余人参加了会议。

9. 9月15日到17日，我会常务理事崔凡教授应邀参加在日内瓦举行的世界贸易组织年度公共论坛“塑造世界贸易的力量”，并就基因资源和传统知识如何看待世贸组织与贸易有关的知识产权协议的未来发表演讲。

10. 9月下旬，吴家煌副会长参加“中国阿拉伯国家经贸论坛——宁夏农业经贸合作洽谈研讨会”，并就中阿贸易做了展望和分析。

11. 10月25日，谷永江会长受邀出席第六届“走进东盟”论坛，并就企业如何利用中国—东盟自由贸易协定发表主题演讲。

12. 11月6日至13日，应捷克工贸部邀请，郑志海副会长兼秘书长出席在捷克布拉格举办的“中国投资论坛”并就中欧、中捷经贸关系讲话。

13. 《中国世界贸易组织年鉴（2010）》由中国商务出版社正式发行。商务部部长陈德铭部长作序。

14. 《世界贸易报告2009》由中国商务出版社正式出版发行。《世界贸易报告2009》主要关注世贸组织成员在货物进出口贸易中可使用的一些应急措施。

15. 《竞争导刊》将竞委会的工作情况和有关竞争政策和法律的最新资讯进行广泛交流，更好地普及竞争文化，传播竞争政策和法律信息，同时为研究和实践竞争政策和法律提供一个学习和交流的平台。

16. 由财政部、工业和信息化部、国资委委托课题《金融危机背景下中国企业海外并购风险及其防范研究》通过近5年来我国企业海外并购案例的实证分析，系统研究国外投资、贸易、劳工、税收和环境保护等方面的基本法律制度，提出我国企业海外并购的风险防范与控制的对策，为我国企业海外并购的风险防范提供一个可借鉴的综合性风险管理框架。该课题由吴家煌副会长与对外经济贸易大学竞争法中心黄勇教授负责，并通过了工信部的评审，得到了评审组的较高评价和充分肯定。

17. 财政部委托课题《美国、欧盟、印度、澳大利亚、韩国、日本关税政策现状比较分析》总结美国、欧盟、日本和澳大利亚 4 个发达国家，以及韩国和印度 2 个发展中国家最新的关税政策与措施，力求对该 6 国的关税政策进行全面系统的介绍，借此为我国关税政策及税则结构的调整与完善提供借鉴。

18. 我会作为咨询机构，组织专家对世界银行集团、中国财政部、中国国家外汇管理局开展的“中国经济改革实施技术援助项目‘中国外债口径与统计监测研究’子项目”，中国医药国际交流中心开展的“欧美国家执行‘政府采购协议’的国际经验研究”，昆明市开展的“昆明市在云南省‘两强一堡’国家区域发展战略中的功能定位课题研究”提供咨询服务及课题评审验收工作。

中国世界贸易组织研究会

CWTO China Society for World Trade Organization Studies

名誉会长 徐匡迪

终身荣誉顾问 沈觉人 佟志广 谷永江 龙永图

会 长 孙振宇

副会长 廖晓淇 郑志海 李恩恒 霍建国 王琴华 薛荣久 陈经纬

原国务院副总理李岚清会见中国世界贸易组织研究会领导
廖晓淇、俞晓松、佟志广、李岚清、谷永江、徐秉金、刘光溪、任以锋（左起）

中国世界贸易组织研究会是中华人民共和国商务部直属管理的从事世贸组织（WTO）及相关经济和贸易问题研究的全国性社团组织。由全国长期致力于世贸组织相关事务的政府官员、权威专家学者和机构自愿组成，是国内进行世贸组织有关事务研究、咨询、培训、编辑、出版、国际交流与合作的权威机构之一。

China Society for World Trade Organization Studies (CWTO) is the sole nation-wide non-governmental organization of studying WTO and relevant economic and trade issues based in Beijing, China. Formed voluntarily by government officials, experts and scholars, and institutions all over the country engaged in WTO-related affairs, CWTO is one of the authoritative institutions in the country carrying out research, consulting, training, compilation, publication, and international exchange and cooperation activities in connection with WTO.

徐匡迪院士（左四）、陈德铭部长（左五）出席中国世界贸易组织研究会第二届理事会第三次会议并发表重要讲话
郑志海、孙振宇、俞晓松、徐匡迪、陈德铭、谷永江、易小准、徐秉金、吴家煌、刘光溪（左起）

主要职能

- 进行WTO相关理论和实际问题的研究；
- 组织国内外学术成果和经验信息交流；
- 为我国政府、行业和企业提供相关培训、咨询和法律服务；
- 收集整理国内外相关信息，编辑出版书籍、报刊、音像资料，宣传普及WTO知识；
- 促进我国与包括广大发展中国家在内的所有世贸组织成员的自由、公平贸易和经济技术合作；
- 推动我国企业全面参与国际竞争；
- 促进和推动我国与其他国家和地区包括自贸区在内的区域性经济合作；
- 从民间角度协助我国政府在完善多边贸易体制进程中发挥积极的建设性作用。

Primary functions

- Study WTO-related theories and practical issues;
- Organize exchanges of academic fruits, experience, and information between China and other economies;
- Provide relevant training, consultancy and legal services to China's government agencies, industries and enterprises;
- Collect and edit information from Chinese and foreign sources, compile and publish books, newspapers and audiovisual materials, and publicize and disseminate WTO knowledge;
- Promote free and fair trade and economic and technological cooperation between China and all other WTO members, including a vast number of developing countries;
- Encourage Chinese enterprises to participate in all-round international competition;
- Promote and develop regional economic cooperation between China and other economies;
- Assist, through a non-governmental channel, the Chinese government to play an active and constructive role in improving the world trading system.

商务部部长助理俞建华（左四）与中国世界贸易组织研究会领导在第二届理事会第四次会议上合影
王琴华、霍建国、陈经纬、谷永江、俞晓松、孙振宇、郑志海、薛荣久（上图左起）

商务部部长助理俞建华（右一）、中国世界贸易组织研究会会长孙振宇（左一）为薛荣久教授（左二）、陈经纬主席（右二）颁发聘书

中国常驻世界贸易组织大使易小准与龙永图、佟志广、沈觉人、谷永江、俞晓松合影（左起）

中国世界贸易组织研究会
地址：北京东城区安外东后巷28号2212室
电话：010-8425 5121
传真：010-8425 5122
网址：http://cwto.mofcom.gov.cn
E-mail：info@chinawto.org.cn

China Society for World Trade Organization Studies
Address: Suite 2212, 28 Donghouxiang, Anwai, Dongcheng District, Beijing, China
Tel: 8610-8425 5121
Fax: 8610-8425 5122
Website: http://cwto.mofcom.gov.cn
E-mail: info@chinawto.org.cn

武漢大學WTO学院

简介

武汉大学WTO学院是武汉大学直属学院之一，是按照国际国内开放办学的模式和高效管理机制运行的新型学院。学院旨在以实现学生的国际就业为目标，提供高质量的教学计划和培养方案，使学生在学习的基础上，树立敢于面向国际职业市场的观念，提高就业竞争能力。

学院与多个国家的多所名校建立了联合培养机制，为高中毕业生开创了更新更好的就读机会，学生因此改变了自己的人生轨迹，拥有更好的学习机会、更大的发展空间、更高的就业层次。学院教学以严谨著称，学生管理以严格闻名，教学成效异常显著，学院因此获得了国外高校的高度肯定，吸引了多所世界名校前来我院寻求合作。

国内第二学位教育项目

武汉大学WTO双学位实验班至今已成功举办7届，是面向武汉地区十八所普通高校在校大学生开发的双学位教育（学生在大一时申请）。WTO双学位班将“培养具有国际交流能力的法律、经济、管理学的综合性人才”作为武汉大学特色人才培养目标之一；强调学生在继续学习原本科专业的同时，不转学籍参加本班学习，学生可以用原专业的学位或武大授予的学位进行就业、深造和申请出国，真正使学生获得综合优势。

网　　址：www.whuwto.com

地　　址：武汉大学桂园WTO学

电　　话：027－68753872

　　　　　027－68754413

传　　真：027－68754690

KING®
经纬集团

经纬集团

经纬集团有限公司系香港经纬集团全资投资，于1992年经国家工商行政管理总局批准，在汕头经济特区注册成立的我国改革开放后首批外商独资集团公司，曾先后获得全国外商"明星企业"和"双优企业"荣誉称号，现为香港中国商会主席、会长单位，中国国际商会副会长单位、中国世界贸易组织研究会副会长单位、全国工商联常委单位。

1989年底，集团以锐利的战略眼光果断在内地投资兴办纺织服装实业，并拓展贸易业务。1991年，下属纺织印染企业引进世界一流的流水线，专业生产各类高档仿真丝面料，一举赢得了全国市场的龙头地位，带动了我国整个化纤布后整理产业的迅速革新和升级。集团多年在国家统计局对全国500家最大外商投资工业企业统计评选中名列前茅。

随着投资领域的扩大，集团业务逐步拓展到房地产、现代服务业、金融、国际贸易等领域，开发项目遍及广东、上海、天津三大核心经济区域，成功实现了集团的产业升级和战略布局。

集团秉承"稳健务实、开拓创新、团结拼搏、持之永恒"的企业精神，以诚信锻造品牌，增强自身凝聚力，赢得了良好的声誉，也一直受到各级领导的亲切关怀和社会各界的广泛关注；同时激励着全体经纬人的创业、敬业、惜业精神，不断开拓，向着更高的目标迈进！